ମଧ୍ୟଯୁଗୀୟ କାବ୍ୟ ବିତାନ

ମଧ୍ୟଯୁଗୀୟ କାବ୍ୟ ବିତାନ

ସଂକଳନ ଓ ସଂପାଦନା

ଡକ୍ଟର ସଂଘମିତ୍ରା ଭଂଜ
ଦୀପ୍ତିମୟୀ ସାହୁ

ବ୍ଲାକ୍ ଇଗଲ୍ ବୁକ୍ସ
ଭୁବନେଶ୍ୱର, ଓଡ଼ିଶା

BLACK EAGLE BOOKS
Dublin, USA

ମଧ୍ୟଯୁଗୀୟ କାବ୍ୟ ବିତାନ

ସଂକଳନ ଓ ସଂପାଦନା: **ଡକ୍ଟର ସଂଘମିତ୍ରା ଭଂଜ, ଦୀପ୍ତିମୟୀ ସାହୁ**

ବ୍ଲାକ୍ ଈଗଲ୍ ବୁକ୍ସ : ଭୁବନେଶ୍ୱର, ଓଡ଼ିଶା • ଡବ୍‌ଲିନ୍, ଯୁକ୍ତରାଷ୍ଟ୍ର ଆମେରିକା

BLACK EAGLE BOOKS

USA address:
7464 Wisdom Lane
Dublin, OH 43016

India address:
E/312, Trident Galaxy, Kalinga Nagar,
Bhubaneswar-751003, Odisha, India

E-mail: info@blackeaglebooks.org
Website: www.blackeaglebooks.org

First International Edition Published by
BLACK EAGLE BOOKS, 2023

MADHYAJUGIYA KAVYA BITAN
Complied by **Dr. Sanghamitra Vanja, Diptimayee Sahu**

Copyright © **BEB**

All rights reserved. No part of this publication may be reproduced, stored in a retrieval system, or transmitted, in any form or by any means, electronic, mechanical, photocopying, recording or otherwise without the prior permission of the publisher.

Cover & Interior Design: Ezy's Publication

ISBN- 978-1-64560-382-5 (Paperback)

Printed in the United States of America

ପ୍ରସ୍ତାବନା

ଓଡ଼ିଆ ସାହିତ୍ୟର ସମ୍ଭ୍ରାନ୍ତ ତଥା ବୈଭବର ଯୁଗ ହେଉଛି 'ରୀତିଯୁଗ'। ପ୍ରାଚୀନ ସାହିତ୍ୟ ସଦୃଶ ଏ ଯୁଗର ବ୍ୟାପ୍ତି ଓ ଦୀପ୍ତି ଅବିସମ୍ବାଦିତ। ସଂସ୍କୃତ ସାହିତ୍ୟ ସହ ପ୍ରତିସ୍ପର୍ଦ୍ଧା ରଖୁଥିବା ଏ ଯୁଗୀୟ ସାହିତ୍ୟ ଭାଷା, ଭାବ, ଶୈଳୀ, ତତ୍ତ୍ୱାଦି ଦିଗରୁ ମଧ୍ୟ ବେଶ୍ ସମୃଦ୍ଧ। ମୋଗଲ ଶାସନର ହଳାହଳକୁ ପିଇ ନିସ୍ତେଜ ହୋଇପଡିଥିବା ଓଡ଼ିଆ ଜାତିର ମନପ୍ରାଣରେ ରାଗରାଗିଣୀଯୁକ୍ତ ସଂଗୀତର ମଧୁର ମୂର୍ଚ୍ଛନା ତୋଳି ଏ ସାହିତ୍ୟ ହିଁ ତାଙ୍କୁ ଦେଇଥିଲା ପୁନର୍ଜୀବନ। ଶାସନର ଅମା-ଅନ୍ଧକାର ପରିବେଷ୍ଟିତ ଗିରିଗୁହା-ମଧ୍ୟରୁ ମୁକ୍ତିର ସନ୍ଧାନ ସାଙ୍ଗକୁ ଏହା ଜୀବନ ଜୀଁବାର ଆଶାଲୋକ ପ୍ରଦାନ କରିଥିଲା ଓଡ଼ିଆ ଜାତିଙ୍କୁ। ହୋଇପାରେ ଏହା ସମ୍ଭ୍ରାନ୍ତର ସୌଖିନତାରୁ ଉତ୍ପନ୍ନ; ମାତ୍ର ଓଡ଼ିଆ ବାଣୀପୀଠର ଶ୍ରୀସମ୍ପଦ ବର୍ଦ୍ଧନରେ ଏହାର ଅବଦାନକୁ ଓଡ଼ିଆ ଭାଷା-ସାହିତ୍ୟ କାଳାନ୍ତର ଯାଏଁ ଭୁଲିପାରିବ ନାହିଁ। ଭାଷା-ଭାବ-ଅର୍ଥ-ପାଣ୍ଡିତ୍ୟାଦି ଦିଗରୁ ଏ ଯୁଗର ଗରିମା କଳ୍ପନାତୀତ। ଭକ୍ତଶ୍ରେଷ୍ଠ ଦୀନକୃଷ୍ଣ ଦାସ, କବି ସମ୍ରାଟ ଉପେନ୍ଦ୍ର ଭଞ୍ଜ, ବିଦଗ୍ଧ କବି ଅଭିମନ୍ୟୁ ସାମନ୍ତସିଂହାର, କବିସୂର୍ଯ୍ୟ ବଳଦେବ ରଥ, ଭକ୍ତକବି ଦୀନକୃଷ୍ଣ ଦାସ, କବିସମ୍ରାଟ ଉପେନ୍ଦ୍ର ଭଞ୍ଜ, ବିଦଗ୍ଧ କବି ଅଭିମନ୍ୟୁ ସାମନ୍ତସିଂହାର, କବିସୂର୍ଯ୍ୟ ବଳଦେବ ରଥ, ଭକ୍ତକବି ଭକ୍ତଚରଣ ଦାସ, ଦଧିଚି ସମ ନିଜକୁ ଉତ୍ସର୍ଗ କରିଦେବାର ମହତ୍ ଭାବନା ରଖିଥିବା ସନ୍ଥକବି ଭୀମ ଭୋଇ ପ୍ରମୁଖଙ୍କ ପରି ସାହିତ୍ୟ ସାଧକଙ୍କ ସାଧନାର ଐଶୀ ଶକ୍ତିକୁ ପ୍ରତ୍ୟକ୍ଷ କରି ଆଜିବି ଜ୍ଞାନୀ, ଗୁଣୀ ପଣ୍ଡିତ ଶ୍ରେଣୀ ମୂର୍ଚ୍ଛିତ ଓ ଚକିତ ହୋଇଯାଆନ୍ତି। କବିଗଣଙ୍କର ନିଖୁଣ ଜ୍ଞାନରାଶିର ସୌରଭ- ଗୌରବକୁ ଦେଖି ସେମାନଙ୍କ ଚକ୍ଷୁ ବିସ୍ଫାରିତ ହୋଇଯାଏ। ସାଧନା-ଯନ୍ତ୍ରଣା-ବେଦନାର ଭାବ ଅଙ୍କନ କରି ପାଠକଙ୍କୁ ଯେ ପ୍ରଭାବିତ କରାଯାଇପାରେ; ଚିନ୍ତନ-ମନନ-ଅଧ୍ୟୟନ ଦ୍ୱାରା ଜ୍ଞାନପଥକୁ ଯେ ବ୍ୟାପକ ତଥା ପ୍ରସାରିତ କରାଯାଇପାରେ ଏ ଯୁଗ ତା'ର ଦୃଷ୍ଟାନ୍ତ।

ଅଥଳ ସମୁଦ୍ର ମଧ୍ୟରୁ ସଂଗୃହୀତ ମୋତିକୁ ନେଇ ମାଳାକାର ତାକୁ ସୂତାରେ ଗୁନ୍ଥି ମୋତିମାଳା ପ୍ରସ୍ତୁତ କଲାପରି ସାହିତ୍ୟ ରତ୍ନ-ଗର୍ଭା-ମଧ୍ୟଯୁଗୀୟ-ଉଦଧିରୁ କେତୋଟି କାବ୍ୟ-ରତ୍ନକୁ ସଂଗ୍ରହ କରି ଆମେ 'ମଧ୍ୟଯୁଗୀୟ କାବ୍ୟ ବିତାନ' ସଂକଳନଟିକୁ ପ୍ରସ୍ତୁତ କରିଛୁ। ଏହାର ସଂକଳିକା ହେବାର ଉପଲବ୍ଧି କହେ- 'ସଂକଳନ' ତଥା 'ସଂପାଦନା' ସହଜ ପ୍ରତୀତ ହେଉଥିଲେ ମଧ୍ୟ ଏହା ଏକ ଦୁରୂହ ବ୍ୟାପାର କଳାକର୍ମ। ପ୍ରେମ ପାଇଁ ପ୍ରେମିକ-ପ୍ରେମିକାଙ୍କୁ ତୀକ୍ଷ୍ଣ ଅସୀ ଧାରେ ପଥ ଚାଲିବା' ପରି ସଂକଳନ ପ୍ରେମ, ସଂପାଦକଙ୍କୁ ସଚେତନତାର ଅସୀଧାରରେ ପଥିକ କରାଇଥାଏ। ମୂଳ ରଚନାର ମୌଳିକତା ରକ୍ଷା କରିବା ନିମନ୍ତେ ପ୍ରଯତ୍ନଶୀଳ କରାଇଥାଏ। ତେବେ, ନିର୍ଭୁଲ୍ ଭାବେ ପୁସ୍ତକଟିଏ ପାଠକଙ୍କୁ ସମର୍ପି ଦେବାର ଦୃଢ଼ ମାନସିକତାରୁ ଏ ପୁସ୍ତକର ଜନ୍ମ। ପୂର୍ଣ୍ଣ ଚନ୍ଦ୍ରମାରେ କଳଙ୍କ ରହିଗଲା ପରେ ମଧ୍ୟ ତାହା ପୂର୍ଣ୍ଣ ସୌନ୍ଦର୍ଯ୍ୟ ଓ କିରଣସୁଧା ବିତରଣ କରି ଜଗତକୁ ମୋହିତ କଲାପରି ଆମର ସଂକଳନ ଅନ୍ତର୍ଗତ ଅଲକ୍ଷ୍ୟ ଦୋଷତ୍ରୁଟି ସତ୍ତ୍ୱେ ମଧ୍ୟ ଆପଣଙ୍କୁ ଜ୍ଞାନ ସୁଧାମୃତ ପ୍ରଦାନ କରିବ ବୋଲି ଆମର ବିଶ୍ୱାସ। ପୁସ୍ତକ ଅନ୍ତର୍ଗତ କୌଣସି ତ୍ରୁଟିକୁ ସହୃଦୟତାବଶତଃ ଆମର ଦୃଷ୍ଟିଗୋଚର କରାଇଲେ ପରବର୍ତ୍ତୀ ସଂସ୍କରଣରେ ଆମେ ତା'ର ସଂଶୋଧନ ନିମନ୍ତେ ପ୍ରଯତ୍ନ କରିବୁ।

ପରିଶେଷରେ, ଏ ପୁସ୍ତକ ସଂକଳନର ପ୍ରକାଶ ଦାୟିତ୍ୱ ବହନ କରିଥିବାରୁ ସହୃଦୟ ସାହିତ୍ୟପ୍ରେମୀ ସତ୍ୟ ପଟ୍ଟନାୟକ ସାରଙ୍କ ନିକଟରେ ଆମେ କୃତଜ୍ଞ। ନିର୍ଭୁଲ୍‌ଭାବେ ଡି.ଟି.ପି ପାଇଁ ପ୍ରତିଜ୍ଞାବଦ୍ଧ ଥିବା 'ସାରଳା ଗ୍ରାଫିକ୍ସ'କୁ ମଧ୍ୟ ଆମେ ଏ ଅବସରରେ ଧନ୍ୟବାଦ ଜଣାଉଛୁ। ପ୍ରତ୍ୟକ୍ଷ ଓ ପରୋକ୍ଷରେ ଆମକୁ ଏ କାର୍ଯ୍ୟରେ ଉତ୍ସାହିତ କରିଥିବା ସମସ୍ତଙ୍କୁ ଧନ୍ୟବାଦ। ଏ ପୁସ୍ତକ ପଣ୍ଡିତଶ୍ରେଣୀ, ଗବେଷକ ଗବେଷିକା, ଛାତ୍ର-ଛାତ୍ରୀ ଓ ମଧ୍ୟଯୁଗୀୟ ସାହିତ୍ୟପ୍ରେମୀଙ୍କ ଜ୍ଞାନପିପାସାକୁ ଚରିତାର୍ଥ କରି ଆଦୃତି ଲାଭ କଲେ, ଆମ ଶ୍ରମ ସାର୍ଥକ ହୋଇପାରିବ।

ଜୟ ଜଗନ୍ନାଥ

ଭୁବନେଶ୍ୱର
୨୬/୦୧/୨୦୨୩

ସଂଘମିତ୍ରା ଭଞ୍ଜ
ଦୀପ୍ତିମୟୀ ସାହୁ

ସୂଚିପତ୍ର

୧.	ରସକଲ୍ଲୋଳ	ଦୀନକୃଷ୍ଣ ଦାସ	୯-୪୮
	ଦ୍ୱିତୀୟ ଛାନ୍ଦ		
	ପଞ୍ଚଦଶ ଛାନ୍ଦ		
	ଷୋଡଶ ଛାନ୍ଦ		
	ଚତୁସ୍ତ୍ରିଂଶତ୍ ଛାନ୍ଦ		
୨.	କୋଟିବ୍ରହ୍ମାଣ୍ଡ ସୁନ୍ଦରୀ	ଉପେନ୍ଦ୍ର ଭଞ୍ଜ	୪୯-୯୧
	ପ୍ରଥମ ଛାନ୍ଦ		
	ଷଷ୍ଠ ଛାନ୍ଦ		
	ଏକାଦଶ ଛାନ୍ଦ		
	ପଞ୍ଚବିଂଶ ଛାନ୍ଦ		
୩.	ବିଦଗ୍ଧ ଚିନ୍ତାମଣି	ଅଭିମନ୍ୟୁ ସାମନ୍ତସିଂହାର	୯୨-୧୪୮
	ପ୍ରଥମ ଛାନ୍ଦ		
	ଚତୁର୍ଥ ଛାନ୍ଦ		
	ତ୍ରିଂଶ ଛାନ୍ଦ		
	ଦ୍ୱିଚତ୍ୱାରିଂଶ ଛାନ୍ଦ		
୪.	କିଶୋର ଚନ୍ଦ୍ରାନନ ଚମ୍ପୂ	କବିସୂର୍ଯ୍ୟ ବଳଦେବ ରଥ	୧୪୯-୨୨୮
	ସମ୍ପୂର୍ଣ୍ଣ କ ଠାରୁ କ୍ଷ ପର୍ଯ୍ୟନ୍ତ		
୫.	ମଥୁରା ମଙ୍ଗଳ	ଭକ୍ତଚରଣ ଦାସ	୨୨୯-୨୫୫
	ପଞ୍ଚମ ଛାନ୍ଦ		
	ଷଷ୍ଠ ଛାନ୍ଦ		
	ଅଷ୍ଟାଦଶ ଛାନ୍ଦ		
	ଊନତ୍ରିଂଶ ଛାନ୍ଦ		
୬.	ସ୍ତୁତି ଚିନ୍ତାମଣି	ଭୀମଭୋଇ	୨୫୬-୪୧୧
	ଏକରୁ ଶହେ ବୋଲି		

ରସକଲ୍ଲୋଳ

ଦୀନକୃଷ୍ଣ ଦାସ

ଦ୍ୱିତୀୟ ଛାନ୍ଦ

(ରାଗ-ଚୋଖୀ)

କର ଆହେ ସାଧୁଜନ- ମାନେ ମନ ଏକତାନ
କର୍ଣ୍ଣଦେଇ କମଳ-ନୟନ କଥାକୁ
କଳି-କଲୁଷ-ସଂଘାତ ଉପରେ କରି ସଂଘାତ
ସଂଶୟ ନ କର କାଳଦଣ୍ଡ-ବ୍ୟଥାକୁ
କଳାକରେ ଅନ୍ଧାର ପ୍ରାୟ
କୃଷ୍ଣକଥା ଶ୍ରବଣରେ ଦୂରିତ କ୍ଷୟ ।୧।
କଉଣପ କୁଳେ ଭାରି ହୋଇ ଧରଣୀ ସୁନ୍ଦରୀ
ବିନୟ ହୋଇ ବ୍ରହ୍ମାଙ୍କ ଆଗେ କହିଲା,
କଂସ ପ୍ରତାପରେ ଦେହ ହୋଇଲା ଅତି ଦୁଃସହ
କି କରିବି ଏବେ କହ ବୋଲି ବୋଇଲା
କୁଶକେତୁ ଶୁଣି ଏ କଥା
କହିଲେ ଜଗନ୍ନାଥଙ୍କୁ ଅବନୀ ବ୍ୟଥା ।୨।
କମଳ ମୁଖୀ-କମଳା- କଣ୍ଠ-ମକରତ-ମାଳା
ଆଜ୍ଞା ଦେଲେ କରୁଣା କଟାକ୍ଷେ ଅନାଇଁ,

୧। ମନ ଏକ ତାନ-ମନକୁ ଏକାଗ୍ର କରି। କମଳ ନୟନ କଥା-ଶ୍ରୀକୃଷ୍ଣଙ୍କର ଲୀଳା ପ୍ରସଙ୍ଗ। କଳିକଲୁଷ ସଂଘାତ-କଳିଯୁଗର ପାପସମୂହ। ସଂଘାତ-ନାଶ, ସଂହାର, ଆଘାତ। କାଳଦଣ୍ଡ ବ୍ୟଥା-ଯମଦଣ୍ଡ କଷ୍ଟ। କଳାକରେ-ଚନ୍ଦ୍ରଙ୍କ ଦ୍ୱାରା। ଦୁରିତ-ପାପ।

୨। କଉଣପ କୁଳ-ଅସୁରବଂଶ। ଦୁଃସହ-ଅସହ୍ୟ। କୁଶକେତୁ-ବ୍ରହ୍ମା। ଅବନୀ ବ୍ୟଥା-ପୃଥିବୀର ଦୁଃଖକଷ୍ଟ।

କିଛି ନ ବିଚାର ତୁମ୍ଭେ ଯଦୁକୁଳେ ଯାଇ ଆମ୍ଭେ
ଜାତ ହେବୁଁ କଂସପ୍ରାଣ ଘେନିମା ପାଇଁ,
କର ତୁମ୍ଭେ ଏବେ ଗମନ
କରିବାକୁ ଗୋପକେଳି ଆମ୍ଭର ମନ ।୩।
କୃପାସିନ୍ଧୁ ଆଜ୍ଞା ପାଇ ପରମ ଆନନ୍ଦ ହୋଇ
ପଦ୍ମଯୋନି ପରବେଶ ହୋଇଲେ ପୁରେ,
କିଛି ଦିନ ଅନ୍ତେ ହରି କୋଟି-କାମରୂପ ଧରି
ରହିଲେ ଯାଇ ଦେବକୀ ଦେବୀ ଗର୍ଭରେ,
କେତେ ଦିନେ ହୋଇଲେ ଜାତ
କେ ଅବା କହିବ ତାହାଙ୍କର ଚରିତ ।୪।
କରେ ଶଙ୍ଖଚକ୍ର ଧରି କଂସଠାରେ କ୍ରୋଧ କରି
ବାଳକାଳୁ ବୀରବେଶ କଲେ ପ୍ରକାଶ,
କଣ୍ଠେ କଉସ୍ତୁଭ ମଣି କୋଟି ଶଶଧର ଜିଣି
କିରଣ ପ୍ରକାଶ ପାପ-ଅନ୍ଧାର ନାଶ
କଟିତଟେ ପୀତବସନ,
କଳା ମେଘକୋଳରେ ବିଜୁଳି ଯେସନ ।୫।

୩। କମଳମୁଖୀ-ପଦ୍ମମୁଖୀ। କମଳା-ଲକ୍ଷ୍ମୀ। କଣ୍ଠମରକତ ମାଳା-କଣ୍ଠର ଇନ୍ଦ୍ରନୀଳମଣି ମାଳାସ୍ୱରୂପ। କମଳ...ମାଳା-ଲକ୍ଷ୍ମୀଙ୍କ କଣ୍ଠର ମରକତ ମାଳା ସ୍ୱରୂପ ଅଟନ୍ତି ଯେଉଁ ଜଗନ୍ନାଥ। କରୁଣା କଟାକ୍ଷ-କରୁଣାପୂର୍ଣ୍ଣ ଚାହାଣି, ଦୟାଦୃଷ୍ଟି। ଯଦୁକୁଳ-ଯଦୁବଂଶ, ଗୋପକେଳି- ଗୋପରେ ଶ୍ରୀକୃଷ୍ଣଙ୍କ ଲୀଳା।

୪। କୃପାସିନ୍ଧୁ-ଦୟାସାଗର ଶ୍ରୀଜଗନ୍ନାଥ। ପଦ୍ମଯୋନି-ବ୍ରହ୍ମା। କାମରୂପ-କନ୍ଦର୍ପରୂପ। ଦେବକୀ-ବସୁଦେବଙ୍କର ସ୍ତ୍ରୀ।

୫। ବୀରବେଶ-ବୀରତ୍ୱ। କୋଟି ଶଶଧର ଜିଣି-କୋଟି ଚନ୍ଦ୍ରର ତେଜକୁ ଜୟକରି। ପାପ-ଅନ୍ଧାର-ପାପରୂପକ ଅନ୍ଧାର। କଟିତଟେ...ଯେସନ-ଏଠାରେ ପୀତବସନକୁ ବିଜୁଳି ସହିତ ଓ ଶ୍ରୀକୃଷ୍ଣଙ୍କର କୃଷ୍ଣବର୍ଣ୍ଣ ଶରୀରକୁ କଳାମେଘ ସହିତ କବି ତୁଳନା କରିଛନ୍ତି।

କର୍ଣ୍ଣେ ମକର-କୁଣ୍ଡଳ ଝଟକେ ଗଣ୍ଡମଣ୍ଡଳ
ମସ୍ତକରେ ମଣିମୟ ମୁକୁଟ ଶୋହେ,
କଳିତ ଲଳିତ ହୃଦ- ଦେଶରେ ଶ୍ରୀବତ୍ସ ପଦ
ଭାବଗ୍ରାହୀ ନାଥ ଭକ୍ତଭାବରେ ବହେ ।
କୋଟିକାମ ନିନ୍ଦେ ଶ୍ରୀଅଙ୍ଗ
କରେ କଙ୍କଣ, ଚରଣେ ନୂପୁର ସଙ୍ଗ ।୬।
କରି ଏ ରୂପ ଦର୍ଶନ କଲେ ସ୍ତୁତି ନିବେଦନ
ଜନକ ଜନନୀ ଅତି ଆଶ୍ଚର୍ଯ୍ୟ ହୋଇ-
କହୁଁ କହୁଁ ମାୟାକରି ସେ ରୂପ ସଂହରି ହରି
ବାଳ-ମୁକୁନ୍ଦ-ମୂରତି ହେଲେ ଗୋସାଇଁ
କଂସର ଯେତେକ ପାହାରୀ
କାଳନିଦ୍ରାରେ ଚେତନା ନାହିଁ କାହାରି ।୭।
କଳାକାଳେ କନ୍ୟା ଦାନ ବସୁଦେବ ଉଗ୍ରସେନ
କଉତୁକେ କଂସ ରଥ ବାହୁ ଯେ ଥିଲା,
କୋମଳ ଗଭୀର ବାଣୀ ଆକାଶ ମଣ୍ଡଳୁ ଶୁଣି
ଭଗ୍ନୀ ଭିଣୋଇଙ୍କି ନେଇ ଶାଙ୍କୋଳି ଦେଲା ।
କାଳେ ସେ ଚରଣୁ ଫିଟିଲା
କରିବାକୁ ବିଜେ ଶୁଭ ଲଗ୍ନ ଖଟିଲା ।୮।

୬। ଗଣ୍ଡମଣ୍ଡଳ-ଗଣ୍ଡଦେଶ । ମଣିମୟ ମୁକୁଟ-ମଣିଖଚିତ ମୁକୁଟ । କଳିତ-ଧାରଣ କରିବା । ଲଳିତ-କୋମଳ,ସୁନ୍ଦର । ଶ୍ରୀବତ୍ସପଦ-ଶ୍ରୀବତ୍ସ ବ୍ରାହ୍ମଣର ପଦଚିହ୍ନ । ଭକ୍ତଭାବ-ଭକ୍ତିରେ । କୋଟିକାମ-କୋଟି କନ୍ଦର୍ପ ।

୭। ଜନକ-ପିତା ବସୁଦେବ । ଜନନୀ-ମାତ ଦେବକୀ । ସଂହରି-ହରଣ କରି । ବାଳମୁକୁନ୍ଦ-ଶ୍ରୀକୃଷ୍ଣଙ୍କର ବାଳ ଗୋପାଳ ରୂପ । ପାହାରି-ପ୍ରହରି । କାଳନିଦ୍ରା-ଗାଢ଼ନିଦ୍ରା ।

୮। କଉତୁକେ-ଆନନ୍ଦରେ । ଶାଙ୍କୋଳି-ବେଢ଼ି, ଶିକୁଳି । ଶୁଭଲଗ୍ନ-ଶୁଭବେଳା ।

କରେ ଧରି ସୁତ ଧୀରେ   ଗମନ କରନ୍ତେ ଖରେ
ଉଗ୍ରସେନ ଆସି ଓଗାଳିଲା ଆଗରେ
କରେ ଶଙ୍ଖ ଚକ୍ର ଧରି   ଦରଶନ ଦେଇ ହରି
ପ୍ରବେଶ ହୋଇଲେ ଗୋପେ ନନ୍ଦ-ମନ୍ଦିରେ
କି କି ହୋଇ ଦଇବ ଯୋଗେ
କୁମାରୀ ହୋଇଛି ନନ୍ଦଙ୍କର ସେ ଲଗେ ।୯।
କରି ତାହା ପ୍ରତିଦାନ   ସତ୍ୱରେ କରି ଗମନ
ପ୍ରବେଶ ହୋଇଲେ ବସୁଦେବ-ମନ୍ଦିରେ
କୁଆଁ କୁଆଁ ବାଣୀ ଶୁଣି   ଉଠିଲେ ରକ୍ଷକ ଶ୍ରେଣୀ
କହିଲେ କଂସକୁ ଯାଇ ନିଶି ଶେଷରେ
କଠୋର-ହୃଦୟ ଦଇତ
କରିବାକୁ ନାଶ ତା ଅଇଲା ତ୍ୱରିତ ।୧୦।
କ୍ରୋଧଭରେ ବୋଲେ ବାଣୀ   ଦିଅ ସେ ବାଳକ ଆଣି
କାଳ ମୋର ଜନମିଛି ତୁମ୍ଭ କୋଳରେ
କହିଛନ୍ତି ଦେବଗଣ   ଅବଶ୍ୟ ତୋହର ପ୍ରାଣ
ନେବ ଏହାର ଅଷ୍ଟମ ଗର୍ଭ ବେଳରେ
କରଇଁ ମୁଁ ତାହାକୁ ନାଶ
କଲେ ହେଳା ଶତ୍ରୁଠାରେ ନ ପାଇ ଯଶ ।୧୧।

୯। ଧୀରେ-ସାବଧାନତାର ସହିତ। ଖରେ-ଦ୍ରୁତବେଗରେ। ଉଗ୍ରସେନ-କଂସର ପିତା। ଉଗାଳିଲା-ଓଗାଳିଲା, ପଥ ବନ୍ଦକଲା। ନନ୍ଦମନ୍ଦିରେ-ନନ୍ଦଗୃହରେ।

୧୦। ରକ୍ଷକଶ୍ରେଣୀ-ଜଗୁଆଳି ସମୂହ। ତ୍ୱରିତ-ଶ୍ରୀଘ୍ର, ଚଞ୍ଚଳ।

୧୧। କ୍ରୋଧଭରେ-ରାଗରେ। କାଳ-ଯମ। ଅଷ୍ଟମ ଗର୍ଭ-ଅଷ୍ଟମ ଗର୍ଭରେ ଜାତ ସନ୍ତାନ। ବେଳରେ-ଠିକ୍ ସମୟରେ। କଲେ ହେଳା...ଯଶ-ଶତ୍ରୁଠାରେ ହେଳା ପ୍ରକାଶ କଲେ ଯଶ ମିଳେ ନାହିଁ, ଅର୍ଥାତ୍ ଶତ୍ରୁକୁ ଯଥାଶୀଘ୍ର ବିନାଶ କରିବା ଉଚିତ।

କରଯୋଡ଼ି ବସୁଦେବ ବୋଇଲେ ଶୁଣ ହେ ଦେବ

କୁମର ନୁହଇ ସେ ହୋଇଛି କୁମାରୀ

କରୁଣା ହୃଦୟ ହୁଅ ମୋତେ ଏ ଦୁହିତା ଦିଅ

ବିଚାରିଲେ ତୁମ୍ଭର ଏ ନୋହେ ବଇରୀ

କଲେ ହେଁ ଅନେକ ଯତନ

କଳା ଧଳା କରିବାକୁ କେ ବା ଭଜନ ।୧୨।

କର୍ପୂର ଚନ୍ଦନ ଦେଇ ରସୁଣ ରୋପିଲେ ନେଇ

କେତେବେଳେ ଛାଡ଼ଇ କୁତ୍ସିତ ବାସନା

କୁଟିଳ ଦୁଷ୍ଟ ନାସ୍ତିକ ମହାପାପୀ ଅବିବେକ

ଲୋକଙ୍କ ସ୍ୱଭାବ ସେହି ପ୍ରକାରେ ସିନା

କୋକିଳ ବଚନ ମଧୁର

କରଇ ବିଯୋଗୀ ଜନ ମନ ବିଧୁର ।୧୩।

କଳା ମନରେ ବିଚାର ବିଷ୍ଣୁ-ମାୟା ଅଗୋଚର

କାମିନୀରୂପେ ମାରିଛି ବଇଲୋଚନ

କରିଛି ଶିବକୁ ଯାହା କର୍ଣ୍ଣେ ଶୁଣିଅଛି ତାହା

କେମନ୍ତେ ଏହାକୁ ମୁଁ କରିବି ମୋଚନ ।

କାତ୍ୟାୟନୀ ଯୁବତୀ ହୋଇ

କଉଣପ କୁଳକୁ ସେ କି କରି ନାହିଁ ।୧୪ ।

୧୨। ଦୁହିତା-ଝିଅ। ବଇରୀ-ଶତ୍ରୁ। କଲେ ହେଁ...ଭାଜନ-ଯେତେ ଚେଷ୍ଟା କଲେ ମଧ୍ୟ କଳାକୁ ଧଳା କରିବା ସହଜ ନୁହେଁ; ଅର୍ଥାତ୍ ଦୁଷ୍ଟଲୋକକୁ ସାଧୁ ବା ସନ୍ଥରେ ପରିଣତ କରିବା ଅସମ୍ଭବ।

୧୩। ରୋପିଲେ-ଲଗାଇଲେ, ରୋପଣ କଲେ। କୁତ୍ସିତ ବାସନା-କଟୁ ବାସନା, ଖରାପ ଗନ୍ଧ। ବିଯୋଗ-ବିରହୀ। ବିଧୁର-ଦୁଃଖିତ।

୧୪। କାମିନୀ ରୂପେ ମାରିଛି ବଇଲୋଚନ-ପୁରାଣରେ କଥିତ ଅଛି, ବିଷ୍ଣୁ ମୋହିନୀ କନ୍ୟାରୂପ ଧାରଣ କରି ବୈଲୋଚନ ନାମକ ରାକ୍ଷସକୁ (ପ୍ରହ୍ଲାଦର ପୁତ୍ର) ବିନାଶ କରିଥିଲେ।

କରେ ଧରି କୁମାରୀକି   କଚାଡ଼ନ୍ତେ ଶିଳେ ଟେକି
ଆକାଶ ମଣ୍ଡଳେ ଦେବୀ ଯାଇ ରହିଲେ
କାରଣ ନ ଥାଇ ମୋତେ   କୋପ ଯେ କଲୁ ତୋ ଚିତ୍ତେ
କାଳେ କାଳକୁ ଦେଖିବୁ ବୋଲି ବୋଇଲେ
କହି ହେଲେ ଅନ୍ତରହିତ
କୁରାଳ ଚକ୍ର ପରାୟେ ଭ୍ରମିଲା ଚିତ୍ତ ।୧୫।
କଲା ପୁଣି କୁବିଚାର   କେଶୀ, ଅଘା, ବକାସୁର,
ଶକଟା, ତୃଣାବର୍ତ୍ତକ, ପୂତନା ଡାକି
କରିବ ତୁମ୍ଭେ ଏତେକ   କଅଁଳ ପୁଅ ଯେତେକ
ମାରିବାକୁ ଯେ ଯାହାର ରହିବ ଟାକି
କଂସ ଆଜ୍ଞା ପାଇ ସେ ଦୂତେ
କଲେ ବାଳକ ନାଶନ ଉପାୟ ଚିତ୍ତେ ।୧୬।
କମଳ ନୟନ ହରି   ନନ୍ଦପୁରେ ବିଜେ କରି
କଲେ ନାନା ଉତ୍ସବ ଆନନ୍ଦ ଭିଆଣ
କେତେଠାରେ କେତେ ଗୀତ   କେତେ ରୂପେ ହୁଏ ନୃତ୍ୟ
କହିବାକୁ ବଚନେ କେ ଅବା ସିହାଣ ।
କଲେ ସୁତ ଗୃହ ବିଧାନ
କେ କହିବ ନନ୍ଦ ଦେଲେ ଯେତେକ ଦାନ ।୧୭।
କନକର ଦୀପାବଳୀ   ଚାରିପାରୁଶରେ ଜାଳି
ଚାରୁ ଚନ୍ଦ୍ରାତପମାନ ନେଇ ମଣ୍ଡିଲେ

୧୫। ଶିଳେ-ଶିଳାରେ, ପଥରରେ। ଅନ୍ତରହିତ-ଅନ୍ତର୍ଦ୍ଧାନ। କୁରାଳ ଚକ୍ର-କୁରାଳଚକ୍ର ବା କୁମ୍ଭାର ଚକ।

୧୬। କୁ-ବିଚାର-ମନ୍ଦ ବିଚାର। କେଶୀ, ଅଘା, ବକାସୁର, ଶକଟା, ତୃଣାବର୍ତ୍ତକ ପ୍ରଭୃତି ଅସୁର ଏବଂ କଂସର ଚାର। କଂସ ଶ୍ରୀକୃଷ୍ଣଙ୍କୁ ବିନାଶ କରିବା ପାଇଁ ଏମାନଙ୍କୁ ପଠାଇଥିଲା, କିନ୍ତୁ ସେମାନେ ଶ୍ରୀକୃଷ୍ଣଙ୍କ ଦ୍ୱାରା ନିହତ ହୋଇ ମୁକ୍ତିଲାଭ କରିଥିଲେ। ପୂତନା-କଂସର ଭଉଣୀ ପୂତନା ରାକ୍ଷସୀ।

୧୭। ଭିଆଣ-ବିଧାନ। ସିହାଣ-ସିଆଣ ବା ଚତୁର; ସୁତଗୃହ-ପୁତ୍ର ଜନ୍ମ ହୋଇଥିବା ଗୃହ ବା ଛୁତିକାଘର ବା ଅନ୍ତୁଡ଼ିଶାଳ।

କର୍ପୂର ଚନ୍ଦନ ଛରା ପକାଇସେ ପୁର ତୋରା
କରାଇ, ଅଳକାପୁର ତୋର ଗଞ୍ଜିଲେ
କନ୍ୟା ଖମ୍ବେ ଖଟାଇ ଦୋଳି
କୁମାରଙ୍କୁ ଶୁଆଇ ଦେଲେ ହୁଳହୁଳି ।୧୮।
କାମପାଳ ଆଗ ତହିଁ ଜାତ ହୋଇଥିଲେ ରହି
କ୍ରମେ ବେନି ଭାଇ ଯାଇ ହୋଇଲେ ସଙ୍ଗ
କାଳିନ୍ଦୀ ସୁର ସରିତ ହୋଇଲା ପ୍ରାୟେ ଏକତ୍ୱ
କମନୀୟ ଦିଶେ କଳା ଧଳା ଶ୍ରୀଅଙ୍ଗ
କରିବାକୁ କଲୁଷ ନାଷ
କଲା ବିହି ମଞ୍ଚେ ବେନି ତୀର୍ଥ ପ୍ରକାଶ ।୧୯।
କରଇ ପବିତ୍ର ଆନ ତୀର୍ଥ ଜଳେ କଲେ ସ୍ନାନ
ଏ ତୀର୍ଥ ନାମରେ ନାନା ଦୁରିତ ନାଶେ
କଇବଲ୍ୟ ଲଭି ହେଲେ ନ ପଡି ଜଠର ଜଳେ
ବଇକୁଣ୍ଠେ ବସି ବଇକୁଣ୍ଠ ସନ୍ତୋଷେ
କରି ଏହି ତୀର୍ଥ କୀର୍ତ୍ତନ
କରୁଥାଇ ଦୀନକୃଷ୍ଣ ସୁଖେ ନର୍ତ୍ତନ ।୨୦।

୧୮। କନକ ଦୀପାବଳୀ-ସୁନାର ଦୀପସମୂହ । ଚାରୁ ଚନ୍ଦ୍ରାତପ-ସୁନ୍ଦର ଚାନ୍ଦୁଆ । ଛରା-ଛିଞ୍ଚିକା, ଝୋଟି । ତୋରା-ସୁନ୍ଦର । ଅଳକାପୁର-କୁବେରପୁର । ଖଣ୍ଡିଲେ-ଖଣ୍ଡନ କଲେ । କନ୍ୟାଖମ୍ବ-କନ୍ୟା ଶୋଭିତ ଖମ୍ବ ।

୧୯। କାମପାଳ-ବଳରାମ । କାଳିନ୍ଦୀସୁରସରିତ...ତୀର୍ଥ ପ୍ରକାଶ-କଳିନ୍ଦୀର ନୀଳଜଳ ଓ ଗଙ୍ଗାର ଶୁଭ୍ର ଶୁକ୍ଳ ଜଳ ଏକତ୍ର ହେଲା ପରି ଶ୍ରୀକୃଷ୍ଣଙ୍କର କୃଷ୍ଣଅଙ୍ଗ ଓ ବଳରାମଙ୍କର ଗୌରବର୍ଣ୍ଣ ଶରୀର ସେହିପରି ଅତି ରମଣୀୟ ଦେଖାଗଲା । କବି ଉତ୍‌ପ୍ରେକ୍ଷା କରି କହୁଛନ୍ତି ଯେ, ବିଧାତା ସତେ କଅଣ ଜଗତର ପାପତାପ ବିନାଶ କରିବା ପାଇଁ ମର୍ତ୍ତ୍ୟରେ ଶ୍ରୀକୃଷ୍ଣ ଓ ବଳରାମ ରୂପକ ଦୁଇଟି ପବିତ୍ର ତୀର୍ଥ ସୃଷ୍ଟି କଲା କି ? ତୀର୍ଥ-ପବିତ୍ର ଜଳମୟ ଭୂମିକୁ ତୀର୍ଥ କୁହାଯାଇଥାଏ । ସୁରସରିତ-ଦେବନଦୀ ଗଙ୍ଗା ।

୨୦। ଆନ-ଅନ୍ୟ । ଦୁରିତ-ପାପ । କଇବଲ୍ୟ-କୈବଲ୍ୟ, ମୁକ୍ତି । ହେଲେ-ଅକ୍ଳେଶରେ । ଜଠର ଜାଳେ-ଉଦରଜ୍ୱାଳା ବା ମାତୃଗର୍ଭରେ (ପୁନର୍ଜନ୍ମ) । ବୈକୁଣ୍ଠେ ବସି-ଅମରଧାମରେ ଚିରଦିନ ପାଇଁ ବାସ କରେ । ବଇକୁଣ୍ଠ ସନ୍ତୋଷ-ବୈକୁଣ୍ଠ ଅର୍ଥାତ୍ ଭଗବାନଙ୍କ ସନ୍ତୋଷ ବା କୃପାରୁ । କରି ଏହି ତୀର୍ଥକୀର୍ତ୍ତନ-କୃଷ୍ଣ ବଳରାମ ରୂପକ ଏହି ଦୁଇ ତୀର୍ଥଙ୍କର ନାମକୀର୍ତ୍ତନ କରି ।

❑❑❑

ପଞ୍ଚଦଶ ଛାନ୍ଦ

(ରାଗ - ବସନ୍ତ ବରାଡ଼ୀ, ମଧୁପ ଚଉତିଶା ବାଣୀ)

କ୍ରମେ ମଧୁଶେଷ ହୋଇଲା ପ୍ରବେଶ ହୋଇଲା ଗ୍ରୀଷମ ସମୟ
କରମାଳି କର ମହା ଖରତର କମଳକୁମାର ପରାୟ,
ସୁଜନେ, କି କହିବା ମହୀ ତପତ
କରାଇଲା ନୃତ୍ୟ ପଥିକ ପଦକୁ ସଂଗ୍ରାମଭୂମି ଅଶ୍ୱବତ ।୧।
କୁଶଳ ନର୍ତ୍ତକୀ ଭ୍ରମରୀ ପରାୟେ ଭ୍ରମିଲେ ବାତଚକ୍ରମାନେ
କୁଟୁମ୍ବୀ ଦିନଜନ ମନ ପରାୟେ ସନ୍ତାପୀ ହେଲେ ଏକାଦିନେ,
ସୁଜନେ, କୃଶ ହୋଇଲା ନଦୀ ଜଳ
କାନ୍ତ ଘନରସ ବିହୀନେ ଯେମନ୍ତ ଦିଶନ୍ତି ବିରହିଣୀ କୁଳ ।୨।
କୁରଙ୍ଗ ନୟନା ନୟନ ତରଙ୍ଗ ବଳି ମୃଗତୃଷ୍ଣା ଦିଶିଲେ
କଳାମେଘ କୋଳେ ବିଜୁଳି ପରାୟେ ବନେ ବନଅଗ୍ନି ହସିଲେ,
ସୁଜନେ, କାହିଁ ତୃଣରାଜେ ଫୁଟନ୍ତି
କାମିନୀ ସୁରତକାଳେ ମନମନ ଶବଦ ପରାୟେ ଘଟନ୍ତି ।୩।

୧। ମଧୁ-ବସନ୍ତ ଋତୁ। କରମାଳି କର-ସୂର୍ଯ୍ୟ କିରଣ। ଖରତର-ପ୍ରଚଣ୍ଡ। କମଳ କୁମାର-ଅଗ୍ନି। କରାଇଲା...ଅଶ୍ୱମତ-ଯୁଦ୍ଧଭୂମିରେ ଘୋଡ଼ା ଅତିଶୀଘ୍ର ପାହୁଣ୍ଡ ପକାଇ ଚାଲିବା ପରି ପଥିକ ଉତ୍ତପ୍ତ ଭୂଇଁରେ ଡେଇଁ ଡେଇଁ ଚାଲିଲା।

୨। କୁଶଳ ନର୍ତ୍ତକୀ-ନିପୁଣ ନର୍ତ୍ତକୀ; ବାଉଁଶରାଣୀ ଅର୍ଥରେ। ଭ୍ରମରୀ ପରାୟେ-ଭଉଁରୀ ସଦୃଶ। ବାତଚକ୍ର-ଖଣ୍ଡିଆଭୂତ। ବାଉଁଶ ଉପରେ ବାଉଁଶରାଣୀ ବା ନର୍ତ୍ତକୀ ଚକ୍ରାକାରରେ ଘୂରିବା ପରି ଖଣ୍ଡିଆଭୂତ ଭ୍ରମିଲେ। କୁଟୁମ୍ବୀ-ଦିନେ। ବହୁକୁଟୁମ୍ବୀ ଦରିଦ୍ର ବ୍ୟକ୍ତି ଅଭାବ ଯୋଗୁଁ ଯେପରି ସବୁବେଳେ ଦୁଃଖ, ଯନ୍ତ୍ରଣା ଅନୁଭବ କରେ, ଦିନଗୁଡ଼ିକ ମଧ୍ୟ ସେହିପରି ପ୍ରଚଣ୍ଡ ଖରା ଯୋଗୁଁ ଉତ୍ତପ୍ତ ହେଲେ। ଅର୍ଥାତ୍ ଜନସାଧାରଣ ମଧ୍ୟ ଉତ୍ତପ୍ତ ଖରାରେ ଦୁଃଖ-କଷ୍ଟ ଅନୁଭବ କଲେ। କୃଶ-କ୍ଷୀଣ, ଦୁର୍ବଳ। କାନ୍ତ ଘନରସ-ସୁନ୍ଦର ମେଘ ଜଳ, ପତିର ଶୃଙ୍ଗାର ରସ। କାନ୍ତ...କୁଳ-ପତିର ଶୃଙ୍ଗାର ବିନା ବିରହିଣୀ ନାରୀ ଯେପରି ଦୁର୍ବଳ, କ୍ଷୀଣ ହୁଏ ସେହିପରି ମେଘଜଳ ବିନା ନଦୀଗୁଡ଼ିକ ଶୁଖିଗଲେ।

୩। କୁରଙ୍ଗନୟନା-ହରିଣୀ ଆଖି। ନୟନ ତରଙ୍ଗବଳି-ଚକ୍ଷୁର ଚଞ୍ଚଳତାକୁ ଜୟ କରି। ମୃଗତୃଷ୍ଣା-ମରୀଚିକା। ଦିଶିଲେ-ଦେଖାଦେଲେ। ତୃଣରାଜେ ଫୁଟନ୍ତି-ବାଉଁଶ ଗଛର ଗଣ୍ଠି ଗ୍ରୀଷ୍ମକାଳରେ ଠୋ ଠୋ ଶବ୍ଦ କରି ଫୁଟନ୍ତି। ସୁରତକାଳେ-ଶୃଙ୍ଗାର ସମୟରେ। ମନ ମନ ଶବଦ-ରତିକାଳୀନ ବିଭିନ୍ନ ଅସ୍ପଷ୍ଟ ଧ୍ୱନି।

କୃପଣ ସାମନ୍ତ ସେବକ ପରାୟେ ତାପେ ଜର୍ଜର ସୂର୍ଯ୍ୟକାନ୍ତ
କାନ୍ତ ରହିତ କାନ୍ତା ପ୍ରାୟେ ହୋଇଲେ ସରସୀମାନେ ବେଶ ଅନ୍ତ,
ସୁଜନେ, କେବଳ ଭକ୍ତରଙ୍କ ପ୍ରାୟେ
କଚ୍ଛପ ମତ୍ସ୍ୟ ମଣ୍ଡୁକମାନଙ୍କର ଦୁର୍ବଳ ହୋଇଗଲା କାୟେ ।୪।
କମଳ ବିରହେ କରିବର ରହେ ମହାଗହନ ଆଶ୍ରେ କରି
କର୍ଦ୍ଦମରେ ପଡ଼ି ଫେନମୁଖେ ରଡ଼ି ଛାଡ଼ନ୍ତି ଗନ୍ଧର୍ବ ବଇରୀ,
ସୁଜନେ, କୁଞ୍ଜ ଭିତରେ ପକ୍ଷୀମାନେ
କେବଳ ଯୋଗୀ ଧ୍ୟାନ କଲା ପରାୟେ ନିଶ୍ଚଳେ ରହିଲେ ମଉନେ।୫।
କରିବାକୁ ପ୍ରାଣରକ୍ଷା ନିଜ ପ୍ରାଣ ପରକୁ ଦେଲା ପ୍ରାୟ ହୋଇ
କୋକ ମୃଗ ଯାଇଁ ଭୟକୁ ପକାଇ ସିଂହ ଛାଇରେ ହେଲେ ଛାଇ,
କୋବିଦେ, କୁଣ୍ଡଳୀକୁଳ ଏହି ରୂପେ
କଳାପି କଳାପ ତଳରେ ରହିଲେ ପାଇ ବିପତ୍ତିକି ଆତପେ ।୬।

୪। କୃପଣ ସାମନ୍ତ-ଲୋଭୀ ପ୍ରଭୁ। କୃପଣ...ସୂର୍ଯ୍ୟକାନ୍ତ-ଲୋଭୀ ପ୍ରଭୁର ଚାକର ଦୁଃଖରେ ଯେପରି ଦଗ୍ଧ ହୁଏ ସେହିପରି ସୂର୍ଯ୍ୟକାନ୍ତ ମଣି ସୂର୍ଯ୍ୟଙ୍କ ପ୍ରଚଣ୍ଡ କିରଣ ଯୋଗୁଁ ଉତ୍ତାପରେ ଜର୍ଜରିତ ହେଲା ବା ଜଳିଉଠିଲା। କାନ୍ତ ରହିତ କାନ୍ତା-ପତି ବିନା ସ୍ତ୍ରୀ। ପତି ବିନା ସ୍ତ୍ରୀ-ମାନଙ୍କର ଅବସ୍ଥା ଶ୍ରୀହୀନ ହେଲାପରି ପୁଷ୍କରିଣୀଗୁଡ଼ିକ ଶୁଖିଯାଇ ଶ୍ରୀହୀନ ହେଲେ। ବେଶଅନ୍ତ-ଶ୍ରୀହୀନ, ସୌନ୍ଦର୍ଯ୍ୟହୀନ। ଭକ୍ତରଙ୍କ-ଭଗବତ୍ ଲାଭ ପାଇଁ ବ୍ୟାକୁଳ ହେଉଥିବା ଭକ୍ତ। ଭଗବତ୍ ପ୍ରାପ୍ତି ପାଇଁ ଭକ୍ତ ଯେପରି ଆହାର, ନିଦ୍ରା ତ୍ୟାଗ କରି ଦୁର୍ବଳ ହୋଇଥାଏ, ସେହିପରି ମାଛ, କଇଁଚ, ବେଙ୍ଗମାନେ ଜଳ ଅଭାବରୁ ଦୁର୍ବଳ, କ୍ଷୀଣ ହେଲେ।

୫। କମଳ ବିରହେ-ପାଣି ବିନା। କରୀବର-ହାତୀ ଶ୍ରେଷ୍ଠ। ମହାଗହନ-ଘଞ୍ଚ ଅରଣ୍ୟ। ଗନ୍ଧର୍ବ ବଇରୀ- ଘୋଡ଼ାର ଶତ୍ରୁ, ମଇଁଷି। ଖରାଦିନେ ମଇଁଷି ମୁଖରୁ ଫେଣ ବାହାରେ। କୁଞ୍ଜ-ଗହଳିଆ ଲତା।

୬। ପରକୁ-ଶତ୍ରୁକୁ। କୋକ-ହେଟା ବାଘ। ହେଲେ ଛାଇ-ଆଶ୍ରୟ ନେଲେ। କୋକ...ଛାଇ-ପ୍ରବଳ ଖରା ହେତୁ ମୃଗ ହେଟାବାଘ ଭୟ ତ୍ୟାଗକରି ସିଂହ ରହୁଥିବା ଘଞ୍ଚ ଅରଣ୍ୟର ଛାଇରେ ଆଶ୍ରୟ ନେଲେ। କୋବିଦେ-ପଣ୍ଡିତଗଣ। କୁଣ୍ଡଳୀଗଣ-ସର୍ପଗଣ। କଳାପି କଳାପ-ମୟୁର ପୁଚ୍ଛ। ପାଇ ବିପତ୍ତିକୁ ଆତପେ-ଖରାରେ କଷ୍ଟ ପାଇ।

କାହିଁଗଲା ବନଲତା ଶୋଭାବନ କାନ୍ତହତ କାନ୍ତା ପରାୟେ
କରିଥିଲା ସିନା ବସନ୍ତ ତାହାକୁ ନବ ପଲ୍ଲବେ ତୋରାମୟେ,
କୋବିଦେ, କାଳେ ସେ ଅନ୍ତର ହୋଇଲା
କନ୍ଦର୍ପ ଦର୍ପ ରହିତ ହୋଇ ସଖା ଅଭାବେ ହୃଦରେ ଶୋଇଲା ।୭।
କୁଞ୍ଜେ କୁଞ୍ଜେ ବସି ଝିଙ୍କାରି ଡାକିଲେ କାମକେଳି ବାଟ ପଡ଼ିଲା
କୁସୁମ କାଣ୍ଡ ମଣ୍ଡି ହୋଇ ଅର୍ଜ୍ଜୁନ ବିଯୋଗୀ ହୃଦୟ ତାଡ଼ିଲା,
କୋବିଦେ, କଉଁ ପଥିକ ତାପ ବଳେ
କରନ୍ତେ ଗମନ ଶ୍ରମ ପାଇ ଯାଇଁ ବସନ୍ତି ବହୁପାଦ ତଳେ ।୮।
କୃପଣ ମଧୁ ସଞ୍ଚିଲା ପ୍ରାୟେ ମଧୁ ସଞ୍ଚିଲେ ମଧୁକରମାନେ
କେ ଜଳଛତ୍ର ପବିତ୍ରମାନ ଦେଲେ ବ୍ରାହ୍ମଣ କରେ ସ୍ଥାନେ ସ୍ଥାନେ,
ସୁଜନେ, କଉଁ ଈଶ୍ୱର ଅନୁଗ୍ରହୀ
କର୍ପୂର ଚନ୍ଦନ ଅଙ୍ଗେ ବୋଳି ହୋଇ ଧାରାମଣ୍ଡିତ ପୁରେ ତହିଁ ।୯।
କେ ଗୀତ କବିତ୍ୱ ବେଣୁ ବୀଣା ନୃତ୍ୟ ରଙ୍ଗେ ଦିନମାନ ହରନ୍ତି
କେ ବସି ଏକାନ୍ତେ କାମିନୀ ସଙ୍ଗରେ ଚନ୍ଦନ ପିଚିକା ମାରନ୍ତି,
ସୁଜନେ, କେ କରେ ନଉକା ବିହାର
କେ ସ୍ୱେଦ ଭୟରେ କର ତଳୁଁ ତାଳବୃନ୍ତ ନ କରଇ ବାହାର ।୧୦।

୭। କାନ୍ତାହତ କାନ୍ତା ପରାୟେ-ପତି ନଥିବା ସ୍ତ୍ରୀ ବା ବିଧବାର ବେଶ ପରି । ନବପଲ୍ଲବ-ନୂଆ ପତ୍ର । ତୋରାମୟ-ଉଜ୍ଜ୍ୱଳମୟ । କନ୍ଦର୍ପ...ଶୋଇଲା-କନ୍ଦର୍ପର ସଖା ବସନ୍ତ ଅନୁପସ୍ଥିତି ଯୋଗୁଁ ଦର୍ପହୀନ ହୋଇ ଲୋକମାନଙ୍କ ହୃଦୟରେ ଶୋଇପଡ଼ିଲା ଅର୍ଥାତ୍ ଲୋକଙ୍କ ମନରେ କାମଭାବ ଉଦ୍ରେକ ହେଲାନାହିଁ ।

୮। କାମକେଳି ବାଟ ପଡ଼ିଲା-ରତିକ୍ରୀଡ଼ା ବନ୍ଦ ହେଲା । ଅର୍ଜ୍ଜୁନ-ଅର୍ଜ୍ଜୁନ ବୃକ୍ଷ । ତାଡ଼ିଲା-ଦୁଃଖ ଦେଲା । ତାପ-ଉତ୍ତାପ । ବହୁପାଦ-ବରଗଛ ।

୯। ମଧୁକର-ଭଅଁର,ମହୁମାଛି । ପବିତ୍ରମାନ-ପୁଣ୍ୟବାନ୍ ବ୍ୟକ୍ତିଗଣ । ଧରାମଣ୍ଡିତ ପୁର-ଜଳ ଆସିବାର ସୁବିଧା ଥିବା ଗୃହ ବା ଜଳଦ୍ୱାରା ଥଣ୍ଡା ଲାଗୁଥିବା ଗୃହ ।

୧୦। ପିଚିକା-ପିଚିକାରି । ସ୍ୱେଦ-ଝାଳ । ତାଳବୃନ୍ତ-ତାଳପତ୍ର ବିଞ୍ଚଣା ।

କେ ଦିନ ଶେଷରେ ଦିନକର କରେ ତାପ ପାଇ ଜଳେ ବୁଡ଼ଇ
କେ ମହାବିକଳେ ବସି ଶୀତସ୍ଥଳେ ଶୀତଳ ପବନ ଲୋଡଇ ।
ସୁଜନେ, କେତେ କହିବି ଏ ପ୍ରସଙ୍ଗ
କେବଳ ଶୀତକାରକ ଦ୍ରବ୍ୟ ବିନୁ ଆନ ଲୋଡ଼ିଲା ନାହିଁ ଅଙ୍ଗ ।୧୧।
କାନ୍ତ ପ୍ରବଳ ଗ୍ରୀଷମରେ ବିକଳ ହୋଇ ସକଳ ଗୋପାଙ୍ଗନା ।
କରିବେ ବୋଲି ଜଳକ୍ରୀଡ଼ା ଚଞ୍ଚଳ ହୋଇଲେ ଚଞ୍ଚଳ ନୟନା ।
ସୁଜନେ, କମଳା କୁଟିଳ କୁନ୍ତଳା ।
କାମକେଳିକଳା କୁଶଳ ସୁଶୀଳା କେତକୀଗୌରୀ ପ୍ରେମଶୀଳା ।୧୨।
କରି-କୁମ୍ଭସ୍ତନା କୋକିଳ-ବଚନା କୁନ୍ଦ କଳି ଚାରୁଦଶନା ।
କୁଟିଳା ଦଶନା ପ୍ରସନ୍ନବଦନା ଶ୍ରୀକୃଷ୍ଣଚନ୍ଦ୍ର ସ୍ନେହଘେନା ।
ସୁଜନେ, କୂପକ ନିତମ୍ବ ଶୋଭନା ।
କେଶରୀ-ମଧ୍ୟମା କଉତୁକ ସୀମା କୁଞ୍ଜବନ କେଳି ଲୋଭନା ।୧୩।
କଳାକରହାସୀ, କମଳ ସୁବାସୀ କ୍ରୀଡ଼ା-ମାନସ କଳହଂସୀ ।
କୃଷ୍ଣ ମନ ମୀନ-ଆକର୍ଷବଡ଼ଶୀ କନ୍ଦର୍ପଦର୍ପ-ତମଶଶୀ ।
ସୁଜନେ, କାମତରଙ୍ଗିଣୀ ସରଣୀ ।
କରନ୍ତେ ଗମନ ଅତି ଶୋଭାବନ ଦିଶଇ ଧରଣୀ ସରଣୀ ।୧୪।

୧୧। ଶୀତକାରକ ଦ୍ରବ୍ୟ-ଥଣ୍ଡା ଜିନିଷ-ଚନ୍ଦନ, ଅଗରୁ ଇତ୍ୟାଦି ।

୧୨। କାନ୍ତ-ସୁନ୍ଦର । କମଳା କୁଟିଳ କୁନ୍ତଳା-ଲକ୍ଷ୍ମୀଙ୍କ କେଶପରି କୁଞ୍ଚିତ କେଶ ଥିବା ଗୋପୀଗଣ । ସୁଶୀଳା-ଧୀରସ୍ୱଭାବଯୁକ୍ତା । କେତକୀଗୌରୀ-କେତକୀ ପୁଷ୍ପ ସଦୃଶ ଗୋରା । ପ୍ରେମଶୀଳା-ପ୍ରେମଭାବଯୁକ୍ତ ।

୧୩। କୋକିଳ-ବଚନା-ମୃଦୁଭାଷିଣୀ । କୂପକ ନିତମ୍ବ-ନିତମ୍ବର ଭଉଁରୀ । କେଶରୀ ମଧ୍ୟମା-ସିଂହ କଟି । କଉତୁକ ସୀମା-କ୍ରୀଡ଼ା, କଉତୁକରେ ପାରଦର୍ଶିତା ଲାଭ କରିଥିବା । ଲୋଭନା-ଅଭିଳାଷିଣୀ ।

୧୪। କଳାକରହାସୀ-ଚନ୍ଦ୍ରହାସୀ । କମଳ ସୁବାସୀ-ପଦ୍ମଗନ୍ଧା । କ୍ରୀଡ଼ା-ମାନସ କଳହଂସୀ-ରତିକ୍ରୀଡ଼ାରେ ମାନସ ସରୋବରର ରାଜହଂସୀ ପରି ପାରଦର୍ଶିନୀ । ବଡ଼ଶୀ-ବନିଶୀ । କନ୍ଦର୍ପ ଦର୍ପ ତମଶଶୀ-ମଦନର ଗର୍ବ ବା ଅହଂକାରକୁ ବିନାଶକାରିଣୀ ତଥା ଚନ୍ଦ୍ରମା ପରି । କାମ ତରଙ୍ଗିଣୀ ତରଣୀ-କାମନାକୁ ଅତିକ୍ରମ କରିବା ପାଇଁ ନୌକା ପରି । ଧରଣୀ ସରଣୀ-ପୃଥିବୀର ରାସ୍ତା ।

କଳରବ କରେ କନକ କିଙ୍କିଣୀ ବଜାଇ ବାଜେଣୀ ନୂପୁର ।
କାମ ପହଣ୍ଡ ମଣ୍ଡାଇ ନେଲା ପ୍ରାୟେ ଶୁଭଇ ଅତ୍ୟନ୍ତ ସୁସ୍ୱର
ସୁଜନେ, କମଳ ବିଞ୍ଚିଲା ପରାୟେ ।
କିଶଳୟ ପାଦପନ୍ତ ବିକାଶନ୍ତି ପଦ ପଦରେ ସୁଖମୟେ ।୧୫।
କାଳିନ୍ଦୀ କୂଳରେ ପ୍ରବେଶ ହୋଇଲେ ସକଳ ବରଜ ବାଳିକା ।
କଲେ ଅବଲୋକ କଳାରେ ନିନ୍ଦୁଛି ଦଳିତ ଉଜ୍ଜ୍ୱଳ କାଳିକା ।
କାମିନୀ, କଟାକ୍ଷ ପରାୟେ ତରଙ୍ଗ ।
କବରୀ ପରାୟେ ମହା ମନୋହର କୁସୁମମାନଙ୍କର ସଙ୍ଗ ।୧୬।
କଳହଂସକୁଳ ସ୍ୱନ କରୁଛନ୍ତି ହଂସକ ନିସ୍ୱନ ପରାୟେ ।
କାନ୍ତା ଉଚ୍ଚକୁଚ ପ୍ରାୟେ ବସିଛନ୍ତି କୋକମିଥୁନ ଏକାଠାୟେ ।
କେବଳ, ବ୍ରହ୍ମଜ୍ଞାନ ଯୋଗୀ ପରାୟେ ।
କଳେବର ସ୍ଥିର କରି ବକମାନେ ମୀନକୁ କରିଛନ୍ତି ଲୟେ ।୧୭।
କମଳେ କମଳ ବଦନୀ ପଶନ୍ତେ କମଳେ ହୋଇଲେ ଚଞ୍ଚଳ ।
କୁବଳୟ ଆଦି କହ୍ଲାର ସହିତେ କେ ତିହିଁ ନୋହିଲେ ନିଶ୍ଚଳ ।

୧୫। କଳରବ-ମଧୁର ସ୍ୱନ । କନକ କିଙ୍କିଣୀ-ସୁବର୍ଣ୍ଣ ଅଳଙ୍କାର କିଣି କିଣି ଶବ୍ଦ କରେ । କାମ ପହଣ୍ଡ-କନ୍ଦର୍ପର ଧୀର ଗମନ । କିଶଳୟ ପାଦପନ୍ତି-କଅଁଳିଆ ପତ୍ର ସଦୃଶ ଗୋପୀମାନଙ୍କର ନରମ ପାଦ ସମୂହ ।

୧୬। ଅବଲୋକ-ଚାହିଁବା । କଳାରେ...କାଳିକା-କାଳିନ୍ଦୀ ନଦୀର କଳାବର୍ଣ୍ଣର ଜଳ, ଦଳା ହୋଇଥିବା କଜ୍ଜ୍ୱଳ କୃଷ୍ଣବର୍ଣ୍ଣକୁ ମଧ୍ୟ ନିନ୍ଦା କରୁଛି । କବରୀ-ଜୁଡ଼ା; ଖୋଷା । କବରୀ...ସଙ୍ଗ-କାଳିନ୍ଦୀ ତଟରେ ବିଭିନ୍ନ ଫୁଲଗଛମାନଙ୍କରୁ ଫୁଲ ପଡ଼ିଥାଏ । ଗୋପୀମାନେ ଏହି ପଡ଼ିଥିବା ଫୁଲମାନଙ୍କ ମଧ୍ୟରେ, ଫୁଲ ଧାରଣ କରିଥିବା ଜୁଡ଼ା ପରି ସୁନ୍ଦର ଦେଖାଯାଉଛନ୍ତି ।

୧୭। କାନ୍ତା...ଏକାଠାୟେ-କୋକ ମିଥୁନ ବା ଦମ୍ପତିକୁ ଏଠାରେ ନାରୀର ସ୍ତନ ସହିତ ତୁଳନା କରାଯାଇଛି । ସ୍ୱନ-ରାବ । ହଂସକ-ନୂପୁର । କଳହଂସ-ରାଜହଂସ । କଳେବର-ଶରୀର । ବ୍ରହ୍ମଜ୍ଞାନେ...ପରାୟେ-ପରଂବ୍ରହ୍ମଙ୍କୁ ଧ୍ୟାନ କଲାବେଳେ ଯୋଗୀମାନେ ନୀରବ, ନିଶ୍ଚଳ ଭାବରେ ବସିଲା ପରି ବକମାନେ ମୀନକୁ ଲକ୍ଷ୍ୟ କରି ବସିଛନ୍ତି ।

କେବଳ, ଯେ ଯାହାକୁ ଗୁଣେ ବଳଇ ।
କି କି କରି ପାଶେ ଦେଖିଲେ ତାକୁ ସେ ଅଧୈର୍ଯ୍ୟ ହୋଇ ତରଳଇ ।୧୮।
କମନୀୟ ମୁଖ ସୁରେନ୍ଦ୍ର ସୁନଖ ଶୋଭାକୁ ସମ ନୋହିବାରୁ ।
କମ୍ପିଲା ସବୁରି ଶରୀର ସୁମରି ମରିବା ଭଲ ଲାଜଠାରୁ ।
କାଦମ୍ବ, କୁଳ ପାଶରେ ନ ରହିଲେ ।
କରିବାରୁ ଚୋରି ଗମନ ଚାତୁରୀ ମନରେ ଭୟକୁ ବହିଲେ ।୧୯।
କନକଲତା ନୀଳମଣି ସ୍ଥଳରେ ପବନେ ଢଳିଲା ପରାୟେ ।
କେ କାହାକୁ ପାଣି ପାଣିରେ ପୂରୋଇ ଆନନକୁ ମାରି ପଳାୟେ ।
କେ ଜଳ କରଟ ପରାୟେ ବୁଡ଼ଇ ।
କାହିଁ ଯିବୁ ବୋଲି କରି କେ ପାଣିରେ ପାଣିଘେନି କରି ଲୋଡଇ।୨୦।
କରେ କର ଦେଇ ଚକ୍ରବାଳ ହୋଇ କମଳୁ କମଳ ତୋଳନ୍ତି ।
କେ କରକମଳେ କମଳ କୁସୁମ ତୋଳି କାହା କୁଚେ ଢାଳନ୍ତି ।
କେ ବୋଲେ, ସଖି କୁଚପନ୍ତି ଶଙ୍କର ।
କରି ଏହାଙ୍କୁ ଜଳଶାୟୀ ସମସ୍ତେ ହେଲାଇଁ ଏହାଙ୍କ କିଙ୍କର ।୨୧।

୧୮। କୁବଳୟ-ପଦ୍ମ। କହ୍ଲାର-ଶ୍ୱେତପଦ୍ମ। କମଳେ-ଜଳରେ। କମଳବଦନୀ-ପଦ୍ମମୁଖୀ ଗୋପିକାଗଣ। କମଳେ-ପଦ୍ମସମୂହ।

୧୯। କମନୀୟ ମୁଖ-ସୁନ୍ଦର ମୁଖ। କାଦମ୍ବକୁଳ-ବାଳିହଂସଗଣ, ଏମାନେ ଦେଖିବାକୁ ଶ୍ୟାମଳ ରଙ୍ଗର।

୨୦। କନକଲତା-ସୁବର୍ଣ୍ଣଲତା ସଦୃଶ ଗୋପାଙ୍ଗନାଗଣ। ନୀଳମଣି ସ୍ଥଳରେ-ନୀଳମଣି ସଦୃଶ କାଳିନ୍ଦୀର ଜଳରେ। ପାଣିରେ-ହସ୍ତରେ। ଆନନକୁ ମାରି-ମୁଖକୁ ଶୁଖାଇ ଦେଇ। ଜଳ କରଟ-ପାଣିକୁଆ। ଲୋଡ଼ଇ-ଖୋଜଇ।

୨୧। କରେ କର ଦେଇ ଚକ୍ରବାକ ହୋଇ-ହାତଛନ୍ଦାଛନ୍ଦି ହୋଇ ମଣ୍ଡଳାକାରରେ ଜଳରୁ ପଦ୍ମ ତୋଳିଛନ୍ତି। କୁଚପନ୍ତି ଶଙ୍କର-ଉନ୍ନତ ବକ୍ଷସମୂହକୁ ଶିବଲିଙ୍ଗ ସହିତ ତୁଳନା। କିଙ୍କର-ସେବକ।

କି ବର ମାଗିବ ମାଗିଥାଅ ଏବେ ଯେ ଯାହାର ଦୁଃଖ ଜଣାଇ ।
କେ ବୋଲେ କୃଷ୍ଣଙ୍କୁ ଏକାଳରେ ଯେବେ ଦେବେ ଆମ୍ଭ ପାଶେ ଅଣାଇଁ
କରିବା, ତାଙ୍କୁ ଘେନି ଜଳ ବିହାର ।
କହୁଁ କହୁଁ ଏହା କମଳ ନୟନ ବୃନ୍ଦାବନୁ ହେଲେ ବାହାର ।୨୨।
କଲେ ବିଚାର ଗୋପିକା ଯମୁନାରେ କରୁଅଛନ୍ତି ଜଳକ୍ରୀଡା ।
କରି ଅନ୍ତର ଅଙ୍ଗବାସ ସମସ୍ତେ ଛାଡିଅଛନ୍ତି ମନୁ ବ୍ରୀଡା ।
କରିବା, ସବୁରି ବସନ ହରଣ ।
କଦମ୍ବ ବୃକ୍ଷରେ ଦୋଳି କରି ବସି କରିବା କଉତୁକ ପଣ ।୨୩।
କେଶବ ମନରେ ଏମନ୍ତ ବିଚାରି ସୁମରି ଜଗତ-ପ୍ରାଣକୁ ।
କଲେ ଆଦେଶ ଅମ୍ବର ଘେନି ଆସ କେଳି କଦମ୍ବ ପାଦପକୁ
କେଶବ, ଆଜ୍ଞାରେ ପବନ ବହିଲା ।
କୁରଙ୍ଗୀ ନେତ୍ରୀଙ୍କ ଅମ୍ବର ଅମ୍ବରେ ଉଡ଼ାଇ ନଗରେ ଥୋଇଲା ।୨୪।
କୁଞ୍ଜବିନୋଦିୟା ବଂଶୀବଦନୀୟା ବସିଲେ କଦମ୍ବ ଉପରେ ।
କେବଳ ନୟନ ସଖା ସଙ୍ଗେ ଘେନି ରହିଲା ଗୋପୀଙ୍କ ଉପରେ ।
କାମିନୀ, ମାନେ ଜଳକ୍ରୀଡ଼ା ବଢ଼ାଇ ।
କୂଳକୁ ଯାଇ ସମସ୍ତେ ଅନାଇଲେ କାହାରି ପିନ୍ଧାବାସ ନାହିଁ ।୨୫।

୨୨। କମଳନୟନ-ଶ୍ରୀକୃଷ୍ଣ ।

୨୩। ଅଙ୍ଗବାସ-ଦେହର ବସ୍ତ୍ର । ଅନ୍ତର ଅଙ୍ଗବାସ-ଦେହରୁ ବସ୍ତ୍ର ବାହାର କରି ଅର୍ଥାତ୍ ଉଲଗ୍ନ ହୋଇ । ବ୍ରୀଡ଼ା-ଲଜ୍ଜା । କଉତୁକ-ରହସ୍ୟ ।

୨୪। ଜଗତ ପ୍ରାଣ-ପବନ । ଅମ୍ବର-ବସ୍ତ୍ର । କଦମ୍ବ ପାଦପ-କଦମ୍ବ ବୃକ୍ଷ । ଅମ୍ବରେ-ଆକାଶରେ । ନଗରେ-ବୃକ୍ଷରେ ।

୨୫। ବଢ଼ାଇ-ଶେଷ କରି ।

କେ ଚକିତ ହୋଇ ରହିଲା ଚଞ୍ଚଳ କୁରଙ୍ଗୀ ପ୍ରାୟେ କେ ଚାହିଁଲା ।
କେ ବୋଲେ ଆମ୍ଭ ଶମ୍ବରକ୍ରୀଡ଼ା ସୁଖ ଅମ୍ବର କିପାଁ ନ ସହିଲା ।
କେ ବୋଲେ, କେ କଲା ଏଡ଼େ ଅବିଚାର ।
କେ ଅଛି କାହାକୁ ପଚାରିବା ଏହା କାହାରି ତ ନାହିଁ ସଞ୍ଚାର ।୨୬।
କେ ବୋଲେ ପବନ ଘେନିଗଲା ଅବା କେ ବୋଲେ ହେବ ନନ୍ଦସୁତ
କେ ବୋଲଇ ମୋର ମନକୁ ଅଇଲା ଆନର ନୋହେ ଏ ଚରିତ ।
କହନ୍ତେ, କଉଁ ଗୋପୀ ଦେଲା ଅନାଇଁ ।
କଦମ୍ବ ବୃକ୍ଷରେ ଦୋଳି କରି ବସିଅଛନ୍ତି ନାଗର କହ୍ନାଇ ।୨୭।
କୋଟିଏ ଶରତଚନ୍ଦ୍ର ଜିଣି ମୁଖେ ଶ୍ରୀଅଙ୍ଗ ଅଭିନବ ଘନ ।
କଟିତଟେ ପୀତବସନ ବିରାଜେ ବଳାହକ ବଲ୍ଲୀ ସମାନ ।
କଣ୍ଠରେ, ମୁକୁତାମାଳ ବକପନ୍ତି ।
କଳାପିକଳାପ କଳାପ ମୁକୁଟ ଇନ୍ଦ୍ରଧନୁ ସମ ଦିଶନ୍ତି ।୨୮।
କୃଷ୍ଣଙ୍କୁ ଅନାଇଁ ମନ୍ଦାକ୍ଷକୁ ପାଇ ଯେ ଯାହାମତେ ତୋରା ହୋଇ ।
କଳହଂସୀକୁଳ ପରାୟେ ସକଳ ଗୋପୀ ପଶିଲେ ଜଳେ ଯାଇଁ ।
କେ ବୋଲେ, କି କରିବା କହ ସଙ୍ଘାତ ।
କୁଟୁଣୀ ପ୍ରତିମା ପ୍ରାୟେ କରି ଆଜ ଆମ୍ଭଙ୍କୁ କଲେ ନନ୍ଦସୁତ ।୨୯।
କର ଊର୍ଦ୍ଧ୍ୱ କରି ବରଜ ସୁନ୍ଦରୀ ଡାକିଦେ ହେ ହଟ ନାଗର ।
କିମ୍ପା ଆମ୍ଭ ନାଟ ନେଇ ଏଡ଼େ ହଟ କରିଛ ରସିକନାଗର ।
କୃଷ୍ଣ ହେ, କରୁଣାହ୍ରଦ ଏବେ ହୁଅ ।
କରୁଛୁ ବିନତି ଗୋକୁଳଯୁବତୀ ଆମ୍ଭ ଅମ୍ବରମାନ ଦିଅ ।୩୦।

୨୬। ଶମ୍ବର କ୍ରୀଡ଼ା-ଜଳକ୍ରୀଡ଼ା । ସଞ୍ଚାର-ଗମନ, ଉପସ୍ଥିତି ।

୨୭। ନାଗର କହ୍ନାଇ-ରସିକ ପ୍ରେମିକ କୃଷ୍ଣ ।

୨୮। ଅଭିନବ-ନୂଆ ମେଘ ସଦୃଶ ଶରୀର । ବଳାହକବଲ୍ଲୀ-ମେଘର ଲତା, ବିଜୁଳି । ବକପନ୍ତି-ବକସମୂହ । କଳାପିକଳାପ-ମୟୂର ପୁଚ୍ଛ ।

୨୯। ମନ୍ଦାକ୍ଷ-ଲଜ୍ଜା । ତୋରା-ଚଞ୍ଚଳ । କଳହଂସୀକୁଳ-ରାଜହଂସମାନଙ୍କ ସଦୃଶ । ସଙ୍ଘାତ-ସଖୀ । କୁଟୁଣୀ ପ୍ରତିମା-ଗୋପଲୀଳାର କଣ୍ଢେଇ ।

୩୦। ନାଟ-ବସ୍ତ୍ର । ହଟ ନାଗର-କୌତୁକପ୍ରିୟ ବ୍ୟକ୍ତି ।

କେଶବ ବୋଲନ୍ତି ଆଗୋ ଗୋପୀମାନେ ଏ ତୁମ୍ଭର କଉଁ ବଡ଼ାଇ ।
କନ୍ଦର୍ପଘର ବୁଡ଼ାଇ ବସିଅଛ ମୋତେ ଦେବ ବୋଲି ଉଡାଇ ।
କରିବା, ତୁମ୍ଭ ଆମ୍ଭର ଆଜ ନ୍ୟାୟେ ।
କଉଁ ବଡ଼ପଣେ ଚୋର ଦୋଷ ଦେଲ ଯାଉ ଏକଥା କଂସଯାଏ ।୩୧।
କରିଅଛ ଯଉବନ ଏ ଗରବ ଜଳରେ ଉଲଗଂ ହୋଇଲ ।
କଂସ ପରା ମାମୁ ଥାଉଁ ଥାଉଁ ଏବେ ମୋତେ ଚୋର ବୋଲି ବୋଇଲ ।
କେ ବୋଲେ, ସବୁ ଅଛୁନି ଆମ୍ଭେ ଜାଣି ।
କଅଁଳା ପୁଅ ଦିନରୁ ପ୍ରତି ଘରେ ନ ରହଇ ସର ଲବଣୀ ।୩୨।
କଉଁ ଅରଣ୍ୟରେ କଉଁ ଗୋପୀଠାରେ ନୋହିଛି ଡକାଇତ ପଣ ।
କେବଳ ଆଜ ପରିଯନ୍ତେ ନଥିଲା ପିନ୍ଧିଲାବସନ ହରଣ ।
କୃଷ୍ଣ ହେ, କଲ ଏବେ ଭଲ ଉପାୟ ।
କେମନ୍ତେ ହୋଇ ଗୋପେ ଆର ରହିବା ସ୍ନାନଠାବରେ ଚୋରଭୟ ।୩୩।
କନକ ବୃକ୍ଷେ ପବନ ପକାଇଲା ଆମ୍ଭକୁ କିମ୍ପା ଦୋଷ ଦିଅ ।
କଉତୁକେ ଆମ୍ଭେ ସୁଖେ ବସିଅଛୁଁ ଯେ ଯାହା ବାସ ଚିହ୍ନିନିଅ ।
କରାଇ, ଅଣଆୟଉ ସବୁ ନାଟ ।
କଷ୍ଟେ କଷ୍ଟେ ଜଳୁଁ ବାହାର ହୋଇବେ ଅବାଟମାନ କରିବାଟ ।୩୪।
କରକ ଦେଇ କାମଦେବ ମନ୍ଦିରେ ଆଉ କର ଉର ଉପରେ ।
କରନ୍ତି ଗମନ ଲମ୍ବାଇ ବଦନ ଲାଜକୁ ପକାଇ ପଛରେ ।
କଦମ୍ବ, ତଳରେ ହେଲେ ଯାଇ ଉଭା ।
କନ୍ୟାସ୍ତମ୍ଭ ପ୍ରାୟେ ସମସ୍ତେ ଦିଶନ୍ତି ଜଳେ କନକକାନ୍ତି ପ୍ରଭା ।୩୫।

୩୧। ବଡ଼ାଇ-ଅହଂକାର। କନ୍ଦର୍ପ...ଉଡ଼ାଇ-କାମର ଅଧିଷ୍ଠାନ ସ୍ଥଳ ସ୍ୱରୂପ ବକ୍ଷଦେଶକୁ ଜଳମଗ୍ନ କରିଛି, ମତେ ଅସ୍ୱୀକାର ବା ହେୟ କରି। ନ୍ୟାୟେ-ଉଚିତ ବିଚାର।

୩୨। ଉଲଗଂ-ଉଲଗ୍ନ। ଅଛୁନି-ଅଛୁ।

୩୩। ଡକାଇତ ପଣ-ବଳାତ୍କାରରେ ଲୁଣ୍ଠନ। ଠାବରେ-ସ୍ଥାନରେ। ପରିଯନ୍ତେ-ପର୍ଯ୍ୟନ୍ତେ।

୩୪। ଅବାଟମାନ-ଅବାଟଯାକ।

୩୫। କରକ ଦେଇ-ଗୋଟିଏ ହାତ ଦେଇ। ଉର-ସ୍ତନ। ଲମ୍ବାଇ ବଦନ-ତଳକୁ ମୁଖ ପୋତି। କନ୍ୟାସ୍ତମ୍ଭ-ଚିତ୍ରପ୍ରତିମା। ଜଳେ-ଝଲସି ଉଠେ।

କହନ୍ତି ଶ୍ରୀକୃଷ୍ଣ ଆଗୋ ଗୋପୀମାନେ ଏବେ ଆମ୍ଭର ବୋଲ କର ।
କଲ ଯେ ଜଳ ଦେବତାରେ ଅପ୍ରାଧ ଶିରରେ ଦିଅ ବେନିକର।

କେ ବୋଲେ, ଆମ୍ଭେ କି ଜାଣୁ ଦେବତାଙ୍କୁ ।

କେବଳ ମନ ବଚନ କର୍ତ୍ତବ୍ୟରେ ଜାଣୁ ଏକା ଜଗଜ୍ଜିତାଙ୍କୁ ।୩୬।
କରୁଛୁଁ ତାହାଙ୍କୁ ନମସ୍କାର ବୋଲି ଶିରରେ ଦେଲେ ବେନି କର ।
କାଇଁଚମାଳୀୟା ଘନଶ୍ୟାମଳୀୟା ହସରେ ହୁଅନ୍ତି ଅଧୀର ।

କହିଲେ, କୁଚ ଶମ୍ଭୁକୁ ଜଳଶାୟୀ ।

କରିବାରୁ ଏହି ବରକୁ ପାଇଲ ରହିତ ଦିଗମ୍ବରୀ ହୋଇ ।୩୭।
କରୁଣାକର ନାଗର ଶିରୀଧର ଦେଲେ ଯେ ଯାହା ଅମ୍ବରକୁ
କନକ ଦର୍ପଣ ବଦନ ମଣ୍ଡଳ ଗଲା ପ୍ରସାଦ ଡମ୍ବରକୁ ।

କୁରଙ୍ଗ ତରଙ୍ଗ ନୟନ ନଚାଇ ।

କଲେ ହରଷ ଗୋକୁଳକୁ ଗମନ ଉଚ୍ଚ କୁଚ ବାସେ ଲୁଚାଇ ।୩୮।
କାଳିନ୍ଦୀ କୂଳୀୟା କଦମ୍ବମୂଳୀୟା କେକୀ ପୁଚ୍ଛ ଚାରୁଚୁଳୀୟା ।
କଜ୍ଜ୍ୱଳ କାଳୀୟା କାଇଁଚ ମାଳୀୟା ମଣିମକର କୁଣ୍ଡଳୀୟା ।

କଳିତ, ଲଳିତ ପୀତ ଦୁକୂଳୀୟା ।

କଳଙ୍କ ରହିତ କଳାକରଜିତ ସୁନ୍ଦର ମୁଖମଣ୍ଡଳୀୟା ।୩୯।
କୁଟୀଳ ନୀଳ ଅଳକା ଆବଳୀୟା ନବ ଲବଣୀ କବଳୀୟା ।
କେତେ କେତେ କଉତୁକ କରୁଥାନ୍ତି ବ୍ରଜସୁତ ସଙ୍ଗମେଳୀୟା ।

କଦମ୍ବ, ବୃକ୍ଷରୁ ଓହ୍ଲାଇ ବିଜୟେ ।

କୃଷ୍ଣଦାସ ମନ ପଛେ ଗୋଡ଼ାଇଛି ସେହି ରୂପକୁ କରି ଲୟେ ।୪୦।

୩୬। ଅପ୍ରାଧ-ଅପରାଧ। ଜଳ ଦେବତା-ବରୁଣ ଦେବତା। ଜଗଜ୍ଜିତା-କୃଷ୍ଣ।

୩୭। ଦିଗମ୍ବରୀ-ଉଲଗ୍ନ। କୁଚ-ଶମ୍ଭୁ-କୁଚରୂପକ ଶିବ।

୩୮। କନକ ଦର୍ପଣ ବଦନ-ସୁବର୍ଣ୍ଣ ଦର୍ପଣ ପରି ମୁଖମଣ୍ଡଳ। ପ୍ରସାଦ ଡମ୍ବର-ପ୍ରସନ୍ନତା ପ୍ରକାଶ ପାଇଲା। ବାସେ-ବସ୍ତ୍ରଦ୍ୱାରା।

୩୯। ପୀତ ଦୁକୂଳିୟା-ହଳଦିଆ ବସ୍ତ୍ର ପରିଧାନ କରିଥିବା। ମଣିମକର କୁଣ୍ଡଳୀୟା-ମଣି ଓ ମକରାକୃତି କୁଣ୍ଡଳ ଧାରଣ କରିଥିବା ଶ୍ରୀକୃଷ୍ଣ।

୪୦। ଅଳକା ଆବଳୀୟା-ଚୂର୍ଣ୍ଣକୁନ୍ତଳ ସମୂହ ଶ୍ରୀକୃଷ୍ଣଙ୍କ ମୁଖମଣ୍ଡଳକୁ ବେଢ଼ି ରହିଥିବାରୁ। ଲବଣୀ କବଳୀଆ-ଲହୁଣୀ-ଖିଆ।

❑❑❑

ଷୋଡ଼ଶ ଛାନ୍ଦ

(ରାଗ-ପାହାଡ଼ିଆ କେଦାର)

କ୍ରମେ ଗ୍ରୀଷମ ହୋଇଲା ଶେଷ,   ପ୍ରବେଶ ହେଲା ଆଷାଢ଼ ମାସ,
କାଳ କରାଳ କାଳିକା ଉଦେ ହେଲେ ଆକାଶ ହେ।
କଲା ନିବିଡ଼ କରି ନିର୍ଘୋଷ,   ଗିଳିଲା ଗିରିବର ଶିରୀଷ
ମହା ପ୍ରବଳ ଅନ୍ଧାରେ ନ ଦେଖାଇଲା ଦିଶ ସେ
କରାଇଲା ଆପଣା ବଲ୍ଲୀ ପ୍ରକାଶ ସେ।
କ୍ରମେ ସଜଳ କଲା ଅବନୀ ଦେଶ ସେ।

କୃଷିକାରକେ ହୋଇ ହରଷ   କଲେ ଯେ ଯାହା ଇଚ୍ଛାୟେ ଚାଷ
କେଦାରମାନଙ୍କରେ ପୂରିଲା ଗୀତ ଅଶେଷ ସେ ।୧।
କୁଳଟା ପ୍ରାୟେ କୂଳ ବୁଡ଼ାଇ,   ବଢ଼ିଲେ ନଦୀ ପ୍ରବଳ ହୋଇ,
ପାଶେ କାହାକୁ ନଦେଲେ ଥୋଇ ଚଞ୍ଚଳ ହୋଇ ସେ
କୁଳ ପାଳିକା ପ୍ରାୟେ ଦୀର୍ଘିକା,   କୂଳକୁ ରଖି ରହିଲେ ଏକା
କୋକ ମିଥୁନ ଉରଜ ଘନ ରସକୁ ପାଇ ସେ
କମଳରେ ବୁଡ଼ିଲେ କମଳ ବଂଶ ଯେ।
କଲେ ଗମନ ମାନସରକୁ ହଂସ ଯେ
କଚ୍ଛପ ମତ୍ସ୍ୟ ମଣ୍ଡୂକ ମତ୍ତ   ହୋଇ ରଚିଲେ ସୁଖରେ ରତ
କ୍ରୌଞ୍ଚ ସାରସ ବଳାକା ବଂଶ ହେଲେ ଉଲ୍ଲାସ ସେ ।୨।

୧। କାଳ କରାଳ-ଯମ ପରି ଭୟଙ୍କର। କାଳିକା-ମେଘ। ନିର୍ଘୋଷ-ଗର୍ଜନ। ଗିଳିଲା ଗିରିବର ଶିରୀଷ-ପର୍ବତ ଶୃଙ୍ଗକୁ ମେଘ ଆବୃତ କଲା। ଦିଶ-ଦିଗ। ବଲ୍ଲୀ-ଲତା, ବିଜୁଳି। ସଜଳ-ଜଳମୟ। କେଦାର-ବିଲ। ଅବନୀ-ପୃଥିବୀ।

୨। କୁଳଟା-ଅସତୀ ନାରୀ। କୂଳ-ନଦୀତୀର, ବଂଶ। କୁଳପାଳିକା-ସତୀନାରୀ ବା କୁଳବଧୂ। ଦିର୍ଘିକା-ପୁଷ୍କରିଣୀ। କୋଥମିଥୁନ ଉରଜ-ଚକ୍ରବାକ ଦମ୍ପତି ସହ ସ୍ତନର ତୁଳନା। କମଳରେ-ଜଳରେ। କମଳ ବଂଶ-ପଦ୍ମ ସମୂହ। ମାନସରକୁ-ମାନସ ସରୋବରକୁ। ରତ-ଆମୋଦ ପ୍ରମୋଦରେ ବ୍ୟସ୍ତ। କ୍ରୌଞ୍ଚ-ପକ୍ଷୀବିଶେଷ। ସାରସ-ହଂସ। ବଳାକା-ବଗ। ଉଲ୍ଲାସ-ଆନନ୍ଦିତ। ମଣ୍ଡୂକ-ବେଙ୍ଗ।

କୁଧର ବନ ଦିଶିଲା ଶୋଭା,   ଲିଭିଲା ବନ ଅନଳ ପ୍ରଭା,
କଲା ଜଗତ ଜନମାନଙ୍କୁ ନୟନ ଲୋଭା ଯେ।
କଦମ୍ବ, ଜାତୀ, ମଲ୍ଲୀ, ମାଳତୀ   କେତକୀ, ଚମ୍ପା, କୁଟଜ, ଯୂତି
କୁସୁମ ବେଶେ ବଶ କଲେ ଏ ମଧୁପସଭା ଯେ,
କୁସୁମରୁ ସୁବାସ ଘେନି ପବନ ଯେ।
କଲେ ସଧୀରେ ସବୁ ଦିଗେ ଗମନ ଯେ
କଲା ସଂଯୋଗୀଜନେ ଶୀତଳ   ବିଯୋଗୀ ଜନେ ହେଲେ ବିକଳ
ଜ୍ୱର ନିର୍ଜର ଦେହକୁ ଯେଉଁ ପ୍ରକାରେ   ବନ ହେ।୩।
କଲେ ତାଣ୍ଡବ ମଧ୍ୟ ପାଣ୍ଡବ,   ବିଟପୀ ଶିରେ ମାର୍ଜାର ରବ
କାଳ କଣ୍ଟକ ଡାକେ ବଢ଼ିଲା କାମ ଉତ୍ସବ ଯେ।
କୁଳିଶ ପଡ଼େ ଅତି ନିବିଡ଼େ   ପର୍ବତୁ ଗଣ୍ଡ ଶଇଳ ଝଡ଼େ
କାମି କାମିନୀ ଲଗାଇ କୋଡ଼େ କରନ୍ତି ଭାବ ହେ।
କଉଁ ବିଦେଶୀ ବିଦେଶରୁ ବାହୁଡ଼େ ଯେ-
କାମେ କାତର ହୋଇ ନିଶ୍ୱାସ ଛାଡ଼େ ଯେ,
କରଇ ପୁଣି ମନେ ବିଚାର,   କି କରୁଥିବ ବାନ୍ଧବୀ ମୋର।
କର୍ମ ଏବଳେ ପଡ଼ିଲା ହେଲେ କାମ ହାବୋଡ଼େ ସେ।୪।

୩। କୁଧର-ପର୍ବତ। ଜାତୀ-ଗାଇ। କୁଟଜ-ବରମଲ୍ଲୀ। ଯୂତି-ଯୂଈ। ମଧୁପ ସଭା-ଭ୍ରମରସମୂହ। ସଧୀରେ-ମନ୍ଦ ଗତିରେ। ସଂଯୋଗୀଜନ-ବର୍ଷାକାଳ ସଂଯୋଗୀ ଅର୍ଥାତ୍ ପତ୍ନୀ ପାଖରେ ଥିବା ବ୍ୟକ୍ତିମାନଙ୍କୁ ସୁଖ ପ୍ରଦାନ କଲା। ବିଯୋଗୀ-ବିରହୀ। ବନ-ଜଳ। ଜ୍ୱର...ବନ ହେ-ଜରୁଆ ଜଳ ପାଇଁ ବିକଳ ହୁଏ; କିନ୍ତୁ ଜ୍ୱର ନଥିବା ବ୍ୟକ୍ତିଙ୍କୁ ତାହା ଶୀତଳତା ପ୍ରଦାନ କରିଥାଏ। ତେଣୁ ଜ୍ୱର ନଥିବା ବ୍ୟକ୍ତି ଅର୍ଥାତ୍ ସଂଯୋଗୀମାନଙ୍କୁ ବର୍ଷାକାଳ ସୁଖ ପ୍ରଦାନ କରିଥାଏ।

୪। ମଧ୍ୟପାଣ୍ଡବ-ଅର୍ଜ୍ଜୁନ, ମୟୂର। ବିଟପୀ ଶିରେ-ବୃକ୍ଷ ଉପରେ। ମାର୍ଜାର ରବ-ବିରାଡ଼ି ରବ। କାଳକଣ୍ଟକ-ଡାହୁକ। କୁଳିଶ-ବଜ୍ର। ଅତି ନିବିଡ଼େ-ତୁହାକୁତୁହା। ଗଣ୍ଡଶଇଳ-ବଡ଼ ବଡ଼ ପଥରଖଣ୍ଡ। କର୍ମ ଅବଳ-ଦୁର୍ଭାଗ୍ୟ। ହାବୋଡ଼େ-ସମ୍ମୁଖରେ।

କେ କେକୀ କେକା ଶୁଣି ତାଟକା ହୋଇ ପଥରେ ଗମନ୍ତେ ଏକା
ବୋଲଇ ଡାକ ଉପରେ ମୋତେ ହୋଇଲା ଡକାରେ ।
କାମ ଝମକ ମେଘ ଦମକ, ମଣ୍ଡୂକ ମହା ଡାକ ଚମକ,
ଏକେଁ ଏକେଁ ଏ ପ୍ରିୟା ହୃଦୟ ଚମକ ଟେକାରେ ।
କିଆ ଅନାଇ ହିୟା କମ୍ପାଇ ପୁଣି ସେ
କ୍ରୋଧ କରି କପାଳ ମାରଇ ପାଣି ସେ ।
କଷ୍ଟେ ଚାଲି ବସି ପୁଣି, ଚିନ୍ତା କରଇ ମୁରଲୀ ପାଣି
କଚାଡ଼ି ହୋଇ ଦଣ୍ଡ ଦଣ୍ଡକେ, ପଡ଼େ ଧରଣୀ ଯେ ।୫।
କେ ବୋଲେ ଘନାଘନକୁ ଚାହିଁ ଏ ଘନାଘନ ରଖିବ ନାହିଁ
କନ୍ଧରେ ଘନାଘନ ଅନୁଜସୁତକୁ ବହି ରେ
କି କରି କରୁଅଛି ଗମନ କି କି ଦିଶୁଛି ବକଦଶନ
ଝର ପରାୟେ ସଲିଳମୟେ ପଡୁଛି ବହିରେ ।
କି କରିବି ଏବେ ମୁଁ ପଶିବି କାହିଁରେ
କାନ୍ତା କୁଚପର୍ବତ କନ୍ଦର ନାହିଁରେ,
କଳିତ କରି ଇନ୍ଦ୍ର କୋଦଣ୍ଡ କରକାବଳୀ ହାବୋଡ଼ା କାଣ୍ଡ
ସନ୍ଧି ଯେ ବିନ୍ଧି ଆସୁଛି ମାର ଉପ୍ରୋଧ ନାହିଁରେ ।୬।

୫। କେକୀ କେକା-ମୟୂର ଡାକ । ମେଘ ଦମକ-ମେଘ ଗର୍ଜନ । ମଣ୍ଡୂକ ମହାଡାକ-ବେଙ୍ଗର ଘୋର ରଡ଼ି । ଚମକ ଟେକା-ଚମକି ପଡ଼େ ।

୬। ଘନାଘନ-ମେଘ । ଘନାଘନ-ମତ୍ତହସ୍ତୀ । ଘନାଘନ ଅନୁଜସୁତ-କନ୍ଦର୍ପ । ବକ ଦଶନ-ବକରୂପକ ଧଳା ଦାନ୍ତ । କନ୍ଦର-ଗୁହା । ସଲିଳମୟେ-ଜଳମୟ । କଳିତ କରି-ଧାରଣ କରି । ଇନ୍ଦ୍ରକୋଦଣ୍ଡ-ଇନ୍ଦ୍ରଧନୁ । କରକା-କୁଆପଥର । ହାବୋଡ଼ାକାଣ୍ଡ-ହାବେଳୀବାଣ । ସନ୍ଧି-ଯୋଖି ।

କେ ବୋଲେ କାଳୀ କୁଣ୍ଡଳୀ ପ୍ରାୟେ, କଳାନାଗକୁ କରିଛି ଭୟେ
ବିଜୁଳି କପଟରେ ଅନାଅ ରସନା ଚାଳେ ଯେ।
କାମ ଜାଙ୍ଗଳୀ ଦେବାରୁ ଚାଳି ଆସୁଛି ମହା ପ୍ରଖରେ ଖେଳି,
ବିଷ ଦୃଷ୍ଟିରେ ଦେଉଛି ଜାଳି ଅତି ପ୍ରବଳ ଯେ ।
କେ ବୋଲଇ ଏ କାଳ କାଳ ପରାୟେ ହେ
କାଳ କାଳିକା ଅଙ୍ଗେ କରାଇ ଭୟେ ହେ
କରିବ ବୋଲି ବିଯୋଗୀ ଅନ୍ତ, ଗର୍ଜନ କରି ଚୋବାଇ ଦାନ୍ତ
ସସ୍ୱନ ବକପନ୍ତି କପଟେ କରାଳମୟେ ଯେ ।୭।
କେ ବୋଲେ ରାହୁ ପରାୟେ ଚାହୁଁ ଚାହୁଁ ଗିଳିଲା ସୂର୍ଯ୍ୟଙ୍କୁ ଯହୁଁ
ଚିନ୍ତା ଜଳରେ ବୁଡ଼ିଲେ ତହୁଁ ବିଯୋଗୀ ଜନ ହେ
କାମ ବ୍ରାହ୍ମଣ କରରେ ଦାନ ଦେବାକୁ ହେଲେ ଜୀବନ ଧନ
କେକୀ ଡାହୁକ ଦ୍ୱିଜଙ୍କ ଡାକ ପୂରେ ଭୁବନ ହେ
କେ ବୋଲେ ଏ ବନମାଳୀ ପରାୟେ ଯେ
କଳା କଳେବରରେ କି ଶୋଭା ପାଏ ଯେ
କେକୀ କଳାପ ମଘବା ଚାପ ଜନ ନୟନ ଆନନ୍ଦ ରୂପ
ଶ୍ରୀ ବୃନ୍ଦାବନ ନଭେ ଗମନ କରେ ଉଦୟେ ହେ ।୮।

୭। କାଳୀକୁଣ୍ଡଳୀ-କାଳସର୍ପ ପରି କଳାମେଘ। କଳାନାଗ-କୃଷ୍ଣସର୍ପ। କପଟରେ-ଛଳରେ। ରସନା-ଜିହ୍ୱା। କାମ ଜାଙ୍ଗଳୀ-କନ୍ଦର୍ପରୂପୀ ସାପୁଆ କେଳା। ବିଷ-ଗରଳ, ଜଳ। ଏ କାଳ କାଳ-ଏ ବର୍ଷାକାଳ ଯମ ସଦୃଶ। କାଳ କାଳିକା-ଭୟଙ୍କର କାଳୀଦେବୀଙ୍କ ଶରୀରରେ ବା ମେଘ ଦେହରେ ଭୟ ଜାତ କରାଏ। ଅନ୍ତ-ବିନାଶ। ସସ୍ୱନ-ଶବ୍ଦ କରୁଥିବା। ବକପନ୍ତି କପଟେ-ବଗମାନଙ୍କ ଛଳରେ। କରାଳମୟେ-ଅତି ଭୟଙ୍କର ଦେଖାଯାଉଛି।

୮। କାମ... ଜୀବନ ଧନ-ପରାଗ ସମୟରେ ବ୍ରାହ୍ମଣମାନଙ୍କୁ ଧନ ଦାନ ଦେବାପରି ବିରହୀମାନେ କନ୍ଦର୍ପରୂପକ ବ୍ରାହ୍ମଣକୁ ନିଜର ଜୀବନରୂପକ ଧନ ଦାନ କଲେ। ଦ୍ୱିଜ-ପକ୍ଷୀ, ବ୍ରାହ୍ମଣ। ମଘବା ଚାପ- ଇନ୍ଦ୍ରଧନୁ। ଜନନୟନ-ଆନନ୍ଦ ରୂପ-ଲୋକମାନଙ୍କୁ ନେତ୍ରସୁଖ ପ୍ରଦାନ କରେ।

କଟି ହରିତ ବାସ ବିଜୁଳି,   ମୁକୁତାମାଳି ବକ ମଣ୍ଡଳୀ
ମନ୍ଦ ମୁରଲୀ ଧ୍ୱନିକି କଳି ମଧୁର ଘୋଷ ହେ ।
କରି କରୁଣା ଅମୃତ ବୃଷ୍ଟି   ରକ୍ଷା କରଇ ସକଳ ସୃଷ୍ଟି,
କଉଁ ଭଗତ ଚାତକ ଚିତ୍ତ ନ କରେ ତୋଷ ହେ
କଉ ବିଦେଶୀଜନ କରି ଏ ଧ୍ୟାନ ଯେ
କଲା ହରଷେ ମନ୍ଦିରକୁ ଗମନ ହେ ।
କାମିନୀ କୋଳ କରି ଭରସା   ବଞ୍ଚିଲେ ମହାସୁଖେ ବରଷା,
ବିବିଧ ବନ୍ଧେ ଆରମ୍ଭ ନିଧୁବନ ବିଧାନ ସେ ।୯।
କମଳ ଦଳ ନୟନ ହରି   ବରଷା ଅବଲୋକନ କରି,
ଅନେକ ରୂପେ ଗୋପ ସୁନ୍ଦରୀମାନଙ୍କୁ ହରି ସେ,
କାହା ଅଙ୍ଗରେ ଅଙ୍ଗ ଲଗାଇ   ବିଜୁଳି ଘନ ପରାୟେ ହୋଇ,
ନିବିଡ଼ ଘନ ରସ ପ୍ରକାଶ ଅନେକ କରି ଯେ ।
କେକୀ ପରାୟେ ନାଚେ ଶିଖି ଶିଖଣ୍ଡ ସେ
କଣ୍ଟକିତ ରୋମାଳି କଦମ୍ବ କାଣ୍ଡ ସେ ।
କେତେ ଶୁଭଇ ଚାତକ ରବ,   ପରାୟେ ମନ ମନୁ ବିରବ,
କଟି କିଙ୍କିଣୀ ଘୋଷ ନିର୍ଘୋଷସମ ପ୍ରଚଣ୍ଡ ସେ ।୧୦।

୯। କଟି ହରିତ ବାସ ବିଜୁଳି-ମେଘ ଶ୍ରୀକୃଷ୍ଣଙ୍କ ଶରୀର ସଦୃଶ ହୋଇଥିବାରୁ ତାଙ୍କ କଟିର ହଳଦିଆ ଲୁଗା ବିଜୁଳି ସଦୃଶ । ଘୋଷ-ଗର୍ଜନ । କଳି-କଳନା କରି । କରୁଣା ଅମୃତ-ଦୟାରୂପକ ଜଳ । ନିଧୁବନ-ରତି ।

୧୦। କମଳ ଦଳ-ପଦ୍ମପାଖୁଡ଼ା । ହରି-କୃଷ୍ଣ । ହରି-ହରଣ କରି । ବିଜୁଳି, ମେଘ ପରାୟେ ହୋଇ-ବିଜୁଳି ଓ ମେଘ ପରି ନିବିଡ଼ ଭାବରେ । ଘନରସ-ଶୃଙ୍ଗାର ରସ । କେକୀ ପରାୟେ-ମୟୂର ପରି । ଶିଖି ଶିଖଣ୍ଡ-ଶ୍ରୀକୃଷ୍ଣଙ୍କ ମସ୍ତକର ମୟୂର ପୁଚ୍ଛ । କଦମ୍ବକାଣ୍ଡ-କଦମ୍ବ ଫୁଲ । ମନମନ ବିରବ-ରତିକାଳୀନ ଅସ୍ପଷ୍ଟ ଶବ୍ଦ । ଘୋଷ-ଶବ୍ଦ । ନିର୍ଘୋଷ-ଘଡ଼ଘଡ଼ି ଶବ୍ଦ ।

କ୍ରମଶେ ବଢ଼ି ପ୍ରେମ ତଟିନୀ   ସୁଖ ସାଗରେ ମିଶିବା ଘେନି
ଜ୍ଞାନ କମଳ ବୁଡ଼ି ନରହେ ଧଇର୍ଯ୍ୟ ତଟ ହେ ।
କାନ୍ତା ଅଙ୍ଗରେ କରଜ କ୍ଷତ   ସୁବର୍ଣ୍ଣ ଧରଣୀରେ ଯେମନ୍ତ,
ନବୀନ ଇନ୍ଦ୍ର ଗୋପ କଦମ୍ବ ହୋଏ ପ୍ରକଟ ଯେ
କାନ୍ତା ଦୟିତ ବେନି ରତି ପଣ୍ଡିତ ଯେ ।
କଲେ କନ୍ଦର୍ପ ମହାତାପ ଖଣ୍ଡିତ ଯେ
କେତେ କହିବି ଏହି ପ୍ରକାରେ   ସମସ୍ତ ଗୋପନାରୀଙ୍କ ପୁରେ,
ମନ ମୋହନ ମେଘବରନ କୃଷ୍ଣ ମଣ୍ଡିତ ସେ ।୧୧।
କରନ୍ତେ ଦିନେ ଦିନେ ଦୁର୍ଦ୍ଦିନ,   କଳି ନୋହଇ ରଜନୀ ଦିନ
କୁସୁମଗନ୍ଧ ଘେନି ବହି ମନ୍ଦ ପବନ ହେ,
କୁଧର ଶିରୁଁ ନିର୍ଝର ଝରେ,   ମହୀମଣ୍ଡଳ କର୍ଦ୍ଦମ କରେ,
ଚାଲନ୍ତି ନାହିଁ ଅତି ପ୍ରଖରେ ପଥିକ ଜନ ହେ ।
କାହା ଚରଣ ଖସେ କେ ଦେଖି ହସେ ଯେ
କଉଁ ପଥିକ ନଦୀ ତଟରେ ବସେ ଯେ
କରଇ ଚିନ୍ତା ତରଣୀ ପାଇଁ   କଉଁ ତରୁଣୀ ପଚାରେ ଯାଇଁ
କେମନ୍ତ ହୋଇ ଯିବ ପୂରିଛି ଏ ଘନରସେ ଯେ ।୧୨।

୧୧। ପ୍ରେମ ତଟିନୀ-ପ୍ରେମରୂପକ ନଦୀ । ଜ୍ଞାନକମଳ-ଜ୍ଞାନରୂପକ ପଦ୍ମ । କରଜ କ୍ଷତ-ନଖକ୍ଷତ । ନବୀନ ଇନ୍ଦ୍ରଗୋପ କଦମ୍ବ-ନୂଆ ସାଧବବୋହୂ ପରି । କାନ୍ତା ଦୟିତ-ପତ୍ନୀ-ପତି । ଦୟିତ-କୃଷ୍ଣ । ମହାତାପ-ରତିତାପ । କଲେ ଖଣ୍ଡିତ-ଖଣ୍ଡନ କଲେ । ମନମୋହନ ମେଘବର୍ଣ୍ଣ-ମେଘବର୍ଣ୍ଣ ଶ୍ରୀକୃଷ୍ଣ ।

୧୨। ଦୁର୍ଦ୍ଦିନ-ଝଡ଼, ବର୍ଷା ଅର୍ଥରେ । କଳି ନୋହଇ-କଳନା କରିହୁଏ ନାହିଁ । ମନ୍ଦ ପବନ-ଧୀର ପବନ । କୁଧର ଶିରୁ-ପର୍ବତ ଶିଖରୁ । କର୍ଦ୍ଦମ-କାଦୁଅ । ପଥିକଜନ-ବିଦେଶୀ । ତରଣୀ-ନୌକା । ଘନରସେ-ଜଳରେ ଶୃଙ୍ଗାରରସରେ କରଇ...ଘନରସେ ଯେ । ପଥିକ ନଦୀତଟରେ ବସି ଜଳପୂର୍ଣ୍ଣ ନଦୀ ନୌକାରେ ପାରିହେବାକୁ ଚିନ୍ତାକରେ । ଏହି ସମୟରେ କୌଣସି ଏକ ତରୁଣୀ ପଥିକ ନିକଟକୁ ଯାଇ ତାକୁ କହେ, ଯେ ନଦୀ ଜଳରେ ପରିପୂର୍ଣ୍ଣ । ତେଣୁ ସେ କିପରି ପାରି ହେବ । ଅନ୍ୟ ଅର୍ଥରେ, ତରୁଣୀଟି କହିଛି ଯେ ଶୃଙ୍ଗାରରସରେ ସେ ପୂରି ରହିଛି । ତାକୁ ଛାଡ଼ି ପଥିକ କିପରି ଯିବ ।

କୁମ୍ଭ ଭେଳାରେ ହୁଅନ୍ତି ପାରି,   ତାହା ତ ଏଥି ନାହାନ୍ତି କରି,
ମୋହ ନାୟକ ନାହାନ୍ତି ଯାଇଚନ୍ତି ସେପାରି ଯେ ।
କରନ୍ତେ ଅବା ଥିଲେ ଉପାୟ,   ଏବେ ଯାଅ ଯା ନଗରଯାଏ;
ଦେଖୁତ ଅଛ ଆସୁଛି ଅନ୍ଧକାର ଶର୍ବରୀ ଯେ ।
କହେ ଚତୁରବର ପ୍ରତ୍ୟୁତ୍ତର ଯେ ।
କଲ ମୋଠାରେ ତୁମ୍ଭେ କି ଉପକାର ଗୋ ।
କହିଲ ଯଉଁ କୋମଳ ବାଣୀ   କୃତାର୍ଥ ହେଲି କର୍ଣ୍ଣରେ ଶୁଣି,
କେବଳ ଆଝୁଁ କିଣିଲା ପ୍ରାଣୀ ହେଲି ତୁମ୍ଭର ହେ ।୧୩।
କଥା କହନ୍ତେ ବଢ଼ିଲା ସୁଖ,   କାମ ବିନ୍ଧିଲା ପଞ୍ଚବିଶିଖ,
ବଢ଼ାଇ ନେଲା ଚତୁରମୁଖ ରହସ୍ଥଳକୁ ଯେ ।
କଲେ ବିବିଧ ବନ୍ଧରେ ରତି   ମଦନ ମହାମଦରେ ମାତି;
କୁମୁଦ ଭୃଙ୍ଗ ପ୍ରାୟେ ସେ ହେଲେ ପ୍ରାତକାଳକୁ ଯେ ।
କଉଁ କାମିନୀ କାମୀ ଅନାଇ କରି ଯେ,
କହେ ସଖୀ ଆଗରେ ବାଚାଚାତୁରୀ ସେ ।
କି ହୃଦ ସଖୀ ପୁରୁଷଙ୍କର, ଦେଖି ଦେଖିଲେ ଏ ପୟୋଧର,
କରନ୍ତି ପରଚାର ପୟର କେମନ୍ତ କରି ଗୋ ।୧୪।
କହେ ସଜନୀ ଏଡ଼େ ଗୁଆଁର,   ଏହା ଦେଖିଲେ କରେ ପ୍ରଚାର
ତୋହରି କାନ୍ତଠାରୁ ବିଚାର ନ କରୁ କିମ୍ପା ଗୋ ।

୧୩। କୁମ୍ଭ ଭେଳା-କଳସୀ ଭେଳା । ତାହା ତ ଏଥି ନାହାନ୍ତି କରି-ଏହା ଏଠାରେ କରାଯାଇ ନାହିଁ । ଶର୍ବରୀ-ରାତି । ଗୋଟିଏ ଅର୍ଥରେ ତରୁଣୀଟି କଳସୀ ଭେଳା ହୋଇ ନଥିବା, ତା'ର ସ୍ୱାମୀ ଆରପାରିକୁ ଯାଇଥିବା ଅନ୍ଧାର ରାତି କଥା କହି ନଗର ପର୍ଯ୍ୟନ୍ତ ଯିବା ପାଇଁ କହିଛି । ଅନ୍ୟ ଅର୍ଥରେ ସେ କହିଛି ଯେ, ତୁମେ କୁଚକୁମ୍ଭ ରୂପକ ଭେଳାରେ ପାର ହୋଇ ପାର; ମାତ୍ର ତାହା ଅସମ୍ଭବ । ମୋର ସ୍ୱାମୀ ଘରେ ନାହାନ୍ତି, ନଦୀର ଆର ପାରିକୁ ଯାଇଛନ୍ତି । ଅନ୍ଧାର ରାତି ମାଡ଼ି ଆସୁଥିବାରୁ ତା' ଘରକୁ ଆସି ତା' ସହିତ ରତିକ୍ରୀଡ଼ା କରିବା ପାଇଁ ସେ ନିମନ୍ତ୍ରଣ କରିଛି । କିଣିଲା ପ୍ରାଣୀ-ପୋଷା ଜୀବ ।

୧୪। ପଞ୍ଚ ବିଶିଖ-ପଞ୍ଚ ବାଣ । ଚତୁରମୁଖ-ବ୍ରହ୍ମା । ରହସ୍ଥଳକୁ-ନିର୍ମଳ ସ୍ଥାନକୁ । ମଦାମଦରେ-ମହା ଆନନ୍ଦରେ । କୁମୁଦ ଭୃଙ୍ଗ ପ୍ରାୟେ-ଭ୍ରମର ଓ କୁମୁଦ ସଦୃଶ । ସକାଳ ହେଲେ କୁମୁଦଠାରୁ ଭ୍ରମର ଅଲଗା ହୋଇ ଚାଲିଯାଏ । ବାଚା-କଥା । ପୟୋଧର-ମେଘ, ସ୍ତନ । ପୟର-ପାଦ ଓ ଜଳ ।

କାଳଯାକ ତ ତାର ତୋହର,   ଦେଖି ଆସୁଛି ନେତ୍ର ମୋହର,
କଉଁ ରସିକ ଅଛି ଏମନ୍ତ ହୋଇ ଯେ,
କଉତୁକେ ହୃଦରେ ଧରିବ ନେଇ ଯେ ।
କାହିଁ ଏମନ୍ତ ଦେଖି ତ ନାହିଁ,   ବାହାର ତୋରା ଭିତରେ କାହିଁ
ଶୁଣି ଚତୁର ନ ଯାଇ ରହିଗଲା ଅନାଇଁ ଯେ ।୧୫।
କଉଁ ପ୍ରବାସୀ ପ୍ରବାସୁଁ ଆସି କୋଳେ ଭସାଇ ପ୍ରାଣ ପ୍ରେୟସୀ,
କୋମଳ କରି କହଇ ହସି ନବବୟସୀରେ
କୁଟିଳ କେଶୀ ଚଟୁଳବେଶୀ   କନ୍ଦର୍ପକେଳି କଳା ଲାଳସୀ
କୁରଙ୍ଗଦୃଶୀ ପଦ୍ମସୁବାସୀ ପୀୟୁଷହାସିରେ ।
କୁଳ ପାଳିକା ମୋର କଣ୍ଠମାଳିକାରେ,
କଲି କାଳିକାକାଳେ ତୋତେ ମୁଁ ଏକାରେ ।
କର ପାଞ୍ଚିଲି ମନରେ ଦକା,   ତାହା ଶୁଣିଲେ ମନ୍ଦରଟେକା,
କାମ ଜୀବନ ନ ହେଲା ଯାହା କରି କଡ଼କାରେ ।୧୬।
କାମିନୀଛଡ଼ା ବଦନପୋଡ଼ା,   କରିଥିଲି ମୁଁ କି ଘରବୁଡ଼ା,
ପ୍ରାଣ ତୁ ମୋର, କଲି ତୋତେ ମୋ ଅଙ୍ଗରୁ ଛଡ଼ାରେ ।
କେ ଅବା ମୋତେ କରନ୍ତା ଲୋଡ଼ା, କାହା ଆଗରେ ହୁଅନ୍ତି ଛିଡ଼ା,
କୃପାଣ ହୋଇ ମୋତେ କାଟନ୍ତା ମୋହରି ବ୍ରୀଡ଼ାରେ ।
କାହା ସଙ୍ଗତେ ଆଉ କରନ୍ତି କ୍ରୀଡ଼ାରେ,
କେବା ଛଡାନ୍ତା ମୋର କନ୍ଦର୍ପ ପୀଡ଼ାରେ ।
କରୁଣା କଲେ କାଳୀ ଘଉଡ଼ା   ଯାମଳାର୍ଜ୍ଜୁନ ଗଛ ଉପୁଡ଼ା
ଭଲା ଭଲା ସେ ଅଘାଅସୁର ମସ୍ତକ ଫୋଡ଼ାରେ ।୧୭।

୧୫। ଗୁଆଁର-ନିର୍ବୋଧ, ମୂର୍ଖ । ମଧୁକର-ଭ୍ରମର ।

୧୬। ପ୍ରବାସୀ-ବିଦେଶୀ । କୁଟିଳକେଶୀ-ସୁନ୍ଦର ବେଣୀ । କନ୍ଦର୍ପ କେଳି-ରତିକ୍ରୀଡ଼ା । କୁଳପାଳିକା-କୁଳବତୀ ସତୀନାରୀ । କାଳିକା କାଳେ-ବର୍ଷା କାଳରେ । କୁରଙ୍ଗଦୃଶୀ-ହରିଣୀ ନୟନୀ । ଦକା-ଭୟ । ମନ୍ଦରଟେକା-ମନ୍ଦର ପର୍ବତକୁ ଟେକିଥିବା ଶ୍ରୀକୃଷ୍ଣ । କଡ଼କା-ପୀଡ଼ା ।

୧୭। କୃପାଣ-ଖଣ୍ଡା । ବ୍ରୀଡ଼ା-ଲଜ୍ଜା । କ୍ରୀଡ଼ା-କେଳି । କନ୍ଦର୍ପ ପୀଡ଼ା-କାମ ପୀଡ଼ା । କାଳୀ ଘଉଡ଼ା-କାଳୀୟକୁ ଦଳନ କରିଥିବା ଶ୍ରୀକୃଷ୍ଣ ।

କେତେ କହିବି ତାଙ୍କ ମହିମା,   ମହାପ୍ରଭୁ ସେ ବିଚିତ୍ରକର୍ମା,
କାହାକୁ କଉଁ କଷ୍ଟରୁ ରଖି ନାହାନ୍ତି ଅବା ସେ ।
କୃପାସାଗର ଭକତ ପ୍ରିୟ,   ନୁହନ୍ତି କାହାଠାରେ ନିର୍ଦ୍ଦୟ,
କଉ କଥାରେ ତାହାକୁ ଲକ୍ଷ୍ୟ କାହାକୁ ଦେବା ଯେ ।
କୃପା ନକଲେ କୃପାସରିତ ପତି ଯେ,
କୃପାକଟାକ୍ଷୀ ଆଉ ଥିଲା କି ଗତି ଯେ ।
କାମନଦୀରେ ଯାଆନ୍ତି ଭାସି,   କାହା କୋଳରେ ବସନ୍ତୁ ଆସି
ଶୁଣି ରମଣୀମଣି କ୍ରୋଧରେ ବଦନ ପୋତି ଯେ ।୧୮।
କର କମଳେ ଚିବୁକ ଧରି,   କହେ ନାୟକ ବିନୟ କରି,
ନବକିଶୋରୀ ଚମ୍ପକଗୋରୀ ବିମ୍ବ ଅଧରିରେ ।
କୁଞ୍ଜବିହାରୀ କୃପାରୁ କରି,   କିଛି ବିଚାର ନାହିଁ ସୁନ୍ଦରୀ
ତୋହ ଅଧର ଅମୃତ ପାନ ଥିଲି ଯେ କରି ରେ ।
କରିଗମନ, କଳକଣ୍ଠ ବଚନାରେ ।
କାମକଷ୍ଟ ମୋଚନା ମୃଗଲୋଚନା ରେ ।
କେଳି କଳାପ ସୁଖରଚନା,   କିମ୍ପାଇ କରୁଥାଉ ଶୋଚନା
ସ୍ନେହଧନରେ ସହଜେ କିଣିଅଛୁ ତୁ ସିନାରେ ।୧୯।
କହି ଅନେକ ସ୍ନେହ ବଚନ,   ପ୍ରସନ୍ନ କରି ରମାରତନ,
ଆରମ୍ଭ କଲେ ଚୁମ୍ବାଲିଙ୍ଗନ ରତିବିଧାନ ଯେ ।
କେତେ କହିବି ଏହି ପ୍ରକାରେ ମାତିଲେ ଯେ ଯାହାର କ୍ରୀଡ଼ାରେ,

୧୮। ବିଚିତ୍ରକର୍ମା-ଯେ ବିଚିତ୍ର କର୍ମ ସମ୍ପାଦନ କରନ୍ତି, ଶ୍ରୀକୃଷ୍ଣ । କଉ କଥାରେ...ଦେବା ଯେ-କାହା ସହିତ ବା କେଉଁ କଥାରେ ତାଙ୍କୁ ତୁଳନା କରିବା ଅସମ୍ଭବ। କୃପାସରିତ ପତି-ଦୟାର ସାଗର । କପା କଟାକ୍ଷୀ-କୃପାଦୃଷ୍ଟି ପକାଇଥିବା ନାରୀ।

୧୯। ଚିବୁକ-ଓଠ। ବିମ୍ବ ଅଧର-ବିମ୍ବଫଳ ପରି ଓଠ ଯାହାର। କଳକଣ୍ଠ-କୋକିଳ କଣ୍ଠ। କରି-ହାତୀ। କେଳି-କଳାପ ସୁଖ ରଚନା-ସମସ୍ତ ପ୍ରକାର ରତି ସୁଖ ଦେବାରେ ଯେ ସମର୍ଥା।

ବରଷାରତୁ ସୁଖେ ବଞ୍ଚିଲେ ଉତ୍ତମଜନ ଯେ ।
କହୁଅଛି ସୁଜନମାନଙ୍କୁ ଏତେ ଯେ ।
କୃପା କରିବ ମୋତେ ପ୍ରସନ୍ନ ଚିତ୍ତେ ହେ ।
କଅ ଅକ୍ଷରେ କଲି ଯେ ଗୀତ, କେବେ ହେଁ ଏଥି ନ ଦେବ ଘାତ
କବି ହେଲେ ତ ଜାଣିବ ଏଥି ଶ୍ରମ ହିଁ ଯେତେ ହେ ।୨୦।
କଲେ ଏଥିରେ କୁଟିଳ ବୁଦ୍ଧି, ଦଣ୍ଡ ଦେବେ ଶ୍ରୀକୃଷ୍ଣ ଅବଧି,
ଯେବେ ତାହାଙ୍କ ଲୀଳା ପ୍ରସିଦ୍ଧି ବୃନ୍ଦାବନରେ ହେ ।
କୁଜ୍‌ଝଟି ପଦ୍ମ ପ୍ରାୟେ ତା ବଂଶ, ଅବଶ୍ୟ ହୋଇଯିବେ ନିର୍ବଂଶ,
କପଟ ବୁଦ୍ଧି କରି ଯେ ନ ଘେନିବ ମନରେ ହେ ।
କୃଷ୍ଣ କଥା ଏ ରସ ମଧ୍ୟେ ପୀୟୂଷ ହେ ।
କାଳସର୍ପ ବିଷକୁ କରେ ବିନାଶ ହେ ।
କୂଟ ବଚନ ଏଥି ନ ଭାଷ, କେବେହେଁ ନ ପାଇବଟି ଯଶ
କୃଷ୍ଣ ଭକତ ଲୋକ ମୁଖରେ ଦେବେ ହୁତାଶ ଯେ ।୨୧।
କୃପଣ ଚିତ୍ତ ନୋହେ ଚକିତ, ଦେଖିଲେ ନାନାରୂପେ ଅଦ୍ଭୁତ
ବାଳିଶ ମନ ଦ୍ରବଇ ନାହିଁ ଶୁଣିଲେ ଗୀତ ଯେ ।
କେବଳ ଖଳ ହଳ ଅନଳ ସନ୍ତାପକୁ ଏ କ୍ଷମା ମଣ୍ଡଳ,
ମଣ୍ଡନମାନଙ୍କର ଏ ଘେନ ନୁହନ୍ତି ହିତ ଯେ ।
କଲେ ନିନ୍ଦା ଏ ଘେନି ନାସ୍ତିକ ଜନ ଯେ ।
କାହିଁ ପାଇଁକି ହେବ ମନ ବିମନ ହେ ।
କରିଛି ତାଙ୍କୁ ବିହି ବିଧାନ ପର ନିନ୍ଦାରେ ନେବାକୁ ଦିନ,
ମୋହୋ କହିଲେ ସେ କଥା ନିକି ହୋଇବ ଆନ ହେ ।୨୨।

୨୦। ରାମା-ନାରୀ। ଘାତ-ଦୋଷ।

୨୧। ଯେବେ-ବୃନ୍ଦାବନରେ। କୁଜ୍‌ଝଟି ପଦ୍ମ-କୁହୁଡ଼ିରେ ପଦ୍ମ ନଷ୍ଟ ହୋଇଯିବା ସଦୃଶ। ରସ ମଧ୍ୟେ ପୀୟୂଷ-ସବୁ ରସ ମଧ୍ୟରେ କୃଷ୍ଣରସ ଅମୃତ ସଦୃଶ। କାଳସର୍ପ ବିଷ-ଯମରୂପକ ସାପର ବିଷ ଅର୍ଥାତ୍ ପାପ ମୃତ୍ୟୁଭୟ।

୨୨। ବାଳିଶ-ମୂର୍ଖ। ହଳ-ବିଷ। କେବଳ ଖଳ...କ୍ଷମା ମଣ୍ଡଳ-ଖଳ ଲୋକମାନଙ୍କର ମିଥ୍ୟା ଅପବାଦ, ନିନ୍ଦା ପଣ୍ଡିତମାନଙ୍କ ପକ୍ଷେ ବିଷ ଓ ଅଗ୍ନି ସଦୃଶ। କ୍ଷମାମଣ୍ଡଳ-ସମଗ୍ର ପୃଥିବୀର। ମଣ୍ଡନ-ଭୂଷଣ। ମନ ବିମନ-ମନ ଦୁଃଖ।

କେବେହେଁ ନିମ୍ବ ନୋହେ ମଧୁର ସଂଯୋଗ କଲେ ନେଇ ଶାକର
କଳାକୁ ନ ଛାଡ଼ଇ ଅଙ୍ଗାର ଦୁଧେ ଧୋଇଲେ ଯେ ।
କର୍ପୂର ଗନ୍ଧ ଚନ୍ଦନ ଦେଇ, ରସୁନ ଗନ୍ଧ ନୋହେ ଛଡ଼ାଇ,
କୁବିଦ୍ଧି ନୋହେ ସୁବୁଦ୍ଧି ଯେତେ ରୂପେ କହିଲେ ଯେ ।
କଥା ଏତେ ହେଁ ଯେବେ ଧାତା କରନ୍ତା ଯେ ।
କସ୍ତୁରୀକି ଖଳଙ୍କ ଜିଭେ ରଖନ୍ତା ଯେ ।
କଟା ଯାଆନ୍ତା ସମୂଳ ହୋଇ, କାହାକୁ କିଛି କହନ୍ତେ ନାହିଁ,
ଉତ୍ତମ କଥାମାନ କେବେହେଁ ନିନ୍ଦା ନୁହନ୍ତା ଯେ ।୨୩।
କେ ବୋଲେ କ୍ଷ୍ୱେଡ଼ ଅଛି ଗରୁଡ଼- ବଇରୀଭାବେ ବିଶେଷ ବଡ଼,
କେ ବୋଲେ ଲେମ୍ବୁ ଚନ୍ଦ୍ର ପଇଡ଼ ସଙ୍ଗମେ ଅଛି ହେ ।
କେ ବୋଲେ ଖଳ ରସନା ପୁଟେ,କେ ବୋଲେ ନାରୀନେତ୍ର ପ୍ରକଟେ
ଯେ ଯେଡ଼େ ବଡ଼ ସେ ତ ସଂସାର ବାଟେ ପଡ଼ିଛି ହେ ।
କରିବାକୁ ସମସ୍ତ ବିଷ ବିନାଶ ହେ
କରି ଶ୍ରୀକୃଷ୍ଣ ନାମ ଅମୃତଗ୍ରାସ ହେ ।
କମଳଧର ଚଞ୍ଚଳାପଦ କାମିଜନଙ୍କ ସନ୍ତାପ ଛେଦ,
ହରିତାମ୍ବର ମଣ୍ଡନ ମନଚାତକ ତୋଷ ହେ ।୨୪।

୨୩। ଶାକର-କନ୍ଦ, ମିଠା ଦ୍ରବ୍ୟବିଶେଷ। ରସୁନ-ରସୁଣ। କସ୍ତୁରୀ ଖଳଙ୍କ ଜିଭେ ରଖନ୍ତା ଯେ-ମୃଗନାଭିରେ କସ୍ତୁରୀ ରହିଥିବାରୁ ମୃଗର ନାଭି କଟାଯାଇ କସ୍ତୁରୀ ବାହାର କରାଯାଏ। କସ୍ତୁରୀକୁ ଯଦି ବିଧାତା ଖଳଲୋକଙ୍କ ଜିଭରେ ରଖିଦିଅନ୍ତି, ତେବେ ସେମାନଙ୍କ ଜିହ୍ୱା ମଧ୍ୟ ଛେଦନ କରାଯାଆନ୍ତା। ଫଳରେ ସେମାନେ ପରନିନ୍ଦା, କୁତ୍ସା ଅପବାଦ କରିପାରନ୍ତେ ନାହିଁ ବୋଲି କବି ଆଶା ପୋଷଣ କରିଛନ୍ତି।

୨୪। କ୍ଷ୍ୱେଡ଼-ବିଷ। ଗରୁଡ଼ ବଇରୀ-ସର୍ପ। ଖଳରସନା ପୁଟେ-ଖଳ ଲୋକଙ୍କର ଜିଭରେ। ନାରୀ ନେତ୍ର ପ୍ରକଟେ। ନାରୀମାନଙ୍କ ନେତ୍ରର କଟାକ୍ଷପାତରେ। ଚନ୍ଦ୍ର-କର୍ପୂର। କମଳଧର-ବିଷ୍ଣୁ ବା ମେଘ। ଚଞ୍ଚଳାପଦ-ଲକ୍ଷ୍ମୀଙ୍କର ବାସସ୍ଥାନ ଅର୍ଥାତ୍ ବିଷ୍ଣୁଙ୍କର ହୃଦୟ, ଦ୍ୱୈତ ଅର୍ଥରେ ବିଜୁଳି ରହିବା ସ୍ଥାନ। ହରିତାମ୍ବର-ହଳଦିଆ ବସ୍ତ୍ର ଧାରଣ କରିଥିବା ଶ୍ରୀକୃଷ୍ଣ, ଅନ୍ୟ ଅର୍ଥରେ ନୀଳ ଆକାଶକୁ ମେଘ ଆଚ୍ଛାଦିତ କରିଛି। କାମିଜନଙ୍କ ସନ୍ତାପ ଛେଦ-ଶ୍ରୀକୃଷ୍ଣଙ୍କୁ ଯିଏ କାମନାକରେ ତା'ର ଦୁଃଖ ସେ ନାଶ କରନ୍ତି। ଅନ୍ୟ ଅର୍ଥରେ, ସଂଯୋଗୀ ଲୋକମାନଙ୍କର ଦୁଃଖ ବିନାଶ ହେଲା, ଅର୍ଥାତ୍ ସେମାନେ ପତ୍ନୀମାନଙ୍କ ସହିତ ମିଳିତ ହେଲେ। ମନଚାତକ ଦୋଷ-ମନରୂପକ ଚାତକକୁ ଆନନ୍ଦ ପ୍ରଦାନ କରେ। ଅନ୍ୟ ଅର୍ଥରେ ଚାତକ ପକ୍ଷୀର ମନ ଆନନ୍ଦିତ ହୁଏ।

କରି ଅମୃତ ଦାନ ଅନେକ,   ରକ୍ଷା କରିଛି ସକଳ ଲୋକ,
କାମନାରୂପୀ ନୀଳକଣ୍ଠଙ୍କ ନାଟକାରକ ହେ ।
କାନନଧନଞ୍ଜୟ ନାଶକ,   ଅନନ୍ତଗତି ହଳୀତୋଷକ,
ଅର୍ଜ୍ଜୁନ-ସୁମନସ-ବିକାଶ କରଣେ ଏକ ହେ ।
କୁବଳୟ ସୁନ୍ଦର ଭୁବାନନ୍ଦ ହେ ॥
କାହିଁ ପାଇଁ କଲ ମୋଠାରେ ଛନ୍ଦ ହେ ।
କରରେ ଦେଇ ଚିନ୍ତାମଣିକି,   ବିନାଶ କଲୁ ସବୁ ଆଣିକି,
ପ୍ରଭୁ ଲକ୍ଷଣ ଏମନ୍ତ ନିକି ଆନନ୍ଦକନ୍ଦ ହେ ।୨୪।

୨୪। ଅମୃତ ଦାନ-ମୁକ୍ତିଦାନ, ଅନ୍ୟ ଅର୍ଥରେ ଜଳଦାନ । କାମନାରୂପୀ-ଭକ୍ତର କାମନା ଅନୁଯାୟୀ ସେ ବିଭିନ୍ନ ରୂପ ଧାରଣ କରନ୍ତି । ଅନ୍ୟ ଅର୍ଥରେ ମେଘ ନିଜ ଇଚ୍ଛାରେ ବହୁରୂପ ଧାରଣ କରେ । ନୀଳକଣ୍ଠଙ୍କ ନାଟକାରକ-ଶିବଙ୍କର ନୃତ୍ୟକାରୀକା ଶିବ ଯାହାଙ୍କ ନାମ ଉଚ୍ଚାରଣ କରି ନୃତ୍ୟ କରନ୍ତି, ଅନ୍ୟ ଅର୍ଥରେ, ମେଘ ଦେଖି ମୟୂର ନୃତ୍ୟ କରିଥାଏ । କାନନ ଧନଞ୍ଜୟ ନାଶକ-ବନ ଅଗ୍ନିକୁ ପାନ କରିଥିବା ଶ୍ରୀକୃଷ୍ଣ । ଅନ୍ୟ ଅର୍ଥରେ, ମେଘ ବନ ଅଗ୍ନିକୁ ବିନାଶ କରେ । ଅନନ୍ତ ଗତି-ଅନନ୍ତ ନାଗ ଉପରେ ଶୟନ କରି ତାକୁ ଯିଏ ମୁକ୍ତି ପ୍ରଦାନ କରିଛନ୍ତି, ଅନ୍ୟ ଅର୍ଥରେ ଆକାଶରେ ଗତି କରୁଥିବା ମେଘ । ହଳୀତୋଷକ-ବଳରାମଙ୍କ ଆନନ୍ଦକାରୀ, ଅନ୍ୟ ଅର୍ଥରେ କୃଷିକାରୀଙ୍କୁ ଆନନ୍ଦ ଦେଇଥିବା ମେଘ । ଅର୍ଜ୍ଜୁନ ସୁମନସ, ବିକାଶ କରଣେ ଏକ-ଅର୍ଜ୍ଜୁନଙ୍କୁ ସାରଥି ଓ ସଖା ଭାବରେ ସୁଖ ପ୍ରଦାନକାରୀ ଶ୍ରୀକୃଷ୍ଣ, ଅନ୍ୟ ଅର୍ଥରେ ଅର୍ଜ୍ଜୁନ ବୃକ୍ଷ ପୁଷ୍ପ ଧାରଣ କରି ଆନନ୍ଦିତ ହୁଏ । କୁବଳୟ ସୁନ୍ଦର-ନୀଳକଇଁର ରଙ୍ଗ ପରି ଶ୍ରୀକୃଷ୍ଣଙ୍କ ଶରୀରର ରଙ୍ଗ ସୁନ୍ଦର, ଅନ୍ୟ ଅର୍ଥରେ ନୀଳକଇଁ ପରି ମେଘ ମଧ୍ୟ ସୁନ୍ଦର । ଭୁବନାନନ୍ଦ-ଜଗତକୁ ଆନନ୍ଦ ପ୍ରଦାନକାରୀ ଚିନ୍ତାମଣି ଚିନ୍ତାମଣିକୁ ଧରି କାମନା କଲେ, କାମନା କରିଥିବା ବସ୍ତୁ ମିଳିଥାଏ । ଆଣି-ଗର୍ବ । ଆନନ୍ଦ କନ୍ଦ-ଆନନ୍ଦର କାରଣ ।

କାହିଁକି ମୋତେ ସଂସାର ଲଟ,   ମଧ୍ୟରେ ପ୍ରଭୁ କଲ ସଂଘଟ,
କିକେଁ ନକଲ ଚରଣ ପଦ୍ମ କୁସୁମଲିଟ ହେ ।
କିମ୍ବା ଛାଡ଼ନ୍ତି ଭଗତି ବାଟ,   ଆନନ୍ଦ ହୋଇ କରନ୍ତି ନାଟ,
ଏବେ ଅନେକ ରୂପ କଲାନି ଏ ପୋଡ଼ା ପେଟ ହେ ।
କେତେବେଳେ ବୋହି ତ ଗଲା କରଟ ହେ ।
କେତେବେଲରେ ମୂର୍ଖ ନାୟକ ଚାଟ ହେ ।
କେତେବେଲରେ ଅଦୃଶ୍ୟ ନଟ,   କେତେବେଲରେ ବଧିର ଭାଟ
କେତେବେଲରେ ପଇଡ଼ଖୋଲାମୁଠି ମର୍କଟ ହେ ।୨୬।
କଲି ଯେ ତୁମ୍ଭ ନାମ କୁସୁମ,   ଯତନ କରି ମାଳା ସୁଷମ,
ତାହା ମୁଲାଇ ନେବାକୁ କେହି ନୋହିଲେ କ୍ଷମ ହେ ।
କେ ଅଛି ନେମ ତାହା କରମ ଏଡ଼େ ଉତ୍ତମ ହେ ।
କେହି ନାହିଁ ବେଷ୍ଟିତ ଧମ୍ମିଲବନ୍ଧ ହେ ।
କରିବାକୁ ଏ ମାଳ କଣ୍ଠ ଲମ୍ବିତ ହେ ।
କରୁଛି ମନେ ବିଚାର ଏତେ,   ଜଗତଯାକ ଅଛନ୍ତି ଯେତେ
ସାମବେଦୀଙ୍କ ବ୍ରତବେଶ ଏ ହେଲେ ସନ୍ତତ ହେ ।୨୭।

୨୬। ଲଟ-ମାୟା । କଲ ସଂଘଟ-ଜନ୍ମ ଦେଲ । କିକେଁ-କାହିଁକି । କୁସୁମ ଲିଟ-ଭ୍ରମର । କରଟ-କାଉ । ମୂଖ ନାୟକ ଚାଟ-ମୂର୍ଖ ପ୍ରଭୁର ସେବକ ପରି । କେତେବେଳରେ...କରଟ ହେ-ଅତଳ ସମୁଦ୍ରରେ ଯାଉଥିବା ବୋଇତରେ ବସିଥିବା କାକ, ଯେପରି ସ୍ଥଳଭାଗ ନଦେଖି ନିଶ୍ଚଳ ହୋଇ ବସିଥାଏ । ସେହିପରି କବିଙ୍କର ଅବସ୍ଥା ହୋଇଛି । ଅଦୃଶ୍ୟ ନଟ-ନଟ ବା ଅଭିନେତା ରଙ୍ଗମଞ୍ଚରୁ ଅଦୃଶ୍ୟ ହେବା ପରି । ବଧିର ଭାଟ-କାଲ ପାଖରେ ଭାଟ ଗାଇବା ସଦୃଶ । କେତେବେଲରେ...ମର୍କଟ ହେ-ମର୍କଟ ଯେପରି ପଇଡ଼କୁ ଭାଙ୍ଗି ପାଣି ପିଇବାକୁ ଚେଷ୍ଟା କରି ବିଫଳ ହୁଏ, ସେହିପରି କବି ନିଜର ଦାରିଦ୍ର୍ୟ ଯୋଗୁଁ ଜୀବିକା ପୋଷଣ କରିପାରି ନାହାନ୍ତି । ମର୍କଟ ପାଖରେ ପଇଡ଼ ମୂଲ୍ୟହୀନ ହେଲା ପରି କବିଙ୍କ ଜୀବନ, ଜୀବିକା ନିକଟରେ ତାଙ୍କର ସାରସ୍ୱତ କୃତି ମଧ୍ୟ ମୂଲ୍ୟହୀନ ହୋଇପଡ଼ିଛି ।

୨୭। ନାମ କୁସୁମ... ସୁଷମ-ତୁମର ନାମକୁ କୁସୁମ ସଦୃଶ ସଜ୍ଜିତ କରି ସୁନ୍ଦର ମାଳା ପ୍ରସ୍ତୁତ କରିଅଛି । ମାଳାକାର-ମାଳୀ । ନେମ-ନେବ । ଧମ୍ମିଲବନ୍ଧ-ଧର୍ମବନ୍ତ । ସାମବେଦ-ସାମବେଦୀ ବ୍ରାହ୍ମଣ ।

କଲେ ତୁମ୍ବର ରସରେ ଗୀତ   ରସଇ ନାହିଁ କାହାର ଚିତ୍ତ,
କର୍ଣ୍ଣରେ ଶୁଣି ବୋଲନ୍ତି ରସ ବିଶେଷ ନୋହେ ତ ଯେ।
କରି ତ ଥାନ୍ତି ଜ୍ଞାନକୁ ହତ, ମୋହମୋଦରେ ହୋଇ ସମ୍ମତ,
ମୁଁ ତାଙ୍କୁ କି ବୋଲିବି ମୋହର ନଥାଇ କୃତ୍ୟ ଯେ।
କିଛି କିଛି ଅଛନ୍ତି ଯେତେକ ଗୁଣି ଯେ।
କେତେ କହିବା ତାଙ୍କ ଚରିତ୍ର ପୁଣି ହେ।
କେ ଶିଶୁ ପଶୁ କେ ମହାଫଣୀ,   ବୋଧ ନୁହନ୍ତି କର୍ଣ୍ଣରେ ଶୁଣି,
କେ ତୃଷ୍ଣୀଭୂତ ହୋଇ ରହେ କେ ପଶନ୍ତି ହାଣି ହେ।୨୮।
କାହାରି ହୃଦ ଦ୍ରବଇ ନାହିଁ,   ଜଳ ଉତ୍ପଳ ପରାଏ ହୋଇ,
କେବଳ ବାହାରକୁ ତିନ୍ତିଲା ପରାଏ ଦିଶେ ଯେ।
କରନ୍ତି ଅଙ୍ଗେ ଅନେକ ଛାପ,   କେହି ନଜାଣେ ଭିତର ପାପ,
ଚିତ୍ରକାରକ ପଟ ପରାଏ ପ୍ରତ୍ୟକ୍ଷ ଦିଶେ ହେ।
କଥା କଥାକେ କହିବାକୁ ଏ ଶଲ ଯେ।
କିମ୍ବା ଦୀନକୃଷ୍ଣଙ୍କୁ ଏମନ୍ତ କଲ ହେ।
କବି ଯା କରେ ମୂର୍ଖକୁ ସ୍ତୁତି,   ଏଥିରୁ ବଡ଼ ନାହିଁ ବିପତ୍ତି
ଏଥିକି ପ୍ରତି ଛାତିରେ କାତି ମାରିବା ଭଲ ହେ।୨୯।

୨୮। କୃତ୍ୟ-ଅଧିକାର। ଶିଶୁ ପଶୁ-ଶିଶୁ ଜନ୍ତୁ, ନିର୍ବୋଧ ଜନ୍ତୁ। ଗୁଣୀ-ଗୁଣବନ୍ତ। ମହାଫଣା-ଭୟଙ୍କର ସର୍ପ। ତୃଷ୍ଣୀଭୂତ-ନିଶ୍ଚିତ। ହାଣି-ସମାଲୋଚନା।

୨୯। ହୃଦ ଦ୍ରବଇ ନାହିଁ-ହୃଦୟ ତରଳେ ନାହିଁ। ଉତ୍ପଳ-ପଦ୍ମ। ଚିତ୍ରକାରକ ପଟ ପରାଏ ପ୍ରତ୍ୟକ୍ଷେ ଦିଶେ ହେ-ଚିତ୍ରକରର ଛବି ପରି ଜୀବନ୍ତ ମନେହୁଏ। ଛାପ-ରୂପ। ଶଲ-ଯନ୍ତ୍ରଣାଦାୟକ। କାତି-କଟୁରି।

❑❑❑

ଚତୁସ୍ତ୍ରିଂଶତ୍ ଛାନ୍ଦ

(ରାଗ-ବରାଡି । ଆଷାଢ଼ଶୁକ୍ଳ ବାଣୀ)

କଂସ-କରୀ କଣ୍ଠୀରବ କେଶବ । କହନ୍ତି ପ୍ରସନ୍ନ ହୋଇ ଉଦ୍ଧବ ।
କହ କହ ଗୋପପୁର ସନ୍ଦେଶ । କେମନ୍ତେ ହୋଇଛନ୍ତି ଗୋପୀବଂଶ;
କହନ୍ତି ଉଦ୍ଧବ । କର ଅବଧାନ ପ୍ରଭୁ ମାଧବ ।୧।

କି କହିବି ଗୋପୀମାନଙ୍କ କଥା । କହିଲେ ଜାତ ହେବ ମହାବ୍ୟଥା ।
କେଶ ବାସ ବେଶ ଅତି ମଳିନ । କୁଜ୍‌ଝଟୀ ସମୟେ ଯେହ୍ନେ ନଳିନ,
କାହାର ଶରୀର । କୃଶ-ବିଷାଦୁଁ ନୋହିଛି ବାହାର ।୨।

କାହାରି ବଦନେ ନାହିଁ ପ୍ରସନ୍ନ । କାହାରି ନାହିଁ ବିଷୟ ଦର୍ଶନ ।
କହିବାକୁ ଶକ୍ୟ ନାହିଁ କାହାର । କାହିଁକି ଥିବ ଆହାର ବିହାର,
କେବଳ ବିରସ । କରିଛି ସବୁ ହୃଦୟରେ ବାସ ।୩।

କାହା କଙ୍କଣ ହୋଇଛି କେୟୁର । କେ ଉରେ କରିଛି କଙ୍କଣହାର ।
କେ କଣ୍ଠେ ବସାଇ ତୁମ୍ଭ ନାମକୁ । କଳେବର ଦେଇ କାମକାଣ୍ଡକୁ ।
କରିଛି ଶୟନ । କିଞ୍ଚିତ୍ କରି ଫେଡ଼ିଛି ନୟନ ।୪।

୧। କଂସ-କରୀ-କଣ୍ଠୀରବ-କଂସ ରୂପକ ହସ୍ତୀ ପ୍ରତି ଯେ ସିଂହ ସଦୃଶ ଅର୍ଥାତ୍ କୃଷ୍ଣଚନ୍ଦ୍ର । ପ୍ରସନ୍ନ-ଆନନ୍ଦିତ । ସନ୍ଦେଶ-ବାର୍ତ୍ତା, ଖବର । ଗୋପୀବଂଶ-ଗୋପୀସମୂହ । ଅବଧାନ କର-ଦୟାପୂର୍ବକ ଶ୍ରବଣ କର ।

୨। କୁଜ୍‌ଝଟୀ ସମୟେ-ଶିଶିରକାଳରେ ଯେପରି ପଦ୍ମବନ ପୋଡ଼ିଯାଏ । କୃଶ ବିଷାଦୁଁ-ପ୍ରତ୍ୟେକ ଗୋପୀଙ୍କ ଶରୀର ବିଷାଦ ହେତୁ କ୍ଷୀଣ ହୋଇଅଛି ।

୩। ପ୍ରସନ୍ନ-ଆନନ୍ଦ । ବିଷୟ ଦର୍ଶନ-ସାଂସାରିକ ବିଷୟ ପ୍ରତି କାହରି ଦୃଷ୍ଟି ନାହିଁ । ଶକ୍ୟ-ଶକ୍ତି ।

୪। କାହା କଙ୍କଣ-କାହା ହାତର କଙ୍କଣ ବିରହଜନିତ ଅତ୍ୟଧିକ କୃଶତା ହେତୁ ବାହୁର ଅଳଙ୍କାର 'କେୟୂର' ହୋଇଛି । ଉର-ଛାତି । କେହି ଗୋପୀ ଏତେ କ୍ଷୀଣା ହୋଇଛି ଯେ ସେ ଛାତିରେ ମଧ୍ୟ କଙ୍କଣକୁ ହାର ରୂପେ ନାଇ ପାରୁଛି । କେହି ଗୋପୀ ତୁମର ମଧୁର ନାମକୁ କଣ୍ଠରେ ଅବିରତ ଘୋଷୁଛି ଓ ଶରୀରକୁ କାମକାଣ୍ଡର ସମ୍ମୁଖୀନ କରାଇଛି । ନିର୍ବେଦ ଅବସ୍ଥାରେ ସେ ଚକ୍ଷୁ ଈଷତ୍ ଉନ୍ମୀଳିତ କରି ଶୋଇଛି ।

କେ ପାଇ କନ୍ଦର୍ପ ପ୍ରଥମ ଦଶା । କରୁଛି ତୁମ୍ଭ ଅଙ୍ଗ ସଙ୍ଗ ଆଶା ।
କେ ଅବା ଦ୍ୱିତୀୟ ଦଶାକୁ ପାଇ । କେବଳ ତୁମ୍ଭରି ଚିନ୍ତା କରଇ ।
କେବା ସୁମରଇ । କାମ ତୃତୀୟ ଅବସ୍ଥାକୁ ପାଇ ।୫।
କେ କରେ ଚତୁର୍ଥେ ଗୁଣକୀର୍ତ୍ତନ । କେ କରେ ପଞ୍ଚମେ ଉଦ୍‌ବେଗ ମନ ।
କେ ଷଷ୍ଠକୁ ପାଇ ବିଳାପ କରେ। କେହୁ ଉନ୍ମତ୍ତ ହୋଏ ସପ୍ତମରେ,
କେହି ବ୍ୟାଧିବନ୍ତ । କରିଛି ଅଷ୍ଟମ ଦଶା ଏମନ୍ତ ।୬।
କେ ନବମରେ ଜଡ଼ତାକୁ ପାଇ । କେବଳ ଅଛି ଅବନୀରେ ଶୋଇ ।
କାହା ସାତ୍ତ୍ୱିକ ହିମରତୁ ପ୍ରାୟେ । କମ୍ପାଉଛି ଏହି ଘେନି ତା କାୟେ;
କା ରୋମ ଉଦ୍‌ଗମ। କାଳିକାକାଳ କଦମ୍ବ କୁସୁମ ।୭।
କାହାର ସ୍ୱର ହୋଇବାରୁ ହତ । କାଦମ୍ବିନୀ କାଳ-କୋକିଳମତ ।
କେ ତହିଁ ଶରଦରତୁ ସମାନ । କେତକୀ ପରାୟେ ହେବାରୁ ବର୍ଣ୍ଣ
କେ ନିଦାଘକାଳ । କେତେ ବହୁଛି କଳେବରୁ ଝାଳ ।୮।
କେ ତହିଁ ହୋଇଛି ବରଷା ପ୍ରାୟେ । କମଳ-ନେତ୍ରୁ ନୀର ବହିଯାଏ ।
କେତେ କହିବି ତାହାଙ୍କ ବେଦନା । କହିଲେ ଶୋକ ଜାତ ହେବ ସିନା ।
କେବଳ ଏ ଦେହ । କେତେ ଅବା ନ ସହଇ ଦୁସହ ।୯।

୫-୭। କନ୍ଦର୍ପ ପ୍ରଥମ ଦଶା-ମିଳନ ଅଭିଳାଷ। ଅଙ୍ଗସଙ୍ଗ-ମିଳନ। ଦ୍ୱିତୀୟ ଦଶା-ଚିନ୍ତା। ତୃତୀୟ ଅବସ୍ଥା-ସ୍ମରଣ। ଚତୁର୍ଥ-ଗୁଣକୀର୍ତ୍ତନ। ପଞ୍ଚମ-ଉଦ୍‌ବେଗ। ଷଷ୍ଠ-ବିଳାପ। ସପ୍ତମ-ଉନ୍ମତ୍ତା। ଅଷ୍ଟମ-ବ୍ୟାଧି। ନବମ-ଜଡ଼ତା। ଦଶମ-ଦଶା-ମୃତ୍ୟୁ। ଅଭିଳାଷ,ଚିନ୍ତା, ସ୍ମରଣ, ଗୁଣକଥନ, ଉଦ୍‌ବେଗ, ପ୍ରଳାପ, ଉନ୍ମାଦ, ବ୍ୟାଧି, ଜଡ଼ତା ଓ ମୃତ୍ୟୁ ହେଉଛି କାମର ଦଶ ଦଶା। ପ୍ରାଚୀନ କାଳର କବିଗଣ ରସଭଙ୍ଗ କାରଣରୁ କାମର ଶେଷ ଦଶାର ଚିତ୍ର କାବ୍ୟ-ନାଟକାଦିରେ ପ୍ରଦାନ କରୁ ନଥିଲେ। କାଳିକାକାଳ କଦମ୍ବ କୁସୁମ-ବର୍ଷାକାଳୀନ କଦମ୍ବଫୁଲ ପରି ରୋମାଞ୍ଚ।

୮। କାଦମ୍ବିନୀକାଳ-ବର୍ଷାକାଳ। କୋକିଳମତ-କୋକିଳ ତୁଲ୍ୟ ବର୍ଷାକାଳରେ କୋଇଲିର କଣ୍ଠ ପଡ଼ିଯାଇଥାଏ। କେ ତହିଁ ଶରଦ ରତୁ-କେଉଁ ଗୋପୀର ଶରୀର କେତକୀଫୁଲ ପରି ପାଣ୍ଡୁର ପଡ଼ିଯାଇଛି। ଏହି ପାଣ୍ଡୁରତା ଶରତରତୁ ପରି ଶୁଭ୍ର ହୋଇଛି। କେଉଁ ଗୋପୀର ଶରୀରରୁ ଏତେ ଝାଳ ବହୁଛି ଯେ ତାହା ଗ୍ରୀଷ୍ମକାଳ ସଦୃଶ ହୋଇଛି।

୯। କେହି ଗୋପୀ ବର୍ଷାକାଳ ପରି ହୋଇଛି ଓ ତାହାର ପଦ୍ମନେତ୍ରରୁ ଅବିରତ ବର୍ଷାକାଳୀନ ଜଳଧାରା ପରି ଲୋତକଧାରା ଝରିପଡୁଛି।

କାହା ବିରହ-ନର୍ତ୍ତକୀ ଉକ୍ରଟ । କୋକିଳ-ଗୀତକୁ କରିଛି ନାଟ
କଳେବର ରଙ୍ଗଭୂମି ହୋଇଛି । କାମ ନୃପତି ସୁଖକୁ ପାଉଛି ।
କାହାର ବିରହ । କଳାକୁ କଳା କରାଉଛି ମୋହ ।୧୦।
କୋଳାହଳ ନାଦେ ପୂରିଛି ପୁର । କେ ଶିବଙ୍କୁ ଡାକେ ହୋଇ ଆତୁର
କେ ବୋଲେ ଆଗେ ଜଳ ସିଞ୍ଚ ସିଞ୍ଚ । କେ ବୋଲେ ମନ୍ଦ ମନ୍ଦ କରିବିଞ୍ଚ ।
କେ ହୋଇ ବିକଳ । କହେ ସଖି, ଚନ୍ଦ୍ର ଚନ୍ଦନ ଗୋଳ ।୧୧।
କେ ବୋଲଇ ଆଉ ଉଶୀର ଖୋଳ । କେ ବୋଲେ ଅଇଲା କି ପଦ୍ମଦଳ ।
କେ ବୋଲେ ଆସୁଛି କୁମୁଦ-ନାଳ । କେବୋଲେ ନେଇ ଦିଅ ହୃଦସ୍ଥଳ ।
କରି ଏ ଯତନ । କଲେ ସଜନୀମାନେ ସଚେତନ ।୧୨।
କେ ବୋଲେ ଆରେ ପ୍ରିୟ ସହଚରି ! କୃଷ୍ଣଚନ୍ଦ୍ର ସଙ୍ଗେ ପୀରତି କରି ।
କାଳରେ ଅରଜିଲୁ ଏହି ଶିରୀ । କାମଦେବର ହୋଇଲୁ ବଇରୀ ।
କେ ବୋଲେ କି କହ । କର୍ମରେ ଲେଖାଥିଲା ଏ ବିରହ ।୧୩।

୧୦। କାହା ବିରହ-କାହାର ବିରହ ଉଦ୍ଦଣ୍ଡ ନର୍ତ୍ତକୀ ତୁଲ୍ୟ ହୋଇ କୋକିଳର କୁହୁତାନ ସହିତ ସମତା ରକ୍ଷା କରି ନାଟ କରୁଛି ଅର୍ଥାତ୍ କୋକିଳର ପଞ୍ଚମତାନ ଶ୍ରବଣ କରି କେଉଁ ଗୋପୀର ବିରହଜ୍ୱାଳା ଅଧିକ ହେଉଛି । ସେହି ଗୋପୀର ଶରୀର ନୃତ୍ୟ ନିମିତ୍ତ ରଙ୍ଗଭୂମି ହୋଇଛି ଓ କନ୍ଦର୍ପ ନୃପତି ଏହି ପ୍ରକାର ନୃତ୍ୟ ଦେଖି ବିଶେଷ ଆନନ୍ଦିତ ହେଉଛି ବୋଲି କବି ତର୍କ କରିଅଛନ୍ତି । କାହାର ବିରହ ଅବସ୍ଥା ତାକୁ ପ୍ରତ୍ୟେକ ମୁହୂର୍ତ୍ତରେ ସଂଜ୍ଞାଶୂନ୍ୟ କରାଉଛି ।

୧୧। ଚନ୍ଦ୍ର-କର୍ପୂର ।

୧୨। ଉଶୀର-ବେଣାଚେର । ପଦ୍ମଦଳ-ପଦ୍ମପତ୍ର । କୁମୁଦନାଳ-କଇଁନାଡ଼ ପ୍ରଭୃତି ବିରହକାଳୀନ ଶରୀରର ତାପକୁ ଉପଶମିତ କରିବା ପାଇଁ ଶୀତଳ ଉପଚାର ଅଟେ । ପ୍ରାଚୀନ କାବ୍ୟମାନଙ୍କରେ ନାୟିକାର ବିରହ ପ୍ରସଙ୍ଗରେ କବିମାନେ ଏସବୁର ବହୁଳ ବର୍ଣ୍ଣନା ଦେଇଥାନ୍ତି ।

୧୩। ଶ୍ରୀ-ଶୋଭା, ସମ୍ପଦ । ବଇରୀ-ଶତ୍ରୁ ।

କେତେ କହିବି ଏହିରୂପେ ଗୋଳ । କେତେ ପ୍ରକାରେ ପୂରିଛି ଗୋକୁଳ ।
କୋମଳପତ୍ର ହୋଇଛି କଉଡ଼ି । କେ କେତେ ଅବା ଆଣୁଛନ୍ତି ଲୋଡ଼ି ।
କାସାରମାନଙ୍କେ । କମଳପତ୍ର ଅବା ପାଇବ କେ ।୧୪।
କର୍ପୂର ଚନ୍ଦନକୁ ଆଗ ହୋଇ । କପର୍ଦ୍ଦିମାନ ପଡିଅଛି ଯାଇ ।
କୁତ୍ସିତ ଦ୍ରବ୍ୟ ଗନ୍ଧ ବେଣାମୂଳ । କର୍ମକୁ ସେହି ହୋଇଛି ଦୁର୍ମିଳ ।
କୁସୁମମାନଙ୍କୁ । କେହି ଆଣୁ ନାହିଁ ନେତ୍ରପଥକୁ ।୧୫।
କେତେ ରୂପେ ଫୁଟିଅଛନ୍ତି ଗଛେ । କେହି ତୋଳିବାକୁ ମନ ନ ଇଚ୍ଛେ ।
କାମଦୂତକୁ ଦେଖି ଘଉଡ଼ନ୍ତି । କଣ୍ଠ ଶୁଣି କର୍ଣ୍ଣେ କର ଦିଅନ୍ତି ।
କୁଞ୍ଜବନ ହେରି । କହିଲି ଏହା ମୁଁ ଅଳପ କରି ।୧୬।
କେବଳ ତୁମ୍ଭ ଲୋକ ବୋଲି ମୋତେ । କହିଲେ ମଧ୍ୟସ୍ୱରେ ଯେତେ ଯେତେ ।
କିଛି ପ୍ରବେଶ ହୁଅଇ କର୍ଣ୍ଣରେ । କିଛି ରହଇ ତାହାଙ୍କ ଅଧରେ ।
କାମକରବୀଣା । କ୍ୱଣନ ସେକାଳେ ହୋଇବ ଊଣା ।୧୭।
କହିଛନ୍ତି କୋଟି ଦଣ୍ଡପ୍ରଣାମ । କରି ତୁମ୍ଭ ଆଜ୍ଞା ଆଶା ବିଶ୍ରାମ
କଉଁ ଭାଗ୍ୟରୁ ରହିଅଛି ପ୍ରାଣ । କରୁଣାସିନ୍ଧୁ ତୁମ୍ଭେ ତାହା ଜାଣ
କର୍ଣ୍ଣେ ଶୁଣି ହରି । କମଳନେତ୍ରୁଁ ପକାଇଲେ ବାରି ।୧୮।

୧୪। ଗୋଳ-ଉଚ୍ଚଶବ୍ଦ, କୋଳାହଳ। ଗୋକୁଳ-ଗୋପପୁର। କୋମଳ ପତ୍ର-କୋମଳପତ୍ର ବହୁ ମୂଲ୍ୟବାନ ହୋଇପଡ଼ିଛି। କାସାର-ପୁଷ୍କରିଣୀ।

୧୫। କପର୍ଦ୍ଦି-କଉଡ଼ି। ଦୁର୍ମିଳ-ଦୁର୍ମୂଲ୍ୟ। କୁସୁମମାନଙ୍କୁ-ଫୁଲ ପ୍ରତି ଆଉ କେହି ଦୃଷ୍ଟିପାତ କରୁନାହାନ୍ତି।

୧୬। କାମଦୂତ-କୋକିଳ। କଣ୍ଠ ଶୁଣି-କୋକିଳର ଧ୍ୱନି ଶୁଣି କାନ ବନ୍ଦ କରିଦିଅନ୍ତି। କୁଞ୍ଜବନ ହେରି-କୁଞ୍ଜବନବିହାରୀ ଶ୍ରୀକୃଷ୍ଣ।

୧୭। ମଧ୍ୟସ୍ୱରେ-ଅତି କ୍ଷୀଣସ୍ୱରରେ। କାମକର ବୀଣା-କାମଦେବ ହସ୍ତରେ ଥିବା ବୀଣାର ଝଙ୍କାର ଗୋପୀମାନଙ୍କର କ୍ଷୀଣ ସ୍ୱର ତୁଳନାରେ ଊଣା ହେବ।

୧୮। ଦଣ୍ଡପ୍ରଣାମ-ସାଷ୍ଟାଙ୍ଗ ପ୍ରଣାମ। କରି ତୁମ୍ଭ ଆଜ୍ଞା-ତୁମ୍ଭ ଆଜ୍ଞାରେ ଭରସା ରଖି ବିଶ୍ରାମ ନେଇଛନ୍ତି। ବାରି-ଏଠାରେ ଅଶ୍ରୁ।

କହିଲେ ଶ୍ୱାସ ପକାଇ ମାଧବ । କହିଲେ ଯଉଁ କଥା ହେ ଉଦ୍ଧବ !
କିଞ୍ଚିତ୍ ବିଚ୍ଛେଦ ଯୁଗ ଯାହାଙ୍କୁ । କାଳେ ହେଲା ଭେଟ ନାହିଁ ତାହାଙ୍କୁ
କଷ୍ଟ ଅବା କେତେ । କର ହେଲେ ମୋ ତିଆଶା କରତେ ।୧୯।
କିରଣମାଳି-କିରଣ ଯେମନ୍ତ । କେବେ ହେଁ ନ ଛାଡ଼େ ମେରୁପର୍ବତ ।
କିଶୋରୀ ଗୋପୀଙ୍କଠାରେ ମୋ ମନ । କରିଛି ସେହି ରୂପେ ଅବଧାନ ।
କହୁ କହୁ ଏହା । କଲା ରାତି ଭୋଗ ରଜନୀନାହା ।୨୦।
କରୁଣାକର ଚାହିଁ ଉଦ୍ଧବକୁ । କଲେ ମେଲାଣି ପୁରକୁ ଯିବାକୁ ।
କରି ମଣୋହି ପହୁଡ଼ିଲେ ଯାଇ । କଳାକରମୁଖୀ ଗୋପୀଙ୍କି ଧ୍ୟାୟୀ ।
କ୍ରମେ ନିଶି ଶେଷ । କୁକୁଟଧ୍ୱନି ଶୁଭେ ଦଶ ଦିଶ ।୨୧।
କେଶୀମନ୍ଥନ ଅପହୁଡ଼ ହୋଇ। କର୍ମ ଧର୍ମ ବିଧିମତେ ବଢ଼ାଇ ।
କଲେ ବିଜୟ ବଡ଼ ଅବକାଶେ । କଲେ ଲୋକ ଦରଶନ ହରଷେ ।
କୃଷ୍ଣଦାସ କବି । କୃତାର୍ଥ ହେଲା ଏହି କାଳ ଭାବି ।୨୨।
କୋଟି ବ୍ରହ୍ମାଣ୍ଡ-ପ୍ରଭୁ ଜଗନ୍ନାଥ । କରନ୍ତି ପୂର୍ଣ୍ଣ ଜନ ମନୋରଥ ।
କଲି ମୁଁ ଏହି ଘେନି ଅଭିମତ । କରିବାକୁ ରସକଲ୍ଲୋଳ ଗୀତ ।
କହିଲେ ସେ ଯେଣୁ । କରରେ ମାତ୍ର ଲେଖିଲି ମୁଁ ତେଣୁ ।୨୩।

୧୯। ଶ୍ୱାସ-ଦୀର୍ଘଶ୍ୱାସ ।

୨୦। କିରଣମାଳି-କିରଣ-ସୂର୍ଯ୍ୟକିରଣ । ରଜନୀନାହା-ଚନ୍ଦ୍ର ।

୨୧। କରୁଣାକର-କୃଷ୍ଣଚନ୍ଦ୍ର । ପହୁଡ଼ିଲେ-ଶୋଇଲେ । କଳାକର ମୁଖୀ-ଚନ୍ଦ୍ରମୁଖୀ । ଦଶଦିଶ-ଦଶଦିଗ ।

୨୨। କେଶୀମନ୍ଥନ-କେଶୀଦୈତ୍ୟହନ୍ତା ଶ୍ରୀକୃଷ୍ଣ । ଅପହୁଡ଼-ଜାଗ୍ରତ । କର୍ମଧର୍ମ-ନିତ୍ୟକର୍ମ । କଲେ ବିଜୟ ବଡ଼ ଅବକାଶେ...କବି ବୃନ୍ଦାବନର ଶ୍ରୀକୃଷ୍ଣଙ୍କୁ ଶ୍ରୀକ୍ଷେତ୍ରରେ ଜଗନ୍ନାଥଙ୍କ ସହିତ ସମାନ କରି ଜଗନ୍ନାଥଙ୍କର ପ୍ରଭାତକାଳୀନ ବଡ଼ ଅବକାଶ ଦର୍ଶନର ବର୍ଣ୍ଣନା ଦେଇଅଛନ୍ତି । କବିଙ୍କର ଉତ୍କଳୀୟ ବୈଷ୍ଣବମତର ପରିପୋଷକତାର ଏହା ନିଦର୍ଶନ । (ରସକଲ୍ଲୋଳର ସମାଲୋଚନା ଦ୍ରଷ୍ଟବ୍ୟ ।)

୨୩। କଲି ଅଭିମତ-ଏହିପ୍ରକାର ଇଚ୍ଛା କଲି ।

କଅ ଅକ୍ଷରେ ହୋଇଛି ନିୟମ । କଥା ନୋହେ ଦିବ୍ୟ ଅଦିବ୍ୟ ସମ ।
କେତେ କଉତୁକ ଅଛନ୍ତି ଏଥି । କେବଳ କ୍ଷୀରସିନ୍ଧୁ ପ୍ରାୟେ ମନ୍ଥି ।
କର ରସ ଜାତ । କରି ଧୀଷଣା ମନ୍ଦର ପର୍ବତ ।୨୪।
କୋବିଦ-ଦେବମାନେ ଲଭ ସୁଖ । କରନ୍ତୁ ବାଳିଶ-ଅସୁରେ ଦୁଃଖ ।
କୃଷ୍ଣ ସେବକ ଗୋପୀଭକ୍ତି ଯାର । କରନ୍ତୁ ସେମାନେ କଣ୍ଠରେ ହାର ।
କଠୋର କୁଟିଳ । କପଟୀଲୋକଙ୍କୁ ଏ ଅମଙ୍ଗଳ ।୨୫।
କୁଟିଳ ବର୍ଣ୍ଣାବଳିରେ ଅଦ୍ଭୁତ । କବି ହୃଦ ଅବଲମ୍ବନକୁ ଜାତ ।
କୋବିଦ-ମନ ଘନାଘନ ବିନୁ । କେବେ ହେଁ ନ ଦିଶଇ ଇନ୍ଦ୍ରଧନୁ ।
କର ସୁବିଚାର । କବିତ୍ୱ ଶାନ୍ତିଜଳ ଏକାକାର ।୨୬।

୨୪। 'କ' ଅକ୍ଷରେ...ଏହି କାବ୍ୟ 'କ' ଅକ୍ଷର ନିୟମରେ ରଚିତ ହୋଇଛି । ଏହି କାବ୍ୟର ଭାଷା ଦିବ୍ୟ ବା ସଂସ୍କୃତ ନୁହେଁ ଓ ତାହା ଅଦିବ୍ୟସମ ଅର୍ଥାତ୍ ପ୍ରାକୃତଭାଷା ପରି। କେହି କେହି ଏହି ପଦର ଅର୍ଥ କରନ୍ତି ଯେ ଏହି କାବ୍ୟ ଦିବ୍ୟ ଓ ଅଦିବ୍ୟ ଭାଷାର ମିଳନରେ ଲେଖାଯାଇଛି। ଅଭିମନ୍ୟୁ ମଧ ଏହି ରୀତିରେ କାବ୍ୟରଚନା କରିଥିବା ଉଲ୍ଲେଖ କରିଅଛନ୍ତି। ଯଥା- "ଦିବ୍ୟ ଅଦିବ୍ୟ ଭାଷାରେ ପଦ ହେବ ସିଦ୍ଧ। ଦେଶ ମହାଜନ ମାର୍ଗ ପରମ୍ପରା ବିଧି।" - (ବିଦଗ୍ଧ ଚିନ୍ତାମଣି, ଛା.୧) କେତେ କଉତୁକ... ଏହି କାବ୍ୟରେ ଅନେକ ରସମୟ ପ୍ରସଙ୍ଗ ବର୍ଣ୍ଣିତ ହୋଇଅଛି। କ୍ଷୀରସିନ୍ଧୁ ରୂପକ କାବ୍ୟକୁ ଧୀଷଣା ବା ଜ୍ଞାନରୂପକ ମନ୍ଦରପର୍ବତ ସାହାଯ୍ୟରେ ମନ୍ଥନ କରି ରସରୂପକ ଅମୃତ ଜାତ କର।

୨୫। କୋବିଦ ଦେବମାନେ-ପଣ୍ଡିତ ରୂପକ ଦେବତାମାନେ ସେହି ଅମୃତ ପାନ କରି ସୁଖଲାଭ କରନ୍ତୁ ଓ ମୂର୍ଖରୂପକ ଅସୁରମାନେ ସେହି ଅମୃତରୂପୀ ରସ ନପାଇ ଦୁଃଖ ପାଆନ୍ତୁ। ଯେଉଁମାନେ କୃଷ୍ଣଭକ୍ତ ଓ ଗୋପୀଭକ୍ତିରେ ଅନୁପ୍ରାଣିତ, ସେମାନେ ଏହି କାବ୍ୟକୁ କଣ୍ଠର ଭୂଷଣସ୍ୱରୂପ ଗ୍ରହଣ କରନ୍ତୁ। କପଟୀ, କୁଟିଳ ଲୋକମାନଙ୍କୁ ଏ କାବ୍ୟ ଆଦୌ ରସ ପ୍ରଦାନ କରିବ ନାହିଁ; ଅର୍ଥାତ୍ ଅମଙ୍ଗଳ ଅଟେ।

୨୬। କୁଟିଳ ବର୍ଣ୍ଣାବଳି...କବି ଏଠାରେ ଅଳଙ୍କାରଶାସ୍ତ୍ରର 'ବକ୍ରୋକ୍ତିବାଦ'କୁ ସୂଚିତ କରାଇ ଅଛନ୍ତି। କୁଟିଳ ବର୍ଣ୍ଣାବଳି-ବକ୍ରୋକ୍ତି। ଯଥା-'ବକ୍ରୋକ୍ତି କାବ୍ୟ ଜୀବିତମ୍'-ଆନନ୍ଦ ବର୍ଦ୍ଧନ। ଅଦ୍ଭୁତ-ଚମତ୍କାର। କବିହୃଦ ଅବଲମ୍ବନକୁ ଜାତ... ଏହି କାବ୍ୟ କବି ହୃଦୟକୁ ଅବଲମ୍ବନ କରି ବା ଆଶ୍ରୟ କରି ଜନ୍ମଲାଭ କରିଛି। କୋବିଦ ମନ...ପଣ୍ଡିତ ବ୍ୟକ୍ତିମାନଙ୍କର ମନରୂପକ ବର୍ଷାକାଳ ବ୍ୟତୀତ କଦାପି ବକ୍ରୋକ୍ତି, ରସ ଓ କାବ୍ୟର ଅନ୍ୟାନ୍ୟ ଚମତ୍କାରିତା ରୂପକ ବର୍ଣ୍ଣୋଜ୍ଜ୍ୱଳମୟ ଇନ୍ଦ୍ରଧନୁର ଶୋଭା ପ୍ରତିଫଳିତ ହୋଇ ପାରିବ ନାହିଁ। ବର୍ଷାକାଳର ମେଘ ଯେପରି ଜଳବର୍ଷଣ କରି ସନ୍ତପ୍ତ ପ୍ରାଣରେ ଶାନ୍ତି ଓ ଶୀତଳତା ଆନୟନ କରେ, ସେହିପରି କାବ୍ୟରୂପକ ମେଘ କାବ୍ୟରସିକ ପ୍ରାଣକୁ କବିତ୍ୱରୂପକୁ ଶକ୍ତି ତଥା ଆନନ୍ଦଜଳରେ ସିକ୍ତ କରିଦିଏ। କବି ଏଠାରେ କବିତ୍ୱ ଓ ଶାନ୍ତିଜଳକୁ ଏକ ବୋଲି କହିଅଛନ୍ତି।

କବିତା ବନିତା କବି ତା ପିତା । କହିବା ଲୋକ ତାର ଉପମାତା ।
କଲେ ତାକୁ ଭୋଗ ରସିକ ନେତା । କେତେ ହେଁ ଅବା ରହଇ ଯୋଗ୍ୟତା ।
କୁମତି ଗୁଆଁର । କେବଳ ବଇମାତ୍ର ଭାଇ ତା'ର ।୨୭।
କବିତ୍ୱ ମଳୟ ପବନମତ । କରେ ରସିକ-ତରୁ ପଲ୍ଲବିତ ।
କର୍କଶ ମୂର୍ଖ ଶୁଷ୍କତରୁ ମାତ୍ର । କେତେବେଳେ ହେଁ ନ ଧରଇ ପତ୍ର ।
କାମିନୀ ବିଭାବ । କରଇ ନିକି ନପୁଂସକ ଦ୍ରବ ।୨୮।
କବିତ୍ୱ ରସ ଉତ୍ତମ ଗୋକ୍ଷୀର । କରି ତହିଁ ସଙ୍ଗ ସ୍ନେହ ଶାକର ।
କର୍ଣ୍ଣ ତୁଣ୍ଡରେ ଯେ କରଇ ପାନ । କିଛି ହିଁ ସ୍ୱାଦୁ ଜାଣଇ ସେ ଜନ ।
କୁତ୍ସିତ ଯା ବୁଦ୍ଧି । କରେ ତା ବଚନ ଆମ୍ବିଳ ଦଧି ।୨୯।

୨୭। କିବତ୍ୱ ବନିତା...ଭାଇ ତା'ର। କବିତ୍ୱ ସୁନ୍ଦରୀ ନାରୀସ୍ୱରୂପା ଓ କବି ତାହାର ପିତା ବା ସ୍ରଷ୍ଟା। କହିବା ଲୋକ ବା ସମାଲୋଚକ ତାହାର ବିମାତା ସ୍ୱରୂପ। କେତେକ ସମାଲୋଚକ 'କହିବା ଲୋକ'କୁ କୁ-ସମାଲୋଚକ ବୋଲି ଅର୍ଥ କରିଥାନ୍ତି। ବିମାତାର ବିରାଗ ପରି କୁ-ସମାଲୋଚନାରେ ସମାଲୋଚକ କେବଳ କବିର ଦୋଷ ଦେଖାଇଥାଏ। ଉପଯୁକ୍ତ କାବ୍ୟରସିକ ବ୍ୟକ୍ତି ଉକ୍ତ କାବ୍ୟନାୟିକାକୁ ଭେଗ କଲେ ଉଭୟଙ୍କର ଯୋଗ୍ୟତା ଓ ମୂଲ୍ୟ ବଢ଼ିଥାଏ। ଖଳମତି ମୂର୍ଖ ବୈମାତ୍ରେୟ ଭାଇ ବା ବିମାତା ଗର୍ଭଜାତ ପୁଅର ଭାଇ ସବୁବେଳେ ଭଉଣୀର ନିନ୍ଦା କଲା ପରି ସେମାନେ କାବ୍ୟର ରସଗ୍ରହଣ ନକରି ନିନ୍ଦା କରିଥାନ୍ତି।

୨୮। କବିତ୍ୱ ମଳୟ ପବନ...ନପୁଂସକ ଦ୍ରବ-କବିତ୍ୱ ମଳୟ ପବନ ପରି ଶୀତଳ ଓ ସୌରଭଯୁକ୍ତ। ମଳୟ ପବନ ଶୁଷ୍କ ତରୁଲତାକୁ ପଲ୍ଲବିତ କଲା ପରି କବିତ୍ୱ ରସିକମାନଙ୍କର ହୃଦୟରୂପକ ତରୁକୁ ପଲ୍ଲବିତ କରିଥାଏ। ଯେଉଁମାନେ ମୂର୍ଖ ଓ ଅରସିକ, ସେମାନେ ପୂରାପୂରି ଶୁଷ୍କ, ନୀରସ ବୃକ୍ଷ ସଦୃଶ ଓ କବିତ୍ୱ-ମଳୟ ସଞ୍ଚାରରେ ସେମାନେ ଆଦୌ ପଲ୍ଲବିତ ହୁଅନ୍ତି ନାହିଁ ବା ରସାପ୍ଲୁତ ହୁଅନ୍ତି ନାହିଁ। ସୁନ୍ଦରୀ କାନ୍ତା ତୁଲ୍ୟ କାବ୍ୟନାୟିକା ମଧୁର ଭାବଭଙ୍ଗୀ ଦ୍ୱାରା ମୂର୍ଖରୂପୀ ନପୁଂସକର ହୃଦୟକୁ ଦ୍ରବୀଭୂତ କରିଦିଏ ନାହିଁ କି ? ଏହାଦ୍ୱାରା କବି କହୁଅଛନ୍ତି ଯେ ଏହି କାବ୍ୟ ଯେ କୌଣସି ପାଠକର ହୃଦୟକୁ ମଧ୍ୟ ରସାନ୍ୱିତ କରିପାରିବ।

କବିତ୍ୱ କୋଷେ ନାନା ଦ୍ରବ୍ୟ ଥାଇ । କିଛି ଯାର ଜ୍ଞାନଚକ୍ଷୁ ନ ଥାଇ
କରନ୍ତି ଯାଇ ତହିଁ ଅଧିକାର । କିଞ୍ଚିତ ଲାଜ ନ ଥାଇ ତାଙ୍କର ।
କାର୍ଯ୍ୟ ପଡ଼ିଗଲେ । କେବଳ ବେଭାର ସରଇ ଭଲେ ।୩୦।
କର ଧରି କହୁଅଛି ହେ ଜନେ । କ୍ରୋଧ ଅଭିମାନ ନ ଧର ମନେ ।
କରୁଣାହୃଦୟ ନିରତେ ହୁଅ । କୃଷ୍ଣକଥାରେ ଏକା ମନ ଦିଅ ।
କର ଦୀନେ ଦାନ । କହୁ କହୁ ଜୀବଟିଏ ଏ ଜୀବନ ।୩୧।
କେବଳ ସାଧୁ ସଙ୍ଗେ ସାଙ୍ଗ ହୁଅ । କୁଟିଳଲୋକ ପାଖକୁ ନ ଯାଅ ।
କୋମଳ କରି କଥାମାନ କହ । କୃଷ୍ଣ ଭଗତ ଜନ-ମନ ମୋହ ।
କୃଷ୍ଣ କର ଧ୍ୟାନ । କୃଷ୍ଣଚରିତମାନ କର ପାନ ।୩୨।

୨୯। କବିତ୍ୱରସ ଉତ୍ତମ ଗୋକ୍ଷୀର-ଆମ୍ବିଳଦଧି । କାବ୍ୟର ରସ ବା କବିତ୍ୱ ରୂପକ ରସ ଖାଣ୍ଟି ଗୋକ୍ଷୀର ପରି । ଏହି ଗୋକ୍ଷୀର ସହିତ ଶ୍ରଦ୍ଧା ବା ଅନୁରକ୍ତି ରୂପକ ଶାକରଖଣ୍ଡ ମିଶାଇ ଯେଉଁ ବ୍ୟକ୍ତି ପାନ କରିବ, ସେ କେତେକାଂଶରେ ତାହାର ମଧୁରତା ଜାଣିପାରିବ । ଦୁଧରେ ଖଟା ମିଶିଲେ ତାହା ଯେପରି ଆମ୍ବିଳା ଦହିରେ ପରିଣତ ହୋଇଥାଏ, ସେହିପରି ମୂର୍ଖ ବ୍ୟକ୍ତିର କୁ-ସମାଲୋଚନାରୂପକ ଦହିରେ କବିତ୍ୱ ଗୋରସ ନଷ୍ଟ ହୋଇଥାଏ । କବି ଏହି ପଦସମୂହରେ 'ରସବାଦ'କୁ ପ୍ରାଧାନ୍ୟ ଦେଇଅଛନ୍ତି । (ରସକଲ୍ଲୋଳ ଆଲୋଚନା ଦ୍ରଷ୍ଟବ୍ୟ ।)

୩୦। କବିତ୍ୱ କୋଷେ... ସରଇ ଭଲେ-କବିତ୍ୱ ରୂପକ ଭଣ୍ଡାରରେ ରସ, ଛନ୍ଦ, ଅଳଙ୍କାର, ବକ୍ରୋକ୍ତି ଓ ଧ୍ୱନି ପ୍ରଭୃତି ତୁଲ୍ୟ ନାନା ମୂଲ୍ୟବାନ ଦ୍ରବ୍ୟ ରହିଥାଏ । ଯେଉଁ ପାଠକମାନେ ସୂକ୍ଷ୍ମଦୃଷ୍ଟି ବା ଦିବ୍ୟଦୃଷ୍ଟି ସମ୍ପନ୍ନ ନୁହନ୍ତି, ସେମାନେ କାବ୍ୟର ଭଲମନ୍ଦ ବା ଗୁଣାଗୁଣ ସମ୍ବନ୍ଧରେ ନାନା ମତବ୍ୟକ୍ତ କରନ୍ତି ବା କାବ୍ୟରେ ତାଙ୍କର ଗଭୀର ପ୍ରବେଶ ଅଛି ବୋଲି ଲଜ୍ଜାହୀନ କାବ୍ୟରେ ଛଳନା କରନ୍ତି; କିନ୍ତୁ ପ୍ରକୃତ କାର୍ଯ୍ୟକ୍ଷେତ୍ରରେ ବା ଆଲୋଚନାବେଳେ ସେମାନଙ୍କର ବ୍ୟବହାର ଧରାପଡ଼ି ଯାଇଥାଏ ।

୩୧। କରୁଣା ହୃଦୟ-ଦୟାର୍ଦ୍ର ହୃଦୟ, ଦୟାବାନ୍ । କର ଦୀନେ ଦାନ-ଦରିଦ୍ର ଲୋକମାନଙ୍କୁ ଦାନ ଦିଅ ।

୩୨। କୁଟିଳ ଲୋକ-କପଟୀ ଲୋକ ।

କାଳିନ୍ଦୀ-ଜଳ-କଲ୍ଲୋଳ-ରଙ୍ଗିଆ । କଦମ୍ବ-ତରୁ-ତଳ-ତ୍ରିଭଙ୍ଗିଆ ।
କଳା କମଳ କଜ୍ଜଳ କାଳୀୟା । କେକୀ ବରହୀ କଳାପ ଚୂଳୀୟା ॥
କାନ୍ତ କୁଣ୍ଡଳୀୟା । କୁମୁଦବନ୍ଧୁ ମୁଖମଣ୍ଡଳୀୟା । ୩୩।
କୁଟିଳ ନୀଳ ଅଳକାବଳୀୟା । କମନୀୟ ବନଫୁଲମାଳୀୟା ।
କଳଧଉତକାନ୍ତି ଦୁକୂଳୀୟା । କିଶୋର ବରଜ ସଙ୍ଗମେଳିୟା ।
କୃଷ୍ଣଦାସ ମନ । କମଳ ଉନ୍ନିଦ୍ରକର ତପନ ।୩୪।

୩୩। କାଳିନ୍ଦୀ-ଜଳ-କଲ୍ଲୋଳ-ରଙ୍ଗିଆ-ଯମୁନାର ନୀଳବର୍ଣ୍ଣର କଲ୍ଲୋଳ ପରି ଯାହାଙ୍କର ଶରୀର ବର୍ଣ୍ଣ; ଅର୍ଥାତ୍ ଶ୍ରୀକୃଷ୍ଣ । କଦମ୍ବ-ତରୁତଳ-ତ୍ରିଭଙ୍ଗିଆ-କଦମ୍ବବୃକ୍ଷ ମୂଳରେ ଯେ ତ୍ରିଭଙ୍ଗୀଠାଣିରେ ଶୋଭମାନ। କଳାକମଳ କଜ୍ଜଳକାଳୀୟା-ନୀଳପଦ୍ମର ନୀଳିମା ପରି ଯାହାଙ୍କ ଶରୀର କୃଷ୍ଣକାନ୍ତି ଅଟେ। କେକୀ-ବରହୀ-କଳାପ-ଚୂଳୀୟା-ମୟୂରପୁଚ୍ଛ ସମୂହରେ ଯାହାଙ୍କର ଚୂଳ ଶୋଭାମାନ। କାନ୍ତକୁଣ୍ଡଳୀୟା-ସୁନ୍ଦର କୁଣ୍ଡଳ ଅଳଙ୍କାର ଯେ ଧାରଣ କରିଅଛନ୍ତି। କୁମୁଦବନ୍ଧୁ ମୁଖମଣ୍ଡଳୀୟା-ଯାହାଙ୍କର ମୁଖମଣ୍ଡଳ ଚନ୍ଦ୍ରପରି ସୁନ୍ଦର।

୩୪। କୁଟିଳନୀଳଅଳକା-ବଳୀୟା-କୁଞ୍ଚିତ ନୀଳଚୂର୍ଣ୍ଣକୁନ୍ତଳ ଯାହାଙ୍କର କପାଳରେ ଶୋଭମାନ। କମନୀୟ ବନଫୁଲ ମାଳୀୟା-ସୁନ୍ଦର ବନଫୁଲର ମାଳରେ ଯାହାଙ୍କର ହୃଦୟ ପରିଶୋଭିତ। କଳଧଉତକାନ୍ତି ଦୁକୂଳୀୟା-ସ୍ୱର୍ଣ୍ଣକାନ୍ତି ତୁଲ୍ୟ ପାଟଲୁଗା ବା ପୀତବସ୍ତ୍ର ପରିଧାନକାରୀ କୃଷ୍ଣଚନ୍ଦ୍ର। କିଶୋର ବରଜ-ସଙ୍ଗ-ମେଳିୟା-କିଶୋର ଗୋପବାଳକମାନଙ୍କର ଯେ ସଙ୍ଗୀ ଅଟନ୍ତି। ଉନ୍ନିଦ୍ରକର-ବିକଶତକାରୀ, କୃଷ୍ଣଦାସ ମନ। କମଳ ଉନ୍ନିଦ୍ରକର-ତପନ-କବି ଦୀନକୃଷ୍ଣ ଦାସଙ୍କର ମନରୂପକ ପଦ୍ମକୁ ବିକଶିତ କରିବା ନିମିତ୍ତ ଯେଉଁ ଶ୍ରୀକୃଷ୍ଣ ସୂର୍ଯ୍ୟ ସ୍ୱରୂପ ଅଟନ୍ତି।

❑❑❑

କୋଟିବ୍ରହ୍ମାଣ୍ଡ ସୁନ୍ଦରୀ

ଉପେନ୍ଦ୍ର ଭଞ୍ଜ

ପ୍ରଥମ ଛାନ୍ଦ

(ମଙ୍ଗଳାଚରଣ)

ରାଗ-ମଙ୍ଗଳଗୁଜ୍ଜରୀ

ଶୁଣ କୋବିଦେ ଭରତଖଣ୍ଡେ ପୁଣ୍ୟ ଧାମ।
ଯେଣୁ ନାରାୟଣଦେହୀ ତେଣୁ ସେହି ନାମ ହେ ॥୧॥
ଗୀର୍ବାଣମତେ ନିର୍ବାଣ ସାରୂପ୍ୟକୁ ଦେଇ।
ସାକ୍ଷୀ ପକ୍ଷୀ କରଟ ପ୍ରତିମା ରୂପେ ଥାଇ ଯେ ॥୨॥
ଯେ ବ୍ରହ୍ମହତ୍ୟା-ପାତକ-ନିପାତକ ମହୀ।
କପାଳମୋଚନ ତ୍ରିଲୋଚନ ସାକ୍ଷୀ ଯହିଁ ଯେ ॥୩॥
ଆସି କାଶୀଶ୍ୱର ବାସ କଲେ ଏହା ଜାଣି।
ଅନ୍ୟ କ୍ଷେତ୍ର ସମସ୍ତଙ୍କ ଏ ମସ୍ତକମଣି ହେ ॥୪॥
ଏଣୁ କ୍ଷେତ୍ର ନରେନ୍ଦ୍ର ପଦ ତ ସମ୍ଭାବିତ।
ବିନାଶେ ଭୁଜଙ୍ଗ ଦୋଷ ତାକୁ କେତେମାତ୍ର ହେ ॥୫॥

୧। ପୁଣ୍ୟଧାମ-ଶ୍ରୀପୁରୁଷୋତ୍ତମ କ୍ଷେତ୍ର, ନାରାୟଣଦେହୀ-ବିଷ୍ଣୁ ଦେହବନ୍ତ ହୋଇଛନ୍ତି : ଜଗନ୍ନାଥ।

୨। ଗୀର୍ବାଣମତେ-ଦେବମତରେ ବା ବେଦମତରେ, ନିର୍ବାଣ ସାରୂପ୍ୟ-ଈଶ୍ୱରଙ୍କ ଭଳି ରୂପପ୍ରାପ୍ତି ରୂପକ ମୁକତି, କରଟ-ଭୂଷଣ୍ଡ କାକ (ରୋହିଣୀ କୁଣ୍ଡରେ ଚତୁର୍ଭୁଜ ହୋଇ ଦେବରୂପ ପାଇଛି)।

୩। ମହୀ-ଶ୍ରୀକ୍ଷେତ୍ର, କପାଳମୋଚନ ତ୍ରିଲୋଚନ-ଶିବଙ୍କ ଚାପୁଡ଼ାରେ ମୃତ ଜଣେ ବ୍ରାହ୍ମଣର ମୁଣ୍ଡ ଶିବଙ୍କ ହାତରେ ଲାଖି ରହିଲା, ନାନା ତୀର୍ଥ ବୁଲି ଶିବ ଶେଷରେ ଶ୍ରୀକ୍ଷେତ୍ର ଆସିବାରୁ ତାଙ୍କ ହାତରୁ ମୁଣ୍ଡଟି ଖସି ପଡ଼ିଲା।

୪। ସମସ୍ତ କ୍ଷେତ୍ରର ଏ ମୁକୁଟମଣି, ଏହା ଜାଣି କାଶୀଶ୍ୱର ଆସି ଏଠାରେ ବାସ କଲେ।

୫। ତେଣୁ ଏହାର କ୍ଷେତ୍ର ରାଜପଦ ସମ୍ଭବିଲା। ବିଷବୈଦ୍ୟ (ଗୁଣିଆ) ସର୍ପବିଷ ନାଶ କଲାପରି ବିଟ ପୁରୁଷମାନଙ୍କର ପାପ ନାଶିବା ଏ କ୍ଷେତ୍ର ପକ୍ଷରେ କେତେ ମାତ୍ର। କ୍ଷେତ୍ରନରେନ୍ଦ୍ର (କ୍ଷେତ୍ରରାଜ ଓ ବିଷବୈଦ୍ୟ) ଭୁଜଙ୍ଗ ଦୋଷ (ସର୍ବଦୋଷ, ବିଟ ପୁରୁଷଦୋଷ)।

ଅବିଦ୍ୟା ବିଷମ ଆଶୀବିଷଘାତୀ ଜନେ।
ଜ୍ଞାନାଜ୍ଞାନେ ପରାଧୀନେ ସେ ସ୍ଥାନ ଗମନେ ହେ॥୬॥
ଶ୍ରୀମହାପ୍ରସାଦ ଗଦ ପଦ ଘଣ୍ଟଘୋଷ।
ଭକ୍ଷଣେ ଶ୍ରବଣେ ଯେ କିଲ୍‌ବିଷ ବିଷ ନାଶ ହେ ॥୭॥
ଉନ୍ନତ ପ୍ରାସାଦରାଜ ପତାକା ଉଡ଼ାଇ।
ଏ ପ୍ରଦେଶେ ସମବର୍ତ୍ତୀପଣ ନାହିଁ ନାହିଁ ହେ ॥୮॥
ବଟରାଜା ଶାଖା ଘେନି ନିଗମ ସାକ୍ଷାତ।
ପାପ ତାପ ପଶୁ ନାଶ ସକର୍ମ ଉଦିତ ଯେ ॥୯॥
ସେ ଦୁର୍ଗ-ପରିଖା ତୀର୍ଥରାଜ ଗର୍ଜନରେ।
କହେ ଅବଗାହେ ପାପବୂହ୍ୟ ଦହନରେ ॥୧୦॥
ଦହି ସବୁ ବାଡ଼ବରେ ଦେବ ଏ ପକାଇ।
ଏ ଦରବଶରୁ ଦୂରୁ ଦୁରିତ ପଳାଇ ହେ ॥୧୧॥

୬। ଅଜ୍ଞାନରୂପୀ କାଳସର୍ପକୁ ଦଳନ କରିଥିବା ଲୋକମାନେ ସେ ସ୍ଥାନ ଗମନ ମାତ୍ରେ ଜ୍ଞାନାଜ୍ଞାନର ପରାଧୀନ ହୋଇ ମୁକ୍ତି ଲାଭ କରନ୍ତି। ଆଶୀବିଷ-ସର୍ପ।

୭। ଶ୍ରୀମହାପସାଦ ରୂପକ ଗଦ ଭକ୍ଷଣରେ ଏବଂ ଘଣ୍ଟା ଶବ୍ଦରୂପକ ମନ୍ତ୍ର ଶ୍ରବଣରେ ପାପବିଷ ନଷ୍ଟ ହୁଏ। ପଦ (ମନ୍ତ୍ର)।

୮। ଉନ୍ନତ ବଡ଼ ଦେଉଳର ପତାକା ଉଡୁଥିବାରୁ "ଏ ପ୍ରଦେଶରେ ଯମର ଅଧିକାର ନାହିଁ" ଏହା ଜଣାଉଅଛି। ସମବର୍ତ୍ତୀପଣ (ଯମ ଅଧିକାର)।

୯। ବଟରାଜ (କଳ୍ପବଟ) ଶାଖାଘେନି, ସାକ୍ଷାତ ସାଙ୍ଗୋପାଙ୍ଗ ବେଦ ହୋଇ ରହିଅଛି। ବେଦବିଧିରେ ଯଜ୍ଞରେ ପଶୁ ନାଶ କଲେ ସୁକର୍ମର ଉଦୟ ହୁଏ। ଶାଖା (ଡାଳ ଓ ବେଦ ପ୍ରକରଣ), ନିଗମ (ବେଦ)।

୧୦। ସମୁଦ୍ର ସେହି ଗଡ଼ର ଗଡ଼ଖାଇ ରୂପେ ବିରାଜିତ ହୋଇ ଗର୍ଜନ ଛଳରେ କହୁଅଛି- ହେ ନରେ, ଏଥିରେ ସ୍ନାନକରି ପାପ ସମୂହ ଦହନ କର। ଦୁର୍ଗ ପରିଖା (ଗଡ଼ଖାଇ), ତୀର୍ଥରାଜ-ସମୁଦ୍ର, ପାପବ୍ୟୂହ (ପାପରାଶି)।

୧୧। ଏ ସବୁ ପ୍ରକାର ପାପକୁ ବାଡ଼ବାଗ୍ନିରେ ପୋଡ଼ିପକାଏ। ଏହି ଭୟରେ ପାପ ଦୂରରୁ ପଳାଏ। ବାଡ଼ବ (ସମୁଦ୍ରରେ ଥିବା ଅଗ୍ନି), ଦୁରିତ (ପାପ)।

ସେ କମ୍ବୁକଟକ ରାଜା ନାମ ଜଗନ୍ନାଥ।
ଚାରି ବର୍ଣ୍ଣେ ଚଉବର୍ଗ ଦେବାକୁ ସମର୍ଥ ହେ ।।୧୨।।
ଭକ୍ତି ଦେବା ଗୁପ୍ତ ହୋଇଅଛି ଯୁକ୍ତାକ୍ଷରେ।
ବୈଷ୍ଣବ ବିହୀନେ କେବା ଜାଣିବ ସଂସାରେ ହେ।।୧୩।।
ପାଦେ ବନ୍ଦେ ସାର୍ବଭୌମ ବୋଲିବା କି ଯଶ।
ବୃଷାସନଙ୍କର ଶିର ଲାଗିବାକୁ ଆଶ ହେ ।।୧୪।।
ଯାହା କଟାକ୍ଷ-କୁଠାର ପତନମାତରେ।
ଅନେକ ଦୁଃଖ-ଅନୋକହକୁ ଛେଦି ପାରେ ହେ ।।୧୫।।
ସେହି ପାଦପଦ୍ମାସନୀ ପାଟ ମହାଦେବୀ।
ଅଷ୍ଟଐଶ୍ୱର୍ଯ୍ୟଦାୟିନୀ ଅଷ୍ଟଶକ୍ତି ସେବି ହେ ।।୧୬।।
ଭରସା କରି ଆସନ୍ତି ଦୂରଦେଶୁଁ ପ୍ରାଣୀ।
ଆରତ ଭଞ୍ଜନ ଦୀନବନ୍ଧୁ ନାମ ଶୁଣି ହେ ।।୧୭।।

୧୨। ସେହି କମ୍ବୁକଟକରେ ରାଜା ଜଗନ୍ନାଥ-ସେ ରାଜା ବ୍ରାହ୍ମଣ, କ୍ଷତ୍ରିୟ, ବୈଶ୍ୟ, ଶୂଦ୍ର, ଏହି ଚାରିବର୍ଣ୍ଣକୁ ଧର୍ମ, ଅର୍ଥ, କାମ, ମୋକ୍ଷ ଏହି ଚତୁର୍ବର୍ଗ ଦେବାକୁ ସମର୍ଥ। କମ୍ବୁକଟକ (ଶଙ୍ଖକ୍ଷେତ୍ର)।

୧୩। ବୈଷ୍ଣବମାନଙ୍କ ମତରେ ଜଗତ ଶବ୍ଦର ଅର୍ଥ ରାଧା ଓ ନାଥ ଶବ୍ଦର ଅର୍ଥ କୃଷ୍ଣ, ଅତଏବ ଜଗନ୍ନାଥ ଏହି ଶବ୍ଦର ଅର୍ଥ ରାଧାକୃଷ୍ଣ, ଏକଥା ବୈଷ୍ଣବମାନଙ୍କ ଛଡ଼ା ଆଉ କିଏ ସଂସାରରେ ଜାଣିବ। ଭକ୍ତିଦେବା (ଭକ୍ତିଦାୟିନୀ ରାଧା) ଯୁକ୍ତାକ୍ଷରରେ ଲୁଚିଅଛି। (ଅର୍ଥାତ୍ ଜଗତ୍ ଏହି ଶବ୍ଦର ଶେଷାକ୍ଷର 'ତ' ଟି ସନ୍ଧି ଅନୁସାରେ 'ନ' ହୋଇ ଯୁକ୍ତ ହୋଇ ରହିଅଛି)।

୧୪। ସେହି ସମ୍ରାଟଙ୍କର ପାଦରେ ବନ୍ଦୁଅଛି, ଏହା କହିଲେ ମୋହର ବିଶେଷ କିଛି ଯଶ ହେବ ନାହିଁ; ଯେହେତୁ ମହାଦେବ ସେହି ପାଦରେ ଶିର ଲଗାଇବାକୁ ଆଶା କରି ରହିଅଛନ୍ତି (ମୁଁ ବା କେତେମାତ୍ର) ବୃଷାସନ (ମହାଦେବ)।

୧୫। ଯାହାଙ୍କର କଟାକ୍ଷ-କୁଠାରପାତ ମାତ୍ରେ ନାନାବିଧ ଦୁଃଖ ଦ୍ରୁମ ଛିଣ୍ଡି ଯାଇପାରେ। ଅନୋକହ (ବୃକ୍ଷ)।

୧୬। ସେହି ଜଗନ୍ନାଥଙ୍କର ପାଦପଦ୍ମରେ ରହି ଅଷ୍ଟ ଐଶ୍ୱର୍ଯ୍ୟ-ଦାୟିନୀ ବିମଳା ପ୍ରଭୃତି ଅଷ୍ଟ ମହାଦେବୀମାନେ ସେବା କରୁଅଛନ୍ତି। ଅଷ୍ଟ ଐଶ୍ୱର୍ଯ୍ୟ (ଅଣିମା, ଲଘିମା, ପ୍ରାପ୍ତି, ପ୍ରାକାମ୍ୟ, ମହିମା, ଈଶିତ୍ୱ, ବଶିତ୍ୱ, କାମାବଶାୟତା)।

୧୭। ଆରତ ଭଞ୍ଜନ ଦୀନବନ୍ଧୁ ନାମ ଶୁଣି ପ୍ରାଣୀମାନେ ଦୂରଦେଶରୁ ଭରସା କରି ଆସନ୍ତି।

କର ଯୋଡ଼ି ଛାମୁରେ ଜଣାଇ ପକ୍ଷିଧବ।
ଆର୍ତ୍ତଜନ ଗୁହାରିକି ସାବଧାନ ହେବ ହେ ॥୧୮॥
କୋଟି-କନ୍ଦର୍ପ-ଲାବଣ୍ୟ-ମୂର୍ତ୍ତି ଦରଶନ।
ଦେବାକୁ ସୁବେଶେ ବିଜେ ରତ୍ନସିଂହାସନ ହେ ॥୧୯॥
ଶିରେ ହେମ-ରତନ-ମୁକୁଟ ସପ୍ତଶାଖା।
କରୁଣ-ସିନ୍ଧୁରେ କି ବଡ଼ବାନଳ ଶିଖା ହେ ॥୨୦॥
କିମ୍ପାଇ ସାର୍ଥ ନୋହିବ ଏମନ୍ତ ବିଚାର।
ପୁଣି ମଞ୍ଜୁଳ କୁଣ୍ଡଳ ମକର ଆକାର ହେ ॥୨୧॥
ପ୍ରବାଳତରଣୀ ଦୃଷ୍ଟି ରଙ୍ଗାଧରେ ଅଛି।
ବିଶେଷ ଯହିଁ ଲାବଣ୍ୟ ଲକ୍ଷ୍ମୀ ସମ୍ଭବିଛି ହେ ॥୨୨॥
ଦଶଅବତାର ଲୀଳା ଯାତ୍ରା ବିରଚନ।
ଜନଙ୍କୁ ଦେଖାନ୍ତି ଯୁଗାନ୍ତର କଥାମାନ ॥୨୩॥

୧୮। ଆର୍ତ୍ତଜନମାନଙ୍କର ଗୁହାରିକୁ ସାବଧାନ ହେଉ, ଏହା ଗରୁଡ଼ ଶ୍ରୀଛାମୁରେ ହାତ ଯୋଡ଼ି ଜଣାନ୍ତି। ପକ୍ଷିଧବ (ଗରୁଡ଼)।

୧୯। କୋଟିଏ କନ୍ଦର୍ପର ଲାବଣ୍ୟ ମୂର୍ତ୍ତି ଦର୍ଶନ ଦେବାପାଇଁ ରତ୍ନ ସିଂହାସନରେ ଉତ୍ତମ ବେଶରେ ବିଜେ କରିଅଛନ୍ତି।

୨୦। ଦୟାସାଗରଙ୍କର ମସ୍ତକରେ ବାଡ଼ବାଗ୍ନିର ଶିଖାପରି ସୁବର୍ଣ୍ଣ ମୁକୁଟ ସପ୍ତଶାଖାରେ ଶୋଭାପାଉଅଛି, (ଅର୍ଥାତ୍ ସମୁଦ୍ରରେ ବାଡ଼ବାଗ୍ନି ଥିବାର ପ୍ରସିଦ୍ଧ ଏବଂ ଅଗ୍ନିର ସାତଶିଖା ଥିବାରୁ ତାହାର ନାମ ସପ୍ତାଗ୍ନି ହୋଇଅଛି-ସାଗର ସହିତ ଜଗନ୍ନାଥଙ୍କର ତୁଳନା।

୨୧। ସାଗର ଶବ୍ଦ ଜଗନ୍ନାଥଙ୍କଠାରେ କାହିଁକି ସାର୍ଥକ ନୋହିବ, ବିଚାରିଲେ ସେଠାର ସୁନ୍ଦର କୁଣ୍ଡଳ ମକରାକାର ଧରିଅଛି। ମକର (ମଗର)।

୨୨। ସୁରଙ୍ଗ ଅଧର ପୋହଳା ନୌକାପରି ଦିଶୁଅଛି, ପୁଣି ଯହିଁରେ ଶୋଭାରୂପିଣୀ ଲକ୍ଷ୍ମୀଦେବୀ ବିଶେଷ ଭାବରେ ସମ୍ଭବି ଅଛନ୍ତି। ପ୍ରବାଳ (ପୋହଳା), ତରଣୀ (ନୌକା), ଲକ୍ଷ୍ମୀ (ସମୁଦ୍ରରୁ ଜାତ)।

୨୩। ଦଶ ଅବତାରଙ୍କର ଯାତ୍ରା ବିହିତ ହେଉଥିବାରୁ ଲୋକମାନଙ୍କୁ ସେହି ସେହି ଯୁଗର କଥାମାନ ଦେଖାଉଅଛନ୍ତି।

ସ୍ନାନ ଗୁଣ୍ଡିଚା ଏ ବେନି ସ୍ୱୟଂଲୀଳା ଯାର।
ପତିତ ପାବନ ଅର୍ଥେ ପ୍ରସାଦୁ ବାହାର ହେ ॥୨୪॥
ଜ୍ୟେଷ୍ଠ ପୌର୍ଣ୍ଣମାସୀ ପୂର୍ବନିଶି ଅବଶେଷେ।
ସେବକ ଉତ୍ସୁକେ ମିଳି ମହାପ୍ରଭୁ ପାଶେ ହେ ॥୨୫॥
ସେ କାଳକୁ ଅନୁସରି ଯାତ୍ରୀ ନର ନାରୀ।
ଯେ ଯାହାର ନିତ୍ୟକର୍ମ ତ୍ୱରା ହୋଇ ସାରି ହେ ॥୨୬॥
ହରି ହରି-ଦ୍ୱାରେ ମିଳି ହରି-ଧ୍ୱନି କଲେ।
ହରିତ ପୂରିତ ତ୍ୱରିତରେ ତହିଁ ହେଲେ ହେ ॥୨୭॥
ପଡ଼ିଲା ତୂଳୀ ପାହାଡ଼ ବିଜୟ ନିମିତ୍ତେ।
ବାଜିଲା ମେଘା ମୃଦଙ୍ଗ ମର୍ଦ୍ଦଳ ସହିତେ ହେ ॥୨୮॥
କଂସାଳ ତାଳ କର୍ଣ୍ଣାଳ ପଟହ ଝର୍ଝରା।
ମୋ ପରେ ବିଜେ କରିବେ ଭାବି ତୋଷ ଧରା ହେ ॥୨୯॥

୨୪। ଯାହାଙ୍କର ସ୍ନାନ ଓ ଶ୍ରୀଗୁଣ୍ଡିଚା ଏହି ଯୋଡ଼ିକ ନିଜ ଲୀଳା-ପାପୀମାନଙ୍କୁ ଉଦ୍ଧାର କରିବା ପାଇଁ ଏହି ଦୁଇଯାତରେ ଦେଉଳରୁ ବାହାର ହୁଅନ୍ତି।

୨୫। ଜ୍ୟେଷ୍ଠ ପୂର୍ଣ୍ଣିମାର ପୂର୍ବଦିନ ରାତିପାହାନ୍ତାରୁ ସେବକମାନେ ଆନନ୍ଦରେ ମହାପ୍ରଭୁଙ୍କ ପାଖରେ ମିଳନ୍ତି।

୨୬-୨୭। ସେ ସମୟକୁ ଲକ୍ଷ୍ୟ କରି ନରନାରୀ ଯାତ୍ରୀମାନେ ଆପଣାର ନିତ୍ୟକର୍ମ ଶୀଘ୍ର ଶେଷକରି ଜଗନ୍ନାଥଙ୍କ ସିଂହଦ୍ୱାରେ ପହୁଞ୍ଚି ହରିଧ୍ୱନି କରନ୍ତି। ସେହି ହରିଧ୍ୱନିରେ ଦିଗ ଦିଗନ୍ତ ଶୀଘ୍ର ପୂର୍ଣ୍ଣ ହୋଇଯାଏ। ହରି (ଜଗନ୍ନାଥ), ହରିଦ୍ୱାର (ସିଂହଦ୍ୱାର), ହରିତ (ଦିଗ)।

୨୮-୨୯। ଜଗନ୍ନାଥଙ୍କର ବିଜୟ ନିମିତ୍ତ ପାଟମୁଚୁଳା ପଡ଼ିଲା। ମେଘା, ମୃଦଙ୍ଗ, ମର୍ଦ୍ଦଳ ସହିତ ଝାଞ୍ଜ, ଭେରୀ, ପଟହ, ଖଞ୍ଜଣି ପ୍ରଭୃତି ବାଦ୍ୟମାନ ବାଜିଲା। ମୋ ଉପରେ ଜଗନ୍ନାଥ ବିଜେ କରିବେ ଏହା ଭାବି ପୃଥିବୀ ଆନନ୍ଦିତା ହେଲା। ତୂଳୀ (ପାଟ ମୁଚୁଳା), କଂସାଳ (ଝାଞ୍ଜ), କର୍ଣ୍ଣାଳ (ଭେରୀ), ଝର୍ଝରା (ଖଞ୍ଜଣି), ଧରା (ପୃଥିବୀ)।

ନୋହିବେ ସର୍ବଜ୍ଞ କିମ୍ବା ବ୍ରହ୍ମ-ପରିବାର ।
ଜାଣିଲେ ନିଶ୍ଚୟ ପ୍ରଭୁ ଦକ୍ଷିଣ-କୁଞ୍ଜର ହେ ॥୩୦॥
ପୂର୍ବଜରେ ପୂର୍ବଗଜ ଭାବ ଉପୁଜାଇ ।
ପହଣ୍ଡି ବିଜୟ କଲେ ଝୁଲାଇ ଝୁଲାଇ ଯେ ॥୩୧॥
ଏମନ୍ତ ନୋହିଲେ କି ପ୍ରାସାଦ-ଦରୀ ତେଜି ।
ମଣ୍ଡପ-ସର ଅବଗାହରେ ଚିତ୍ତ ମଜ୍ଜି ହେ ॥୩୨॥
ସାର ଗନ୍ଧସାର-ପଙ୍କେ ଭୂଷିତ ହୋଇବେ
ଜନ-ପଙ୍କ-ପଙ୍କଜ-ବନକୁ ଉଜାଡ଼ିବେ ହେ ॥୩୩॥
ସବୁଦିନେ ଲୀଳାସ୍ଥାନ ନୀଳମହୀଧର ।
ଭକ୍ତଭାବ-ରଜ୍ଜୁରେ ବନ୍ଧନ ଅଛି ଯାର ହେ ॥୩୪॥

୩୦-୩୧। ଭଗବାନଙ୍କର ଚାକରମାନେ କାହିଁକି ସର୍ବଜ୍ଞ ନହେବେ। ସେମାନେ ଜାଣିପାରିଲେ ଯେ, ପ୍ରଭୁ ଜଗନ୍ନାଥ ନିଶ୍ଚୟ ଦକ୍ଷିଣ କୁଞ୍ଜର ଓ ତାହାଙ୍କର ବଡ଼ଭାଇ ବଳଦେବଙ୍କଠାରେ ଐରାବତ ଭାବ ଆଣି ଝୁଲାଇ ଝୁଲାଇ ପହଣ୍ଡି ବିଜେ କରାଇଲେ; ଅର୍ଥାତ୍ ପଣ୍ଡାମାନେ ଜଗନ୍ନାଥ ଓ ବଳଦେବଙ୍କୁ ହାତୀ ମଣି ଝୁଲାଇ ଝୁଲାଇ ବିଜେ କରାଇଲେ। ବ୍ରହ୍ମପରିବାର (ମହାପ୍ରଭୁଙ୍କର ଚାକର), ଦକ୍ଷିଣ କୁଞ୍ଜର (ଦକ୍ଷିଣ ଦିଗ ହସ୍ତୀ ବାମନନାମା କୃଷ୍ଣବର୍ଣ୍ଣ ହେତୁ ଜଗନ୍ନାଥଙ୍କ ସମାନ), ପୂର୍ବଜ (ବଡ଼ଭାଇ), ପୂର୍ବଗଜ (ଐରାବତ ଶୁକ୍ଳବର୍ଣ୍ଣ ହେତୁ ବଳଦେବଙ୍କ ସମାନ)।

୩୨। ହସ୍ତୀ ନୋହିଥିଲେ କାହିଁକି ଦେଉଳରୂପକ ଗୁହା ଛାଡ଼ି ମଣ୍ଡପ ରୂପକ ପୁଷ୍କରିଣୀରେ ସ୍ନାନ କରିବାକୁ ମନ ବଳାଇଥାନ୍ତେ। ପ୍ରସାଦ (ଦେଉଳ), ଦରୀ (ଗୁହା), ମଣ୍ଡପ (ସ୍ନାନ ମଣ୍ଡପ), ସର (ପୁଷ୍କରିଣୀ)।

୩୩। ସର୍ବଶ୍ରେଷ୍ଠ ଚନ୍ଦନରୂପ ପଙ୍କରେ ଭୂଷିତ ହୋଇବେ ଏବଂ ଲୋକମାନଙ୍କର ପାତକରୂପକ ପଦ୍ମବନକୁ ଉଜାଡ଼ି ଦେବେ। (ହସ୍ତୀମାନେ ମଧ୍ୟ ସ୍ନାନ ପରେ ପଙ୍କ ଲେପି ହୁଅନ୍ତି ଏବଂ ପଦ୍ମବନକୁ ଦଳିଦିଅନ୍ତି), ଗନ୍ଧସାର (ଚନ୍ଦନ), ପଙ୍କ (ପାପ)।

୩୪। ନୀଳଗିରି ଯାହାଙ୍କର ସବୁଦିନ ଲୀଳାସ୍ଥାନ ଏବଂ ଯେ ଭକ୍ତମାନଙ୍କର ଭକ୍ତିରୂପ ରଜ୍ଜୁରେ ବାନ୍ଧି ହୁଅନ୍ତି। ନୀଳମହୀଧର (ବଡ଼ଦେଉଳ)।

ଜଡ଼ ଯେତେ ଛନ୍ତି ଏତେ ଭାବ କି ଜାଣିବେ।
ବାହୁଡ଼ିବା ବେଳେ ବେଶେ ବ୍ୟକତ ହୋଇବେ ହେ ॥୩୫॥
ଭବ-ସାଗର-ସୁବର୍ଣ୍ଣ ତରଣୀ ବିଚାରି।
ସୁଭଦ୍ରାଙ୍କୁ ବିଜେ କରାଇଲେ ତଥା ଧରି ହେ ॥୩୬॥
ତାପ-ତ୍ରୟ-ଭାଣ୍ଡ-ଭଞ୍ଜନକୁ ଦଣ୍ଡବର।
ସୁଦରଶନଙ୍କ ବିଜେ ସେହି ପରକାର ହେ ॥୩୭॥
ଇନ୍ଦ୍ରପଦ ଦାତା ଯେ ରାଜାଧିରାଜେଶ୍ୱର।
ବିଜେ କରେ ଦ୍ୱିଜେ ଦେଇ ନିଜ କରଭର ହେ ॥୩୮॥
ଢାଳନ୍ତି ଚାମର ଶ୍ୱେତଛତ୍ର ଟେକା ତହିଁ।
କ୍ଷୀର ସାଗର-ଲହରୀ ଭ୍ରମ ଉପୁଜାଇ ହେ ॥୩୯॥
ଗହଳ ହୋଇଣ କଳାଛତ୍ର ଶୋଭା ଦିଶି।
ତୁଙ୍ଗ ଶିଖରୀ ପରେ କି ଜଳଦ ଆକର୍ଷି ହେ ॥୪୦॥

୩୫। ଅଜ୍ଞଲୋକମାନେ ଏତେ କଥା କାହୁଁ ବୁଝିବେ, କେବଳ ବଡ଼ଦେଉଳକୁ ବାହୁଡ଼ିବା ସମୟରେ ହସ୍ତାବେଶ ଧାରଣ କରିବାକୁ ପ୍ରଭୁଙ୍କର ହସ୍ତାଭାବ, ପ୍ରକାଶ ଥାଏ। (ବଡ଼ଦେଉଳକୁ ଯିବାବେଳେ ଜଗନ୍ନାଥ ହସ୍ତାବେଶ ଧରନ୍ତି)।

୩୬। ଯେପରି ଲୋକ ଛୋଟ ନୌକାକୁ ଟେକି ନିଅନ୍ତି, ଲୋକ ସେହିପରି ସୁଭଦ୍ରାଙ୍କୁ ସଂସାର ସାଗର ତରିବା ପାଇଁ ଏହା ସୁବର୍ଣ୍ଣ ନୌକା ବିଚାରି ଟେକି ନେଇ ବିଜେ କରାଇଲେ। ତରଣୀ (ନୌକା)।

୩୭। ତ୍ରିତାପରୂପ ଭାଣ୍ଡ ଭାଙ୍ଗିବାକୁ ଯେଉଁ ସୁଦର୍ଶନ ଚକ୍ର ଦଣ୍ଡରୂପ ଧରିଅଛନ୍ତି, ତାହାଙ୍କୁ ଦଣ୍ଡ ପରି କାନ୍ଧରେ ପକାଇନେଇ ବିଜେ କରାଇଲେ। ତାପତ୍ରୟ (ଆଧ୍ୟାତ୍ମିକ, ଆଧିଦୈବିକ, ଆଧିଭୌତିକ), ଭାଣ୍ଡ (ହାଣ୍ଡି)।

୩୮। ଇନ୍ଦ୍ରପଦ ଦାତା ସ୍ୱୟଂ ପ୍ରଭୁ ରାଜାଧିରାଜ ପରି ବ୍ରାହ୍ମଣମାନଙ୍କ ଉପରେ ହାତଭରା ଦେଇ ବିଜେ କଲେ।

୩୯। ବ୍ରାହ୍ମଣମାନେ ଚାମର ଢାଳନ୍ତି ଏବଂ ଶ୍ୱେତଛତ୍ର ଟେକି ଧରିଥାନ୍ତି, ଶ୍ୱେତଚାମର ପକାଇଲାବେଳେ ତାହା କ୍ଷୀରସମୁଦ୍ରର ଲହରୀ ପରି ଜଣାଯାଉଥାଏ।

୪୦। ଲୋକ ଗହଳ ହେତୁ କଳାଛତା ଉଚ୍ଚ ପର୍ବତ ଉପରେ ମେଘ ଘୋଟିଗଲାପରି ଶୋଭା ଦିଶେ। ତୁଙ୍ଗ (ଉଚ୍ଚ), ଶିଖରୀ (ପର୍ବତ)।

ପତାକା ବ୍ୟାଜଟି ତେଜେ ଶୂନ୍ୟ ନୀରଧାର ।
ସ୍ୱେଦଛଳେ କରେ ନରତନୁ ଜରଜର ହେ ॥୪୧॥
ଚଞ୍ଚଳାଖେଳା ଚଳିବା ଖଦି ପୀତବାସ ।
ତୃଷିତ ଦ୍ୱିଜ-ଚାତକ ଜଳପାନେ ତୋଷ ହେ ॥୪୨॥
ଏ ପ୍ରମାଣ ବରହିଣ ପୁଚ୍ଛ ତେଣୁ ଚଳି ।
ନିଶାଣ ମଣ୍ଡୁକ ନାଦ ଦିଗନ୍ତ ଉଚ୍ଛୁଳି ଯେ ॥୪୩॥
ପ୍ରଭୁ ଚଳନ ଶବଦ ଜନିତ ସ୍ତନିତ ।
ପୁଷ୍ପାଞ୍ଜଳି ବକାବଳୀ ଉଡ଼ି ଖସେ ସତ ହେ ॥୪୪॥
ଏମନ୍ତେ ସ୍ନାନମଣ୍ଡପେ ସିଂହାସନ ପର ।
ବିଜେ ମହାପ୍ରଭୁ ଘେନ ଭଗ୍ନୀ ସହୋଦର ହେ ॥୪୫॥

୪୧। ପତାକା ଛଳରେ ଶୂନ୍ୟରେ ସେହି ମେଘ ଜଳଧାରା ତ୍ୟାଗ କରି ସ୍ୱେଦ (ଝାଳ) ଛଳରେ ଲୋକମାନଙ୍କର ଶରୀରକୁ ଓଦା କରିଦିଏ । (ଝାଳ ବୋହି ଲୋକମାନଙ୍କର ଶରୀର ଓଦା ହୋଇଥାଏ) ।

୪୨-୪୩। ଜଗନ୍ନାଥ ବିଜେ କଲାବେଳେ ଲୋକେ ହଳଦିଆଲୁଗା ପିନ୍ଧିଥିବାରୁ ସେହି ହଳଦିଆ ଲୁଗା ହଲି ମେଘ କୋଳରେ ବିଜୁଳି ଖେଳିଲା ପରି ଜଣାପଡ଼େ । ତୃଷାର୍ତ୍ତ ଚାତକପକ୍ଷୀ ମେଘ-ଜଳପାନ କରି ସନ୍ତୁଷ୍ଟ ହେଲାପରି ଜଗନ୍ନାଥଙ୍କର ପାଦୋଦକ ପାନ କରି ବ୍ରାହ୍ମଣମାନେ ସନ୍ତୁଷ୍ଟ ହୁଅନ୍ତି । ଏହିପ୍ରକାର ବର୍ଷାକାଳ ପ୍ରମାଣିତ ହେବାରୁ ମୟୂରମାନେ ଅଧିକ ପରିମାଣରେ ପୁଚ୍ଛ ତ୍ୟାଗ କରନ୍ତି । (ବିଜେ ହେଲାବେଳେ ଲୋକେ ମୟୂରପୁଚ୍ଛ ବିଡ଼ା ବାନ୍ଧି ପକାନ୍ତି) ନିଶାଣ ଓ ମଣ୍ଡୁକ ଶବ୍ଦରେ ଦିଗନ୍ତ ଉଚ୍ଛୁଳିପଡ଼େ । ନିଶାଣ (ବାଦ୍ୟ ବିଶେଷ), ମଣ୍ଡୁକ (ବେଙ୍ଗ) ।

୪୪। ମହାପ୍ରଭୁଙ୍କ ଚଳନରେ ହେଉଥିବା ଶବ୍ଦ ମେଘଗର୍ଜନ ଏବଂ ପୁଷ୍ପାଞ୍ଜଳି ବକପଂକ୍ତି ମେଘ ନିକଟରେ ଉଡ଼ିଲା ପରି ଉଡ଼ିଯାଇ ପୁଣି ତଳକୁ ଖସି ପଡୁଅଛି । ସ୍ତନିତ (ମେଘଗର୍ଜନ), ବକାବଳୀ (ବକଶ୍ରେଣୀ) ।

୪୫। ସ୍ନାନ ମଣ୍ଡପରେ ଏହିପରି ମହାପ୍ରଭୁ ସଙ୍ଗରେ ଭାଇ ଭଉଣୀଙ୍କୁ ଘେନି ସିଂହାସନ ଉପରେ ବିଜେ କରିଅଛନ୍ତି । ସହୋଦର (ଭାଇ) ।

ନାଗ ନର କିନ୍ନର ଗନ୍ଧର୍ବ ଛନ୍ତି ଚାହିଁ।
ଅନେକ କନକ ଘଟେ ପୂର୍ଣ୍ଣ କରି ତହିଁ ହେ ॥୪୬॥
ଢାଳିଲେ ଭୂସୁରେ ନୀର ଶ୍ରୀମୁଖମଣ୍ଡଳେ।
ଧାରାମାନ ପତନ ହୋଇଲା ମହୋଜ୍ଜ୍ୱଳେ ହେ ॥୪୭॥
କି ମେରୁ-ହୀରା-ମାରାଗ-ହେମ-ଶୃଙ୍ଗୁ ଖସି।
ଜାହ୍ନବୀ ଯମୁନା ହରିତାଳ-ଧାରା ଆସି ଯେ ॥୪୮॥
ଲେପନ ଚନ୍ଦନ ଖସି ଦିଶିଲା ଏମନ୍ତ।
ସେ ତିନି ଶୃଙ୍ଗୁ କି ଜାତ ତରଳ ରଜତ ଯେ ॥୪୯॥
ଦେଖିଲା ଆଖିରେ ଦରିଦ୍ରତା ନ ରଖିଲା।
ମନ ହିଁ ଦୁଃସହ ଦୁଃଖମାନ ଉପେକ୍ଷିଲା ହେ ॥୫୦॥
ହରି ଚନ୍ଦନ ସଙ୍ଗରୁ ସେହି ବୋଲି ଘେନି।
ବିଚାରିଲେ ହେବେ ଏତ ବାଞ୍ଛା ବରଦାନୀ ହେ ॥୫୧॥

୪୬। ସେ ନାଗ, ନର, କିନ୍ନର ଓ ଗନ୍ଧର୍ବ ସମସ୍ତେ ଅନେକ ସୁବର୍ଣ୍ଣ କଳସର ଜଳପୂର୍ଣ୍ଣ କରି ଚାହିଁ ରହୁଅଛନ୍ତି।

୪୭। ପଣ୍ଡିତମାନେ ଶ୍ରୀମୁଖମଣ୍ଡଳରେ ଜଳ ଢାଳିଲେ, ଅତ୍ୟନ୍ତ ଉଜ୍ଜ୍ୱଳଧାରା ସବୁ ତଳେ ପଡ଼ିଲା। ଭୂସୁର (ବ୍ରାହ୍ମଣ)।

୪୮। ବଳରାମ, ଜଗନ୍ନାଥ ଓ ସୁଭଦ୍ରାଙ୍କ ଶରୀରରୁ ଜଳ ବହି ମେରୁ ପର୍ବତର ହୀରା, ମାରାଗ ଓ ସୁବର୍ଣ୍ଣ ଶୃଙ୍ଗମାନଙ୍କୁ କ୍ରମେ ଗଙ୍ଗା, ଯମୁନା ଓ ହରିତାଳ ଧାର ଖସିଲା ପରି ଜଣାଗଲା। ଏଠାରେ ବଳରାମଙ୍କ ଶରୀର, ମେରୁର ହୀରା ଶୃଙ୍ଗ, ତହିଁରୁ ଗଙ୍ଗାଧାର, ଜଗନ୍ନାଥଙ୍କ ଦେହ ମାରାଗ (କଳା) ତହିଁରୁ ଯମୁନା ଧାର, ମଣି ସୁଭଦ୍ରା ଦେହ, ସୁବର୍ଣ୍ଣ ଶୃଙ୍ଗ ତହିଁରୁ ହରିତାଳ ଧାର।

୪୯। ଚନ୍ଦନ ଲେପନ ସମୟରେ ଚନ୍ଦନ ଖସି ମେରୁର ସେହି ତିନି ଶୃଙ୍ଗରୁ ଆଉଟା ରୂପା ଜନ୍ମିଲା ପରି ଦେଖାଗଲା। ତରଳ ରଜତ (ଆଉଟା ରୂପା)।

୫୦। ତାହାଙ୍କୁ ଦର୍ଶନ କରିଥିବା ଚକ୍ଷୁର ଅଭାବ ରହିଲା (ଅର୍ଥାତ୍ ସଂସାରରେ ସେ ଆଖିରେ ଦେଖିବା ପଦାର୍ଥ ଆଉ କିଛି ରହିଲା ନାହିଁ), ମନ ମଧ୍ୟ ଅସହ୍ୟ ଦୁଃଖ ସବୁ ଦୂର କଲା।

୫୧। ହରି (ଜଗନ୍ନାଥ) ଚନ୍ଦନ ସଙ୍ଗରୁ ହରି ଚନ୍ଦନ (କଳ୍ପତରୁ) ହେଲେ, ଏହା ଆମ୍ଭେ ମନରେ ଘେନୁଅଛୁଁ। ଅତଏବ ବିଚାର କଲେ ଏ ବାଞ୍ଛାବର ପ୍ରଦାନ କରିବେ।

ସବୁ ରୂପେ ଏ ଉପମା ଉତ୍ତମ ସମ୍ଭବେ।
ବିରାଜିତ ଭୁଜ-ଶାଖା ଅଧର-ପଲ୍ଲବେ ହେ ॥୫୨॥
ଭକ୍ତି ମୁକ୍ତି ଫଳ ଅଛି ନ ଦେଖନ୍ତି କେହି।
ସ୍ୱଭାବରେ ବ୍ରହ୍ମ-ଦାରୁ ବ୍ୟସ୍ତପଦେ ରହି ହେ ॥୫୩॥
ସୁରଭିର ସ୍ଥାନ ସେନାପଟା ବଳକଳ।
ଯାହା ପଦେ ସଦା ଢଳଢ଼ଳ ଗଙ୍ଗାଜଳ ହେ ॥୫୪॥
ଭାଗ୍ୟରୁ ଏ ଉପମାକାରକ ମୁଁ ଯେ ହେଲି।
ପୁଲକିତ-ଶରୀରେ ହରିରେ ସ୍ତୁତି କଲି ହେ ॥୫୫॥
ମହିମା ଅନନ୍ତ ପ୍ରଭୋ ମହୀ-ମା ଅନନ୍ତ।
ମନୋହରୀ ସହୋଦର ହୋଇ ଯା'ର ଖ୍ୟାତ ହେ ॥୫୬॥
ଅରି-ଦର-କର ବିଭୋ ଅରି ଦର-କର।
ଯୁଗେ ଯୁଗେ ଧର ନାନାବିଧ ଅବତାର ହେ ॥୫୭॥

୫୨-୫୩। ଦାରୁବ୍ରହ୍ମ ଜଗନ୍ନାଥ ବିପରୀତ ପଦରେ ବ୍ରହ୍ମଦାରୁ (କଳ୍ପତରୁ) ଅଟନ୍ତି। ଏ ଉପମା ସବୁ ଅପେକ୍ଷା ଉତ୍ତମ ଜଣାଯାଉଅଛି। ଭୁଜ ଶାଖା ରୂପେ ବିରାଜିତ, ଅଧର ନୂତନ ପତ୍ର ରୂପେ, ଭକ୍ତି ଓ ମୁକ୍ତି ଦୁଇ ଫଳ ଏଠାରେ ଅଛି; କିନ୍ତୁ ତାହାକୁ କେହି ଦେଖିପାରନ୍ତି ନାହିଁ (କଳ୍ପତରୁ ଫଳ ମଧ୍ୟ ଦେଖାଯାଏ ନାହିଁ)। ପଲ୍ଲବ ପତ୍ର, ବ୍ରହ୍ମଦାରୁ (କଳ୍ପତରୁ) ବ୍ୟସ୍ତପଦ (ବିପରୀତ ପଦ)।

୫୪। ଯେପରି କଳ୍ପବୃକ୍ଷ ସୁରଭୀ (କାମଧେନୁ) ମାନଙ୍କର ଆଶ୍ରୟ ସ୍ଥାନ ବଲ୍‌କଳାବୃତ୍ତ ଏବଂ ତାହାର ପାଦ ପ୍ରଦେଶରେ (ମୂଳରେ) ସ୍ୱର୍ଗଙ୍ଗା ସର୍ବଦା ପ୍ରବାହିତା, ସେହି ପ୍ରଭୁ ମଧ୍ୟ ସୁରଭି (ସୁଗନ୍ଧର) ଆଶ୍ରୟ ସ୍ଥାନ ସେନାପଟା (କାଷ୍ଠ ବିଶେଷ) ଦ୍ୱାରା ଆବୃତ ଏବଂ ଏହାଙ୍କର ନଖ କୋଣରେ ଗଙ୍ଗା ରହି ସବୁବେଳେ ଢଳଢ଼ଳ ହେଉଅଛନ୍ତି, ଅତଏବ ଏ ସ୍ୱୟଂ କଳ୍ପବୃକ୍ଷ।

୫୫। ଭାଗ୍ୟବଳରୁ ମୁଁ ଉପମାଦି କଲି, ରୋମାଞ୍ଚିତ ଶରୀରରେ ପ୍ରଭୁଙ୍କୁ ସ୍ତୁତି କଲି। ପୁଲକିତ (ରୋମାଞ୍ଚିତ)।

୫୬। ହେ ପ୍ରଭୋ, ଆପଣଙ୍କର ମହିମାରେ ସୀମା ନାହିଁ, ମହୀ (ପୃଥ୍ୱୀ) ଏବଂ ମା' (ଲକ୍ଷ୍ମୀ) ଏ ଦୁହେଁ ଆପଣଙ୍କର ମନୋହାରିଣୀ। ଅନନ୍ତ (ଶେଷଦେବ) ଆପଣଙ୍କର ଭାଇ ହୋଇ ଖ୍ୟାତ ହୋଇଅଛନ୍ତି। (ଶେଷଦେବ ବଳଭଦ୍ର ଅବତାର ହୋଇଥିବାର ପୁରାଣୋକ୍ତ)।

ବିଭୀଷଣ-ଅଘ ବିଭୀଷଣ-ଅଘ ହର ।
ସ୍ଥାନ କରି ଦେଲ ଲଙ୍କା ନିଜ କଳେବର ହେ ॥୫୮॥
ଭବ-ବିରଞ୍ଚି-ପୂଜିତ ହେ ଭବ-ବିରଞ୍ଚି ।
ଶୁଚି-କବଳକ ସଦାନନ୍ଦ ସଦା ଶୁଚି ହେ ॥୫୯॥
ରଚିବି 'କୋଟି ବ୍ରହ୍ମାଣ୍ଡ ସୁନ୍ଦରୀ' ଚରିତ ।
ସୁଜାତି ସୁମନା ପରି ହୋଇବ ଏ ଗୀତ ହେ ॥୬୦॥
ସୁରଭିରେ ମୋହିତ-ମାନସ ହେବେ ଦିବ୍ୟେ ।
ଗୁଣବନ୍ତେ ହୃଦେ ମାଳା କରିଣ ଧରିବେ ହେ ॥୬୧॥
ରସିକ-ଭ୍ରମରେ ହେବେ ରସ ଘେନି ବଶ ।
ନିର୍ଗୁଣେ ଘେନିଲେ ନ ଘେନିଲେ ଅଛି କିସ ହେ ॥୬୨॥
କବି ଉପଇନ୍ଦ୍ର ତବ କୃପାରେ ହୋଇଛି ।
ଏତେ ମନୋରଥ ସାର୍ଥେ କି ସଂଶୟ ଅଛି ହେ ॥୬୩॥

୫୭। ହେ ପ୍ରଭୋ, ଆପଣ ଅରି (ଚକ୍ର) ଦର (ଶଙ୍ଖ) ଏ ଦୁହିଁଙ୍କୁ ହସ୍ତରେ ଘେନି ଅଛନ୍ତି ଏବଂ ଅରିଦର-କର (ଶତ୍ରୁ ଭୟକାରକ) ଅଟନ୍ତି, ଯୁଗେ ଯୁଗେ ନାନା ପ୍ରକାର ଅବତାର ଧରନ୍ତି ।

୫୮। ବିଭୀଷଣର ପାପ ନାଶି ତାହାକୁ ଲଙ୍କାରେ ସ୍ଥାନ ଦେଲେ, ପୁଣି ଅତି ଭୀଷଣ ଅଘାସୁରକୁ ବଧ କରି ସାଯୁଜ୍ୟ ମୁକ୍ତି ପ୍ରଦାନ କରିବାରୁ ସେ ଆପଣଙ୍କ ଦେହରେ ମିଶିଗଲା । ବିଭୀଷଣ (ରାବଣ ଭାଇ ଓ ଭୟଙ୍କର), ଅଘ (ପାପ ଓ ଅଘାସୁର), କଳେବର (ଦେହ) ।

୫୯। ଆପଣ ହର ଓ ବ୍ରହ୍ମାଙ୍କ ଦ୍ୱାରା ପୂଜିତ ଏବଂ ସଂସାରର କର୍ତ୍ତା, ଆପଣ ଅଗ୍ନିଙ୍କୁ ଗ୍ରାସ କରିଅଛନ୍ତି ଏବଂ ପବିତ୍ର ଅଟନ୍ତି । ଭବବିରଞ୍ଚି (ହର, ବ୍ରହ୍ମା ଓ ସଂସାରକର୍ତ୍ତା), ଶୁଚି (ଅଗ୍ନି), କବଳକ (ଗ୍ରାସକାରୀ) ।

୬୦। ହେ ପ୍ରଭୁ, ମୁଁ କୋଟି ବ୍ରହ୍ମାଣ୍ଡ ସୁନ୍ଦରୀ ଚରିତ ବର୍ଣ୍ଣନା କରିବି; ଏ ଗୀତ ଉତ୍ତମ ଜାଇଫୁଲ ପରି ହେବ । ସୁଜାତି (ଉତ୍ତମ), ସୁମନା (ଜାଇଫୁଲ) ।

୬୧। ଏହାର ସୁଗନ୍ଧରେ ଉତ୍ତମ ଲୋକମାନଙ୍କ ମନ ମୁଗ୍ଧ ହେବ ଏବଂ ଗୁଣୀ ଲୋକମାନେ ମାଳା କରି ଏହାକୁ ହୃଦୟରେ ଧରିବେ । ସୁରଭି (ସୁଗନ୍ଧ), ଦିବ୍ୟେ (ଉତ୍ତମ ଲୋକେ) ।

୬୨। ରସିକମାନେ ଭ୍ରମର ପରି ଏହି ଫୁଲରୁ ରସ ଗ୍ରହଣ କରି ବଶୀଭୂତ ହେବେ । ମୂର୍ଖମାନେ ଆଦର କରନ୍ତୁ ବା ନକରନ୍ତୁ, ତହିଁରେ କ'ଣ ଅଛି ?

୬୩। ଉପେନ୍ଦ୍ର ଆପଣଙ୍କ କୃପାରୁ କବି ହୋଇଅଛି । ଆପଣଙ୍କ କୃପାରୁ ତାହାର ଏହି ମନୋରଥ ପୂର୍ଣ୍ଣ ହେବ, ଏଥିରେ ସଂଶୟ କ'ଣ ?

ଷଷ୍ଠ ଛାନ୍ଦ

(ବସନ୍ତକାଳ ବର୍ଣ୍ଣନା, ରାଜ ପୁତ୍ରର ବନବିହାର ଏବଂ
କୋଟିବ୍ରହ୍ମାଣ୍ଡ ସୁନ୍ଦରୀର ପ୍ରସଙ୍ଗ ଶ୍ରବଣ)

ରାଗ-ବସନ୍ତ

ଅତି ରସମୟ ସମୟ ବସନ୍ତ ବିଚିତ୍ର ପ୍ରମେୟ ତାହାର।
ମିତ୍ର ଅନଙ୍ଗଙ୍କୁ ପ୍ରବଳ କରାଇ ଆଚରି ଚର୍ଚ୍ଚରୀ-ବିହାର।
ଆଗତେ, ଆରୋହିଲା ନାଗେଶ୍ୱରକୁ।
ଋତୁ-ରାଜ ପଦୁଁ ସେ ରଜ ଘେନିଲା ଚାହିଁ ପ୍ରଫୁଲ୍ଲ କେଶରକୁ ।।୧।।
ରୁଚି-ପତ୍ର ସୂଚି ଆବରଣ ମଧ୍ୟେ ସାଧ୍ୱୀ ଗୁଣ ଘେନି ପଶିଲା।
ନବ ପୁଷ୍ପବତୀ ସେବତୀ ସଙ୍ଗତେ ଆସି କ୍ରୀଡ଼ାକୁ ପ୍ରକାଶିଲା।
ମନୋଜ, ଚିତ୍ତପୁର ମଧ୍ୟ ଚତ୍ୱରେ।
ଉଦିତ କରାଇ ରତି ଅନୁରାଗ ଅବିର ସେ ଖେଳେ ସତ୍ୱରେ ।।୨।।
ମଧୁ ବନ୍ଧୁ ପଣେ ମଳୟ-ଶଇଳ-ନିଳୟ ଅନିଳ ବହିଲା।
ସଲିଳେ ମଜ୍ଜି ପଦ୍ମିନୀ ଚାରିଜାତି ଦକ୍ଷିଣ ସ୍ୱଭାବେ ମୋହିଲା।
ତା ଜାଣି, ମନ-ଭବନେ ଯେ ଆବେଶ
ତରୁ ଲତାଶ୍ରେଣୀ ତରୁଣ ତରୁଣୀ ସମସ୍ତେ ସୁମନ-ସୁବେଶ ।।୩।।

୧। ବସନ୍ତ ସମୟ, ତାହାର ପ୍ରମେୟ (ସବୁକଥା) ବିଚିତ୍ର, ନିଜ ମିତ୍ର ଅନଙ୍ଗଙ୍କୁ (କନ୍ଦର୍ପଙ୍କୁ) ପ୍ରବଳ କରାଇ ଚର୍ଚ୍ଚରୀ ବିହାର (ଦୋଳଯାତ୍ରା ଫଗୁଖେଳ) ଆରମ୍ଭିଲା। ବସନ୍ତ ଋତୁରାଜ ହେତୁ ରାଜାଙ୍କ ପରି ନାଗେଶ୍ୱର (ହସ୍ତୀଶ୍ରେଷ୍ଠ ଓ ବୃକ୍ଷ)ରେ ଆରୋହୀ ପ୍ରସ୍ଫୁଟିତ ନାଗେଶ୍ୱର କେଶରକୁ ଚାହିଁ ତାହାର ପରାଗରେ ଫଗୁଖେଳ କଲା।

୨। ସାଧ୍ୱୀ (ପତିବ୍ରତା ନାରୀ) ମାନଙ୍କର ଗୁଣ ଘେନି ରୁଚିପତ୍ର (କେତକୀ କୁସୁମ) କଣ୍ଟକାକୀର୍ଣ୍ଣ ପତ୍ର ଆବରଣ ମଧ୍ୟରେ ପଶିଲା (ପତିବ୍ରତାମାନେ ପୁର ମଧ୍ୟରେ ଲୁଚିରହନ୍ତି) ନୂତନ ପ୍ରସ୍ଫୁଟିତ ସେବତୀ ସହିତ ରସକ୍ରୀଡ଼ା ଆରମ୍ଭିଲା। ମନୋଜ (କାମ)କୁ ଚିତ୍ତ ରୂପକ ଗୃହର ଅଗଣାରେ ଉଦିତ କରାଇ ରତି (ଆସକ୍ତି) ଓ ଅନୁରାଗ (ସ୍ନେହ) ରୂପକ ଅବିରରେ ବସନ୍ତ ଶୀଘ୍ର ଖେଳିଲା।

୩। ମଧୁ (ବସନ୍ତକାଳ)ର ବନ୍ଧୁ ଭାବରେ ମଳୟ ପର୍ବତବାସୀ ଅନିଳ (ଦକ୍ଷିଣା ପବନ) ବହିଲା। ସଲିଳ (ଜଳରେ) ବୁଡ଼ି ରହିଥିବା ପଦ୍ମିନୀ ପ୍ରଭୃତି ଚାରିଜାତି ପୁଷ୍ପ, ସଲିଳେ (କ୍ରୀଡ଼ାରେ) ମଗ୍ନ ହୋଇଥିବା ପଦ୍ମିନୀ ପ୍ରଭୃତି ଚାରିଜାତି ସ୍ତ୍ରୀ ହେଲେ। ସେମାନଙ୍କୁ ଦକ୍ଷିଣ ନାୟକ (ଯେ କି ଅନେକ ସ୍ତ୍ରୀଠାରେ ସମସ୍ନେହୀ) ରୂପେ ମୋହିଲା। ଏହା ଜାଣି ବନବାସୀ ତରୁଲତାମାନେ ଯୁବା ଓ ଯୁବତୀ ପରି ପୁଷ୍ପରେ ଭୂଷିତ ହେଲେ। ସୁମନ(ପୁଷ୍ପ)।

ଶୋଭା କରବୀର ରସାଳ ପୁନ୍ନାଗ ପୂଗ ମଗ୍ନ ସେ ଅଭିଳାଷେ
ସୁନାରୀ ମାଧବୀ ମଲ୍ଲିକା ସେବତୀ ଚମ୍ପା ନାମ ସହ ଉଲ୍ଲାସେ।
ଏ ଭାବେ ବଉଳ ସଙ୍ଗାତ ହୋଇଲେ।
ସହଚରୀ ଦାସୀ ଆସି ତହିଁ ମିଶି ଉନ୍ମତ୍ତ ପ୍ରଭା ଦେଖାଇଲେ ।।୪।।
କଳି ନଳୀ-କୋଷ-ମୁଠା ସ୍ଫୁଟ କରି ପଲ୍ଲବ-କର ପଚାରିଲେ।
ମକରନ୍ଦ ଗନ୍ଧ ପିଚିକା ପରାଗ ଫଗୁ ଅବିରତେ ଖେଳିଲେ।
ହେଲେ ଯେ, ଆରଦ୍ର ଶରୀରେ ଝଳିତ।
କଲେ ଖଞ୍ଜନ-ରଞ୍ଜନ-ଈକ୍ଷଣକୁ କ୍ଷଣକୁକ୍ଷଣ ଚଞ୍ଚଳିତ ।।୫।।
ବର୍ଣ୍ଣ ଅବ୍ୟକ୍ତରୁ ହାରିତ କନକ-କଙ୍କଣ ନିଃସ୍ୱନେ ଦିଶିଲେ।
ମତ୍ତ ଭୃଙ୍ଗଶ୍ରେଣୀ ବାଜିଣୀ କିଙ୍କିଣୀ ରଣ ରଣ ପଦ ଘୋଷିଲେ।
ଏତିକି ମାତ୍ର ରହିଲା ବିବେଚନା।
ପିକ କୁହୁକୁହୁ ଲୋକ ହୁଁ ହୁଁ ହୁଁ ହୁଁ କଲେ ଉଚ୍ଚ ବଚ ରଚନା ।।୬।।

୪। ସେହି ଇଚ୍ଛାରେ (ଦକ୍ଷିଣ ନାୟକ ପରି କ୍ରୀଡ଼ା କରିବା ଇଚ୍ଛାରେ) କନିଅର, ଆମ୍ବ, ପୁନ୍ନାଗ, ଗୁଆ, ଏମାନେ ନୂତନ ବେଶ-ଭୂଷାରେ ଶୋଭିତ ହେଲେ। ସୁନାରୀ, ମାଧବୀ, ମଲ୍ଲୀ, ସେବତୀ, ଚମ୍ପା ଏମାନେ ସୁନାରୀ (ଉତ୍ତମ ସ୍ତ୍ରୀ) ପରି ସେମାନଙ୍କ ସହିତ କ୍ରୀଡ଼ା କଲେ। ଏହା ଦେଖି ବଉଳ ସେମାନଙ୍କର ସଙ୍ଗାତ ହେଲା। ସହଚରୀ (ହଳଦିଆ ଦାସକେରଣ୍ଡା) ସଙ୍ଗିନୀ ପରି ଦାସୀ (ନୀଳବାଣ) ଦାସୀ ପରି ସେମାନଙ୍କ ସହିତ ମିଳି ଉନ୍ମତ୍ତ ଶୋଭା ଦେଖାଇଲେ।

୫। ପୁଷ୍ପିତ ବୃକ୍ଷସବୁ କଢ଼ିରୂପକ ନଳୀକୋଷ (ପିଚିକାନଳୀ)ରେ ପୁଷ୍ପଗୁଚ୍ଛରୂପ ହସ୍ତମୁଠା ପ୍ରକାଶ କରି ପତ୍ରରୂପ ହସ୍ତ ଚାଳିଲେ। ମକରନ୍ଦ (ପୁଷ୍ପମଧୁ)ରେ ସୁଗନ୍ଧ ଜଳରେ ପିଚିକା ଏବଂ ପୁଷ୍ପଧୂଳିରେ ଅବିର ଖେଳିଲେ ଏବଂ ଓଦା ଦେହରେ ଶୋଭା ପାଇଲେ। ସ୍ତ୍ରୀମାନେ ପିଚିକା ଖେଳବେଳେ ଖଞ୍ଜା ନେତ୍ରକୁ ଚଞ୍ଚଳ କଲା ପରି ବୃକ୍ଷମାନଙ୍କରେ ଖଞ୍ଜନପକ୍ଷୀ ଉଡ଼ିବାରୁ ସେ ଶୋଭା ପ୍ରକାଶିଲା।

୬। ପିଚିକା ଜଳରେ ନାଲ ହୋଇ ନିଜରଙ୍ଗରେ ପ୍ରକାଶ ପାଉନଥିବା କନକ କଙ୍କଣମାନେ ହାରିଯାଇ ଚୁପ୍ ହୋଇ ରହିଲା ପରି କନକ (ଚମ୍ପକ) ବୃକ୍ଷମାନେ ଦେଖାଗଲେ। ଉନ୍ମତ୍ତ ଭ୍ରମରମାନେ କିଙ୍କିଣୀ (କଟୀସୂତା) ବାଜେଣୀ ପରି ରଣରଣ ପଦକୁ ଘୋଷିଲେ। ସେଠାରେ ଏତିକି କଥା ଅଧିକ ବିଚାର କରିବାକୁ ରହିଲା ଯେ ଲୋକମାନଙ୍କର ହୁଁ-କାର ଶବ୍ଦ ପରି ପିକଙ୍କର କୁହୁ ଶବ୍ଦ ଉଚ୍ଚରେ ରଚିତ ହେଲା।

ବିକାଶ ହୋଇଲେ କିଂଶୁକ ସାଧୁ ଯେ ପୂର୍ବ ବିଭୂତିକି ତେଜିଲେ
ଛୁରିକ କିରାତ କାଷ୍ଠ-କାଠୋରାଙ୍ଗ ଉତ୍‌ଫୁଲ ପୁଲକ ଭଜିଲେ।
ତା ଦେଖି, ଦୀନ ହୃଷ୍ଟପୁଷ୍ଟ ଲଭିଲେ।
ଉଡ଼ି ପଡ଼ିଲା ବିରାଜ ମୀନରଜ ବଶେ କେତେ ଅଙ୍ଗ ଶୋଭିଲେ॥୭॥
ନବମାଳିକା ନବବାଳିକା ଏକା ବର୍ଣ୍ଣେ ଭେଦ ଅଛି ମାତର।
ବାମା ହୁଅଇ ବିପରୀତେ ବୋଲନ୍ତେ ବାସ ଆଶ୍ରୟ ନିରନ୍ତର।
ମୁକୁଳ, ବତୀ ଭାବ ଯେଣୁ ଗୃହୀତ।
ଖେଳ ଉଦ୍ୟମରେ ଧବ ସମୀପରେ ଶୁକ-ବାକ୍ୟେ ଚାଟୁ ବିହିତ ।୮॥
ସେ ରଙ୍ଗବଶ ଯେ ହୋଇଲେ ଅଶୋକ ସ୍ତବକ-ଉରଜ ଦିଶାଇ।
ନଭ-ସ୍ଥିତ ଚିତ୍ତ ସେ ଲୀଳାରହସ୍ୟ ଚରିତେ ଦ୍ୱରିତେ ରସାଇ।
ସାରଥି, ରଥୀ ମାନସ ବଳାଇଲେ।
ପ୍ରାତଃ ଦିବସାନ୍ତ ଅରୁଣ କରାଇ ଦୁହେଁ ଅରୁଣ ବୋଲାଇଲେ ॥୯॥

୭। ପଳାଶ ଫୁଲ କଢ଼ ବେଳେ ପାଉଁଶିଆ ଦିଶୁଥାଏ, ଫୁଟିଲେ ଲାଲ ହୁଏ, ଅତଏବ ସେମାନେ ସାଧୁପୁରୁଷ ପରି ବିଭୂତି ବୋଳି ହୋଇଥିଲେ, ବସନ୍ତ ଆସିବାରୁ ତାକୁ ଛାଡ଼ି ଅବିର ରଙ୍ଗ ହେଲେ। ଛୁରୀଅନାର ଦେହ କାଷ୍ଠପରି କଠୋର, ସେମାନେ ତେଣୁ ଶବର ପରି, ସେ କଠୋର ଦେହରେ ରୋମାଞ୍ଚ ହେଲାପରି ପୁଷ୍ପ ପ୍ରକାଶ ପାଇଲା। ତାହା ଦେଖି ଦୀନ ଦୁଃଖୀମାନେ ମଧ୍ୟ ହୃଷ୍ଟପୁଷ୍ଟ ହେଲେ, ଫଗୁଖେଳ ବେଳେ ଦରିଦ୍ରମାନଙ୍କ ଉପରେ ଅବିର ଉଡ଼ି ପଡ଼ିଲା ପରି କେତେ ପରାଗ ହୀନବୃକ୍ଷ, ଅନ୍ୟ ସବୁ ବୃକ୍ଷରୁ ଉଡ଼ିଆସିଥିବା ପରାଗରେ ଶୋଭିତ ହେଲେ।

୮। ନବମାଳିକା (ନିଆଳୀ) ନବବାଳିକା ପରି କେବଳ ଗୋଟିଏ ବର୍ଣ୍ଣରେ ପ୍ରଭେଦ ଅଛି। ମାଳିକାର 'ମା' ବାଳିକାର 'ବା' ଏ ଦୁଇ ଅକ୍ଷରକୁ ଓଲଟା ପଢ଼ିଲେ 'ବାମା' ହେଲା ଅର୍ଥାତ୍ ନୂତନ ସ୍ତ୍ରୀତ୍ୱକୁ ପାଇଲା, ସ୍ତ୍ରୀତ୍ୱ ଲଭିବା ପରେ ବାମାମାନେ ସର୍ବଦା ବାସ (ବସ୍ତ୍ର)କୁ ଆଶ୍ରୟ କରନ୍ତି, ଏ ବାସ (ବାସନା)କୁ ଆଶ୍ରୟ କଲା। ମୁକୁଳବତୀ (କଳିକାବତୀ ଓ ଅଦୃଷ୍ଟରଜା ସ୍ତ୍ରୀ) ଭାବକୁ ଗ୍ରହଣ କରିବାକୁ ନିକଟବର୍ତ୍ତୀ ଧବବୃକ୍ଷ ଧବ (ପତି) ପରି ତାହା ସହିତ ଖେଳିବା ଇଚ୍ଛାରେ ଶୁକବାକ୍ୟ ଛଳରେ ଚାଟୁବାଣୀ ପ୍ରକାଶିଲା।

୯। ଅଶୋକ ପୁଷ୍ପଗୁଚ୍ଛ ରୂପକ ସ୍ତନ ଦେଖାଇ ସେ ଖେଳରେ ମାତିଲେ। ସେ କ୍ରୀଡ଼ା ରହସ୍ୟ-ଦେଖି ଆକାଶସ୍ଥ ସୂର୍ଯ୍ୟାଦି ଦେବତାମାନେ ସେ କ୍ରୀଡ଼ାରେ ମନ ମଜାଇଲେ। ପୃଥ୍ୱୀ (ସୂର୍ଯ୍ୟ) ଓ ତାହାଙ୍କର ସାରଥି ଦୁହେଁ ଫଗୁ ଖେଳରେ ମନ ବଳାଇ ସକାଳ ସନ୍ଧ୍ୟାକୁ ଲାଲ କରାଇ ନିଜେ ମଧ୍ୟ ଲାଲ ହେଲେ, ଅରୁଣ ନାମକୁ ଧଇଲେ।

ସ୍ନେହ ପୂର୍ଣ୍ଣରେ ଚନ୍ଦ୍ର ଚନ୍ଦ୍ର-ଚୂର୍ଣ୍ଣରେ ଖେଳିଲେ ତାରାଳୀ ସଙ୍ଗତେ ।
ତ୍ରିଯାମା ରାମା ଶ୍ୟାମା ଅତିଶୟରେ କସ୍ତୁରିକା ଦଳି ଫିଙ୍ଗନ୍ତେ
ସେ ଧୂଳି, ସେହି ଲେଉଟାଇ ମାଇଲେ ।
ନିଃଶଙ୍କେ ଚନ୍ଦ୍ରିକା ଅଙ୍କକରି ଅଙ୍କେ ଲୀଳା ବିଳାସେ କି ଥୋଇଲେ ॥୧୦॥
ମିଳିତ ଯେ ଗନ୍ଧମାର୍ଦନ କାନନଉଦରେ ଚତୁର-ଅନନ
ଗୁଣ-ବିଶାରଦା ସାରଦା ସାବିତ୍ରୀ ସଙ୍ଗେ ରଙ୍ଗେ ତୋଷ ଜନନ
ଶ୍ରୀଖଣ୍ଡ, ଅଚଳେ ଆଖଣ୍ଡଳ ଚଳେ ।
ଘେନି ଇନ୍ଦ୍ରାଣୀ ଗନ୍ଧର୍ବ ଅପସରୀ ସେ ଉତ୍ସବେ ମତ୍ତ ଚଞ୍ଚଳେ ॥୧୧।
କିନ୍ନରୀ କିନ୍ନର ଘେନି ଧନେଶ୍ୱର ଚଇତ୍ର ରଥରେ ବିଳସେ ।
କ୍ଷେତ୍ରମାନଙ୍କେ ଉମାଧବ ପ୍ରତିମା ରୂପରେ ଲୋଳ ସେ ।
ବିମାନ, ଆରୋହୀ ସେ ରଙ୍ଗେ ଭ୍ରମିତ ।
ସେ ବିଳାସ କଇଳାସ ବଇକୁଣ୍ଠେ ହୋଇଥିବ ଚିତ୍ତ ରମିତ ॥୧୨॥

୧୦। ଚନ୍ଦ୍ର ସ୍ନେହପୂର୍ଣ୍ଣ ହୋଇ ତାରାମାନଙ୍କ ସଙ୍ଗରେ ଚନ୍ଦ୍ରଚୂର୍ଣ୍ଣ (କର୍ପୂରଧୂଳି)ରେ ଖେଳିଲେ । ଶ୍ୟାମବର୍ଣ୍ଣା ତ୍ରିଯାମା (ରାତ୍ରି) ରୂପା ରାମା (ସ୍ତ୍ରୀ) କସ୍ତୁରୀକି ଉତ୍ତମ ରୂପେ ଚୂନା କରି ଫିଙ୍ଗିବାରୁ ଚନ୍ଦ୍ର କର୍ପୂର ଧୂଳିକି ଲେଉଟାଇ ଫିଙ୍ଗିଲେ । ରାତ୍ରି ଓ ଚନ୍ଦ୍ର ଦୁହେଁ ନିର୍ଭୟରେ ନିଜ ଅଙ୍କେ (ଦେହରେ) କ୍ରୀଡ଼ା କୌତୁକରେ ତାହାକୁ ଧାରଣ କଲେ । ଚନ୍ଦ୍ରେ କସ୍ତୁରୀକୁ କଳଙ୍କ ରୂପେ, ରାତ୍ରି କର୍ପୂରକୁ ଚନ୍ଦ୍ରିକା ରୂପେ ଧଇଲେ ।

୧୧। ଚତୁର ଆନନ (ବ୍ରହ୍ମା) ଗନ୍ଧମାଦନ କାନନ ମଧ୍ୟରେ ମିଳି ଗୁଣବିଶାରଦ (ଗୁଣବିଚକ୍ଷଣ) ସାରଦା (ସରସ୍ୱତୀ) ଓ ସାବିତ୍ରୀଙ୍କ ସଙ୍ଗରେ ନାନା ରଙ୍ଗରେ ଆନନ୍ଦ ଜନ୍ମାଇଲେ । ଆଖଣ୍ଡଳ (ଇନ୍ଦ୍ର) ଶ୍ରୀଖଣ୍ଡଅଚଳେ (ମଳୟ ପର୍ବତକୁ) ଇନ୍ଦ୍ରାଣୀଙ୍କୁ ଘେନି ଚାଲିଲେ । ଗନ୍ଧର୍ବମାନେ ଓ ଅପ୍ସରାମାନେ ସେ ଉତ୍ସବରେ ପ୍ରମତ୍ତ ହୋଇ ଚଞ୍ଚଳ ମଳୟାଚଳକୁ ଗଲେ ।

୧୨। ଧନେଶ୍ୱର (କୁବେର) କିନ୍ନର ଓ କିନ୍ନରୀମାନଙ୍କ ସହ ଚୈତ୍ର ରଥରେ (ତନ୍ନାମକ) ନିଜ ଉଦ୍ୟାନରେ ବିହରିଲେ । ଉମାଧବ (ଶିବ) ମାଧବ (ବିଷ୍ଣୁ) ସେ କ୍ରୀଡ଼ାରେ ଲୁବ୍ଧ ହୋଇ ବିମାନ ଚଢ଼ି ପ୍ରତିମାରୂପେ କ୍ଷେତ୍ରମାନଙ୍କରେ ଭ୍ରମଣ କଲେ । ସେ ବିଳାସ କୈଳାସରେ ଓ ବୈକୁଣ୍ଠରେ କିପରି ମନୋହର ହୋଇ ନ ଥିବଟି ।

ମୋହି ପାରଇ ଜଗତ ଯେଉଁ ଗୀତ ଆଲିଙ୍ଗିତ ସ୍ୱର ସପତ ।
ସ୍ଥକିତ ଲୋକିତ ଯହିଁରେ ପନ୍ନଗ ଅନଙ୍ଗ ତହିଁ ତ ଗୁପତ ।
ବିହଗ, ପଶୁ ସ୍ୱରେ ସ୍ୱରେ ଧଇଲେ ।
ପ୍ରଶସ୍ତ କରି ବସନ୍ତ ରାଗ ଧରି ସର୍ବଲୋକେ ତାହା ଗାଇଲେ ॥୧୩॥
ସେ କର୍ଣ୍ଣକୁହରେ ପ୍ରବେଶ ବିହରେ ଅବିରତେ ରହି ହୃଦରେ ।
କଲେ ଉଦ୍ଦୀପନ ଆଲମ୍ବନ ଅବଲମ୍ବନ ସେ ଅତି ଆଦରେ ।
ସମ୍ଭୋଗ, ବିପ୍ରଲମ୍ଭ ବେନି ଶୃଙ୍ଗାର ।
ଯୋଗ ବିଯୋଗୀ ବିରଚନ କରନ୍ତି ଭାବି ବେଗେ କେଳି ଆଦର ॥୧୪॥
ଯହିଁରେ ହୁଅଇ ଇନ୍ଧନ ଚନ୍ଦନ ବନ୍ଦନ ତାପ ବିନାଶରେ ।
ଲେଖ ଲେଖନ୍ତି ସ୍ୱର୍ଗଭୋଗ ମଧ୍ୟରେ ଅତ୍ୟନ୍ତ ସୁଖ ମାନସରେ ।
କୁମର, ବର ଏ ଋତୁ ଉପଗତେ ।
ଅଭିରାମ ଆରାମକୁ ଗମେ ବେନି ମିତ୍ର ଚିତ୍ରପୁଂସ ସଙ୍ଗତେ ॥୧୫॥

୧୩-୧୪। ଯେଉଁ ଗୀତ ବୀଣାର ସପ୍ତ ସ୍ୱରକୁ ଆଲିଙ୍ଗନ କରିଥିବାରୁ ଜଗତକୁ ମୋହିପାରେ, ଯେଉଁ ଗୀତ ଶୁଣି ପନ୍ନଗ (ସର୍ପ)ମାନେ ସ୍ଥକିତ ହୋଇ ଚାହିଁରହିଲେ, ତହିଁରେ କାମ ଗୁପ୍ତଭାବେ ରହିଅଛି । ବିହଗ (ପକ୍ଷୀ)ମାନେ ଓ ପଶୁମାନେ ନିଜ ନିଜ ସ୍ୱରରେ ଗାନ କଲେ । ସମସ୍ତ ଲୋକେ ତାହାକୁ ପ୍ରଧାନ କରି ବସନ୍ତ ରାଗରେ ଗାଇଲେ । ସେ ଗୀତ କର୍ଣ୍ଣରେ ପ୍ରବେଶ କରନ୍ତେ ହୃଦୟରେ ସର୍ବଦା ଉଦ୍ଦୀପନ (ଗୀତାଦି ଶ୍ରବଣରେ ରସଭାବ) ଆଲମ୍ବ (ପିକ, ଭୃଙ୍ଗଧ୍ୱନି ଶ୍ରବଣରୁ ଏବଂ ଚନ୍ଦ୍ରକିରଣ ଓ ମଳୟ ପବନ ସ୍ପର୍ଶରୁ ମନ ଶୃଙ୍ଗାରାଶ୍ରିତ ହେବା) ଅବଲମ୍ବନ (ନାୟିକାଦି) ଏମାନେ ଅତି ଆନନ୍ଦରେ ବିହାର କଲେ । ସମ୍ଭୋଗ ଶୃଙ୍ଗାର ଓ ବିପ୍ରଲମ୍ଭ (ବିଚ୍ଛେଦ ଶୃଙ୍ଗାର) ଦୁହେଁ କେଳିରେ ଆଦର ଭାବି ସଂଯୋଗୀ ଓ ବିଯୋଗୀ ରଚନା କଲେ ।

୧୫। ଯେଉଁ ବସନ୍ତ କାଳରେ ଚନ୍ଦନକାଠ ତାପ ନାଶ କରିବାରୁ ଆଦରଣୀୟ ହୁଏ ଲେଖ (ଦେବତା)ମାନେ ସ୍ୱର୍ଗଭୋଗରେ ରହି ପ୍ରଫୁଲ୍ଲ ଚିତ୍ତରେ ଲେଖ (ପ୍ରଣୟପତ୍ର) ଲେଖନ୍ତି, ସେହି ବସନ୍ତ ଋତୁ ଆସିବାରୁ କୁମାର ଶ୍ରେଷ୍ଠ ଦୁଇମିତ୍ର ଓ ଅଦ୍ଭୁତ ପୁରୁଷ ସହ ମନୋହର ଉପବନକୁ ଗଲେ । ଆରାମ (ଉପବନ) ।

ତର୍କବିଦ ବାଗୀଶ୍ୱର ନାମ ବେନି କବି ଭେଟାଇ ପ୍ରତିହାରୀ ।
ପୁରୋଧା ସୁତ ପୁଷ୍ପକାଳ ପ୍ରଶଂସି ହୋଇବାରୁ ବନବିହାରୀ ।
ତରୁଏ, ଏଥିକି ସୁମନେ ହସନ୍ତି ।
ତୁହିନ କାଳରେ ତାହି ବୋଲି ପିକେ ଅତି ଉଚ୍ଚେ ଯେଣୁ ଭାଷନ୍ତି ॥୧୬॥
ନିକଟ ପ୍ରକଟ ସରସୀ ଦେଖାଇ ସଚିବ-ନନ୍ଦନ ଭାଷୁଛି ।
ନୂତନା ପଦ୍ମ-ମୁଖ ଅଳ୍ପ ବିକାଶ ଏହି କଥା କହି ଆସୁଛି ।
ଯେ ଜଡ଼, ସେ କି ମଧୁସଙ୍ଗେ ଲକ୍ଷିତ ।
ବୀରମଣି ଭଣି ଗ୍ରୀଷମ ବରଷା ଶରଦେ ନି ନିନ୍ଦା ବାଞ୍ଛିତ ॥୧୭॥
ଅଗ୍ରତରେ ଥିଲା ଅଦ୍ଭୁତ ପୁରୁଷ ପାଲଟିଲା ହୋଇ ଭାଷିଲା
ବିଧି ବିବେକ ଅଛି ପଛେ ପକାଇ ଅବଧାନକୁ ନ ଆସିଲା ।
ନରେଶ, ସୁତ ସସ୍ମିତେ ଅନାଇଲା ।
ସେହି ସମୟେ ସାବଧାନ କରାଇ କବିଏ ମନ ମନାଇଲା ॥୧୮॥

୧୬। ପ୍ରହରୀ ତର୍କବିଦ ଓ ବାଗୀଶ୍ୱର ନାମରେ ଦୁଇ କବିଙ୍କୁ ଭେଟ କରାଇଲା । ପୁରୋହିତ ପୁତ୍ର ବିଦ୍ୟାନିଧି ବନବିହାରୀ ହୋଇଥିବାରୁ ବନଶୋଭା ଦେଖି ବସନ୍ତକୁ ପ୍ରଶଂସା କରି କହିଲା । ପିଲାମାନେ ତୁହିନ କାଳ (ଶୀତକାଳ)କୁ ତାହି (ତୁଚ୍ଛ, ହୀନ) ବୋଲି ଅତି ଉଚ୍ଚରେ କହୁଛନ୍ତି । ଏଥିପାଇଁ ବୃକ୍ଷମାନେ ସୁମନେ (ପୁଷ୍ପପ୍ରକାଶ ଦ୍ୱାରା) ହସୁଅଛନ୍ତି ।

୧୭। ନିକଟବର୍ତ୍ତୀ ସରୋବରକୁ ଦେଖାଇ ମନ୍ତ୍ରୀପୁତ୍ର ଯଶୋବନ୍ତ କହିଲା, ଏ ପୁଷ୍କରିଣୀ ନୂତନ ସ୍ତ୍ରୀ ପରି ପଦ୍ମମୁଖକୁ ଅଳ୍ପ ମାତ୍ର ଦେଖାଇ ଏହି କଥା କହୁଛି ଯେ ଜଡ଼ (ଶୀତକାଳ) ଜଡ଼ (କାକର), ସେ କିପରି ମଧୁ (ବସନ୍ତକାଳ) ମଧୁ (ମହୁ) ସଙ୍ଗେ ସମାନ ହେବ । ଏହା ଶୁଣି ବୀରମଣି କହିଲା ତେବେ ଗ୍ରୀଷ୍ମାଦି ଅନ୍ୟ ଋତୁମାନଙ୍କୁ ବସନ୍ତ କି ନିନ୍ଦୁଛି ?

୧୮। ଆଗରେ ଯାଉଥିବା ଅଦ୍ଭୁତ ପୁରୁଷ ଲେଉଟିପଡ଼ି କହିଲା ବିଧାତା ବିଚାର କରି ଅନ୍ୟ ଋତୁମାନଙ୍କୁ ପଛକୁ ପକାଇଦେଇଅଛି, ଏକଥା କ'ଣ ଆପଣଙ୍କ ମନକୁ ଆସୁନାହିଁ । ରାଜପୁତ୍ର ଅଳ୍ପ ଅଳ୍ପ ହସି କରି ଚାହିଁଲା । ସେହି ସମୟରେ ଜଣେ କବି ସାବଧାନ କରାଇ ମନ ମନାଇ ଦେଲା ।

ସୁରଭି ପଣରେ ସୁରଭି ଗୁଣରେ ସୁରଭି-ପୁରେଶ ନନ୍ଦନା।
ଯେମନ୍ତ ମତ୍ତକାଶିନୀଙ୍କ ସୀମନ୍ତ-ମଣି ଭୂଷା ହୋଇ ବନ୍ଦନା।
ତେମନ୍ତ, ସୁରଭି ଋତୁରେ ପ୍ରଧାନ।
ନଦୀରେ ଗଙ୍ଗା ପୁରୁଷେ ମନସିଜ ଗଜେ ଇନ୍ଦ୍ରଗଜ ବିଧାନ ॥୧୯॥
ଶୋଭା ଆରମ୍ଭରେ ରମ୍ଭାରେ ପ୍ରୟୋଗ ବୋଧକର ଥିଲା ବୋଇଲା।
ସେ ଅପସରୀ ବିଟପୀ-ଭାବ ଭଜି ତନୁକୁ ରମ୍ୟ ନ ପାଇଲା।
ଯା ଶୋଭା, ଯଶ ଜଗତରେ ପ୍ରସରି।
ହାରି ହାର ହୋଇ ତରଳକୁ ଘେନି ସୁର-ସରିତ ଅନୁସରି ॥୨୦॥
ଜଗଜ୍ଜୟ-ଅର୍ଥୀ ତା ବଶ ମନ୍ମଥ ମୂର୍ତ୍ତିମନ୍ତ ହେବା କାରଣ।
ଗତିକି ଇଚ୍ଛିଟି ଚରଣତଳରେ ଶରଣ ପଶିଲା ବାରଣ।
କବିଏ, କରୁଁ ପ୍ରତ୍ୟୁତ୍ତର ଏସନ।
ରବି ଏ ବୋଲେ ହୁଡ଼ିଲ ତ ଧଡ଼ିକି ଧରି ଯେ ବସନ୍ତ-ବସନ ॥୨୧॥

୧୯। ସୁରଭି ପୁରେଶ ନନ୍ଦନା (ପୁଷ୍ପପୁରର ରାଜକନ୍ୟା) ସୁରଭି (ସୁରଭି) (ସୁନ୍ଦରୀ) ପଣରେ ସୁରଭି (ଉତ୍ତମ) ଗୁଣରେ ଯେପରି ସ୍ତ୍ରୀମାନଙ୍କର ମସ୍ତକମଣି ହୋଇ ସୁନ୍ଦରୀମାନଙ୍କର ବନ୍ଦନୀୟା ହୋଇଅଛି; ସେହିପରି ଋତୁମାନଙ୍କ ମଧ୍ୟରେ ବସନ୍ତ, ନଦୀ ମଧ୍ୟରେ ଗଙ୍ଗା, ପୁରୁଷ ମଧ୍ୟରେ କାମ ଏବଂ ହସ୍ତୀ ମଧ୍ୟରେ ଐରାବତ ପ୍ରଧାନ। (ମତ୍ତକାଶିନୀ) ସୁନ୍ଦରୀ ସ୍ତ୍ରୀ, ସୀମନ୍ତ ମଣିଭୂଷା (ମଣିମୟ ଶିରୋଭୂଷଣ), ମନସିଜ (କାମ)।

୨୦। ଏକଥା ଶୁଣି ସେଠାରେ ଥିବା ବୋଧକର (ଭାଟ) କହିଲା ସେ ରାଜକନ୍ୟା କ'ଣ ଶୋଭାରେ ରମ୍ଭା ତୁଲ୍ୟ ପ୍ରୟୋଗ ହେବ। କବି କହିଲେ ସେ ରମ୍ଭା ଅପ୍ସରୀ ଶୋଭାରେ ଏହାଙ୍କ ସମାନ ନ ହେବାରୁ ବିଟପୀ (ବୃକ୍ଷ) ଭାବ ଧରି (କଦଳୀ ବୃକ୍ଷ ରୂପେ) ଏହାଙ୍କର ଗୋଟିଏ ଅଙ୍ଗର (ଉରୁର) ଶୋଭାକୁ ସୁଦ୍ଧା ସମାନ ହେଲା ନାହିଁ। ଯାହାଙ୍କର ଜଗତବ୍ୟାପୀ ଶୋଭା ଯଶ ସହ ଶୁକ୍ଳତାରେ ହାରିଯାଇ ସରସରିତ (ମନ୍ଦାକିନୀ) ଚଞ୍ଚଳ ହୋଇ ହାର ରୂପରେ ଏହାଙ୍କ ଅନୁସରିଛି।

୨୧। ମଦନ ଜଗତ ଜିଣିବାକୁ ଇଚ୍ଛାକରି ମୂର୍ତ୍ତିମାନ ହେବାକୁ ତାହାର ବଶ ହେଲା। ଗତିକି ସମାନ ହେବାପାଇଁ ଐରାବତ ଏହାଙ୍କର ଚରଣ ତଳରେ ହସ୍ତୀଚିହ୍ନ ରୂପେ ଶରଣ ପଶିଲା। ଜଣେ କବି ଏହିପରି ପ୍ରତ୍ୟୁତ୍ତର କରନ୍ତେ ଅନ୍ୟ କବି କହିଲା ତୁମ୍ଭେ ହୁଡ଼ିଲ, ବସନ୍ତ ଋତୁ ସୁନ୍ଦରୀ ବସନର ବସନ୍ତ ଧଡ଼ିରୂପେ ଶରଣ ପଶିଲା।

ହେ ଭଲ କହିଲ ବର କାହିଁ ଲକ୍ଷ ସକାନ୍ତିକି ଆଉ ତୁଲାଇ।
ସେ ବେନି ବଚନ ରଚିତ ଉଚିତ ଚିତ୍ତକୁ ନେଲା ଯେ ଭୁଲାଇ।
ଆତୁରେ ବିଷୟ ବିଷୟ ଧ୍ୱଂସନ।
ମାଧବୀ-ମଣ୍ଡପେ ରାଜତ୍ନକ ବିଜେ କଲା ମନ୍ତ୍ରୀସୁତ ପ୍ରସନ ॥୨୨॥
ହେ ଉଭେ କହ ତୁମ୍ଭେ କେଉଁ ଦେଶର କବିତ୍ୱ ଚାତୁରୀ ଆଦରି
ଯାହା କହିଲ କି ସତ ସେହି ରୂପେ ଜାତ ହୋଇଅଛି ସୁନ୍ଦରୀ।
ଶ୍ରବଣ, କିବା ଦ୍ରଷ୍ଟବ୍ୟ ସେ ଭାଷିଲେ।
ମିଥ୍ୟା ପ୍ରକାର ଚମତ୍କାର ଯେତେକ ତା ଘେନି ସତ୍ୟକୁ ଆସିଲେ ॥୨୩॥
ନୋହିଲା ବିଶ୍ୱକର୍ମା ମୟ ପିତୁଳା ବିରଚନେ ଚିତ୍ର ଲେଖନେ।
ସୁସମେ ସମେ ବାଲ୍ୟକାଳେ ଭାବିଲେ କେହି ନିର୍ମାଣ ଏ ବିଖନେ।
ହେଲା ଏ, ଯୋଗେ କରୁ କରୁ କଳ୍ପନା।
ଏ ଅଙ୍ଗ ସେ ଅଙ୍ଗ ଏସନ ତେସନ ପ୍ରସନ୍ନ କଳ୍ପିବା କଳ୍ପନା ॥୨୪॥

୨୨। ହେ କବି ଭଲ କଥା କହିଲ, ସେ ସୁନ୍ଦରୀ ତୁଳନାରେ ବର କାହିଁ ବୋଲି ମନ୍ତ୍ରୀପୁତ୍ର ପଚାରନ୍ତେ କବିଙ୍କ ଉତ୍ତରରେ ଉଚିତ ଭାବରେ ରଚିତ କଥାସବୁ ରାଜପୁତ୍ରଙ୍କର ମନକୁ ଭୁଲାଇ ନେବାରୁ ରାଜପୁତ୍ର ସେ ବିଷୟରେ ଆତୁର ହୋଇ ବିଷୟ ବାସନା ଧ୍ୱଂସ କଲେ ଏବଂ ମାଧବୀମଣ୍ଡପରେ ବିଜେ କଲେ, ମନ୍ତ୍ରୀପୁତ୍ର ପ୍ରଶ୍ନ କଲେ।

୨୩। ହେ କବିବମାନେ, ଆପଣ କେଉଁ ଦେଶର କବି, ଆପଣ ଯା କହିଲେ ଏହି କ'ଣ କବିତାର ଚାତୁରୀ କି ସତ ସେହିରୂପେ ସୁନ୍ଦରୀ ଜନ୍ମିଛି ? ଏହା କ'ଣ ଶୁଣିଛ ବା ଦେଖିଛ ? ସେ ଦୁହେଁ ନ କହିଲେ ଯେଉଁସବୁ ଆଶ୍ଚର୍ଯ୍ୟ କଥା ମିଛପରି ପ୍ରତୀତ ହୁଏ, ସେ ସବୁ ତା'ଯୋଗୁ ସତ ହେଲା।

୨୪। ବାଲ୍ୟାବସ୍ଥାରେ ସେ ସୁନ୍ଦରୀର ସମାନରେ ଗୋଟିଏ ପିତୁଳା ନିର୍ମାଣ କରିବାକୁ ବିଶ୍ୱକର୍ମା ଚେଷ୍ଟା କଲେ; କିନ୍ତୁ ଠିକ୍ ହେଲା ନାହିଁ, ମୟ (ଅସୁର) ଶିଳ୍ପୀ ମଧ୍ୟ ଚିତ୍ରରେ ଲେଖିପାରିଲେ ନାହିଁ, ତହୁଁ ଭାବିଲେ ଏ କିପରି ବିଖନେ (ବ୍ରହ୍ମାଙ୍କ ଦ୍ୱାରା) ନିର୍ମିତ ହେଲା। ବୋଧହୁଏ ବ୍ରହ୍ମା ଏ ଅଙ୍ଗ ସେ ଅଙ୍ଗ ନିର୍ମାଣ ଓ ଏଣୁ ତେଣୁ କରି ସଂଯୋଗ କରୁ କରୁ ଦୈବଯୋଗରେ ଏପରି ପ୍ରସନ୍ନମୂର୍ତ୍ତି ହୋଇଗଲା। କିନ୍ତୁ ଭାବିଚିନ୍ତି ଏପରି ନିର୍ମାଣ କରିବା ଅଳ୍ପ କଥା ନୁହେଁ।

ଯୌବନ ଏବେ ସେବନ କରି ତାକୁ ପ୍ରଭାମାନଙ୍କୁ ଯେ ବଢ଼ାଇ।
କବି ଭାରତୀ ଅଗୋଚର ମାର୍ଗରେ କବି ଭାରତୀକି କଢ଼ାଇ।
ଜାତକ, ସ୍ଥାନୀ ଘେନି ଆମ୍ଭ ଭରସା।
ଚାତକ ସ୍ଥାନେ ଯଥା ଥିଲା ମୁଦିର ପ୍ରତିଦିନ କରେ ବରଷା ॥୨୫॥
ଯେଉଁ କାଶୀକ୍ଷେତ୍ର ପରମ ପବିତ୍ର ତ୍ରିନେତ୍ର ମନ୍ତ୍ରଦ କାରଣେ।
ମୋକ୍ଷ ଦାନରେ ସେ ଦକ୍ଷିଣ ଦକ୍ଷିଣ କର୍ଣ୍ଣ ଉର୍ଦ୍ଧ୍ୱ ହୁଏ ମରଣେ।
ସେ ଧନୁ, କ୍ଷେତ୍ର ଶର ତହିଁ ତାରକା।
ଗୁଣ କୋଟି ସ୍ଥାନ ଧନ୍ୱୀ ଧୂର୍ଜଟୀ ଯେ ପାପ-ପରକୁ ବିଦାରକ ॥୨୬॥
ମଦନ ମଞ୍ଜନ ମୃତଜନ ରଞ୍ଜନ ବୃଷାଞ୍ଜନ ରୂପ ବହିଲା।
ଦୁଷ୍କୃତ ଆଚରଣେ ହେଲା ସୁକୃତ ପୁରାଣକୃତରେ ରହିଲା।
ଭୈରବୀ, ବିନା ଦଣ୍ଡ ନାହିଁ ଯହିଁରେ।
ଯମର ଅମର ବାଞ୍ଛିତ ଅଟଇ ସେହି ସ୍ୱର୍ଗ ସିନା ମହୀରେ ॥୨୭॥

୨୫। ଏବେ ଯୌବନ ସେ ସୁନ୍ଦରୀକୁ ଆଶ୍ରୟ କରି ତାହାର ଦୀପ୍ତିକୁ ବଢ଼ାଇବାକୁ କବି (ଶୁକ୍ର) ଭାରତୀ (ସରସ୍ୱତୀ) ଏ ଦୁହିଁଙ୍କର ଅଗୋଚର ବର୍ଣ୍ଣନା ମାର୍ଗରେ କବିମାନଙ୍କର ବାକ୍ୟକୁ ବାଟ କଢ଼ାଇଲା। କେବଳ ତାହାର ଜନ୍ମସ୍ଥାନରେ ଆମ୍ଭର ଜନମ ହୋଇଥିବାରୁ ବର୍ଣ୍ଣନା କରିବାକୁ ଭରସା ହେଉଅଛି। ଚାତକଥିବା ସ୍ଥାନରେ ମୁଦିର (ମେଘ) ଯେପରି ପ୍ରତିଦିନରେ ବରଷା କରେ, ସେହିପରି ଆମ୍ଭେ ସେହି ସ୍ଥାନରେ ଥିବାରୁ ସୁନ୍ଦରୀ ସୌନ୍ଦର୍ଯ୍ୟ ରସ କିଛି କିଛି ହୃଦୟରେ କରୁଅଛୁ।

୨୬। ଯେଉଁ କାଶୀକ୍ଷେତ୍ର ମହାଦେବ ମନ୍ତ୍ରଦାତା ହେବାରୁ ଅତି ପବିତ୍ର ସ୍ଥାନ ଏବଂ ମୁକ୍ତି ଦେବା ବିଷୟରେ ଅତି ଦକ୍ଷିଣ (ନିପୁଣ) ଯେଉଁଠାରେ ମରଣକାଳରେ ଦକ୍ଷିଣ କର୍ଣ୍ଣ ଉପରକୁ ହୁଏ। ସେ କାଶୀକ୍ଷେତ୍ର ଧନୁ, ଶିବତାରକ ମନ୍ତ୍ର ତହିଁରେ ଶର, ଗୋଟିଏ ଲିଙ୍ଗର ସ୍ଥାନ ଗୁଣ, ଧୂର୍ଜଟି (ମହାଦେବ) ସେ ଧନୁକୁ ଧରି ପାପରୂପୀ ଶତ୍ରୁମାନଙ୍କୁ ବିଦାରଣ କରୁଅଛି। ଧନ୍ୱୀ (ଧନୁର୍ଦ୍ଧାରୀ), ପର (ଶତ୍ରୁ)।

୨୭। ଯେଉଁଠାରେ ମଦ୍ୟକୁଣ୍ଡରେ ବୁଡ଼ିବା ଲୋକ ମଲା ପରେ ସୁନ୍ଦରରୂପେ ବୃଷାଞ୍ଜନ (ଶିବ) ସ୍ୱରୂପ ଧାରଣ କଲା, ଏପରି ପାପ ଆଚରଣରେ ମଧ୍ୟ ପୁଣ୍ୟ ହେଲା ସେ ପୁଣି ପୁରାଣରେ ଲେଖାହୋଇ ରହିଲା। ଯେଉଁଠାରେ ଭୈରବୀ (ଦୁର୍ଗା) ଦଣ୍ଡ ଛଡ଼ା ଯମଦଣ୍ଡ ନାହିଁ, ଦେବବାଞ୍ଛିତ ସେହି ସ୍ଥାନ ପୃଥିବୀରେ ସ୍ୱର୍ଗତୁଲ୍ୟ।

ସେ ମୁକ୍ତିଦ ପୁରେ ମଣିକର୍ଣ୍ଣିକାରେ ତ୍ରିବର୍ଗ ଫଳରେ ସୋପାନ ।
ମୂର୍ଖମୁଖରେ ସଂସ୍କୃତ ଜାତ ଖରେ କରାଇ ଯହିଁ ପୟପାନ ।
ବରଦା, ସାରଦା ଅନ୍ନପୂର୍ଣ୍ଣା ଦେବୀ ।
ଅଛନ୍ତି ବାଞ୍ଛନ୍ତି ବିଦ୍ୟା ତୁରେ ବିଦ୍ୟା କ୍ଷୁଧାତୁରକୁ ଅନ୍ନ ଦେବି ॥୨୮॥
ଜପ ନାହିଁ ବକ୍ର-ତୁଣ୍ଡ ବିହୀନରେ ଆମ ମନ୍ତ୍ରରେ କେଉଁ ଆଉ ।
ତପ ନାହିଁ ଆନ କାମନାରେ ସେହି ବାଳା ବର୍ଣ୍ଣନାକୁ ଧିଆଉଁ ।
ପଠ ହେ, ମଠରୁ ଆଉ କି କାରଣ ।
ବୀର ବୋଲେ ହୃଦକୁମୁଦକୁ ମୋଦୁ ବଧୂ କୀର୍ତ୍ତି ବିଧୁ-କିରଣ ॥୨୯॥
ଯେହ୍ନୁ ତାରକ ପ୍ରବର୍ତ୍ତକ ଜଗତେ ତାରକ ସ୍ୱଭାବେ ସେହି ତ ।
ମହାଗୁରୁ ଭାବୁ ସେ କାଶୀଶ୍ୱରଙ୍କୁ ବନ୍ଦନା କରିବା ବିହିତ ।
ହୋଇଲା, କବି ଉପଇନ୍ଦ୍ର ଭଞ୍ଜର ।
କାମ-ଦାୟକ ବିନାୟକ ଜନକ ଏ ଭାବରେ ପୁଣି ଜର୍ଜର ॥୩୦॥

୨୮। ସେ ପୁର ମୁକ୍ତିଦାତା, ମଣିକର୍ଣ୍ଣିକା ତୀର୍ଥରେ ତ୍ରିବର୍ଗ (ଧର୍ମ, ଅର୍ଥ, କାମ) ଫଳ ପ୍ରାପ୍ତି ବିଷୟରେ ସୋପାନ (ପାହାଚ) ରହିଅଛି । ସେ ତୀର୍ଥଜଳ ପାନ କଲେ ମୂର୍ଖ ମୁଖରୁ ସଂସ୍କୃତ ବାହାରେ । ସେଠାରେ ବରଦାୟିନୀ ହୋଇ ସାରଦା (ସରସ୍ୱତୀ) ଓ ଅନ୍ନପୂର୍ଣ୍ଣା ରହିଅଛନ୍ତି । ସେ ବିଦ୍ୟାର୍ଥୀକୁ ବିଦ୍ୟା ଓ କ୍ଷୁଧାତୁରକୁ ଅନ୍ନ ଦେବାକୁ ସର୍ବଦା ଇଚ୍ଛା କରନ୍ତି ।

୨୯। ସେ ସ୍ଥାନରେ ରହି ଆମ୍ଭେମାନେ ବକ୍ରତୁଣ୍ଡ (ଗଣେଶ) ମନ୍ତ୍ର ଛଡ଼ା ଅନ୍ୟ ମନ୍ତ୍ରରେ ଜପ କରୁନା ବାର ସେ ସୁନ୍ଦରୀର ବର୍ଣ୍ଣନାକୁ ଧ୍ୟାନ କରିବା ଭିନ୍ନ ଅନ୍ୟ କାମନାରେ ତପସ୍ୟା କରୁନା । ଏହା ଶୁଣି ରାଜପୁତ୍ର କହିଲେ, ଆଉ ବିଳମ୍ବରେ କି ପ୍ରୟୋଜନ, ଶୀଘ୍ର ପଢ଼, ସେ ସ୍ତ୍ରୀର କୀର୍ତ୍ତି ଚନ୍ଦ୍ରକିରଣ ପରି ହୃଦକୁମୁଦକୁ ଆମୋଦ ଦେଉ ।

୩୦। ଯେ ସଂସାରରେ ତାରକ ମନ୍ତ୍ର ପ୍ରବର୍ତ୍ତକ ପୁଣି ସ୍ୱଭାବରେ ତାରକ (ଉଦ୍ଧାରକର୍ତ୍ତା) ମହାଗୁରୁ ସେ କାଶୀଶ୍ୱରଙ୍କୁ ବନ୍ଦନା କରିବା କବି ଉପେନ୍ଦ୍ରଭଞ୍ଜଙ୍କର ଚରିତ ପୁଣି ଏ ଭାବରେ ଜର୍ଜର ହୋଇ କହିଲା, ହେ ଗଣେଶ-ଜନକ ! ଆପଣ କାମଦାୟକ, ଅତଏବେ ମୋ କାମନା ପୂର୍ଣ୍ଣ କର ।

❑❑❑

ଏକାଦଶ ଛାନ୍ଦ

(ଦର୍ଶନାନୁଚିନ୍ତା)

ରାଗ- ଶଙ୍କରାଭରଣ

ଶୁଣ ରସିକ ସୁଜାଣ ଆଣ ମାନସକୁ। ଚତୁର ବିଧିଦର୍ଶନ ଚାତୁରୀରସକୁ
ଅତି ଚତୁରୀ ଚତୁର। ବସି ନିଶି ନେଉଅଛନ୍ତି ଲୋକନେ ଆତୁର ॥୧॥
କି ରୂପରେ ହେବ ପୁଣି ସେ ରୂପ ଦର୍ଶନ। ଅନୁମାନ ଅଗୋଚର ତନୁଙ୍କ ପ୍ରସନ୍ନ
ନାହିଁ ଯହିଁକି ବଚନ। ତେତେ ପୁଣ୍ୟ କରିଥିବ କେବଣ ଲୋଚନ ॥୨॥
ଯୁବାଜନ ଗତିଦାତା ବୈକୁଣ୍ଠ ପ୍ରକାର। ବାଟ ଦେଖାଇବା କଥା ବଡ଼ ଚମତ୍କାର
ସ୍ଥାନ ପରମାନନ୍ଦର। ଦୂର କରି ପାରଇ ମାନସ-ଭବ ଦର ॥୩॥
କୋଟି ଅମ୍ବୁଜକୁ ନିନ୍ଦୁଥିବ ସେ ଲପନ। ଚଳନେ କରି ସିନା ଦମ୍ଭକୁ କମ୍ପନ
ଡୋଳା ଜ୍ଞାନ ବୁଡ଼ାଇବ। ଶିଳୀମୁଖ ଚଳିବା ଶୋଭାକୁ ଛଡ଼ାଇବ ॥୪॥

୧। ହେ ସୁଜାଣ (ଉତ୍ତମ ଜ୍ଞାନୀ) ରସିକମାନେ ଶୁଣ, ଚତୁର ବିଧିରେ ଯେଉଁ ଦର୍ଶନ ତାହାର ଚାତୁରୀକୁ ମନକୁ ଆଣ, ଅତି ଚତୁରୀ ଚତୁର ସ୍ତ୍ରୀ ପୁରୁଷ ଦୁହେଁ ପରସ୍ପର ଦର୍ଶନରେ ଆତୁର ହୋଇ ବସି ବସି ରାତ୍ରି ଅତିବାହିତ କରୁଅଛନ୍ତି।

୨। ସେ ରୂପ କିପରି ଭାବରେ ଦେଖାହେବ, ତନୁଙ୍କ (ଅଙ୍ଗମାନଙ୍କର) ପ୍ରସନ୍ନ (ପ୍ରଫୁଲ୍ଲ ଶୋଭା) ଅନୁମାନର ଅଗୋଚର ଅଟେ। ଯେଉଁ ରୂପ ବର୍ଣ୍ଣିବାକୁ ବାକ୍ୟ ନାହିଁ, ଯେଉଁ ନେତ୍ର ସେତେ ପୁଣ୍ୟ କରିଥିବ, ସେ ତାହାକୁ ଦେଖିବ।

୩। ସେ ରୂପ ବୈକୁଣ୍ଠ ପରି ଯୁବାଜନମାନଙ୍କର ଗତି (ମୁକ୍ତି ଓ ଗମନ) ଦାତା ଅଟେ; କିନ୍ତୁ ସେଠାକୁ ଯିବା ପାଇଁ ବାଟ ଦେଖାଇବା କଥା ବଡ଼ ଚମତ୍କାର ଅଟେ ଏବଂ ପରମାନନ୍ଦର ଆଧାର ଅଟେ। ସେ ମାନସଭବ (କନ୍ଦର୍ପ)ର ଦର (ଭୟ)କୁ ଦୂର କରିପାରେ, ବୈକୁଣ୍ଠ ମଧ୍ୟ ପରମାନନ୍ଦର ସ୍ଥାନ ମାନସଭବ ଦର (ପାପକାର୍ଯ୍ୟାଦି ଦ୍ୱାରା ମନରେ ଜନ୍ମିଥିବା ଭୟ)କୁ ଦୂର କରେ।

୪। ଲପନ (ମୁଖ) କାଟି କୋଟି ଅମ୍ବୁଜ (ପଦ୍ମ)କୁ ନିନ୍ଦୁଥିବ, ଗମନ କରନ୍ତେ ଦମ୍ଭକୁ (ଧୈର୍ଯ୍ୟକୁ) କମ୍ପାଇ ଦେବ; ଡୋଳା ଜ୍ଞାନ ବୁଡ଼େଇ ଦେବ ଏବଂ ଶିଳୀମୁଖ (ଭ୍ରମର) ଚଳନ ଶୋଭାକୁ ଜିଣିଯିବ।

କି ଦିଶିବ ସୁହାସ ଅଳପ ପ୍ରକାଶରେ। ବାନ୍ଧିନେବ ନୟନଙ୍କୁ ମୋହନ ପାଶରେ।
ଭାଲ ତିଳକ ରମ୍ୟକୁ। ଶ୍ରୁତିରେ ଖୋଜିଲେ ନ ପାଇବ ତା ସମକୁ ॥୫॥
ରତି ବର-ଶୋଭାକୁ ଛୁଇଁବ ନାହିଁ ଚିତ୍ତ। ଚାହୁଁଥିଲେ ଭଙ୍ଗୀମାନେ କିଞ୍ଚିତ କିଞ୍ଚିତ
ଏ ଭାଗ୍ୟକୁ ଅର୍ଜିବି କି। ସନମତ ଜାଣିଲା କ୍ଷଣି ମୁଁ ହେବି ବିକି ॥୬॥
ବିକ ହୋଇଲେଣି କଲା ବେଳରୁ ଶ୍ରବଣ।
ଯାହା ଶୋଭା ଚାହିଁ ଶିଳା ହୋଇବ ଦ୍ରବଣ।
ଭାବେ ମୁହିଁ ମାନୁଷ ତ। ତରଳିଲା ଘୃତ ମତ ବହିଯିବ ସତ ॥୭॥
କଟାକ୍ଷ ଅମୃତ ଶୀତଳକୁ ପାଇବାରେ। ସ୍ଥକିତକୁ ପୁଣି ଭଜୁଥିବ ବାରେ ବାରେ।
ତହିଁ ଲାଭ ଅଛି ଏତେ। ଭଲ କରି ଦେଖି ପଲକ ଅନାୟତ୍ତେ ॥୮॥
ମୋର କର୍ଣ୍ଣମନ ନେତ୍ର ସୁକୃତି-କେଶରୀ। ଅପୂର୍ବ ପଦାର୍ଥେ ଏତେରୂପେ ଅନୁସରି
ଶୁଣି ତୋଷ କେ ସ୍ୱଭାବେ। କେ କଲା ସଦନ କେ ସଦନ ହେବି ଭାବେ ॥୯॥

୫। ସୁନ୍ଦର ହାସ ଅଳ୍ପ ପ୍ରକାଶ ପାଇ କେଡ଼େ ସୁନ୍ଦର ଦିଶିବ, ଚକ୍ଷୁକୁ ମୋହନ ପାଶରେ ବାନ୍ଧି ନେଇଯିବ। ଭାଲ (ଲଲାଟ)ରେ ଥିବ। ତିଳକର ସୌନ୍ଦର୍ଯ୍ୟକୁ ଶ୍ରୁତିରେ (ବେଦରେ) ଖୋଜିଲେ ମଧ ତା ସମାନ ପାଇବ ନାହିଁ।

୬। ପୁରୁଷ ବିଚାରଇ ସେ ସୁନ୍ଦରୀର ଭଙ୍ଗୀମାନଙ୍କୁ କିଞ୍ଚିତ ଚାହୁଁଥିଲେ ମନ ରତିର ବର ଶୋଭାକୁ (ଶ୍ରେଷ୍ଠ ସୌନ୍ଦର୍ଯ୍ୟକୁ) ଛୁଇଁବ ନାହିଁ, ସ୍ତ୍ରୀ ବିଚାରଇ, ସେ ସୁନ୍ଦରର ଭଙ୍ଗୀକୁ ଚାହିଁଲେ ମନ ରତିବରର (କାମର) ଶୋଭାକୁ ଛୁଇଁବ ନାହିଁ। ସତେ କ'ଣ ମୁଁ ଏ ଭାଗ୍ୟକୁ ଅର୍ଜିବି ? ତାହାଙ୍କର ସମ୍ମତି ଜାଣିଲାକ୍ଷଣି ମୁଁ ବିକି ହେବି। ଏହିପରି ୨ ପଦଠାରୁ ୨୧ ପଦ ପର୍ଯ୍ୟନ୍ତ ଦୁହିଁଙ୍କର ଅନୁଚିନ୍ତା।

୭। ମୁଁ ଶୁଣିଲାବେଳୁ ବିକି ହେଲି, ଯାହାର ଶୋଭା ଦେଖି ପଥର ମଧ ଦ୍ରବି ଯିବ, ଭାବୁଛି ମୁଁ ତମନୁଷ୍ୟ, ମୁଁ ତାହାର ଶୋଭା ଦେଖି ତରଳିଲା ଘିଅପରି ନିଶ୍ଚୟ ବହିଯିବି।

୮। ତାହାଙ୍କର କଟାକ୍ଷ (ଆଡ଼ଚାହାଣି) ରୂପ ଅମୃତକୁ ପାଇବାଦ୍ୱାରା ମୁଁ ବାର ବାର ସ୍ଥକିତକୁ (ନିଶ୍ଚଳତାକୁ) ଭଜୁଥିବି, ତହିଁରେ (ନିଶ୍ଚଳ ହେବାରେ) ଏତେ ଲାଭ ଅଛି ଯେ ପଲକ ଅନାୟତ୍ତ ହେବାରୁ (ଚକ୍ଷୁ ପିଛଡ଼ା ନପଡ଼ିଥିବାରୁ) ସେ ରୂପମାଧୁରୀ ଭଲ କରି ଦେଖିପାରିବି।

୯। ମୋହର କର୍ଣ୍ଣ, ମନ ଓ ନେତ୍ରମାନେ ସୁକୃତି (ପୁଣ୍ୟବନ୍ତ)ଙ୍କ ମଧ୍ୟରେ କେଶରୀ (ଶ୍ରେଷ୍ଠ) ଅଟନ୍ତି, ଅପୂର୍ବ ପଦାର୍ଥକୁ ଏହିପରି ଅନୁସରିଛନ୍ତି। କର୍ଣ୍ଣ ସ୍ୱଭାବକୁ ଶୁଣି ସନ୍ତୁଷ୍ଟ ହେଲା, ମନ ତା'ଠାରେ ସଦନ (ଗୃହ) କଲା, ନୟନ ତାହାର ଗୃହ ହେବ ଭାବିଲା।

ମନ-କଳ୍ପିତ ସମ୍ପତ୍ତି ସାକ୍ଷାତ ହୋଇବ। ମୁହିଁ ଭଲା ଭାଗ୍ୟବନ୍ତ ଭଲାରେ ଦଇବ
ଏତେ କାଳ ସହିବା କି। ଏଥକୁ ତାଙ୍କୁ ଜଣାଅ ଯେ ମାଇଲେ ବକୀ ॥୧୦॥
ତେତେବେଳଯାଏ ପଞ୍ଚଶର ନ ନାଶିବ। ଦୁଇଥର ବୋଲିଥିବି ଉଚ୍ଚେ ଶିବାଶିବ
ବହୁତକୁ ଅବକାଶ। ରହୁ ନାହିଁ ବଚନେ ସେ କଥା ପରକାଶ ॥୧୧॥
ଦରଶନ କଲାବେଳେ ସେ ଶୋଭାଶ୍ରେଣୀକି।
ଯେଣିକି ମୁଁ ଚାହିଁ ଦେଉଥିବିଟି ତେଣିକି।
ଦିଶି ଯାଉଥିବ ମୋତେ। ନିଶି ନିଦ୍ରା ବେଳ ତ ଦେଖିବି ସେହିମତେ ॥୧୨॥
ଗୁଣିବା ଶୁଣିବା ହୋଇ ହେବ ସେ ଚରିତ। ଭଣିବାକୁ ସେହି କଥା ହୋଇ ତ୍ୱରିତ
ହା ହା ତନମୟ ରସ। ବେଳେ ବେଳେ ଜାତ କରୁଥିବ ସେ ହରଷ ॥୧୩॥
ନୋହୁ ଦରଶନ ଏଡ଼େ ମନକୁ ହରୁଛି। ମନ୍ତ୍ର ମୂର୍ତ୍ତିକରି ତାକୁ ବିଧାତା କରିଛି
ଅଛି ତହିଁରେ ଧିଆନ। ସିଦ୍ଧ କରି ନ ପାରଇ କର୍ମବଳୁ ଆନ ॥୧୪॥

୧୦। ସତେ କ'ଣ ମୋହର ମନରେ କଳ୍ପିତ ହୋଇଥିବା ସମ୍ପତ୍ତି ସାକ୍ଷାତ ହେବ? ମୁଁ ବଡ଼ ଭାଗ୍ୟବାନ, ଧନ୍ୟ ଦୈବ ଏତେକାଳ କ'ଣ ସହିବ? ଏଥିପାଇଁ ଯେଉଁ ଶ୍ରୀକୃଷ୍ଣ ବକୀ (ବକାସୁର ସ୍ତ୍ରୀ ପୁତନା)କୁ ମାରିଥିଲେ, ତାଙ୍କୁ ଜଣାଉଛି।

୧୧। ତେତେବେଳଯାଏ ପଞ୍ଚଶର (କାମ) ମାରି ପକାଇବ ନାହିଁ ଯେପର୍ଯ୍ୟନ୍ତ ଦୁଇଥର ଉଚ୍ଚରେ ଶିବ ଶିବ ବୋଲିଥିବ। ସେ କଥା (ଶିବ ଶିବ) ବହୁତ ବାକ୍ୟରେ ପ୍ରକାଶ କରିବାକୁ ଅବସର ରହୁନାହିଁ।

୧୨। ସେ ଶୋଭା ଶ୍ରେଣୀକୁ ଦର୍ଶନ କଲାବେଳେ ମୁଁ ଯେଉଁଆଡ଼େ ଚାହୁଁଥିବି, ସେ ଆଡ଼େ ମୋତେ ସେ ଦିଶିଯାଉଥିବ, ସେହିପରି ମଧ୍ୟ ରାତ୍ରିରେ ନିଦ୍ରାରେ ଦେଖିବି।

୧୩। ତାହାଙ୍କର ସେହି ଚରିତ ଗୁଣିବା ଓ ଶୁଣିବାକୁ ହେବ, ସେହି କଥା ମଧ୍ୟ ଶୀଘ୍ର କହିବାକୁ ହେବ, ହାୟ ହାୟ ତନ୍ମୟ ରସ (ତାହାର ରୂପ ଗୁଣ ଚିନ୍ତା କରୁ କରୁ ତଦାତ୍ମକ ଭାବ) ବେଳେ ବେଳେ ଜନ୍ମି ଆନନ୍ଦ ଦେଉଥିବ।

୧୪। ଦର୍ଶନ ନୋହୁଣୁ ଏପରି ମନକୁ ହରଣ କରୁଛି, ବୋଧହୁଏ ତାହାକୁ ବିଧାତା ମନ୍ତ୍ର ମୂର୍ତ୍ତି କରି ଗଢ଼ିଅଛି, ମୋର ତହିଁରେ ଧ୍ୟାନ (ମନ୍ତ୍ରକୁ ସ୍ମରଣ କଲାପରି ଏକାଗ୍ରଚିନ୍ତା) ସର୍ବଦା ଅଛି କିନ୍ତୁ ମୁଁ ତେମନ୍ତ ସିଦ୍ଧ କରିପାରୁନାହିଁ, ମୋ କର୍ମ ଦୋଷରୁ ଅନ୍ୟଥା ହେଉଅଛି।

ସ୍ୱରୂପ ପୀୟୂଷ ହୋଇ ହୋଏ ଅନୁମାନ। ସମସ୍ତ ମତରେ ନାହିଁ ମଧୁର ସମାନ
ଲଭ୍ୟ ପଦାର୍ଥ ନୁହଇ। ଯିବା ଜୀବ ରଖିବା କରଣିକି ବିହଇ ॥୧୫॥
ମନ-କୃପଣଙ୍କୁ ଯେଉଁ ଚରିତ ରତନ। ଗଣ୍ଠିକରି ଥୋଇଅଛି କରି କି ଯତନ।
ମାର-ତସ୍କର ଭୟରେ ଦକଦକ ହେଉଅଛି ମାତ୍ର ହୃଦୟରେ ॥୧୬॥
ଫନ୍ଦା କରିବାର ନିଶ୍ଚେ ହେଲାଣି ତାହାର। ବିଚାରଇ ଦୁଃଖ-ଦଶା କରିବି ସଂହାର
ସବୁ ଭାଲ-ବର୍ଣ୍ଣାବଳୀ। ଆଜିଯାଏ କେହି ତାହା ପାରି ନାହିଁ ବଳି ॥୧୭॥
ଭେଟୁଁ ବୃଦ୍ଧି ହେବ ଯେ ପ୍ରମୋଦ-ଅକୂପାର।
ବ୍ୟକ୍ତ ହୋଇବେ ଉପମା-ରତନ ଅପାର।
ଆଣିମାକୁ କାହିଁ ତର। ପ୍ରଳୟ-ସୂଚକ-ଯାକ କରିବେ କାତର ॥୧୮॥
ଏ ହୋଇଲେ ନବ-ସୃଷ୍ଟି ହେବେ ଯେ ରଚିତ।
ସଲିଳ ବିହାର ତହିଁ ହୋଇ ଯେ ଉଚିତ।
ସେହି ରସ ଜରଜରେ। ନୋହିବି ଲାଳସ ଆଉ ଆନ କାରଣରେ ॥୧୯॥
ତ୍ରିବିଧି ବଶୀକରଣ ବୋଲନ୍ତି ସଂସାର। କି ମନ୍ତ୍ର କି ମଣି କେଉଁ ଅଉଷଧି ସାର।
ପଚାରନ୍ତି କେ ଉପାୟୀ। ଘେନିଥାନ୍ତି ତାହା ଚତୁରାକ୍ଷ ବେଳ ପାଇ ॥୨୦॥

୧୫। ତାହାର ସ୍ୱରୂପ ଅମୃତ ବୋଲି ଅନୁମାନ ହୁଏ; ମାତ୍ର ସମସ୍ତ ଗୁଣରେ ଅମୃତ ସମାନ ନୁହେଁ, ମଧୁରେ (ସ୍ୱାଦୁରେ) ଅମୃତ ସମାନ, କିନ୍ତୁ ମଧୁରେ (ସୌନ୍ଦର୍ଯ୍ୟରେ) ନୁହେଁ, ଅମୃତ ପରି ବାହାରିଯାଉଥିବା ଜୀବନକୁ ରଖିବା କରଣିକି (କ୍ଷମତାକୁ) ବିଧାନ କରଇ; କିନ୍ତୁ ଅମୃତ ଲଭ୍ୟ ନୁହେଁ, ଏ ଲଭ୍ୟପଦାର୍ଥ।

୧୬। ମନ କୃପଣଙ୍କୁ ଯେଉଁ ଚରିତ ରତ୍ନ ପରି, ତାକୁ ମନ ଗଣ୍ଠିଧନ କରି କେଡ଼େ ଯତ୍ନରେ ରଖିଛି; ମାତ୍ର ମାର ତସ୍କର (କାମଚୋର) ଭୟରେ ନିତି ହୃଦୟରେ ଦକ ଦକ ହେଉଛି।

୧୭। ସେ ରତ୍ନର ଫନ୍ଦା (ବାଣିଜ୍ୟ) କରିବାର ନିଶ୍ଚୟ ହେଲା, ଅତଏବ ଦୁଃଖଦଶାକୁ ସଂହାର କରିବି; କିନ୍ତୁ ସବୁ କଥା ଭଲ ବର୍ଣ୍ଣାବଳୀ (କପାଳ ଲେଖା) ଅନୁସାରେ ହୁଏ। ଆଜି ପର୍ଯ୍ୟନ୍ତ କେହି ତାକୁ ବଳି ନାହିଁ, ମୋ କାପାଳରେ ଲେଖାଥିଲେ ହେବ।

୧୮। ତାହାଙ୍କୁ ଭେଟିଲେ ପ୍ରମୋଦ ଅକୂପାର (ଆନନ୍ଦ ସାଗର) ବଢ଼ିବ ଏବଂ ଅସୀମ ଉପମା ରତ୍ନ ପ୍ରକାଶ ପାଇବ; କିନ୍ତୁ ସେ ରତ୍ନମାନଙ୍କୁ ଆଣିବାକୁ ତରନାହିଁ। ପ୍ରଳୟ ସୂଚକଯାକ (ପ୍ରଳୟକାଳୀନ ଘଟଣାମାନ ଏବଂ ତଦର୍ଶନରେ ମୋହ ଜଡ଼ତାଦି ଘଟଣାମାନ) କାତର କରିପକାଇବେ।

ଊଣା ଅଧିକେ ସଂଯୋଗ ପୂର୍ବରୁ ହୋଇଛି । ଶଶ ରହି ଚନ୍ଦ୍ରେ ରାହୁ ପୀୟୂଷ
ପିଇଛି ଗଲା ଏକ ଲୟ ପଦ । ଉକ୍ତି ପରିଚୟ ଏହିଠାରୁ ଆସପଦ ॥୨୧॥

କୁମାରୀ ବିଚାରେ ମୁଁ ତ କମଳା ଅଟଇ ।
ପୁଂସ-ବିଧୁ ଜାନୁ ଲୀଳା ମୋତେ ସେ ଘଟଇ ।
ଗୁଣ-ଗର୍ବିତା ଲକ୍ଷଣ । ଉତ୍କଣ୍ଠା ବଶରୁ କରିଦେଲା ବିଚକ୍ଷଣ ॥୨୨॥

ପୁନଃ ପୁନଃ ଭାବନା କରଇ ସୁରସିକ । ହୋଇବେ ବଡ଼ାଇହୀନ ଏବେ କଉଶିକ
ତପ ବିନା ଅନାୟାସେ । ବ୍ରହ୍ମପଦ ସୁଖ ମୋର ଜାତ ହୋଇ ଆସେ ॥୨୩॥

ଗନ୍ଧର୍ବ-ସତ୍ତ୍ୱା ଭାବଇ ଫୁଲ ଚମ୍ପା ପରା । ଭ୍ରମର ମୋହିତ ତହିଁ ନୋହେ ପରମ୍ପରା ।
କିବା ହେଲେ ସେପରିରେ । ଏ ଜୀବ ଯିବାର ହେବ ନ ରହି ଶରୀରେ ॥୨୪॥

୧୯। ଏ (ପ୍ରଳୟ) ହେଲେ ପୁଣି ନୂତନ ସୃଷ୍ଟି ରଚିତ ହେବ, ନୂତନ ସୃଷ୍ଟିରେ ସଲିଳ (ଜଳ) ବିହାର (ନାମ) ହୋଇଯାଏ, ଏ (ମୋହ ଜଡ଼ତାଦି) ପରେ ପୁଣି ନୂତନ ପ୍ରେମ ସୃଷ୍ଟି ରଚିତ ହେବ, ତହିଁରେ ମୋହର ରଚିତ ରୂପେ ସଲିଳ ବିହାର (ଲୀଳା) ସହ କ୍ରୀଡ଼ା ହେବ । ମୁଁ ସେହି ରସରେ ଜର୍ଜର ହୋଇ ଅନ୍ୟ କାର୍ଯ୍ୟରେ ଲାଳସ ହେବି ନାହିଁ ।

୨୦। ସଂସାରରେ ତିନି ପ୍ରକାର ବଶୀକରଣ ଉପାୟ ଅଛି ବୋଲି ଲୋକେ ରହନ୍ତି, କି ମନ୍ତ୍ର, କି ମଣି, କେଉଁ ଔଷଧି ସବୁଠାରୁ ଶ୍ରେଷ୍ଠ, କେହି ଉପାୟ ଜାଣିବା ଲୋକକୁ ପଚାରନ୍ତି, ତାହାଠାରୁ ତାକୁ ନେଇ ଚତୁରାକ୍ଷ (ଚାରିଚକ୍ଷୁ) ହେବାବେଳେ ଘେନିଥାନ୍ତି ।

୨୧। ମୁଁ ତାହାଠାରୁ ଊଣା ସେ ମୋଠାରୁ ଅଧିକ, କିପରି ସଂଯୋଗ ହେବ, ନା ଏପରି ସଂଯୋଗମାନ ପୂର୍ବରୁ ହୋଇଛି, ଚନ୍ଦ୍ରଠାରେ ଶଶା ରହିଛି, ରାହୁ ଅମୃତ ପିଇଛି । ଏକଲୟ (ସୁନ୍ଦର ସୁନ୍ଦରୀ ଦୁହିଁଙ୍କର ଏକ ପ୍ରକାର ଭାବନା) ପଦ ଶେଷ ହେଲା । ଏହିଠାରୁ ପୃଥକ୍ ପୃଥକ୍ ଉକ୍ତି ପରିଚୟ ଆସ୍ପଦ (ସ୍ଥାନ) ପାଇଲା ।

୨୨। କୁମାରୀ ବିଚାରେ ମୁଁ କମଳା (ପଦ୍ମିନୀ) ସୁତରାଂ କମଳା (ଲକ୍ଷ୍ମୀ) ହେଲି, ସେ ପୁଂସବିଧୁ (ପୁରୁଷ ଶ୍ରେଷ୍ଠ) ବିଧୁ (ଭଗବାନ୍) ହେଲେ, ତେଣୁ ତାଙ୍କ ଜାନୁରେ ବସି ଲୀଳା କରିବା ମୋ ପକ୍ଷରେ ଘଟିଲା । ହେ ବିଚକ୍ଷଣ ପଣ୍ଡିତମାନେ ବିଚାର କର-ଉତ୍କଣ୍ଠା ହେତୁ ଗୁଣଗର୍ବିତା ଲକ୍ଷଣ ହେଲା ।

୨୩। ସୁରସିକ ପୁରୁଷ ପୁନଃ ପୁନଃ ଭାବେ-ଏବେ କୌଶିକ (ବିଶ୍ୱାମିତ୍ର) ବଡ଼ାଇଶୂନ୍ୟ ହେବେ । ଯେ ହେତୁରୁ ବିନା ତପସ୍ୟାରେ ଅକ୍ଲେଶରେ ମୋହର ବ୍ରହ୍ମପଦ ସୁଖ ଜାତ ହୋଇ ଆସୁଛି (ବିଶ୍ୱାମିତ୍ର କଠୋର ତପସ୍ୟା କରି ବ୍ରହ୍ମପଦ ପାଇଥିଲେ)

୨୪। ଗନ୍ଧର୍ବ ସତ୍ତ୍ୱା (କୋଟିବ୍ରହ୍ମାଣ୍ଡ ସୁନ୍ଦରୀ) ଭାବେ-ଚମ୍ପାଫୁଲରେ ଭ୍ରମର ମୋହି ନ ହେବାର ପରମ୍ପରା ଅଛି, ସେ ହେଲେ ଏ ଜୀବ ଶରୀରରେ ନ ରହି ବାହାରି ଯିବାର ହେବ ।

ନାଗର ଭାବେ ପଦ୍ମିନୀ ସୁରଭି ନିଳୟ। ମୁଦ୍ରିତ କରି ନକରେ ସୁଧାକରେ ଲୟ।
କି କରିବିଟି ତେମନ୍ତେ। ଦହି ହେବି ନିରତେ ସଗର-ସୁତ ମତେ ॥୨୫॥
ବାଳୀ ରୂପ-ଗର୍ବେ ଭାଳି ବୋଲନ୍ତି ଜଗତେ।
ନାହିଁ ତ ମୋ ପ୍ରାୟେ ଶୋଭା ବର୍ତ୍ତମାନ ଗତେ।
ଆଉ ଆଗତେ ନୋହିବ। ଏମନ୍ତ ସ୍ୱରୂପ ଯୁବା ଚିତ୍ତ ନ ମୋହିବ ॥୨୬॥
ପୁରୁଷ ଭାବେ ପୁତନା-ମର୍ଦ୍ଦନ-ନନ୍ଦନ। ହୋଇ ନାରୀ ଈରିଷା କି ଛାଡ଼ିବ ମଦନ
ଉଚ୍ଛନ୍ନ କରିବ ତା ଭାଳି। ସ୍ତନ ବ୍ୟାଜେ ଅଛି ପୁଣି ଶମ୍ଭୁକୁ ସମ୍ଭାଳି ॥୨୭॥
ରାମା ଚିନ୍ତି ବୀର ଉର କଠିନ ପାଷାଣ।
ରସିତ ନୋହିବେ ପରା ସେ ହୋମରସାଣ।
ଗୁଣି କଷ ତା ବିହନ୍ତି। ହେମଅଙ୍ଗୀ ବୋଲି ମୋତେ ସମସ୍ତେ କହନ୍ତି ॥୨୮॥

୨୫। ନାଗର ଭାବଇ, ସେ ସୁନ୍ଦରୀ ତ ପଦ୍ମିନୀ ସୁରଭି ନିଳୟ (ସୁବାସ-ସ୍ଥାନ) ପଦ୍ମ ଯେପରି ହୃଦୟକୁ ମୁଦ୍ରିତ କରି ଚନ୍ଦ୍ରଠାରେ ଲୟ ରଖେନା, ସେହିପରି ସୁନ୍ଦରୀ ଚକ୍ଷୁ ମୁଦି ମୋ ମୁଖଚନ୍ଦ୍ରକୁ ଯେବେ ନ ଚାହେଁ ତେବେ କି କରିବିଟି ? କେବଳ ସଗରସୁତ ପରି ସବୁବେଳେ ସିନା ଦହିହେବି।

୨୬। ବାଳୀ (ସୁନ୍ଦରୀ) ରୂପଗର୍ବରେ ଭାବି କହନ୍ତି ଜଗତରେ ମୋ ପରି ଶୋଭା ବର୍ତ୍ତମାନ ନାହିଁ, ଗତେ (ଅତୀତରେ) ନଥିଲା, ଆଉ ମଧ୍ୟ ଆଗତେ (ଭବିଷ୍ୟତରେ) ହେବ ନାହିଁ। ଏପରି ରୂପ ଯୁବାଚିତ୍ତକୁ କାହିଁକି ନ ମୋହିବ।

୨୭। ପୁରୁଷ ଭାବେ ମଦନ ପୂତନା ନାମ୍ନୀ ସ୍ତ୍ରୀକୁ ମର୍ଦ୍ଦନ କରିଥିବା ଶ୍ରୀକୃଷ୍ଣଙ୍କର ପୁତ୍ର ହୋଇ ନାରୀଈର୍ଷା (ନାରୀହିଂସା) ଛାଡ଼ିବ କି ? ପୁଣି ସେ ସୁନ୍ଦରୀ ସ୍ତନ ବ୍ୟାଜରେ କାମଶତ୍ରୁ ଶମ୍ଭୁକୁ ସମ୍ଭାଳିଛି, ସେ ତାହା ଭାବି ଅବଶ୍ୟ ତାକୁ ଉଚ୍ଛନ୍ନ କରିବ, ଅତଏବ ସେ ସୁନ୍ଦରୀ ମୋଠାରେ ସ୍ନେହ କରିବ।

୨୮। ରାମା ଚିନ୍ତା କଲା, ବୀର ଉର (ହୃଦୟ) ପାଷାଣ ପରି କଠିନ, ସେ ବୀର ମୋଠାରେ ରସିବେ ନାହିଁ ପରା, ନା ହେବେ, ସେ ହୃଦୟ ମୋତେ ସମସ୍ତେ (କଷଟିପଥର) ଗୁଣୀମାନେ କଷଟିରେ ତାହାକୁ କଷନ୍ତି। ମୋତେ ସମସ୍ତେ ହେମାଙ୍ଗୀ ବୋଲି କହନ୍ତି, ସେ ତ ଗୁଣୀ ଅବଶ୍ୟ ମୋତେ ହୃଦୟରେ କଷ କରିବେ।

ସିହାଣ ବିଚାରେ ମୋତେ ନ କରିବ ଦୟା ।

ଗିରି ପରିରେ କଠୋର ହୃଦଜ-ଉଦୟା ।

ଏଥୁ ଭରସା ହୁଅଇ । ଭଲ କରି ନାରୀକେଳ ଉପମା ଦିଅଇ ॥୨୯॥

ଭାବୁଁ ଦୁହେଁ ହୋଇଲା ନିର୍ମଳ-ଭାବ ଆଶା

ଦେଖି ସୁଖୀ ବୃଦ୍ଧି ଆଜ ଭେଟ ହେବା ଆଶା ।

ବେନି ଗଲେ ନୀତି ଆଶେ । କାବ୍ୟ ସଗଭଙ୍ଗେ ଯଥା ଆନ ବୃତ୍ତ ବସେ ॥୩୦॥

ଏ ତ ପରାକୃତ କାବ୍ୟ ଛାନ୍ଦ ପ୍ରାପ୍ତ ସତ । ଦୃଷ୍ଟା ଦୃଷ୍ଟାନ୍ତର ଏଥି ଅଛି ବିଶେଷତ ।

ଘେନ ନୈଷଧ ପରାୟେ । ଉପଇନ୍ଦ୍ର କହେ ବୁଧ ପ୍ରମୋଦ କରାଏ ॥୩୧॥

୨୯। ସିହାଣ (ପୁରୁଷ) ବିଚାରଇ, ସେ ମୋତେ ଦୟା କରିବ ନାହିଁ ପରା, ଯେହେତୁ ତାହାର ହୃଦୟରେ ପର୍ବତ ପରି କଠୋର ହୃଦଜ (ସ୍ତନ) ଉଦୟ ହୋଇଅଛି, କିନ୍ତୁ ଉତ୍ତମ କବିମାନେ ସେ ସ୍ତନକୁ ନାରିକେଳ ସହିତ ଉପମା ଦେଇଥିବାରୁ ମୋତେ ଦୟା କରିବ ବୋଲି ଭରସା ହେଉଅଛି । (ନାରିକେଳ ଉପରେ କର୍କଶ ହେଲେ ମଧ୍ୟ ଭିତରେ ସରସ) ।

୩୦। ଦୁହେଁ ଏହିପରି ଭାବୁ ଭାବୁ ଆଶା (ଦିଗ) ନିର୍ମଳ ହୋଇଗଲା (ରାତିପାହିଲା) ଦେଖି ସୁଖୀ ହେଲେ, ଭେଟ ହେବାର ଆଶା ବଢ଼ିଲା, ଦୁହେଁ ନୀତି ଆଶେ (ନିତ୍ୟକର୍ମ ସାରିବା ଆଶାରେ) ଗଲେ । ଯେପରି କାବ୍ୟର ସର୍ଗ ସମାପ୍ତିରେ ଅନ୍ୟ ବୃତ୍ତି ବସେ, ସେହିପରି ରାତ୍ରିଯାକ ଏକ ଭାବନା ଥିଲେ ମଧ୍ୟ ପ୍ରଭାତରେ ସେ ଦୁହିଁଙ୍କର ଅନ୍ୟ ଭାବ ହେଲା ।

୩୧। ଏ ତ ପରାକୃତ କାବ୍ୟ, ଛାନ୍ଦ ମଧ୍ୟ ଶେଷ ହେଲା । ଏଥିରେ ପୂର୍ବୋକ୍ତ ଦୃଷ୍ଟାନ୍ତର ଦୃଷ୍ଟି (ଦର୍ଶନ) ବିଶେଷ ଭାବରେ ଅଛି । ନୈଷଧ ପରି ଏ କାବ୍ୟ ପଣ୍ଡିତମାନଙ୍କର ଆନନ୍ଦ କରାଏ, ଉପେନ୍ଦ୍ର କହେ ଅତଏବ ଏହାକୁ ମନରେ ଘେନ ।

❑❑❑

ପଞ୍ଚବିଂଶ ଛାନ୍ଦ

ରାଗ-ଚିନ୍ତାଦେଶାକ୍ଷ, କାଫିକାମୋଦୀ, ମାଳବରାଡ଼ି।

ଅସାର ସଘନ କାଳ ହୋଇ ଉଦୟ । ଅଶିତ ପରବଳରୁ ଦରଶମୟ ।୧।
ସ୍ତନିତହିଁ ସ୍ଫୁଟ କଳକଣ୍ଠ ସରୁତ । ଅଚିରପ୍ରଭା ହିଁ ତାର ଦିଶେ ଦିଶେତ ।୨।
କେକୀର ସଙ୍ଗୀତରେ କାମୁକ ଉଲ୍ଲାସ । ଧରମଣି ଆଚ୍ଛାଦନେ ଘନ ବିଳାସ ।୩।
ନିପବନ ସୁଖ ଦାନକର ରଭସେ । ସ୍ତୋକରଟ ମସୃଣ ଯେ ଝଲିକା ବସେ ।୪।
ସେ ଅହି ମକର ହରି ଚିତ୍ତ ମୋହିଲା । ନଦୀ ବଶ ସଲିଳେ ଅଧିକ ହୋଇଲା ।୫।
ନୀଡ଼ ରଚିତ କାମରେ ବିଯୋଗୀ ଶଙ୍କି । ଘେନି ହାରବର ସେ ଯେ ଆସିବିଷକି ।୬।
ବୀରତରୁ ଚାରୁ ଫୁଲସରେ ମଣ୍ଡନ । ଦମ୍ପତି ରସକାରକ ବିଦେଶୀ ଛନ୍ନ ।୭।
ଅଶନିପାତ ପରାସେ ଏକା ଗୋତ୍ରରେ । ସୁମଂତ୍ରପାହିତ ପାନ୍ଥ ଭୀରୁ ବିଚାରେ ।୮।
କାଶ ସୁରଭି ସୁମନା ପ୍ରକାଶ ହୋଇ । ମଧୁପରମ ରୋଚକ ନିବାସ ତହିଁ ।୯।
ପଶାରଙ୍ଗ ସ୍ଥାନେ ସ୍ଥାନେ ହେଲା ମଞ୍ଜୁଳ । ଦୁର୍ଦ୍ଦିନବରେ ଅବିରତରେ ଚଞ୍ଚଳ ।୧୦।
ଘନଦୃଶତକୁ ଝଟିତରେ ପ୍ରକାଶେ । ଧନୀସାର ଭଦ୍ର ଶ୍ରୀଯୁକ୍ତଙ୍କ ପରଶେ ।୧୧।
ସ୍ୱସଂକେତକୀ ବହେ ଉତ୍‌ଫୁଲ୍ଲ ପୁଲକ । ବିଦ୍ୟୁସହକାର ଯେ ଭ୍ରମରେ ମେଳକ ।୧୨।
ଅଭୟେ କାଳକଣ୍ଠକ ଦଳେ ବିରହୀ । ବାମା ନିଆଳୀ ଯେ କାନ୍ତେ ସୁମନ ବହି ।୧୩।
ଭେକୀ ତବ ସ୍ଫୁଟ ଘରେ ହରେ ସୁଚିତ୍ତ । ବକଂକ କେଳି ପ୍ରକଟ ହେଲା ବହୁତ ।୧୪।
ବିରହରେ ଏ ସମୟେ ଚିନ୍ତା କାତର । ସୁକୁମାର ତନୁତାପ ଦିବାନିଶିର ।୧୫।
ଆନ ଜ୍ଞାନ ହୀନଦଶା ବେଭାରେ ହୋଇ । ଘନରସେ କାନ୍ତାଲିଙ୍ଗନକୁ ଧିଆଇ ।୧୬।
ସଂତାପିକା ମଞ୍ଜୁ କଳରବେ ନିନ୍ଦଇ । ଆପଦରେ ସ୍ୱରଭଙ୍ଗ ପୁଲକ ବହି ।୧୭।
ହେତୁହୀନ ସିଦ୍ଧି କର ହେ କାଳକାନ୍ତ । ସ୍ୱପ୍ରାସ ବିଧିରେ ହୋଇବାରୁ ସହିତ ।୧୮।
ଦର୍ଦ୍ଦୁରତ ମନ୍ଦଜନ୍ମ କୁବୁଦ୍ଧିମନ୍ତ୍ରୀ । ସେହି ମକରକେତନ ମେଳ ଉନ୍ନତି ।୧୯।
ଭାବ ଛଳବଚନ ଏ ପ୍ରକାରେ କହି । ପଥର ସମତରେ ସେ କଷଣ ସହି ।୨୦।
ଗଜଗତି ସୁଶୋଭାର ନାମ ଜପଇ । ମନୀଷା କରେ ଅରୁଚି ପ୍ରକାଶ ଯହିଁ ।୨୧।
ବିଜନିତ ଶୋକପୂର୍ଣ୍ଣ ଚାହେଁ ଆଶାରେ । ସେବି ଶେଷରଞ୍ଜନ ହରି ତ୍ରାହି ସ୍ୱରେ ।୨୨।

ନିରଜନିକରେ ସେ ଶୟନରଚନା । ଈଶିବାରେ ସ୍ତୁତିଗିରେ କରେ ଅର୍ଚ୍ଚନା ।୨୩।

ବ୍ୟଜନ ରସିତ ଉପକରଣ ଜାଳେ । ଉତପନ ଗର ବୁଦ୍ଧି ଅକ୍ଷ ମୃଣାଳେ ।୨୪।

ରସନିଧି ପ୍ରତିମା ସେ ତାହାର ହେଲେ । ବିକି ହେବି ଭାବଲୟ ବାଣୀଶୁଣିଲେ ।୨୫।

ବିପ୍ର ବରଣ କରିବାମାନସେ ଚିନ୍ତି । ଉପଚାର ବାର୍ତ୍ତା ଏ କଥାରେ ଅରତି ।୨୬।

ସୁବାସ ସୁମନେ ପାଶ ହେବାରେ ଧ୍ୟାୟି । ଉପାହିତ ରତ୍ନନିଧି ସର୍ବଦା ସେହି ।୨୭।

ନବସରଙ୍କତା ନାହିଁ ସଙ୍ଗ ତାହାର । ସହିତ ରସରେ ଯୁକ୍ତ ଅନୁକ୍ଷଣର ।୨୮।

ସୁକବି ରଚନେ କଷ୍ଟ ତ୍ରିକାଳ ଛାନ୍ଦେ । ବସୁଦେବତୋଷଦାତା ଉପେନ୍ଦ୍ର ବନ୍ଦେ ।୨୯।

ବିଖ୍ୟାତ ରସରେ ଇଛି ଲୁପ୍ତବର୍ଣ୍ଣର । ସୁମନରେ ମୋଦେ ତିନିଛାନ୍ଦ ବିଚାର ।୩୦।

❑❑❑

ଏହି ଛାନ୍ଦର ପ୍ରଥମ ରାଗ ହେଉଛି 'ଚିନ୍ତା ଦେଶାକ୍ଷ', ବର୍ଷାକାଳ ଅର୍ଥରେ ବୁଝିବାକୁ ହେବ ।

- ଦ୍ୱିତୀୟ ରାଗ 'କାଫିକାମୋଦୀ' । ପ୍ରତ୍ୟେକ ପାଦର ଆଦ୍ୟରୁ ଗୋଟିଏ ଅକ୍ଷର ବାଦ୍‌ଦେଇ ଏହାକୁ ବୁଝିବାକୁ ହେବ । ଏହା ଶୀତକାଳ ଅର୍ଥରେ ବ୍ୟବହୃତ ହୋଇଛି ।

- ତୃତୀୟ ରାଗ ହେଉଛି 'ମାଳବ ବରାଡ଼ି' । ପ୍ରତ୍ୟେକ ପାଦର ଆଦ୍ୟରୁ ଦୁଇଟି ଅକ୍ଷରକୁ ଛାଡ଼ି ଏହାକୁ ବୁଝିବାକୁ ହେବ । ଏହା ଗ୍ରୀଷ୍ମକାଳ ଅର୍ଥରେ ବ୍ୟବହୃତ ।

୧-୨ ପଦର ଅର୍ଥ :

ବର୍ଷାକାଳ :- ଅସାର - ଧାରାବୃଷ୍ଟି । ସଘନ - ନିବିଡ଼ । କାଳ - ବର୍ଷା ସମୟ । ଅଶିତ - କୃଷ୍ଣବର୍ଣ୍ଣ । ଦରଶମୟ - ଅନ୍ଧକାରମୟ (ଦର୍ଶ - ଅମାବାସ୍ୟା) । ସ୍ତନିତ - ମେଘ ଗର୍ଜନ । ସ୍ଫୁଟ (ଗର୍ଜନ, ଶବ୍ଦ) । କଳକଣ୍ଠ - ମୟୂର । ସରୁତ - ଶବ୍ଦ ସହିତ । ଦିଶେ - (ଦିଗମାନଙ୍କରେ) । ଅଚିର ପ୍ରଭା - ବିଜୁଳି । ତାର - ଉଜ୍ଜ୍ୱଳ । - ଧାରାବୃଷ୍ଟି ଫଳରେ ନିବିଡ଼ ଭାବରେ ବର୍ଷାସମୟ ଉଦୟ ହେଲା । ଚତୁର୍ଦ୍ଦିଗ ଘନକୃଷ୍ଣରଙ୍ଗ ପ୍ରବଳ ହେବାରୁ ଚାରିଆଡ଼ ଅମାବାସ୍ୟା ପରି ଘନ ଅନ୍ଧକାରମୟ ଦିଶିଲା । ମେଘ ଗର୍ଜନର ଭୀଷଣ ଶବ୍ଦ ପ୍ରକାଶ ପାଇଲା । ମେଘ ଗର୍ଜନର ଶବ୍ଦ ସହିତ ମୟୂରମାନେ ନୃତ୍ୟ କରିବାକୁ ଲାଗିଲେ । କ୍ଷଣିକରେ ଦିଗ ବିଦିଗରେ ବିଜୁଳିର ଉଜ୍ଜ୍ୱଳତା ଖେଳିବାକୁ ଲାଗିଲା ।

ଶୀତକାଳ :- ସାରସଘନ - (ରସଘନ - ପଦ୍ମ ନାଶକ) ଶୀତକାଳ । ଦର -

ଶଙ୍ଖ । ନିତ୍ୟ - ତଗରପାଦ ପୁଷ୍ପ । ସ୍ଫୁଟି - ଫୁଟିଲା । କଳକଣ୍ଠ - ଶୁକପକ୍ଷୀ । ସରୁତ - ଧ୍ୱନିଯୁକ୍ତ । ତାର - ନକ୍ଷତ୍ର । ଦିଶେ - ଦିଗମାନଙ୍କରେ । ଦିଶେତ - ଦିଶିଲେ ।

- ପଦ୍ମନାଶକ ଶୀତକାଳ ଉଦୟ ହୋଇ ଶୀତ ପ୍ରବଳ ହେବାରୁ କାକର ପଡ଼ି ଶଙ୍ଖ ପ୍ରାୟ ଶୁକ୍ଳ ସମୟ ଉପସ୍ଥିତ ହେଲା । ନିତ ପୁଷ୍ପମାନେ ପ୍ରସ୍ଫୁଟିତ ହେଲେ । ଶୁକପକ୍ଷୀମାନେ କଳରବ କଲେ । ତାରକାରାଶି (ନକ୍ଷତ୍ରଗଣ) ଚିରପ୍ରଭା ଧରି ଦିଗମାନଙ୍କରେ ଦେଖାଦେଲେ ।

ଗ୍ରୀଷ୍ମକାଳ :- ରସଘନ କାଳ - ଜଳନାଶକ ଗ୍ରୀଷ୍ମକାଳ । ତପର - ଗ୍ରୀଷ୍ମର । ବଳରୁ - ଶକ୍ତିରୁ, ପ୍ରଚଣ୍ଡତାରୁ । ଦର - ଭୟ । ସରୁତ - ସଶବ୍ଦ କଳକଣ୍ଠ - କୋକିଳ । ସ୍ଫୁଟ - ଶବ୍ଦ । ର ପ୍ରଭା - ଅଗ୍ନିପ୍ରଭା ।

- ବର୍ଷାକାଳର କାଳ ଗ୍ରୀଷ୍ମକାଳ ପ୍ରକାଶ ପାଇଲା । ଗ୍ରୀଷ୍ମର ପ୍ରଚଣ୍ଡ ତାପ ଫଳରେ ଚାରିଆଡ଼େ ଭୟର ସମୟ ଦେଖାଦେଲା । ଏଭଳି ତାପ-ଭୟାନକ ସମୟରେ କୋକିଳ ମାନଙ୍କର କଳରବ ଶବ୍ଦ ପ୍ରକାଶ ପାଇଲା । ଦିଗମାନଙ୍କରେ ଅଗ୍ନିପ୍ରଭା ଉଜ୍ଜ୍ୱଳ ଦିଶିଲା । ପର୍ବତମାନଙ୍କରେ ଅଗ୍ନି ସଂଚାର ହେଲା ।

୩-୪ ପଦର ଅର୍ଥ :

ବର୍ଷାକାଳ :- କେକୀର - ମୟୂରର । ଧରମଣି - ପର୍ବତ ଶ୍ରେଷ୍ଠ । ଘନ - ମେଘ । ନୀପବନ - କଦମ୍ବବନ । ରହସେ - ଶୀଘ୍ର ଶୀଘ୍ର । ସ୍ତୋକରଟ - ଚାତକଧ୍ୱନି । ମସୃଣ - ମଧୁର । ଝିଲିକା - ଖଦ୍ୟୋତ ।

- ମୟୂରର ସଂଗୀତ ଶ୍ରବଣରେ କାମୁକମାନେ ଉଲ୍ଲାସ ହେଲେ । ମେଘ ପର୍ବତଶ୍ରେଷ୍ଠମାନଙ୍କୁ ଆଚ୍ଛାଦନ କରି ବିଳାସ କଲା । କଦମ୍ବବନ ଘନରସ ପାଇ ଶୀଘ୍ର ଶୀଘ୍ର ଉତ୍ସୁକତାରେ ପ୍ରସ୍ଫୁଟିତ ହେଲେ । ଚାତକପକ୍ଷୀର ମଧୁର ସ୍ୱନ ଶୁଣାଗଲା । ଖଦ୍ୟୋତମାନେ ଗଛମାନଙ୍କରେ ବସିଲେ ।

ଶୀତକାଳ :- କୀର - ଶୁକପକ୍ଷୀ । ଘନ - ମେଘ, ନିବିଡ଼, ଘୋଡ଼ାଇ । ଉଲ୍ଲାସ - ଆନନ୍ଦ । ରମଣି - ସ୍ତ୍ରୀ । ଆଚ୍ଛାଦନେ - ଆଲିଙ୍ଗନେ । ବିଳାସ - ରମଣ, କ୍ରୀଡ଼ା । କରଟି - କାକ । ଝିଲିକା - ଝିଙ୍କାରି, ପତଙ୍ଗ ବିଶେଷ । ମସୃଣ - ଚିକ୍କଣ ।

ଶୁକପକ୍ଷୀର ସଂଗୀତ ଶ୍ରବଣ କରି କାମୁକମାନେ ଉଲ୍ଲସିତ ହେଲେ । ଏହି ସମୟରେ ରସିକ ଯୁବକମାନେ ନିଜର ସ୍ତ୍ରୀମାନଙ୍କୁ ଆଲିଙ୍ଗନ କରି ଆଚ୍ଛାଦନ ପୂର୍ବକ ନିବିଡ଼ ଭାବରେ ବିଳାସ କଲେ । ପବନର ବେଗ ସୁଖ ଖଣ୍ଡନର କାରଣ

ହେଲା । କାକ ପକ୍ଷୀମାନେ ଝିଲିକା ଆଦିଙ୍କ କାରଣ ବଶରୁ ମସୃଣ ଦିଶିଲେ ।

ଗ୍ରୀଷ୍ମ କାଳ :- ଘନ - ସାନ୍ଦ୍ର । ମଣି - ଅଳଙ୍କାର । ଦାନକର - ଖଣ୍ଡନ, ଦୂର, ତ୍ୟାଗ ରଭସେ - ଶୀଘ୍ର , ହର୍ଷରେ ବିହାର କରିବାରେ । ଝିଲିକା ବଶେ - ଝିଲିକାରୀ ମାନଙ୍କ ସଂଯୋଗରେ । ରଟ - ଧ୍ୱନି, ପ୍ରଚାର ।

କାମୁକମାନେ ରସ ସଂଗୀତ ଶ୍ରବଣ କରି ଉଲ୍ଲସିତ ହେଲେ । ମଣି ଆଚ୍ଛାଦନ ପୂର୍ବକ ରତ୍ନମାଳା ଧାରଣ କରି ବିଳାସ କଲେ । ଗ୍ରୀଷ୍ମ ବନର ସୁଖକୁ ଖଣ୍ଡନ କଲା । ଅଗ୍ନି ବନରେ ହର୍ଷ ଓ ଆନନ୍ଦରେ ବିହାର କଲା । ଝିଲିକାରୀ ମାନଙ୍କର ମଧୁର ମସୃଣ ଧ୍ୱନି ଶୁଣାଗଲା ।

୫-୬ ପଦର ଅର୍ଥ :-

ବର୍ଷାକାଳ :- ଅହି - ସର୍ପ । ମକର - ମଗର । ହରି - ବେଙ୍ଗ । ବଶ - ପ୍ରଲୋଭନ । ସଲିଳେ - ଜଳରେ । ନୀଡ଼ - ପକ୍ଷୀର ବସା । କାମରେ - କାମନାରେ । ବିଯୋଗୀ - ବିରହୀ । ଶଙ୍କି - ଭୟଭୀତ ହେଲେ । ହାରବ - ବିରହୀ ।

- ସେ ବର୍ଷାକାଳ ସର୍ପ, ମଗର ଓ ବେଙ୍ଗ ମାନଙ୍କର ଚିତ୍ତକୁ ମୋହିଲା । ନଦୀ ଜଳରେ ପ୍ରଲୋଭିତ ହୋଇ ବଢ଼ିବାକୁ ଲାଗିଲା । ପକ୍ଷୀମାନେ ନୀଡ଼ ସୃଷ୍ଟି କଲେ । ପ୍ରେମ ବିଯୋଗୀ ବିରହୀକୁଳ କାମନାକୁ ଦେଖି ଭୟଭୀତ ହେଲେ । ସେମାନେ ମନେକଲେ - ଯେଉଁ ବିଷଜଳ ଆସି ବର୍ଷୁଛି ତାହା ସତେକି ଅଗ୍ନି ! ବିରହୀଙ୍କୁ ବର୍ଷାର ଜଳ - ବିଷଜଳ ଏବଂ ଅଗ୍ନି ସଦୃଶ ପୀଡ଼ା ପ୍ରଦାନ କରିଛି । ବର୍ଷା କାଳକୁ ଘେନି ହାରବର ହାହାକାର ଧ୍ୱନି କଲେ ।

ଶୀତକାଳ :- ଅହିମକର - ହରି - ସୂର୍ଯ୍ୟକିରଣ । ଦୀବଶ - ଦିନ । ସଲିଳେ - ଜଳରେ । ଡରଚିତ - ଭୀତତ୍ରସ୍ତ ମନ । ନିହାର ବର - ହିମଖଣ୍ଡ ।

- ସୂର୍ଯ୍ୟ କିରଣ ସମସ୍ତଙ୍କ ଚିତ୍ତକୁ ମୋହିଲା । ଦିନରେ ଜଳକ୍ରୀଡ଼ା ବା ଜଳସ୍ନାନ ଲୋକମାନଙ୍କ ପକ୍ଷରେ ଅସହ୍ୟବୋଧ ହେଲା । ବିଯୋଗୀମାନଙ୍କ କାମନାରେ ଭୟଭୀତ ମନ ଶଙ୍କା ପାଇଲା । ନିହାର ବର/ନିହାର ହିମକୁ ବିଷ ଆସି ବରଷିଲା କି ! ଏ ଅନୁଭବରେ ବିରହୀକୁଳ ଭୟ ଓ କଷ୍ଟ ପାଇଲେ ।

ଗ୍ରୀଷ୍ମକାଳ :- ହିମକର - ଚନ୍ଦ୍ର । ହରି - କିରଣ । ହାରବର - ମୁକ୍ତାମାଳା । ଆସିବିଷ - ସର୍ପ ।

- ଚନ୍ଦ୍ରକିରଣ ଚିତ୍ତକୁ ମୋହିତ କଲା । ଚିତ୍ତ ଜଳରେ ଅଧିକ ପ୍ରଲୋଭିତ ହେଲା । ବିଯୋଗୀମାନେ କାମ ରଚିତ ପୀଡ଼ାରେ ଶଙ୍କା ପାଇଲେ । ସଂଯୋଗୀମାନଙ୍କ

ପାଇଁ ଏ ଶ୍ରେଷ୍ଠ ମୁକ୍ତାମାଳା ହେଲାବେଳେ ବିଯୋଗୀ ମାନଙ୍କ ସକାଶେ ସତେକି ଏହା ସର୍ପ ପରି ଭୟାନକ ପ୍ରତୀତ ହେଲା ।

୭-୮ ପଦର ଅର୍ଥ:

ବର୍ଷାକାଳ :- ବୀରତରୁ - ଅର୍ଜୁନବୃକ୍ଷ । ଚାରୁ - ସୁନ୍ଦର । ଫୁଲସରେ - ଫୁଲ ଶରରେ । ଦମ୍ପତି - ପତି ଓ ପତ୍ନୀ । ରସ କାରକ - ରସ ଦାୟକ, ଆନନ୍ଦ କାରକ । ଛନ୍ନ - ଭୟ । ଅଶନିପାତ - ବଜ୍ରପାତ । ଗୋତ୍ରରେ - ପର୍ବତମାନଙ୍କରେ । ପରାସେ - ପ୍ରାୟେ । ପାନ୍ଥ - ପଥିକ । ଭୀରୁ -ଭୟାଳୁ, ଭୟ । ସୁମନ୍ତପା - ଉତ୍ତମ ମନ୍ତ୍ର ଦ୍ୱାରା ରକ୍ଷା । ହିତ - ମଙ୍ଗଳ ।

- ବୀର ଶରଦ୍ୱାରା ଶୋଭିତ ହେଲାପରି ଅର୍ଜୁନ ବୃକ୍ଷସବୁ ଚାରୁଫୁଲର ଶରରେ ନିଜକୁ ମଣ୍ଡିତ କଲା । ଏ ସମୟ ଦମ୍ପତିମାନଙ୍କ ପାଇଁ ରସକାରକ ହେଲା । ପର୍ବତମାନଙ୍କରେ ବଜ୍ରପାତ ବାଧା ହେବାର ଦେଖାଗଲା । ପଥିକମାନେ କାମ ଭୟ ପାଇ ତଥା ଯାତ୍ରାକାଳୀନ ଭୟ ପାଇଁ ନିଜକୁ ରକ୍ଷା କରିବା ନିମନ୍ତେ ଉତ୍ତମ ମନ୍ତ୍ରକୁ ବହୁବାର ବିଚାର କଲେ ।

ଶୀତକାଳ :- ରତରୁ - ସୁଖ ସମ୍ଭୋଗରୁ । ଚାରୁ - ସୁନ୍ଦର, ମନୋହର । ଫୁଲଶରେ ମଣ୍ଡନ - କାମ ଶରରେ ମଣ୍ଡିତ / ସଜ୍ଜିତ । ପତି - କାମୁକପତି । ଛନ୍ନ - ଭୟ । ଶନିପାତ - ଥଣ୍ଡାରୋଗ ବିଶେଷ । ପରାସେ - ପରାୟେ । ଗୋତ୍ରରେ - ପର୍ବତ ମାର୍ଗରେ । ପାହିତ - ବିଫଳ । ପାନ୍ଥ - ପଥିକ । ଭୀରୁ - ଭୟାଳୁ, ସ୍ତ୍ରୀ/ବିଚାରେ - ବିଚାର କରେ ।

ଏ କାଳ ସୁଖ ସମ୍ଭୋଗ କାରଣ ପାଇଁ ମନୋହର ଅଟେ । ଫୁଲଶରରେ/ କାମଶରରେ ମଣ୍ଡିତ ଏ ଋତୁ କାମୁକମାନଙ୍କ ପାଇଁ ରସକାରକ । ଏ କାଳ ସନିପାତ ରୋଗ ପ୍ରାୟେ ବିଦେଶୀମାନଙ୍କୁ ଭୟଭୀତ କଲା । ସେମାନେ ଏକା ଏକା ପର୍ବତମାର୍ଗକୁ ବିଚାରିଲେ । ଦୁର୍ବଳ ସ୍ତ୍ରୀମାନେ ଏ କାଳରେ ଏ ମନ୍ତ୍ର ପରିପାଳନେ ବିଫଳ ହୋଇ ଦୁଃଖି ହେଲେ ।

ଗ୍ରୀଷ୍ମକାଳ :- ତରୁ - ବୃକ୍ଷ । ଚାରୁ - ସୁନ୍ଦର, ମନୋହର । ସରେ - ପୋଖରୀମାନେ । ତିରସ୍ - ଅପ୍ରକାଶ୍ୟ । ତିରସ କାରକ - ଅନାଦରପ୍ରାପ୍ତ, ତିରସ୍କୃତ, ଭତ୍ସିତ, ତିରସ୍କାର । ଛନ୍ନ - ଭୟ । ନିପାତ - ମୃତ୍ୟୁ, ମରଣ । ଗୋତ୍ରରେ - କୁଳରେ, ପର୍ବତରେ । ତ୍ରପା - ଲଜ୍ଜା, କୁଳଟା ।

- ବୃକ୍ଷମାନେ ଫୁଲ ସମ୍ଭାରରେ ମନୋହର ଦେଖାଗଲେ । ପୋଖରୀମାନେ ପଦ୍ମାଦି ଫୁଲରେ ମଣ୍ଡିତ ହେଲେ । ସେ କାଳରେ ତିରସ୍କାର ଭୟରେ

ବିଦେଶୀମାନେ ଭୟ ପାଇଲେ। ମୃତ୍ୟୁ ହୋଇଯିବାର ଭୟରେ ଏକା ଏକା ପର୍ବତଗାତ୍ର ତଥା କୌଣସି କୁଳରେ ବିଶ୍ରାମ ନେଲେ। ପଥିକ ସ୍ତ୍ରୀ ଏ କାଳରେ ବିଚାର କଲେ- ଏକା ହୋଇ ବିରହର କୁଳରେ ରହିବାକୁ ଲଜ୍ଜା ହିତ ଅଟେ।

୯-୧୦ ପଦର ଅର୍ଥ :-

ବର୍ଷାକାଳ :- କାଶ - କାଶଫୁଲ, ବାଇଁଶ। ସୁରଭି - କଦମ୍ବ। ସୁମନା - ମାଳତୀ ଫୁଲ। ପରମ ରୋଚକ - ଅତି ସ୍ୱାଦିଷ୍ଟ। ପଶାରଙ୍ଗ - ପଶାଖେଳ କୌତୁକ। ମଞ୍ଜୁଳ - ସୁନ୍ଦର। ଦୁର୍ଦ୍ଦିନବ - ଅତିମେଘାଛନ। ଅବି - ମେଷ। ରତରେ - ସୁରତରେ।

- କାଶଫୁଲ, କଦମ୍ବ, ମାଳତୀ ଆଦି ପୁଷ୍ପ ପ୍ରସ୍ଫୁଟିତ ହେଲେ। ତହିଁରେ ଅତିରୁଚିକର ମଧୁ ନିବାସ କଲା। ପଶାଖେଳର କୌତୁକ ସ୍ଥାନେ ସ୍ଥାନେ ମଞ୍ଜୁଳ ଦିଶିଲା। ଅତିମେଘାଛନ୍ନ ଦିବସରେ ମେଷ ସୁରତ କ୍ରୀଡ଼ାରେ ଚଞ୍ଚଳ ହେଲା।

ଶୀତକାଳ :- ଶସୁରଭି - ସୁଗନ୍ଧଯୁକ୍ତ। ସୁମନା - ଜାତିପୁଷ୍ପ। ତହିଁ - ସେ ସମୟରେ। ନିବାସ - ଗୃହ। ଧୁପ - ଧୂପ। ରୋଚକ - ରମଣୀୟ। ଶାରଙ୍ଗ - ହଂସ, ହରିଣ। ଜୀବନରେ - ଅତି ଦରିଦ୍ରମାନେ। ଅବିରତରେ - ସର୍ବଦା। ଚଞ୍ଚଳ - କମ୍ପିଲେ।

- ସୁଗନ୍ଧଯୁକ୍ତ ଜାତି ପୁଷ୍ପ ପ୍ରକାଶିତ ହେଲା। ସେ କାଳରେ ଗୃହଗୁଡ଼ିକ ଧୂପରେ ରମଣୀୟ ଦିଶିଲା। ହଂସ ଓ ହରିଣମାନେ ସ୍ଥାନେ ସ୍ଥାନେ ମଞ୍ଜୁଳ ହେଲେ। ଶୀତରେ ଅତିଦରିଦ୍ରମାନେ କମ୍ପିବାକୁ (ଥରିବାକୁ) ଲାଗିଲେ।

ଗ୍ରୀଷ୍ମକାଳ :- ସୁରଭି ସୁମନା - ସୁଗନ୍ଧ ଫୁଲ। ନିବାସ - ପୁଷ୍ପ ପ୍ରସ୍ଫୁଟିତ ହେବା ସ୍ଥାନ। ତହିଁ - ସେଠାରେ। ରଙ୍ଗ - ନୃତ୍ୟାଦି। ନବରେ - ନଗରମାନଙ୍କରେ। ଅବିର - ଫଗୁ। ତରେ - ଗତିରେ। ସୁଗନ୍ଧଫୁଲମାନ ପ୍ରକାଶ ହେଲେ। ସେ ସ୍ଥାନଗୁଡ଼ିକ ଅତି ରମଣୀୟ ଦିଶିଲା। ସ୍ଥାନେ ସ୍ଥାନେ ନୃତ୍ୟାଦିରେ ମଞ୍ଜୁଳ ହେଲା। ନଗର ମାନଙ୍କରେ ଲୋକେ ଅବିର ଖେଳିବା ଗତିରେ ଚଞ୍ଚଳ ହେଲେ।

୧୧- ୧୨ ପଦର ଅର୍ଥ :-

ବର୍ଷାକାଳ:- ଘନଦୃଷତ - କୁଆପଥର। ଝଟିତରେ - ଝଡ଼ ଅବସ୍ଥାରେ, ଶୀଘ୍ର, ଦ୍ରୁତ, ଅବିଶ୍ରାନ୍ତ। ଧନିସାର - ଧନିଶ୍ରେଷ୍ଠ। ଶ୍ରୀଯୁକ୍ତକ - ସମ୍ପତ୍ତି ଯୁକ୍ତ। ଭଦ୍ର - ମଙ୍ଗଳ। ଶ୍ରୀଯୁକ୍ତ - ସୁନ୍ଦର। ଜପ - ପଗଡ଼ି/ଛତ୍ର। ସ୍ୱସଂକେତକୀ - ସଂଯୋଗୀ ମାନେ। ପୁଲକ - ରୋମାଞ୍ଚ। ବିଦ୍ୟୁ ସହକାର - ମେଘମାନେ। ଭ୍ରମରେ -

ଘୁରିବାଦ୍ୱାରା । ମେଳକ - ମିଳିତ ।

- ଏ ସମୟରେ କୁଆପଥର ସାଙ୍ଗକୁ ଝଡ଼ବତାସ ମଧ୍ୟ ଅବିଶ୍ରାନ୍ତ ଭାବରେ ପ୍ରକାଶ ପାଇଲା । ଧନିଶ୍ରେଷ୍ଠମାନେ ସମ୍ପତ୍ତିଯୁକ୍ତ ଥିବାରୁ ମଙ୍ଗଳ ସୁବାଦି ପରଶ କଲେ । ଅନ୍ୟଅର୍ଥରେ - ଧନୀମାନେ ଭଦ୍ର ମଙ୍ଗଳକର ଛତ୍ର/ପଗଡ଼ିକୁ ଆଦର କଲେ । ସଂଯୋଗୀମାନେ ଉତ୍‌ଫୁଲ୍ଲିତ ହୋଇ ରୋମାଞ୍ଚିତ ହେଲେ । ମେଘମାନେ ଘୁରିବା ଦ୍ୱାରା ମିଳିତ ହେଲେ ।

ଶୀତକାଳ :- ନଦୃଶତ - ନଦିଶିଲା । କୁଝଟିତରେ - କୁହୁଡ଼ିରେ । ପ୍ରକାଶେ - ପ୍ରକାଶରେ । ନୀସାର - ରାତ୍ରିର । ଶ୍ରୀଯୁକ୍ତକ - ବିତ୍ତଶାଳୀ । ସଂକେତକୀ - ଅଭିସାରିକା ମାନେ । ଭ୍ରମରେ - ବିଭ୍ରମରେ । ଦ୍ୟୁସହତାର - ଦୁଃସହରେ ।

- କୁହୁଡ଼ିର ଗତିରେ ଦୃଶ୍ୟବସ୍ତୁ ମଧ୍ୟ ପ୍ରକାଶ ପାଇଲା ନାହିଁ । ସଂପତ୍ତିଶାଳୀ ଭଦ୍ରଲୋକମାନେ ରାତିରେ ଉଷ୍ମ ପ୍ରଦାନକାରୀ ରେଜେଇ ଆଦିକୁ ବ୍ୟବହାର କଲେ । ଅଭିସାରିକାମାନେ ଘୋଡ଼େଇ ହୋଇ ଚିହ୍ନା ନ ପଡ଼ିବେ ବୋଲି ଖୁସିରେ ପୁଲକ ବହିଲେ । ଲୋକମାନେ ଦୁଃସହ କାର୍ଯ୍ୟରେ ଖରାକୁ ଇଚ୍ଛା କଲେ ।

ଗ୍ରୀଷ୍ମକାଳ :- ଦୃଶତକୁ - ପର୍ବତର ପଥରମାନଙ୍କୁ । ଝଟତିରେ - ଶୀଘ୍ର । କ- କର୍ପୂର । ପରଶେ - ବୋଳି । କେତକୀ - କେତକୀଫୁଲ । ସହକାର - ଆମ୍ବଗଛ । ପର୍ବତରେ ଅଗ୍ନି ଲାଗିବା ଦ୍ୱାରା ଏ କାଳ ଶୀଘ୍ର ପ୍ରବେଶ କଲା । ଗ୍ରୀଷ୍ମତାପରୁ ରକ୍ଷା ପାଇବା ପାଇଁ ଲୋକମାନେ ଶରୀରରେ ଚନ୍ଦନ - କର୍ପୂର ବୋଳି ହେଲେ । କେତକୀ ଫୁଲ ପୁଲକିତ ହେଲାପରି ଉତ୍‌ଫୁଲ୍ଲିତ ଦିଶିଲା । ଆମ୍ବଗଛ ବଉଳ ବିମଣ୍ଡିତ ହେବାରୁ ଭ୍ରମରମାନେ ଆସି ସେଠାରେ ମିଳିତ ହେଲେ ।

୧୩ -୧୪ ପଦର ଅର୍ଥ :-

ବର୍ଷାକାଳ :- ଅଭୟେ - ନିର୍ଭୟରେ । କାଳକଣ୍ଠକ - ଡାହୁକମାନେ । ବାମାନିଆଳୀ - ସଖାହୀନା ସ୍ତ୍ରୀ । ସୁମନ ବହି - ପୁଷ୍ପଭୂଷିତ । ରେକୀତକ - ବେଙ୍ଗମାନଙ୍କ ସ୍ତୁତି ତୁଲ୍ୟ ଧ୍ୱନି । ଘନେ - ମେଘ । ସ୍ଫୁଟ - ପ୍ରକାଶ ହେବା । ଡରେ - ହରଣ କରେ । କେଳି - କ୍ରୀଡ଼ା ।

- ଡାହୁକମାନେ ନିର୍ଭୟରେ ବିରହୀକୁଳକୁ ସ୍ୱଧ୍ୱନି ଦ୍ୱାରା ଦଳନ କଲେ । ସଖାହୀନା ସ୍ତ୍ରୀମାନେ କାନ୍ତା ଆଶାରେ ପୁଷ୍ପଭୂଷିତ ହେଲେ । ମେଘପ୍ରତି ବେଙ୍ଗମାନଙ୍କର ସ୍ତୁତିମୂଳକ ଧ୍ୱନି ପ୍ରକାଶ ପାଇଲା । ତାହା ସୁଚିତ୍ତକୁ ହରଣ କଲା । ବକପନ୍ତିଙ୍କର କ୍ରୀଡ଼ା ବହୁତ ଦେଖାଦେଲା ।

ଶୀତକାଳ:- ଭୟେ - ଭୟରେ । ବୀରହୀ - ବୀରମାନଙ୍କୁ ମଧ୍ୟ । କଣ୍ଟକ -

ଶତ୍ରୁ । ମାନିଆଳୀ - ମାନିନୀମାନେ, ସ୍ତ୍ରୀମାନେ । କାନ୍ତରେ - ପତିଙ୍କଠାରେ । ସୁମନ ବହି - ପ୍ରସନ୍ନ ବହିଲେ । କିତବ - ଦୁଦୁରା ଫୁଲ । ସ୍ଫୁଟ - ଫୁଟିଲା । ହରେ - ଶିବ । ସୁଚିତ୍ତେ - ପ୍ରସନ୍ନ ମନରେ । କଙ୍କ - ପକ୍ଷୀବିଶେଷ । ଘନ - ବହୁତ, ଗହଳ ।

ଏ କାଳରେ ବିରହମାନଙ୍କୁ ସୁଦ୍ଧା କଣ୍ଟକ ଭୟରେ ବଳିଗଲେ । ଅର୍ଥାତ୍ ବିରହୀକୁଳଙ୍କ ପାଇଁ ଏ କାଳ କଣ୍ଟକ ପରି ଭୟ ପ୍ରଦାନ କଲା । ଅନ୍ୟ ଅର୍ଥରେ ପ୍ରଚଣ୍ଡ ଶୀତ ହେଲା । ସ୍ତ୍ରୀମାନେ ଶୀତରେ ନିଜ ପତିଙ୍କଠାରୁ ଅଲଗା ନରହି ତାଙ୍କଠାରେ ପ୍ରସନ୍ନମନା ହେଲେ । ଦୁଦୁରା ଫୁଲ ଘନଭାବରେ ଫୁଟିଲା । ତାହା ଉତ୍ତମ ମନରେ ଦୁଦୁରାପ୍ରିୟ ମହାଦେବଙ୍କୁ ପ୍ରଦାନ କଲେ । କଙ୍କପକ୍ଷୀମାନଙ୍କର କେଳିକ୍ରୀଡ଼ା ବହୁତ ପ୍ରକାଶ ପାଇଲା ।

ଗ୍ରୀଷ୍ମକାଳ :- ଯେ କାଳ - ଏ ସମୟ । କଣ୍ଟକ - କଣ୍ଟା, କଥାଦେବା । ଦଳେ - ଦଳନ । ଘନେ - ମେଘ । ସ୍ଫୁଟ - ଶବ୍ଦ । କ କେଳି - ଜଳ କେଳି । ସୁମନ - ପୁଷ୍ପ । କାନ୍ତ - କମନୀୟ । ଯେକାଳ କଣ୍ଟ କରିଥିବା ବିରହୀମାନଙ୍କୁ ଦଳନ କଲା । ନିଆଳି ଲତାମାନେ କମନୀୟ ପୁଷ୍ପ ଧାରଣ କଲେ । ଗ୍ରୀଷ୍ମ ତାପରେ ଆକାଶରେ ମେଘମାନଙ୍କର ସ୍ଫୁଟ ପ୍ରକାଶ ପାଇ ସୁଚିତ୍ତହରଣ କଲା । ସବୁଆଡ଼େ ଜଳକେଳି ବହୁତ ପ୍ରକଟ ହେଲା ।

୧୫-୧୬ ପଦର ଅର୍ଥ :-

ବର୍ଷାକାଳ :- ତନୁତାପ - ଶରୀର ପୀଡ଼ା । ଦିବାନିଶି - ଦିନରାତି । ଘନରସେ - ମେଘର ଜଳରେ । କାନ୍ତ - ପତି, ସମୁଦ୍ର । ସୁକୁମାର ତନୁ - କୋମଳ ଦେହ । ବେଭାରେ - ବ୍ୟବହାରରେ ।

ଏ କାଳରେ ସୁନ୍ଦର-ସୁନ୍ଦରୀ ଦୁହେଁ ବିରହ ଚିନ୍ତାରେ କାତର ହେଲେ । ଦିନରାତି ସୁକୁମାର ତନୁ ତାପ ପାଇଲା । ଜଳବୃଦ୍ଧି ହେତୁ ନଦୀକୁଳ କାନ୍ତ ସମୁଦ୍ର ସହ ମିଳିତ ହେଲେ । ଅନ୍ୟ ଅର୍ଥ - ଗଭୀର ରସବଶରୁ ସ୍ତ୍ରୀ ନିବିଡ଼ ଭାବରେ ନିଜର କାନ୍ତଙ୍କୁ ଆଲିଙ୍ଗନ କଲେ । ଏଭଳି ଅଜ୍ଞାନ ବ୍ୟବହାରରେ ଦୁହିଁଙ୍କର ଭ୍ରମ ତଥା ହୀନଦଶା ହେଲା ।

ଶୀତକାଳ :- ରହରେ - ଏକାନ୍ତରେ । ତନୁ - ଶରୀର । ନରସେ - ନ ରସିଲା । ଧିଆଇ - ଧ୍ୟାନ । ନଜ୍ଞାନ - ଅଜ୍ଞାନ । ବେଭାରେ - ବ୍ୟବହାରରେ । କାନ୍ତାଲିଙ୍ଗନକୁ - କାନ୍ତ/କାନ୍ତା ଆଲିଙ୍ଗନକୁ ।

ଏହି ସମୟରେ ଏକାନ୍ତରେ କୁମାର ଚିନ୍ତାରେ କୁମାରୀ ଏବଂ କୁମାରୀ ଚିନ୍ତାରେ

କୁମାର କାତର ହେଲା। କୁମାରଙ୍କର ଦିବାନିଶି ତନୁ ତାପିତ ହେଲା। ଅଜ୍ଞାନ ବ୍ୟବହାରରେ ଉଭୟଙ୍କର ହୀନଦଶା ହେଲା। ଉଭୟ କାନ୍ତ ଓ କାନ୍ତା ପରସ୍ପର ଆଲିଙ୍ଗନକୁ ଚିନ୍ତା କରି ଅନ୍ୟ ବିଷୟରେ ରସିଲେ ନାହିଁ।

ଗ୍ରୀଷ୍ମକାଳ :- ହରେ - ଶିବ। କାତର - ବ୍ୟତିବ୍ୟସ୍ତ। ମାର - କନ୍ଦର୍ପ। ଜ୍ଞାନ - ବୁଦ୍ଧି। ରସେ - ଇଚ୍ଛା କରେ। ଧିଆଇ - ଧ୍ୟାନ।

ଚିନ୍ତାରେ କାତର ହୋଇ ସେମାନେ ହରଙ୍କୁ ଚିନ୍ତାକଲେ। ଦିନରାତି କନ୍ଦର୍ପ ତାପିତ କରି ତନୁକୁ କ୍ଷୀଣ କଲା। ଅନ୍ୟ ବେଭାରରେ ଜ୍ଞାନ ହୀନଦଶା ହେଲା। ଉଭୟ କେବଳ କାନ୍ତ ଆଲିଙ୍ଗନକୁ ଧ୍ୟାନ କରିବାକୁ ଲାଗିଲେ।

୧୭-୧୮ ପଦର ଅର୍ଥ :-

ବର୍ଷାକାଳ :- ସଂତାପିକା - ସଂଗମଯୁକ୍ତା। ମଞ୍ଜୁ - ମନୋହର। କଳରବ - ପକ୍ଷୀକୁଳଙ୍କର ମଧୁର ଧ୍ୱନି। ନିନ୍ଦଇ - ନିନ୍ଦା କଲା। ଆପଦରେ - ବିପଦ ଭୟରେ। ପୁଲକ - ରୋମାଞ୍ଚ। ସ୍ୱରଭଙ୍ଗ - ବେପଥୁ। ସ୍ୱପ୍ରାସ - ନିଜର ବିରହ ବାଧା। ବିଧିରେ - ଦୈବଯୋଗରେ। ହେତୁହୀନ - ଜ୍ଞାନ ଶୂନ୍ୟ।

ସଂଗଯୁକ୍ତା ହେବାରୁ ମନୋହର ପକ୍ଷୀର କଳରବ ଧ୍ୱନିକୁ ନିନ୍ଦା କଲେ। ବିରହ ଆପଦରେ ସ୍ୱରଭଙ୍ଗ ଓ ପୁଲକ ବହିଲେ। ବିଧିରେ ବର୍ଷାକାଳ ନିଜର ବିରହ ବାଧା ସହିତ ହେବାରୁ, ଅନ୍ୟଅର୍ଥରେ ବିରହ ଅବସ୍ଥାରେ ବର୍ଷାକାଳ ହେବାରୁ କହିଲେ, ହେ କାନ୍ତ ! ତୁମେ ମନୋହର କାଳ - ଯମ କି ? ଯେହେତୁ ତୁମେ ଜ୍ଞାନଶୂନ୍ୟତାକୁ ସିଦ୍ଧି କରୁଅଛ।

ଶୀତକାଳ :- ତାପିତ - କାମତାପଯୁକ୍ତ। ମଞ୍ଜୁ - ସୁନ୍ଦର, ମନୋହର। ପୁଲକ - ଶିହରଣ, ରୋମାଞ୍ଚ। ବିଧିରେ - ନିୟମରେ।

- କାମତାପଯୁକ୍ତ ହେବାରୁ ତହିଁରୁ ଉଚ୍ଚାରିତ ଧ୍ୱନି ପାରାମାନଙ୍କର କଳରବକୁ ମଧ୍ୟ ନିନ୍ଦା କଲା। ଶୀତଯୋଗୁଁ ଲୋମ ଟାଙ୍କୁରିବାରୁ ପଦ ଉଚ୍ଚାରଣରେ ସ୍ୱରଭଙ୍ଗ ଘଟିଲା। ପୀଡ଼ା ହେତୁ ବିଧିରେ ଅଧିର ସହିତ ହେବା ଦେଖି କହିଲେ - ହେ କାଳ ! ତୁ ସୁନ୍ଦରମାନଙ୍କୁ ହୀନ କରିବାକୁ ସିଦ୍ଧି କରୁଅଛୁ। ଅର୍ଥାତ୍ ତୁ ସୁନ୍ଦରମାନଙ୍କୁ ଅସୁନ୍ଦର କରିବାରୁ ନିଜର ନାମକୁ ସିଦ୍ଧି କରୁଅଛୁ।

ଗ୍ରୀଷ୍ମକାଳ:- ପିକା - ପିକ। ଦରେ - ଭୟରେ। ସ - ପବନ। ବିଧିରେ - ନିୟମରେ। କାନ୍ତ - ମନୋହର। କାଳ - ଗ୍ରୀଷ୍ମକାଳ। ହୀନ ସିଦ୍ଧି - ହୀନ କାର୍ଯ୍ୟ।

- ପିକର ମଞ୍ଜୁଳ କଳରବକୁ ନିନ୍ଦାକଲେ। ଗ୍ରୀଷ୍ମତାପ ଭୟରେ ସ୍ୱରଭଙ୍ଗ ଓ

ପୁଲକ ବହିଲେ। ନିୟମାନୁସାରେ ପବନ ଧିର ଭାବରେ ବହିବାରୁ କହିଲେ - ହେ ମନୋହର କାଳ! ତୁମ୍ଭେ ହୀନ ସିଦ୍ଧିକୁ କାହିଁକି କରୁଚ? ଅର୍ଥାତ୍ ତୁମ୍ଭେ ବିରହୀମାନଙ୍କୁ କାହିଁକି ପୀଡ଼ା ଦେଉଛ?

୧୯ ପଦର ଅର୍ଥ:-

ବର୍ଷାକାଳ :- ଦର୍ଦ୍ଦୁର - ବେଙ୍ଗ। ମନ୍ଦଜନ୍ମ - ନୀଚଜାତି। କୁବୁଦ୍ଧି - ଦୁଷ୍ଟବୁଦ୍ଧି। ମକର କେତନେ - ଜଳରେ। ମେଳ- ମିଶିବା, ସଙ୍ଗ।

ବେଙ୍ଗ ନୀଚ ଜାତିର ଅଟେ। ସେ ମକର କେତନରେ ମେଳ ହେବାରୁ ଉନ୍ନତିକୁ ଦେଖି କୁବୁଦ୍ଧି ମନ୍ତ୍ରୀ ପରି ହେଉଛି।

ଶୀତକାଳ:- ର୍ଦୁରତ - ଦୂରନ୍ତ। ମନ୍ଦଜନ୍ମା - ଅନିଷ୍ଟ ଜାତକାରୀ। କେତନେ - ଚନ୍ଦ୍ରରେ।

ରେ ଶୀତ! କୁବୁଦ୍ଧି ମନ୍ତ୍ରୀ ପରି ଦୂରନ୍ତ ହୋଇ ଅହିମକର କେତନେ ମିଳିତ ହୋଇ ଉନ୍ନତି କି କରିଚୁ। ଚନ୍ଦ୍ରକିରଣ - ଶୀତଳଦାୟୀ।

ଗ୍ରୀଷ୍ମକାଳ :- ମକରକେତନ - କନ୍ଦର୍ପ।

ରେ ମନ୍ଦଜନ୍ମା 'କୋକିଳ' ତୁ କନ୍ଦର୍ପ ସହିତ ମିଳିତ ହୋଇ ଉନ୍ନତିରେ ମଗ୍ନ ହୋଇଅଛୁ। ତୁ କନ୍ଦର୍ପର କୁବୁଦ୍ଧି ମନ୍ତ୍ରୀ ଅଟୁ।

୨୦ ପଦର ଅର୍ଥ:-

ବର୍ଷାକାଳ:- ଭାବ - ଭାବନାକର। ବଚନ - କଥା। ସମତରେ - ସମାନ। ସହି - ସହିଲେ।

'ଭାବନାକର' ଏ ପ୍ରକାର ଛଳ ବଚନକୁ କହି ପଥର ସମାନତାରେ କଷଣକୁ ସହିଲେ।

ଶୀତକାଳ:- ବଛଳ - ସ୍ନେହ। ବଚନ - କଥା। ଥର - କମ୍ପ। ସମତରେ - ସମାନେ।

ଏ ପ୍ରକାରେ ସ୍ନେହଯୁକ୍ତ ବଚନକୁ କହି କମ୍ପ ସମାନେ ମରଣ - କଷଣକୁ ସହିଲେ।

ଗ୍ରୀଷ୍ମକାଳ :- ଛଳ- ମିଛ। ବଚନ - କଥା। ରସ ମତରେ - ରସରେ ପ୍ରମତ୍ତ ହେବା। କଷଣ - ପୀଡ଼ା, କଷ୍ଟ।

ଏ ପ୍ରକାର ଛଳ କଥାକୁ କହି ରସରେ ମତ୍ତ ହୋଇ ସେ କଷଣକୁ ସହିଲେ।

୨୧ ପଦର ଅର୍ଥ :-

ବର୍ଷାକାଳ:- ଗଜଗତି ସୁଶୋଭା - ଗଜଗମନା ସୁନ୍ଦରୀ।

ଗଜଗମନା ରାଜପୁତ୍ରୀ ସୁନ୍ଦରୀ କୋଟିବ୍ରହ୍ମାଣ୍ଡ ସୁନ୍ଦରୀ ରାଜପୁତ୍ରର ନାମ ଜପିଲା । ରାଜପୁତ୍ର ସୁନ୍ଦରୀ ନାମ ଅନୁରପ ଭାବରେ ଜପିଲା । ଆଉ କେଉଁ କାର୍ଯ୍ୟରେ ତାଙ୍କର ଇଚ୍ଛା ପ୍ରକାଶ ହେଲାନାହିଁ । ସେଠାରେ ଅରୁଚି ପ୍ରକାଶ ପାଇଲା ।

ଶୀତକାଳ:- ଜଗତୀ - ପୃଥିବୀ । ନିଷାକରେ - ଚନ୍ଦ୍ରକିରଣରେ । ଜଗତୀସୁଶୋଭା - କୋଟି ବ୍ରହ୍ମାଣ୍ଡ ସୁନ୍ଦରୀ ।

ଯେଉଁ ଶୀତ କାଳରେ ଚନ୍ଦ୍ରଠାରେ ଅରୁଚି ପ୍ରକାଶ ପାଇଥାଏ, ସେହି କାଳରେ ରାଜପୁତ୍ର ଧରିତ୍ରୀ ସୁଶୋଭା କୋଟିବ୍ରହ୍ମାଣ୍ଡ ସୁନ୍ଦରୀର ନାମ ଜପ କଲା । ଏବଂ ରାଜପୁତ୍ରୀ ସଂସାର ସୁଶୋଭାର ନାମ ଜପକଲ ।

ଗ୍ରୀଷ୍ମକାଳ :- ଗତି ଶୁଶୋଭା - କୋଟି ବ୍ରହ୍ମାଣ୍ଡ ସୁନ୍ଦରୀ । ଷାକରେ - ମିଠା । ଅରୁଚି - ଅନିଚ୍ଛା, ନାପସନ୍ଦ ।

ଗ୍ରୀଷ୍ମକାଳରେ ଶାକର ତଥା ମିଠା ଦ୍ରବ୍ୟରେ ଅରୁଚି ପ୍ରକାଶ ପାଏ । ଗୁଡ଼କ ଜାତ ଦ୍ରବ୍ୟ ଗ୍ରୀଷ୍ମ ସମୟରେ ଭଲ ଲାଗେ ନାହିଁ । ଫଳରେ ରୋଗ ହୁଏ । ସେ ସମୟରେ ଦୁହେଁ ଦୁହିଙ୍କ ନାମ ଯାହା ଉଭୟଙ୍କ ପାଇଁ ଶାକର ସଦୃଶ ଭାବି ଭାବି ଜପ କଲେ ।

୨୨ ପଦର ଅର୍ଥ :-

ବର୍ଷାକାଳ :- ବିଜନିତ - ବିଶେଷ ଭାବରେ ଜାତ । ଶୋକପୂର୍ଣ୍ଣ - ଶୋକରେ ପୂର୍ଣ୍ଣ । ଆସାରେ - ବର୍ଷାରେ । ଶେଷ ରଞ୍ଜନ - ବାସୁକି । ସ୍ମରେ - ସ୍ମରଣ କରେ । ତ୍ରାହି - ରକ୍ଷା ।

ଏ ସମୟରେ ବିଶେଷ ଭାବରେ ଜାତ ହୋଇଥିବା ଶୋକ ପୂର୍ଣ୍ଣ ହୋଇ ବର୍ଷାର ଧାରାବୃଷ୍ଟିକୁ ଚାହୁଁଥିଲେ । ବାସୁକି ଭୂଷଣ ଶିବ ଓ ହରିଙ୍କୁ ସେବି ତ୍ରାହି ତ୍ରାହି ବୋଲି ସ୍ମରଣ କରୁଥିଲେ ।

ଶୀତକାଳ :- ଆଶାରେ - ଦିଗମାନଙ୍କୁ । ଜନିତ - କାରଣରୁ, ହେବାରୁ । ହରି - ସୂର୍ଯ୍ୟ । ବିଶେଷ - ବିଶେଷ ଭାବରେ ।

ପୂର୍ଣ୍ଣଶୋକ ହେବାରୁ ଦିଗମାନଙ୍କୁ ଚାହୁଁଥିଲେ । ଯାହାଙ୍କ ଚକ୍ଷୁରେ ସୂର୍ଯ୍ୟଚନ୍ଦ୍ର ନିବାସ କରନ୍ତି ଓ କଣ୍ଠରେ ବିଷ ସରଞ୍ଜନ ଅଟେ ସେହି ଶିବଙ୍କୁ ତ୍ରାହି ପାଇଁ ସ୍ମରଣ କଲେ । ଅନ୍ୟଅର୍ଥରେ ଶୀତରୁ ରକ୍ଷାପାଇଁ ସୂର୍ଯ୍ୟଙ୍କୁ ସ୍ମରଣ କରୁଥିଲେ ।

ଗ୍ରୀଷ୍ମକାଳ :- ନିତ - ନିତ୍ୟ । ଶେଷରଞ୍ଜନ - ଶିବ ଓ ହରି । ନିତ୍ୟ ଶୋକରେ ପୂର୍ଣ୍ଣ ହୋଇ ଆଶା କରି ଚାହୁଁଥିଲେ । ଶିବ ଓ ହରିଙ୍କୁ ରକ୍ଷାପାଇଁ ସ୍ମରଣ କରୁଥିଲେ ।

୨୩ ପଦର ଅର୍ଥ :-

ବର୍ଷାକାଳ:- ନିରଜନିକ - ପଦ୍ମସମୂହ । ଈ-ଶିବାରେ - ଲକ୍ଷ୍ମୀ ଓ ଦୁର୍ଗା । ଗିରେ - ବଚନରେ ।

- ସେ ଦୁହେଁ ପଦ୍ମ ସମୂହରେ ଶୟନ ରଚନା କରୁଛନ୍ତି । ଲକ୍ଷ୍ମୀ ଓ ଦୁର୍ଗାଙ୍କୁ ସ୍ତୁତି ବଚନରେ ଅର୍ଚ୍ଚନା କରୁଥିଲେ ।

ଶୀତକାଳ :- ରଜନିକରେ - ଧ୍ୱନି ସମୂହରେ । ଶିବାରେ - ଦୁର୍ଗାଙ୍କୁ । ସ୍ତୁତିଗିରେ - ସ୍ତୁତି ବଚନରେ ।

- ସେ ଦୁହେଁ ଧ୍ୱନି ସମୂହରେ ଶୟନ ରଚନା କରୁଛନ୍ତି । ଦୁର୍ଗାଙ୍କୁ ସ୍ତୁତି କରୁ ଅଛନ୍ତି ।

ଗ୍ରୀଷ୍ମକାଳ :- ଜନି - ଜାତ କରି । କି - କରେ । ଗିରେ - ଦେବତାମାନଙ୍କୁ । ସେ ଶୟନ ରଚନା କରି କରରେ ଅଶ୍ରୁ ବିସର୍ଜନ କରୁଛନ୍ତି ।

ଏ ସମୟରେ ଦେବତାଙ୍କୁ ଡାକି ଡାକି ଅର୍ଚ୍ଚନା କଲେ ।

୨୪ ପଦର ଅର୍ଥ :-

ବର୍ଷାକାଳ :- ଉପକରଣ ଜାଳେ - ଉପଚାର ସାମଗ୍ରୀଗୁଡ଼ିକ ମଧ୍ୟରେ । ବ୍ୟଜନ - ବିଛଣା । ରସିତ - ରସିବା, ଇଚ୍ଛା କରିବା । ଅବ୍ଜ ମୃଣାଳେ - ପଦ୍ମମୃନାଳରେ । ଗର - ବିଷ ।

ଉପକରଣ ସାମଗ୍ରୀ ମାନଙ୍କ ମଧ୍ୟରେ ବିଞ୍ଛଣାକୁ ରସିଲେ । ତାଙ୍କ ପଦ୍ମ ମୃନାଳରେ ବିଷ ବୁଦ୍ଧି ଉତ୍ପନ୍ନ ହେଲା ।

ଶୀତ କାଳ :- ଜନ - ଲୋକମାନେ । ରସିତ - ଇଚ୍ଛା । ଉପକରଣ ଜାଳେ - ଜାଳ ଉପରକଣ ଗୁଡିକ । ତପନ - ସୂର୍ଯ୍ୟ । ଅବ୍ଜମୃଣାଳରେ ।

ଲୋକମାନେ ଜାଳା/ଅଗ୍ନି ଉତ୍ପନ୍ନକାରୀ ଉପକରଣ ଗୁଡ଼ିକୁ ରସିଲେ । ଅବ୍ଜମୃଣାଳ କ୍ରମରେ ସୂର୍ଯ୍ୟ ପରବୁଦ୍ଧି ହେଲା । ଅର୍ଥାତ୍ ସୂର୍ଯ୍ୟ ତା'ର ପ୍ରଖର କରଣ ପ୍ରକାଶ କଲାନାହିଁ ।

ଗ୍ରୀଷ୍ମକାଳ :- ନ ରସିତ - ନରସିଲେ । ପନଗବୃଦ୍ଧି - ସର୍ପ ବୃଦ୍ଧି ହେଲା । ଆଉ ଜାଳ ଉପକରଣକୁ ଇଚ୍ଛା କଲେ ନାହିଁ । ପଦ୍ମ ମୃଣାଳରେ ସର୍ପ ବୃଦ୍ଧି ହେଲା ।

୨୫ ପଦର ଅର୍ଥ :-

ବର୍ଷାକାଳ:- ରସନିଧି - ରସପୂର୍ଣ୍ଣା ।

ରସନିଧି ପ୍ରତିମାର ହେବାପରେ ନାୟକ ଭାବଲୟ ମିଶ୍ରିତ ବାଣୀ ଶୁଣି ବିକି ହେବେ ବୋଲି ଭାବିଛନ୍ତି ।

ଶୀତକାଳ:- ସନିଧି - ଲକ୍ଷ୍ମୀପତି, ରସନିଧି ।

ଉଭୟ ବିଚାରିଲେ ରସନିଧି ନିକଟରେ ମୋ ପ୍ରତିମା ଲକ୍ଷ୍ମୀ ପରି ମୁଁ ତାହାର ହେଲେ, ଭାବଲୟ ବାଣୀ ଶୁଣିଲେ କ'ଣ ହେବ ? ଏହା ଭାବି ହେଲେ ।

ଗ୍ରୀଷ୍ମକାଳ :- ନିଧି ପ୍ରତିମା - ଅଷ୍ଟ ଐଶ୍ୱର୍ଯ୍ୟଯୁକ୍ତା, କୋଟିବ୍ରହ୍ମାଣ୍ଡ ସୁନ୍ଦରୀ । ଭାବଲୟ - ଭାବମୋହିତ ।

ସେ ନିଧି ପ୍ରତିମା ! ମୁଁ ତାହାର ହେଲେ ଓ ବାଣୀଶୁଣିଲେ ଭାବମୋହିତ ହେବି । ଏହା ଉଭୟ ଭାବିଲେ ।

୨୬ ପଦର ଅର୍ଥ :-

ବର୍ଷାକାଳ :- ବିପ୍ର - ବ୍ରାହ୍ମଣ । ମାନସେ - ମନରେ । ଆରତି - ବାର୍ତ୍ତା

ପୂଜାର୍ଚ୍ଚନା ନିମନ୍ତେ ବ୍ରାହ୍ମଣ ବରଣ କରିବାକୁ ଚିନ୍ତା କଲେ । ଉପଚାର କେବଳ ଆରତି । ଅର୍ଥାତ୍ ପରସ୍ପରଙ୍କ କଥା ଶୁଣିବା ଉପଚାର ହେଉଅଛି ।

ଶୀତକାଳ :- ପ୍ରବରଣ - ଶୀତ ବସ୍ତ୍ର । ଆର୍ତ୍ତି - ବ୍ୟସ୍ତତା, ପୀଡ଼ା ।

ପରସ୍ପରକୁ ଶୀତବସ୍ତ୍ର ପରି କରିବାକୁ ମାନସରେ ଚିନ୍ତାକଲେ । ବାର୍ତ୍ତା ପଚାରିବାକୁ ଉଭୟଙ୍କର ଆର୍ତ୍ତତା ପ୍ରକାଶ ପାଇଛି ।

ଗ୍ରୀଷ୍ମକାଳ :- ଚାର - ଦୂତ । ବାର୍ତ୍ତା - ଖବର, ସମ୍ବାଦ । ଆରତି - ପୀଡ଼ା ।

ଉଭୟେ ଉଭୟକୁ ବରଣ କରିବା ବିଷୟ ସେମାନେ କେବଳ ମନରେ ଚିନ୍ତାକଲେ । ଚାର ବାର୍ତ୍ତା କ'ଣ ହେବ ଭାବି, ଏ କଥାରେ ପୀଡ଼ା ପାଇଲେ ।

୨୭ ପଦର ଅର୍ଥ :-

ବର୍ଷାକାଳ :- ସୁବାସ ସୁମନେ - ବାସନାଯୁକ୍ତ ମାଳତୀ ପୁଷ୍ପ ସବୁ । ପାଶ - ନିକଟରେ । ହେବାରେ - ଫୁଟିବାରେ । ଧ୍ୟାୟି - ଧ୍ୟାନ । ଉପାହିତ - ପ୍ରାପ୍ତ । ରହ୍ମନିଧି - ରସନିଧି ।

ବାର୍ଷାକାଳରେ ନିକଟରେ ବାସନାଯୁକ୍ତ ମାଳତୀ ଫୁଲ ଫୁଟିବାରୁ ମନରେ ସର୍ବଦା ଧ୍ୟାନ କଲେ ସେ ରସନିଧିକୁ କିପରି ପ୍ରାପ୍ତ ହେବେ ।

ଶୀତକାଳ :- ବାସ - ବସ୍ତ୍ର । ସୁମନେ - ପୁଷ୍ପ । ପାହିତ - ଯେ ଉଦ୍ଧାର କରେ ବା ଉଦ୍ଧାରକ । ପାଖ - ନିକଟ ।

ବସ୍ତ୍ର ଏବଂ ପୁଷ୍ପ ଏ ସମୟରେ ପାଶ ବୃଦ୍ଧି ହେବାକୁ ତଥା ନିକଟରେ ରହିବାକୁ

ଧ୍ୟାନ କଲେ। ରସନିଧି କୋଟିବ୍ରହ୍ମାଣ୍ଡସୁନ୍ଦରୀ ଏଥିରୁ ଉଦ୍ଧାର କରିବ ବୋଲି ନାୟକ ମନେକଲା। ଏ ଅବସ୍ଥାରୁ ଉଦ୍ଧାର ପାଇଁ ରସନିଧି ଉଦ୍ଧାରକ ବୋଲି ନାୟକ ଚିନ୍ତା କଲା।

ଗ୍ରୀଷ୍ମକାଳ :- ସମନେ - ଉତ୍ତମ ମନ ସହିତ। ପାଶ - ନିକଟ। ଧ୍ୟାୟି - ଧ୍ୟାନ। ହିତ - ଉପକାରୀ।

ଉତ୍ତମ ମନ ସହିତ ଉଭୟେ ନିକଟ ହେବାକୁ ଧ୍ୟାନ କଲେ। ସର୍ବଦା ସେହି ରସନିଧି ହିଁ ହିତ।

୨୮ ପଦର ଅର୍ଥ :-

ବର୍ଷାକାଳ :- ନବସରଜ୍ଞତା - ନବରସବେତ୍ତା, ନୂତନରସବେତ୍ତା। ସଙ୍ଗ - ସାଥୀ, ସାଙ୍ଗ।

ସେ ପୁରୁଷ ନୂତନ ରସବେତ୍ତା ଅଟନ୍ତି। ମାତ୍ର, ତାଙ୍କର କେହି ସାଙ୍ଗ ନାହାନ୍ତି। ଅନ୍ୟଅର୍ଥ- ସ୍ତ୍ରୀ ନବରସଯୁକ୍ତ ଅଟନ୍ତି, କିନ୍ତୁ ତା'ର ସଂସର୍ଗ ନାହିଁ। କିପରି ସର୍ବଦା ତା'ସହିତ ରସରେ ଯୁକ୍ତ ହେବି। ଉଭୟ ଭାଳି ହେଉଛନ୍ତି।

ଶୀତକାଳ :- ବରସଜ୍ଞାତା - ଜ୍ୟୋତିଷ। ହିତ ରସ - ଶୃଙ୍ଗାର ରସ।

କେବେ ତାହାର ସଙ୍ଗ ହୋଇ ହିତରସରେ ଅନୁକ୍ଷଣ ଯୁକ୍ତ ହେବି। ଏକଥା କହିବାକୁ ନିକଟରେ ଜ୍ୟୋତିଷ ନାହିଁ ଭାବି ଉଭୟେ ବ୍ୟଥିତ ହୋଇଛନ୍ତି।

ଗ୍ରୀଷ୍ମକାଳ :- ରସଜ୍ଞତା - ରସକୁ ଜାଣିଛନ୍ତି ଯେ (ଏଠାରେ 'ରସ' ଶୃଙ୍ଗାରରସକୁ କୁହାଯାଇଛି)। ତରସରେ - ଉଚ୍ଛନ୍ନତାରେ।

ପୁରୁଷ ରସଜ୍ଞତା; ଅଥଚ ତାଙ୍କର କେହି ସାଙ୍ଗନାହିଁ। ସେ ଅନୁକ୍ଷଣ ଉଚ୍ଛନ୍ନତାରେ ସମୟ କାଟୁଛନ୍ତି। ନାୟିକା ରସଜ୍ଞତା ହୋଇ ମଧ୍ୟ ତାଙ୍କର କେହି ସାଙ୍ଗ ନାହାନ୍ତି। ଏହା ଭାବି ଉଚ୍ଛନ୍ନତାରେ ଅନୁକ୍ଷଣ ସେ ଯୁକ୍ତ ହେଲେ। (ପ୍ରଥମ ଉକ୍ତି ସ୍ତ୍ରୀ ଏବଂ ଦ୍ୱିତୀୟ ଉକ୍ତି ପୁରୁଷର ବୋଲି ଭାବି ବୁଝିଲେ ମଧ୍ୟ ହୋଇପାରିବ।)

୨୯ ପଦର ଅର୍ଥ :-

ତ୍ରିକାଳ - ବର୍ଷାକାଳ, ଶୀତକାଳ ଓ ଗ୍ରୀଷ୍ମକାଳ।

ରଚନେ - ରଚନାରେ। ବସୁଦେବ ତୋଷଦାତା - ଶ୍ରୀକୃଷ୍ଣ।

ସୁଦେବ ତୋଷଦାତା - ଉତ୍ତମ ରୂପେ ଦେବତୋଷ ଦାତା 'ରାମଚନ୍ଦ୍ର'।

ଦେବତୋଷ - ଶିବ। ବିରଚନେ - ବିଶେଷ ଭାବରେ ରଚନା।

୧ମ - ବର୍ଷାକାଳ, ଶୀତକାଳ, ଗ୍ରୀଷ୍ମକାଳ - ତ୍ରିକାଳ ଯୁକ୍ତ ଏହି ଛାନ୍ଦ ରଚନା

ସୁକବିଙ୍କ ପାଇଁ କଷ୍ଟସାଧ୍ୟ ଥିଲା। ପରିସମାପ୍ତି ପାଇଁ ବସୁଦେବ ତୋଷଦାତା ଶ୍ରୀକୃଷ୍ଣଙ୍କ ନିକଟରେ ସୁକବି ଉପେନ୍ଦ୍ର ବନ୍ଦନା କରୁଛନ୍ତି।

୨ୟ- ତ୍ରିକାଳକୁ ଏକତ୍ର ଏ ଛାନ୍ଦରେ ବର୍ଣ୍ଣନା କରିବା କବିଙ୍କ ପାଇଁ କଷ୍ଟକର ଥିଲା। ଏଥିପାଇଁ କବି ଉପେନ୍ଦ୍ର ସୁଦେବ ତୋଷଦାତା 'ରାମଚନ୍ଦ୍ର'ଙ୍କୁ ବନ୍ଦନା କରିଛନ୍ତି।

୩ୟ- ତ୍ରିକାଳଯୁକ୍ତ ଏ ଛାନ୍ଦ ବିରଚନା କରିବା କଷ୍ଟକର ଅଟେ। ଏଥିରେ ସଫଳ ହୋଇଥିବାରୁ କବି ଉପେନ୍ଦ୍ରଭଞ୍ଜ ଦେବତୋଷଦାତା 'ଶିବ'ଙ୍କୁ ବନ୍ଦନା କରିଛନ୍ତି।

(ଏଠାରେ କବି ଶ୍ରୀକୃଷ୍ଣ, ଶ୍ରୀରାମଚନ୍ଦ୍ର ଏବଂ ଶିବଙ୍କ ବନ୍ଦନା କରିଛନ୍ତି।)

୩୦ ପଦର ଅର୍ଥ :-

ବିଖ୍ୟାତ-ବିଶେଷ ଭାବରେ ପ୍ରସିଦ୍ଧ। ଲୁପ୍ତବର୍ଣ୍ଣର-ବର୍ଣ୍ଣ ଲୋପ କରି। ଇଚ୍ଛି-ଇଚ୍ଛା କରି। ସୁମନରେ-ଉତ୍ତମ ମନରେ, ସୁମରଣାକର ନରେ। ମନରେ-ଚିତ୍ତରେ। ନରେ- ମନୁଷ୍ୟମାନେ।

୧ମ : ପ୍ରସିଦ୍ଧ ରସଯୁକ୍ତ ଏକ ଏକ ବର୍ଣ୍ଣ ଲୋପ କରିବାର ଇଚ୍ଛାରେ ଏ ଛାନ୍ଦଟି ରଚିତ। ଉତ୍ତମ ମନା ରସଗ୍ରାହୀମାନେ ଆନନ୍ଦରେ ଏ ତିନି ଛାନ୍ଦକୁ ବିଚାର କର।

୨ୟ :- ବର୍ଣ୍ଣଲୋପ କରି ଛାନ୍ଦ ରଚନା କରିବାର ଇଚ୍ଛାରେ ଖ୍ୟାତ ରସରେ ଏ ଛାନ୍ଦଟି ରଚିତ। ହେ ରସଗ୍ରାହୀ ପଣ୍ଡିତଶ୍ରେଣୀ ଆନନ୍ଦ ମନରେ ତିନି ଛାନ୍ଦକୁ ବୁଝ।

୩ୟ- ଶୀଘ୍ର ଇଚ୍ଛାକରି ବର୍ଣ୍ଣ ଲୋପ କରି ଏ ଛାନ୍ଦକୁ ରଚନା କରାଯାଇଛି। ହେ ନରେ! ଆନନ୍ଦରେ ଏ ତନି ଛାନ୍ଦକୁ ବିଚାର କର।

❑❑❑

ବିଦଗ୍ଧ ଚିନ୍ତାମଣି

ପ୍ରଥମ ଛାନ୍ଦ

ମଙ୍ଗଳା ଚରଣ

ରାଗ-ମଙ୍ଗଳ

(ପଞ୍ଚାଶବର୍ଣ୍ଣ ନିୟମ)

ଅପ୍ରାକୃତ ପ୍ରେମମୂର୍ତ୍ତି ଜୟ ରାଧା ହରି
ଅବ୍ୟକ୍ତ ଲୀଳାକୁ ବ୍ୟକ୍ତ କର ଅବତରି ।୧।

କାବ୍ୟର ପ୍ରଥମ ଛାନ୍ଦରେ କବି ମଙ୍ଗଳାଚରଣ କରିଅଛନ୍ତି । ଓଡ଼ିଆ କାବ୍ୟ ସାହିତ୍ୟର ପରମ୍ପରାରେ କବିମାନେ ସେମାନଙ୍କର କାବ୍ୟାରମ୍ଭରେ ଇଷ୍ଟ ବନ୍ଦନା, ସାଧୁସ୍ତୁତି, ଖଳନିନ୍ଦା, ବିଷୟ ନିର୍ଦ୍ଦେଶାଦି କରିଥାନ୍ତି । ଏହି ପରମ୍ପରା ଯେ କେବଳ ଓଡ଼ିଆ କାବ୍ୟ ସାହିତ୍ୟ କ୍ଷେତ୍ରରେ ପରିଦୃଷ୍ଟ ହୁଏ ତାହା ନୁହେଁ, ଭାରତୀୟ ସାହିତ୍ୟରେ ପୁରାଣ ସାହିତ୍ୟରୁ ଆରମ୍ଭ କରି ଆଧୁନିକ ସାହିତ୍ୟର ଉନ୍ମେଷକାଳ ପର୍ଯ୍ୟନ୍ତ ଏହି ରୀତି ସର୍ବତ୍ର ପରିଦୃଷ୍ଟ ହୋଇଥାଏ । ପ୍ରାଚ୍ୟ ଜଗତରେ କବିର ବିଶ୍ୱାସ ଯେ ଐଶୀଶକ୍ତିର ବିନା ସାହାଯ୍ୟରେ ସେ କାବ୍ୟକୁ ଯଥାର୍ଥରୂପ ପ୍ରଦାନ କରିପାରିବ ନାହିଁ । ତେଣୁ ଭାରତୀୟ ସାହିତ୍ୟରେ ମହାକବି କାଳିଦାସ, ଭବଭୂତି, ମାଘ ପ୍ରମୁଖଙ୍କଠାରୁ ଆରମ୍ଭ କରି ଓଡ଼ିଆ ସାହିତ୍ୟରେ ସାରଳା ଦାସ, ଜଗନ୍ନାଥ ଦାସ, ବଳରାମ ଦାସ, ଉପେନ୍ଦ୍ର ଭଞ୍ଜ, ଯଦୁମଣି, କବିସୂର୍ଯ୍ୟଙ୍କ ପର୍ଯ୍ୟନ୍ତ ସମସ୍ତ କବି ଏହି ରୀତିରେ ସେମାନଙ୍କର କାବ୍ୟାରମ୍ଭ କରିଅଛନ୍ତି । ଉପେନ୍ଦ୍ର ଭଞ୍ଜଙ୍କର ବିଖ୍ୟାତ ଜନପ୍ରିୟ କାବ୍ୟ ବୈଦେହୀଶ ବିଳାସ ଓ ଲାବଣ୍ୟବତୀର ପ୍ରଥମ ଛାନ୍ଦରେ ଥିବା ଇଷ୍ଟ ବନ୍ଦନା ଓଡ଼ିଆ ସାହିତ୍ୟରେ ଅତ୍ୟନ୍ତ ଖ୍ୟାତିସମ୍ପନ୍ନ ।

କବି ଅଭିମନ୍ୟୁ ସାମନ୍ତସିଂହାର ଏଠାରେ ଅପ୍ରାକୃତ ପ୍ରେମମୂର୍ତ୍ତି ରାଧାହରିଙ୍କର ବନ୍ଦନା କରିଅଛନ୍ତି । କବିଙ୍କର ଚିନ୍ତାଧାରା ଏଠାରେ ତାଙ୍କର ସ୍ୱାତନ୍ତ୍ର୍ୟ ପ୍ରକଟନ କରିଅଛି । ଗୌଡ଼ୀୟ ବୈଷ୍ଣବ ଧର୍ମମତବାଦର ଚିନ୍ତାଧାରାକୁ କବି ଅତ୍ୟନ୍ତ ସତର୍କତାର ସହିତ କାବ୍ୟାରମ୍ଭରେ ରୂପଦାନ କରିଅଛନ୍ତି । ବିଦଗ୍ଧ ଚିନ୍ତାମଣି କାବ୍ୟର ପ୍ରଥମ ଛାନ୍ଦ ଅତ୍ୟନ୍ତ ଗୁରୁତ୍ୱପୂର୍ଣ୍ଣ । ଯଥାର୍ଥରେ ଏହା କାବ୍ୟ ମନ୍ଦିରର ପ୍ରଶସ୍ତ ମୁଖଶାଳା ।

୧। ଅପ୍ରାକୃତ-ଅଲୌକିକ, ମାୟାଶୂନ୍ୟ । ପ୍ରେମମୂର୍ତ୍ତି - ପ୍ରେମମୟ ସ୍ୱରୂପ । ଅବ୍ୟକ୍ତ ଲୀଳା-ଅପ୍ରକାଶିତ ଲୀଳା; ଯେଉଁ ଲୀଳା ଶ୍ରୀକୃଷ୍ଣଙ୍କର ଅବତାର ଗ୍ରହଣ କରିବା ପର୍ଯ୍ୟନ୍ତ ପ୍ରକାଶ ପାଇନଥିଲା । ବ୍ୟକ୍ତ କର- ପ୍ରକାଶ କର, ପ୍ରକଟନ କର । ଅବତାରି- ଅବତର ଗ୍ରହଣକରି ।

ଆଦି ଅନାଦି-କାରଣ ନିର୍ଗୁଣ ସଗୁଣ
ଆତ୍ମାରାମ ସନାତନ ବ୍ରହ୍ମନିରୂପଣ ହେ ।୨।
ଈଶ୍ୱର ସ୍ୱତନ୍ତ୍ର ସ୍ୱୟଂ ଭଗବାନ ତୁହି
ଇଚ୍ଛାମୟ ସର୍ବ ଶକ୍ତିବନ୍ତ ତତ୍ତ୍ୱ ବିହି ଯେ ।୩।
ଈଶ ଶେଷାଦି ସେବକ ସେବ୍ୟ ଏକା ତୁହି
ଇଷ୍ଟ ଅଭୀଷ୍ଟଦ ଦୟାନିଧି ଭାବଗ୍ରାହୀ ଯେ ।୪।
ଉତ୍ପତ୍ତି ପାଳନାନ୍ତ ତୋ ଭ୍ରୂଭଙ୍ଗୀ ବିକାରେ
ଉତପ୍ଲୁତ ତନ୍ତୁବାୟସୂତ୍ର ପରକାରେ ଯେ ।୫।

୨। ଆଦି- ପ୍ରଥମ, ମୂଳ। ଅନାଦି- ଯାହାର ମୂଳ ନାହିଁ। କାରଣ- ସୃଷ୍ଟିର କାରଣ, ସୃଷ୍ଟିର ସ୍ରଷ୍ଟା ଓ ଉପାଦାନ। ନିର୍ଗୁଣ- ଗୁଣଶୂନ୍ୟ; ତୁମେ ଯେତେବେଳେ ପରଂବ୍ରହ୍ମ ସେତେବେଳେ ତୁମ୍ଭେ ସତ୍ତ୍ୱ, ରଜ ଓ ତମ ଗୁଣଶୂନ୍ୟ। ସଗୁଣ- ଗୁଣଯୁକ୍ତ; ତୁମେ ଯେତେବେଳେ ଅବତାର ଗ୍ରହଣ କର ସେତେବେଳେ ତୁମେ ସତ୍ତ୍ୱ, ରଜ ଓ ତମ ଗୁଣଯୁକ୍ତ। ଆତ୍ମାରାମ- ଯେ ନିଜ ଆତ୍ମାରେ ରମଣ କରେ; ସ୍ୱୟଂ ଆନନ୍ଦମୟ। ସନାତନ- ଚିରନ୍ତନ; ବର୍ତ୍ତମାନ, ଭୂତ ଓ ଭବିଷ୍ୟତରେ ଯାହାର ଅସ୍ତିତ୍ୱ ସ୍ୱୀକୃତ। ବ୍ରହ୍ମନିରୂପଣ- ଯେ ବ୍ରହ୍ମ ଉପରେ ନିରୂପିତ ହୋଇଅଛନ୍ତି।

୩। ଈଶ୍ୱର- ଜଗତର କର୍ତ୍ତା। ସ୍ୱତନ୍ତ୍ର- ନିଜ ଇଚ୍ଛାଧୀନ। ସ୍ୱୟଂ ଭଗବାନ- ତୁମେ ନିଜେ ଭଗବାନ; "କୃଷ୍ଣସ୍ତୁ ଭଗବାନ ସ୍ୱୟଂ" ଉକ୍ତିର ପ୍ରତିଧ୍ୱନି; ଭଗର ଅର୍ଥ ହେଉଛି, ଐଶ୍ୱର୍ଯ୍ୟ, ବୀର୍ଯ୍ୟ, ଯଶ, ଶ୍ରୀ, ଜ୍ଞାନ ଓ ବୈରାଗ୍ୟ। ଏସବୁ ଯାହାଙ୍କଠାରେ ଅଛି, ସେ ଭଗବାନ। ଇଚ୍ଛାମୟ- ଯେ ନିଜ ଇଚ୍ଛାରେ ଲୀଳା କରନ୍ତି; ଭଗବାନ ନିଜ ଇଚ୍ଛାରେ ସୃଷ୍ଟି କରନ୍ତି ଓ ନିଜ ଇଚ୍ଛାରେ ଚାଳିତ ହୁଅନ୍ତି। ସର୍ବ ଶକ୍ତିବନ୍ତ- ସମସ୍ତ ଶକ୍ତିର ଅଧିକାରୀ। ତତ୍ତ୍ୱବିହି- ଯେ ପଞ୍ଚଦଶ ତତ୍ତ୍ୱକୁ ବିଧାନ କରିଅଛନ୍ତି।

୪। ଈଶ- ଶିବ। ଶେଷାଦି- ବାସୁକୀ ପ୍ରଭୃତି। ସେବକ- ସେବାକାରୀ; ଭୃତ୍ୟ। ସେବ୍ୟ- ସେବାର ଯୋଗ୍ୟ। ଇଷ୍ଟ- କାମ୍ୟବସ୍ତୁ। ଅଭୀଷ୍ଟଦ- ଯେ ଇଚ୍ଛା ଅନୁସାରେ ଫଳଦାନ କରେ, କାମନା ଅନୁସାରେ ଯେ ଫଳଦାନ କରନ୍ତି। ଦୟାନିଧି- ଦୟାର ସାଗର। ଭାବଗ୍ରାହୀ- ଯେ ଭକ୍ତର ଭାବକୁ ଗ୍ରହଣ କରନ୍ତି।

୫। ଉତ୍ପତ୍ତି- ସୃଷ୍ଟି। ପାଳନାନ୍ତ- ପାଳନ ଓ ବିନାଶ। ଭ୍ରୂଭଙ୍ଗୀ ବିକାରେ- ଭ୍ରୂଭଙ୍ଗୀର ପରିବର୍ତ୍ତନରେ ବା ଆଖିର ପତା ଲେଉଟାଇବା ମାତ୍ରେ। ଉତପ୍ଲୁତ- ଛନ୍ଦାଛନ୍ଦି। ତନ୍ତୁବାୟ ସୂତ୍ର- ତନ୍ତୀର ଲୁଗାବୁଣା ସୂତା।

ଊର୍ଣ୍ଣନାଭିବତ ଖେଳୁ ଇଚ୍ଛା ଶକ୍ତି ବଳେ
ଉଭବ ହୋଇତୁ ଧର୍ମ ସ୍ଥାପୁ କାଳେ କାଳେ ହେ ।୬।
ଋକ୍ ଯଜୁ ସାମ ବହୁ ସ୍ମୃତିଶାସ୍ତ୍ର ଭେଦେ
ରୂପ ଗୁଣ ଯଶ ଅଛି ଅଶେଷ ସମ୍ପାଦେ ହେ ।୭।
ରୁଚିର ଚରଣ ନଖ ଛଟାର ମହିମା
ଋକ୍ଷସଂଖ୍ୟା କଳ୍ପେ କଳ୍ପି ନପାଇଲେ ସୀମା ହେ ।୮।
ଲୁବ୍‌ଧକତାରକ ବ୍ରହ୍ମା ହର ଗର୍ବହର
ଲୁଟାଇ ପାର କୃପାରେ ମୁକତି ଭଣ୍ଡାର ହେ ।୯।
ଲୁଠ ଅଳି କରି କୋଳି ପାଇଁ ଯଶୋଦାଙ୍କୁ
ଲୋଲୁପ ଗୋପୀବଦନାମ୍ବୁଜ ପୀୟୂଷକୁ ହେ ।୧୦।

୬। ଊର୍ଣ୍ଣନାଭି- ବୁଢ଼ିଆଣୀ। ଇଚ୍ଛାଶକ୍ତି ବଳେ- ନିଜ ଇଚ୍ଛା ଅନୁସାରେ। ଉଭବ ହୋଇ- ଅବତାର ଗ୍ରହଣ କରି। କାଳେକାଳେ- ଯୁଗେ ଯୁଗେ। କବିଙ୍କର ଏହି ପଦ ଉପରେ ଶ୍ରୀମଦ୍ ଭଗବଦ୍ ଗୀତାର 'ଧର୍ମ ସଂସ୍ଥାପନାର୍ଥାୟ ସମ୍ଭବାମି ଯୁଗେ ଯୁଗେ'ର ପ୍ରଭାବ ସ୍ପଷ୍ଟ।

୭। ଋକ୍- ଋକ୍‌ବେଦ। ଯଜୁ- ଯଜୁର୍ବେଦ। ସାମ- ସାମବେଦ। ସ୍ମୃତିଶାସ୍ତ୍ର- ନୀତିଶାସ୍ତ୍ର; ମନୁ, ପରାଶର ପ୍ରଭୃତିଙ୍କ ଦ୍ୱାରା ରଚିତ ନୀତିଶାସ୍ତ୍ର ସମୂହ। ସମ୍ପାଦେ- ଚରିତରେ।

୮। ରୁଚିର- ସୁନ୍ଦର। ଚରଣ- ପାଦ। ଛଟା- କାନ୍ତି। ଋକ୍ଷସଂଖ୍ୟା- ନକ୍ଷତ୍ର ସଂଖ୍ୟା; ଅସଂଖ୍ୟ। କଳ୍ପେ- ସହସ୍ରଯୁଗ। କଳ୍ପି- କଳ୍ପନା କରି।

୯। ଲୁବ୍‌ଧକ- ଶବର, ଜରାଶବର। ତାରକ- ତ୍ରାଣକର୍ତ୍ତା। ହର- ଶିବ। ହର- ହରଣକାରୀ। ଲୁବ୍‌ଧକତାରକ- ଜରାଶବର ତୁମ୍ଭର ପାଦରେ ଶରବିଦ୍ଧ କରିଥିଲେହେଁ ତୁମ୍ଭେ ତାକୁ ମୁକ୍ତି ପ୍ରଦାନ କରିଅଛି। ବ୍ରହ୍ମା ହର ଗର୍ବହର- ତୁମ୍ଭେ ବ୍ରହ୍ମା ଓ ଶିବଙ୍କର ଗର୍ବକୁ ହରଣ କରିନିଅ। ବ୍ରହ୍ମା ବତ୍ସାହରଣ କରିବାରୁ ତୁମ୍ଭେ ନିଜ ଅଙ୍ଗରୁ ବତ୍ସା ସୃଷ୍ଟିକରି ବ୍ରହ୍ମାଙ୍କର ଗର୍ବକୁ ହରଣ କରିଅଛ। ଶିବ ଭସ୍ମାସୁରକୁ ବରଦେଇ ବିପଦରେ ପଡ଼ିଥିବା ସମୟରେ ତୁମ୍ଭେ ମୋହିନୀ କନ୍ୟା ରୂପ ଧାରଣ କରି ଶିବଙ୍କୁ ରକ୍ଷା କରିଅଛ।

୧୦। ଲୁଠ- ଭୂମିରେ ଗଡ଼ିଯାଅ। ଲୋଲୁପ- ପାଇବାକୁ ଇଚ୍ଛୁକ। ଗୋପୀବଦନାମ୍ବୁଜ ପୀୟୂଷ- ଗୋପୀମାନଙ୍କର ମୁଖରୂପକ ପଦ୍ମର ମଧୁ ବା ଅମୃତ।

ଏମନ୍ତ ମହିମାବନ୍ତ ପ୍ରେମଭକ୍ତି ରସ
ଏକନିଷ୍ଠେ ଅଭିମନ୍ୟୁ କବି କରେ ଆଶ ହେ ।୧୧।
(ଇଚ୍ଛାତ୍ରୟ- ୧ ଦୈନ୍ୟବୋଧିକା, ୨ ପ୍ରାର୍ଥନାମୟୀ, ୩ ଲାଳସାମୟୀ)
ଐରାବତ ଗତି ଅଣିମାଦି ଭୋଗ ମୁକ୍ତି
ଐଶ୍ୱର୍ଯ୍ୟାଦିରେ ମୋ ଚିତ୍ତ ନୋହିବ ଆସକ୍ତି ହେ ।୧୨।
ଔଷଧୀଶାନନ ହେ ମାଗୁଛି ପାଦଧରି
ଓ କରିବି ଆଲୋ ଦାସି, ଡାକିବେ କିଶୋରୀ ଯେ ।୧୩।
ଔଦାର୍ଯ୍ୟ ଗାମ୍ଭୀର୍ଯ୍ୟାଦି ନିପୁଣ ପଦାଶ୍ରିତେ
ଔଷଧ ସେ ମୋର, ତୁମ୍ଭେ ବଶ ହେବ ସତେ ହେ ।୧୪।
ଅନନ୍ତ କୋଟି ବ୍ରହ୍ମାଣ୍ଡ ଈଶ୍ୱରୀ ଈଶ୍ୱର
ଅକୈତବ କରୁଣାକୁ ପରସ୍ପରେ କର ହେ ।୧୫।

୧୧। ମହିମାବନ୍ତ- ସର୍ବଗୁଣଯୁକ୍ତ, ମହିମାମୟ। ପ୍ରେମଭକ୍ତି ରସ- ମାଧୁର୍ଯ୍ୟରସ। ଏକନିଷ୍ଠେ- ଏକାଗ୍ରଚିତ୍ତରେ।

୧୨। ଐରାବତ ଗତି- ଗଜଗମନା ସୁନ୍ଦରୀ ନାରୀ, ଇନ୍ଦ୍ରପଦ। ଅଣିମା- ଅଷ୍ଟୈଶ୍ୱର୍ଯ୍ୟ। ଭୋଗ- ସାଂସାରିକ ସୁଖଭୋଗ। ମୁକ୍ତି- ମୋକ୍ଷ।

୧୩। ଓଷଧୀଶାନନ- ଚନ୍ଦ୍ରବଦନ। କିଶୋରୀ- ଶ୍ରୀରାଧା। ଶ୍ରୀରାଧାଙ୍କର ଦାସୀତ୍ୱ ପାଇବା ପାଇଁ ଏଠାରେ କବି କାମନା ପ୍ରକାଶ କରିଅଛନ୍ତି।

୧୪। ଔଦାର୍ଯ୍ୟ- ଉଦାରତା। ଗାମ୍ଭୀର୍ଯ୍ୟ- ଗମ୍ଭୀରତା। ନିପୁଣ- ପରିପୂର୍ଣ୍ଣ। ଏହି ପଦକୁ ଦୁଇ ପ୍ରକାରରେ ଅର୍ଥ କରାଯାଇ ପାରେ- (୧) ଔଦାର୍ଯ୍ୟ ଗାମ୍ଭୀର୍ଯ୍ୟାଦି ଗୁଣରେ ତୁମ୍ଭେ ପରିପୂର୍ଣ୍ଣ। ମୁଁ ସଂସାରରେ ଦୁଃଖ ରୂପକ ରୋଗ ଭୋଗୁଅଛି। ଏଥିରୁ ମୁକ୍ତିପାଇବା ପାଇଁ ତୁମ୍ଭର ଚରଣାଶ୍ରୟୀ ମୋ ପକ୍ଷରେ ଔଷଧ ସ୍ୱରୂପ। ତେଣୁ ତୁମ୍ଭର ପଦସେବା ଦ୍ୱାରା ତୁମ୍ଭଙ୍କୁ କ'ଣ ମୁଁ ସନ୍ତୁଷ୍ଟ କରିପାରିବି ? (୨) ଏହି କାବ୍ୟରେ ଔଦାର୍ଯ୍ୟ ଗାମ୍ଭୀର୍ଯ୍ୟାଦି ଗୁଣବିଶିଷ୍ଟ ପଦାବଳୀ ରଚନା କରିଅଛି। ତୁମ୍ଭଙ୍କୁ ବଶ କରିବା ନିମନ୍ତେ ସୁନ୍ଦର ପଦରେ ତୁମ୍ଭର ଲୀଳାଗାନ କରିବାକୁ ମୋର ଏକମାତ୍ର ଔଷଧ ବୋଲି ଧରିନେଇ ଅଛି। ସତେ କ'ଣ ତୁମେ ଏହାଦ୍ୱାରା ସନ୍ତୁଷ୍ଟ ହେବ ?

୧୫। ଅନନ୍ତ- ଅଶେଷ, ଅସଂଖ୍ୟ। ଅକୈତବ- ଅକପଟ, କପଟଶୂନ୍ୟ। କରୁଣା- ଦୟା। ଅକୈତବ କରୁଣା- କବି ଏଠାରେ କପଟଶୂନ୍ୟ ଦୟାପ୍ରାର୍ଥୀ ହୋଇଅଛନ୍ତି। କପଟଶୂନ୍ୟ ଦୟା କହିବାର ତାତ୍ପର୍ଯ୍ୟ ରହିଛି। ଭଗବାନ ମୋକ୍ଷାଦି ପ୍ରଦାନ କରି ଭକ୍ତମାନଙ୍କୁ ଭଣ୍ଡାଇ ଦିଅନ୍ତି। କବି ସେ ପ୍ରକାର ମୋକ୍ଷ ଚାହାନ୍ତି ନାହିଁ। ତେଣୁ ସେ ଅକୈତବ କରୁଣାପ୍ରାର୍ଥୀ ହୋଇ ଅଛନ୍ତି।

ଅନନ୍ତ ସିଦ୍ଧି ମୋହର ତୁମ୍ଭ ପଦାର୍ଚ୍ଚିତ
ଅବିଘ୍ନେ ହେଉ ସର୍ବଦା ଆଜ୍ଞାକର ଦତ୍ତ ହେ ।୧୬।

ଅନୁକ୍ରମଣୀ -

କାମନା-କଳପତରୁ ଚିନ୍ତାମଣି ନାମ
କଳ୍ପୁଛି କବିତ୍ୱେ ବର୍ଣ୍ଣିବାକୁ ତବ ପ୍ରେମ ହେ ।୧୭।
ଖଗପତି ପୂର୍ଣ୍ଣକର ଏ ମୋର ମାନସ
କ୍ଷିତିପାବନ ମଙ୍ଗଳ ବର୍ଣ୍ଣିବି ତୋ ଯଶ ହେ ।୧୮।
ଗୁଣଗ୍ରାହକେ ପାଇବେ ଚିନ୍ତିଲା ସୁପ୍ରେମ
ଗୀତ ହେବ ବିଦଗଧ ଚିନ୍ତାମଣି ନାମ ହେ ।୧୯।
ଘୃଣାରେ ଘୋଷିଲେ ନରେ ପାଇବେ ନିର୍ବାଣ
ଘୃତବତ ରସିକ ହୃଦକୁ ରବି ଜାଣ ହେ ।୨୦।
ଉଆଁସ ଅନ୍ଧାର ଅଜ୍ଞାନକୁ ଏ ଚନ୍ଦ୍ରମା
ଉଇଁଲା ରବି ଏ ଧୀରଚକ୍ର ସୁଖ ସୀମା ହେ ।୨୧।
ଚନ୍ଦ୍ରରୁ ଶୀତଳ ସ୍ୱାଦୁ ସୂର୍ଯ୍ୟରୁ ବିମଳ
ଚରିତ ଗଙ୍ଗାନିର୍ମଳ ସିନ୍ଧୁରୁ ଅଥଳ ହେ ।୨୨।

୧୬। ଅନନ୍ତ ସିଦ୍ଧି- ଅସୀମ ସିଦ୍ଧି। ପଦାର୍ଚ୍ଚିତ- ପଦସେବା। ଅବିଘ୍ନେ- ବିଘ୍ନଶୂନ୍ୟ ଭାବରେ, ବାଧାହୀନ ଭାବରେ।

୧୭। କାମନା କଳପତରୁ- କାମନା କରିବାରେ ଯେ କଳ୍ପତରୁ ସଦୃଶ। ଚିନ୍ତାମଣି- ମନୋବାଞ୍ଛା ପୂରଣକାରୀ ସ୍ୱର୍ଗୀୟ ମଣି। କଳ୍ପୁଛି- କଳ୍ପନା କରୁଛି। କବିତ୍ୱେ- କବିତ୍ୱ ବଳରେ, କବିତାରେ।

୧୮। ଖଗପତି- ଗରୁଡ଼ ପତି, ବିଷ୍ଣୁ। ମାନସ- ମନସ୍କାମନା। କ୍ଷିତି- ଜଗତ। ପାବନ- ପବିତ୍ରକାରୀ।

୧୯। ଗୁଣ ଗ୍ରାହକେ- ଗୁଣଗ୍ରାହୀମାନେ। ଚିନ୍ତିଲା ସୁପ୍ରେମ- ଅଭିଳଷିତ ଶ୍ରୀହରି ପ୍ରେମଲୀଳା, ପ୍ରେଭଭକ୍ତି।

୨୦। ନିର୍ବାଣ- ମୋକ୍ଷ। ଘୃତବତ- ଘୃତସଦୃଶ। ରସିକ- ରସଗ୍ରାହକ। ରବି- ସୂର୍ଯ୍ୟ।

୨୧। ଉଆଁସ- ଅମାବାସ୍ୟା। ଧୀରଚକ୍ର- ପଣ୍ଡିତ ରୂପକ ଚକ୍ରବାକ।

୨୨। ବିମଳ- ଉଜ୍ଜ୍ୱଳ। ଚରିତ- ରାଧାକୃଷ୍ଣ ଚରିତ। ଅଥଳ- ଅତ୍ୟନ୍ତ ଗଭୀର।

ଛଦ୍ମାର୍ଥିକ ଦମ୍ଭଧର ଚୂରଣକୁ ପବି
ଛଇଲ ଲୋକର ନବ ଗୁଣବତୀ ଛବି ହେ ।୨୩।

ଲକ୍ଷଣ କ୍ରମ-

ଯମକାଦି ଚିତ୍ର କାବ୍ୟ ପ୍ରବନ୍ଧ ପ୍ରବନ୍ଧ
ଯଥାଜାତ ଧନ୍ଦାଟିଏ ବୁଧ ମନବୋଧ ହେ ।୨୪।

ବୁଧ ଅଙ୍କ ବୋଧକ-

ଝଳି ମାର୍ଗ ପାଇବେ ପଥିକ ହେଲେ ଶ୍ରମୀ
ଝଗଡ଼ା ବାଟେ ପଶିଲେ ମୂର୍ଖ ହେବେ ଦମୀ ହେ ।୨୫।
ନ୍ୟାୟାଦି ଶାସ୍ତ୍ର ପୁରାଣ ବେଦାଗମ କାବ୍ୟ
ନ୍ୟାସ କଲା ଲୋକର ଏ ହୋଇବଟି ଭାବ୍ୟ ହେ ।୨୬।
ଟାଣଚଣା ଚର୍ବଣ ନା-ରଦ କଲାପରି
ଟେକଓଜ ଭାଜିବ ଅବଶ୍ୟ ଶ୍ରମ କରି ହେ ।୨୭।

୨୩। ଛଦ୍ମାର୍ଥିକ- ଛଦ୍ମ ଅର୍ଥକାରୀ, ଯେ ଛଦ୍ମ ଅର୍ଥ କରେ। ଦମ୍ଭଧର- ଦମ୍ଭରୂପକ ପର୍ବତ। ଚୂରଣକୁ- ଚୂର୍ଣ୍ଣ କରିବା ପାଇଁ। ପବି- ବଜ୍ର। ଛଇଲ- ଛବିଲ, ରସିକ। ନବ ଗୁଣବତୀ- ନବୀନ ଗୁଣଯୁକ୍ତା କାମିନୀ।

୨୪। ଯମକାଦି- ଯମକ, ଅନୁପ୍ରାସାଦି ଅଳଙ୍କାର। ଚିତ୍ରକାବ୍ୟ- ବିଚିତ୍ର ରଚନା, ଯେଉଁ ବର୍ଣ୍ଣନାର ବର୍ଣ୍ଣଗୁଡ଼ିକୁ ଚିତ୍ରାକାରରେ ସଜ୍ଜିତ କରାଯାଏ ତାହାକୁ ଚିତ୍ରକାବ୍ୟ କୁହାଯାଏ। ଯଥାଜାତ- ମୂର୍ଖ। ଧନ୍ଦା- ଅବୋଧ। ବୁଧ- ପଣ୍ଡିତ। ମନବୋଧ- ପ୍ରୀତିପଦ।

୨୫। ଝଳିମାର୍ଗ- ନିର୍ମଳ ପଥ, ଉଜ୍ଜ୍ୱଳ ପଥ। ଝଗଡ଼ା- କନ୍ଦଳ, ଛଦ୍ମ। ଦମୀ- ଥକିଯିବା, ଦବିଯିବା।

୨୬। ନ୍ୟାୟାଦି- ନ୍ୟାୟ ପ୍ରଭୃତି ଷଟ୍‌ଦର୍ଶନ, ଗୌତମଙ୍କ ନ୍ୟାୟ, କଣାଦଙ୍କ ବୈଶେଷିକ, କପିଳଙ୍କ ସାଂଖ୍ୟ, ଜୈମିନୀଙ୍କ ପୂର୍ବ ମୀମାଂସା, ପାତଞ୍ଜଳିଙ୍କ ଯୋଗ, ବ୍ୟାସଦେବଙ୍କ ଉତ୍ତର ମୀମାଂସା। ପୁରାଣ- ଅଷ୍ଟାଦଶ ପୁରାଣ।
ବେଦ- ଋକ୍, ସାମ, ଯଜୁ ଓ ଅଥର୍ବ। ଆଗମ- ତନ୍ତ୍ରଶାସ୍ତ୍ର। କାବ୍ୟ- ନୈଷଧ, ମାଘ ପ୍ରଭୃତି କାବ୍ୟ। ନ୍ୟାସ- ଆୟତ୍ତ। ଭବ୍ୟ-ଭାବନାର ବିଷୟ।

୨୭। ନା-ରଦ- ଦାନ୍ତ ନଥିବା ଲୋକ। ଟେକ- ବଡ଼ପଣ। ଓଜ- ବଳ।

ଠକ ନୋହେ ଗୁରୁକୃଷ୍ଣ ବଇଷ୍ଣବେ ଯେହୁ
ଠିକେ ଏଥି ମର୍ମ ଜାଣି ପାରିବେଟି ସେହୁ ହେ ।୨୮।
ଡାକି କହୁଛି ମୁଁ ରାଗମାର୍ଗ ଭକ୍ତଜନେ
ଡେରି କର୍ଣ୍ଣ ସସ୍ନେହତା କର ମୋ ବଚନେ ହେ ।୨୯।
ଢମପଣେ ବର୍ଣ୍ଣୁଛି ମୁଁ ଗୋବିନ୍ଦ ଚରିତ
ଢଗଢ଼ମାଳି ହେଲେହେଁ ସାକ୍ଷାତେ ଅମୃତ ହେ ।୩୦।
ଅମ୍ବୁ ଯେ ହେଉ ସେ ହେଉ ଶାଳଗ୍ରାମ ସ୍ନାନେ
ଅଗ୍ରାହ୍ୟ କାହାର ପାଦୋଦକ ନାମ ଜ୍ଞାନେ ହେ ।୩୧।
ତତ୍ତ୍ୱ ଏ ପରାୟେ ଭାବି ଏ ଗୀତେ ରସିବ
ତୁଚ୍ଛ ମୋ ବଚନୁ ଚ୍ୟୁତ ବୋଲି ନକରିବ ହେ ।୩୨।
ଥୋକେ ସ୍ଥଳ ହେବ ଦ୍ରାକ୍ଷା ଗୁଡ଼କୃତ ପାକ
ଥୋକେ ପାକ ନାରିକେଳ ଖର୍ଜୁର ରୋଚକ ହେ ।୩୩।

୨୮। ଠିକେ- ଅଳ୍ପ ଆୟାସରେ, ସହଜରେ। ଏଥି- ଏଥିରେ ଥିବା। ମର୍ମ- ଗୂଢ଼ତତ୍ତ୍ୱ।

୨୯। ଡାକି- ଘୋଷଣା କରି, ଆହ୍ୱାନ କରି। ରାଗମାର୍ଗ- ରାଗାନୁଗା ଭକ୍ତିମାର୍ଗ, ଶୁଦ୍ଧା ଭକ୍ତିମାର୍ଗ। ଡେରିକର୍ଣ୍ଣ- କାନଡ଼େରି। ସସ୍ନେହତା କର - ସ୍ନେହ ପ୍ରକାଶ କର। ମୋ ବଚନେ - ମୋ ବର୍ଣ୍ଣନାକୁ।

୩୦। ଢମପଣେ- ଆଡ଼ମ୍ବର ସହକାରେ। ଗୋବିନ୍ଦ ରଚିତ- ଶ୍ରୀକୃଷ୍ଣଙ୍କ ରଚିତ।

୩୧। ଅମ୍ବୁ- ଜଳ। ଯେ ହେଉ ସେ ହେଉ- ଯାହା ହେଉନା କାହିଁକି, ଯାହା ହେଲେ ହେଁ। ପାଦୋଦକ- ପାଦୁକ।

୩୨। ତତ୍ତ୍ୱ- ଈଶ୍ୱରଙ୍କର ମାହାତ୍ମ୍ୟ। ରସିବ- ଗ୍ରହଣ କରିବ, ଆକୃଷ୍ଟ ହେବ। ତୁଚ୍ଛ- ହେୟ। ବଚନୁଚ୍ୟୁତ- ବାକ୍ୟରୁ ବାହାରିଅଛି।

୩୩। ଦ୍ରାକ୍ଷା- ଅଙ୍ଗୁର। ପାକ- ରସୋଚିତ ଶବ୍ଦ ବିନ୍ୟାସ। ଦ୍ରାକ୍ଷାପାକ- ସର୍ବାଙ୍ଗ କୋମଳ ମାତ୍ର ମଧ୍ୟ ଅଳ୍ପ କଠିନ। ଗୁଡ଼ପାକ- ସର୍ବାଙ୍ଗ କୋମଳ। ନାରିକେଳ ପାକ- ବାହାର ଅଂଶ କଠିନ ଏବଂ ଭିତର ଅଂଶ କୋମଳ। ଖର୍ଜୁରପାକ- ବାହାର ଅଂଶ କୋମଳ ଏବଂ ଭିତର ଅଂଶ କଠିନ।

ଦିବ୍ୟ ଅଦିବ୍ୟ ଭାଷାରେ ପଦ ହେବ ସିଦ୍ଧି
ଦେଖ ମହାଜନ ମାର୍ଗ-ପରମ୍ପରା ବିଧି ହେ ।୩୪।
ଧ୍ରୁବ ଶବ୍ଦ ସାକ୍ଷାତ ଉପମା ଅନୁମାନ
ଧରି ବିଚାରିଲେ ହେବ ଏଥି ଅର୍ଥଜ୍ଞାନ ହେ ।୩୫।
ନୀରସ ଗୋରସ ପରିପାକ ପରା ହୋଇ
ନିଷ୍ଠାବେଲୁ ବେଳ ବୃଦ୍ଧି ହେବ ସ୍ୱାଦୁଦାୟୀ ହେ ।୩୬।

ସାଧୁସ୍ତୁତି-

ପ୍ରେମ ପରିପାକ ଧୀର ଘନ ପରାଯେତ
ପାଣିଖାର କ୍ଷୀର ଦୁଇ କରନ୍ତି ଏକତ୍ୱ ହେ ।୩୭।
ଫନ୍ଦା ମୁଁ କରିଛି ଏହି ଘେନି ତୁମ୍ଭ ପଦ
ଫୁଲପରି ଶିରୋଧାର୍ଯ୍ୟ ହେବ ମୋର ପଦ ହେ ।୩୮।
ବିବେକ ଗ୍ରାହକ କୋଟି କବି ଆୟୁ ଘେନି
ବର୍ତ୍ତିଥିଲେ କବି କବିତ୍ୱ କି ହେବ ମ୍ଳାନି ହେ ।୩୯।
ଭାବେ ବୈଶ୍ୟ ପରାୟ ମୁଁ ମେଲିଛି ପସରା
ଭାବ, ସବୁ ଦ୍ରବ୍ୟକୁ ଗ୍ରାହକ ଲୋଡ଼ା ପରା ।୪୦।

୩୪। ଦିବ୍ୟ- ସଂସ୍କୃତ। ଅଦିବ୍ୟ- ପ୍ରାକୃତ। ମହାଜନମାର୍ଗ- ମହାଜନମାନଙ୍କର ପ୍ରଦର୍ଶିତ ମାର୍ଗ।

୩୫। ଧ୍ରୁବ- ଯଥାର୍ଥ। ଶବ୍ଦ-ବେଦାଦି ଆଗମ। ସାକ୍ଷାତ - ପ୍ରତ୍ୟକ୍ଷ।

୩୬। ନୀରସ- ସ୍ୱାଦୁହୀନ। ଗୋରସ- ଗାଈଦୁଧ। ପରିପାକ- ସିଦ୍ଧ।

୩୭। ପ୍ରେମ ପରିପାକ ଧୀର- ଯେଉଁ ପଣ୍ଡିତମାନେ ପ୍ରେମତତ୍ତ୍ୱକୁ ଉତ୍ତମ ରୂପେ ହୃଦୟଙ୍ଗମ କରିଅଛନ୍ତି। ଘନ- ମେଘ। ଖାର- ଖାରିଆ। କ୍ଷୀର- ମଧୁର। ଏକତ୍ୱ- ଏକତ୍ର।

୩୮। ଫନ୍ଦା- ଆଶ୍ରୟ। ପଦ- ପାଦ। ପଦ- କାବ୍ୟର ପଦ।

୩୯। ବିବେକ- ବିବେକୀ। ଗ୍ରାହକ- ସମାଲୋଚକ। କୋଟିଆୟୁ- ଦୀର୍ଘାୟୁ। ବର୍ତ୍ତିଥିଲେ- ବଞ୍ଚିଥିଲେ। ମ୍ଳାନି- ମଳିନ।

୪୦। ଭାବେ- ଭାବରେ, ଭାବସମୂହରେ। ବୈଶ୍ୟ- ପୋଟଳିବଣିଆ। ପସରା- ବିକ୍ରୟ ନିମିତ୍ତ ଥିବା ପଦାର୍ଥର ଟୋକେଇ। ଭାବ-ବିଚାର କର। ଗ୍ରାହକ- ଗରାଖ। ଲୋଡ଼ା- ଆବଶ୍ୟକ।

ଖଳନିନ୍ଦା-

ମହୁରା କବିତ୍ୱ ଦୋଷ ପସରାରେ ଥାଇ
ମଜ୍ଜିବେ ନାହିଁକି ଖଳେ ତାହା ନିତି ଧ୍ୟାୟି ।୪୧।
ଯଥାଜାତ ବୁଦ୍ଧି ଶୁନୀପୁଚ୍ଛ ପ୍ରାୟେ ଘେନ
ଯଥୋଚିତ ନୋହେ ତାଙ୍କ ନିନ୍ଦନ ବନ୍ଦନ ହେ ।୪୨।
ରାହୁ ବଡ଼ ବୋଲିବା କି ବିଧନ୍ତୁଦ ହେଲେ
ରସ ନିନ୍ଦୁକେ ସେପରି ବୋଲନ୍ତି ଅଖିଳେ ହେ ।୪୩।
ଲାଭ ନଥିଲେ ହେଁ ସର୍ପ ପରାୟେ ଦଂଶନ୍ତି
ଲୀଳା କରି ରସ ଦେଲେ ବିଷ ଉଦ୍‌ଗାରନ୍ତି ହେ ।୪୪।
ବାଇ ବୋଲିବେ ତ ବହୁ ନିନ୍ଦିଲେ ତାହାଙ୍କୁ
ବଡ଼ ଚିତ୍ର ନୋହେ ପିପୀଲିକା ବିନାଶକୁ ହେ ।୪୫।
ସୁଜନେ ଆଦର ମିତ୍ରପରି ଏ କବିତ୍ୱ
ସର୍ବ ସୁମନା ସୁରସ କରିଛି ଏକତ୍ୱ ହେ ।୪୬।

୪୧। ମହୁରା- ବିଷ। କବିତ୍ୱଦୋଷ- କବିତାରେ ଥିବା ଦୋଷ। ଖଳେ- ଖଳଲୋକମାନେ।

୪୨। ଯଥାଜାତ ବୁଦ୍ଧି- ମୂର୍ଖବୁଦ୍ଧି। ଶୁନୀପୁଚ୍ଛ- କୁକୁରୀ ଲାଙ୍ଗୁଳ। ଯଥୋଚିତ- ଯଥାର୍ଥ। ନିନ୍ଦନ- ନିନ୍ଦା। ବନ୍ଦନ- ପ୍ରଶଂସା।

୪୩। ବିଧନ୍ତୁଦ- ରାହୁ, ଚନ୍ଦ୍ରକୁ ପୀଡ଼ା ଦେଉଥିବା। ରସନିନ୍ଦୁକେ- ରସର ନିନ୍ଦାକାରୀ।

୪୪। ଦଂଶନ୍ତି- ଦଂଶନ କରନ୍ତି, କାମୁଡ଼ନ୍ତି। ଲୀଳାକରି- ଶ୍ରଦ୍ଧାର ସହିତ। ରସ- କ୍ଷୀର। ଉଦ୍‌ଗାରନ୍ତି- ବାନ୍ତି କରନ୍ତି।

୪୫। ବାଇ- ପାଗଳ। ଚିତ୍ର- ବିଚିତ୍ର।

୪୬। ସୁମନା- ପଣ୍ଡିତ, ଫୁଲ। ସୁରସ- ପୁଷ୍ପରସ, କାବ୍ୟରସ। ଏକତ୍ୱ- ଏକତ୍ର।

ସରଘା ପରାୟେ ଅଳ୍ପବୁଦ୍ଧି ଶକ୍ତିହୀନ

ସଂସାରେ କେବଳ ମଧୁକୋଷ କୀର୍ତ୍ତି ଘେନ ହେ ।୪୭।

ସ୍ୱାଦ ଆସ୍ୱାଦନ କଲେ ଚିତ୍ତ ମଗ୍ନ ହେବ

ସଂସାର ସାଗର ବୁଡ଼ା ବାଧ ବ୍ୟାଧି ଯିବ ହେ ।୪୮।

ହରେକୃଷ୍ଣ ରାମନାମ ଯହିଁ ସେହି ତତ୍ତ୍ୱ

ହରଷେ ରସ ଏ ଘେନି ସାଧବ ଏ ଗୀତ ହେ ।୪୯।

କ୍ଷମାନିଧି କୃଷ୍ଣ ଅବିଘ୍ନରେ ପୂର୍ଣ୍ଣକର

କ୍ଷମେ ଭଣେ ଅଭିମନ୍ୟୁ ସାମନ୍ତ ସିଂହାର ହେ ।୫୦।

୪୭। ସରଘା- ମହୁମାଛି। ମଧୁକୋଷ- ମହୁଫେଣା।

୪୮। ଆସ୍ୱାଦନ କଲେ- ଚାଖିଲେ। ସଂସାର ସାଗର ବୁଡ଼ା ବାଧ ବ୍ୟାଧି- ସଂସାର ରୂପକ ସାଗରରେ ବୁଡ଼ି ରହିବା କଷ୍ଟକୁ ଏଠାରେ ରୋଗ ଭାବରେ ବର୍ଣ୍ଣନା କରାଯାଇଅଛି।

୪୯। ତତ୍ତ୍ୱ- ମର୍ମ। ସାଧବ-ସାଧୁଜନମାନେ।

୫୦। କ୍ଷମାନିଧି- କ୍ଷମାସାଗର, କ୍ଷମାର ଆଧାର। କ୍ଷମେ- କ୍ଷମାପ୍ରାର୍ଥନା ପୂର୍ବକ।

❑❑❑

ଚତୁର୍ଥ ଛାନ୍ଦ

ଶ୍ରୀ କିଶୋରୀ ଜୀଉଙ୍କ ଜନ୍ମାଦି ଲକ୍ଷଣ

ରାଗ-କଲ୍ୟାଣ ଆହାରୀ

ଧୀରେ ଘେନ ରାଧା ଜନ୍ମାଦି ଉତ୍ସବ, ତତ୍ତ୍ୱ ସାଧୁଶାସ୍ତ୍ରେ ଖୋଜିବ
ବୃଷଭାନୁ ଭାନୁବଂଶୀରାଜ ହେଜ, ଦନୁଜ କଂସରେ ବିଭାବ।
ଅବନ୍ତୀ, ତେଜି ଗୋକୁଳ ଯାବଟରେ
ରହି ନନ୍ଦାସ୍ପଦେ ଗୋକୁଳ ସମ୍ପଦେ, ବୃତ୍ତି କଳ୍ପିତ ନୂତନରେ ।୧।
ତାଙ୍କ ମହିଷୀ କୀର୍ତ୍ତିଦା ନାମ, ରସି ଶ୍ରୀ ଗୋପେଶ୍ୱର ସେବା ଫଳେ
ଉଦର କ୍ଷୀର ସାଗରରୁ ପରମା ମହାଲକ୍ଷ୍ମୀକି ଜାତ କଲେ।
ଦୁର୍ବାସା, ଜାତକ ବିଧି ସିଦ୍ଧବନ୍ତ
ର ରଶ୍ମିରସ, ଅଗ୍ନିବୀଜ ଅଧିକା ଘେନି ରାଧିକା ନା ଦେଲେ ।୨।
ଶ୍ରୀମତ ଉନ୍ନତ ଜାଣି ପୂର୍ଣ୍ଣମାସୀ ଶ୍ରୀମତୀ ନାମ ପୁଣି ଦେଲେ
ବୃନ୍ଦା ବୃନ୍ଦାବନେଶ୍ୱରୀ ସାର୍ଥ କରି ନାମ କଳ୍ପିତ ବିଚାରିଲେ।
ଜନକ, ରସି ରସବତୀ ବୋଇଲେ
ଜନନୀ ବିନୋଦିନୀ ବାମ ବିନୋଦ ଭାବ ଆନନ୍ଦେ ଦତ୍ତ କଲେ ।୩।

୧। ଧୀରେ- ପଣ୍ଡିତମାନେ। ତତ୍ତ୍ୱ- ତଥ୍ୟ, ମୂଳକଥା। ସାଧୁଶାସ୍ତ୍ରେ- ଗୋସ୍ୱାମୀମାନଙ୍କ ଗ୍ରନ୍ଥ ସମୂହରେ ବା ଗୁରୁ ସାଧୁଚରଣ ଦାସଙ୍କ 'ଗୌର ଚିନ୍ତାମଣି' କାବ୍ୟ ଓ ଅନ୍ୟାନ୍ୟ ଶାସ୍ତ୍ରରେ। ଭାନୁବଂଶୀ- ସୂର୍ଯ୍ୟବଂଶୀ। ହେଜ- ସ୍ମରଣ କର। ଦନୁଜ- ରାକ୍ଷସ। ବିଭାବ- ବିରୁଦ୍ଧାଭାବ। ଗୋକୁଳ ଯାବଟରେ- ଗୋକୁଳର ଯାବଟ ଗ୍ରାମରେ। ନନ୍ଦାସ୍ପଦେ- ନନ୍ଦଙ୍କର ବାସ ସ୍ଥାନରେ। ଗୋକୁଳ- ଗୋରୁପଲ। ବୃତ୍ତି- ଜୀବିକା।

୨। ମହିଷୀ- ପାଟରାଣୀ। ରସି- ଭକ୍ତିକରି। ଜାତକ ବିଧି ସିଦ୍ଧିବନ୍ତ- କୋଷ୍ଠୀ ବା ଜାତକ ଗଣନା ବିଦ୍ୟାରେ ପାରଦର୍ଶୀ। ର- ସୁବର୍ଣ୍ଣ। ରଶ୍ମି- ତେଜ ଦୀପ୍ତି। ରସ- ମାଧୁର୍ଯ୍ୟ ରସ। ଅଗ୍ନିବୀଜ- ଅଗ୍ନିଦେବଙ୍କର ବୀଜମନ୍ତ୍ର ହେଉଛି 'ର'। ନା- ନାମ।

୩। ଶ୍ରୀମତ- ଶ୍ରୀମନ୍ତ, ଶୋଭାଯୁକ୍ତ। ଉନ୍ନତ- ବିଶେଷ ଭାବରେ। ପୂର୍ଣ୍ଣମାସୀ- ପୌର୍ଣ୍ଣମାସୀ। ବୃନ୍ଦା- ବୃନ୍ଦାବନର ଅଧିଷ୍ଠାତ୍ରୀ ଦେବୀ। ସାର୍ଥକରି- ସାର୍ଥକ କରି। ରସି- ଆନନ୍ଦିତ ହୋଇ।

ତ୍ରିରାତ୍ର ନେତ୍ର ବିମୁଦ୍ରିତ ହେବାରେ ଜନକ ଜନନୀ ବିରସ
ଜାଣି ପୂର୍ଣ୍ଣମାସୀ ଆସି ଯଶୋଦାଙ୍କୁ ଘେନାଇ ହେଲେ ପରବେଶ।
କୃଷ୍ଣଙ୍କୁ, କାଖରେ ଘେନି ନନ୍ଦ ରାଣୀ
ବିଲୋକନ୍ତେ, ବିଲୋକିଲେ କୃଷ୍ଣ ମୁଖ ପ୍ରଥମେ ଶୁଭ ସୁଲକ୍ଷଣୀ ।୪।
କୃଷ୍ଣ-ସର୍ବେନ୍ଦ୍ରିୟ ଆହ୍ଲାଦିନୀ ସର୍ବେନ୍ଦ୍ରିୟ ଆନନ୍ଦ ବରଧନ
କୃଷ୍ଣ-ଅଧରାମୃତ କ୍ଷୀର ପ୍ରଥମେ ଯଶୋଦା କରାଇଲେ ପାନ।
ଏକଥା, ସନ୍ଧିନୀ କଳାପ-ସମ୍ମତି
ଜନକ ଜନନୀ ସେହି ଦିନୁଦିନୁ ଆନନ୍ଦ କଲେ ମତି ।୫।

୪। ତ୍ରିରାତ୍ର- ତିନିରାତ୍ରି ପର୍ଯ୍ୟନ୍ତ। ବିମୁଦ୍ରିତ- ବନ୍ଦ ହୋଇ ରହିବା। ବିଲୋକନ୍ତେ- ଦେଖନ୍ତେ। ବିଲୋକିଲେ- ଦେଖିଲେ। ଶୁଭସୁଲକ୍ଷଣୀ- ଉତ୍ତମ ଲକ୍ଷଣଯୁକ୍ତା ରାଧା।

୫। କୃଷ୍ଣ-ସର୍ବେନ୍ଦ୍ରିୟ ଆହ୍ଲାଦିନୀ- ଶ୍ରୀକୃଷ୍ଣଙ୍କର ଇନ୍ଦ୍ରିୟ ସକଳର ଆନନ୍ଦଦାୟିନୀ, ରାଧା। ସର୍ବେନ୍ଦ୍ରିୟ ଆନନ୍ଦ ବରଧନ- ସମସ୍ତ ଇନ୍ଦ୍ରିୟର ଆନନ୍ଦବର୍ଦ୍ଧନକାରୀ, ଶ୍ରୀକୃଷ୍ଣ। ସନ୍ଧିନୀ କଳାପ- ବିଶୁଦ୍ଧ ସତ୍ତ୍ୱମୟୀ ନାରୀ ସମୂହ, ଗୋପୀମାନେ। ଦିନୁଦିନୁ- ଦିନକୁ ଦିନ।

ଭଗବାନ ଶ୍ରୀକୃଷ୍ଣଙ୍କର ତ୍ରିଶକ୍ତି- ସନ୍ଧିନୀ, ସଂବିତ୍ ଓ ହ୍ଲାଦିନୀ। ଭଗବାନ ସଦାତ୍ମା ହୋଇ ମଧ୍ୟ ଯେଉଁ ଶକ୍ତିଦ୍ୱାର ସତ୍ତା ଧାରଣ କରନ୍ତି ଓ ପ୍ରାଣୀକୁ ସତ୍ତା ପ୍ରଦାନ କରନ୍ତି, ତାହା ସନ୍ଧିନୀ ଶକ୍ତି। ଏହା ସତ୍ତ୍ୱମୟୀ। ଭଗବାନ ସ୍ୱୟଂ ସଂବିଦାତ୍ମା ହୋଇ ମଧ୍ୟ ଯେଉଁ ଶକ୍ତିଦ୍ୱାରା ନିଜେ ଜ୍ଞାନବାନ ହୁଅନ୍ତି ଓ ଜୀବକୁ ଜ୍ଞାନବାନ କରାନ୍ତି, ତାହା ସଂବିତ୍ ଶକ୍ତି। ଏହା ଜ୍ଞାନମୟୀ। ଭଗବାନ ହ୍ଲାଦାତ୍ମା ହେଲେହେଁ ଯେଉଁ ଶକ୍ତିଦ୍ୱାରା ହ୍ଲାଦବାନ ହୋଇ ପ୍ରାଣୀକୁ ଆହ୍ଲାଦ ପ୍ରଦାନ କରନ୍ତି, ତାହା ହ୍ଲାଦିନୀ ଶକ୍ତି। ଏହା ଆନନ୍ଦମୟୀ ବା ପ୍ରେମମୟୀ।

ବାଲ୍ୟଶୋଭା ବର୍ଣ୍ଣନା-

ସୁରଙ୍ଗ ବାଙ୍କିଆରେ ରଙ୍ଗା-ଦୋଳନ ଶୋଭନ ଏସନ ମାନଇ
ପହୁଡ଼ି ରମାଉମା ମୂର୍ତ୍ତିକି ଚାରୁ-ପ୍ରବାଳ-ପଲଙ୍କେ ଅଛଇ ?
ଲାଳନା, ପାଳନା ଦିନୁ ଦିନ ପାଇ
କଳାନିଧି କଳାବୃଦ୍ଧି ବିଧି ରସନିଧି ସୁଷମା ବିରାଜଇ ।୬।
ଅଗୁଳି ଅଙ୍ଗୁଳି ଧରି ଚାଲିବାର ବାଡ଼ ଆଉଜା ଶୋଭା ଚାହିଁ
ରତି-ପତି-ମତି କଳ୍ପିଲା ଜଗତ ଏହା ସାହାରେ ଦେବି ମୋହି।
ଶଙ୍କର, ଜିଣିମାରେ କେତେ ମାତର।
ହରିମନ ହରିବାକୁ ଏ ଅମୋହ ଅସ୍ତ୍ର କି ଧାତାର ।୭।
କାଛରେ ଇଛଇ ତୁଚ୍ଛ କ୍ଷଣକରେ କରେ ଧୂଳି ଗାତ୍ର ମଣ୍ଡନ
ଗୋରଜ ପତନ କେତକୀ ଯତନ ଶୋଭାକୁ କରଇ ଦଣ୍ଡନ।
ଶ୍ରୀମୁଖୁ, ସ୍ୱେଦ ଜନିତେ କି ସୁନ୍ଦର
ମୃଗାଙ୍କ-ଅଙ୍କରୁ ଅମୃତ ବିନ୍ଦୁକି ପ୍ରତି ରୋମୋଦ୍‌ଗମେ ପ୍ରଚାର ।୮।

୬। ସୁରଙ୍ଗ- ଲାଲ। ବାଙ୍କିଆ- ଦୋଳି। ରଙ୍ଗ ଦୋଳନ- ସୁନ୍ଦର ଝୁଲଣା। ପ୍ରବାଳ- ପୋହଳା। କଳାନିଧି- ଚନ୍ଦ୍ର। କଳାବୃଦ୍ଧିନିଧି- ଚନ୍ଦ୍ରକଳା ବଢ଼ିବା ପରି। ରସନିଧି- ରସର ଆଧାର, ଶ୍ରୀରାଧା।

୭। ଅଗୁଳି- ଅଗ। ବାଡ଼- କାନ୍ଥ। ରତିପତି- କନ୍ଦର୍ପ। ସାହାରେ - ସାହାଯ୍ୟରେ। ଅମୋହ ଅସ୍ତ୍ର- ଅମୋଘ ବାଣ। ଧାତାର- ବିଧାତାର।

୮। କାଛ- କାଛେଣି। ଗାତ୍ର- ଶରୀର। ଗୋରଜ- ଗୋରୁମାନଙ୍କ ଖୁରରେ ଉଡୁଥିବା ଧୂଳି। ସ୍ୱେଦ- ଝାଳ। ମୃଗାଙ୍କ- ଚନ୍ଦ୍ର। ଅଙ୍କ- କୋଳ। ରୋମୋଦ୍‌ଗମେ- ଲୋମ ମୂଳରେ। ପ୍ରଚାର- ପ୍ରଚଳିତ, ପ୍ରକାଶିତ।

୯। ପଞ୍ଚସଂବତ୍ସରେ- ପାଞ୍ଚବର୍ଷ ବୟସରେ। ଦଗ୍ଧକୁମ୍ଭଭଙ୍ଗୀ- ଦଢ଼ ମାଠିଆରେ ପାଣି ପୂରି ରହିବା ପରି ଅର୍ଥାତ୍ ପୂର୍ଣ୍ଣଭାବରେ ବିଦ୍ୟା ରହିଲା। ଅସମା- ଅନୁପମା। ନବସମା- ନବମ ବର୍ଷ ବୟସ। ବାଣୀ- ସରସ୍ୱତୀ। ଗୁଣି ହୋଇଲେ- ବିଚାରିଲେ।

ପଞ୍ଚ ସଂବସ୍ତରେ ବିଦ୍ୟା ଆଦ୍ୟାରମ୍ଭ ଦମ୍ଭ କୁମ୍ଭ ଭଙ୍ଗୀ ଆଚରି
ଅସମା ନବସମାରେ ସମାପତ ସମସ୍ତ କଳା ହେତୁ କରି ।
ବିଦ୍ୟାକି ? ସ୍ୱୟଂସିଦ୍ଧ ମହାବିଦ୍ୟା ସେ
ବାଣୀ ରଣୀ ହୋଇଥିଲେ ପୁଣି ଗୁଣି ହୋଇଲେ ସକଳେ ମାନସୋ୯।

ବୟଃ-ସନ୍ଧି ବର୍ଣ୍ଣନା -

ରୋହିଣୀ ଗଉରୀ ବୟ ଅତିକ୍ରମି କନ୍ୟା ସନ୍ଧିକାଳ ହୋଇଲା
ବିଶ୍ୱକର୍ମା ସିଦ୍ଧି ପାଇ ରସନିଧି ମୂର୍ତ୍ତି ମଦନ ସଜାଡ଼ିଲା ।
କୁମାରୀ, ପ୍ରୀତି ସୁକୁମାରୀ ତେଜିଲା
ପରିହାସୀ ସମବୟସୀ ରସିବା ଆସି ମାନସରେ ମିଶିଲା ।୧୦।

ଅତିଶୟୋକ୍ତି-

ସୁମତି-ଗତିରୁ ଅତି ଚଞ୍ଚଳତା ଦୃଗଞ୍ଚଳକୁ ଆଶ୍ରେ କଲା
କଟି ଉନ୍ନତ ପ୍ରକଟି ଭୀରୁ ଚାରୁ ଉରୁ ଗୁରୁତା ବଢ଼ାଇଲା ।
ଅତୁଳା, ପିତୁଳା ଲୀଳା-ସ୍ନେହ ତେଜି
ସମ୍ବନ୍ଧ ବନ୍ଧ ପଟଳରେ ନିର୍ବନ୍ଧ ସେ କାନ୍ତେ ଏକାନ୍ତେ ନିମଜ୍ଜି ।୧୧।

୧୦। ରୋହିଣୀ- ନବବର୍ଷ ବୟସ୍କା କନ୍ୟା । ଗଉରୀ- ଅଷ୍ଟବର୍ଷ ବୟସ୍କା କନ୍ୟା । ବୟ- ବୟସ । କନ୍ୟା- ଦଶବର୍ଷ ବୟସ୍କା କନ୍ୟା । ସନ୍ଧିକାଳ- ବାଲ୍ୟ ଓ ଯୌବନର ମଧ୍ୟ ସମୟ । ବିଶ୍ୱକର୍ମା- ଦେବ ଶିଳ୍ପୀ । ସିଦ୍ଧିପାଇ- କୃତିତ୍ୱ ଲାଭ କରି । ରସନିଧି ମୂର୍ତ୍ତି- ରସମୟୀ ଶ୍ରୀରାଧାଙ୍କର ମୂର୍ତ୍ତି । ମଦନ- କନ୍ଦର୍ପ । କୁମାରୀ ପ୍ରୀତି- କୁମାରୀ କନ୍ୟାମାନଙ୍କର ପ୍ରୀତି । ସୁକୁମାରୀ- ସୁକୁମାରୀ ଶ୍ରୀରାଧା । ପରିହାସୀ- ପରିହାସ ନିପୁଣା । ମାନସରେ- ମନରେ ।

୧୧। ସୁମତି- ଉତ୍ତରମତି ଶ୍ରୀରାଧା । ଦୃଗଞ୍ଚଳକୁ- ଚକ୍ଷୁକୋଣକୁ । କଟି- ନିତମ୍ବ । ଉନ୍ନତ ପ୍ରକଟି- ଉଚ୍ଚ ଦେଖାଯିବାରୁ । ଭୀରୁ- ଭୀରୁ ଶ୍ରୀରାଧା । ଚାରୁ- ସୁନ୍ଦର । ଉରୁ- ନିଘନ । ଗୁରୁତା- ବୃଦ୍ଧି । ଅତୁଳା- ଅତୁଳନୀୟା । ପିତୁଳାଲୀଳା- କଣ୍ଢେଇ ଖେଳ । ସମ୍ବନ୍ଧ- ସମ୍ବନ୍ଧ ସ୍ଥାପନ କଲେ । ବନ୍ଧପଟଳ- ଚଉଷଠି ପ୍ରକାର ରତିବନ୍ଧ । ନିର୍ବନ୍ଧ- ଆଗ୍ରହ । କାନ୍ତେ- ପତିଙ୍କଠାରେ । ଏକାନ୍ତେ- ଏକାନ୍ତରେ । ନିମଜ୍ଜି- ନିମଜ୍ଜିତ ହୋଇ ।

ହରଧର ରଜତର ଦେଖି ମାର ପର ପରଶଂସା ନସହି
କନକ ମଞ୍ଜୁଳା ଶଇଳ ଯୁଗଳ କି ସାର ଉର ଦେଶେ ବିହି।
ବଢ଼ାଏ, କ୍ରମେ କ୍ରମେ ତାର ଉନ୍ନତ
ମଦନ ମୋହନ ମିଶି ବେନି ଜନ ସଦନ ତହିଁ କଲେ ସତ ।୧୨।
କି କାମ ପ୍ରେମ ହେମ ଚିତ୍ରଲତାରେ ଶ୍ରୀଫଳ ଯୁଗ ଫଳାଇଲା
ରତି-ପତି-ପ୍ରୀତି ଯୋଗସାଧନେ କି ଉଟଜଯୁଗ ସରଜିଲା ?
ସୁରତ-ରଙ୍ଗିଣୀ ରସାଗମନରେ
କି ମେରୁ ପର୍ବତ ଗୁରୁ ଐରାବତ ଭେଦନେ ବଢ଼ନ୍ତି ଦ୍ୱନ୍ଦ୍ୱରେ ।୧୨।
କି କାମ ପ୍ରେମ ଚିତ୍ରଲତାରେ ଶ୍ରୀଫଳ ଯୁଗ ଫଳାଇଲା
ରତି-ପତି-ପ୍ରୀତି ଯୋଗସାଧନେ କି ଉଟଜଯୁଗ ସରଜିଲା ?
ସୁରତ-ରଙ୍ଗିଣୀ ରସାଗମନରେ
କି ମେରୁ ପର୍ବତ ଗୁରୁ ଐରାବତ ଭେଦନେ ବଢ଼ନ୍ତି ଦ୍ୱନ୍ଦ୍ୱରେ ।୧୩।

୧୨। ହରଧର ରଜତର- ରୁପାରେ ନିର୍ମିତ ଶିବଙ୍କ ପର୍ବତ, କୈଳାସ। ମାର- କନ୍ଦର୍ପ। ପର ପରଶଂସା- ଶତ୍ରୁର ପ୍ରଶଂସା, ଶିବଙ୍କ ପ୍ରଶଂସା। କନକ-ସୁନା। ମଞ୍ଜୁଳ ଶଇଳ ଯୁଗଳ- ସୁନ୍ଦର ପର୍ବତ ଦୁଇଗୋଟି। ସାର ଉରଦେଶେ- ଉତ୍କୃଷ୍ଟ ବକ୍ଷ ଦେଶରେ। ବିହି- ବିଧାନ କରି, ନିର୍ମାଣ କରି। ଉନ୍ନତ- ଉଚ୍ଚତା। ମଦନ ମୋହନ- ମାଦକତ୍ୱ ଓ ମୋହନତ୍ୱ। ସଦନ- ବାସ।

୧୩। ପ୍ରେମ ହେମ ଚିତ୍ରଲତା- ପ୍ରେମମୟ ସୁବର୍ଣ୍ଣ ନିର୍ମିତ ବିଚିତ୍ର ଲତା। ଶ୍ରୀଫଳ ଯୁଗ- ଦୁଇଟି ନଡ଼ିଆ। ରତିପତି- କନ୍ଦର୍ପ। ପ୍ରୀତିଯୋଗସାଧନେ- ପ୍ରୀତିରୂପକ ଯୋଗସାଧନ ନିମିତ୍ତ। ଉଟଜ ଯୁଗ- ଦୁଇଟି କୁଡ଼ିଆ। ସରଜିଲା- ସୃଷ୍ଟି କଲା, ତିଆରି କଲା। ସୁରତରଙ୍ଗିଣୀ- ଉତ୍ତମରତି ରଙ୍ଗରେ କୁଶଳା, ଶ୍ରୀରାଧା। ରସା- ଭୂତଳ। ରସାଗମନରେ- ଭୂତଳକୁ ଆଗମନରେ। ଐରାବତ- ନାରଙ୍ଗ ଫଳ, ଏଠାରେ ଶ୍ରୀରାଧାଙ୍କର କୁଚ ଲକ୍ଷିତ। ଗୁରୁ ଭେଦନେ- ଗୁରୁତାକୁ ଭେଦ କରିବା ପାଇଁ, ଗୁରୁତାକୁ ବଳିଯିବା ପାଇଁ। ଦ୍ୱନ୍ଦ୍ୱରେ- ପ୍ରତିଦ୍ୱନ୍ଦ୍ୱିତାରେ।

ସ୍ତନ ଉନ୍ନତ ଚକ୍ରବାଡ଼ ସୀମାକୁ ନେତ୍ର କମଳ ନ ବଳିଲା
ତରୁଣ ଅରୁଣ-ଚରଣ ଯୁଗଳ ଆଲୋକର ଯୋଗ ନୋହିଲା ।
ରୋମାଳୀ, କଳି କୁଚ କରି ଶିକଳୀ ।
କି କାଳୀ କୁଣ୍ଡଳୀ ନାଭିବିଳେ ପଶେ ସ୍ତନ ପେଟିକାରୁ ନିକିଳି ।୧୪।
ଉପମାମାନେ ଅପମାନେ ପଡ଼ିଲେ ସୁଷମା ସମ ନୋହିବାରେ
ରମା ଉମା ରତି ବାଣୀ ଆଣି ଖ୍ୟାତି ହୋଇଲା ନାମ ଆଭାସରେ ।
କାନ୍ତିକି, ଅଲକ୍ଷରେ ତିକ୍ତ ଚମ୍ପକ
କେତକୀ କଣ୍ଟକୀ ଦୁର୍ଗ ଆଶ୍ରେ କଲା ଅଗ୍ନିରେ ଦାହିଲା କନକ ।୧୫।
ନୟନ ଆନନ ହାସବାସ ବାହୁ କର ଚରଣ ଉଦରକୁ
ଉପମା ଆଭାସେ କବି ଛି ଛି ଭାସେ ମନ ଘେନିଲା ବିମନକୁ ।
ପଙ୍କଜ, ତପକ ସାଧି ବିଷମେ
ଜଳ ପ୍ରବଳରେ ବଳେ ବୁଡ଼ିମଲେ ମନରେ ଧନ୍ୟ କଲେ ହିମେ ।୧୬।

୧୪। ସ୍ତନଉନ୍ନତ ଚକ୍ରବାଡ଼ ସୀମା- ଉନ୍ନତ ସ୍ତନରୂପ ଲୋକାଲୋକ ପର୍ବତର ସୀମା। ନେତ୍ରକମଳ- ଚକ୍ଷୁରୂପକ ପଦ୍ମ। ତରୁଣ ଅରୁଣ ଚରଣ ଯୁଗଳ- ବାଳସୂର୍ଯ୍ୟ ପରି ଲାଲବର୍ଣ୍ଣର ପାଦ ଦୁଇଟି। ଆଲୋକ- ଦର୍ଶନ। ରୋମାଳୀ- ରୋମାବଳୀ। କଳି- କଳନା କରି। କୁଚକରି- କୁଚରୂପକ ହସ୍ତୀ। ଶିକଳୀ- ଶିକୁଳା। କାଳୀ କୁଣ୍ଡଳି- କଳାସାପ। ନାଭିବିଳେ- ନାଭିଗର୍ଭରେ। ସ୍ତନପେଟିକା- ସ୍ତନରୂପକ ପେଡ଼ି। ନିକିଳି- ବାହାରି।

୧୫। ଉପମାମାନେ- ଉପମାସମୂହ; ଚନ୍ଦ୍ର, ପଦ୍ମ ଆଦି। ଅପମାନେ ପଡ଼ିଲେ- ଅପମାନ ପାଇଲେ। ସୁଷମା- ଶ୍ରୀରାଧାଙ୍କର ସୌନ୍ଦର୍ଯ୍ୟ। ରମା- ଲକ୍ଷ୍ମୀ। ଉମା- ପାର୍ବତୀ। ରତି- କନ୍ଦର୍ପର ପତ୍ନୀ। ବାଣୀ- ସରସ୍ୱତୀ। ଆଣି- ଟେକ। ଖ୍ୟାତି ହୋଇଲା ନାମ ଆଭାସରେ- କେବଳ ନାମମାତ୍ରାରେ ପ୍ରକାଶିତ ହେଲା। ଅଲକ୍ଷରେ- ଲକ୍ଷ୍ୟ ନହେବାରୁ। ତିକ୍ତ- କଟୁ, ପିତା। କଣ୍ଟକୀ ଦୁର୍ଗ- କଣ୍ଟା ଭିତରର ଦୁର୍ଗ। ଦାହିଲା- ପୋଡ଼ିହେଲା।

୧୬। ନୟନ- ନେତ୍ର। ଆନନ- ମୁଖ। ହାସ- ହସ। ବାସ- ଦେହର ସୁଗନ୍ଧି। ବାହୁ- ବାହା। କର- ହସ୍ତ। ଚରଣ- ପାଦ। ଉଦର- ପେଟ। ଆଭାସେ- ପ୍ରକାଶରେ। ବିମନ- ଦୁଃଖୀ। ପଙ୍କଜ- ପଦ୍ମ। ତପ- ତପସ୍ୟା। ବିଷମେ- ଅତି କଷ୍ଟରେ। ଜଳପ୍ରବଳରେ- ପାଣି ବଢ଼ିଯିବାରେ। ମାନରେ- ସମ୍ମାନ ରକ୍ଷାରେ। ହିମେ- ଶୀତକାଳ।

ଆଜଯାଏ ଗଜ ମୁଖ ନ ଟେକନ୍ତି ଲାଜମତିରେ ଗତି ଚାହିଁ
ମୁଖ-ସାନ୍ଦ୍ରକୁ ପୂର୍ଣ୍ଣଚନ୍ଦ୍ର ନ ଘଟି ଘଟିଲା ଦେହ ଚିନ୍ତାବିହି।
କପାଳ, ତୁଳ ଅଧକରେ ନୋହିଲା।
ଦଣ୍ଡ ଦେଲା ଗଣ୍ଡ ଖଣ୍ଡ ତ୍ରିଭାଗକୁ ଦଳା ଚିବୁକ ଚାରିକଳା ।୧୭।
କଳାକାରେ ରହି ହାସେ ଲାଜ ବହି ପ୍ରପଦେ ଶରଣ ପଶିଲା
ହେବାପାଇଁ ଲକ୍ଷ ବୋଲାଇଲା ନଖ ତେବେ ହେଁ ଛିକାର ପାଇଲା।
ସାଗରେ, ନିତି ଦିନ ଝାସ ଦିଆଇ
ନୋହିଲା ମରଣ ହୋଇଲା ସ୍ମରଣ ସୁଧାପିଣ୍ଡ ହେଲି କି ପାଇଁ ।୧୮।
ଉରୁବର ତୁଳା ସମେ ନୋହି ତୁଳା କଦଳୀ ଅନ୍ତସାର ଭିନ୍ନ
ଜାନୁ ଅନୁମାନୁ ଘେନୁଥାଇଁ ସଂପୁଟକ ହୃଦୟ ହେଲା ଶୂନ୍ୟ।
ଅରୁଣ, ଅଧର ରଣୀ ହୋଇବାରେ
ଦେଖାଇ ଦୀନତା କ୍ଷଣକେ ଆନତା ମୂରତିକି କରେ ପ୍ରଖରେ ।୧୯।
ବିମ୍ବା ବିରାଗରେ ବଇରାଗୀ ବେଶ ଧଇଲା ଭସ୍ମ ବିଲେପନେ
ବଳାଇ ମାନକୁ ଦଳାଇ ହୋଇଲା ହିଙ୍ଗୁଳ ବଳିବା ଭାବନେ।
ଜବାତ, ଶିବା ସେବାକୁ ମୂଳକଲା।
ଆଉରଙ୍ଗମାନେ ବିଭଙ୍ଗ ଗୁମାନେ କେ କାହିଁ ପଳାଇ ପଶିଲା ।୨୦।

୧୭। ଗଜ- ହସ୍ତୀ। ଲାଜମତିରେ- ଲାଜ ଲାଜ ହୋଇ, ଲାଜ ପାଇ। ଗତି- ଶ୍ରୀରାଧାଙ୍କ ଗମନ। ମୁଖ ସାନ୍ଦ୍ରକୁ- ପୂର୍ଣ୍ଣମୁଖକୁ। ନଘଟି- ଲକ୍ଷ୍ୟ ନ ହୋଇ। ଘଟିଲା ଦେହ ଚିନ୍ତା ବହି- ଚିନ୍ତାରେ ଦେହକୁ କ୍ଷୀଣ କଲା। ଅଧକରେ- ଅଧାହେଲେ ମଧ। ତୁଳ- ତଳନା। ଖଣ୍ଡତ୍ରିଭାଗ- ତିନିଭାଗରୁ ଏକଭାଗ। ଦଳା- ଦଳାହେଲା। ଚାରିକଳା- ଚାରିଭାଗରୁ ଏକ ଭାଗ।

୧୮। କଳାକରେ- ଏକ କଳାରେ। ପ୍ରପଦେ- ପାଦ ଅଗରେ। ସୁଧାପିଣ୍ଡ- ଅମୃତର ଦେହ।

୧୯। ମରତୁଳା- ବର୍ତ୍ତୁଳତା। ତୁଳା- ତୁଳନା, ସମାନ। କଦଳୀ- କଦଳୀବୃକ୍ଷ। ଅନୁମାନ ଘେନୁଥାଇ- ଅନୁମାନ କରୁ। ସଂପୁଟକ- ଫରୁଆ। ଅଧର ରଣୀ- ଶ୍ରୀରାଧାଙ୍କର ଅଧର ନିକଟରେ ଅରୁଣ ରଣୀ। ଆନତା- ଅନ୍ୟ ପ୍ରକାର। ପ୍ରଖରେ- ଅତିଶୀଘ୍ର।

୨୦। ବିମ୍ବା- ବିମ୍ବଫଳ। ବିରାଗରେ- ବୈରାଗରେ। ବଳାଇ ମାନକୁ- ଅଭିମାନ ବଳାଇ। ହିଙ୍ଗୁଳା- ହିଙ୍ଗୁଳ ରଙ୍ଗ। ବଳିବା- ବଳିଯିବା। ଭାବନେ- ଇଚ୍ଛାରେ, ଭାବନାରେ। ଜବା- ଜବାଫୁଲ। ଶିବା- ଦୁର୍ଗା। ବିଭଙ୍ଗ ଗୁମାନେ- ଟେକରେ ପରାଜିତ ହୋଇ।

ସୁଧା, ବସୁଧା-ବିଶୁଦ୍ଧା ହାସ ଦେଖି ବାସ ସ୍ୱର୍ଗେ କଲା ସଦ୍ରବେ
କର୍ପୂର ପୁରସ୍କାର କେତେ ମାତର ତିକ୍ତଗୁଣ ବହେ ସ୍ୱଭାବେ।
କୁମୁଦ, ଜଳଦୁର୍ଗ ମଧ୍ୟେ ରହିଲା
ତୁଚ୍ଛ ପଉରୁଷ କାଶ କୁଶ ଜଳି ମିଳାଇ ଛିଡ଼ିଗଲା ।୨୧।
ଲୋକନ ବିଲୋକନେ ପଶି କାନନେ ଚକିତ ଚଞ୍ଚଳ କୁରଙ୍ଗ
ଗଞ୍ଜନ ହୋଇ ଖଞ୍ଜନ ଗୁରୁ କଲା ଲୋଭୀ ହୋଇ ଭଙ୍ଗୀ ପ୍ରସଙ୍ଗ।
ଚାହାଣି, ଦେଖି ମାର କଲା ସାୟକ
ଚାରୁ ଭ୍ରୂରୁ ଦେଖି ନତ ଆମଞ୍ଚନେ ହେଲା ଗୁଣବନ୍ତ କାର୍ମୁକ ।୨୨।
ଦର ଦର ଦରଶନରେ ବହଇ ସୁକଣ୍ଠୀ ଗ୍ରୀବା ବିଲୋକନେ
ଦେବ ସେବା କଲା ସମାନ ନୋହିଲା କରତାଇ ହେଲା ବହନେ।
ଦନ୍ତକୁ; ଚାହିଁ ହୀରା ଶାଣେ ବସିଲା
ମୋତି ହେଲା ଭେଦ ଦାଡ଼ିମ୍ବ ବିପଦ ବିଶେଷ ହୃଦ ଫାଟିଗଲା ।୨୩।

୨୧। ସୁଧା- ଅମୃତ। ବସୁଧା ବିଶୁଦ୍ଧା ହାସ- ପୃଥିବୀରେ ଶୁଦ୍ଧସ୍ୱଭାବ ହସ, ଶ୍ରୀରାଧାଙ୍କର ହସ। ସଦ୍ରବେ- ତରଳିଯାଇ। ପୁସ୍କାର- ପ୍ରଶଂସା। ତିକ୍ତ- ପିତା। କୁମୁଦ- କଇଁଫୁଲ। ଜଳଦୁର୍ଗ- ପାଣି ଭିତରେ ଦୁର୍ଗ। ତୁଚ୍ଛ- ହୀନ। ପଉରୁଷ- ବଡ଼ପଣ। କାଶ- କାଶତଣ୍ଡୀ। କୁଶ- କୁଶଫୁଲ।

୨୨। ଲୋକନ- ଚକ୍ଷୁ। ବିଲୋକନେ- ଦେଖିବାରୁ। ଚକିତ- ଭୀତା। କୁରଙ୍ଗ- ମୃଗ। ଗଞ୍ଜନ ହୋଇ- ପରାଜିତ ହୋଇ। ଖଞ୍ଜନ- କଜ୍ଜଳପତ୍ରୀ ପକ୍ଷୀ। ଭଙ୍ଗୀ ପ୍ରସଙ୍ଗ- ଶ୍ରୀରାଧାଙ୍କର ଭଙ୍ଗୀ ପ୍ରସଙ୍ଗ। ମାର- କନ୍ଦର୍ପ। ସାୟକ- ବାଣୀ। ଚାରୁ- ସୁନ୍ଦର। ଭ୍ରୂରୁ- ଭ୍ରୂଲତା। ନତ- ନମ୍ର। ଆମଞ୍ଚନେ- ଆକର୍ଷିବା ପାଇଁ। ଗୁଣବନ୍ତ- ଗୁଣଯୁକ୍ତ, ଗୁଣଦଉଡ଼ି। କାର୍ମୂକ- ଧନୁ।

୨୩। ଦର- ଶଙ୍ଖ। ଦର- ଭୟ। ସୁକଣ୍ଠୀ- ଉତ୍ତମକଣ୍ଠୀ ଶ୍ରୀରାଧା। ବିଲୋକନେ- ବିଶେଷ ଦୃଷ୍ଟିରେ। କରତାଇ- କରତି ହେଲା, ଚିରିହେଲା। ବହନେ- ଶୀଘ୍ର। ଭେଦ- ଫୋଡ଼ା। ଦାଡ଼ିମ୍ବ- ଡାଳିମ୍ବ।

ବୀଣା ପ୍ରବୀଣା ବାଣୀ ଶୁଣି ଲାଜରେ ଖନା ପରାୟେ ସ୍ୱନ କଲା
ଲଭଲ୍ୟରେ ଶାରୀ ହାରୀ ବନେ ଗଲା, ମଧୁରେ ପିକ ମୂକ ହେଲା ।
ପାଟଳି, ପାଟଳି ଯାଏ ଶ୍ରୁତି ଦେଖି
ଚରମ ମନୋରମ ଚାହିଁ ଫଳକ କମ୍ପେ ସ୍ୱନରେ କାଳେ ଲକ୍ଷି ।୨୪।
ନାକଟେକ ଦେଖି ତିଳ ସୁମନସ ମୋହିତ ମହୀତ ଭଜଇ
ତୂଣୀ ଗୁଣି ପୁଣି ଅଶରଣ ହୋଇ ବୀରଙ୍କୁ ଶରଣ ହୁଅଇ ।
ଏ ବିଧି, ଅବିଧିକି କଲେ ଉପମା
ପ୍ରେମାଧାମାରାମା ବାମା ନାମାଭାସେ ଭାଳିଲେ ହେବ ପରା ବାମା।୨୫।
ପେଟି ଘଟିତକି ନିତମ୍ବବିମ୍ବକୁ, ବନ୍ଧନ ଲୋକରେ ଯାଉଛି
ମୃଦୁଳାକୁ ତୁଳା ନୋହି କରି ତୁଳା ଦେହକୁ ପିଞ୍ଜାଇ ହେଉଛି ।
ଅଶେଷ, ଶେଷରେ ତ ଶେଷ ନୋହିବ
କବି ଭାବି ହେଲେ ଏଥର ଆମ୍ଭର ବଚନ ଅଲଂକୃତ ହେବ ।୨୬।

୨୪। ପ୍ରବୀଣା- ନିପୁଣା ରାଧା । ସ୍ୱନ- ଶବ୍ଦ । ଲଭଲ୍ୟ- ଲୋଲତା, ତରଳତା । ମଧୁରେ- ମାଧୁର୍ଯ୍ୟରେ । ପିକ- କୋକିଳ । ପାଟଳି- ପାଟଳି ଫୁଲ । ପାଟଳି ଯାଏ- ପାଦ ଟଳିଯାଏ, ଝଡ଼ିପଡ଼େ । ଶ୍ରୁତି- କାନ । ଚରମ- ପୃଷ୍ଠଦେଶ, ପିଠି । ମନୋରମ- ସୁନ୍ଦର । ଫଳକ- ଢାଲ । କମ୍ପେ- ଥରି ଥରି । ସ୍ୱନରେ- ଶବ୍ଦକରି । ଲକ୍ଷି- ଲକ୍ଷ୍ୟ କରି ।

୨୫। ନାଟଟେକ- ନାକର ବଡ଼ପଣ । ତିଳ ସୁମନସ- ତିଳ ଫୁଲ । ମହୀତ ଭଜଇ- ମହୀକୁ ଭଜଇ, ଝଡ଼ିପଡ଼େ । ତୂଣୀ- ତୂଣୀର, ଶରମୁଣା । ଗୁଣି- ଭାବି । ଅଶରଣ- ଶରଣହୀନ, ଆଶ୍ରୟହୀନ । ଶରଣ ହୁଅଇ- ଆଶ୍ରୟ କରେ । ଅବିଧି- ଅକାର୍ଯ୍ୟ । ପ୍ରେମାଧାମ- ପ୍ରେମାଧାର । ରାମା- ମନୋହରିଣୀ । ବାମା- ସ୍ତ୍ରୀ । ନାମାଭାସେ- ନାମର ପ୍ରକାଶନ୍ତେ, ଆଭାସରେ । ବାମା- ପ୍ରତିକୂଳା ।

୨୬। ପେଟି- ପେଡ଼ି । ଘଟିତ- ତୁଳିତ । ବନ୍ଧନ ଲୋକରେ ଯାଉଛି- ସଂସାରରେ ବନ୍ଧା ହେଉଅଛି । ମୃଦୁଳା- କୋମଳ ଶରୀର, ଶ୍ରୀରାଧା । ତୁଳା- ତୁଲ୍ୟ । ପିଞ୍ଜାଇ- ଭିଣାଇ, ଫିଟାଇ । ଅଶେଷ- ଶେଷ ନାହିଁ । ଶେଷରେ- ଶେଷଦେବଙ୍କ ଦ୍ୱାରା, ଅନନ୍ତ ବା ବାସୁକୀଙ୍କ ଦ୍ୱାରା । ଅଲଂକୃତ- ଶୋଭିତ ।

ଅପ୍ରମିତ ମିତ ଦାସୀ ବିଗଣିତ ମଧ୍ୟେ ଅନ୍ତରଙ୍ଗା ପ୍ରଭୃତି
ନକ୍ଷତ୍ର ନିଧି ସିଦ୍ଧିନାମା ପ୍ରସିଦ୍ଧି ସଂଖ୍ୟାରେ ଏତିକି ଗଣନ୍ତି ।
ତାଙ୍କର, ପାଞ୍ଚ ପ୍ରକାରରେ ବିଭେଦ
ଶାସ୍ତ୍ର ଅନୁମାନେ ଜାଣିମେ ସୁଜନେ ଯେ ହେବ ତାପିନୀ ପ୍ରବିଦ ।୨୭।
କୃଷ୍ଣ ଶୋଭା ପ୍ରଭା ଦେଖି ଲୋଭା ହୋଇ ସଭାରେ ରାଜନ ବିଚାରି
ସିନ୍ଧୁ ସମ୍ଭବା-ପରାଭବା-ବିଭାକୁ ବିଭା କରିବା ମୂଳକରି ।
ମହୀଶ, ମହିଷୀ ପୁରତେ କହିଲେ
ପୂର୍ବ ସନମତି ଚନ୍ଦ୍ରସେନ ମାତ ତୁଲେ ଅଛି, ରାଣୀ ବୋଇଲେ ।୨୮।

୨୭। ଅପ୍ରମିତ- ଅସଂଖ୍ୟ । ବଗଣିତ- ଅଗଣିତ, ଅସଂଖ୍ୟ । ଅନ୍ତରଙ୍ଗା- ଆତ୍ମୀୟସଖୀ ।
ନକ୍ଷତ୍ର- ସତେଇଶ ନକ୍ଷତ୍ର; ଅଶ୍ୱିନୀ, ଦ୍ୱିଜା, କୃତ୍ତିକା, ରୋହିଣୀ, ମୃଗଶିରା, ଆର୍ଦ୍ରା, ପୁନର୍ବସୁ, ପୁଷ୍ୟା, ଅଶ୍ଳେଷା, ମଘା, ପୂର୍ବ ଫାଲ୍‌ଗୁନୀ, ଉତ୍ତର ଫାଲ୍‌ଗୁନୀ, ହସ୍ତା, ଚିତ୍ରା, ସ୍ୱାତୀ, ବିଶାଖା, ଅନୁରାଧା, ଜ୍ୟେଷ୍ଠା, ମୂଳା, ପୂର୍ବାଷାଢ଼ା, ଶ୍ରବଣା, ଧନିଷ୍ଠା, ଶତଭିଷା, ପୂର୍ବଭାଦ୍ରପଦ, ଉତ୍ତରଭାଦ୍ରପଦ ଓ ରେବତୀ ।
ନିଧି- ନବନିଧି; ମୁକ୍ତା, ମାଣିକ୍ୟ, ବୈଦୁର୍ଯ୍ୟ, ଗୋମେଦ, ବଜ୍ର ବା ହୀରକ, ବିଦ୍ରୁମ ବା ପ୍ରବାଳ, ପଦ୍ମରାଗ, ମରକତ ଓ ନୀଳକାନ୍ତ ।
ସିଦ୍ଧି- ଅଷ୍ଟସିଦ୍ଧି; ଅଣିମା, ଲଘିମା, ମହିମା, ବ୍ୟାପ୍ତ, ପ୍ରାକାମ୍ୟ, ଈଷିତା, ବଶିତା ଓ କାମାବସାୟିତା ।
ନାମା-ନାମରେ । ସଂଖ୍ୟାରେ- ନକ୍ଷତ୍ରନାମଧାରିଣୀ ସତେଇଶ, ନିଧିନାମରେ ନଅ ଓ ସିଦ୍ଧିନାମରେ ଆଠ । ଏହିପରି ଚଉରାଳିଶ ସଖୀ । ପାଞ୍ଚପ୍ରକାର- ଶ୍ରୀରାଧାଙ୍କର ଅନ୍ତରଙ୍ଗା ସଖୀମାନେ ପଞ୍ଚଭାଗରେ ବିଭକ୍ତ; ସଖୀ, ନିତ୍ୟସଖୀ, ପ୍ରିୟସଖୀ, ପ୍ରାଣସଖୀ ଓ ପରମଶ୍ରେଷ୍ଠ ସଖୀ । ବିଭେଦ- ବିଭକ୍ତ । ତାପିନୀ ପ୍ରଭେଦ- ରାଧାତାପିନୀ, ଗୋପାଳତାପିନୀ, ପୁରୁଷୋତ୍ତମ ତାପିନୀ ପ୍ରଭୃତି ଶାସ୍ତ୍ରରେ ପ୍ରବୀଣ ।
୨୮। ପ୍ରଭା- କାନ୍ତି । ସିନ୍ଧୁସମ୍ଭବା- ଲକ୍ଷ୍ମୀ । ପରାଭବାବିଭା- ଯେଉଁ ବିଭା ବା କାନ୍ତି ପରାଜିତ କରୁଛି, ଅର୍ଥାତ୍ କାନ୍ତିରେ ଯେ ବଳିପଡ଼ିଛି । ବିଭା- ବିବାହ । ମହୀଶ- ରାଜା ବୃଷଭାନୁ । ମହିଷୀ- ପାଟରାଣୀ କୀର୍ତ୍ତିଦା । ପୁରତେ- ସମ୍ମୁଖରେ । ତୁଲେ- ଠାରେ । ସନମତ ସମ୍ମତ ।

ସେ ପଦେ ହାସ୍ୟାସ୍ପଦ ରାଜା କରନ୍ତେ, ଶୁଣି ଦୁର୍ବାସା ପୂର୍ଣ୍ଣମାସୀ
ଶାସ୍ତ୍ର ପ୍ରବର୍ତ୍ତାଇ ସେ ସତ୍ୟକୁ ସ୍ଥାୟୀ ନିଜ ଶ୍ରେୟ ମନେ ମନାସି ।
ଗୋବିନ୍ଦ, ପ୍ରେମ ସର୍ଜକ ବିଧି ଯେଣୁ
ପରକୀୟା ରସା ଉଲ୍ଲାସ ବିଶେଷ ହେବାର ଭିଆଇଲେ ତେଣୁ ।୨୯।
କିଶୋରୀ ରତନ ନୂତନ ଯତନ ସୁଷମା ଘେନି କରି ମନେ
ଦୀନ ଅଭିମନ୍ୟୁ ସାମନ୍ତସିଂହାର ଶରଣ ଇଚ୍ଛେ ପ୍ରତିଦିନେ ।
ସାଧବେ, ମାଧବେ ମୋହି ଯେ ପାରିବ
ବିଶ୍ୱ ବଇଭବା ଭବାବ୍ଧିତାରଣ କାରଣ କଉଁ ଅସମ୍ଭବ ।୩୦।

୨୯। ସେ ପଦେ- ସେକଥା ଶୁଣି । ଶାସ୍ତ୍ର ପ୍ରବର୍ତ୍ତାଇ- ଶାସ୍ତ୍ର ଅନୁଯାୟୀ ସିଦ୍ଧାନ୍ତ କରି । ସ୍ଥାୟୀ- ସ୍ଥିର । ଶ୍ରେୟ- ମଙ୍ଗଳ । ପ୍ରେମ ସର୍ଜକ- ପ୍ରେମର ସୃଷ୍ଟିକାରୀ । ପରକୀୟା- ପର ସ୍ତ୍ରୀଠାରେ ପ୍ରୀତି । ରସ- ଆନନ୍ଦ ।

୩୦। କିଶୋରୀରତନ- କିଶୋରୀମାନଙ୍କ ମଧ୍ୟରେ ରତ୍ନ ସଦୃଶା, ଶ୍ରୀରାଧା । ନୂତନ ଯତନ ସୁଷମା- ନୂତନ ଯୌବନ ଓ ସଯତ୍ନ ସଂପାଦିତ ମନୋହର ସୌନ୍ଦର୍ଯ୍ୟ । ସାଧବେ- ସାଧୁଜନମାନେ । ମାଧବେ- ଶ୍ରୀକୃଷ୍ଣଙ୍କୁ । ବିଶ୍ୱବଇଭବା- ସମଗ୍ର ଜଗତର ବିଭବ ସ୍ୱରୂପିଣୀ ଶ୍ରୀରାଧା, ସର୍ବ ଐଶ୍ୱର୍ଯ୍ୟମୟୀ ଶ୍ରୀରାଧା । ଭବାବ୍ଧି- ସଂସାର ରୂପକ ସାଗର ।

❑❑❑

ତ୍ରିଂଶ ଛାନ୍ଦ

ଯୁଗଳ ସ୍ୱପ୍ନ-ଦର୍ଶନ

ରାଗ-ଚୋଖୀ

ଏ ଉତ୍ତାରୁ ସୁବିଦୁଷ		ସାବଧାନେ ଘେନ ରସ
ନିଶିମୁଖ ଆଗମନ ଦିବସ ଶେଷ।
ବାରୁଣୀ ବିଳାସୀରବି		ପୂର୍ବେ ଉଦେ ଶଶି ଛବି
ରଙ୍ଗିମା ଶୁକ୍ଳିମା ମନୋହର ପ୍ରକାଶ।
ସହଜରେ ଶରଦକାଳ। ଋତୁମୁଖ ଜାତ ତିଥି ମିଶି ମଞ୍ଜୁଳ ।୧।
ବିଚାରି କି ପଦ୍ମଯୋନି		ସୁଧା ଅନୁରାଗ ଘେନି
ବିଶ୍ୱତୁଳନାରେ ତୁଳି କଳନା କରେ।
ଉଶ୍ୱାସ ଭାଗ ଉଠିଲା		ଗରୁଆ ତଳକୁ ଗଲା
ଉଚ୍ଚନୀଚ ନୀଚ ଉଚ୍ଚ ଜଣା ବିଧିରେ।
ସୁଧା ଅନୁରାଗ ସଙ୍ଗତେ। ସରିକରି ବୋଲି ପାରିବ କେ କେମନ୍ତେ ।୨।

୧। ଏ ଉତ୍ତାରୁ- ଏହାପରେ। ସୁବିଦୁଷ- ଉତ୍ତମ ପଣ୍ଡିତମାନେ। ଘେନରସ- ରସପୂର୍ଣ୍ଣ ବର୍ଣ୍ଣନାକୁ ଗ୍ରହଣ କର। ନିଶିମୁଖ- ସନ୍ଧ୍ୟା। ବାରୁଣୀ ବିଳାସୀ ରବି- ପଶ୍ଚିମ ଦିଗରୂପିଣୀ ନାୟିକା ବିହାରୀ ସୂର୍ଯ୍ୟ, ପଶ୍ଚିମଦିଗକୁ ଢଳିପଡ଼ିଥିବା ସୂର୍ଯ୍ୟ। ଶଶିଛବି- ଚନ୍ଦ୍ରଙ୍କ ଶୋଭା ବା ରୂପ। ରଙ୍ଗିମା- ଲାଲରଙ୍ଗ, ରକ୍ତବର୍ଣ୍ଣ (ସୂର୍ଯ୍ୟ)। ଶୁକ୍ଳିମା- ଶୁକ୍ଳବର୍ଣ୍ଣ, ଧବଳ (ଚନ୍ଦ୍ର)। ମନୋହର- ସୁନ୍ଦର। ପ୍ରକାଶ- ଦୀପ୍ତିଶୋଭା। ଋତୁମୁଖ- ଋତୁ ଅର୍ଥାତ୍ ଛଅଯି ମୁଖ ଯାହାଙ୍କର, କାର୍ତ୍ତିକେୟ। ଋତୁମୁଖଜାତ ତିଥି- କାର୍ତ୍ତିକେୟଙ୍କ ଜନ୍ମତିଥି, କାର୍ତ୍ତିକ ପୂର୍ଣ୍ଣିମା। ମିଶି- ମିଶିବାରୁ। ମଞ୍ଜୁଳ- ସୁନ୍ଦର।

୨। ପଦ୍ମଯୋନି- ବ୍ରହ୍ମା। ସୁଧା- ଅମୃତ। ଅନୁରାଗ- ସ୍ନେହ। ବିଶ୍ୱତୁଳନାରେ- ବ୍ରହ୍ମାଣ୍ଡ ରୂପକ ତୁଳଦଣ୍ଡରେ। ତୁଳି- ତଉଲି, ତୁଳନା କରି। କଳନା କରେ- ବିଚାର କରେ। ଏଠାରେ ଚନ୍ଦ୍ରକୁ ସୁଧା ଓ ସୂର୍ଯ୍ୟକୁ ଅନୁରାଗ ଭାବରେ କଳ୍ପନା କରାଯାଇଛି। ଉଶ୍ୱାସ ଭାଗ- ହାଲୁକାପଟ। ଗରୁଆ- ଭାରୀ ଅଧିକ ଓଜନ ଭାଗ। ବିଧିରେ- ତୁଳା ବିଧିରେ। ଚନ୍ଦ୍ର ଆକାଶର ଉର୍ଦ୍ଧ୍ୱଦେଶକୁ ଉଠିବାରୁ ତାହା ହାଲୁକା ଓ ସୂର୍ଯ୍ୟ ଆକାଶର ନିମ୍ନଭାଗକୁ ଗତି କରିବାରୁ ତାହା ଭାରୀ। ତେଣୁ ଏଠାରେ କବି ପ୍ରକାଶ କରିଛନ୍ତି ଯେ ଅନୁରାଗ ସୁଧାଠାରୁ ଉତ୍କୃଷ୍ଟ। ଏହି ଦୃଷ୍ଟିରୁ ଅନୁରାଗ ସହିତ ଅମୃତକୁ ସମାନ ବୋଲି କୁହାଯାଇ ନପାରେ।

ତାତ ସିଦ୍ଧିକି ବଳିବ ବିଚାରି କି କାମଦେବ।
ମାଣିକ୍ୟ ହୀରା ରଥାଙ୍ଗ ପେଷି ଦେଇଛି।
ବିଯୋଗୀ ସୁଖ-ଦୁଃଖଦ ସଂଯୋଗୀ ସୁଖ-ଦୁଃଖଦ
ପରସ୍ପରେ ବିରୋଧାଭାଷକୁ କରୁଛି।
ତମ ନାଶନେ ତ ପ୍ରୟୋଗ। ତମେ ପଶେ, ତମୁଁ ଆସେ, ଏକ ସଂଯୋଗ ।୩।
ଦନ୍ତି ଦନ୍ତ-ସମୁଦ୍‌ଗକ ପ୍ରବାଳ ଢାଙ୍କୁଣୀ ଟେକ
ଦିଗ-ବଣିକ କି ଫେଡ଼ି ଭିନ୍ନେ ଥୋଇଛି।
ତାର ତାର ତାରମୋଡ଼ ଗୋଟି ଗୋଟିକେ ଗଣନ୍ତି
କରୁଛି ପରା ଅମ୍ବରେ ପ୍ରତେ ହେଉଛି।
ସ୍ଥାନ ସ୍ଥିତି ନୀଳେନ୍ଦ୍ର ମଣି। ଗୋଟିକେ କି ଭ୍ରମଭାଳେ କି ହେବଗଣି ।୪।

୩। ତାତ- ପିତା, କନ୍ଦର୍ପର ପିତା ବିଷ୍ଣୁ। ସିଦ୍ଧି- ପ୍ରସିଦ୍ଧି, ବିଷ୍ଣୁ ଗୋଟିଏ ଚକ୍ର ଧାରଣ କରିଛନ୍ତି। ବଳିବ- ଟପିଯିବ। କାମଦେବ- କନ୍ଦର୍ପ। ମାଣିକ୍ୟ- ରକ୍ତବର୍ଣ୍ଣ ମଣି, ସୂର୍ଯ୍ୟ। ହୀରା- ଉଜ୍ଜ୍ୱଳ ଶୁଭ୍ରଧାତୁ, ଚନ୍ଦ୍ର। ରଥାଙ୍ଗ- ଚକ୍ର। ବିଷ୍ଣୁ ଗୋଟିଏ ଚକ୍ରଧାରଣ କରିଛନ୍ତି, ତାଙ୍କ ପୁତ୍ର କନ୍ଦର୍ପ ପିତାଙ୍କର ପ୍ରସିଦ୍ଧକୁ ବଳିଯିବା ପାଇଁ ଗୋଟିଏ ମାଣିକ୍ୟର ଓ ଅନ୍ୟଟି ହୀରାର, ଏହିପରି ଦୁଇଗୋଟି ଚକ୍ର ଏଠାରେ ପେଷି ଦେଇଥିବାର ବର୍ଣ୍ଣିତ। ବିଯୋଗୀ- ବିରହୀ। ସଂଯୋଗୀ- ସସ୍ତ୍ରୀକ। ସୁଖ-ଦୁଃଖଦ-ସୁଖ ଓ ଦୁଃଖ ଦାନ କରୁଅଛି। ବିଯୋଗୀ ସୁଖ ଦୁଃଖଦ- ବିରହୀମାନଙ୍କୁ ସୂର୍ଯ୍ୟ ସୁଖ ଓ ଚନ୍ଦ୍ର ଦୁଃଖ ଦେଉଅଛି। ସଂଯୋଗୀ ସୁଖ ଦୁଃଖଦ- ସଂଯୋଗୀମାନଙ୍କୁ ସୂର୍ଯ୍ୟ ଦୁଃଖ ଓ ଚନ୍ଦ୍ର ସୁଖ ଦେଉଅଛି। ବିରୋଧାଭାଷକୁ କରୁଛି- ଚନ୍ଦ୍ର ଓ ସୂର୍ଯ୍ୟ ବିଯୋଗୀ ଓ ସଂଯୋଗୀ ଉଭୟଙ୍କ କ୍ଷେତ୍ରରେ ସୁଖ ଓ ଦୁଃଖକୁ ଯେପରି ବିପରୀତ ଭାବରେ ସୃଷ୍ଟି କରୁଛନ୍ତି, ତାହା ବିପରୀତ ଭାବ ବା ବିରୋଧାଭାଷ ଅଳଙ୍କାର ସୃଷ୍ଟି କରୁଅଛି। ତମ ନାଶନେ- ଅନ୍ଧକାରକୁ ବିନାଶ କରିବା ପାଇଁ। ତମେ ପଶେ- ଅନ୍ଧକାରକୁ ପଶୁଛି, ସୂର୍ଯ୍ୟ। ତମୁଁ ଆସେ- ଅନ୍ଧକାରରୁ ବାହାରି ଆସୁଛି, ଚନ୍ଦ୍ର। ସଂଯୋଗ- ବିଧାନ।

୪। ଦନ୍ତିଦନ୍ତ ସମୁଦ୍‌ଗକ- ହାତୀଦାନ୍ତରେ ନିର୍ମିତ ଫରୁଆ। ପ୍ରବାଳ ଢାଙ୍କୁଣୀ- ପୋହଳାରେ ତିଆରି ଢାଙ୍କୁଣୀ ବା ଆବରଣ। ଟେକ- ଉତ୍କୃଷ୍ଟ। ଦିଗବଣିକ- ଦିଗରୂପକ ବଣିଆ। ଫେଡ଼ି- ଫିଟାଇ। ଭିନ୍ନେ- ଅଲଗା କରି। ଏଠାରେ ଚନ୍ଦ୍ର ହାତୀଦାନ୍ତ ଫରୁଆର ତଳଭାଗ ଓ ସୂର୍ଯ୍ୟ ପୋହଳା ନିର୍ମିତ ଢାଙ୍କୁଣୀ ଭାବରେ ପରିକଳ୍ପିତ। ତାର ତାର- ଅତି ଉଜ୍ଜ୍ୱଳ। ତାରମୋଡି- ନକ୍ଷତ୍ରରୂପକ ମୁକ୍ତା। ଅମ୍ବରେ- ଆକାଶରେ। ପ୍ରତେହେଉଛି- ପ୍ରତୀତ ହେଉଅଛି, ଜଣାଯାଉଛି। ସ୍ଥାନସ୍ଥିତ- ଚନ୍ଦ୍ରରୂପକ ହାତୀଦାନ୍ତ ଫରୁଆରେ ରହିଯାଇଥିବା। ନୀଳେନ୍ଦ୍ରମଣି- ଇନ୍ଦ୍ରନୀଳମଣି, ଚନ୍ଦ୍ରର କଳଙ୍କ। ଗୋଟିକେ- ଗୋଟିକରେ। ଭ୍ରମ- ଭୁଲ। ଭାଳେ- ଭାବୁଅଛି।

ଦିନକୁ କଲେ ବିନାଶ ବାରୁଣୀରେ ହେଲେ ବଶ

ଦ୍ୟୁମଣି ଦ୍ୱିଦୋଷ ହତେ ସିନ୍ଧୁ ମଜ୍ଜନ।

ଦିନ ତାପ ବିନାଶନ ତମସ କୁଳ ଖଣ୍ଡନ

ପୁଣ୍ୟରୁ ମାନ ପାଇଲେ ବିଧୁ ବହନ।

କର କୀର୍ତ୍ତି ଘୋଟିଲାମହୀ। ରଜତ ସୃଷ୍ଟି ସର୍ଜକ ହେଲା କରି ବିହି ।୫।

ଶିବାଙ୍କୁ ହୋଇଲେ ଭୀମ ଅଛନ୍ତି ନାହାନ୍ତି ଭ୍ରମ

ଭୀମ ଗଙ୍ଗାଙ୍କୁ ଲୋଡ଼ିଲେ ଜଟା ଫିଟାଇ।

କୁସୁମବତୀ ବ୍ରତତୀ ଅଦୃଷ୍ଟ ରଜାର ରୀତି

ମୋତି ହାରବନ୍ତୀ ମତି ଚିନ୍ତାକୁ ପାଇ।

ଭ୍ରମରେ ଭ୍ରମରେ ଭ୍ରମନ୍ତି। ମଧୁପ ପରାୟେ କୁମୁଦିନୀ ଲୋଡ଼ନ୍ତି ।୬।

୫। ଦିନକୁ କଲେ ବିନାଶ- ଦିବସକୁ ଓ ଦରିଦ୍ରକୁ ବିନାଶ କଲେ। ବାରୁଣୀରେ ହେଲେ ବଶ- ପଶ୍ଚିମଦିଗରୂପକ ନାୟିକା ଓ ମଦ୍ୟରେ ଆସକ୍ତ ହେଲେ। ଦ୍ୟୁମଣି- ସୂର୍ଯ୍ୟ। ଦ୍ୱିଦୋଷ- ଦୁଇଗୋଟି ଦୋଷ; ଦିବସ ବା ଦରିଦ୍ରର ହତ୍ୟା ଓ ପଶ୍ଚିମଦିଗରୂପକ ନାୟିକା ବା ମଦ୍ୟପାନରେ ଆସକ୍ତି। ହତେ- ନାଶକରିବା ନିମନ୍ତେ। ସିନ୍ଧୁମଜ୍ଜନ- ସମୁଦ୍ରରେ ବୁଡ଼ିଲେ, ଝାସଦେଲେ। ଦିନ ତାପ- ଦିବସର ତାପ ବା ତାତି; ଦରିଦ୍ରର ଦୁଃଖ ବା ସନ୍ତାପ। ବିନାଶନ- ବିନାଶ କରିବା ହେତୁ। ତମସକୁଳ- ଅନ୍ଧକାର ଓ ଅଜ୍ଞାନସମୂହ। ଖଣ୍ଡନ- ନାଶକରିବା ହେତୁ। ମାନ- ସମ୍ମାନ, ଉଦୟ। ବିଧୁ- ଚନ୍ଦ୍ର। ବହନ- ଶୀଘ୍ର। କରକୀର୍ତ୍ତି- କିରଣ ରୂପକ ଯଶ। ଘୋଟିଲା- ବ୍ୟାପିଗଲା, ପ୍ରସାରିତ ହେଲା। ମହୀ- ଧରାପୃଷ୍ଠରେ। ରଜତ- ରୂପା। ସର୍ଜକ- ସର୍ଜନାକାରୀ। ବହି- ବିଧାତା।

୬। ଶିବାଙ୍କୁ- ପାର୍ବତୀଙ୍କୁ। ଭୀମ- ଶିବ। ଅଛନ୍ତି ନାହାନ୍ତି ଭ୍ରମ- ଅଛନ୍ତି କି ନାହାନ୍ତି, ଏହିପରି ଭ୍ରମ। ଭୀମ- ଶିବ। ଲୋଡ଼ିଲେ- ଖୋଜିଲେ। ଶିବ ଶୁଭ୍ରବର୍ଣ୍ଣ ହେତୁ ଚନ୍ଦ୍ର କିରଣରେ ଏପରି ଭାବରେ ମିଶିଗଲେ ଯେ ଶିବ ଅଛନ୍ତି ବା ନାହାନ୍ତି ପାର୍ବତୀ ଜାଣିପାରିଲେ ନାହିଁ। ଚନ୍ଦ୍ରକିରଣରେ ଏକାକାର ହୋଇଯାଇଥିବା ଗଙ୍ଗାଙ୍କୁ ଶିବ ଜଟା ଫିଟାଇ ଖୋଜିଲେ। କୁସୁମବତୀ ବ୍ରତତୀ- ଧଳା ଫୁଲ ଫୁଟିଥିବା ଲତା। ଅଦୃଷ୍ଟରଜା- ଅପୁଷ୍ପବତୀ। ରୀତି- ପ୍ରକାର। ଧଳାଫୁଲ ଫୁଟିଥିବା ଲତା ଚନ୍ଦ୍ରକିରଣରେ ଏପରିଭାବରେ ମିଶିଯାଇଛି ଯେ ଲତାରେ ଫୁଲ ଫୁଟିଛି ନା ନାହିଁ କିଛି ଜଣାଯାଉ ନଥିଲା। ମୋତିହାରବନ୍ତୀ- ମୋତିହାର ପିନ୍ଧିଥିବା ନାରୀ। ମତି- ମନ। ଚିନ୍ତାକୁ ପାଇ- ଚିନ୍ତିତ ହେଲା। ଚନ୍ଦ୍ର କିରଣରେ ମୋତିମାଳାର ଅସ୍ତିତ୍ୱ ବାରିହେଲା ନାହିଁ। ଭ୍ରମରେ- ଭଅଁରମାନେ। ଭ୍ରମରେ- ଭ୍ରମବଶତଃ। ଭ୍ରମନ୍ତି- ବୁଲନ୍ତି। ମଧୁପ-ମଦ୍ୟପ। କୁମୁଦିନୀ- କଇଁଲତା ଓ ମଦନାୟିକା। ଲେଡ଼ନ୍ତି- ଖୋଜନ୍ତି। ଚନ୍ଦ୍ରକିରଣରେ କଇଁଫୁଲ ଏପରି ଭାବରେ ମିଶିଯାଇଛି ଯେ ଭ୍ରମରମାନେ ତାହାକୁ ଖୋଜିବାରେ ଲାଗିପଡ଼ିଲେ।

ଏକାଳକୁ ଅନୁଲକ୍ଷି ଦୁଃଖୀ ସଖୀ ହୋଇ ସୁଖୀ

ସ୍ନେହେ ଧନୀ ପାଶେ ମିଳି କହିଲେ ଛଳି ।

ହେ କଳାନିଧି ଆଶାୟି ଏ କଳାନିଧି ଦିଶଇ

ବର-ବରଦ ସକାଶୁଁ ପୂଜନ୍ତି ବାଳୀ ।

ପୋତୁ ମୁଖ ସ୍ୱୀକାର ଜାଣି । ସେବା ବ୍ୟାଜେ ବଳେ ବେଶ କଲେ ମିତଣୀ ।୭।

ଶ୍ରୀ ବୃଷଭାନୁ ଆତ୍ମଜା ବିଧି ପୂର୍ବେ କରି ପୂଜା

ପ୍ରେମ ମର୍ମ ଭ୍ରମେ କଲେ ବିନତି ସ୍ତୁତି ।

ଜୟପ୍ରଭୁ ରାମଚନ୍ଦ୍ର ସଲକ୍ଷଣ ଗୁଣେ ସାନ୍ଦ୍ର

ସକଳ ମଣ୍ଡନ ସଦା ଅନନ୍ତ ଗତି ।

ତମ ତାପହା ଶୁଚିକର । ବାଳୀ ନାମରେ ମାତ୍ରକ ଭ୍ରମ ନକର ।୮।

୭। ଏକାଳକୁ ଅନୁଲକ୍ଷି- ଏହି ସମୟକୁ ଦେଖି । ଦୁଃଖୀସଖୀ- ଦୁଃଖିତା ସଖୀମାନେ । ହୋଇସୁଖୀ- ସୁଖୀ ହୋଇ । ଧନୀ- ଶ୍ରୀରାଧା । ଛଳି- ଛଳକରି । କଳାନିଧି ଆଶାୟୀ- ଶ୍ରୀକୃଷ୍ଣରୂପକ ଚନ୍ଦ୍ରଠାରେ ଆଶାପୋଷଣକାରୀ । କଳାନିଧି- ଚନ୍ଦ୍ର । ବରବରଦ- ପତିବରଦାନକାରୀ । ବାଳୀ- କନ୍ୟାମାନେ । ପୋତୁଁ ମୁଖ- ତଳକୁ ମୁହଁ ପୋତିବାରୁ । ସ୍ୱୀକାର- ଅଙ୍ଗୀକାର । ସେବାବ୍ୟାଜେ- ସେବା ଛଳରେ । ମିତଣୀ- ସଖୀମାନେ ।

୮। ବୃଷଭାନୁ ଆତ୍ମଜା- ବୃଷଭାନୁନ୍ଦିନୀ ଶ୍ରୀରାଧା । ବିଧିପୂର୍ବେ- ବିଧିପୂର୍ବକ, ବିଧି ଅନୁସାରେ । ପ୍ରେମମର୍ମ ଭ୍ରମେ- ଅନୁରାଗଜନିତ ମନର ଭ୍ରମରେ । ବିନତି ସ୍ତୁତି- ମିନତିପୂର୍ଣ୍ଣ ପ୍ରାର୍ଥନା । ରାମଚନ୍ଦ୍ର- ରମଣୀୟ ଚନ୍ଦ୍ର ଓ ଦଶରଥ ପୁତ୍ର ରାମଚନ୍ଦ୍ର । ସଲକ୍ଷଣ- କଳଙ୍କ ସହିତ ଓ ଲକ୍ଷ୍ମଣଙ୍କ ସହିତ ଯୁକ୍ତ । ଗୁଣେସାନ୍ଦ୍ର- ଗୁଣରେ ପରିପୂର୍ଣ୍ଣ । ସକଳମଣ୍ଡନ- କଳା ସହିତ, ଭୂଷଣସ୍ୱରୂପ ଓ ସମସ୍ତଙ୍କର ଭୂଷଣ । ଅନନ୍ତଗତି- ଆକାଶରେ ଗତିକରନ୍ତି, ଯାହାଙ୍କର ଗତିରେ ଅନ୍ତ ନାହିଁ । ତମତାପହା- ଅନ୍ଧକାର ଓ ତାପନାଶକ, ଅଜ୍ଞାନ ଦୁଃଖନାଶକ । ଶୁଚିକର- ଶୁଭ୍ରକିରଣ, ଶୃଙ୍ଗାରପ୍ରଦ । ବାଳୀ ନାମରେ- ବାଳାନାମରେ, ଶ୍ରୀରାଧାଙ୍କ ନାମରେ । ଶ୍ରୀରାଧା ଏଠାରେ ଶ୍ରୀରାମଚନ୍ଦ୍ରଙ୍କୁ ପ୍ରାର୍ଥନା କରି ଜଣାଇଛନ୍ତି ଯେ ସେ ବାଳୀ, ବାଳୀ ଶବ୍ଦ ଶୁଣି ରାମଚନ୍ଦ୍ର ତାଙ୍କୁ ତାଙ୍କର ଶତ୍ରୁ ମର୍କଟରାଜ ବାଳୀ ବୋଲି ଯେପରି ନଭାବନ୍ତି । ରାମଚନ୍ଦ୍ର ବାଳୀକୁ ବିନାଶ କରିଥିଲେ ।

ଜୟ ଜୟ କଳାନିଧି   ଅମୃତ କର ପ୍ରସିଦ୍ଧି ।
ସଦାଶିବ ଶିରୋଧାର୍ଯ୍ୟ ଉଜ୍ଜ୍ୱଳ ମୂର୍ତ୍ତି ।
ସୁନ୍ଦର ସୁଲକ୍ଷ ବକ୍ଷ   ସୁର ସୁଖୋଦୟେ ଦକ୍ଷ ।
ଦିନତାପ ବିନାଶନ ବିରାଜ ପତି ।
ବିଧୁବର ଆହ୍ଲାଦ କର । କମଳିନୀ ନାମେ ଭ୍ରମ ହେବା ଅସାର ।୯।
ହରିକି ବିଚାରି ହରି   କର ବିକ୍ଷେପନେ ଡରି
ବାହୁ କମ୍ପିତ ଘୋଡ଼ାଇ ଦେଲେ ଉରଜ ।
ଏ ବିଭ୍ରମ ଦେଖି ସଖି   ହରି ଭାବ ମନେ ରଖି ।
ସୁଧା ଚତ୍ୱରେ ସତ୍ୱରେ ଶେଯାଇ ଶେଯ ।
ପହୁଡ଼ାଇ ଦେଲେ ଧନୀକି । ଅମୃତ କରି ପ୍ରତୀତି ଆଣି ମତିକି ।୧୦।

୯। କଳାନିଧି- ଷୋଳକଳାର ଅଧାର ଚନ୍ଦ୍ର ଓ ଚଉଷଠି କଳାର ଆଧାର ବିଷ୍ଣୁ । ଅମୃତକର ପ୍ରସିଦ୍ଧି- ଅମୃତପୂର୍ଣ୍ଣ କିରଣ ରୂପେ ପ୍ରସିଦ୍ଧ, ଚନ୍ଦ୍ର ଏବଂ ମୋକ୍ଷଦାତା ଭାବରେ ପ୍ରସିଦ୍ଧ, ଚନ୍ଦ୍ର ଏବଂ ମୋକ୍ଷଦାତା ଭାବରେ ପ୍ରସିଦ୍ଧ, ବିଷ୍ଣୁ । ସଦାଶିବ ଶିରୋଧାର୍ଯ୍ୟ- ଶିବଙ୍କର ମସ୍ତକ ଭୂଷଣ ଚନ୍ଦ୍ର ଓ ଶିବଙ୍କର ପୂଜ୍ୟ; ସର୍ବଦା ମଙ୍ଗଳମୟ ଓ ସମସ୍ତଙ୍କର ପୂଜନୀୟ ବିଷ୍ଣୁ । ଉଜ୍ଜ୍ୱଳ ମୂର୍ତ୍ତି- ଦୀପ୍ତିବନ୍ତ ମୂର୍ତ୍ତି । ସୁନ୍ଦର ସୁଲକ୍ଷ ବକ୍ଷ- ମନୋହର ବକ୍ଷ ବିଶିଷ୍ଟ, ଯାହାଙ୍କର ବକ୍ଷ ସୁନ୍ଦ ନାମକ ଅସୁରର ଲକ୍ଷ୍ୟସ୍ଥଳ । ସୁର- ଦେବତାମାନଙ୍କର । ସୁଖୋଦୟେ- ସୁଖ ପ୍ରଦାନ ବିଷୟରେ । ପ୍ରତ୍ୟେକ ତିଥିରେ ଚନ୍ଦ୍ର ଅମୃତ ରୂପକ କଳା ଦାନ କରନ୍ତି ଓ ବିଷ୍ଣୁ ଅସୁରମାନଙ୍କୁ ସଂହାର କରି ଦେବତାମାନଙ୍କର ସୁଖଦାୟକ ହୋଇଥାଆନ୍ତି । ଦକ୍ଷ- ସମର୍ଥ । ଦିନ ତାପ ବିନାଶନ- ଦିବସର ତୃପ୍ତି ନାଶକାରୀ ଓ ଦରିଦ୍ରର ଦୁଃଖନାଶକ । ଚନ୍ଦ୍ର ଦିବସରେ ତାପନାଶ କରନ୍ତି ଓ ବିଷ୍ଣୁ ଦରିଦ୍ରର ଦୁଃଖନାଶ କରନ୍ତି । ବିରାଜପତି- ତାରାପତି ଚନ୍ଦ୍ର ଓ ପକ୍ଷୀଶ୍ରେଷ୍ଠ ଗରୁଡ଼ର ପତି ବିଷ୍ଣୁ । ବିଧୁ- ଚନ୍ଦ୍ର, ବିଷ୍ଣୁ । ବର ଆହ୍ଲାଦ କର- ଅତି ଆହ୍ଲାଦପ୍ରଦ । କମଳିନୀ- ପଦ୍ମିନୀ ସ୍ତ୍ରୀ । ନାମରେ- ନାମ ଯୋଗୁଁ । ଭ୍ରମ- ପଦ୍ମଲତା ଭ୍ରମ । କମଳିନୀ ଅର୍ଥାତ୍ ପଦ୍ମିନୀ ଲକ୍ଷ୍ମୀଙ୍କ ନାମ ଧରିଥିବାରୁ ଲକ୍ଷ୍ମୀ ବୋଲି ଭ୍ରମ କରି ପରେ ଲକ୍ଷ୍ମୀ ନୁହନ୍ତି ବୋଲି ଜାଣି କ୍ରୋଧ କରିବା । ଅସାର- ମନ୍ଦ, ଅନୁଚିତ ।

୧୦। ହରିକି- ଚନ୍ଦ୍ରକୁ । ହରି- ଶ୍ରୀକୃଷ୍ଣ । କର ବକ୍ଷେପନେ- କିରଣ ପକାଇବାରେ ଓ ହାତ ପକାଇବାରେ । ଉରଜ- ସ୍ତନ । ବିଭ୍ରମ- ଭ୍ରମ । ହରିଭାବ- ଶ୍ରୀକୃଷ୍ଣ ପ୍ରେମ । ସୁଧା ଚତ୍ୱରେ- ଚୂନଲିପା ଅଗଣାରେ । ସତ୍ୱରେ- ଶୀଘ୍ର । ପହୁଡ଼ଇ ଦେଲେ- ଶୁଆଇ ଦେଲେ । ଧନୀକି- ଶ୍ରୀରାଧାଙ୍କୁ । ଅମୃତକର- ଅମୃତମୟ କିରଣ । ପ୍ରତୀତି- ବିଶ୍ୱାସ । ମତିକି- ମନକୁ ।

ତେଣେ ରସିକ ଶେଖର   ମଣ୍ଡି ଚାନ୍ଦନୀ କାତର

ବିଧୁରେ-ବିଧୁରେ ଚାହିଁ ଭ୍ରମେ କଥିତ ।

ନାମ ଗୁଣ ଚିହ୍ନ ଅଛି   ମିତ୍ରହାନି ନିକିଇଛି

ମମଲୋଭ ସ୍ଥଳେ ନାମ ଭ୍ରମ କି ଜାତ ।

ଜ୍ୟୋତି ଧରି ନାମହିଁ ସତ । ବିଚାର କର କେ ରବି କେହୁ ଖାଦ୍ୟୋତ ।୧୧।

ହାବଭାବ ବଚରଙ୍ଗ   ଧମିଲୁ ନୟ ପ୍ରସଙ୍ଗ

ପରସ୍ପରେ ନାଗର ନାଗରୀ ସ୍ମରଣେ ।

ଉଚ୍ଚରେ ଭାଷା କେ ବର୍ଣ୍ଣେ   ସ୍ୱର ଭଙ୍ଗ ଅତିଶୀର୍ଣ୍ଣେ

ତେବେହେଁ ଭାବ ଭାବନା ଥାଇ କାରଣେ ।

ଦୂ-ପୂର୍ବାଦି ଶବଦ ଶୁଣି । ଦୂତୀ ଅଇଲା କି ଭ୍ରମେ ହୁଅନ୍ତି ଗୁଣି ।୧୨।

୧୧। ରସିକ ଶେଖର- ରସିକ ଶ୍ରେଷ୍ଠ, ଶ୍ରୀକୃଷ୍ଣ । ମଣ୍ଡିଚାନ୍ଦନୀ- ଚାନ୍ଦନୀରେ ଥାଇ । କାତର- ଆକୁଳ ହୋଇ । ବିଧୁରେ- ବିବଶ ହୋଇ । ବିଧୁରେ- ଚନ୍ଦ୍ରଙ୍କୁ । ଭ୍ରମେ କଥିତ- ଭ୍ରମରେ କହିଲେ । ନାମ ଗୁଣ ଚିହ୍ନ ଅଛି- ମୋର ନାମ, ଗୁଣ ଓ ଚିହ୍ନ ତୋ ସହିତ ସମାନ, ନାମଚନ୍ଦ୍ର- କୃଷ୍ଣଚନ୍ଦ୍ର, ଗୁଣ ଆହ୍ଲାଦକର (ମୋକ୍ଷଦାତା), ଚିହ୍ନ- ଶଶାଚିହ୍ନ, ଶ୍ରୀବତ୍ସଲାଞ୍ଛନା । ମିତ୍ରହାନି- ମିତ୍ରର କ୍ଷତି । ମମଲୋଭ ସ୍ଥଳେ- ମୋର ଲୋଭ ସ୍ଥଳରେ, ଶ୍ରୀରାଧାଙ୍କଠାରେ । ନାମ ଭ୍ରମ- ବିଶାଖା ନକ୍ଷତ୍ରର ଅନ୍ୟନାମ ରାଧା ହୋଇଥିବାରୁ ତୁମର ଭ୍ରମ ହେଲା କି ? ଜ୍ୟୋତିଧର ନାମ- ଦୁହେଁ ଜ୍ୟୋତିଧର ରୂପେ ଜଣା । ରବି-ସୂର୍ଯ୍ୟ । ଖଦ୍ୟୋତ- ଜୁଳୁଜୁଳିଆ ପୋକ (ସୂର୍ଯ୍ୟ ଏବଂ ଜୁଳୁଜୁଳିଆ ପୋକ) ଉଭୟେ- ଜ୍ୟୋତିଧର ହେଲେହେଁ ଉଭୟେ କ'ଣ ସମାନ ? ଅର୍ଥାତ୍ ଶ୍ରୀରାଧା ଏବଂ ବିଶାଖା ନକ୍ଷତ୍ର ଦୁହେଁ କ'ଣ ସମାନ ?

୧୨। ହାବ- ଭାବର ସ୍ୱଚ୍ଛ ପ୍ରକାଶିତ ବିକାର । ଭାବ- ଅନ୍ତର୍ଗତ ବିକାର, ବିକାରଶୂନ୍ୟ ହୃଦୟର ପ୍ରଥମ ବିକାରକୁ ଭାବ କୁହାଯାଏ । ବଚରଙ୍ଗ- ବଚନଭଙ୍ଗୀ । ଧମିଲ୍ଲ- ଜୁଡ଼ା ପ୍ରଭୃତି ବାଳବନ୍ଧା । ନୟପ୍ରସଙ୍ଗ- ନ୍ୟାଯ୍ୟ ବ୍ୟବହାର । ନାଗର- ଶ୍ରୀକୃଷ୍ଣ । ନାଗରୀ- ଶ୍ରରାଧା । ସ୍ମରଣେ- ମନେ ପକାଇ, ଚିନ୍ତା କରି । ଉଚ୍ଚରେ- ଉଚ୍ଚାରିତ ହେଲା । ଭାଷା କେ- କଥାପଦକେ । ବର୍ଣ୍ଣେ- ଗୋଟିଏ ଅକ୍ଷର । ସ୍ୱରଭଙ୍ଗ- କାମ ବାଧାହେତୁ ସ୍ୱରଭଙ୍ଗ । ଶୀର୍ଣ୍ଣେ- କ୍ଷୀର ଭାବରେ । ତେବେହେଁ- ଏପରି ଅବସ୍ଥାରେ ମଧ୍ୟ । ଭାବ ଭାବନା- ଅନୁରାଗ ବିଷୟରେ କଳ୍ପନା । କାରଣେ- କାରଣସ୍ୱରୂପ । ଦୂ- ପୂର୍ବାଦି ଶବଦ- ପ୍ରଥମରେ ଦୂ ଅକ୍ଷର ଥିବା ଶବ୍ଦ । ଭ୍ରମେ- ଭ୍ରମବଶତଃ । ଗୁଣି- ବାରମ୍ବାର ମନରେ ଧରୁଥିଲେ ।

ଆତୁର ରସାବ୍ଧିବତ ଭାବୋତ୍କଣ୍ଠା ତରଙ୍ଗିତ
ବିଭ୍ରମ ଭଉଁରୀ ମଧ୍ୟେ ମନ ପତନ ।
ଭାବ ଶାବଲ୍ୟ ପ୍ରବଳ ବିବିଧ ପାଞ୍ଚଅଥଳ
କୋଳ-କୂଳ ବାଞ୍ଛିତ କେବଳ ନିଦାନ ।
ରତି ରତ୍ନ ପ୍ରେମ ପୀୟୂଷ । ଆଶା ନାଶ ଲେଶ ନୋହେ ଲଭିଲେ କ୍ଳେଶ ।୧୩।
ପରସ୍ପରେ ରୂପଧାନ ତନ୍ମୟ ଭାବରେ ମଗ୍ନ
କେତେ ବେଳାନ୍ତରେ ନିଦ୍ରା ହେବାର ଜାଣି ।
ତୁଣ୍ଡଗୋଳ ନିବର୍ତ୍ତାଇ ସ୍ୱମିତ୍ରେ ମଣ୍ଡଳୀ ହୋଇ
ଶଶୀକି ପରିଧି ବିଧି ଶୟନ ପୁଣି ।
ଅଧଯାମେ ଅଛି ଯାମିନୀ । ଯୋଗମାୟା ଦୟାକଲେ ମାନସ ଘେନି ।୧୪।
ଦେବମାତା ପରା କରି ହରିଙ୍କର ନିଦ୍ରାହରି
ମହାମାୟା ମାୟା କରି ବହନ ନେଲେ ।

୧୩। ଆତୁର- ବ୍ୟାକୁଳତା । ରସାବ୍ଧିବତ- ଜଳ ସମୁଦ୍ର ପରି । ଭାବୋତ୍କଣ୍ଠା- ଅନୁରାଗ ଜନିତ ଉତ୍ସୁକତା । ତରଙ୍ଗିତ- ଲହରୀ ପରି । ବିଭ୍ରମ ଭଉଁରୀ- ଭ୍ରମ ରୂପକ ଜଳ ଭଉଁରୀ । ଭାବଶାବଲ୍ୟ- ହର୍ଷ ଶୋକାଦି ଅଭିପ୍ରାୟର ସମାହାର । ପ୍ରବଳ- ଅଧିକ । ବିବିଧ ପାଞ୍ଚ- ବହୁ ପ୍ରକାର କଳ୍ପନା । ଅଥଳ- ଅଗାଧ । କୋଳକୂଳ ବାଞ୍ଛିତ- କୋଳ ରୂପକ କୂଳକୁ ପାଇବାର ଇଚ୍ଛା । ନିଦାନ- ମୂଳ । ରତିରତ୍ନ- ସମ୍ଭୋଗ ରୂପକ ରତ୍ନ । ପ୍ରେମପୀୟୂଷ- ପ୍ରେମ ରୂପକ ଅମୃତ । ଆଶାନାଶ ଲେଶ ନୋହେ- ଆଶା ସାମାନ୍ୟ ମାତ୍ର ନଷ୍ଟ ହେଉନାହିଁ । ଲଭିଲେ କ୍ଳେଶ- କଷ୍ଟ ପାଇଲେ ସୁଦ୍ଧା ।

୧୪। ପରସ୍ପର- ଅନ୍ୟୋନ୍ୟରେ, ଏକ ଆରେକର । ରୂପ ଧ୍ୟାନ- ସୌନ୍ଦର୍ଯ୍ୟ ଚିନ୍ତା । ତନ୍ମୟ ଭାବରେ- ଅନ୍ୟ ବିଷୟକୁ ଛାଡ଼ି କେବଳ ସେହି ବିଷୟର ଭାବନାରେ, କେବଳ ଏକ ଆରେକର ଭାବନାରେ । ମଗ୍ନ- ନିମଜ୍ଜିତ । ବେଳାନ୍ତରେ- ସମୟ ଗତେ । ତୁଣ୍ଡଗୋଳ- କଥାବାର୍ତ୍ତା, ଶବ୍ଦ ଉଚ୍ଚାରଣ । ନିବର୍ତ୍ତାଇ- ବନ୍ଦ କରାଇ । ସ୍ୱମିତ୍ରେ- ନିଜ ସଖାସଖୀମାନେ । ମଣ୍ଡଳୀ ହୋଇ- ମଣ୍ଡଳାକାରରେ ରହି । ଶଶୀକି- ଚନ୍ଦ୍ରକୁ । ପରିଧିବିଧି- ଚତୁଃପାର୍ଶ୍ୱରେ ବେଢ଼ି ରହି । ଅଧଯାମେ- ଅଧ ପ୍ରହରେ । ଯାମିନୀ- ରାତ୍ରି । ମାନସ ଘେନି- ମନଜାଣି ।

କିଶୋରୀ ଶୟନ ସ୍ଥାନେ ଛାଡ଼ିଗଲେ ଅନ୍ତର୍ଦ୍ଧାନେ
ଚକ୍ଷୁ ଘଷି ଚାହାନ୍ତେ ଆଶ୍ଚର୍ଯ୍ୟ ଦେଖିଲେ ।
ଜ୍ୟୋତିପୁଞ୍ଜ ମଧ୍ୟେ କି ରବି । ନିରେଖି କ୍ଷଣକେ ରୂପ ପାଇଲେ ଭାବି ।୧୫।
ବିଚାରିଲେ କାନ୍ତିକୁଳ- ଦେବୀ ଏ ମୂର୍ତ୍ତି ମଞ୍ଜୁଳ
ବିହି ବିହି ଲୁଚାଇ ଥୋଇଛି ଏ ପାଞ୍ଚେ
ପରସ୍ପର ଦୃଷ୍ଟିପାତେ ବିମୋହ ହେବେ ଜଗତେ
ବିଷ୍ଣୁ ବିଶ୍ୱ ଚିନ୍ତା ନ କରିବେ ସୁସଞ୍ଚେ ।
ଏହା ସାହା ପାଇଲେ କାମ । ନରଖିବା ଡରେ ଯୋଗୀ ହେଲେ କି ଭୀମ ।୧୬।
ଅହଲ୍ୟା ହରଣ ପାପ ସହସ୍ରାକ୍ଷ ସୁର ନୃପ
ଲଜ୍ଜା ନାହିଁ ହୃଷ୍ଟ ଦେଖିବାରୁ ଜାଣିଲି ।
ବିଧି ଶଙ୍କର କୁମାର ଶେଷ ନେତ୍ର ସୁଖ ସାର
ଏବେ ଏଥର ହୋଇବ ପରତେ କଲି ।
ଗୁରୁ କବି ଗଣେଶ ବାଣୀ । ଗୁରୁ କବି ଗଣେଶ-ବାଣୀର କାରେଣୀ ।୧୭।

୧୫। ବେଦମାତାପରା କରି- ଗାୟତ୍ରୀ ଦୟାକରି ଅଜ୍ଞାନାତ ନାଶ କଲାପରି । ହରି- ଶ୍ରୀକୃଷ୍ଣ । ନିଦ୍ରା ହରି- ନିଦଭାଙ୍ଗି । ବହନ- ଶୀଘ୍ର । କିଶୋରୀ ଶୟନ ସ୍ଥାନେ- ଶ୍ରୀରାଧା ଶୋଇଥିବା ସ୍ଥାନରେ । ଗଲେ ଅନ୍ତର୍ଦ୍ଧାନେ- ଉଭେଇଗଲେ । ଜ୍ୟୋତିପୁଞ୍ଜ ମଧ୍ୟେ- ତେଜୋରାଶି ମଧ୍ୟରେ । ରବି- ସୂର୍ଯ୍ୟ । ନିରେଖି- ଭଲ କରି ଦେଖି । କ୍ଷଣକେ- ଅଳ୍ପ ସମୟ ମଧ୍ୟରେ ।

୧୬। କାନ୍ତିକୁଳ ଦେବୀ- ଶୋଭା ରାଶିର ଦେବୀ । ମଞ୍ଜୁଳ ମୂର୍ତ୍ତି- ସୁନ୍ଦର ମୂର୍ତ୍ତି । ବିହି ବିହି- ବିଧାତା ନିର୍ମାଣ କରି । ପାଞ୍ଚେ- ବିଚାରରେ । ପରସ୍ପର ଦୃଷ୍ଟିପାତେ- ଉଭୟେ ଉଭୟଙ୍କୁ ଦେଖିଲେ । ବିମୋହ- ବିମୁଗ୍ଧ । ଜଗତେ- ଜଗତର ଲୋକେ । ବିଶ୍ୱଚିନ୍ତା- ବିଶ୍ୱପାଳନ ଭାବନା । ସୁସଞ୍ଚେ- ସୁନ୍ଦର ଭାବରେ । ସାହା- ସହାୟତା । କାମ- କନ୍ଦର୍ପ । ଯୋଗୀ- ଯୋଗ ସାଧକ । ଭୀମ- ଶିବ ।

୧୭। ଅହଲ୍ୟା- ଗୌତମଙ୍କ ପତ୍ନୀ । ସହସ୍ରାକ୍ଷ- ସହସ୍ର ଚକ୍ଷୁ । ସୁରନୃପ- ଇନ୍ଦ୍ର । ଲଜ୍ଜା ନାହିଁ- ଲଜ୍ଜିତ ହେଉନାହାନ୍ତି । ହୃଷ୍ଟ- ଆନନ୍ଦିତ । ବିଧି- ବ୍ରହ୍ମା (ଆଠଆଖିଆ) । ଶଙ୍କର- ଶିବ (ଦଶଆଖିଆ) । କୁମାର- କାର୍ତ୍ତିକେୟ (ବାରଆଖିଆ) । ଶେଷ- ଅନନ୍ତ (ଦୁଇହଜାରଆଖିଆ) । ନେତ୍ର ସୁଖାର- ଦର୍ଶନ ସୁଖସାର ହେବ । ପରତେ କଲି- ପ୍ରତୀତି କଲି, ଜାଣିପାରିଲି । ଗୁରୁ- ବୃହସ୍ପତି । କବି- ଶୁକ୍ର । ବାଣୀ- ସରସ୍ୱତୀ । ଗୁରୁ କବି ଗଣେଶ ବାଣୀ- ଶ୍ରେଷ୍ଠ କବିଙ୍କର କବିତା । କାରେଣୀ- କାରଣ ।

ଲକ୍ଷ୍ମୀ ବୋଲନ୍ତାଇ ଭ୍ରମେ ଦାସୀଗଣ ତ ସେ ସମେ
ଆଭାସୁଅଛି ମନକୁ କହିବା କେହି ।
ବିଶ୍ୱ ଫେରି ଗତିକରୀ ମୁକତିକି ଗତିକରି
ଶ୍ରାନ୍ତିପାଇ ପହୁଡ଼ିଛି ସମ୍ଭବେ ଏହି ।
ସିଦ୍ଧିଦାୟୀ କି କରିବାର । ବିଧି ରୂପାକୁ ହୋଇବ କି ଲକ୍ଷିବାର ।୧୮।
ବିଶ୍ୱଚିତ୍ତ ବଶ ପାଇଁ ପ୍ରୀତି ମୂର୍ତ୍ତିବନ୍ତ ହୋଇ
ଅଣିମାଦି ଦେବ ଅଣି ହୋଇ ଶୋଇଛି ।
ପାଣି ଦେବା ଗଣ୍ଡତଳେ ଶଶୀ କୋକନଦ କୋଳେ
ପହୁଡ଼ିବାର ଶୋଭାକୁ ହସି ଦେଉଛି ।
କୃଷ୍ଣବର୍ଣ୍ଣ ଶୟନ । ସଜଳ ଘନେ ସ୍ଥକିତ ବିଦ୍ୟୁ ସମାନ ।୧୯।
ସୁରାଗ ମାଣ୍ଡିରେ ପାଦ ବକ୍ର ନ୍ୟାସ ଦିଆ ମୁଦ

୧୮। ଲକ୍ଷ୍ମୀ ବୋଲନ୍ତାଇ ଭ୍ରମେ- ଭ୍ରମବଶତଃ ଏହାଙ୍କୁ ଲକ୍ଷ୍ମୀବୋଲି କହିପାରନ୍ତି । ଦାସୀଗଣ ତ ସେ ସମେ- ଏହାଙ୍କର ଦାସୀମାନେ ଲକ୍ଷ୍ମୀଙ୍କ ପରି ଜଣାପଡୁଛନ୍ତି । ଆଭାଷୁ ଅଛିମନକୁ- ମନକୁ ଆସୁଛି । ଗତିକରୀ- ସଦ୍‌ଗତିଦାୟିନୀ । ମୁକତି- ମୁକ୍ତି । ଗତିକରି- ଯାଇ । ବିଶ୍ୱଫେରି- ବ୍ରହ୍ମାଣ୍ଡ ଫେରିବା ଦ୍ୱାରା । ଶ୍ରାନ୍ତି- ଶ୍ରମ । ପହୁଡ଼ିଛି- ଶୋଇଅଛି । ସମ୍ଭବେ ଏହି- ଏହା ସମ୍ଭବ ହୋଇପାରେ । ସିଦ୍ଧିଦାୟୀ- ଅଣିମାଦି ଐଶ୍ୱର୍ଯ୍ୟଶକ୍ତି । କି କରିବାର- କାର୍ଯ୍ୟକରିବା ଦ୍ୱାରା । ନିଧିରୂପା- ନିଧିରୂପିଣୀ ଏହି ପ୍ରତିମା । ହୋଇବ କି ଲକ୍ଷିବାର- ଲକ୍ଷ୍ୟଦେବାକୁ ହେବନାହିଁ ।

୧୯। ବିଶ୍ୱଚିତ୍ତ ବଶପାଇଁ- ବ୍ରହ୍ମାଣ୍ଡର ସମସ୍ତଙ୍କ ମନକୁ ବଶୀଭୂତ କରିବା ପାଇଁ । ମୂର୍ତ୍ତିବନ୍ତ ହୋଇ- ଦେହ ଧାରଣ କରି । ଅଣିମାଦି ଦେବ- ଅଣିମାଦି ଅଷ୍ଟ ଐଶ୍ୱର୍ଯ୍ୟକୁ ଦେବାପାଇଁ । ଅଣିହୋଇ- କରେଇ ହୋଇ । ପାଣି- ହାତ । ଗଣ୍ଡ-ଗାଲ । ଶଶୀ- ଚନ୍ଦ୍ର । କୋକନଦ- ରକ୍ତପଦ୍ମ । ପହୁଡ଼ିବାର- ଶୋଇବାର । ହସିଦେଉଛି- ପରିହାସ କରୁଛି । କୃଷ୍ଣବର୍ଣ୍ଣ ଶେଯେ- କଳାରଙ୍ଗର ଶେଯରେ । ସଜଳ ଘନେ- ଜଳପୂର୍ଣ୍ଣ ମେଘରେ । ସ୍ଥକିତ- ସ୍ଥିର । ବିଦ୍ୟୁ- ବିଜୁଳି ।

ରଙ୍ଗବାଡ଼େ ହେମଲତା ମାଡ଼ିଲା ତୋରା ।
ସହଜେ ପଦପଲ୍ଲବ ଅଙ୍ଗୁଳି ବଞ୍ଜୁଳ ଭାବ
ଶରଣ ରକ୍ଷଣ ଫଳ ଫଳିବ ପରା ।
ଲାକ୍ଷା ରେଖା ଦୁର୍ଗ ପ୍ରତୀତ । ଅଭୟ ନୋହିବ କେ ତା ହେଲେ ଆଶ୍ରିତ ।୨୦।
ଲାବଣ୍ୟ ରତ୍ନଭଣ୍ଡାର ଲୁଣ୍ଠନେ ନେତ୍ର ଚଉର
ତର ତରେ କାହିଁ କେତେବେଳେ ମିଳଇ
ମନ ହୋଇ ତାହାସଙ୍ଗୀ ଆଚରିଲା ସେହି ଭଙ୍ଗୀ
ଚଞ୍ଚଳା କାନ୍ତି ମଜ୍ଜନେ ଥୟନୁହଇ ।
ଏହିଘେନି କଲି କଳ୍ପନା । ଅସ୍ତବ୍ୟସ୍ତ କରିକଲେ ଶୋଭା ଭାବନା ।୨୧।
ରାମଚରମରେ ବେଣୀ ବ୍ୟସ୍ତ ପତନକୁ ମଣି
ମଣିହଜା ଫଣୀ ସ୍ଥକିତ କି ହୋଇଛି ?
ଅଗ୍ରେ ରତ୍ନଝୁମ୍ପି ସ୍ୱଚ୍ଛ ସୁସୁମାର ମୂର୍ତ୍ତି ପୁଚ୍ଛ
ତାରାପୁଞ୍ଜ ଉଦୟକୁ କରୁଛି ଛି ଛି !!
ମୂଳବନ୍ଧା ମାଣିକ୍ୟମଣି । ଘନକୋଳେ କି ପଶୁଛି ମିହିରମଣି ।୨୨।

୨୦। ସୁରଗମାଣ୍ଡି- ଲାଲବର୍ଣ୍ଣର ତକିଆ । ବଜ୍ରନ୍ୟାସ- ବଙ୍କା କରି ରଖିବା । ମୁଦ- ଆନନ୍ଦପ୍ରଦ । ରଙ୍ଗବାଡ଼େ- ଲାଲରଙ୍ଗର ବାଡ଼ରେ । ହେମଲତା- ସୁନାରଲତା । ତୋରା- ଶୋଭା । ପଦପଲ୍ଲବ- ପାଦ କୋମଳ ପତ୍ର ପରି । ବଞ୍ଜୁଳଭାବ- ଅଶୋକ କଢ଼ିପରି । ଶରଣ ରକ୍ଷଣ- ଶରଣାଗତକୁ ରକ୍ଷା କରିବା । ଲାକ୍ଷାରେଖା- ଅଳତାରେଖା । ଦୁର୍ଗପ୍ରତୀତ- ଗଡ଼ପରି ଜଣାପଡୁଛି । ଅଭୟ- ଭୟଶୂନ୍ୟ ।

୨୧। ଲାବଣ୍ୟରତ୍ନ ଭଣ୍ଡାର- ଶ୍ରୀରାଧାଙ୍କର କାନ୍ତିରୂପକ ରତ୍ନଭଣ୍ଡାର । ଲୁଁଠନେ- ଲୁଟିନେବାକୁ । ନେତ୍ରଚଉର- ଆଖିରୂପକ ଚୋର । ସେହିଭଙ୍ଗୀ- ସେହି ପ୍ରକାର । ଚଞ୍ଚଳା- ଶ୍ରୀରାଧା । କାନ୍ତି ମଜ୍ଜନେ- ପ୍ରଭାରେ ମଜ୍ଜିଥିବାରୁ । ଥୟନୁହଇ- ସ୍ଥିର ହୋଇ ପାରିଲା ନାହିଁ । ଏହିଘେନି- ଏହି କାରଣରୁ । କଳ୍ପନା- ଅନୁମାନ । ଅସ୍ତବ୍ୟସ୍ତ କରି- ଇତସ୍ତତଃ କରି ।

୨୨। ରାମଚରମରେ- ରମଣୀୟ ପିଠିରେ । ବ୍ୟସ୍ତପତନକୁ- ଖସିପଡ଼ିବାକୁ । ମଣି- ଅନୁମାନ କରେ । ମଣିହଜା ଫଣୀ- ମଣି ହରାଇଥିବା ସାପ । ସ୍ଥକିତ- ସ୍ଥିର । ଅଗ୍ରେ- ବେଣୀର ଶେଷଭାଗରେ । ରତ୍ନଝୁମ୍ପି- ରତ୍ନନିର୍ମିତ ଝୁମ୍ପା । ସ୍ୱଚ୍ଛ- ଉଜ୍ଜ୍ୱଳ । ସୁସୁମାର ମୂର୍ତ୍ତି ପୁଚ୍ଛ- ଶିଶୁମାର ଆକୃତିର ବିଶିଷ୍ଟ ଆକାଶରେ ଥିବା ନକ୍ଷତ୍ର ସମୂହର ଲାଞ୍ଜରେ ଥିବା । ତାରାପୁଞ୍ଜ- ତାରା ସମୂହ । ଉଦୟକୁ- ଜ୍ୟୋତିକୁ କରୁଛି ଛି ଛି- ଧିକ୍‌କାର କରୁଛି । ମୂଳବନ୍ଧା- ବେଣୀର ମୂଳରେ ବନ୍ଧାଥିବା । ମାଣିକ୍ୟମଣି- ଲାଲରଙ୍ଗର ରତ୍ନ । ଘନକୋଳେ- ମେଘ କୋଳରେ । ମିହିର- ସୂର୍ଯ୍ୟ । ମରି- ମନେ କରୁଛି ।

କାଠି ହୀରା ଝରା ମୋତି ଶୋଭା ଶଶୀ ଭାନୁରୀତି

ଦେହବନ୍ତ ତମଗିଳେ ଖୋସନ୍ତେ ଭଳି

ନାନାବର୍ଣ୍ଣ ପୁଷ୍ପମାଳୀ ବେଢ଼ାଇ ଦେବାରୁ ଆଳୀ

ଗଳ ରୁନ୍ଧିତ କଲେ କି ତାରାଏ ମିଳି ।

ସିତରଙ୍ଗ କୁସୁମଝରା । ସୁଧା ରୁଧିର ବମନ କରୁଛି ପରା ।୨୩।

ଉତ୍ତମାଙ୍ଗ ସଙ୍ଗପାଇ ମୋତି ଜାଲି କି ଶୋହଇ

ମର୍କତ-ଗବାକ୍ଷେ ବିଧୁ କିରଣ ଗଳା ।

ପୀତ-ନୀଳ-ରଙ୍ଗ-ରତ୍ନ ସୀମନ୍ତି ଗୁନ୍ଥିବା ଯତ୍ନ

ବନ୍ଧା ଅଧା ଇନ୍ଦ୍ରଧନୁ ଉଦୟ ତୁଳା ।

ତହିଁ ଦିଆ ସିନ୍ଦୂର ଗାର । କାଳିନ୍ଦୀ ମଧ କି ସ୍ଥିତ ସାରଦା ଧାର ।୨୪।

୨୩। କାଠିହୀରା- ହୀରାକାଠି । ଝରାମୋତି- ମୋତି ଝୁମ୍ପା । ଶଶୀଭାନୁ ରୀତି- ଚନ୍ଦ୍ର ଓ ସୂର୍ଯ୍ୟଙ୍କ ପରି । ଦେହବନ୍ତ- ଦେହଧାରୀ । ତମ- ଅନ୍ଧକାର ବା ରାହୁ । ଖୋସନ୍ତେ- ହୀରାର କାଠି ଓ ମୋତିଝୁମ୍ପା ଖୋସିଥିବାରୁ । ଭାଳି- ଭାଳୁଅଛି । ପୁଷ୍ପମାଳୀ- ଫୁଲମାଳା । ଆଳୀ- ସଖୀ । ଗଳରୁନ୍ଧିତ- ଗଳାରୁନ୍ଧିଲେ । ସିତରଙ୍ଗ- ଧଳା ଓ ଲାଲ । କୁକୁସମଝରା- ଫୁଲଝରା । ସୁଧାରୁଧିରୁ- ଅମୃତ ଓ ରକ୍ତ । ବମନ- ବାନ୍ତି ।

୨୪। ଉତ୍ତମାଙ୍ଗ- ଶିର । ସଙ୍ଗପାଇ- ଲାଗିଥିବାରୁ । ମୋତିଜାଲି- ମୋତିରେ ଜାଲପରି ଗୁନ୍ଥା ଅଳଙ୍କାର । ଶୋହଇ- ଶୋଭା ପାଉଅଛି । ମର୍କତଗବାକ୍ଷ- ମର୍କତମଣିରେ ନିର୍ମିତ ଝରକା । ବିଧୁକିରଣ- ଚନ୍ଦ୍ରକିରଣ । ଗଳା- ଗଳିପଡୁଛି । ପୀତ- ହଳଦିଆ । ନୀଳ- କଳା । ରଙ୍ଗ- ଲାଲ । ରତ୍ନ-ମଣି । ସୀମନ୍ତି- ସିନ୍ଥି । ଯତ୍ନ- ଶୋଭା । ଅଧା ଇନ୍ଦ୍ରଧନୁ- ଇନ୍ଦ୍ରଧନୁର ଅର୍ଦ୍ଧାଂଶ । ତୁଳା- ପ୍ରାୟ, ପରି । ତହିଁ- ସିନ୍ଥିର ମଝିରେ । କାଳିନ୍ଦୀ- ଯମୁନା (କଳା) । ସାରଦା ଧାର- ସରସ୍ୱତୀ ନଦୀର ଧାର (ଲାଲ) ।

ଅଳକେ ଅଳକା ପାଟି　　　　ଶିଶୁ ଅଳି ପରିପାଟୀ

ଶ୍ରୀମୁଖକୁ କଞ୍ଜ ଭାଳି ବେଢ଼ିଛନ୍ତି କି ?

ଶୋହେ ଚାରୁଚନ୍ଦ୍ର ଝୁମ୍ପୀ　　　　ଦେଖି ହୃଦ ଯାଏ କମ୍ପି

କଳା ଘନୁ ଶଶୀ ଅର୍ଦ୍ଧ ବାହାରିଛି କି ?

ଝିଲିମିଲି ମାଳୀ ମାଧୁରୀ। ବିଦ୍ୟୁରେଖା ନବଘନେ ମିଶିଲା ପରି ।୨୫।

ଝଲକା ପାନ ପତରୀ　　　　ଧଇର୍ଯ୍ୟ-ବାସ କତୁରୀ

କେଶ-ରାହୁ ଜିହ୍ୱା ବଢ଼ାଇବା ବିଧିରେ।

ଭ୍ରମରିକା ଶ୍ରେଣୀ ସଙ୍ଗୀ　　　　ଟୋପି ଚନ୍ଦନ କି ଭଙ୍ଗୀ

ହସେ, ଦନ୍ତ ଦିଶେ, ମୁଖ ଚନ୍ଦ୍ର ଲୋଭରେ।

ଗଣ୍ଡେ ଲେଖା ବାଙ୍କ ମକରୀ। ସିତ ଚାରୁ କୁଣ୍ଡଳୀ ଚାତୁରୀ ।୨୬।

ତିଳକ ଚନ୍ଦନ ପାଟୀ　　　　କି ବର୍ଣ୍ଣିବ କୋଟି ପାଟି

ଶ୍ରୀମୁଖ ଲାବଣ୍ୟ-ସିନ୍ଧୁ କଳନେ ବିହି

ବନାଇ ରଜତ ତରୀ　　　　କ୍ଷେପଣୀ ତିଳକ କରି

ଥଳ ନ ପାଇଲା ଲାଜରେ ବୁଡ଼ିଲା ସେହି

ଅଧୋମୁଖେ ତରୀ ଭାସୁଛି। ତାର ଶିର ଟୋପର ସିନ୍ଦୂର ମଣୁଛି ।୨୭।

୨୫। ଅଳିକେ- ଲଲାଟରେ। ଅଳକା ପାଟି- ଚୂର୍ଣ୍ଣକୁନ୍ତଳ। ଶିଶୁ ଅଳିପରିପାଟୀ- ଶିଶୁଭ୍ରମର ସବୁ ଲଗାଲଗି ହୋଇ ରହିଥିବା ଶୋଭା। ଶ୍ରୀମୁଖ- ରାଧିକାଙ୍କ ମୁଖ। କଞ୍ଜ- ପଦ୍ମ ଶୋହେ- ଶୋଭା ପାଉଅଛି। ଚାରୁଚନ୍ଦ୍ର ଝୁମ୍ପୀ- ସୁନ୍ଦର ଚନ୍ଦ୍ରାକୃତି ଝୁମ୍ପ। କଳା ଘନୁ- କଳା ମେଘରୁ। ଶଶୀ- ଚନ୍ଦ୍ର। ଝିଲିମିଲି- ଝଲମଲ ହେଉଥିବା। ମାଳୀ ମାଧୁରୀ- ମାଳୀର ଶୋଭା। ବିଦ୍ୟୁରେଖା- ବିଜୁଳି ରେଖା। ନବଘନେ- ନୂଆ ମେଘରେ।

୨୬। ଝଲକା ପାନ ପତରୀ- ଝଲକୁଥିବା ଚିତ୍ରିତ ପାନ ପତ୍ର। ଧଇର୍ଯ ବାସ- ଧୈର୍ଯ୍ୟ ରୂପକ ଲୁଗା। କେଶ ରାହୁ- କେଶରୂପକ ରାହୁ। ବିଧିରେ- ପ୍ରକାରରେ। ଭ୍ରମରିକା ଶ୍ରେଣୀ ସଙ୍ଗୀ- କୁଞ୍ଚିତ ସୀମନ୍ତକୁ ଲାଗି। ଗଣ୍ଡେ- ଗାଲରେ। ଲେଖା- ଚିତ୍ରିତ। ବାଙ୍କ ମକରୀ- ବକ୍ରାକାର ମକରୀ, ବଙ୍କା ଚିତାପାଟି। ସିତ- ଧଳା। ଚାରୁ- ସୁନ୍ଦର। କୁଣ୍ଡଳୀ କୁଣ୍ଡଳୀ ଚାତୁରୀ- କୁଣ୍ଡଳାକୃତି ସର୍ପର ଶୋଭା।

୨୭। ତିଳକ- ଲଲାଟ ମଧ୍ୟସ୍ଥ ଲମ୍ବା କଲି। ଚନ୍ଦନ ପାଟୀ- ଚନ୍ଦନ ଚିତା। କୋଟି ପାଟି- ଅନନ୍ତ, ଶେଷଦେବ। ଶ୍ରୀମୁଖ ଲାବଣ୍ୟ ସିନ୍ଧୁ- ମୁଖରୂପକ ଲାବଣ୍ୟ ସାଗର। କଳନେ- କଳନା କରିବାକୁ। ବିହି- ବିଧାତା। ବନାଇ- ତିଆରି କରି। ରଜତ ତରୀ- ରୁପାର ନୌକା। କ୍ଷେପଣୀ- କାତ। ତିଳକ- ଚନ୍ଦନପାଟୀ ଚିତା। ଅଧୋମୁଖେ- ଓଲଟି ପଡ଼ି। ତାର ଶିର ଟୋପର- ବିହିର ମୁଣ୍ଡ ଟୋପି। ସିନ୍ଦୂର- ଶ୍ରୀରାଧାଙ୍କ ସିନ୍ଦୂର ବିନ୍ଦୁ।

କର୍ଣ୍ଣେ ମର୍କତ ତାଟଙ୍କ ଗଣ୍ଡେ ବିମ୍ବିଛି ଝଟକ

ଶଶୀ ଅଙ୍କେ ପହୁଡ଼ାଇଛି କି ନିଶିକି

ବାଳୀ ନାମୁଁ ହେଲା ବାଳୀ ବାଳୀ କି ତୋଡ଼ର ଭାଳି

ବୀରେନ୍ଦ୍ର ସକାଶୁଁ ବହେ ଫୁଲ ଛତିକି ।

ତାତସିଦ୍ଧି ରଖିବା ପାଇଁ । ବଜ୍ରବତ ବଜ୍ର ମଲକଡ଼ି ବହଇ ।୨୮।

ଧନୀ ମୁଖ ବିଧୁବର- କୋଳେ ନେତ୍ର ଇନ୍ଦୀବର

ଥିଲା ଓଷ୍ଠାରୁଣ ଚାହିଁ କି ସଙ୍କୋଚିତ ।

ଗୁନ୍ଥା ହୋଇଛି ବଡ଼ିଶେ କଳା ଲାଞ୍ଜି ସୂତ୍ର ଦିଶେ

ଅଚେଷ୍ଟ ଝସ କମଳେ ଥୋଇଲା ବତ ।

ମୁଦାନେତ୍ର କି ଶୋଭା ଦିଶେ । ପକ୍ଷ୍ମ କୋଷେ ଛୁରୀ ମୁନ ଲାଞ୍ଜି ଆଭାସେ ।୨୯।

୨୮। ମର୍କତ ତାଟଙ୍କ- ମର୍କତ ମଣି ଖଚିତ ତଡ଼କା । ଗଣ୍ଡେ ବିମ୍ବିଛି ଝଟକ- ଗାଲରେ ପ୍ରତିବିମ୍ବିତ ଦୀପ୍ତି । ଶଶୀ- ଚନ୍ଦ୍ର । ନିଶି- ରାତ୍ରି । ଅଙ୍କେ- କୋଳରେ । ପହୁଡ଼ାଇ ଅଛି- ଶୁଆଇ ଅଛି । ବାଳୀ ନାମୁଁ ହେଲା ବାଳୀ- ବାଳୀର ନାମ ଅନୁସାରେ ବାଳା ଏଠାରେ ବାଳୀ (ମର୍କଟ ରାଜ) । ବାଳୀ କି ତୋଡ଼ର ଭାଳି- ବାଳୀକୁ ବୀରମାନଙ୍କର ପାଦ ଅଳଙ୍କାର ଭାବି । ବୀରେନ୍ଦ୍ର- ବୀର ଶ୍ରେଷ୍ଠ । ଫୁଲଛତି- କାନଫୁଲ ରୂପକ ଛତି । ତାତସିଦ୍ଧି- ବାପ ଇନ୍ଦ୍ରଙ୍କ ପ୍ରସିଦ୍ଧି । ବଜ୍ରବତ- ବଜ୍ର ପରି । ବଜ୍ର ମଲକଡ଼ି- ବଜ୍ରମଣି ଖଚିତ ଅଳଙ୍କାର ବିଶେଷ ।

୨୯। ଧନୀ ମୁଖ- ଶ୍ରୀରାଧାଙ୍କ ମୁଖ । ବିଧୁବର- ଶ୍ରେଷ୍ଠ ଚନ୍ଦ୍ର । କୋଳେ- ମଧ୍ୟରେ । ନେତ ଇନ୍ଦୀବର- ଚକ୍ଷୁ ରୂପକ ନୀଳ କଇଁ । ଓଷ୍ଠାରୁଣ- ଓଠ ରୂପକ ଅରୁଣ । ସଙ୍କୋଚିତ- ମୁଦ୍ରିତ । ବଡ଼ିଶେ- ବନିଶୀରେ । କଳା ଲାଞ୍ଜି- କଜ୍ଜଳରେଖାର ଅଗ୍ରଭାଗ । ସୂତ୍ର- ସୂତା । ଅଚେଷ୍ଟ ଝସ- ସ୍ଥିର ମତ୍ସ୍ୟ । କମଳେ- ଜଳରେ । ବତ- ପ୍ରକାର । ମୁଦା ନେତ୍ର- ମୁଦ୍ରିତ ନେତ୍ର । ପକ୍ଷ୍ମ କୋଷେ- ଆଖି ପୁଡ଼ା ରୂପକ ଖୋଳରେ । ଲାଞ୍ଜି- କଜ୍ଜଳଲାଞ୍ଜି । ଆଭାସେ- ପ୍ରକାଶ କରୁଅଛି ।

ଶ୍ୱାସେ ପ୍ରଫୁଲ୍ଲିତ ଘୋଣା ଶୋହେ ନୀଳା-ନାକଚଣା

ଓଷ୍ଠାରୁଣେ ଛାୟ ବିପରୀତ ପ୍ରତୀତି ।

ଆର ପାଶେ ଜାଲିନଥ ଫାନ୍ଦ ପାତି କି ମନ୍ମଥ

ଦୃଷ୍ଟି-ମୃଗ ଧରିବାକୁ କରିଛି ମତି ।

ପାନ ବୋଳେ ଅଧର ଜ୍ୟୋତି । ଫଗୁ ଖେଳା ଶ୍ରାନ୍ତ ଶୁଆ ଅରୁଣ ରୀତି ।୩୦।

ପାଞ୍ଚଜନ୍ୟ ଶଙ୍ଖଭାଳି ନିଯୋଜିତ ହେଲେ ମାଳୀ

ପଞ୍ଚରତ୍ନ ସ୍ରକେ ପୂଜା ପାଇଲା ଗ୍ରୀବା

ନାନା ରତ୍ନ ଚାପସରୀ ବିଚିତ୍ର ଫାଶର ପରି

କପୋତ ଲକ୍ଷରୁବନ୍ଦୀ ହେଲା ଭାଳିବା ।

ହାର ଶିର-ମଣି ପଛରେ । କାର୍ତ୍ତିକ ପୁଞ୍ଜା ଗୋପିତ କିଏ ସ୍ୱଚ୍ଛରେ ।୩୧।

୩୦। ଶ୍ୱାସେ- ନିଃଶ୍ୱାସରେ । ପ୍ରଫୁଲ୍ଲିତ- ଫୁଲି ଉଠୁଥିବା । ଘୋଣା- ନାସିକା । ଶୋହେ- ଶୋଭା ପାଉଅଛି । ନୀଳା ନାକଚଣା- ନୀଳ ମଣିମୟ ନାକଚଣା । ଓଷ୍ଠାରୁଣେ- ଓଠ ରୂପକ ବାଳସୂର୍ଯ୍ୟଠାରେ । ଛାୟା- କାନ୍ତି ରୂପକ ସୂର୍ଯ୍ୟଙ୍କ ପତ୍ନୀ । ବିପରୀତ- ପୁରୁଷାୟିତ । ପ୍ରତୀତି- ଅନମତି ହେଉଅଛି । ଆରପାଶେ- ଆର ପାଖରେ । ଜାଲିନଥ- ଜାଲିକମ ହୋଇଥିବା ନୋଥ । ଫାନ୍ଦ ପାତି- ଫାସ ବସାଇ । ମନ୍ମଥ- କନ୍ଦର୍ପ । ଦୃଷ୍ଟି ମୃଗ- ନେତ୍ର ରୂପକ ହିରଣକୁ । କରିଛି ମତି- ମନ ବଳାଇଛି । ଅଧର ଜ୍ୟୋତି- ଓଷ୍ଠର ତେଜ । ଫଗୁ ଖେଳା- ଅବିର ବା ଫଗୁ ଖେଳୁଥିବା । ଶ୍ରାନ୍ତ ଶୁଆ- ଶ୍ରମଯୁକ୍ତ ହୋଇ ଶୋଇଥିବା ଶୁଆ । ଅରୁଣ- ବାଳସୂର୍ଯ୍ୟ । ରୀତି- ପରି ।

୩୧। ପାଞ୍ଚଜନ୍ୟ ଶଙ୍ଖ- ବିଷ୍ଣୁଙ୍କ ଶଙ୍ଖ । ମାଳୀ- ହାର । ପଞ୍ଚରତ୍ନସ୍ରକେ- ପାଞ୍ଚବର୍ଣ୍ଣର ମଣିର ମାଳାରେ । ଗ୍ରୀବା- ବେକ । ଚାପସରୀ- ବେକରେ ପିନ୍ଧିବା ଅଳଙ୍କାର । ବିଚିତ୍ର ଫାଶର ପରି- ଚିତ୍ରିତ ଫାଶ ପରି । କପୋତ ଲକ୍ଷ୍ୟରୁ- କାପ୍ତାର ତୁଳନାରୁ । ହାରଶିରମଣି- ମୁକ୍ତାମାଳାର ଆଗରେ ଲାଗିଥିବା ରତ୍ନଭୁଣ୍ଡି । ପଛରେ- ପିଠିରେ । କାର୍ତ୍ତିକପୁଞ୍ଜା- କୃତ୍ତିକା ନକ୍ଷତ୍ରପୁଞ୍ଜ । ଗୋପିତ- ଗୁପ୍ତ, ଲୁଚିଛି । ସ୍ୱଚ୍ଛରେ- ନିର୍ମଳଭାବରେ ।

ନୀଳ ଚୋଳ କୁଚେଲାଗି ଦିଏ ଦୃଷ୍ଟିମାନ ଭାଙ୍ଗି
ହେମଗିରି ଗିଳିଅଛି କି କଳା ଘନ ?
ମଦନ ମାଦକ ସ୍ଥଳ ବିଶ୍ୱ ବିମୋହନ ଫଳ
ଭାଳି ବିହି ଘୋଡ଼ାଇଛି ଘେନୁଛି ମନ।
କାଳୀ ଅଙ୍ଗେ ଗୋପ୍ୟ କି ଶମ୍ଭୁ। ମଦନ କି ଡେରିଅଛି ସୁବର୍ଣ୍ଣ ତମ୍ବୁ ।୩୨।
ଚାରୁ ସରୁ ସୁରୋମାଳି କାମ-କାୟଥ କି କାଳି।
ଘେନି ଲେଖି ଦେଇ ଅଛି ସୁବର୍ଣ୍ଣାବଳୀ
ଏ ବାଳୀ ସକଳବାଳୀ- ମଉଳି କୁସୁମ ମାଳୀ
ପ୍ରଣୟସୁଖ-ସଙ୍ଖାଳି ସୁରସ ସ୍ଥଳୀ।
ଆଉଯେତେ ଉପମାଅଛି ସେମାନଙ୍କ ମାନକୁ ସେ କରୁଛି ଛି ଛି ।୩୩।
ତାଡ଼ ବାଜୁବନ୍ଧ ବାହେ ଝୁମ୍ପା ଜଗଜ୍ଜନ ମୋହେ
କଳ୍ପଲତାରେ ସୁମନ ଫୁଟିଛି ପରା
ଫଳିବ ବାଞ୍ଛିତ ଫଳ ଆଶ୍ରିତ ଜନେ ସଫଳ
ହେବାକୁ ହେଉଛି ସତ୍ୟ ଅତ୍ୟନ୍ତ ତୋରା
ତାଡ଼ ଭିଡ଼ନ ଯେ ପାଇବ। କାମ-ତାଡ଼କ ତାଡ଼ନ ସେହି କରିବ ।୩୪।

୩୨। ନୀଳଚୋଳ- କଳା କାଞ୍ଚୁଲା। କୁଚେ- ଉଭୟ ସ୍ତନରେ। ଦୃଷ୍ଟିମାନ- ଆଖିର ଗୁମାନ। ହେମଗିରି- ସୁନାପର୍ବତ। ମଦନମାଦକ ସ୍ଥଳ- କାମରେ ମତ୍ତ ହେବାର ବିଷୟ। ବିଶ୍ୱମୋହନ ଫଳ- ସମଗ୍ର ବିଶ୍ୱକୁ ମୁଗ୍ଧ କରିପାରୁଥିବା ଫଳ। କାଳୀ ଅଙ୍ଗେ- କାଳୀଙ୍କ ଦେହରେ। ଶମ୍ଭୁ- ଶିବଲିଙ୍ଗ। ସୁବର୍ଣ୍ଣତମ୍ବୁ- ସୁନାର ତମ୍ବୁ।

୩୩। ଚାରୁସରୁ ସୁରୋମାଳି- ସୁନ୍ଦର ଓ ଛୋଟ ଛୋଟ ରୋମାବଳୀ। କାମକାୟଥ- କନ୍ଦର୍ପ ରୂପକ କାୟସ୍ଥ। ସୁନ୍ଦର ଅରମାନ। ସକଳବାଳୀ ମଉଳି କୁସୁମମାଳୀ- ସମସ୍ତ ବାଳାଙ୍କର ମଥାର କୁସୁମମାଳା, ସର୍ବଶ୍ରେଷ୍ଠା। ପ୍ରଣୟସୁଖ ସଙ୍ଖାଳି- ପ୍ରେମସୁଖର ସଙ୍ଖାଳି। ସୁରସସ୍ଥଳୀ- ଅନୁରାଗର ପାତ୍ରୀ। ମାନକୁ- ଅଭିମାନକୁ।

୩୪। ସୁମନ- ଫୁଲ। ସଫଳ ହେବାକୁ- ଫଳଦେବାକୁ। ଭିଡ଼ନ- ଭିଡ଼ା, ଆଘାତ। କାମତାଡ଼ନ- କନ୍ଦର୍ପ ପୀଡ଼ା। ତାଡ଼ନ- ନିବାରଣ।

ପଦ୍ମରାଗ କଡ଼ିଆଳି ନାନାରତ୍ନ କମ ଝଳି
ଦନ୍ତିଦନ୍ତ-ଚୁଡ଼ି ଶରଧାରେ ଘେନିଛି
ମୁଦ ଶୋଭା ଅଙ୍ଗୁଳିରେ ମୁଦ ଦତ୍ତ କି ବିଧିରେ
ବରକର ଗ୍ରହଣକୁ ପାଞ୍ଚି ସଞ୍ଚିଛି ।
ଉରୁ ସରି ଲାଗି କି ଶୋଭା । କରି କରେ ଧରି ରହିଅଛି କି ରମ୍ଭା ।୩୫।
ଉତ୍କଳ ଦେଶ ବସନ ପିନ୍ଧା ନୀବି କି ଶୋଭନ
ମାର-ସରଘରର ତେଲଙ୍ଗୀ କୁଞ୍ଚି କି ?
ପୁରୁଷ ହେଲେ ଆୟତ୍ତ ଜୟବାଦ୍ୟ ବାଜିବତ
କିଙ୍କିଣୀ-କିଣି ସ୍ଥଗିତ ଏଣୁ ହେଲା କି ?
ବଳା ନୂପୁରାଦି ପାଞ୍ଚିଲେ । ରିପୁ ଜୟ କାଳେ ଜୟ ବୋଲିବେ ବଳେ ।୩୬।
ଭାଗ୍ୟ କଳ୍ପତରୁଫଳ କେତେମାତ୍ରକ, ଏ ଫଳ
ପାଇଁ ନିଷ୍ଫଳ ହେଲେ କି ପ୍ରାଣ ରହିବ
କରୁ ନକରୁ ସ୍ୱୀକାର ଛୁଇଁଥିବି କଳେବର
ଦୁଇ ମତେ ଅମୃତ ଦାୟୀତ ହୋଇବ ।
ଏତେଭାଳି ଆତୁର ହୋଇ । ଭୀରୁ ଚାରୁ ଉରୁ ଧରି ଦେଲେ ଝୁଲାଇ ।୩୭।

୩୫। ପଦ୍ମରାଗ କଡ଼ିଆଳି- ପଦ୍ମରାଗ ଖଚିତ ହସ୍ତାଳଙ୍କାର । କମ- ହାତରେ ଅଳଙ୍କାର । ଦନ୍ତିଦନ୍ତ- ହାତୀଦନ୍ତ । ମୁଦ- ମୋହର । ବିଧିରେ- ବିଧାତା ଦ୍ୱାରା । ବରକର- ପତିହାତ ବା ଉତ୍କୃଷ୍ଟ ହାତ । ଉରୁସରି- ଜଙ୍ଘପର୍ଯ୍ୟନ୍ତ । କରୀକରେ- ହାତୀ ଶୁଣ୍ଢରେ । ରମ୍ଭା- କଦଳୀ ଗଛ ।

୩୬। ଉତ୍କଳଦେଶ ବସନପିନ୍ଧ- ଓଡ଼ିଆଣୀମାନଙ୍କ ପରି ଲୁଗାପିନ୍ଧା । ନୀବି- ଲୁଗାର ଗଣ୍ଠି । ମାରସରଘର- କନ୍ଦର୍ପର ଗନ୍ତାଘର । ତେଲଙ୍ଗୀ କୁଞ୍ଚି- ତେଲଙ୍ଗି ଲୁଗାକୁଞ୍ଚା, ଚାବିକାଠି । କିଙ୍କିଣୀ କିଣି- ଅଣ୍ଟାରେ ଥିବା ଅଳଙ୍କାରର ଶବ୍ଦ । ସ୍ଥଗିତ- ସ୍ଥିର । ରିପୁଜୟକାଳେ- କନ୍ଦର୍ପରୂପକ ଶତ୍ରୁକୁ ଜୟ କରିବା ସମୟରେ । ଜୟ ବୋଲିବେ ବଳେ- ବଳେ ବଳେ ଜୟନାଦ କରିବେ ।

୩୭। ଭାଗ୍ୟ କଳ୍ପତରୁ- ଅଦୃଶ୍ୟ ରୂପକ ବୃକ୍ଷ । କେତେ ମାତ୍ରକ- କେତେ ଅଳ୍ପ । ଦୁଇମତେ- ଉଭୟ ପ୍ରକାରେ, ସ୍ୱୀକାର କଲେ ବା ନକଲେ । ଅମୃତଦାୟୀ- ସୁଖପ୍ରଦ, ଅମୃତଫଳ ଦାୟକ । ଆତୁର- ଉଚ୍ଛନ୍ନ । ଭୀରୁ- ଶ୍ରୀରାଧାଙ୍କର । ଚାରୁଉରୁ- ସୁନ୍ଦର ଜଙ୍ଘ ।

ନିଦ୍ରାମୁଦ୍ରାଗଲାଭାଙ୍ଗି ଅଳସ ଭାଙ୍ଗିବା ଭଙ୍ଗୀ
କୁଚ ମଙ୍ଗଳ କଳଶ ଦେଖାଇଲା କି ?
ଊର୍ଦ୍ଧ୍ୱ କରି ଛନ୍ଦୁ ପାଣି କି ଶୋଭା ଶ୍ରୀମୁଖ ଆଣି
ହେମପ୍ରଭାରେ ଚନ୍ଦ୍ରମା ବିଜେ କଲା କି ?
ଜୃମ୍ଭାକାଳେ ତୁଣ୍ଡମାଧୁରୀ। ରଙ୍ଗ ସମ୍ପୁଟକ ଅର୍ଦ୍ଧେ ଫିଟିଲା ପରି ।୩୮।
ଅଳସାନ୍ତେ ନେତ୍ର ଦଣ୍ଡେ କୃଷ୍ଣ ଶୋଭାବ୍ଧି ଅମୃତେ
ବଡ଼ଶୀ ବୁଡ଼ାଇ ମନ-ମୀନ କି ଧରେ।
ଟାଣିନେଲା ଝଟକରି କୁଚ କଳସୀରେ ଭରି
ପାଳନା କଲା କି ହାସାମୃତ ଦାନରେ।
ସ୍ନେହ ଲାଜ ସଂଭ୍ରମ ମିଶା। ସମ୍ଭାବନା କଲାପରି ଉଠିଲା ଯୋଷା ।୩୯।
ମୀନ ଛଟକ ଝଟକ ନେତ୍ର ପୁଟକ ଅଟକ
ନାଟକ ପଠିନୀ ଲାଜେ ପୋତୁ ଲପନ
ସ୍ଫୁଟକଞ୍ଜ କୁଚଟଙ୍କ- ଧରେ ଦେଇ କି ପ୍ରକଟ
ତାଟଙ୍କାଳତିରେ ବନ୍ଧାପନା ବିଧାନ।
ବର ଚରଣକୁ ମନାସି। ବରବରନା କି ହେଲା ସେବାଭିଳାସୀ ।୪୦।

୩୮। ନିଦ୍ରାମୁଦ୍ରା- ଶୋଇଥିବା ବେଳର ଅଜ୍ଞାନ ଅବସ୍ଥା। ଅଳସ ଭାଙ୍ଗିବା ଭଙ୍ଗୀ- ନିଦରୁ ଉଠି ଅଳସ ଭାଙ୍ଗିବା ଛଳରେ। କୁଚ ମଙ୍ଗଳ କଳଶ- କୁଚରୂପକ ଶୁଭକୁମ୍ଭ। ଊର୍ଦ୍ଧ୍ୱ କରି ଛନ୍ଦୁପାଣି- ଉପରକୁ ହାତଟେକି ଛନ୍ଦିବାବେଳେ। ଆଣି- ଶୋଭା। ହେମପ୍ରଭା- ସୁନାରେ ତିଆରି ପଟା। ଜୃମ୍ଭାକାଳେ- ହାଇମାରିବାବେଳେ। ତୁଣ୍ଡମାଧୁରୀ- ପାଟି ଭିତରର ଶୋଭା। ରଙ୍ଗ ସଂପୁଟକ- ଲାଲବର୍ଣ୍ଣର ଫରୁଆ।

୩୯। ଅଳସାନ୍ତେ- ଅଳସ ଭାଙ୍ଗିବାପରେ। ନେତ୍ରଦଣ୍ଡେ- ଅନାଇବାରୁ। କୃଷ୍ଣ ଶୋଭାବ୍ଧି ଅମୃତେ- ଶ୍ରୀକୃଷ୍ଣଙ୍କର ସୌନ୍ଦର୍ଯ୍ୟରୂପକ ସାଗର ଜଳରେ। ମନମୀନ- ମନରୂପକ ମତ୍ସ୍ୟ। ବଡ଼ଶୀ ବୁଡ଼ାଇ- ବନୀ ପକାଇ। କୁଚ କଳସୀରେ- ସ୍ତନରୂପକ ମାଠିଆରେ। ଭରି- ରଖି। ପାଳନା କଲା- ପାଳନକଲା, ବଞ୍ଚାଇ ରଖିଲା। ହାସାମୃତ- ହାସରୂପକ ଅମୃତ। ସଂଭ୍ରମ- ଗୌରବ। ଯୋଷା- ଶ୍ରୀରାଧା।

୪୦। ମୀନଛଟକ ଝଟକ- ମାଛମାନଙ୍କ ଚଟୁଳ ଶୋଭା। ନେତ୍ରପୁଟକ ଅଟକ- ନେତ୍ରର ପକ୍ଷ୍ମରେ ବନ୍ଦ ହୋଇ ରହିଲା। ନାଟକ ପଠିନୀ- ଦୃଶ୍ୟକାବ୍ୟ ରସିକା ଶ୍ରୀରାଧା। ପୋତୁଲପନ- ତଳକୁ ମୁହଁ ପୋତିଲେ। ସ୍ଫୁଟକଞ୍ଜ- ଫଉଟିଲା ପଦ୍ମ। କୁଚଟଙ୍କଧରେ- ସ୍ତନରୂପକ ଶମ୍ଭୁଙ୍କଠାରେ। ପ୍ରକଟ- ପ୍ରକାଶିତ। ତାଟଙ୍କାଳତିରେ- ତଡ଼କାରୂପକ ଆଳତିରେ। ବର- ପତି। ବରବରନା- ସୁନ୍ଦରୀ ଶ୍ରୀରାଧା। ସେବାଭିଳାସୀ- ସେବାକରିବାକୁ ଇଚ୍ଛାକଲା।

ବିଚାରଇ ଏ ସୁନ୍ଦର -		ସୃଷ୍ଟିସାର ପୁରନ୍ଦର
ଭାଗ୍ୟମାତ୍ର କେତେ ଏ ଦର୍ଶନ ହେବାକୁ
ନୟନ ସୁକୃତ ପଣ		ବିଧି ନେଇଥିଲା ଋଣ
ନିତିବାଣ ଦ୍ୱିଗୁଣରେ ଲେଖି ଦେବାକୁ।
ବଳେ ତାହା ଶୁଝିଲା ଆଜ। ଦୀନ ଦେଖି କୃପା କଲେ କି ଦେବରାଜ ।୪୧।
ଶଶୀ ବିବର୍ଣ୍ଣ ବିଲକ୍ଷ		ପୁରନ୍ଦର ସହସ୍ରାକ୍ଷ
ମିତ୍ର-କୁମାର କୁମାର ଆନନ ନାହିଁ
ଅଦେହତ ଫୁଲ ଧନୁ		ଦେହବନ୍ତ ଫୁଲ ଧନୁ
ଥିଲେ ଛାଇ ତୁଲ କିବା କରନ୍ତ କାହିଁ।
ଚିନ୍ତାମଣି ମୂର୍ତ୍ତି ବୋଲନ୍ତି। ଯାଚି ବରଦ ନୁହଇ କଠୋର ଅତି ।୪୨।
ବିରାଜ ବୋଲିବି କେହି		ବିରାଜ ବିଜୟ ନାହିଁ
ମାତ୍ର ଅନ୍ତର ନୁହଇ ଶୁଣା ଅଛଇ।
ସେ ହୋଇଥିଲେ କୁମାର		ଲାଜେ ରହନ୍ତା କି ମାର
ଦରଶନେ କୋଟିଗୁଣେ ପ୍ରଭା ବହଇ।
ବିନାଶନେ ଅରିଦରକୁ। ଶ୍ରୀଭୁଜରେ ବହିଥାନ୍ତେ ଅରି ଦରକୁ ।୪୩।

୪୧। ସୁନ୍ଦର ସୃଷ୍ଟିସାର ପୁରନ୍ଧ- ଶ୍ରେଷ୍ଠ ସୁନ୍ଦର। ନୟନ ସୁକୃତ ପଣ- ଆଖିର ପୁଣ୍ୟପଣ। ବିଧି- ବିଧାତା। ବାଣ ଦ୍ୱିଗୁଣ। ଦୀନ- ଦରିଦ୍ର। ଦେବରାଜ- ଦେବଶ୍ରେଷ୍ଠ।

୪୨। ଶଶୀ- ଚନ୍ଦ୍ର। ବିବର୍ଣ୍ଣ- ମଳିନ ବର୍ଣ୍ଣ। ବିଲକ୍ଷ- ତୁଳନାର ଅଯୋଗ୍ୟ। ପୁରନ୍ଦର- ଇନ୍ଦ୍ର। ସହସ୍ରାକ୍ଷ- ସହସ୍ର ଚକ୍ଷୁଧାରୀ। ମିତ୍ର କୁମାର- ସୂର୍ଯ୍ୟପୁତ୍ର ଅଶ୍ୱିନୀ କୁମାର। କୁମାର- କାର୍ତ୍ତିକେୟ। ଆନନ- ମୁଖ। ଅଦେହ- ଦେହ ନାହିଁ। ଫୁଲ ଧନୁ- କନ୍ଦର୍ପ। ଚିନ୍ତାମଣି ମୂର୍ତ୍ତି- ଚିନ୍ତାମଣି ବିଗ୍ରହ। ବରଦ- ବରଦାନକାରୀ।

୪୩। ବିରାଜ- ବିଷ୍ଣୁ। କେହି- କିପରି। ବିରାଜ ବିଜୟ- ପକ୍ଷୀଶ୍ରେଷ୍ଠ ଗରୁଡ଼ ଉପରେ ବିଜେ କରିବା। ଅନ୍ତର- ଭିନ୍ନ। ସେ- ବିଷ୍ଣୁ। କୁମାର- କିଶୋର। ମାର- କନ୍ଦର୍ପ। କୋଟିଗୁଣେ ପ୍ରଭା- ଅପରିମିତ ପ୍ରଭାବ। ବିନାଶାନେ- ବିନାଶ କରିବାକୁ। ଅରିଦରକୁ- ଶତ୍ରୁଭୟକୁ। ଶ୍ରୀଭୁଜରେ- ସୁନ୍ଦର କରରେ। ଅରିଦରକୁ- ଚକ୍ର ଓ ଶଙ୍ଖକୁ।

ପଞ୍ଚଶର ପଞ୍ଚଶର　　　　　　ଶୃଙ୍ଗାର-ରସ ନିକର

ପ୍ରେମଭାବ ମଦନ ମାଦଳ ପୀୟୂଷ

କେଳି କଳା ଭଙ୍ଗୀଲୀଳା　　　　　　ଲାବଣ୍ୟ ମାଧୁର୍ଯ୍ୟ ମିଳା

ମିଳି ଜନମିଛି କି ସୁଷମା ପୁରୁଷ

ବଶ ମାନସରେ ମନାସେ। ଜୀବ କି ପରମେ ମନ ପୁରୁଷ ମିଶେ ।୪୪।

ଏ କାଳରେ ଯୋଡ଼ିପାଣି　　　　　　ରସିକ ମୁକୁଟ ମଣି

ତ୍ରାହି ବନ୍ଧୁକର ବୋଲି ବିନତି କଲେ

ସୁଷମା ଧନରେ ବିକି　　　　　　ବଳେ ହୋଇଲି ଏଣିକି

ଊଣା କାହାକୁ ବିଚାର ବାଧା ହୋଇଲେ।

ଦୟାନିଧି ଦାସ ବତ୍ସଳା। ଅନା ବନା ଉଡୁ ଲୋକେ ସୁପ୍ରେମଶୀଳା ।୪୫।

କଳ୍ପଲତା କି କୃପଣ　　　　　　କରୁନାହୁଁ ପ୍ରଭୁପଣ

ଶ୍ରୀଅଙ୍ଗ ସେବା ସମର୍ପି ପରଖ ଧୀରା

ସେବା ଅଯୋଗ୍ୟ ସେବକେ　　　　　　ବିଚାର କରି ବିବେକେ

ଅଧରାମୃତ ଦାନରେ ପାଳନ୍ତି ପରା।

୪୪। ପଞ୍ଚଶର ପଞ୍ଚଶର- କନ୍ଦର୍ପର ପାଞ୍ଚୋଟିଯାକ ବାଣ। ଶୃଙ୍ଗାର ରସ ନିକର- ଶୃଙ୍ଗାର ରସ ସବୁ। ପ୍ରେମ ଭାବ- ପ୍ରେମ ରସ। ମଦନମାଦକ- କନ୍ଦର୍ପଜନିତ ନିଶା। ପୀୟୂଷ- ଅମୃତ। କେଳି- କ୍ରୀଡ଼ା। କଳା- କାମକଳା। ଭଙ୍ଗୀ- କଟାକ୍ଷ ବିକ୍ଷେପ ଆଦି ଚେଷ୍ଟା। ଲୀଳା- ବିଳାସ। ଲାବଣ୍ୟ- କାନ୍ତିର ତରଳତା। ମାଧୁର୍ଯ୍ୟ ମିଳା- ମଧୁରତା ମିଶ୍ରିତ। ସୁଷମା ପୁରୁଷ- ସୌନ୍ଦର୍ଯ୍ୟମୟ ପୁରୁଷ। ବଶ- ଅଧୀନ। ମାନସରେ- ମନରେ। ମନାସେ- ଇଚ୍ଛା କରୁଅଛି। ଜୀବ କି ପରମେ- ଜୀବାତ୍ମା ପରମାତ୍ମାଠାରେ। ମନ- ଶ୍ରୀରାଧାଙ୍କର ମନ।

୪୫। ପାଣି- କର। ରସିକ ମୁକୁଟମଣି- ରସିକଶ୍ରେଷ୍ଠ ଶ୍ରୀକୃଷ୍ଣ। ତ୍ରାହି- ରକ୍ଷା। ବିନତି- ବିନୟ। ସୁଷମା ଧନ- ସୌନ୍ଦର୍ଯ୍ୟରୂପକ ଧନ। ବାଧା- ଦୁଃଖ। ଦୟାନିଧି- ଦୟାମୟୀ। ଦାସ ବତ୍ସଳା- ଭୃତ୍ୟବତ୍ସଳା। ଅନା- ଚାହଁ। ବାନା ଉଡୁ- ପତାକା ଉଡୁ, ଯଶ ପ୍ରଚାରିତ ହେଉ। ଲୋକେ- ଜଗତରେ। ସୁପ୍ରେମଶୀଳା- ଉତ୍ତମ ପ୍ରେମମୟୀ।

୪୬। କଳ୍ପଲତା- କଳ୍ପବୃକ୍ଷ। ପରଖ- ପରୀକ୍ଷା କର। ଧୀରା- ଶାନ୍ତଶୀଳା। ସେବା ଅଯୋଗ୍ୟ- ସେବା କରିବାକୁ ଯେ ଯୋଗ୍ୟ ନୁହେଁ। ବିବେକ- ବିଚାରଶୀଳ ଲୋକେ। ଅଧରାମୃତ- ଉଚ୍ଛିଷ୍ଟ ଓ ଅଧରରୂପକ ଅମୃତ। ଶ୍ରୀ- ଐଶ୍ୱର୍ଯ୍ୟ। ପଦକରେ- ପଦେ କଥାରେ। କୃତାର୍ଥ- ଧନ୍ୟ। ଶ୍ରୀପଦ- ସୁନ୍ଦର ପାଦ। କରେ- ହାତରେ।

ପାଇବି ମୁଁ ଶ୍ରୀପଦକରେ । କୃତାର୍ଥ ହେଲିନି ଛୁଇଁ ଶ୍ରୀପଦ କରେ ।୪୬।

ତନୁଜା ଅନୁଜା ତୁ କି   କାମ ନୋହିଲେ କାହିଁକି

ଚାହିଁଲାକୁ ଶର ମାରି ସାରି ଦେଉଛି

ନିଦ୍ରାଳସେ ନେତ୍ର କଷା   ସୁଧା ଅନୁରାଗ ମିଶା

ଢଳିବାରୁ ଜୀବ ନ ଯାଇଅଛି ।

ମୋର ବୋଲ ସ୍ୱୀକାର କର । ତନୁଦାନରେ ପାଇବି ଅଭୟ ବର ।୪୭।

ରସିକ ବିନୟ ବିଧୁ   ବଢ଼ାଇ ଆନନ୍ଦ ସିନ୍ଧୁ

ଧଇର୍ଯ୍ୟ ଲାଜ ତୀରକୁ ବୁଡ଼ାଇ ଦେଲା

ବଳେ ବଢ଼ି ରସ୍ତେ ମୁଦ   ନୟନ ହାସ କୁମୁଦ

ପ୍ରସନ୍ନ ପୀୟୂଷ ସ୍ନାନ ପରି ଦିଶିଲା ।

ହରି ହରି ରୀତିକି ଦେଖି । ମୁକତିରୁ ବଡ଼ ଲାଭ ଥିଲାତ ଲକ୍ଷି ।୪୮।

ଜାଣି ହେଲା ଅଙ୍ଗୀକାର   କୋଳ କରି ବେଣୁଧର

ପଲ୍ୟଙ୍କେ ଅଙ୍ଗରେ ବସି ବସାଇ କୋଳେ

୪୭। ତନୁଜା- କନ୍ୟା। ଅନୁଜା- ସାନ ଭଉଣୀ। କାମ- କନ୍ଦର୍ପ। ନିଦ୍ରାଳସେ- ନିଦ ଅଳସରେ। କଷା- ଅଳ୍ପ ରକ୍ତବର୍ଣ୍ଣ। ନେତ୍ର- ଆଖି। ସୁଧା- ଅମୃତ (ଶ୍ୱେତ)। ଅନୁରାଗ- ପ୍ରୀତିର ଆଭାସ (ଲାଲବର୍ଣ୍ଣ)। ଢଳିବାରୁ- ମୋ ଉପରେ ପଡ଼ିବାରୁ। ମୋର ବୋଲ- ମୋ କଥା। ସ୍ୱୀକାର କର- ମାନିନିଅ। ତନୁଦାନ- ଦେହଦାନ। ଅଭୟବର- କାମନା ପୂରଣର ନିର୍ଭରତା।

୪୮। ରସିକ- ଶ୍ରୀକୃଷ୍ଣ। ବିନୟବିଧୁ- ବିନୟ ବଚନ ରୂପକ ଚନ୍ଦ୍ର। ଆନନ୍ଦ ସିନ୍ଧୁ- ଆନନ୍ଦ ରୂପକ ସାଗର। ଧଇର୍ଯ୍ୟ ଲାବତୀର- ଧୈର୍ଯ୍ୟ ଓ ଲାଜ ରୂପକ କୂଳ। ମୁଦ- ଆନନ୍ଦ। ହାସ ମୁଦ- ହସ ରୂପ କଇଁ। ପ୍ରସନ୍ନ- ପ୍ରଫୁଲ୍ଲ। ପୀୟୂଷ- ଅମୃତ। ହରି- ଶ୍ରୀରାଧା। ହରିରୀତି- ଶ୍ରୀକୃଷ୍ଣଙ୍କ ବିରହ ଅବସ୍ଥା। ଲକ୍ଷି- ଲକ୍ଷ୍ୟ କରିଥିଲେ।

ବାମକର ନେଇ ବୁକେ ଦକ୍ଷିଣ କର ଚିବୁକେ
ଶ୍ରୀମୁଖ ଦେଖା ବିଧିରେ ମୁଦ୍ରିକା ଦେଲେ ।
ଗାନ୍ଧର୍ବୀଙ୍କ ରୀତିକି ଭାଳି । କୃଷ୍ଣ କଣ୍ଠେ ଦେଲାବାଳୀ ରତନ ମାଳୀ ।୪୯।

ବନ୍ଧୂ ବନ୍ଧୁଲୀ-ଅଧର ମଧୁ ମଧୁର ଭଣ୍ଡାର
ଦୁର୍ଲ୍ଲଭ ଲୋଭରେ ହରି ଚୁମ୍ବିବା ବେଳେ
ଯୋଗମାୟା ମାୟା ଦୂର କଲେ ହୋଇଲେ ଅନ୍ତର
ହରି କରି ହରିଙ୍କି ସ୍ୱ ସ୍ଥାନେ ରଖିଲେ ।
ଶତ କୋଟି ପଡୁ କୁଳିଶ । କାହାକୁ ହିଁ ଦିନେ ନୋହୁ ଏ ଜାତି କ୍ଳେଶ ।୫୦।

ଶ୍ରୀ ରାଧା ଗୋବିନ୍ଦ ସଙ୍ଗ ଭଙ୍ଗ ହେବାର ପ୍ରସଙ୍ଗ
ଅନୁରାଗୀ ଜନଙ୍କର ଜୀବନ ଯିବ ।
ହୋଇବ ପ୍ରଣୟ ବୃଦ୍ଧି ଏ ପାଞ୍ଚ ହେଲା ଔଷଧି
ଅନୁରାଗୀ ଜନଙ୍କର ଜୀବ ନ ଯିବ
କୃଷ୍ଣ ବୋଲି ବିସ୍ମୟ ଚିତ୍ତ । ଅଭିମନ୍ୟୁ ସାମନ୍ତ ସିଂହାର ରଚିତ ।୫୧।

୪୯। ଅଙ୍ଗୀକାର- ସ୍ୱୀକାର । ବେଣୁଧର- ବଂଶୀଧାରୀ ଶ୍ରୀକୃଷ୍ଣ । ପଲ୍ୟଙ୍କ ଅଙ୍କରେ- ପଲଙ୍କ ଉପରେ । ଶ୍ରୀ ମୁଖ ଦେଖାବିଧି- ମୁହଁଚାହାଁ ବିଧି । ମୁଦ୍ରିକା- ମୁଦି । ଗାନ୍ଧର୍ବୀଙ୍କ ରୀତି- ଗନ୍ଧର୍ବ ବିବାହ ରୀତି । ବାଳୀ- ଶ୍ରୀରାଧା ।

୫୦। ବନ୍ଧୂ ବନ୍ଧୂଲୀ ଅଧର- ଶ୍ରୀରାଧାଙ୍କର ଲାଲ ଓଷ୍ଠ । ମଧୁ ମଧୁର ଭଣ୍ଡାର- ମହୁପରି ମିଠାପୂର୍ଣ୍ଣ । ହରିକରି- ହରଣ କରି । ହରିଙ୍କି- ଶ୍ରୀ କୃଷ୍ଣଙ୍କୁ । ଶତକୋଟି- ଅସଂଖ୍ୟ । କୁଳିଶ- ବଜ୍ର । ଏଜାତି- ପ୍ରକାର । କ୍ଳେଶ- କଷ୍ଟ, ଦୁଃଖ ।

୫୧। ଶ୍ରୀ ରାଧା ଗୋବିନ୍ଦ ସଙ୍ଗ ଭଙ୍ଗ- ଶ୍ରୀ ରାଧା ଓ ଶ୍ରୀକୃଷ୍ଣଙ୍କର ମିଳନ ଭଙ୍ଗ । ଅନୁରାଗୀ ଜନଙ୍କର ଜୀବନ ଯିବ - ଅନୁରାଗୀ ଲୋକଙ୍କ ପକ୍ଷରେ ଜୀବନ ଯିବା ସହିତ ସମାନ । ପ୍ରଣୟ- ପ୍ରେମ । ଏ ପାଞ୍ଚ- ଏହି ଭାବନା । ଜୀବ- ପ୍ରାଣ । କୃଷ୍ଣ ବୋଲି- ଶ୍ରୀକୃଷ୍ଣଙ୍କ ନାମ ଉଚ୍ଚାରଣ କରି ।

❑❑❑

ଦ୍ୱିଚତ୍ୱାରିଂଶ ଛାନ୍ଦ

ଶ୍ରୀକୃଷ୍ଣ ମଧୁମଙ୍ଗଳ ପ୍ରୀତି ପ୍ରତ୍ୟୁକ୍ତି ସିଦ୍ଧାନ୍ତ

(ରାଗ ବରାଡ଼ି-ଆଷାଢ଼ଶୁକ୍ଳ ବାଣୀ)

ଧୀରଚକ୍ର ହୃଦପଦ୍ମ ମିହିର। ରସିକାନନ୍ଦସିନ୍ଧୁ କଳାକର।
ଗ୍ରାହକ ପ୍ରେମ ରତନ ପସରା। ମୁମୁକ୍ଷୁ କୈବଲ୍ୟ ଭଣ୍ଡାର ପରା।
ଏ ଛାନ୍ଦକୁ ଭାଳ ହେ। ପ୍ରେମ ବିଯୋଗୀ ଯୋଗିଜନ ଥାଳ ।୧।
ଗିରିବରଧର ମାରମୋହନ। ରାଧାପ୍ରୀତି ବିନା ମାରେ ମୋହନ।
ଲଜ୍ଜା ମର୍ଯ୍ୟାଦା ଆତୁର ଉଚ୍ଛନ୍ନ। ଲାଳସେ ବଳାବଳି ଦିନୁଦିନ।
ଦିନେ ଛନ୍ନେ ବନେ ହେ। ସଖାକୁ କହନ୍ତି ମୃଦୁବଚନେ ।୨।

୧। ଧୀର...ମିହିର- ପଣ୍ଡିତମାନଙ୍କର ହୃଦୟ ହେଲା ପଦ୍ମପରି। ଏ ଛାନ୍ଦ ତା'ର ମିହିର (ସୂର୍ଯ୍ୟ) ଅଟେ। ରସିକା... କଳାକର-ରସିଲୋକଙ୍କ ଆନନ୍ଦସିନ୍ଧୁକୁ କଳାକର (ଚାନ୍ଦ) ଅଟେ। ଗ୍ରାହକ...ପସରା-ଚିହ୍ନିରା ଓ ବୁଝିବା ଲୋକଙ୍କର (ଗ୍ରାହାକ) ପ୍ରେମରୂପ ରତ୍ନର ପସରା ଅଟେ। ମୁମୁକ୍ଷୁ...ପରା-ମୁମୁକ୍ଷୁ (ମୁକ୍ତି ପାଇବାକୁ ଇଚ୍ଛା କରୁଥିବା ଲୋକଙ୍କର) ମୁକ୍ତି (କୈବଲ୍ୟ) ଭଣ୍ଡାର ଅଟେ। ପ୍ରେମ...ଥାଳ-ବିରହୀମାନେ ବା ବିଶିଷ୍ଟ ଯୋଗୀମାନେ ହେଲେ ଯୋଗୀ (ଭିକ୍ଷାକାରୀ ଜାତିବିଶେଷ) ଏ ଛାନ୍ଦ ସେମାନଙ୍କର ଥାଳ ଅର୍ଥାତ୍ ଭିକ୍ଷାର ପାତ୍ରସ୍ୱରୂପ।

୨। ଗିରିବରଧର-ଗୋବର୍ଦ୍ଧନଧାରୀ। ମାରମୋହନ-କନ୍ଦର୍ପକୁ ମୋହି ଦେଉଥିବା କୃଷ୍ଣ। ରାଧାପ୍ରୀତି ବିନା-ରାଧାଙ୍କ ପ୍ରୀତି ଅଭାବରୁ, ମାରେ (କନ୍ଦର୍ପ ଦ୍ୱାରା) ମୋହନ (ମୁଗ୍ଧ) ହେଲେ। ଲାଳସାରେ ଲଜ୍ଜା ମର୍ଯ୍ୟାଦା ଉଚ୍ଛନ୍ନ (ନଷ୍ଟ) ହେବାରୁ ଦିନକୁଦିନ ଆତୁର (ବ୍ୟାକୁଳତା) ବଳାବଳି (ବଢ଼ିବାକୁ ଲାଗିଲା) କିମ୍ବା ଲାଳସେ (ରାଧାଙ୍କ ପ୍ରାପ୍ତିରେ) ଲଜ୍ଜା ମର୍ଯ୍ୟାଦା ପ୍ରତିବନ୍ଧକ ହେବାରୁ ଆତୁର ଓ ଉଚ୍ଛନ୍ନ (ବ୍ୟାକୁଳତା) ଦିନକୁଦିନ ବଢ଼ିବାକୁ ଲାଗିଲା। କିମ୍ବା ଲଜ୍ଜା, ମର୍ଯ୍ୟାଦା, ଆତୁରତା, ଉଚ୍ଛନ୍ନତା ଓ ଲାଳସାମାନ ଦିନକୁଦିନ ପରସ୍ପରଠାରୁ ବଳାବଳି (ବଢ଼ାବଢ଼ି) ହେଲେ। ଛନ୍ନେ- ଅକୁଳ ହୋଇ। ସଖା-ମଧୁ।

କାହୁଁ ଜନମ ହୁଅଇ ପୀରତି । କି ଜାତି ବର୍ଣ୍ଣ ଚିହ୍ନ ଗୁଣ ଭୀତି ।
କରିବା କରାଇବା ଶକ୍ତି କେତେ । କାହୁଁ ରହି ସଞ୍ଚରଇ କେମନ୍ତେ ॥
ଦେଶ କାଳ ପାତ୍ର ହେ । କହି ମୋ ଶ୍ରୁତିକି କର ପବିତ୍ର ।୩।
ଏହା ଶ୍ରବଣେ ହସି କହେ ମଧୁ । ପ୍ରେମାର୍ଥ ଅକଳନା ମହାସିନ୍ଧୁ ।
ସାଧବେ ସିଦ୍ଧାନ୍ତ କରନ୍ତି ଯାହା । କିଛି ଶୁଣିଛି କହିବି ମୁଁ ତାହା ।
ରାଗ ଶବ୍ଦ ଅର୍ଥ ହେ । ଅଚିନ୍ତ୍ୟ ଅବ୍ୟକ୍ତ ନିତ୍ୟ ପଦାର୍ଥ ।୪।
ନିର୍ମଳ ଶୁଦ୍ଧ ବୁଦ୍ଧ ବୋଧମୟ । ସତ୍ତା ସର୍ବଗ ଅକ୍ଷୟ ଅବ୍ୟୟ ।
ଆତ୍ମା ସଂସର୍ଗୀ ଚେତନା ବିକାର । ମନ ବୁଦ୍ଧି ବିବେକରେ ସଞ୍ଚାର ।
କାମ ଲୋଭସ୍ଥଳେ ହେ । ଉଦେ ହୋୟେ ନାନା ସମ୍ବନ୍ଧବଳେ ।୫।
ସ୍ୱାଦୁ ଶୀତଳ ଆହାଲାଦ ଶୋଭା । ବିଧୁ ଅଧିକ ଅଗମ୍ୟ ପ୍ରତିଭା ।
ଚାଖିବା ଦେଖିବା ସ୍ପରଶ ନାହିଁ । ବିକାରବଳେ ଚିହ୍ନାଯାଏ ସେହି ।
ଅଗୋଚର ମୂର୍ତ୍ତି ହେ । ସ୍ୱଭାବ ଭାବବଳେ ହୋଏ ସ୍ଫୂର୍ତ୍ତି ।୬।

୪। ଅକଳନା ମହାସିନ୍ଧୁ-ସମୁଦ୍ର ପରି କଳି ହେବ ନାହିଁ । ସାଧବେ-ସାଧୁମାନେ । ରାଗ-ପ୍ରୀତି । ଅଚିନ୍ତ୍ୟ-ଚିନ୍ତା କରି ହେବ ନାହିଁ । ଅବ୍ୟକ୍ତ-ପ୍ରକାଶ କରି ହେବ ନାହିଁ । ନିତ୍ୟ ପଦାର୍ଥ-ଚିରନ୍ତନ, ସଦାସର୍ବଦା ରହିଅଛି ।

୫। ନିର୍ମଳ-ଦୋଷଶୂନ୍ୟ । ଶୁଦ୍ଧ-ପବିତ୍ର । ବୁଦ୍ଧ-ଜ୍ଞାନ । ବୋଧମୟ-ଜ୍ଞାନମୟ । ସତ୍ତା-ଅସ୍ତିତ୍ୱଯୁକ୍ତ । ସର୍ବଗ- ସବୁ ସ୍ଥାନରୁ ଯାଇ ପାରେ, ବିଶ୍ୱବ୍ୟାପୀ । ଅକ୍ଷୟ-ବିନାଶ ନାହିଁ । ଅବ୍ୟୟ- ହ୍ରାସ ନାହିଁ । ଆତ୍ମା...ବିକାର- ଆତ୍ମା ସମ୍ବନ୍ଧୀ ଚୈତନ୍ୟର ବିକୃତି, ଜୀବର ଶୁଦ୍ଧଜ୍ଞାନ ଶକ୍ତିରୁ ଜାତ ହୁଏ । ମନ-ଚିନ୍ତାକରେ ବସ୍ତୁ ଗ୍ରହଣ କରିବାର ଶକ୍ତି । ବୁଦ୍ଧି-ଜ୍ଞାନକୁ ନିଶ୍ଚୟ କରିବାର ଶକ୍ତି । ବିବେକ- ଭଲ ମନ୍ଦ ବିଚାର କରିବା ଶକ୍ତି । ପ୍ରୀତି ଏହି ତିନିଙ୍କଠରେ ଥାଏ । କାମଲୋଭ... ସମ୍ବନ୍ଧବଳେ-ପ୍ରୀତି ଲୋଭ ସ୍ଥଳରେ ନାନା କାରଣରୁ ଉଦେ ହୋଇଥାଏ ।

୬। ସ୍ୱାଦୁ-ସୁଆଦ । ଆହଲାଦ-ଅହ୍ଲାଦ ଦିଏ । ଶୋଭା-ଶୋଭାବନ୍ତ । ବିଧୁ-ଚନ୍ଦ୍ରଙ୍କଠାରୁ । ପ୍ରତିଭା-କାନ୍ତି । ଅଗମ୍ୟ-ବୁଝି ହେବ ନାହିଁ । ବିକାର...ସେହି-ଇନ୍ଦ୍ରିୟ ବିକାରରୁ କିମ୍ବା ପ୍ରୀତିର କାର୍ଯ୍ୟ ନାନାପ୍ରକାର ଚେଷ୍ଟାଦିରୁ ତାହା ଜଣାଯାଏ । ଅଗୋଚରମୂର୍ତ୍ତି-ରୂପ ଜଣାଯାଏ ନାହିଁ । ସ୍ୱଭାବ...ସ୍ଫୂର୍ତ୍ତି-ପ୍ରେମର ଭାବ ଦଳରୁ (ଶକ୍ତିର ସଞ୍ଚାରରୁ) ତାହାର ସ୍ୱଭାବ ପ୍ରକାଶ ପାଏ । ପ୍ରେମ ନ ଜନ୍ମିଲେ ତାହାର ପ୍ରକୃତି ଜଣାଯାଏ ନାହିଁ ।

ଦେହ ଦେହୀ ସର୍ବେନ୍ଦ୍ରିୟାଧିଦେବ। ପ୍ରେମ ଆୟତ୍ତୁଁ କେ ଉତୁରିଯିବ।
ସ୍ନେହ ଯହିଁକି ମାନସ ନ କରେ। ଦେଖା ଶୁଣା ନିକି-କର୍ମ ପ୍ରଚରେ।
ସ୍ନେହ ବିନା ମନ ହେ। କାହିଁରେ କେବେହେଁ ନୁହଇ ଲଗ ।୭।
ସନ୍ଧନୀ ସମ୍ବିଦିନୀ ଆହ୍ଲାଦିନୀ। ବିକାର ତତ୍ତ୍ୱଗୁଣ ଅଛି ଘେନି।
କାର୍ଯ୍ୟ କାରଣ ସମ୍ଭବକାରିଣୀ। ସର୍ବ ଶକ୍ତିମୂଳ ଏ ଘେନି ଜାଣି।
ବିବେଚନା କଲେ ହେ। ଅଶେଷ ବ୍ୟାପ୍ତିବନ୍ତ ନାନାସ୍ଥଳେ ।୮।
ପଞ୍ଚ ବିଷୟେ ପଞ୍ଚେନ୍ଦ୍ରିୟ ଲୋଭୀ। ପଞ୍ଚଭୌତିକ ବିକାରକୁ ଲଭି।
ପଞ୍ଚ ରସ ସାର ଏ ଘେନି। ଏ ପାଞ୍ଚରସେ ମଧୁର ପ୍ରଧାନ।
ରତି ସଙ୍ଗୀ ପ୍ରୀତି ହେ। ପ୍ରୀତି ନ ଥିଲେ ନ ଶୋହଇ ରତି ।୯।

୭। ଦେହ-ଶରୀର। ଦେହୀ-ଜୀବ। ସର୍ବେନ୍ଦ୍ରିୟାଧିଦେବ-ଇନ୍ଦ୍ରିୟମାନଙ୍କର ଦେବତା ଅଟନ୍ତି। ମନ-ସବୁ ଇନ୍ଦ୍ରିୟଙ୍କ ଉପରେ ରାଜା। ପ୍ରେମ...ଯିବ-ସମସ୍ତେ ପ୍ରେମର ଅଧୀନ। ସ୍ନେହ...ପ୍ରଚରେ-ଯେଉଁଠାରେ ମନ ନ ବଳେ, ସେଠି ଦେଖାଶୁଣା ପ୍ରଭୃତି କିଛି କାମ ହୁଏ ନାହିଁ। କାହିଁରେ...ଲଗ୍ନ-ମନ କାହିଁରେ ଲାଗେ ନାହିଁ।

୮। ଭଗବାନ-ସଚ୍ଚିଦାନନ୍ଦ। ତାଙ୍କର ସତ୍ ଚିତ୍ ଓ ଆନନ୍ଦରୂପ ତିନୋଟି ଶକ୍ତିକୁ ଯଥାକ୍ରମରେ ସନ୍ଧିନୀ ସମ୍ବିଦିନୀ ଏବଂ ଆହ୍ଲାଦିନୀ ନାମରେ ଅଭିହିତ କରାଯାଏ। ଏହି ତିନି ଶକ୍ତିର ଯେଉଁ କାର୍ଯ୍ୟ (ବିକାର), ତା'ର ତତ୍ତ୍ୱଗୁଣ (ସାରଧର୍ମ) ଘେନି ପ୍ରୀତି ରହିଅଛି, ସେ ପ୍ରୀତି ସମସ୍ତ କାର୍ଯ୍ୟକାରଣ ସୃଷ୍ଟି କରୁଅଛି। ସେଥିଯୋଗୁ ସବୁ ଶକ୍ତିମୂଳ ସେ; ଅର୍ଥାତ୍ କାର୍ଯ୍ୟକାରଣ ସମ୍ବନ୍ଧ ସମସ୍ତ ସୃଷ୍ଟିର କାରଣ- ପ୍ରୀତି ତାହାର ମଧ୍ୟ ମୂଳ ଅଟେ। ବିଚାର କରି ଦେଖିଲେ ଜଣାଯିବ ଯେ, ସେ ନାନା ରୂପରେ ସବୁ ସ୍ଥାନରେ ବ୍ୟାପୀ ରହିଅଛି।

୯। ପଞ୍ଚେନ୍ଦ୍ରିୟ-ଚକ୍ଷୁ, କର୍ଣ୍ଣ, ନାସିକା, ଜିହ୍ୱା, ଚର୍ମ। ପଞ୍ଚ ବିଷୟ- ରୂପ, ଶବ୍ଦ, ଗନ୍ଧ, ରସ, ସ୍ପର୍ଶ। ପଞ୍ଚଭୌତିକ-ପଞ୍ଚେନ୍ଦ୍ରିୟ; ପଞ୍ଚଭୂତ ଅର୍ଥାତ୍ ପୃଥିବୀ, ଜଳ, ତେଜ, ବାୟୁ ଓ ଆକାଶ। ଏହି ପାଞ୍ଚୋଟି ଉପାଦାନରେ ଗଢ଼ା ହୋଇଥିବାରୁ ପଞ୍ଚବିଷୟ ଯଥାକ୍ରମରେ ଭୋଗ କରୁଅଛି। ଏଣୁ ପଞ୍ଚରସ (ମଧୁର, କଟୁ, କଷାୟ, ତିକ୍ତ ଓ ଲବଣ) ଶ୍ରେଷ୍ଠ ଅଟେ। ପୁଣି ମଧୁର ଏହି ପଞ୍ଚରସ ମଧ୍ୟରେ ପ୍ରଧାନ। ମଧୁର ହେତୁରୁ ପ୍ରୀତି ରତିର ସଙ୍ଗୀ।

ପ୍ରେମ ଭଙ୍ଗୀ ହାସ୍ୟ ଲାସ୍ୟାଦି ରୀତି। କୀଟ ପତଙ୍ଗେ ନାହିଁ ପୂର୍ଣ୍ଣ ନୀତି।
ସ୍ଥାବରେ ଏକାଙ୍ଗ ଅନୁସରଣ। ଅଚେତନ ଶକ୍ତିସ୍ୱଭାବ ଗୁଣ।
ଏ ଘେନି ନିଉନ ହେ। ମନୁଷ୍ୟ ରତି ପ୍ରୀତି ସ୍ଥିତି ସ୍ଥାନ ।୧୦।
ନାରୀରେ ନାରୀ ପୁରୁଷେ ପୁରୁଷ। ରତିହୀନେ ପ୍ରୀତି ଦିଶେ ନିରସ।
ନାରୀ ପୁରୁଷେ ରତି ପ୍ରୀତି ଜାତ। ସ୍ୱାଦୁଁ ସମ୍ବନ୍ଧୁ ମଧୁର ଅଖ୍ୟାତ।
ଦୁଇ ମତ ସେହି ହେ। ସ୍ୱକୀୟ ପରକୀୟ ଭେଦ ତହିଁ ।୧୧।
ବିଷୟ-ସମ୍ବନ୍ଧ ପୀରତି ରତି। ସ୍ୱକୀୟ ସମଞ୍ଜସା ସେ ବୋଲାନ୍ତି।
ଏଣୁ ସେ ଊଣା ପରକୀୟା ସାର। ସେ ପୁଣି ହୁଅଇ ବେନି ପ୍ରକାର।
ପ୍ରୟୋଜନାର୍ଥିନୀ ହେ। ସାଧାରଣୀ ରତି ତାହାକୁ ଚିହ୍ନି ।୧୨।
ପ୍ରାଣମୂର୍ଚ୍ଛା ରତି ସମର୍ଥା ସେହି। ବେନି ପ୍ରକାର ଭେଦାଭେଦ ତହିଁ।
ସମ୍ବନ୍ଧ ଅନୁଗତ ଊଣା ମତ। ସମ୍ବନ୍ଧେ ସ୍ୱକୀୟା ଅଧେ ବିଦିତ।
ଶୁଦ୍ଧ ରାଗାନୁଗ ହେ। ସ୍ୱଚ୍ଛ ଅଛିଦ୍ର ପ୍ରୟୋଜନ ତ୍ୟାଗ ।୧୩।

୧୦। ଲାସ୍ୟାଦିରୀତି-ନୃତ୍ୟାଦି ଭାବ। ପୂର୍ଣ୍ଣନୀତି-ପୂର୍ଣ୍ଣ ଭାବରେ। ସ୍ଥାବର ଅର୍ଥାତ୍ ଅଚଳନ୍ତି ଦ୍ରବ୍ୟରେ (ପୁରୁଷ ସ୍ତ୍ରୀ ଭେଦ ନ ଥିବାରୁ) ପ୍ରୀତି ଏକାଙ୍ଗର ଅନୁସରଣ କରି ରହିଅଛି। ତହିଁରେ ଶକ୍ତି, ସ୍ୱଭାବ ଓ ଗୁଣ ଅଚେତନ ଥିବାଯୋଗୁଁ ପ୍ରୀତିଟା ନ୍ୟୂନ ଅଟେ। ତେଣୁ ଏକାମାତ୍ର ମନୁଷ୍ୟହିଁ ରତି ପ୍ରୀତିର ସ୍ଥାନ।

୧୧। ରତି ନ ଥିବାରୁ ନାରୀରେ ନାରୀର ପ୍ରୀତି ଏବଂ ପୁରୁଷର ପ୍ରୀତି ନିରସ ଦିଶେ। ନାରୀ ଏବଂ ପୁରୁଷ ମଧ୍ୟରେ ରତି ଏବଂ ପ୍ରୀତି ଦୁହେଁ ଜାତ ହୁଅନ୍ତି। ସ୍ୱାଦୁ ଥିବାରୁ ତାକୁ ମଧୁର ଭାବ କହନ୍ତି। ସେହି ମଧୁର ଭାବ ଦୁଇ ପ୍ରକାର-ସ୍ୱକୀୟ ଓ ପରକୀୟ।

୧୨। ସାଂସାରିକ ବିଷୟ (ଐଶ୍ୱର୍ଯ୍ୟ) ସହିତ ସମ୍ପର୍କ ଥିବାରୁ ପ୍ରୀତି ରତିକୁ ସ୍ୱକୀୟା ସମଞ୍ଜସା ବୋଲି କହନ୍ତି। ଏହା ଐଶ୍ୱର୍ଯ୍ୟଯୁକ୍ତ ଥିବାରୁ ଊଣା ଅଟେ। ପରକୀୟା ଶ୍ରେଷ୍ଠ ଅଟେ। ସେ ପରକୀୟ ପୁଣି ଦୁଇ ପ୍ରକାର। ସମର୍ଥା ଓ ସାଧାରଣୀ। ପ୍ରୟୋଜନ ପାଇଁ ଯେଉଁ ରତି, ତାହା ସାଧାରଣୀ ନାମରେ କଥିତ।

୧୩। ଯେଉଁ ରତିରେ ପ୍ରିୟପାଇଁ ପ୍ରାଣ ମର୍ଚ୍ଛିବାକୁ ହୁଏ, ସେହି ରତିକୁ ସମର୍ଥା କହନ୍ତି। ତାହା ଦୁଇ ପ୍ରକାର - ସମ୍ବନ୍ଧାନୁଗା ଓ ରାଗାନୁଗା। ସମ୍ପର୍କ ଥିବାରୁ ଯେଉଁ ପ୍ରୀତି ହୁଏ, ତାହାକୁ ସମ୍ବନ୍ଧାନୁଗା କହନ୍ତି। ଏଥିରେ ସମ୍ବନ୍ଧ ଥିବାରୁ ଅଧେ ସ୍ୱକୀୟା ରତି ଅଛି ବୋଲି ଜଣାଯାଏ। ଯେଉଁ ରତିରେ ପୂର୍ଣ୍ଣ ମାତ୍ରାରେ ଓ ନିର୍ମଳ ଭାବରେ ପ୍ରୟୋଜନ (ଉଦ୍ଦେଶ୍ୟ) ତ୍ୟାଗ (ଛଡ଼ା) କରାଯାଇଥାଏ, ତାହାକୁ ଶୁଦ୍ଧ ରାଗାନୁଗା ରତି କହନ୍ତି।

ଦୁହେଁ ଅନୁରୂପ ହୁଅନ୍ତି ଯେବେ। ରତିପ୍ରୀତି ସୁଖ ବଢ଼ଇ ତେବେ।
ମହତ୍ତ୍ୱ ଲୋଭବେ ମର୍ଯ୍ୟାଦା ବୃଦ୍ଧି। ବିଦ୍ୟାବଳେ ହୋୟେ ବିଚିତ୍ର ବୃଦ୍ଧି।
ଯେଡ଼େ ଶୋଭାବନ୍ତ ହେ। ତେଡ଼େ ଚିତ୍ତଲୋଭ ହୋଏ ବିଦିତ ।୧୪।
ଗୁଣବନ୍ତେ ପ୍ରାଣ ହୋଏ ବିକ୍ରିତ। ଦୁଷ୍ପ୍ରାପ୍ୟେ ସ୍ନେହବୁଦ୍ଧି ଦ୍ୱିଗୁଣିତ।
ଯେତେ ଗୁପତ ତେତେ ବାନ ବଢ଼େ। ଯେଡ଼େ ଭୟ ତେଡ଼େ ଭଜଇ ଗାଢ଼େ
ଲଜ୍ଜା ଥାଇ ଯେତେ ହେ। ପୀରତି ସୁନ୍ଦର ଦିଶଇ ତେତେ ।୧୫।
ମାନ୍ୟ ଭୟ ସ୍ଥାନେ ଏ ରୀତି ହୋଏ। ଏଣୁ ସେ ପ୍ରୀତି ମହାସୁଖମୟେ ।
ନବଯୁବା କାଳେ ଉଦୟ ପ୍ରୀତି । ପୂର୍ଣ୍ଣ ଯୁବାକାଳେ ଉଦୟ ରତି।
ଦିବ୍ୟାଦିବ୍ୟ ମିଶା ହେ। ଏ ପ୍ରୀତିପାତ୍ର ସଂସାରେ ପ୍ରଶଂସା ।୧୬।
ଶୋଭା ବୟ-ଭଙ୍ଗୀ ବେଶ ଭୂଷଣ। ଏକାନ୍ତ କ୍ରୀଡ଼ା ନାନା ଆଚରଣ।
ସଙ୍ଗୀତ ଇଙ୍ଗିତ ବିଧି ବିଚାର। ସ୍ରକ ଚନ୍ଦନ ତାମ୍ବୁଲ ଦେବାର।
ଏ ଆଦିରେ ଯେତେ ହେ। ଉଦ୍ଦୀପନକାରୀ ଏହି ଜଗତେ।୧୭।

୧୪। ଦୁହେଁ... ଯେବେ - ସ୍ତ୍ରୀ ଓ ପୁରୁଷ ଉଭୟେ ନିଜ ନିଜର ଯୋଗ୍ୟ ହେଲେ। ମହତ୍...ବୃଦ୍ଧି- ଉଚ୍ଚବଂଶରେ ଜନ୍ମିଥିଲେ ନିଜନିଜ ପ୍ରୀତି, ଗୌରବ ବଢ଼େ। ଯେଡ଼େ... ବିଦିତ-ଶୋଭା ଅନୁରୂପରେ ମନର ଲୋଭ ମଧ୍ୟ ବୃଦ୍ଧି ପାଏ।

୧୫। ଗୁଣ ଥିଲେ ଜୀବନ ବିକି ହୋଇ ରହେ। କିନ୍ତୁ ସେ ଲୋକଙ୍କୁ ପାଇବା ଯଦି କଷ୍ଟକର ହୁଏ, ତେବେ ସ୍ନେହ ଦୁଇଗୁଣ ବଢ଼ିଯାଏ। ସେ ପ୍ରୀତିକୁ ଯେତିକି ଲୁଚାଇବାକୁ ହେଉଥାଏ, ସେତିକି ତା'ର ବାନ (ତେଜ) ପଦାକୁ ଫୁଟି ଉଠେ। ଭୟର ମାତ୍ରା ଯେତିକି ବେଶି ହୁଏ, ପ୍ରେମିକ ପ୍ରେମିକା ସେତିକି ଦୃଢ଼ଭାବରେ ନିଜ ନିଜକୁ ଭଜନ୍ତି।

୧୬। ଦିବ୍ୟାଦିବ୍ୟ ମିଶା ପ୍ରୀତିପାତ୍ର-ରାମକୃଷ୍ଣ ପ୍ରଭୃତି ଅବତାର (ଯେଉଁଠି ଦେବଦେବୀ ନରଦେହ ଆଶ୍ରେ କରିଥାନ୍ତି) ଓ ସୀତା ରାଧା ପ୍ରଭୃତି ନାୟିକା ସଂସାରରେ ପ୍ରଶଂସା ପାନ୍ତି।

୧୭। ଏକାନ୍ତ କ୍ରୀଡ଼ା - ନିର୍ଜନରେ ଏକାଠି ଖେଳିବା। ଇଙ୍ଗିତ - ଠାର। ବିଧି ବିଚାର - ଭଲ ମନ୍ଦ ଜାଣିବା ବୁଦ୍ଧି। ସ୍ରକ - ମାଳା। ତାମ୍ବୁଲ-ପାନ। ଏହିରି ସବୁ ଭାବମାନ ସେହି ପ୍ରୀତିକୁ ବଢ଼ାଇବାରେ ସହକାରୀ ଅଟନ୍ତି।

ସ୍ୱାଭାବିକୀ ପ୍ରେମମର୍ଯ୍ୟାଦା ଭିନ୍ନେ। ନାମ ମାତ୍ରହିଁ ପଡ଼େ ଯେବେ କର୍ଣ୍ଣେ।
ଶୋଭା ଭୟ ଭାଙ୍ଗୀ ଗୁଣ ଗାରିମା। ନାମ ଅର୍ଥବଳେ ଆକର୍ଷେ ସୀମା।
ନୋହୁ ବିଲୋକନ ହେ। ତନ୍ମୟଭାବେ ଲଗ୍ନ ମଗ୍ନ ମନ ।୧୮।
କାୟ କର୍ତ୍ତବ୍ୟ ଜ୍ଞାନେନ୍ଦ୍ରିୟମାନେ। ଅନୁଗତ ଜ୍ଞାନଜ୍ଞାନ ବିହୀନେ।
ଜାତି ବିଦ୍ୟା ଶୋଭା ଗୁଣ କେ ଜାଣେ। କି ସମ୍ବନ୍ଧ ପରାପର ନ ଗଣେ।
ବିନା ପ୍ରୟୋଜନେ ହେ। ଉତ୍କଣ୍ଠା ବଢ଼ିଥାଇ ଦରଶନେ ।୧୯।
ଦଇବ ଯୋଗେ ସେ ହେଲେ ଘଟନା। ଦେହ ସଂସାର ପାସୋରାଏ ସିନା।
ଆଖି ଲାଖି ରହେ ପଡ଼ିଲା ସ୍ଥାନେ। ବିବେକିବ ଶୋଭା ଭଙ୍ଗୀ କେସନେ।
ମନାନନ୍ଦେ ମାତି ହେ। ସାରାସାର ଗୁଣ ନ ପାରେ ଚିହ୍ନି ।୨୦।

୧୮। ସ୍ୱାଭାବିକୀ ପ୍ରେମ ମର୍ଯ୍ୟାଦା ଭିନ୍ନେ-ସଂସାରରେ ସାଧାରଣତଃ ଦେଖାଯାଉଥିବା ପ୍ରେମର ଯେ ମର୍ଯ୍ୟାଦା ବା ସୀମା, ତାକୁ ଛାଡ଼ି ବା ଲଙ୍ଘନ କରି। ନାମ ମାତ୍ରହିଁ...ମଗ୍ନ ମନ-ଗୌରବ ବା ସମ୍ମାନର ବିଷୟେ ରୂପ ଗୁଣ ଓ ବଂଶାବଳି ନ ଜାଣି କେବଳ ନାୟକ ଓ ନାୟିକାର ନାମଟାକୁ କାନରେ ଶୁଣିଲାକ୍ଷଣି ସେହି ନାମର ଅର୍ଥ ଯୋଗୁଁ ଶୋଭା, ବୟସ, ଭଙ୍ଗୀ, ଗୁଣ ଓ ଟେକ (ଗାରିମା) ଖୁବ୍ ବେଶି (ସୀମାକୁ ଆକର୍ଷେ) ବୋଲି ଜଣାଯାଏ। ନ ଦେଖୁଣୁ (ନୋହୁ ବିଲୋକ) ମନ ତନ୍ମୟ ହୋଇ ସେଠାରେ ମଜ୍ଜି ଲାଗି ରହିଥାଏ। (୬୯ ଛାନ୍ଦ ୨୫ ପଦ ଏବଂ ୯୪ ଛନ୍ଦ ୩୨ ପଦ ସଙ୍ଗେ ଏହି ପଦର ତୁଳନା କର)।

୧୯। ଦେହ (କାୟ) କାର୍ଯ୍ୟ କଳାପ (କର୍ତ୍ତବ୍ୟ) ଓ ଜ୍ଞାନ୍ଦ୍ରେୟ ସବୁ (କର୍ଣ୍ଣ, ନାସିକା, ଜିହ୍ୱା, ତ୍ୱକ୍ ଆଦି) ଭଲ ମନ୍ଦ ବିଚାର ନ କରି ପାଗଳ ଭାବରେ ତାହାର ଅନୁଗତ ହୋଇଥାନ୍ତି। ଜାତି, ବିଦ୍ୟା, ଶୋଭା ଓ ଗୁଣ ପ୍ରତି ବିଚାର ନ ଥାଏ। ନିଜର ତାହା ସଙ୍ଗରେ ଶତ୍ରୁ ମିତ୍ର (ପରାପର) ବା ନିଜ ପର ପ୍ରଭୃତି କି ସମ୍ପର୍କ ଅଛି, ତାହା ଭାବେ ନାହିଁ। ପ୍ରୟୋଜନ ନ ଥିଲେହେଁ ଦେଖିବାକୁ ସବୁବେଳେ ଆଗ୍ରହ ବଢ଼େ।

୨୦। ଭାଗ୍ୟବଳକୁ ଦେଖା ହେଲେ ଦେହକୁ ଓ ସଂସାରକୁ ଭୁଲିଯାଏ। ବିବେକିବ-ବିଚାର କରିବ। ମନ ଆନନ୍ଦରେ ମାନି ଭଲ ମନ୍ଦ ଗୁଣ ଭାବି ପାରିଲେ ନାହିଁ।

ଇଷ୍ଟେ ବ୍ରହ୍ମନିରୂପଣ ପରାୟେ। ତେମନ୍ତେ ସେ ତା ସର୍ବସୁଖମୟେ।
ଗୁଣ ଶକ୍ତି ବିବେଚନେ କି ହେତୁ। ଅପ୍ରାକୃତ ପ୍ରେମଜନିତ ଚିତ୍ତୁଁ।
କାମ ନାମ ତାର ହେ। ତେଣୁ ବଢ଼ାଏ ସୁରତିବିକାର ।୨୧।
କ୍ରପା କୃପା ବିଲୋକନେ ଉଦୟ। ବ୍ୟାଜ ଗାମ୍ଭୀର୍ଯ୍ୟ ମାନସେ ସଞ୍ଚୟ।
ହାସ୍ୟ ଲାସ୍ୟ କମ୍ପ କୋପ ଓଷ୍ଠରେ। ରୁଷ୍ଟ ହୃଷ୍ଟ ଭଙ୍ଗୀ ସଙ୍ଗୀ ଆସ୍ୟରେ।
ତନୁ ପୁଲକର ହେ। ଲୀଳା ଲାଳସା କଳିତ ହୁଅଇ ।୨୨।
ବାକ୍‌ଚାତୁରୀ କଉଶଳତା ରସେ। ଦୃଗେଙ୍ଗିତ ଭଙ୍ଗୀ ସଙ୍ଗୀ ବିଶେଷେ।
ଭାବସ୍ୱଭାବକ ଭୂଷା ଭୂଷିତ। ଆନନ୍ଦାର୍ଣ୍ଣବେ ମଗ୍ନ ହୋଏ ଚିତ୍ତ।
ବ୍ରହ୍ମାନନ୍ଦ ସୁଖ ହେ। ସେ କାଳେ ବଳେ ମିଳିଗଲେ ଦୁଃଖ ।୨୩।

୨୧। ଇଷ୍ଟ...ପରାୟ-ନିଜ ପ୍ରିୟଠାରେ ବ୍ରହ୍ମଙ୍କୁ ଦେଖିଲା ପରି ବା ଅନୁଭବ କଲା ପରି ସେହି ପ୍ରିୟଲୋକ ତା' ପ୍ରତି ପରମାନନ୍ଦମୟ ହୋଇ ଉଠେ। ଆଉ ବା ଗୁଣ ବଳି ବିଚାର କରିବାର କେଉଁ କାରଣ ଅଛି ? ଚିତ୍ତୁ-ମନକୁ। ଅଲୌକିକ ପ୍ରେମ ମନରୁ ଜନ୍ମିଥିବାରୁ ତାହାର ନାମ କାମ ଅଟେ। ତେଣୁ ସୁରତ ବିକାର ଭଳି (ସାତ୍ତ୍ୱିକ ଭାବ) ଜାତ କରେ।

୨୨। ଆଖିରେ ଆସି ସପା କୃପା (ଲାଜ ଓ ତରଳଭାବ) ପହଞ୍ଚିଯାଏ। ମନରେ ବ୍ୟାଜ ଗାମ୍ଭୀର୍ଯ୍ୟ (ମିଥ୍ୟା ଦମ୍ଭ) ହୋଇଥାଏ। ହସ, ନାଚ, କମ୍ପିବା ଓ ରାଗିବା ପ୍ରଭୃତି ଓଠରେ ପ୍ରକାଶ ପାଏ। ମୁହଁର ଭଙ୍ଗୀରେ ହର୍ଷ ଓ ରୋଷ ମିଶାମିଶି ହୋଇଥାଏ। ଦେହ (ତନୁ) ଟାଙ୍କୁରି ଉଠେ ଏବଂ ଲାଲାର ଲାଳସା ଜଣାପଡ଼େ। ପାଠାନ୍ତରେ କଳି ହେଉ ନାହିଁ।

୨୩। ବାକ୍‌ଚାତୁରୀ-କହିବା ଭଙ୍ଗୀ। ରସେ କଉଶଳତା-ରସିକପଣିଆରେ ଚତୁରତା। ଦୃଗେଙ୍ଗିତ...ହୋଏ ଚିତ୍ତ-କଟାକ୍ଷ ବା ଆଖିଠାର ବିଶେଷତଃ ନାନାପ୍ରକାର ଭଙ୍ଗୀଯୁକ୍ତ ହୁଏ। ସାତ୍ତ୍ୱିକଭାବକୁ ଭାବସ୍ୱଭାବତ (ଜାତ ହେଉଥିବା ହାବଭାବାଦି) ଅଳଙ୍କାରରେ ମଣ୍ଡିତ ହୁଏ। ମନ ଆନନ୍ଦାର୍ଣ୍ଣବେ (ଆନନ୍ଦ ସାଗରରେ) ବୁଡ଼ିଯାଏ। ସେ ସମୟରେ ଦୁଃଖ ଆସି ବଳେ ପହଞ୍ଚିଗଲେ ମଧ୍ୟ ବ୍ରହ୍ମାନନ୍ଦ ସୁଖ ଦିଏ ଅର୍ଥାତ୍ ରସାସ୍ୱାଦରେ ବ୍ରହ୍ମାନନ୍ଦ ସହୋଦର ସୁଖ ଲାଭ ହୁଏ - ସାହିତ୍ୟଦର୍ପଣର ରସ ବିଚାର ଦେଖ)।

ଦେଖିଲେ ତରେ ନ ଦେଖିଲେ ମରେ। ବିଯୋଗାବିଯୋଗ ଏହି ପ୍ରକାରେ
ପ୍ରେମ ସ୍ୱାଦୁ ନିନ୍ଦେ ସୁଧା-ଶାକର। ସୁରତି ମୁଣ୍ଡରେ ଶଏ ଟାକର।
ସ୍ନେହ ସୁଖ ଯହିଁ ହେ। ରତିକି ଅବକାଶ କାହିଁ ତହିଁ ।୨୪।
ମଞ୍ଜିଷ୍ଠାନୁରାଗ ପରାୟେ ସ୍ଥାୟୀ। ମଧୁ ପରାୟେ ଦ୍ରବ ନ ତେଜଇ।
ଛିଦ୍ରରହିତ ମରୁତ ସଂଜାତ। ନିର୍ମଳ ସେହୀ ଯେମନ୍ତ ଅନନ୍ତ।
ଅଭେଦ ବିଦିତ ହେ। ଯେଉଁ ପ୍ରକାରେ ସାଗର ସରିତ ।୨୫।
ଧର୍ମ-ଚକ୍ରବାଡ଼ ଲଙ୍ଘନ କରେ। ନିନ୍ଦା-ସିନ୍ଧୁ ସ୍ନେହ-ପୋତରେ ତରେ।
କଳଙ୍କ-ମୁକୁଟ ବାନ୍ଧଇ ଶିରେ। ମହତ୍ତ୍ୱ-ଗିରିବର ଚୂର୍ଣ୍ଣ କରେ।
ଲଜ୍ଜାକୁ କହଇ ହେ। କୁଳାଭିମାନକୁ ତଡ଼ି ଦିଅଇ ।୨୬।
ଭାବଶାବଲ୍ୟ କଉତୁକକାରୀ। ନଚାଏ ନାନାମତେ ଯନ୍ତ୍ର ଧରି।
ସେ ଯାହା କରାଏ ଏ ତାହା କରେ। ବଇଣିକ-ବୀଣା-ଗୁଣା ବିଧିରେ।
ପରାଧୀନ ପରା ହେ। ଭାବ ଭାବନା ତାର ଦିନସରା ।୨୭।

୨୪। ବିଯୋଗାବିଯୋଗ- ବିରହ ଓ ମିଳନ। ପ୍ରେମ... ଶାକର-ପ୍ରେମର ମାଧୁରୀ ସୁଧା (ଅମୃତ) ଶାକରର ମିଷ୍ଟତାକୁ ନିନ୍ଦା କରେ। ଟାକର-ପ୍ରହାର। ସୁରତି...ଟାକର-ସୁରକିନୁ ପରାସ୍ତ କରେ। ସ୍ନେହ- ଅନୁରାଗ ସ୍ନେହ ନିକଟରେ ରବି ପାଇଁ ସ୍ଥାନ ନାହିଁ।

୨୫। ମଞ୍ଜିଷ୍ଠାନୁରାଗ (ମଞ୍ଜୁଆତି ରଙ୍ଗ ପରି) ସବୁଦିନେ ସ୍ଥାୟୀ ହୋଇ ରହେ।

୨୬। ଚକ୍ରବାଡ଼-ଲୋକାଲୋକ ସର୍ବଦା, ଚନ୍ଦ୍ର ସୂର୍ଯ୍ୟଙ୍କର ଚକ୍ରବାଡ଼ ହେଉଛି ସୀମା। ଧର୍ମ ଚକ୍ରବାଡ଼-ସୀମା। ନିନ୍ଦା...ଦିଅଇ-ହେର ବୋଇତରେ ବସି ନିନ୍ଦାରୂପକ ସମୁଦ୍ରକୁ ତରିଯାଏ। କଳଙ୍କ ହେଲା ମରତ, ତାହାକୁ ମୁଣ୍ଡରେ ବାନ୍ଧେ। ମହତ୍ତ୍ୱ ହେଲା ବଡ଼ ପର୍ବତ, ତାହାକୁ ଚୂନା କରେ। ଲଜ୍ଜାକୁ ପୋଡ଼ିଦିଏ ଏବଂ ବଂଶର ମର୍ଯ୍ୟାଦା ଓ ଗୌରବକୁ ତଡ଼ିଦିଏ।

୨୭। କଉତୁକକାରୀ-ଆନନ୍ଦଦାୟକ ଓ କଣ୍ଢାଇ ନଚାଉଥିବା ଲୋକ। ଭାବ-ଶାବଲ୍ୟ-ଭାବମାନଙ୍କର ମିଶ୍ରଣ। ନଚାଏ...ଧରି-କଳ ଧରି ପିତୁଳା ନଚାଇଲା ପରି ଭାବଯାକ ପ୍ରେମିକ ଲୋକଙ୍କୁ ନଚାଏ। ସେ-ଭାବଶାବଲ୍ୟ। ଏ-ପ୍ରେମିକ। ବଇଣିକ ବୀଣା ଗୁଣା ବିଧିରେ-ବୀଣା ବଜାଇବା ଲୋକ ବୀଣାର ଗୁଣାକୁ (ତାରକୁ) ଯେପରି ଚଲାଏ, ସେ ସେପରି ଚାଲେ। ସେହିପରି ଭାବ ଯେମିତି ଚଲାଏ ପ୍ରେମିକ ଲୋକେ ସେମିତି ଚଳନ୍ତି। ପରାଧୀନ...ଦିନ ସରା-ସେ ପ୍ରେମିକ ଲୋକ ସବୁବେଳେ ପରର ଅଧୀନ ଥାଏ ଏବଂ ଭାବ ଚିନ୍ତା କରୁକରୁ ତା'ର ଦିନ ପରେ ଦିନ କଟିଯାଏ।

ତଦାତ୍ମିକ ଭାବେ ମଗ୍ନ ମାନସ। ଆପେ ତା ହୃଦେ କି ହୃଦ ତା ବାସ ?
ତା ଦେହେଁ ନେତ୍ର ? କି ନେତ୍ରେ ସେ ଅଛି। କି ଶ୍ରୁତି ବଚନ ମିଶି ରହିଛି
ସବୁ ଏହିପରି ହେ। ବିଶ୍ୱେ ଅଛିଦ୍ରଭାବେ ଅଛି ପୂରି ହେ ।୨୮।
ମିତ ହେ ଯେମନ୍ତ ପୀରତି ରୀତି। ତାହା ପାଲରୁ କେ ଯିବ ବରତି।
ମନ-ମୀନକୁ ସେ ପ୍ରେମବଡ଼ଶୀ। ଲୋଭସୂତ୍ରେ କାମ ନିଏ ଆକର୍ଷି।
ପଡ଼ି ସଙ୍କଟରେ ହେ। ମୁକ୍ତି ପ୍ରାପ୍ତିବତ ମଣେ ଚିତ୍ତରେ।୨୯।
ଅକ୍ଷୁର୍ଣ୍ଣ ଅଙ୍କହୀନ ପ୍ରେମ-ଶଶୀ। ସ୍ମର-ପର୍ବତେ ଉଦେ ହୋଏ ଆସି।
ଆନନ୍ଦ-କ୍ଷୀରସିନ୍ଧୁ ଉଚ୍ଛୁଳାଏ। ମନ-ଚକୋର ସୁଧାପାନ ପାଏ।
ଜୀବତାପ ନାଶେ ହେ। ଆଶା-ନିଶା-ଯୋଷା ତୋଷ ପ୍ରକାଶେ ।୩୦।

୨୮। ପ୍ରେମିକ ଲୋକର ମନ ଯେତେବେଳେ ପ୍ରିୟତମର ଭାବନାରେ ତନ୍ମୟ ହୋଇ ମଜ୍ଜିଥାଏ, ସେତେବେଳେ ନିଜେ ପ୍ରିୟତମର ହୃଦୟରେ ଅଛି କି ପ୍ରିୟତମ ନିଜର ହୃଦୟରେ ବସା କରିଛି ପ୍ରିୟତମର ଦେହରେ ନିଜର ଆଖି ଲାଖି ରହିଛି, କି ପ୍ରିୟତମ ଆସି ଆଖିରେ ଲାଖି ରହିଛି, ତାହା କିଛି ଜାଣି ହୁଏ ନାହିଁ। ପ୍ରିୟର କଥା ସବୁବେଳେ ସତେ ଯେପରି ନିଜ କାନରେ ମିଶି ରହିଅଛି। ଏହାହିଁ ବୋଧ ହୁଏ। ସବୁ ଇନ୍ଦ୍ରିୟଯାକରେ ସେ ଉଭୟେ ଏପରି ଲଗାଲଗି ହୋଇ ରହିଥାନ୍ତି ଯେ ମନେହୁଏ ଯେପରି ଏ ବିଶ୍ୱସଂସାର ପୂର୍ଣ୍ଣ (ଅଛିଦ୍ର) ହୋଇ ରହିଅଛି।

୨୯। ତା ପାଲରୁ (ଦାଉ ବା କବଳରୁ) କିଏ ରକ୍ଷା ପାଇବ ? ମନ ହେଲା ମାଛ)। ପ୍ରେମ ସେଥିପାଇଁ ବନିସିକଣ୍ଟା। ଲୋଭ ହେଲା ବନିସା ସୂତା। କାମ ହେଲା ମାଛଧରାଳି। ସେ ମନକୁ ଟାଣିନିଏ। ବିପଦରେ ପଡ଼ି ମୁକ୍ତି ପାଇଲା ପରି ମନରେ ମନେ କରେ।

୩୦। ପ୍ରେମ ହେଲା ଚାନ୍ଦ। ତାହାର କ୍ଷୟ (ଅକ୍ଷୁଣ୍ଣ) ନାହିଁ କି କଳଙ୍କ ବା ଦାଗ (ଅଙ୍କହୀନ) ନାହିଁ। କାମ (ସ୍ମର) ହେଲା ପର୍ବତ। ଚନ୍ଦ୍ର, ଉଦୟପର୍ବତରେ ଉଇଁଲା ପରି ପ୍ରେମ କାମପର୍ବତରେ ଉଇଁଥାଏ। ଜହ୍ନ ସମୁଦ୍ରକୁ ଉଚ୍ଛୁଳାଏ, ପ୍ରେମ ଆନନ୍ଦରୂପ ଦୁଗ୍ଧ-ସମୁଦ୍ରକୁ ଉଚ୍ଛୁଳାଏ ଅର୍ଥାତ୍ ଅଧିକ ଆନନ୍ଦ ଦିଏ। ଚକୋର ପକ୍ଷୀ ଚନ୍ଦ୍ରକିରଣରୁ ଅମୃତ ପିଏ। ଏଠାରେ ମନ ପ୍ରେମରୁ ଅମୃତ ପିଇଥାଏ। ଚନ୍ଦ୍ରଲୋକଙ୍କର ଗ୍ରୀଷ୍ମପୀଡ଼ା (ତହକ) ନାଶ କରେ। ପ୍ରେମ ଜୀବାତ୍ମାର ଦୁଃଖ ନାଶ କରେ। ଚନ୍ଦ୍ର ରାତ୍ରିରୂପ ନାୟିକାକୁ ଆନନ୍ଦ ଦିଏ। ପ୍ରେମ ଆଶାରୂପକ ସ୍ତ୍ରୀକୁ ଆନନ୍ଦ ଦିଏ।

ବିଯୋଗେ ସୁଧାଭାନୁ ଚିତ୍ରଭାନୁ। ଆନନ୍ଦସିନ୍ଧୁ ତନୁ କରେ ତନୁ।
ଆଶା-ନିଶା-ପୋଷା ଦେହ ଦହଇ। ହୃଦ-କୁମୁଦ-ପ୍ରମୋଦ ହରଇ।
ଜୀବ-ତାପ ଜାତ ହେ। ଧୀର-ଚକୋର ବହୁତ ଦୁଖିତ ।୩୧।
ସୁଖ ଦୁଖ ବିଷାମୃତ ପରାୟେ। ଏ ଦୁଇ ସ୍ୱଭାବ ତାର ଉଦୟେ।
ହୀରା ସମାନ ହୃଦ ହୋଇଥିବ। ପ୍ରୀତି ଛୁଇଁଲେ କି ଫାଟି ନ ଯିବ।
ବଜ୍ର ହେଲେ ଦେହ ହେ। କୃଶାନୁ ପରି କରିଦେବ ଦାହ ।୩୨।
ସଂଯୋଗ ସୁଖ ତ କଳି ନୁହଇ। ବ୍ରହ୍ମା ଇନ୍ଦ୍ରପଦ ପଦ୍ମକେ ଥାଇ ?
ପଦ ପଦକ ବିନ୍ୟାସୁଁ କତିକି। ବଡ଼ ବୋଲିବା ତହୁଁ ମୁକତିକି।
କୋଳ କଲାକ୍ଷଣି ହେ। ଆନନ୍ଦେ ଆହ୍ଲାଦ ମିଶିଲା ମଣି ।୩୩।

୩୧। ବିଯୋଗ-ବିଚ୍ଛେଦ ବେଳରେ। ସୁଧାଭାନୁ-ଚନ୍ଦ୍ର। ଚିତ୍ରଭାନୁ-ସୂର୍ଯ୍ୟ ବା ଅଗ୍ନି। ବିଚ୍ଛେଦରେ ଚାନ୍ଦର ପ୍ରଖରକିରଣ ସୂର୍ଯ୍ୟଙ୍କ ପରି ହୁଏ। ଆନନ୍ଦ-ସମୁଦ୍ରର ଦେହକୁ କ୍ଷୀଣ (ତନୁ) କରେ ଅର୍ଥାତ୍ ପାଣି ଶୁଖାଇଦିଏ। ସୂର୍ଯ୍ୟ ସମୁଦ୍ରଜଳକୁ ଶୁଖାଇଲା ପରି ବିରହ ମନର ଆନନ୍ଦକୁ କମାଇ ଦିଏ। ଆଶା...ଦହଇ-ଆଶା ହେଲା ରାତ୍ରିରୂପ ନାୟିକା। ତା'ର ଦେହ ପୋଡ଼ିଦିଏ ଅର୍ଥାତ୍ ଆଶା ସବୁ ଜଳି ପୋଡ଼ିଯାଏ। ହୃଦ...ହରଇ-ହୃଦୟ ହେଲା କଇଁ, ତା'ର ଆନନ୍ଦ ନାଶ କରେ ଅର୍ଥାତ୍ ମନରୁ ଆନନ୍ଦ ଚାଲିଯାଏ। ଜୀବ...ଦୁଃଖିତ-ଜୀବାତ୍ମାର ତାପ ବଢ଼େ। ଧୈର୍ଯ୍ୟ ହେଲା ଚକୋର। ସେ ବେଶି ଦୁଃଖିତ ଅର୍ଥାତ୍ ଧୈର୍ଯ୍ୟ ରହେ ନାହିଁ। ଚନ୍ଦ୍ର ଏହି ସମସ୍ତର ଉଲ୍ଲାସକାର। କିନ୍ତୁ ବିରହକାଳରେ ସେ ସବୁ ଆନନ୍ଦ ଆଶା ହୃଦ ଜୀବ ଚକୋର ବିଷାଦ ଭଜନ୍ତି।

୩୨। ବିରହ ଅବସ୍ଥାରେ ସୁଖ ବିଷ ପରି ଏବଂ ଦୁଃଖ ଅମୃତ ପରି ବୋଧ ହୁଏ। ହୀରା-ଭାରୀ ଟାଣ। ହୀରାରେ ଛାତି ଗଢ଼ା ହୋଇଥିଲେ ବି ପ୍ରୀତି ଲାଗିଲେ ଫାଟିଯାଏ। ପ୍ରେମ ନିଆଁ ପରି ବଜ୍ରରେ ଗଢ଼ା ଦେହକୁ ମଧ୍ୟ ପୋଡ଼ିଦିଏ। କୃଶାନୁ-ନିଆ।

୩୩। ସଂଯୋଗବେଳରେ ସୁଖ କଳି ହେବନାହିଁ। ବ୍ରହ୍ମା ଇନ୍ଦ୍ରପଦ ତ ଅଳପକ (ପଦକେ) କଥା ବା ଟିକକରେ ଥାଏ। ପାଖକୁ ପାଦେ ପାଦେ ଚାଲି ଆସିଲାବେଳେ ମୁକ୍ତି ତାହାଠାରୁ ବଡ଼ ନୁହେ (ନାଶି) ଜଣାଯାଏ।

ଓଷ୍ଠ ଚୁମ୍ବିବାବେଳେ ଯେତେ ସୁଖ। ସୁଧାପାତ୍ରେ କି ଯୋଖି ହେଲା ମୁଖ
ମୁଖ ଦରଶନେ ମହାସୁଖୀ। ବିଧୁସରେ କି ସ୍ନାନ କଲା ଆଖି।
ଶ୍ରୁତି ମୃଦୁ ବାକ୍ୟେ ହେ। ସାରସ୍ୱତ ମନ୍ତ୍ରଠାରୁ ଅଧିକେ ।୩୪।
ମନକୁ ମନ ହୋଏ ମିଶାମିଶି। ବ୍ରହ୍ମେ ଜୀବ ପଶିବାର ଆଭାସି।
ପରସ୍ପରେ ଏ ଆଶ୍ରୟାଲମ୍ବନ। ଦ୍ରବ୍ୟ ଗୁଣ କ୍ରିୟା ତା ଉଦ୍ଦୀପନ।
ଯେବେ ଭିନ୍ନ ହେବ ହେ। ବାଇ ନୋହିକେ ଜୀବନ ଧରିବା ।୩୫।
ହାନି ଲାଭ ତହିଁ ଗଣା ନ ଯାଏ। ସେ ପ୍ରୀତି ପାଳିବାର ଅତିଶୟେ।
ନିରାଧାରେ ଦ୍ରବ୍ୟ ରଖିଲା ବିଧି। ପ୍ରୀତିୟା ପ୍ରୀତି ରଖା ଏଡ଼େ ସିଦ୍ଧି।
ପ୍ରେମ-ପ୍ରେତଗ୍ରସ୍ତ ହେ। ମନ୍ତ୍ର ଯନ୍ତ୍ର ମାନି ନୋହେ ଆୟତ୍ତ ।୩୬।

୩୪। ବିଧୁସର-ଚନ୍ଦ୍ର ହେଲା ପୋଖରୀ। ଶ୍ରୁତି...ଅଧିକେ-ପ୍ରିୟତମର କଥା ପଦେ କାନରେ ବାଜିଲେ ଗୁରୁଙ୍କ ମନ୍ତ୍ର ଶୁଣିଲାଠାରୁ ଅଧିକ ଆନନ୍ଦ ଦିଏ।

୩୫। ନାୟକ ଓ ନାୟିକାର ମନ ପରମ ବ୍ରହ୍ମରେ ଜୀବାତ୍ମା ମିଶିଲାପରି ପରସ୍ପରରେ ମିଶିଯାଏ। ବ୍ରହ୍ମ ଜୀବକୁ ଏବଂ ଜୀବ ବ୍ରହ୍ମକୁ ଆଶ୍ରୟ ଓ ଅବଲମ୍ବନ କରି ରହିଲା ପରି ଦୁହେଁ ଦୁହିଁଙ୍କୁ ଆଶ୍ରୟ କରିଥାନ୍ତି। ସମସ୍ତ ପ୍ରକୃତି ଦ୍ରବ୍ୟ ଗୁଣ ଓ କ୍ରିୟାରେ ଗଢ଼ା; ତେଣୁ ପ୍ରକୃତି (ଜଗତ୍) ଲୀଳା ପ୍ରସଙ୍ଗରେ ସବୁବେଳେ ଜୀବାତ୍ମା ଓ ପରମାତ୍ମାର ସମ୍ପର୍କ ବଢ଼ାଇ ଦେଉଥାଏ। ସେହିପରି ସଂସାରର କେତେକ କାର୍ଯ୍ୟକଳାପ ନାୟକ ଓ ନାୟିକାର ପ୍ରେମକୁ ବଢ଼ାଇଦିଏ। ପରମାତ୍ମା ଓ ଜୀବାତ୍ମା ଦୁହେଁ ସବୁବେଳେ ଦୁହିଁଙ୍କୁ ଖୋଜିବାରେ ପାଗଳ ହୁଅନ୍ତି। ସେହିପରି ନାୟକ ନାୟିକାର ପ୍ରେମ ଭିନ୍ନ ହେଲେ ଜୀବନ ଧରିବା ଅସମ୍ଭବ; ତେଣୁ ପ୍ରେମରେ ଲୋକେ ପାଗଳ ହୋଇଯାନ୍ତି।

୩୬। ତହି-ସେ ପ୍ରେମରେ। ଅତିଶୟେ- ବଡ଼ କଷ୍ଟ କଥା। ସେ ପ୍ରେମରେ କେହି ନିଜର ଭଲ ମନ୍ଦ ଲୋଡ଼େ ନାହିଁ। ଆଶ୍ରୟ ନ ଥାଇ ଶୂନ୍ୟରେ ଜିନିଷ ରଖିଲା ପରି ନାୟକ ନାୟିକାର ପ୍ରୀତି ପାଳିବା ବଡ଼ କଷ୍ଟ। ତାହା ଭାରୀ କଠିନ ସାଧନାରେ ହୋଇ ପାରେ। ପ୍ରେମ...ଆୟତ୍ତ-ଭୂତ ମନ୍ତ୍ରଯନ୍ତ୍ରରେ ବଶ ହୋଇ ଛାଡ଼ିଯାଏ। କିନ୍ତୁ ପ୍ରେମମନ୍ତ୍ର କିଛି ମାନେ ନାହିଁ, କେବେହେଁ ଛାଡ଼େ ନାହିଁ।

ମାନିତି ସଙ୍ଗେ ଥାଇ ଦେଖା ହେଲେ। ପ୍ରେମ ପ୍ରମାଦ ପଡ଼ଇ ସେକାଳେ।
ବଳାଉ ଗତି ପଦ ନ ଚଳଇ। ଲାଜ ପୀରତି ବିବାଦ ବଢ଼ଇ।
ଦେହ ଥିଲେ ତେଣେ ହେ। ମନ ଆକର୍ଷି ହେଉଥାଇ ଏଣେ ।୩୭।
କାହାକୁ କି କହିଲା ପରା ହୋଇ। ଟିକିଏ ଟିକିଏ ସେ ରହି ରହି।
ବାଚା ଚାତୁର୍ଯ୍ୟ ସଙ୍ଗେ ମିଶିଯାଇ। ପଦେ ପଦେ ଅଧେ ଅଧେ କହଇ।
ନ ଚାହିଁଲା ହୋଇ ହେ। ପୋଥିଏ କଥା ନୟନେ କହଇ ।୩୮।
ସୁଖ ସ୍ଫୁର୍ତ୍ତିରୁ ଲୋଭ ବାରି ନୋହେ। ବାରୁ ବାରୁ କମ୍ପ ଜନିତ ଦେହେ।
ଅଶ୍ରୁ ଆଶ୍ରୟ ଅଧିକ ଆଖିରେ। ଦିଶି ନ ଦିଶଇ ହାସ ଅଧରେ।
ଲାଳସ ଅଳସେ ହେ। ଗାତ୍ର ବିଚେଷ୍ଟିତ ଜୃମ୍ଭା ପ୍ରକାଶେ ।୩୯।
ନାଗରୀ ନାଗର ଚିହ୍ନ ଏମାନ। ମାନରେ ମିଶିଥାଇ ସନମାନ।
ରାଗ ସରାଗ ପ୍ରେମାମୃତ ଗୋଳି। ଶ୍ରୀମୁଖ ଢାଳି ଦେଇଯାଏ ଢାଳି।
ଭ୍ରୁବଲ୍ଲୀ ଚଳାଇ ହେ। ସ୍ୱୀକାର ବିକାର ଦିଏ ଚିହ୍ନାଇ ।୪୦।

୩୭। ମାନିତି-ମାନ୍ୟଲୋକ। ପ୍ରମାଦ-ବିପଦ।
ମାନ୍ୟଲୋକ ସାଙ୍ଗରେ ଥିଲାବେଳେ ପ୍ରେମିକ ପ୍ରେମିକାର ଦେଖା ହେଲେ ଉଭୟଙ୍କ ମୁଣ୍ଡରେ ସେତେବେଳେ ମହାବିପଦ ପଡ଼େ। ଯିବାକୁ ମନ କଲେ ବି ପାଦ ଚଳେ ନାହିଁ। ଏଣେ ମାନ୍ୟଲୋକ ସଙ୍ଗରେ ଥିବାରୁ ଲାଜରେ ରହି ହୁଏ ନାହିଁ। ଦେହଟା କେବଳ ମାନ୍ୟଲୋକଙ୍କ ସଙ୍ଗରେ ଥାଏ ସତ, କିନ୍ତୁ ମନଟା ତେଣେ ପ୍ରୀତିଆଡ଼କୁ ଟାଣିହୋଇ ଯାଉଥାଏ। (ଅନୁଯାସ୍ୟନ୍ ମୁନିତନୟାଂ ବିନୟେନ ବାରିତପ୍ରସରଃ - ଶକୁନ୍ତଳା।)

୩୮। ବାଚା...ମିଶିଯାଇ-କଥାରେ ଚତୁରତା ମିଶାଇ। ନ ଚାହିଁଲା... କହଇ- ନ ଚାହିଁଲା ସରି ହୋଇ ଆଖିରେ ଅନେକ କଥା କୁହେ- (Speaks Volumes)।

୩୯। ସୁଖ ଜନ୍ମିବାରୁ ଲୋଭକୁ ବନ୍ଦ କରି ହୁଏନାହିଁ। ବାରୁଁ ବାରୁଁ (ବନ୍ଦ କଲେ ମଧ୍ୟ) ଦେହ କମ୍ପି ଉଠେ। ଆଖିରେ ଲୁହ ଜମିଯାଏ। ଓଠରେ ହସ ଦିଶି ନ ଦିଶିଲା ପରି ହୋଇ ରହିଥାଏ। ଲାଳସା (ବେଶୀ ଇଚ୍ଛାରୁ) ଆଳସ୍ୟ ଆସେ; ଅର୍ଥାତ୍ ଦେହ ଭାରୀ ଲାଗେ ଏବଂ ବିଚେଷ୍ଟିତ (ଜଡ଼) ହୋଇଯାଏ। ତେଣୁ ଅଳସ ଭାଙ୍ଗିବାକୁ ହୁମ୍ଭା (ହାଇ) ମାରେ।

୪୦। ମାନରେ-ଅଭିମାନରେ। ଶ୍ରୀମୁଖ ଢାଳି (ଭଙ୍ଗୀରେ ଚାଳି) ରାଗ (ସ୍ନେହ) ସରାଗ (ସରଧା) ଓ ପ୍ରେମାମୃତ ଗୋଳି (ମିଶାଇ) ଢାଳି ଦେଇଯାଏ। ଭ୍ରୁବଲ୍ଲି-ଭ୍ରୂଲତା, ଭୁରୁ ବିକାର। ସ୍ୱୀକାର ବିକାର-ସନମତିର ଚେଷ୍ଟା, ବାହ୍ୟଚିହ୍ନ।

କମ୍ପେ ଅଧର, ଜାତ ଆହା ଭାଷା। ପକାଇ ଶ୍ୱାସ ତୋଳୁଥାଇ ନାସା।
ଦବି ଭୁବିକି ଦୃଷ୍ଟିପାତ ଦଉ। ହାସ କୁଣ୍ଠିତ ଏକଯୋଗେ ଖ୍ୟାତ।
ସୁଖ ଦୁଖ ଦୁଇ ହେ। ଆଶା ନିରାଶାକୁ ଦିଏ ଚିହ୍ନାଇ ।୪୧।
ଉଭୟ ସୁଖାଦାନୀ ପରସ୍ପରେ। ତନୁ ସଜାଡ଼ନ୍ତି ସେହି ହେତୁରେ।
ମନକୁ ଜ୍ଞାନ ଅଗୋଚର ଥାଇ। ବୁଦ୍ଧି ବିବେକ ତ ବଣା ହୁଅଇ।
ଯେ ବୋଲଇ ଯାହା ସେ। ଶୁଣିଲେ ଜାଣି ନ ପାରଇ ତାହା ।୪୨।
ଖାଉଥିଲେ ଦ୍ରବ୍ୟ ସ୍ୱାଦୁ ନ ଜାଣେ। ଗନ୍ଧ ଘେନଇ ଉଦାସିନୀ ଗୁଣେ।
ଦେଖୁଥିଲେ ଆଖି ଚିହ୍ନଇ ନାହିଁ। ଏ କର୍ମ ବୋଲି ସେ କର୍ମ କରଇ।
କାହୁଁ ଆନ ଭାଷା ହେ। ବଳେ ବାହାରେ ପ୍ରୀତିର ପ୍ରଶଂସା ।୪୩।
ନୀର ନୁହଇ କରେ ଜରଜର। ଧନୀ ନୁହଇ ମହାଗର୍ବେଶ୍ୱର।
ତପୀ ନୁହଇ ସୁକୃତ ବହୁତ। ପାପୀ ନୁହଇ ଲଭଇ ଦୂରିତ।
ଅମର ନୁହଇ ହେ। ସ୍ୱର୍ଗସମ୍ପତ୍ତିକି ଭୋଗ କରଇ।୪୪।

୪୧। ଓଠ ଥରି ଉଠେ, 'ଆହା' ଶବ୍ଦ ମୁହଁରୁ ବାହାରେ। ଦୀର୍ଘ ନିଶ୍ୱାସ ପକାଇ ନାକ ଟେକୁଥାଏ, କେତେବେଳେ ବା ଫୁଲାଇ ହେଉଥାଏ। ଉପର ତଳକୁ (ଦିବି ଭୁବିକି) ମଧ୍ୟ ଚାହୁଁଥାଏ। ଏକାବେଳକେ ହସିବାର ଓ ତାକୁ ବନ୍ଦ କରିବାର ଚେଷ୍ଟା ହୁଏ। ସୁଖ ଆଶାକୁ ଓ ଦୁଃଖ ନିରାଶାକୁ ଚିହ୍ନାଇ ଦିଏ।

୪୨। ଦୁହେଁ ଦୁହିଁଙ୍କୁ ସୁଖ ଦିଅନ୍ତି। ସେଥିଯୋଗୁଁ ଦୁହେଁ ଦେହକୁ ସଜ କରନ୍ତି। କେବଳ ପ୍ରେମରସରେ ମଜ୍ଜି ଯାଇଥିବାରୁ ଜ୍ଞାନ ଓ ବିବେକ ରହେ ନାହିଁ। (ଜ୍ଞାନ ମନର କ୍ରିୟା ଓ ବିବେକ ବୁଦ୍ଧିର କାର୍ଯ୍ୟ)। ମନ ଓ ବୁଦ୍ଧି ଜଡ଼ ହୋଇଯାନ୍ତି। ତେଣୁ ଶୁଣିଲେ ମଧ୍ୟ କେହି କାହାରି କଥା ଜାଣିପାରେ ନାହିଁ।

୪୩। ସ୍ୱାଦୁ-ମିଠା। ଗନ୍ଧ...ଗୁଣେ-ଭଲ ମନ୍ଦ ନ ଜାଣି ଗନ୍ଧ ଘେନେ। ତହୁଁ...ପ୍ରଶଂସା-ଅନ୍ୟ କଥା କହୁଁ କହୁଁ (ନାଗର ବା ନାଗରୀଙ୍କର) ପ୍ରଶଂସା ବଳେ ବଳେ ମୁହଁରୁ ବାହାରି ପଡ଼େ।

୪୪। ସେ ପ୍ରୀତି ପାଣି ନୁହେଁ, କିନ୍ତୁ ଦେହକୁ ଝାଳରେ ଓଦା କରିଦିଏ। ନାଗର ବା ନାଗରୀ ଧନୀ ନୁହନ୍ତି, କିନ୍ତୁ ପ୍ରୀତି ଯୋଗୁ ନିଜ ନିଜକୁ ଭାରୀ ବଡ଼ ବୋଲି ମନେ କରନ୍ତି। ତପସ୍ୟା କରି ନାହାନ୍ତି, କିନ୍ତୁ ବେଶି ପୁଣ୍ୟ ଭୋଗ କଲାପରି ଭାବନ୍ତି। କୌଣସି ପାପ କରି ନ ଥିଲେ ମଧ୍ୟ ବିରହାଦିରେ ବହୁ କଷ୍ଟ ଭୋଗ କରନ୍ତି। ଦେବତା ନୁହନ୍ତି ସତ, କିନ୍ତୁ (ମିଳନରେ) ସ୍ୱର୍ଗସୁଖ ଭୋଗ କରନ୍ତି।

ବିଧୁ ନୋହେ ସଦା ଶୀତଳଦାୟୀ। ଜ୍ୱର ନୁହେଁ ତାପ କମ୍ପ ବଢ଼ାଇ।
ବଦ୍ୟ ନୁହଇ ବ୍ୟାଧି ବିନାଶଇ। ପିତ୍ତ ନୁହଇ ତ ବାଇ କରଇ।
ନୁହଇ ମାଦକ ହେ। ବିହ୍ୱଳ କରେ ଜୀବ ଥିବା ଯାକ ।୪୫।
ଚଖା ଦେଖା ନାହିଁ ସ୍ୱାଦୁ ସୁନ୍ଦର। ସର୍ବେନ୍ଦ୍ରିୟାକର୍ଷୀ ଲୋଭ ବିସ୍ତାର।
ଏପରି ବିଚିତ୍ରତା ଅଛି ଯେତେ। ଆହେ ପ୍ରାଣମିତ କହିବି କେତେ।
ପ୍ରୀତି ମହାଖଣ୍ଟ ହେ । କେବଳ କରାଏ ପ୍ରାଣ ସଙ୍କଟ ।୪୬ ।
ବେଦବାଦୀ ବିଧି ଏ ବେଦବାଦୀ। ଆପଣା ସଂସାର ବସେ ସମ୍ପାଦି।
ଧର୍ମ କର୍ମ କୁଳ ବିବେକ ନାଶେ। ଅପବାଦ କୃଷିଜୀବିକା ରସେ।
ସେ ପ୍ରୀତି କତିକି ହେ। ଯେ ଗଲା ସେ ମଲା ପାଇ ଶାସ୍ତିକି ।୪୭।
ଦୂରହୁଁ ତାକୁ କର ନମସ୍କାର। ଅମାନ ନୋହି ମାନ ଆମ୍ଭ ଗିର।
ଶ୍ରବଣେ ହସି ବୋଇଲେ ଅଚ୍ୟୁତ। ଆହା କି ବୋଇଲ ପରାଣମିତ।
ଜୀବ ଥିବାଯାକେ ହେ। ସାର ପ୍ରୀତିକି ତେଜି ପାରିବ କେ ।୪୮।

୪୫। ସେ ପ୍ରୀତି ଚନ୍ଦ୍ର ନୁହେଁ, କିନ୍ତୁ ସବୁବେଳେ ଥଣ୍ଡା କରେ। ବାଇ-ପାଗଳ। ମାଦକ-ନିଶାଦ୍ରବ୍ୟ। ବିହ୍ୱଳ...ଯାକ-ବଞ୍ଚିଥିବାଯାଏ, ବିଭଳିତ କରେ।

୪୬। ପ୍ରେମର ଚଖା (ଖିଆ) ଦେଖା ନାହିଁ, କିନ୍ତୁ ସେ ମାଧୁର ଓ ସୁନ୍ଦର। ସେ ଲୋଭ ଦେଖାଇ ଚାହୁଁ ଚାହୁଁ ସବୁ ଇନ୍ଦ୍ରିୟଙ୍କୁ ଟାଣି ନେଇ ନିଜର ଅଧୀନ କରି ରଖେ। ପ୍ରାଣସଙ୍କଟ-ଜୀବନକୁ ହଇରାଣ କରେ, ମଲା ପରି ଯନ୍ତ୍ରଣା ଦିଏ।

୪୭। ବିଧି-ବିଧାତା, ବ୍ରହ୍ମା ବେଦ ପଢ଼ନ୍ତି। କିନ୍ତୁ ପ୍ରୀତି ବେଦର ବିବାରୀ ଅଟେ। ଏ ନିଜର ଆଉ ଗୋଟିଏ ସୃଷ୍ଟି ଗଢ଼ି ବସେ। ଅପବାଦ... ରସେ-ଲୋକେ ଚାଷକୁ ନିଜର ବୃତ୍ତି କଲା ପରି ପ୍ରୀତି ଅପବାଦ ବା ନିନ୍ଦାକୁ ନିଜର ବୃତ୍ତି ମଣି ସେଥିରେ ମଜ୍ଜି ରହେ। ଶାସ୍ତି-ଦଣ୍ଡ।

୪୮। ଅମାନ...ଗିର-ଅମାନିଆ ନୋହି ଆମ୍ଭ କଥା (ଗିର) ଘେନ (ମାନ)। ଅଚ୍ୟୁତ-ଶ୍ରୀକୃଷ୍ଣ। ସାର-ଶ୍ରେଷ୍ଠ।

ମୋ ମନ ଲୋଭ ଯହିଁ ତାହା ଜାଣ। ତା ଲାଗି ଗଲେ ଯାଉ ପାପୀ ପ୍ରାଣ।
ପ୍ରେତ ହୋଇ ଜୀବ ଏ ବନେ ଥିବ। ତାହା ଦରଶନେ କୃତାର୍ଥ ହେବ।
ମନେ ଅଛି ଭାବି ହେ। ବନ୍ଧୁ ଶ୍ରୀଅଙ୍ଗରେ ଆବେଶ ହେବି ।୪୯।
କୀଟପସଂସ୍କୃତି ସାକ୍ଷୀ ତ ଅଛି। ଶଶିତନୁକୁହିଁ ଶଶ ପାଇଛି।
ମରଣଭୟ ନୋହିଲା ଏଥିକି। ହାତ ଧରି ମୁଁ ମାଗୁଛି ଏତିକି।
ଜୀବ ଗଲେ ଶବ ହେ। ତା ଗତିପଥରେ ପୋତାଇ ଥିବ ।୫୦।
ବିହିକି ମନାଇ ମାଧବୀ ହେବି। ବାନ୍ଧବୀ-ଶ୍ରୀଅଙ୍ଗ-ଭୋଗ ପାଇବି।
ମୃଗଶାବକାକ୍ଷୀ-ପଦ-ଯାବକ। ହେବାକୁ ତୋଷିବି ଲୋକନାୟକ।
ଥିବାକୁ ଅଙ୍ଗରେ ହେ। ମନାସି ଝାସିବି ଗଙ୍ଗାସାଗରେ ।୫୧।
ଏମନ୍ତ ବାଞ୍ଛିତ ମିତ ଶୁଣନ୍ତେ। ପ୍ରେମ-ଲୋଭକୁ ପ୍ରଶଂସିଲେ ଚିତ୍ତେ।
ଆଶ ଭାଷ କହି କଲେ ପ୍ରବୋଧ। ଘେନ ହେ ପ୍ରେମ-ଗ୍ରାମବାସୀ ବୁଧ।
କବି ଅଭିମନ୍ୟୁ ହେ। ଜୀବନ ଯାଉ ଚିନ୍ତି ରାଧା-କାହ୍ନୁ ।୫୨।

୪୯। କୃତାର୍ଥ-ମୋକ୍ଷ। ଆବେଶ ହେବ-ମାଡ଼ି ବସିବି, ଭୁତ ହୋଇ ଲାଗିବ।

❑❑❑

କିଶୋର ଚନ୍ଦ୍ରାନନ୍ଦ ଚମ୍ପୂ

ଶ୍ରୀ ରାଧାକୃଷ୍ଣାଭ୍ୟାଂ ନମଃ

ମଙ୍ଗଳାଚରଣ

ତେନେ ଯେନେହ କୃଷ୍ଣାବସନବିତରଣୋଦ୍ ବେଗନୈପୁଣ୍ୟଂ,
ପାର୍ଥାନର୍ଥାନ୍ କୁରୁଣାମଧିପତିବିହିତାନ୍ ଯୋ ଜୁହାବାହବାଗ୍ନୌ ।
ସତ୍ୟାମତ୍ୟାନୟଦ୍ ଯୋ ଭୁବମମରତରୁଂ ସ୍ୱର୍ଗତୋଽନର୍ଗଳୌଜାଃ,
ହନ୍ତାଦନ୍ତାବଳାର୍ତ୍ତେଃ ସ ପରମପୁରୁଷଃ ସନ୍ତତଂ ଶଂ ତନୋତୁ ।

ଭାସା ସ୍ୱୟାମ୍ଳାନମନଃସରୋଜଂ ବ୍ୟାକାଶୟଦ୍ ଯୋ ଦୟୟାସ୍ମଦୀୟଂ,
ତମାତ୍ମରୂପଂ ହୃଦୟାଧିରାଜଂ ସତ୍ୟଂ ଶିବଂ ସୁନ୍ଦରମାଶ୍ରୟେଽହଂ ॥

ଅର୍ଥ : କୁରୁସଭାରେ ଦୁଃଶାସନ ବସ୍ତ୍ର ଆକର୍ଷଣ କରନ୍ତେ ଦ୍ରୌପଦୀଙ୍କୁ ବସ୍ତ୍ର ଦାନ କରି ଯେ ଏହି ସଂସାରରେ ପୁଣ୍ୟକୀର୍ତ୍ତି ବିସ୍ତାର କରିଥିଲେ, ଦୁର୍ଯ୍ୟୋଧନ ପାଣ୍ଡବମାନଙ୍କର ଯେଉଁ ସବୁ ଅନିଷ୍ଟ କରିଥିଲା, ସେ ସବୁକୁ ଯେ କୁରୁକ୍ଷେତ୍ର ଯୁଦ୍ଧାଗ୍ନିରେ ଆହୁତି ରୂପେ ପ୍ରଦାନ କରିଥିଲେ, ସ୍ୱପତ୍ନୀ ସତ୍ୟଭାମାଙ୍କ ଅନୁରୋଧରେ ଯେ ପାରିଜାତ ବୃକ୍ଷକୁ ସ୍ୱର୍ଗରୁ ଭୂଲୋକକୁ ଆଣିଥିଲେ, କୁମ୍ଭୀରଦ୍ୱାରା ଆକ୍ରାନ୍ତ ହୋଇଥିବା ଗଜରାଜକୁ ଯେ ଉଦ୍ଧାର କରିଥିଲେ, ସେହି ପରମ ପୁରୁଷ ଶ୍ରୀକୃଷ୍ଣ ସର୍ବଦା ମଙ୍ଗଳ ବିସ୍ତାର କରନ୍ତୁ ।

କ୍ୱ ବସ୍ତହିଫଟାନଟାଚରଣଲମ୍ପଟାଙ୍ଘ୍ରିଦ୍ୱୟଂ,
ମହଃ କ୍ୱ ଚ ଲସନ୍ନ ହାରଜତଜାତିଜୈତ୍ରଂ ପୁନଃ;
ତୟୋଃ କ୍ୱ ଘଟନାବିଧୌ କବନକଞ୍ଚନଂ ସ୍ୱଚ୍ଛଧୀ -
ରହଂ କ୍ୱ ଚ କଥଂ ହଠାତଦୁଦିତମୀଦୃଶଂ ସାହସଂ ।

ଗଦ୍ୟ : କଥମହମିହ ମହିତମହିମମହୋଦ ଧେର୍ମହେନ୍ଦ୍ରମଣି ମୟୂଖସନ୍ଦୋହ ସହୋଦରାଙ୍ଗ ମହସୋ ବିହାରଶାଳିନୋ ମଧୁରେ ମଧୌ ବଧୂଦିତନ୍ୟାୟାନ୍ୱୟସିଦ୍ଧାନ୍ତି ତସ୍ୟ ସର୍ବେଶ୍ୱରସ୍ୟ ଶ୍ରୀନନ୍ଦନନ୍ଦନସ୍ୟାଖଣ୍ଡତପୋମଣ୍ଡଳପିଚିଣ୍ଡିଳୀକୃତାନେକାନେହସୋ ଭଗବତୋ ମାର୍ତ୍ତଣ୍ଡସ୍ୟ ସୁକୃତକୃତାବତାରୟା ରାଧୟା ସହ ଲୀଳାଂ ଲୋକୋତ୍ତରାମଚ୍ଛଧୀର୍ଜଚ୍ଛାମୀତି କବିଶ୍ଚିନ୍ତୟାମାସ ।

ଅର୍ଥ :- ଯାହାଙ୍କର ଚରଣଦ୍ୱୟ କାଳିୟ ସର୍ପର ଫଣାରେ ନୃତ୍ୟ କରିବାରେ ନିପୁଣ, ସେହି ପରଂବ୍ରହ୍ମରୂପୀ ଶ୍ରୀକୃଷ୍ଣ କେଉଁଠାର, ସୁବର୍ଣ୍ଣ ତେଜକୁ ଜୟ କରୁଥିବା

ପ୍ରକୃତିରୂପିଣୀ ରାଧିକାଙ୍କର ସମୁଜ୍ଜ୍ୱଳ ଜ୍ୟୋତି ବା ପୁଣି କେଉଁଠାରେ ? ସେ ଦୁହିଁଙ୍କର ମିଳନାତ୍ମକ ଚମ୍ପୂକାବ୍ୟ ନିର୍ମାଣରେ କବିତ୍ୱକଳ୍ପନା ବା କେଉଁଠାରେ ? କ୍ଷୀଣବୁଦ୍ଧି ମୁଁ ବା କେଉଁଠାରେ ? ହଠାତ୍ କାହିଁକି ମୋର ଏପରି କାର୍ଯ୍ୟରେ ପ୍ରବୃତ୍ତ ହେବାରେ ସାହସ ହେଲା ।

ପୂର୍ବକାଳରେ ସୂର୍ଯ୍ୟ ପ୍ରକୃତିଙ୍କୁ କନ୍ୟାରୂପରେ ପାଇବା ପାଇଁ ଦୀର୍ଘକାଳ ତପସ୍ୟା କରିଥିଲେ; ଶ୍ରୀକୃଷ୍ଣ ଯେତେବେଳେ ଭୂଲୋକରେ ଅବତାର ଧାରଣ କଲେ, ତତ୍‌ପୂର୍ବରୁ ସୂର୍ଯ୍ୟ ବୃଷଭାନୁରୂପରେ ଜାତ ହୋଇଥିଲେ, ପ୍ରକୃତି ରାଧାରୂପରେ ତାହାଙ୍କର କନ୍ୟା; ଯେ ମହାମହିମାଶାଳୀ; ଯାହାଙ୍କ ଦେହକାନ୍ତି ଇନ୍ଦ୍ରନୀଳମଣି ତେଜ ପରି, ମନୋହର ବସନ୍ତ ଋତୁରେ ଭ୍ରମଣ କଲାବେଳେ ସହଚରୀ ଗୋପବଧୂମାନେ ଯାହାଙ୍କୁ ସର୍ବେଶ୍ୱର ବୋଲି ଜାଣିପାରି ଆତ୍ମସମର୍ପଣ କରିଥିଲେ, ସେହି ନନ୍ଦନନ୍ଦନ ଶ୍ରୀକୃଷ୍ଣଙ୍କର ରାଧାଙ୍କ ସଙ୍ଗେ ଯେଉଁ ଅଲୌକିକ ଲୀଳା ହୋଇଥିଲା, ମୁଁ ସାମାନ୍ୟ ବୁଦ୍ଧିରେ ତାହା କିପରି ବର୍ଣ୍ଣନା କରିବି ? କବି ଏହିପରି ଚିନ୍ତା କରିଥିଲେ ।

❑❑❑

କ

(ରାଗ-ସାବେରୀ)

କି ହେଲାରେ, କହିତ ନୁହଇ ଭାରତୀରେ,

କାଲି ଯା ଦୂରରୁ ଦେଖି,ଅ଼   କଳନା କଲା ମୋ ଆଖି,

କଳା ଇନ୍ଦୀବର ଆରତିରେ । ପଦ ।

କେଳି କଦମ୍ବ ଲତାର,   କୋଳେ କି ଶ୍ୟାମଳତାର,

ତେଜ ସେ ରବିସୁତାର ତୀରେ,

କମ୍ପି ମୋର କଳେବର,   ହୋଇଗଲା ଆରପାର,

ଯାହାକୁ ଡରଇ ତାର ତୀରେ ।୧।

କୁସୁମ କୋଦଣ୍ଡ କାଣ୍ଡ,   କେତେ କରିଥିଲା ରୁଣ୍ଡ

କର୍କଶ ନୋହିବା ଭାରତିରେ,

କହୁଛି ବରଜି ଲଜ୍ଜା,   କେବଳ ହେଲା ମୋ ମଜ୍ଜା

ମଜ୍ଜିଯିବି କି ଉଭା-ରତିରେ ।୨।

କି ମୋହନ ଲୀଳା ଧରି   କୋଟି କଳାକର ଶିରୀ,

ପୂରିଛି ସେ ଶ୍ୟାମ ମୂରତିରେ,

କୁତ୍ସା କରେ ମୁଁ ଧାତାକୁ,   କାହିଁକି ସରଜି ତାକୁ,

ଚିରାୟୁ ରଖିଲା ଜରତୀରେ ।୩।

କି ନୀତି କି ଜାତିଶୀଳ,   କି କୁଳବରତ ଫଳ,

ଠଉରି ପାରିଲା ମୋ ମତିରେ ?

କୋମଳତର ମୋହନ   କୁଞ୍ଜକୁକ୍ଷିରୁ ନିଃସ୍ୱନ

ଆସି ଚୁମ୍ବିଦେଲା ମୋ ଶ୍ରୁତିରେ ।୪।

କଲବଲ ଛଟପଟ   ହୋଇ ଯାଉଛି ନିପଟ,

ସଂବେଶ ଅଶନ-ବିରତିରେ,

କହଇ ଶ୍ରୀ ବାଲୁକେଶ,   ଶରଣ-ଧରଣୀଈଶ,

ଏ କି ଦଣ୍ଡ ବିନା ପୀରତିରେ ।୫।

(କ) ନାଦଃ କୋଽପି ନିତମ୍ବିନୀଜନମନଃ କ୍ଷୋଭକ୍ଷମଃ ଶୁଶ୍ରୁବେ,
କାନ୍ତିଃ କାପି ଚଳତ୍ କଳାପମୁକୁଟାଲମ୍ବା ଚୁଚୁମ୍ବାମ୍ବକେ,
ସ୍ଥୈର୍ଯ୍ୟଂ ତତ୍ ପ୍ରଭୃତି ସ୍ଖଳତ୍ୟପି ବଳତ୍ୟନ୍ତର୍ବିଳାପୋ ବଳା-
ଦଶ୍ରାନ୍ତଂ ସଖି ଦୃଶ୍ୟତେ କିମଭିତୋ ମାହେନ୍ଦ୍ରେନୀଳଂ ମହଃ ।

ଗଦ୍ୟ– ସଖି ! ଶିଖଣ୍ଡାପୀଡ଼ମନୋହରଃ ପ୍ରତ୍ୟଗ୍ରମୁଦିରମେଦୁରଃ ସମୁତ୍କଟନଟନାଟୋପପଟୁଃ କୋଽପି ସମୂହୋ ମହସାମମଳଃ ସମାଲୋକି ମୟେତ୍ୟୁକ୍ତବତ୍ୟାଂ ଶ୍ରୀମତ୍ୟାଂ ତାଂ ପ୍ରତି ଲଳିତା ।

---

* ପାଠାନ୍ତର – କାଲି ଯା ଦୂରରୁ ସଖି ।

(କ) ଭାରତୀରେ-କଥାରେ; କଳନା କଲା – ଠଉରାଇଲା; ଆରତିରେ – ନିବୃତ୍ତି ଅବସ୍ଥାରେ; ଶ୍ୟାମଳତା-ଶ୍ୟାମଳତ୍ୱ ବା କାଳିମା; ରବିସୁତା-ଯମୁନା; ଆରପାର-ଅସ୍ତବ୍ୟସ୍ତ; ତୀର-ବାଣ; କର୍କଶ ନୋହିବା-କୋମଳ; ଭାରତି-ଶର ରଖିବାମୁଣା, ତୂଣୀର; କଳାକାର-ଚନ୍ଦ୍ର; କୁତ୍ସା-ନିନ୍ଦା, ଚିରାୟୁ – ଦୀର୍ଘଜୀବିନୀ; ଜରତୀ-ବୃଦ୍ଧା (ରାଧାଙ୍କ ଶାଶୂ ବୁଢ଼ୀ ଜଟିଳା); କୁକ୍ଷି-ପେଟ, ଗର୍ଭ; ଶ୍ରୁତି-କାନ; ନିପଟ-ଏକାନ୍ତ; ସଂବେଶ-ନିଦ୍ରା; ଅଶନ-ଭୋଜନ; ବିରତି-ଅଭାବ; ଶରଣଧରଣୀ ଈଶ-ଆଠଗଡ଼ ରାଜ୍ୟର ରାଜା (ଗଞ୍ଜାମ ଜିଲ୍ଲାର ଆଠଗଡ଼ରେ ବିପଦବେଳେ ପୁରୀର ରାଜା ଜଗନ୍ନାଥଙ୍କ ସହ ଶରଣ ନେଇଥିବାରୁ ଆଠଗଡ଼ 'ଶରଣରାଜ୍ୟ' ନାମରେ ଅଭିହିତ ହୁଏ) ।

ଦିନେ ରାଧା ଲଳିତାଙ୍କୁ କହିଲେ, ହେ ସଖୀ କ'ଣ ହେଲା ! କାଲି ମୋ ଆଖି ଗୋଟିଏ ଗାଢ଼ ନେଳିଆ ବର୍ଣ୍ଣର କଇଁକୁ ହଠାତ ନିବୃତ୍ତି ଅବସ୍ଥାରେ ଦେଖି ଯାହା ଠଉରାଇଲା, ତାହା ମୁଁ କଥାରେ କହିପାରୁ ନାହିଁ । ପଦ । ଯମୁନା କୂଳରେ ଥିବା କେଳିକଦମ୍ବ ଲତାକୋଳରେ ଗାଢ଼ ଶ୍ୟାମବର୍ଣ୍ଣର କି ଗୋଟିଏ ତେଜ ଦେଖିଲି । ମୁଁ ଯାହାକୁ ଡରେ, ସେହି କାମଦେବର ଶରରେ ମୋର ଦେହ ଏକାବେଳକେ ବିଦ୍ଧ ହୋଇଗଲା ।୧। କାମଦେବ ସହଜରେ ବାହାର କରି ପାରିବ ବୋଲି ତାହାର କୋମଳ ଶରମୁଣାରେ କେତେ ଶର ଜମା କରି ରଖିଥିଲା ! ସେଗୁଡ଼ିକ ମୋତେ ମାରିବାରୁ, ମୁଁ ଲାଜ ଛାଡ଼ି କହୁଛି, ଠିଆରେ ଠିଆରେ ତାଙ୍କ ସଙ୍ଗେ ମିଳିଯିବା ପାଇଁ ମୋର ମନ ଚଞ୍ଚଳ ହୋଇ ଉଠିଲା ।୨। ଆହା ! ସେ ଶ୍ୟାମଳବର୍ଣ୍ଣ ତେଜୋମୟ ରୂପରେ କି ମନୋହର ଭାବରେ କୋଟିଏ ଚନ୍ଦ୍ରର ସୌନ୍ଦର୍ଯ୍ୟ ପୂରି ରହିଅଛି । ତାକୁ ଦେଖିବା ବେଳୁ ମୁଁ ବିଧାତାକୁ ନିନ୍ଦା କରୁଅଛି ଯେ, ସେ ତାଙ୍କୁ ସୃଷ୍ଟି କରି ବୁଢ଼ୀକୁ (ନିଜ ଶାଶୂଙ୍କୁ) କାହିଁକି ଏତେ ଦୀର୍ଘ ଆୟୁଷ ଦେଇଅଛି ? ୩। ହେ ସଖି ! ସେତେବେଳେ ନୀତି, ଜାତି, ସ୍ୱଭାବ, ବଂଶ କି ବ୍ରତଫଳ କୌଣସିଟା ମୋ ମନରେ ଠଉରି ପାରିଲା କି ? ଅର୍ଥାତ୍ ମୁଁ ଏ ସବୁ ଭୁଲିଗଲି । ଏହି

ସମୟରେ କେଳିକଦମ୍ବ ଲତାର କୁଞ୍ଜ ଭିତରୁ ଗୋଟିଏ ଅତି କୋମଳ ମନୋହର ସ୍ୱନ (ବଂଶୀରବ) ମୋ କର୍ଣ୍ଣକୁ ଚୁମ୍ବି ଦେଲା ଅର୍ଥାତ୍ ମୋ କାନରେ ପ୍ରବେଶ କଲା ।୪। ସେହି ସମୟରୁ ନିଦ୍ରା ଏବଂ ଭୋଜନରେ ମୋର ବିରତି ଆସିଅଛି ଅର୍ଥାତ୍ ମୁଁ ଶୋଇ ପାରୁ ନାହିଁ କି ମୋତେ ଭୋକ କରୁନାହିଁ, ତେଣୁ ମୁଁ କଲବଲ ଛଟପଟ ହୋଇ ଯାଉଅଛି । ଶରଣ-ଧରଣୀର ଅର୍ଥାତ୍ ଆଠଗଡ଼ର ରାଜା ବାଲୁକେଶ କହନ୍ତି, ବିନା ପ୍ରୀତିରେ ଏ ଦଣ୍ଡ କାହିଁକି ହେଲା ? ।୫।

ଈ ଏହି ପଦର ବ୍ୟାଖ୍ୟାରେ କେହି କେହି କହନ୍ତି, କଳାଇନ୍ଦୀବର ଆର୍ତ୍ତିରେ ଅର୍ଥାତ୍ ଗାଢ଼ ନୀଳ ବର୍ଣ୍ଣର କଇଁକୁ ଯେ ଆର୍ତ୍ତି ଅର୍ଥାତ୍ ପୀଡ଼ା ପ୍ରଦାନ କରନ୍ତି ଅର୍ଥାତ୍ ନୀଳକଇଁକୁ ତେଜରେ ପରାସ୍ତ କରୁଥିବା ଶ୍ରୀକୃଷ୍ଣଙ୍କ ତେଜକୁ ଦେଖିଲି; ଆଉ କେହି କେହି କହନ୍ତି, ଏଠାରେ ଆରତି ଶବ୍ଦ ଆଳତି ବା ଆରାତ୍ରିକ ଅର୍ଥରେ ପ୍ରଯୁକ୍ତ ହୋଇଅଛି । ଗାଢ଼ ନୀଳବର୍ଣ୍ଣ କଇଁରେ କରାଯାଉଥିବା ଆଳତିକୁ ଦୂରରୁ ଦେଖି ମୋ ଆଖି ଯାହା ଠଉରାଇଲା-ଇତ୍ୟାଦି ।

ଗଦ୍ୟାନୁବାଦ :- (କ) ହେ ସଖି, ଯୁବତୀମାନଙ୍କର ଚିତ୍ତବିକ୍ଷେପକାରୀ ସେହି ଅନିର୍ବଚନୀୟ ବଂଶୀଧ୍ୱନି ଶୁଣିଲାବେଳୁଁ ଏବଂ ତାଙ୍କର ଚଞ୍ଚଳ ମୟୂରପୁଚ୍ଛ ମୁକୁଟରୁ ବାହାରୁଥିବା ମନୋହର ତେଜ ମୋ ଚକ୍ଷୁକୁ ସ୍ପର୍ଶ କଲାବେଳୁ ମୁଁ ଏକାନ୍ତ ଅଧିର ହୋଇ ପଡ଼ିଅଛି ଏବଂ ମୋ ଅନ୍ତରରେ ଘୋର ଦୁଃଖ ବଢୁଅଛି, ସର୍ବଦା ଚାରିଆଡ଼େ ଇନ୍ଦ୍ରନୀଳମଣିର ଗୋଟିଏ ବିଚିତ୍ର ତେଜ ମୋତେ ଦେଖାଯାଉଅଛି ।

ହେ ସଖି, ମୟୂର ପୁଚ୍ଛମୁକୁଟ ସଂସର୍ଗରେ ସୁନ୍ଦର ଦିଶୁଥିବା ଏବଂ ନବ ମେଘ ପରି ସ୍ନିଗ୍ଧ କି ବିଚିତ୍ର ତେଜ ଦେଖିଲି ! ଆହା ! ଉଦ୍ଦଣ୍ଡନୃତ୍ୟାଡ଼ମ୍ବରରେ ତାହା ପୁଣି କେଡ଼େ ନିପୁଣ ଦିଶୁଥିଲା । ଶ୍ରୀମତୀ ଏହା କହନ୍ତେ ଲଳିତା ତାଙ୍କୁ ପ୍ରତ୍ୟୁତ୍ତରରେ କହୁଅଛନ୍ତି- "ଖରାପ ତୁ ହେଲୁରେ" ଇତ୍ୟାଦି ।

❑❑❑

ଖ

(ରାଗ-କେଦାର)

ଖରାପ ତୁ ହେଲୁରେ,

ଖେଳଲୋଳଖଞ୍ଜନାକ୍ଷି କି ସାହସ କଲୁ ରେ । ପଦ ।

ଖର୍ବ ହୋଇ ସୁରତରୁକୁସୁମ ବାଞ୍ଛିଲୁ ରେ,

ଖେଦବୀଜ ନିଜ ହୃଦ-କେଦାରେ ବିଞ୍ଛିଲୁ ରେ ।୧।

ଖିଆଲ ପରି କି ଧନ ମନରେ ଭାଳିଲୁ ରେ,

ଖଳିକାର ନୋହି କଳା ନାଗକୁ ଚାଳିଲୁ ରେ ।୨।

ଖରା ସ୍ମରି ଝାଉଁଳିବା ଶ୍ରୀଅଙ୍ଗ ପାଇଲୁ ରେ,

ଖମଣିମଣ୍ଡଳକୁ ତୁ କର ବଢ଼ାଇଲୁ ରେ ।୩।

ଖାଇ ଦେଇ କି ଅମଳ ଅଚେତା ହୋଇଲୁ ରେ,

ଖାରା ଖଣ୍ଡାଧାରା ଖଟ ବିଚାରି ଶୋଇଲୁ ରେ ।୪।

ଖଟେ ଅଷ୍ଟଦୁର୍ଗନାଥ ତୋ ପଦେ ପହିଲୁ ରେ,

ଖଣ୍ଟ କରେ ଧନ ଦେଇ ପଦେ ନ କହିଲୁ ରେ ।୫।

(ଖ) ସୃଷ୍ଟ୍ୱା ଛଞ୍ଚଳଚନ୍ଦ୍ରକାଞ୍ଚନ ଚମତ୍କାରକ୍ରମଂ ଚକ୍ଷୁଷା,
କାବାସ୍ମିନ୍ ପୁଟଭେଦନେ ନବବଧୂରେକାପ୍ୟଶୋକା ଭବେତ୍ ।
ବାଳେ ନୂତନସୂତିକାଳୟରତୌ କାଳେଽପି ତାଦୃଶା ବଳୀ -
ହିଂସାମପ୍ୟନୁଭୂୟ ଲୋକବଚସଃ କିଂ ସାହସଂ ସ୍ୱୀକୃତଂ ।

ଗଦ୍ୟ : ହନ୍ତହନ୍ତାତିକ୍ରାନ୍ତାତ୍ୟନ୍ତବିହିତବଚନୟା ଲୋକାତିଗଲୀଳାଲୋଳଲୋଚନୟା ଭବତ୍ୟା ଯୁବତୀଜାତିପାତିବ୍ରତ୍ୟାତିଶୟଘାତିନି ଶିଖଶେଖରେ ନଟପଟୁନି ତମାଲମାଲମେଚକେ ମହସି ବ୍ୟରଚି ସାପେକ୍ଷକଟାକ୍ଷନିକ୍ଷେପବିଳାସଃ ।

(ଖ) ଖେଳଲୋଳଖଞ୍ଜନାକ୍ଷି - କ୍ରୀଡ଼ାରେ ଚଞ୍ଚଳ ହୋଇଥିବା ଖଞ୍ଜନ ନାମକ ଚଢ଼େଇର ଆଖି ପରି ଆଖି ଯାହାର; ଖର୍ବ-ବାଙ୍ଗର, ସାନ; ସୁରତରୁକୁସୁମ-କଳ୍ପବୃକ୍ଷଫୁଲ; ଖେଦବୀଜ-ଦୁଃଖର ବୀଜ (ମଞ୍ଜି); କେଦାର-କିଆରୀ; ଖିଆଲ-ଥଟ୍ଟା, ପରିହାସ; ଖଳିକାର-ସାପୁଆ; ଖମଣି-ସୂର୍ଯ୍ୟ; ଅମଳ-ନିଶା; ଖାରା ଖଣ୍ଡାଧାରା-ସୁତୀକ୍ଷ୍ଣ ଖଡ୍ଗର ଦାଢ଼; ଖଣ୍ଟ-ଡକାୟତ ।

ହେ ଚଞ୍ଚଳାକ୍ଷି ସଖି, ତୁ ଖରାପ ହୋଇଗଲୁ । ଏ ତୋର କି ଦୁଃସାହସ । ତୁ ବାଙ୍ଗରା ମଣିଷଟିଏ ହୋଇ ସୁଦ୍ଧା ସ୍ୱର୍ଗରେ ଥିବା କଳ୍ପବୃକ୍ଷରୁ ଫୁଲ ତୋଳିବାକୁ ହାତ ବଢ଼ାଇଲୁ ! ତେଣୁ

ତୁ ଜାଣୁ ଜାଣୁ ହୃଦୟରୂପ କିଆରୀରେ ଦୁଃଖର ବୀଜ (ବିହନ) ବୁଣିଲୁ, ଅର୍ଥାତ୍ ଯାହା ମନୁଷ୍ୟ କେବେ ହେଲେ ପାଇ ପାରେ ନାହିଁ, ତୁ ସେହିପରି ପଦାର୍ଥ ପାଇବାକୁ ଇଚ୍ଛା କରି ଏଭଳି ଦୁଃଖ ଭୋଗ କରୁଅଛୁ ।୧। ହେ ଧନ, ସାଧାରଣତଃ ସାପୁଆ କେଳାମାନେ ବି କଳାନାଗକୁ ଖେଳାଇବାକୁ ଡରନ୍ତି, କିନ୍ତୁ ତୁ ସାପୁଆ ନ ହୋଇ ସୁଦ୍ଧା କୌତୁକରେ କଳାନାଗକୁ ଖେଳାଇଲୁ; ତେଣୁ ତୁ ଏପରି ଦୁଃଖ ପାଇଲୁ ।୨। ତୋ ଦେହଟି ଏପରି କୋମଳ ଯେ, ଖରା ସ୍ମରଣ କଲା ମାତ୍ରକେ ତାହା ଝାଉଁଳି ପଡ଼େ, ଏଭଳି ଦେହଟିଏ ପାଇ ସୁଦ୍ଧା ତୁ ସୂର୍ଯ୍ୟକୁ ଧରିବା ପାଇଁ ସୂର୍ଯ୍ୟମଣ୍ଡଳକୁ ହାତ ବଢ଼ାଇ ଦେଲୁ ।୩। କି ନିଶା ଖାଇ ଦେଇ ତୁ ଅଜ୍ଞାନ ହୋଇପଡ଼ି ଜାଣୁ ଜାଣୁ ସୁତୀକ୍ଷଣ ଖଣ୍ଡା ଦାଢ଼କୁ ଖଟ ମନେ କରି ତହିଁରେ ଶୋଇଲୁ ? ।୪। ଆଠଗଡ଼ର ରାଜା ପ୍ରଥମରୁ ତୋ ପାଦତଳରେ ଆଶ୍ରିତ, ସଖି, ଖଣ୍ଟଲୋକ ହାତରେ ଧନ ଦେଇ ଦେଲୁ, ପଦେ ହେଲେ ପଚାରିଲୁ ନାହିଁ ।୫।

ଗଦ୍ୟାନୁବାଦ - (ଖ) ଏ ଗୋପପୁରରେ କେଉଁ ନବବଧୂ ତାଙ୍କର ମୁକୁଟସ୍ଥିତ ଚଞ୍ଚଳ ମୟୂରପୁଚ୍ଛ ଚନ୍ଦ୍ରକର ମନୋହର ଗତିକୁ ଆଖିରେ ଦେଖି ଶୋକାକୁଳ ନ ହୋଇ ରହିବଟି ? ହେ ବାଳେ ଇନ୍ଦୁଡ଼ିଶାଳରେ ଖେଳିବା ସମୟରେ ସେହି କୃଷ୍ଣ ପରା ପୁତନାର ପ୍ରାଣ ହରଣ କରିଥିଲେ, ଏ କଥା ଲୋକଙ୍କ ମୁହଁରୁ ଶୁଣି ସୁଦ୍ଧା ତୁ କିପରି ଏ ସାହସ କଲୁ ? (ଯେ ଅତି ପିଲାବେଳେ ଗୋଟିଏ ପ୍ରୌଢ଼ା ସ୍ତ୍ରୀକୁ ହତ୍ୟା କରିଥିଲେ, ଏ ବୟସରେ ଯେ ସେ ତୋପରି ବାଳିକାକୁ ଅକ୍ଳେଶରେ ହତ୍ୟା କରି ପାରିବେ ଏହା ନିଃସନ୍ଦେହ, ଏହା ଜାଣି ସୁଦ୍ଧା ତୁ କିପରି ତାଙ୍କ ଆଡ଼କୁ ଚାହିଁଲୁ ?) ।

ଅହୋ, କି ଦୁଃଖର କଥା ! ତୁ ପ୍ରିୟଜନଙ୍କର କଥା ନ ମାନି, ଯେଉଁ ଲୋକ ଯୁବତୀମାନଙ୍କ ସତୀତ୍ୱ ନଷ୍ଟ କରିବାରେ ସୁଦକ୍ଷ ସେହି ସ୍ନିଗ୍ଧନୀଳକାନ୍ତି-ମୟୂରପୁଚ୍ଛଧାରୀ ନୃତ୍ୟନିପୁଣ ଶ୍ରୀକୃଷ୍ଣଙ୍କ ଆଡ଼କୁ ମନୋହର ଭ୍ରୂଭଙ୍ଗୀ ସହ ସାଭିଳାଷ ଦୃଷ୍ଟିପାତ କଲୁ !!!

ଏହାଶୁଣି ରାଧା ଦୂତୀଙ୍କୁ କହୁଅଛନ୍ତି-

"ଗଲାଣି ତ ଗଲା କଥା ରେ" ଇତ୍ୟାଦି ।

❑❑❑

ଗ

(ରାଗ-ତୋଡ଼ି ପରଜ)

ଗଲାଣି ତ ଗଲା କଥା ରେ ସଙ୍ଗାତ,
ଗୁପତେ ସିନା ମୁଁ ତୋତେ ପଚାରିଲି ବଳି ପଡ଼ିବାରୁ ବ୍ୟଥା ।ପଦ।
ଗଙ୍ଗାରୁ ବିଶଦ ଗଭୀର ତୋ ହୃଦ, ଗଣ୍ଠିଧନ ତୋର ସ୍ନେହ,
ଗୋଡ଼ ଖସି ଖେଦ ହେବାର ଦରଦ ଯିବାର ଉପାୟ କହ ।
ଗଞ୍ଜାଇକି ଜିଣି ଲାଗି ତାର ପୁଣି ରଞ୍ଜାଇଲା ମନେ ଝଳି,
ଗୋଳା ଗରଳରୁ କଟୁ ପୀୟୂଷରୁ ସ୍ୱାଦଗୁଣ ଗଲା ବଳି ।୨।
ଗୋଳି ଦେଲା ମୋର ବାହାର ଭିତର ସ୍ୱର ସେ ଅବା ଶର ସେ,
ଗାତ୍ର ଗୋଟିଯାକ ପୂରିଲା ପୁଲକ ଶ୍ରବଣ ସୀମା ସ୍ୱରଶେ ।୩।
ଗିଳିଦେଲା ପୁରନ୍ଦର-ନୀଳକର-କଳକାମୟ ତିମିର,
ଗହନ କି ଗୃହ ହୋଇଲା ସନ୍ଦେହ ନିଶ୍ଚୟ ହୋଇ ବିଦୂର ।୪।
ଗତାଳସନାଟପଟୁ ଖଞ୍ଜରୀଟ ପରି କି ଆସିଲା ଉଡ଼ି,
ଗଣ୍ଡି-ଗର୍ଭେ ଗୁଳି ଗଲା ପରି ଗଳି ବିବେକ ଦେଲା ଘଉଡ଼ି ।୫।
ଗଗନ-କୁସୁମ ପରି ଏଥି ଶ୍ରମ ଫଳ ହୋଇବ କି କାଳେ,
ଗୋଳିଆ ନ ରଖି କହ ଚନ୍ଦ୍ରମୁଖି ଗହଳି ନ ଥିବା ବେଳେ ।୬।
ଗରିଷ୍ଠ ଅରୁଚି କାହିଁକି କରୁଚି ଅଶନେ ବସନେ ଦେହେ,
ଗୁରୁଜନତତି ଜାଣିଲେ କି ଗତ ଅଷ୍ଟଦୁର୍ଗପତି କହେ ।୭।

(ଗ) ସ୍ୱାଭିନ୍ନେ ସଖି ମୁଞ୍ଚ ମାଦୃଶି ଜନେ ତ୍ୱଂ ବଞ୍ଚନାନାଂ ଚୟମ୍,
ନାତୀତାନବଧାନତାଗ୍ରହିଳତା ନିର୍ମାତି ଶର୍ମାତ୍ମନଃ ।
ଜ୍ଞାନାଦ୍ ବା ତଦଭାବତଃ ପଥି ରସେନାର୍ଦ୍ରାନ୍ତରେ ବନ୍ଧୁରେ,
ସଂପାତୋଭବହୃଦ୍‌ବ୍ୟଥାଂ ହର ପରାମୋଦଂ ଚ ନୋଦଞ୍ଚୟ ॥

ଗଦ୍ୟ : ଜ୍ଞାନେନ ବାଜ୍ଞାନେନ ପ୍ରଣୀତସ୍ୟାତୀତସ୍ୟାପରାଧସ୍ୟ ସ୍ମାରଣ ଶରବିସରାସାର ପ୍ରୟୋଗ-ଶୀର୍ଣ୍ଣସାରାଂ ମାରାଶୁଗାଶୁଗବିଶେଷନିଃଶେଷସାମର୍ଥ୍ୟାଂ କିମାଳି ମାଂ କଦର୍ଥୟସି ବ୍ୟର୍ଥମିତିଗଦିତ-ବତ୍ୟାଂ ସାମିଗଳିତଧୈର୍ଯ୍ୟାୟାଂ କିଶୋର୍ଯ୍ୟାଂ ପୁନସ୍ତାଂ ପ୍ରତି ସଖୀ ସାକୂତଂ ।

(ଗ) ବିଶଦ-ନିର୍ମଳ; ଗଣ୍ଠିଧନ-ଅତି ଯତ୍ନରେ ରଖିଥିବା ସମ୍ପତ୍ତି; ଦରଦ-ଦରଜ, ପ୍ରାସ; ଲାଗି-ନିଶା, ମାଦକତା; ରଞ୍ଜାଇଲା-ମୋହିତ କଲା; ଝଳି-ପ୍ରବେଶ କରି; ଗୋଳା ଗରଳ-ତରଳ

ବିଷ; ପୀୟୂଷ-ଅମୃତ; ଗୋଳିଦେଲା-ତରଳାଇ ଦେଲା ଅର୍ଥାତ୍ ଅଭିଭୂତ କରିଦେଲା; ସେ ସ୍ୱର-ସେହି ବଂଶୀଧ୍ୱନି; ଶର-ବାଣ; ଶ୍ରବଣସୀମା ସ୍ମରଶେ-କାନପାଖରେ ପହଞ୍ଚିଲାକ୍ଷଣି; ପୁରନ୍ଦର ନୀଳକର-ଇନ୍ଦ୍ରନୀଳମଣିର କିରଣ; କଳିକା-କଢ଼ (କବିମାନେ କିରଣକୁ କଳିକା ସଙ୍ଗେ ତୁଳନା କରନ୍ତି); ତିମିର-ଅନ୍ଧକାର; ଗହନ-ବନ; ନିଶ୍ଚୟ-ସନ୍ଦେହ ଶୂନ୍ୟ ଜ୍ଞାନ; ବିଦୂର-ବିଶେଷ ପରିମାଣରେ ଦୂରବର୍ତ୍ତୀ; ଗତାଳସ-ନିରଳସ; ନାଟପଟୁ-ନୃତ୍ୟନିପୁଣ; ଖଞ୍ଜରୀଟ-କଜଳପାତିଜାତୀୟ ଏକପ୍ରକାର ପକ୍ଷୀ, ଈ ଗଣ୍ଡୀ-କାଣ୍ଡଶରୀର; ଗଗନକୁସୁମ-ଆକାଶ ଫୁଲ ଅର୍ଥାତ୍ ଅସମ୍ଭବ ବସ୍ତୁ; ଗୋଳିଆ-କପଟ; ଗହଳି-ଜନତା ବା ଲୋକଗହଳ; ଗରିଷ୍ଠ-ଅତ୍ୟନ୍ତ, ଅଧିକ; ଅଶନ-ଭୋଜନ; ବସନ-ବସ୍ତ୍ର; ଗୁରୁଜନତତି-ଗୁରୁଜନ ସମୂହ।

ହେ ସଖି, ଯାହା ହେବାର ତ ହୋଇଗଲାଣି, କଷ୍ଟ ବଳି ପଡ଼ିବାରୁ ମୁଁ ସିନା ଏକଥା ତୋତେ ତୁନି କରି ପଚାରିଲି। ପଦ। ତୋ ହୃଦୟ ଗଙ୍ଗାଜଳଠାରୁ ଅଧିକ ଶୁଭ୍ର ଓ ଗଭୀର ଏବଂ ତୁ ହୃଦୟ ମଧ୍ୟରେ ଅତି ଯତ୍ନରେ ସ୍ନେହ ସମ୍ପାଦି ରଖିଅଛୁ ଅର୍ଥାତ୍ ତୁ ଅତୀବ ସ୍ନେହଶୀଳା, ଗୋଡ଼ ଖସି ଯିବାରୁ ଦୁଃଖ-ଦାୟକ ଦରଜ ହୋଇଅଛି ସେ ଦରଜ କିପରି ଯିବ ତାହାର ଉପାୟ କହ ।୧। ସେ ନିଶା ମନରେ ପଶି ଗଞ୍ଜାଇ ନିଶାଠାରୁ ଅଧିକଭାବରେ ମନକୁ ମୋହିତ କରିଅଛି, ତାହା ପୁଣି ତରଳ ବିଷରୁ ଆହୁରି କଟୁ, କିନ୍ତୁ ଅମୃତଠାରୁ ଅଧିକ ସୁସ୍ୱାଦୁ ବୋଧ ହେଉଅଛି ।୨। ସେ ବଂଶୀସ୍ୱର ବାଣରୂପରେ ମୋର ବାହାର ଭିତରକୁ ଗୋଳି ଦେଲା ଅର୍ଥାତ୍ ସେ ବଂଶୀନାଦ ଶୁଣିଲାବେଳୁଁ ମୋର ଦେହ ଓ ମନ ଏକାବେଳକେ ତରଳି ଗଲା ଏବଂ ସେ ସ୍ୱର ମୋ କାନ ପାଖରେ ପହଞ୍ଚିଲାକ୍ଷଣି ମୋର ସମଗ୍ର ଶରୀର ରୋମାଞ୍ଚିତ ହୋଇଗଲା ।୩। ଇନ୍ଦ୍ରନୀଳମଣିର କିରଣକଳିକାରୂପ ଅନ୍ଧକାର ମୋତେ ଗିଳି ପକାଇଲା ଅର୍ଥାତ୍ ଯେପରି ଅନ୍ଧାରରେ କୌଣସି ବସ୍ତୁ ଦେଖାଯାଏ ନାହିଁ, ସେହିପରି ଶ୍ରୀକୃଷ୍ଣଙ୍କ ଦେହରୁ ବାହାରୁଥିବା ଇନ୍ଦ୍ରନୀଳମଣି ତେଜ ମୋ ଆଖିକୁ ଆଚ୍ଛନ୍ନ କରି ପକାଇବାରୁ ମୋତେ କୌଣସି ବସ୍ତୁ ଭଲରୂପେ ଦେଖାଗଲା ନାହିଁ। ନିଶ୍ଚୟ ଅର୍ଥାତ୍ ସଂଶୟଶୂନ୍ୟ ଜ୍ଞାନ ଦୂର ହୋଇଯିବାରୁ ମୁଁ ଘରେ ଅଛି, କି ବନରେ ଅଛି ମୋର ସନ୍ଦେହ ହେଲା ।୪। ଆହା ସଖି! ସେହି କମନୀୟକାନ୍ତି ସତେ ଯେପରି ଆଳସ୍ୟହୀନ ନୃତ୍ୟନିପୁଣ ଖଞ୍ଜରୀଟ ପକ୍ଷୀ ପରି ଉଡ଼ି ଆସି ମୋ ହୃଦୟରେ ପ୍ରବେଶ କରିଗଲା। ଶରୀର ମଧ୍ୟରେ ଗୁଳି ପଶିଗଲେ ଲୋକ ଯେପରି ବିବେକଶୂନ୍ୟ ହୋଇଯାଏ, ସେହିପରି ସେ ନୀଳକାନ୍ତି ମୋ ଦେହରେ ପଶି ମୋତେ ବିବେକଶୂନ୍ୟ କରି ଦେଇଛି ।୫। ଆକାଶକୁସୁମ ପାଇବାକୁ ପରିଶ୍ରମ କଲାପରି ଏଥିରେ ସିନା ପରିଶ୍ରମ କରୁଛି? ହେ ଚନ୍ଦ୍ରମାମୁହିଁ, ମନରେ କପଟ ନ ରଖି କେହି ନ ଥିବାବେଳେ ମୋତେ ସତ କରି କହ, ଏଥିରେ କଅଣ ଫଳ ହେବ? ।୬। ଖାଇବାରେ, ପିନ୍ଧିବାରେ ଓ ଦେହକୁ ରକ୍ଷା କରିବାରେ ମୋର ଭାରି ଅନାସ୍ଥା ହେଲାଣି, ଗୁରୁଜନମାନେ ଏ କଥା ଜାଣିଲେ କି ଗଡ଼ି ହେବଟି? ଆଠଗଡ଼ର ରାଜା ଏହା ରଚନା କଲେ ।୭।

* କେହି କେହି କହନ୍ତି, ଏଠାରେ 'ଗଣ୍ଡୀ' ଶବ୍ଦ ହସ୍ତୀ ଅର୍ଥରେ ପ୍ରଯୁକ୍ତ ହୋଇଅଛି।

ଗଦ୍ୟାନୁବାଦ : ହେ ସଖି, ମୋପରି ଅଭିନ୍ନହୃଦୟ ବନ୍ଧୁଙ୍କୁ ତୁ ପ୍ରତାରଣା କର ନା ଓ ମୋର ଅସାବଧାନତା କଥା ମୋତେ ଆଉ ବାରମ୍ବାର କହ ନା। ତାହା ସୁଖକର ବୋଧ ହେଉ ନାହିଁ। ଜାଣୁ ଜାଣୁ ହେଉ ବା ଅଜାଣରେ ହେଉ ଖାଲ ଢିପ ଖସଡ଼ା ବାଟରେ ଚାଲିବାରୁ ଗୋଡ଼ ଖସି ହୃଦୟରେ ବଡ଼ ବ୍ୟଥା ହୋଇଅଛି, ସେ ବ୍ୟଥାକୁ ଦୂର କର ଓ ଶତ୍ରୁମାନଙ୍କର ଆନନ୍ଦ ବଢ଼ା ନା।

ଜ୍ଞାନରେ ବା ଅଜ୍ଞାନରେ ଯେଉଁ ଅପରାଧ କରିଅଛି, ପୁନଃପୁନଃ ସ୍ମରଣ କରାଇବାରୁ ତାହା ବାଣ ପରି ମୋ ଶରୀରରେ ପ୍ରବେଶ କରି ତାହାକୁ ଶୀର୍ଣ୍ଣ କରିଦେଲାଣି, ତା ଉପରେ ପୁଣି କନ୍ଦର୍ପ ତୀକ୍ଷ୍ଣ ଶର ମାରି ମୋର ସବୁ ଶକ୍ତିକୁ ଅପହରଣ କରି ସାରିଅଛି। ଏପରି ଅବସ୍ଥାରେ ତୁ ଆଉ କାହିଁକି ମୋତେ ଏପରି କଦର୍ଥନା କରୁଛୁ? ରାଧାଙ୍କର ଧୈର୍ଯ୍ୟ ପ୍ରାୟଶଃ ନଷ୍ଟ ହୋଇ ଯାଇଥିଲା। ସେ ଏହିପରି କହି ନିବୃତ୍ତ ହୁଅନ୍ତେ ଦୂତୀ ହୃଦୟରେ ଅଭିପ୍ରାୟ ରଖି ତାଙ୍କୁ କହୁଅଛନ୍ତି - "ଘେନାଇ ଆମ୍ଭେ ଯେତେ" ଇତ୍ୟାଦି।

❑❑❑

ଘ

(ରାଗ-କାମୋଦୀ)

ଘେନାଇ ଆମ୍ଭେ ଯେତେ କହିଲୁ ରେ, ଘେନିଲୁ ନାହିଁ ବାଳା ପହିଲୁ ରେ,
ଘୃତଘଟକୁ ଶିଖି-ଶିଖା ପାଖରେ ରଖି ଶିରୀଷଦେହା ଏହା ସହିଲୁ ରେ । ପଦ ।
ଘସ୍ରନାଥନନ୍ଦନା ଅନାଉଣିକି ମନା କରୁଁ ଯେ ଥାଉଁ ହଟି ଚାହିଁଲୁ ରେ,
ଘଟୀସରିକି କରେ ନାହିଁ କି ବିବେକରେ ମହାର୍ଣ୍ଣବରେ ଅବଗାହିଲୁ ରେ ।୧।
ଘୋଟି କିତବମୂଳ ଘୋରି ଘୋର ଜାଙ୍ଗଳ ଗରଳତୁଲେ ତାହା ପିଇଲୁ ରେ,
ଘୁମାଇବାର ସମ୍ଭାବିଲା ନାହିଁ କି ଆମ୍ଭ ସୁଯୋଗୁଁ ସିନା ବଞ୍ଚିଅଇଲୁ ରେ ।୨।
ଘେନି ଘେନାଇ ଯାଇ କହିବା ସମଜାଇ ଘଟିଲେ ଆମ୍ଭେ ଏକା ଜିଇଲୁ ରେ,
ଘଟନା ବିରହରେ ଅବଶ୍ୟ ତ କହରେ ତୋ ଘେନି ଆତ୍ମଘାତି ହୋଇଲୁ ରେ ।୩।
ଘୋଳାରେ ପଛେ ମରୁ ଆଜୁ ମୋ ହୁକୁମରୁ ନିକୁଞ୍ଜ ଦଉଡ଼କୁ ରହିଲୁ ରେ,
ଘାଣ୍ଟି ହେଉଛୁ ମାତ୍ର ଅନୀଳଶତପତ୍ରନେତ୍ରା ଯା ଆମ୍ଭ ବଶ ନୋହିଲୁ ରେ ।୪।
ଘନେ ଚପଳାଲୀଳା ଚାହିଁ ଘନକୁନ୍ତଳା ତୁ କି ଏ ଅଭିଳାଷ ବହିଲୁ ରେ,
ଘାରି ଦେଲ କି ରସେ ଅଷ୍ଟଦୁର୍ଗେଶ ଭାଷେ ଅବଶ୍ୟ ମୋହନକୁ ମୋହିଲୁରେ ।୫।

(ଘ) ବନ୍ୟାମାର୍ତ୍ତଣ୍ଡକନ୍ୟାତଟନିକଟଭୁବଃ ! ପ୍ରେକ୍ଷଣଂ ନେତି ପଥ୍ୟଂ
ଭୂୟୋଽସ୍ମାଭିଃ ପ୍ରଯୁକ୍ତା ଶ୍ରବସି ନ ଲଗିତା ତୁଚ୍ଛକୁସ୍ତାଚିକିସ୍ତା ।
ବୈଦ୍ୟେ ସଦ୍ୟଃ ସମୁଦ୍ୟଦଦ୍‌ଗଦହୃତି ଚତୁରେ ଯଦ୍ୟପେକ୍ଷାନବଦ୍ୟେ,
ଯାମଃ କାମସ୍ୟ ପୁର୍ତ୍ତୌ ଗତିରିହ ଜଗତଃ କେବଳଂ ତେଽବଲମ୍ବଃ ॥

ଗଦ୍ୟ : ସ୍ୱାମିନ୍ୟନୁଜ୍ଞାନୁଲ୍ଲଙ୍ଘନଜଘାଳତୈବ ମାଦୃକ୍‌ପ୍ରିୟଜନ-ପ୍ରଣୀତପ୍ରଯତ୍ନାନାମନୁପଧିକାପରିଣତିଃ ପରମେଶ୍ୱରାଧୀନଂ ତର୍କୟୋଦର୍କମିତ୍ୟକ୍ତ୍ୱ । ଶ୍ରୀକୃଷ୍ଣାନ୍ତିକଂ ପ୍ରବିଶ୍ୟ ବିଜ୍ଞାପୟାମାସ ଲଳିତା ।

(ଘ) ଘେନାଇ-ବୁଝାଇ; ଘେନିଲୁ ନାହିଁ-ଗ୍ରହଣ କଲୁ ନାହିଁ; ପହିଲୁ-ପ୍ରଥମରୁ; ଘୃତଘଟ-ଘିଅମାଠିଆ; ଶିଖିଶିଖା-ଅଗ୍ନିଶିଖା; ଶିରୀଷଦେହା-ଶିରୀଷ ଫୁଲ ପରି ଦେହ ଯାହାର, କୋମଳାଙ୍ଗୀ; ଘସ୍ରନାଥନନ୍ଦନା-ଘସ୍ରନାଥ ଅର୍ଥାତ ଦିନନାଥଙ୍କର (ସୂର୍ଯ୍ୟଙ୍କର) ଝିଅ ଯମୁନା; ଅନାଉଣି-ଅନାଇବା, ଚାହିଁବା; ହଟି-ହଟକରି, ଜିଦିଧରି; ଘଟୀସରିକି-ମାଠିଆଟିଏ ମଧ୍ୟ; ବିବେକ-ବିଚାର ବୁଦ୍ଧି; ମହାର୍ଣ୍ଣବ-ମହାସମୁଦ୍ର; କିତବ-ଧୁତୁରା; ଘୋର-ଭୟଙ୍କର; ଜାଙ୍ଗଳ-ଏକ ପ୍ରକାର ତୀବ୍ର ବିଷଯୁକ୍ତ ଜଙ୍ଗଲି ଗଛ (ଲାଙ୍ଗଳିଆ); ଗରଳ ତୁଲେ-ବିଷ ସାଙ୍ଗରେ; ଘୋଳା-ଗୋଡ଼ବିନ୍ଧା; ନିକୁଞ୍ଜ-

କୁଞ୍ଜବନ; ଘାଣ୍ଟି ହେଉଛୁଁ-କଷ୍ଟ ପାଉଅଛୁଁ ଆନୀଳଶତପତ୍ରନେତ୍ରା (ଆନୀଳ, ସମ୍ପୂର୍ଣ୍ଣରୂପେ ନୀଳ), ଶତପତ୍ର-ପଦ୍ମ ଅର୍ଥାତ୍ ନୀଳପଦ୍ମ ପରି ନେତ୍ର ଯାହାର) - ହେ ନୀଳେନ୍ଦୀବରନେତ୍ରା; ଚପଳାଲୀଳା-ବିଜୁଳି ଖେଳିବା; ଘାରିଦେଲୁ-ଅଭିଭୂତ କରିଦେଲୁ; ଘନକୁନ୍ତଳା-ଘନ ଅର୍ଥାତ୍ ମେଘ ପରି ଗାଢ଼ କୃଷ୍ଣବର୍ଣ୍ଣ କେଶ ଯାହାର।

ହେ ସଖି ! ଆମ୍ଭେ ତୋତେ ଯେତେ ବୁଝାଇ କହିଲୁ ତୁ ତାହା ଆଦୌ ମାନିଲୁ ନାହିଁ, ଘିଅମାଠିଆଟାକୁ ନିଆଁଧାସ ପାଖରେ ରଖିଦେଲୁ। ଅର୍ଥାତ୍ ତୁ ଅତି କୋମଳାଙ୍ଗୀ, ତୋ ଦେହ ଘିଅ ମାଠିଆ ପରି, ଶ୍ରୀକୃଷ୍ଣଙ୍କ ପ୍ରତି ଆସକ୍ତ ହେବା ନିଆଁ ଧାସପରି, ଘିଅମାଠିଆକୁ ନିଆଁ ଧାସ ପାଖରେ ରଖିଲେ ତାହା ଯେପରି ନିଶ୍ଚେ ତରଳି ଯାଏ ତୁ ସେହିପରି ଶ୍ରୀକୃଷ୍ଣଙ୍କ ପ୍ରତି ଆସକ୍ତ ହେଲେ ତାଙ୍କ ଚିନ୍ତାରେ ନିଶ୍ଚେ ବ୍ୟାକୁଳ ହେବୁ। ପଦ। ଯମୁନା ଆଡ଼କୁ ଚାହିଁବାକୁ ତୋତେ ମନା କରିଥିଲୁଁ, ଅଥଚ ତୁ ଆମ କଥା ନ ମାନି ସେ ଆଡ଼କୁ ଜିଦିରେ ହଟକରି ଚାହିଁଲୁ। ଲୋକେ ଜାହାଜ ବା ସେହିପରି ଅନ୍ୟ କୌଣସି ପଦାର୍ଥ ଆଶ୍ରୟ କରି ସମୁଦ୍ର ପାରି ହୁଅନ୍ତି, ମାତ୍ର ତୋ ହାତରେ ମାଠିଆଟିଏ ବି ନାହିଁ, ତୁ କି ବିଚାରରେ ମହାସାଗରରେ ବୁଡ଼ିବାକୁ ଗଲୁ ଅର୍ଥାତ୍ ତୋର ଟିକିଏ ସୁଦ୍ଧା ଧୈର୍ଯ୍ୟ ନାହିଁ, ଏପରି ଅବସ୍ଥାରେ ତୁ ଶ୍ରୀକୃଷ୍ଣଙ୍କ ପ୍ରତି ଅନୁରାଗିଣୀ ହେଲୁ ।୧। ଧୂତୁରା ମୂଳକୁ ଘୋଟି, ଲହଲାଙ୍ଗଳିଆକୁ ଘୋରି ବିଷ ସାଙ୍ଗରେ ମିଶାଇ ପିଇଲୁ। ଏଭଳି ବିଷ ପିଇଲେ ଲୋକ ନିଶ୍ଚେ ମରିଯାଏ, ମାତ୍ର ତୁ ଟିକିଏ ସୁଦ୍ଧା ଘୁମାଇଲୁ ନାହିଁ। ଆମ୍ଭମାନଙ୍କ ସାହାଯ୍ୟରୁ ବଞ୍ଚି ଅଇଲୁ ସିନା ? ଶ୍ରୀକୃଷ୍ଣଙ୍କ ଆଡ଼କୁ ଚାହିଁବା ଦ୍ୱାରା ତୁ ଯେଉଁ ଭୟଙ୍କର ଅନ୍ୟାୟ କରିଥିଲୁ, ସେଥିରେ ନିଶ୍ଚେ ତୋର ଘୋର କ୍ଷତି ହୋଇଥାଆନ୍ତା, ମାତ୍ର ଆମ୍ଭେମାନେ ପାଖରେ ଥିବାରୁ ତୋର କିଛି ଅନିଷ୍ଟ ହେଲା ନାହିଁ। ଆମ୍ଭେମାନେ ଯାଇ ଘେନାଘେନି କରି ଶ୍ରୀକୃଷ୍ଣଙ୍କୁ କହିବୁ, ଯେବେ ତୋର ତାଙ୍କର ମିଳନ ଘଟିବ, ତେବେ ଆମ୍ଭେମାନେ ବଞ୍ଚିବୁ, ଯେବେ ନ ଘଟିବ ତେବେ ଅବଶ୍ୟ ତୋ ପାଇଁ ବିଷଖାଇ ଆତ୍ମହତ୍ୟା କରିବୁଁ ।୩। ଯାହାହେଉ, ଦଉଡ଼ି ଦଉଡ଼ି ଗୋଡ଼ବିନ୍ଧାରେ ପଛେ ମରିବୁଁ, ତୋ ଆଦେଶ ଅନୁସାରେ ଆଜିଠାରୁ ନିକୁଞ୍ଜକୁ ଦଉଡ଼ିବୁଁ, ମାତ୍ର ହେ ଇନ୍ଦୀବରନେତ୍ରା ! ତୁ ଆମ୍ଭ କଥାରେ ନ ରହିବାରୁ ଆମ୍ଭେମାନେ କେବଳ ଘାଣ୍ଟି ହେଉଅଛୁଁ ।୪। ହେ କୃଷ୍ଣକେଶା, ମେଘରେ ବିଜୁଳି ଖେଳିବା ଦେଖି ତୁ କ'ଣ ଏ ଇଚ୍ଛା ହୃଦରେ ପୋଷିଲୁ କି ? (ନେଳିଆ ମେଘରେ ହଳଦିଆ ରଙ୍ଗ ବିଜୁଳି ଖେଳିବା ଅତି ସୁନ୍ଦର, ଶ୍ରୀକୃଷ୍ଣଙ୍କ ବର୍ଣ୍ଣ ଗାଢ଼ ନୀଳବର୍ଣ୍ଣ ମେଘ ପରି, ତୋ ଦେହକାନ୍ତି ବିଜୁଳି ତେଜପରି। ମେଘ କୋଳରେ ବିଜୁଳି ଯେପରି ସୁନ୍ଦର ଦେଖାଯାଏ, ଶ୍ରୀକୃଷ୍ଣଙ୍କ କୋଳରେ ବସିଲେ ତୁ ସେହିପରି ସୁନ୍ଦର ଦିଶିବୁ ଏହି ଇଚ୍ଛା ତୋ ମନରେ ଜାତ ହୋଇଅଛ କି ?) ଆଠଗଡ଼ର ରାଜା କହୁଅଛନ୍ତି, ବୋଧହୁଏ ତୁ ଶ୍ରୀକୃଷ୍ଣଙ୍କୁ କି ବିଚିତ୍ର ରସରେ ଘାରି ଦେଇଅଛୁ, ତେଣୁ ମନେ ହୁଏ, ସେ ନିଶ୍ଚେ ତୋ ପ୍ରେମରେ ଅନୁରକ୍ତ ହେବେ ।୫।

ଗଦ୍ୟାନୁବାଦ : ଯମୁନାକୂଳବର୍ତ୍ତୀ ବନକୁ ଚାହିଁବା ତୁମ୍ଭ ପକ୍ଷରେ ହିତକର ନୁହେଁ, ଏହା ଆମ୍ଭେମାନେ ତୁମ୍ଭଙ୍କୁ ପୁନଃ ପୁନଃ କହିଲେହେଁ ତୁମ୍ଭେ ସେହି ହିତୋପଦେଶକୁ କାନରେ

ଶୁଣିଲ ନାହିଁ। ଯେଉଁ ବୈଦ୍ୟ ରୋଗର ଆଶୁ ପ୍ରତିକାର ବିଧାନ କରି ପାରନ୍ତି, ସେଭଳି ବୈଦ୍ୟଠାରେ ତୁମ୍ଭର ଯେବେ ଅପେକ୍ଷା ଥାଏ, ତେବେ ଆମ୍ଭେମାନେ ବର୍ତ୍ତମାନ ତୁମ୍ଭ କାମନା ପୂରଣ କରିବାପାଇଁ ଯାଉଅଛୁଁ। ଜଗତ୍‌କର୍ତ୍ତା ପରମେଶ୍ୱରହିଁ ଏ ବିଷୟରେ ଏକା ତୁମ୍ଭର ପ୍ରଧାନ ଅବଲମ୍ବନ।

ହେ କର୍ତ୍ତ୍ରି ! ମୁଁ ତୁମ୍ଭର ପ୍ରିୟଜନ, ଏପରି ଅବସ୍ଥାରେ ତୁମ୍ଭର ଆଦେଶ ପାଳନ କରି ଶ୍ରୀକୃଷ୍ଣଙ୍କ ନିକଟକୁ ପୁନଃ ପୁନଃ ଯିବା ଆସିବା କରିବାହିଁ ମୁଁ ମୋ କର୍ତ୍ତବ୍ୟର ନିଷ୍କପଟ ପରିଣାମ ବୋଲି ମନେ କରୁଅଛି। କିନ୍ତୁ ଏହାର ଉତ୍ତରଫଳ ଈଶ୍ୱରାଧୀନ; ଲଳିତା ଏହା କହି ଶ୍ରୀକୃଷ୍ଣଙ୍କ ନିକଟକୁ ଗମନ କଲେ ଏବଂ ତାଙ୍କୁ କହିବାକୁ ଆରମ୍ଭ କଲେ, "ନୂଆନଟପଟଳୀମୁକୁଟ" ଇତ୍ୟାଦି।

❑❑❑

୨୦

(ରାଗ-ସିନ୍ଧୁକାମୋଦା ବା କୁମ୍ଭକାମୋଦୀ)

ନୂଆନଟପଟଳୀମୁକୁଟ ହେ ନାହିଁ କି ଶ୍ରୀଅଙ୍ଗ ସୁଖ,
ନିପଟ ନିସ୍ତେଜ ଦିଶୁଛି ତ ଆଜ ନିରଳସ ଚନ୍ଦ୍ରମୁଖ ।ପଦ।
ନୀଳୋତ୍ପଳ ବାସି ହେଲା ପରି ଦିଶି ଯାଉଛି ଦୂରୁ ଶ୍ରୀଅଙ୍ଗ,
ନାସା ନୀଳ ତିଳଫୁଲରୁ ଅନିଳ ପ୍ରସରୁଛି ବେଗ ବେଗ ।୧।
ନୀପଉପବନ ନିକଟ ପବନସ୍ମରଶରୁ ଯେବେ ଡର,
ନଦୀକୂଳସ୍ଥଳ ଏ ବଡ଼ ଶୀତଳ ନୁହନ୍ତାଟିକି ବିହାର ।୨।
ନିଦ ନାହିଁ କି ନୟନେ ନିଶି ଦିନ ଆହା ମରଇ ମୋ ଧନ,
ନବନୀତ ତହୁଁ ମୃଦୁ ଦେହେ କାହୁଁ ସମ୍ଭବିଲା ଏ କଦନ ।୩।
ନବ ହେମଦ୍ୟୁତି ଅମରୀଏ ନିତି ନିଅନ୍ତି ଫୁଲ ଏ ବନୁ,
ନେତ୍ରପଥେ ପଡ଼ିଗଲେ କି ସେ ଛାଡ଼ି ଯାଉ ନାହିଁ ଜ୍ୱର ମନୁ।୪।
ନ ବିହର ଗୋପସର୍ବସ୍ୱଙ୍ଖାଳି ଏ ପାପଗହନରେ କିଛି ଦିନ,
ନରେଶମଣ୍ଡନ ଶ୍ରୀହରିଚନ୍ଦନ ଜଗଦ୍ଦେବ ସ୍ତବ ଘେନ ।୫।

(ଙ) ହା ହା ହନ୍ତ ହତାସ୍ମି କେନ ବିଳସନ୍ନୀଳାଶ୍ମତେଜୋଘଟା
ଧୂର୍ଯ୍ୟଂ ପର୍ଯ୍ୟୁଷିତୋତ୍ପଳାବଳିରୁଚା ମାସୀନ୍ନିଧିସ୍ତେ ବପୁଃ।
ନାକ୍ର କ୍ରୀଡ଼ୟ ପଞ୍ଚଶାଣ୍ୟପି ଦିନାନ୍ୟମ୍ଭୋରୁହାକ୍ଷର୍ଭକାନ୍,
ବାର୍ତ୍ତଂ ନେଦମଖଣ୍ଡଶୈତ୍ୟବିଭବଂ ମାର୍ତ୍ତଣ୍ଡପୁତ୍ର୍ୟାସ୍ୟଟଂ ॥

ଚନ୍ଦ୍ରକାପୀଡ଼ସୁନ୍ଦରେନ୍ଦ୍ର କିଶୋରଚକ୍ରଚୂଡ଼ାମଣେ ତାଦୃଙ୍ ନିରଳସ କେଳିକଳାକଳାପଲାଳନଲଳିତାୟ ବପୁଷେ ଭବତୋ ଭବତି ନ କିଂ ହିତମଶ୍ରାନ୍ତଂ ବାହିନୀତଟପର୍ଯ୍ୟଟନଂ।

(ଙ) ନୂଆନଟପଟଳୀମୁକୁଟ-ନୂତନ ନର୍ତ୍ତକମାନଙ୍କ ବା ଦୁଷ୍ଟ ଟୋକାଙ୍କ ମଧ୍ୟରେ ଶ୍ରେଷ୍ଠ; ନିପଟ-ଅତ୍ୟନ୍ତ; ନିରଳସ-ଆଳସ୍ୟହୀନ ଅର୍ଥାତ୍ ମନୋହର; ନୀଳୋତ୍ପଳ-ନୀଳକଇଁ; ବାସି-ମଉଳି ପଡ଼ିଥିବା (ସଜର ବିପରୀତ); ନୀଳ ତିଳ ଫୁଲ-ନେଳିଆ ରାଶିଫୁଲ; ଅନିଳ-ପବନ, ନିଶ୍ୱାସ; ବେଗ ବେଗ-ଅତି ଚଞ୍ଚଳ; ନୀପ ଉପବନ-କଦମ୍ବ ବଗିଚା; ନବନୀତ-ଲହୁଣୀ; ତହୁଁ-ଠାରୁ; କଦନ-କଷ୍ଟ, ଯନ୍ତ୍ରଣା; ନବହେମଦ୍ୟୁତି-ଯେଉଁମାନଙ୍କ ଦେହଶୋଭା ନୂତନ ସୁନା ପରି ଉଜ୍ଜ୍ୱଳ; ଅମରୀଏ-ଅପ୍‌ସରାମାନେ; ଜ୍ୱର-ସନ୍ତାପ; ଗୋପସର୍ବସ୍ୱଙ୍ଖାଳି-ଗୋପନଗରର ସର୍ବସ୍ୱ; ଗହନରେ-ବନରେ; ନରେଶମଣ୍ଡନ-ନୃପତିଶ୍ରେଷ୍ଠ।

ହେ ନବନାଗରଶ୍ରେଷ୍ଠ, ତୁମ୍ଭର ଶ୍ରୀଅଙ୍ଗ ଭଲ ନାହିଁ କି ? ତୁମ୍ଭର ମନୋହର ଚନ୍ଦ୍ରମା ବଦନ ତ କାହିଁକି ଆଜି ଏକାବେଳକେ ମଳିନ ଦିଶୁଅଛି ? ପଦ। ନୀଳକଇଁ ମଉଳି ପଡ଼ିଲେ ଯେପରି ଦେଖାଯାଏ, ଦୂରରୁ ତୁମ୍ଭ ଶ୍ରୀଅଙ୍ଗ ତ କାହିଁକି ସେହିପରି ଦିଶୁଛି। ନୀଳବର୍ଣ୍ଣ ତିଳଫୁଲ ପରି ଦିଶୁଥିବା ତୁମ୍ଭ ନାସିକାରୁ ତ କାହିଁକି ଆଜି ଅତି ବେଗରେ ନିଃଶ୍ୱାସ ବାହାରୁଛି ।୧। କଦମ୍ବବଣପାଖ ପବନ ଦେହରେ ଲାଗିବାରୁ ଯେବେ ତୁମ୍ଭର ଶରୀର ଅସୁସ୍ଥ ହୋଇଥାଏ, ତେବେ ଏହି ଶୀତଳ ନଈକୂଳ ମଧ୍ୟ ତୁମ୍ଭର ବୁଲିବାର ଉପଯୁକ୍ତ ସ୍ଥାନ ନୁହେଁ, (ଟିକି ନିଶ୍ଚୟାର୍ଥକ ଅବ୍ୟୟ, ପ୍ରଶ୍ନାତ୍ମକ ନୁହେ) ।୨। ଆହା ମୋ ଧନ ! ମରିଯାଏଁ ! ଦିନରାତି ସବୁବେଳେ କ'ଣ ଏ ଆଖିକି ନିଦ ମାଡୁ ନାହିଁ ? ଆହା ! ତୁମ୍ଭର ଏ ଶରୀର ଲହୁଣୀଠାରୁ ଆହୁରି କୋମଳ, ଏ ଶରୀରରେ ପୁଣି ଏତେ କଷ୍ଟ ସମ୍ଭବପର ହେଲା ! ଯେଉଁମାନଙ୍କ ଦେହର ବର୍ଣ୍ଣ ନୂଆ ସୁନା ପରି ମନୋହର, ସେହି ଅପ୍‌ସରାମାନେ ପ୍ରତିଦିନ ଏ ବନରୁ ଫୁଲ ତୋଳିବାକୁ ଆସନ୍ତି, ତୁମ୍ଭ ଆଖିରେ ପଡ଼ି ସେମାନେ କଅଣ ଛାଡ଼ି ଚାଲିଗଲେ କି ? ସେ ଦିନରୁ କ'ଣ ତୁମ୍ଭ ମନରୁ ସନ୍ତାପ ଦୂର ହେଉ ନାହିଁ ? ଅର୍ଥାତ୍ ତପ୍ତକାଞ୍ଚନବର୍ଣ୍ଣାଭା ଅପ୍‌ସରାମାନଙ୍କୁ ଆଖିରେ ଦେଖିବା ଦିନୁ କଅଣ ତୁମ୍ଭେ ଏପରି ଆଧିଗ୍ରସ୍ତ ହୋଇ ପଡ଼ିଅଛ ? ଅତଏବ ହେ ଗୋପନଗରବାସୀଙ୍କ ଜୀବନସର୍ବସ୍ୱ, ଏ ପାବନରେ ଆଉ ବୁଲ ନାହିଁ, ନୃପତି ଶ୍ରେଷ୍ଠ ଜଗଦ୍ଦେବ ହରିଚନ୍ଦନଙ୍କ ପ୍ରାର୍ଥନା ଗ୍ରହଣ କର ।୫।

ଗଦ୍ୟାନୁବାଦ : ଆହା, ତୁମ୍ଭର ଯେଉଁ ଶରୀର ଇନ୍ଦ୍ରନୀଳମଣିର ତେଜ ଧାରଣ କରି ମନୋହରଣ କରୁଥିଲା, ଆଜି ତାହା କାହିଁକି ବାସି ନୀଳକଇଁ ପରି ଏଭଳି ମଳିନ ଦିଶୁଛି, ଏହା ଦେଖି ମୋ ମନରେ ବଡ଼ କଷ୍ଟ ହେଉଅଛି; ହେ ପଦ୍ମଲୋଚନ, ଏଠାରେ ପାଞ୍ଚ ଛଅ ଦିନ ଆଉ ଗୋପ ବାଳକମାନଙ୍କୁ ଖେଳାଅ ନାହିଁ, କାରଣ ଏ ଯମୁନା ନଈକୂଳରେ ଭାରି ଶୀତ, ଏହା ତୁମ୍ଭ ସ୍ୱାସ୍ଥ୍ୟପକ୍ଷରେ ଅନୁକୂଳ ନୁହେଁ।

ହେ ଚନ୍ଦ୍ରକଚୂଳ, ହେ ସୁନ୍ଦର ଯୁବକ ଶ୍ରେଷ୍ଠ। ତୁମ୍ଭ ଶରୀର ମନୋହର ବିଳାସରେ ସର୍ବଦା ଅତୀବ ସୁକୁମାର, ଯମୁନାକୂଳରେ ନିରନ୍ତର ଭ୍ରମଣ କରିବାଟା ତୁମ୍ଭର ସେହି ସୁକୁମାର ଶରୀର ପକ୍ଷରେ ହିତକର ହେଉ ନାହିଁ ପରା ! ଲଳିତାଙ୍କଠାରୁ ଏହି କଥା ଶୁଣି ଶ୍ରୀକୃଷ୍ଣ ତାଙ୍କୁ କହୁଛନ୍ତି :-

"ଚାହିଁ ଚାହିଁ ତୋ ସରଣୀ" ଇତ୍ୟାଦି।

❏❏❏

ଚ

(ରାଗ-ପଞ୍ଚମ ବରାଡ଼ି)

ଚାହିଁ ଚାହିଁ ତୋ ସରଣୀ କକୁଭକୁ ରେ ତରୁଣି ଚିତ୍ରାର୍ପିତ ପରି ଥିଲି ବସି । ଚିତ୍ର ମଣିଲି ମୁଁ ତତେ, ଚାହିଁ ଯା ଅତରକିତେ ଚାରିଚକ୍ଷୁ ମିଶାଇଲୁ ଆସି ରେ, ଚଳାପାଙ୍ଗି, ଚନ୍ଦ୍ରରୁ ଚିପୁଡ଼ି ସୁଧା ଝରି, ଚିରିତୃଷିତର ମୁଖେ ଭରି, ଚାତୁର୍ଯ୍ୟ କୃପାଳୁ ଗୁଣ-ନିଧି ରଖିଲୁ କି ପ୍ରାଣ ଘେନିଲି ମୁଁ ଏତେ ସରି କରି ରେ ।୧।

ଚେତା ଥିଲା ପରି କିଛି ପ୍ରତୀତ ତ ହେଉଅଛି, ଚିକ୍‌କଣ ତ ଦିଶୁଛି ମୋ ଦେହ । ଚିହ୍ନି କି ଲାଞ୍ଛନ ସତେ ଚାମରଚିକୁରା ମୋତେ ଚହକାଇ ପଚାରିଲୁ କହ ରେ, ଚଳାପାଙ୍ଗି, ଚୁମ୍ବି ରବିନନ୍ଦନାର ନୀର, ଚନ୍ଦ୍ରିକାଚୟ ତୁଷାର ସାର; ଗୁରୁ ମାରୁତରୁ ତରୁ-ତଳ ଶୀତଳ ହେତୁରୁ, ଚିନାଏ ତ ଖେଦ ନାହିଁ ମୋର ରେ ।୨।

ଚାରି ହରିତରେ ଘେରି ଚରାଉଥାନ୍ତି ବାଛୁରୀ ଚୂଳମୁକୁଟିଆ ସଖାମାନେ । ଚିରାମରା ଶୃଙ୍ଗ ବେଣୁ, ବାଦ୍ୟନାଦ ଶୁଣୁ ଶୁଣୁ, ଶେଷ ହୁଏ ଦିନ ଦିନେ ଦିନେ ରେ, ଚଳାପାଙ୍ଗି, ଚୁମ୍ବି ବାରୁଣିକି ଦିନଦ୍ୟୁତି, ଚପଳେ ଅମ୍ବର ବରଜନ୍ତି; ଚରମ ଭାଗ ମୋ ଭାରି, ଲାଗି ନାହିଁ ଭ୍ରମେ ଡରି ଚମକି ତ ନାହିଁ ମୋର ଛାତି ରେ ।୩।

ଚାମୀକରଚାରୁ ଶିରୀ-ମତୀ ସେ କେଉଁ ଅମରୀ, ଚାଖି ନାହିଁ ଦିନେ ମୋ ନୟନ । ଚମତ୍କାର କଥା ଦେଖି ପେଟରେ କପଟ ରଖି, ତୋତୋ ନିକି ନ କହନ୍ତି ଘେନ ରେ, ଚଳାପାଙ୍ଗି, ଚରାଚର ଚାଲି ଭୟମୟ, ଚକଟି ଦେଲୁ ମୋ ହୃଦାଶୟ, ଚରଣ ଯୁଗକୁ ତୋର, ବନ୍ଦେ ଅଷ୍ଟଦୁର୍ଗେଶ୍ୱର, ଚୋରି ନାହିଁ ଥିଲେହେଁ ବଞ୍ଚାଅ ରେ ।୪।

(ଚ) କଲ୍ୟାଣଂ ବଲ୍ଲବାନାଂ ବିଗଳିତବୟସାଂ କିଂ ସ୍ୱଦାରୈରୁଦାରୈଃ
କଚ୍ଚିଦ୍‌ବାଳାବଳୀନାଂ ଶ୍ରିୟମନୁଭବସି ପ୍ରତ୍ୟହଂ ସତ୍ୟସନ୍ଧେ ।
ଦୀନଶ୍ଚିନ୍ତାମଣୀନାଂ ତତିମିବ ନିତରାଂ ତ୍ୱାଂ ପ୍ରପଦ୍ୟାସ୍ମି ତୁଷ୍ଟ -
ଶ୍ଚିତ୍ରଂ ସନ୍ଧ୍ୟାତମାତ୍ରା ବିଧୁମୁଖି ମମ ଯତ୍ ଯାସି ନେତ୍ରାତିଥିତ୍ୱଂ ।

କିମଦ୍ୟ ଲଳିତେ ଧରିତ୍ରୀପୁତ୍ରଚରମସଞ୍ଚାରଚିରାବଗ୍ରହଗ୍ରହିଳ ରବିଗ୍ରହକରନିକର-ବ୍ୟତିକରତପ୍ତାଙ୍କୁରକେଦାରଂ ପ୍ରତି ଦୃଷ୍ଟ୍ୟେବ ଦିଷ୍ଟ୍ୟାତ୍ର ପ୍ରବିଷ୍ଟଂ ସ୍ମୃତମାତ୍ରୟା ତ୍ୱୟା ।

(ଚ) ସରଣୀ-ମାର୍ଗ, ବାଟ; କକୁଭ-ଦିଗ; ଚିତ୍ରାର୍ପିତ-ଚିତ୍ରରେ ଅଙ୍କିତ ପିତୁଳା ପ୍ରଭୃତି; ଚିତ୍ର-ଆଶ୍ଚର୍ଯ୍ୟ; ଅତର୍କିତେ-ଅଜ୍ଞାତଭାବରେ, ଚଳାପାଙ୍ଗୀ-ଚଞ୍ଚଳନେତ୍ରା; ସୁଧାଝରି-ଅମୃତର ସୁରେଇ,

(ପାତ୍ରବିଶେଷ); ଲାଞ୍ଛନ-ଚିହ୍ନ; ଚାକରଚିକୁରା-(ଚାମର ପରି ଚିକୁର ଯାହାର) ଦୀର୍ଘ ଘନକେଶଧାରିଣୀ; ଚହକାଇ-ଡରାଇ; ରବିନନ୍ଦନାର ନୀର-ଯମୁନାପାଣି; ଚାରୁ ମାରୁତ-ମନୋହର ପବନ; ଚିନାଏ-ଟିକିଏ; ହରିତ-ଦିଗ; ଚୂଳମୁକୁଟିଆ-ମୟୂର ଚୂଳମୁକୁଟଧାରୀ; ଚିରାମରା-ଡିଆଡେଇଁ; ବାରୁଣୀ-ପଶ୍ଚିମଦିଗ; ଦିନଦ୍ୟୁତି-ସୂର୍ଯ୍ୟ; ଚପଳେ-ଅତି ଚଞ୍ଚଳ; ଅମ୍ବର-ଆକାଶ; ବର୍ଜନ୍ତି-ତ୍ୟାଗ କରନ୍ତି; ଚରମ ଭାଗ-ପୃଷ୍ଠଭାଗ; ନିକି-କଅଣ (ପ୍ରଶ୍ନସୂଚକ ଅବ୍ୟୟ); ଚରାଚର ଚାଲି-ଚତୁର୍ଦ୍ଦିଗର ରୀତି, ସଂସାରରୀତି; ହୃଦାଶୟ-ଅନ୍ତଃକରଣ; ଚୋରି ନାହିଁ - ଚୋରାଇ ନାହିଁ।

ଅୟି ଲଳିତେ, ତୋ ଆସିବା ବାଟକୁ ମୁଁ ଚିତ୍ରପ୍ରତିମା ପରି ସ୍ଥିରଭାବରେ ଚାହିଁ ବସିଥିଲି; ତୁ ଯାହା ଅତର୍କିତଭାବରେ ଆସି ଚାରିଚକ୍ଷୁ ମିଶାଇ ଦେଲୁ ଅର୍ଥାତ୍ ଦେଖା ଦେଲୁ, ଏଥିରେ ମୁଁ ଆଶ୍ଚର୍ଯ୍ୟ ହୋଇଗଲି; ହେ ଚଳାପାଙ୍ଗି ! ହେ ଚାତୁର୍ଯ୍ୟକୃପାଳୁ ଗୁଣନିଧି (ଚତୁରତା ଓ ଦୟାଳୁ ଗୁଣ ଅର୍ଥାତ୍ କୃପାଳୁତା ଏହାର ନିଧି ଅର୍ଥାତ୍ ସ୍ଥାନ) ଚନ୍ଦ୍ରରୁ ଅମୃତକୁ ଚିପୁଡ଼ି ସେହି ଝରିକୁ (ପାତ୍ରକୁ) ଚିରତୃଷାର୍ତ୍ତ ମୁହଁରେ ଢାଳି ଦେଇ ପ୍ରାଣ ରକ୍ଷା କଲୁ, ମୋତେ ଏହିପରି ଲାଗୁଛି। ଅର୍ଥାତ୍ ମୁଁ ତୋତେ ଦେଖିବା ପାଇଁ ବଡ଼ ବ୍ୟାକୁଳ ହେଉଥିଲି, ତୁ ହଠାତ୍ ଆସି ଏଠାରେ ଉପସ୍ଥିତ ହୋଇ ମୋର ବ୍ୟାକୁଳତା ଦୂର କଲୁ।୧। ('ଙ' ଗୀତରେ ଶ୍ରୀକୃଷ୍ଣଙ୍କ ଶରୀର ଅସୁସ୍ଥ ଥିବା ବିଷୟରେ ଲଳିତା ଯେଉଁ ସବୁ ପ୍ରଶ୍ନ କରିଥିଲେ, ବର୍ତ୍ତମାନ ଶ୍ରୀକୃଷ୍ଣ ତାହାର ଉତ୍ତର ଦେଉଅଛନ୍ତି)। ହେ ଘନକେଶା, ମୋର ଜ୍ଞାନ ଥିବା ପରି ମୋତେ ତ ଜଣାପଡୁଛି। ମୋ ଦେହ ତ ଚିକ୍‌କଣ ଦିଶୁଛି, ବାସି ନୀଳକଇଁ ପରି ମଳିନ ଦିଶୁ ନାହିଁ ତ ! କି ଚିହ୍ନ ଦେଖି ତୁ ମୋତେ ଡରାଇ ଏସବୁ କଥା ପଚାରିଲୁ କହ। ହେ ଚଳାପାଙ୍ଗି ! ମୁଁ ଯମୁନା ଜଳ ପିଇ, ଚନ୍ଦ୍ରକିରଣ ସମୂହର ତୁଷାରସାର ଅର୍ଥାତ୍ ଶୀତଳତାକୁ ସେବା କରି ଅର୍ଥାତ୍ ଚନ୍ଦ୍ରକିରଣରେ ବୁଲି ମନୋହର ପବନ ହେତୁରୁ ଏ ସ୍ଥାନର ତରୁତଳ ବଡ଼ ଶୀତଳ ହୋଇଥିବାରୁ ଏଠାରେ ରହିଅଛି। ମୋର ତ ଏଠାରେ ଟିକିଏ ଦୁଃଖ ନାହିଁ। ମୟୂରପୁଚ୍ଛମୁକୁଟଧାରୀ ମୋର ବନ୍ଧୁ ଗୋପବାଳକମାନେ ଚାରିଆଡ଼େ ବୁଲି ବାଛୁରୀ ଚରାଉଥାନ୍ତି, ସେମାନଙ୍କର ଡିଆଁଡ଼େଇଁ ଦେଖୁଦେଖୁ ଶିଙ୍ଗା ଓ ବେଣୁ ବାଦ୍ୟାଦିର ଶବ୍ଦ ଶୁଣୁ ଶୁଣୁ ଦିନେ ଦିନେ ଦିନ ଶେଷ ହୋଇଯାଏ, ଏହି ସମୟରେ ସୂର୍ଯ୍ୟ ପଶ୍ଚିମ ଦିଗକୁ ଆଶ୍ରୟ କରି ଚଞ୍ଚଳ ଅସ୍ତ ହୋଇଯାଆନ୍ତି। ସାଧାରଣତଃ ଲୋକେ ଡରିଲେ ତାଙ୍କ ପିଠିପଟ ଭାରି ଲାଗେ, ମାତ୍ର ମୋ ପିଠି ଆଡ଼ ତ ଭାରି ହୋଇ ନାହିଁ, ଅଥବା ଭ୍ରମରେ ମୋର ଛାତି ତ କେଉଁଠାରେ ଡରି ନାହିଁ ଅର୍ଥାତ୍ କେବେହେଲେ ମୋ ହୃଦୟରେ ତ ମୁଁ ଭୟ ଅନୁଭବ କରି ନାହିଁ।୩। ଆଉ ମଧ ସୁନାପରି ସୁନ୍ଦର ଶ୍ରୀଯୁକ୍ତା କୌଣସି ଅପ୍‌ସରାକୁ ତ ମୁଁ ଦିନେ ଦେଖି ନାହିଁ, ସଖି, ଏଭଳି ଗୋଟିଏ ଚମତ୍କାର କଥା ଦେଖି ପେଟରେ କପଟ ରଖି ତୋତେ କଅଣ କହନ୍ତି ନାହିଁ ? ହେ ଚଞ୍ଚଳାକ୍ଷି, ଏହା ସ୍ଥିର ବୋଲି ଗ୍ରହଣ କର। ସଂସାରର ରୀତି ବଡ଼ ଭୟପୂର୍ଣ୍ଣ, ଏପରି ଅବସ୍ଥାରେ ମୋ ଅନ୍ତଃକରଣକୁ ଚକଟି ଦେଲୁ ଅର୍ଥାତ୍ ମୋ ମନରେ ବଡ଼ ଅଶାନ୍ତି ଜାତ

କରିଦେଲୁ। ଆଠଗଡ଼ ରାଜା ତୋ ଚରଣଦ୍ୱୟକୁ ବନ୍ଦୁଅଛନ୍ତି; ମୁଁ କାହାରି କିଛି ଚୋରାଇ ନାହିଁ, ଯେବେ ସେପରି କିଛି ହୋଇଥାଏ, ତେବେ ମୋତେ ବଞ୍ଚାଅ ଅର୍ଥାତ୍ ରକ୍ଷା କର।

ଗଦ୍ୟାନୁବାଦ : ଅୟି ଲଳିତେ। ବୃଦ୍ଧ ଗୋପାଳମାନେ ନିଜ ନିଜ ଉଦାର ସ୍ୱଭାବ ସ୍ତ୍ରୀମାନଙ୍କ ସଙ୍ଗରେ କୁଶଳରେ ଅଛନ୍ତି ତ? ହେ ସତ୍ୟବାଦିନି, ଗୋପ ଯୁବତୀଗଣ ପରମ ସୁଖରେ ଅଛନ୍ତି ତ? ହେ ବିଧୁମୁଖି, ସ୍ମରଣ ମାତ୍ରକେ ତୁମ୍ଭେ ଯାହା ମୋ ପାଖରେ ଉପସ୍ଥିତ ହୋଇଗଲ ଏ ବଡ଼ ବିଚିତ୍ର କଥା। ଦରିଦ୍ର ଲୋକ ଏକାବେଳକେ ଅନେକଗୁଡ଼ିଏ ଚିନ୍ତାମଣି ପାଇଲେ ଯେପରି ଆନନ୍ଦିତ ହୁଏ ତୁମ୍ଭଙ୍କୁ ଏଠାରେ ପାଇ ମୁଁ ସେହିପରି ଆନନ୍ଦିତ ହେଉଅଛି, ଅର୍ଥାତ୍ ତୁମ୍ଭଙ୍କୁ ପାଇବାରୁ ମୁଁ ମନେ କରୁଅଛି, ମୋର ଅଭିଳାଷ ବିଷୟ ପୂର୍ଣ୍ଣ ହେବ।

ଅୟି ଲଳିତେ! ମଙ୍ଗଳଗ୍ରହ ଏକ ରାଶିରୁ ଅନ୍ୟ ରାଶିକୁ ଚଳିବା ବେଳେ ପ୍ରଖର ସୂର୍ଯ୍ୟରଶ୍ମି ଦ୍ୱାରା ଶସ୍ୟକ୍ଷେତ୍ରମାନଙ୍କରେ ମ୍ରିୟମାଣ ହୋଇ ପଡ଼ିଥିବା ଅଙ୍କୁରସମୂହ ପକ୍ଷରେ ପ୍ରବଳ ବୃଷ୍ଟିଧାରା ଯେପରି, ତୁମ୍ଭଙ୍କୁ ସ୍ମରଣ କରୁଥିବାବେଳେ ତୁମ୍ଭେ ସୌଭାଗ୍ୟକ୍ରମେ ଏଠାରେ ଆସି ଉପସ୍ଥିତ ହୋଇଯିବାରୁ ମୁଁ ସେହିପରି ପୂର୍ଣ୍ଣମନୋରଥ ହେଲି ବୋଲି ମନେ କରୁଅଛି।

ଶ୍ରୀକୃଷ୍ଣଙ୍କର ଏହି କଥା ଶୁଣି ଲଳିତା ତାହାଙ୍କୁ ପୁନର୍ବାର କହିଲେ- 'ଛଳବାହିନୀଶ ହେ' ଇତ୍ୟାଦି।

❑❑❑

ଛ

(ରାଗ-ମୁଖାବରୀ)

ଛଳବାହିନୀଶ ହେ, ଛାଡ଼ ଏ ସାହସ ହେ । ପଦ ।
ଛବି ତ ଆବିଳ ଦିଶେ, ଛପିବାରେ ଅଛି କି ସେ ।୧।
ଛଟା କାହା କଟାକ୍ଷର, ଛୁରୀହେଲା କି ବକ୍ଷର ।୨।
ଛେଲରୁ ତ ଚିନ୍ତା ବଳି, ଛାତିରେ ଗଲାଣି ଗଳି ।୩।
ଛୁଟିଯାଇ ବିଚେତନା, ଛଟପଟ ହେବ ସିନା ।୪।
ଛଣା ସୁଧା ପରି ଦିଶେ, ଛୁଇଁଦେଲେ ବିଷଟି ସେ ।୫।
ଛଳି ମନ ତୁମ୍ଭ ଗୁଣେ, ଛ ଦୁଇ ଦୁର୍ଗେଶ ଭଣେ ।୬।

(ଛ) ଅଜ୍ଞାନାଭିନୟଂ ବିହାୟ ରଜୁତାମାଲିଙ୍ଗୟିତ୍ୱ ମନ-
ଶ୍ଚାଞ୍ଚଲ୍ୟାଦ୍‌ବିରମେତ୍ୟୁଦୀରୟ ଭବନ୍ନେତ୍ରାଞ୍ଚଲୋଦଞ୍ଚନଂ ।
ନୋଚେଦାଧିବଶାଦସାରଦଦଶାମେତ୍ୟେଦୃଶଂ ସୁନ୍ଦରଂ,
କାନ୍ତାସଞ୍ଚୟପଞ୍ଚସାୟକ ବନୁସ୍ତେଷାମତାମେଷ୍ୟତି ।

ମୋହନ ନଟପଟଲୋଦ୍‌ଭଟମୁକୁଟମଣେ ନାନ୍ତଃସନ୍ତାପମନ୍ତରେଣ ଫଳମିତି ପ୍ରତୀୟତେ ତବ ତବ କୈତବକୁଶଳତାଲତାୟାଃ ।

(ଛ) ଛଳବାହିନୀଶ-କପଟରୂପ ନଦୀର ଈଶ ଅର୍ଥାତ୍ ହେ କପଟସାଗର; ଛବି-ରୂପ, ଆବିଳ-ମଳିନ; ଛପିବା-ଲୁଚିବା; ଛଟା-ଭଙ୍ଗୀ, କଟାକ୍ଷ-ଆଡ଼ଚାହାଣୀ, ଛେଲ-ଶଲ୍ୟ, ବାଣ; ଗଳିଗଲାଣି-ପଶିଗଲାଣି; ଛୁଟିଯାଇ-ଦୂର ହୋଇ; ବିବେଚନା-ଜ୍ଞାନ; ଛନ୍ଦି-ଆଚ୍ଛନ୍ନ କରି; ଛ ଦୁଇ-ଆଠ ।

ହେ କପଟସାଗର, ଏ ସାହସ ଛାଡ଼, ଅର୍ଥାତ୍ ଏପରି କପଟ କଥା ଦ୍ୱାରା ତୁମ୍ଭର ସାହସିକତା ଦେଖାଅ ନାହିଁ । ପଦ । ତୁମ୍ଭ ରୂପ ତ ମଳିନ ଦିଶୁଅଛି, ଏହା କ'ଣ ଲୁଚିବାର ଅଛି କି ? ଅର୍ଥାତ୍ ଏହା ଲୁଚିବାର କଥା ନୁହେଁ, ସ୍ପଷ୍ଟ ଜଣା ପଡୁଅଛି । କେଉଁ ସ୍ତ୍ରୀର ଚାହାଣୀ ଭଙ୍ଗୀ ତ ତୁମ୍ଭ ବକ୍ଷର ଛୁରୀ ହେଲାଣି, ଅର୍ଥାତ୍ କେଉଁ ସ୍ତ୍ରୀର ଚାହାଣୀଭଙ୍ଗୀ ତୁମ୍ଭ ବକ୍ଷରେ ପ୍ରବେଶ କରି ତୁମ୍ଭଙ୍କୁ ଘୋର ଯନ୍ତ୍ରଣା ଦେଉଅଛି ।୨। ବାଣରୁ ବଳି ସେହି ଚିନ୍ତା ତ ଛାତିରେ ପଶିଗଲାଣି ।୩।

ତୁମ୍ଭର ହିତାହିତ ଜ୍ଞାନ ନିଶ୍ଚେ ଦୂର ହୋଇଯିବ, ତୁମେ ଖାଲି ଛଟପଟ ହେବ ସିନା ! କିନ୍ତୁ ମନେରଖ, ସେ ନାରୀ ବର୍ତ୍ତମାନ ତୁମ୍ଭଙ୍କୁ ଛଣାସୁଧା ଅର୍ଥାତ୍ ବିମଳ ଅମୃତପରି ଦିଶୁଅଛି, ଯେବେ ତାକୁ ଛୁଇଁଦେବ, ତେବେ ସେ ବିଷ ପାଲଟିଯିବ ।୫। ତୁମ୍ଭର ଗୁଣରେ ମନକୁ ଆଚ୍ଛନ୍ନ କରି ଆଠଗଡ଼ର ରାଜା ଏହା ଭଣିଲେ ।୬।

ଗଦ୍ୟାନୁବାଦ - ହେ, କୃଷ୍ଣ ଅଜ୍ଞତା ଛଳନା ତ୍ୟାଗ କରି ସରଳ ହୁଅ ଏବଂ ମନଶ୍ଚଞ୍ଚଳତା ଦୂର କର ଏବଂ ମୋ କଥା ଗ୍ରହଣ କର, ଏହା ତୁମ୍ଭର ନେତ୍ର ସଂକେତଦ୍ୱାରା ପ୍ରକାଶ କର; ନଚେତ୍ ତୁମ୍ଭର ଏହି ଯେଉଁ ସୁନ୍ଦର ଶରୀରକୁ ଦେଖି ଯୁବତୀମାନେ କାମପରବଶ ହୁଅନ୍ତି, ସେହି ଶରୀରଟି ମନସ୍ତାପ ହେତୁରୁ ବଳହୀନ ହୋଇ ଏକାନ୍ତ କ୍ଷୀଣ ହୋଇଯିବ।

ହେ ନର୍ତ୍ତକକୁଳଚୂଡ଼ାମଣି ମୋହନ, ତୁମ୍ଭେ ଯେଉଁ କପଟାଚରଣ କରୁଅଛ, ଅନ୍ତର୍ଦାହ ବିନା ସେହି କପଟତାରୂପ ଲତାରେ ଅନ୍ୟ ଫଳି ଫଳିବ ନାହିଁ। ଏହା ଶୁଣି ଶ୍ରୀକୃଷ୍ଣ ଲଳିତାଙ୍କୁ କହୁଅଛନ୍ତି, "ଜାଣିଛି ମୁଁ ଏତେ" ଇତ୍ୟାଦି।

❑❑❑

ଜ

(ରାଗ-କେଦାର ବା ପୁନଙ୍ଗ)

ଜାଣିଛି ମୁଁ ଏତେ ମାତ୍ର ଗୋ ଲଳିତେ ଯାହା ଇଚ୍ଛା ତୋର ତାହା କର,
ଜ୍ୱଳନରୁ ବଳି ସେହି ଦିନୁ କେଳି କରେ ବିଭାବରୀନାହାକର ।ପଦ।
ଜଣ କେତେ ବ୍ରଜଶିଶୁ ଥିଲେ ନିଜ, ପୁରୁଁ ଆସୁଥିଲି ଖେଳାଇ ସମଜ,
ଜମ୍ଭାରାତିମଣି ଗିରୀନ୍ଦ୍ରକୁ ଜିଣିବାର ପୁରେ ହେଲା ମୋ ନଜର ।୧।
ଜାତିକୁରୁବିନ୍ଦ ବାତାୟନବୃନ୍ଦ, ଅନାଇଁ ମୁଁ ଚାଲୁଥିଲି ମନ୍ଦ ମନ୍ଦ,
ଜଙ୍ଗମ ହେବାର ଜମ୍ଭୁନଦସାର ଶିରୀ ସ୍ଫୁରିଲା ସେ କି ପ୍ରକାର ।୨।
ଜୀବନଦ ନୀଳଜଳଜଯୁଗଳ, ବିଧୁବିମ୍ବେ ହୋଇ ବିଳାସବିଲୋଳ,
ଜାତ କଲା ଗର ଜରଜର ଶର-ନିକର ବରଷା ଖରତର ।୩।
ଜହରକୁ ଗୋଳି ଦେଲାପରି ଗିଳି, ମୋହର ଦେହର ପୀଡ଼ା ଗଲା ବଳି,
ଜୀବନାଶା ଟଳି ଯାଉଅଛି କଳି ପାରୁ ନାହିଁ ମୁଁ ମୋ ହୃଦନ୍ତର ।୪।
ଜନମନୋହାରୀ ସେ ବିଚିତ୍ର ଶିରୀ, କାହା ନେତ୍ରପାତ୍ରେ ଯାଇ ନାହିଁ ପୂରି,
ଜଗଦ୍ଦେବ ହରିଚନ୍ଦନ ମୋହରି ନାମ କହୁଅଛି ନିରନ୍ତର ।୫।

(ଜ) ତ୍ୱତ୍‌ସ୍ନେହଜାଭ୍ୟୁଦୟିନା ତ୍ୱୟି ନାପଦେଶଃ,
ସଂସ୍ପୃଶ୍ୟତେ ମମହୃଦା କଥୟାମି ତଥ୍ୟଂ ।
ବସ୍ତ୍ୱେକମସ୍ୟସିତସୌଧଲସଦ୍‌ବିଳାସମ୍
ତଦ୍‌ବୀକ୍ଷଣାଦି ଗଦ ଈଦୃଶ ଉଲ୍ଲାସ ।

ଗଦ୍ୟ : ସହଚରି ଲଳିତେ, ବିମଳବଳଦଦଳ ନୋପଳ- ପ୍ରାସାଦ ଚୂଳଚେଳ ବଲ୍ଲରୀ ଖେଳାଲୋଳ-ଲୋଚନେନ ମୟା ପିଷ୍ଟପୋକ୍ତୃଷ୍ଟ-ଚେଷ୍ଟାବିଶିଷ୍ଟା କାଚନ କାଞ୍ଚନମୟୀ ସଞ୍ଚାରିଣୀ ପାଞ୍ଚାଳିକା ତଦଧଃ ସମୀରାୟନୋପକଣ୍ଠେ ଯତ୍‌ପ୍ରଭୃତ୍ୟବଲୋକି ତତ୍‌ପ୍ରଭୃତ୍ୟେତାଦୃଗବସ୍ଥେନ ମୟା ସ୍ଥୀୟତ ଇତି କେବଳଂ ଜାନାମି ।

(ଜ) ଜ୍ୱଳନ-ଅଗ୍ନି; ବିଭାବରୀନାହାକର-ଚନ୍ଦ୍ରକିରଣ; ସମଜ-ପଶୁସମୂହ; ଜମ୍ଭାରାତିମଣି-ଇନ୍ଦ୍ରମଣି; ଗିରୀନ୍ଦ୍ର-ବଡ଼ ପର୍ବତ; ନଜର-ଦୃଷ୍ଟି; ଜାତିକୁରୁବିନ୍ଦ-ଉତ୍କୃଷ୍ଟ ପଦ୍ମରାଗମଣି; ବାତାୟନବୃନ୍ଦ-ଝରକା ସବୁ; ମନ୍ଦ ମନ୍ଦ-ଧୀରେ ଧୀରେ; ଜଙ୍ଗମ ହେବା-ଚଳନ୍ତା, ଚଳୁଥିବା; ଜମ୍ଭୁନଦ-ନଦୀ ବିଶେଷ, ଏଥିରୁ ଉତ୍ପନ୍ନ ହୁଏ ବୋଲି ସୁବର୍ଣ୍ଣକୁ ଜମ୍ଭନଦସାର ବା ଜମ୍ଭୁନଦ-ନଦ ବୋଲାଯାଏ; ଶ୍ରୀ-ଶୋଭା; ଜୀବନଦ-ବର୍ଷୂକମେଘ; ନୀଳଜଳଜଯୁଗଳ-ଦୁଇଟି ନୀଳପଦ୍ମ; ବିଧୁବିମ୍ବ-ଚନ୍ଦ୍ରବିମ୍ବ;

ବିଳାସବିଲୋଳ-କ୍ରୀଡ଼ାରେ ଚଞ୍ଚଳ; ଗର-ବିଷ; ଜର୍ଜର-ଲିପ୍ତ; ଶରନିକର ବାଣସମୂହ; ଜୀବନାଶା-ପ୍ରାଣର ଆଶା ।

ହେ ଲଳିତେ, ତୋର ଯାହା ଇଚ୍ଛା ତା କର, ସେହି ଦିନଠାରୁ (ଯେଉଁ ଦିନ ରାଧାଙ୍କୁ ଦେଖିଲି) ଚନ୍ଦ୍ରକିରଣ ମୋତେ ଅଗ୍ନିପରି ବୋଧ ହେଉଅଛି । ପଦ । ଦିନେ କେତେଜଣ ଗୋପାଳ ବାଳକ ମୋ ସାଙ୍ଗରେ ଥିଲେ, ମୁଁ ଘରୁ ଗାଈବାଛୁରୀ ପ୍ରଭୃତିଙ୍କୁ ଖେଳାଇ ଖେଳାଇ ଆସୁଥିଲି, ଏହି ସମୟରେ (ବର୍ଣ୍ଣ ଓ ଉଚ୍ଚତାରେ) ଇନ୍ଦ୍ରମଣି ପର୍ବତକୁ ଜିଣିଥିବା ଗୃହରେ ମୋ ଆଖି ପଡ଼ିଗଲା ।୧। ଉତ୍କୃଷ୍ଟ ପଦ୍ମରାଗମଣିରେ (ରକ୍ତବର୍ଣ୍ଣ ପ୍ରସ୍ତରରେ) ନିର୍ମିତ ହୋଇଥିବା ସେହି ଘରର ଘରକାଗୁଡ଼ିକୁ ଅନାଇ ଅନାଇ ମୁଁ ଧୀରେ ଧୀରେ ଚାଲୁଥିଲି, ଏ ସମୟରେ କି ଏକ ଅନିର୍ବଚନୀୟ ଶୁଦ୍ଧ ସୁବର୍ଣ୍ଣର ଗୋଟିଏ ଚଳନ୍ତା ତେଜ ସେହି ଘର ଭିତରେ ପ୍ରକାଶିତ ହେଲା ।୨। ବର୍ଷୁକ ମେଘପରି ନୀଳବର୍ଣ୍ଣ ପଦ୍ମ ଦିଓଟି ଚନ୍ଦ୍ରବିମ୍ବ ମଧ୍ୟରେ କ୍ରୀଡ଼ାରେ ଚଞ୍ଚଳ ହୋଇ ବିଷବୋଳା ଶରମାନଙ୍କୁ ବର୍ଷିଲା, (ଚନ୍ଦ୍ରବିମ୍ବ ମଧ୍ୟରେ ପଦ୍ମର ବିଳାସ ବିଲୋଳତା ଅସମ୍ଭବ, କାରଣ ଚନ୍ଦ୍ରକିରଣରେ ପଦ୍ମ ବିକଶିତ ହୁଏ ନାହିଁ, କିନ୍ତୁ ଏଠାରେ ରାଧାଙ୍କ ମୁଖରୂପ ଚନ୍ଦ୍ରରେ ଚକ୍ଷୁରୂପ ନୀଳପଦ୍ମ ଦିଓଟି କ୍ରୀଡ଼ା କରୁଥିବା ଲକ୍ଷ୍ୟ) ତହିଁରୁ ବିଷାକ୍ତ ଶରସମୂହ ବାହାରି ମୋତେ ବିଦ୍ଧ କରି ପକାଇଲା ।୩। ବିଷକୁ ଗୋଳି ପିଇଦେଲେ ଦେହରେ ଯେପରି ଯନ୍ତ୍ରଣା ହୁଏ, ସେହି ଶର ବାଜିବାରୁ ମୋ ଦେହର ପୀଡ଼ା ତାହାଠାରୁ ବଳିଗଲା, ମୋ ଜୀବନର ଆଉ ଆଶା ନାହିଁ, ମୋ ହୃଦୟ ଭିତରେ କଅଣ ହେଉଅଛି ମୁଁ ତାହା ଜାଣିପାରୁ ନାହିଁ ।୪। ଆହା, ମନୁଷ୍ୟର ମନୋହରଣକାରିଣୀ ସେହି ବିଚିତ୍ର ଶୋଭାରେ କେଉଁ ଲୋକର ନେତ୍ରରୂପ ପାତ୍ର ପୂର୍ଣ୍ଣ ହୋଇନାହିଁ। ଅର୍ଥାତ୍ କେଉଁ ଲୋକ ସେହି ବିଚିତ୍ର ଶୋଭା ଦେଖି ପୂର୍ଣ୍ଣମନୋରଥ ହୋଇ ନାହିଁ ? ଗଜଦେବ ହରିଚନ୍ଦନ ମୋ ନାମକୁ ନିରନ୍ତର ଉଚ୍ଚାରଣ କରୁଅଛି ।୫।

ଗଦ୍ୟାନୁବାଦ - ଅୟି ଲଳିତେ, ତୋ ସ୍ନେହ ଏକା ମୋ ମନର ସମସ୍ତ ଆନନ୍ଦର କାରଣ । ଏପରି ଅବସ୍ଥାରେ ତୋ ପାଖରେ ମୁଁ ଆଦୌ କପଟାଚରଣ ନ କରି ସତ୍ୟ କହୁଅଛି - ଇନ୍ଦ୍ରନୀଳମଣି ପ୍ରାସାଦରେ କ୍ରୀଡ଼ା କରୁଥିବା କୌଣସି ବସ୍ତୁକୁ ଦେଖିବା ଦିନଠାରୁ ମୋର ଏହି ରୋଗ ଜାତ ହୋଇଅଛି ।

ସଖି ଲଳିତେ, ବିଶୁଦ୍ଧ ଇନ୍ଦ୍ରମଣି ପଥରରେ ନିର୍ମିତ କୋଠା ଉପରେ ପବନରେ ଖେଳୁଥିବା ପତାକାକୁ ଚାହିଁ ଚାହିଁ ମୁଁ ଯାଉଥିଲି, ଏହି ସମୟରେ ଦେଖିଲି - ଅଲୋକସାମାନ୍ୟସୌନ୍ଦର୍ଯ୍ୟଯୁକ୍ତା ଗୋଟିଏ ସୁବର୍ଣ୍ଣମୟୀ ପିତୁଳା ତାହାର ତଳପାଖରେ ଥିବା ଝରକାବାଟେ ଚାଲି ଯାଉଅଛି, ସେହି ସମୟରୁ ମୋର ଅବସ୍ଥା ଏପରି ହୋଇଅଛି - ମୁଁ ଏତିକି ମାତ୍ର ଜାଣେ ।

ଏହା ଶୁଣି ଲଳିତା କହୁଅଛନ୍ତି, "ଝଗଡ଼ି ମାତ୍ର ହେଲ ହେ" ଇତ୍ୟାଦି ।

❑❑❑

ଝ

(ରାଗ-ମୁଖାବରୀ ବା ତୋଡ଼ିପରକ)

ଝଗଡ଼ି ମାତ୍ର ହେଲ ହେ ଶ୍ୟାମ, ଝିମୁଟ ହେବାକୁ ସହସ୍ର ଯାମ । ପଦ ।

ଝାଉଁଳିବା ନବ ତମାଳ ରମ୍ୟ, ଝିଙ୍କିଆଣି ଅଙ୍ଗେ କଲଣି ଜମା ।୧।

ଝଡ଼ିବ ବଳ କୋମଳ ଛାତିରୁ, ଝଷଧ୍ୱଜପୀଡ଼ା ଝାଞ୍ଜି ତାତିରୁ ।୨।

ଝୁମି ଝୁମି ଲୁଠି ପୃଷ୍ଠେ ରସାର, ଝୁରିବାର ଏକା ହୋଇବ ସାର ।୩।

ଝଳି ପାଞ୍ଚାଳୀ ଝଟକେ ନାହିଁ କି ? ଝୋଲା ମାଇଲା ତୁମ୍ଭଙ୍କୁ କାହିଁକି ।୪।

ଝଲକି ଗଲ କୃଷ୍ଣ ଅକାରଣେ, ଝାଡ଼ଖଣ୍ଡ ରସା ବାଦସା ଭଣେ ।୫।

(ଝ) ଖର୍ବଃ ପାର୍ବଣଶର୍ବରୀରତିଗୁରୋରାପୀଡ୍ୟ ବିମ୍ବାଂ କ୍ଷୁଧା,
ମର୍ତ୍ତ୍ୟଃ କ୍ୱାପି ସୁଧାମମୁତ୍ର ବସୁଧାଲୋକେ ପିବତ୍ୟାତୁରଃ;
ବ୍ୟର୍ଥଂ ପ୍ରାର୍ଥନୟା କଦର୍ଥୟସି ମାଂ ଗତ୍ୱା ଦୁରାଶାଂ କଥମ୍,
ସା କିଂ ମଦ୍‌ବଶମେତି ହନ୍ତ ବିୟତସ୍ତାରାଧିକା ରାଧିକା ।

ଗଦ୍ୟ : କେଶବ ଲୁତାତନ୍ତୁବଳୟବାଗୁରାଭିଃ କଣ୍ଠୀରବରାଜୀବ ରାଜୀବ-ଲୋଚନା ସାସ୍ମାଦୃଶୀଭିର୍ବୀଶୀର୍ତ୍ତୁମଶକ୍ୟା ।

(ଝ) ଝଗଡ଼ି ହେବା - ବୃଥା ଧନ୍ଦା ପାଇବା, ଝିମୁଟ-ମୁହୂର୍ତ୍ତ, ଯାମ-ପ୍ରହର, ନବତଳମାଳ-ନୂଆ ତମାଳଗଛ, ରମା-ଶୋଭା, ଝିଙ୍କିଆଣି-ଓଟାରି ଆଣି, ଝଡ଼ିବ-ନଷ୍ଟ ହେବ, ଝଷଧ୍ୱଜ-ମୀନଧ୍ୱଜ, କନ୍ଦର୍ପ; ଝାଞ୍ଜି-ଉତ୍ତାପ, ଝୁମି ଝୁମି-ଘୁମାଇ ଘୁମାଇ, ଝଳି-ଚକ୍‌ଚକ୍, ଦୀପ୍ତିଶୀଳ; ପାଞ୍ଚାଳୀ-ପିତୁଳା, ଝଟକିବା-ଶୋଭା ପାଇବା, ଝୋଲା ମାଇଲା-ଭ୍ରମ ବା ଅଜ୍ଞାନ ଜାତ ହେଲା, ଝଲକିଗଲ-ଚମକି ପଡ଼ିଲ, ଝାଡ଼ଖଣ୍ଡ-ଅରଣ୍ୟ ଅଞ୍ଚଳ, ରସା-ପୃଥିବୀ, ବାଦସା-ରାଜା ।

ହେ ଶ୍ୟାମ, ତୁମ୍ଭେ ଅକାରଣରେ ସିନା ଏତେ କଷ୍ଟ ପାଇଲ, ଏଥିରେ ମୁହୂର୍ତ୍ତକ ତୁମ୍ଭଙ୍କୁ ସହସ୍ର ପ୍ରହର ପରି ସିନା ଜଣାଯିବ । ପଦ । ଝାଉଁଳି ପଡ଼ିଥିବା ଗଜା ତମାଳଗଛର ଶୋଭାକୁ ଓଟାରି ଆଣି ନିଜ ଦେହରେ ଜମା କଲଣି, ଅର୍ଥାତ୍ ଗଜା ତମାଳ ଗଛ ଝାଉଁଳି ପଡ଼ିଲେ ଯେପରି ଦିଶେ, ତୁମ୍ଭେ ଜାଣୁ ଜାଣୁ ସେହିପରି ଦିଶିଲଣି ।୧। ଅତଏବ କନ୍ଦର୍ପପୀଡ଼ାଜନିତ ଉତ୍ତାପ ହେତୁରୁ ତୁମ୍ଭ କୋମଳ ଛାତିରୁ ବଳ କମିଯିବ ଅର୍ଥାତ୍ ତୁମ୍ଭେ କ୍ରମେ ଧୈର୍ଯ୍ୟଶୂନ୍ୟ ହୋଇଯିବ ।୨। (ନିଶାରେ) ଘୁମାଇବା ଭଳି ହୋଇ କେବଳ ମାଟିରେ ଗଡ଼ିବ ଏବଂ ଝୁରିବାଟା ମାତ୍ର ସାର ହେବ ।୩। ତୁମ୍ଭେ ଗୋଟିଏ ଚଳନ୍ତା ସୁବର୍ଣ୍ଣପିତୁଳା ଦେଖି ଯାହା ଏପରି ହେଲ ବୋଲି କହିଲ-ଆଚ୍ଛା କହନା ଦେଖି, ସୁନାର ପିତୁଳା କଅଣ ଚକ୍‌ଚକ ଦିଶେ ନାହିଁ ? ଏଥିରେ କାହିଁକି ତୁମ୍ଭଙ୍କୁ

ଝୋଲା ମାଇଲା ?୪। ହେ କୃଷ୍ଣ ? ତୁମ୍ଭେ ବୃଥା ଚମକି ପଡ଼ିଲ, ଅରଣ୍ୟ ପ୍ରଦେଶର ରାଜା ଏଥିରେ ଭଣିଲେ ।୫।

ଗଦ୍ୟାନୁବାଦ - ଏ ସଂସାରରେ ରହି କୌଣସି ବାମନାକୃତି କ୍ଷୁଧାତୁର ଲୋକ ପୂର୍ଣ୍ଣଚନ୍ଦ୍ରରୁ ଅମୃତ ଚିପୁଡ଼ି ତାହାକୁ ପିଇ କ୍ଷୁଧା ନିବୃତ୍ତ କରେକି ? ହେ କୃଷ୍ଣ, ତୁମ୍ଭେ ଦୁରାଶରେ ପଡ଼ି ମୋତେ ଅକାରଣରେ ଏତେ ପ୍ରାର୍ଥନା କରୁଅଛ । ମନୁଷ୍ୟ ପକ୍ଷରେ ଆକାଶର ତାରା ପାଇବା ବରଂ ସମ୍ଭବପର, କିନ୍ତୁ ସେହି ରାଧିକାଙ୍କୁ ପାଇବା ସମ୍ଭବପର ନୁହେଁ, ଏପରି ଅବସ୍ଥାରେ ସେ କଅଣ ମୋର ବଶବର୍ତ୍ତିନୀ ହେବ ?

ହେ କେଶବ, ବୁଢ଼ୀଆଣିଜାଲରେ ସିଂହମାନଙ୍କୁ ଧରିବା ଯେପରି ଅସମ୍ଭବ, ପଦ୍ମନେତ୍ରା ରାଧା ଆମ୍ଭମାନଙ୍କ ଭଳି ଲୋକମାନଙ୍କର ବଶୀଭୂତ ହେବା ସେହିପରି ଅସମ୍ଭବ ଅଟେ ।

ଏହା ଶୁଣି ଶ୍ରୀକୃଷ୍ଣ ଲଳିତାଙ୍କୁ କହୁଅଛନ୍ତି, "ନ ଭାଙ୍ଗରେ ଶୁଭାଙ୍ଗି" ଇତ୍ୟାଦି ।

❑❑❑

୫୩

(ରାଗ-ତୋଡ଼ି ଜଙ୍ଗଲା ବା ମୋହନା)

ନ ଭାଙ୍ଗ ରେ ଶୁଭାଙ୍ଗି, ଭାରତୀ ହୁଅ ସାହା । ପଦ ।

ନୋହିଲେ ତୁ ପରିତ୍ରାଣ, ନିର୍ଦ୍ଦୟ ନତନୁ ବାଣ
ନିଃଶେଷ କଲାଟି ଦେହ ଲାହା ।୧।

ନୀପକୁଞ୍ଜୀ ଉପକଣ୍ଠେ ନ୍ୟସ୍ତ କରାଅ ମୋ କଣ୍ଠେ
ନାଗରୀନ୍ଦ୍ର ନିରୁପମ ବାହା ।୨।

ନେତ୍ରାନ୍ତିବିଳାସ ତାର, ନିଦାନ ଏ ଅବସ୍ଥାର
ନିରେଖି ଉଚ୍ଚାରୁ ଥରେ ଆହା ।୩।

ନିଶ୍ଚୟ ଏ ଘେନ ଚିତ୍ତେ, ନ ଜିଇବି କଦାଚିତେ
ନ ବତାଇଲେ ତୁ ସୁଖ ରାହା ।୪।

ନାଥ ଅଷ୍ଟଦୁର୍ଗର ଯ, ନିତି ସେ ମୋ ପାଦେ ଭଜେ,
ନିନ୍ଦିବଟି ନ କଲେ ତୁ ତାହା ।୫।

(୫୩) ଦୃଢ଼ାଂ ନବ୍ୟାଂ ଭବ୍ୟାଂ ତରୁଣି ତରଣିଂ ତେ ମୃଦୁ ଗିରଂ,
କରିଷ୍ୟେ କନ୍ଦର୍ପାମ୍ବୁନିଧିତରଣାୟେତ୍ୟହରହଃ ।
ସ୍ଥିତା ଯାଶା ନାସାନିଳଲବବିଳାସାୟ ନନୁ ତାଂ,
ରୁଷା ସାଙ୍ଗଂ ଭଙ୍ଗଂ ନ ନୟ ବହିରଙ୍ଗଂ ନ କୁରୁ ମାଂ ॥
ନୋଚିତଂ ସଖି, ସାଧାରଣେତରସୁଖସୌଧୋର୍ଦ୍ଧ୍ୱ ସଞ୍ଚାରଲୀଳୋଦ୍ୟତ୍-
ସାହସିକସ୍ୟ ମମାଶାଧିରୋହିଣୀହରଣଂ ।

---

(୫୩) ଶୁଭାଙ୍ଗୀ-ସୁନ୍ଦରୀ, ଭାରତୀ-କଥା, ଅନୁରୋଧ; ସାହା-ସହାୟ, ପରିତ୍ରାଣ-ରକ୍ଷାକାରିଣୀ, ନତନୁ-ଅତନୁ, କନ୍ଦର୍ପ; ଲାହା-ସାରାଂଶ, ସତ୍ତ୍ୱ; ଉପକଣ୍ଠେ ସମୀପରେ, ନିରୁପମ-ଅତୁଳନୀୟ, ବାହା-ବାହୁ, ନେତ୍ରାନ୍ତବିଳାସ ଆଖିକୋଣର ଭଙ୍ଗୀ, ନିଦାନ-କାରଣ, ନିରେଖି-ଦେଖି, ସୁଖରାହା-ସୁଖର ପଥ ।

ହେ ସୁନ୍ଦରି, ମୋ ଅନୁରୋଧ ଭାଙ୍ଗି ଦେ ନା, ମୋର ସହାୟ ହୁଅ । ପଦ । ତୁ ମୋତେ ରକ୍ଷା ନ କଲେ ନିଷ୍ଠୁର କନ୍ଦର୍ପର ବାଣ ମୋ ଦେହର ସାରଅଂଶକୁ ନଷ୍ଟ କଲା ବୋଲି ମନେ କର ।୧। ଏହି କଦମ୍ବବନ ନିକଟରେ ସେହି ସୁନ୍ଦରୀଶିରୋମଣି ରାଧାଙ୍କର ଅତୁଳନୀୟ

ବାହୁକୁ ମୋ କଣ୍ଠଦେଶରେ ରଖାଇ ଦିଅ; ଅର୍ଥାତ୍ ରାଧାଙ୍କ ସଙ୍ଗେ ମୋର ମିଳନ କରାଅ ।୨। ସେ ମୋତେ ନେତ୍ରଭଙ୍ଗୀରେ ଚାହିଁବାରୁ ମୁଁ ଏ ଦୁର୍ଦ୍ଦଶା ଭୋଗ କରୁଅଛି, ଏ କଥା ସ୍ୱଚକ୍ଷୁରେ ଦେଖି ଥରେ ସେ 'ଆହା' ବୋଲି ଉଚ୍ଚାରଣ କରୁ ।୩। ହୃଦୟରେ ନିଶ୍ଚୟ ଜାଣ, ତୁ ଯେବେ ମୋର ସୁଖର ପନ୍ଥା ବତାଇ ନ ଦେବୁ, ତେବେ ମୁଁ ଆଉ କେବେହେଁ ବଞ୍ଚିବି ନାହିଁ ।୪। ଅଷ୍ଟଦୁର୍ଗର ରାଜା ନିତି ମୋ ପାଦରେ ସେବା କରୁଅଛି, ତୁ ରାଧାଙ୍କୁ ମୋ ସଙ୍ଗରେ ମିଳାଇ ନ ଦେଲେ ସେ ତୋର ନିନ୍ଦା କରିବ ।୫।

ଗଦ୍ୟାନୁବାଦ : ହେ ତରୁଣି, କନ୍ଦର୍ପ ସମୁଦ୍ର ପାର ହେବାପାଇଁ ତୁମ୍ଭର ମୃଦୁ କଥାକୁ ମୁଁ ନିଶ୍ଚେ ମଙ୍ଗଳମୟୀ ନୂତନ ଦୃଢ଼ ନୌକା କରିବି ଅର୍ଥାତ୍ ତୁମ୍ଭ କଥା ଅନୁସାରେ ଚଳି ଏ କାମଦୁଃଖରୁ ରକ୍ଷା ପାଇବି। ହେ ସଖି, ପ୍ରାଣ ଧାରଣ ପାଇଁ ଯେଉଁ ଆଶା ଟିକକ ଧରିଅଛି, କ୍ରୋଧରେ ସେ ଆଶାକୁ ସର୍ବଥା ନଷ୍ଟ କର ନାହିଁ ଏବଂ ମୋତେ ପର ବୋଲି ଭାବ ନାହିଁ।

ସଖି, ମୁଁ ଅସାଧାରଣ ସୁଖସୌଧର ଊର୍ଦ୍ଧ୍ୱରେ କ୍ରୀଡ଼ା କରିବାକୁ ସାହସ କରିଅଛି, ତହିଁର ଆଶାରୂପ ନିଶୁଣୀକୁ ହରଣ କରି ନେବା ଉଚିତ ନୁହେଁ। ଏହା ଶୁଣି ଲଳିତା କହୁଅଛନ୍ତି, "ଟଙ୍କାରି କି ଶ୍ରବସରିକି" ଇତ୍ୟାଦି।

❑❑❑

ଟ

(ରାଗ-ବଙ୍ଗଳାଶ୍ରୀ ବା ବସନ୍ତ)

ଟଙ୍କାରି କି ଶ୍ରବସରିକି ବାସବକୋଦଣ୍ଡରୁ ଚଣ୍ଡ ଧନୁ,
ଟାଣେ ବିନ୍ଧେ ଶମ୍ବସଦୃଶ କଳମ୍ବ ତୁମ୍ଭଙ୍କୁ ଏକା ଅତନୁ ହେ ।୧।
ଟେକି ଏ ସୁନ୍ଦର ଶ୍ରୀମୁଖଟି ପରଘରବୁଡ଼ା ଫରମାସ,
ଟିକାଏ ହେଲେ ଯେ ହୃଦୟସରୋଜେ ନୋହିଲା ତ୍ରାସବିଳାସ ହେ ।୨।
ଟୋକଟେକି ମୋତେ କରି ନାନାମତେ ତୁମ୍ଭ କାମନା ପୂରିବ,
ଟାଣ ଖୁଣ୍ଟା ଗୁରୁଜନ ଗଞ୍ଜନାରୁ ମୋ ପ୍ରାଣସଖୀ ସରିବ ହେ।୩।
ଟପା ଥିବା ଚାର ବଚନୁ ଗୋଚର ଯେତେ ସମାଚାର ଗୋପେ,
ଟିପିଦେଲେ କଂସ ଆଗେ କେ ନୃଶଂସ ନନ୍ଦବନ୍ଦୀ ହେବେ ଟୋପେ ହେ
ଟାକିଛ ସୁଧାଂଶୁକଳାକୁ ଆକାଶୁଁ କରିବାକୁ ପାଣିଗତ,
ଟିକାୟିତ ଅଷ୍ଟଦୁର୍ଗର କହଇ ଶ୍ୟାମ ଏ କି ଆଚରିତ ହେ ।୪।

(ଟ) ଯାବନ୍ତୋ ବିଳସନ୍ତି ଯୌବତମନଶ୍ଚୌରାଃ କିଶୋରାଃ ପୁରେ
ପକ୍ଷସ୍ତେଷ୍ଣୁ ସମୁତ୍ସୃଜନ୍ ରତିପତିଃ ପ୍ରକ୍ଷେଡ଼ନାନ୍ କୌସୁମାନ୍
ବାହାବାହବିପୂର୍ବକଂ ତ୍ୟଜତି କିଂ ତ୍ୱୟ୍ୟେବ ରକ୍ତାଶୟେ,
ହାହା ଶମ୍ବକଦମ୍ବଡ଼ମ୍ବରଭରାଲମ୍ବାନ୍ କଳମ୍ବାନ୍ ମୁହୁଃ ।

ଗଦ୍ୟ : କେନ ବାତ୍ର କିଶୋରେଣ ବଲ୍ଲବନଗର୍ଯ୍ୟାମଙ୍ଗକୁଟ୍ଟିମବିନ୍ୟସ୍ତକାର୍ତ୍ତସ୍ୱରକୃତ୍ରିମପୁତ୍ରିକାଃ କୃତିନା କତି ନ ବଲୋକ୍ୟନ୍ତେ ।

(ଟ) ଟଙ୍କାରି-ଟଂ ଟଂ ଶବ୍ଦକରି, ଓଟାରି; ଶ୍ରବ-କାନ, ବାସବକୋଦଣ୍ଡ-ଇନ୍ଦ୍ରଧନୁ, ଚଣ୍ଡ-ଭୟଙ୍କର, ଶମ୍ବ-ବଜ୍ର, କଳମ୍ବ-ଶର, ଅତନୁ-କନ୍ଦର୍ପ, ପରଘରବୁଡ଼ା-ଅନ୍ୟ ଘରକୁ ନଷ୍ଟ କରିବା, ଫରମାସ-ବରାଦ, ଟିକାଏ-ଟିକିଏ, ସାମାନ୍ୟ; ହୃଦୟସରୋଜେ-ହୃଦୟପଦ୍ମରେ, ତ୍ରାସବିଳାସ-ଭୟସଂସ୍ରବ, ଟେକାଟେକି କରି-ଖୁସାମତ କରି, ଟାଣଖୁଣ୍ଟା-ପୀଡ଼ାଦାୟକ, ଗଞ୍ଜନା-ଗଞ୍ଜଣା, ଟପା ଥିବା-ସମ୍ବାଦବାହକରୂପେ ଥିବା, ଚାର-ଦୂତ, ଟିପିଦେବା-ଗୋପନରେ କହିଦେବା, ଟୋପେ-କାରାଗୃହରେ, ଟାକିଛ-ଅପେକ୍ଷା କରିଛ, ପାଣିଗତ-କରଗତ, ଟିକାୟିତ-ଯୁବକ ରାଜା ।

ହେ କୃଷ୍ଣ, କନ୍ଦର୍ପ କ'ଣ ଇନ୍ଦ୍ରଧନୁ ଅପେକ୍ଷା ପ୍ରକାଣ୍ଡ ଧନୁର ଗୁଣକୁ କାନଯାଏ ଓଟାରି ଆଣି ବଜ୍ରତୁଲ୍ୟ ଶରକୁ ଅତିବେଗରେ ତୁମ୍ଭଙ୍କୁ ବିନ୍ଧୁଅଛି ? ।୧। ଏ ସୁନ୍ଦର ଶ୍ରୀମୁଖଟିକୁ ଟେକି ପରଘର ନଷ୍ଟ କରିବାପାଇଁ ବରାଦ କରୁଅଛ, ଏଥିରେ ତୁମ୍ଭ ହୃଦୟପଦ୍ମ ମଧ୍ୟରେ ଟିକିଏ ହେଲେ ଭୟ ହେଉ ନାହିଁ ? ୨। ମୋତେ ଟେକାଟେକି କରି ତୁମ୍ଭ ଅଭିଳାଷ ପୂରାଇବ, କିନ୍ତୁ ମୋ

ପ୍ରାଣସଖୀ ରାଧା ପୀଡ଼ାପ୍ରଦ ଶାଶୂ-ନଣନ୍ଦଙ୍କ ଗଞ୍ଜଣାରୁ କଷ୍ଟ ପାଇ ସରିଯିବ ।୩। ଗୋପରେ ଯେତେ ଘଟଣା ଘଟୁଅଛି, ଡାକରୂପେ ରହିଥିବା ଦୂତମାନଙ୍କ କଥାରୁ ସେ ସବୁ କଂସ ଆଗରେ ଜଣାଯାଉଅଛି, ଯେବେ କୌଣସି ଖଳ ଲୋକ ଏ କଥା ଗୋପନରେ କଂସ ଆଗରେ କହିଦିଏ, ତେବେ ନନ୍ଦ ନିଶ୍ଚୟ କୟେଦି ଘରେ ବନ୍ଦ ହୋଇ ରହିବେ ।୪। ଆକାଶରୁ ଚନ୍ଦ୍ରକଳାକୁ ହାତରେ ଧରିବ ବୋଲି ତୁମ୍ଭେ ଅପେକ୍ଷା କରିଅଛ, ଆଠଗଡ଼ର ଯୁବକ ରାଜା କହୁଅଛନ୍ତି-ହେ କୃଷ୍ଣ, ତୁମ୍ଭର ଏ କି ଆଚରଣ ? ୫।

ଗଦ୍ୟାନୁବାଦ - ଅହୋ ! ଏହି ଗୋପପୁରରେ ଯୁବତିମତିଚୋର ଯେତେ ରସିକ ଯୁବକ ବିହାର କରନ୍ତି, କନ୍ଦର୍ପ ସେମାନଙ୍କ ପକ୍ଷ ହୋଇ ସେମାନଙ୍କୁ କଅଣ କେବଳ କୁସୁମଶର ମାରି ତୁମ୍ଭଙ୍କୁ ସରଳମତି ଦେଖି ବାହୁ ଯୁଦ୍ଧ କରି ତୁମ୍ଭ ପ୍ରତି ଖାଲି ବଜ୍ରସଦୃଶ ଶର ପୁନଃ ପୁନଃ ମାରୁଛି ?

କେଉଁ ଚତୁର କିଶୋର ଅବା ଗୋପପୁର କୋଠାମାନଙ୍କ ଉପରେ ରଖାଯାଇଥିବା କେତେ ସୁବର୍ଣ୍ଣନିର୍ମିତ ପିତୁଳା ଦେଖୁ ନାହାନ୍ତି ?

ଏହା ଶୁଣି ଶ୍ରୀକୃଷ୍ଣ କହୁଅଛନ୍ତି- "ଠିକ୍ ଠ ବର୍ତ୍ତୁଳ" ଇତ୍ୟାଦି ।

❑❑❑

ଠ

(ରାଗ-ତୋଡ଼ି ବା ଦେଶାକ୍ଷ)

ଠିକ୍ ଠ ବର୍ତ୍ତୁଳ ଚନ୍ଦ୍ରାନନା ତୋ ଚିତରେ । ପଦ ।

ଠକ ରୀତି ନ ଆଚରି   ମୋ କଦନକୁ ବିଚାରି

ଅକପଟ ତ୍ରାଣବିଧି ଉଚିତରେ ।୧।ଈ

ଠଣା ଠୁଙ୍କି ତାପ ତ୍ରାସ,-   ମୁଣ୍ଡେ ମନମଥ ପାଶ-

ବନ୍ଧନ କର ତୁ ପରା ମୋଚିତରେ ।୨।

ଠଉରାଇ ଅବସର,   କଲେ ତୁ ପ୍ରସଙ୍ଗ ମୋର,

ଯିବ ରାଜୀବନେତ୍ରାକୁ ରୁଚିତ ରେ ।୩।

ଠେ କରି ଛିଣ୍ଡାଇ ଦେ ନା   ପ୍ରିୟସଖି ! ମୋ ବେଦନା

ନ ଲାଗଇ ନିକି ତତେ କିଞ୍ଚିତରେ ।୪।

ଠାରିଦେଲେ ନେତ୍ରାଞ୍ଚଳେ,   ବିଜନ ସ୍ଥଳେ ସେ ବଳେ,

ବିରାଜିବ କ୍ଷଣରୁଚି ଉଚିତରେ ।୫।

ଠାକୁର ଠାକୁରାଣୀଙ୍କ,   ପଦାମ୍ବୁଜଧ୍ୟାନରଙ୍କ,

ନୃପ ଜଗଦ୍ଦେବ କରେ ରଚିତ ରେ ।୬।

(ଠ) ଏଣୀଦୃଶଃ ପ୍ରିୟସଖୀ ପ୍ରିୟବାଦିନୀ ରେ –
ତ୍ୟାପଦ୍ଧନେନ ସଦୃଶୀତି ବିଶାରଦେତି;
ବିଶ୍ୱାସନିଃସ୍ୱହୃଦୟତ୍ୱମପାସ୍ୟ ତୁଭ୍ୟମ୍,
ଯଦ୍ରୋଚତେ କୁରୁ ସ୍ୱରୂପବତୀତି ବରି ।

ଗଦ୍ୟ : ଦୁର୍ଗତଜନବର୍ଗୋପକାରଜନ୍ୟପୁଣ୍ୟଯଶୋଽପବର୍ଗନିର୍ଗତାଳସନିସର୍ଗ ହି ଦୟାଳବୋ ହୃଦୟାଳବଃ ।

(ଠ) ଠିକ୍ ଠ ବର୍ତ୍ତୁଳ-ସମ୍ପୂର୍ଣ୍ଣ ରୂପେ ଠ ଅକ୍ଷର ପରି ଗୋଲ, ତୋ ଚିତ୍ତରେ-ତୋ ମନରେ, କଦନ-କଷ୍ଟ, ଠଣା-ମୁଷ୍ଟିବଦ୍ଧ ଅଙ୍ଗୁଳିମାନଙ୍କ ଗ୍ରନ୍ଥିରେ ଆଘାତ, ଠୁଙ୍କି-ମାରି, ଠଉରାଇ-ଖୋଜି, ଠୋ କରି-ଏକାବେଳକେ (ଶବ୍ଦ ସହିତ), ନିକି-କଅଣ, ନେତ୍ରାଞ୍ଚଳ-ନେତ୍ରକୋଣ, ଅପାଙ୍ଗ; କ୍ଷଣରୁଚି-ବିଦ୍ୟୁତ୍ ।

ହେ ସଖି, ତୋ ମୁଖ 'ଠ' ଅକ୍ଷର ପରି ସମ୍ପୂର୍ଣ୍ଣରୂପେ ଗୋଲାକାର ଚନ୍ଦ୍ରମାସଦୃଶ;

ହୃଦୟ ମଧ୍ୟରେ ଠକରୀତି ଆଚରଣ ନ କରି ଏବଂ ମୋର ଏ କଷ୍ଟକୁ ବିଚାର କରି ଅକପଟଭାବରେ ମୋତେ ଉଦ୍ଧାର କରିବା ଉଚିତ ଅଟେ ।୧। କନ୍ଦର୍ପ ସନ୍ତାପ ହେତୁରୁ ମୋର ଯେଉଁ ଭୟ ହେଉଅଛି, ସେହି ଭୟର ମସ୍ତକରେ ଠଣା ମାରି ତୁ ମୋତେ ମନ୍ମଥପାଶ ବନ୍ଧନରୁ ଉଦ୍ଧାର କର ।୨। ଏବଂ ଯେବେ ସୁସମୟ ଦେଖି ତୁ ତାଙ୍କ ପାଖରେ ମୋର ପ୍ରସଙ୍ଗ କରୁନ୍ତୁ, ତେବେ ତାହା ରାଜୀବନେତ୍ରାଙ୍କୁ ରୁଚିଯିବ। ଅର୍ଥାତ୍ ପ୍ରୀତିକର ହେବ ।୩। ହେ ପ୍ରିୟସଖି, ଏହାକୁ ଠୋ କରି ଛିଣ୍ଡାଇ ଦେ ନା, ଅର୍ଥାତ୍ ଆମ୍ଭ ଦୁହିଁଙ୍କ ସମ୍ପର୍କ ଅନୁଚିତ ବୋଲି ହଠାତ୍ ଏ ପ୍ରସ୍ତାବ ଭାଙ୍ଗି ଦେ ନା। ମୋ ଦୁଃଖ କଅଣ ତୋତେ କେତେକ ପରିମାଣରେ ଲାଗେ ନାହିଁ ? ।୪। ଯେବେ ତୁ ତାକୁ ଟିକିଏ ଆଖିକଣରେ ଠାରି ଦେବୁ, ତେବେ ସେ ଏ ନିର୍ଜନସ୍ଥାନରେ ବିଜୁଳି ପରି ବିରାଜିବ ।୫। ଠାକୁରଠାକୁରାଣୀଙ୍କ ପାଦପଦ୍ମ ଧ୍ୟାନକାରୀ ରାଜା ଜଗଦ୍ଦେବ ହରିଚନ୍ଦନଙ୍କ ଦ୍ୱାରା ଏହା ରଚିତ ହେଲା ।୬।

ଗଦ୍ୟାନୁବାଦ - ତୁମ୍ଭେ ମୃଗନୟନା ରାଧାଙ୍କର ପ୍ରିୟସଖୀ; ଏହି ହେତୁରୁ ନିଶ୍ଚୟ ପ୍ରିୟବାଦିନୀ ଓ ବିପତ୍‌କାଳ ନିମିତ୍ତ ସଂଚିତ ଧନସ୍ୱରୂପ ହିତକାରିଣୀ, ଆଉ ମଧ୍ୟ ଉପାୟ ନିରୂପଣରେ ଚତୁରା ଅଟ, ତୁମ୍ଭର ମନୋହର ଆକୃତିରୁ ଏହା ଜଣାଯାଏ, ଏଣୁ ଅବିଶ୍ୱାସ ଭାବ ପରିତ୍ୟାଗ କରି ମୁଁ ନିଜର ଅନ୍ତର୍ବେଦନା ତୁମ୍ଭ ଆଗରେ କହିଲି, ବର୍ତ୍ତମାନ ତୁମ୍ଭଙ୍କୁ ଯାହା ଭଲ ଲାଗେ ତାହା କର।

ଯେଉଁମାନେ ପ୍ରକୃତରେ ଦୟାଳୁ ଓ ହୃଦୟବାନ୍ ସେମାନଙ୍କ ସ୍ୱଭାବ ଦୁଃଖୀ ଲୋକମାନଙ୍କ ଉପକାର କରିବାରୁ ଜାତ ହେବା ପବିତ୍ର ଯଶର ଫଳ ସାଧନ ବିଷୟରେ ସାଧାରଣତଃ ନିରଳସ ହୋଇଥାଏ, ଅର୍ଥାତ୍ ଉଦାରଚେତା ଲୋକମାନେ ସ୍ୱଭାବତଃ ପରୋପକାରୀ ହୁଅନ୍ତି।

❑❑❑

ଡ

(ରାଗ-ତୋଡ଼ି ପରଜ)

ଡର ନାହିଁ କି ହେ, ପରତରୁଣୀ ହରଣୁ;

ଡୋର ଲାଗି ଘେର ପଡ଼ିବ ଯେ ହେବ ଚୋର ପରି ଆଚରଣୁ । ପଦ ।

ଡୋଳା ପ୍ରତିମାକୁ ପରାୟେ ତୁମ୍ଭଙ୍କୁ ଯଶୋଦା ଅଛନ୍ତି ପାଳି,
ଡୁବିଟି ଧନ କେଳିକି ମୋହନ ଲୋଡୁଛ ଯେ କୁଳପାଳି ।୧।

ଡକା ଦେବା ଦିନେ ଅରିଷ୍ଟେ ଉଡାନେ ଦେଖିଛୁଁ ଶକଟ ଦଶା,
ଡାକିମଧମାକୁ ଡାକି ଆଣିବାକୁ ଏଠାକୁ କାହା ଭରସା ।୨।

ଡବ ଡବ ବାରି ନିଃସରିବ ଚାରି ପହରେ ନୟନଯୁଗୁ,
ଡହ ଡହ ହେବ ମୃଦୁ ଅବୟବ ଶ୍ୟାମ ଶ୍ରୀଅଙ୍ଗୁଟି ଭୋଗୁ ।୩।

ଡାକି ତ ଜାଣ ମୋହନ ବଂଶୀରବେ ବିହର ସୁଖେ ଏ ବନେ,
ଡୁଇଁ ହେବୁ ସିନା ଆମ୍ଭେ ଫଳ ବିନା ନ ପଡୁ ତା ଆମ୍ଭ କାନେ ।୪।

ଡାଳିମ୍ବମଞ୍ଜୀମଞ୍ଜୁଳଦଶନା ସେ ଖେଳୁଥାଉ ତୁମ୍ଭ ତୁଲେ,
ଡେଉଁଥାଅ ବନଯାକ ତୁମ୍ଭ ମନ ଶ୍ରୀହରିଚନ୍ଦନ ବୋଲେ ।୫।

(କ) କଂସଃ ପୁଂସାଂ ନୃଶଂସାନା ବତଂସଃ ଶାସ୍ତି କାଶ୍ୟର୍ପୀମ୍
ଦୁଷ୍ଟଥେ ଧନିନଃ ସୁନୋ କଥଂ ଯାସ୍ୟଧ୍ୱନୀନତାମ୍

ଗଦ୍ୟ : ଅବର୍ଣ୍ଣାର୍ଣ୍ଣବୋଦ୍‌ଗୀର୍ଣ୍ଣ କଲ୍ଲୋଳମାଳାନ୍ଦୋଳିତସ୍ତ୍ୱମସି କିଂ ପୁନସ୍ତରୁଣି ତରଣିତ୍ୱମୁରୀକରଣୀୟମିତ୍ୟୁପଦିଶ୍ୟ ମାମପି କୁଳକୂଳଦବିଷ୍ଟାଂ ବିଧାୟ ମଜ୍ଜୟିତୁଂ ବିଚାରମାରଭସେ ।

(ଡ) ଡୋର-ବାନ୍ଧିବା ଦଉଡ଼ି, ଘେର ପଡ଼ିବ-ବନ୍ଧହେବ, ଡୋଳା ପ୍ରତିମା-ଚକ୍ଷୁର ପୁତ୍ତଳିକା, କନୀନିକା; ଡୁବିବଟି ଧନ-ସମସ୍ତ ନଷ୍ଟ ହେବ, କୁଳିପାଳି-ସାଧ୍ୱୀ ସ୍ତ୍ରୀ, ଅରିଷ୍ଟେ-ସୂତିକାଗୃହରେ, ଶକଟ-କଂସପ୍ରେରିତ ଅସୁରବିଶେଷ, ଉଡାନେ-ଚିତ୍‌ହୋଇ, ଡାକିମଧମା-ଡମରୁମଧ୍ୟ ଅର୍ଥାତ୍ କ୍ଷୀଣକଟି, ଡବ ଡବ-ଅବିରଳଭାବରେ, ଡହ ଡହ-ପ୍ରଜ୍ୱଳିତ, ଭୋଗୁ-ଭୋଗ କାମନାର, ଡୁଇଁ ହେବୁଁ-କଷ୍ଟ ପାଇବୁଁ, ବ୍ୟାକୁଳ ହେବୁଁ; ଡାଳିମ୍ବମଞ୍ଜି ମଞ୍ଜୁଳଦଶନା-ଡାଳିମ୍ବ ମଞ୍ଜି ପରି ସୁନ୍ଦର ଦନ୍ତ ଯାହାର ।

ହେ କୃଷ୍ଣ, କି ଆଶ୍ଚର୍ଯ୍ୟ କଥା; ପରସ୍ତ୍ରୀ ହରଣ କରିବାରେ ତୁମ୍ଭର ଆଦୌ ଡର ନାହିଁ। ଏହି ଚୌର୍ଯାଚରଣ ହେତୁରୁ ତୁମ୍ଭେ ଦଉଡ଼ିରେ ବନ୍ଧା ହେବ । ପଦ । ତୁମ୍ଭ ମା' ଯଶୋଦା ଆଖିର

ପିତୁଳା ପରି ତୁମ୍ଭଙ୍କୁ ଅତି ଯତ୍ନରେ ପାଳନ କରିଅଛନ୍ତି; ତୁମ୍ଭେ ବର୍ତ୍ତମାନ ସତୀକୁଳନାରୀକୁ କ୍ରୀଡ଼ାସଙ୍ଗିନୀ କରବାକୁ ଖୋଜୁ ଥିବାରୁ ମୁଁ ମନେ କରୁଅଛି ତାଙ୍କର ସେହି ଧନ ନଷ୍ଟ ହୋଇଯିବ ।୧। ତୁମ୍ଭେ ଯେତେବେଳେ ଇନ୍ତୁଡ଼ିଶାଳରେ ଚିତ୍‌ହୋଇ ଶୋଇ ଡକାପାଡ଼ିଥିଲ, ସେ ଅବସ୍ଥାରେ ମଧ୍ୟ ଶକଟାସୁରକୁ ମାରିଥିଲ ଏହା ଆଖିରେ ଦେଖିଅଛୁ; ଏପରି ଅବସ୍ଥାରେ ସେହି କ୍ଷୀଣକଟି ସ୍ତ୍ରୀକୁ ଏଠାକୁ ଡାକି ଆଣିବା ପାଇଁ କାହାର ସାହସ ହେବ ? ଅର୍ଥାତ୍ ଯେ ପିଲାଦିନେ ଏଡ଼େ ବଡ଼ ଅସୁରକୁ ମାରିଅଛି, ସେ ଯେ ଏ ବୟସରେ ଗୋଟିଏ କ୍ଷୀଣକଟି ସ୍ତ୍ରୀକୁ ରଖିବ ଆମ୍ଭମାନଙ୍କର ଏ ଭରସା ନାହିଁ ।୨। ଯେବେ ତୁମ୍ଭ ସଙ୍ଗେ ତାଙ୍କର ମିଳନ ହୁଏ, ତେବେ ତୁମ୍ଭର ଏହି ଶ୍ୟାମଳବର୍ଣ୍ଣ ସୁନ୍ଦର ଅଙ୍ଗ ଭୋଗ କରିବା ହେତୁରୁ ତାଙ୍କର ଘୋର କଷ୍ଟ ହେବ, ରାତି ଚାରିପହରଯାକ ଯନ୍ତ୍ରଣାରେ ତାଙ୍କ ଚକ୍ଷୁରୁ ଡବ ଡବ ହୋଇ ଲୋତକ ପଡ଼ିବ, ତାଙ୍କର କୋମଳ ଶରୀରରେ ଘୋର ଦାହ ଜାତ ହେବ। ମୁଁ ତାଙ୍କୁ କେବେହେଁ ଡାକି ଆଣିବି ନାହିଁ। ତୁମ୍ଭେ ତ ବଂଶୀସ୍ୱରରେ ଡାକି ଜାଣ, ତାଙ୍କୁ ଏଠାକୁ ଡାକି ଆଣ; କିନ୍ତୁ ମୁଁ ଦେଖୁଛି, ସେଥିରେ ଆଦୌ ଫଳ ହେବ ନାହିଁ, ତେଣୁ ତାହା ଆମ୍ଭ କାନରେ ନ ପଡୁ ଏବଂ ଆମ୍ଭେମାନେ ବ୍ୟାକୁଳ ନ ହେଉ ।୪। (ଯେବେ ଫଳ ହୁଏ) ସେ ଡାଳିମ୍ବଦନ୍ତୀ ଏଠାରେ ତୁମ୍ଭ ସଙ୍ଗେ ଖେଳୁ, ତୁମ୍ଭ ମନ ଅନୁସାରେ ତୁମ୍ଭେ ଏ ବଣରେ ଡେଉଁଥାଅ; ହରିଚନ୍ଦନ ଏହା ରଚନା କଲେ ।୫।

ଗଦ୍ୟାନୁବାଦ - ହେ କୃଷ୍ଣ, କଂସ ନୃଶଂସମାନଙ୍କ ମଧ୍ୟରେ ଶ୍ରେଷ୍ଠ, ସେ ବର୍ତ୍ତମାନ ପୃଥିବୀ ଶାସନ କରୁଅଛି। ଏପରି ଅବସ୍ଥାରେ ତୁମ୍ଭେ ଜଣେ ଧନୀ ଲୋକର ପୁଅ ହୋଇ କାହିଁକି ଅପଥରେ ପଥିକ ହେଉଅଛ।

ତୁମ୍ଭେ ବର୍ତ୍ତମାନ ଅପବାଦସମୁଦ୍ରରୁ ଉଠୁଥିବା ଲହରୀରେ ଆନ୍ଦୋଳିତ ହେଉଅଛ, ସେହି ସମୁଦ୍ର ପାରି ହେବାପାଇଁ, ହେ ଯୁବତୀ ! ତୁମ୍ଭେ ମୋର ନୌକା ହୁଅ ବୋଲି ଉପଦେଶ ଦେଇ ମୋତେ ପୁଣି କାହିଁକି କୂଳରୁ ଦୂରକୁ ଠେଲି ଦେଇ ସେହି ଅପବାଦସମୁଦ୍ରରେ ବୁଡ଼ାଇବାକୁ ବିଚାର କରୁଅଛ ?

ଏହା ଶୁଣି ଶ୍ରୀକୃଷ୍ଣ କହୁଅଛନ୍ତି, "ଢାଳେ ତ ଢାଳିଲୁ ନାହିଁ" ଇତ୍ୟାଦି।

❑❑❑

ଢ

(ରାଗ-ଦେଶାକ୍ଷ)

ଢାଳେ ତ ଢାଳିଲୁ ନାହିଁ କୃପାସୁଧା ଝରିକି ରେ ।ପଦ।
ଢକ୍‌କା ବାଜୁଥାଇ ବ୍ରଜେ, ଲଳିତାର ହୃଦମ୍ବୁଜେ,
କରୁଣା ଅଛି ବୋଲି ଯା ନେଲା କେ ତା ହରିକି ରେ ।୧।
ଢେଳାଇଲା ପରି ଢଳି, ଢଳେ ପଡ଼ିଯିବା ଭଳି,
ହେଲିନି ଯେ କୁନ୍ଦକଳିଦଶନା ଏ ସରିକି ରେ ।୨।
ଢୁକାଇ ଦେଲେ ତୃଷିତ, ଚକୋର ଚଞ୍ଚୁରେ ଶୀତ -
ଭାନୁଚନ୍ଦ୍ରିକାକୁ ବିତ୍ତ ଯାଏ କିଛି ସରିକି ରେ ।୩।
ଢୋକୁଟିକୁ ସିନା ହଟି, ମୋ ସାର ଯାଉଛି ତୁଟି,
ପିଇ ଦିଅନ୍ତି କି ଗୋଟିଯାକ ସେ କିଶୋରୀକି ରେ ।୪।
ଢବା-ତନାବିରୁ ଗୋପ-ନଗରୀର ବନ୍ଦେ ଭୂପ
ବାଲୁକେଶ ଦେବ ନୀପକୁଞ୍ଜପୁଞ୍ଜସରିକି ରେ ।୫।

(ଢ) ଚାୟଂ ଚାୟଂ ମୟୋକ୍ତୈଃ କଥିତମକପଟଂ ଚାଟୁମାକର୍ଣ୍ଣ୍ୟ ଭୂୟଃ,
ପାୟଂ ପାୟଂ ଚ ଦୃଷ୍ଟ୍ୟା ମମତନୁମତନୁ କ୍ରୁରନାରାଚଭିନ୍ନାଂ;
ସାନୁକ୍ରୋଶେନ ସାନୁଗ୍ରହମହହ ମମ ପ୍ରାଣବିଶ୍ରାଣନୋକ୍ତା-
ମିଚ୍ଛାଂ ତୁଚ୍ଛାଂ ବିଧାୟ କ୍ଷିପସି ସୁମୁଖି କିଂ ରୋଷରୁକ୍ଷଂ କଟାକ୍ଷମ୍।

ଗଦ୍ୟ : ମୀନାଙ୍କକଙ୍କପତ୍ରଦୂନାତ୍ମନଃ କଥାମାର୍ତ୍ତସ୍ୟ ବିଷୟେ କାର୍ତ୍ତସ୍ୱରଗୌରାଙ୍ଗୀ-ଭିରକାରୁଣିକହୃଦୟବୃତ୍ତତ୍ୱମୁରୀକ୍ରିୟତ ଇତି ବ୍ରୁବତି କିଶୋରଶିରୋମଣୌ ସସ୍ମିତତ୍ୱରଂ ଲଳିତା।

(ଢ) ଢାଳେ-ଥରେ, ଝରି-ସୁରେଇଆକୃତିର ଜଳପାତ୍ରବିଶେଷ, ଢକ୍‌କା-ବାଦ୍ୟବିଶେଷ, ବଡ଼ ଢୋଲ; ହୃଦମ୍ବୁଜେ-ହୃଦୟରୂପ ପଦ୍ମରେ, ଢୋଳାଇଲା-ଘୁମାଇଲା, କୁନ୍ଦକଳିଦଶନା-କୁନ୍ଦଫୁଲର କଢ଼ି ପରି ଦାନ୍ତ ଯାହାର, ଢୁକାଇଦେଲେ-ପିଆଇଦେଲେ, ଚଞ୍ଚୁ-ଥଣ୍ଟ, ଶୀତଭାନୁ-ଚନ୍ଦ୍ର, ଢୋକୁଟିକୁ-ଥରେମାତ୍ର ପିଇବାକୁ, ସାର-ବଳ, ଢବା-କୋଠାଘର, ତନାବି-ଝରକା।

ଅୟି ଲଳିତେ, ତୋତେ ଏତେ ଅନୁନୟ କରି କହିଲି, ତଥାପି ତୁ ଥରେ ହେଲେ ଦୟାରୂପ ଅମୃତ ଝରୀକୁ ଢାଳିଲୁ ନାହିଁ, ଅର୍ଥାତ୍ ଟିକିଏ ହେଲେ କୃପା କଲୁ ନାହିଁ ? ପଦ। ଏ

ଗୋପପୁରରେ ଢକ୍‌କା (ଢୋଲ) ବାଜୁଥାଏ ଯେ; ଅର୍ଥାତ୍ ଗୋପପୁରରେ ସମସ୍ତେ ଜାଣନ୍ତି ଯେ, ଲଳିତାର ହୃଦପଦ୍ମରେ ଦୟା ଥାଏ ବା ଲଳିତା ଦୟାବତୀ ବୋଲି ଗୋପପୁରରେ ସମସ୍ତଙ୍କୁ ଜଣା; ସେ ଦୟାକୁ କିଏ ହରଣ କରିନେଲା କି ?୧। ହେ କୁନ୍ଦଦନ୍ତି, ଘୁମାଇ ଢଳି କରି ତଳେ ପଡ଼ିଯିବା ଭଳି ମୋର ଦଶା ହେଲାଣି ।୨। ତୃଷାର୍ତ୍ତ ଚକୋର ଥଣ୍ଟରେ ଯେବେ ଚନ୍ଦ୍ରକିରଣକୁ ପିଆଇ ଦିଆଯାଏ, ତେବେ କିଛି ସମ୍ପତ୍ତି ସରିଯାଏ କି ?୩। ସାମାନ୍ୟ ଢୋକକ ପାଇଁ ସିନା ମୋ ବଳ ହଟିଯାଉଛି; ଅର୍ଥାତ୍ ମୋର ସର୍ବନାଶ ହେଉଅଛି; ଆଚ୍ଛା କହ ଭଲା, ମୁଁ କ'ଣ ସେ କିଶୋରୀକି ଗୋଟିକ ଯାକ ପିଇ ଦିଅନ୍ତି ?୪। ରାଜା ବାଲୁକେଶ ଦେବ ଗୋପନଗରୀର କୋଠାଘର ଝରକାଠାରୁ (ଯେଉଁ ଝରକାବାଟେ ଶ୍ରୀକୃଷ୍ଣ ରାଧାଙ୍କୁ ଦେଖିଥିଲେ) କଦମ୍ବ କୁଞ୍ଜସମୂହ ପର୍ଯ୍ୟନ୍ତ (କୃଷ୍ଣ ବର୍ତ୍ତମାନ ଯେଉଁଠାରେ ଅଛନ୍ତି) ସେହି ସମଗ୍ର ପଥକୁ ନମସ୍କାର କରୁଅଛି ।

ଗଦ୍ୟାନୁବାଦ - ସଖି, ମୁଁ ଦୀନ ହୋଇଥିବାରୁ ମନ ଖୋଲି ସ୍ପଷ୍ଟରୂପେ ଯାହା ପ୍ରକାଶ କଲି, ସେ ସବୁ କଥାକୁ ଗ୍ରହଣ କରି, ପୁଣି ମୋ ଚାଟୁ ଉକ୍ତିକୁ ବାରମ୍ବାର ଶୁଣି, କନ୍ଦର୍ପର ନିର୍ଦ୍ଦୟ ବାଣଦ୍ୱାରା ବିଦୀର୍ଣ୍ଣ ହୋଇଯାଇଥିବା ମୋର ଏହି ଶରୀରକୁ ଅନୁଗ୍ରହ କରି ନିଜ ଚକ୍ଷୁରେ ଦେଖି ମଧ୍ୟ ତୁ ପୁଣି ମୋ ଜୀବନ ରଖିବାରେ ଜାତ ହେଉଥିବା ଉତ୍‌କଣ୍ଠାକୁ ବୃଥା କରି ଅର୍ଥାତ୍ ମୋ ଜୀବନ ରକ୍ଷାରେ ମୋଟେ ଇଚ୍ଛା ନ କରି କାହିଁକି କୋପକର୍କଶ ଦୃଷ୍ଟିକୁ ମୋ ଉପରେ ପକାଉଅଛୁ ?

ଯେଉଁ ଲୋକ କନ୍ଦର୍ପବାଣରେ ଏକାନ୍ତ ସନ୍ତପ୍ତ ହୋଇଅଛି, ସେହି ଆର୍ତ୍ତମାନଙ୍କୁ ରକ୍ଷା କରିବାରେ ତୁମ୍ଭ ପରି ତପ୍ତକାଞ୍ଚନବର୍ଣ୍ଣାଭା ସୁନ୍ଦରୀମାନଙ୍କ ହୃଦୟ ଏଡ଼େ ନିର୍ଦ୍ଦୟ କାହିଁକି ? କିଶୋରତିଳକ ଶ୍ରୀକୃଷ୍ଣ ଏହା କହି ନିବୃତ୍ତ ହୁଅନ୍ତେ ଲଳିତା ହସି ହସି ଚଞ୍ଚଳ ତାଙ୍କୁ କହୁଅଛନ୍ତି- "ଅତସୀକୁସୁମ ସମ" ଇତ୍ୟାଦି ।

❑❑❑

ଣ

(ରାଗ-ସୋମ)

ଅତସୀ କୁସୁମସମ ଶ୍ୟାମ ହେ ମୁଁ ଗଲିଟି । ପଦ ।

ଅଳି ତୁମ୍ଭର ନିବିଡ଼, ଅସହିଷ୍ଣୁ ସେ ଯେ ବଡ଼,
ଅବଶ୍ୟ ତା ଛାମୁରେ ମୁଁ ନିବେଦନ କଲିଟି ।୧।
ଅଧ ଅଧରରେ ସ୍ମିତ ଉଲ୍ଲସି ହେଲେ ଲଜ୍ଜିତ
ଉହିବି ଏହିଟି ବୋଲି କୃପାକଳ୍ପବଲ୍ଲୀଟି ।୨।
ଆରକତ କଲେ ମୁଖ, ଅଖଣ୍ଡ ସୁଧାମୟୂଖ,
ଆବୁର ସରିବ ମୋର ଜିଇଲେ ହେଁ ମଲିଟି ।୩।
ଅଦୃଷ୍ଟବଲୁଁ କିଶୋରୀ, ଅଙ୍ଗୀକାର କଲେ ସରି,
ଅଭାବେ ଉଚ୍ଛନ୍ନ ହେବ ଏ ବଲ୍ଲବପଲ୍ଲୀଟି ।୪।
ଉଗ୍ରନିର୍ଦ୍ଦେଶ ନୃପର ଉପବନ ଗୋପପୁର
ଆଶ୍ରୟ ନୋହିବ ଗୋବର୍ଦ୍ଧନଗିରିଦରୀଟି ।୫।
ଅଷ୍ଟଦୁର୍ଗନାଥ ଭାଷେ, ଆହା ଧ୍ୟାନେ କି ଶୋଭା ସେ
ଅଖିଳ ଜନନୀ ନାସାମୃଗମଦକଲିଟି ।୬।

(ଣ) ଯାମି ପ୍ରତୀପମନୁକୂଳୟିତୁଂ ପ୍ରଯତ୍ନେ -
ଶ୍ୱେତଃ ସରୋରୁହସହୋଦରଲୋଚନାୟାଃ,
ସାମିପ୍ରସନ୍ନମପିଚେଦଭବଂ କୃତାର୍ଥା,
ନୋ ଚେତ୍ତ୍ୱଦାସ୍ୟବିଧୁବୀକ୍ଷଣମେତଦେବ ।

ଗଦ୍ୟ : ନନ୍ଦନନ୍ଦନ କର୍ହିଚିଲ୍ଲାଘବଲବସ୍ୟାପ୍ୟୁସ୍ଥିତୌ ତମନୁଭୂୟ ଭୂୟସ୍ତନ୍ମୁଖସୁନ୍ଦରେ ନ୍ଦୁସନ୍ଦର୍ଶନକନ୍ଦଳିତାନନ୍ଦସନ୍ଦୋହାନୁଭବମନ୍ଦାଦରୟା ବାମୟା ଭାବ୍ୟମିତି ନିବେଦ୍ୟ ନିଷ୍କ୍ରମ୍ୟ ସବିଧଂ ଶ୍ରୀରାଧାୟାଃ ପ୍ରବିଶ୍ୟ ତାଂ ପ୍ରତି ।

(ଣ) ଅତସୀକୁସୁମ-ପେଶୀଫୁଲ, ଅଳି-ସନିର୍ବନ୍ଧ ଅନୁରୋଧ, ନିବିଡ଼-ଦୃଢ଼, ଅଧ ଅଧରରେ-ତଳ ଓଠରେ, ଉହିବି-ତର୍କିବି, ଅନୁମାନ କରିବି; କଳ୍ପବଲ୍ଲୀ-କଳ୍ପଲତା, ଅଖଣ୍ଡସୁଧାମୟୂଖ-

ପୂର୍ଣ୍ଣଚନ୍ଦ୍ର, ଆବୁର-ମହତ୍ତ୍ୱ, ସରି-ଭଲ ହେଲା (ଗଞ୍ଜାମ ଅଞ୍ଚଳର ପ୍ରୟୋଗ), ବଲ୍ଲବପଲ୍ଲୀ-ଗୋପାଳଗାଆଁ, ଗୋପପୁର; ଉଗ୍ରନିର୍ଦ୍ଦେଶ-ନିଷ୍ଠୁରାଦେଶ, ମୃଗମଦକରି-କସ୍ତୁରୀଚିତା।

ହେ ଅତସୀଫୁଲ ପରି ନୀଳବର୍ଣ୍ଣ ଶରୀରଧାରୀ କୃଷ୍ଣ ମୁଁ ବର୍ତ୍ତମାନ ବାହାରିଲି । ପଦ । ଏକପକ୍ଷରେ ତୁମ୍ଭର ସନିର୍ବନ୍ଧ ଅନୁରୋଧ, ଅନ୍ୟ ପକ୍ଷରେ ସେ ରାଧା ବଡ଼ ଅସହିଷ୍ଣୁ ଅର୍ଥାତ୍ ପରପ୍ରୀତି କଥା ଆଦୌ ସହିପାରେ ନାହିଁ, ଏପରି ଅବସ୍ଥାରେ ଦୁଇଆଡ଼ ରକ୍ଷା କରିବା ମୋ ପକ୍ଷରେ ବଡ଼ କଠିନ, ତଥାପି ତୁମ୍ଭ କଥା ଅନୁସାରେ ତା ଆଗରେ ଏ ବିଷୟ ନିବେଦନ କଲି ବୋଲି ଜାଣ ।୧। ଯେବେ ସେ ମୋ ପ୍ରାର୍ଥନା ଶୁଣି ତଳଓଠରେ ହସକୁ ପ୍ରକାଶ କରି ଲଜ୍ଜିତ ହେଲା ଭଳି ହେବ, ତେବେ ତାହାକୁ ଅନୁଗ୍ରହର କଳ୍ପଲତା ବୋଲି ଅନୁମାନ କରିବି, ଅର୍ଥାତ୍ ତୁମ୍ଭ ପ୍ରତି ନିଶ୍ଚେ ଅନୁଗ୍ରହ କରିବ ବୋଲି ମନେ କରିବି ।୨। କିନ୍ତୁ ଯେବେ ତାହାର ପୂର୍ଣ୍ଣଚନ୍ଦ୍ର ମୁଖକୁ ରକ୍ତବର୍ଣ୍ଣ କରିଦେବ, ଅର୍ଥାତ୍ ରାଗିଯିବ ତେବେ ମୋ ମହତ୍ତ୍ୱ ସରିଗଲା, ମୁଁ ଜିଇଲେହେଁ ମଲି ବୋଲି ଜାଣିବ ।୩। ଶୁଭାଦୃଷ୍ଟବଶରୁ ଯେବେ କିଶୋରୀ ଅଙ୍ଗୀକାର କରେ, ତେବେ ତ ସରି (ଭଲ ହେଲା) ନଚେତ୍ ଏ ଗୋପପୁର ଉଚ୍ଛନ୍ନ ହୋଇଯିବଟି ।୪। କଂସର ଆଦେଶ ନିଷ୍ଠୁର ଅଟେ; ଯେବେ ସେ ଏ କଥା ଜାଣିବ, ତେବେ ବନ ନିକଟରେ, କି ଗୋପପୁରରେ କିମ୍ବା ଗୋବର୍ଦ୍ଧନପର୍ବତ ଗହ୍ୱରରେ କୌଣସିଠାରେ ଆଶ୍ରୟ ମିଳିବ ନାହିଁ ।୫। ଆଠଗଡ଼ର ରାଜା କହୁଅଛନ୍ତି, "ଅଖିଳଜନନୀ ଯେ ପୃଥିବୀ ତାହାଙ୍କର ନାସିକାର ମୃଗମଦକଲି ସଦୃଶ ଯେ କୃଷ୍ଣଚନ୍ଦ୍ର, ଧ୍ୟାନରେ ତାହାଙ୍କର ଶୋଭା କି ମନୋହର ଅଟେ।" (ଅଥବା ନିଖିଳ ମାତୃମଣ୍ଡଳୀଙ୍କର ଶୀର୍ଷସ୍ଥାନୀୟା ରାଧାଙ୍କ ଶୋଭା ଧ୍ୟାନରେ କି ସୁନ୍ଦର ଅଟେ) ।୬।

ଗଦ୍ୟାନୁବାଦ - ହେ କୃଷ୍ଣ, ପଦ୍ମନେତ୍ରା ରାଧାଙ୍କର ବିପରୀତଭାବାପନ୍ନ ମନକୁ ନାନା ଚେଷ୍ଟାରେ ତୁମ୍ଭ ପ୍ରତି ଅନୁରକ୍ତ କରିବାକୁ ମୁଁ ଯାଉଅଛି। ଯେବେ ତାଙ୍କ ମନ ଅର୍ଦ୍ଧମାତ୍ରାରେ ପ୍ରସନ୍ନ ହୁଏ, ତେବେ ମୁଁ କୃତାର୍ଥ ହେଲି ବୋଲି ମନେ କରିବି; ଅନ୍ୟଥା ତୁମ୍ଭ ଚନ୍ଦ୍ରମୁଖ ଦର୍ଶନ ଏହିଠାରେ ମୋର ଶେଷ ହେଲା।

ହେ ନନ୍ଦନନ୍ଦନ, ଉଦ୍ଦେଶ୍ୟ ସିଦ୍ଧିରେ ନୀଚତା ମଧ୍ୟ ଅଙ୍ଗୀକାର କରିବି। କିନ୍ତୁ ତୁମ୍ଭ ମୁଖଚନ୍ଦ୍ର ଦର୍ଶନରେ ଯେଉଁ ଆନନ୍ଦ ଅନୁଭବ କରୁଥିଲି, ତହିଁରେ ଆଉ ମୋର ଉତ୍ସାହ ରହିବ ନାହିଁ, ମୁଁ ସେ ବିଷୟରେ ବିମୁଖ ହୋଇ ରହିବି ସିନା ! ଲଳିତା ଶ୍ରୀକୃଷ୍ଣଙ୍କୁ ଏହିପରି କହିବା ପରେ ରାଧାଙ୍କ ନିକଟରେ ଉପସ୍ଥିତ ହୋଇ ତାଙ୍କୁ କହିଲେ, "ତୋ ଘେନି ତମାଳ ଶ୍ୟାମ" ଇତ୍ୟାଦି।

ତ

(ରାଗ-କାନଡ଼ଗୌଡ଼ା ବା କନଡ଼ା)

(ସଖି ରେ) ତୋ ଘେନି ତମାଳଶ୍ୟାମ ମୋ ମରଜି କଷିଲା ରେ,
ତଥାପି ତ ତିଳେ ହେଲେ ତୋ ସ୍ନେହେ ନ ରସିଲା ରେ । ପଦ ।
ତଳେ ବସନ ପ୍ରସାରି, ତୃଣ ଦଶନାନ୍ତେ ଧରି,
କହିଲେହେଁ ଅନୁସରି, ରାଜି ତ ନ ଦିଶିଲା ରେ । ୧ ।
ତହୁଁ କି ବିଷମଭାବ, ତର୍କିଲା ମୋ ଚାଟୁ ଶ୍ରବ -
ତଟକୁ ଘଟନ୍ତେ ଅବଧାନ ବିନା ହସିଲା ରେ । ୨ ।
ତପନଜାତଟକୁ ତୁ, ତରୁଣୀଟା କେଉଁ କୁତୁ-
ହଳରୁ ଆସିଲୁ ହେତୁ, କହ ବୋଲି ଘୋଷିଲା ରେ । ୩ ।
ତାର ତୋର ସୁଲୋଚନା, ତାରତମ୍ୟ ବିବେଚନା
ଲବ ହୋଇ ନାହିଁ ତହିଁ, ତୋ ଚିତ୍ତ କେ ପେଷିଲା ରେ । ୪ ।
ତିରସ୍କାର ପୂର୍ବଭାଷା, ତରଳାଇ ସୁଖ ଆଶା,
ତୋଟିକି ଚୁମ୍ବିଲା ତୃଷା ତିମିର ବିଳସିଲା ରେ । ୫ ।
ତୁଚ୍ଛସ୍ନେହମନ ଜନ, ତୋ ସଙ୍ଗକୁ କି ଭାଜନ,
ପ୍ରପନ୍ନ ହରିଚନ୍ଦନ ଜଗଦ୍ଦେବ ଭାଷିଲା ରେ । ୬ ।

(ତ) ଛାୟାଂ ତ୍ୱଦ୍‌ଭୁଜଦମ୍ଭହେମଲତୟୋରାଶ୍ରିତ୍ୟ ନିତ୍ୟଂ ସ୍ଥିତାମ୍,
ପାୟାନ୍ନାମଧୁନାପି ତନ୍ୱି ଭବତୀ ଭଲ୍ଲାଧିକାଲ୍ଲାଘବାତ;
ଆୟାସଃ ସଖି କେବଳଂ ଫଳମଭୂତ୍ ବାଧାପ୍ୟସାଧାରଣୀ,
ଚେତସ୍ୟାବିରଭୂଦ୍‌ବଭୂବ ନ ପୁନସ୍ତ୍ୱଲ୍ଲାଳସୋଲ୍ଲାସନମ୍ ।

ଗଦ୍ୟ : ଦିଷ୍ଟ୍ୟା କଦାଚିଦ୍‌ଭବଦୀୟାଭୀଷ୍ଟସିଦ୍ଧୌ ସମୃଦ୍ଧାୟାମପି ବନ୍ଧ୍ୟାତ୍ୱମୁତ୍‌ପତ୍‌ସ୍ୟତେ କଲ୍ୟାଣବଲ୍ଲ୍ୟାଃ ।

(ତ) ତୋ ଘେନି-ତୋ ପାଇଁ ବା ତୋ ହେତୁରୁ, ତମାଳଶ୍ୟାମ-ତମାଳ ଗଛର ପତ୍ରପରି ବର୍ଣ୍ଣ ଯାହାର, କୃଷ୍ଣ; ମରଜି-ଇଚ୍ଛା, ହୃଦ୍‌ଭାବ; କଷିଲା- ପରୀକ୍ଷା କରି ନେଲା, ବସନ-ବସ୍ତ୍ର, ରାଜି ଦିଶିଲା ନାହିଁ-ସମ୍ମତ ହେବା ଭଳି ଜଣାଗଲା ନାହିଁ, ଶ୍ରବତଟକୁ-କାନ ପାଖରେ, ତପନଜାତଟ-ଯମୁନାକୂଳ, କୁତୂହଳରୁ-କୌତୁକ ହେତୁରୁ, ତାରତମ୍ୟ ବିବେଚନା-ନ୍ୟୂନତା ଓ ଆଧିକ୍ୟ ଜ୍ଞାନ,

ତିରସ୍କାର ପୂର୍ବଭାଷା-ଗାଳିଦେଇ କହିବା, ତରଳାଇ-ନାଶକରି ବା ଦୂରକରି, ତୋଟି-କଣ୍ଠ, ତୁଚ୍ଛସ୍ନେହମନ ଜନ-ଯାହା ମନରେ ଆଦୌ ସ୍ନେହ ନାହିଁ, ସ୍ନେହଶୂନ୍ୟ ଲୋକ; ପ୍ରପନ୍ନ-ଆଶ୍ରିତ।

ହେ ସଖି, ସେହି ତମାଳବୃକ୍ଷର ପତ୍ର ପରି ଶ୍ୟାମଳବର୍ଣ୍ଣ କୃଷ୍ଣ ତୋ ସକାଶେ ମୋ ହୃଦୟକୁ ପରୀକ୍ଷା କରିନେଲା, ତଥାପି ଟିକିଏ ହେଲେ ତୋ ପ୍ରତି ଅନୁରାଗ ପ୍ରକାଶ କଲା ନାହିଁ। ପଦ । ମୁଁ ତଳେ ଲୁଗା ପକାଇ ଦାନ୍ତରେ କୁଟା ଧରି ଯେତେ ଅନୁସରଣ କରି କହିଲି, ସେ ତହିଁରେ ରାଜି ହେଲା ନାହିଁ।୧। ତତ୍ପରେ ମୋର ଚାଟୁ କଥା ଯେତେବେଳେ ତା କାନ ପାଖରେ ପହଞ୍ଚିଲା, ଅର୍ଥାତ୍ ତା କାନରେ ପଡ଼ିଲା ସେତେବେଳେ ତହିଁରେ ସେ ଗୋଟିଏ ବିରୁଦ୍ଧ ଭାବ ଅନୁମାନ କଲା ଏବଂ ତହିଁରେ ଆଦୌ ମନ ନ ଦେଇ ହସିବାକୁ ଆରମ୍ଭ କଲା।୨। ଏବଂ ବାରମ୍ବାର କହିଲା, ତୁ ଯୁବତୀ ସ୍ତ୍ରୀଟାଏ, କି କୌତୁକରୁ ଯମୁନାକୂଳକୁ ଆସିଲୁ କହ ।୩। ହେ ସୁଲୋଚନେ, ତୁ କେଡ଼େ ହୀନ, ସେ କେଡ଼େ ବଡ଼, ଏ ବିଚାର ତୁ ଟିକିଏ ସୁଦ୍ଧା କରି ନାହୁଁ, ଏପରି ଅବସ୍ଥାରେ ତୋ ମନ କିପରି ତା ପ୍ରତି ଅନୁରକ୍ତ ହେଲା ?୪। ସେ ଯେତେବେଳେ ଗାଳି ଦେଇ କଥା କହିଲା, ସେତେବେଳେ ମୋର ସବୁ ସୁଖ ଆଶା ଭାଙ୍ଗିଗଲା; ମୋ କଣ୍ଠ ଶୁଖିଗଲା ଏବଂ ମୋତେ ଚାରିଆଡ଼ ଅନ୍ଧାର ଦିଶିଲା ।୫। ଯେଉଁ ଲୋକର ମନ ସ୍ନେହଶୂନ୍ୟ ସେ କଅଣ ତୋ ସଙ୍ଗର ଉପଯୁକ୍ତ ପାତ୍ର ? ଆଶ୍ରିତ ହରିଚନ୍ଦନ ଜଗଦେବ ଏହା କହିଲେ ।୬।

ଗଦ୍ୟାନୁବାଦ - ହେ ସୁନ୍ଦରୀ, ମୁଁ ତୁମ୍ଭର ନିତ୍ୟ ଅନୁଗତ, ଗୌରବହାନି ହେବାରୁ ମୋତେ ପ୍ରାଣାନ୍ତକ କଷ୍ଟ ହେଉଅଛି, ତହିଁରୁ ତୁମ୍ଭେ ମୋତେ ରକ୍ଷା କର; ମୋର ପରିଶ୍ରମ ମାତ୍ର ସାର ହେଲା ଏବଂ ହୃଦୟରେ ଅସାଧାରଣ କଷ୍ଟ ଜାତ ହେଲା; କିନ୍ତୁ ତୁମ୍ଭ ଆଶା ପୂରଣ ହେଲା ନାହିଁ।

ଭାଗ୍ୟବଶରୁ ଯେବେ କେତେବେଳେ ତୁମ୍ଭ ଅଭିଳାଷ ପୂର୍ଣ୍ଣ ହୁଏ ତେବେ ଶେଷଫଳ ଭଲ ହେବ ନାହିଁ। ଏହା ଶୁଣି ଶ୍ରୀକୃଷ୍ଣ କହିଲେ- "ଆପିରେ କହ"-

❑❑❑

ଥ

(ରାଗ-ଝଂଝୋଟା ବା ତୋଡ଼ୀ ଜଙ୍ଗଲା)

ଥାପିରେ କହ ତଥାପିରେ ପ୍ରିୟସଖି ଥିବି କି ଛାଡ଼ିବି ପ୍ରାଣ । ପଦ ।
ଥିଲା ପରି ସ୍ନେହ, ଲାଗିଲା କି କହ, ଅଛିଟି ତୋତେ ମୋ ରାଣ ।୧।
ଥକାଇ ତୁ କହୁ, କହୁ ଧୃତି ରହୁ, ନାହିଁଟି ମୋହର ଜାଣ ।୨।
ଥୋକାଏ ତୋ ପ୍ରୀତି-ବିଧିକି ସମ୍ମତି କଲେ କି ମୋ ପରିତ୍ରାଣ ।୩।
ଥରେ ହେଲେ ବିକି, ହେବି ମୋତେ ନିକି ବଞ୍ଚାଇବ ପଞ୍ଚବାଣ ।୪।
ଥୋଇ ହୃଦେ ଛଳ, ନ କର ବିକଳ, କହେ ଅଷ୍ଟଦୁର୍ଗରାଣ ।୫।

(ଥ) ସ୍ମିତସୁଭଗମୁଖଃ ଶିଖଣ୍ଡମୌଳିର୍ବଦ କିମୁରୀକୃତବାନ୍ ମଦଙ୍ଗସଙ୍ଗମ୍;
କଥୟ ସଖି ଯଦା ତୃଣାୟ ମେନେ ବପୁରଥ କିଂ ବିସୃଜାମି ଧାରୟାମି ॥

ସହଚରି ଲଳିତେ। ଦମ୍ଭସମ୍ଭୃତିସମୁଜ୍ଝନମନ୍ତରେଣ ବିଳମ୍ବମନବଲମ୍ବ୍ୟ ବ୍ରୂହି ସବିଶ୍ରମ୍ଭଂ ଜୀବାମି ବା କତିଦିନାନ୍ୟଥବା ତାପିଞ୍ଛଶାଖିଶାଖାୟାମୁଦ୍‌ବନ୍ଧନମଙ୍ଗୀକରିଷ୍ୟାମି।

(ଥ) ଥାପି-ସ୍ଥିର କରି, ଲାଗିଲା-ଜଣାଗଲା, ଥକାଇ-ରହି ରହି, ଧୃତି-ଧୈର୍ଯ୍ୟ, ଥୋକାଏ-ଟିକିଏ, ପରିତ୍ରାଣ-ରକ୍ଷାକାରୀ, ନିକି-ସେତ କି ?

ହେ ସଖି; ସ୍ଥିର କରି କହ, ବଞ୍ଚିବି କି ପ୍ରାଣତ୍ୟାଗ କରିବ। ପଦ । ତୋତେ ମୋ ରାଣଟି ସତ କରି କହ; ମୋଠାରେ ତାଙ୍କର ସ୍ନେହ ଥିଲା ପରି ଜଣାଗଲା ତ ।୧। ତୁ ରହି ରହି କଥା କହିବାରୁ ମୁଁ ଧୈର୍ଯ୍ୟ ଧରି ପାରୁ ନାହିଁ ।୨। ତୁ ଯେପରି ଭାବରେ ମିଳନର ବିଧାନ କଲୁ ତହିଁରେ ଟିକିଏ ହେଲେ କଅଣ ମୋର ରକ୍ଷାକର୍ତ୍ତା (ଶ୍ରୀକୃଷ୍ଣ) ସମ୍ମତି ପ୍ରକାଶ କଲେ ନାହିଁ।୩। ମୁଁ ଥରେ ହେଲେ ଏ ଜୀବନକୁ ତାଙ୍କ ଶ୍ରୀଚରଣରେ ବିକିଦିଅଛି, ଅନ୍ୟଥା ମୋତେ କନ୍ଦର୍ପ ବଞ୍ଚାଇବ କି ।୪। ହୃଦୟରେ କପଟ ରଖି ମୋତେ ବିକଳ କର ନା; ଅଷ୍ଟଦୁର୍ଗର ରାଜା ଏହା କହିଲେ ।୫।

ଗଦ୍ୟାନୁବାଦ - ଅୟି ସଖି ଲଳିତେ, ସତ କହ, ମୟୂରଚୂଳିଆ ସ୍ମିତସୁନ୍ଦରବଦନ ଶ୍ରୀକୃଷ୍ଣ ତୋ ପ୍ରସ୍ତାବକୁ ଅଙ୍ଗୀକାର କଲେଟି। କିମ୍ବା ମୋ ଅଙ୍ଗସଙ୍ଗକୁ ଅତି ସାମାନ୍ୟ ବୋଲି ମନେ କଲେ, ଏ ଦେହକୁ ରଖିବି କି ଛାଡ଼ିବି କହ।

ସହଚରି, ହୃଦୟରେ କପଟ ନ ରଖି ଆଉ ବିଳମ୍ବ ନ କରି ସତ କରି କହ, ତମାଳଗଛ ଡାଳରେ ଦଉଡ଼ିଦେଇ ପ୍ରାଣ ହରାଇବି କି ଆଉ କିଛି ଦିନ ବଞ୍ଚିବି ?

ଏହା ଶୁଣି ଲଳିତା କହିଲେ; - "ରେ ଦୁଃଖିଧନ" ଇତ୍ୟାଦି।

❑❑❑

ଦ

(ରାଗ-ଭଟିଆରି)

ରେ ଦୁଃଖିଧନ, ଦମ୍ଭ ଦେଖିବାକୁ ସିନା କଲି ଛନ,
ଦୁଃଖମୟ ନ କର ସରସ ମନ । ପଦ ।

ଦୂରୁ ମୁଁ ଯିବାର ଜାଣି ହରି, ଦରିଦ୍ର ନିଧି ଲଭିଲା ପରି,
ଦ୍ୱିଗୁଣ ଆଦରେ ପ୍ରମୋଦନଦରେ ମଜ୍ଜି ଘେନିଗଲେ କରଧରି ।୧।

ଦୟାଜରଜର କରି ଚିତ୍ତ, ଦନ୍ତବାସେ ରଖି ଦରସ୍ମିତ,
ଦଶବାର ଅନାମୟ ମୋତେ ଘେନାଘେନି କରି ପଚାରିଲେ ମିତ ।୨।

ଦେଖିଲି ଯାହା ଶ୍ରୀଅଙ୍ଗଦ୍ୟୁତି, ଦଳି ହୋଇଗଲା ମୋର ଛାତି,
ଦ୍ୱିତୀୟାର ଶଶୀ-ଲେଖା ପରି ଦିଶିଗଲେନି ସେ ଇନ୍ଦ୍ରନୀଳହାତୀ ।୩।

ଦୁର୍ବାର ତୋ ନେତ୍ରାଞ୍ଚଳଶର, ଦେବାରୁ ଦୁଃଖ ଦୁଃସହତର
ଦିବାଲା ହେବାର ଦେହମଞ୍ଜୁଷାର ଜାଣି ଯା ହେଲା ମାନସ ମୋର ।୪।

ଦୁର୍ବଳ ସାଳସ ଦେଖି ଚାଲି, ଦୁରୂହରେ କିଛି ପଚାରିଲି,
ଦୀର୍ଘ ତପତ ନାସାନିଳ ତେଜିଲେ ଆହା ମରଇ ତ ବିଚାରିଲି ।୫।

ଦେବ ଦଇବ ତୋ ଅଭିମତ, ଦୂର କର ଦ୍ୱାପରକୁ ଚେତ, ଈ
ଦବିଷ୍ଠ ଏ କଷ୍ଟଯାକ ହେବ ଅଷ୍ଟଦୁର୍ଗନାଥର ଏ ବିରଚିତ ।୬।

(ଦ) ସମାଶ୍ୱସିହି ମାନିନି ତ୍ୱଦତିଧୈର୍ଯ୍ୟଜିଜ୍ଞାସୟା,
ନଟତ୍‌କପଟପାଟବଂ ତବ ପୁରଃ ପ୍ରଣୀତଂ ବଚଃ;
ଅମନ୍ଦମଧୁମନ୍ଦିରଂ କିମରବିନ୍ଦବୃନ୍ଦଂ ବିନା-
ନୁବିନ୍ଦତି ମୁଦଂ ହୃଦନ୍ତରଗତାଂ ମିଳିନ୍ଦୋ ଯୁବା ।

ଗଦ୍ୟ : ପୁଷ୍ପିତାଂ ମାକନ୍ଦମଞ୍ଜରୀଂ ବନପ୍ରିୟଇବ, ସରୋଜିନୀଂ ଯୁବରୋଳମ୍ବ ଇବ, ଚନ୍ଦ୍ରିକାଂ ଚକୋର ଇବ, ପ୍ରତ୍ୟଗ୍ରମୁଦିରମଣ୍ଡଳୀଂ ଚାତକ ଇବ, ଚିନ୍ତାମଣିମକିଞ୍ଚନ ଇବ, ତ୍ୱାମନବରତଂ ବଲ୍ଲବମହୀମହେନ୍ଦ୍ରନୟନାନନ୍ଦଃ ସ୍ମରନ୍ କିଶୋରଃ ସୀଦତି, ତ୍ୱଂ କଥଂ ରୋଦନେନ ରୋଦୟସି ରୋଦସୀ ।

ଈ ପାଠାନ୍ତର- 'ଚେତ' ସ୍ଥାନରେ 'ମିତ' ।

(ଦ) ଛନ କଲି-ଡରାଇଲି, ପ୍ରମୋଦନଦରେ-ଆନନ୍ଦସାଗରରେ, ଦୟା-ସ୍ନେହ, ଦନ୍ତବାସେ-

ଓଠରେ, ଦରସ୍ମିତ-ଅଟ୍ଟହାସ, ଅନାମୟ-କୁଶଳପ୍ରଶ୍ନ, ଘେନାଘେନି କରି-ଟେକାଟେକି କରି, ଦ୍ୟୁତି-ଶୋଭା, ଶଶିଲେଖା-ଚନ୍ଦ୍ରକଳା, ଇନ୍ଦ୍ରନୀଳହାତୀ-ଇନ୍ଦ୍ରନୀଳମଣିଶୋଭାଧାରୀ, ହସ୍ତୀପରି ଆକୃତି-ବିଶିଷ୍ଟ ସେହି ଶ୍ରୀକୃଷ୍ଣ; ଦୁର୍ବାର-ଅନିବାର୍ଯ୍ୟ, ଯନ୍ତ୍ରଣାପ୍ରଦ; ଦିବାଲା-ଦୁର୍ବଳ, ମଜ୍ଜା-ହୃଦୟସାରବଳ, ସାଳସ-ଆଳସ୍ୟଯୁକ୍ତ, ଦ୍ୱାପର-ସନ୍ଦେହ (ଦ୍ୱାପରୌ ଯୁଗ ସଂଶୟୌ), ଚେତ-ମନେରଖ, ଦବିଷ୍ଠ-ଦୂରତମ।

ହେ ଦୁଃଖିଧନ, ତୋ ଧୈର୍ଯ୍ୟ ଦେଖିବାପାଇଁ ମୁଁ ଏପରି ସିନା ଡରାଇ ଦେଲି, ତୋର ସରସମନକୁ ତୁ ଦୁଃଖିତ କର ନା। ପଦ। ଶ୍ରୀକୃଷ୍ଣ ଦୂରରୁ ମୋ ଯିବା ଜାଣିପାରି ଦରିଦ୍ର ଲୋକ ନିଧି ପାଇଲେ ଯେପରି ଆନନ୍ଦିତ ହୁଏ ସେହିପରି ଆନନ୍ଦସାଗରରେ ବୁଡ଼ି ଅନ୍ୟ ସମୟରେ ତୋତେ ଯେତେ ଆଦର କରନ୍ତି ତାହାର ଦୁଇ ଗୁଣ ଆଦରରେ ହାତ ଧରି ମୋତେ ଘେନିଗଲେ ।୧। ଗୋ ମିତ, ଚିତ୍ତକୁ ସ୍ନେହପୂର୍ଣ୍ଣ କରି, ଓଷ୍ଠରେ ମନ୍ଦହାସ୍ୟକୁ ପ୍ରକାଶ କରି ମୋତେ ଟେକାଟେକି କରି ସେ ଦଶଥର ତୁମ୍ଭର କୁଶଳ ପ୍ରଶ୍ନ ପଚାରିଲେ ।୨। ଆହା, ସଖି, ତାଙ୍କର ଶ୍ରୀଅଙ୍ଗ ଶୋଭା ଯାହା ଦେଖିଲି, ସେଥିରେ ମୋ ଛାତି ଫାଟିଗଲା। ସେହି ନୀଳହାତୀଭଳି ଲୋକ ବର୍ତ୍ତମାନ ଦ୍ୱିତୀୟା ତିଥିର ଚନ୍ଦ୍ରକଳା ପରି କ୍ଷୀଣ ହୋଇଗଲେଣି ।୩। ତୋର ଅପାଙ୍ଗଶର ଅତ୍ୟନ୍ତ ଦୁଃଖଦେବାରୁ ତାଙ୍କର ଦେହ, ହୃଦୟ ଓ ବଳ କ୍ଷୀଣ ହୋଇଗଲାଣି, ଏହା ମୁଁ ଜାଣିପାରିବାରୁ ମୋର ମନ ଯାହା ହେଲା-ତା ଆଉ କ'ଣ କହିବି ?୪। ତାଙ୍କର ଦୁର୍ବଳ ଓ ଆଳସ୍ୟପୂର୍ଣ୍ଣ ଧୀର ଚାଲି ଦେଖି ମୁଁ ଅତି ଦୁଃଖରେ କିଛି ପଚାରିଲି, ମାତ୍ର ସେ ଦୀର୍ଘ ଉଷ୍ଣ ନିଃଶ୍ୱାସ ତ୍ୟାଗ କରନ୍ତେ ମୁଁ ବିଚାରିଲି, ଏ ଦୁଃଖ ଦେଖି ମୋର ମରିଯିବାଟା ଉଚିତ ।୫। ଗୋ ସଖି ! ଦୈବ ତୋ ଅଭିଳାଷ ପୂର୍ଣ୍ଣ କରିବ, ମନରୁ ସନ୍ଦେହ ଦୂରକର ଏବଂ ମନେ ରଖ, ଦିନେ ତୋର ଏ କଷ୍ଟଯାକ ଦୂର ହୋଇଯିବ। ଆଠଗଡ଼ର ରାଜା ଏହା ରଚନା କଲେ ।୬।

ଗଦ୍ୟାନୁବାଦ - ଅୟି ମାନିନି ରାଧେ, ଆଶ୍ୱସ୍ତ ହୁଅ; ତୋର ଧୈର୍ଯ୍ୟ ଜାଣିବା ଇଚ୍ଛାରେ ମୁଁ ତୋ ଆଗରେ ସେପରି କପଟତାପୂର୍ଣ୍ଣ କଥା କହିଲି ସିନା ! ଭ୍ରମର ଯୁବକ ମଧୁପରିପୂର୍ଣ୍ଣ ପଦ୍ମପୁଷ୍ପର ଅଭ୍ୟନ୍ତର ଛଡ଼ା ଅନ୍ୟତ୍ର ହୃଦୟବିମୋହନ ଆନନ୍ଦ ପାଏ କି ?

କୋକିଳ ଯେପରି ପୁଷ୍ପିତ ଚୂତମଞ୍ଜରୀକୁ, ଭ୍ରମର ଯୁବକ ଯେପରି ପଦ୍ମିନୀକୁ, ଚକୋର ଯେପରି ଚନ୍ଦ୍ରିକାକୁ, ଚାତକ ଯେପରି ନବ ମେଘମାଳକୁ, ଦରିଦ୍ର ଯେପରି ଚିନ୍ତାମଣିକୁ ସର୍ବଦା ସ୍ମରଣ କରି ଦୁଃଖରେ କାଳ କଟାନ୍ତି, ସେହିପରି ନନ୍ଦନନ୍ଦନ କିଶୋର ଶ୍ରୀକୃଷ୍ଣ ସବୁବେଳେ ତୋତେ ସ୍ମରଣ କରି କରି ଦୁଃଖିତ ହୋଇ ରହିଅଛନ୍ତି। ଏହିପରି ଅବସ୍ଥାରେ ତୁ କାହିଁକି କାନ୍ଦି କାନ୍ଦି ଆକାଶ ପୃଥିବୀକୁ କନ୍ଦାଉଅଛୁ।

❑❑❑

ଧ

ରାଗ-କାନଡ଼ାକାଫି ବା ତୋଡ଼ିଜଙ୍ଗଲା

ଧୀରା ରେ କି ଧନ ତୁ ନ ଦେଲୁ ଆଜ
ଧଇଲେ କି ସତେ କର ଯୁବରାଜ ।ପଦ।
ଧରମ ବଳୁ କି ମୋର, ଧୂପି ଦେଇ ନିଜ କର,
କୋଳକୁ ଆଣିଲୁ କଳାଦ୍ୱିଜରାଜ ।୧।
ଧୁରନ୍ଧର ସେ ଇଙ୍ଗିତେ, ଧରଷିଲୁ କେହି ସତେ,
ଧମକାଇଲା ନାହିଁ କି କିଛି ଲାଜ ।୨।
ଧରାରେ ଯେତେ ପୁରୁଷେ, ଧୂର୍ତ୍ତ ତାହାଙ୍କ ଗୁରୁ ସେ
ଧନରୁ ଯେ ବଳେ ତାହାଙ୍କର ବ୍ୟାଜ ।୩।
ଧୃତି ହୋଇ ବଳହୀନ, ଧୂସର ହୋଇବା ମନ,
ଧୋଇ ଚିନ୍ତା କଳଙ୍କ ସମାଜ ମାଜ ।୪।
ଧରଣୀନ୍ଦ୍ର ଜଗଦ୍ଦେବ, ଧ୍ୟାନେ ବଲ୍ଲବୀବଲ୍ଲବ-
ଧରାଧୂଳି କରେ ମସ୍ତକରେ ତାଜ ।୫।

(ଧ) ଭୂତିରଦ୍ୟ ସଖି କିଂ ନ ବିତୀର୍ଣ୍ଣା, ଯନ୍ମମ ଶ୍ରବଣସୀମ୍ନି ବିକୀର୍ଣ୍ଣା,
ବୀଜରାଜିରିବ ଶର୍ମଲତାୟାଃ, ସସ୍ମିତେନ୍ଦୁମୁଖି ବାଗନୁକୂଳା।

ଗଦ୍ୟ : ଘର୍ମୋର୍ମିତପ୍ତାଙ୍କୁରଶ୍ରେଣ୍ୟାଃ ପ୍ରତ୍ୟଗ୍ରବୃଷ୍ଟିରିବ, ରଜନ୍ୟାଃ କୌମୁଦୀବ, ତମଃସମୂହକବଳିତଶ୍ରିୟୋ ଗୃହଲେଖାୟା ଦୀପଶିଖେବ, ଯତିଚିତ୍ତବୃତ୍ତେର୍ବ୍ରହ୍ମାନନ୍ଦଧାରେବ ସାମ୍ପ୍ରତଂ ମମ ତ୍ୱମସି।

(ଧ) ଧୀରା ରେ-ହେ ପଣ୍ଡିତା, ଯୁବରାଜ-ଯୁବକଶ୍ରେଷ୍ଠ, ଧୂପିଦେଇ-ବଢ଼ାଇ ଦେଇ, କଳାଦ୍ୱିଜରାଜ-କୃଷ୍ଣଚନ୍ଦ୍ର, ଧୁରନ୍ଧର-ନିପୁଣ, ଇଙ୍ଗିତେ-ଥଟ୍ଟା କରିବାରେ, ଧରଷିଲୁ-ସାହସ କଲୁ, କେହି-କିପରି, ଧମକାଇଲା-ଡରାଇଲା, ବ୍ୟାଜ-ସୁଧ ବା କଳନ୍ତର (ଉର୍ଦ୍ଦୁ-ବେଆଜ), ଧୂସର-ମଳିନ, କଳଙ୍କସମାଜ-ଖେଦସମୂହ, ମାଜ-ପରିଷ୍କାର କରିଦିଅ, ବଲ୍ଲବୀ-ଗୋପୀ, ରାଧା; ବଲ୍ଲବ-ଗୋପାଳ, ଶ୍ରୀକୃଷ୍ଣ; ଧରାଧୂଳି-ବାସସ୍ଥାନର ଧୂଳି, ତାଜ-ମୁକୁଟ, ଭୂଷଣ।

ହେ ପଣ୍ଡିତା, ତୁ ମୋତେ ଆଜି କି ଧନ ନ ଦେଲୁ ? ସତେ କି ଯୁବକମଣି କୃଷ୍ଣଚନ୍ଦ୍ର ତୋ ହାତ ଧଇଲେ ? ପଦ। ମୋ ଧର୍ମବଳରୁ କଅଣ ତୁ ଡେଇଁ ପଡ଼ି ହାତ ବଢ଼ାଇ କୃଷ୍ଣରୂପ

ଚନ୍ଦ୍ରଙ୍କୁ କୋଳକୁ ଆଣିଲୁ ? ୧। ସେ ତ ପରିହାସ କରିବାରେ ବଡ଼ ନିପୁଣ, ଅର୍ଥାତ୍ ସେ ଥଟ୍ଟିଲ ଅଟନ୍ତି, ତୁ କିପରି ସାହସ କରି ତାଙ୍କ ମନକଥା ବୁଝିଲୁ, ତୋତେ ସେ ଥଟ୍ଟା କଲାବେଳେ କିଛି ଲାଜ ମାଡ଼ିଲା କି ? ୨। ପୃଥିବୀରେ ଯେତେ ଧୂର୍ତ୍ତ ପୁରୁଷ ଅଛନ୍ତି, ସେ ସମସ୍ତଙ୍କର ଗୁରୁ ଅଟନ୍ତି, ତାଙ୍କର ମୂଳଧନରୁ ସୁଧ ବେଶୀ, ଅର୍ଥାତ୍ ସେ ଏପରି ଚତୁର ଯେ, ଯେତେ ମୂଳ ଦିଅନ୍ତି, ତହିଁରୁ ଅଧିକ ସୁଧ ଆଦାୟ କରନ୍ତି, ଅର୍ଥାତ୍ ସେ ପ୍ରକୃତ କଥା ଯାହା କହନ୍ତି ଅନ୍ୟଠାରୁ ତହିଁରୁ ଅଧିକ କଥା ଆଦାୟ କରି ନିଅନ୍ତି ।୩। ମୋର ଧୈର୍ଯ୍ୟ ନଷ୍ଟ ହୋଇ ଯାଇଥିବାରୁ ମନ ମଳିନ ହୋଇ ଯାଇଅଛି, ତାହାକୁ ନିର୍ମଳ କରି ଚିନ୍ତାଜନିତ ଖେଦସମୂହକୁ ମୋ ହୃଦୟରୁ ପରିଷ୍କାର କରି ଦେ ।୪। ରାଜା ଜଗଦ୍ଦେବ ସେହି ଗୋପୀ ଓ ଗୋପୀନାଥଙ୍କ ବାସଭୂମିର ଧୂଳିକୁ ମସ୍ତକରେ ଭୂଷଣ କରୁଅଛି, ଅର୍ଥାତ୍ ଧ୍ୟାନରେ ସେହି ପବିତ୍ର ସ୍ଥାନ ଉଦ୍ଦେଶ୍ୟରେ ମସ୍ତକ ଅବନତ କରୁଅଛି ।୫।

ଗଦ୍ୟାନୁବାଦ - ହେ ସଖି, ତୁ ଏହି କଥାଗୁଡ଼ିକ କହି ମୋତେ ଆଜି କି ସମ୍ପତ୍ତି ନ ଦେଲୁ ? ହେ ହର୍ଷମୁଖି ଚନ୍ଦ୍ରାନନେ, ତୋର ଏହି ଅନୁକୂଳ ବାକ୍ୟଗୁଡ଼ିକ ମୋ ସୁଖରୂପ ଲତାର ବୀଜସମୂହ ବା ମୂଳକାରଣ ପରି ହୋଇଅଛି ।

ପ୍ରଚଣ୍ଡ ଗ୍ରୀଷ୍ମରେ ମଳା ପରି ହୋଇଥିବା ବୃକ୍ଷର ଅଙ୍କୁର ପକ୍ଷରେ ନବବୃଷ୍ଟି ଧାରା ପରି, ରାତ୍ରିପକ୍ଷରେ ଚନ୍ଦ୍ରକିରଣ ପରି, ଅନ୍ଧକାରାଚ୍ଛନ୍ନ ଗୃହସମୂହ ପକ୍ଷରେ, ଦୀପଶିଖା ପରି ଏବଂ ସଂଯତଚିତ୍ତ ମୁନିଙ୍କ ପକ୍ଷରେ ବ୍ରହ୍ମାନନ୍ଦଧାରା ପରି ତୁ ବର୍ତ୍ତମାନ ମୋ ପକ୍ଷରେ ଅତ୍ୟନ୍ତ ଆନନ୍ଦଦାୟିନୀ ହେଲୁ ।

* ପାଠାନ୍ତର-ନନ୍ଦନନ୍ଦନ ପ୍ରେମ-ବଶେ ନୋହିବ ଭ୍ରମ; ନିତମ୍ବିନୀକି ଯେବେ ଗତି ଥିବ ।

ଏହା ଶୁଣି ଲଳିତା କହିଲେ,- "ନବବିଳାସିନନି ରେ" ଇତ୍ୟାଦି ।

❑❑❑

ନ

ରାଗ-କାମୋଦୀ

ନବବିଳାସିନି ରେ, ନକ୍ଷତ୍ରେଶ-ହାସିନି ।ପଦ।

ନାହିଁ ବୋଲିବା ବାଣୀ, ନିପଟ ନାହିଁ ଶୁଣି,
ନଳିନାକ୍ଷି ରେ ହୋଇ କିସ ହେବ,
ନନ୍ଦନନ୍ଦନ ପ୍ରେମା, ପ୍ରେମାରେ ନୁହେଁ ଜମା
ନିତମ୍ବିନୀଙ୍କ ଯେବେ ଗତି ଥିବ ।୧। ଈ

ନିଷ୍ଠୁରଗୁଣ କୁଳି- ଶରୁ ପଡ଼ିଛି ବଳି,
ନିଶ୍ଚୟ ତିନି ବର୍ଣ୍ଣ ନାହିଁ ଲେଖି,
ନାଗରୀବିମୋହନ, ମନ୍ତ୍ର ମାତ୍ରକ ମନ
କପଟ ସମ୍ପୁଟରେ ଅଛି ରଖି ।୨।

ନିରନ୍ତରାୟ ରସ - ପ୍ରସାରଣେ ପୀୟୁଷ-
ଧାରାଧିକ୍‌କାରକାରୀ ପରି ଲାଗେ,
ନିମିଷକରେ ଜ୍ୱାଳା, ଜନ୍ମାଏ ଜିଣି ହାଳା-
ହଳକୁ ଯେ-ସଙ୍ଖାଳି ମହାନାଗେ ।୩।

ନିଶି ଦିନ ଶୟନ, ନ ଜାଣଇ, ନବୀନ
ବିସିନୀଦଳ ଶେଯ ଯାଏ ଜଳି,
ନୀପବନ ପବନ, ନିର୍ଦ୍ଧୂମଶିଖ ଧନ-
ଞ୍ଜୟ ଝାସରୁ କରେ କଟୁକେଳି ।୪।

ନିଦ୍ରାର ନିକେତନ, ହୋଇବୁ ରେ ନୂତନ-
ମନ୍ଦାର-ବିମ୍ବ-କୁରୁବିନ୍ଦାଧରା,
ନିଶା-ରମଣ-କର- କଳିକା-କଣ ତୋର,
ହୋଇଯିବ କଳ୍ପାନ୍ତକାଳ ଖରା ।୫।

ନ ବରଷରୁ ଊଣା କାଳୁ ତ ଅଛି ଜଣା
ନଖାଗ୍ରେ ଉଦ୍ଧରିଲା ଗୋବର୍ଦ୍ଧନ,
ନବନୀରଜ କୋଷ- ନିଭ ତୋ କୁଚ କିସ
ଅଣ୍ଟିବ କଣ୍ଠୀରବମଧ୍ୟା ଘେନ ।୬।

ନିବେଦନ କରୁଛି କରକଞ୍ଜ ଧରୁଛି,
ହେଲେ ହେଉ ଅରୁଚି ନିଦ୍ରାହାରେ,

ନରନାଥ ଶ୍ରୀହରି-   ଚନ୍ଦନ ବନ୍ଦେ ଗୋରି
ନ ରସ ନୀଳବାହା ମୁଦ୍ରାହାରେ   ।୭।

(ନ) ମଦ୍‌ବିଜ୍ଞାପନମାଦିରେଣ ମହତ ସ୍ନିଗ୍ଧାନୟତ୍ କେଶବଃ,
କର୍ଣ୍ଣାଭ୍ୟର୍ଣ୍ଣମପଶ୍ୟମୀଶ୍ୱରି ତଥା ଭଙ୍ଗୀସ୍ତଦଙ୍ଗୀକୃତେଃ;
ସତ୍ୟଂ ତାବଦିତଂ ତଥାପି ସୁଦୃଶାଂ ଗତ୍ୟନ୍ତରଂ ଚେଦ୍‌ଭୁବି,
ପ୍ରେମା ତତ୍ର ବିଟେ ଶିଖଣ୍ଡମୁକୁଟେ ଧ୍ୟେୟୋ ନ ହେୟଃ ପରଂ ।

କୃଷ୍ଣଂ କୃଷ୍ଣବର୍ତ୍ମାନମିବ ଶଲଭରାଜିରାଶ୍ରିତ୍ୟ ତ୍ୱାଦୃଶାଂ ବାମଭ୍ରୁବାଂ ଚେତୋବୃତ୍ତଃ ଶର୍ମୈତରୋର୍ମିମନୁଭବତି ।

(ନ) ନବବିଳାସିନି-ହେ ନବରସିକେ; ନକ୍ଷତ୍ରେଶହାସିନି-ହେ ଚନ୍ଦ୍ରହାସିନି; ନିପଟ-ଆଦୌ, କେବେହେଁ; ନଳିନାକ୍ଷି-ହେ ପଦ୍ମନେତ୍ରି; ପ୍ରେମା-ପ୍ରେମ; (ସଂସ୍କୃତରେ ପ୍ରେମନ୍ ଶବ୍ଦ ପୁଂଲିଙ୍ଗ ଓ କ୍ଳୀବଲିଙ୍ଗ, ଏଠାରେ ପୁଂଲିଙ୍ଗ ପ୍ରୟୋଗ); ଜମା-ଆଦୌ; ନିତମ୍ବିନୀ-ନିତମ୍ବବତୀ ଯୁବତୀ ସ୍ତ୍ରୀ; କୁଳିଶ-ବଜ୍ର; ମନକପଟସମ୍ପୁଟରେ-ମନରୂପ କପଟ ଫରୁଆରେ; ନିରନ୍ତରାୟ-ଅନ୍ତରାୟ ରହିତ ଅର୍ଥାତ୍ ବାଧାଶୂନ୍ୟ; ରସ ପ୍ରସାରଣେ-ଭାବ ବିସ୍ତାର କରିବାରେ; ହାଳାହଳ-ବିଷ; ସଙ୍ଖାଳି-ପ୍ରିୟବସ୍ତୁ; ବିସିନୀଦଳ-ପଦ୍ମପତ୍ର; ନୀପବନପବନ-କଦମ୍ବକାନନସଞ୍ଚାରୀ ବାୟୁ; ନିର୍ଦ୍ଧୂମଶିଖ-ଧୂଆଁ ନ ଥିବା ଶିଖା ଯାହାର; ଧନଞ୍ଜୟ-ଅଗ୍ନି; ମନ୍ଦାରବିମ୍ବକୁରୁବିନ୍ଦାଧରା-ମନ୍ଦାର (ମନ୍ଦାରଫୁଲ), ବିମ୍ବ (କଇଁଶିକାକୁଡ଼ି) ଓ କୁରୁବିନ୍ଦ (ପଦ୍ମରାଗ ମଣି) ଏମାନଙ୍କର ବର୍ଣ୍ଣ ପରି ଅଧର ଅର୍ଥାତ୍ ଓଠ ଯାହାର; ନିଶାରମଣକର କଳିକାକଣ-ଚନ୍ଦ୍ରକିରଣବିନ୍ଦୁ; ନ ବରଷରୁ ଊଣା କାଳୁ-୯ ବର୍ଷରୁ ଅଳ୍ପ ବୟସ ହୋଇଥିବା ସମୟରୁ; ଉଦ୍ଧରିଲା-ଟେକି ଧରିଥିଲା; ନବନୀରଜକୋଷନିଭ-ନୂତନ ପଦ୍ମକଢ଼ ସଦୃଶ; କଣ୍ଠୀରବମଧ୍ୟା-ସିଂହକଟି ଅର୍ଥାତ୍ କ୍ଷୀଣକଟି, କୃଶାଙ୍ଗୀ; କରକଞ୍ଜ-କରପଦ୍ମ; ନିଦ୍ରାହାରେ-ଶୋଇବାରେ ଓ ଖାଇବାରେ; ନୀଳବାହା-ନୀଳବର୍ଣ୍ଣ ବାହୁର, (ଶ୍ରୀକୃଷ୍ଣଙ୍କର); ମୁଦ୍ରାହାରେ-ଆଲିଙ୍ଗନରୂପ ହାରରେ ।

ହେ ଚନ୍ଦ୍ରହାସିନୀ ନବରସିକେ, ମୁଁ ତାଠାରୁ 'ନାହିଁ' ବୋଲି କଥା ଆଦୌ ଶୁଣି ନାହିଁ, ହେ ପଦ୍ମନେତ୍ରି 'ହୋଇ' ବା କଅଣ ହେବ ଅର୍ଥାତ୍ ହେଲେ କି ହେବ ? ଯେବେ ନିତମ୍ବିନୀ ଯୁବତୀ ସ୍ତ୍ରୀମାନଙ୍କର ଅନ୍ୟ ଉପାୟ ଥାଏ, ତେବେ ସେମାନେ ବୁଝିବେ ଯେ ନନ୍ଦନନ୍ଦନର ପ୍ରୀତି ଆଦୌ ପ୍ରୀତି ପଦବାଚ୍ୟ ନୁହେଁ ।୨। ତାହାର ଗୁଣଗୁଡ଼ିକ ଏଡ଼େ ନିଷ୍ଠୁର ଯେ, ତାହା ବଜ୍ର ଅପେକ୍ଷା ଆହୁରି କଠିନ ଏବଂ 'ନିଶ୍ଚୟ' ଏହି ଅକ୍ଷର ତିନିଗୋଟି ସେ ଆଦୌ ଲେଖି ନାହିଁ ଅର୍ଥାତ୍ 'ନିଶ୍ଚୟ' ଶବ୍ଦ ତାକୁ ସମ୍ପୂର୍ଣ୍ଣରୂପେ ଅଜଣା, ମନରୂପ କପଟଫରୁଆରେ କେବଳ ସ୍ତ୍ରୀମାନଙ୍କୁ ବଶୀଭୂତ କରିବାର ମନ୍ତ୍ରକୁ ସେ ରଖିଛି, ତେଣୁ ସେ ନାରୀମାନଙ୍କୁ ସହଜରେ ବଶୀଭୂତ

କରିନିଏ, କିନ୍ତୁ କାହାରିଠାରେ 'ନିଶ୍ଚୟ' ସ୍ନେହ ବା ସ୍ଥିର ପ୍ରେମ ରଖେ ନାହିଁ ।୨। (ଅନୁରାଗ ପ୍ରକାଶ କଲାବେଳେ) ନିର୍ବାଧ ଭାବରେ ରସ ବିସ୍ତାର କାର୍ଯ୍ୟରେ ଅମୃତଧାରାକୁ ତୁଚ୍ଛ କଲାପରି ବୋଧହୁଏ ଅର୍ଥାତ୍ ତା ଅନୁରାଗ ନିକଟରେ ଅମୃତଧାରା ତୁଚ୍ଛ ବସ୍ତୁପରି ବୋଧ ହୁଏ, କିନ୍ତୁ ନିମିଷକ ମଧ୍ୟରେ ମହାନାଗ ସାପର ସଙ୍ଖାଳି ବିଷଠାରୁ ବଳି ଯନ୍ତ୍ରଣା ଦିଏ ।୩। ତୋ ବିରହରେ ସେ ବର୍ତ୍ତମାନ ରାତି ଦିନ ନିଦ କଅଣ ଜାଣିପାରୁ ନାହିଁ, ଅର୍ଥାତ୍ ଦିନ ରାତିରେ ଆଦୌ ଶୋଉ ନାହିଁ, ନୂଆ ପଦ୍ମପତ୍ରର ଶେଯ ବିରହତାପରେ ଜଳି ଯାଉଅଛି ଏବଂ କେଳିକଦମ୍ବ ବନର ପବନ ତାକୁ ଧୂଆଁ ନ ଥିବା ନିଆଁ ଶିଖାର ଝାସଠାରୁ ବେଶୀ ତୀବ୍ର ବୋଧ ହେଉଅଛି । କିନ୍ତୁ ହେ ରକ୍ତାଧାରା ସଖି, ତୁ ଯେବେ ତା ପ୍ରତି ଅନୁରକ୍ତ ହେଉ, ତେବେ ତୁ ନିନ୍ଦାର ସ୍ଥାନ ହେବୁ ଅର୍ଥାତ୍ ସମସ୍ତେ ତୋତେ ନିନ୍ଦା କରିବେ ଏବଂ ଚନ୍ଦ୍ରକିରଣର ବିନ୍ଦୁ ମଧ୍ୟ ତୋ ପକ୍ଷରେ ପ୍ରଳୟ କାଳର ଖରାପରି ଅସହ୍ୟ ହେବ ।୫। ଯେତେବେଳେ ତା'ର ବୟସ ୯ ବର୍ଷରୁ ଅଳ୍ପ ଥିଲା, ସେତେବେଳେ ସେ ପରା ନଖଅଗରେ ଗୋବର୍ଦ୍ଧନ ପର୍ବତକୁ ଟେକି ଧରିଥିଲା, ଏ କଥା ସମସ୍ତଙ୍କୁ ଜଣାଅଛି, ଏପରି ଅବସ୍ଥାରେ ହେ ସିଂହକଟି (ଅତଏବ ଦୁର୍ବଳା) ସଖି, ତୋର ନୂଆ ପଦ୍ମକଢ଼ି ପରି କୁଚ ତାକୁ ଅଣ୍ଟିବ କି ? ଏହା ମନରେ ଗ୍ରହଣ କର ।୬। ମୁଁ ତୋ କରପଦ୍ମ ଧରି ନିବେଦନ କରୁଅଛି, ହେ ସଖି, ଖାଇବା ପିଇବାରେ ଅରୁଚି ହେଉ ପଛକେ ସେହି ଶ୍ରୀକୃଷ୍ଣ ନୀଳବାହାର ଆଲିଙ୍ଗନରୂପ ହାରରେ ତୁ ଆଉ ଅନୁରକ୍ତ ହୁଅ ନା ଅର୍ଥାତ୍ ଶ୍ରୀକୃଷ୍ଣଙ୍କ ଭୁଜାଲିଙ୍ଗନରୂପ ହାର ତୋ ପକ୍ଷରେ ମଙ୍ଗଳପ୍ରଦ ହେବ ନାହିଁ । ରାଜା ହରିଚନ୍ଦନ ନମସ୍କାର କରୁଅଛି ।୭।

ଗଦ୍ୟାନୁବାଦ - ହେ ଈଶ୍ୱରୀ, କେଶବ ମୋ ପ୍ରାର୍ଥନାକୁ ହସି ହସି ଅତି ଆଦରରେ ଶୁଣିଲା ଏବଂ ତାହାର ଅଙ୍ଗୀକାରଭଙ୍ଗୀ ମଧ୍ୟ ପ୍ରତ୍ୟକ୍ଷ କଲି ଏହା ସତ୍ୟ, ତଥାପି ଏ ସଂସାରରେ ସୁନ୍ଦରୀ ନାରୀମାନଙ୍କର ଯେବେ ଅନ୍ୟ ଗତି ଥିବ, ତେବେ ସେମାନେ ସେହି ମୟୂରଚୂଳିଆ ଧୂର୍ତ୍ତଠାରେ ପ୍ରେମକଥା କେବେହେଲେ ମନେ କରିବେ ନାହିଁ, ବରଂ ତାକୁ ହେୟ ଜ୍ଞାନ କରିବେ ।

ଯେପରି ପତଙ୍ଗକୁଳ ଅଗ୍ନିକୁ ଆଶ୍ରୟ କରି ଘୋର ଦୁଃଖ ଅନୁଭବ କରନ୍ତି, ସେହିପରି ତୋ ଭଳି ସୁନ୍ଦରୀ ନାରୀମାନଙ୍କର ଚିତ୍ତବୃତ୍ତି କୃଷ୍ଣଙ୍କୁ ଆଶ୍ରୟ କରି ଘୋର ଦୁଃଖ ଅନୁଭବ କରୁଅଛି ।

ଏହାଶୁଣି ଘୋର ସଂଶୟାକୁଳ ହୋଇ ରାଧା ଦୂତୀଙ୍କୁ କହୁଅଛନ୍ତି'-

"ପ୍ରିୟସହି, ପରମାଦ ବଡ଼ ତୁହି ଗୋ" ଇତ୍ୟାଦି ।

❑❑❑

ପ

ରାଗ-ଭୈରବ

ପ୍ରିୟସହି, ପରମାଦ ବଡ଼ ତୁହି ଗୋ,
ପାରୁ କେତେ ଛନ୍ଦେ ମୋହି ଗୋ । ପଦ ।

ପରମପଦରେ ଦେଇ ଜାଣୁ ତୁ ବସାଇ, ପୁଣି ତହୁଁ ଜାଣୁ ତଳାତଳକୁଖସାଇ
ପାଶୋରାଇ ମନୁ ନାନା କଦନ ଲସାଇ, ପୀଡୁ ଅଶ୍ରୁ ବରଷାଇ ଗୋ ।୧।
ପ୍ରପଞ୍ଚଯାକରେ ଜଣା ନ ଥାଇ ସଂଶୟ, ପସନ୍ଦ ନୁହଇ ପରପୁରୁଷରେ ସ୍ନେହ,
ପରବଶ ହେବ ଯେବେ ପ୍ରାଣତୁଲେ ଦେହ, ପ୍ରାଣୀ କି କରିବ କହ ଗୋ ।୨।
ପରବଚନ୍ଦ୍ରଚିପୁଡ଼ି ପିଇବା ପୀୟୂଷ, ପରିଣତି ସମୟେ ସେ ହେବ ଯେବେ ବିଷ,
ପ୍ରପନ୍ନ ହେବା ଗଙ୍ଗାରେ ଜନ୍ମିଲେ କିଲ୍ବିଷ, ପ୍ରୟୋଗ କରିବା କିସ ଗୋ ।୩।
ପିଆଇ ଦୁହିଙ୍କି ଥରେ ଦୁହିଙ୍କ ଅଧର, ପଛେ କହ ଆଚରଣ ପୂତନା ବଧର,
ପୀତପଟନଟ ନାଁ ମୋ ଆଗରେ ନ ଧର, ପାଳିଏ ମାତ୍ର ଉଦ୍ଧର ଗୋ ।୪।
ପୁରନ୍ଦରମଣି ଶ୍ୟାମେ ଅଛି ମୋ ତରସ, ପରପରିବାଦମୁଣ୍ଡେ ଟାକର ବରଷ,
ପୃଥ୍ୱୀଚକ୍ରବାଳ ପରିବୃଢ଼ ବାଲୁକେଶ, ପ୍ରସରାଇଲେ ଏ ରସ ଗୋ ।୫।

(ପ) ମାମଭ୍ରଂଲିହନବ୍ୟଦିବ୍ୟବଡ଼ଭୀନିର୍ଯ୍ୟୁହପର୍ଯ୍ୟଙ୍କିକା-
ସଂବିଷ୍ଟାଂ ପ୍ରବିଧାୟ ବିକ୍ଷିପସି କିଂ ତସ୍ମାଦଧୋଽଧଃ ପୁନଃ ।
ଆର୍ତ୍ତସ୍ୟାତିପିପାସୟାମୃତଝରୀବାର୍ତ୍ତାଂ ନିବେଦ୍ୟ ଶ୍ରୁତୌ,
ଭୂୟଃ ଶମ୍ବକଦମ୍ବକେଳିକଠିନାଂ କିଂ ଭାରତୀଂ ଭାଷସେ ।

ଗଦ୍ୟ : ଜନ୍ତୋଃ ସନ୍ତତଚିନ୍ତାରୁନ୍ତୁଦକୁନ୍ତମୁଖାଗ୍ରଦଳିତହୃଦୟସ୍ୟ ପିପାସାର୍ତ୍ତସ୍ୟ ବଦନାନ୍ତିକେ ସୁଧାସୁଧାରାଂ ବିନ୍ୟସ୍ୟ ମନ୍ତୁମନ୍ତରେଣ ପୁନରାଚ୍ଛିଦ୍ୟ କୋ ବା ନିନୀଷତି ।

(ପ) ପରମାଦ-ପ୍ରମାଦ, ଏଠାରେ ଦୁଃଖଦାୟିନୀ; ପରମପଦ-ସର୍ବୋତ୍କୃଷ୍ଟ ସ୍ଥାନ, ସ୍ୱର୍ଗ; ତଳାତଳ-ପାତାଳ; କଦନ-ଦୁଃଖ, କଷ୍ଟ; ଲସାଇ-ତରଳାଇ, ଏଠାରେ ଦୂର କରି; ପୀଡୁ-ପୀଡ଼ା ଦେଉ; ପ୍ରପଞ୍ଚ-ସଂସାର; ତୁଲେ-ସହିତ; ପରବଚନ୍ଦ୍ର-ପୂର୍ଣ୍ଣିମାଚନ୍ଦ୍ର; ପରିଣତି ସମୟେ-ପରିପାକବେଳେ; ପ୍ରପନ୍ନ-ଆଶ୍ରିତ, ଯାହାକୁ ଆଶ୍ରୟ କରନ୍ତି (କର୍ମବାଚ୍ୟରେ ତ); କିଲ୍ବିଷ-ପାପ; ପୀତପଟ-ପୀତବସ୍ତ୍ର ପରିଧାନକାରୀ; ନଟ-ନଷ୍ଟ, ଦୁଷ୍ଟ; ନାଁ-ନାମ; ପାଳିଏ-ଥରେ; ତରସ-ପୂର୍ଣ୍ଣ ଇଚ୍ଛା; ପରପରିବାଦ-ପରନିନ୍ଦା, ଟାକର-ମୁଷ୍ଟିବଦ୍ଧ ଅଙ୍ଗୁଳିଗ୍ରନ୍ଥି ଦ୍ୱାରା ଆଘାତ କରିବା, ଠଣା; ପୃଥ୍ୱୀଚକ୍ରବାଳ-

ଚକ୍ରବାଳବ୍ୟାପୀ ସମଗ୍ର ଭୂଖଣ୍ଡ; ପରିବୃଢ଼-ପ୍ରଭୁ (ଅଧିଭୂର୍ନାୟକୋ ନେତା ପ୍ରଭୁଃ ପରିବୃଢୋଽଧିପଃ ଇତ୍ୟମରଃ।)

ହେ ସଖି, ତୁ ବଡ଼ ଦୁଃଖ ଦେଉଛୁ, କେତେ ଛଳରେ ତୁ ମନକୁ ବ୍ୟାକୁଳ କରୁଛୁ। ପଦ। ତୁ କଥା କହି ପ୍ରଥମେ ସ୍ୱର୍ଗରେ ବସାଇ ଦେଇ ପରେ ପୁଣି ପାତାଳକୁ ଖସାଇ ପାରୁ, ହୃଦୟରୁ ଦୁଃଖ ଦୂରକରି ଏବଂ ସବୁ ଯନ୍ତ୍ରଣାରୁ ଭୁଲାଇ ପୁଣି କନ୍ଦାଇ କନ୍ଦାଇ ମାରୁଛୁ।୧। ପରପୁରୁଷରେ ସ୍ନେହ ଉଚିତ ନୁହେଁ, ଏହା ନିଃସନ୍ଦେହଭାବରେ ସାରା ସଂସାରରେ ଜଣା, କିନ୍ତୁ କହ ଦେଖି ଯେବେ ପ୍ରାଣ ସହିତ ଦେହ ପରବଶ ହୁଏ, ତେବେ ପ୍ରାଣୀ କଅଣ କରି ପରେ ? ପୂର୍ଣ୍ଣିମାଚନ୍ଦ୍ରକୁ ଚିପୁଡ଼ି ଯେଉଁ ଅମୃତ ପାନ କରାଯାଏ, ତାହା ଯେବେ ପରିପାକ ହେଲାବେଳେ ବିଷ ହୋଇ ଉଠେ କିମ୍ବା ଯେବେ ଆଶ୍ରୟ କରିଥିବା ଗଙ୍ଗାରେ ସ୍ନାନ କଲେ ପାପ ହୁଏ, ତେବେ କଅଣ କରାଯାଏ।୩। ଦୁହିଙ୍କି ଥରେ ଦୁହିଙ୍କ ଅଧର ପିଆଇ ପରେ ପୂତନାବଧର କଥା କହିବୁ ଅର୍ଥାତ୍ ସେ ଯେ ସ୍ତ୍ରୀହତ୍ୟା କରିଅଛନ୍ତି ସେ କଥା ପରେ ପଛକେ କହିବୁ, ବର୍ତ୍ତମାନ ଦୁହିଙ୍କୁ ପରସ୍ପର ମିଳାଇ ଦେ। ତାଙ୍କର 'ପୀତପଟନଟ' ନାମ ଅର୍ଥାତ୍ ହଳଦିଆ ଲୁଗାପିନ୍ଧା ଦୁଷ୍ଟଙ୍କ ଶିରୋମଣି-ଏହା ମୋ ଆଗରେ କହ ନା, ଥରେ ମାତ୍ର ଏ ଦୁଃଖରୁ ପରିତ୍ରାଣ କର। ଇନ୍ଦ୍ରନୀଳମଣିକାନ୍ତିଧାରୀ ଶ୍ୟାମ ଶ୍ରୀକୃଷ୍ଣଙ୍କଠାରେ ମୋର ପୂର୍ଣ୍ଣ ଅଭିଳାଷ ରହିଅଛି, ପରନିନ୍ଦାମୁଣ୍ଡରେ ଟାକର ବର୍ଷା କର ଅର୍ଥାତ୍ ପରନିନ୍ଦା ପ୍ରତି ଆଦୌ ଲକ୍ଷ୍ୟ କର ନା; ଚକ୍ରବାଳବ୍ୟାପୀ ଭୂଖଣ୍ଡର ପ୍ରଭୁ ବାଲୁକେଶ ଏ ରସକୁ ପ୍ରଚାରିତ କଲେ।୫।

ଗଦ୍ୟାନୁବାଦ - ହେ ସଖି, ମୋତେ ଆକାଶସ୍ପର୍ଶୀ ନୂତନ ସମୁଚ୍ଚ ସୁନ୍ଦର ଚନ୍ଦ୍ରଶାଳା ଉପରିସ୍ଥ ବାଡ଼ ଥିବା ପଲଙ୍କରେ ଶୁଆଇ ଦେଇ କାହିଁକି ପୁଣି ତହିଁରୁ ତଳକୁ ଖସାଇ ପକାଇ ଦେଉଅଛୁ ? ଯେଉଁ ଲୋକ ଶୋଷରେ ଅତି ବିକଳ ହେଉଅଛି ତା କାନପାଖରେ ଅମୃତଧାରା ମିଳିବାର ସମ୍ବାଦ ଦେଇ ପୁଣି କିପରି ବଜ୍ରପରି କର୍କଶ କଥାଗୁଡ଼ାଏ କହୁଅଛୁ।

ନିତ୍ୟଚିନ୍ତାରୂପ କୁନ୍ତାସ୍ତ୍ରର ମୁଖଦ୍ୱାରା ବିଦ୍ଧ ହୋଇ ଯାହାର ହୃଦୟ କଷ୍ଟ ପାଉଅଛି ସେଭଳି ଜୀବର ମୁଖ ପାଖରେ ଅମୃତଧାରା ଢାଳି ବିନା ଦୋଷରେ ପୁଣି ତାକୁ ତ ଆଗରୁ କାଢ଼ିନେବାକୁ କେଉଁ ଲୋକ ଇଚ୍ଛା କରେ ?

ଏହା ଶୁଣି ଲଳିତା କହିଲେ, - "ଫାଟି ପଡ଼ିବାର ନିକୁଞ୍ଜସଞ୍ଚାର ଶ୍ରମ" ଇତ୍ୟାଦି।

❑❑❑

ଫ

ରାଗ- ପୂରବୀ ବା ତୋଡ଼ିପରଜ

ଫାଟି ପଡ଼ିବାର ନିକୁଞ୍ଜସଞ୍ଚାର-ଶ୍ରମୁଁ ମୋ ଚରଣତଳ,
ଫତୁରିଖୋର ଆଖରକୁ ହେବାର ଏହି ଏକା ଏଥୁ ଫଳ,
ରେ କିଶୋରି, ଫିଟିଗଲା ଯେ ସନ୍ଦେହ,
ଫୁଲିଗଲୁ ଫୁଲଲଲାମରସିକା ଜାଣି ପରା ଶ୍ୟାମସ୍ନେହ ରେ ।୧।
ଫନ୍ଦାଇ ନାନା ବିନୟେ କହି ଦନ୍ତେ ତୃଣ ଧରିବାର ଗଲା,
ଫଟା କପାଳରେ କୁଟିଳହୃଦୟା ବୋଲାଇବା ଲେଖା ଥିଲା,
ରେ କିଶୋରି, ଫନ୍ଦାଧନ ତୁ ତ ମୋର,
ଫରିଆଦ କାହିଁ ତୋ ନାମେ କରିବି ନିନ୍ଦା କଲେ ପଛେ କର ରେ ।୨।
ଫରୁଆରେ ପରି ଉରଜରେ ଭରି ରଖ ସେ ନୀଳମଣିକି,
ଫଉଜତୁଲେ କୁଞ୍ଜଦ୍ୱାରେ ରଖାଅ ବେତ୍ରବଲ୍ଲୀଧାରିଣୀକି,
ରେ କିଶୋର ଫରମାସ ମନେ ମନେ,
ଫେଇଦିଅ ତୁ ମୋ ଆବୁର ମୁଁ ଯେବେ ଯିବି ସେ ଦିଗକୁ ଦିନେ ରେ ।୩।
ଫଜିତ ହୋଇ ଦୂରରେ ଥିଲେ ତୋତେ ଭଜିତ ଥିବାର ସତ,
ଫେଡନ୍ତୁ ତୋ କଷ୍ଟ ସୁଖ ଦେଇ ଅଷ୍ଟଶ୍ରୁତି ଏ ଆମ୍ଭ ବାଞ୍ଛିତ,
ରେ କିଶୋରି, ଫୁରୁଣା ହୋଇ ତୁ ରସ,
ଫେରିଆସି ମାତ୍ର ଆମ୍ଭ ଆଗେ ନେତ୍ରକଞ୍ଜୁ ନୀର ନ ବରଷ ରେ ।।୪।
ଫୋଟକା ହେଉଛି ସିଞ୍ଚିବା କର୍ପୂରଚନ୍ଦନମିଶ୍ରିତ ବାରି,
ଫୁଙ୍କିଦେଲେ ଉଡ଼ିଯିବା ପରି ସଢ଼ି ଅଛିଟି ତନୁ-ବଲ୍ଲରୀ,
ରେ କିଶୋରି, ଫୁକାରା ନୋହୁ ଜଗତେ,
ଫତୁଆ ନୁହଟି ବୋଲେ ଜଗଦ୍ଦେବ ହରିଚନ୍ଦନ ଏ ଗୀତେ ।୫।

(ଫ) ଆକୁଞ୍ଚଂ ଭଗନାଦ୍‌ନବାଦପି ତବାପ୍ରୋତ୍ତୁଙ୍ଗ ସୌଧୋଦରଂ,
ଯାତାୟାତ ପଦାନ୍ତପାତଜଫଳଂ ଲବ୍ଧଂ ମୟେତଃ ପରଂ ।
ଅନ୍ୟାପେକ୍ଷିତଶୂନ୍ୟମୀଶ୍ୱରି ଯୁବାମନ୍ୟୋନ୍ୟଦୌତ୍ୟେନ ତତ୍,

ସୌଭାଗ୍ୟଂ ବିତତଂ ମୃଦାନୁଭବତଂ ନାୟାମି ମାୟାବିନୀ।

ଗଦ୍ୟ : ହାହା ଚନ୍ଦ୍ରକଚୂଡ଼ାନନ୍ଦନଚରିତେ, ମାମପ୍ରତ୍ୟୟଦୂତ୍ୟବିଶିଷ୍ଟଂ ନ ନିରାକୃତ୍ୟ ପ୍ରତ୍ୟହଂ ପ୍ରତ୍ୟୁହପ୍ରତିହନ୍ୟମାନମନୋରଥମଞ୍ଜରୀଫଳଲାଭାସି।

(ଫ) ନିକୁଞ୍ଜସଞ୍ଚାରଶ୍ରମୁ-କୁଞ୍ଜବନକୁ ଯିବା ଆସିବା ପରିଶ୍ରମରୁ, ଚରଣତଳ-ତଳିପା, ଫତୁରିଖୋର-ମିଥ୍ୟାଭାଷିଣୀ, ଅଖରକୁ-ଶେଷକୁ, ଫଳ-ଲଳମରସିକା-ପୁଷ୍ପଭୂଷଣପ୍ରିୟା, ଫନ୍ଦାଇ-ଭୁଲାଇ, ଫନ୍ଦାଧନ-ଉପାର୍ଜନର ଆଶ୍ରୟ, ଫରିଆଦ-ଅଭିଯୋଗ, ନାଲିଶ; ଉରୋଜ-କୁଚ, ଫଉଜ-ସୈନ୍ୟ, ବେତ୍ରବଲ୍ଲୀଧାରିଣୀ-ବେତ ଧରିଥିବା ପ୍ରତିହାରୀ ବା ଦ୍ୱାରପାଳିକା, ଫରମାସ-ବରାଦ କର, ଆଦେଶ କର; ଫେଇଦିଅ-ସାରିଦିଅ ବା ଖୋଲିଦିଅ, ଫଜିତ-ଅପମାନିତ, ଅଷ୍ଟଶ୍ରୁତି-ବ୍ରହ୍ମା, ପ୍ରଜାପତି (ସ୍ତ୍ରୀ ପୁରୁଷଙ୍କର ମିଳନବିଧାୟକ ଦେବତା) ଫୁରୁଣା-ପୂର୍ଣ୍ଣମନୋରଥ, ନେତ୍ରକଞ୍ଜୁ-ଚକ୍ଷୁରୂପ ପଦ୍ମରୁ, ସଡ଼ିଅଛି ଦୁଃଖରେ ଶୀର୍ଣ୍ଣ ହୋଇଅଛି, ତନୁବଲ୍ଲରୀ-ଶରୀରରୂପ ଲତା, ଫୁକାରା-ପ୍ରଚାରିତ, ଫତୁଆ-ଅକୃତକାର୍ଯ୍ୟ।

ଝ ପାଠାନ୍ତର- ଫୋଟକା ହେଉଛି ଶ୍ରୀଅଙ୍ଗେ ସିଞ୍ଚିଲେ କର୍ପୂରଚନ୍ଦନ ବାରି।

ହେ କିଶୋରି, ତୋ ପାଇଁ ନିକୁଞ୍ଜକୁ ଯିବା ଆସିବା କରିବା ପରିଶ୍ରମରୁ ମୋ ତଳିପା ଫାଟି ଗଲାଣି, ଶେଷରେ ମୁଁ ମିଛେଇ ବୋଲି ଅପବାଦ ପାଇଲି, ଏହାହିଁ ତାହାର ଶେଷ ଫଳ ହେଲା। ହେ ପୁଷ୍ପଭୂଷଣପ୍ରିୟେ, ଏବେ ସନ୍ଦେହ ଦୂର ହୋଇଯିବାରୁ ତୁ ଶ୍ୟାମସ୍ନେହ ଜାଣି ପାରି ଫୁଲିଗଲୁ ପରା। (ଅର୍ଥାତ୍ ତୋ ମନ କୁଣ୍ଢେ ମୋଟ ହୋଇଗଲା ପରା)। ମୁଁ ନାନା ବିନୟରେ କୃଷ୍ଣଙ୍କୁ ଭୁଲାଇଲି ଏବଂ ଶେଷରେ ଦାନ୍ତରେ କୁଟା ପର୍ଯ୍ୟନ୍ତ କାମୁଡ଼ିଲି, ଏ ସବୁ କୁଆଡ଼େ ଗଲା, ଫଳରେ କୁଟିଳ ହୃଦୟା ବୋଲି ମୋ ଫଟା କପାଳରେ ଅପବାଦ ବି ଥିଲା। ହେଉ, ମୁଁ ଆଉ କାହା ଆଗରେ ନାଲିଶ କରିବି? ତୁ ତ ମୋର ଜୀବିକା ନିର୍ବାହର ଆଶ୍ରୟ, ନିନ୍ଦା କରିବୁ ପଛକେ କର ।୨। ତୁ ଏବେ ସେ (ଶ୍ରୀକୃଷ୍ଣରୂପ) ନୀଳମଣିକି ଫରୁଆରେ ରଖିଲା ପରି କୁଚ ମଧ୍ୟରେ ପୂରାଇ ରଖ ଏବଂ ପଳାଇ ନ ଯିବାପାଇଁ କୁଞ୍ଜ ଦ୍ୱାରରେ ବେତ ଧରିଥିବା ପ୍ରତିହାରୀମାନଙ୍କୁ ସୈନ୍ୟମାନଙ୍କ ପରି ଜଗାଅ। ଏ ସବୁ ମନେ ମନେ ବରାଦ କର ଏବଂ ମୁଁ ଯେବେ ଆଉ ଦିନେ ସିଆଡ଼େ ଯିବି, ତେବେ ତୁ ମୋର ମହତ୍ତ୍ୱ ସାରି ଦେ ।୩। ଆମ୍ଭେମାନେ ଅପମାନିତ ହୋଇ ଦୂରରେ ଥିଲେହେଁ ତୋତେ ନିଶ୍ଚେଁ ଆଶ୍ରା କରିଥିବୁ, ଆମ୍ଭର ବାଞ୍ଛା ଯେ, ପ୍ରଜାପତି ତୋର ଏ କଷ୍ଟ ଦୂର କରନ୍ତୁ ଅର୍ଥାତ୍ ପ୍ରଜାପତିଙ୍କ ଦୟାରୁ ତୁମ୍ଭ ଦୁହିଙ୍କର ଶୁଭ ମିଳନ ହେଉ ଏବଂ ତୁ ଇଚ୍ଛାନୁରୂପ ରସରେ ମତ୍ତ ହୁଅ। କିନ୍ତୁ ଦେଖ୍, ସେଠାରୁ ଫେରିଆସି ଯେପରି ଆମ୍ଭ ଆଗରେ ଆଖିରୁ ଲୁହ ନ ବୁହାଅ ।୪। ବର୍ତ୍ତମାନ ତୋ ଦେହରେ କର୍ପୂର ଓ ଚନ୍ଦନ ମିଶା ଶୀତଳ ଜଳ ସିଞ୍ଚିଲେ ଫୋଟକା ହୋଇ ଯାଉଅଛି, ତୋ ଦେହଲତା ଏପରି ଶୁଖିଯାଇଛି ଯେ, ଫୁଙ୍କିଦେଲେ

ଉଡ଼ିଯିବ; ହେ କିଶୋରୀ, ଏକଥା ଆଉ ଜଗତରେ ପ୍ରଚାରିତ ନ ହେଉ, କିମ୍ବା ତୁ ଜଗତରେ ଅକୃତକାର୍ଯ୍ୟ ହୁଅ ନା। ଜଗଦ୍ଦେବ ହରିଚନ୍ଦନ ଏ ଗୀତରେ କହିଲେ ।୫।

ଗଦ୍ୟାନୁବାଦ - ହେ ଈଶ୍ୱରୀ, ମୁଁ ତୁମ ଘରୁ କୁଞ୍ଜ ପର୍ଯ୍ୟନ୍ତ ଏବଂ କୁଞ୍ଜ ବନରୁ ତୁମ ଘର ପର୍ଯ୍ୟନ୍ତ ଯିବା ଆସିବା କରିବାରେ ଯେଉଁ ପାଦଶ୍ରମ କରିଥିଲି, ତାହାର ଫଳ ପାଇଲିଣି, ଏହା ପରେ ତୁମେ ଦୁହେଁ ଅନ୍ୟକୁ ଅପେକ୍ଷା କରି ନିଜେ ନିଜର ଦୂତ ହୋଇ ସ୍ୱ ସ୍ୱ ସୌଭାଗ୍ୟସୁଖ ଅନୁଭବ କର, ମୁଁ ମାୟାବିନୀ ଆଉ ଆସିବି ନାହିଁ।

କି ଦୁଃଖର କଥା। ହେ କୃଷ୍ଣପ୍ରମୋଦିନି, ଅବିଶ୍ୱାସିନୀ ମୋତେ ଦୂତୀ କରିବାରୁ ତୁମ୍ଭେ ପ୍ରତିଦିନ ବିଫଳମନୋରଥ ହେଉଅଛ ସିନା।

ଏହା ଶୁଣି ରାଧା ଭୟରେ କହୁଅଛନ୍ତି- "ବିଚକ୍ଷଣା ରେ" ଇତ୍ୟାଦି।

❑❑❑

ବ

ରାଗ-ସାବେରୀ

ବିଚକ୍ଷଣା ରେ, ବିନା ତୋ ପ୍ରୀତି କେ ଗତି ଅଛି ଜଗତୀରେ ।ପଦ।

ବୋଲି ଦେଲି ସିନା ଗେଲେ ହସି, ବିଶ୍ୱେ ତୋ ସମ କାହିଁ ବିଶ୍ୱାସୀ,

ବାନ୍ଧିବାକୁ ମୋ ମନ ତୁ ପାଶି,

ବିଶେଷରେ ମୋ ହୃଦନ୍ତର ତୋତେ ଜଣା ରେ ।୧।

ବିଶ୍ୱମ୍ଭରାରଜଖେଳକାଳୁଁ, ବହିଃ-ପ୍ରାଣ ପରି ପରିପାଳୁ

ବିଧିବଶୁ ନିସର୍ଗକପାଳୁ,

ବ୍ରଜେ ହେଉଛି ଏହି ଡିଣ୍ଡିମ ବାଜଣା ରେ ।୨।

ବିକେ କିଣେ ଯେ ଯାହାକୁ ସ୍ନେହେ, ବଡ଼ ତାଠାରୁ ଜୀବନ ନୋହେ,

ବଳ ତାହାଠାରେ ସିନା ସହେ,

ବହିରଙ୍ଗେ ବୁଲୁଛନ୍ତି ଦେଖ ଅଗଣାରେ ।୩।

ବୋଲେ ଅଷ୍ଟଦୁର୍ଗର ମଘବା, ବଲ୍ଲୀନିକଟକୁ ଚାଲ ଯିବା,

ବଂଶୀଗୀତ ପୀୟୂଷ ପିଇବା,

ବିଭାବରୀ ନ ପାହୁଁ ଆସିବା ଅଜଣାରେ ।୪।

(ବ) କୌତୁକାଲ୍ପପୀତମୀଷଦତଥ୍ୟଂ କୌ ତୁ କା ହୃଦି ଦଧାତି ବୟସ୍ୟା
ପିଷ୍ଟପେ ମମ ଯଥା ତ୍ୱମହେୟା, ପିଷ୍ଟପେଷଣଭୟାନ୍ନ ବଦାମି ।

ଗଦ୍ୟ : ରସିକାଂ ପ୍ରାଣାଧିକାଂ ତ୍ୱାଂ ବିନାତ୍ର ନଗର୍ଯ୍ୟାଂ ମଦୁକ୍ତିନୈଷ୍ଠୁର୍ଯ୍ୟ-ନିଦାନପର୍ଯ୍ୟାଲୋଚନ-ଚାତୁର୍ଯ୍ୟଧୂର୍ଯ୍ୟା କା ବାନ୍ୟାଭୀରକନ୍ୟାସ୍ତୀତି ଧୈର୍ଯ୍ୟମବଲମ୍ବ୍ୟ ଯଦୁକ୍ତମନୁଚିତଂ ତଦ୍‌ବିସ୍ମୃତ୍ୟା- ଗଚ୍ଛାବାଂ ଗତ୍ୱା କୁତ୍ରଚିନ୍ନିଲୀୟ ଯୌବତ ଜୀବନାନ୍ତର୍ଯାତନାଯତ ମାନକଟାକ୍ଷଲୀଳସ୍ୟାପି ତସ୍ୟାଖଣ୍ଡ-ଶିଖଣ୍ଡମଣ୍ଡିତଶେଖରସ୍ୟ ଭ୍ରମଣରମଣୀଯାୟା ଭୁବଃ ସୁଷମାମବଲୋକୟିଷ୍ୟାବ ଇତି ବିଡ଼ମ୍ବିତସୂ-ନକଳମ୍ବବିଜୟ ଡିଣ୍ଡିମାଡ଼ମ୍ବରାବଲମ୍ବିଚରଣମଣ୍ଡନଂ ନିଃସୃତ୍ୟ କଦମ୍ବକୁଞ୍ଜ କାନନାନ୍ତର୍ବିବିଶତୁଃ ।

(ବ) ବିଚକ୍ଷଣା-ହେ ବୁଦ୍ଧିମତି, ଜଗତୀରେ-ସଂସାରରେ, ପାଶି-ଫାଶ, ବିଶ୍ୱମ୍ଭରାରଜଖେଳା କାଳୁଁ-ପୃଥିବୀରେ ଧୂଳି ଖେଳିବା ସମୟରୁ ଅର୍ଥାତ୍ ପିଲାଦିନୁଁ, ବହିଃପ୍ରାଣ-ତୋ ନିଜ ଜୀବନ ଯାହା କି ତୋ ଭିତରେ ନ ଥାଇ ବାହାରେ ଅଛି, ବହିରଙ୍ଗେ-ଯେଉଁମାନେ ଅନ୍ତରଙ୍ଗ ବା ଆତ୍ମୀୟ ନୁହନ୍ତି

ସେମାନେ, ଅଗଣା-ଅସଂଖ୍ୟ, ବଲ୍ଲୀ-ଲତା, ବିଭାବରୀ ନ ପାହୁ-ରାତି ନ ପାହୁଣୁ, ମଘବା-ଇନ୍ଦ୍ର, ରାଜା।

ହେ ବୁଦ୍ଧିମତି, ତୋ ସ୍ନେହ ଛଡ଼ା ଏ ସଂସାରରେ ମୋର ଆଉ କିଏ ଗତି ଅଛି ? ପଦ। ମୁଁ ସିନା ଗେଲରେ ହସି କହିଦେଲି, ପ୍ରକୃତରେ ଏ ବିଶ୍ୱରେ ତୋ ପରି ବିଶ୍ୱାସୀ କାହିଁ ? ଅର୍ଥାତ୍ କେହି ନାହିଁ। ମୋ ମନକୁ ବାନ୍ଧିବାରେ ତୁ ଫାଶ ପରି ଅଟୁ ଅର୍ଥାତ୍ ସୁକୌଶଳରେ ମୋ ମନକୁ ତୁ ବାନ୍ଧି ରଖିଅଛୁ, ବିଶେଷତଃ ମୋ ହୃଦୟର ଅଭ୍ୟନ୍ତର କଥା ତୋତେ ଜଣା ଅଛି।୧। ପୃଥିବୀ ଉପରେ ଧୂଳିଖେଳ ଖେଳିବା ଦିନରୁ ଅର୍ଥାତ୍ ପିଲାଦିନରୁ ତୁ ମୋତେ ବହିଃପ୍ରାଣ ପରି ପାଳି ଆସୁଅଛୁ ଅର୍ଥାତ୍ ତୋର ନିଜର ଜୀବନ ତୋ ଦେହଭିତରେ ଅଛି, ମୁଁ ତୋର ବାହାରେ ଥିବା ପ୍ରାଣ ସଦୃଶ ଅଟେ। ଆଉ ମଧ୍ୟ ବିଧାତାଙ୍କ ଦୟାରୁ ତୁହି ସ୍ୱଭାବତଃ ଦୟାଶୀଳା- ଗୋପନଗରରେ ଏହି ଡିଣ୍ଡିମ (ନାଗରା) ବାଜୁଅଛି ଅର୍ଥାତ୍ ତୁ ଅତି ଦୟାଳୁ ବୋଲି ଗୋପପୁରରେ ସମସ୍ତେ ଜାଣନ୍ତି।୨। ଯେ ଯାହାକୁ ସ୍ନେହରେ ବିକେ ଓ କିଣେ ଅର୍ଥାତ୍ ସ୍ନେହାଧୀନ କରି ରଖେ, ତା ଠାରୁ ଜୀବନ ଅଧିକ ନୁହେଁ, ପ୍ରକୃତରେ ସେହି ଲୋକଠାରେ ସିନା ସ୍ନେହ ଥାଏ; ଦେଖ, ଯେଉଁମାନେ ପ୍ରକୃତ ଆତ୍ମୀୟ ନୁହନ୍ତି, ସେପରି ଅସଂଖ୍ୟ ଲୋକ ବୁଲୁଅଛନ୍ତି।୩। ହେ ସଖି, ଚାଲ ଲତା ନିକଟକୁ ଯିବା, ବଂଶୀଗୀତରୂପ ଅମୃତକୁ ପିଇବା ଏବଂ ରାତି ନ ପାହୁଣୁ ଲୋକଙ୍କ ଅଜ୍ଞାତସାରରେ ଚାଲି ଆସିବା। ଆଠଗଡ଼ର ରାଜା ଏହା ରଚନା କଲେ।୪।

ଗଦ୍ୟାନୁବାଦ - ଅୟି ସଖି, ପରିହାସରେ କହିବା ସାମାନ୍ୟ ଅତଥ୍ୟ କଥାକୁ ଏ ପୃଥିବୀରେ କେଉଁ ସଖୀ ହୃଦୟରେ ଧରି ରଖେ ? ସଂସାରରେ ତୁ ମୋର କିପରି ଦୁର୍ଚ୍ଛେଦ୍ୟ ବନ୍ଧୁ, ସମସ୍ତେ ଜାଣନ୍ତି; କଥାରେ କହିଲେ ପିଷ୍ଟପେଷଣ ବା ପୁନରୁକ୍ତି ହେବ ସିନା !

ତୋ ପରି ରସିକା ପ୍ରାଣବନ୍ଧୁ ଛଡ଼ା ଏ ଗୋପପୁରରେ ଏପରି କୌଣସି ନିପୁଣା ଗୋପକନ୍ୟା ଅଛି, ଯେ କି ମୋ କଥାରେ ନିଷ୍ଠୁରତା ଆଲୋଚନା କରି ପାରିବ ? ସଖି ଟିକିଏ ଧୈର୍ଯ୍ୟ ଧର, ଯେବେ କିଛି ଅନୁଚିତ କଥା କହିଅଛି ତେବେ ତାହା ଭୁଲିଯାଇ ଆ ଯିବା; ଲତା ଆଢୁଆଳରେ ଲୁଚି ରହି ଯେଉଁ ସ୍ଥାନରେ ସେ ଯୁବତୀଜନଙ୍କର ଜୀବନବିନାଶ କରିବାପାଇଁ କଟାକ୍ଷଲୀଳା ବିସ୍ତାର କରୁଅଛନ୍ତି ଏବଂ ତାଙ୍କର ଭ୍ରମଣ ବିଳାସରେ ଯେଉଁ ସ୍ଥାନ ରମଣୀୟ, ସେହି ଅରଣ୍ୟଖଣ୍ଡର ଶୋଭା ପରସ୍ପରକୁ ଦେଖାଇବା। ଏହା ନିଶ୍ଚୟ କରିବା ପରେ ରାଧା କନ୍ଦର୍ପର ବିଜୟଡ଼ିଣ୍ଡିମ ଶବ୍ଦକୁ ଅନୁକରଣ କରୁଥିବା ନୂପୁର ଯୁଗଳକୁ ଚରଣରୁ ବାହାରକରି କଦମ୍ବକୁଞ୍ଜକାନନ ମଧ୍ୟକୁ ଲଳିତାଙ୍କ ସଙ୍ଗେ ପ୍ରବେଶ କଲେ।

ଲଳିତା ଲତା ଆଢୁଆଳରେ ରହି ଶ୍ରୀକୃଷ୍ଣଙ୍କର ଶୋଭା ରାଧିକାକୁ ଦେଖାଇ କହୁଅଛନ୍ତି,- "ଭଙ୍ଗୀ ଚାହାଁ" ଇତ୍ୟାଦି।

❑❑❑

ଭ

(ରାଗ-କେଦାରଗୌଡ଼ା)

ଭଙ୍ଗୀ ଚାହାଁ, ଭ୍ରୁରୂନୀଳଭୁଜଙ୍ଗୀ-ଭ୍ରମର, ଜୀବସଙ୍ଗ । ପଦ ।

ଭାଗ୍ୟ ଏ ଜନଆଖି, ଜନନରଟି ସଖି, ଜାଣ ରେ,
ଭରମି ନ ଯା ତୁ ମନ୍ମଥ ବାଣରେ,
ଭୁଜପାଣିକୁ ଛନ୍ଦି ମୋ ଗଳେ, ଭିଡ଼େ ପଦକଞ୍ଜ ଖଞ୍ଜ ଧରଣୀ ତଳେ,
ଭୂମଣ୍ଡନା ରେ,
ଭଲା ମାନୁଛି ଦେଖି ମୁଖସୁଧାମୟୂଖ,
ଅଳକତଳ ଅଖ - ଣ୍ଡିତ ରୋଚନାରେଖ,
ତିଳକେ ଦୃଷ୍ଟି ରଖି, ସଖି ରେ, କି ଦିଶେ ଚଳାଚଳ, ଚାରୁଚନ୍ଦ୍ରକଚୂଳ ।୧।

ଭର୍ତ୍ସିତନବରବି, କୁଣ୍ଡଳଯୁଗଛବି, ଗଣ୍ଡରେ,
ଭିଦୁର ଏହିଟି ବିବେକମୁଣ୍ଡରେ,
ଭବ୍ୟଦାୟକ ମାଣିକ୍ୟବର, ଭ୍ରମ ଜାତ କରୁଅଛି ମଧୁରାଧର,
ଭୂମଣ୍ଡନାରେ,
ଭୁକ୍ଷୁଡ଼ିବଟି ସତୀ- ବ୍ରତ ନିୟମ ଧୃତି,
ଶ୍ରୀଅଙ୍ଗସଙ୍ଗ ମତି ବିନା ଅନାଅ ଦ୍ୟୁତି,
ମଦଦ୍ୱିରଦଗତି, ସଖି ରେ, ଶୋଭାନିଧି ତୋ ଗାତ୍ର, ନ ଚୁମ୍ବୁ ଶ୍ୟାମନେତ୍ର ।୨।

ଭଙ୍ଗୀତ୍ରୟରେ ଉଭା, ହେବାର କେଡ଼େ ଶୋଭା, ପ୍ରକାଶେ
ଭରାଜି କି ହାର ସେ ବକ୍ଷ ଆକାଶେ,
ଭଗସମାଧି ଭଙ୍ଗ କରିବ, ଭଲେ ଏହା କରକମଳ ବଂଶୀରବ,
ଭୂମଣ୍ଡନାରେ,
ଭୂତିଭୂଷ-ବିପକ୍ଷ- ପ୍ରକ୍ଷେଡ଼ନରୁ ତିକ୍ଷ,
ଏ କିଶୋର କଟାକ୍ଷ, କନକାଚଳ ବକ୍ଷ,
କେବଳ ଏହା ଲକ୍ଷ୍ୟ, ସଖି ରେ, କହ ବିଚାରି ସତେ, ଯୁବତିଧୃତି କେତେ ।୩।

ଭାଷିଲେ ଅଷ୍ଟ ଦୁର୍ଗ-କ୍ଷିତି କପଟସ୍ୱର୍ଗ, ମଘବା,
ଏ ଶୃଙ୍ଗାର ସୁଧାବରଷୀ ମେଘ ବା,
ଭୃତ୍ୟପଣରେ ହେଲେ ଏହାର, ଭୁଜଭୁଜଗେନ୍ଦ୍ର କରନ୍ତା କଣ୍ଠେ ହାର,

ଭ୍ରୂମଣ୍ଡନା ରେ,

ଭଜିଥାନ୍ତା ରଜନୀ, ଦିବସେ ପିକଦାନୀ,

ଖଟି ଏ କୃପା ଘେନି, ସାର୍ଥ ହୁଅନ୍ତା ଜନି,

ସତେ ଜଳଜଯୋନି, ସଖି ରେ, କରିବେ ଅନୁଗ୍ରହ, ଏ ମୋହନ ବିଗ୍ରହ ।୪।

(ଭ) କୁଳାଭୀରୀଧୈର୍ଯ୍ୟବ୍ୟୟକରଣଧୂର୍ଯ୍ୟସ୍ମିତଲବୋ

ଦଧନ୍ନୀପାଭ୍ୟାସେ ଭୁବନନୟନାସେଚନକତାଂ ।

ହରିଃ ସୋଽୟଂ କାଳାମ୍ବୁଦନିଭତମାଳାଗମରୁଚିଃ,

କୃତସ୍ଥୈର୍ଯ୍ୟନ୍ୟାସଂ ଗତନିମିଷୟା ସଂପିବ ଦୃଶା ॥

ଗଦ୍ୟ : ଇତି ବିଜ୍ଞାପ୍ୟ ରାଧାଙ୍ଗସୌରଭଲବ୍ଧାରବ୍ଧାନଙ୍ଗମଙ୍ଗଳସଙ୍ଗୀତ ମଧୁକରନିକରବିଜାତୀୟବିଳାସପୂର୍ଣ୍ଣନିକୁଞ୍ଜପୁଞ୍ଜ ଆତ୍ମାନଂ ହରେର୍ଲୋଚନଗୋଚରୀକୃତ୍ୟ କୁସୁମନିଚୟାବଚୟସମୁଦ୍ୟାମାଭିଦଧେନ ତତୋ ଲତିକାନ୍ତରଂ ପ୍ରତି ଚଳିତାୟାଂ ଲଳିତାୟାଂ-

---

(ଭ) ଭ୍ରୂରୂନୀଳଭୂଜଙ୍ଗୀ-ଭ୍ରୂଲତାରୂପ ନୀଳସର୍ପୀ; ଭ୍ରମର-ଭ୍ରମଣର ବା ଚଳନର; ଜୀବସଙ୍ଗି-ହେ ପ୍ରାଣବନ୍ଧୁ; ଜନନ-ଜନ୍ମ; ଭୁଜପାଶି-ବାହୁରୂପ ଫାଶ; ଭିଡ଼େ-ଦୃଢ଼ରୂପେ; ପଦକଞ୍ଜ-ପାଦରୂପ ପଦ୍ମ; ଖଞ୍ଜା-ସ୍ଥାପନ କର; ସୁଧାମୟୂଖ-ଚନ୍ଦ୍ର; ଅଳକତଳ-ଚୂର୍ଣ୍ଣକୁନ୍ତଳର ନିମ୍ନଦେଶ; ଅଖଣ୍ଡିତ-ରୋଚନାରେଖ-ଆଦୌ ଖଣ୍ଡିଆ ହୋଇ ନ ଥିବା ଗୋରଚନାର ରେଖା ବା ଗାର ଯହିଁରେ ଅଛି, (ତିଳକର ବିଶେଷଣ)। ଚଳାଚଳ-ଗତିଶୀଳ; ଚନ୍ଦ୍ରକଚୂଳ-ମୟୂରପୁଚ୍ଛନିର୍ମିତ ମୁକୁଟ; ଭର୍ତ୍ସିତନବରବି- ତିରସ୍କୃତ ବା ପରାଜିତ ହୋଇଅଛି ନବୋଦିତ ସୂର୍ଯ୍ୟ ଯାହାଦ୍ୱାରା, (କୁଣ୍ଡଳଯୁଗର ବିଶେଷଣ)। ଭିଦୁର-ବଜ୍ର; ଭବ୍ୟଦାୟକ-ସୁଖପ୍ରଦ; ଧୃତି-ଧୈର୍ଯ୍ୟ; ଦ୍ୟୁତି-ଶୋଭା; ମଦଦ୍ୱିରଦଗତି-ମତ୍ତଗଜଗମନା; ଭରାଜି-ନକ୍ଷତ୍ରସମୂହ; ଭର୍ଗସମାଧି-ଶିବଙ୍କର ଯୋଗଜନିତ ସ୍ଥିରତା; ଭଲେ-ଅକ୍ଳେଶରେ; ଭୂତିଭୂଷବିପକ୍ଷ-ମହାଦେବଙ୍କ ଶତ୍ରୁ, କନ୍ଦର୍ପ; ପ୍ରକ୍ଷ୍ୱେଡ଼ନ-ଶର; ତିକ୍ଷ-ତୀକ୍ଷ୍ଣ; କନକାଚଳବକ୍ଷ-ସ୍ୱର୍ଣ୍ଣପର୍ବତ ପରି ହୋଇଥିବା କୁଚଯୁକ୍ତ ବକ୍ଷଦେଶ; ଭୁଜଭୁଜଗେନ୍ଦ୍ର-ବାହୁରୂପ ଶ୍ରେଷ୍ଠ ନାଗ; ଘେନି-ପାଇଁ; ଜନି-ଜନ୍ମ; ଜଳଜଯୋନି-ବ୍ରହ୍ମା, ବିଧାତା।

ଲଳିତା ରାଧିକାଙ୍କୁ ଶ୍ରୀକୃଷ୍ଣଙ୍କ ଶୋଭା ଦେଖାଇ କହୁଅଛନ୍ତି- ହେ ପ୍ରାଣସଙ୍ଗିନୀ! ଶ୍ରୀକୃଷ୍ଣଙ୍କର ନୀଳସର୍ପୀ ସଦୃଶ ହୋଇଥିବା ଭ୍ରୂଲତାର ଚଳନର ଭଙ୍ଗୀକୁ ଚାହାଁ। ପଦ। ଆହା ସଖି, ମନୁଷ୍ୟର ଆଖିର ଜନ୍ମ ହେବାର ଭାଗ୍ୟଟି ଅର୍ଥାତ୍ ଏ ମୂର୍ତ୍ତିକୁ ଦେଖିଲେ ଚକ୍ଷୁର ଜନ୍ମ ସାର୍ଥକ ହୁଏ। ଏ ମୂର୍ତ୍ତିକୁ ଦେଖି ତୁ ଆଉ ମନ୍ମଥବାଣରେ ଭ୍ରାନ୍ତ ବା ବ୍ୟାକୁଳ ହୋଇ ପଡ଼ ନା। ହାତକୁ ଫାଶ ପରି କରି ମୋ ଗଳାରେ ଛନ୍ଦି ପାଦପଦ୍ମକୁ ପୃଥିବୀ ଉପରେ ଦୃଢ଼ରୂପେ ସ୍ଥାପନ କର। ହେ ଭ୍ରୂମଣ୍ଡନା, ମୁଖରୂପ ଚନ୍ଦ୍ରଟି କି ସୁନ୍ଦର ଦିଶୁଅଛି। ଚୂର୍ଣ୍ଣକୁନ୍ତଳ ତଳଦେଶସ୍ଥ ଅକ୍ଷୁଣ୍ଣ

ଗୋରୋଚନାର ରେଖାଯୁକ୍ତ ତିଳକ ଆଡ଼କୁ ଆଖି ପକା, ସଖି, ଗତିଶୀଳ ସୁନ୍ଦର ମୟୂରପୁଚ୍ଛନିର୍ମିତ ମୁକୁଟ କି ସୁନ୍ଦର ଦିଶୁଅଛି ।୧। ଉଜ୍ଜ୍ୱଳତାରେ ନବୋଦିତ ସୂର୍ଯ୍ୟକୁ ବଳି ପଡ଼ିଥିବା କୁଣ୍ଡଳଦ୍ୱୟର ଛବି ଗଣ୍ଡରେ କି ମନୋହର। ବିବେକ ମସ୍ତକରେ ଏହା ବଜ୍ରଟି, ଅର୍ଥାତ୍ ଏହାକୁ ଦେଖିଲେ ବିବେକ ନଷ୍ଟ ହୋଇଯାଏ। ଆହା, ମନୋହର ଅଧର ସର୍ବସୁଖପ୍ରଦ ଶ୍ରେଷ୍ଠ ମାଣିକ୍ୟର ଭ୍ରମ ଜାତ କରୁଅଛି, ଅର୍ଥାତ୍ ଅଧରକୁ ଦେଖିଲେ ସୁଖଦାୟୀ ମାଣିକ୍ୟ ପରି ବୋଧ ହେଉଅଛି। ସଖୀ, ଏହାକୁ ଦେଖିଲେ ସତୀ ସ୍ତ୍ରୀର ମଧ୍ୟ ବ୍ରତ, ନିୟମ ଓ ଧୈର୍ଯ୍ୟ ଏକାବେଳକେ ନଷ୍ଟ ହୋଇଯିବ। ହେ ମତ୍ତଗଜଗାମିନି, ତାଙ୍କର ଶ୍ରୀଅଙ୍ଗସଙ୍ଗ ଲାଭ କରିବାକୁ ମନ ନ ବଳାଇ ତାଙ୍କ ଶରୀରକାନ୍ତିକୁ ମାତ୍ର ଚାହାଁ; ହେ ଶୋଭାନିଧି, ଶ୍ୟାମଙ୍କ ନେତ୍ର ତୋ ଗାତ୍ରକୁ ନ ଚୁମ୍ବୁ ଅର୍ଥାତ୍ ତାଙ୍କ ଆଖି ତୋ ଉପରେ ନ ପଡୁ।୨। ଏହି ତ୍ରିଭଙ୍ଗୀଠାଣିରେ ଠିଆ ହୋଇଥିବାରୁ କି ବିଚିତ୍ର ଶୋଭା ପ୍ରକାଶ ପାଉଅଛି। ଏହାଙ୍କ ବକ୍ଷରୂପ ଆକାଶରେ ହାରଗୁଡ଼ିକ ନକ୍ଷତ୍ରସମୂହ କି ? ଏହାଙ୍କ କରମଳରେ ଶୋଭା ପାଉଥିବା ବଂଶୀର ଶବ୍ଦ ଅକ୍ଳେଶରେ ମହାଦେବଙ୍କର ଧ୍ୟାନନିରତ ଚିତ୍ତସ୍ଥୈର୍ଯ୍ୟକୁ ମଧ୍ୟ ନଷ୍ଟ କରିଦେବ ଅର୍ଥାତ୍ ଏହାଙ୍କ ବଂଶୀର ରବ ଶୁଣିଲେ ମହାଦେବଙ୍କର ମଧ୍ୟ ଯୋଗ ଭାଙ୍ଗିଯିବ। ହେ ଭ୍ରୂମଣ୍ଡନା, କନ୍ଦର୍ପର ଶରରୁ ଏ କିଶୋରଙ୍କର କଟାକ୍ଷ ବା ବାଙ୍କ ଚାହାଣି ତୀକ୍ଷ୍ଣତର ଅଟେ। ହେ ସଖି, ବିଚାର କରି ପ୍ରକୃତରେ କହ ତ, ଏହା ଆଗରେ ଯୁବତୀର ଧୈର୍ଯ୍ୟ କେତେ ମାତ୍ର ଅବା ? ଅର୍ଥାତ୍ ଏହାଙ୍କୁ ଦେଖିଲେ କୌଣସି ଯୁବତୀ ଧୈର୍ଯ୍ୟଧରି ରହି ପାରିବ ନାହିଁ।୩। ଅଷ୍ଟଦୁର୍ଗକ୍ଷିତି କପଟସ୍ୱର୍ଗରାଜ୍ୟ ପରି, ତହିଁର ମଘବା (ଇନ୍ଦ୍ରସ୍ଥାନୀୟ ରାଜା) କହନ୍ତି, ଏ (ଶ୍ରୀକୃଷ୍ଣ) ଶୃଙ୍ଗାରରୂପ ଅମୃତକୁ ବର୍ଷା କରୁଥିବା ମେଘ କି ? ତେବେ କୌଣସି ଯୁବତୀ ଭୃତ୍ୟପଣରେ ସୁଦ୍ଧା ଏହାର ଭୁଜରୂପ ଅନନ୍ତକୁ (ଶ୍ରେଷ୍ଠନାଗକୁ) କଣ୍ଠରେ ହାର କରନ୍ତା ଓ ଦିନ ରାତି ପିକଦାନୀ ଧରି ଖଟି ଭଜିଥାଆନ୍ତା, ତେବେ ସେ ଏ କୃପା ଘେନି ଆପଣା ଜନ୍ମକୁ ସାର୍ଥକ କରନ୍ତା, ସତେ ବିଧାତା ଏ ମୋହନବିଗ୍ରହକୁ ଅନୁଗ୍ରହ କରିବେ ଅର୍ଥାତ୍ ଦୟାକରି ପ୍ରାପ୍ତ କରାଇବେ।

ଗଦ୍ୟାନୁବାଦ - ଯେ ମନ୍ଦହାସରେ ଗୋପକୁଳବାଳାମାନଙ୍କର ଧୈର୍ଯ୍ୟ ଲୋପକରି ପାରନ୍ତି, ସେହି ଘନନୀଳକାନ୍ତି ତମାଳଶ୍ୟାମ ଶ୍ରୀହରି କେଳିକଦମ୍ବ ମୂଳରେ ବିଶ୍ୱ ଜନନୟନମୋହନ ରୂପ ଧାରଣ କରି ଅବସ୍ଥାନ କରୁଅଛନ୍ତି। ହେ ସଖି, ଦୃଢ଼ରୂପେ ଧୈର୍ଯ୍ୟ ଧାରଣ କରି ନିମେଷଶୂନ୍ୟ ଦୃଷ୍ଟିରେ ସେହି ରୂପକୁ ପାନ କର।

ଲଳିତା ଏହା କହି ପୁଷ୍ପଚୟନ ବ୍ୟାଜରେ ଶ୍ରୀକୃଷ୍ଣଙ୍କୁ ଦେଖାଇ ଦେଇ ଅନ୍ୟ ଲତା ଆଡ଼କୁ ଚାଲିଗଲେ। ରାଧା ଯେଉଁ କୁଞ୍ଜରେ ଥିଲେ, ସେହି କୁଞ୍ଜରେ ତାଙ୍କର ଅଙ୍ଗସୌରଭରେ ଆକୃଷ୍ଟ ହୋଇ ଭ୍ରମରମାନେ ବିବିଧ ବିଳାସପୂର୍ଣ୍ଣ କାମୋଦ୍ଦୀପକ ମଙ୍ଗଳ ସଙ୍ଗୀତ ଆରମ୍ଭ କରିଦେଲେ। ଏହି ସମୟରେ "ମଧୁରେ, ମନ୍ଦ ମନ୍ଦ ହୋଇ ଗନ୍ଧବହ ପ୍ରସରିଲା"-ଇତ୍ୟାଦି।

❑❑❑

ମ

(ରାଗ-କାମୋଦୀ ବା ମରୁଆ)

ମଧୁରେ, ମନ୍ଦ ମନ୍ଦ ହୋଇ ଗନ୍ଧବହ ପ୍ରସରିଲା କଦମ୍ବ ନିକୁଞ୍ଜସୀମାରେ,
ମରନ୍ଦ ସେକେ ଚମକି ଲୋକେ ଭାଷିଲେ ଇଷି ମାରେ;
ମିଳନ୍ଦଲତା ଦମ୍ପବନିତା ବଦନେ ମିଶି ମାରେ,
ମଣ୍ଡିତ ହେଲା ସେ ବନସ୍ଥଳ, ମହାରଜତ ମହେନ୍ଦ୍ର ନୀଳ-
ମୟୂଖ ଶିରୀମୟ ମଞ୍ଜରୀ ବିସର ସୁଷମାରେ । ପଦ ।
ମିଶିଲା ଚାରି ଲୋଚନ ବାରି- ରୁହ ମଦନୁ ଲଭିଲା ଚାରି
ମିଳିଲା ଶ୍ୟାମ ଗଉର ଦୁଇ ମହ,
ମଧୁପ ଯୁବା ଲଭିଲା ଅବା ନବ ସରସୀରୁହ,
ମାନସ ଅଙ୍ଗଭେଦ ପ୍ରସଙ୍ଗ ଭଙ୍ଗ ରଚିଲା ସ୍ନେହ,
ମଉଳିଗଲା ଶେଷ ସାତ୍ତ୍ୱିକ ମୃଡ଼ନୟନ ସଂଖ୍ୟକଯାକ
ମଜ୍ଜାଇ ଦେଲା ଦୁହିଁଙ୍କ ମନ ମହାମୋଦପ୍ରବାହ ।୧।
ମଦଦ୍ୱିରଦ ମଥିତହ୍ରଦ, ମୂର୍ଚ୍ଛିତ ମହୋତ୍ପଳ ଆମୋଦ,
ଫୁଲ୍ଲପରାଗ ଶ୍ରୀଅଙ୍ଗରାଗ ବାସ,
ମୃଗଲାଞ୍ଛନ ମରୀଚି ଚୂର୍ଣ୍ଣ ଧାବଲ୍ୟ ପରକାଶ,
ମଧୁମାଦକ ଗୁଣସୂଚକ କୋକିଳ କଳଘୋଷ,
ମଣିମଣ୍ଡିତ କିଙ୍କିଣୀଯୁତ ମଞ୍ଜୁ ମଞ୍ଜୀର ଭୂଷାଶିଞ୍ଜିତ
ରସନା ରଣତ୍କାର ଶ୍ରବଣ କଲା ବିବେକ ମୋଷ ।୨।
ମଧୁ ମଧୁର ବନ୍ଧୂ ଅଧର କିଶୋରବର ରଦନାମ୍ବର,
ବିମ୍ବ ଚୁମ୍ବନ ଚୁଁ କୃତି ସ୍ୱନମେଳା,
ମୃଦୁ ମନ୍ମନ ଧ୍ୱନି ଜନନ କଲାଟି କ୍ରୋଡ଼ଖେଳା,
ମହେନ୍ଦ୍ର ମଣି, ବଳୟ ଶ୍ରେଣୀ ରଚିଲା ହୋଇ ଲୋଳା;
ମନୋଜ୍ଞ ଚାଟୁପୀୟୁଷମୟ, ମିଶ୍ରିତ ହେଉ ହେଉ ସମୟ
ମାର ମହତ୍ତ୍ୱ ଗଲାକି ନାହିଁ ହେଲା ସଂଶୟଦୋଳା ।୩।
ମନ୍ଦାର ବନ ସେ ବନ ରସା-ଚକ୍ରେ ରଚିଲା ସୁନ ବରଷା,
ରସିଲେ ସର୍ବ ଗନ୍ଧର୍ବମାନେ ଗାନେ;

ମାତି ତାଣ୍ଡବ ରଚିଲେ ଦେବଦାସୀଏ ସାବଧାନେ,
ମର୍ଦ୍ଦଳ ଘୋଷ ହେଲା ତ୍ରିଦଶ ମଣ୍ଡଳେ ସବୁ ସ୍ଥାନେ,
ମୁକତ ପ୍ରାୟ ହେଲା ତ୍ରିଲୋକ ମାନସୁ ମ୍ଳାନ କଲେ ପାତକ,
ଶ୍ରୀ ଜଗଦ୍ଦେବ ହରିଚନ୍ଦନ ସେ ମହୋତ୍ସବ ଧାନେ ।୪।

(ମ) ପ୍ରାପଞ୍ଚିକାନ୍ଧତମସାନ୍ଧୁପିଚିଣ୍ଡପାତାତ୍
ପ୍ରାୟଃ ସମାକୁଳବିବେକଦୃଶାଂ ଜନାନା ।
ଚାମୀକରପ୍ରକରପୀତମୟୂଖଲେଖା,
ନୀଳୋତ୍ପଳାଂଶୁମୟମସ୍ତ୍ୱବନାୟ ତେଜଃ ।

ଗଦ୍ୟ : ଶିଶୁପଭୁକ୍ତକ୍ଷିପ୍ତାଂ ମାଳାମିବ ଶାଣୋଲ୍ଲୀଢ଼ାଂ ମଣିମିବ, ତମସାଗ୍ରସ୍ତ ଗଳିତାଂ ଚନ୍ଦ୍ରକାମିବ, ଗଜେନ୍ଦ୍ରଦଳିତୋଜ୍ଝିତାଂ ସରୋଜୀନୀମିବ, ମୃଗେନ୍ଦ୍ର ଗୃହୀତମୁକ୍ତାଂ ମୃଗୀମିବାନଙ୍ଗ ସଙ୍ଗରରଙ୍ଗମଙ୍ଗଳମହୋତ୍ସବାତିଶୟାୟସ୍ତାଂ ଭୂୟସ୍ତାମଙ୍କମାରୋପ୍ୟ କୃଷ୍ଣଃ ।

(ମ) ମଧୁରେ-ବସନ୍ତରେ, ଗନ୍ଧବହ-ମଳୟପବନ, ମରନ୍ଦସେକେ-ମକରନ୍ଦ ବା ପୁଷ୍ପମଧୁ ପଡ଼ିବାରୁ, ମାରେ-ମାର ଅର୍ଥାତ୍ କାମର ଉଦ୍ଦୀପନାରୁ, ମିଳିନ୍ଦ-ଭ୍ରମର, ଲତାଦମ୍ଭବନିତା-ଲତାମାନେ ବ୍ୟାଜ ବନିତାସ୍ଥାନୀୟ, ଲତାରୂପିଣୀ ସ୍ତ୍ରୀମାନେ; ମହାରଜତ-ସୁବର୍ଣ୍ଣ, ମହେନ୍ଦ୍ରନୀଳ-ଇନ୍ଦ୍ରନୀଳମଣି, ମୟୂଖଶ୍ରୀମୟ-କିରଣଶୋଭାପୂର୍ଣ୍ଣ, ମଞ୍ଜରୀ-କଢ଼ି, ବିସର-ବିସ୍ତାର, ସଞ୍ଚାର; ସୁଷମା-ପରମ ଶୋଭା, ଲୋଚନବାରିରୁହ-ଚକ୍ଷୁରୂପ ପଦ୍ମ, ମଦନୁ-କାମୋଦ୍ଦୀପନା ହେଲାରୁ । ଲାଚାରି- (ଗ୍ରାମ୍ୟ ଶବ୍ଦ) ପରସ୍ପର ମିଶ୍ରଣ ବା ଏକୀଭାବ । ମହ-ତେଜ, ସରସୀରୁହ-ପଦ୍ମ, ସାତ୍ତ୍ୱିକ-ସ୍ତମ୍ଭ, ସ୍ୱେଦ, ରୋମାଞ୍ଚ, ସ୍ୱରଭଙ୍ଗ, କମ୍ପନ୍ନ, ବିବର୍ଣ୍ଣତା, ଅଶ୍ରୁ ଓ ମୂର୍ଚ୍ଛା ଏହି ଆଠ ପ୍ରକାର ବିକାର । ମୃଡ଼-ମହାଦେବ, ମୃଡ଼ନୟନ ସଂଖ୍ୟକଯାକ-ତିନିଗୋଟି, ମଦ-ଦ୍ୱିରଦମଥିତ-ମତ୍ତହାତୀ ଦ୍ୱାରା ଘଣ୍ଟା ହୋଇଥିବା, ମୂର୍ଚ୍ଛିତ-ବର୍ଦ୍ଧିତ, ବିସ୍ତାରିତ; ଫଲ୍ଲ-ଫୁଟନ୍ତା, ଶ୍ରୀଅଙ୍ଗରାଗବାସ-ଶ୍ରୀଅଙ୍ଗସୌରଭ, ମୃଗଲାଞ୍ଛନମରୀଚି-ଚନ୍ଦ୍ରଙ୍କର କିରଣ, ଚୂର୍ଣ୍ଣଧାବଲ୍ୟ-ଚୂନ ପରି ଧବଳତା, ମଞ୍ଜୀର-ନୂପୁର, ଶିଞ୍ଜିତ-ରୁଣୁ ରୁଣୁ ଧ୍ୱନି, (ଅଳଙ୍କାର ଶବ୍ଦ) । ରସନା-ଅଣ୍ଟାସୂତା ବା ଚନ୍ଦ୍ରହାର, ମୋକ୍ଷ-ଚୋରି, ଲୋପ; ରଦନାମ୍ବର-ଓଷ୍ଠ, ଚୁଁକୃତି-ଚୁଁ ଚୁଁ ଶବ୍ଦ, ମନ୍ମନଧ୍ୱନି-ମନୋହର ଅସ୍ପଷ୍ଟ ଗଦ୍‌ଗଦ ଶବ୍ଦ ବା ଅବ୍ୟକ୍ତ ମଧୁର ଧ୍ୱନି, ମନ୍ଦାରବନ-ନନ୍ଦନ କାନନ, ରସାଚକ୍ରେ-ଭୂମଣ୍ଡଳରେ, ସୂନବର୍ଷା-ପୁଷ୍ପବୃଷ୍ଟି, ମାତି- ପ୍ରେମୋନ୍ମତ୍ତ ହୋଇ, ଦେବଦାସୀଏ-ଅପସରାମାନେ, ମର୍ଦ୍ଦଳଘୋଷ-ମୃଦଙ୍ଗ ଶବ୍ଦ, ତ୍ରିଦଶମଣ୍ଡଳେ-ସ୍ୱର୍ଗରାଜ୍ୟରେ ।

ପ୍ରକୃତି ରୂପିଣୀ ରାଧାଙ୍କ ସଙ୍ଗେ ପୁରୁଷରୂପୀ ଶ୍ରୀକୃଷ୍ଣଙ୍କର ମିଳନାରମ୍ଭରେ ଅକସ୍ମାତ୍

ବସନ୍ତ ଋତୁର ଆବିର୍ଭାବ ହେବାରୁ କବି ବର୍ଣ୍ଣନା କରୁଅଛନ୍ତି। ପ୍ରଥମେ କଦମ୍ବନିକୁଞ୍ଜର ପ୍ରାନ୍ତଭାଗରେ ବସନ୍ତକାଳୀନ ମଳୟାନିଳ ଧୀରେ ଧୀରେ ପ୍ରବାହିତ ହେଲା। ପୁଷ୍ପମାନଙ୍କରୁ ମକରନ୍ଦ ବହିବାରୁ ଲୋକମାନେ ଚମକି ପଡ଼ି କାମୋଦ୍ଦୀପନା ହେତୁରୁ 'ଇଷି ଇଷି' ଶବ୍ଦ କଲେ। ଭ୍ରମରମାନେ ଲତାରୂପିଣୀ ସ୍ତ୍ରୀମାନଙ୍କ ମୁଖରେ ମିଶି ଅର୍ଥାତ୍ ଦଳ ଦଳ ହୋଇ ମାଇଲେ (ଆକ୍ରମଣ କଲେ) ବା ଗୁଣୁ ଗୁଣୁ ଶବ୍ଦ କରି ଦଳ ଦଳ ହୋଇ ଲତା ଉପରେ ବସିଲେ, ସେ ବନ ପ୍ରଦେଶ ରାଧିକାଙ୍କର ସ୍ୱର୍ଣ୍ଣବର୍ଣ୍ଣ ତେଜ ଓ ଶ୍ରୀକୃଷ୍ଣଙ୍କର ଇନ୍ଦ୍ରନୀଳମଣି ସଦୃଶ ନୀଳବର୍ଣ୍ଣ କିରଣକଳିକାର ସଞ୍ଚାର ଶୋଭାରେ ଭୂଷିତ ହେଲା। ପଦ। ଚାରି ଲୋଚନରୂପ ପଦ୍ମ ମିଳିତ ହେଲା, ଅର୍ଥାତ୍ କୃଷ୍ଣ ଓ ରାଧାଙ୍କର ଚାରିଚକ୍ଷୁ ମିଳିଗଲା ବା ଦୁହେଁ ଦୁହିଁଙ୍କୁ ଭେଟିଲେ, କାମୋଦ୍ଦୀପନା ହେତୁରୁ ଶ୍ୟାମଳ ତେଜ (କୃଷ୍ଣଙ୍କର) ଓ ଗୌରତେଜ (ରାଧାଙ୍କର) ଲାଚାରି ଲଭି ଅର୍ଥାତ୍ ପରସ୍ପର ଏକୀଭୂତ ହୋଇ ମିଶିଗଲା। ତରୁଣ ଭ୍ରମର ନୂତନ ପଦ୍ମ ପାଇଲା କି ? ସ୍ନେହ (ପ୍ରେମ) ମାନସଭେଦ ଓ ଅଙ୍ଗଭେଦ ପ୍ରସଙ୍ଗର ଭଙ୍ଗକୁ ରଚିଲା (ଘଟାଇଲା), ଅର୍ଥାତ୍ ସ୍ନେହାଧିକ୍ୟ ହେତୁରୁ ମାନସିକ ପ୍ରସଙ୍ଗ ଓ ଶାରୀରିକ ପ୍ରସଙ୍ଗର ପ୍ରଭେଦ ଭାଙ୍ଗିଗଲା ଅର୍ଥାତ୍ ଦୁହିଙ୍କର ଦେହ ଓ ମନ ଏକ ହୋଇଗଲା। ବିବର୍ଣ୍ଣତା, ଅଶ୍ରୁ ଓ ମୂର୍ଚ୍ଛା ଏହି ଶେଷ ତିନିଗୋଟି ସାତ୍ତ୍ୱିକବିକାର ମଳିନ ହୋଇଗଲା, ଅର୍ଥାତ୍ ଦେଖାଗଲା ନାହିଁ। କେବଳ ପ୍ରଥମ ପାଞ୍ଚଗୋଟି ଅର୍ଥାତ୍ ସ୍ତମ୍ଭ, ସ୍ୱେଦ, ରୋମାଞ୍ଚ, ସ୍ୱରଭଙ୍ଗ ଓ ବେପଥୁ (କମ୍ପନ) ରହିଗଲା, ମହା-ଆନନ୍ଦ-ନଦୀ ଦୁହିଙ୍କ ମନକୁ ମଜ୍ଜାଇ ଦେଲା ଅର୍ଥାତ୍ ସାନ୍ଦ୍ର ପ୍ରେମରସରେ ପ୍ଲାବିତ ବା ଅଭିଭୂତ କରିଦେଲା। ମତ୍ତହସ୍ତୀଦ୍ୱାରା ଘଣ୍ଟା ଚକଟା ହୋଇଥିବା ହ୍ରଦର ପଦ୍ମମାନଙ୍କର ସୁବାସ ପ୍ରସ୍ଫୁଟିତ ପଦ୍ମରେଣୁ ସଙ୍ଗେ ମିଶି ଯେପରି ଚତୁର୍ଦ୍ଦିଗରେ ବିସ୍ତୃତ ହୋଇଯାଏ ସେହିପରି ପରସ୍ପର ଅନୁରାଗବର୍ଦ୍ଧକ ସେମାନଙ୍କ ଶ୍ରୀଅଙ୍ଗସୌରଭ ଚତୁର୍ଦ୍ଦିଗରେ ଚହଟି ଗଲା, ଚୂନ ପରି ଶୁକ୍ଳ ବର୍ଣ୍ଣ ଚନ୍ଦ୍ରକିରଣ ପ୍ରକାଶିତ ହେଲା; ବସନ୍ତର ଉନ୍ମାଦନା-ଗୁଣପ୍ରକାଶକ କୋକିଳର କୁହୁ କୁହୁ ଶବ୍ଦ ଶୁଣାଗଲା। ମଣିଭୂଷିତ କିଙ୍କିଣୀର ନାଦ ସଙ୍ଗେ ମନୋହର ନୂପୁରଧ୍ୱନି ଓ କଟିମେଖଳାର ରଣରଣ ଶବ୍ଦ ବିବେକକୁ ଚୋରି କରିନେଲା ବା ଲୋପ କରିଦେଲା।୨। ମଧୁ ପରି ସୁମିଷ୍ଟ ବଧୂ ରାଧାଙ୍କର ଅଧର ଓ କିଶୋରବର ଶ୍ରୀକୃଷ୍ଣଙ୍କର ଅଧରବିମ୍ବର ଚୁମ୍ବନଜନିତ ଚୂତ୍କାର ଶବ୍ଦର ଏକତ୍ର ମିଳନ ହେଲା, କ୍ରୋଡ଼ରେ କ୍ରୀଡ଼ା ଆରମ୍ଭ ହେବାରୁ ଇନ୍ଦ୍ରନୀଳମଣି ନିର୍ମିତ ବଳୟମାନେ ଇତସ୍ତତଃ ଚାଳିତ ହେଲେ, ତେଣୁ ସେହି ସବୁ ବଳୟ ଶ୍ରେଣୀରୁ ମନ୍ମନ ଧ୍ୱନି ଅର୍ଥାତ୍ ଅବ୍ୟକ୍ତ ମଧୁର ଧ୍ୱନି ଜାତ ହେଲା, ପରସ୍ପରଙ୍କର ଅମୃତ ତୁଲ୍ୟ ମନୋହର ଚାଟୁବାକ୍ୟ ଯଥାକାଳରେ ମିଶ୍ରିତ ହେଉ ହେଉ (ଆଦାନପ୍ରଦାନ କରାଯାଉ ଯାଉ) କନ୍ଦର୍ପର ମହତ୍ତ୍ୱ ଗଲା କି ନାହିଁ ଏହା ସଂଶୟ ଦୋଳା ଜାତ ହେଲା, ଅର୍ଥାତ୍ ରାଧାକୃଷ୍ଣ ପରସ୍ପର ପ୍ରତି ଅମୃତମୟ ଚାଟୁବାକ୍ୟ ପ୍ରୟୋଗ କଲାବେଳେ କାମର ମହତ୍ତ୍ୱ ଲୋପ ହେଲା କି ଅକ୍ଷୁଣ୍ଣ ରହିଲା ଏହି ସନ୍ଦେହ ଭାବୁକ ମନରେ ଜାତ ହେଲା, (ସେ ମିଳନରେ କାମବିକାରର ଗନ୍ଧ ସୁଦ୍ଧା ନ ଥିଲା, ପ୍ରକୃତ ଆଧ୍ୟାତ୍ମିକ ଓ ପବିତ୍ର ପ୍ରେମହିଁ

ଏଠାରେ ବର୍ଣ୍ଣିତ ବିଷୟ)।୩। ସେହି ବନପୂର୍ଣ୍ଣ ଭୂଖଣ୍ଡରେ ସ୍ୱର୍ଗର ନନ୍ଦନକାନନରୁ ପୁଷ୍ପବୃଷ୍ଟି ହେଲା; ସ୍ୱର୍ଗରେ ଗନ୍ଧର୍ବମାନେ ଗାନରେ ରତ ହେଲେ, ଦେବଦାସୀମାନେ ପ୍ରେମୋନ୍ମତ୍ତ ହୋଇ ଅତି ସାବଧାନତା ସହ ନୃତ୍ୟ କଲେ ଏବଂ ସେଠାରେ ସର୍ବତ୍ର ମୃଦଙ୍ଗଧ୍ୱନି ହେଲା; ଏହି ପ୍ରକୃତିପୁରୁଷଙ୍କ ମିଳନରେ ସ୍ୱର୍ଗ, ମର୍ତ୍ତ୍ୟ, ପାତାଳ ଏହି ତିନି ଲୋକର ଅଧିବାସୀମାନଙ୍କର ମନ ପାପମୁକ୍ତ ହେଲା ପରି ଜଣାଗଲା। ଜଗଦ୍ଦେବ ହରିଚନ୍ଦନ ସେ ମହୋତ୍ସବର ଧ୍ୟାନରେ ମନରୁ ପାପମାନଙ୍କୁ କ୍ଷୟ କଲେ ।୪।

ଗଦ୍ୟାନୁବାଦ - ଶ୍ରୀରାଧାଙ୍କ ସ୍ୱର୍ଣ୍ଣାଭ କିରଣମାଳା ଓ ଶ୍ରୀକୃଷ୍ଣଙ୍କ ଶରୀରର ନୀଳୋତ୍ପଳମୟ ତେଜଃପୁଞ୍ଜ, ସଂସାରର ଘୋରମୋହାନ୍ଧକାର ଦ୍ୱାରା ଯେଉଁମାନଙ୍କର ବିବେକଦୃଷ୍ଟି ସମାବୃତ ହୋଇଅଛି, ସେହି ସଂସାରୀମାନଙ୍କୁ ମୋହରୂପ କୂପଗର୍ଭରେ ପଡ଼ିବାରୂପ ଦୁର୍ଦ୍ଦଶାରୁ ରକ୍ଷା କରୁ; ଅର୍ଥାତ୍ ରାଧା ଓ କୃଷ୍ଣଙ୍କ ତେଜୋଦ୍ୱୟ ମୋହାନ୍ଧ ସଂସାରୀମାନଙ୍କୁ ମୋହକୂପରୁ ରକ୍ଷାକରୁ।

ପିଲା ପିନ୍ଧି ସାରି ଫୋପାଡ଼ି ଦେଇଥିବା ଫୁଲମାଳ ପର, ଶାଣରେ ଘଷା ଯାଇଥିବା ମଣିପରି, ରାହୁଗ୍ରାସରୁ ମୁକ୍ତ ଚନ୍ଦ୍ରିକା ପରି, ମତ୍ତହସ୍ତୀ ଦଳିକରି ଛାଡ଼ି ଯାଇଥିବା ପଦ୍ମନାଡ଼ ପରି, ସିଂହ ଧରି ଛାଡ଼ି ଦେଇଥିବା ହରିଣୀ ପରି, କାମକ୍ରୀଡ଼ା ରଙ୍ଗରେ ଆୟାସପ୍ରାପ୍ତା ରାଧାଙ୍କୁ ଶ୍ରୀକୃଷ୍ଣ କୋଳରେ ବସାଇ କହୁଅଛନ୍ତି- "ଯୋଷବରରେ" ଇତ୍ୟାଦି।

❑❑❑

ଯ

(ରାଗ-ମୁଖାବରୀ)

ଯୋଷାବର ରେ, ଯଥାର୍ଥରେ ଜାଣ ମୁଁ ତୋହର ରେ,
ଯାମଳ ଭୂଧରନିଭପୟୋଧର ମରଦନିଆ ଚାକର ରେ । ପଦ ।
ଯାବକ ତୋ ପଦକଞ୍ଜର ସମଦଗଜଗତି ମୋ ଶେଖର ରେ,
ଯତୀନ୍ଦ୍ରସମାଧିଖଣ୍ଡନା ତୁ ନିଧି ମୁଁ ରଙ୍କମାନଙ୍କ ବର ରେ ।୧।
ଯମକ କି ତୁହି ପୂର୍ଣ୍ଣଚନ୍ଦ୍ରମୁହିଁ ମୋ ମହାଶୁଭଦଶାର ରେ,
ଯତ୍ନେ ସମ୍ପାଦିବା ଚିନ୍ତାମଣି ଅବା ମୋ କରେ ଦେଲୁ ସୁସାରରେ ।୨।
ଯୁବତୀକଦମ୍ବରାଜା ଅବଲମ୍ବ ହୋଇଲୁ ଯେବେ ନିକର ରେ;
ଯୁଦ୍ଧକୁ ସନ୍ନଦ୍ଧ ହେଉ ଅତି କ୍ରୁଦ୍ଧ ହୋଇ ପଛେ ପଞ୍ଚଶର ରେ ।୩।
ଯମୁନାବାହିନୀ ତଟରୁହବନୀ ଅବନୀ ବନାଇବାର ରେ,
ଯଶ ରଖି ନିନ୍ଦାପଟଳୀରୁ ବୃନ୍ଦା କରାଇଲା ତ ନିବାର ରେ ।୪।
ଯଶୋଦାକୁମର ଗିରେ ରାଧା ଶିର ନୁଆଁଇଲେ ଲଜ୍ଜାଭର ରେ;
ଯୁଗଳ ବିଗ୍ରହ କର ଅନୁଗ୍ରହ ଅଷ୍ଟଦୁର୍ଗ-ପୁରନ୍ଦର ରେ ।୫।

(ଯ) ଅଦ୍ୟ ପ୍ରଭୃତ୍ୟନଳସେନ୍ଦୁ ସହୋଦରାସ୍ୟେ,
ଦାସ୍ୟେ ତବାସ୍ମ୍ୟହମହର୍ନିଶମେବ ଯୁକ୍ତଃ ।
ଆଗୋ ଲତା ନ ଗଣୟତ୍ୟକୃଶଂ ଯଥାଲେ-
ର୍ବାଲେ ମମ ତ୍ୱମପି ତତ୍ ସତତଂ କ୍ଷମସ୍ୱ ॥

ଗଦ୍ୟ : ଇତ୍ଥଂ ପ୍ରତ୍ୟଙ୍ଗଚୁମ୍ବୋଚ୍ଚୟଚର୍ଚ୍ଚୋଚ୍ଚରିତଚୁମୁତ୍କାରଚମତ୍କରଣୈଃ ସଚଟୁଳଚାଟୁକ୍ତିପଟିମ- ଟୋପପୁଟିତୈର୍ମୃଦୁଭିର୍ବଚନୈଶ୍ଚେଲାଞ୍ଚଳ-ବ୍ୟଜନବୀଜ-ନୈଶ୍ୱାସନ୍ନାବସାନାୟାଂ କ୍ଷଣଦାୟାଂ ମଞ୍ଜୁଳକେଳି ମଞ୍ଜରୀନିଳୟଦ୍ୱାରି ନିଲୀୟ କାଚିତ୍ ବ୍ରଜଦେବୀ ।

(ଯ) ଯୋଷାବର-ନାରୀରତ୍ନ, ଯଥାର୍ଥ-ପ୍ରକୃତ, ଯାମଳଭୂଧରନିଭପୟୋଧର-ଯାଆଁଳା ବା ଯୋଡ଼ି ପର୍ବତ ପରି ସ୍ତନ; ମରଦନିଆ-ମର୍ଦ୍ଦନକାରୀ, ଯାବକ-ଅଳତା, ପଦକଞ୍ଜର-ପାଦପଦ୍ମର, ସମଦଗଜଗତି-ମତ୍ତଗଜଗମନା, ଶେଖର-ଶିରୋଭୂଷଣ, ଯତୀନ୍ଦ୍ରସମାଧିଖଣ୍ଡନା-ହେ ମହାଯୋଗୀଙ୍କର ଯୋଗଭଙ୍ଗକାରିଣୀ, ଯମକ-ପୁନରାବୃତ୍ତି, ସୁସାରରେ-ଅତି ଆଦରରେ,

ଯୁବତୀକଦମ୍ବରାଜା-ଯୁବତୀସମୂହଶ୍ରେଷ୍ଠ, ଅବଲମ୍ବ-ଆଶ୍ରୟ, ନିକର-ନିଶ୍ଚୟ, ସନ୍ନଦ୍ଧ ହେଉ-ସାଞ୍ଜୁ ପିନ୍ଧୁ, ନିବାର-ନିବାରଣ।

ହେ ନାରୀରତ୍ନ, ମୋତେ ଯାଉଁଳି ପର୍ବତ ପରି ଦେଖା ଯାଉଥିବା ତୋ କୁଚଦ୍ୱୟର ମର୍ଦ୍ଦନକାରୀ ଚାକର ବୋଲି ପ୍ରକୃତରେ ଜାଣ । ପଦ । ହେ ମତ୍ତଗଜଗମନା, ତୋ ପାଦପଦ୍ମର ଅଳତା ମୋର ଶିରୋଭୂଷଣ ସ୍ୱରୂପ, ହେ ମହାଯୋଗୀଙ୍କର ଯୋଗଭଙ୍ଗକାରିଣି, ତୁ ନିଧି ଅର୍ଥାତ୍ ମୂଲ୍ୟବାନ୍ ରତ୍ନ ପରି ଅଟୁ ଏବଂ ମୁଁ ମହାଦରିଦ୍ର ପରି। ହେ ପୂର୍ଣ୍ଣଚନ୍ଦ୍ର ମୁହିଁ, ତୁ ମୋ ମହାଶୁଭଦଶାର ପୁନରାବୃତ୍ତି ଅଟୁ କି ? ଅର୍ଥାତ୍ ଶୁଭଦଶା ଆସିଲେ ସବୁପ୍ରକାର ସୁଖ ଯେପରି ପୁନଃ ପୁନଃ ମିଳିଯାଏ, ତୁ କଅଣ ମୋର ସେହିପରି ? ଆହା, ହେ ସଖି, ତୁ ଅତି ଯତ୍ନରେ ଯେଉଁ ପ୍ରେମରୂପକ ଚିନ୍ତାମଣି ସଞ୍ଚୟ କରି ରଖିଥିଲୁ, ମୋ ହାତରେ ତାକୁ ଅତି ଆଦରରେ ଅର୍ପଣ କଲୁ କି ? ହେ ଯୁବତୀସମୂହଶ୍ରେଷ୍ଠ, ତୁ ଯେବେ ନିଶ୍ଚୟ ମୋର ଆଶ୍ରୟ ହେଲୁ, ତେବେ ଅତି କ୍ରୁଦ୍ଧ ହୋଇ ଏବେ କନ୍ଦର୍ପ ଯୁଦ୍ଧ କରିବାକୁ ସାଞ୍ଜୁ ପିନ୍ଧୁ ଅର୍ଥାତ୍ ମୋ ସଙ୍ଗେ ଯୁଦ୍ଧ କରିବାକୁ ମଦନ ତା ସାଞ୍ଜୁକୁ ପିନ୍ଧୁ; ମୁଁ ତା ସଙ୍ଗେ ଯୁଦ୍ଧ କରିବାକୁ ପ୍ରସ୍ତୁତ ଅଛି। ମୋର ଆଉ ମଦନକୁ ଡର ନାହିଁ ।୩। ବୃନ୍ଦାସଖୀ ଯମୁନା ନଦୀକୂଳରେ ଜାତ ହୋଇଥିବା ବନୀ ଅର୍ଥାତ୍ ବନକୁ ଅବନୀ ଅର୍ଥାତ୍ ପୃଥିବୀ ବା ଲୀଳାସ୍ଥଳୀ ରଚନା କରିବାରେ (ବୃନ୍ଦାବନ କରିବାରେ) ଯଶ ରଖି (କୃତକାର୍ଯ୍ୟ ହୋଇ) ନିନ୍ଦାସମୂହରୁ ନିବାରଣ କଲା; ଅଥବା ଏ ବନର ଅଧିଷ୍ଠାତ୍ରୀ ଦେବତା ବୃନ୍ଦାଙ୍କ ଅନୁଗ୍ରହରୁ ଏ ଯମୁନାକୂଳ ବନ ବୃନ୍ଦାବନରେ ପରିଣତ ହେଲା, ସେ ଯଶସ୍ୱିନୀ ହେଲେ ଏବଂ ମୁଁ ଲୋକନିନ୍ଦାରୁ ରକ୍ଷା ପାଇଲି ।୪। ଯଶୋଦାକୁମର ଶ୍ରୀକୃଷ୍ଣଙ୍କର ଏହି କଥା ଶୁଣି ଲଜ୍ଜାରେ ରାଧା ମୁହଁ ତଳକୁ କଲେ। ହେ ଯୁଗଳବିଗ୍ରହ (ରାଧାକୃଷ୍ଣରୂପୀ) ଆଠଗଡ଼ର ରାଜାଙ୍କୁ ଅନୁଗ୍ରହ କର ।୫।

ଗଦ୍ୟାନୁବାଦ - ହେ ପୂର୍ଣ୍ଣଚନ୍ଦ୍ରମୁଖି, ଆଜିଠାରୁ ଦିନରାତି ସର୍ବଦା ତୋ ଚାକର ବୋଲି ମୋତେ ଜାଣିବୁ, ଲତା ଯେପରି ଭ୍ରମରର ଚୁମ୍ବନାଦିଜନିତ ମହାଅପରାଧକୁ ଧରେ ନାହିଁ, ହେ ସୁନ୍ଦରୀ, ତୁ ସେପରି ମୋର ସମସ୍ତ ଅପରାଧକୁ ସର୍ବଦା କ୍ଷମା କରିବୁ।

ଶ୍ରୀକୃଷ୍ଣ ରାଧିକାଙ୍କର ପ୍ରତ୍ୟଙ୍ଗକୁ ଚୁମ୍ବନ କଲାବେଳେ ଉଠିବା ଚୁଁକାର ଶବ୍ଦରେ ଅନିର୍ବଚନୀୟ ଆନନ୍ଦ ଜାତ ହେଲା : ଏହିପରି ମନୋହର ଚାଟୁକଥାପୂର୍ଣ୍ଣ ସୁମଧୁର ବାକ୍ୟ କହୁଁ କହୁଁ ଏବଂ କାନିପଣନ୍ତରେ ବିଞ୍ଚି ହେଉ ହେଉ ରାତି ପାହିଗଲା। ଏହି ସମୟରେ ଜଣେ ବ୍ରଜାଙ୍ଗନା ସେହି ମନୋହର କେଳିମଞ୍ଜରୀକୁଞ୍ଜର ଦ୍ୱାରଦେଶରେ ଆଡ଼େଇ ହୋଇ ରହି ଶ୍ରୀରାଧାଙ୍କୁ ସମ୍ବୋଧନ କରି କହିଲେ- "ରସାଳସା ରେ" ଇତ୍ୟାଦି।

❑❑❑

ର

(ରାଗ-କେଦାର)

ରସାଳସା ରେ, ରସି ପୁଣି ଏ କି ଲୋକହସା ରେ ।ପଦ।

ରକ୍ତିମା ଚୁମ୍ବିଲା ଇନ୍ଦ୍ର ଆଶାରେ, ରାଜୀବେ ପ୍ରଫୁଲ୍ଲ ହେଲେ କାସାରେ ।୧।

ରତିନାଥ ସମର ପ୍ରଶଂସାରେ, ରମଣୀ କେ ନ ରସନ୍ତି ସଂସାରେ ।୨।

ରସନ୍ତି ରସିକେ ସିନା ନିଶାରେ, ରଜନୀ ଶେଷରେ ଏ କି ଦଶାରେ ।୩।

ରମଣୀୟ ହେମକୁ ସୁଦୃଶା ରେ, ରଖିଲୁ କେଡ଼େ ନିବିଡ଼େ ମସାରେ ।୪।

ରହୁନା ଅଯଶ ଆଉ ରସାରେ, ରସାରୁହରୁ ଲତାକୁ ଖସା ରେ ।୫।

ରାଜା ଅଷ୍ଟଦୁର୍ଗର ଏ ଭାଷା ରେ, ରଚେ ଏବେ ବିଜେ ହେଉ ସୁସାରେ ।୬।

(ର) ଅନାଦୃତ୍ୟାଲୀନାଂ ପ୍ରିୟବଚନମାଲାମକଠିନାଂ,
ହଠାତ୍ ପ୍ରେୟଃ ଶ୍ରଦ୍ଧାର୍ଗଳନିବିଡ଼ରୁଦ୍ଧାସି ସଖି ଚେତ୍।
ଇଦାନୀମପ୍ୟାତ୍ମାବନମବନିଭୂଷାଙ୍ଘ୍ରି ସୁଷମେ,
ଯଥା ଭୂୟାଦ୍ ଯତ୍ନାନ୍ କୁରୁ କୁଶସପତ୍ନାସ୍ୟହସିତଂ ॥

ଗଦ୍ୟ : ତତସ୍ତଦାକର୍ଣ୍ୟ କର୍ଣ୍ଣାଭ୍ୟର୍ଣ୍ଣଚୁମ୍ବି ତୂର୍ଣ୍ଣକ୍ରୀଡ଼ଲ୍ଲୋଳଲୋଚନାଂ ଦାହୋତ୍ତୀର୍ଣ୍ଣସ୍ୱର୍ଣ୍ଣସାବର୍ଣ୍ୟପୂର୍ଣ୍ଣବର୍ଣ୍ଣା ଶୀର୍ଣ୍ଣନିଧୁବନୋତ୍ସାହାତିରେକା ସା ପ୍ରକୀର୍ଣ୍ଣମାଲ୍ୟମୁତ୍ଥାୟ ସତ୍ରାସତ୍ରପଂ କିଶୋରେଶ୍ୱରଂ ପ୍ରତି।

(ର) ହେ ରସାଳସା-ରସାଧିକ୍ୟ ଯୋଗୁଁ ଆଳସ୍ୟପ୍ରାପ୍ତା; ଇନ୍ଦ୍ରଆଶା-ପୂର୍ବଦିଗ; ରାଜୀବେ-ପଦ୍ମମାନେ; କାସାରେ-ପୋଖରୀରେ; ମସାରେ-ନୀଳମଣି ମଧ୍ୟରେ; ରସାରେ-ପୃଥିବୀରେ; ରସାରୁହରୁ-ବୃକ୍ଷରୁ; ସୁସାରେ-ବିନା ଆପତ୍ତିରେ।

ହେ ରସାଳସା, ରସି ଅର୍ଥାତ୍, ରସରେ ଅନୁରକ୍ତ ହୋଇ ପୁଣି ଏ କି ଲୋକହସା (ହଟହଟା) ହେଲୁ । ପଦ । ପୂର୍ବଦିଗ ଆକାଶକୁ ଏବେ ରକ୍ତିମା ଚୁମ୍ବିଲାଣି ଅର୍ଥାତ୍ ପୂର୍ବାକାଶ ଅରୁଣ ବର୍ଣ୍ଣ ଧରିଲାଣି ଏବଂ ପଦ୍ମମାନେ ପୋଖରୀରେ ଫୁଟିଲେଣି।୧। ଏ ସଂସାରରେ ଭଲା କେଉଁ ସ୍ତ୍ରୀ କାମକ୍ରୀଡ଼ାର ପ୍ରଶଂସାରେ ଅନୁରକ୍ତ ନ ହୁଅନ୍ତି ? ଅର୍ଥାତ୍ ରମଣୀଗଣ କାମ-ସରରେ ଜୟଲାଭ କରି କାମ ଦେବଙ୍କୁ ପ୍ରଶଂସା କରିବାରେ ଲାଗିଥାନ୍ତି।୨। ମାତ୍ର ରାତ୍ରିରେ ସିନା ରସିକମାନେ ରସନ୍ତି, ରାତି ଶେଷରେ ଏକି ଦଶା ଉପସ୍ଥିତ ହେଲା ! ଅର୍ଥାତ୍ ରସିକମାନଙ୍କର

ରସକ୍ରୀଡ଼ାର ବେଳ ସିନା ରାତି, ରାତି ପାହିଗଲାଣି, ତେବେ ସୁଦ୍ଧା ତୋର ରସକ୍ରୀଡ଼ା ଶେଷ ହେଲା ନାହିଁ ।୩। ହେ ସୁନେତ୍ରା, ସୁନ୍ଦର ସୁବର୍ଣ୍ଣକୁ (ସୁନ୍ଦର ସୁବର୍ଣ୍ଣ ସଦୃଶ ତୋ ଶରୀରକୁ) କେଡ଼େ ଦୃଢ଼ରୂପେ ମସାର ମଧ୍ୟରେ (ଇନ୍ଦ୍ରନୀଳମଣି ତୁଲ୍ୟ କୃଷ୍ଣଙ୍କ ଶରୀରେ) ରଖିଲୁ ? (ସୁବର୍ଣ୍ଣ ମଧ୍ୟରେ ସିନା ନୀଳମଣିକୁ ରଖାଯାଏ, ନୀଳମଣି ମଧ୍ୟରେ ସୁବର୍ଣ୍ଣ କିପରି ରହିଛି ମ ?) ।୪। ପୃଥିବୀରେ ଆଉ ଅଯଶ ବା ଅପବାଦ ନ ରହୁ, ରସାରୁହରୁ (ଶ୍ରୀକୃଷ୍ଣଙ୍କ ଶରୀର ରୂପ ବୃକ୍ଷରୁ) (ତୋ ଅଙ୍ଗ ରୂପ) ଲତାକୁ ଖସା ଅର୍ଥାତ୍ ତାଙ୍କ ଶ୍ରୀଅଙ୍ଗସଙ୍ଗ ତ୍ୟାଗ କର ।୫। ଅଷ୍ଟଦୁର୍ଗର ରାଜା ଏହାକୁ ଭାଷାରେ ରଚନା କଲେ, ଏବେ ବିନା ଆପତ୍ତିରେ ବାହରି ଆ ।୬।

ଗଦ୍ୟାନୁବାଦ - ହେ ସଖି, ସଖୀମାନଙ୍କର ହିତ କଥାକୁ ଆଦର ନ କରି ଯେବେ ଶୀଘ୍ର ପ୍ରିୟତମଙ୍କର ସ୍ନେହପାଶରେ ଆବଦ୍ଧ ହୋଇ ପଡ଼ିଅଛୁ, ତେବେ ହେ ସୁନ୍ଦରୀ, ଯେପରି ଶତ୍ରୁମାନେ ନ ହସନ୍ତି, ସେପରି ଆତ୍ମରକ୍ଷା କରିବାକୁ ଯତ୍ନ କର ।

ଅନନ୍ତର ଏହି କଥା ଶୁଣି ସେହି ଆକର୍ଣ୍ଣବିସ୍ତୃତଚଞ୍ଚଳନେତ୍ରା, ତପ୍ତକାଞ୍ଚନବର୍ଣ୍ଣା ରତିକ୍ରୀଡ଼ାକ୍ଳାନ୍ତା ରାଧା ଫୁଲମାନଙ୍କୁ ଏଣେ ତେଣେ ଫିଙ୍ଗିଦେଇ ଲଜ୍ଜା ଓ ଭୟ ସହିତ ଉଠି ଶ୍ରୀକୃଷ୍ଣଙ୍କୁ କହିଲେ- "ଲୀଳାନିଧି ହେ" ଇତ୍ୟାଦି ।

❑❑❑

ଲ

(ରାଗ-ଖଣ୍ଡକାମୋଦୀ-ଅବକାଶ)

ଲୀଳାନିଧି ହେ, ଲାଜେ ମୁଁ ଗଲିଟି ସଢ଼ି ।

ଲୁଚାଇଛ କାହିଁ ଶ୍ୟାମ ହେ ଦିଅ ମୋ ଲାଗିଶାଢୀ ।ପଦ।

ଲଭି ତୁମ୍ଭଙ୍କୁ ପ୍ରାଣବନ୍ଧୁ କରି, ଲୋକହସାରେ ଯେବେ ଯିବି ସରି,

ଲସିବି ଯେବେ ପାଇ ନିନ୍ଦା ଦାଉ, ଲାଗିଲି ଆପଣଙ୍କୁ କେହି ଆଉ ।୧।

ଲକ୍ଷ ଲକ୍ଷ ରାଣ ଅଛିଟି ମୋର, ଲଲାମ ଆଦି ଭୂଷା ସଜ କର,

ଲିଭିଥିବ ଭୂରୁ ମଧ ତିଳକ, ଲେଖିଦିଅ ବେଗେ ନ ଦେଖୁ ଲୋକ ।୨।

ଲୋଭୀ, ଶ୍ରୀଭୁଜବନ୍ଧ ଶିଥିଳାଅ, ଲତା ଗହଳେ ଗହନେ ପଳାଅ,

ଲାଗିଛି ଲାକ୍ଷା ମୁକୁଟ ଶିଖଣ୍ଡେ, ଲାଜ କଥା ଲୋକେ ଦେଖିଲେ ଦାଣ୍ଡେ।୩।

ଲଗାଇଛ ହଟ ଯେଉଁ ରସରେ, ଲୁଟିବ ସିନା କାଲି ପ୍ରଦୋଷରେ,

ଲଙ୍ଘି ଆଶ୍ରିତେ ଥିବା କୃପାସିନ୍ଧୁ, ଲାଞ୍ଛୁଆଟି କେଡ଼େ ହେଲ ହେ ବନ୍ଧୁ ।୪।

ଲଳିତା ନୋହେଟି ଯେ ଡାକୁଅଛି, ଲକ୍ଷେ ଦୁଷ୍ଟେ ରଖିଅଛି, ମୁଁ ବାଛି,

ଲଘୁ କରିଦେବ ଦେଖିବା କ୍ଷଣେ, ଲେଖାଧିପ ଅଷ୍ଟଦୁର୍ଗର ଭଣେ ।୫।

(ଲ) ଲମ୍ବମମ୍ବରମାରକ୍ତଂ ପ୍ରାଚୀ ପ୍ରାଚୀକଟତ୍ କଟୌ,

ବାଳାହୃଦୟପଞ୍ଚେଷୋ ମୁଞ୍ଚ ମତ୍କଞ୍ଚୁକାଞ୍ଚଳଂ ।

ଅମନ୍ଦାନନ୍ଦପୀୟୂଷନିସ୍ୟନ୍ଦସନ୍ଦୋହତୁନ୍ଦିଲସ୍ୟନ୍ଦନପଦଦମ୍ପତିନିନଦୈର୍ନିଶାଚରମ-ଦଶାସ୍ମାରକବନେଚରଚରଣାୟୁଧଧ୍ୱନିଭିର୍ଯମୁନାବାଃପୁରବିକଚାରବିନ୍ଦବୃନ୍ଦତୁନ୍ଦମରନ୍ଦପାନପ୍ରମୁଦି-ତାଳିପାଳିପ୍ରଣୀତଝଙ୍କାରେର୍ନନ୍ଦମନ୍ଦିରଗୋପୁରାବଲମ୍ବବନ୍ଦିନିକୁରମ୍ବସ୍ତବପାଠପାଟବୈର୍ବାହିନ୍ୟ-ବଗାହାଗତଗୋପୀଜନାଭରଣରଣତ୍କରଣୈଃ ପରିରଭ୍ୟମାଣପ୍ରାଭାତି କଡ଼ିଣ୍ଡିମର ବାଡ଼ମ୍ବରୈ- ସଂବୃତେଽପ୍ୟମ୍ବରତଳେ ଶନୈର୍ନିକୁଞ୍ଜାନ୍ନିଷ୍କ୍ରାନ୍ତାଂ କାନ୍ତାଂ ପ୍ରତି ସଂଖ୍ୟଃ ।

(ଲ) ଲୀଳାନିଧି-ଲୀଳାପ୍ରିୟ; ସଢ଼ିଗଲି-ଅବସନ୍ନ ହୋଇଗଲି; ଲାଗିଶାଢ଼ୀ-ପିନ୍ଧାଶାଢ଼ୀ; ଲସିବି-ଅବନତ ହେବି; ନିନ୍ଦାଦାଉ-ଅପବାଦର ଯନ୍ତ୍ରଣା; କେହି-କିପରି; ଲଲାମ-ଲଲାଟଭୂଷଣ; ଭୂଷା-ଅଳଙ୍କାର; ଗହନ-ବନ; ମୁକୁଟଶିଖଣ୍ଡେ-ମୟୂରଚୂଳମୁକୁଟରେ; ଲାକ୍ଷା-ଅଳତା; ଲୁଟିବ-ଲୁଟିକରିବ; ଲଘୁ କରିଦେବ-ଅପମାନିତ କରିଦେବ; ଲେଖାଧିପ-ଇନ୍ଦ୍ର, ରାଜା ।

ହେ ଲୀଳାପ୍ରିୟ ! ମୁଁ ଲାଜରେ ସଢ଼ିଗଲି, ହେ ଶ୍ୟାମ ମୋ ପିନ୍ଧା ଶାଢ଼ୀକୁ କେଉଁଠାରେ

ଲୁଚାଇଅଛ ଦିଅ । ପଦ । ତୁମ୍ଭଙ୍କୁ ପ୍ରାଣବନ୍ଧୁରୂପେ ପାଇ ମୁଁ ଯେବେ ଲୋକହସାରେ ସରିଯିବି ଏବଂ ଅପବାଦ ଯନ୍ତ୍ରଣା ପାଇ ନିତାନ୍ତ ନ୍ୟୂନ ହୋଇଯିବି, ତେବେ ମୁଁ ଆପଣଙ୍କୁ ଆଉ କିପରି ଲାଗିଲି ? ଅର୍ଥାତ୍ ଆଉ ମୋତେ ତୁମ୍ଭେ କିପରି ସମ୍ଭାଳିଲ ?୧। ମୋର ଲକ୍ଷ ଲକ୍ଷ ରାଣ ଅଛି; ମୋର ଲଲାଟଭୂଷଣ ପ୍ରଭୃତି ଅଳଙ୍କାର ସଜ କର (ଯାହା କି ଅସ୍ତବ୍ୟସ୍ତ ହୋଇଅଛି, ତାକୁ ଯଥା ସ୍ଥାନରେ ସଜାଡ଼ି ଦିଅ), ମୋର ଭ୍ରୂଲତା ମଧ୍ୟରେ ଥିବା ତିଳକକୁ (ଯାହା ଲିଭିଯାଇଅଛି ଓ ଯାହାର ଲିଭିବା ଦାଣ୍ଡଲୋକେ ଦେଖିଲେ ନାନା ଅପବାଦ ଦେବେ ତାକୁ) ଲୋକ ଦେଖିବା ଆଗରୁ ଲେଖିଦିଅ ।୨। ହେ ଲୋଭୀ, ତୁମ୍ଭର ସୁନ୍ଦର ବାହୁପାଶକୁ ମୋ ଦେହରୁ ହୁଗୁଳାଇ ଦିଅ ଅର୍ଥାତ୍ ମୋତେ ତୁମ୍ଭଆଲିଙ୍ଗନରୁ ମୁକ୍ତ କର, ବନ ମଧ୍ୟରେ ଲତା ଗହଳରେ ଅର୍ଥାତ୍ ଲତାପୂର୍ଣ୍ଣ ଗହନ ବନ ଭିତରେ ଭିତରେ ପଳାଇ ଯାଅ । ତୁମ୍ଭର ମୟୂରପୁଚ୍ଛ ମୁକୁଟରେ ଅଳତା ଲାଗିଛି, ଲୋକେ ଦାଣ୍ଡରେ ଦେଖିଲେ ବଡ଼ ଲାଜ କଥା ହେବ ।୩। ଯେଉଁ ରସରେ ହଟ ଲଗାଇ ଅଛ ଅର୍ଥାତ୍ ଯେଉଁ ରସ ଆଶାରେ ଶାଢ଼ୀ ଲୁଚାଇ ଏତେ କୌତୁକ କରୁଅଛ, କାଲି ସନ୍ଧ୍ୟାବେଳେ ସେ ରସ ଲୁଟି କରିବ ଅର୍ଥାତ୍ ସେ ରସ ଉପଭୋଗ କରିବ । (ଆଜି ମୋ ଶାଢ଼ୀ ଦେଇ ପକାଅ) କିନ୍ତୁ ହେ କୃପାସିନ୍ଧୁ, ଆଶ୍ରିତ ହୋଇଥିବା ଲୋକକୁ ଏପରି ଲଙ୍ଘନ କରି ଅର୍ଥାତ୍ ଏପରି ହଇରାଣ କରି, ହେ ବନ୍ଧୁ, ତୁମ୍ଭେ କେଡ଼େ ଲାଞ୍ଛୁଆ ହେଲଟି ! (କାଲି ସନ୍ଧ୍ୟାରେ ଆସିବି-ଏହା ସ୍ୱୀକାର କଲେ ଶାଢ଼ୀ ଦେବି-ଏହାହିଁ ଲାଞ୍ଛ) ।୪। ଯେ ଲତା ଦ୍ୱାରରେ ଡାକୁଛି, ସେ ଲଳିତା ନୁହେଁ, ଲକ୍ଷେ ଦୁଷ୍ଟଙ୍କ ମଧ୍ୟରେ ମୁଁ ତାକୁ ଜଣେ ବୋଲି ବାଛି ଅଛି । ସେ ମୋତେ ଦେଖିଲାକ୍ଷଣି ନିଶ୍ଚେ ଅପମାନିତ କରିଦେବ, ଆଠଗଡ଼ର ରାଜା ଏହା ଭଣିଲେ ।

ଗଦ୍ୟାନୁବାଦ - ପୂର୍ବଦିଗରୂପ ନାୟିକା କଟିଦେଶରେ ଦୀର୍ଘ ରକ୍ତବର୍ଣ୍ଣ ବସ୍ତ୍ର ଦେଖାଇ ହେଲାଣି, ଅର୍ଥାତ୍ ପୂର୍ବଦିଗର ଆକାଶରେ ଅରୁଣଉଦୟ ଦେଖାଗଲାଣି; ହେ ଯୁବତୀମାନସମୋହନ, ମୋ କଞ୍ଚୁକର ପଣନ୍ତ ଛାଡ଼ିଦିଅ ।

ରାତ୍ରିବିରହ ପରେ ମିଳନ ଆଶାରେ ଚକ୍ରବାକଦମ୍ପତି ଅତି ଆନନ୍ଦିତ ହୋଇ ରାବ କଲେଣି, ବନ୍ୟକୁକ୍କୁଟମାନେ ପ୍ରଭାତସୂଚକ ଶବ୍ଦ ଆରମ୍ଭ କରି ଦେଲେଣି, ଯମୁନାଜଳ ପ୍ରବାହରେ ପ୍ରସ୍ଫୁଟିତ ପଦ୍ମ ମଧ୍ୟରେ ଭ୍ରମରବୃନ୍ଦ ମଧୁପାନ କରୁ କରୁ ଝଙ୍କାର କଲେଣି, ନନ୍ଦଙ୍କ ନବର ଦ୍ୱାରଦେଶରେ ଥିବା ଭାଟମାନେ ସ୍ତବପାଠ ଆରମ୍ଭ କଲେଣି । ଏହିସବୁ ଶବ୍ଦ ସଙ୍ଗେ ଓ ଯମୁନାକୁ ସକାଳୁ ଗାଧୋଇ ଆସୁଥିବା ଗୋପୀମାନଙ୍କର ଅଳଙ୍କାର ଧ୍ୱନି ସଙ୍ଗେ ପ୍ରଭାତସୂଚକ ଡିଣ୍ଡିମ ଶବ୍ଦ ମିଶି ଶୁଣା ଗଲାଣି, ଏହି ସବୁ ଶବ୍ଦଦ୍ୱାରା ଆକାଶପୂର୍ଣ୍ଣ ହେବାରୁ ରାଧା ଧୀରେ ଧୀରେ କୁଞ୍ଜ ମଧ୍ୟରୁ ବାହାରିଲେ, ସେତେବେଳେ ସଖୀମାନେ ତାଙ୍କୁ ପରିହାସରେ କହୁ ଅଛନ୍ତି- "ବିଚିତ୍ର ବେଶ ମଞ୍ଜୁଳା ରେ" ଇତ୍ୟାଦି ।

❑❑❑

ବ

(ରାଗ-ସାବେରୀ)

ବିଚିତ୍ର ବେଶ ମଞ୍ଜୁଳା ରେ ବାଳା, ବିବିଧ ଚାତୁରୀଶୀଳା,
ବିଭାବରୀ ଅର୍ଦ୍ଧେ ଏକାକୀ ଏକାକୀ ହୋଇ ରଚୁ ଫୁଲତୋଳା ରେ
ବିଳାସକୁଶଳା ରେ, ବଲ୍ଲୀନିଳୟବିହାରଲୋଳା ।୧।
ବାଳକାଳୁ ବାସ ପରି ରେ ବାଳା, ବଞ୍ଚୁଥିଲୁଁ ଅନୁସରି,
ବିଲକ୍ଷଣ ବନବିହାରଉତ୍ସବ ବେଳେ ଯା ଦେଲୁ ପାଶୋରି ରେ,
ବିଚାର ତ ଗୋରୀ ରେ, ବିଶ୍ୱେ କାହିଁକି ପ୍ରୀତି ଆଚରି ।୨।
ବ୍ୟସ୍ତ ହୋଇ ଚିତ୍ରମାଛି ରେ ବାଳା, ବ୍ରଣଗଣ ତ ଦିଶୁଛି,
ବିମ୍ବାଧରୁ ନବପଲ୍ଲବମାନଙ୍କୁ ବାଣ୍ଟିଲୁ କି କିଛି କିଛି ରେ
ବିଶ୍ଳଥ ହୋଇଛି ରେ, ବାସ ପିନ୍ଧିଥିଉ ପରା କାଛି ।୩।
ବଲ୍ଲୀକି ଅନାଇ ଦୂରୁରେ ବାଳା, ବାସରେ ତ ଭୟ କରୁ,
ବ୍ରଜେ ଆଜ ଶୁଣି ଆସିଲୁ ତୁ ପୁଣି ପ୍ରତିରାତି ଆସି ଘରୁ ରେ,
ବିଜନେ ସଞ୍ଚରୁ ରେ, ବଡ଼ବିଷମ ଏ ଯାନେ ଡରୁ ।୪।
ବିନୟନୟନବସତି ରେ ବାଳା, ବିମୋହନ କଳାବତି;
ବିରୂପାକ୍ଷ ଦେବ ବିପକ୍ଷକୁ ଜିଣି ଯଶେ ମଣ୍ଡିଲୁ କି କ୍ଷିତି ରେ;
ବଲ୍ଲବୟବତି ରେ, ବନ୍ଦେ ଅଷ୍ଟଦୁର୍ଗଧରାପତି ।୫।

(ବ) ଯା ତ୍ୱଂ ଶିରୀଷାଙ୍ଗଲତେ ସହେଥା ନାଳୀଜନାଲିଙ୍ଗନମପ୍ୟଗାଢ଼ଂ,
ଆନୀଳରତ୍ନାର୍ଗଳଯୁଗ୍ମରୁଦ୍ଧା ସୈବଦ୍ୱମାସୀଃ କଥମଦ୍ୟ କଷ୍ଟଂ ।

ଗଦ୍ୟ : ସାନ୍ତଃପ୍ରଣୟହାସପରିହାସୈର୍ବିଚୋ ଭିରିତ୍ୟେବମାଳୀନାମାଳୀନାୟା ମଙ୍ଗେଷୁ ଲଜ୍ଜାୟା ଲୀଳାବିମର୍ଦ୍ଦଦୂନାଙ୍ଗ୍ୟାମଙ୍ଗୀକୃତ୍ୟାଙ୍ଗରାଗାଦିସଂସ୍କାରଂ ସାଳସଲସତ୍ ସମୀରେଣ ପଥ କଦମ୍ବକଦମ୍ବସମ୍ବାଧେନ ତାଭିଃ ସହଚରୀଭିରବଗାହାୟ ଯମୁନାବାଃପ୍ରବିଷ୍ଟାୟାଂ ରାଧାୟାମକସ୍ମା-ଦାଗତଃ ସାନ୍ଦୀପନିମୁନିନନ୍ଦନଃ ସାନନ୍ଦଃ ଶ୍ରୀକୃଷ୍ଣଂ ପ୍ରତି ସସ୍ମିତଂ ।

(ବ) ବଲ୍ଲୀନିଳୟ-ଲତାକୁଞ୍ଜଗୃହ, ବାସ-ଲୁଗା, ବିଲକ୍ଷଣ-ବିଶିଷ୍ଟ, ଅସାଧାରଣ; ବ୍ୟସ୍ତ-ଇତସ୍ତତଃ ଲିପ୍ତ, ଚିତ୍ରମାଛି-କସ୍ତୁରି ପ୍ରଭୃତି ଦ୍ୱାରା ଗଣ୍ଡ ସ୍ଥଳରେ ଅଙ୍କିତ ହୋଇଥିବା ମାଛିର ଚିତ୍ର, ବ୍ରଣଗଣ-

ଖଣ୍ଡିଆ ଚିହ୍ନ, ନବ ପଲ୍ଲବ-ନୂଆ ପତ୍ର, ବିଶ୍ଲଥ-ଢିଲା, ହୁଗୁଳା; ବଲ୍ଲୀକି-ଲତାକୁ, ବାସରେ-ଦିନ ବେଳେ, ବିଜନେ-ନିର୍ଜନ ସ୍ଥାନରେ, ବିନୟନୟବସତି-ବିନୟ ଓ ନୀତିରେ ନିପୁଣା, କଳାବତୀ-ସୂକ୍ଷ୍ମଶିଳ୍ପନିପୁଣା, ବିରୁପାକ୍ଷଦେବବିପକ୍ଷ-ଶିବଙ୍କ ଶତ୍ରୁ, କାମ; ବଲ୍ଲବଯୁବତୀ-ଗୋପାଳୁଣୀ।

ହେ ବାଳା, ତୁ ତ ଅତି ବିଚିତ୍ର ବେଶରେ ସୁନ୍ଦର ହୋଇଅଛୁ ଏବଂ ନାନାବିଧ ଚାତୁର୍ଯ୍ୟରେ ନିପୁଣା ଅଟୁ, ଅଧ ରାତିରେ ଏକା ହୋଇ ତୁ କିପରି ଏ ବଣରେ ଫୁଲ ତୋଳୁଅଛୁ ? ହେ ସଖି ତୁ ବିଳାସରେ ବଡ଼ କୁଶଳା ଅଟୁ ଏବଂ କୁଞ୍ଜବନରେ କ୍ରୀଡ଼ା କରିବାରେ ତୁ ବଡ଼ ଉତ୍ସୁକା ।୧। ଆମ୍ଭେମାନେ ପିଲାଦିନରୁ ପିନ୍ଧାଲୁଗା ଦେହରେ ଲାଗି ରହିଲା ପରି ତୋତେ ଅନୁସରଣ କରିଥିଲୁଁ, କିନ୍ତୁ ତୋର ଏହି ବିଶିଷ୍ଟ ବନବିହାରରୂପ ଉତ୍ସବ ବେଳେ ତୁ ଯାହା ଆମକୁ ଏକାବେଳକେ ପାସୋରି ଦେଲୁ ଏହା ବଡ଼ ଦୁଃଖର କଥା। ହେ ଗୋରି, ବିଚାର କର, ସଂସାରରେ ଲୋକେ କାହିଁକି ବନ୍ଧୁତ୍ୱ କରନ୍ତି ?୨। ହେ ସଖି, ତୋ ଗଣ୍ଡସ୍ଥଳରେ ଯେଉଁ ମାଛିର ଚିତ୍ରସବୁ ଅଙ୍କିତ ହୋଇଥିଲା, ସେଗୁଡ଼ିକ ତ କାହିଁକି ଲିଭି ଗଲା ପରି ଜଣା ଯାଉଅଛି ଏବଂ ଗଣ୍ଡ ଦେଶରେ ତ କ'ଣ କ୍ଷତ ଦେଖାଯାଉଅଛି, ତୁ ତୋ ବିମ୍ବଫଳ ସ୍ୱରୂପ ଅଧରରୁ ନୂଆ ପତ୍ରମାନଙ୍କୁ କିଛି କିଛି (ରକ୍ତିମା) ବାଣ୍ଟି ଦେଇଅଛୁ କି ? (ତା ହୋଇ ନ ଥିଲେ ତୋ ରକ୍ତବର୍ଣ୍ଣ ଅଧର ଏପରି ମଳିନ ଦିଶନ୍ତା କାହିଁକି ?) ଆହୁରି ମଧ ତୋ ପିନ୍ଧାଲୁଗା ତ କାହିଁକି ହୁଗୁଳା ହୋଇଯାଇଅଛି ? ତୁ ପରା ସବୁଦିନେ ଲୁଗା କାଛି କରି ପିନ୍ଧି ଥାଉ ?୩। ଆଉ ମଧ ଦିନବେଳେ ତୁ ପରା ଲତାକୁ ଦେଖି ଡରୁ। ଆମ୍ଭେମାନେ ଆଜି ବ୍ରଜରେ ଶୁଣି ଆସିଲୁ ଯେ, ତୁ ପ୍ରତି ରାତିରେ ଘରୁ ଆସି ନିର୍ଜନ ବଣରେ ବୁଲୁଛୁ, ତୁ ଯାହା ଆଦୌ ଡରୁ ନାହୁଁ ଏ ତ ବଡ଼ ବିଷମ କଥା।୪। ହେ ସଖି, ତୁ ବିନୟ ଓ ନୀତିର ଆଶ୍ରୟ ସ୍ଥଳ ଅର୍ଥାତ୍ ତୁ ଯେପରି ବିନୟବତୀ ସେହିପରି ନୀତିନିପୁଣା ଅଟୁ ଏବଂ ବିଚିତ୍ର ସୂକ୍ଷ୍ମ ଶିଳ୍ପ ବିଦ୍ୟାରେ ମଧ ଦକ୍ଷା ଅଟୁ, ତୁ ଗଉଡ଼ ଘରର ଭୁଆସୁଣୀ ହୋଇ କନ୍ଦର୍ପକୁ ଜିଣି ଯଶରେ ପୃଥିବୀକୁ ମଣ୍ଡିତ କଲୁ। ଅଷ୍ଟଦୁର୍ଗର ରାଜା ତୋତେ ବନ୍ଦନା କରୁଅଛନ୍ତି ।୫।

ଅନୁବାଦ- ହେ ଶିରୀଷପୁଷ୍ପାଙ୍ଗି, ତୁ ତ ସଖୀଜନମାନଙ୍କର କୋମଳ ଆଲିଙ୍ଗନ ସହିପାରୁ ନାହିଁ, ସେହି କୋମଳାଙ୍ଗୀ ତୁ ଆଜି କିପରି ନୀଳରତ୍ନସ୍ୱରୂପ ବାହୁ ଅର୍ଗଳରେ (କିଳିଣିରେ) ଅବରୁଦ୍ଧା (ବନ୍ଧା) ହେଲୁ। ଓଃ, ଏ ବଡ଼ କଷ୍ଟର କଥା।

ଆଳୀମାନଙ୍କର ଏହି ପରିହାସ କଥାରେ ରାଧା ଲଜ୍ଜାରେ ସଂକୁଚିତ ହୋଇଗଲେ। ତାଙ୍କ ଶରୀର ରତିରଙ୍ଗରେ ବଡ଼ କ୍ଲାନ୍ତ ହୋଇ ପଡ଼ିଥିଲା, ଧୀର ସମୀରଣ ପ୍ରବାହରେ ଆନ୍ଦୋଳିତ କଦମ୍ବବୃକ୍ଷସମାକୁଳ ସଂକୀର୍ଣ୍ଣ ପଥରେ ତନୁ ମାର୍ଜନ ପାଇଁ ସୁଗନ୍ଧ ଦ୍ରବ୍ୟମାନ ଧାରଣ କରିଥିବା ସେହି ସହଚରୀମାନଙ୍କ ସଙ୍ଗରେ ଯମୁନାଜଳରେ ପ୍ରବେଶ କଲେ। ଏହି ସମୟରେ ସାନ୍ଦୀପନି ମୁନିଙ୍କ ପୁତ୍ର ମଧୁମଙ୍ଗଳ ହଠାତ୍ ଉପସ୍ଥିତ ହୋଇ ହସି ହସି କୃଷ୍ଣଙ୍କୁ କହୁଅଛନ୍ତି -

"ଶ୍ୟାମ ଶିଖଣ୍ଡଚୂଳ" ଇତ୍ୟାଦି।

❑❑❑

ଶ

(ରାଗ-ଝୁଲା)

ଶ୍ୟାମ ଶିଖଣ୍ଡଚୂଳ, ଶ୍ରମ କି ଆଜଯକେ ହେଲା ସଫଳ ।ପଦ।

ଶର୍ବରୀ ନିଦ୍ରା ବିନା ଗଲା କି ସରି, ଶମ୍ବରପରପୁର କଲ କି ଲୁରି ।୧।

ଶ୍ରୀଅଙ୍ଗ ବେଶ କିମ୍ପା ଏପରି ଆଜ, ଶରଦଚନ୍ଦ୍ର ଚୁମ୍ବୁ ନାହିଁକି ଲାଜ ।୨।

ଶିଶୁ ହେଲେହେଁ ତୁମ୍ଭେ କଲଭଞ୍ଜସରି, ଶଶକିଶୋରୀଟିକି ଦେଲ ଯେ ସାରି ।୩।

ଶିରୀଷମାଳା ଦଳିଦେଇ କୁଠାରେ, ଶଙ୍କା ନ କଲ ସଖୀମାନଙ୍କଠାରେ ।୪।

ଶରମପ୍ରଦ ଆଜସରିକି ହେଲା ଶମନସ୍ୱସା-ତଟ-ଅଟବାବୁଲା ।୫।

ଶିର ସୁନ୍ଦର ଦିଶେ ଯାବକ ବୋଳେ, ଶରଣ ବୋଲି କି ପଡ଼ିଲ ପା ତଳେ ।୬।

ଶପଥ ଶତ ଅଛି କହଟି ସତେ, ଶ୍ରୀ ବାଲୁକେଶ ନୃପ ରଚିଲେ ଗୀତେ ।୭।

(ଶ) ନବଶୈଶବସୌକୁମାର୍ଯ୍ୟଧୁର୍ଯ୍ୟାଙ୍ଗୁଳିଲୀଡୋଦ୍ଧୃତଦୁର୍ଦ୍ଧରାଚଳସ୍ୟ,
ତବ ତସ୍ୟ ବାଲାଢ୍ୟ ବାଳିକାୟାଃସ୍ତନତାଳଦ୍ୱୟଦାରଣଂ ନ ଚିତ୍ରଂ।
ଚିରେଣ ଲବ୍‌ଧାକ୍ଷୁବ୍‌ଧମନୋରଥ ଫଳତୟା ଗର୍ବିତୋଽସି ଖର୍ବିତପର୍ବଂ

ଶର୍ବରୀରମଣାସାଦ୍ୟବୋଦ୍ଧବ୍ୟଂ ନନ୍ଦଯଶୋଦୟୋଃ ପୁରତସ୍ତବାଚରିତ ମିତ୍ୟୁକ୍ତବତି ମଧୁମଙ୍ଗଳେ ସପ୍ରଣୟମୀଷତ୍ରାସସ୍ମିତଂ ତଂ ପ୍ରତି କୃଷ୍ଣଃ, ଧୂର୍ତ୍ତାର୍ତ୍ତସ୍ୟ ବାର୍ତ୍ତତା ବାର୍ତ୍ତାମପି କିଂ ନାଭିପ୍ରୈଷି ଭିନ୍ନାମବଲମ୍ବସେ ଦାରୁଣାଂ ଶରଣୀମ୍।

(ଶ) ଶିଖଣ୍ଡଚୂଳ-ମୟୂରପୁଚ୍ଛମୁକୁଟଧାରୀ, ଶର୍ବରୀ-ରାତି, ଶମ୍ବରପରପୁର-କାମଦେବଙ୍କ ରାଜଧାନୀ, ଲୁରି-ଲୁଟି; କଲଭ-ଶିଶୁ ହାତୀ, ଶଶକିଶୋରୀ-କୋମଳପ୍ରାଣ ଠେକୁଆ ପରି କୋମଳାଙ୍ଗୀ ରାଧା; କୁଠାର-କୁରାଢ଼ି, ଶରମପ୍ରଦ-ଶର୍ମଦାୟୀ, ସୁଖପ୍ରଦ; ଶମନସ୍ୱସା-ଯମ ଭଉଣୀ, ଯମୁନା; ଅଟବୀବୁଲା-ବଣରେ ବୁଲିବା, ଶିର-ମସ୍ତକ, ଯାବକ-ଅଳତା, ବୋଳ-ଲେପ, ପା ତଳେ-ଗୋଡ଼ତଳରେ।

ହେ ମୟୂରପୁଚ୍ଛମୁକୁଟଧାରୀ ଶ୍ୟାମ; ଆଜିଯାକେ ଯେତେ ପରିଶ୍ରମ କରିଥିଲ ତାହା ଫସଲ ହେଲା କି ? ପଦ। କାମରାଜାଙ୍କ ରାଜଧାନୀକୁ ଲୁଟି କରିବାରେ ବିନା ନିଦ୍ରାରେ ରାତି ପାହି ଗଲା କି ? ୧। ତୁମ୍ଭ ଶ୍ରୀଅଙ୍ଗ ବେଶ କାହିଁକି ଆଜି ଏପରି ଦିଶୁଛି ? ହେ ଶରଦଚନ୍ଦ୍ର, ତୁମ୍ଭଙ୍କୁ କ'ଣ ଲାଜ ଚୁମ୍ବୁ ନାହିଁ ? ଅର୍ଥାତ୍ ଏ କାର୍ଯ୍ୟରେ କ'ଣ ତୁମ୍ଭଙ୍କୁ ଲାଜ ମାଡ଼ ନାହିଁ ? (ତୁମ୍ଭେ ଶରଦଚନ୍ଦ୍ର ପରି ସୁନ୍ଦର, ଆଜି ତୁମ୍ଭର ସେହି ସୁନ୍ଦର ଦେହ ମଳିନ ହୋଇଥିବାରୁ ତୁମ୍ଭଙ୍କୁ ଟିକିଏ

ଲଜ୍ଜା ହେଉ ନାହିଁ କି ?) ।୨। ତୁମ୍ଭେ ବାଳକ ହେଲେହେଁ କଲଭ ଅର୍ଥାତ୍ ହାତୀଚୁଆ ପରି ଅସାଧାରଣ ବଳଶାଳୀ, କ୍ଷୁଦ୍ରକାୟ କୋମଳପ୍ରାଣ ଠେକୁଆ ପରି କୋମଳାଙ୍ଗୀ କିଶୋରୀକି ସାରିଦେଲ ଅର୍ଥାତ୍ ଦଳି ଦେଲ ।୩। ଆହା, କି ଦୁଃଖର କଥା। ସୁକୋମଳ ଶିରୀଷଫୁଲର ମାଳାକୁ କୁରାଢ଼ିରେ ଦଳିଦେଇ ବନ୍ଧୁମାନଙ୍କୁ ଟିକିଏ ସୁଦ୍ଧା ଭୟ କଲ ନାହିଁ।୪। ଯମୁନାକୂଳବର୍ତ୍ତୀ ବଣରେ ବୁଲିବାଟା ଆଜି ସରିକି ସୁଖଦାୟକ ହେଲା ପରା ।୫। ଅଳତା ବୋଳରେ ତ ମୁଣ୍ଡ ସୁନ୍ଦର ଦିଶୁଅଛି, "ତୁ ମୋର ଏକମାତ୍ର ଶରଣ" ଏହି କଥା କହି ତାଙ୍କ ଗୋଡ଼ତଳେ ପଡ଼ିଗଲ କି ?୬। ତୁମ୍ଭଙ୍କୁ ଶହେଥର ମୋ ରାଣ ଅଛି, ସତକଥା କହ, ବାଲୁକେଶ ରାଜା ଏ ଗୀତ ରଚନା କଲେ ।୭।

ଅନୁବାଦ- ହେ ବଳଶାଳୀ, ଯେଉଁ ଲୋକ ଶୈଶବକାଳରେ ସୁକୋମଳ ଅଙ୍ଗୁଳି ସାହାଯ୍ୟରେ ଦୁର୍ଦ୍ଧର ଗୋବର୍ଦ୍ଧନ ପର୍ବତକୁ ଟେକିଥିଲେ; ତାଙ୍କ ପକ୍ଷରେ (ଅର୍ଥାତ୍ ତୁମ୍ଭ ପକ୍ଷରେ) ବାଳିକାର ତାଳଫଳ ସଦୃଶ ସ୍ତନଦ୍ୱୟର ବିଦାରଣ ବିଚିତ୍ର ନୁହେଁ।

ତୁମ୍ଭର ମୁଖ ପୂର୍ଣ୍ଣିମାଚନ୍ଦ୍ରର ଗର୍ବକୁ ଖର୍ବ କରେ, ହେ କୃଷ୍ଣ, ବହୁଦିନର ଅଭିଳାଷ ପୂର୍ଣ୍ଣ ହୋଇଯିବାରୁ ତୁମ୍ଭେ ଗର୍ବିତ ହୋଇଅଛ। ହେଉ; ଆଜି ତୁମ୍ଭ ବାପା ମା'ଙ୍କ ଆଗରେ ଏ କଥା ବୁଝାଯିବ; ମଧୁମଙ୍ଗଳ ଏହିପରି କହନ୍ତେ ଶ୍ରୀକୃଷ୍ଣ କିଞ୍ଚିତ୍ ଭୟ ଓ ହାସ୍ୟ ସହିତ ପ୍ରୀତି ପ୍ରକାଶପୂର୍ବକ କହିଲେ, ହେ ଧୂର୍ତ୍ତ, ମୁଁ ବର୍ତ୍ତମାନ ଅତ୍ୟନ୍ତ ଆର୍ତ୍ତ ହୋଇଅଛି; ମୋର କୁଶଳ ନ ପଚାରି ଏପରି ବିପରୀତ ନିଦାରୁଣ ମାର୍ଗ କାହିଁକି ଅବଲମ୍ବନ କରୁଅଛୁ ? ଅନନ୍ତର ଶ୍ରୀକୃଷ୍ଣ ମଧୁମଙ୍ଗଳକୁ କହୁଅଛନ୍ତି - "ସପତଟ ମୋର ରେ" ଇତ୍ୟାଦି।

❑❑❑

ସ

(ରାଗ-ମୁଖାବରୀ)

ସପତଟି ମୋର ରେ, ସହ ଏହି ଥର ରେ,

ସାର ହାରମସାରମଣିବର ପରି ଧରି ବକ୍ଷସ୍ଥଳେ ନିରନ୍ତର,

ନ ଫିଙ୍ଗି ପୁଣି ହଟି ସୁନ୍ଦର ନୁହଇଟି ବିଚାରି ଭରସା ବଢ଼ାଅ ଅପରିମିତା ପଦ ।

ଶୁଣିଲେ ଆଉ କେ ବ୍ରଜେ, ସରିଯିବି ସିନା ଲାଜେ,
ସାହା ତୁ ନୋହିଲେ କିଛି, ସଂସାରେ ନିକି ମୁଁ ଅଛି ।୧।
ସାଧୁଜନ କୁକ୍ଷିକୂପେ, ଭଲ ମନ୍ଦ ସିନା ଛପେ,
ସଂହର କ୍ରୋଧ ଉଦୟ, ସହଜେ ତୁ ସହୃଦୟ ।୨।
ସବୁ ଅନ୍ୟାୟ ଚରିତ, ଶିକ୍ଷାକୁ ଗୁରୁ ତୁହି ତ,
ସମୟେ କାଟୁ ତୋଟିକି, ସଖା ଲକ୍ଷଣ ଏ ଟିକି ।୩।
ସମାଂସମୀନା ଅୟୁତେ, ସମର୍ପି ଦେବିଟି ତୋତେ,
ସମ୍ଭାଳ ମୋର ଆତୁର, ସର୍ବସ୍ୱ ପରା ତୁ ମୋର ।୪।
ସାକ୍ଷାତ ଦେଖିଲା ପରି, ସାକ୍ଷୀ ହେବାକୁ ବାହାରି,
ସାଧିବାର ଅବିଚାର, ସପତ୍ନ ନୁହେଁ ମୁଁ ତୋର ।୫।
ସାନ୍ଦୀପନିସୁତ ଯତି, ସେ କି ଜାଣେ ବୋଲି ପ୍ରୀତି,
ସରସେ ପିଟିବେ ଢକ୍‌କା, ସମ୍ପାଦିବୁ ଏତେ ଏକା ।୬।
ଶୁଣି କିଶୋର ବଚନ, ସଖା କଲେ ଆଲିଙ୍ଗନ,
ସୁତ୍ରାମା ଅଷ୍ଟଦୁର୍ଗର, ସନ୍ତୋଷେ ଯୋଡ଼ିଲେ କର ।୭।

(ସ) ଅନ୍ୟୋଽନ୍ୟାଶ୍ଳେଷଶର୍ମବ୍ୟତିକରବିମଳସ୍ୱାନ୍ତସନ୍ତୋଷବନ୍ତା-
ବନ୍ୟୋନ୍ୟାକ୍ଷୀଣଲକ୍ଷ୍ମଣଗଳିତସମସ୍ତାନ୍ତରାୟୌ ସଖାୟୌ ।
ସଶ୍ରଦ୍ଧାବର୍ଦ୍ଧପଦ୍ଧତ୍ୟୁପନତସଖିଭିଃ ସାର୍ଦ୍ଧମାନନ୍ଦ ବଂଶୀ -
ଶୃଙ୍ଗଧ୍ୱାନାଢ଼୍ୟତୀରଂ ତଦପଘନଭୁବୋ ଜଗ୍ମତୁସ୍ତିଗ୍ମରଶ୍ମେଃ ॥

ତତସ୍ତସ୍ୟାସ୍ତୀରେଽପ୍ୟନ୍ୟତ୍ରାନୀଳଶତପତ୍ରପତ୍ରସଗୋତ୍ରନେତ୍ରାଭିବଲ୍ଲବପଲ୍ଲବାଧରା-ଭିର୍ଣ୍ଣିରାଦବଲୋକ୍ୟ ସବ୍ରଜବାଳକବ୍ରଜ ସମୁଦ୍ଦଣ୍ଡତାଣ୍ଡବପାଣ୍ଡିତ୍ୟ-ଶୋଭାପିଚିଣ୍ଡିଳ-ଚରଣାମ୍ଭୋଜଂ କିଞ୍ଚିଦବଶିଷ୍ଟଶୈଶବଂ କେଶବଂ ମିଥଃ କଥାସ୍ତେନିରେ ।

(ସ) ସପତ-ଶପଥ, ରାଣ; ସାର-ଉତ୍‌କୃଷ୍ଟ; ହାରମସାରମଣିବର-ହାର ମଧ୍ୟରେ

ଥିବା ଶ୍ରେଷ୍ଠ ଇନ୍ଦ୍ରନୀଳମଣି; ହଟି-ହଟ କରି, କୌତୁକରେ; ଭରସା-ଆଶା; ଅପରିମିତ-ଅନନ୍ତ; ସାହା-ସହାୟ; ନିକି-କଅଣ (ଅବ୍ୟୟ); କୁକ୍ଷିକୂପେ-ପେଟରୂପ କୂଅରେ; ଛପେ-ଲୁଚେ; ସଂହର-କମାଅ; ସହୃଦୟ-ବନ୍ଧୁ; ସମାଂସମୀନା-ଯେଉଁ ଗାଈ ପ୍ରତିବର୍ଷ ପ୍ରସବ କରେ (ସମାଂସମୀନା ସା ଯୈବ ପ୍ରତିବର୍ଷଂ ପ୍ରସୂୟତେ); ସମ୍ଭାଳ-ରକ୍ଷାକର; ଆବୁର-ମହତ୍ତ୍ୱ; ସପତ୍ନ-ଶତ୍ରୁ; ସରସେ-ଆନନ୍ଦରେ; ଢକ୍‌କା ପିଟିବେ-ଡେଙ୍ଗୁରା ଦେବେ, ପ୍ରଚାର କରିବେ; ସୁତ୍ରାମା-ଇନ୍ଦ୍ର ।

ହେ ବନ୍ଧୁ ମଧୁମଙ୍ଗଳ, ମୋ ରାଣଟି, ଏହି ଥରକ ସହ, ଦ୍ୱାର ମଧ୍ୟରେ ଥିବା ଉତ୍କୃଷ୍ଟ ଇନ୍ଦ୍ରନୀଳମଣି ପରି ସର୍ବଦା ଛାତିରେ ଧରି ପରେ କୌତୁକରେ ତାକୁ ଫିଙ୍ଗି ଦେ ନା, ଏ କଥା ସୁନ୍ଦର ନୁହେଁ; ଏହା ବିଚାର କରି ମୋର ଅନନ୍ତ ଆଶା ବଢ଼ାଅ ଅର୍ଥାତ୍ ମୋର ଭବିଷ୍ୟତ୍ ବହୁ ଆଶାରେ ସାହାଯ୍ୟ କର । ପଦ । ଏ କଥା ଯେବେ ଗୋପପୁରରେ କେହି ଶୁଣେ, ତେବେ ମୁଁ ଲାଜରେ ସରିଯିବି ସିନା । ତୁ ମୋର ସହାୟ ନ ହେଲେ ମୁଁ ବଞ୍ଚିବି ଟି କି ?୧। ସାଧୁ ଲୋକଙ୍କର ଉଦରରୂପ କୂପ ମଧ୍ୟରେ ସବୁ କଥା ଲୁଚି ରହେ ଅର୍ଥାତ୍ ଭଦ୍ରଲୋକ ଭଲମନ୍ଦ ସବୁ କଥାକୁ ନିଜ ପେଟରେ ଲୁଚାଇ ରଖେ, କିଛି ବାହାରେ ପ୍ରକାଶ କରେ ନାହିଁ। କ୍ରୋଧର ଉଦୟକୁ ସଂହାର କର ଅର୍ଥାତ୍ ଆଉ ରାଗ ନାହିଁ। ପ୍ରକୃତରେ ତୁ ବନ୍ଧୁ ଅଟୁ ।୨। ତୁ ମୋତେ ସବୁ ଅନ୍ୟାୟ ଆଚରଣ ଶିଖାଇଅଛୁ; ସେ ବିଷୟରେ ତୁ ମୋର ଗୁରୁ, କିନ୍ତୁ ସମୟ ପଡ଼ିଲେ ତୋଟି କାଟି ଦେଉ, ଅର୍ଥାତ୍ ଅପବାଦ ରଟାଇବାଦ୍ୱାରା ମୋର ସର୍ବନାଶ ଘଟାଉ; ଏହା ବନ୍ଧୁଲକ୍ଷଣଟି ? ୩। ମୁଁ ତୋତେ ଦଶ ହଜାର ଦୁଧିଆଳୀ ଗାଈ ଦେବି; ତୁ ମୋର ମହତ୍ତ୍ୱ ବା ଇଜ୍ଜତ୍ ରଖ; ତୁ ମୋର ସର୍ବସ୍ୱ ଅଟୁ ।୪। ଆଖିରେ ଦେଖିବା ପରି ତୁ ତ ସାକ୍ଷୀ ହେବାକୁ ବାହାରୁଛୁ, ମୁଁ ତ ତୋର ଶତ୍ରୁ ନୁହେଁ, ତୁ ଏପରି ଅବିଚାର କରୁଛୁ କିଆଁ ?୫। ହେଉ, ତୁ ଏଥା ପ୍ରକାଶ କଲେ ଲୋକେ କହିବେ, "ସେ ତ ସାନ୍ଦୀପନିଙ୍କ ପୁଅ, ଜଣେ ତପସ୍ୱୀ, ସେ କଅଣ ପ୍ରୀତି କଥା ଜାଣେ ?" ଏ ଅପବାଦ ଏକା ତୋତେ ଭୋଗିବାକୁ ପଡ଼ିବ ।୬। ଶ୍ରୀକୃଷ୍ଣଙ୍କର ଏହି କଥା ଶୁଣି ସଖା ମଧୁମଙ୍ଗଳ ତାଙ୍କୁ ଆଲିଙ୍ଗନ କଲେ । ଆଠଗଡ଼ର ଇନ୍ଦ୍ର (ରାଜା) ସନ୍ତୋଷରେ ହାତ ଯୋଡ଼ିଲେ ।୭।

ଗଦ୍ୟାନୁବାଦ - ଶ୍ରୀକୃଷ୍ଣ ଓ ମଧୁମଙ୍ଗଳ ଦୁହେଁ ପରସ୍ପରକୁ ଆଲିଙ୍ଗନ କରି ଅନ୍ତଃକରଣରେ ବିମଳ ଆନନ୍ଦ ଅନୁଭବ କଲେ, ପରସ୍ପର ଶୋଭା ସନ୍ଦର୍ଶନରେ ଉଭୟଙ୍କ ମନରୁ ସମସ୍ତ ବାଧା ଅନ୍ତର୍ହିତ ହୋଇଗଲା, ସସ୍ନେହରେ ଦୁହେଁ ଯାଉ ଯାଉ ଅନ୍ୟ ସଖାମାନଙ୍କ ସଙ୍ଗେ ଅର୍ଦ୍ଧପଥରେ ମିଶି ମୃଦଙ୍ଗ ବଂଶୀ ଶିଙ୍ଗାନାଦପୂର୍ଣ୍ଣ ସେହି ଯମୁନାତୀରକୁ ଗମନ କଲେ ।

ଅନନ୍ତର ସେହି ଯମୁନାର ଅନ୍ୟ ଘାଟରେ ସମବେତ ହୋଇଥିବା ପଦ୍ମପଲାଶଲୋଚନା ପଲ୍ଲବାରୁଣାଧରା ଗୋପାଙ୍ଗନାମାନେ ନବୀନଯୁବକ ନୃତ୍ୟପଟୁ, ଶ୍ରୀକୃଷ୍ଣଙ୍କୁ ବ୍ରଜବାଳକମାନଙ୍କ ସଙ୍ଗେ ଅବଲୋକନ କରି ପରସ୍ପର ଆଳାପ କରିବାକୁ ଲାଗିଲେ- "ଷଟ୍‌ପଦ ନୀଳକେଶା" ଇତ୍ୟାଦି ।

❑❑❑

ଷ

(ରାଗ-ଶଙ୍କରାଭରଣ ବା ମୋହନ)

ଷଟପଦନୀଳକେଶା ଆଗୋ ଚାହଁ ଚାହଁ,
ସର୍ବଂସହାରେ ଖେଳୁଛି ନବ ବାରିବାହ;
ସମୀପରେ ତାର ରହି,
ସରଜୁଛନ୍ତି ନର୍ତ୍ତନ ଅନେକ ବରହୀ ।୧।
ସଜ ହୋଇ ସ୍ମରସରଦାର ଅବା ଆସେ,
ସ୍ୱକୀୟ ଫଉଜ ଘେରିଅଛି ଚଉପାଶେ,
ସାରିଦେବ ପରା ଆଜ,
ସରୋଜସୁନ୍ଦରନେତ୍ରା ଜନ ମନ ଲାଜ ।୨।
ସୁରେଶ୍ୱରରତନ କି ହେବାରୁ ଜଙ୍ଗମ,
ସବୁ ମଣିମାନଙ୍କୁ ମିଳିଲା ସେହି କ୍ରମ,
ସ୍ୱର୍ଣ୍ଣ ବର୍ଣ୍ଣାଏ ଏଣିକି,
ସମ୍ପାଦିବେ ମୂର୍ତ୍ତିମନ୍ତ ରତନଶ୍ରେଣୀକି ।୩।
ସଞ୍ଚରଣଶୀଳ ନବ ତମାଳ ଭୂରୁହ,
ସଙ୍ଗେ ଘେନି ଆସୁଅଛି ସଖା-ଶାଖିବ୍ୟୂହ,
ଶୁକ ଶାରୀ ପରଭୃତ,
ଶାଖାମାନଙ୍କରେ କରୁଅଛନ୍ତି ସଂଗୀତ ।୪।
ସୁରଧୁନୀ ତୀରେ କରିଥିବା ଯେବେ ତପ,
ସଙ୍ଖାଳି କରି ଏ ତାପିଞ୍ଛର ଅନାପତ,
ସୁଖେ ବଞ୍ଚିବା ବସନ୍ତେ,
ସାମନ୍ତ ସୁଧାଂଶୁ ଜଗଦ୍ଦେବ ବୋଲେ ଗୀତେ ।୫।

(ଷ) ପୁରତଃପରିତୋଽପି ତର୍ଣ୍ଣକା ଦଧତି କ୍ରୀଡ଼ନମାଳି ଯସ୍ୟ ସଃ,
ଅତସୀସୁମନଚ୍ଛବିଃ ଶିଶୁର୍ବଦ କୋଽୟଂ ଜନନେତ୍ରରଞ୍ଜନଃ ।

ଇତି କୌତୂହଳଲୋଳଲୋଚନାନାମାଭିରାମ୍ଭୋରୁହାକ୍ଷୀଣାମନ୍ୟୋଽନ୍ୟସମ୍ଭାଷଣ-ସମାପ୍ତାବେଦ ନେଦିଷ୍ଟ ସୈକତାଙ୍ଗଣାଲିଙ୍ଗିତଚରଣସରସିଜେ ନଟବ୍ରଜେ ବିଧ୍ୱସ୍ତଚତୁଷ୍କୋଟିକ ଜ୍ଞାନମୟଂ ମଦନମୋହନ ଇତି ପ୍ରେମମଦିମାଡ଼ମ୍ବରଃ ସମାବିରାସୀତ୍ ।

(ଷ) ଷଟପଦନୀଳକେଶା-ଭ୍ରମର ପରି ନୀଳବର୍ଣ୍ଣ କେଶ ଯେଉଁମାନଙ୍କର; ସର୍ବଂସହା-ପୃଥିବୀ,

ନବବାରିବାହ-ନୂତନ ମେଘ, ବରହୀ=ବର୍ହୀ-ମୟୂର, ସରଦାର-ସେନାପତି, ଫଉଜ-ସୈନ୍ୟ, ସରୋଜସୁନ୍ଦରନେତ୍ରା-ପଦ୍ମ ପରି ସୁନ୍ଦର ନେତ୍ର ଯାହାଙ୍କର; ସୁରେଶ୍ୱରରତ୍ନ-ଇନ୍ଦ୍ରନୀଳମଣି; ଜଙ୍ଗମ-ଗତିଶୀଳ; କ୍ରମ-ରୀତି; ସ୍ୱର୍ଣ୍ଣବର୍ଣ୍ଣାଏ-ସୁବର୍ଣ୍ଣ ପରି ବର୍ଣ୍ଣଧାରିଣୀ ସ୍ତ୍ରୀମାନେ; ଶାଖିବ୍ୟୂହ-ବୃକ୍ଷସମୂହ; ପରଭୃତ-କୋକିଳ; ସୁରଧୂନୀ-ସ୍ୱର୍ଣ୍ଣଦୀ, ମନ୍ଦାକିନୀ; ତାପିଞ୍ଛ-ତମାଳବୃକ୍ଷ; ଅନାତପ-ଛାୟା; ସାମନ୍ତସୁଧାଂଶୁ-ସାମନ୍ତରାଜାମାନଙ୍କ ମଧ୍ୟରେ ଚନ୍ଦ୍ରମାସ୍ୱରୂପ।

ଆଗୋ ଭ୍ରମରବର୍ଣ୍ଣ ନୀଳକେଶଧାରିଣୀ ସଖିମାନେ! ଦେଖ, ଦେଖ, ପୃଥିବୀ ଉପରେ ଗୋଟିଏ ନୂଆ ମେଘ ଖେଳୁଅଛି, ଅନେକ ମୟୂର ସେହି ମେଘ ପାଖରେ ରହି ନୃତ୍ୟରଚନା କରୁଅଛନ୍ତି। (ଏଠାରେ ଶ୍ରୀକୃଷ୍ଣଙ୍କୁ ନବମେଘରୂପେ ଓ ତାଙ୍କର ସଖାମାନଙ୍କୁ ମୟରରୂପେ ବର୍ଣ୍ଣନା କରାଯାଇଅଛି) ।୧। ଅଥବା କାମରୂପ ସେନାପତି ଯୁଦ୍ଧ କରିବାକୁ ସଜ ହୋଇ ଆସୁଛି କି? ତାହାର ନିଜ ସୈନ୍ୟମାନେ ତା ଚାରିପାଖରେ ଘେରି ଅଛନ୍ତି କି? ସେ ନିଶ୍ଚେ ଆଜି ପଦ୍ମଲୋଚନା ବାଳାମାନଙ୍କ ମନରୁ ଲାଜ ଦୂର କରିଦେବ।୨। ଇନ୍ଦ୍ରନୀଳମଣି ଗତିଶୀଳ ହେବାରୁ ଅନ୍ୟ ମଣିମାନଙ୍କୁ ସେହି କ୍ରମ ମିଳିଲା କି? ଅର୍ଥାତ୍ ଅନ୍ୟ ମଣିମାନେ ମଧ୍ୟ ଗତିଶୀଳ ହେଲେ କି? (ଶ୍ରୀକୃଷ୍ଣ ଇନ୍ଦନୀଳମଣି ପରି ଏବଂ ତାଙ୍କ ସଖାମାନେ ଅନ୍ୟାନ୍ୟ ମଣିପରି) ଏଣିକି ସ୍ୱର୍ଣ୍ଣବର୍ଣ୍ଣା ରମଣୀମାନେ ସାକ୍ଷାତ୍ ମୂର୍ତ୍ତିଧାରଣ କରି ଚାଲୁଥିବା ମଣିମାନଙ୍କୁ ଯତ୍ନ କରି ସାଇତି ରଖିବେ ଅର୍ଥାତ୍ ସୁନ୍ଦରୀ ସ୍ତ୍ରୀମାନେ ଏମାନଙ୍କ ସୌନ୍ଦର୍ଯ୍ୟରେ ନିଶ୍ଚୟ ବିମୁଗ୍ଧ ହୋଇ ଦେହର ଭୂଷାମଣିପରି ଏମାନଙ୍କୁ ଲୋଡ଼ିବେ; ସୁତରାଂ ମଣିକାଞ୍ଚନ ସଂଯୋଗ ଘଟିବ।୩। ଅଥବା ସଞ୍ଚରଣଶୀଳ ବା ଗତି କରୁଥିବା ନୂଆ ତମାଳଗଛ (ଶ୍ରୀକୃଷ୍ଣ ଲକ୍ଷ୍ୟ) ନିଜ ସଙ୍ଗରେ ତା'ର ବନ୍ଧୁରୂପୀ ବୃକ୍ଷମାନଙ୍କୁ (ସଖାମାନେ ଲକ୍ଷ୍ୟ) ଘେନି ଆସୁଛି କି? ଶୁଆ, ଶାରୀ, କୋଇଲି ପ୍ରଭୃତି ସେହି ବୃକ୍ଷର ଶାଖାମାନଙ୍କରେ ସଙ୍ଗୀତ କରୁଅଛନ୍ତି କି? ।୪। ହେ ସଖି, ଯେବେ ସ୍ୱର୍ଗଗଙ୍ଗା ଅର୍ଥାତ୍ ମନ୍ଦାକିନୀକୂଳରେ ଆମ୍ଭେମାନେ ତପସ୍ୟା କରିଥିବା, ତେବେ ଏହି ତମାଳଗଛର ଛାୟାକୁ ସଙ୍ଖାଳି ଅର୍ଥାତ୍ ସର୍ବସ୍ୱ ରୂପେ ଆଦର କରି ବସନ୍ତରେ ସୁଖରେ ବଞ୍ଚିବା, ସାମନ୍ତରାଜାମାନଙ୍କ ମଧ୍ୟରେ ଚନ୍ଦ୍ରସ୍ୱରୂପ ଜଗଦେବ ଏ ଗୀତ ବୋଇଲେ।୫।

ଗଦ୍ୟାନୁବାଦ - ହେ ସଖି, ଯାହାଙ୍କ ଆଗରେ ଓ ଚାରିପାଖରେ କଅଁଳା ବାଛୁରୀମାନେ ଖେଳୁ ଅଛନ୍ତି, ସେହି ଅତସୀପୁଷ୍ପସଦୃଶ ଶରୀରଧାରୀ ଲୋକଚକ୍ଷୁର ଆନନ୍ଦବର୍ଦ୍ଧକ ଏହି ବାଳକଟି କିଏ?

ଅପୂର୍ବ ଶ୍ରୀକୃଷ୍ଣମୂର୍ତ୍ତିଦର୍ଶନଜନିତ କୌତୁକରେ ଚଞ୍ଚଳନେତ୍ରା ପଦ୍ମଲୋଚନା ଗୋପାଙ୍ଗନାମାନେ ଏହିପରି ପରସ୍ପର ଆଳାପ କଲେ, ଏହା ଶେଷ ହେବା ସମୟରେ ସେହି ନର୍ତ୍ତକମାନେ ନିକଟବର୍ତ୍ତୀ ଯମୁନାସୈକତରେ ପଦାର୍ପଣ କରନ୍ତେ, 'ଏ ମଦନମୋହନ ଅଟନ୍ତି' ଗୋପୀମାନେ ନିଜର ସକଳ ଜ୍ଞାନ ଭୁଲିଯାଇ ଏହାହିଁ କହିବାରେ ଲାଗିଲେ।

ହ

(ରାଗ-ଗୌଡ଼ା)

ହରି ହାମାର, ଏ ତ ପ୍ରାନେର୍ଦ୍ଧନ ଗୋ ।ପଦ।*

ହରିହୟ ମଣିକି ଜିଣିଛି ଅପଘନ, ନିନ୍ଦୁଅଛି ଇନ୍ଦୁକୁ ବଦନ ଗୋ ।୧।

ହଜାରସଂଖ୍ୟକ ହେଲେ ହେଲେହେଁ ମଦନ, ନୋହିବ ଏ ମୋହନ ସମାନ ଗୋ ।୨।

ହଜି ନ ଯିବ ଜୀମୂତକେଶାର କି ଜ୍ଞାନ, ଶୁଣୁ ଶୁଣୁ ମୃଦୁ ବେଣୁଗାନ ଗୋ ।୩।

ହଟି ଥରେ କରିବା କି ରଦାମ୍ବର ପାନ, ହେଉ ଫଳବନ୍ତ ଯଉବନ ଗୋ ।୪।

ହାର ମଧ୍ୟରେ ଆମ୍ଭର ତରଳରତନ ଗୋ, ହେବେ କି ଏ ଯୁବତୀଜୀବନ ଗୋ ।୫।

ହୃଷ୍ଟହୋଇ ଅଷ୍ଟଦୁର୍ଗନମୁଚିସୂଦନ ଗୋ, କରେ ଏ ରସରେ ବିରଚନ ଗୋ ।୬।

(ହ) ଏତସ୍ୟେକ୍ଷଣକୋଣବୀକ୍ଷଣବଳନ୍ନୀଳାରବିନ୍ଦାଶୁଗା -
ସାରୈଃ ସାରସସାରସୁନ୍ଦରଦୃଶାଂ କନ୍ଦର୍ପଦର୍ପୋଦୟଃ ।
ଦାସ୍ୟଂ କିଂ ନ ବିବେଶ ବିଶ୍ୱମିୟତୈଃ ତତ୍ କିଂ ମଣୀନାଂ ଗଣୈଃ
ସମ୍ବଧାଂ ମୁରଳୀଂ ଦୁରନ୍ତଖୁରଳୀଂ ବିମ୍ବାଧରଶ୍ଚୁମ୍ବତି ।

ଗଦ୍ୟ : ଚରାଚରଧୈର୍ଯ୍ୟବିଧ୍ୱଂସିନି ବର୍ହାବତଂସବଂଶୀନିନଦେ ପ୍ରସରତ୍ୟର୍କଜାୟାଃ କାର୍କଶ୍ୟସ୍ୟ ଶିଳାବଳୀନାଂ ଜଳତାୟାଃ ଶାଖିନାମପ୍ୟାଶିଖଂ ସପୁଲକତ୍ୱସ୍ୟ ମୃଗାଣାମୃତ୍କର୍ଣ୍ଣତାୟଃ ଫଣିନାଂ ଚକିତବିଲୋଚନସ୍ୟାନୁଭବୋ ବଭୂବ ।

(ହ) ହରିହୟମଣି-ଇନ୍ଦ୍ରନୀଳମଣି, ଅପଘନ-ଦେହ, ଜୀମୂତକେଶା- ମେଘପରି କୃଷ୍ଣବର୍ଣ୍ଣ କେଶ ଯାହାର, ହଟି-କୌତୁକରେ ହଟ କରି, ରଦାମ୍ବର-ଅଧର, ତରଳରତ୍ନ-ଦୀପ୍ତିବିଶିଷ୍ଟ ଉଜ୍ଜ୍ୱଳ ରତ୍ନ, ନମୁଚିସୂଦନ-ଇନ୍ଦ୍ର ।

ଆହା ! ଏହି ତ ଆମ୍ଭର ପ୍ରାଣର ସଙ୍ଗାଳି ହରି ! (ଆମ ଆଗରେ ଶୋଭା ପାଉଅଛନ୍ତି) ।ପଦ। ଏହାଙ୍କ ଶରୀର ଇନ୍ଦ୍ରନୀଳମଣିକୁ ଜିଣୁଅଛି ଏବଂ ମୁଖଚନ୍ଦ୍ରକୁ ନିନ୍ଦା କରୁଅଛି ।୧। ସହସ୍ର କନ୍ଦର୍ପ ଏକତ୍ର ହେଲେ ଏ ମୋହନ (ଶ୍ରୀକୃଷ୍ଣ) ସଙ୍ଗେ ସମାନ ହେବେ ନାହିଁ।୨। ଏହାଙ୍କ ବଂଶୀର କୋମଳ ଶବ୍ଦ ଶୁଣୁ ଶୁଣୁ ଘନନୀଳ-କୁନ୍ତଳା ନାଗରୀଙ୍କର କ'ଣ ଜ୍ଞାନ ହଜିଯିବ ନାହିଁ ? ଅର୍ଥାତ୍ ଏହାଙ୍କର ସୁମଧୁର ବେଣୁ ଶବ୍ଦ ଶୁଣିଲେ ସୁନ୍ଦରୀ ନାରୀମାନଙ୍କର ଜ୍ଞାନ ନିଶ୍ଚେ ଲୋପ ହୋଇଯିବ ।୩। ହେ ସଖି, ଥରେ କୌତୁକରେ ହଟ କରି ତାଙ୍କର ଅଧରମଧୁ ପିଇବା କି ଅର୍ଥାତ୍ ଅଧରକୁ ଚୁମ୍ବନ କରିବା କି ? ତା ହେଲେ ଯୌବନ ସଫଳ ହୁଅନ୍ତା ।୪। ଯୁବତୀମାନଙ୍କର ପ୍ରାଣପରି

ପ୍ରିୟତମ ଏହି କୃଷ୍ଣ ଆମ୍ଭ ହାରମଧ୍ୟବର୍ତ୍ତୀ ତରଳ ରତ୍ନ ହେବେ କି ? ଅର୍ଥାତ୍ ହାର ମଧ୍ୟରେ ଥିବା ସମୁଜ୍ଜ୍ୱଳ ରତ୍ନ ପରି ଏହି ଯୁବତୀଜୀବନ ଶ୍ରୀକୃଷ୍ଣଙ୍କୁ ସବୁବେଳେ ହୃଦୟରେ ଗଣ୍ଠିଧନ ଭଳି ବାନ୍ଧି ରଖିବା କି ? ଆଠଗଡ଼ର ଇନ୍ଦ୍ର (ରାଜା) ହୃଷ୍ଟ ହୋଇ ସପ୍ରେମରେ ଏହାକୁ ରଚନା କଲେ ।୫।

ଗଦ୍ୟାନୁବାଦ - ହେ ସଖି, ଏହି ଶ୍ରୀକୃଷ୍ଣଙ୍କର ଅପାଙ୍ଗଦୃଷ୍ଟିପାତ, ନୀଳୋତ୍ପଳନିର୍ମିତ ଚଳନ୍ତା ଶର ପରି ପଦ୍ମନୟନା ସୁନ୍ଦରୀମାନଙ୍କ ମନରେ କନ୍ଦର୍ପର ଉନ୍ମାଦ ଜାତ କରୁଅଛି । ବିଶ୍ୱବାସୀମାନେ ଏହି ଅପାଙ୍ଗ ଦୃଷ୍ଟିପାତ ଦ୍ୱାରା ତ ବଶୀଭୂତ ହୋଇଗଲେ, ଆଉ କାହିଁକି ବିମ୍ବାଧର ମୁରଲୀ ବଜାଇବାକୁ ଆୟାସ କରୁଅଛି ? ଆହା, କୋମଳ ବିମ୍ବାଧରରେ ରତ୍ନକଠିନ ମୁରଲୀସ୍ପର୍ଶ ବାଧା ଦେଉଅଛି ପରା ।

ଅହୋ କି ବିଚିତ୍ର କଥା ? ଏହି ମୟୂରଚୂଳିଆଙ୍କର ଚରାଚର ଧୈର୍ଯ୍ୟବିଧ୍ୱଂସକାରୀ ବଂଶୀନିନାଦ ଶୁଣନ୍ତେ ଯମୁନାର ତରଳ ଜଳ ଘନୀଭୂତ ହୋଇଗଲା, କଠିନ ପାଷାଣସମୂହ ତରଳିତ ହୋଇଗଲା, ବୃକ୍ଷମାନଙ୍କର ମୂଳରୁ ଅଗ୍ର ପର୍ଯ୍ୟନ୍ତ ରୋମାଞ୍ଚ ଜାତ ହେଲା, ମୃଗମାନେ କାନଡ଼େରି ସ୍ଥିରହୋଇ ରହିଗଲେ ଏବଂ ସର୍ପମାନେ ବିସ୍ମୟବିସ୍ଫାରିତ ନୟନରେ ଅନାଇ ରହିଲେ ।

❑❑❑

କ୍ଷ

(ରାଗ-ମୁଖାବରୀ)

କ୍ଷମାନୁକମ୍ପାଧର ହେ,

କ୍ଷୀରସାଗରସମ୍ଭବାକୁଚକୁମ୍ଭଯୁଗଳପରିରମ୍ଭଚତୁର ହେ ।ପଦ।

କ୍ଷିତିଚକ୍ରବାଳ ମହାଭୀତି ନିବାରଣ ହେ,

ଶ୍ରୁତିଶିର-ଅବତଂସାକୃତି ଶ୍ରୀଚରଣ ହେ,

ମରାଳବିହରଣ, କରାର୍ଚ୍ଚିତ ଚରଣ, ଧରାଭାର ହରଣ, ଚରାଚର ଶରଣ,

ତରାବର କିରଣ, ବରାବର ଚରଣ, ନଖାଂଶୁ ସୁରଗଣଶିଖାଭରଣ ହେ ।୧।

କ୍ଷଣେ ହେଲେ ନାମକୁ ନ ଭଣେ ମୁଁ ତୁମ୍ଭର ହେ,

ଜଣେ ତ ହେବାରୁ ପାପିଗଣେ ବିଶ୍ୱମ୍ଭର ହେ,

ମନା ନକର ହିତ, ଅନାଦରରହିତ,-ଅନାଉଣି ନିରତ, ଚୂନାକରୁ ଦୂରିତ

ଅନାରତ ମୋ ଚିତ୍ତ, ମନାସୁଛି ଅହିତ, ଜନାର୍ଦ୍ଦନ ପତିତଜନାବହିତ ହେ।୨।

କ୍ଷମ ତ ମୁଁ ନୁହେଁ ଅନୁପମ-ଅନୁଭାବ ହେ,

ଯମଦଣ୍ଡରୁ ମୋ ରକ୍ଷା କେମନ୍ତଟି ହେବ ହେ,

ଜଳାକରଭବନ,-ବଳାମୁଖ ଭୁବନ,-ବଳାହିତ ରତନ, ବଳାବରଜ, ଜନ

କଳାପର ବୃଜିନ,-ଦଳା ସୁକୃତଧନ,-ବାଳାଢ୍ୟମୁନି-ମନ,-କଳାପି ଘନ ହେ ।୩।

କ୍ଷମାଧିପ ଜଗଦ୍ଦେବ ସମାପନ କର ହେ;

ଶ୍ରମାର୍ତ୍ତ ହେବାରୁ ଭବ ଭ୍ରମାତିଶୟରେ ହେ,

ବ୍ୟଥା ନିବହ ହର, ପ୍ରଥାଚଳୁ ମିହିର, ପଥାନ୍ତରକୁ ହର,-ରଥାଦିରୁ ଅମର,

ମଥାମଣି ନିକର, ରଥାଙ୍ଗଯୁତ କର, କଥା ବିନୟ ମୋର ବୃଥା ନକର ହେ ।୪।

(କ୍ଷ) ଦଳିତାଞ୍ଜନପୁଞ୍ଜମଞ୍ଜୁଳାଙ୍ଗୋ, ଲଳିତାଦ୍ୟମ୍ବୁଜଲୋଚନାର୍ଚ୍ଚିତାଂଘ୍ରିଃ,

ଫଳିତାମରଭୂରୁହଃ ଶ୍ରିତାନାଂ କଳିତାପଂ ଦଳୟିତ୍ୱଳଂ କବୀନାଂ ।

ଲୀଳାବନୀଭରସୁରା ହିତବୀରବାରୋ-

ଦ୍ୱୀନାଣ୍ଡଜେନ୍ଦ୍ରଚରମା ଭରଣଂ ମହୋ ନଃ,

ଚୀନାନିଳାଞ୍ଚଳଦଞ୍ଚଳଚେଳମାଳଂ,

ହୀନାଂହସାମସୁମତାଂ ଶରଣଂ ଶରଣ୍ୟଂ ।

ପୀନାନୁକମ୍ପନରସାମୃତପୂରପୂର୍ଣ୍ଣୋ

ଦୀନାସ୍ୟନିଃସୃତତରସ୍ତବସଜ୍ଜକର୍ଣ୍ଣଃ,

ମୀନାଦ୍ୟନେକବିଧରୂପଧରଃ ପରାତ୍ମା
କୀନାଶକିଙ୍କରଭୟାନି ଜରୀହରୀତୁ ।

ଗଦ୍ୟ : ଶ୍ରୀମଦ୍‌ଭ୍ୟାମନ୍ୟୋଽନ୍ୟଲାବଣ୍ୟଲୋଲଲୋଚନାଭ୍ୟାମମ୍ବରାଡ଼ମ୍ବର-ବିଡ଼ମ୍ବିତାମ୍ବୁଧରରୋଚନାଭ୍ୟାଂ କାର୍ତ୍ତସ୍ୱରମ ସାରସାର ସାଦୃଶ୍ୟ ପୂର୍ଣ୍ଣବର୍ଣ୍ଣାଭ୍ୟାଂମାର୍ତ୍ତସ୍ୱରା କର୍ଣ୍ଣନସଜ୍ଜ-କର୍ଣ୍ଣାଭ୍ୟାଂ ରକ୍ତାରବିନ୍ଦସୌନ୍ଦର୍ଯ୍ୟତୁନ୍ଦିଳଚରଣାଭ୍ୟାମମାନୁଷାନୁଭାବବିଭବାଭ୍ୟାଂ ଶ୍ରୀରାଧା-ମାଧବାଭ୍ୟାଂ ନମୋନମଃ ।

ଇତି କିଶୋରଚନ୍ଦ୍ରନନ୍ଦାଖ୍ୟଂ ଚମ୍ପୂକାବ୍ୟଂ ।

(କ୍ଷ) କ୍ଷମାନୁକମ୍ପାଧର-ହେ କ୍ଷମାଶୀଳ, ହେ ଦୟାସାଗର; କ୍ଷୀରସାଗରସମ୍ଭବ-ଲକ୍ଷ୍ମୀ, ପରିରମ୍ଭ-ଆଲିଙ୍ଗନ, କ୍ଷିତିଚକ୍ରବାଳ-ପୃଥିବୀମଣ୍ଡଳ, ଶ୍ରୁତିଶିରଅବତଂସାକୃତ-ବେଦମସ୍ତକର ଭୂଷଣସ୍ୱରୂପ; ମରାଳବିହରଣ-ବ୍ରହ୍ମା, ତରାବର-ଚନ୍ଦ୍ର, ବରାବର-ସଦୃଶ, ନଖାଂଶୁ-ନଖର ଜ୍ୟୋତି, ନ ଭଣେ-ଉଚ୍ଚାରଣ କରେ ନାହିଁ, ଅନାଦରରହିତ-ଆଦର ସହିତ, ଅନାଉଣି-ଚାହିଁବା, ଅନାରତ-ସର୍ବଦା, ଅହିତ-ପାପ, ପତିଜନନାବହିତ-ପାପିଜନ ଉଦ୍ଧାରକାରୀ, କ୍ଷମ-ସମର୍ଥ, ଅଧିକାରୀ ବା ହକ୍‌ଦାର, ଅନୁପମ ଅନୁଭବ-ଯାହାର ମହିମା ଅତୁଳନୀୟ ଅଟେ, ଜଳାକର-ସମୁଦ୍ର, ବଳାହିତ-ବଳାରି, ଇନ୍ଦ୍ର; ବିଳାବରଜ-ବଳରାମଙ୍କ ସାନଭାଇ, ବୃଜିନ-ପାପ, ହରରଥ-ପୃଥିବୀ ।

ହେ କ୍ଷମାସାଗର, ଦୟାଶୀଳ, ହେ ଲକ୍ଷ୍ମୀଦେବୀଙ୍କର କୁଚରୂପକୁମ୍ଭଦ୍ୱୟ ଆଲିଙ୍ଗନରେ ନିପୁଣ। ପଦ । ହେ ପ୍ରଭୁ, ତୁମ୍ଭେ ସମଗ୍ର ପୃଥିବୀମଣ୍ଡଳର ମହାଭୟ ନିବାରଣକାରୀ ଅଟ। ତୁମ୍ଭର ସୁନ୍ଦର ଚରଣଦ୍ୱୟ ବେଦର ଶିରୋଭୂଷଣସ୍ୱରୂପ ହୋଇଅଛି ଅର୍ଥାତ୍ ତୁମ୍ଭର ପାଦପଦ୍ମଦ୍ୱୟ ବେଦରେ ମୁଖ୍ୟ ପ୍ରତିପାଦ୍ୟ ବିଷୟ। ତୁମ୍ଭର ଚରଣଦ୍ୱୟ ବ୍ରହ୍ମାଙ୍କ କରଦ୍ୱାରା ଅର୍ଚ୍ଚିତ ହେଉଅଛି, ଅର୍ଥାତ୍ ବ୍ରହ୍ମା ତୁମ୍ଭ ଶ୍ରୀଚରଣ ସେବାକାରୀ ଅଟନ୍ତି। ହେ ଧରାଭାରହରଣ (ପୃଥିବୀର ଭାର ହରଣକାରୀ), ହେ ଚରାଚରଶରଣ (ସମଗ୍ର ସଂସାରର ଆଶ୍ରୟ), ତୁମ୍ଭର ଚନ୍ଦ୍ରକିରଣ ସଦୃଶ ପାଦସ୍ଥିତ ନଖର କିରଣ ଦେବତାମାନଙ୍କର ଶିଖା ଅର୍ଥାତ୍ ମସ୍ତକର ଆଭରଣ ଅଟେ ।୧। ମୁଁ କ୍ଷଣେ ହେଲେ ତୁମ୍ଭର ନାମକୁ ଉଚ୍ଚାରଣ କରୁ ନାହିଁ, ହେ ବିଶ୍ୱମ୍ଭର, ମୁଁ ପାପିଗଣଙ୍କ ମଧ୍ୟରେ ଜଣେ ହେବାରୁ ଅର୍ଥାତ୍ ମୁଁ ଜଣେ ପ୍ରଧାନ ପାପୀ ହେବାରୁ ତୁମ୍ଭେ ମୋ ହିତ ଅର୍ଥାତ୍ ମଙ୍ଗଳକୁ ମନା କର ନାହିଁ, ଅର୍ଥାତ୍ ମୋର ମଙ୍ଗଳରେ ବାଧା ଦିଅ ନାହିଁ। ତୁମ୍ଭର ଅନାଦରରହିତ (ସ୍ନେହପୂର୍ଣ୍ଣ) ଚାହାଣି ସର୍ବଦା ମୋ ଦୂରିତକୁ (ପାପକୁ) ଚୂନା କରି ଦେଉ, ହେ ଜନାର୍ଦ୍ଦନ, ହେ ପତିତମାନଙ୍କ ହିତକାରୀ, ମୋ ଚିତ୍ତ ସର୍ବଦା ଅହିତ (ପାପ) ମନାସୁଅଛି, ଅର୍ଥାତ୍ ପାପଚିନ୍ତା କରୁଅଛି।୨। ହେ ଅତୁଳନୀୟ ଶକ୍ତିଶାଳୀ, ମୁଁ ଅବଶ୍ୟ ପାପରୁ କ୍ଷମା ପାଇବାର ଅଧିକାରୀ ନୁହେଁ, ମୋର ଯମଦଣ୍ଡରୁ କିପରି ରକ୍ଷା ହେବ ? ହେ ଜଳାକରଭବନବଳାମୁଖ (ଜଳାକର

ଯେ ସମୁଦ୍ର ସେ ଭବନ କି ଜନ୍ମସ୍ଥାନ ଯାହାର ଅର୍ଥାତ୍ ଚନ୍ଦ୍ର ତାକୁ ବଳିଅଛି ଅର୍ଥାତ୍ ତାହାଠାରୁ ମନୋଜ୍ଞତର ମୁଖ ଯାହାର ଅର୍ଥାତ୍ ଚନ୍ଦ୍ର ତାକୁ ବଳିଅଛି ଅର୍ଥାତ୍ ତାହାଠାରୁ ମନୋଜ୍ଞତର ମୁଖ ଯାହାର), ହେ ଭୁବନ ବଳାହିତରତ୍ନ (ହେ ସଂସାରର ଇନ୍ଦ୍ରମଣି), ହେ ବଳଭଦ୍ରଙ୍କ ସାନ ଭାଇ, ହେ ଜନକଳାପର ବୃଜିନଦଳା (ମନୁଷ୍ୟମାନଙ୍କର ପାପବିନାଶକ), ତୁମ୍ଭେ ସୁକୃତଧନବଳାଢ଼୍ୟ ମୁନିମନ କଳାପିଘନ ଅଟ। (ପୁଣ୍ୟରୂପ ଧନରେ ବଳବାନ୍ ଅଟନ୍ତି ଯେଉଁ ମୁନିମାନେ), ସେମାନଙ୍କ ମନରୂପ ମୟୂର ପକ୍ଷରେ ତୁମ୍ଭେ ମେଘସ୍ୱରୂପ ଅଟ ଅର୍ଥାତ୍ ପୁଣ୍ୟାତ୍ମା ମୁନିମାନେ ତୁମ୍ଭଙ୍କୁ ମନୋମଧରେ ଅନୁଭବ କରି ଆନନ୍ଦିତ ହୁଅନ୍ତି ।୩। କ୍ଷମାର ଅଧିପ ଅର୍ଥାତ୍ ପୃଥିବୀର ରାଜା ଜଗଦ୍ଦେବ ଏହି ଗୀତକୁ ସମାପନ କଲେ; ହେ ପ୍ରଭୁ ଭବଭ୍ରମାତିଶୟରେ ଅର୍ଥାତ୍ ସାଂସାରିକ ମାୟାଦି ଭ୍ରମରେ ପଡ଼ି ମୁଁ ଅତ୍ୟନ୍ତ ଶ୍ରମାର୍ତ୍ତ (କ୍ଳାନ୍ତ) ହୋଇ ପଡ଼ିଅଛି, ତୁମ୍ଭେ ମୋର ଏହି ବ୍ୟଥାନିବହ (କ୍ଳାନ୍ତିସମୂହକୁ) ହରଣ କର; ଏହି ପ୍ରଥା ଅର୍ଥାତ୍ ଏହି ଦୁଃଖ ଦୂର କରିବା ଖ୍ୟାତି, ହରରଥାଦିରୁ ଅର୍ଥାତ୍ ପୃଥିବୀରୁ ଆରମ୍ଭ କରି (ତ୍ରିପୁରାସୁରକୁ ମାରିବାବେଳେ ମହାଦେବ ପୃଥିବୀକୁ ରଥସ୍ୱରୂପ ବ୍ୟବହାର କରିଥିବାରୁ ପୃଥିବୀକୁ ହରରଥ କହନ୍ତି) ମିହିର-ପଥାନ୍ତରକୁ ଅର୍ଥାତ୍ ସୂର୍ଯ୍ୟଙ୍କ ଗମନାଗମନ ପଥ ଆକାଶ ପର୍ଯ୍ୟନ୍ତ ଚଳୁ ଅର୍ଥାତ୍ ପ୍ରଚାରିତ ହେଉ। ହେ ଅମରମଥାମଣି (ହେ ଦେବବୃନ୍ଦଙ୍କ ନମସ୍ୟ), ହେ ରଥାଙ୍ଗଯୁତକର (ହେ ଚକ୍ରଧର), ମୋର କଥା ବିନୟକୁ ଅର୍ଥାତ୍ ବିନୟପୂର୍ଣ୍ଣ କଥାକୁ ନିକର (କେବେହେଁ) ବୃଥା କର ନାହିଁ।

ଗଦ୍ୟାନୁବାଦ - ଯାହାଙ୍କର ଅଙ୍ଗ ଦଳା କଜ୍ଜଳ ପରି ମନୋହର, ଲଳିତାଦି ସହଚରୀମାନେ ଯାହାଙ୍କର ଚରଣାର୍ଚ୍ଚନା କରନ୍ତି, ଆଶ୍ରିତ। ଲୋକମାନଙ୍କ ପକ୍ଷରେ ଯେ ଫଳବାନ୍ କଳ୍ପପାଦପ ସଦୃଶ, ସେହି ଭଗବାନ ଶ୍ରୀକୃଷ୍ଣ ସାଧୁମାନଙ୍କର କଳିତାପକୁ ବିନାଶ କରନ୍ତୁ।

ଯେ ଅବନୀର ଭାରଭୂତ ଅସୁରମାନଙ୍କୁ ବିନାଶ କରିଅଛନ୍ତି, ଯେ ପକ୍ଷୀରାଜ ଗରୁଡ଼ର ପୃଷ୍ଠଦେଶର ଆଭରଣସ୍ୱରୂପ; ଯାହାଙ୍କର ବସ୍ତ୍ରାଞ୍ଚଳ ଓ ମାଳା ମୃଦୁ ବାୟୁରେ ଆନ୍ଦୋଳିତ, ନିଷ୍ପାପ ପ୍ରାଣୀମାନଙ୍କର ଆଶ୍ରୟ ସେହି ସମୁଜ୍ଜ୍ୱଳ ତେଜ ଆମ୍ଭମାନଙ୍କୁ ରକ୍ଷା କରନ୍ତୁ।

ଅନନ୍ତ ଦୟାରୂପ ଅମୃତରସରେ ଯେ ପରିପୂର୍ଣ୍ଣ, ଦୁଃଖୀର ମୁଖର ବାହାରୁଥିବା ସ୍ତବକୁ ଶୁଣିବାପାଇଁ ଯେ କାନ ଡେରି ଥାଆନ୍ତି, ମୀନାଦି ଅବତାର ଧାରଣକାରୀ ସେ ହରି ଯମକିଙ୍କରମାନଙ୍କ ଭୟ ଦୂର କରନ୍ତୁ।

ପରସ୍ପର ଲାବଣ୍ୟଦର୍ଶନରେ ଯାହାଙ୍କର ଲୋଚନ ସର୍ବଦା ଚଞ୍ଚଳ, ଯାହାଙ୍କର ପରିହିତ ବସ୍ତ୍ର ମେଘର ଓ ଗୋରଚନାର ବର୍ଣ୍ଣ ପରି ମନୋହର, ଯାହାଙ୍କ ଶରୀରଶୋଭା ସୁବର୍ଣ୍ଣ ଓ ଇନ୍ଦ୍ରନୀଳମଣି ପରି, ଦୁଃଖିମାନଙ୍କର ଦୁଃଖ ଶୁଣିବାକୁ ଯେ ସବୁବେଳେ କାନ ଡେରି ଥାଆନ୍ତି, ଯାହାଙ୍କ ଶ୍ରୀଚରଣଶୋଭା ରକ୍ତ ପଦ୍ମ ପରି ମନୋଜ୍ଞ, ଅମାନୁଷତେଜଃସମ୍ପନ୍ନ ସେହି ରାଧାମାଧବଙ୍କୁ ମୁଁ ନମସ୍କାର କରୁଅଛି।

ରକ୍ଷନ୍ତ୍ରାତେ ବିୟତି ସତତଂ ଦ୍ୟୋତମାନେଽପି ରାତ୍ରୌ
ଖଦ୍ୟୋତଃ କିଂ ନ କିରତି ନିଜାଂ ଭାସମାଶାନ୍ତରାଳେ ।
ତଚ୍ଚେଷ୍ଟା ମେ ନ ଖଲୁ ବିଫଳା କ୍ଷୀଣବୁଦ୍ଧେରପି ସ୍ୟାତ୍,
ବ୍ୟାଖ୍ୟାକାର୍ଯ୍ୟେଽମୃତରସମୟ ସ୍ୟାସ୍ୟ କାବ୍ୟସ୍ୟ ନୂନଂ ॥

କୃତାଞ୍ଜଳିପୁଟେନାହଂ ଯାଚେ ସୂରିପଦାମ୍ବୁଜେ
କ୍ଷମ୍ୟତାଂ ଧୃଷ୍ଟତା ମେଽତ୍ର ବାଳିଶସ୍ୟାଳ୍ପ ମେଧସଃ ॥

ଓଁ ତତ୍‌ସତ୍ ।

❑❑❑

ମଥୁରା ମଙ୍ଗଳ

ଭକ୍ତ ଚରଣ ଦାସ

ପଞ୍ଚମ ଛାନ୍ଦ

(ମଧୁପ ଚଉତିଶା ବୃତ୍ତ)

କହୁଛନ୍ତି ଗୋପୀ ଗୋବିନ୍ଦଙ୍କୁ
ଚାହିଁ ଶ୍ରୀମୁଖ-ଅରବିନ୍ଦକୁ
ମଥୁରା ଗଲେ ଅକ୍ରୁର ସଙ୍ଗେ ରଙ୍ଗେ
ଗୋପୀମାନଙ୍କୁ ଦେବ କାହାକୁ ହେ ମୋହନ ।୧।

ତୁମ୍ଭ ପଛେ ପଛେ ଜୀବ ଯିବ
କାହିଁପାଇଁ ଏ ପିଣ୍ଡରେ ଥିବ
ଯାହା ବାହା ସାହା ପାଇ ବଞ୍ଚିଥିଲୁ
ସେହୁ ଯେବେ କଂସପୁର ଯିବ ହେ ମୋହନ ।୨।

ବିଷ ଦେଇ ନାଶ କରି ଯାଅ
ନିଜଞ୍ଜାଳେ ମଧୁପୁରେ ଥାଅ
ତିଳେ ଅନ୍ତର ହୋଇଲେ ମରୁଥାଉଁ
ଏବେ ଦୁଇ ଚାରିଦିନ କହ ହେ ମୋହନ ।୩।

ଯେତେବେଳେ ଯାଅ ବୃନ୍ଦାବନେ
ସଙ୍ଗେ ଗୋପାଳ ବାଳକମାନେ
ବଛା ଚରାଇ ବାହୁଡ଼ି ଆସିବାକୁ
ପଥ ଚାହୁଁଥାଉଁ ଗୋପୀମାନେ ହେ ମୋହନ ।୪।

---

୧ । ଶ୍ରୀମୁଖ ଅରବିନ୍ଦ - ଶ୍ରୀମୁଖ ପଦ୍ମ

୨ । ଜୀବ - ଜୀବନ, ଗୋପୀମାନଙ୍କର ଜୀବନ। କାହିଁପାଇଁ - କି କାରଣ ପାଇଁ। ବାହା - ବାହୁ। ସାହା - ଆଶ୍ରୟ।

୩। ନିଜଞ୍ଜାଳେ - ଜଞ୍ଜାଳଶୂନ୍ୟ ଭାବରେ, ନିଶ୍ଚିନ୍ତରେ। ମଧୁପୁର-ଗୋପପୁର।

୪ । ବଛା - ବାଛୁରୀ

ଗୋପେ ପଶ ଆସି ଯେତେବେଳେ
ପ୍ରାଣ ପଶଇ ହୃଦୟ ସ୍ଥଳେ
ଚନ୍ଦ୍ର ଦେଖି ଯେହ୍ନେ କୁମୁଦ ବିପିନ
ମହା ଆନନ୍ଦେ ଫୁଟଇ ଜଳେ ହେ ମୋହନ ।୫।
ରବି ଦେଖି ଯେହ୍ନେ ଅରବିନ୍ଦ
ଚକ୍ଷୁ ପାଇଲେ ଯେସନେ ଅନ୍ଧ
ଚିରକାଳ ଦୁଃଖୀ ରତନ ଲଭିଲେ
ଯେହ୍ନେ ହୁଅଇ ସେହ୍ନୁ ଆନନ୍ଦ ହେ ମୋହନ ।୬।
ନବଲାବଣ୍ୟ ବାରିଦ ତନୁ
ଦେଖି ଦୁଃଖ ଦୂର କରୁ ମନୁ
ଜୀବନଜ ଡୋଳା ଦେଖିଲେ କି ଡୋଳା
କେବେ ପାସୋରିବ ମନୁ ହେ ମୋହନ ।୭।
କର୍ଣ୍ଣ ଡେରି ଶୁଣୁଥାଉଁ ବଂଶୀ
କାମକାଣ୍ଡେ ହୋଉଥାଉଁ ଧ୍ୱଂସି
ଏବେ ସେମାନ ଆଜୁଁ ଶୂନ୍ୟ ହୋଇବ
କି କରିବୁ ବୃନ୍ଦାବନବାସୀ ହେ ମୋହନ ।୮।
ଇନ୍ଦ୍ର ବିବାଦୁଁ କେହ୍ନୁ ରଖିବ
ଗୋବର୍ଦ୍ଧନ କେ କରେ ଟେକିବ
ଷଣ୍ଢ ଶକଟା ତୃଣା ବକା ନିବାରି
ବନ ଅନଳ କେହ୍ନୁ ଭକ୍ଷିବ ହେ ମୋହନ ।୯।

---

୫ । କୁମୁଦ ବିପିନ - କୁମୁଦ ବନ ।

୬ । ରବି - ସୂର୍ଯ୍ୟ । ଅରବିନ୍ଦ - ପଦ୍ମ ।

୭ । ବାରିଦ - ଘନ, ମେଘ । ଜୀବନ - ପଦ୍ମ । ଡୋଳା - ନେତ୍ର ।

୮ । କାମକାଣ୍ଡେ - କନ୍ଦର୍ପର ଶରରେ । ଆଜୁଁ - ଆଜିଠାରୁ ।

୯ । ଇନ୍ଦ୍ର...ଟେକିବ - ଗୋପବାସୀମାନେ ଇନ୍ଦ୍ରୋତ୍ସବ ପାଳନ କରୁଥିଲେ । ମାତ୍ର ଶ୍ରୀକୃଷ୍ଣ ସେମାନଙ୍କୁ ଇନ୍ଦ୍ରପୂଜା ନ କରିବାକୁ ପରାମର୍ଶ ଦେବାରୁ ଇନ୍ଦ୍ର ଅତ୍ୟନ୍ତ କ୍ରୋଧାନ୍ୱିତ ହୋଇ ସାତଦିନ ପର୍ଯ୍ୟନ୍ତ ମୂଷଳଧାରାରେ ବୃଷ୍ଟି କଲେ । ଗୋପପୁରକୁ ଧ୍ୱଂସମୁଖରୁ ରଖିବାପାଇଁ ଶ୍ରୀକୃଷ୍ଣ ଗୋମତ ବା ଗୋବର୍ଦ୍ଧନ ପର୍ବତକୁ କାଣି ଆଙ୍ଗୁଠିରେ ଧାରଣ କରିଥିଲେ । ଏହା ଫଳରେ ଇନ୍ଦ୍ରଙ୍କର ଗର୍ବ ଖର୍ବ ହେଲା ଓ ସେ ଶ୍ରୀକୃଷ୍ଣଙ୍କର ସ୍ତୁତିଗାନ କଲେ । ଗୋପପୁର ଧ୍ୱଂସମୁଖରୁ ରକ୍ଷା ପାଇଲା ।

ଷଣ୍ଢ - ଷଣ୍ଢାସୁର । ଶ୍ରୀକୃଷ୍ଣଙ୍କୁ ବିନାଶ କରିବା ପାଇଁ ସେ କଂସ କର୍ତ୍ତୃକ ପ୍ରେରିତ ହୋଇ ଶ୍ରୀକୃଷ୍ଣଙ୍କ ଦ୍ୱାରା ନିହତ ହୋଇଥିଲା ।

ନନ୍ଦ ରାଣୀ ବାନ୍ଧିବ କାହାକୁ
ଜଳୁଁ ଆଣି କେ ଦେବ ନନ୍ଦକୁ
କାଳୀ ଫଣାରେ କେହୁ ନୃତ୍ୟ କରିବ
କେହୁ ତାରିବ ମଣିଚୂଡ଼କୁ ହେ ମୋହନ ।୧୦।

ଶକଟା – ଶକଟାସୁର । ଶ୍ରୀକୃଷ୍ଣଙ୍କୁ ବିନାଶ କରିବା ପାଇଁ ସେ ଆସିଥିଲା । ଶ୍ରୀକୃଷ୍ଣଙ୍କର ଜନ୍ମୋତ୍ସବରେ ଯଶୋଦା କର୍ମରତ ଥିବାରୁ ନାନା ପଦାର୍ଥରେ ପୂର୍ଣ୍ଣ ଗୋଟିଏ ଶଗଡ଼ ତଳେ ତାଙ୍କୁ ଶୁଆଇ ଦେଇଥିଲେ । ଶ୍ରୀକୃଷ୍ଣଙ୍କର ନିଦ ଭାଙ୍ଗିଯିବାରୁ ସେ ଦୁଇଗୋଡ଼ ଟେକି କାନ୍ଦି ଉଠିଲେ । ତାଙ୍କର ଗୋଡ଼ ଶଗଡ଼ରେ ବାଜିବାରୁ ଅସୁରାବିଷ୍ଟ ଶକଟ ଭୟଙ୍କର ଗର୍ଜନ କରି ଭାଙ୍ଗିଗଲା । ଏହିପରି ଭାବରେ ଶକଟାସୁର ନିହତ ହେଲା ।

ତୃଣା – ତୃଣାବର୍ତ୍ତକ । ସେ ମଧ୍ୟ ଶ୍ରୀକୃଷ୍ଣଙ୍କୁ ବିନାଶ କରିବା ପାଇଁ ଆସିଥିଲା । ପାଣ୍ଡ୍ୟ ଦେଶର ରାଜା ସହସ୍ରାକ୍ଷ ଗନ୍ଧମାର୍ଦନ ପର୍ବତସ୍ଥ ଅରଣ୍ୟରେ ପତ୍ନୀମାନଙ୍କ ସହିତ କ୍ରୀଡ଼ା କରୁଥିଲେ । ଦୁର୍ବାସା ଋଷି ଶିଷ୍ୟମାନଙ୍କ ଗହଣରେ ସେହି ପଥଦେଇ କୈଳାଶକୁ ଯାଉଥିଲେ । କାମମୋହିତ ରାଜା ଋଷିଙ୍କୁ ଯଥାବିଧି ସମ୍ମାନ ପ୍ରଦର୍ଶନ ନକରିବାରୁ ଋଷି କ୍ରୋଧାନ୍ୱିତ ହୋଇ ଲକ୍ଷେ ବର୍ଷ ଅସୁର ହୋଇ ଭାରତରେ ରହିବାକୁ ଅଭିଶାପ ଦେଲେ । ରାଜା ଶାପ ଖଣ୍ଡନାର୍ଥେ ଋଷିଙ୍କ ନିକଟରେ ପ୍ରାର୍ଥନା କରନ୍ତେ ଶ୍ରୀକୃଷ୍ଣଙ୍କ ପଦସ୍ପର୍ଶରେ ଗୋଲୋକ ପ୍ରାପ୍ତ ହେବେ ବୋଲି ଋଷି କହିଥିଲେ ।

ବକା – ବକାସୁର । ମଧୁବନରେ ବକାସୁର ଶ୍ରୀକୃଷ୍ଣଙ୍କୁ ଗିଳିଦେଲା । ଶ୍ରୀକୃଷ୍ଣ ବ୍ରହ୍ମାଗ୍ନିରେ ତାର ଉଦରକୁ ଜାଳିଦେବାରୁ ସେ ତତ୍‌କ୍ଷଣାତ୍ ତାଙ୍କୁ ବାନ୍ତି କରିଦେଲା । ସେ ପୁଣି ଶ୍ରୀକୃଷ୍ଣଙ୍କୁ ମାରିଦେବାକୁ ଆସିବାରୁ ଶ୍ରୀକୃଷ୍ଣ ତାର ପାଟିକୁ ଦୁଇଫାଳ କରି ଚିରିଦେଇଥିଲେ ।

ବନ ଅନଳ...ଭକ୍ଷିବ–ଇଷିକା ବନରେ ବନାଗ୍ନିଦ୍ୱାରା ଧେନୁସହ ଗୋପବାଳକମାନେ ସଙ୍କଟାପନ୍ନ ହୋଇ ଶ୍ରୀକୃଷ୍ଣଙ୍କୁ ଡାକିଥିଲେ । ଶ୍ରୀକୃଷ୍ଣ ସେମାନଙ୍କୁ ଚକ୍ଷୁ ମୁଦ୍ରିତ କରିବାକୁ କହି ଅଗ୍ନିପାନ କରିଥିଲେ । (ଭାଗବତ ୧୦ମ ସ୍କନ୍ଧ, ୧୯ ଅଧ୍ୟାୟ) । ଏରଣ୍ଡବନରେ ଅଗ୍ନି ଉଠି ବ୍ରଜବାସୀମାନଙ୍କୁ ଚାରିଆଡୁ ଘେରିଯିବାରୁ ସେମାନେ ବିକଳ ହୋଇ କୃଷ୍ଣଙ୍କୁ ପ୍ରାର୍ଥନା କରିଥିଲେ । ଶ୍ରୀକୃଷ୍ଣ ଅଗ୍ନିକୁ ପାନକରି ସେମାନଙ୍କୁ ଉଦ୍ଧାର କରିଥିଲେ ।

୧୦ । ଜଳୁଁ...ନନ୍ଦକୁ – ଦ୍ୱାଦଶୀ ଦିନ ଆସୁରୀବେଳାରେ ନନ୍ଦ ରାତ୍ରସମୟରେ କାଳିନ୍ଦୀଜଳରେ ସ୍ନାନ କରୁଥିଲେ । ବରୁଣଙ୍କର ଜଣେ ଅନୁଚର ଏଥିପାଇଁ ତାଙ୍କୁ ଧରିନେଇ ବରୁଣଙ୍କ ନିକଟରେ ପ୍ରବେଶ କରାଇଲା । ଶ୍ରୀକୃଷ୍ଣ ଏ ସମ୍ବାଦ ଶୁଣି ବରୁଣାଳୟକୁ ଯାଇ ସେଠାରୁ ନନ୍ଦଙ୍କୁ ଉଦ୍ଧାର କରିଥିଲେ । ଏହି ବିଷୟକୁ ଗୋପୀମାନେ ଏଠାରେ ପ୍ରକାଶ କରିଅଛନ୍ତି ।

କାଳୀ...କରିବ–କାଳୀୟ ଦଳନ । ମଣିଚୂଡ଼–ଶଙ୍ଖଚୂଡ଼; ଶ୍ରୀକୃଷ୍ଣ ଓ ବଳରାମ ଗୋପୀମାନଙ୍କ ସହିତ କ୍ରୀଡ଼ା କରିବା ସମୟରେ କୁବେରଙ୍କର ଭୃତ୍ୟ ଶଙ୍ଖଚୂଡ଼ ଗୋପୀମାନଙ୍କୁ ଉତ୍ତର ଦିଗକୁ ତଡ଼ି ନେଇଗଲା । ଏଥିରେ କ୍ରୋଧାନ୍ୱିତ ହୋଇ ଶ୍ରୀକୃଷ୍ଣ ଶଙ୍ଖଚୂଡ଼କୁ ବଧ କରିଥିଲେ ଓ ତାହାର ମସ୍ତକରେ ଥିବା ମଣିକୁ ଆଣି ବଳରାମଙ୍କୁ ଦେଇଥିଲେ । କୃଷ୍ଣଙ୍କ ଦ୍ୱାରା ନିଧନ ହେବାରୁ ଶଙ୍ଖଚୂଡ଼ ମୁକ୍ତି ପାଇଥିଲା ।

ବାଟ ଜଗି କେ ମାଗିବ ଘାଟ
ତାଳ ଦେଲେ କେ କରିବ ନାଟ
କେହୁ ଲବଣୀ ଚୋରି କରି ଖାଇଲେ
ରାଣୀ କାହାକୁ ପିଟିବ ଛାଟ ହେ ମୋହନ ।୧୧।
ଆମ୍ଭ ବସ୍ତ୍ର କେହୁ ହରି ନେବ
ନେଇ କଦମ୍ବ-ବୃକ୍ଷେ ବାନ୍ଧିବ
କଉତୁକ କରି ବରଜ ଚତୁରୀ
ଆମ୍ଭମନଙ୍କୁ କେ ବିଳୋଇବ ହେ ମୋହନ ।୧୨।
ନିଶାକାଳେ କେ ବାଇବ ବଂଶୀ
ବନେ ନେବ ଗୋପ ଶୁଭ୍ରକେଶୀ
କାହା ସଙ୍ଗେ ରଙ୍ଗେ ରାହାସ ମଣ୍ଡଳେ
ପୁହାଇବୁ ଆମ୍ଭେ ବ୍ରହ୍ମନିଶି ହେ ଦଇବ ।୧୩।
କାହା ଅଙ୍ଗେ ଲେପିବୁଁ ଚନ୍ଦନ
ପିନ୍ଧାଇବୁ କାହାକୁ ବସନ
ବନ କୁସୁମ ମାଳମାନ ଗୁନ୍ଥିଣ
କାହା କଣ୍ଠେ କରିବୁଁ ଭୂଷଣ ହେ ମୋହନ ।୧୪।
କାହା ଚୂଳରେ ଖଞ୍ଜିବୁ କିଆ
କାହା ହିଆରେ ଭିଡ଼ିବୁ ହିଆ
କାହା ଛାମୁରେ ଲାଜ ଲାଜ ହୋଇଣ
ମହୀ ଅନାଇ ହୋଇବୁ ଠିଆ ହେ ମୋହନ ।୧୫।

୧୧। ଘାଟ - କର।

୧୨। ବିଳୋଇବ - ରଞ୍ଜନ କରିବ।

୧୩। ଶୁଭ୍ରକେଶୀ - ଯେଉଁମାନଙ୍କର କେଶ ଉଜ୍ଜ୍ୱଳ କଳାବର୍ଣ୍ଣ। ବ୍ରହ୍ମନିଶି-ବ୍ରହ୍ମରାତ୍ରି। ଏହିରାତ୍ରି ଏକ କଳ୍ପକାଳ ପର୍ଯ୍ୟନ୍ତ ଲାଗି ରହିଥିଲା। ଏହି ରାତ୍ରିରେ ଶ୍ରୀକୃଷ୍ଣ ଯୋଗମାୟାଙ୍କୁ ଆଶ୍ରୟ କରି ରାସଲୀଳା କରିଥିଲେ।

୧୫। କିଆ - କିଆଫୁଲ। ହିଆ - ଛାତି, ହୃଦୟ।

କାହା ନାମେ ଗାଉଥିବୁ ଗୀତ
କାହା ସଙ୍ଗରେ ଖେଳିବୁ ଜୁତ
କାହାକୁ ଦ୍ୱାରବନ୍ଧ ଧରି ଅଳପ
ହସି ଚାହିଁବୁ କହତ ସତ ହେ ମୋହନ ।୧୬।
କେହୁ ନେତ୍ର ପ୍ରାନ୍ତେ ଠାରୁଥିବ
ନିଧୂବନ କେ କଢ଼ାଇ ନେବ
ଶଶିଖଣ୍ଡ ଗଣ୍ଡ- ଦେଶରେ ଆମ୍ଭର
କେହୁ ପୁଣ ପୁଣ ତ ଚୁମ୍ବିବ ହେ ମୋହନ ।୧୭।
ଭୂତ ଛଡ଼ାଇବ କେ ରାଧାଙ୍କୁ
କେହୁ ହରିବ ଦୁଃଖ ବାଧାକୁ
କେହୁ ବୃନ୍ଦାବତୀ ସଙ୍ଗେ ବିହରିବ
ବୃନ୍ଦାବନେ ଖୋଜିବୁଁ କାହାକୁ ହେ ମୋହନ ।୧୮।
କେଲି କଦମ୍ବ କେହି ବଞ୍ଚିବ
ତୁମ୍ଭ ବିହୁନେ ପ୍ରାଣ ମୁଞ୍ଚିବ
ଯମ ବହେଣୀ ଯମୁନା ଆଜଠାରୁ
କୃଶ ହୋଇ ସେ ଦୂରେ ଘୁଞ୍ଚିବ ହେ ମୋହନ ।୧୯।
ଖଗ ମୃଗ ମହୀରୁହମାନେ
ପ୍ରାଣ ହାରିବେ ତୁମ୍ଭ ବିହୁନେ

---

୧୬ । ଜୁତ - ଜୁଆଖେଳ ।

୧୭ । ନିଧୂବନ - ବିହାର ସ୍ଥଳୀ । ଶଶି - ଖଣ୍ଡ ଗଣ୍ଡ -ଚନ୍ଦ୍ରଖଣ୍ଡ ତୁଲ୍ୟ ଗଣ୍ଡଦେଶ ।

୧୮ । ଭୂତ ଛଡ଼ାଇବ - ଶ୍ରୀକୃଷ୍ଣ ରାଧାଙ୍କୁ ଭୂତ ଛଡ଼ାଇବା ବିଷୟ ଦୀନକୃଷ୍ଣ ଦାସଙ୍କ ଭୂତକେଳିରେ ବର୍ଣ୍ଣିତ ।

୧୯ । କେହି - କିପରି । ମୁଞ୍ଚିବ-ଛାଡ଼ିବ । ଯମ ବହେଣୀ - ଯମର ଭଉଣୀ ଯମୁନା; ଯମ ଓ ଯମୁନା ଉଭୟେ ସୂର୍ଯ୍ୟଙ୍କଠାରୁ ଜାତ ।

ଗୋପ ଭୁବନ ଅସୁନ্দର ଦିଶିବ
କାନ୍ତ ନଥିଲେ ନାରୀ ଯେସନେ ହେ ମୋହନ ।୨୦।
ତାପୀ ହୋଇବୁଁ ସକଳ ଭୀରୁ
ଦିନୁ ଦିନୁ ଚିନ୍ତା ହେବ ଗରୁ
ଗାଢ଼ ପୀରିତିକି ବାଡ଼ ହେଲା କଂସ-
ଦୂତ ଏମନ୍ତ ବିଚାରୁଁ ହେ ମୋହନ ।୨୧।
କାହା ସଙ୍ଗରେ ଫଗୁ ଖେଳିବୁ
କାହା କଥାକୁ କର୍ଣ୍ଣ ଡେରିବୁ
କାହାପାଇଁ ରତ୍ନ- ପଲଙ୍କ ପକାଇ
ଆସିବାକୁ ଚାହିଁ ବସିଥିବୁ ହେ ମୋହନ ।୨୨।
କାହା ମୁଖରେ ଦେବୁ ତାମ୍ବୁଲ
କାହା ନୟନେ ଦେବୁ କଜ୍ଜ୍ୱଳ
କାହା ସୁଚାରୁ ଚିକୁର ବେଣୀ କରି
ସାଜିବୁ ଚୂର୍ଣ୍ଣ କୁନ୍ତଳ ହେ ମୋହନ ।୨୩।
ତୁଲ୍ୟ ବୟସ ବାଳକ ମେଳେ
ଖେଳୁଥିବ କେ ଯମୁନା କୂଳେ
କାହାକୁ ଦେଖିବା - ପାଇଁ ଗୋପ ଗୋଈ
ଜଳ ନିମନ୍ତେ ଚଳିବୁ ମେଳେ ହେ ମୋହନ ।୨୪।

---

୨୦ । ଖଗ - ପକ୍ଷୀ । ମହୀରୁହ - ବୃକ୍ଷ ।
୨୧ । ଗରୁ - ଭାରୀ ।
୨୨ । ଫଗୁ - ଅବିର ।
୨୩ । ତାମ୍ବୁଲ - ପାନ ।
୨୪ । ତୁଲ୍ୟ ବୟସ - ସମାନ ବୟସ ।

କଥା ନ କହ କାହିଁକି ହରି
ଅକ୍ରୂର କି ବଳେ ନେବ ଧରି
ଘେନିବୁଁ ଜୀବନ ଭାଙ୍ଗିବୁ ତା ଯାନ
କଥା ରହିଥାଉ ତିନିପୁରୀ ହେ ମୋହନ ।୨୫।
ଶୁଣି ବୋଲନ୍ତି ଗୋକୁଳବନ୍ଧୁ
ଦୁଃଖ ନକର ଗୋ ବ୍ରଜବଧୂ
ତୁମ୍ଭ ପ୍ରସନ୍ନେ ଯାତ୍ରା ଦେଖି ଆସିବୁଁ
ହରି ରଖିବେ ସର୍ବ ଆପଦୁଁ ଗୋ ଗୋପୀଏ ।୨୬।
ନନ୍ଦରାଣୀ କରନ୍ତି ରୋଦନ
କୋଳେ ଧରିଣ ନିଜ ନନ୍ଦନ
ଚରଣ ଧରି ଭକ୍ତ ଦାସ କାନ୍ଦଇ
ବେଢ଼ି କାନ୍ଦନ୍ତି ସକଳ ଜନ ହେ ମୋହନ ।୨୭।

---

୨୫ । ହରି - ଶ୍ରୀକୃଷ୍ଣ । ବଳେ - ବଳ ପ୍ରୟୋଗ କରି । ଘେନିବୁଁ ଜୀବନ - ଜୀବନ ହାରିଦେବୁ ।

୨୬ । ଗୋକୁଳବନ୍ଧୁ - ଶ୍ରୀକୃଷ୍ଣ । ଯାତ୍ରା - ଧନୁଉତ୍ସବ । ହରି - ଭଗବାନ ।

ଷଷ୍ଠ ଛାନ୍ଦ

(ରାଗ-ବରାଡ଼ି, ବାହୁଡ଼ା ବସନ୍ତ ବୃତ୍ତ)

ଆରେ ବାବୁ ଶ୍ୟାମଘନ   ତୁ ଗଲେ ମଧୁଭୁବନ
କାହା ମୁଖ ଅନାଇ ବଞ୍ଚିବି
ହେବ ଦଶଦିଗ ଶୂନ୍ୟ   ଅସ୍ଥିର ହେବ ଜୀବନ
ନିଶି ଦିବସରେ ଝୁରୁଥିବି ରେ ଜୀବଧନ।
ଜୀବନ ବିହୁନେ ଯେହ୍ନେ ଝସ।
ରାଜା ବିନେ ଯେହ୍ନେ ଗ୍ରାମ ଦେଶରେ ।୧।
କାହା ଅଙ୍ଗେ ଚତୁସମ   ଲେପିବି କରି ସୁଷମ
ନିଦ୍ରାରେ କେ ହେଉଥିବ ଘାରି
କାହାକୁ ଅଞ୍ଜନ ଦେବି;   ବସ୍ତ୍ର ପାଡ଼ି ଶୁଆଇବି
ପିତାଙ୍କୁ ମାଗିବ କେହ୍ନୁ ହରି ରେ ଜୀବଧନ।
ଏକଥା ସୁମରି ଯିବି ମରି।
ନିଶ୍ଚେ ଯେବେ ଯିବୁ ମଧୁପୁରୀ ରେ ।୨।
ବାନ୍ଧିବି କାହାର କେଶ   କୁସୁମେ କରି ସୁବେଶ
କାହା ଲଲାଟରେ ଦେବି ଚିତା
କାହାର କର୍ଣ୍ଣେ କୁଣ୍ଡଳ   ଖଞ୍ଜିବି ରେ ମୋର ବାଳ
କାହାପାଇଁ କରୁଥିବି ଚିନ୍ତା ରେ ଜୀବଧନ।
କାହା ଅଙ୍ଗୁ ଧୂଳି ଦେବି ପୋଛି।
କାହାକୁ ବା ପିନ୍ଧାଇବି କାଛିରେ ।୩।
ଯେତେବେଳେ ବନେ ଯାଉ   ସଙ୍ଗରେ ମୋ ପ୍ରାଣ ନେଉ
ନିମିଷେ ବିଚ୍ଛେଦ ନ ସହଇ।

୧। ଶ୍ୟାମଘନ - କଳାମେଘ, ଶ୍ରୀକୃଷ୍ଣ। ମଧୁଭୁବନ - ମଥୁରା। ଜୀବନ - ଜଳ। ଝସ - ମାଛ।

୨। ଚତୁସମ - ଚନ୍ଦନ, ଅଗୁରୁ, କୁଙ୍କୁମ ଓ କସ୍ତୁରୀ। ସୁଷମ - ସୁଷମାନ୍ୱିତ କରି। ପାଡ଼ି - ବିଛାଇ। ହରି - ଚନ୍ଦ୍ର।

୩। କାଛି - ଛୋଟ ଲୁଗା, କାଛିଆ।

ଏବେ ଯିବୁ ମଥୁରାକୁ   ମୋତେ ସମର୍ପି କାହାକୁ
ଚନ୍ଦ୍ରମୁଖ ନ ଦେଖିଲେ ମୁହିଁ ରେ ଜୀବଧନ।
ଜୀବନ ହାରିବି ଗଣ୍ଡ ଜଳେ।
ତୁ ମୋତେ ଅନ୍ତର ହେଲେ ତିଳେରେ ।୪।
ସରଳବଣୀ ଅଧାମ   ପକ୍ୱରମ୍ଭା ସୁଧାସମ
ମୁଖେ ଦେଲେ ଥୁ ଥୁ କରି ଫିଙ୍ଗୁ।
ଯେତେ ରୂପେ ନାଳିଆଇ   ପରସଇ ବଳିଆଇ
କୋପେ ଉଠି ପାକଭାଣ୍ଡ ଭାଙ୍ଗୁ ରେ ଜୀବଧନ।
ଏବେ ଦୂର ହୋଇବ ସେ କଥା
କି ନକରେ ଦାରୁଣ ବିଧାତା ରେ ।୫।
ଛାଇକି ଅନାଇଁ ଡରୁ   ଧାଇଁ ମୋତେ କୋଳ କରୁ
ବସନେ ଘୋଡ଼ାଇ ମୁଖ ଗୋଟି
ହୋଉଥାଉ ଥରହର   ଦେଖିଲେ ଅନ୍ଧାର ଘର
ଉଚ ପାବଚ୍ଛ ନପାରୁ ଉଠି ରେ ଜୀବଧନ
ମଧୁପୁରେ ହସ୍ତୀ ଘୋଡ଼ାମାନ
ଗର୍ଜିଲେ ନ ପୁଣ ଡରୁ ଶ୍ୟାମରେ ।୬।
କାନ୍ଥେ ଦେଖି ଚିତ୍ରପନ୍ତି   ନାନା ଭୟଙ୍କର ମୂର୍ତ୍ତି
ଭୟେ ଯାଉ ସେ ଘରୁ ପଳାଇ
ଏବେ କଂସପୁର ଯିବୁ   ରାକ୍ଷସମାନ ଦେଖିବୁ
ଡରି କାହାକୁ ଧରିବୁ ଯାଇ ରେ ଜୀବଧନ।
ମାଏବୋଲି ଡାକିବୁ କାହାକୁ
ସାହା ବା କେ ଆହା ବୋଲିବାକୁ ରେ ।୭।

୪। ଗଣ୍ଡ ଜଳେ-ଗଭୀର ଜଳରେ। ତିଳେ-ସାମାନ୍ୟ ମାତ୍ର ସମୟ।

୫। ପକ୍ୱ ରମ୍ଭା-ପାଚିଲା କଦଳୀ। ସୁଧାସମ-ଅମୃତ ପରି ସୁସ୍ୱାଦୁ। ନାଳିଆଇ-କଅଁଳେଇ କରି। ବଳିଆଇ-ବଳାଇ। ପାକଭାଣ୍ଡ-ରନ୍ଧାହାଣ୍ଡି।

୬। ପାବଚ୍ଛ-ପାହାଚ। ନପୁଣ ଡରୁ-ଯେପରି ନଡରୁ।

୭। ମାଏ-ମାଆ।

ନିଶାକାଳେ ମୋର କୋଳେ ଶୋଇଥାଇ ଶ୍ରମବଳେ
ସ୍ୱପନରେ ଦେଖି କିସ କିସ
ମା ବୋଲି ଚମକି ପଡୁ କଣ୍ଠେ ଦୁଇଭୁଜ ଭିଡୁ
ପୁଣି ଶୋଉ ଘୋଡ଼ି ହୋଇ ବାସ ରେ ଜୀବଧନ।
ସେ କଥା ସୁମରି ମରିଯିବି
ଉଠ ବୋଲି କାହାକୁ ଡାକିବି ରେ ।୮।
ପ୍ରଭାତ କାଳେ କେ ମୋତେ ଡାକିବ କ୍ଷୁଧା ଆରତେ
କାହାକୁ ଭୁଞ୍ଜାଇ ଦେବି ସର।
କେ ଧରି ମନ୍ଥନ ଦଣ୍ଡ ଭାଙ୍ଗିବ ମୋ ଦଧିଭାଣ୍ଡ
କାହାକୁ ବାନ୍ଧିବି ଅର୍ଜୁନର ରେ ଜୀବଧନ।
କାହା ନାମେ ଗାଉଥିବି ଗୀତ
କାହାକୁ ଡାକିବେ ଗୋପସୁତରେ ।୯।
କାହା ନାମେ ଗୋପନାରୀ କରିବେ ମୋତେ ଗୁହାରି
କାହାକରୁ ଛଡ଼ାଇବି ମାଟି।
କେହୁ ତୁଣ୍ଡ ଦେଖାଇବ ଖେଳେ କେହୁ ଭୋଖାଇବ
ଅଧାମ କା ଅଧରେ ଦେବିଟି ରେ ଜୀବଧନ।
କାହାକୁ ବୋଲିବି ଝୁଲହାତୀ।
କାହାକୁ ଡାକିବି କର ପାତି ରେ ।୧୦।

୮। ଶ୍ରମବଳେ-ଶ୍ରମକ୍ଳାନ୍ତ ହୋଇ।

୯। ମନ୍ଥନ ଦଣ୍ଡ-ଦହି ଖୁଆ। ଅର୍ଜୁନର-ଯାମଳାର୍ଜୁନ ବୃକ୍ଷ-କୁବେରଙ୍କ ଦୁଇପୁତ୍ର ନଳକୁବର ଓ ମଣିଗ୍ରୀବ ସୁରାପାନ କରି ଗନ୍ଧର୍ବୀଙ୍କ ସହ ଜଳକ୍ରୀଡ଼ାରେ ମାତିଥିବା ସମୟରେ ନାରଦଙ୍କ ପ୍ରତି ଅସମ୍ମାନ ପ୍ରଦର୍ଶନ କରିବାରୁ ନାରଦଙ୍କ ଅଭିଶାପରେ ଏକଶତ ବର୍ଷ ସ୍ଥାବର ରୂପ ଧାରଣ କରି କୃଷ୍ଣ ସାନ୍ନିଧ ଲାଭ ପର୍ଯ୍ୟନ୍ତ ଯାମଳାର୍ଜୁନ ବୃକ୍ଷ ରୂପରେ ଗୋପରେ ରହିଥିଲେ। ଯଶୋଦା ଏହି ବୃକ୍ଷରେ ଶ୍ରୀକୃଷ୍ଣଙ୍କୁ ବାନ୍ଧି ପକାଇଥିଲେ।

୧୦। କାହା ନାମେ-କାହା ବିରୁଦ୍ଧରେ। କର ପାତି-ହାତ ପତାଇ।

ଗାଈ କେ ଚରାଇ ନେବ   ରାମ ସଙ୍ଗେ ବନ ଯିବ
ନାନାରଙ୍ଗେ କେ ବାଇବ ବଂଶୀ ।
କରିବ କେ ବାଳ ମେଳି   ମଧ୍ୟେ ନାଚୁଥିବ ଢଳି
କାହାକୁ ଚାହିଁବେ ବ୍ରଜବାସୀ ରେ ଜୀବଧନ ।
ଅସୁନ୍ଦର ଦିଶିବ ଭୁବନ ।
ଆଉ କାହିଁ ଦେଖିବି ସେମାନ ରେ ।୧୧।
କେ ଆଣି ଦେବ ନନ୍ଦକୁ   ଦାଣ୍ଡେ ଖୋଜିବି କାହାକୁ
କାହାକୁ ଦେଖିବି ନୀପ ମୂଳେ ।
କେହ୍ନୁ ଭୟେ ପଳାଇବ   ନନ୍ଦଙ୍କ ଆଗେ କହିବ
ଆଜ ମୋତେ ମାଏ ମାରୁଥିଲେ ରେ ଜୀବଧନ ।
ତହିଁପାଇଁ ଚଳି ହେବେ ତାତ
କ୍ରୋଧେ ମୋତେ ଦଣ୍ଡିବେ ବହୁତ ରେ ।୧୨।
ଏତେ ବୋଲି ନନ୍ଦରାଣୀ   ନୟନୁ ବହଇ ପାଣି
ଚୁମ୍ବ ଦେଇ ଶ୍ୟାମ ଗଣ୍ଡସ୍ଥଳେ,
ନୀଳାମ୍ବର ମୁଖ ଚାହିଁ,   ବୋଲନ୍ତି ମୋ ବାପ ଭାଇ
କାଲିଯିବ ମଥୁରା ମଣ୍ଡଳେ ରେ ବଳରାମ ।
ସଙ୍ଗେ ସଙ୍ଗେ ଘେନିଥିବୁ ହରି ।
ଡରିବିଟି ଦେଖି କଂସ ପୁରୀ ରେ ।୧୩।
ତୁ ଯେ ବଳେ ବଳୀଆର   ନିର୍ବଳ ମୋର କୁମର
ନ ଜାଣଇ ଚତୁରାଇ ପଣ ।
ନପୁଣ ହୋଇବ ବଣା   ଜାଣି ନପାରିବ ଠଣା
ଏଣୁ କରି କହୁଅଛି ଶୁଣ ରେ ବଳରାମ ।
ଯହିଁ ଗଲେ ନଛାଡ଼ିବୁ କ୍ଷଣେ
ଭିଡ଼େ ନ ପଶିବ ବଡ଼ ପଣେ ରେ ।୧୪।

୧୧। ବାଳମେଳି-ବାଳକ ମେଳା । ସେମାନ-ସେ ସବୁ ।
୧୨। ନୀପ-କଦମ୍ବ । ଚଳିହେବେ-କ୍ରୋଧାନ୍ୱିତ ହେବେ । ତାତ-ନନ୍ଦ ।
୧୩। ପାଣି-ଲୋତକ । ନୀଳାମ୍ବର-ବଳରାମ ।
୧୪। ଚତୁରାଇ-ଚତୁରତା । ଠଣା-ଠିକଣା, ସ୍ଥାନ ।

ସେ ନୋହେଟି ଗୋପପୁର,   ଗୋପୀମାନଙ୍କର ଘର,
କାହିଁ ନକରିବ ହୁରିକୁରି,
ଦାରୁଣ ନୃପତି କଂସ,   ଶୁଣିଲେ କରିବ ରୋଷ,
ଶୁଭେଯାଇ ଆସ ରାମହରି ରେ ବଳରାମ।
ଆସିବାକୁ ପଥ ଚାହିଁଥିବି।
ଉଛୁର ହୋଇଲେ ଧାଇଁଯିବି ରେ ।୧୫।
ଏ ବାଣୀ ଶୁଣି ରୋହିଣୀ,   କାନ୍ଦିଣ ଲୋଟେ ଧରଣୀ,
ରାମ ରାମ ବୋଲି ବାହୁନଇ,
କୋଳେ ଧରି ନିଜ ସୁତ,   ବୋଲଇ ହୋଇ ଆରତ,
ଚନ୍ଦ୍ରମୁଖ ଗୋଟି ଲୁଛିଯାଇ ରେ ବଳରାମ।
ମନ୍ଦ କଂସ ଦ୍ୱନ୍ଦ୍ୱ ଭିଆଇଲା।
ଆମ୍ଭଙ୍କୁ ଏ ଦଶା ଦିଆଇଲା ରେ ।୧୬।
ଶୁଣି ଅକ୍ରୂର ପ୍ରଜ୍ୱଳି,   ନନ୍ଦକୁ ଦେଉଛି ଗାଳି,
ସାଜ ସାଜ, ପାହିଲା ରଜନୀ,
ସାଜିଲେଣି ବୋଲେ ନନ୍ଦ,   କେବଳ ରାମ ଗୋବିନ୍ଦ,
ସଜ ହେଉଛନ୍ତି ମନ୍ତ୍ରୀମଣି ସେ କଂସଦୂତ।
ଶୁଣି ବୋଲେ ସାଜ ବେଗ କରି।
ଉଛୁରେ କୋପିବେ ଦଣ୍ଡଧାରୀ ହେ ।୧୭।
ସାଜିଲେ ଗୋପାଳକୁଳ,   ପଡ଼ିଲା ଗୋପେ ଚହଳ,
ନଗ୍ର ନରନାରୀ ଧାଇଁଛନ୍ତି,
ଉଠିଲେ ନନ୍ଦନନ୍ଦନ,   ବସିଲେ ଅକ୍ରୂର-ଯାନ,
ଗୋପନାରୀ ଓଗାଳି ଅଛନ୍ତି ସେ ଶ୍ୟାମବନ୍ଧୁ।

୧୫। ହୁରିକୁରି-ଲୁଟପାଟ, ଧୁମ୍‌ଧାମ୍। ଉଛୁର-ବିଳମ୍ବ।
୧୬। ରୋହିଣୀ-ବଳରାମଙ୍କ ମାତା। ଲୁଛିଯାଇ-ଶୁଖିଯାଇ। ଦ୍ୱନ୍ଦ୍ୱ-କଳି।
୧୭। ପ୍ରଜ୍ୱଳି-ପ୍ରଜ୍ୱଳିତ ହୋଇ, ଜଳିଉଠି, ରାଗିଯାଇ। ସାଜ-ପ୍ରସ୍ତୁତ ହୁଅ।

ହୋଇଛନ୍ତି ବିଚିତ୍ର କାଛେଣୀ।
କୋଟିଏ କାମକୁ ପାରେ ଜିଣି ସେ ।୧୮।
ରାମସଜ ଅତି ଶୋଭା, ଦେଖି ମନ-ନେତ୍ର-ଲୋଭା,
ଗୋପ ପୋଏ ଏହିମତି ସଜ,
ବେନି ମତ୍ତସିଂହ ସଙ୍ଗେ, ମତ୍ତଗଜ କିବା ରଙ୍ଗେ,
ତେହ୍ନେ ଶୋଭା ବରଜ ତନୁଜ ସେ ଗୋପୀମାନେ।
ଚଉପାଶେ ସିଂହର ଘରଣୀ,
ଦେଖି ଶୋଭା ପାଉଛି ଧରଣୀ ସେ ।୧୯।
ଗହଳ ଗୋକୁଳ ଦାଣ୍ଡ, ଆନନ୍ଦ ହୋଏ ବ୍ରହ୍ମାଣ୍ଡ,
ବିଚାରଇ ଯିବ ଏବେ ଭାରା,
ମଥୁରାକୁ ଯିବେ ହରି, ମାରିବେ କଂସକୁ ଧରି,
ଏତେ ବୋଲି ଆନନ୍ଦିତ ଧରା ସେ ବସୁମତୀ।
ଯହୁଁ ରଥେ ବିଜେ ଗୋପୀନାଥ।
ଭକ୍ତ ଦାସ ହୋଇଲା ଅନାଥ ସେ ।୨୦।

୧୮। ଓଗାଳି ଅଛନ୍ତି-ଆଗରେ ଠିଆ ହୋଇଛନ୍ତି, ଅବରୋଧ କରିଛନ୍ତି। ବିଚିତ୍ର କାଛେଣୀ-ସୁନ୍ଦର ବସ୍ତ୍ରରେ ସଜ୍ଜିତ। କାମ-କନ୍ଦର୍ପ।

୧୯। ମତ୍ତସିଂହ-ମତୁଆଲ ସିଂହ, କୃଷ୍ଣ ବଳରାମ। ମତ୍ତଗଜ-ମତୁଆଲ ହାତୀ, ଗୋପବାଳକଗଣ। ସିଂହର ଘରଣୀ-ସିଂହୀ, ଗୋପୀମାନେ।

୨୦। ଭାରା-କଂସର ଭାରା। ବସୁମତୀ-ବସୁଧା।

ଅଷ୍ଟାଦଶ ଛାନ୍ଦ

(ରାଗ-କନଡ଼ା)

କୃଷ୍ଣ ଶୟନ ଅନ୍ତେ ନନ୍ଦ ଯଶୋଦା
ଗୋପାଳ ସହିତେ ଶୋଇଲେ
ଯୋଗମାୟା ମୋହେ ମୋହି ହୋଇଲେ ।
ରଜକ ମାରିବା ଗନ୍ଧପୁଷ୍ପ ନେବା
କଂସ ଆଗେ ଡଗର କହିଲେ ହେ ଭୋ ଦେବ ।୧।
ଆହେ ମହାରାଜା ନନ୍ଦର ତନୁଜା
ଧନୁକୁ ତୋହର ଭାଙ୍ଗିଲା
ଦ୍ୱାରପାଳଙ୍କ ଗରବ ଗଞ୍ଜିଲା
ବୀରମାନେ ଦେଖି ନିର୍ବଳ ହୋଇଲେ,
ନଗ୍ରଜନଙ୍କ ମନ ରଞ୍ଜିଲା ହେ ଭୋ ଦେବ ।୨।
ଶୁଣି ଦୃମିଳା ନନ୍ଦନ ଦୁଇଦଣ୍ଡ-
ଯାଏ ତୁନୀ ହୋଇ ରହିଲା
କିସ ବୋଲୁରେ ବୋଲି ପଚାରିଲା ।
ଶୁଣି ବାରତିୟା ଗୋବିନ୍ଦ ପ୍ରତିଜ୍ଞା
କଥା ନୃପେ ବୁଝାଇ କହିଲା ସେ ଡଗର ।୩।
ବୋଲଇ କଂସ ହୋଇଲି ନିଶ୍ଚେ ନାଶ
କାହିଁକି ଧରାଇ ଆଣିଲି ।
ଇଚ୍ଛା ସୁଖେ ନିଜ ଅଙ୍ଗ ହାଣିଲି ।
ଯଉଁମାନେ ବଳ ଦେଇ କହୁଥିଲେ
ସେମାନଙ୍କୁ ମୁଁ ଏବେ ଜାଣିଲିରେ ଡଗର ।୪।

---

୧ । ଯୋଗମାୟା- ସୃଷ୍ଟିକ୍ରିୟାରେ ଭଗବାନଙ୍କ ଶକ୍ତି ।
୨। ନନ୍ଦର ତନୁଜା-ନନ୍ଦର ପୁଅ। ନିର୍ବଳ-ବଳଶୂନ୍ୟ।
୩। ଦୃମିଳା ନନ୍ଦନ-କଂସ। ବାରତିଆ-ଡଗର।

ଛାର ବାଳକ   ଦୁଇଗୋଟା କଟକେ
ପଶି ଏଡ଼େ କର୍ମ କରନ୍ତି ।
ତାଙ୍କୁ ଦେଖିଲେ ଅସୁର ଡରନ୍ତି ।
ବୀରମାନେ ଥାଇ   କି କାର୍ଯ୍ୟ କରିବେ ?
ମିଛେ ମିଛେ ପ୍ରତିଜ୍ଞା କରନ୍ତି ରେ ଡଗର ।୫।
ଶତ୍ରୁ ନ ଥିବାର   ବେଳେ ପଛଆଡ଼େ
କହୁଥାନ୍ତି ବଡ଼ ଗାରିମା ।
ଆଗେ ହେଲେ ପଳାନ୍ତି ଛାଡ଼ି ସୀମା ।
ଧନ୍ୟ କ୍ଷତ୍ରିୟ ମାନେ !   ସଂଗ୍ରାମେ ଚଉର୍ଯ୍ୟ !
ତାଙ୍କୁ ଦେବଇଁ କେଉଁ ଉପମାରେ ଡଗର ।୬।
ଆପଣା କାର୍ଯ୍ୟ   ଯେବେ ଆପେ ନ କରି
ତାହାକୁ ବୋଲି ନପୁଂସକ ।
ନିନ୍ଦା କରନ୍ତି ତାକୁ ତିନିଲୋକ ।
ପର ପ୍ରତି ଆଶ   କରି ଯା ମରୁଛି
ମୋହଠାରୁ ନାହିଁ ଅବିବେକରେ ଡଗର ।୭।
କାଲି ଆପଣେ   ବୀରପଣ କରିବି,
ଶୁଭେ ପାଉ ଆଜି ଶର୍ବରୀ ।
ରାମ କୃଷ୍ଣଙ୍କୁ ପକାଇବି ମାରି ।
ଯେଉଁ ଦିନ ସୁର   ନରକୁ ଜିଣିଲି,
କେହୁ ନ ଥିଲେ ସଙ୍ଗେ ମୋହରି ରେ ଡଗର ।୮।
ଏମନ୍ତ ଭାଷି   କ୍ରୋଧଭରେ ନିଶ୍ୱାସ
ଛାଡ଼ଇ ଦୁଷ୍ଟ ନିଶାଚର ।

୫। କଟକେ-ନଗରରେ ।
୬। ଚଉର୍ଯ୍ୟ-ଚୌର୍ଯ୍ୟବୃତ୍ତି, ଚୋରପରି ଡରିବା ।
୭। ନପୁଂସକ-ପୁରୁଷତ୍ୱହୀନ । ଅବିବେକ-ବିଚାରହୀନ ।
୮। ଶର୍ବରୀ-ରାତ୍ରି ।

କରେ କୃପାଣ ବୁଲାଇ ପ୍ରଖର ।
ନୟନ କର୍କଶ କରି ଥରହର
ହୋଇ କମ୍ପେ ଦୃମିଲା କୁମର ସେ । ଅସୁର ।୯।
କଂସର ଅଭିମାନ କୋପ ଅନଳ
ହୋଇବା ଦେଖି ବୀରମାନ ।
କହୁଅଛନ୍ତି ଶୁଣ ହେ ରାଜନ ।
ବି ଅର୍ଥେ କାହାକୁ ଏଡ଼େ କ୍ରୋଧକର ?
ଆଜ୍ଞାକର ମାରିବୁଁ ବହନ ହେ । ରାଜନ ।୧୦।
ଗଙ୍ଗଶିଉଳୀ କୁସୁମକୁ ଦ୍ୱାଦଶ
ମାରତଣ୍ଡ ଉଦେ କରୁଛ ।
ଭସ୍ମକୁଢ଼କୁ ବତାସ ଲୋଡୁଛ ।
କୀଟକୁ କୁଳିଶ, ଶିରୀଷ କୁସୁମେ
ମହାବରଷା ପ୍ରାୟ କରୁଛ ହେ । ରାଜନ ।୧୧।
ନୀଚଜାତି ରଜ- କାରୀକି ମାଇଲା
ସେ ତ ନ ଜାଣଇ ସଂଗ୍ରାମ ।
ମାଳାକାରହିଁ ସିନା ସେହି ସମ ।
କୁବୁଜା ମୂଢ଼ ସ୍ୱଭାବେ ସ୍ତିରୀଜାତି
ତାହାଠାରୁ ତ ନେଲେ ଚନ୍ଦନ ହେ । ରାଜନ ।୧୨।

୯। କୃପାଣ-ଖଡ୍‌ଗ ।

୧୦। ବିଅର୍ଥେ-ବିନା କାରଣରେ, ବୃଥାରେ ।

୧୧। ଦ୍ୱାଦଶ ମାରତଣ୍ଡ-ବାରଗୋଟି ସୂର୍ଯ୍ୟ । ଗଙ୍ଗଶିଉଳୀ...କରୁଛ-ଗଙ୍ଗଶିଉଳୀ ଫୁଲ ରାତିରେ ଫୁଟେ ଓ ସୂର୍ଯ୍ୟୋଦୟ ସମୟରେ ଝଡ଼ିପଡ଼େ, ତାକୁ ନାଶ କରିବାପାଇଁ ବାରଗୋଟି ସୂର୍ଯ୍ୟର କିରଣ ଅନାବଶ୍ୟକ । ଏଠାରେ ଶ୍ରୀକୃଷ୍ଣ ଓ ବଳରାମ ଗଙ୍ଗଶିଉଳୀ ଫୁଲ ସଦୃଶ ଏବଂ କଂସ ବାରଗୋଟି ସୂର୍ଯ୍ୟ ସଦୃଶ । ଶ୍ରୀକୃଷ୍ଣ ଓ ବଳରାମଙ୍କୁ ନାଶ କରିବା ପାଇଁ ବାରଗୋଟି ସୂର୍ଯ୍ୟ ସଦୃଶ କଂସର ପରାକ୍ରମ ଅନାବଶ୍ୟକ । ସେମାନଙ୍କୁ ଅତିସହଜରେ ବିନାଶ କରିହେବ । ଭସ୍ମକୁଢ଼-ପାଉଁଶ ଗଦା । ବତାସ-ପ୍ରଖର ପବନ । କୁଳିଶ-ବଜ୍ର ।

୧୨। ମୂଢ଼-ଅଜ୍ଞାନ ।

ଅନେକ କାଳ　　　　　　　ପୁରୁଣା ଶରାସନ

ଭାଙ୍ଗିଲା ସିନା ନନ୍ଦଚାଟ।

ଏହା ଶୁଣିଣ ହେଉଛ ଉଚ୍ଚାଟ ?

କାଲି ଜାଣିବା　　　　　　　କେମନ୍ତେ ବର୍ତ୍ତିଯିବେ

ଆମ୍ଭ ସମ୍ମୁଖେ ପଡ଼ିଲେ ଭେଟ ହେ । ରାଜନ ।୧୩।

ଚୋଳି କଚାଡ଼ିବୁଁ,　　　　　ମହତ ସାରିବୁ,

ସରିବ ତୋର ଅଭିମାନ।

ଚନ୍ଦ୍ର ସୂର୍ଯ୍ୟ ସହିତେ ମଘବାନ।

କୃତ୍ତିବାସ ବିହି　　　　　　ବରୁଣ, ହୁତାଶ

ତାଙ୍କୁ ରଖିବେ ନାହିଁ ସେମାନ ହେ । ରାଜନ ।୧୪।

ଛାଡ଼ ମନବ୍ୟଥା　　　　　　କାଲିର ସେ କଥା,

ଆଜି ତ ହେଲାଣି ବିଳମ୍ବ।

ଶତ୍ରୁ ମାରିବୁଁ, ନୁହ ତ ଅଦମ୍ଭ।

ଦନ୍ତୀପାଳକୁ　　　　　　　ସିଂହଦ୍ୱାରେ ରଖାଇ,

ବେଗେ କରାଅ ସଭା ଆରମ୍ଭ ହେ ରାଜନ ।୧୫।

ଏ ବାଣୀ ଶୁଣି　　　　　　ଦନୁଜ ନୃପମଣି,

ଆନନ୍ଦେ ନିଶ୍ଚିନ୍ତେ ରହିଲା।

ମିଛ କଥାକୁ ସନ୍ତୋଷ ବହିଲା।

ବୋଲେ ବଇରାଗୀ　　　　　ଭଗତ ଚରଣ

ସୁସ୍ଥେ ଭୁଞ୍ଜି ପଲଙ୍କେ ଶୋଇଲା ସେ ରାଜନ ।୧୬।

୧୩। ନନ୍ଦଚାଟ-ନନ୍ଦପୁଅ, ଶ୍ରୀକୃଷ୍ଣ। ଉଚ୍ଚାଟ-ବ୍ୟଗ୍ର। ବର୍ତ୍ତିଯିବେ-ବଞ୍ଚିଯିବେ।

୧୪। ମଘବାନ-ଇନ୍ଦ୍ର। କୃତ୍ତିବାସ-ଶିବ। ବିହି-ବିଧାତା,ବ୍ରହ୍ମା। ହୁତାଶ-ଅଗ୍ନି।

୧୫। ଦନ୍ତୀପାଳ-ମାହୁନ୍ତ।

୧୬। ଦନୁଜ ନୃପମଣି - ଅସୁରରାଜ କଂସ।

ଊନତ୍ରିଂଶ ଛାନ୍ଦ

(ରାଗ-କଲ୍ୟାଣ ଆହାରୀ)

(ଶ୍ରୀକୃଷ୍ଣଙ୍କୁ ରାଧିକାଙ୍କର ପତ୍ରଲିଖନ ଓ ଉଦ୍ଧବଙ୍କର ବିଦାୟ)

କେତେ ଦିନ ନନ୍ଦ ମନ୍ଦିରେ ଆନନ୍ଦେ ରହିଲେ ଶ୍ୟାମଘନ-ଦୂତ।
ମେଲାଣି ହୋଇ ଗୋପଭୂପ ଛାମୁରୁ ସାଜିଲା ଚିତ୍ରକରି ରଥ।
ଅନେକ, ଅଳଙ୍କାର ଦେଲେ ଗୋପେଶ।
ଗୋବିନ୍ଦ ଛାମୁକୁ ଉଦନ୍ତ ଉତ୍ତର କହିଲେ ଯେତେ ନୋହେ ଶେଷ ।୧।
ଉଦ୍ଧବ ମଥୁରା ଯିବା ସଜଦେଖି ବିଚାର କଲେ ବ୍ରଜନାରୀ।
ଆମ୍ଭ ବେଦନା ଗିରିଧର ଛାମୁକୁ ଲେଖିବା ସଖି କଥା ଚାରି।
ଶୁଣି ସେ, କରିବେ ହୃଦେ ଅବା ଦୟା।
ଏତେ ଭାଳି ସର୍ବ ଗୋପସୀମନ୍ତିନୀ ଆନନ୍ଦେ ପ୍ରଫୁଲ୍ଲିତ ହିୟା ।୨।
ଚକୋରନୟନୀ ଚନ୍ଦ୍ରମାବଦନୀ ଚାରୁ ଚାମୀକରବରନା।
କରିକୁମ୍ଭସ୍ତନା କରକରଦନା କଳାକର ହାସୀ ନବୀନା।
କୁଟିଳ-କୁନ୍ତଳା ମରାଳଗମନା
ବୀଣାଜିଣା ଭାଷୀ ବୃଷଭାନୁ ଜେମା ଆଗେ କହିଲେ ବ୍ରଜାଙ୍ଗନା ।୩।
ଲେଖ ଗୋ ଗୋବିନ୍ଦ ଛାମୁକୁ ଚଟାଉ ଏ ଆମ୍ଭର ଯେତେ ବିଷୟ।
ଶୁଣି ଗୁଣବତୀ ଆନନ୍ଦ ହୋଇଲେ ବୋଲେ ଲେଖନ ପତ୍ର ଦିଅ।
ଶୁଣି ସେ, ସୁରଙ୍ଗିଣୀ ବେଗେ ଉଠିଲା।
ତକ୍ଷଣେ କରେ ସମର୍ପଣ କରାଇ ଲିହ ବୋଲି ପାଦେ ଲୋଟିଲା ।୪।

୧। ଶ୍ୟାମଘନଦୂତ-କୃଷ୍ଣଦୂତ, ଉଦ୍ଧବ। ଗୋପଭୂପ-ଗୋପର ରାଜା ନନ୍ଦ। ଗୋପେଶ-ନନ୍ଦ। ଉଦନ୍ତ-ବାର୍ତ୍ତା, ସନ୍ଦେଶ।

୨। ଗିରିଧର-ଶ୍ରୀକୃଷ୍ଣ। ଗୋପସୀମନ୍ତିନୀ-ଗୋପୀ।

୩। ଚକୋରନୟନୀ-ତୃଷିତ ନୟନା। ଚନ୍ଦ୍ରମାବଦନୀ-ଚନ୍ଦ୍ରମୁଖୀ। ଚାରୁ-ସୁନ୍ଦର। ଚାମୀକରବରନା-ସୁନାରବନୀ, ସୁନାଗୋରୀ। କରିକୁମ୍ଭସ୍ତନା-ଉନ୍ନତସ୍ତନା, ପୀନସ୍ତନା। କରକରଦନା-ଡାଳିମ୍ବଦନ୍ତୀ। କଳାକରହାସୀ-ଚନ୍ଦ୍ରହାସୀ। ନବୀନା-ଯୁବତୀ। କୁଟିଳକୁନ୍ତଳା-କୁଞ୍ଚିତ କେଶା। ମରାଳଗମନା-ହଂସ ଗମନା। ବୀଣାଜିଣାଭାଷୀ-ବୀଣାଜିଣା ବଚନୀ। ବୃଷଭାନୁଜେମା-ଶ୍ରୀରାଧା। ବ୍ରଜାଙ୍ଗନା-ବଜ୍ରବାଳା, ଗୋପୀ।

୪। ଗୁଣବତୀ-ଶ୍ରୀରାଧା। ଲିହ-ଲେଖ।

ଶୁଣି ଚନ୍ଦ୍ରାନନୀ ଧଇଲେ ଲେଖନୀ ବାମ କରେ ପତ୍ର ଶୋହଇ।
ପ୍ରଥମେ ଗୋପୀନାଥ ପାଦେ ଶରଣ ବୋଲି ଖଞ୍ଜନାକ୍ଷୀ ଲିହଇ।
ଗୋକୁଳ-ସୁନ୍ଦର ବରଜବନ୍ଦନ।
ନବଜଳଧରବରନ ଯଶୋଦାନନ୍ଦନ ଜଗତଜୀବନ।୫।
ଅନାଥର ନାଥ ହୋଇଣ ଅନାଥ କରିଗଲ ହଟନାଗର।
ସାରସନୟନ ମୁରଲୀବଦନ ଦୁଃଖହରା କୃପାସାଗର।
ଦୁରିତ-ଦହନ ମଦନମୋହନ।
ପୂତନା ଶଣ୍ଢା ଶକଟା ତୃଣା ବକା ଯାମଳାଅର୍ଜ୍ଜୁନ-ଭଞ୍ଜନ।୬।
ଏମାନଙ୍କ ଦଣ୍ଡ ଯେତେ ବଡ଼ ତାହା ଆପଣେ ଜାଣିଛ ଗୋବିନ୍ଦ।
ତେଡ଼େ ବିପତ୍ତିମାନଙ୍କରୁ ସମ୍ଭାଳି ରଖିଛ ବୃନ୍ଦାବନ ଚନ୍ଦ୍ର।
ଏବେ ସେ, ଲେଉଟିଲେ କିସ କିରବୁଁ।
କେ ଅବା ରଖିବ ଅରକ୍ଷ ଗୋପୀଙ୍କି ନିରେଖହୋଇ ପ୍ରାଣ ଦେବୁ।୭।
ତୁମ୍ଭେ ଗଲାଦିନୁ ଯାହା ହୋଇଲାଣି ତାହା ଜାଣନ୍ତା ନାହିଁ କେହି।
ତୁମ୍ଭ ବିନୁ ତିନିଲୋକରେ କେ ଅଛି ଜାଣିବାକୁ ନନ୍ଦ କହ୍ନାଇ।
ସତେ କି, ଥରେ ବିଜେହେବ ଏଥିକି।
ଛାମୁରେ ତୁମ୍ଭର ବସି ଶୁଣାଇବୁଁ ଦୁଃଖ ରତ୍ନାକର ପୋଥିକି।୮।
ଅଶନ ବିଷ ବସନ ଅହିସମ ଝଟକ ଗଲାଣି ଅଙ୍ଗର।
ତାଟଙ୍କ ହାରଭାର ବହିନପାରୁ ତୁମ୍ଭ ଅଙ୍ଗ ସଙ୍ଗ ଭଙ୍ଗରୁ।
କୃଷ୍ଣହେ, ନଯାଉ ଯମୁନା ଜଳକୁ।
ଯେବେ ଯାଉଁ ତେବେ ନେତ୍ର ବୁଜିଥାଉଁ ନ ଚାହୁଁ କଦମ୍ବମୂଳକୁ।୯।

୫। ବରଜବନ୍ଦନ-ବ୍ରଜବାସୀଙ୍କର ପୂଜ୍ୟ।

୬। ସାରସନୟନ-ପଦ୍ମଲୋଚନ। ଦୁରିତ-ଦହନ-ପାପବିନାଶକ, କଷ୍ଟନାଶକ।

୭। ଦଣ୍ଡ-ଶାସ୍ତି, ଯନ୍ତ୍ରଣା। ଲେଉଟିଲେ-କୃଷ୍ଣଙ୍କ ମଥୁରାଗମନକାଳରେ ପ୍ରତ୍ୟାବର୍ତ୍ତନ କଲେ।

୮। ଦୁଃଖ ରତ୍ନାକର ପୋଥି-ସାଗର ପରି ଅସୀମ ଦୁଃଖର ବିବରଣୀ।

୯। ଅଶନ-ଭୋଜନ। ତାଟଙ୍କ ହାର ଭାର ବହି ନ ପାରୁ-ବିରହରେ ଦେହ ଦୁର୍ବଳ ହେବାରୁ ଅଳଙ୍କାର ବହନ କରିବାକୁ ଅକ୍ଷମ। ତାଟଙ୍କ-କର୍ଣ୍ଣାଳଙ୍କାର। ଅଙ୍ଗସଙ୍ଗଭଙ୍ଗରୁ-ବିରହ ହେତୁ।

ନିଶାକାଳେ ନିଶାକରଙ୍କୁ ନ ଚାହୁଁ ନ ଘେନୁ କର୍ପୂରଚନ୍ଦନ।
ଝରପରା ହୋଇ ନିରତେ ନୟନୁ ଲୋତକ ଝରଇ ମୋହନ।
ନାଥ ହେ, ଏଣୁ ନ ଘେନୁଛୁଁ ଅଞ୍ଜନ।
ମସ୍ତକେ ସିନ୍ଦୂର ବିନ୍ଦୁକୁ ନ ଘେନୁ ନ କରୁ ମକରୀ ଲେଖନ ।୧୦।
କବରୀ ନ ସାଜୁ ଅଙ୍ଗକୁ ନ ମାଜୁ କୃଶ ହେଲୁଣୀ ଗୋପୀକୁଳ।
ଅଧର ରଙ୍ଗିମା ବଚନ ଭଙ୍ଗିମା ତୁମ୍ଭ ବିନୁ ସର୍ବ ନିଷ୍ଫଳ।
ନାଥ ହେ, ଦିବା ନିଶି ଏକ ସମାନ।
ସଦନ ବନ ପରାଏ ନ ରୁଚଇ ଶୀତଜଳ ଅଗ୍ନି ସମାନ ।୧୧।
ପଡିପ ନିଶିରେ ଚକୋର ଯେସନ ହୋଇଥାଇ ଚନ୍ଦ୍ର ନଦେଖି।
ତହୁଁ ଅଧିକ ଦଶାକୁ ଲଭିଲୁଣି ତୁମ୍ଭ ବିହୁନେ ପଙ୍କଜାକ୍ଷୀ।
ନାଥ ହେ, କଉଁ ଅଭାଗୀ ନାରୀ ଆମ୍ଭେ।
ପ୍ରାଣ ନ ଯାଇ କଉଁ ଗୁଣେ ରହିଛି ନିର୍ଲଜ୍ଜ ପଣେ ମହାଦମ୍ଭେ ।୧୨।
ପୂର୍ବେ କେତେ ତପ କରିଥିଲୁ ଦିନାକେତେ ତୁମ୍ଭ ସଙ୍ଗେ ବଞ୍ଚିଲୁ।
ସେ ସୁକୃତ କ୍ଷୟ ହୋଇଲାରୁ କରି ପାଇଲା ନିଧି ହରାଇଲୁ।
ନାଥ ହେ, ଆମ ସମ ଦୁଃଖୀ ନ ଥିବେ।
ଏଡ଼େ ନିର୍ଲଜ୍ଜ କେଉଁଜନେ ହୋଇବେ ଏଡ଼େ କଷ୍ଟେ ଦେହ ରଖିବେ ।୧୩।
କା ଆଗେ କହିବୁ ଯାହା ହେଉଅଛୁ କହିଲେ କେ ଅବା ଶୁଣିମ।
ଏକା ତୁମ୍ଭ ବିନା ଏ ଦୀନା ଗୋପୀଙ୍କ କଥା କେ ମନରେ ଘେନିମ।
ନାଥ ହେ, ଏତକ କେବଳ କରିବ।
ମଥୁରା ନାରୀଙ୍କ ସଙ୍ଗ ଦିନେ ମାତ୍ର ଛାଡ଼ି ଦର୍ଶନ ଦେଇଯିବ ।୧୪।

୧୧। ଦିବାନିଶି ଏକ ସମାନ-ଦିବସରେ ସୂର୍ଯ୍ୟର ତାପ ରାତ୍ରିକାଳରେ ଚନ୍ଦ୍ରର କିରଣ ବିରହ ହେତୁ ଜ୍ୱାଳାମୟ ପ୍ରତୀତ ହେବାରୁ ଦିନରାତି ସମାନ ବୋଧହୁଏ। ସଦନ-ଗୃହ।

୧୨। ପଡିପ-ପ୍ରତିପଦ। ଚକୋର-ଚନ୍ଦ୍ର କିରଣରୁ ଅମୃତ ପାନ କରି ତୃଷା ନିବାରଣ କରେ ବୋଲି ଲୋକପ୍ରସିଦ୍ଧ। ପଙ୍କଜାକ୍ଷୀ-ପଦ୍ମନୟନା।

୧୩। ପୂର୍ବେ...କରିଥିଲୁ-ତ୍ରେତୟା ଯୁଗରେ ଉଗ୍ରତପା ମୁନିଗଣ ରାମଚନ୍ଦ୍ରଙ୍କ ସୌନ୍ଦର୍ଯ୍ୟ ଦର୍ଶନ କରି ମୁଗ୍ଧ ହୋଇ ତାଙ୍କର ଅଙ୍ଗସଙ୍ଗ କାମନା କରିବାରୁ ଦ୍ୱାପର ଯୁଗରେ ତାଙ୍କର ମନସ୍କାମନା ପୂର୍ଣ୍ଣ ହେବ ବୋଲି ରାମଚନ୍ଦ୍ର ବରଦାନ କରିଥିଲେ। ଦ୍ୱାପରରେ ରାମଚନ୍ଦ୍ର କୃଷ୍ଣ ରୂପରେ ଓ ଷୋଳସହସ୍ର ଉଗ୍ରତପା ମୁନି ଗୋପୀ ରୂପେ ଜନ୍ମଗ୍ରହଣ କରିଥିଲେ।

୧୪। ମନରେ ଘେନିମ-ମନରେ ଗ୍ରହଣ କରିବ।

ତୁମ୍ଭ କୃପାସିନ୍ଧୁ ପ୍ରାୟେ ଘୋଟିଥିଲା ବୁଡ଼ିଥିଲୁ ଗୋପୀ ସଫରୀ।
ସଫଳାନନ୍ଦନ ଅଗସ୍ତି ହୋଇଲ ଶୋଷିଲା ଅହଙ୍କାର କରି।
ନାଥ ହେ, କେମନ୍ତେ ବଞ୍ଚିବୁ ବିଚାର।
ଯାହା କହିଥିଲ ତାହା ପାସୋରିଲ ଚିତ୍ତରେ କିମ୍ପା ନ ବିଚାର ।୧୫।
ଆମ୍ଭ ଭାଗ୍ୟକୁ ରସଦାନୀ ଜୀମୂତ ପ୍ରବଳ ହୋଇ ଉଦେ ହେଲା।
କଂସ ଡଗର ତହିଁକି ମହାବାତ ମଥୁରା ଦିଗେ ଉଡ଼ାଇଲା।
ନାଥ ହେ, ନିରାଶ ହୋଇଲୁ ଗୁଆଳୀ।
ସତେ ନିକି ଆଉ ଲେଉଟି ଆସିବ କୃପା ଜଳକୁ ଦେବ ଢାଳି ।୧୬।
କୁମ୍ଭନନ୍ଦନ ଯେଉଁ ରୂପେ ପର୍ବତମାନଙ୍କୁ ସତ୍ୟ ତରାଇଲେ।
ଦକ୍ଷିଣେ ଯାଇ ନିଶ୍ଚିନ୍ତ ହୋଇ ରହି କେବେହେଁ ବାହୁଡ଼ି ନଇଲେ।
ନାଥ ହେ, ସେହି ରୂପେ ହେଲା ପରାଏ।
ତୁମ୍ଭେ ଅଗସ୍ତି ଆମ୍ଭେମାନେ ଶିଖରୀ ସତ୍ୟକୁ ବହିଅଛ କାୟେ ।୧୭।

୧୫। ତୁମ୍ଭ...ସଫରୀ-ଶ୍ରୀକୃଷ୍ଣଙ୍କ ଅପାର କରୁଣା ସାଗରରେ ଗୋପୀରୂପକ ଦଣ୍ଡକିରୀ ମାଛ ନିମଜ୍ଜିତ ହୋଇଯାଇଥିଲେ। ସଫଳାନନ୍ଦନ ଅଗସ୍ତି ହୋଇଲା-ଅଗସ୍ତି ସମୁଦ୍ର ଗର୍ଭରେ ଲୁକ୍କାୟିତ କାଳକେୟ ଅସୁରଙ୍କ ବିନାଶ ପାଇଁ ସମୁଦ୍ର ପାଣି ଶୋଷି ନେଇଥିଲେ। ଅକ୍ରୂର କୃଷ୍ଣଙ୍କୁ ମଥୁରାପୁରୀ ନେଇଯାଇ ଗୋପପୁରକୁ କୃଷ୍ଣଙ୍କ କରୁଣାରୁ ବଞ୍ଚିତ କରିଦେବାରୁ ଗୋପୀରୂପକ ମାଛ ବଞ୍ଚିବା ଦୁଷ୍କର।

୧୬। ରସଦାନୀ-ବର୍ଷଣୋନ୍ମୁଖୀ। ଜୀମୂତ-ମେଘ। କଂସ ଡଗର-ଅକ୍ରୂର। ମହାବାତ-ପ୍ରଚଣ୍ଡ ପବନ। ମେଘକୁ ପବନ ଉଡ଼ାଇ ନେଲାପରି ଅକ୍ରୂର କୃଷ୍ଣଙ୍କୁ ମଥୁରା ଅଭିମୁଖେ ନେଇଗଲା। ଗୁଆଳୀ-ଗୋପାଳୁଣୀ।

୧୭। କୁମ୍ଭନନ୍ଦନ-ଅଗସ୍ତି। ଆଦିତ୍ୟ ଯଜ୍ଞରେ ମିତ୍ର ଓ ବରୁଣ ଉର୍ବଶୀଙ୍କୁ ଦର୍ଶନ କରି କାମାର୍ତ୍ତ ହୋଇ ସ୍ୱ ସ୍ୱ ବୀର୍ଯ୍ୟକୁ ଯଜ୍ଞ କୁମ୍ଭରେ ସ୍ଥାପନ କଲେ। ସେଇ କୁମ୍ଭ ମଧ୍ୟରୁ ଅଗସ୍ତି ଜାତ ହୋଇଥିଲେ। ସତ୍ୟ କରାଇଲେ-ଅଗସ୍ତି ବିନ୍ଧ୍ୟ ପର୍ବତର ଗୁରୁ। ସୂର୍ଯ୍ୟ ଯେପରି ଉଦୟାସ୍ତ କାଳରେ ମେରୁ ପ୍ରଦକ୍ଷିଣ କରନ୍ତି, ସେହିପରି ବିନ୍ଧ୍ୟକୁ ପ୍ରଦକ୍ଷିଣ କରିବେ ବୋଲି ବିନ୍ଧ୍ୟ ଇଚ୍ଛା ପ୍ରକାଶ କଲେ। ସୂର୍ଯ୍ୟ ଅସ୍ୱୀକାର କରିବାରୁ ବିନ୍ଧ୍ୟ କ୍ରୋଧାନ୍ୱିତ ହୋଇ ବଢ଼ିବାକୁ ଲାଗିଲେ ଓ ସୂର୍ଯ୍ୟଙ୍କ ଗତି ରୋଧକଲେ। ଦେବତାମାନେ ଅଗସ୍ତିଙ୍କର ଶରଣାପନ୍ନ ହେଲେ। ଅଗସ୍ତି ଭକ୍ତଶ୍ରେଷ୍ଠ ବିନ୍ଧ୍ୟଙ୍କ ନିକଟରେ ଉପସ୍ଥିତ ହେବାରୁ ବିନ୍ଧ୍ୟ ଅବନତ ମସ୍ତକରେ ପ୍ରଣାମ କଲେ। ଅଗସ୍ତି ତାଙ୍କୁ କହିଲେ ଯେ ସେ ଯେପର୍ଯ୍ୟନ୍ତ ପ୍ରତ୍ୟାବର୍ତ୍ତନ କରିବେ ସେପର୍ଯ୍ୟନ୍ତ ସେହିପରି ନତମସ୍ତକରେ ରହିବେ। ଅଗସ୍ତି ଦକ୍ଷିଣକୁ ଯାତ୍ରାକରି ଆଉଫେରିଲେନାହିଁ। ବିନ୍ଧ୍ୟ ସତ୍ୟରେ ଆବଦ୍ଧ ହୋଇ ସେହିପରି ରହିଲେ। ଶିଖରୀ-ପର୍ବତ।

ତଥାପି ବଡ଼ ଲୋକଙ୍କର ବିଚାର ଏମନ୍ତ ପରାୟ ଦିଶଇ।
ଦିଗବାସ ବିଧୁ ଶଚୀ ସୁରପତି ଏହାଙ୍କଠାରେ ପ୍ରକାଶଇ।
ତାହାଙ୍କୁ କେ ଅବା ନିନ୍ଦିବ ମହୀରେ।
ସେମାନଙ୍କ ସଙ୍ଗେ ତୁମ୍ଭେ ଏବେ ହେଲ କି ହେବ ଆଉ ତା କହିଲେ ।୧୮।
ତୁମ୍ଭେ ସେହିରୂପେ ହେଲେହେଁ କେ ଅବା ନିନ୍ଦା କରିବ ବଡ଼ପଣ।
ଏଣୁକରି ମନେ ବିଚାର କରୁଛୁଁ ନ ପୁଣ ନ ଆସ ମୋହନ।
ନାଥ ହେ, ଦୀନଜନେ ଦୟା କରିବ।
ତେବେ ସିନା ଦୀନବାନ୍ଧବ ନାମକୁ କାଳେ କାଳେ ନିଶ୍ଚେ ବହିବ।୧୯।
ଦଇବେ ଆମ୍ଭେ ଆଭୀରନାରୀ ସିନା ଭଲ ମନ୍ଦ ଦୁଇ ନ ଜାଣୁ।
ମହତ ପୁରୁଷ ହୋଇ ତ ଆପଣ ନିରାଶ କଲ ଜାଣୁ ଜାଣୁ।
ନାଥ ହେ, କି କହିବୁଁ କର୍ମ ଅସାର।
ଦଇତାରି ହୋଇ ଦଇତ ପରାଏ ମାରିବାକୁ କଲ ବିଚାର ।୨୦।

ତୁମ୍ଭେ...କାୟେ-ସେହିପରି କୃଷ୍ଣ ଅଗସ୍ତିଙ୍କ ପରି ଚାରଦିନକୁ କଣ୍ଟ କରି ଯିବାରୁ ସତ୍ୟପାଶରେ ଆବଦ୍ଧ ପର୍ବତ ତୁଲ୍ୟ ଗୋପୀଗଣ ଦେହଧାରଣ କରି ରହିଛନ୍ତି।

୧୮। ଦିଗବାସ-ମହାଦେବ (ମଥୁରାମଙ୍ଗଳ ୨୭ଶ ଛାନ୍ଦ ୩୧ଶ ପଦ ଓ ରସକଲ୍ଲୋଳ ୩୨ ଛାନ୍ଦ ୨୪ ପଦ ଦ୍ରଷ୍ଟବ୍ୟ)

ବିଧୁ - ଚନ୍ଦ୍ର। ବୃହସ୍ପତିଙ୍କ ପତ୍ନୀ ତାରାଙ୍କୁ ହରଣ କରିବାରୁ ଗୁରୁପତ୍ନୀ ହରଣ ଦୋଷରେ କଳଙ୍କିତ ହୋଇଥିଲେ।

ଶଚୀ - ଇନ୍ଦ୍ରଙ୍କ ପତ୍ନୀ। ଯେଉଁମାନେ ଇନ୍ଦ୍ର ପଦ ଲାଭ କରନ୍ତି, ଶଚୀ ସେମାନଙ୍କର ପତ୍ନୀ ହୁଅନ୍ତି।

ସୁରପତି - ଇନ୍ଦ୍ର। ଗୌତମଙ୍କ ପତ୍ନୀ ଅହଲ୍ୟାଙ୍କୁ ହରଣ କରିବାରୁ ଗୌତମଙ୍କ ଶାପରେ ସହସ୍ରଯୋନି ଚିହ୍ନ ପ୍ରକାଶିତ ହେଲା। ଇନ୍ଦ୍ରଙ୍କ ଅନୁନୟରେ ଗୌତମ ତାଙ୍କୁ ସହସ୍ର ଚକ୍ଷୁ ଚିହ୍ନରେ ପରିଣତ କଲେ।

୧୯ । କାଳେ କାଳେ-ଯୁଗେ ଯୁଗେ। ଦୀନବାନ୍ଧବ - ଦରିଦ୍ରର ବନ୍ଧୁ।

୨୦ । ଆଭୀର ନାରୀ-ଗୋପାଳୁଣୀ। ମହତ ପୁରୁଷ - ପୁରୁଷ ଶ୍ରେଷ୍ଠ; ବଡ଼ଲୋକ। କର୍ମ ଅସାର-ଭାଗ୍ୟ ମନ୍ଦ। ଦଇତାରି-ରାକ୍ଷସମାନଙ୍କର ଶତ୍ରୁ। ଦଇତ ପରାଏ-ନିଜେ ରାକ୍ଷସ ସଦୃଶ ହୋଇ।

ତୁମ୍ଭ କନ୍ଦର୍ପ ଜ୍ୱରକୁ ମଧୁପୁର ନାୟିକା ହୋଇଲେ ସୁପଥି ।
ଆମ୍ଭେମାନେ ସିନା ନିଷେଧ ହୋଇଲୁ ଯେତେକ ବରଜ ଯୁବତୀ ।
ନାଥ ହେ, କୁବୁଜା ଔଷଧି ହୋଇଲା ।
କାହାକୁ କହିବୁଁ ଦାରୁଣ ଦଇବ ଦେଲା ସମ୍ପଦକୁ ହରିଲା ।୨୧।
ଜାଣିଛ ତ ଯେତେ ପ୍ରକାରେ ଆମ୍ଭଙ୍କୁ ବାରେ ବାରେ ରକ୍ଷା କରିଛ ।
ଯେବେ ସେହିରୂପେ ତତକାଳେ ଆସି ଆଶା ପୂରାଅ ନନ୍ଦବତ୍ସ ।
ନାଥ ହେ, ଯହିଁ ଥିଲେ ଆମ୍ଭେ ତୁମ୍ଭର ।
କୃପାସିନ୍ଧୁ ଥାଉଁ ଥାଉଁ ତୃଷାଭରେ ମରୁଅଛୁଁ ଗୋପୀ ନିକର ।୨୨।
ପ୍ରତି ପାଳିଲା ଜନକୁ ନାଶ କଲେ ନିଶ୍ଚୟ ହୋଇବ ଦୂଷଣ ।
ଜ୍ୟେଷ୍ଠ କନିଷ୍ଠ ମଧ୍ୟମ କିବା ହେଉ କେଭେହେଁ ନୁହଇ ଭୂଷଣ ।
ନାଥ ହେ, ତୁମ୍ଭେ କି ନ ଜାଣ ସେମାନ ।
ଆମ୍ଭେ ସିନା ବନଚାରୀ ନାରୀମାନେ ନ ଜାଣୁ କେ ଜ୍ଞାନ ଅଜ୍ଞାନ ।୨୩।
ତୁମ୍ଭେ ଥିଲାଦିନେ ବାମଦେବ ପ୍ରାୟେ କାମକୁ ନିତି ଚଳୁ ଥାଉଁ ।
ଯହୁଁ ବାମ ହେଲ ବରଜସୁନ୍ଦର ନିରତେ ତାକୁ ପୂଜୁଥାଉଁ ।
ନାଥ ହେ, ଭୟ କରି ହୃଦଦେଶରେ ।

---

୨୧ । କନ୍ଦର୍ପ ଜ୍ୱର - କାମଜ୍ୱର, କାମ ଜର୍ଜରିତ ଭାବ । ସୁପଥି - ରହସ୍ୟ ମଞ୍ଜରୀର ୭ମ ଛାନ୍ଦର ୮ ପାଦ ସହିତ ତୁଳନୀୟ । "ଗୋପୀ ତାଙ୍କ ବ୍ୟାଧି ସୁପଥି, ଆମ୍ଭେ ତାଙ୍କ ବ୍ୟାଧିକି ନିଷେଧ କୁପଥି ।" ମଥୁରାନାରୀଙ୍କ ସାନ୍ନିଧ କାମରୋଗର ପଥ୍ୟତୁଲ୍ୟ ।

ଦେଲା ସମ୍ପଦକୁ ହରିଲା - ଐଶ୍ୱର୍ଯ୍ୟ ଦେଇ ପୁଣି ନେଇଗଲା ।

୨୨ । ଗୋପୀ ନିକର - ଗୋପୀମାନେ ।

୨୩ । ଦୂଷଣ - ଦୋଷ, ନିନ୍ଦା । ଜ୍ୟେଷ୍ଠ କନିଷ୍ଠ ମଧ୍ୟମ - ଉତ୍ତମ ଅଧମ ମଧ୍ୟମ ।

ପ୍ରତି ପାଳିଲା...ଭୂଷଣ-ପାଳିତ ବ୍ୟକ୍ତି ଭଲ ହେଉ ବା ମନ୍ଦ ହେଉ ତାକୁ ବିନାଶ କଲେ ନିନ୍ଦା ହେବ, କେବେହେଲେ ପ୍ରଶଂସା ମିଳିବ ନାହିଁ । ଅର୍ଥାତ୍ ପାଳିଲା ଲୋକକୁ ବିନାଶ କରିବା ଧର୍ମବିରୁଦ୍ଧ । ବନଚାରୀ ନାରୀ - ବନରେ ଗୋରୁ ଚରାଉଥିବା ଗଉଡ଼ମାନଙ୍କର ପତ୍ନୀ, ଗଉଡୁଣୀ । କେ ଜ୍ଞାନ, ଅଜ୍ଞାନ - କ'ଣ ଉଚିତ୍, କ'ଣ ଅନୁଚିତ୍ । ଗୋପାଙ୍ଗନାମାନେ ଶାସ୍ତ୍ର ବିଚାର କରି କୌଣସି କାର୍ଯ୍ୟ କରନ୍ତି ନାହିଁ । ସେମାନଙ୍କ ପ୍ରତ୍ୟେକ କାର୍ଯ୍ୟ ହୃଦୟର ପ୍ରୀତିରୁ ସମ୍ଭୂତ । ତେଣୁ ଗୋପୀମାନେ ଜ୍ଞାନମାର୍ଗର ବିରୋଧୀ ।

ନ ପୁଣ ପଞ୍ଚବିଶିଖ ପ୍ରହାରଇ ପୂର୍ବ କଲା କଥା ରୋଷରେ ।୨୪।

ତଥାପି ଯେବଣ ସୁନ୍ଦରୀ ତୁମ୍ଭର ଚନ୍ଦ୍ରବଦନ ଦେଖିଥିବ।

ବଚନ ମଧୁର ସୁମରି ପ୍ରାଣ ନିକି ରଖିପାରିବ।

ନାଥ ହେ, କୋଟିଏ କାମ ପ୍ରହାରିବ।

ଯେତେ ପ୍ରକାରେ ପ୍ରବୋଧି ସେବା କଲେ କିଞ୍ଚିତେ ଦୟା ନ କରିବ ।୨୫।

ଆସିବାର ହେଲେ ବହନ ଆସିବ ନଇଲେ ଏମନ୍ତ କରିବ।

କର୍ପୂର ପଇଡ଼ ଲେମ୍ବୁ ଏକ କରି ଦୂତ ଗୋଟିକ ହାତେ ଦେବ।

ନାଥ ହେ, କବଳ କରିବୁଁ ଗୁଆଳୀ।

ଆମ୍ଭ ବିଷୟ ଏତେକେହେଁ ସରିବ ନିଶ୍ଚିନ୍ତ ହେବ ବନମାଳୀ ।୨୬।

ପୁଣ ବିଚାରୁଛୁଁ ତୁମ୍ଭ ବିମ୍ବାଧରୁ ଅମିୟ ଆମ୍ଭଙ୍କୁ ଦେଇଛ

ବିଷ ଭକ୍ଷିଲେ ନ ମରି ଜ୍ୱାଳା କଲେ କି କରିବୁ ହେ ନନ୍ଦବତ୍ସ।

ଅନଳ, ଉପରେ ଅନଳ ପଡ଼ିବ।

କେ ସହି ପାରିବ ଏ ଘୋର ବିପତ୍ତି ଦ୍ୱିଗୁଣେ ଶରୀର ପୋଡ଼ିବ ।୨୭।

୨୪। ବାମଦେବ-ଶିବ। ଚଳୁ ଥାଇଁ- ତର୍ଜୁ ଥାଉ, ଭର୍ତ୍ସନା କରୁ। ବାମ ହେଲ- ପ୍ରତିକୂଳ ହେଲ, ଶ୍ରଦ୍ଧା ଭୁଲି ମଥୁରାରେ ରହିଲ। ପୂଜୁଥାଉଁ- ସନ୍ତୁଷ୍ଟ କରୁ। ପଞ୍ଚବିଶିଖ - ପଞ୍ଚଶର। ରୋଷରେ - ରାଗରେ।

୨୫। କୋଟିଏ କାମ ପ୍ରହାରିବ - ବିରହ କାଳରେ କାମଜ୍ୱାଳା କୋଟି ଗୁଣରେ ଅଧିକ। ପ୍ରବୋଧି-ସନ୍ତୁଷ୍ଟ କରି।

୨୬। କର୍ପୂର ପଇଡ଼ ଲେମ୍ବୁ-କର୍ପୂର ଓ ଲେମ୍ବୁ ପଇଡ଼ ପାଣିରେ ମିଶାଇଲେ ତାହା ତୀବ୍ର ବିଷରେ ପରିଣତ ହୁଏ। ସଂସ୍କୃତରେ ଅଛି-କେଚିଜ ବଦନ୍ତି ବିଷମସ୍ତି ଭୁଜଙ୍ଗଦଂଶେ, କେଚିଦ ବଦନ୍ତି ବନିତାଧର ପଲ୍ଲବେଷ୍। କେଚିଦ୍ ବା ବଦନ୍ତି ଖଳଜନରସନାଗ୍ରଭାବ କର୍ପୂର ଲେମ୍ବୁ ପରିପୂରିତ ନାରୀକେଳ। କବଳି କରିବୁ - ଖାଇବୁ। ବିଷୟ ଏତେକେହେଁ ସରିବ- ଏତିକିରେ ଆମ୍ଭେ ମରିବୁ।

୨୭। ବିମ୍ବାଧର- ପାଚିଲା କଇଁଚି କାକୁଡ଼ି ପରି ରକ୍ତିମ ଓଷ୍ଠ। ଅମିୟ - ଅମୃତ। ଅନଳ, ଉପରେ ଅନଳ ପଡ଼ିବ- ବିରହଜ୍ୱାଳା ସହିତ ବିଷଜ୍ୱାଳା ମିଶିବ।

ଆମ୍ଭ ବିଷୟ ଉଦ୍ଧବଙ୍କ ମୁଖରୁ ଶୁଣିବ ସେ ଯାହା କହିବେ।
ମନେ ବିଚାରିବ ବରଜବନିତା କେମନ୍ତେଟି ସୁଖୀ ହୋଇବେ।
ନାଥ ହେ, ଦୁଃଖ ସରିତରେ ଭାସୁଛୁଁ।
କେବଳ ତୁମ୍ଭ ନାମ ଭେଳା ଆଶ୍ରୟ କରି ବିପତ୍ତି ବିନାଶୁଛୁଁ।୨୮।
ଏହି କଥା ଗୋଟି ମନରେ କରିବ କେମନ୍ତ ପ୍ରକାରେ ବଞ୍ଚିବୁ।
ଦୟା କରି ଯେବେ ଥରେ ଭେଟ ଦେବ ମୁଖ ଦେଖି ପ୍ରାଣ ମୁଞ୍ଚିବୁ।
ନାଥ ହେ, ତେବେ ସର୍ବ ଦୁଖ ସରନ୍ତା।
ଦାରୁଣ ଅତନୁ ଯାହା ଦହୁଅଛି ସେ କଥା କେବେହେଁ ନୁହନ୍ତା ।୨୯।
ତୁମ୍ଭଙ୍କୁ ଉତ୍ତମ ହୁଅନ୍ତା ନିଶ୍ଚିନ୍ତେ ମଥୁରା କଟକେ ରହନ୍ତ।
କୁବୁଜାଙ୍କ ସଙ୍ଗେ ନାନା ଭାବରଙ୍ଗେ ରଜନୀ ଦିବସ ନିଅନ୍ତ।
ନାଥ ହେ, ଦିନୁ ଦିନୁ ସୁଖ ବଢ଼ନ୍ତା।
ଦୀନ ଗୋପୀଙ୍କ ଜଞ୍ଜାଳ ଯହୁଁ ଦୂର ହୋଇ ଛିଡ଼ିକରି ରହନ୍ତା ।୩୦।
ଜାଣିଥିଲୁଁ ବଡ଼ ଲୋକଙ୍କ ବଚନ ପାଷାଣଗାର ପ୍ରାୟ ହୋଇ।
ଏବେ ଜାଣିଲୁ ସଲିଳଗାର ପ୍ରାୟେ ସେ ଯେହ୍ନେ ମୁହୂର୍ତ୍ତେ ନ ରହି।
ନାଥ ହେ, ଜାଣିଥିଲେ କେହ୍ନୁ ଛାଡ଼ନ୍ତା।
କଇତବପଣ କରି ଭଣ୍ଡିଗଲ ନାମ ବହି ସୁଖକରତା ।୩୧।
ଏବେ ଆଜଠାରୁ ଦୀନବନ୍ଧୁ ନାମ ଛାଡ଼ି ସୁଖୀବନ୍ଧୁ ହୋଇବ।
କହୁଅଛୁଁ ସତ ଯେ ବୋଲିବ ଦୀନବନ୍ଧୁ ଆମ୍ଭ ପ୍ରାଏ ହୋଇବ।
ନାଥ ହେ, ଏ ନିକି ତୁମ୍ଭର ବେଭାର।
ସୁନାରି ପରାଏ ପ୍ରୀତି କରି ପ୍ରାନ୍ତ କାଳକୁ କଲ କୁବିଚାର ।୩୨।

୨୮। ଦୁଃଖ ସରିତ - ଶୋକନଦୀ। ନାମ ଭେଳା - କୃଷ୍ଣ ନାମରୂପକ ନୌକା।
୨୯। ମୁଞ୍ଚିବୁ - ତ୍ୟାଗ କରିବୁ। ଦାରୁଣ ଅତନୁ - ନିଷ୍ଠୁର କନ୍ଦର୍ପ।
୩୦। ଦୀନ - ଅସହାୟ, ଦୁଃଖୀ। ଜଞ୍ଜାଳ - ଉତ୍ପାତ।
୩୧। ପାଷାଣଗାର - ପଥର ଗାର, ଯାହା ଚିରସ୍ଥାୟୀ। ସଲିଳ ଗାର - ପାଣି ଗାର, କ୍ଷଣସ୍ଥାୟୀ। କଇତବପଣ - ଠକପଣ, ଛଳନା କରି।
୩୨। ଦୀନବନ୍ଧୁ - ଗୋପୀମାନେ ଦୀନ ଅବସ୍ଥା ପାଇଥିବାରୁ ଶ୍ରୀକୃଷ୍ଣଙ୍କୁ ଦୀନବନ୍ଧୁ ରୂପେ ଅଭିହିତ କରିଛନ୍ତି। ସୁଖୀବନ୍ଧୁ - ମଥୁରା ନାରୀମାନେ କୃଷ୍ଣଙ୍କୁ ପାଇ ସୁଖଲାଭ କରିଥିବାରୁ କୃଷ୍ଣଙ୍କୁ ସୁଖୀବନ୍ଧୁ ରୂପେ ବର୍ଣ୍ଣନା କରିଛନ୍ତି। ସୁନାରି - ବଣିଆ। ସୁନାରି...କରି-ବଣିଆ ଯେପରି ଅଳଙ୍କାର ବିକ୍ରୟ କରିବା ପର୍ଯ୍ୟନ୍ତ ଚାଟୁ ବଚନ ପ୍ରକାଶ କରେ। ପ୍ରାନ୍ତ କାଳକୁ - ପଛକୁ; ଶେଷକୁ। କୁବିଚାର - ମନ୍ଦ ବିଚାର।

ସେ ଯେହ୍ନ ଧନ ହରିବା ପରିଯନ୍ତେ ନାନାମତେ ସୁଖ କରଇ।
କି କି କରି ତାଙ୍କ ସଞ୍ଚିଲା ପଦାର୍ଥ ଘେନିପ୍ରାସ ଦେଇ ଚଳଇ।
ନାଥ ହେ, ସେହିମତି ତୁମ୍ଭ ବିଚାର।
ତଥାପି ସୁନାରୀମାନଙ୍କୁ ଭଣ୍ଡିଲ ଏ କଥା ସିନା ଅଗୋଚର ।୩୩।
ଶୁଣିଛୁ ଅତି ଧାର୍ମିକ ପଣ କଲେ କାଳେ ଅଧର୍ମ ଆଚରନ୍ତି।
ଅତିଶୟ ଦାନୀପଣ ଯେ କରନ୍ତି ସେ ପୁଣ କୃପଣ ହୁଅନ୍ତି।
ଯେଣୁ ସେ, କୈତବ ଗୁଣ ନ ଛାଡ଼ନ୍ତି।
ଦାନୀ ଧାର୍ମିକ ହୋଇ କିସ ହୋଇବ ଯେଣୁ ବଚନ ନ ପାଳନ୍ତି ।୩୪।
ଏବେ ତତକାଳେ ଗୋପକୁ ଆସିବ ନଇଲେ ଜୀବନ ଗଲାଟି।
ଯୁଗେ ଯୁଗେ ସ୍ତିରୀହତ୍ୟା ଦୋଷ ତୁମ୍ଭ ନାମରେ ପ୍ରକଟ ହେଲାଟି।
ନାଥ ହେ, ଏହା ବିଚାରିବା ହୋଇବ।
ଆମ୍ଭ ରାଣଟି ରସିକ ରତ୍ନାକର ଆଉ ବିଳମ୍ବ ନ କରିବ ।୩୫।
ସେ ଦେଶେ କି ଷଡ଼ ଋତୁଏ ନାହାନ୍ତି, ନାହାନ୍ତି କି ରସଗାୟକ।
ଚନ୍ଦ୍ର କୋକିଲ କେକି କେକା ରଶାଳ ଜୀମୁତଗର୍ଜନ ଡାହୁକ।
ନାଥ ହେ, ନୟନେ କି ଦେଖି ନ ଶୁଣ।
ସେ ଦେଶେ କି ଫୁଲଧନୁ ଧରି କାମଦେବ ନ କରଇ ଭ୍ରମଣ ।୩୬।

୩୩। ପ୍ରାସ - ଦୁଃଖ। ସୁନାରୀମାନଙ୍କୁ - ଗୋପାଙ୍ଗନାମାନଙ୍କୁ। ଭଣ୍ଡିଲ - ପ୍ରତାରଣା କଲ। ତୁମ୍ଭେ ସୁନାରି ହୋଇ ତୁମ୍ଭର ମିତ୍ର ସୁନାରୀ ଗୋପାଙ୍ଗନାଙ୍କ ପ୍ରତି ଭଲ ଆଚରଣ ନକରି ବିପରୀତ ଭାବ ପ୍ରକାଶ କଲ। ଏକଥା ଜଗତରେ ଅଜଣା। ମିତ୍ର ସହିତ ଶତ୍ରୁ ପରି ଭାବ ଦେଖାଇବା ସଂସାରରେ ଦେଖାଯାଏ ନାହିଁ।

୩୪। କୈତବ ଗୁଣ - କପଟ ପ୍ରକୃତି, ଛଳନା। ବଚନ ନ ପାଳନ୍ତି - ନିଜ କଥା ନ ରଖନ୍ତି। ଶୁଣିଛୁ...କୃପଣ ହୁଅନ୍ତି - ସମୟ ସମୟରେ ଦେଖାଯାଏ ଯେ ଅତି ଧାର୍ମିକମାନେ ମଧ୍ୟ ଅଧର୍ମ କାର୍ଯ୍ୟ କରନ୍ତି ଓ ମହାଦାନୀ ମଧ୍ୟ କୃପଣ ପରି ଆଚରଣ ପ୍ରକାଶ କରନ୍ତି।

୩୫। ପ୍ରକଟ - ପ୍ରକାଶ; ପ୍ରଚାରିତ। ରସିକ ରତ୍ନାକର - ରସିକ ସାଗର, ରସିକ ଶ୍ରେଷ୍ଠ।

୩୬। ଷଡ଼ଋତୁ - ଗ୍ରୀଷ୍ମ, ବର୍ଷା, ଶରତ, ହେମନ୍ତ, ଶୀତ, ବସନ୍ତ। ରସଗାୟକ - ଶୃଙ୍ଗାର ରସ ଗାନକାରୀ। କେକି - କେକା - ମୟୁର ଧ୍ୱନୀ। ରଶାଳ - ରସାଳ, ଆମ୍ବ। ଜୀମୂତ ଗର୍ଜନ - ମେଘ ଗର୍ଜନ, ମେଘାଡ଼ମ୍ବର। ଏମାନେ ଋତୁ ବିଶେଷରେ ନାୟକ ନାୟିକାଙ୍କ ମନରେ କାମ ଭାବ ଜନ୍ମାନ୍ତି। ମିଳନ କାଳରେ ମିଳନୋଦ୍ଦୀପକ ଓ ବିରହ କାଳରେ ବିରହୋଦ୍ଦୀପକ ବିଭାବ।

ତଥାପି ଏ ଶ୍ରେଣୀ ଥିଲେ କି ହୋଇବ ମଧୁପୁର ନାରୀ ଅଛନ୍ତି।
ଯେତେ କଥା ଏହା ଦେଖି ଜାତ ହୋଏ ତୁମ୍ଭଙ୍କୁ କି କରି ପାରନ୍ତି।
ତହିଁକି, ଭୟ ନାହିଁ ତୁମ୍ଭ ମନରେ।
ଆଉ ସେମାନେ କହି କିସ ହୋଇବ ରହିଲ କୁବୁଜା ସ୍ନେହରେ ।୩୭।
ଏତେକ ଲେଖି ନବୀନ ନୀରଜାକ୍ଷୀ କଉତୁକ କରି ମୁଦିଲେ।
କୁସୁମ ମଣ୍ଡା ଭିତରେ ଥୋଇ ବାଳୀ କି କି ମନରେ ବିଚାରିଲେ।
ତାପରେ, ଉରଗ ଗୋଟିଏ ଲିହିଲେ।
ପୁଣି ଅଞ୍ଜନାନନ୍ଦ ଚନ୍ଦ୍ରଚୂଡ଼ ତହିଁ ପାରୁଶେ ବସାଇଲେ ।୩୮।
ଗୁପତ କରି ଉଦ୍ଧବଙ୍କ ହସ୍ତରେ ଦେଲେ ସେ ପୀନପୟୋଧରୀ।
ଗୋପୀନାଥଙ୍କ ଛାମୁରେ ଦେବ ବୋଲି ବୋଇଲେ ବରଜକିଶୋରୀ।
ମଥୁରା, ନାଗରୀଏ ଥିଲେ ନ ଦେବ।
ବୋଲେ ବଇରାଗୀ ଭଗତଚରଣ ଜଣାଗଲେ ଦ୍ୱନ୍ଦ୍ୱ ହୋଇବ ।୩୯।

୩୭। ଏ ଶ୍ରେଣୀ - ଏସବୁ। ତୁମ୍ଭମାନଙ୍କୁ କି କରିପାରନ୍ତି - ତୁମ୍ଭଙ୍କୁ କିପରି ଆନନ୍ଦ ଦେଇ ପାରନ୍ତି। ଅର୍ଥାତ୍ ଏସବୁ ବିଭାବ କୃଷ୍ଣଙ୍କ ମନରେ ଯେଉଁ କାମ ବିଳାସ ସୃଷ୍ଟି କରନ୍ତି, ଗୋପାଙ୍ଗନାମାନେ କୃଷ୍ଣଙ୍କ ମନ ବୁଝି ତାଙ୍କୁ ସେହିପରି ଆନନ୍ଦ ଦିଅନ୍ତି। ମଥୁରା ନାରୀ ସେପରି ସୁଖ ଦେବାକୁ ଅସମର୍ଥ।

୩୮। ନୀରଜାକ୍ଷୀ - ପଦ୍ମନୟନା। ମୁଦିଲେ - ବନ୍ଦ କଲେ। କୁସୁମ ମଣ୍ଡା - ଫୁଲର ଥୋପା। ପୂର୍ବକାଳରେ ଫୁଲର ଗୁଚ୍ଛ ବା ମାଳ ମଧ୍ୟରେ ଚିଟାଉ ଦେବା ନାୟିକାର ରୀତି ଥିଲା। ଉରଗ - ସର୍ପ। ଲିହିଲେ - ଲେଖିଲେ, ଆଙ୍କିଲେ। ଅଞ୍ଜନାନନ୍ଦ - ଅଞ୍ଜନା ପୁତ୍ର ହନୁମାନ। ଚନ୍ଦ୍ରଚୂଡ଼ - ମହାଦେବ। ଏହାର ତାତ୍ପର୍ଯ୍ୟ ହେଉଛି ଯେ ଗୋପୀମାନେ ଯେଉଁ ଫୁଲମଣ୍ଡା ପଠାଇଲେ ତାର ସୁବାସ ଗନ୍ଧବହ ପବନ ହରଣ କରିବାକୁ ଆସିବ, ବାୟୁ ଆହାର କରୁଥିବା ସର୍ପ ପବନକୁ କବଳିତ କରିବ। ତେଣୁ ତାର ସୁରଭି ନଷ୍ଟ ହେବ ନାହିଁ। ହନୁମାନଙ୍କୁ ଦେଖି ସୂର୍ଯ୍ୟ ଭୟଭୀତ ହୋଇ ରହିବେ। ତେଣୁ ସୂର୍ଯ୍ୟକିରଣ ସେଥିରେ ନ ପଡ଼ିଲେ, ତାହା ଶୁଖିବ ନାହିଁ। ହନୁମାନ ସୂର୍ଯ୍ୟଙ୍କୁ ଗ୍ରାସ କରିବାକୁ ଉଦ୍ୟତ ହୋଇଥିବା ବିବରଣ ପୁରାଣରେ ବର୍ଣ୍ଣିତ ହୋଇଅଛି। ପୁନଶ୍ଚ ମହାଦେବ ଥିବାରୁ ଚନ୍ଦ୍ର କିରଣରେ ଫୁଲ ସତେଜ ରହିବ ଓ ମହାଦେବଙ୍କ ଭୟରେ କନ୍ଦର୍ପ ଶର ପାଇଁ ଫୁଲ ହରଣ କରି ପାରିବ ନାହିଁ।

ସ୍ତୁତି ଚିନ୍ତାମଣି

ପ୍ରଥମ ବୋଲି

ଜୟ ଜୟ ଜ୍ୟୋତି ରୂପରେ ବିଖ୍ୟାତ ଶୂନ୍ୟେ ଯା ଉଡୁଛି ବାନା ।
କୃପାକଟାକ୍ଷ ତ ଅରୂପେ ବିଦିତ ଭଗତ ଦୁଃଖ ଖଣ୍ଡନା ।୧।
ଜଗତ ଆବୋରି ପୂରିଅଛ ହରି ନାମ ବ୍ରହ୍ମମୟ ତେଜ ।
ଅଜ୍ଞାନିକି ମେରୁ ସୁଜ୍ଞାନିକି ସରୁ ନୁହଇ ଉଶ୍ୱାସ ବୋଝ ।୨।
ଅଭୟ ପୟରୁ ପ୍ରଭୁ ଶ୍ରୀଛାମୁରୁ କିଛି କୃପା ହେଉ ନାହିଁ ।
ନିମିଷମାତ୍ରକ ଯୁଗେ ଲେଖୁଅଛି ଦିବସ ଗଣୁଛି ମୁହିଁ ।୩।
ଆହା ତୁ କରତା ବୋଲି ମନେ ଚିନ୍ତା ଲଲାଟରେ ହସ୍ତମାରି ।
ଉଦ୍ଧର ବା ନ ଉଦ୍ଧର ମହାପ୍ରଭୁ ସନ୍ତାପେ ଗଲିଣି ସରି ।୪।
ମେଲିଛ ପସରା ନିର୍ବେଦରେ ପରା ଅରୂପେ କରିବ ପାରି ।
ଘେନ ମୋ ବିନତି ବୁଝ ତୁ ବ୍ୟକତି ଯେବେ ଭକ୍ତ ହିତକାରୀ ।୫।
ଅବନା ମଣ୍ଡଳୁ ଜ୍ଞାନ ଅଖଣ୍ଡଳୁ ଆଣି ଉଡ଼ାଇଛ ବାନା ।
ଅନ୍ତର୍ଯ୍ୟାମୀ ହେଲେ ଅବଶ୍ୟ ଜାଣିବ ଭୃତ୍ୟର ମନ କଳ୍ପନା । ୬।
ଜାଣ କେତେ ଛନ୍ଦ ଅରୂପ ଗୋବିନ୍ଦ ଏ ସର୍ବ ତୁମ୍ଭରି ଖଣ୍ଡ ।
ନଟକୂଟ କରି ମାରୁଅଛ ଧରି ବିହୁଅଛ କେତେ ଦଣ୍ଡ ।୭।
ସନ୍ତାପରେ କେତେ ଦହୁଅଛ ମୋତେ ଯେତେ ଦେଉଛ କଷଣ ।
ଭଗତ ରକ୍ଷଣ ବାନା ବହିଅଛ ଧନ୍ୟ ତୁମ୍ଭ ପ୍ରଭୁ ପଣ ।୮।
ମୁଁ ଯେ ଶ୍ରୀଛାମୁରେ ସତ୍ୟ ନିଷ୍କାମରେ ନାମ ଅପରାଧି ଚୋର ।
ଅଛି ଯେବେ ଦୋଷ ମନେ ବହିରୋଷ ଖଡ଼ଗେ ଛେଦ ମୋ ଶିର ।୯।
ଏତେକାଳେ ମୋତେ ବି ଅଣଆୟତ୍ତେ ଆସି ପଡ଼ିଲା ବିପତ୍ତି ।
ହୃଦୟ ବେଦନା କର ତୁ ଖଣ୍ଡନା ଅଲେଖ ଅବର୍ଣ୍ଣ ଜ୍ୟୋତି ।୧୦।
କିବା ରାଜପୁତ୍ର କିବା ସାଧୁସନ୍ଥ ସର୍ବେହେଲେଣି ଦୁର୍ଜ୍ଜନା ।
ଏ ତିନି ବ୍ରହ୍ମାଣ୍ଡ ସାଧିବୁ ତୁ ପରା କିସ ଦେଖୁଛ ଭାବନା ।୧୧।
ଦେବାଦେବୀଗଣ ମୃତ୍ତିକା ପାଷାଣ କାହାକୁ ନ ଭଜି ଚିତ୍ତେ ।
ମୁକତି କାଂକ୍ଷାରେ ଏକାନ୍ତ ନିଷ୍ଠାରେ ଏକା ଧ୍ୟାୟିଅଛି ତୋତେ ।୧୨।

ତୁ ଯେବେ ଅଲେଖ କରିବୁ ନିରେଖ ବିପତ୍ତିରେ ଅପଯଶ ।
ଏ ତିନି ବ୍ରହ୍ମାଣ୍ଡେ ପୃଥ୍ୱୀ ନବଖଣ୍ଡେ କାହିଁ ନୋହିବ ମୋ ବାସ ।୧୩।
ହୋଇ ଏତେ ସରି ଜୀଇଁଛି ନମରି ବୋଝର ଉପରେ ଭାର ।
ଏଥିରୁ ଅଧିକ ଭୋ ଗୁରୁ ଅଲେଖ ! କି କରିବୁ ଆଉ କର ।୧୪।
ବଖାଣରେ ଦୁଃଖ ଅଧିକରେ ଶୋକ ହୃଦରୁ ଉଠୁଛି କୋହ ।
ପଞ୍ଚଭୂତ ଆତ୍ମା ନିତ୍ୟେ କାନ୍ଦୁଅଛି କ୍ଷଣେ ସୁସ୍ଥ ନାହିଁ ଦେହ ।୧୫।
ମନେ ମନେ ଗୁଣି ଦିବସ ରଜନୀ ସନ୍ତାପରେ ହୋଇ ଘାରି ।
ଆହାରେ ଦାରୁଣ ଦଇବ ବିଧାତା ମୋତେ କଲୁ ଏତେ ସରି ।୧୬।
ମାୟାମୋହେ ନିତ୍ୟେ ପକାଉଛୁ ମୋତେ କି ରୂପେ ହୋଇବି ପାରି ।
ଦିବାନିଶି ମୋତେ ରୋଦନ ମାଡୁଛି ବେନି ନେତ୍ରୁ ବହେ ବାରି ।୧୭।
ମୁଁ ହୀନ ପାମର କୀଟ ଜୀବ ଛାର ତୋ ପୟରେ ଅନୁସରି ।
କରପତ୍ର ଯୋଡ଼ି ବିନତି କରୁଛି ସୁକୃପା କର ଶ୍ରୀହରି ।୧୮।
ଜଗତଧାରଣ ମୁକତି କାରଣ ତୁ ଯେ ବ୍ରହ୍ମାଣ୍ଡ କରତା ।
ପିଣ୍ଡ ପ୍ରାଣ ଆଦି ଲାଗିଲା ଅନାଦି ଦୁଃଖ ସୁଖସର୍ବ ଚିନ୍ତା ।୧୯।
ତୋପାଦେ ଶରଣ ଯାଉ ଏ ପରାଣ ଯୁଗେଯୁଗେ ରହୁ କୀର୍ତ୍ତି ।
ଝିଘାଂସ ବଚନ କହେ ଭୀମ ହୀନ ଅଜ୍ଞାନ ପାମର ମତି ।୨୦।

•

ଦ୍ୱିତୀୟ ବୋଲି

କିମ୍ପା ନିରାପକ୍ଷ କରୁଅଛ ମୋତେ କେଉଁ ଦୋଷ ମନେ ଧରି ।
ନିଷ୍ଠୁର ତୋ ହିଆ ନ ବସେ ତୋ ଦୟା ଭକ୍ତ ପ୍ରାଣଖିଆ ହରି ।୧।
ହେଉଅଛି ଯାହା ନ ଜାଣୁ କି ତାହା ଅନ୍ତର୍ଯ୍ୟାମୀ ନାମ ବହି ।
ମୋତେ କୋପକରି କି ଯଶ ଅର୍ଜିବୁ ଭଗତ ଜୀବନ ଖାଇ ।୨।
ବୋଲାଇ ଠାକୁର ହେଉଛୁ ଚତୁର କେତେ ଦେଉଛୁ ଗଞ୍ଜଣା ।
କୃପାସିନ୍ଧୁ ନାମ ବିଅର୍ଥ ହେଉଛି ନ ଯାଉଛି ବୁଝାମଣା । ୩।
ଛନ୍ଦକୂଟ ପାଞ୍ଚି ମାୟା ମୋହ ରଞ୍ଚି ପକାଇ ସିନ୍ଧୁ ସୋହତେ ।
କୋଟିଏ କୀଟରୁ ଅନ୍ତର କରିଛୁ କିମ୍ପାଇଁ ଚାହିଁବୁ ମୋତେ ।୪।

ମୋହର କି ଦୋଷ ତୋ ରଞ୍ଜିଲା ଯଶ ବୁଡ଼ାଇ ମାରୁଛୁ ଧରି ।
ମାୟାକୁ ପେଶନ୍ତେ ସାଧୁଅଛୁ ମୋତେ ଯେସନେ ଶତ୍ରୁ ଭଗାରି । ୫।
ନାବେ ନ ବସାଇ ଜଳରେ ଭସାଇ କରୁଅଛୁ ଅଣହେଳା ।
ଉସ୍ୱର୍ଗେ ଉଠାଇ ନିଶୁଣୀ କଟାଇ ଭବେ ବୁଡ଼ାଉଛୁ ଭେଳା ।୬।
ଏ ଦୁର୍ଲ୍ଲଭ ପିଣ୍ଡ ଅନୁକ୍ଷଣେ ଦଣ୍ଡ ନ ପାରଇ ପ୍ରଭୁ ସହି ।
ପିଣ୍ଡ ପ୍ରାଣ ଆଦି ସମର୍ପଣ କଲି ତୁମ୍ଭ ପାଦତଳେ ନେଇ । ।୭।
ନାହିଁ ମୋ ଭରସା ତୋତେ କରି ଆଶା ଦେଖ ତୁ ମୋର ବିକଳ ।
ଆପେ ବିଜେ ହୋଇ ଅନ୍ତଃପୁରେ ନେଇ ଲଗାଅ ବ୍ରହ୍ମ ଅନଳ ।୮।
ଆଜ୍ଞାରେ ବିଦିତ ତ୍ରିପୁର ଜଗତ ସତ୍ୟ ଯେବେ ରବି ଶଶୀ ।
ଘେନ ମୋ ଜଣାଣ ପ୍ରଭୁ ନାରାୟଣ ପାପ କର ଭସ୍ମରାଶି ।୯।
ପାଷାଣ ତରଳି ଯାଉ ତେଜ ଗଳି ସ୍ଥାନେ ସ୍ଥାନେ ଦିଅ ଜାଳି ।
ନାମ ଯେବେ ସତ୍ୟ ବ୍ରହ୍ମ ଯେବେ ତତ୍ତ୍ୱ ଉଡିଯାଉ ଧୂଆଁ କାଳି ।୧୦।
ଅନ୍ତର୍ଯ୍ୟାମୀ ନାଥ ଜଗତର ତାତ ତ୍ରିଭୁବନେ ଧନ୍ୟ ଧନ୍ୟ ।
ଭଗତ ନିମନ୍ତେ ପରୀକ୍ଷା ନ ଦେଲେ ତୋତେହିଁ ତୋହରି ରାଣ ।୧୧।
ତୋହରି କୃପାରେ ସତ୍ୟ ନିଷ୍କାମରେ ବେଳହୁଁ ଜାଣିଛି ମୁହିଁ ।
ଶୁଭିଲା ଶବଦ ନିର୍ବେଦରୁ ଭେଦ ରୂପ ଗୁଣେ ଜ୍ଞାନ ନାହିଁ ।୧୨।
ଲଗାଇଛି ହେଜି ପିଣ୍ଡ ପ୍ରାଣ ତେଜି ଅବନାମଣ୍ଡଳେ ଚିତ୍ତ ।
ବୁଝିବୁ ଅବଶ୍ୟ ଭୋ ଧର୍ମ ପୁରୁଷ ଚାରିଯୁଗେ ଯେବେ ସତ୍ୟ ।୧୩।
ଅନୁଭବେ ଧରି ଅରୂପେ ବିହରି ଶୂନ୍ୟେ ଲାଗିଛି ଭଜନ ।
ବେନି ନୟନରୁ ବହି ଯାଉଅଛି ଅଶ୍ରୁଜଳ ଘନ ଘନ ।୧୪।
ରକ୍ଷା କରିବାକୁ ଘୋର ଦଶା ଦୁଃଖୁଁ ସଖା ସୋଦର ମୋ ନାହିଁ ।
ନାହିଁ ତାତ ମାତ ଇଷ୍ଟ ବନ୍ଧୁ ଭ୍ରାତ ଅନାଥ ପ୍ରାଣୀ ଅଟଇ ।୧୫।
ଲେଖିଅଛୁ ଯାହା ଭଞ୍ଜୁଅଛି ତାହା ଅଦୃଷ୍ଟ କର୍ମକୁ ମାନି ।
ପୋଷୁଛି ଉଦର ଦିବସ ଅନ୍ଧାର ଦୁଃଖେ ପଡ଼ି ମୁଠେ ଆଣି ।୧୬।
କାଳଦଶା ଆସି ଘୋଟିଛି ଆକ୍ରୋଶି ମୃତ୍ୟୁରେ କରି ସଂଯୋଗ ।
କଟାକ୍ଷ ନେତ୍ରରେ କିଞ୍ଚିତେ ଚାହିଁଲେ ରେଣୁ ପ୍ରାୟେ ଉଡ଼ିଯିବ ।୧୭।
ଏ ନର ଦେବାନ୍ତ ବ୍ରାହ୍ମଣ ପଣ୍ଡିତେ କେହି ନୁହନ୍ତି ଭାର୍ଜନ ।

ଏ ଘୋର ବିପତ୍ତି ଖଡ଼୍‌ଗରେ କାଟି ଏକା ପେଡ଼ିବେ ଆପଣ ।୧୮।
ଏକାକ୍ଷର ପଦ ହୃଦେ ଗୁଣ ବାଦ ନିରନ୍ତରେ କରି ଆଶା ।
ଅଧିକ ବିଷୟା ନ ପାରଇ ତାହା ନାମ ଭଜନେ ତପସ୍ୟା ।୧୯।
ଦୁଃଖ ସୁଖ କଥା ମନେ କରି ଚିନ୍ତା ପ୍ରଭୁ ଛାମୁରେ ଜଣାଇ ।
ଶରଣ ବିକଳେ ଗୁରୁ ପାଦତଳେ ଭୀମ ଅରକ୍ଷିତ କହି ।୨୦।

●

ତୃତୀୟ ବୋଲି

ବିପତ୍ତି ଖଣ୍ଡନଦୁଃଖୀ ରଙ୍କଧନ ଅଖିଳ ବ୍ରହ୍ମାଣ୍ଡନାଥ ।
ଆଜ୍ଞା ଅନୁସରି କୃପା ହେବ ବୋଲି ପ୍ରସାରିଛି ବେନିହସ୍ତ ।୧।
ଛପନକୋଟି ଜୀବଜନ୍ତୁ ଈଶ୍ୱର ତ୍ରିଭୁବନ ଗତି ପତି ।
ଦୟା ହେବ ବୋଲି ମନେ ମନେ ଭାଳି ଉଲ୍ଲାସ କରିଛି ଛାତି ।୨।
ଦଗଧରେ ଦେହ ପୋଡୁଛି ହୃଦୟ ଅଣାକାର ବ୍ରହ୍ମମୟ ।
କ୍ଷଣକେ ରୋଦନ କ୍ଷଣେ ଶାନ୍ତିମନ ଅଞ୍ଚଳରେ ପୋଛେ ଲୁହ ।୩।
ଖଳବଳ କରୁଅଛ ଆଦିମୂଳ କେତେଦିନେ ସର୍ବସିଦ୍ଧି ।
କାଳଦଣ୍ଡ କଷ୍ଟ କେତେ ମୁଁ ସହିବି ପ୍ରାଣକୁ ଗଲାଣି ବାଧି ।୪।
ଅଣବୁଝାମଣା କରି ସେ ଭାବନା ଧରି ମାରୁଅଛି ଦେଖ ।
ନିଗୁଢ଼ ମନ୍ଦିରେ ପକାଇ ବନ୍ଦୀରେ ଦେଉଅଛି କେତେ ଦୁଃଖ ।୫।
କ୍ଷୁଧା ତୃଷା ମାରି ଆଧାର ନ କରି ରହିଅଛି ନିରଜନେ ।
ଟଳଟଳ ଆତ୍ମା ଟଳି ନ ପଡୁଛି ଏକା ପରଂବ୍ରହ୍ମ ବଳେ ।୬।
ଜନ୍ମରେ ମୁଁ ଏକା କର୍ମରେ ନିଶାଖା ଅଟଇ ଯେ ନିରିମାକ୍ଷୀ ।
ଅଦୋଷରେ ମୋତେ ବିଅର୍ଥେ ଦଣ୍ଡୁଛ ଚନ୍ଦ୍ର ସୂର୍ଯ୍ୟ ଛନ୍ତି ସାକ୍ଷୀ ।୭।
ନାହିଁ ବାଡ଼ି ବୃତ୍ତି ବିଶ୍ରାମରେ ସ୍ଥିତି ଜନ୍ମଜନ୍ମାନ୍ତରେ ଦୁଃଖୀ ।
ବିବେକ ନ କରି ମାରୁଅଛ ଧରି କି କି ଅପରାଧ ଦେଖି ।୮।
ନୁହଇ ଦାମ୍ଭିକ ନାସ୍ତିକ କପଟୀ ଧର୍ମଆଶ୍ରିତର ପ୍ରାଣୀ ।
କର୍ମ ଲେଖା ଯୋଗ ଭୁଞ୍ଜୁଅଛି ଭୋଗ କି କି ଦୋଷ କଲି ପୁଣି ।୯।
କି କରିବ କରୁ ଆହୁରି ଏଥିରୁ ଭାବନା ବୁଝିବା ଭଲା ।
ଅନାଦି ଈଶ୍ୱର କରିବେ ଉଦ୍ଧାର ଭବେ ବାନ୍ଧିଥିଲେ ଭେଳା ।୧୦।

ବୁଝି ମାଟି ପୃଥ୍ୱୀ ଜ୍ୟୋତିରୂପ ମୂର୍ତ୍ତି ତେତିଶ୍‌କୋଟି ଦେବଜାଣ ।
ଆପ ତେଜ ବାୟୁ ଥାଅ ସାକ୍ଷୀ ହୋଇ ନବଲକ୍ଷ ତାରାଗଣ ।୧୧।
ପୃଥ୍ୱୀକି ଧାରଣ କରୁଛ କାରଣ ଜଳ ବହନି ପବନ ।
ଅଗ୍ନି ନେତ୍ରେ ଚାହିଁ ଦେବେ ମହୀପାଇଁ ସାକ୍ଷୀରୂପେ ସର୍ବେ ଶୁଣ ।୧୨।
ଅଦ୍ୟ ନବରଷି ଛଡ଼ ବ୍ରହ୍ମବାସୀ ଚଉଷଠୀ ସିଦ୍ଧ ଯୋଗୀ ।
ଧର୍ମରେ ଧଇର୍ଯ୍ୟ ତୁମ୍ଭେମାନେ ବୁଝ କେତେ କେତେ ଅଛି ଲାଗି ।୧୩।
ଚାରିଯୁଗ ଦଶଦିଶ ବେଦଶାସ୍ତ୍ର ଛପ୍ପନ୍ନକୋଟି ଜୀବ ଯେତେ ।
ପ୍ରଭୁଙ୍କ ପ୍ରତାପ ଦେଖିବ ପ୍ରତ୍ୟକ୍ଷ ଦୋଷ ନାହିଁ ଦେବ ମୋତେ ।୧୪।
ଏ ସତ୍ୟ ସମ୍ପର୍କ କହୁ କହୁ ହେବ ନିଷ୍ଠା ଭକ୍ତି ପୂର୍ଣ୍ଣ ଫଳ ।
ଏ ମୋର ବିକଳ ଦେଖୁଛ ସକଳ ସାକ୍ଷରେ ସର୍ବେ ରହିଲ ।୧୫।
ମୁଁ ଯାହା ବୋଇଲି ବିନୟ ହୋଇଲି ଗର୍ବ କରିବାକୁ ନାହିଁ ।
ପ୍ରଭୁଙ୍କୁ ଜଞ୍ଜାଳ କରୁଛି କଟାଳ ପ୍ରାଣର ଆକୁଳେ ମୁହିଁ ।୧୬।
ନାମ କୃପାସିନ୍ଧୁ ଭଗତଙ୍କ ବନ୍ଧୁ ଅଣାକାର ବ୍ରହ୍ମରାଶି ।
ଅପରାଧ କ୍ଷମା କର ହୋ ମହିମା ଫିଟାଅ ବନ୍ଦିରୁ ଆସି ।୧୭।
ସିଦ୍ଧ ବ୍ରହ୍ମବାଣୀ କମ୍ପୁଛି ଧରଣୀ ଚିନ୍ତିଲେ ଖଣ୍ଡୁଛି ପାପ ।
ନିଷ୍କାମ ଧର୍ମରେ ନିର୍ବେଦ କର୍ମରେ ବାନା ଉଡୁଛି ଅଲେଖ ।୧୮।
ପିଣ୍ଡକୁ କାରଣ ଜୀବ ଉଦ୍ଧାରଣ ଅମାପ ଅକ୍ଷୌଣୀ ଜପ ।
ଭାସୁଅଛି ଜଳେ ସୋହଡିର ବଳେ ତ୍ରାହିକର ଶୂନ୍ୟରୂପ ।୧୯।
ଅମରାକ୍ଷ ହେଲି କୋପେ ଗାଳିଦେଲି ନଧରିବ ପ୍ରଭୁ ରୋଷ ।
କହେ ଭୀମହୀନ ପାମର ଅଜ୍ଞାନ କ୍ଷମାକର ମୋର ଦୋଷ ।୨୦।

•

ଚତୁର୍ଥ ବୋଲି

କରିବାକୁ ଅନ୍ତ ନୁହଇ ସାମର୍ଥ ମୃତ୍ୟୁ କଳେବର ବହି ।
ନ ବୁଝି ବିଖଣ୍ଡ କଲି ମୁଁ ଉଦଣ୍ଡ ଛାର କୀଟ ଜୀବ ହୋଇ ।୧।
ମୋଠାରୁ ଅଧିକ ପାପୀ ଜନମୂର୍ଖ ନଥିବେ ତିନି ବ୍ରହ୍ମାଣ୍ଡେ ।
ଶ୍ରୀଛାମୁଙ୍କୁ ନିନ୍ଦା ଦେଲି ଅଭିମାନେ ପାପ ଚିତ୍ତ ଚର୍ମ ତୁଣ୍ଡେ ।୨।

ମନେ ପାଇ ବ୍ୟଥା ହେଲି ଗରବିତା ମୁଁ ବଡ଼ ମୂଢ଼ ଚାଣ୍ଡାଳ ।
ରୂପ ରେଖ ନାହିଁ ପ୍ରକାଶ ହୋଇଛ ଜ୍ୟୋତିରୂପେ ଢଳଢଳ ।୩।
କର୍ମରେ ଅବସ୍ଥା ଲେଖିଛି ବିଧାତା ପୂର୍ବେ ଅର୍ଜିଥିଲା ପାପ ।
ଚିରାନ୍ତ କାଳକ ରଖିଲ କଳଙ୍କ କୃପାନେତ୍ରେ ବାରେ ଦେଖ ।୪।
ବହି ଦିବାନିଶି ନାହିଁ ରବି ଶଶୀ ନାମ ବ୍ରହ୍ମ ନୀର ନଈ ।
କଲେ ଅଣହେଳା ବୁଡ଼ିବଟି ଭେଳା ବୁଝ ସାବଧାନ ହୋଇ ।୫।
ଅଙ୍ଗେ ଅଛି ଘୋଟି ନ ପାରୁଛି ଉଠି ପଡ଼ିଛି ସନ୍ତାପ ଘୋରେ ।
ଲେଶ ଦୟାବହି ଆଶ୍ରେ ନାବ ଦେଇ ଉଦ୍ଧରି ଲଗାଅ ତୀରେ ।୬।
ନୋହେତ ବିଫଳ ସମ୍ପର୍ବ ସୁଫଳ ଯାହା ପାଞ୍ଚିଅଛି ବୁଦ୍ଧି ।
କାମନା କହ୍ନଣା ବୁଝତ ଆପଣା ମନବାଞ୍ଛା କର ସିଦ୍ଧି ।୭।
ଅନୁଭବେ ଖୋଜି ଅନ୍ତର୍ଗତେ ହେଜି ପଞ୍ଚତତ୍ତ୍ୱ ମନେ ଭାଳି ।
ଏକା ମୋ ଅଲେଖ ଫେଡ଼ିବେ ମୋଦୁଃଖ ଛାମୁରେ ଗୋଚରକଲି ।୮।
ବିଷୟ ବ୍ୟବସ୍ଥା ଅଧିକ ଯେ କଥା କେତେ ବଖାଣିବି ମୁହିଁ ।
ସର୍ବଘଟେ ପୂରିଅଛ ସାକ୍ଷୀପରି ଛାମୁକୁ ଉବାର ନାହିଁ ।୯।
ନିଷ୍କାମ ଭଗତି ଆଦି ଫଳଶ୍ରୁତି ଖଟିଅଛି ପାଦତଳେ ।
ନ ଚିହ୍ନଇ ବୋଲି ଭଣ୍ଡୁଅଛ ଅବା ଦେଖୁଅଛ ଜ୍ଞାନ ଡୋଳେ ।୧୦।
କରିବି କି ଜପ କରିବି କି ତପ କି ରୂପେ ହୋଇବି ଭୃତ୍ୟ ।
ପ୍ରଭୁ ପାଦତଳେ ଖଟି ରହିଅଛି କୋଟି କୋଟି ତୀର୍ଥ ବ୍ରତ ।୧୧।
କି ପାଇବି ଧନ କାହୁଁ ଦେବି ଦାନ କି କରିବି କର୍ମ ଧର୍ମ ।
ପ୍ରଭୁ ଶ୍ରୀଛାମୁରେ ପୂରି ରହିଅଛି ଦାତାପଣ ଗୁଣଗ୍ରାମ ।୧୨।
ଏକାକ୍ଷର ପାଦ ନୁହେଁ ଦୃଢ଼ ଭେଦ ହୃଦେ କି ପାରିବି ଭେଦି ।
ପ୍ରଭୁ ଆସ୍ଥାନେ ପାବଛ ହୋଇଛନ୍ତି ଅଷ୍ଟାଦଶ ଆଦି ସିଦ୍ଧି ।୧୩।
ନରଦେହ ଧରି ନୁହେଁ ଅନ୍ତକରି ଅଣାକାର ରୂପ ବ୍ରହ୍ମ ।
ପ୍ରଭୁ ଶ୍ରୀପାରୁଶେ ଖଟି ରହିଛନ୍ତି ଚାରିପାଦେ ସତ୍ୟ ଧର୍ମ ।୧୪।
ଜପ ତପ ମନ୍ତ୍ର ଯନ୍ତ୍ର ବେଦ ଶାସ୍ତ୍ର ବ୍ୟକତି ଆସୁଛି କ୍ଷରି ।
ସୁସତ୍ୟ ଦାଉଣୀ ବୁଲାଉଛି ଯୋଚି ନାମବ୍ରହ୍ମ ମୂଳ ମେଢ଼ି ।୧୫।

ଚରଣେ ଶରଣ କର ଉଦ୍ଧାରଣ ଠୁଳଶୂନ୍ୟ ଆଦିକନ୍ଦ ।
ଜୟ ଜୟ ଜ୍ୟୋତି ପରେ ଯାର ସ୍ଥିତି ଆଦି ଅରୂପ ଗୋବିନ୍ଦ ।୧୬।
ଭିଆଇଛି ରୀତି ଯେହ୍ନେ ସପ୍ତଗାତ୍ରୀ ବିଷୟାଧନ୍ଦାରେ ପଡ଼ି ।
ଅନୁକ୍ଷଣ ଦୁଃଖ ମନରେ ବିମୁଖ ନ ପାରୁଛି ପଦ ଯୋଡ଼ି ।୧୭।
ଏକାକ୍ଷର ପାଦ ହୃଦେ ଗୁଣବାଦ ନିରନ୍ତରେ କରି ଆଶା ।
ଅଧିକ ବିଷୟା ନ ପାରଇ ତାହା ନାମ ଭଜନ ତପସ୍ୟା ।୧୮।
ରୋପିଅଛ ଜାଣି ଦେଇ ଅନ୍ନପାଣି ଓଲଟିଆ ତରୁ ବଟ ।
ଏ ତିନି ବ୍ରହ୍ମାଣ୍ଡେ ପୃଥ୍ୱୀ ନବଖଣ୍ଡେ ପାଇବି କି ନାହିଁ ଭେଟ ।୧୯।
ସିଦ୍ଧ ବ୍ରହ୍ମବାକ୍ୟ ଭଗତଙ୍କ ଭେକ ଯୁଗ ଯୁଗାନ୍ତରେ ସତ୍ୟ ।
ବେନି ନେତ୍ରୁ ନୀର ବହୁ ଅଶ୍ରୁ ମୋର ଭଣେ ଭୀମ ଅରକ୍ଷିତ ।୨୦।

•

ପଞ୍ଚମ ବୋଲି

କାହିଁ ମୁଁ ରହିବି କେଉଁଠାକୁ ଯିବି ବୁଦ୍ଧି ଦିଶୁନାହିଁ ମୋତେ ।
ମାୟା ଦୁରୁଦଣ୍ଡ କାଟୁଅଛି ପିଣ୍ଡ ସମ୍ଭାଳି ସହିବି କେତେ ।୧।
ନ କର ବିଫଳ ସର୍ବ୍ବ ସକଳ ରଖ ଶୁଭାଶୁଭ ପଥେ ।
ନାମବ୍ରହ୍ମ ରଟି ପାଦେ ଥିବି ଖଟି ଜୀବଥିବା ପରିଯନ୍ତେ ।୨।
ଜନ୍ମରୁ ମୁଁ ଦାସ ଛିଣ୍ଡାଉଛ ଆଶ କରୁଅଛ ଅନାଦର ।
ଦୀପ ନାହିଁ ଘର ଅନ୍ଧାର କରୁଛ ଦିଶୁଅଛି ଅସୁନ୍ଦର ।୩।
ସଭା ଥିଲେ କରି ସାଧୁସନ୍ଥ ବରି ନ ଥିଲେ ଧର୍ମ ବିବେକ ।
ପୁରୁଷ ଥାଇ ସ୍ତିରୀରତ୍ନ ନଥିଲେ ଗୃହେ ଥିବାର କି ସୁଖ ।୪।
ସଂସାର ସାଗରେ ପୁତ୍ର ଦୁହିତାରେ ଯେବଣ ପ୍ରାଣୀ ନିରେଖ ।
କୁଳଧର୍ମ ନାଶକର୍ମ ଅପଯଶ ଚାହିଁ ନ ଯୋଗାଏ ମୁଖ ।୫।
ଆଶା ବାଡ଼ିବୃତ୍ତି ଦୁର୍ଲ୍ଲଭ ସମ୍ପତ୍ତି ଧନଦ୍ରବ୍ୟ ଯାର ନାହିଁ ।
ଦେବତା ବ୍ରାହ୍ମଣ ନୃପତି ଛାମୁରେ ନିରେଖ ଅଟଇ ସେହି ।୬।
ସୁବୁଦ୍ଧି ସତ୍ୟରେ ଅର୍ଥ ସମ୍ପଦରେ ଚିତ୍ତେ ଯାର ଶ୍ରଦ୍ଧା ନାହିଁ ।
ପାଞ୍ଚ ପଚିଶରେ ବାହ୍ୟ ଜଗତରେ ଜ୍ଞାନହୀନ ବୋଲି କହି ।୭।

ଜଳ ଅଗ୍ନି ହେଲେ ପବନର ତୁଲେ ନୋହିଲେ ତା ସାଙ୍ଗ ସାଥି ।
କିରୁପେ ଲହଡ଼ି ଆସିବ ଯେ ମାଡ଼ି କିରୂପେ ପାଳିବ ପୃଥ୍ୱୀ ।୮।
ପୃଥ୍ୱୀରେ ଅରୁଣ ତେଜମୟ ବର୍ଣ୍ଣ ଉଦେ ଯେମନ୍ତ ନୋହିବ ।
ନିଶିରେ ଚନ୍ଦ୍ରମା ପ୍ରକାଶ ନୋହିଲେ ଶୋଭା କେମନ୍ତେ ପାଇବ ।୯।
ନବଖଣ୍ଡ କ୍ଷିତି ପୃଥ୍ୱୀ ଅଧିପତି ନ ଥିଲେ ପ୍ରଧାନ ଆଦି ।
ପାଇକ ପରଜା ବିଧବାରେ ହେଜା ସର୍ବେ ଅଶୁଭ ଅସିଦ୍ଧି ।୧୦।
ଗୁରୁ ଥାଇ ଶିଷ୍ୟ ଲୋଡ଼ି ନଆଣିଲେ ବାନା ଦୀକ୍ଷା ହିଁ ଅସାର ।
ପ୍ରତିଦିନ ଧର୍ମ କି କରିବ କର୍ମ ଧାରଣା ବିଧି ବେଭାର ।୧୧।
ପଣ୍ଡିତ କବି ତ ପାଠେ ନାହିଁ ବୃତ୍ତ ଶୁଭ ଅନୁକୂଳେ ହୀନ ।
ଖଡ଼ି ଗୁଆ ପାଞ୍ଜି ହସ୍ତରେ ନ ଥିଲେ କି ଜାଣିବେ ପାପପୁଣ୍ୟ ।୧୨।
ଯୋଗୀପୁତ୍ର ହୋଇ ବିଷୟାରେ ବାଇ ନଥିଲେ ସାଧନା ଯୋଗେ ।
ମନ ପବନକୁ ପରଚେ ନ କଲେ ସାଧିବ ସେ କେଉଁବାଗେ ।୧୩।
ଦ୍ୱିଜବର ହୋଇ କ୍ରିୟାକର୍ମ ନାହିଁ ନୋହେ ଯେବେ ବେଦଧାରୀ ।
ତ୍ରିସନ୍ଧ୍ୟା ତର୍ପଣ ଜପ ମନ୍ତ୍ରେ ହୀନ କେବଣ ଗୁଣେ ସେ ସରି ।୧୪।
ସାଆଁନ୍ତ ଥାଇ ସେବକ ନ ଲୋଡ଼ିଲେ ଲୋକେ ପାନ୍ତି ଅପଯଶ ।
ସେବାଥାଇ ଦୟା ହୃଦେ ନ ବହିଲେ ପ୍ରଭୁପଣ ବଡ଼ ଦୋଷ ।୧୫।
ଅନ୍ନରେ ବ୍ୟଞ୍ଜନ ବ୍ୟଞ୍ଜନେ ମଜ୍ଜନ ନୋହିଲେ ଲବଣ ପାଣି ।
ନାହିଁ ତା ସୁରଙ୍ଗ ମନକୁ ବିରଙ୍ଗ କିରୂପେ ଭୁଞ୍ଜିବ ପୁଣି ।୧୬।
ଧନ ଦାରା ସୁତ ଇଷ୍ଟ ବନ୍ଧୁ ଭ୍ରାତ ଶରଧା ନ ଥାଇ ଯେବେ ।
ମିତ୍ରବନ୍ଧୁ ପ୍ରୀତି କିରୂପେ ବଢ଼ିବ ସୁକୃତ ନଥିଲେ ପୂର୍ବେ ।୧୭।
ବ୍ରହ୍ମା ହୋଇକରି ତ୍ରିଗୁଣ ମାର୍ଗରେ ପିଣ୍ଡ ଯେବେ ନ ରଞ୍ଜିବ ।
ଜନମ ଜାତକ ବୁଝି ଯେବେ ନାହିଁ ଧାତାପଣେ କେ ଗଣିବ ।୧୮।
ବିଷ୍ଣୁ ହୋଇ ଯେବେ ଛପ୍ନାକୋଟି ଜୀବେ ନକରେ ପ୍ରତିପାଳନ ।
ଆତ୍ମା ନ ଚିହ୍ନିଲେ ଧର୍ମ ନ ପାଳିଲେ କର୍ତ୍ତାପଦ ଅକାରଣ ।୧୯।
ସେହିରୂପେ ମୋତେ କୃପାଜଳ ଚିତ୍ତେ କଷଣରୁ କର ପାରି ।
ଭଣେ ଭୀମଭୋଇ ପଞ୍ଚମ ବୋଲିରେ ଗୁରୁ ପାଦପଦ୍ମ ଧରି ।୨୦।

●

ଷଷ୍ଠ ବୋଲି

ନଥିଲା ଏ ପୃଥ୍ୱୀ ପ୍ରଳୟ ଉତ୍ପତ୍ତି ନଥିଲା ଜଳ ପବନ ।
ନାହିଁ ରୂପରେଖ ଅଜନ୍ମ ଅଜପ ନାମ କହି ମହାଶୂନ୍ୟ ।୧।
ଏକାନ୍ତ ପାଦରୁ ଜନ୍ମିଲା ଶୂନ୍ୟରୁ ଦ୍ୱିତୀୟ ଅକ୍ଷର ଭେଦ ।
ସକାମେ ସକତା ନିଷ୍କାମେ ବକତା ନାମ ପରଂବ୍ରହ୍ମ ପଦ ।୨।
ସ୍ୱାହା ଶବଦରୁ ସହସ୍ରେ ପାଖୁଡ଼ା ଶାଖାରେ ହେଲା ଉଦ୍ୟାନ ।
ଅବନା ସଞ୍ଚରି ନାମ ବୋଲାଇଲ ଆଦିବ୍ରହ୍ମ ଭଗବାନ ।୩।
ନ ଉଲଟେ ଜିହ୍ୱା ବନ୍ଦନା ବର୍ଣ୍ଣିବା ଅରୂପ ଅଭେଦ ସମ ।
ଅଗୋଚର ଅର୍ଥେ ବୋଲାଇଲ ତେଣୁ ଅନନ୍ତ ମହିମା ନାମ ।୪।
କରିବାକୁ ପାର ଏ ଭବସାଗର ଭକ୍ତ ପ୍ରାଣ ପଞ୍ଚଭୂତ ।
ଜଗତେ ବିଖ୍ୟାତ ଦୀକ୍ଷା ହିଁ ପ୍ରକାଶ ପରମାନନ୍ଦ ଅଚ୍ୟୁତ ।୫।
ଯେଉଁଠାରେ ସ୍ଥିତି ଜୀବ ମୋକ୍ଷଗତି ଉଦେ ନାହିଁ ରବି ଶଶୀ ।
ଜଗତେ ଉଦିତ ନାମ ହିଁ ବିଦିତ ବାସୁଦେବ ବ୍ରହ୍ମରାଶି ।୬।
ଏକାଙ୍ଗ ଭଗତି ଅବର୍ଣ୍ଣ ଅଜ୍ୟୋତି ଦରିଦ୍ର ପ୍ରାଣୀଙ୍କ ଧନ ।
ତ୍ରିଭୁବନ ସମ ବିବର୍ଜିତ ନାମ ଆଦିମୂଳ ନାରାୟଣ ।୭।
ପ୍ରଭୁ ଶ୍ରୀପୟରୁ ଅଭୟ ପଞ୍ଜାରୁ ଝରୁଅଛି ସୁଧାଧାର ।
ନିରୋପି ଭଗତେ ନାମ ଦେଲେ ତୋତେ ନିରଞ୍ଜନ ନିରାକାର ।୮।
କର୍ତ୍ତାରେ ସଂଯୁକ୍ତା ଧାତାପଣେ ହିତା ଲଲାଟରେ ମାତ୍ରା ବସି ।
ଅବ୍ୟକତ ନାମ କହିଲ ଆପଣ କ୍ଷୀରୋଦଶୟନବାସୀ ।୯।
ଠୁଳଶୂନ୍ୟ ଆଦ୍ୟ ନିର୍ଭାକରି ମୁଦ ଅଷ୍ଟାଙ୍ଗ ଯୋଗେ ବେହାର ।
ଭକତଙ୍କ ହିତ ନାମ ସାରସ୍ୱତ ଜ୍ୟୋତିର୍ମୟ ନିରାକାର ।୧୦।
ନବଖଣ୍ଡ ପୃଥ୍ୱୀ ପ୍ରଭୁ ଅଧିପତି ପୁରିଅଛ ଚରାଚର ।
ଭଗତଙ୍କୁ ତାରି ଜଗତ ଉଦ୍ଧରି ତେଣୁ ନାମ ବିଶ୍ୱମ୍ଭର ।୧୧।
ଦୁଃଖୀର ସଙ୍ଗାଳି ଗଳାରତ୍ନମାଳି ନିର୍ବଳ ପ୍ରାଣୀଙ୍କ ହିତା ।
ଧର୍ମରୂପ ଧରି କର୍ମ ରୂପେ ପୂରି ନାମ ହରତା କରତା ।୧୨।
ଦେହ ଅଦେହରେ ବାହ୍ୟ ଅଭ୍ୟନ୍ତରେ ସର୍ବ ଜୀବ ପିତାମାତା ।
ଦୁଷ୍ଟ ସନ୍ଥଜନ ପାଳନ ସମାନ ନାମ ଅନ୍ନଗୁରୁଦାତା ।୧୩।

ଭଜିବାକୁ ନାମ ନୋହେ ସରିସମ ପ୍ରାକର୍ମ ନାହିଁ ନା ମୋର ।
ଅକଳନା ବ୍ରହ୍ମ ଅନ୍ତ ନୋହେ ନାମ ଅଜପା ଅଣ ଅକ୍ଷର ।୧୪।
ବର୍ଣ୍ଣି ବର୍ଣ୍ଣି ପଦ ନ ପାଇଲି ଭେଦ ଚିହ୍ନି ନ ପାରିଲି ମୁହିଁ ।
କାହିଁରେ ନ ମିଶି ନାମେ ଅଛି ବସି ଅରୂପା ମଣ୍ଡଳ ବାଇ ।୧୫।
ନ ଲାଗେ କଳଙ୍କ ଜଳହ୍ରଦ ପଙ୍କ ସର୍ବଗୁଣେ ପୂର୍ଣ୍ଣକାମ ।
ଗମି ନ ପାରନ୍ତେ ଭୟକରି ଚିତ୍ତେ ନାମ ନିଗମନ ଦୁର୍ଗମ ।୧୬।
ନ ଭେଦଇ କାୟେ ରଚନା ବିଷୟେ ସ୍ୱାହା ଶ୍ରୁତି ଶବ୍ଦବର୍ଣ୍ଣ ।
ନିଷ୍କାମରେ ନିରାମୟରେ ସଂଯୁକ୍ତ ତେଣୁ ସଦାନନ୍ଦ ନାମ ।୧୭।
ହାନି ଲାଭ ବେନି ମତର ସମାନ ଅଣପଥେ ଶୁଭାଶୁଭ ।
ଭଗତଜନଙ୍କୁ ତାରିବା ନିମନ୍ତେ ଅନ୍ତର୍ଯ୍ୟାମୀ ଗୁରୁଦେବ ।୧୮।
ମାୟା କୂପେ ସାଇଁ ନେଉଛି ଭସାଇ କୃପା ଅଭୟ ପଞ୍ଜରୁ ।
ପୃଥ୍ୱୀକି ଆବୋରି ଧରିଅଛ ହରି ନାମ ପୂର୍ଣ୍ଣଗିରି ମେରୁ ।୧୯।
ଜନ୍ମହୁଁ ମୁରୁଖ ଚିନ୍ତା ମହାଦୁଃଖ ବେଦଶାସ୍ତ୍ର ନାହିଁ ଶୁଣା ।
ଗୁରୁପାଦେ ଧ୍ୟାୟି ଭଣେ ଭୀମଭୋଇ ଅରୂପେ କରି ଭଜନା ।୨୦।

●

ସପ୍ତମ ବୋଲି

ଯୋଗ ଆରମ୍ଭିଲେ କାଳକୁ କାଟିଲେ ପଦ୍ମପାଦେ କରି ଠଣା ।
ଭଗତ ଆରତ ନିବାରନ୍ତେ ନାମ ଅଭୟ ପଞ୍ଜର ବାନା ।୧।
ଶାସ୍ତ୍ରକୁ ଯେ ପଢ଼ି ବେଦମାର୍ଗେ ବୁଢ଼ି ସାଧ୍ୱିକେ କଲେ ଭାବନା ।
କାଳ ବିକାଳରୁ ଉଦ୍ଧରନ୍ତେ ନାମ ଭବ ଭୟ ବଜ୍ରସେହ୍ନା ।୨।
ସତ୍ୟରେ ମଜ୍ଜାଇ ତତ୍ତ୍ୱରେ ଭଜାଇ ଭବ ସିନ୍ଧୁ କଲ ପାରି ।
ତେଣୁକରି ନାମ ଜଗତେ ପ୍ରକାଶ କୃପାସିନ୍ଧୁ ଦଇତାରି ।୩।
ରୂପକୁ ବର୍ଣ୍ଣିଲେ ଶାସ୍ତ୍ର ବଖାଣିଲେ ଭାବକୁ ହେଲେ ଭଗତ ।
ତେଣୁ ନାମ ରୀତି ଅଖଣ୍ଡ ବିଭୂତି ଆରତ ତାରଣ ନାଥ ।୪।
ରୂପ ଦୂର କରି ଅରୂପକୁ ଧରି ଜ୍ଞାନୀ-ଜନ ଗଲେ ତରି ।
ସିଦ୍ଧ ସାଧୁ ସନ୍ଥେ ନାମ ଦେଲେ ତୋତେ କରୁଣା ସାଗର ହରି ।୫।

ସାଧିଲେ ଭଗତ କରୁଣା ବାଞ୍ଛିତ ଯାର ଯେଉଁ ରୂପ ବିଧି ।
ଲଭିଲେ ସୁଫଳ ମନବାଞ୍ଛା ଫଳ ନାମ ଦେଲେ ଗୁଣନିଧି ।୬।
ଜଗତ ମାୟାରୁ ଏ ମୃତ୍ୟୁ କାୟାରୁ ଉଦ୍ଧାର କରନ୍ତେ ଜୀବ ।
ତିମିରି ସୋହଡେ ପାରିକରି ନ୍ୟନ୍ତେ ତେଣୁ ନାମ ପଦ୍ମନାଭ ।୭।
ଶ୍ରବଣ କୀର୍ତ୍ତନ କରି ଅନୁକ୍ଷଣ ଯଶ ଉଚ୍ଚାରଣ ଯହିଁ
ଭଗତ ଭାବକୁ ମୋହିତ ହୁଅନ୍ତେ ତେଣୁ ନାମ ଭାବଗ୍ରାହୀ ।୮।
ଗୃହରେ ବିହିତ ଜନ ସାଧୁସନ୍ଥ ମନ ଆନନ୍ଦ କେ କହୁ ।
ଧ୍ୟାନ ଧାରଣାରେ ନାମ ଦେଲେ ତୋତେ ଧର୍ମଦାନୀ ମହାବାହୁ ।୯।
ସମ୍ପତ୍ତି ସୁଲଭ ଦେବଙ୍କୁ ଦୁର୍ଲ୍ଲଭ ଅଷ୍ଟରତ୍ନ ପରେ ସାର ।
ଦୁଷ୍ଟ ନିବାରନ୍ତେ ସନ୍ଥଙ୍କୁ ପାଳନ୍ତେ ତେଣୁ ନାମ ଚକ୍ରଧର ।୧୦।
ସୁଜ୍ଞାନୀ ଭଗତ ନ ପାଇଲେ ଅନ୍ତ ଅମାପ ଅଗାଧ ସିନ୍ଧୁ ।
ମହିମା ଅଶେଷ ଦୁଃଖୀ ଦୁଃଖ ନାଶ ତେଣୁ ନାମ ଦୀନବନ୍ଧୁ ।୧୧।
ସ୍ୱକାମ ଭଗତି ଆଦି ଫଳଶ୍ରୁତି ଯତି ବେଶେ କଲେ ଜପ ।
ପ୍ରେମ ଭାବ ଭୋଳେ ନାମ ଦେଲେ ତୋତେ ନବଘନଶ୍ୟାମ ରୂପ ।୧୨।
ଏକ ସ୍ଥାନ ହୋଇ ନ ରହୁ ତୁ କାହିଁ ତ୍ରିପୁର ଜଗତ ପତି ।
ଯଶକୁ ସମ୍ପାଦି ନାମ ଦେଲେ ଭକ୍ତେ ଜାଜ୍ୱଲ୍ୟମୟ ତୋ ଜ୍ୟୋତି ।୧୩।
ଘଟେ ଘଟେ ପୂରି ଘୋଟି ରହିଅଛି ମୂକତି ପସରା ତେଜ ।
ଅମ୍ବାଧି ଭୁବନେ ବିରାଜନ୍ତେ ନାମ ଆଦିକନ୍ଦ ଦେବରାଜ ।୧୪।
ଉତ୍ପତ୍ତିରୁ ସ୍ଥିତି କରାଉତୁ ନିତି ସଂହାରଣ ପଣେ ଯମ ।
ଭଗତ ଭାବକୁ ବହିଅଛି ଯେଣୁ ତେଣୁ ଗଦାପଦ୍ମ ନାମ ।୧୫।
ମଣ୍ଡଳରାହାସ କରି ଷଡରସ ନିରନ୍ତରେ ଥାଇ ରସି ।
ଲୀଳାବିନୋଦରେ ବେହାର କରନ୍ତେ ଆଦ୍ୟ ବୃନ୍ଦାବନବାସୀ ।୧୬।
ଏକ ପାଦେ ରହି ସର୍ବ କରୁ ତୁହି ଧନ୍ୟ ଧନ୍ୟ କୀର୍ତ୍ତିଯଶ ।
ଲାଭ ହାନି ଭଲ ଜାଣୁ ତୁ ସକଳ ନାମ ସର୍ବଜ୍ଞ ପୁରୁଷ ।୧୭।
କିପାଇଁ କୃପଣ ହେଉଛ ଆପଣ କର କୃପାଜଳଧିରୁ ।
ଗହଗହ ଶୋଭା କିସ ଲକ୍ଷ୍ୟ ଦେବା ନାମ ବାଞ୍ଛାକଳ୍ପତରୁ ।୧୮।
ହୋଇବାକୁ ଉଜ ନ ମିଳୁଛି ସଜ ଘୋଟିଅଛି ମାୟା ମୋହ ।

ଦେଖି ନିଜରୂପ ଛଡ଼ାବନ୍ତି ପାପ ଦିନେ ହେଁ ଦେଖା ନଦିଅ ।୧୯।
ଧାରଣା ଧିଆନ କରି ମନେ ମନ ଦିବା ନିଶି ଗଲା ବହି ।
ଭଣେ ଭୀମକନ୍ଧ ହୋଇ କାନ୍ଦ କାନ୍ଦ ଅଭୟଚରଣେ ଧାୟି ।୨୦।

●

ଅଷ୍ଟମ ବୋଲି

ନିଷ୍କାମ ପାଦରେ ଗମି ନିର୍ବେଦରେ ନାନା ପାକେ ଭ୍ରମୁଅଛି ।
ମଞ୍ଚେ ଜାତ କଲ କବି ପଦ ଦେଲ ପଛେ ନ କହିବ ବାଛି ।୧।
ସୁକୃତ ବଚନ ବିକାଶିଲା ପୁଣ୍ୟ ଏକାକ୍ଷର ଚିତ୍ତେ ଦୃଶ ।
ମନରେ ପବନ ମିଶାଇ ପରମ ଯୋଗ ପରେ କଲି ବାସ ।୨।
ବେଦ ବଖାଣିଛି ଶାସ୍ତ୍ରରେ ଲିହିଛି ନିୟତ ପ୍ରମାଣ ସତ ।
ନୀଳାଚଳ ପ୍ରଭୁ ବିରାଜ କରନ୍ତେ ନୀଳଗିରି ଜଗନ୍ନାଥ ।୩।
ଅନୁସରି ବହୁଦୂରୁ ଆଶା କରି ହୃଦୟ ପଦ୍ମରେ ଚିନ୍ତି ।
ମଣ୍ଡନରେ ବସି ନାମ ବୋଲାଇଲ ଦାରୁ ପ୍ରତିମା ମୂରତି ।୪।
ସ୍ନାହାନ ତର୍ପଣ କରି ଦରଶନ ରୂପ ଦେଖି ହେଲ ଭୋଳା ।
ଚକା ବଇଠିରେ ବିରାଜ କରନ୍ତେ ତେଣୁ ନାମ ଚକାଡ଼ୋଳା ।୫।
କୋଟି ଅବତାର ନୁହଇ ଗୋଚର ଭେଦ ନାହିଁ ବର୍ଣ୍ଣ ଚିହ୍ନ ।
ବିବିଧ କଳ୍ପଣା ରୂପକୁ ରଞ୍ଜନା ତ୍ରିପଣ୍ଡ କାଳିଆ ନାମ ।୬।
ଝୀନବାସ ପୁଷ୍ପ ଅଙ୍ଗେ ଶୋଭା ସଞ୍ଚ ବଡ଼ ସିଂହାସନ ବେଶ ।
ରୂପକୁ କୋଟିଏ ସୂର୍ଯ୍ୟ ନୋହେ ସରି ଶ୍ରୀନାମ ବ୍ରହ୍ମ ଅଶେଷ ।୭।
ଖଟିଛି ପୟର ଆଦି ତିନିପୁର ସର୍ବଭୂତେ ତୋର ବାସ ।
ସୁଜ୍ଞ ଦ୍ୱିଜବରେ ବେଦାନ୍ତ ଆଚାରେ ନାମ ଦେଲେ ଜଗଦୀଶ ।୮।
କାମିନୀ ଆରତ କାମବଶେ ରତ ଢମାଳିଆ ପଣେ ସମ ।
ପ୍ରେମ ଅନୁରାଗେ ପ୍ରିୟାନ୍ତ ସରାଗେ ମଦନ ମୋହନ ନାମ ।୯।
ତିମିରିକି ଦୂର ସଂସାର ସାଗର ତରିବାକୁ କଲେ ଆଶ ।
ଝୀନ ପୀତାମ୍ବର ଅଙ୍ଗ ଆଭରଣ ନାମ ଦେଲେ ପୀତବାସ ।୧୦।
ପ୍ରକୃତିରୁ ପ୍ରଭୁ ରଞ୍ଜନା କରିଛି ଦ୍ୱିତୀୟ ଯୁଗଳ ଦିନୁ ।
ଅନାମରୁ ନାନା ରୂପ ପ୍ରକାଶିଲ କଦମ୍ବମୂଳିଆ କାହ୍ନୁ ।୧୧।

ଢମାଳିଆ ପଣେ ନାହିଁ ତ୍ରିଭୁବନେ ପଞ୍ଚୁ ପ୍ରାଣ ଗୋପୀଙ୍କର ।
ବଂଶୀଧ୍ୱନୀ ନାଦ ହୃଦୟରେ ଭେଦ ତେଣୁ ନାମ ବେଣୁଧର ।୧୨।
ତରୁ ତୃଣ ଆଦି କୀଟ ପତଙ୍ଗାଦି ଆଜ୍ଞାରେ ସର୍ବେ ପ୍ରଚରି ।
ଗୋପ ବୃନ୍ଦାବନେ ବେହାର କରନ୍ତେ ନାମ ନିକୁଞ୍ଜ ବେହାରି ।୧୩।
ଶିରେ ଚୂଳଗଭା ନାଚନ୍ତେ କି ଶୋଭା ନବରଙ୍ଗେ ଢଳିଢଳି ।
ଆଦ୍ୟ ବୃନ୍ଦାବନେ ବେହାର କରନ୍ତେ ତେଣୁ ନାମ ବନମାଳୀ ।୧୪।
ଲାଭରେ ଲୋଭିତ ବହି ଗର୍ବଚିତ୍ତ ବାସବ ବିବାଦ କରି ।
ତୋଳି ଗିରିବର କଲ ଛତ୍ରାକାର ନାମ ଦେଲେ ଗିରିଧାରୀ ।୧୫।
ଛନ୍ଦମାୟା କରି କପଟ ଆଚରି ପରୀକ୍ଷାରେ ଗଲା ହାରି ।
ତେଣୁ ଶକ୍ରାଜିତ ନାମ ଦେଇଗଲା ରାମ ଗୋବିନ୍ଦ ମୁରାରି ।୧୬।
ଧନ୍ୟ ସେ ପାଦୁକା ଭଗତଙ୍କ ଶାଖା ବହୁଅଛି ଘନଘନ ।
ସୁଧା ମକରନ୍ଦ ଆପ୍ୟାନ କରନ୍ତେ ମାଧବ ମଧୁସୂଦନ ।୧୭।
ବ୍ରଜସୂତ ଘେନି ଦିଗକୁ ଭ୍ରମଣି ସଙ୍ଗେ ଭାଇ ବଳରାମ ।
କାଳିନ୍ଦୀରେ ପଶି କାଳୀକି ଦଳନ୍ତେ କାଳୀୟମର୍ଦ୍ଦନ ନାମ ।୧୮।
ବାଉନ କୋଟି ଭଣ୍ଡାର ଅଧିପତି ଦାନୀପଣକୁ ସମାନ ।
ସମଚିତ୍ତେ ଦେଖି ଚିଠିପତ୍ର ଲେଖି ନାମ କର୍ତ୍ତା ଜନାର୍ଦ୍ଦନ ।୧୯।
ବଖାଣନ୍ତେ ଯଶ ନୁହଇ ଯେ ଶେଷ କୋଟିଏ ଅନନ୍ତ ନାମ ।
ବର୍ଣ୍ଣିବାକୁ ଇଚ୍ଛି କେ ସାମର୍ଥ ଅଛି କହେ ଅରକ୍ଷିତ ଭୀମ ।୨୦।

•

ନବମ ବୋଲି

ବେଦରୁ ନିର୍ବେଦ ହିଂସା ବାଦ ଛନ୍ଦ ତୁମ୍ଭର ରଞ୍ଜନା ସବୁ ।
ସତ୍ୟଧର୍ମ ପଦ ଯୁଗଯୁଗାନ୍ତରେ ତେଣୁ ନାମ ମହାପ୍ରଭୁ ।୧।
ନିଶବ୍ଦରୁ ଆସି ଶବଦରେ ପଶି ଜନ୍ମିଲା ସଚରାଚର ।
ଦର୍ଶନ ମାତ୍ରକେ ଦୂରିତ ଖଣ୍ଡନ ତେଣୁ ନାମ ଦାମୋଦର ।୨।
ଘୋର ବ୍ରହ୍ମନିଶି ଆଦି ରବି ଶଶୀ ଦେଖନ୍ତେ ଯାଉଛି ବହି ।
କାଳକୂଟ ରାଶି ଅନ୍ଧକାର ଦିଶି ନାମ ତୋ କଳା କହ୍ନାଇ ।୩।
ଜ୍ଞାନ ଖଡ୍‌ଗ ଘେନି ଶ୍ରୀହସ୍ତେ ଛେଦନ୍ତି ଭକ୍ତ ଦୁଃଖ ହର ହର ।

ପ୍ରକୃତି ଜଳପଙ୍କେ ପୃଥ୍ୱୀ ରଞ୍ଜନା ତେଣୁ ନାମ ମାୟାଧର ।୪।
ନାମକୁ କାମ କଷଣା ନୋହେ ସରି ବହିଗଲା କୋଟି ମନୁ
ଅବନୀର ଭାର ହୃଦପଦ୍ମେ ହାର ନାମ ବିଶ୍ୱମ୍ଭର ତେଣୁ ।୫।
କରିଛି ଭିଆଣ ବ୍ରହ୍ମଘରୁ ଜ୍ଞାନ ଜୀବ ପରେ ଦୟାଧାରୀ ।
ସୁଧା ମୃଦୁବାଣୀ ଶାହାସ୍ରେ ବଖାଣି ତେଣୁ ନାମ ମଧୁହାରୀ ।୬।
ନିରନ୍ତରେ ସାକ୍ଷୀ ସମାନରେ ଦେଖି କୃପାନେତ୍ରେ ସମଛତ୍ର ।
ଦେଉଥିଲେ ଚାହିଁ ଉବାର ନୁହଇଁ ତେଣୁ ନାମ ପଦ୍ମନେତ୍ର ।୭।
ଏକ ପାଦ ଚିହ୍ନ ଧ୍ୟାନଯୋଗେ ଘେନି ଭଜିବାକୁ କଲେ ମନ ।
କାକୁସ୍ଥ ବଚନେ କାରଣ ମାଗନ୍ତେ ନାମ କମଳ ଲୋଚନ ।୮।
କଳା ଧଳା ଜଳ ମଧ୍ୟେ କରି ଠୁଳ ପ୍ରକୃତିରୁ ରୂପ ବେନି ।
ଦର୍ଶନ ମାତ୍ରକେ କଳୁଷ ହରଣ ନାମ ତୋ ଶାରଙ୍ଗପାଣି ।୯।
ସ୍ତିରୀ ନ ବୋଲାଉ ପୁରୁଷ ତୁ ନୋହୁ ଯହିଁ ନାହିଁ ଦିବାରାତି ।
ଦର୍ଶନକୁ ଘେନି ପ୍ରସନ୍ନ ହୁଅନ୍ତେ ତେଣୁ ନାମ ଦାଶରଥି ।୧୦।
ନାମ ବାଡ଼ି ବୃତ୍ତି ହୃଦୟରେ ଚିନ୍ତି ନୟନରୁ ବହେ ପାଣି ।
ନିରନ୍ତର ଆଶା ଭରସା କରନ୍ତେ ତେଣୁ ନାମ ନୀଳମଣି ।୧୧।
ଜାତ ସର୍ବଦୁଷ୍ଟ ଆପେ କରି ନଷ୍ଟ ତୁମ୍ଭରି ଅର୍ଜିଲା କୀର୍ତ୍ତି ।
ଅଜ୍ଞାନୀ ଜନ ଯେ ସନ୍ଥ ଭକ୍ତ ହ୍ୱନ୍ତେ ନାମ ତେଣୁ ଯଦୁପତି ।୧୨।
ଦାନୀ ହୃଦେ ପଶି ଧର୍ମ ଅହର୍ନିଶି ଅତିଥିଙ୍କ ମୋକ୍ଷ କାମ ।
ଦୁଃଖୀଜନ ସୁଖୀ କରାଇ ପାଳନ୍ତେ ଦାରିଦ୍ର୍ୟ ଭଞ୍ଜନ ନାମ ।୧୩।
ଦ୍ୱାଦଶ ବନ୍ଧ କୀର୍ତ୍ତନରେ ଆରମ୍ଭି ନିତାଇ ଚୈତନ୍ୟ ନାମ ।
ତେଣୁ ତାତ ମାତ ନାମ ଦେଲେ ସତ୍ୟ କେଶବ ଜରାଜୀବନ ।୧୪।
ପୂର୍ବାଦିରୁ ଜାଣି ମର୍ତ୍ତ୍ୟେ ଜନ୍ମି ପୁଣି ଭବିଷ୍ୟ ଗତ ଆଗତ ।
ନାନା ବିଷୟାରେ ଭ୍ରମଣି ବେହାରେ ତେଣୁ ନାମ ବିଶ୍ୱନାଥ ।୧୫।
ଦୈତ୍ୟ ନାଶନ ବାନାହିଁ ବଜ୍ରସେହ୍ନା ହରିଲ ଅବନୀ ଭାର ।
ଗରୁଡ଼ ଆସନ ହେ ଦୁଃଖନାଶନ ତେଣୁ ନାମ ଗଦାଧର ।୧୬।
ଲେଖି ଭାଲପଟେ କରି ନଟକୂଟ ଯେସନ ଦର୍ପଣ ଛାୟା ।
ପଞ୍ଚଭୂତ ମଧ୍ୟେ ପ୍ରକୃତି ଭରିଣ କରାଉଛ କେତେ ମାୟା ।୧୭।

ଦୁର୍ଲ୍ଲଭ ସଂସାର ମନୁଷ୍ୟ ଶରୀର ଦେହ ବହି ନାରଖାର ।
ଖଣ୍ଡଦେଇ ତୁଣ୍ଡେ ଭଣୁଅଛ ମୋତେ ହେ ଅନାଦି ଯୋଗେଶ୍ୱର ।୧୮।
କର୍ମକାଣ୍ଡ ବାଣୀ ଦୁର୍ଗତିକି ଘେନି କରୁଅଛି ଖଣ୍ଡଖଣ୍ଡ ।
ଭବସିନ୍ଧୁ ବୋଲି ନ ଜାଣଇ ସ୍ୱାମୀ ମଣୁଛି ଅମୃତ ଭାଣ୍ଡ ।୧୯।
ଗୀତା ସାରସ୍ୱତ କରି ପଦ ଅର୍ଥ ଭୀମ ଅରକ୍ଷିତ ଭଣି ।
ଏ ଶାହାସ୍ର ଆଦ୍ୟ ବିଭୂତି ବୃତ୍ତାନ୍ତ ନାମ ସ୍ତୁତି ଚିନ୍ତାମଣି ।୨୦।

ଦଶମ ବୋଲି

ଦୈତ୍ୟ ଶଙ୍ଖାସୁର ବ୍ରହ୍ମାବେଦବର ବଳେ ନେଇଥିଲା ହରି ।
ନ ଥିଲେ ଯେ କେହି ଉଧରିଲ ବହୀ ମସ୍ୟ ଅବତାର ଧରି ।୧।
ଦେବ ଦାନବ ମନ୍ଦର ଗିରିବର ପକାଇ କ୍ଷୀର ସିନ୍ଧୁର ।
ତୋତେ ବଡ଼ ଭାର ପୃଷ୍ଟରେ ବହିଲ ହୋଇ କୂର୍ମ ଅବତାର ।୨।
ବୀର ହନୁମନ୍ତ ପବନର ସୁତ ବିବାଦ ଅର୍ଜ୍ଜୁନଠାରେ ।
ଶରବନ୍ଧତଳେ ଆବୋରି ରହିଲ ଗୋହିମସ୍ୟ ଅବତାରେ ।୩।
ହିରଣ୍ୟ ଦ୍ରପିଷ୍ଟ ମନେ କରି ରୋଷ୍ଟ ଗର୍ବେ ଅପରାଧ ବହି ।
ଦନ୍ତନଖେ ଅନ୍ତ ପିତ୍ତ ବିଦାରିଲ ନରସିଂହ ମୂର୍ତ୍ତି ହୋଇ ।୪।
କ୍ଷତ୍ରି କୁଳେ ଉତପତ୍ତି ହୃଷୀକେଶ ଧନୁର୍ବାଣ ବହ କରେ ।
ସାଧିଲ ଧରିତ୍ରୀ ବୀରପଣ ବୃତ୍ତି ପର୍ଶୁରାମ ଅବତାରେ ।୫।
ସତ୍ୟଯୁଗେ ହରି ବଳି ରାଜା ପୁରୀ ଦାନେ ନାଶିଲ ବିଭୂତି ।
ତ୍ରିବିକ୍ରମ ରୂପ ଜଗତନାୟକ ବହି ବାମନ ମୂରତି ।୬।
ଋଷି ଯଜ୍ଞଚରୁ ଅନାମ ବ୍ରହ୍ମରୁ ଜନ୍ମି ଦଶରଥ ଘରେ ।
ରାବଣକୁ ମାରି ଜାନକୀ ଉଦ୍ଧରି ରାମଚନ୍ଦ୍ର ଅବତାରେ ।୭।
ଦ୍ୱାପର ଯୁଗରେ ବସୁଦେବ ଘରେ ଜନ୍ମ ଲଭି ଗୋପେ ରହି ।
ଦୁଷ୍ଟ କଂସ ମାରି ଭାରା ଉଶ୍ୱାସିଲ କୃଷ୍ଣ ଅବତାର ବହି ।୮।
ଜଗତର ଛଳେ ଅବନୀ ମଣ୍ଡଳେ ରୂପ ଦାରୁବ୍ରହ୍ମ ତେଜ ।
ପାପୀ ଜନେ ଗତି ମୁକତି ଦିଅନ୍ତେ ଶଙ୍ଖଚକ୍ର ଚତୁର୍ଭୁଜ ।୯।
ତ୍ରିପୁର ଜଗତ ଅନ୍ୟାୟ ବହୁତ ଚାରିଧର୍ମ ହେଲା ନାଶ ।

କାଳେ ହେଁ କଳଙ୍କି ଅବତାର ହେଲ ବହି ବଇଷ୍ଣବ ବେଶ ।୧୦।
ନରଦେହ ବହି ନ ପାଇଲେ କେହି ଭଜନର ସୁଖ ସୀମା ।
ଏକାକ୍ଷର ପାଦ ଜଗତେ ବିଖ୍ୟାତ ଦୀକ୍ଷା ରଞ୍ଜିଲେ ମହିମା ।୧୧।
ଝରୁଛି ଅମୀୟ ସତ୍ୟ ମନେ ପିଅ ଅଛ ଯେତେ ସୁଜ୍ଞ ସାଧୁ ।
ଦେଖ ଜ୍ଞାନନେତ୍ରେ ଅନୁଭବ ସୂତ୍ରେ ଅନାମେ ଝରୁଛି ମଧୁ ।୧୨।
କ୍ଷତ୍ରୀଗଣ ଘେନି କରିବେ ଭ୍ରମଣି ହସ୍ତେ ଘେନି ଖଣ୍ଡାକାତି ।
ଏକୌଶ ଅଙ୍କରୁ ପୃଥ୍ୱୀ ସାଧହେବ ଉତ୍ତୁଥିବ ବୀରଛତ୍ରି ।୧୩।
ଦୁଷ୍ଟ ନିବାରିବେ ସନ୍ଥକୁ ରଖିବେ ପାଳିବେ ଜନ ପରଜା ।
କଳିଯୁଗ ଶେଷେ ସତ୍ୟ ଉପୁଜିବ ଅନାଦି ହୋଇବେ ରାଜା ।୧୪।
ନିରନ୍ତର ଅଣବିଚାର ଲଭିଲେ ହୋଇଲା ମାତ୍ରକ କଳି ।
ହତରୁ ଆୟତ ନିୟତ ପ୍ରମାଣ ସତ୍ୟହେବ ମହୀଆଳୀ ।୧୫।
ଜଡ଼ କି ପଣ୍ଡିତ ହେବେ ଜ୍ଞାନବନ୍ତ ଅଙ୍ଗେ ବସି ଚକ୍ରପାଣି ।
ସତୀପଣେ ପତିସେବା ନିଯୋଗିବେ ସ୍ତିରୀ ହୋଇ ବ୍ରହ୍ମଜ୍ଞାନୀ ।୧୬।
ଚାରିଧର୍ମ ଚାରିକର୍ମ ଉପୁଜିବ ଗୋଡ଼ାଇବ ଚଉବର୍ଗ ।
ଲକ୍ଷ୍ମୀ ଠାକୁରାଣୀ ପଢ଼ି ଚରଚିବେ ଲଭି ସର୍ବେ ପୂର୍ଣ୍ଣଭୋଗ ।୧୭।
କାଳ ଜଳ ନଈ ଦେଉଛି ଭସାଇ ମାରୁଛି ଲହଡାଘାତ ।
ନିମିଷ ମାତ୍ରକେ ଦୟାକର ମୋତେ ଆଦିବ୍ରହ୍ମ ଅବଧୂତ ।୧୮।
ମାୟାରେ ବନ୍ଧନ କରି ଛନଛନ ହରୁଛି ଧାରଣା ଧ୍ୟାନ ।
ଜାଣୁଛି ପ୍ରତ୍ୟକ୍ଷ ଲଗାଇ ରଖିଛ ଯେସନେ ବଡ଼ଶୀମୀନ ।୧୯।
ଏକପାଦ ଠୁଳେ ଦ୍ୱିପାଦରେ ନ ଚଳେ ଅମୃତ ବଚନ ସିଦ୍ଧ ।
ମନରେ ଆନନ୍ଦ ଭଣେ ଭୀମକନ୍ଧ ଏଠାକୁ ଦୁଇଶ ପଦ ।୨୦।

•

ଏକାଦଶ ବୋଲି

ନବଦ୍ୱୀପ ସୃଷ୍ଟିଆସୁଅଛି ଘୋଟି ଭାସି ଯାଉଅଛି ବୁଡ଼ି ।
ତରିବି ବୋଲି ତରତର ହେଉଛି ଜଳର ତରଙ୍ଗ ପରି ।୧।
ମେରୁଗିରି ଫୁଟି ସତ୍ୟଧର୍ମ ମେଣ୍ଟି ନାହିଁ ସ୍ଥିତାବସ୍ଥା ପଣ ।
ଅଗାଧ ସାଗର ଭବଜଳ ନଈ ବହୁଅଛି ଘନଘନ ।୨।

ଘୁଘୁ ନାଦ ଦେଇଆସୁଛି କମ୍ପାଇ ଗର୍ଜନ କରୁଛି ଆଣ୍ଟେ ।
ଦଶଦିଗ ମୋତେ ଅନ୍ଧାର ଦିଶୁଛି ଚାଲିଯିବି କେଉଁବାଟେ ।୩।
ତୁମ୍ଭେ ମୋର ସବୁ ଅନ୍ତର୍ଯ୍ୟାମୀ ପ୍ରଭୁ ଛାମୁକୁ କି ଅଗୋଚର ।
କେଉଁ ରୂପେ ମୋତେ ଜଗତେ ରଖିବ ଜାଣି ସମ୍ଭାଳନା କର ।୪।
ପାପକର୍ମେ ବିହି ନେଉଛି କଢ଼ାଇ ଯେସନେ ନାଗରୀ ନଟ ।
ମାୟାଜାଲ ଫାନ୍ଦେ ପଡ଼ିରହି ଛନ୍ଦେ ହେଉଅଛି ଛଟପଟ ।୫।
ରହରେ ଜଗତ ହେଉଛୁ ଉତ୍ପାତ ତୋ ଗୁଣ କହିବି କେତେ ।
ମୋ ପ୍ରଭୁ କରତା ରଞ୍ଜିବାରୁ ତୁହି ପ୍ରତ୍ୟକ୍ଷେ ଭଣ୍ଡୁଛୁ ମୋତେ ।୬।
ଆରେ କଳିଯୁଗ ଭବଭୟ ରୋଗ ଖଟ ସତ୍ୟ ପାଦତଳେ ।
ଶ୍ରୀଗୁରୁ ଆଜ୍ଞାରେ ଆଦି ଅଗ୍ନିଶରେ ଜଳିଯିବୁ ତପବଳେ ।୭।
ଆରେ ମିଥ୍ୟାପଦ କେତେ କରୁ ବାଦ ପଛନ୍ତେ ନଦେବୁ ଦୋଷ ।
ଜାଣିଲେ କରତା ଆଦି ବ୍ରହ୍ମ ପିତା ନଥୋଇବେ ଦଶଦିଶ ।୮।
ଆରେ ମୂଢ଼ନରେ ଅଜ୍ଞାନ ଅସୁରେ ଲଭ ସତ୍ୟ ଧର୍ମ ପଥ ।
ନାମବ୍ରହ୍ମ ନିନ୍ଦି ମାୟାମୋହେ ଦ୍ୱନ୍ଦ୍ୱୀ ଦେଖୁଦେଖୁ ଯିବେ ହତ ।୯।
ଚିଆଁ ଚୈତନ୍ୟକୁ ରଖାଇ ହେତୁକୁ ଭଜନେ ଲାଗିଛି ମୁହିଁ ।
ଜୀବ ପରମ ନାମବ୍ରହ୍ମେ ଝାଳୁଛି ତରିବାକୁ ଆଶା ନାହିଁ ।୧୦।
ହୋଇବେ ନିଶ୍ଚୟେ ସର୍ବେ ଜୀବ କ୍ଷୟେ ଉତ୍ପାତ ହେଲାଣି ମହୀ ।
ନିରନ୍ତର ନେତ୍ରୁ ନୀର ବହୁ ଅଛି କାତରେ କମ୍ପୁଛି ଦେହୀ ।୧୧।
ଜମ୍ବୁଦୀପେ ପୂରି ନରଦେହ ଧରି ଜନ୍ମ ଲଭିଛନ୍ତି ଯେତେ ।
ନାମ ଆଶ୍ରେ ନାହିଁ କେମନ୍ତେ ତରିବେ ଆଶ୍ଚର୍ଯ୍ୟ ଲାଗୁଛି ମୋତେ ।୧୨।
ସତ୍ୟଧର୍ମ ପଦ ନରୁଚେ ଯାହାକୁ ମୂର୍ଖ ବାଇ ନିଶାଚର ।
ପଡ଼ିଛି ସମୟେ କାଳ ମାୟାମୋହେ ଯାହା କରିଥାଅ କର ।୧୩।
ସତ୍ୟ ଯେ ପାଳୁଛି ଧର୍ମେ ଯେ ଚାଲୁଛି ଶ୍ରୋତା ଲାଗୁଛି ଶୂନ୍ୟରୁ ।
ନାମ ବ୍ରହ୍ମପଦ ହୃଦୟରେ ଲୟେ ସଙ୍ଗେସଙ୍ଗେ ଛନ୍ତି ଗୁରୁ ।୧୪।
ଶୟନେ ଭୋଜନେ ସ୍ଥିତି ବାସସ୍ଥାନେ ଯେ ପାଳୁଛି ଗୁରୁଧର୍ମ ।
ଚାରିବେଦ ତାକୁ ସମାନ ନୁହଇ ମୁଖେ ମୁଖେ ତାର ବ୍ରହ୍ମ ।୧୫।
ମାୟାକୁ ନିବାରି ନିଷ୍କାମକୁ ଧରି ଯେ ବୋଲୁଛି ହରି ହରି ।

ଆବୋରିଛି କାୟେ ଜଳେ କୁମ୍ଭ ପ୍ରାୟେ ଭିତର ବାହାରେ ପୂରି ।୧୬।
ତାର ଭକ୍ତିଚିତ୍ତ କେ କରିବ ଅନ୍ତ ସମ ନୁହେଁ ତ୍ରିଭୁବନ ।
କାଳ ଭବଭୟ କି କରିବ ତାକୁ ଦେଖି ଡରୁଥାଇ ଯମ ।୧୭।
ଚଉଦ ଭୁବନେ ବେଦଶାସ୍ତ୍ରମାନେ ଯହିଁ ଦେଖ ଏକାପଦେ ।
ମନରେ ସଂଶୟ ଅଛି ଯେବେ ସନ୍ଥେ ଖୋଜ ଅନୁଭବ ବେଦେ ।୧୮।
ନୁହେଁ କଳା ଧଳା ରଙ୍ଗିମା ପିଙ୍ଗଳା ନୁହେଁ ବର୍ଣ୍ଣ ଚିହ୍ନକାନ୍ତି ।
ନ ଚିହ୍ନିଲୁ ବୋଲି ନ ବୋଲିବ ସନ୍ଥେ ରୂପ ତା'ପବନ ଗତି ।୧୯।
ମାୟାମୋହେ ପଡ଼ି ବିଷୟାରେ ଜଡ଼ି ପ୍ରକୃତିରେ ହୋଇ ରତ ।
କହେ ଭୀମଭୋଇ ଲଭି ନ ପାରଇ ଏ ବଡ଼ ଦୁର୍ଗମ ପଥ ।୨୦।

•

ଦ୍ୱାଦଶ ବୋଲି

ଭରସା କରିଛି ନ ଜାଣଇ କିଛି ମୁହିଁ ବଡ଼ ଅପରାଧୀ ।
ଦୟାକରି ମୋତେ ଉଦ୍ଧରି ଧରିବେ ପ୍ରଭୁ କରୁଣା-ବାରିଧି ।୧।
ଅନ୍ୟେ ନାହିଁ ଚିତ୍ତ ନାମବ୍ରହ୍ମେ ରତ ଦର୍ଶନ ମାତ୍ର କରିଛି ।
ସ୍ୱାମୀ ରଖ, ସ୍ୱାମୀ ରଖ, ବୋଲି ମୁଁ ଯେ ଦିବାନିଶି ଡାକୁଅଛି ।୨।
ଘନେ ଚାହିଁ ଆଶା ଶୂନ୍ୟରେ ଭରସା ଯେସନେ ଚାତକ ପକ୍ଷୀ ।
ମନେ ଯାହା ପାଞ୍ଚେ ଡାକି ଡାକି ଉଚ୍ଚେ କଣ୍ଠ ଯାଉଅଛି ଶୁଖି ।୩।
ପବନକୁ ବାନ୍ଧି ପ୍ରକୃତିକୁ ଛନ୍ଦି ଅନୁକ୍ଷଣେ ଧ୍ୟାନଯୋଗ ।
ଅନାଥର ନାଥ କରୁଣା କଲେ ମୁଁ ଲଭିବଇଁ ସୁଖଭୋଗ ।୪।
ଅନ୍ତର ବେଦନା ଅଛିକି ନ ଜଣା ବୁଝାଇ କହିବି କାହା ।
ନିରେଖ ପ୍ରାଣୀକି ନିରାପକ୍ଷ କଲେ କେ ହୋଇବ ପ୍ରଭୁ ସାହା ।୫।
ଉଡୁଅଛି ବାନା ମହାଶୂନ୍ୟେ ସିନା ସଞ୍ଚରିଛି ତିନିପୁରୀ ।
ଆତଙ୍ଗ ମନେ ଦୃଢ଼େ ଚିନ୍ତିପାରିଲେ ପଙ୍ଗୁ ଲଙ୍ଘିଯିବେ ଗିରି ।୬।
ବଡ଼ପ୍ରଭୁ ବୋଲି ଭରସା କରିଛି ଅନ୍ୟେନାହିଁ ମୋତେ ରକ୍ଷ ।
ଲାଭହାନି କଥା ବୁଝିବେ ସର୍ବଥା ଘୋଟିଯାଉଛି ସନ୍ତାପ ।୭।
କହୁଅଛି ଏତେ ନରଖ ଏମର୍ତ୍ତ୍ୟେ ଶ୍ରୀହସ୍ତେ ପକାଅ ମାରି ।
ଦଣ୍ଡୁଅଛି କେତେ ଭଣ୍ଡୁଛ କିମର୍ଥେ ଅନାମିକା ବ୍ରହ୍ମ ହରି ।୮।

ବୋଲାଅ ହରତା କରତା ବିଧାତା ଭକ୍ତବାନା ପରା ବହୁ ।
ମୋ ବାଞ୍ଛା ସକଳ ହେଉଛି ବିଫଳ ଏଡ଼େ ପ୍ରଭୁ ଥାଉଁ ଥାଉଁ ।୯।
ମାୟାମୋହେ ପଡ଼ି ସିନ୍ଧୁଜଳେ ବୁଡ଼ି ସଢ଼ିଲଇଁ ଦିନୁ ଦିନ ।
ମନ ସିନା ଜାଣେ ଅନ୍ତର ବେଦନା ଶ୍ରମେ ନକରି ରୋଦନ ।୧୦।
ଲୋଭ ମୋହ କାମ କ୍ରୋଧ ଅହଂକାର ଥୋଇଅଛି ହିଂସାବାଦ ।
ପଞ୍ଚଭୂତ ଆତ୍ମା ଭିତର ମଧ୍ୟରେ ହେଉ ଅଛଇ ଦଗଧ ।୧୧।
ମାୟାମୋହ ଭରି କଲ ଦେହଧାରୀ ମଞ୍ଚେ ଆଣିଦେଇ ଜନ୍ମ ।
ଏତେ କଷ୍ଟ ପାଇ ଦେହ ବହିବାର ପୋଡୁ ପୋଡୁ ପାପକର୍ମ ।୧୨।
ଜନ୍ମ ଜନ୍ମାନ୍ତରେ ଯୁଗ ଯୁଗାନ୍ତରେ ଦୁଃଖ ଦଶା କର୍ମକାଣ୍ଡେ ।
ନିର୍ଲ୍ଲଜ ଆତ୍ମା ମୋ ନ ଯାଇ ରହିଛି ପ୍ରକୃତିର ପାପପିଣ୍ଡେ ।୧୩।
ପ୍ରାଣୀମାନଙ୍କର ଆନନ୍ଦ ମଙ୍ଗଳ ଅନ୍ୟରେ କି କାର୍ଯ୍ୟ ଅଛି ।
ମୋ କର୍ମକପାଳ ମୋତେ ହେଲା କାଳ କାହାକୁ କହିବି ବାଛି ।୧୪।
ପଥୁକି ଯେସନେ ଜଳତୀରେ ବସି ତରିବାକୁ ଉଦ୍‌ବେଗ ।
ଅଗାଧସାଗର ପାରି ହୋଇଯିବି କୈବର୍ତ୍ତ ଆଣିଲେ ନାବ ।୧୫।
ସେହିରୂପେ ମୁହିଁ ଅଭୟପୟରେ ପଦ୍ମ ପାଦେ କରି ଠାବ ।
ଅର୍ନ୍ତର୍ଯ୍ୟାମୀ ପ୍ରଭୁ ବିଚାରି ବୁଝିଲେ ଅବଶ୍ୟ ସୁଦୟା ହେବ ।୧୬।
ସ୍ୱଭାବ ଚଞ୍ଚଳ ନୁହଇ ନିଶ୍ଚଳ ପ୍ରକୃତିରେ ପରଚଣ୍ଡ ।
କାଳ ଖଡ଼୍‌ଗ ଘେନି ଶ୍ରୀହସ୍ତେ ଛେଦନି ଟିକିଟିକି କରି ପିଣ୍ଡ ।୧୭।
କିଳିଣୀ କବାଟ କଞ୍ଚିରେ ଆକଟ ନବ ଦଶଦ୍ୱାର ରୁନ୍ଧି ।
ମାୟା ଫାଶ ଘେନି ଏ ଜୀବଆତ୍ମାକୁ ନିର୍ବନ୍ଧେ ପକାଅ ବାନ୍ଧି ।୧୮।
ଗୁରୁ ନାରାୟଣ ସୁଜ୍ଞ ସାଧୁଜନ ଅନୁଗ୍ରହ କର ମୋତେ ।
ପଞ୍ଚମୁଖେ ହରି ଅଛ ବିଜେକରି ଶରଣ ମାଗୁଛି ଏତେ ।୧୯।
ଯେଉଁ ପଦ୍ମ ପାଦ ଜ୍ଞାନୀଜନେ ଚିନ୍ତି ଭଜୁଛନ୍ତି ଆଶ୍ରେକରି ।
ସେ ଚରଣ ଧ୍ୟାୟି ଭୀମ ଅରକ୍ଷିତ ହେଉଅଛି ଏତେ ସରି ।୨୦।

•

ତ୍ରୟୋଦଶ ବୋଲି

ଉର୍ମି ଧୂର୍ମି ଜ୍ୱାଳା ଜ୍ୟୋତି ବ୍ରହ୍ମକଳା ବେନି ପ୍ରତି ଯାର କର
ଆପ ତେଜ ବାୟୁଛନ୍ତି ଉଦେ ହୋଇ ଯାର ଅଙ୍ଗୁ ପରିଚାର ।୧।

ଯୁଗଯୁଗାନ୍ତରେ କଳ୍ପକଳ୍ପାନ୍ତରେ ଶ୍ୱେତ ଶୁକ୍ଳାମ୍ବର ରୂପ ।
ଅଣଚାଶ ବାୟୁ ନାସାରୁ ଜନମ ଚନ୍ଦ୍ରସୂର୍ଯ୍ୟ ଯାର ଦୀପ ।୨।
ଚାରି ବେଦ ଚାରି ପାବଛ ହୋଇଛି ଆଦି ଅଷ୍ଟାଦଶ ସିଦ୍ଧି ।
ଅଷ୍ଟାଙ୍ଗକୁ ଘେନି ଦଶାଙ୍ଗ ଯୋଗରେ ଲାଗିଅଛି ଯା ସମାଧି ।୩।
ଅଣାକାର ଅଣସାଧନା ବିଜୟେ ତ୍ରିପୁରେ ଯା ତେଜ ଧାପ ।
ଯାହାର ଆଜ୍ଞାରେ ପ୍ରକାଶ ହୋଇଛି ଦ୍ୱାଦଶ ବର୍ଣ୍ଣ ସ୍ୱରୂପ ।୪।
ଠୁଳ ଶୂନ୍ୟ ଶିର ମର୍ତ୍ତ୍ୟ ହିଁ ଉଦର ପାତାଳ ଯାର ପୟର ।
ଯାର ରୋମମୁଳେ ମାଳ ମାଳ ମହୀ ଉଦେ ଅସ୍ତ ଗିରିବର ।୫।
ନବଖଣ୍ଡ ମହୀ ସପତସାଗର ଆଦି ଅଷ୍ଟକୁଳା ନାଗେ ।
ପ୍ରଭୁ ଶ୍ରୀଚରଣେ ଚିତ୍ତବୃତ୍ତି ଦେଇ ଭଜୁଛନ୍ତି ଧ୍ୟାନ ଯୋଗେ ।୬।
ବାସୁକୀ ବୋଲୁଛି ଦୁଷ୍ଟଗଣଭାର ଅନ୍ୟାୟ ହେଉଛି ବଳେ ।
ନୋହିଲେ କରୁଣା ଦି'ଗୁଣ ମୋ ଊଣା ପଡ଼ିବଇଁ ରସାତଳେ ।୭।
ସମୁଦ୍ର ବୋଲୁଛି ଅଭୟପୟରୁ କରୁଣା ଅକ୍ଷତ ନେବି ।
ଯୁଗଯୁଗାନ୍ତରେ ସପତ ବେଢ଼ାରେ ଚଉକତି ପୂରିଥିବି ।୮।
ତିରଣ ବୋଲୁଛି ପତର ପାଖୁଡ଼ା ବସାଧେନୁ ପଛେ ଖାଉ ।
ଭୂମିରୁ ନ ଛାଡ଼ି ଅଗ୍ନିରେ ନପୋଡ଼ି ମୂଳ ଉପୁଡ଼ି ନ ଯାଉ ।୯।
ତରୁମାନେ ବୋଲୁଛନ୍ତି ମହାପ୍ରଭୁ ଅଣଚାଶ ମହାଗାଢ଼ ।
କରପତ୍ର ଯୋଡ଼ି ସ୍ତୁତି କରୁଛନ୍ତି ନ ଭାଙ୍ଗୁ ଯେ ହାତ ଗୋଡ଼ ।୧୦।
ପଥର ବୋଲୁଛି ଆହେ ମହାବାହୁ ଅଚଳେ ମୁଁ ଅଛି ପଡ଼ି ।
ନୋହିଲେ କରୁଣା ହୋଇଯିବି ଚୂନା ପଡ଼ିଲେ ବଜ୍ର ଘଡ଼ଘଡ଼ି ।୧୧।
କୂଳେ ଥାଇ ଜଳଧାରକୁ ନିରୋପି ଫଣୀକୁ ଦେଖିଲେ ଭେକ ।
ଖରତର ହୋଇ ପଳାଇ ଲୁଚଇ ମହାପ୍ରଭୁ ବାରେ ରଖ ।୧୨।
ଜୀବଜନ୍ତୁମାନେ ଅରଣ୍ୟ ଭିତରେ ହୃଦୟରେ ଦକଦକ ।
ବାଘ ଭାଲୁ ଦେଖି ସ୍ତୁତି କରୁଛନ୍ତି ମହାପ୍ରଭୁ ବାରେ ରଖ ।୧୩।
ପକ୍ଷୀ ଜନ୍ତୁମାନେ ବନରେ ବିହାର ବ୍ୟାଧମାନଙ୍କୁ ସେ ଡରି ।
ବାରେ କରି ତ୍ରାହି ପ୍ରଭୁ ଭାବଗ୍ରାହୀ ଭକ୍ତ ପ୍ରାଣବନ୍ଧୁ ହରି ।୧୪।

ସକଳ ଘଟରେ ତିନି ବ୍ରହ୍ମାଣ୍ଡରେ ପୂରି ଚଉବର୍ଗ ଦାତା ।
ଅନନ୍ତ ଠାକୁର ହୋଇ ମହାପ୍ରଭୁ କିମ୍ପା ଦେଉଛ ଅବସ୍ଥା ।୧୫।
କରି ମୁଁ ବିନତି ପାଦତଳେ ନିତି ଜଣାଣ କରୁଛି ଯାହା ।
ବହି ଭକ୍ତ ବାନା ନ ଯାଉଛି ଶୁଣା ଧନ୍ୟ ତୋ ପାଷାଣ ହିଆ ।୧୬।
ନିଶି ମହାଘୋର ହେଉଛି ଅନ୍ଧାର ଭୋଜନକୁ ବିଜେ କର ।
ଦୀପ ଲିଭିଗଲେ ଅନ୍ଧକାର ହେବ ଶୂନ୍ୟ ହୋଇବ ମନ୍ଦିର ।୧୭।
ବଢ଼ାଇ ଭୋଜନ କରି ଆଚମନ ପଲଙ୍କରେ ପହୁଡ଼ସି ।
ରାତ୍ରି ଉଜାଗରେ ବେନି ପାଦଧରି ଭଜନ କରିବି ବସି ।୧୮।
ନିଷ୍କାମକୁ ଭଜି ନିରାଶ ହେଉଛି ନିରନ୍ତରେ ଆଶା କରି ।
ଅରୁଣ ଅସ୍ତ ହେବାକୁ ଦଣ୍ଡେ ଅଛି ଘୋଟି ଆସୁଛି ତିମିରି ।୧୯।
ତ୍ରିଗୁଣରେ ମାୟା ଆବୋରିଛି କାୟା ବାୟା କରି ବଳିଆରେ ।
ଗୁରୁପାଦେ ଧ୍ୟାୟି ଭଣେ ଭୀମଭୋଇ ଭାସୁଅଛି ଦରିଆରେ ।୨୦।

•

ଚତୁର୍ଦ୍ଦଶ ବୋଲି

ଯେଉଁଦିନୁ ଧୂନି ସ୍ଥାପନ ହୋଇଲା ନବଖଣ୍ଡ ମହୀଦୀପା ।
ଜାଣିଲି ନିଶ୍ଚୟେ ଯୁଗ ଯିବ କ୍ଷୟେ ମନକୁ ଲାଗିଲା ଶଙ୍କା ।୧।
କି ହେବ ଜଗତ କି କରୁଛି ଧାତ ହୃଦୟେ ପଡ଼ିଲା ଚିନ୍ତା ।
ନିକଟରେ ଆସି ପ୍ରାପତ ହେଲାଣି ଦେଖା ନାହିଁ ଯେଉଁ କଥା ।୨।
ଚନ୍ଦ୍ରସୂର୍ଯ୍ୟ ଆଦି ଅଗ୍ନି ପବନାଦି ବେଦଶାସ୍ତ୍ର ନାହିଁ ଲେଶ ।
ଅନନ୍ତ ଠାକୁର ଜଗତ ଈଶ୍ୱର ଧରି ଦିଗମ୍ବର ବେଶ ।୩।
ଆସନ ବସନ ଛାଡ଼ି ଅଣାକାର ଦଣ୍ଡେହେ ବିଶ୍ରାମ ନୋହେ ।
ଆଦି ବ୍ରହ୍ମ ପିତା ଏତେକ ଅବସ୍ଥା ମୋତେ ପଚାରୁଛି କିଏ ।୪।
ଏ ସୁଖ ସମ୍ପଦ କ୍ଷଣକରେ ଯିବ ନିମିଷିକ ଅଛି ରହି ।
ତେଣୁ କରି ମୋତେ ବହୁତ ଆକୁଳ ଭୋଗକୁ ମୋ ଆଶା ନାହିଁ ।୫।
ମାୟାରେ ତ୍ରୈଲୋକ୍ୟ ହେବ ପରା ଲୋପ୍ୟ ସରିବ ପୃଥ୍ୱୀରେ ହାଟ ।
ବାର ଯାଇ ତେର ଚଉଦ ଅଙ୍କରୁ ପଡ଼ିଲାଣି ଦେବକୂଟ ।୬।

ଭୁଞ୍ଜି ବାର ଅନ୍ନ ଦିଶିଲା ବିବର୍ଣ୍ଣ ନେଇ ପକାଇଲେ ଧୂଳି ।
ତୃଷାଭରେ ଜଳ ଆତୁରେ ପିଅନ୍ତେ ଛଡ଼ାଇ ଦେଲେଣି ଢାଳି ।୭।
ଯେତେକ ବିଚାର କରୁଛନ୍ତି ନର ଏ ସର୍ବ ମିଥ୍ୟା ରଚନା ।
ଅନ୍ୟାୟକୁ ନ୍ୟାୟ କରି ସଭାଜନ କରୁଛନ୍ତି ହାର ଜିଣା ।୮।
ସାଧୁ ସନ୍ଥ ସଙ୍ଗ କରୁଛନ୍ତି ଭଙ୍ଗ ଉପହାସେ ପାରି ବୋବି ।
କଳିଯୁଗେ ସାତ ବରଷ ପୁତ୍ରଙ୍କୁ ହାରିବେ ପଣ୍ଡିତ କବି ।୯।
ସତ୍ୟକୁ ଛାଡ଼ିଲେ ଅମଡ଼ା ମାଡ଼ିଲେ ଲାଗିଅଛି ନଟକୂଟ ।
ମିଛ ପସରାକୁ ଆବୋରି ଅଛନ୍ତି ବସାଇ ବଜାର ହାଟ ।୧୦।
ନ ଜାଣନ୍ତି ଭେଦ ନ ଜାଣନ୍ତି ସ୍ୱାଦ ଅମୃତରେ ନାହିଁ ମନ ।
ସାଧୁ ମଧୁରସ ଛାଡ଼ି ସୁଜ୍ଞଜନେ ବିଷ କରୁଅଛ ପାନ ।୧୧।
ଅଧିକ କଥାରେ ବିଷୟା ବୃଥାରେ କିସ ପ୍ରୟୋଜନ ଅଛି ।
କି କର୍ମ କରୁଛି କି ଦ୍ରୋହ ଅର୍ଜୁଛି ଗୋଚର ମନେ ନୋହୁଛି ।୧୨।
ସମର୍ପିଲା ସତ୍ୟ ପାଇଲା ସମସ୍ତ ବାଞ୍ଛିତ ପସରା ବୋଝ ।
ଦେବ କି ନ ଦେବ ହେବ କି ନ ହେବ ଶ୍ରୀଛାମୁକୁ ହେବ ଲାଜ ।୧୩।
ପୂର୍ବର ସୁକୃତ ଲଲାଟ ଲିଖିତ କର୍ମେ ଯେବେ ଥିବ ଖର୍ଜୀ ।
ମୁଁ କିସ ଜାଣଇ ପ୍ରଭୁ ସିନା ଜାଣ ତୁମ୍ଭର ମହତ୍ତ୍ୱ ମଜି ।୧୪।
ତାରଣ ମାରଣ ଯୁଗକୁ ଧାରଣ କାରଣରକୁ ସର୍ବ ଶୁଭ ।
ଏକା ସ୍ୱାମୀ ବିନୁ ଚିତ୍ତରେ ମୋହର ନ ଜାଣଇ ଅନ୍ୟ ଦେବ ।୧୫।
ଏକା ସ୍ୱାମୀ ବିନୁ ଅନ୍ୟ ପ୍ରଭୁ ଆଉ କରି ନୋହେ କାହା କୃତେ ।
ଯାହା ବିଚାରିଛି ଲଭିବା ପର୍ଯ୍ୟନ୍ତ ମନରେ ନାହିଁ ପରତେ ।୧୬।
ରୂପରୁ ଅରୂପ ଅରୂପରୁ ରୂପ ସର୍ବଘଟେ ବିଜେ ହରି ।
ଭଗତ ଆରତ ବାନା ବହିଅଛି ଅରକ୍ଷକୁ ହିତକାରୀ ।୧୭।
ପ୍ରକୃତି ଜଞ୍ଜାଳ ସକଳ ସମ୍ଭାଳ ପ୍ରାଣର ବଲ୍ଲଭ ମଣି ।
ଫଳଶ୍ରୁତି ଗତି ମୁକ୍ତି ପରାପତ ଯଥାବିଧି ମତ ଜାଣି ।୧୮।
ଭାଙ୍ଗିଗଲେ ଫନ୍ଦା ପାଇବଟି ନିନ୍ଦା ହୋଇବଟି ଅପ୍ରମାଏ ।
ବିଚାରି ବିବେକ କରି ମହାପ୍ରଭୁ ଯାହା ବୁଝି କର ନ୍ୟାଏ ।୧୯।
ନିଷ୍କାମ ଧର୍ମରେ ନିର୍ବେଦ କର୍ମରେ ଜଗାଇ ଭଜନ ଧୂନି ।
ଗୁରୁ ପାଦାର୍ବିନ୍ଦେ ଭାଷା ପରବନ୍ଧେ ଭୀମ ଅରକ୍ଷିତ ଭଣି ।୨୦।

•

ପଞ୍ଚଦଶ ବୋଲି

ସ୍ଥାବରୁ ଜଙ୍ଗମ କୀଟରୁ ପତଙ୍ଗ ଚାହିଁ ଦେଲେ ଅନୁସରି ।
ସକଳ ଘଟରେ ପୂରି ସମାନରେ ନୋହେ ସାନ ବଡ଼ କରି ।୧।
ଭାବକୁ ନିକଟ ଅଭାବେ ଅଭେଟ ଭକ୍ତ ଭାବେ ପରା ବଶ ।
ଏ ମୋର ଗୁହାରି ନ ଶୁଣ କି କରି ଧରିଅଛ କେଉଁ ରୋଷ ।୨।
ବଚନକୁ ଏଡ଼ି ଭଗତିକୁ ଛାଡ଼ି ଅନ୍ୟରେ କି ବଢ଼ିଗଲି ।
ପ୍ରଭୁ ଶ୍ରୀଛାମୁରେ ସେବିବା ପୟରେ କି କି ଅପରାଧ କଲି ।୩।
ନ ଶୁଣିଲା ପରି ହେଉଅଛ ହରି ଦେଉଅଛ ଦଣ୍ଡ ସଜା ।
ପାଖରୁ ଅନ୍ତର କରି ନିରନ୍ତର ଦୟାରେ ହେଉଛ ଦୂଜା ।୪।
ନୋହୁଛି କରୁଣା ଅଲେଖ ଅବନା ଯୁଗ ରହିଲାଣି ବାକି ।
ବନବାସ ଘୋରେ ଝାଡର ଭିତରେ କେତେକାଳ ଥିବ ରଖି ।୫।
ଚିରକାଳ ରଙ୍କ ଆଶା ମୋ ଅନେକ ଜନ୍ମ ଜନ୍ମାନ୍ତରୁ ଦୁଃଖୀ ।
ପ୍ରାପତ ନିଧିକି ସକଳ ସିଦ୍ଧିକି ଅପ୍ରସ୍ତୁତ ଯୁଗ ଦେଖି ।୬।
ଖାଇବାକୁ ଅନ୍ନ ପିନ୍ଧିବାକୁ ବସ୍ତ୍ର ସୁସ୍ପେଷ୍ଟ ନ ମିଳୁଛି କିଛି ।
ଅଧମ ଜୀବକୁ ହୀନ ପାମରକୁ କେତେ ଦିନେ ଦୟା ଅଛି ।୭।
ଗମିବି କି ଯୋଗେ ଭଜିବି କି ମାର୍ଗେ ସଦବୁଦ୍ଧି ଜ୍ଞାନ ନାହିଁ ।
ନୋହେ ସାଧୁସନ୍ଥ ନୁହଇ ପଣ୍ଡିତ ପ୍ରକୃତ ଅତିଥି ମୁହିଁ ।୮।
ଆପେ ମଣ୍ଡି ପାର ଆପେ ଖଣ୍ଡି ପାର ବାଞ୍ଛାଫଳେ ଉଦେ ରିପୁ ।
ବିଚାରୁଛି ଚିତ୍ତେ ହୃଦୟର ଗତେ ପ୍ରଭୁ ମୋର ବଳ ବପୁ ।୯।
ମହାପ୍ରଭୁ ହୋଇ କର୍ତ୍ତାପଦ ବହି ସକଳ ହେଉଛି ବୃଥା ।
ପିଣ୍ଡ ଦେଇ ପ୍ରଭୁ ମଣ୍ଡ ନ ଦେଉଛ ଏ ପୁଣି କେବଣ କଥା ।୧୦।
ଭକତ ଜୀବନ ଦରିଦ୍ରଙ୍କ ଧନ ଅନାଦିତ କୃପାସିନ୍ଧୁ ।
ଆପେ ସାହା ବାହା କରିବାକୁ ଆହା ପ୍ରଭୁ ମୋର ବର୍ଗବନ୍ଧୁ ।୧୧।
ଯେହ୍ନେ ଜଳଧାର ସେହି ପରକାର ଯନ୍ତ୍ରରେ ସୂତ୍ରକୁ ଧରି ।
ଚିଆଇଁ ଚୈତନ୍ୟ ଜୀବ ପରମକୁ ଭେଟାଭେଟି କର ହରି ।୧୨।
ସତ୍ୟ ତ୍ରେତୟା ଦ୍ୱାପର କଳି ଆଦି ଚାରିଯୁଗକୁ ଯେ ଧରି ।
ଭାରା ହରୁ ପୃଥ୍ୱୀ ଆଦି କର୍ମ ରୀତି କ୍ଷୀର ନୀର ପ୍ରୀତି ପରି ।୧୩।

କଳ୍ପଣା ବିଚାରି କାମନା ଉଙ୍କାରି କରିଅଛ ଉଦଯୋଗ ।
ମୁଁ କିସ ଜାଣଇ ପ୍ରଭୁ ସିନା ଜାଣ ହେବ କି ନ ହେବ ଭୋଗ ।୧୪।
ନ ପାଞ୍ଚନ୍ତେ ଫଳ ଉପୁଜୁଛି ଖଳ ଶଠେବାର ବସି ହାଟ ।
ଯେହ୍ନେ ଜଳେ ମୀନ ଧୀବରରେ ପୁଣ ବିନାଦୋଷେ ହୋଏ ନଷ୍ଟ ।୧୫।
ଚିନ୍ତା ଅର୍ଥ ନେଇ ପାଦତଳେ ଥୋଇ କରିଛି ବହୁତ ଆଶ ।
ପିତା ଥାଉଁ ପୁତ୍ର ସଭାମଣ୍ଡି ଥିଲେ ଜଗତେ ବୋଲିବେ କିସ ।୧୬।
ନୋହୁ ସିଂହାସନ ଯୋଗୀବେଶେ ଦିନ ଯାଉ ପଛେ ଏହି ମତେ ।
ମୋହର ନିମନ୍ତେ ଶ୍ରୀଛାମୁକୁ ନିନ୍ଦା କାହିଁପାଇଁ ଅନିମତ୍ତେ ।୧୭।
ସଂସାର ଆଚାରେ ମନର ବିଚାରେ ମାୟାକୁ ଆବୋରି ଦେଖି ।
କିମ୍ପା ହନ୍ତସନ୍ତ ହେବି ଶ୍ରମପଥ କର୍ମେ ଯେବେ ନାହିଁ ଲେଖି ।୧୮।
ଲାଭ ହାନି ବେନି ପ୍ରକାରେ ଲିହିଛି ସବୁକାଳେ ନୁହେଁ ଚିର ।
ଯେସନେ ବାଳକେ ଶିଷ୍ୟଙ୍କ ମେଳକେ ନିମିଷକ ଖେଳଘର ।୧୯।
ପ୍ରେମେ ପୁଲକିତ ଅଶ୍ରୁ ଜଳଯୁକ୍ତ କ୍ରୋଧ ଭରେ ଗଦଗଦ ।
କପାଳରେ ହସ୍ତ ଦେଇ ଭୀମଭକ୍ତ କହେ ତିନିଶତ ପଦ ।୨୦।

•

ଷୋଡ଼ଶ ବୋଲି

ଧନରତ୍ନ ମାନ ଆୟ ଆଭରଣ କାହୁଁ ପାଇବି ଲୋଡ଼ିଲେ ।
ବିନା କମାଣିରେ ଆୟ ବ୍ୟୟ ନୁହେଁ ପୂର୍ବ ସୁକୃତ ନ ଥିଲେ ।୧।
ମାରକଣ୍ଡ ଋଷି ଯାଉଥିଲେ ଭାସି ପୃଥ୍ୱୀ ମହାପ୍ରଳୟରେ ।
ଶ୍ରୀଭୁଜ ବଢ଼ାଇ ଦୟାଚିତ୍ତେ ନେଇ ରଖିଲ ଗର୍ଭ ଭିତରେ ।୨।
ସେହି ରୂପେ ମୁହିଁ ଭାସି ଯାଉଅଛି ମାୟା ଜଳ ସୋହତିରେ ।
ହେଉଛି ଦହନ ସମିଧ ଯେସନ କାଳଅଗ୍ନି ଆହୁତିରେ ।୩।
ହିରଣ୍ୟ ଦୈତ୍ୟ ଯେ ଶତବାର ବଧି ପୁତ୍ରକୁ ମେଲିଲା ଜଳ ।
ଦଧି ଭାଣ୍ଡରୁ ଲବଣୀ ଯେହ୍ନେ କାଢି ଉଦ୍ଧରିଲ ଆଦିମୂଳ ।୪।
ସେହି ରୂପେ ମୁହିଁ ଭବସିନ୍ଧୁ ଜଳେ ଭାସି ଯାଉଅଛି ଦେଖ ।
ସଦାନନ୍ଦ ସ୍ୱାମୀ ଉଦ୍ଧରିବେ ବୋଲି ବେଳହୁଁ କରିଛି ଠିକ ।୫।

ଗଜକୁ କୁମ୍ଭୀର ଜଳର ଭିତରେ ନିର୍ବନ୍ଧେ ଛନ୍ଦିଲା ନେଇ ।
ଶୂନ୍ୟେ ଚକ୍ର ପେଶି ଗ୍ରାହକୁ ନାଶିଲ, ଉଦ୍ଧରିଲ ଭାବଗ୍ରାହୀ ।୬।
ତହିଁରୁ ଅଧିକ ବିପତ୍ତି ସନ୍ତାପ ବେଢ଼ାଇଛି ମାୟାଜାଲ ।
କର୍ମଦେବ ସ୍ୱାମୀ କଟାକ୍ଷରେ ଚାହିଁ ନିବାରିବେ କୂଟ ଖଳ ।୭।
ଘୋର ବନେ ପ୍ରଭୁ ମୃଗୁଣୀ ଡାକିଲା ଯେଣୁ ପଡ଼ିଲା ବିପତ୍ତି ।
ତା' ଦୁଃଖ ଫେଡ଼ିଲ ଅରୂପ ଅଖିଳ ପାରିକଲ ହେ ଅଜ୍ୟୋତି ।୮।
ମାୟା ଫାନ୍ଦ ପାତି ବିଷୟା ବିପତ୍ତି ଆବୋରିଛି ଚଉଦିଗେ ।
ଚିରାନନ୍ଦ ସ୍ୱାମୀ ଚିରକାଳ ରଖି ନିସ୍ତାରିବା ହେଉ ବେଗେ ।୯।
ଘୋର ବନବାସେ ଜନକ କୁମାରୀ ହରିନେଲା ଦଶଶିରି ।
ବାନ୍ଧି ସେତୁବନ୍ଧ ଛେଦି ଦଶକନ୍ଧ ଜାନକୀ ସଙ୍କଟୁ ତାରି ।୧୦।
ସୀତା ଅଶୋକବନେ କଷ୍ଟ ପାଇଲେ ରାବଣ ଉତପାତରୁ ।
ସଖା ହୋଇ ଥରେ ରକ୍ଷାକର ବାରେ ବିମୁଖ ବନ ଭିତରୁ ।୧୧।
ଦ୍ରୁପଦ ଦୁଲଣୀ ଦୁଃଶାସନ ଆଣି ଉଲଗ୍ନରେ ବଳବନ୍ତ ।
କୋଟିବସ୍ତ୍ର ଦେଇ ଚକ୍ରକୁ ଘୋଡ଼ାଇ ରଖିଲ ତାଙ୍କ ମହତ ।୧୨।
ଦ୍ରୌପଦୀ ପରାୟ କଷଣ ଦେଉଛି କଳିକାଳ ମିଥ୍ୟାପାପ ।
ଯାଉଅଛି ଭେଦି ପକାଅନା ଛେଦି ଅକଞ୍ଚନା ଶ୍ରୁତି ଜପ ।୧୩।
ଜରାସନ୍ଧ ବୀର ଲକ୍ଷେ ରାଜା ବନ୍ଦୀ ଅଗ୍ନିରେ ଦହିଲା ବେଳେ ।
ଅନ୍ତର୍ଯ୍ୟାମୀ ପ୍ରଭୁ ଅନ୍ତର୍ଗତେ ଜାଣି ଉଦ୍ଧରିଲ ଅବହେଳେ ।୧୪।
ଲୋଭ ମୋହ କାମ କ୍ରୋଧ ଅହଂକାର ନିରନ୍ତର ଲାଗି ବାଦୀ ।
ଦାନବ ପରାଏ ହୋଇ ଏ ସମସ୍ତେ ଧରି ମାରୁଛନ୍ତି ସାଧି ।୧୫।
ସୁରଭିତ ନାରୀ କାରୁଣ୍ୟରେ ଘାରି ସୁର ପ୍ରୀତିରେ ଆକୁଳ ।
ମୂର୍ତ୍ତିକି ଲଭଇ ପତିରେ ବିଳୋହି ସଙ୍ଗେ ଦାରିଦ୍ର୍ୟ ଫେଡ଼ିଲ ।୧୬।
ମୁହିଁ ସେ ପ୍ରକାର ଅନନ୍ତ ଈଶ୍ୱର ଡୁବି କାରୁଣ୍ୟ ଜଳରେ ।
ଆଦି ଦୟାନିଧି କର ସର୍ବସିଦ୍ଧି ଆନନ୍ଦ ସୁଖ ସାଗରେ ।୧୭।
ଚାରୁଭୀତ ବାମା ନରଧିତ ହିତେ ସନ୍ୟ କୁମାରକୁ ଆଣି ।
ଅନ୍ତର ବେଦନା ଅନ୍ତର୍ଗତେ ଜଣା ବିହିଲ ଅବ୍ୟକ୍ତ ମଣି ।୧୮।

ମୁଁ ଯେ ଅଭାଗିନୀ ମୂଢ଼ ପାପୀ ପ୍ରାଣୀ ଆଶା ଲୋଭେ ଅନୁସରି ।
ଦେଖି ମୋ ବିକଳ ଦିଅ ଖଞ୍ଜା ମୂଳ ଦିନ ବଞ୍ଚିବି ଯେପରି ।୧୯।
ଗୃହ ଧର୍ମେ ଥିବି ଅନାସ୍ଥା ନୋହିବି ଆଜ୍ଞା ହେଉ ଏହି ବାଗେ ।
ଶ୍ରୀଗୁରୁ ଛାମୁରେ ଭୀମ ଅରକ୍ଷିତ କରପତ୍ର ଯୋଡ଼ି ମାଗେ ।୨୦।

ସପ୍ତଦଶ ବୋଲି

ଦୁର୍ଯ୍ୟୋଧନ ରାଜା ପଞ୍ଚୁପାଣ୍ଡବଙ୍କୁ ଜଉଘରେ ଦେଲା ଭରି ।
ଲୁଚାଇଲ କାୟା ଦେଖାଇଲ ମାୟା ଗୁପତରେ କଲ ପାରି ।୧।
ସତ୍ୟ ଧର୍ମମାର୍ଗେ କରୁଣା ସମ୍ପର୍କେ ବିପଦକୁ କର କ୍ଷୟ ।
ଫିଟାଅ କଳଙ୍କ ଭୁଞ୍ଜାଅ ସାତୁକ୍ୟ ଜଗତରେ ଠାବ ଦିଅ ।୨।
କେଉଁ ଆଜ୍ଞା ହେବ ଚିରକାଳ ଥିବ ମନେ ଯାହା ଅଛି ଭାବି ।
ଜଗତ ସଂସାର କେହି ନ ଜାଣିବେ ମୁହିଁ ଏକା ଜାଣୁଥିବି ।୩।
ପାଞ୍ଚାଳ ଦେଶରେ ଗୁପତ ଭାବରେ ଲାଖବିନ୍ଧା ଅରଜୁନ ।
ପଞ୍ଚୁ ପାଣ୍ଡବଙ୍କୁ ଦ୍ରୌପଦୀଙ୍କି ଦେଇ କଲ ଯୁଦ୍ଧ ଆଭରଣ ।୪।
ଗୁରୁଦେବ ସ୍ୱାମୀ ସର୍ବ ଅନ୍ତର୍ଯ୍ୟାମୀ ଅଧିକ କହିବି କେତେ ।
ପ୍ରଭୁ ଶ୍ରୀଛାମୁରେ ମନର ଭିତରେ ମାଗୁଣି ମୋହର ଏତେ ।୫।
ସେବା ଭକ୍ତି ନିଅ ହସ୍ତ ତୋଳିଦିଅ କର୍ମ ସିଦ୍ଧି ବିଧାନକ ।
ଦୟାରେ ବର୍ଦ୍ଧିତ କରି ଅବଧୂତ ସନମାନ କରି ରଖ ।୬।
ତ୍ରେତୟା ଯୁଗରେ ରାମ ଅବତାରେ ଅଭିଷେକ ହେବା ବେଳେ ।
ମିଳି ସର୍ବଋଷି ଚାହିଁ ରୂପରାଶି ପଞ୍ଚୁ ମନେ ବିଚାରିଲେ ।୭।
ତାଙ୍କ କଳ୍ପଣା ମନେ ଘେନି ଆପଣ ଆହେ ଅଣରୂପ ଶୂନ୍ୟ ।
ବ୍ରଜ ନାରୀ କରି ଗୁପତେ ଲଭିଲ ମନବାଞ୍ଛା କଲ ପୂର୍ଣ୍ଣ ।୮।
ମୁହିଁ ସିନା ଅନ୍ତର୍ଗତରେ ଭାବନା କରୁଅଛି ନିରନ୍ତରେ ।
ଚାହିଁଦେଲେ ହରି ଯିବି ମୁଁ ନିସ୍ତରି କରୁଣାଜଳ ସାଗରେ ।୯।
କଂସ ଆଜ୍ଞା ଘେନି ପ୍ରଭୁ ବେନୁପାଣି ପଦ୍ମ ପୁଷ୍ପ ଯାନ୍ତେ ତୋଳି
ଫୁଲ ଶଯ୍ୟାପରେ ଶୟନ ସ୍ଥାନରେ ପୟରେ ଦଂଶିଲା କାଳି ।୧୦।
ଗରୁଡ଼କୁ ରାଇ ଲୋଡ଼ି ଆଣ ଯାଇ ମନେ ମନେ ବହୁରୋଷ ।
ଶରଣ ବୋଲନ୍ତେ କାରଣ ପାଇଲା କ୍ଷମାକଲ ତାର ଦୋଷ ।୧୧।

ତେଢ଼େ ଅପରାଧେ ତାକୁ କ୍ଷମାକଲ ଜ୍ୟୋତିର୍ମୟ ବ୍ରହ୍ମବେତ୍ତା ।
ଏକାନ୍ତ ପୟରେ ପଶୁଛି ଶରଣ ବୁଝ ମୋ ବିନତି କଥା ।୧୨।
ମାୟାର ପ୍ରମୋଦେ ମୃଗୟା ବିନୋଦେ ଅଙ୍ଗେଘାତ କଲା ଜାରା ।
ପେଶି ବିଷ୍ଣୁ ଦୂତ ନେଲେ ସ୍ୱର୍ଗପଥ ଖଣ୍ଡି ଅପରାଧ ଭାରା ।୧୩।
ମଞ୍ଚେ ଦେହଧରି ଯୋଗ ଲୟେ କରି ଆହେ ନୀଳଗିରି ବାସୀ ।
ନାମ ବିକି କିଣି ଶାହାସ୍ର ବଖାଣି ଜନ୍ମଜନ୍ମାନ୍ତରେ ଦୋଷୀ ।୧୪।
ମୁଁ ଯେ ନିରନ୍ତରେ ପଡ଼ି ଦୁଃଖଘୋରେ ଶୂନ୍ୟବାନା ଛାୟାତଳେ ।
ତରିବାକୁ ଆଶା କରିଛି ଭରସା ଆଶୀର୍ବାଦ ନାବ ଜଳେ ।୧୫।
ଲେଖି ଚିତ୍ରଘଟ କରି ନଟକୂଟ ଯେସନେକ ରଙ୍ଗ ଢାଉ ।
କାରୁଣ୍ୟ ଜଳରୁ ତାରଣ ହେବାକୁ ବୁଦ୍ଧି ଦିଶୁନାହିଁ ଆଉ ।୧୬।
ଡାଳକୁ ସିଞ୍ଚାଡ଼ି ମୂଳକୁ ଉପାଡ଼ି ବହୁଅଛି ମହାଗାଢେ ।
ଚକ୍ରପ୍ରାୟେ ପାଣି ପକାଇ ଖୋଳନି ଧରି ଝିଙ୍କୁଅଛ ଦୃଢ଼େ ।୧୭।
ପ୍ରଭୁ ଭକ୍ତ ଯେତେ ଭଜୁଛନ୍ତି ନିତ୍ୟେ ରାମ ନାମେ ଚିତ୍ତ ଦେଇ ।
ମେଳଛ ପତିତ ପାମର ଏ ଜୀବ ଉଦ୍ଧାର ହେବାର ପାଇଁ ।୧୮।
ବାଳୁତ ଅଜ୍ଞାନ ଛନଛନ ମନ ଖେଳରସେ ଚିତ୍ତ ସରି ।
ସଂସାର ସାଗରୁ ପାରିହେବି ବୋଲି ସାଧୁଜନ ପାଦ ଧରି ।୧୯।
ଗୁରୁଦେବ ବିନୁ ମୋକ୍ଷ ନୋହେ ତନୁ ଅନ୍ୟରେ ଭରସା ନାହିଁ ।
ପ୍ରଭୁପାଦ ଧ୍ୟାୟି ଭଣେ ଭୀମଭୋଇ ହେତୁ ଘରେ ନାମ ଥୋଇ ।୨୦।

•

ଅଷ୍ଟାଦଶ ବୋଲି

ପାପପଙ୍କେ ମନ ବୁଡ଼ି ଅନୁକ୍ଷଣ ନାହିଁ ସଦ୍‌ଜ୍ଞାନ ଗତି ।
ନରଦେହ ବହି କେ ପାରିବ କହି ପ୍ରଭୁଙ୍କ ମହିମା ରୀତି ।୧।
ଅଣରୂପ ଶବ୍ଦ ନାହିଁ ବର୍ଣ୍ଣଭେଦ କେହୁ ମୁଖେ ବଖାଣିବ ।
ନିରାମିଷ ନିଅଇଁଠା ସେହୁ ପଦ ଓଲଟଇ ନାହିଁ ଜିଭ ।୨।
କାମନା କଳ୍ପଣା ଶ୍ରୁତି ସୁମରଣା ବର୍ଣ୍ଣିବାକୁ ଅଛି କାହିଁ ।
ଜ୍ଞାନ ବେନିଚକ୍ଷୁ ଏକମାତ୍ର ସାକ୍ଷୀ ଚର୍ମନେତ୍ର ଦିଶୁନାହିଁ ।୩।

ନିରନ୍ତର ଶ୍ରମି କେ ପାରିବ ଗମି ନାସା ପବନେ ଭଜନା ।
ଅନାଦି ଅଶେଷ ଆକାରେ ନମିଶି ଅବିକାର ତା ବାସନା ।୪।
ମାୟାମୋହେ ଦ୍ୱନ୍ଦ୍ୱୀ ପଡ଼ିଛନ୍ତି ବନ୍ଦୀ କେ ଅବା ତାକୁ ଜାଣୁଛି ।
ଚଉଦଭୁବନେ ସଂସାରସାଗରେ ମୀନ ପ୍ରାୟ ଚହଟୁଛି ।୫।
ଅତି ଯତନରେ ମାୟା ଯୋନି-ଜାଲ-ଶତେ-ପୁର ଅଛି ଛନ୍ଦି ।
ଜୀବ ପରମ ଜନମ ମୂଳ ଧରି ବାମ କରେ ଅଛି ବାନ୍ଧି ।୬।
ଶୂନ୍ୟର ପୁରୁଷ ଶୂନ୍ୟରେ ତା ବାସ ଚଉଦଭୁବନେ ଭେଦି ।
ଘୋଟିଛି ଆବୋରି ଯେସନେକ ବାରି ନାହିଁ ଯାର ଅନ୍ତ ଆଦି ।୭।
ରୋମଚର୍ମ ପ୍ରାୟେ ଆବୋରିଛି କାଏ ନାହିଁ ଯାର ରୂପ ଛାଇ ।
ଦୁଃଖ ବ୍ୟାଧିମାନ ଅଙ୍ଗରେ ପୀଡନ୍ତେ କରୁଥାଇ ହାଇ ହାଇ ।୮।
ଯେ ଯହିଁରେ ଥିଲେ କର୍ମ ଯୋଗବଳେ ଭେଟାଭେଟି ହେଲେ ଆସି ।
ପିତାମାତା ପିଣ୍ଡ ବିଚାରି ସଞ୍ଚିଲେ ଦ୍ୱିତୀ ଯୁଗଳରେ ବସି ।୯।
ଏକାଅଙ୍ଗ ବେନିଅଙ୍ଗ ଏକ ଅଙ୍ଗ କରି ଏକାନ୍ତେ ମିଶାଇ
ବରଷାରତୁରେ ଜଳ ସୋହିତରେ ଯେସନକ ବଢ଼ି ନଈ ।୧୦।
ମାତା ପ୍ରେମ ପସରା ହାଟ ବସାଇ ପରମକୁ କିଣି ନେଲେ ।
ବଣିଜର ବୁଢ଼ା ନିତ୍ୟେ କରି ପିତା ବ୍ରହ୍ମକୁ ସହିତେ ଦେଲେ ।୧୧।
ପ୍ରଭୁ ସେବାକାଳେ ପୁଣ୍ୟେ ଯେତେବେଳେ ଧର୍ମକୁ ହୋଇଲା ହିତ ।
କୋଟି ଜନ୍ମ ତପ ବାସନାର ବଳେ ଏ ପିଣ୍ଡ ହୋଇଛି ଜାତ ।୧୨।
ଚିଆଁ ଚଇତନ ପଞ୍ଚୁଆତ୍ମା ମନ ବିଅର୍ଥ ପଡୁଛି ହୁଡି ।
କାଳକ-ଅନ୍ତରେ କୁମ୍ଭୀ ନରକରେ କୋଟି ଜନ୍ମ ଥିବି ପଡି ।୧୩।
ଛାଡ଼ିଗଲେ ଜୀବ ଅକାରଣ ହେବ ଏ ପିଣ୍ଡେ ପଡ଼ିବ କାହିଁ ।
ସ୍ୱର୍ଗେ ଦେବଗଣ ସ୍ତୁତି କରୁଛନ୍ତି ଏ ଦୁର୍ଲ୍ଲଭ ଜନ୍ମ ପାଇଁ ।୧୪।
ଛେଦିବାକୁ ଦୁଃଖ ଲଭିବାକୁ ସୁଖ ମନେ କଲି ଯେତେ ବାଞ୍ଛା ।
ଅବିବେକ ବିହି ଯଶା ଅଛି ଲିହି ପ୍ରତିଦିନ ଦୋଦୋ ପଞ୍ଚା ।୧୫।
ନିରନ୍ତରେ ଭଗ୍ନ କରାଉଛି ବିଘ୍ନ ଅସ୍ଥି ମାଂସ କରି ଲୋଚା ।
ସମସ୍ତ ଲୋକ ପକ୍ୱଫଳ ପାଇଲେ ମୋ ଭାଗ୍ୟେ ପଡ଼ିଲା କଞ୍ଚା ।୧୬।
ପ୍ରସାରନ୍ତେ ଅଣ୍ଟି ତୋଳିଦେଲେ ବାଣ୍ଟି ପାଇଲେ ସାରିଆ ପଡ଼ି ।
ଥିଲା ମୋ କର୍ମରେ ପୂର୍ବ ଅଧର୍ମରେ ଖୁଦ ମଲୁଖାଦି ଗୋଡ଼ି ।୧୭।

ସେ ଯେତେକ ପଡ଼ି କର୍ମକୁ ଆଦରି ଭୁଜନ୍ତେ ହୋଇଲା ବୃଥା ।
ପାଟିରେ ନ ପଡ଼ି ହସ୍ତୁ ଗଲା ଝଡ଼ି କରେ ସ୍ୱାଦୁ କରେ ପିତା ।୧୮।
ଜନ୍ମ ଫନ୍ଦାବୃତ୍ତି ଜଗତର ରୀତି ଆପକୁ ନୋହିଲା ହିତ ।
ଲଲାଟ ପଟେ ଅପକର୍ମକୁ ଦେଖି ଏହା କଲୁ ହୋ ବିଧାତା ।୧୯।
ଶୋକ ସନ୍ତାପରେ ବୁଡି ଚିନ୍ତାଜ୍ୱରେ ପୁଣି ପୁଣି ପଦ ବନ୍ଦେ ।
କପାଳରେ ହସ୍ତ ଦେଇ ଭୀମ ଭକ୍ତ ଶ୍ରୀଗୁରୁ ସୁମରି କାନ୍ଦେ ।୨୦।

•

ଊନବିଂଶ ବୋଲି

ବିଚାରି ଆଣନ୍ତେ ବେଭାର ବୁଝନ୍ତେ ଅଧିକେ ଉଠୁଛି କୋହ ।
ପଞ୍ଚଭୂତ ଆତ୍ମା କ୍ଷଣେ ସୁସ୍ଥ ନାହିଁ ପୋଡ଼ି ଯାଉଛି ହୃଦୟ ।୧।
ମୁଁ ଯେ ଏତେ ସରି ହେଉଅଛି ହରି କିମ୍ପା ନ କରୁଛ ଦୟା ।
ପାଞ୍ଚମନ ପଞ୍ଚଅଗ୍ନିରେ ପୋଡୁଛି ଯେସନେ କୁରାଳ ଉହା ।୨।
ବିଚାର ନ ପଡ଼ି କହୁଥାନ୍ତି ଚଢ଼ି କା କର୍ମ କେ ଖୋଳି ନେବ ।
ପ୍ରଳୟ କାଳରେ ସଂଯୋଗ ବଳରେ ଥାଇ ଯାକୁ ଯେଉଁ ଯୋଗ ।୩।
ସମୁଦ୍ର ପରାଏ କୃପା ଜଳମଏ ଅନାଥ ଲୋକର ନାଥ ।
ଅକର୍ମ ପସରା ଖଣ୍ଡିବାକୁ ଭାରା ଗୁରୁଦେବ ସାମରଥ ।୪।
ରଙ୍ଗ କଳା ଧଳା ଏକତ୍ରେ ମିଶିଲା ଝାବୋଡ଼ା ହୋଇଛି ଧାନ ।
ଭିନ୍ନ ଭିନ୍ନ କରି ପକାଇବେ ବାରି ଗୁରୁଦେବ ଥିଲେ ଧନ୍ୟ ।୫।
ବାହ୍ୟକୁ ଲଗାଇ ଲଜ୍ଜାକୁ ଜଗାଇ ମିଛ ପସରାକୁ ସାର ।
ମହାକାଳ ଫଳ ବାହାରେ ସୁନ୍ଦର ଭିତରେ ପୋଡ଼ା ଅଙ୍ଗାର ।୬।
ମହିମା ସାଗର ବାନା ତିନିପୁର ଧ୍ୱନି ଯେବେ ଅନାହତ ।
ବଚନ ନ ମେଣ୍ଟି ପାଦତଳେ ଖଟି ଶତ୍ରୁ ଆସି ହେବ ମିତ ।୭।
ସବୁଠାରୁ ଆସି ଏକାନ୍ତରେ ମିଶି ଗୋଳିଆ ହୋଇଛି ପାଣି ।
ଆଦି ଅବଧୂତ କରିବେ ପବିତ୍ର ଜ୍ଞାନ ଖଡ଼ଗରେ ହାଣି ।୮।
ମୁଁ ଯେବେ କପଟେ ବିଷୟା ଲମ୍ପଟେ ଅଛି ଯେବେ ନାନା ଦୋଷେ ।
ଏଥିକି ଚାହିଁ ବିଚାର ମହାପ୍ରଭୁ ଯେବା ଦଣ୍ଡ ଶାସ୍ତି ଦିଶେ ।୯।

ପରହିଂସକ ପରବାଦ ରମଣୀ ଧନ ସଧେ ଯେବେ ଅଛି ।
ସତ୍ୟାନନ୍ଦ ସ୍ୱାମୀ ଆହେ ଶୂନ୍ୟଚାନ୍ଦ ସଂଶୟ ନ ରଖ କିଛି ।୧୦।
ଧ୍ୟାନ ଯୋଗେ ବସି ଦର୍ଶନ ନିବେଶି ନାମ ବ୍ରହ୍ମେ ଥିଲେ ଚିତ୍ତ ।
ଶ୍ରୀଗୁରୁଦେବ ଯାକୁ କୋପ କରିବେ ହୋଇଯିବ ଭସ୍ମୀଭୂତ ।୧୧।
ପୋଡୁଅଛି ଆତ୍ମା ହୋଇବାକୁ କ୍ଷମା ଶାନ୍ତି କରାଇବ କେହୁ ।
ପିଣ୍ଡଆଦି ତିନି ବ୍ରହ୍ମାଣ୍ଡ ପୋଡିଲେ ସମ୍ଭାଳି ନୋହିବ ଆଉ ।୧୨।
ତିମିର ଅନ୍ଧାର କରି ମହାଘୋର ଘୋଟିଲାଣି ତିନିପୁର ।
ଧନ ଦେଖି ମନକୁ ବଳାଇ ଦେଲେ ସାଧୁତ ହେଲେଣି ଚୋର ।୧୩।
ଦେଖଦେଖ ଭାସିଗଲି ବ୍ରହ୍ମରାଶି ସୋଲ ପିଣ୍ଡ ଦିଅ ଫିଙ୍ଗି ।
ସଂସାର ଆତଯାତ ଯେଉଁ ନାବରେ ସେ ନାବ ଲୋଡଇ ବେଗି ।୧୪।
ଅଣକିଳଣୀ କବାଟ ତଳେ ଥାଇ ଜଣାଉଛି ବାରମ୍ବାର ।
ପ୍ରଳୟ ଜଳରେ ବୁଡିଗଲେ ପିଣ୍ଡ ଦୋଷ ନ ଧରିବ ମୋର ।୧୫।
ଆଲୋ ହେଲେ ପୃଥ୍ୱୀ ରହିବ କୀରତି ଯାର ତେଜ ଛାୟାରୂପ ।
ଅନ୍ଧାରେ ଲୁଚିବୁ ବୋଲୁଛନ୍ତି ନରେ ଲିଭାଇ ଅଛନ୍ତି ଦୀପ ।୧୬।
ପଣ ଧନେ ବଡ଼ ହେଉଛନ୍ତି ଗାଢ଼ ଭବକୂପେ ଛନ୍ତି ପଡ଼ି ।
ମାୟାରେ ବଞ୍ଚିତ ହୋଇ ଏ ସମସ୍ତ ସତ୍ୟାଦି ଧର୍ମକୁ ଛାଡ଼ି ।୧୭।
ମୁଁ ଯେ ସତ୍ୟଧର୍ମ ପାଳିବି ବୋଲନ୍ତେ ମନେ କରାଉଛି ଚିନ୍ତା ।
ବ୍ରହ୍ମହାଣ୍ଡିରୁ ଅନ୍ନ ମୁଠାଏ ଦେଇ ଭୁଞ୍ଜାନ୍ତେ କରୁଛ ପିତା ।୧୮।
ମୁହିଁ ସିନା ଜାଣିଥିଲି ବ୍ରହ୍ମଭାଣ୍ଡେ ପକ୍ୱ ନ ହେଉଛି ପାକ ।
ପଞ୍ଚଭୂତ ଆତ୍ମା ପ୍ରତିବୋଧକରି ଆଦରି ନିଜ କର୍ମକ ।୧୯।
ଛଡ଼ରସପାକ ଭୁଞ୍ଜିବାକୁ ଯୋଗ କରୁଥିଲି ବହୁ ଆଶ ।
ଆପେ ମଣ୍ଡିଥିଲ ଆପେ ଖଣ୍ଡି ଦେଲ କହେ ଭୀମ ଭକ୍ତ ଦାସ ।୨୦।

•

ବିଂଶ ବୋଲି

ଜଣାଇଲି ଯେତେ ତୁମ୍ଭ ପାଦ ଗତେ ବୋଇଲେ ମୋତେ ବୁଝିବା ।
ମହିମା ମହିମା ବୋଲିବାକୁ ସ୍ୱାମୀ ଭାଙ୍ଗୁଛ ମୋର ଗାରିମା ।୧।
କିରନ୍ତାନ ବୋଲି ଦେଉଛନ୍ତି ଗାଳି ନିନ୍ଦା କରୁଛନ୍ତି ଲୋକ ।
ଅଲେଖ ଅଲେଖ ବୋଲିବାକୁ ସ୍ୱାମୀ ଦେଉଛ ଦୁର୍ଦ୍ଦଣ୍ଡ ଦୁଃଖ ।୨।

ବସନ ପରାଏ ଘୋଡ଼ାଇଛି କାଏ କଳଙ୍କ ପାପ କଳକ ।
ସତ୍ୟ ଧର୍ମ ସତ୍ୟ ଧର୍ମ ବୋଲିବାକୁ ନିନ୍ଦୁଅଛନ୍ତି ସକଳ ।୩।
ଜଗତର ହିତେ ବାନ୍ଧିଲଇଁ ଗୀତେ ମୋ ମନକୁ କରି ସତ ।
ଅବଧୂତ ଅବଧୂତ ବୋଲିବାକୁ ବୋଇଲେ ବାବନାଭୂତ ।୪।
ମୁକତି ପସରା ଦିଗ ଦୀପାନ୍ତରା ବୋଲାଇଲେ ଭକ୍ତେ ନେଇ ।
ଅଣାକାର ଅଣାକାର ବୋଲିବାକୁ ଅନାଇଁ ଦେଖିଲେ ନାହିଁ ।୫।
ଅଜ୍ଞାନେ ବହୁତ ବୁଡ଼ିଅଛି ଚିତ୍ତ ଉଚ୍ଛପଦେ ଉତପାତ ।
ନିଷ୍କାମ ନିଷ୍କାମ ବୋଲିବାକୁ ସ୍ୱାମୀ ନିଶେ ଦେଉଛନ୍ତି ହାତ ।୬।
ନିଜ ନାମ ନିନ୍ଦି ମାରୁଛନ୍ତି ବାନ୍ଧି ହୋଇଲେଣି ଅପରାଧୀ ।
ନିର୍ଗୁଣ ନିର୍ଗୁଣ ବୋଲିବାକୁ ସ୍ୱାମୀ ଗ୍ରାମରୁ ଦେଲେଣି ଖେଦି ।୭।
ନେଉଛନ୍ତି ଜାତି ନାହିଁ ଜ୍ଞାନ ଗତି ଆପେ ପାଞ୍ଚୁଛନ୍ତି ବୁଦ୍ଧି ।
ନିର୍ବେଦ ନିର୍ବେଦ ବୋଲିବାକୁ ସ୍ୱାମୀ ଲାଗି ବସୁଛନ୍ତି ବାଦୀ ।୮।
ପୋଥିଗାଇ ଧୋତି ହେଉଛନ୍ତି ନିତି ନ ପାଇ ଜ୍ଞାନର ଗତି ।
ଏକ ବ୍ରହ୍ମ ଏକ ବ୍ରହ୍ମ ବୋଲିବାକୁ ମାୟା ଭ୍ରମ ବୋଲୁଛନ୍ତି ।୯।
ଗୁରୁ ଆଜ୍ଞା ଘେନି ହୁଅ ବ୍ରହ୍ମଜ୍ଞାନୀ ନିବାରି କଳି ମିଥ୍ୟାକ ।
ନାମ ଭଜ ନାମ ଭଜ ବୋଲିବାକୁ ଭାଙ୍ଗି ଯାଉଛନ୍ତି ଲୋକ ।୧୦।
ସଂସାର ସାଗରେ ଏ କଳି ଯୁଗରେ ଧୂନି ସ୍ଥାପିଛନ୍ତି ଗୁରୁ ।
ଧୂନି ଦେଖ ଧୂନି ଦେଖ ବୋଲିବାରୁ ଭାଙ୍ଗି ଯାଉଛନ୍ତି ଦୂରୁଁ ।୧୧।
କି ଧର୍ମ ଏ ହେଲା ଜଣା ତ ନଗଲା କହ ଶୁଣିଥାଉ ବେଳେ ।
ମହିମା ମହିମା ବୋଲିବାକୁ ସ୍ୱାମୀ ମହୁରା ବିଷ ମଣିଲେ ।୧୨।
ମୂର୍ତ୍ତିବନ୍ତ ତେଜ ଠାକୁରଙ୍କୁ ଭଜ କାହିଁ ତୋର ଗୁରୁ ଦେଖା ।
ଅରୂପା ଅରୂପା ବୋଲିବାକୁ ବୋଲ ଆସି ରଖୁ ତୁମ୍ଭ ବାପା ।୧୩।
ଦେଖ ଏ ସ୍ଥାନରୁ ରଖୁ ତାଙ୍କ ଗୁରୁ ସାତପାଞ୍ଚ ଏକ ମେଳେ ।
ଅଜପା ଅଜପା ବୋଲିବାକୁ ସ୍ୱାମୀ ଅଛବ ଜାତି ବୋଇଲେ ।୧୪।
କାହିଁ କାହିଁ ଥିଲେ ବାହାର ହୋଇଲେ ଯହୁଁ ନ ମିଳିଲା ଭାତ ।
ଏକାଙ୍ଗ ଭଗତି ବୋଲିବାରୁ ବୋଲେ ଅଧମ ଏ ଅରକ୍ଷିତ ।୧୫।
କରି ଠକପଣ ନେଉଛନ୍ତି ଦିନ ଘୋର ଯୁଗ କଳିକାଳେ ।
କାରଣ କର୍ତ୍ତାକୁ ଲାଭ ବୋଲିବାରୁ କର୍ଣ୍ଣପିଶାଚୀ ବୋଇଲେ ।୧୬।

ଶାସ୍ତ୍ରେ ବୁଝି ବସ ଏମନ୍ତ ଭବିଷ୍ୟ କେଉଁ ବେଦେ ଅଛି ଏହା ।
ତାଙ୍କ ଗୁରୁ ଜାତି ପଠାଣ ଅଟନ୍ତି ବୋଇଲେ ଖପରାଖିଆ ।୧୭।
ନ ଦିଅରେ ଠାବ ମୂଢ଼ ପାପୀ ଜୀବ ଦେଖିଲେ ଦୂରୁ ନିବାର ।
ସମଦୀକ୍ଷା ସମଦୀକ୍ଷା ବୋଲିବାକୁ ବୋଇଲେ ଶ୍ୱାନ କୁକ୍କୁର ।୧୮।
ଏ ବଚନ ଶୁଣି ମନେ ମନେ ଗୁଣି ବେନିପାଦ ନ ଚଳଇ ।
ଯହିଁ ଗଲେ ତହିଁ ଉଦଣ୍ଡ ଏ କଲେ ପ୍ରଚରିବୁ ଆମ୍ଭେ କାହିଁ ।୧୯।
ଅଜ୍ଞାନୀଙ୍କୁ ବିଷ ଭଗତକୁ ରସ ସୁଜ୍ଞାନୀ ଜନକୁ ଭେଦ ।
ଭଣେ ଭୀମ କନ୍ଧ ସ୍ୱାମୀ ଶୂନ୍ୟଚାନ୍ଦ ଠିକ ଚାରିଶତ ପଦ ।୨୦।

●

ଏକବିଂଶ ବୋଲି

ଆହୁରି ରହିଲା ବର୍ଣ୍ଣି ନ ସରିଲା ସଂସାର ବିଷୟ କଥା ।
ଲେଖନ ପତର ଧରି ନିରନ୍ତର କେତେ ମୁଁ କରିବି ପୋଥା ।୧।
ବାଲୁତ କାଳରୁ ଜାଣିଅଛି ସ୍ୱାମୀ ଏ ମୋ ଦୂରଦଣ୍ଡ ଦୁଃଖ ।
ହୃଦପଦ୍ମେ ଚିନ୍ତାକରି ଅପ୍ରମିତା ଦଣ୍ଡେ ନାହିଁ ମୋର ସୁଖ ।୨।
ଜନମ ଦିନରୁ ଦୁଇ ବରଷରୁ ବସିଲାକ ହେତୁ ବୁଦ୍ଧି ।
ପଞ୍ଚମନେ ଆସିଭେଦ ଗଲା ପଶି ଜୀବନ ହେଉଛି ଶୋଧି ।୩।
ଏକାହୋଇ ମୁହିଁ ବସିଥିଲେ ଯହିଁ ମନେ ପଡ଼ିଗଲେ କଥା ।
ପଞ୍ଚଭୂତ ଆତ୍ମା ଦଗଧି ହୁଅଇ ବୁଡ଼ି ଯାଉଅଛି ଚେତା ।୪।
ବିଚାରୁଥାଇ ହୃଦୟରେ ମନକୁ ଦୁର୍ଲ୍ଲଭ ଜନମ ଦେହୀ ।
କୋମଳ ଶରୀର ପିଣ୍ଡଗୋଟା ମୋର ଜୀବ ପରା ପୁଣ ବହି ।୫।
ମେଦ ମେଦା ପୃଥ୍ୱୀ ଦେହ ବହିଛନ୍ତି ତରୁ ଅଛନ୍ତି କି କରି ।
ଚାହିଁ ଆକାଶକୁ ଭାଳଇ ମନକୁ ଦେହ ଯାଉଥାଏ ମରି ।୬।
ଚାରି ବରଷ ସଂପୂର୍ଣ୍ଣ ସମୟରେ ଦେଖାଥିଲା ଜ୍ୟେଷ୍ଠ ମାସେ ।
ନିର୍ବେଦ କ୍ରମେ ଯୋଗୀପୁତ୍ର ଗୋଟିଏ ଭ୍ରମୁଥିଲେ ଗ୍ରାମଦେଶେ ।୭।
କକ୍ଷା କଉପୀନ ଚଢ଼ାଇ ସେ ପୁଣି ଦିଶୁଥାନ୍ତି ଅପ୍ରଚ୍ଛନ୍ନ ।
ବେନି ଭୁଜରେ ପ୍ରତ୍ୟକ୍ଷେ ଦେଖିଅଛି ଥିଲା ଶଙ୍ଖ ଚକ୍ର ଚିହ୍ନ ।୮।

ଦୁଇ ପନ୍ଥା ଦାଣ୍ଡେ ବିଜେକରି ସ୍ୱାମୀ ହସ୍ତରେ ଖପରା ଧରି ।
'ଦିଅ ମାତା' 'ଦିଅ ମାତା' ବୋଲୁଥିଲେ ଅନ୍ନଭିକ୍ଷା ଗୋଟାଚାରି ।୯।
ସେତେବେଳେ ମୁହିଁ ପାଶେ ଠିଆହୋଇ ଅଳପ ମୁଁ ଅଛି ଜାଣି ।
ଥାଳ ଘେନି ସ୍ୱାମୀ ଆପେ ମାଗୁଥିଲେ ଦିଅ ବାବୁ ମୋତେ ପାଣି ।୧୦।
ସାତ ପାଞ୍ଚ ହୋଇ ମୁଖ ଚୁହାଁଚୁହିଁ ଯହୁଁ ଅମାନିଆ ହେଲେ ।
'ଧର୍ମ' 'ଧର୍ମ', ବୋଲି ତେଣୁ କରି ସ୍ୱାମୀ ସେଠାବରୁ ଚଳିଗଲେ ।୧୧।
ସେ ସମୟ କଥା ହୃଦେ କରି ଚିନ୍ତା ଜୀବନ ଯାଉଛି ପୋଡ଼ି ।
ପଞ୍ଚଭୂତ ଆତ୍ମା ନିତ୍ୟେ କାନ୍ଦୁଅଛି ଚିଆଁ ଚଇତନ ବୁଡ଼ି ।୧୨।
ସେ କଥା ମାନ ଏବେ ମନେ ପଡ଼ିଲେ ହୃଦୟ ହେଉଛି ଯାହା ।
ଦେହ ପୁଲକିତ ହୋଇ ଉତ୍କଣ୍ଠିତ ଚମକି ଉଠୁଛି ହିଆ ।୧୩।
ଏହି ପିଣ୍ଡପ୍ରାଣ ବହି ସହିଥାଇ ଦୁଃଖସୁଖ ଯଥା ଅର୍ଥ ।
ତହିଁ ଉତ୍ତାରୁ ଦିବସ ବହିଗଲା ହୋଇଲା ବରଷ ସାତ ।୧୪।
କ୍ଷୁଧା ତୃଷା କଲେ ଭାଳଇ ବିକଳେ ଦଗଧି ହୁଅଇ କାଏ ।
ଅତିଦୁଃଖେ ମୁହିଁ ଦିନ ବଞ୍ଚୁଅଛି କସ୍ତୁରୀ ଜୀବନ ପ୍ରାଏ ।୧୫।
ଗର୍ଭଧାରୀ ପିତା ଛାଡ଼ିଗଲେ ମୋତେ ଜନ୍ମରୁ ନିଶାଖା ହୋଇ
ସୁସ୍ୱେ ଭୋଜନ ସୁଖଭୋଗ ବାଞ୍ଛିଲେ କାହିଁରୁ ପାଇବି ମୁହିଁ ।୧୬।
ସପ୍ତ ବରଷରୁ ଅଷ୍ଟମ ନବମ ଦଶମ ଏଗାର ହେଲା ।
ବାର ବରଷରୁ ବସ୍ସାଙ୍କ ସଙ୍ଗତେ ବନେ ବୁଲି ଦିନଗଲା ।୧୭।
ଆଗପଛ କଥା ହୃଦୟରେ ଚିନ୍ତା ପଡ଼ି ପୁଣି ପୁଣି ଆସି ।
ଶୋକ ସନ୍ତାପରେ ରୋଦନ କରଇ ବୃକ୍ଷଛାୟା ମୂଳେ ବସି ।୧୮।
ଏ ଚରିତ୍ରମାନ ଶୁଣ ସାଧୁଜନ ବୋଲୁଥିବ ଅବା ବୃଥା ।
ମିଥ୍ୟା କହୁଥିଲେ ଶ୍ରୀଗୁରୁ ଦଣ୍ଡିବେ ନିତ୍ୟ ସତ୍ୟବ୍ରତ କଥା ।୧୯।
ବସ୍ସା ଗଲେ ଚରି ପଛେ ଅନୁସରି ବୁଲୁଥାଇ ସଙ୍ଗେ ସଙ୍ଗେ ।
କହେ ଭୀମ ଭୋଇ ପୂର୍ବକାଳ କଥା କଚାଡ଼ି ହେଉଛି ଅଙ୍ଗେ ।୨୦।

•

ଦ୍ୱାବିଂଶ ବୋଲି

ବୁଲୁଥାଇ ବନେ ନିତି ପ୍ରତିଦିନେ ବସ୍ତାକୁ ସଙ୍ଗତେ ଘେନି ।
କ୍ଷୁଧାତୃଷ୍ଣା କଲେ ଜୀବନ ବିକଳେ ପିଉଥାଇ ଝରପାଣି ।୧।
ଆକାଶକୁ ଚାହିଁ ମନରେ ଭାଳଇ କରୁଥାଇ ପାଞ୍ଚ ହେଜ ।
ବେଳ ହୋଇ ନାହିଁ ଯିବି ମୁଁ କି ହୋଇ ନ ମିଳିବ ପାଣି ପେଜ ।୨।
ଧନ୍ୟ ଏ ପିଣ୍ଡ ନ ହୋଇ ଖଣ୍ଡ ଖଣ୍ଡ ପଡ଼ିଅଛି ଯେତେ ମାଡ଼ ।
ଗାଳି ଦ୍ୱନ୍ଦ୍ୱ ପଛଆଡ଼କୁ ପଳାଇ ହୃଦ କରିଥାଇ ଦୃଢ଼ ।୩।
ଲୁହ ନାହିଁ ରକ୍ତ ବହୁଥାଇ ମୋର ଶ୍ରୀହସ୍ତେ ଦିଅଇ ପୋଛି ।
କେହି ନ ଜାଣନ୍ତି ଶ୍ରୀଗୁରୁ ଜାଣନ୍ତି ଯେତେ କଷ୍ଟ ପାଇଅଛି ।୪।
ସେ ସମୟ କଥା ମନେ କଲେ ଚିନ୍ତା କରତି କାଟୁଛି ପିଣ୍ଡ ।
ଉଠୁଅଛି କ୍ରୋଧ ହୋଇ ଗଦଗଦ ବୁକୁରେ ପଡୁଛି କାଣ୍ଡ ।୫।
ବାରଠାରୁ ତେର ଚଉଦବରଷ ବହିଗଲା ଏହିରୂପେ ।
ମନ ଜାଣୁଅଛି ଅନ୍ତର ବେଦନା ଦହିର୍ଯ୍ୟ ହୋଇ ସନ୍ତାପେ ।୬।
ହାତ ଘନଘନ ଆଖି ଥନଥନ ପଡ଼ିଛି ଚିନ୍ତା ସମୟ ।
ଜୀବନ ମୋର ଛିଡ଼ିପୋଡ଼ି ଯାଉଛି ଅଗ୍ନି ଉଠୁଅଛି ଦେହ ।୭।
ଚଉଦିଗ ଚାହିଁ ମନରେ ଭାଳଇ ଲଲାଟରେ କରମାରି ।
ଆହାରେ ଦାରୁଣ ଦଇବ ବିଧାତା କରିଗଲୁ ଏତେ ସରି ।୮।
କରେ ପଡ଼ି କରେ ସଢ଼ି ଯାଉଅଛି ତରତର ହୋଇ ଚିତ୍ତ ।
ପାପ ଦୁଃଖଭାର ନ ଖଣ୍ଡିଲେ ମୋର ଅଣାକାର ଅବ୍ୟକତ ।୯।
ସ୍ଥିତି ବସ୍ତି ନାହିଁ ପ୍ରଚରବି କାହିଁ ସାଙ୍ଗସାଥି ସଖାନାହିଁ ।
ତଳକୁ ଶିର ଉପରକୁ ପୟର ମଧ୍ୟେ ମାରୁଛି ଭୁଲାଇ ।୧୦।
ଶୂନ୍ୟକୁ ଅନାଇ ରହିଅଛି ମୁହିଁ କି ରୂପେ ଧରିବି ଦେହୀ ।
କେଉଁ ଡାଳ ଧରି ପାରି ହୋଇଯିବି ହାତଗୋଡ଼ ପାଉନାହିଁ ।୧୧।
ଶ୍ରୀଗୁରୁ ବଚନ ପାଷାଣର ଗାର କରେ ମୁହିଁ ଛିନ୍ନଭିନ୍ନ ।
ରୋମଚର୍ମେ ଭେଦି ଅଷ୍ଟାଙ୍ଗ ଶରୀର ଅସ୍ଥିମାଂସ ହେବ ଭିନ୍ନ ।୧୨।
ବିଚାରୁଥାଇ ହୃଦୟରେ ମନକୁ ଅଲେଖ ବ୍ରହ୍ମଙ୍କୁ ଧ୍ୟାୟି ।
ଏଡ଼େ ପ୍ରଭୁ ଥାଇ ଅଣାଦର କଲେ କାହାର ହୋଇବି ମୁହିଁ ।୧୩।

ବଚନକୁ ଜଗି ପାଦପଦ୍ମ ସେବି ସେବା ଭକ୍ତି ଦାନ ଦେବି ।
ପିଣ୍ଡ ପ୍ରାଣ ମୋର ସମର୍ପଣ କରି ନିଜ ଅଙ୍ଗେ ଲୀନ ହେବି ।୧୪।
ପ୍ରଭୁ ସଙ୍ଗେ ସଙ୍ଗେ ଲାଗିଥିବି ଅଙ୍ଗେ ଦୟା ଯେବେ ମୋତେ ହେବ ।
ସ୍ୱାମୀସେବା ବିନୁ ନ ଯୋଗାଏ ଆଉ ଜୀବ ଯେତେ ଦିନ ଥିବ ।୧୫।
ଜନ୍ମଜନ୍ମାନ୍ତରେ ଯୁଗ ଯୁଗାନ୍ତରେ ଖଟିଥିବି ପାଦତଳେ ।
ଦାସପଣେ ସେବି ଏକାକ୍ଷର ରୂପ ଦେଖୁଥିବି ସଦାକାଳେ ।୧୬।
ଶ୍ରୀଗୁରୁ ପୟରେ କୋଟି ନମସ୍କାର ମୂର୍ଚ୍ଛି ନ ପାରଇ ଦଣ୍ଡେ ।
ପାଖରୁ ଅନ୍ତର ହେଲେ ସତ୍ୟବ୍ରହ୍ମ ବଜ୍ର ପଡୁଥାଇ ମୁଣ୍ଡେ ।୧୭।
ପିତାମାତା ଦୁଇ ଯୁଗଳରେ ଯାଇ କଲେ ଅବନୀରେ ଜାତ ।
ପୂର୍ବକାଳ ଘୋର ତପସ୍ୟା ପୂର୍ଣ୍ଣରୁ ହୋଇଲି କବି ପଣ୍ଡିତ ।୧୮।
ଜନନୀ ଉଦର ଗୋପ ମଧୁପୁର ପାଶୋର ନଯାଏ ଚିତ୍ତୁ ।
ମାତୃ ଗର୍ଭଗତେ ପାଠ ପଢ଼ି ଥିଲି ଟିକେଟିକେ ଅଛି ହେତୁ ।୧୯।
ସତ୍ୟରେ ମରିବି ସତ୍ୟରେ ତରିବି ଏହି ଆଜ୍ଞା ମୋତେ ହେଉ ।
କହେ ଭୀମ ଭୋଇ ଏ ମର୍ତ୍ତ୍ୟମଣ୍ଡଳେ ଯଶ ଅପଯଶ ଥାଉ ।୨୦।

•

ତ୍ରୟୋବିଂଶ ବୋଲି

କକ୍ଷାବାସ ପରିହରିଣ ଶ୍ରୀଅଙ୍ଗେ କାରୁଣ୍ୟ ମୂରତି ସାଜେ ।
ପୁରୁଷ ରତନ ଜୀବନର ଧନ କୋଟିକଳା ଧରି ବିଜେ ।୧।
ଗ୍ରୀଷମ ବରଷା ନାହିଁ ସ୍ଥିତି ବସା କ୍ଷଣେ ନ ରହନ୍ତି କାହିଁ ।
ନିଜେ ଭଗବାନ ଦୁଃଖ ପାଉଛନ୍ତି ବ୍ରହ୍ମାଣ୍ଡ ରଖିବା ପାଇଁ ।୨।
କ୍ଷୁଧା ତୃଷା ମାରି ଦିବସ ତିମିରି କଷଣ କହିବି କେତେ ।
ନିରନ୍ତରେ ପ୍ରଭୁ ଯୋଗ ସାଧୁଛନ୍ତି ଭକ୍ତମାନଙ୍କ ନିମନ୍ତେ ।୩।
ଅଳପ ସିଦ୍ଧିରେ ସାଧନା ନୁହଇ ବଡ଼ାଇ ଆଶ୍ଚର୍ଯ୍ୟ କଥା ।
ପ୍ରଭୁଙ୍କ ହୃଦେ ହେ ଯା ଲେଖା ପଡ଼ିଛି ତିନିଭୁବନ ବାରତା ।୪।
ନୁହସି ବିକଳ ଭକତ ସକଳ ସମ୍ଭାଳି ଥାଅରେ ଘାଏ ।
ଏକା ଦିବସେ ସର୍ବସିଦ୍ଧି କରିବେ ଉଦେଠାରୁ ଅସ୍ତଯାଏ ।୫।

ସାଧୁସୁଜ୍ଞନର ଚିହ୍ନି ଧରି ଧର ଯାଚି ଦେଉଛନ୍ତି ଧର୍ମ ।
ଷୈଟ୍ରିଂଶ ଅଙ୍କ ଆଗକୁ ଯେ ରହିବ ହୋଇବ ନୁଆରି ଜନ୍ମ ।୬।
ନାନାପାପେ ନାଶ ଯିବ ନରବଂଶ କାହାରି ନଥିବ ଚାରା ।
ସପ୍ତତ୍ରିଂଶ ଅଙ୍କୁ ଅଡ଼ତାଳିଶଯାଏ ପଡ଼ିବ ବ୍ରହ୍ମାଣ୍ଡେ ଭାରା ।୭।
ମେଲଛ ପତିତ ପାମର ପାପିଷ୍ଠ ସକଳ ଏ ଯିବେ ନାଶ ।
ବିଷ୍ଣୁବ୍ରହ୍ମକଳା ଲାଗିଥିବ ଯାକୁ ରହିବେ ସ୍ତିରୀ ପୁରୁଷ ।୮।
ଗୋପ୍ୟହେବ ସର୍ବ ଯେତେ ଧନ ଦ୍ରବ୍ୟ ମହା ଦୁରୁଜଣା ଅଛି ।
ସାତ ଦିନ ସାତ ରାତ୍ରି ଅନ୍ନପାଣ ଲୋଡ଼ି ନ ପାଇବେ କିଛି ।୯।
ନବଖଣ୍ଡ ମହୀ ରହିଛି କ ହୋଇ ଲାଗୁଛି ମୋତେ କାତର ।
ଏଠାରୁ ଏଣିକି ସାଧୁ ସୁଜ୍ଞଜନ ସମ୍ଭାଳି ହୁଅ ଏଥର ।୧୦।
ପଢ଼ା ଶାସ୍ତ୍ର ଗୀତା ଶ୍ଳୋକ ଅପ୍ରମିତା ନଶୁଣିଥିଲି ମୁଁ ବେଦେ ।
ଅଲେଖ ମହିମା ଦ୍ୱିଅକ୍ଷର ପାଦ ଏବେ ହୋଇଅଛି ଉଦେ ।୧୧।
ବ୍ରହ୍ମା ବିଷ୍ଣୁ ଶିବ କୋଟି କଳ୍ପଯୁଗ ଅନେକ କଲେଣି ବହି ।
ବ୍ରହ୍ମକଳା ବିନା ନ ଥିଲେ ଅଙ୍ଗରେ ଭଜିବେ ସାମର୍ଥ ନାହିଁ ।୧୨।
ଅତିଭାଗ୍ୟ ପୂର୍ବ ସୁକୃତ ବାସନା ତପସ୍ୟା ଯାହାର ଥିବ ।
ମାତୃଗର୍ଭ ହେତୁ ଆତ୍ମଜ୍ଞାନ ଭକ୍ତି ତାକୁ ପରାପତ ହେବ ।୧୩।
ମୃତ୍ୟୁ ପିଣ୍ଡଗୋଟି ମାୟା ଅଛି ଘୋଟି ଚାହୁଁ ଚାହୁଁ ଯିବ ସରି ।
ଭଜି ଯେ ପାରିବ ଜନ୍ମ ମରଣରୁ ନିଶ୍ଚୟ ସେ ହେବ ପାରି ।୧୪।
ଭୟକୁ ତେଜିଲେ ନିର୍ଭୟ ବୁଝିଲେ ତେବେ ଅଛି ପୁଣ୍ୟ କାମ ।
ଅନ୍ତ ଡାକୁଥିବ ଅଲେଖ ମହିମା ମୁଖ ଡାକୁଥିବ ନାମ ।୧୫।
ଆପଣା ମନ ଆପକୁ ଉଦ୍ଧାରିବ ପ୍ରସନ୍ନ ହୋଇବ ଯେବେ ।
ଧନ ଦାରା ସୁତ ଇଷ୍ଟ ବନ୍ଧୁ ଭ୍ରାତ କେହି ସଙ୍ଗତେ ନ ଯିବେ ।୧୬।
ସକଳ ଛାଡ଼ିଲେ ମାୟାକୁ ଏଡ଼ିଲେ ପ୍ରସନ୍ନ ହୋଇବ ମନ ।
ଆପ ଦେହେ ଆପେ ଅର୍ଥ କରୁଥିଲେ ଉପୁଜିବ ବ୍ରହ୍ମଜ୍ଞାନ ।୧୭।
ତିନିପୁର ଲୋକେ କଲେଣି ଭାଳେଣି ଅବଧୂତ ବେଶ ଦେଖି ।
ଯଦି ସତୀ ଆଦି ନାଗାନ୍ତୀ ଯୋଗାନ୍ତୀ ସର୍ବେ ରହିଲେଣି ଶଙ୍କି ।୧୮।

ଏବେ ଦେଖ ଦେଖ ବୈଷ୍ଣବ ସ୍ୱରୂପ ଅପୂର୍ବ ଚରିତ କଥା ।
ଦାରୁପ୍ରତିମା ମୂର୍ତ୍ତିଦେବୀ ଦେବତା ସର୍ବେକି ହେଲେଣି ପୋତା ।୧୯।
ନାଶଯିବ ମହୀ ନ ରହିବେ କେହି ସମସ୍ତେ ଭଜିବା ଆସ ।
ଡାକି ଜଗତରେ କହେ ଭୀମ ଭୋଇ ଅନାଦି ଗୁରୁଙ୍କ ଶିଷ୍ୟ ।୨୦।

•

ଚତୁର୍ବିଂଶ ବୋଲି

ଅଲେଖ ମହିମା ଭାଙ୍ଗିବେ ଗାରିମା ସୀବ ଏ ଉତପତ୍ତି ।
ଭାଦ୍ରବରୁ ସପ୍ତଅଙ୍କ ଲାଗିଲାଗି ସପ୍ତାଙ୍ଗ ହୋଇବ ପୃଥ୍ୱୀ ।୧।
ସ୍ୱାମୀ ଗୁରୁଦେବ ଗୁପତେ ସାଧିବେ ପ୍ରତ୍ୟକ୍ଷେ ନ ଦେବେ ଚିହ୍ନା ।
ଗୋଟି ଗୋଟି ହୋଇ ଖସି ଯାଉଥିବେ କାହାକୁ ନଥିବ ଜଣା ।୨।
ହୃଦେ ନାହିଁ ଭେଦ ଶାହାସ୍ର ସମ୍ବାଦ ମୁଖେ ନାହିଁ ଗୁରୁ ନାମ ।
ଏଣିକି ଏଠାରୁ ପ୍ରାଣୀଙ୍କ ହୃଦରୁ ଛାଡ଼ିଯିବ ସତ୍ୟଧର୍ମ ।୩।
ଅନ୍ୟାୟ ଆଚାରେ ଅନୀତି ବିଚାରେ ପଡ଼ି ଛନ୍ଦ ନଟକୂଟେ ।
କେଉଁ ଧର୍ମକୁ ଆଶ୍ରିତ କରି ପ୍ରାଣୀ ତରିଯିବେ କେଉଁ ବାଟେ ।୪।
ଅଗ୍ନିରେ ପୋଡ଼ିବେ ଜଳେ ବୁଡ଼ିଯିବେ ବୃକ୍ଷରୁ ପଡ଼ି ମରିବେ ।
ନିର୍ଦ୍ଧୟ ହୋଇବେ ସର୍ପାଘାତେ ଯିବେ ଗଳେ ଛୁରୀ ଲଗାଇବେ ।୫।
ରୋଗ ବ୍ୟାଧିମାନ ଅଙ୍ଗରେ ପୀଡ଼ିତ ପଡୁଥିବ ଦୁଃଖଚିନ୍ତା ।
କେହୁ ମରିଥିବେ କେହୁ ଜୀଇଥିବେ ଅଙ୍ଗେ ନଥିବ ଶକତା ।୬।
ବ୍ୟାଧିରେ ସକଳେ ହେଉଥିବେ ଘାରି ଥରୁଥିବ ନିଜ ଦେହ ।
ଗୃହେ ପ୍ରାଣୀମାନେ ଯେତେ ଜଣ ଥିବେ ନେତ୍ରୁ ବହୁଥିବ ଲୁହ ।୭।
ଅଷ୍ଟକୋଟି ରୋଗ ଚୌଷଠି ବେଦନା ମାଗି ଆସିଲେଣି ବର ।
ସତେଶ ଅଙ୍କରୁ ଶତ୍ରୁ ସାଧିବାକୁ ହୋଇଲେଣି ଆଗୁସାର ।୮।
ଅଷ୍ଟକୋଟି ଯୋଗ୍ନୀ ନ' କୋଟି କାତ୍ୟାନୀ ପ୍ରଭୁ ଶ୍ରୀଛାମୁରେ ଯାଇ ।
ଶ୍ରୀଗୁରୁ ଛାମୁରୁ ସୁଧା ଶ୍ରୀମୁଖରୁ ଅଇଲେଣି ଆଜ୍ଞା ପାଇ ।୯।
ଏରୂପେ ଜଗତ ନାଶିବ ସମସ୍ତ ଚାହୁଁ ଚାହୁଁ ଯିବ ସରି ।
ରାତ୍ର ପାହିଲା ବେଳକୁ ଗ୍ରାମ ମଧ୍ୟେ ଦଶ ପାଞ୍ଚ ଥିବେ ମରି ।୧୦।

ଗ୍ରାମ ଭାଙ୍ଗିଯିବ ଦେଶ ବସିଥିବ ରାଜ୍ୟ ଭାଙ୍ଗିଯିବ ଜାଣ ।
ଗ୍ରାମଯାକେ ଦୁଇ ଚାରିଜଣ ଥିବେ ଉଚ୍ଚାରି ମହିମା ନାମ ।୧୧।
ଦଶପାଞ୍ଚ ପ୍ରାଣୀ ପନ୍ଦର ପ୍ରାଣୀରେ କେ ବର୍ତ୍ତିବ କେହୁ ନାହିଁ ।
ବଂଶବୁଡ଼ା ହୋଇ ସର୍ବେ ମରିଯିବେ ତାଟି ବାଟ ଦିଆ ହୋଇ ।୧୨।
ତାହାକୁ ସେ ସଖା ତାକୁ ତାର ଶାଖା ଏକାଘରେ ଥିବେ ରହି ।
ପାକକ ରନ୍ଧାରେ ସମସ୍ତେ ଭୁଞ୍ଜିବେ ଏକାନ୍ତ ପରାଣ ହୋଇ ।୧୩।
ସେତେବେଳେ ଜାତିଗୋତ୍ର ରଖିଥିବ କେଉଁ ରାଣ୍ଡ ପୁଅଝିଅ ।
କର୍ମର ଆଚାର ବାଛନ୍ଦ ବିଚାର ବୁଝିବା ଯେ ରହରହ ।୧୪।
ଗାଈ ମହିଷ ଛାଗଳ ମେଣ୍ଢା ବିତ୍ତ ମାତା ଭୋଗ କରିଯିବେ ।
ମରିଯିବେ ସର୍ବହୋଇ ରୋଗବାଗ ହଳେ ଗୋଟେ ନମିଳିବେ ।୧୫।
ଏମନ୍ତ କଳିରେ ଗୃହମାନଙ୍କରେ ଧନଦ୍ରବ୍ୟ ପୂରିଥିବ ।
ପ୍ରଭୁଙ୍କ ବାହନ ଅଢ଼ୈବେଳ ଜାଣି ଗରୁଡ଼ ତା' ବହି ନେବ ।୧୬।
ଫଳମୂଳ ଖାଇ ଝରପାଣି ପିଇ ନାମ ଭଜନେ ତତ୍ପର ।
ଜଗତଯାକରୁ ତୁଚ୍ଛା ପଡ଼ିଯିବ ବାଉନକୋଟି ଭଣ୍ଡାର ।୧୭।
ନିନ୍ଦା ଗର୍ବମାନ ନରହିବ ଟାଣ କରୁଥିବେ ଏକ ଭାବ ।
ପୁରୁଷଙ୍କୁ ସ୍ତିରୀ ଜ୍ଞାନ ବୁଝାଇବେ ସତ୍ୟଯୁଗ ଲେଉଟିବ ।୧୮।
ଭଜିବେ ଯେ ଜନ ରହିବେ ସେମାନ ସତ୍ୟାଦି ଗୃହ କର୍ମକ ।
ସ୍ତିରୀ ଚାରିପଦ୍ମ ପୁଂସ ଚାରିପଦ୍ମ ଠିକ୍ ଆଠପଦ୍ମ ଲୋକ ।୧୯।
କେମନ୍ତେ ବଞ୍ଚିବି ପିଣ୍ଡକୁ ସଞ୍ଚିବି ମନେ ପଡୁଛି କଷଣ ।
ଭୀମ ଅରକ୍ଷିତ ବୁଝି ଆଦିଅନ୍ତ ଥରୁଛି ଦେହ ଜୀବନ ।୨୦।

•

ପଞ୍ଚବିଂଶ ବୋଲି

କାହିଁ ମୁଁ ଲୁଚିବି କେମନ୍ତେ ବଞ୍ଚିବି ପଳାଇବି କେଉଁ ପଥେ ।
ଜଗତକଷଣ କେତେ ମୁଁ ସହିବି ବିପତ୍ତି ପଡ଼ିବ ଯେତେ ।୧।
ଆଗତର କଥା ଯେତେକ ବ୍ୟବସ୍ଥା ଘୋଡ଼ାଇ ରଖିଛି ଜାଣି ।
ଭକ୍ତଙ୍କ ଜୀବନ ନରହିବ ପିଣ୍ଡେ କାତର ହୋଇବେ ଶୁଣି ।୨।
ଆସିବେ ଯବନ ମାଡି ଘୋରବନ କରିଯିବେ ସମଛତ୍ର ।
ତରୁ ତୃଣମାନ ଛେଦି ପକାଇବେ ନରହିବ ତାଳପତ୍ର ।୩।

ଗନ୍ଧ ପରକଟ ହୋଇ ଛଟପଟ ମହୀ ଲୋଟୁଥିବେ ମଡ଼ା ।
ଭୂମିରେ ତିରଣ ନ ରହିବ ଜାଣ ଚରିଯିବେ ହସ୍ତୀ ଘୋଡ଼ା ।୪।
ରାଜାମାନେ ତହିଁ ଯୁଦ୍ଧେ ପିଠିଦେଇ ଥୋକାଏ ଆରମ୍ଭି ଭେକ ।
ପାଇକମାନଙ୍କୁ ଆପେ ଡାକୁଥିବେ ବୋଲୁଥିବେ ଛେକ ଛେକ ।୫।
ରଣ ଯୁଦ୍ଧଘାତେ ସମ୍ଭାଳିବେ କେତେ କାହାରି ନ ଥିବ ସକ୍ଷ ।
ଯେଝାସୁଖେ ଯେଝା ପଳାଇ ପଶିବେ ରଣଭଣ ହୋଇ ଲୋକ ।୬।
ଯୁଝିବ ପିରିଙ୍ଗୀ ନ ପାରିବ ଭାଙ୍ଗି ରହିବ ତା ନିଜସ୍ଥାନେ ।
ସାକ୍ଷୀ ରୂପେ ଦେବତାଏ ଦେଖୁଥିବେ ରହି ଅଧାସ୍ୱର୍ଗ ଶୂନ୍ୟେ ।୭।
କମ୍ପିବ ମେଦିନୀ ରଣଗୋଳ ଧ୍ୱନି ସ୍ୱର୍ଗପାତାଳକୁ ଭେଦି ।
ଅଠର ଦିବସ ଜମ୍ବୁଦୀପ ମଧ୍ୟେ ବହିବ ରକତ ନଦୀ ।୮।
ଦେବ ସିଦ୍ଧସୁର ମନୁଷ୍ୟ ଅସୁର ରହି ନପାରିବେ କେହି ।
ସୈତ୍ରିଂଶ ଅଙ୍କରେ ଦିଗଦିଗନ୍ତରେ ଉଧୁଳୁଥିବ ଏ ମହୀ ।୯।
ନାଗାନ୍ତୀ ଯୋଗାନ୍ତୀ ବେଦାନ୍ତୀ ସିଦ୍ଧାନ୍ତୀ ଉଠିବେ ଆସନ ଛାଡ଼ି ।
କ୍ଷତ୍ରୀପଣେ ରଣ ଯୁଦ୍ଧରେ ଚହଟି ଦେଉଥିବେ ସିଂହରଡ଼ି ।୧୦।
ରାଜରଷି ଦେବରଷି ରଦ୍ରରଷି ଶୂଦ୍ରରଷି ଆଦି କରି ।
କରିବେ ଧନ୍ଦଳ ଉଠିବେ ସକଳ ସର୍ବେ ବୀରବେଶ ଧରି ।୧୧।
ଜପୀତପୀ ତୀର୍ଥବ୍ରତ ବ୍ରହ୍ମଚାରୀ ସମସ୍ତେ ହୋଇବେ ମେଳି ।
ଦକ୍ଷିଣ ଉତ୍ତରୁ ପୂର୍ବ ପଶ୍ଚିମରୁ ରୁଣ୍ଡହେବେ ସର୍ବେ ମିଳି ।୧୨।
ଆଦି ଅବଧୂତ ଅନନ୍ତ ଅବଧୂତ ରାମ ଅବଧୂତ ତିନି ।
ଜଗନ୍ନାଥ ଅବଧୂତ ହନୁମନ୍ତ କୃଷ୍ଣ ଅବଧୂତ ଘେନି ।୧୩।
ଶିବ ଅବଧୂତ ବିଷ୍ଣୁ ଅବଧୂତ ଧର୍ମ ଅବଧୂତ ତୁଲେ ।
ଅଲେଖ ଅବଧୂତ ସଙ୍ଗତେ ମିଶିବେ ବଦଳିଲେ ତେତେବେଳେ ।୧୪।
ଅନନ୍ତ କୋଟି ସାଧୁ ଚୌଷଠୀ ସିଦ୍ଧ କଷା କଉପୀନ ମାରି ।
ବୀରବେଶ ରୂପ ସକଳେ ଧରିବେ ହୋଇଥିବେ ଶସ୍ତ୍ରଧାରୀ ।୧୫।
ସେ ପଞ୍ଚୁପାଣ୍ଡବେ ଯୁଦ୍ଧେ ଧାଡ଼ି ଦେବେ ଉତ୍ତରୁ ଆସିବେ ମାଡ଼ି ।
ଗଦା ମୃଦୁଗର ବାଣ କାଣ୍ଡଘାତେ ସୈନ୍ୟ ପଡୁଥିବେ ଝଡ଼ି ।୧୬।
କଳିଙ୍ଗା ଅସୁର ହୋଇ କୋପଭର ଯୁଦ୍ଧେହେବେ ରଣରଙ୍ଗା ।
ପାଦକ ବହଳେ ଏ ମହୀମଣ୍ଡଳେ ପଡ଼ିଯିବ ସୁନା ଟଙ୍କା ।୧୭।

ଷଡ ବ୍ରହ୍ମବାସୀ ପ୍ରଭୁଙ୍କର ପୁତ୍ର ହୋଇଥିବେ ଷଡରଥି ।
ତାଙ୍କ ସମାନରେ ତିନି ବ୍ରହ୍ମାଣ୍ଡରେ ନଥିବେଟି ଆଉ କ୍ଷତ୍ରୀ ।୧୮।
ନବରକ୍ଷି ନବବ୍ରାହ୍ମଣ ହୋଇବେ ଧରି ବେଦବାକ୍ୟ ପୋଥି ।
ଯୁଦ୍ଧକୁ ଅନାଇ ଶିରେ କର ଦେଇ ଉଚ୍ଚାରି କରିବେ ସ୍ତୁତି ।୧୯।
ବଡ଼ାଇ ଆସ୍କତେ ଅନ୍ୟାୟ ଅନର୍ଥେ ଭାଙ୍ଗିବ ଏ ଯୁଗ କଳି ।
କହେ ଭୀମଭୋଇ ପାଞ୍ଚଶତ ପଦେ ନିତ୍ୟେ ମରୁଅଛି ଭାଳି ।୨୦।

●

ଷଡବିଂଶ ବୋଲି

ନର ମନୁଷ୍ୟ ଦଶଖର୍ବ ମରିବେ ରାକ୍ଷାସ ଅସୁର ନବେ ।
ପୃଥ୍ୱୀ ହଟପଟ ହେଲାଣି ନିକଟ ଘୋର କଳିକାଳ ଯୁଗେ ।୧।
ମୂର୍ଖ ପଣ୍ଡିତ ପାଷାଣ୍ଡ ପାପୀ ପ୍ରାଣୀ ଏମାନେ ମରିବେ ଆଗେ ।
ପାପକର୍ମେ ନାଶ କାହାର କି ଦୋଷ ଭୂତ ପ୍ରେତଙ୍କର ଭାଗେ ।୨।
ମେଳଚ୍ଛ ପାମର ଅଧର୍ମ ଏ ଜୀବ ଛନ୍ଦ ନଟକୂଟ ପ୍ରାଣୀ ।
ଛିଡ଼ିଯିବ ମୁଣ୍ଡ ହୋଇ ଖଣ୍ଡଖଣ୍ଡ ଲୋଟୁଥିବ ଏ ଧରଣୀ ।୩।
ଦାମ୍ଭିକ ନାସ୍ତିକ କପଟୀ ଲମ୍ପଟି ଖଚୁଆ ମିଛୁଆ ଲୋକେ ।
ହାବୁଡ଼େ ପଡ଼ିବେ ଖଡ଼ଗେ ଛିଡ଼ିବେ କାଳ ବିକାଳଙ୍କ ମୁଖେ ।୪।
କାମୀ କ୍ରୋଧୀ ଲୋଭୀ ବଇରୀ ଏଜନ ସକଳେ ଏଯିବେ ହତ ।
ଲୁଚି ପଳାଇଲେ ଧରି ଗିଳୁଥିବ ଅକାଳ ବାବନାଭୂତ ।୫।
ହିଂସା ଅହଂକାର ଥେଣ୍ଟ ଖଣ୍ଡ ଚୋର ଜଗତେ ଅଛନ୍ତି ଯେତେ ।
ଖପରେ ପଡ଼ିବେ ଖଡ଼ଗେ ଛିଡ଼ିବେ ଚଣ୍ଡୀ ଚାମଣ୍ଡାଙ୍କ ହସ୍ତେ ।୬।
ଏତେ ଉପଦର୍ପ ଜଗତେ ପଡ଼ିବ କି ବୁଦ୍ଧି କରିବି ମୁହିଁ ।
ତିନି ବ୍ରହ୍ମାଣ୍ଡରେ ଧର୍ମ ନଦିଶିବ ଦିବସେ ଅନ୍ଧାର ହୋଇ ।୭।
ମନେ ମନେ ହେଜି ହୋଇ ଚୂରି ଭାଜି କାତର ଲାଗୁଛି ଚିତ୍ତେ ।
ତେତେବେଳେ ସ୍ୱାମୀ ବ୍ରହ୍ମାଣ୍ଡ ଭିତରେ କାହିଁ ରଖିଥିବ ମତେ ।୮।
ଚାରିଦିଗଯାକ ସମୁଦ୍ର ଲହଡ଼ି ଅଧେଅଧେ ଯିବ ମାଡ଼ି ।
ଦିହୁଡ଼ି ପରାୟେ ତାରାଗଣମାନେ ଶୂନ୍ୟରୁ ପଡ଼ିବେ ଝଡ଼ି ।୯।

ଶୁଭ ଅନୁକୂଳ ସମ୍ଭବ ଯୋଗାଡ଼ ଶେଷ ଯୁଗେ ଭିଆଇବେ ।
ନବଗ୍ରହ ଶନିଶ୍ଚର ସତାଇଶ ନିଜ ରୂପେ ଉଦେ ହେବେ ।୧୦।
ନାମ ପରକାଶ କର ଦଶଦିଶ ଘୋର କଳିକାଳ ତୁଟୁ ।
ମହିମାବାନା ନିର୍ବେଦ ଦୀକ୍ଷାମତେ ଜମ୍ବୁଦ୍ୱୀପଯାକ ଉଠୁ ।୧୧।
ବୁଝାଇଲି ଯେତେ ନଗଲେ ପରତେ ଭରସା ନାହିଁ ନା ମୋର ।
ଏ ଜଗତଜନ ସର୍ବେ ହତଜ୍ଞାନ ହେଲେଣି ମାଟି ପଥର ।୧୨।
ସମ୍ପତ୍ତି ସୁଲଭ ଦେବଙ୍କୁ ଦୁର୍ଲ୍ଲଭ ଚାହାନ୍ତେ ସରିବ ଦେଖ ।
ନାମ ଆଶ୍ରିତ ଯେତେ ଭକ୍ତ ତୁମ୍ଭର ବାଛି ବାଛି କରି ରଖ ।୧୩।
ବେଳୁଁ ବେଳ ପଥ୍ୱୀ ହେଲାଣି ଉତ୍ପାତ ଘୋର କଳିକାଳ ପାପୁଁ ।
ଏ ଜଗତନରେ ଅନ୍ୟାୟ ଆଚାରେ ବହିଯିବେ ଦେଖୁ ଦେଖୁ ।୧୪।
ଭୁଲାଇଛ କେତେ କହି ନାନାମତେ ବୁଝାମଣା ନାହିଁ ବେଗ ।
ଛଡ଼ିଦିଅ ମୋତେ ଗୁରୁଦେବ ସ୍ୱାମୀ ଭରଣା କରିବି ଯୁଗ ।୧୫।
ନବଖଣ୍ଡ ମହୀ ଥାଳି ପ୍ରାୟ ହୋଇ ହେଜିଲେ ମନକୁ ଆସେ ।
ଏ ମୋର ନେତ୍ରକୁ ଛପ୍ପନକୋଟି ଜୀବ ତିରଣ ପରାଏ ଦିଶେ ।୧୬।
ଏକା ଦିବସରେ କ୍ଷଣକ ଭିତରେ ଦ୍ୟନ୍ତି ପୃଥ୍ୱୀ ଲେଉଟାଇ ।
ଦାନ୍ତ କାମୁଡ଼ି କିସ ବୁଦ୍ଧି କରିବି ଶ୍ରୀଗୁରୁଙ୍କ ଆଜ୍ଞା ନାହିଁ ।୧୭।
କହୁଛି ସଂସାରେ ସତେଁଶ ଅଙ୍କରେ ସାଧନ ନୋହିଲେ ପୃଥ୍ୱୀ ।
ନିଷ୍ଠୁର ବଚନ ସାଧୁ ସୁଜ୍ଞଜନ ଶୁଣ ଶୁଣ ମୋର ରୀତି ।୧୮।
ବସିଥାଇ କୂଳ ମହାନଦୀ ଜଳ ଛୁଇଁଅଛି ସତ୍ୟକରି ।
ଧର୍ମକୁ ଲଘି ସୁରାପାନ କରିବି ହରିବି ବ୍ରାହ୍ମଣ ସ୍ତିରୀ ।୧୯।
ପ୍ରାଣୀଙ୍କ କଷଣ ଭେଦୁଅଛି ମନ ଜୀବନକୁ ମୋର ବାଧେ ।
ଭୀମ ଅରକ୍ଷିତ କରି ଦଣ୍ଡବତ କାରଣ ମାଗୁଛି ପାଦେ ।୨୦।

•

ସପ୍ତବିଂଶ ବୋଲି

ବଖାଣି ମହିମା ଧୂନିକୁ ସ୍ଥାପିବା ଶ୍ରୀମୁଖରେ ଆଜ୍ଞାଦେଲେ ।
ଦାସପଣେ କିଣି ଅର୍ଦ୍ଧବାଟେ ଆଣି କିମ୍ପା ଏତେ ସରିକଲେ ।୧।
ନାହିଁ ମୋ ଭରସା ଉଡୁଛି ସାହସା କି ବୁଦ୍ଧି କରିବି କହ ।
ଜଗତ ସମ୍ଭାଳି ଭଗତଙ୍କୁ ପାଳି ତୁମ୍ଭ ଭାରା ତୁମ୍ଭେ ବହ ।୨।

ଭଗତଙ୍କ ଦୁଃଖ ନିରନ୍ତର ଦେଖ ଲାଗିଲାଟି ପାଦାର୍ବିନ୍ଦେ ।
ବାନ୍ଧିଥା ଯୋଗାରି ଆଗପଛ କରି ବହିଥାଅ ନିଜ କାନ୍ଧେ ।୩।
ସମ୍ପତ୍ତି ବିପତ୍ତି ମୁକତି ଦୁର୍ଗତି ଭିଆଣ କରିଛ ଯୋଡ଼ି ।
ପାପଦୁଃଖ ଭାର କେ ତୁମ୍ଭ ବହିବ ପାଦତଳେ ଥାଉ ପଡ଼ି ।୪।
ବିଜେ କରିଅଛ କିମ୍ପା ନ ବୁଝୁଛ ପଳାଇ ପଶିବି କାହିଁ ।
ଅର୍ଜି ପାପଭାରା କରିବି ପସରା ପାଦତଳେ ଦେବି ଥୋଇ ।୫।
ଶରଣ ବାଞ୍ଛିତ କାନ୍ଦିକାନ୍ଦି ଭକ୍ତ ଗଡ଼ିଗଲେଣି ସକଳ ।
ଦୋଷ ଅପରାଧ କ୍ଷମାକରି ଗୁରୁ ଜାଗ୍ରତରେ ପ୍ରତିପାଳ ।୬।
ପ୍ରାଣୀଙ୍କ ଆରତ ଦୁଃଖ ଅପ୍ରମିତ ଦେଖୁ ଦେଖୁ କେବା ସହୁ ।
ମୋ ଜୀବନ ପଛେ ନର୍କେ ପଡ଼ିଥାଉ ଜଗତ ଉଦ୍ଧାର ହେଉ ।୭।
ଜଣାଉଛି ମୁଁ ଯେ ଭକ୍ତିଭାବ ରଞ୍ଜେ ଆହେ ମଣିମା ଅନନ୍ତ ।
ତିନି ବ୍ରହ୍ମାଣ୍ଡରେ ଯେତେ ଜୀବଛନ୍ତି ସମସ୍ତେ ତୁମ୍ଭ ଭଗତ ।୮।
ନବଲକ୍ଷ ତାରା ସୁରାଟ ବିରାଟ ଧ୍ରୁବଲୋକ ଆଦି ଯେତେ ।
ସମସ୍ତେ ତୁମ୍ଭ ପାଦତଳେ ଆଶ୍ରିତ ଠୁଳଶୂନ୍ୟ ପରିଯନ୍ତେ ।୯।
ଠୁଳଶୂନ୍ୟ ଠାରୁ ତହିଁ ଉପରକୁ ଦେଖିଲଇଁ ନାହିଁ କିଛି ।
ଅବିକାର ବ୍ରହ୍ମ ଅନାମ ଅରୂପ ସିନ୍ଧୁ ପ୍ରାୟ ପୂରିଅଛି ।୧୦।
କିବା ଦୁଷ୍ଟ ସନ୍ଥ ସେବକ ସାମନ୍ତ କୀଟ ପତଙ୍ଗରେ ପୂରି ।
ତୁମ୍ଭେ ପୂରିଅଛ କାହିଁ ଊଣା ନାହିଁ ସର୍ବଘଟେ ସମସରି ।୧୧।
ମେଦିନୀ ପାଷାଣ କାଠ ତରୁ ତୃଣ ନିର୍ଜିବରେ ଯେହ୍ନୁ ଗଛି ।
ମୁଁ ଯେ ଜାଣୁଅଛି ମନର ଭିତରେ ଶବ୍ଦ ବ୍ରହ୍ମ ହେଲେ ଅଛି ।୧୨।
ମୁଁ ଯେ ମୂର୍ଖ କବି ଭେଦ ମାର୍ଗେ ଜଗି ତୁମ୍ଭ କରୁଣା ମାତର ।
ସମାନରେ ଦେଖି ସତ୍ୟ ଧର୍ମ ସାକ୍ଷୀ କରି ନ ପାରେ ଅନ୍ତର ।୧୩।
ତ୍ରିପୁର ଜଗତେ ଜୀବଛନ୍ତି ଯେତେ ଅଛି ନାମ କାଳ ଚିହ୍ନ ।
ସମସ୍ତେ ଶଙ୍ଖୁଳି ଏକ ଆତ୍ମା ବୋଲି ନକର ହୋ ଆନ ଭିନ୍ନ ।୧୪।
କାଠର ଭିତରେ ସୁଢ଼ଳ ଧାତୁରେ ଜଳ ପୁରିଥାଇ ଯେତେ ।
ପ୍ରାଣୀଙ୍କ ଅଙ୍ଗରେ ଜୀବ ପର୍ମରୂପ ଫୁଟି ଦିଶୁଥାଇ ସତେ ।୧୫।
ଦୋଷ କୃତ ହାନି ଲାଭ ଧରା ମରା ଗାଳିଦ୍ୱନ୍ଦ୍ୱ ହ୍ୱନ୍ତି ଯହିଁ ।
ରୂପ ଚର୍ମ ଭେଦି କାଟେ ଜୀବନକୁ କାତର ମୁଁ ହେଉଥାଇ ।୧୬।

ଅଗ୍ନି ଚୁଲାପରେ ତାରଣ ଭାଣ୍ଡରେ ଯେସନେ ଫୁଟଇ ଅନ୍ନ ।
ତେସନ ପରାଏ ହୃଦେ ତେଉଁଥାଇ ପଞ୍ଚଭୂତ ଆତ୍ମାମାନ ।୧୭।
ଏକ ଖଣ୍ଡ ହାଡ଼ ବୁନ୍ଦାଏ ରୁଧିର ଫୁଟେ ମାଉଁସ ଜାଣଇ ।
ତେଣୁ କରି ସିନା ପ୍ରାଣୀଙ୍କ ବିକଳ ସହି ନ ପାରିବି ମୁହିଁ ।୧୮।
ଏକ ଖଡ଼ଗରେ ଦଶ ପାଞ୍ଚ ମୁଣ୍ଡ ଛିଡ଼ଇ ଭାରତ ଯୁଦ୍ଧେ ।
ଆରେକ ଅଙ୍ଗକୁ ପାଦେ ପ୍ରାହାରିଲେ ଏ ଅଙ୍ଗକୁ ମୋର ବାଧେ ।୧୯
ଆତ୍ମା ଭଗତିରେ ଦୋଷାଦୋଷ ହେଲେ ବଜ୍ରପଡୁ ମୋ ମୁଣ୍ଡକୁ ।
କହେ ଭୀମ ଭୋଇ ବ୍ରହ୍ମଶାପ ଦେଇ ଜାଳି ଦିଅ ମୋ ପିଣ୍ଡକୁ ।୨୦।

•

ଅଷ୍ଟବିଂଶ ବୋଲି

ଶୂନ୍ୟ ପବନ ପୁରୁଷ ବୋଲାଇଲା ଜଳଧାରା ହେଲା ସ୍ତିରୀ ।
ଏଥିରୁ ଅଧିକ ଅଛି ଯେବେ ସନ୍ଥେ କହିଦିଅ ବାଛି କରି ।୧।
ନାଗଅଂଶ କଳା ଯାକୁ ଲାଗିଥାଇ ଶୁଣ କହିଦେବା ଠିକା ।
ସର୍ପକୁ ବନ୍ଦିରେ ପକାଇ ଫାନ୍ଦରେ କରନ୍ତି ଗୁଣି ଜୀବିକା ।୨।
ପୃଥ୍ୱୀ ଅଂଶ କଳା ଯାର ଅଙ୍ଗେ ଥାଇ ସହିବା ପଣକୁ କ୍ଷମ ।
ନିନ୍ଦା ସ୍ତୁତିମାନ ନ ଘେନଇ ମନ ସବୁ ମଣୁଥାଇ ସମ ।୩।
ଦିଗ ଅଂଶ କଳା ଯେଉଁ ପ୍ରାଣୀ ବହେ ନିତ୍ୟେ କରେ ପରବାସ ।
ଚକ୍ର ପବନ ପରାଏ କରେ ମନ ଭ୍ରମୁଥାଇ ଦଶ ଦିଶ ।୪।
ଧର୍ମ ଅଂଶ କଳା ଯାହା ଅଙ୍ଗେ ଥାଇ ସଭା ମଧ୍ୟେ ବଳବନ୍ତ ।
ଅନ୍ୟାୟକୁ ଫିଙ୍ଗି ନ୍ୟାୟ କଥା ସ୍ଥାପି ସବୁ କହୁଥାଇ ସତ୍ୟ ।୫।
ପାପ ଅଂଶ କଳା ଯେଉଁ ପ୍ରାଣୀ ବହେ କହି ନୁହେଁ କର୍ମମାନ ।
ଅଜ୍ଞାନେ ଆଚାରେ ଅନୀତି ବିଚାରେ ମୂର୍ଖପଣେ ନିଏ ଦିନ ।୬।
କାଳ ଯମ ଅଂଶ କଳା ଯେ ବହନ୍ତି ବହୁତ ରାଗ କୋପିତ ।
ଭାରତ ଭୂମିକି ଆଗଭର ହୋଇ କ୍ଷତ୍ରୀପଣେ ସାମରଥ ।୭।
କାମ ଅଂଶ କଳା ଯାର ଅଙ୍ଗେ ଥାଇ ଥୟ ନୁହେଁ ପଞ୍ଚୁମନ ।
ପଚିଶ ପ୍ରକୃତି କରି ନାନା ମୂର୍ତ୍ତି ମତ ପ୍ରେମେ ଛନ୍ନଛନ୍ନ ।୮।

ରମ୍ଭା ମେନକା ଅଂଶ କଳା ଯା ଅଙ୍ଗେ ଜାଣେ ଛବି ନଟକୂଟ
ଭଙ୍ଗିମା ଚାତୁରୀ ବେନି ନେତ୍ରଠାରି କରେ ନବରଙ୍ଗେ ନାଟ ।୯।
ଦେବତା ଅଂଶରେ ଯେହୁ ଜନ୍ମିଥାଇ ଗାୟନରେ ଗୁଣବାଦ ।
ମୃଦଙ୍ଗ କର୍ତ୍ତାଳ ଖଞ୍ଜରୀ ମର୍ଦ୍ଦଳ ବଜାନ୍ତି ଅନେକ ବାଦ୍ୟ ।୧୦।
ରାଜଅଂଶ କଳା ଯାକୁ ଲାଗିଥାଇ ବହୁତ ଲୋକ ତା ସଙ୍ଗ ।
ନ କରଇ ମାନ୍ୟ ଉଚ୍ଚପଦେ ମନ ଲୋଡ଼ୁଥାଇ ବଡ଼ ଢଙ୍ଗ ।୧୧।
ବିଷ୍ଣୁ ଅଂଶ କଳା ଯାର ଅଙ୍ଗେ ଜାଣ ସ୍ୱକାମେ ନିଷ୍କାମେ ଦୁଜା ।
ମଉନେ କପଟ ବେଶ ଧରିଥାନ୍ତି କରନ୍ତି ପ୍ରତିମା ପୂଜା ।୧୨।
ବ୍ରହ୍ମା ଅଂଶ କଳା ଯାହା ଅଙ୍ଗେ ଥାଇ କରୁଥାଇ କର୍ମମାନ ।
ବୋଲାଇ ଆଚାରୀ ହୋଇ ବ୍ରହ୍ମଚାରୀ କରେ ସନ୍ଧ୍ୟା ତରପଣ ।୧୩।
ଦେବଅଂଶ କଳା ଯାକୁ ଲାଗିଥାଇ ଚାରିବେଦେ ଉଦ୍ଦୀପନ ।
ସ୍ନାହାନ ତର୍ପଣ ତ୍ରି ସନ୍ଧ୍ୟା ବିଧାନ ଜପ ମନ୍ତ୍ରେ ତାର ମନ ।୧୪।
ଶିବ ଅଂଶ କଳା ଯାର ଅଙ୍ଗେ ଥିବ ସ୍ନାନ ଶଉଚରେ ତେଜା ।
ସମ୍ବର୍ବ ଯୋଗାଡ଼ ଧୂପ ଦୀପ ଘେନି କରୁଥାଇ ଲିଙ୍ଗ ପୂଜା ।୧୫।
ଇନ୍ଦ୍ର ଅଂଶ କଳା ଯେହୁ ପ୍ରାଣୀ ବହେ ଦାତା ପଣେ ସମଯୋଗ ।
ସମାନରେ ଦେଖି ଚିଠି ପତ୍ର ଲେଖି ପାଳୁଥାଇ ଆତ୍ମାଜୀବ ।୧୬।
କୁବେର ଅଂଶରେ ଯେହୁ ଜନ୍ମିଥାଇ ବହୁଧନ ଅଧିକାର ।
ଏଠାକୁ ସେଠାକୁ କରୁଥାଇ ଧନ ଖଟି ବାଣିଜ୍ୟ ବେପାର ।୧୭।
ଚନ୍ଦ୍ର ଅଂଶ କଳା ଯେ ଜନ ବହନ୍ତି ଧୀର ପଣେ ସମଶୀଳ ।
ବଚନ ଭାଷିଲେ ଅମୃତ ସମାନ ଅଗ୍ର ଚନ୍ଦନୁ ଶୀତଳ ।୧୮।
ସୂର୍ଯ୍ୟ ଅଂଶ କଳା ଯେଉଁ ପ୍ରାଣୀ ବହେ ସପତ ଦ୍ୱୀପକୁ ଦୃଷ୍ଟି ।
ଘେନି କର୍ମଯୋଗ କରେ ସାଧୁସଙ୍ଗ ସକଳ ସ୍ଥାନରେ ଗୋଷ୍ଠୀ ।୧୯।
ନାମ ଅଂଶ କଳା ଯାକୁ ଲାଗିଥାଇ ପାଦେ ଖଟନ୍ତି ସମସ୍ତ ।
କହେ ଭୀମ ଭୋଇ ନାମ ବ୍ରହ୍ମପଦେ ଗୁରୁପଣେ ସାମରଥ ।୨୦।

•

ଊନତ୍ରିଂଶ ବୋଲି

ବୃହସ୍ପତି ଅଂଶ କଳା ଯାର ଅଙ୍ଗେ କହିବା ଜାତକ ଗୁଣ ।
ପାପ ପୁଣ୍ୟ କଥା ଜାଣଇ ସର୍ବଥା କରି ଜଉତିଷ ପଣ ।୧।
ଶୁକ୍ର ଶାନ୍ତିକଳା ଯେଉଁ ପ୍ରାଣୀ ବହେ କରଇ ବଇଦ ବୃତ୍ତି ।
ଛୁତ ହସ୍ତେ ଦେଖି ଅନୁଭବ ରଖି ଜାଣେ ବ୍ୟାଧିର ଉତ୍ପତ୍ତି ।୨।
ଅସୁର ଅଂଶରେ ଯେହ୍ନୁ ଜନ୍ମିଥାଇ ସତ ଶାନ୍ତିକି ନ ଭଜେ ।
ଚାରିବେଦ କଥା ବୁଝାଇ କହିଲେ କଦାଚିତ୍ତରେ ନ ବୁଝେ ।୩।
ପବନ ଅଂଶରେ ଯେହ୍ନୁ ଜନ୍ମିଥାଇ ନୁହଇ ଥିର ସମୀର ।
ଅଳପ କଥାକୁ ବହୁତ ମଣଇ ବଚନ କହେ ପ୍ରଖର ।୪।
ଅଗ୍ନିଅଂଶ କଳା ଯାକୁ ଲାଗିଥାଇ ଅନୁଭବେ ବୁଝିନିଅ ।
ଯହିଁ ଗଲେ ତହିଁ ଶୁଭାଶୁଭ ନାହିଁ ଲୋକେ କରୁଥାନ୍ତି ଭୟ ।୫।
ଅବିଦ୍ୟାଂଶ କଳା ଯାକୁ ଲାଗିଥାଇ ପ୍ରାଣୀକି ନାଶ କରଇ ।
କାଳକ ଅନ୍ତରେ କୁମ୍ଭୀ ନରକରେ କୋଟି ଜନ୍ମ ପଡ଼ିଥାଇ ।୬।
ବ୍ରହ୍ମ ଅଂଶ କଳା ଯାର ଅଙ୍ଗେ ଥାଇ ଶରଣ ତା'ପାଦଗତ ।
ବିନୟ ବହୁତ ମଣି ସତ୍ୟ କୃତ୍ୟ ଶତବାର ଦଣ୍ଡବତ ।୭।
ସେ ଜନମାନଙ୍କୁ ଲେଖି ସମ୍ପାଦକୁ ସ୍ତୁତି କରି ପ୍ରତିଦିନେ ।
ବନ୍ଦନା କରି ମୁଁ ପ୍ରଭୁ ଭଗତଙ୍କୁ ଡରୁଥାଇ ପଞ୍ଚମନେ ।୮।
ମାଗୁଅଛି ବର ଏତକ ମାତର କଲ୍ୟାଣ ବାଞ୍ଛା ସମ୍ପୂର୍ଣ୍ଣ ।
ଅଲେଖ ମହିମା ଯେ ଜନ ଭଜୁଛି ତା ପାଦେ ମୋର ଶରଣ ।୯।
ପ୍ରଭୁଙ୍କ ଭକତ ସୁଜ୍ଞ ସାଧୁସନ୍ଥ ଶ୍ରୀଛାମୁକୁ ଯେବେ ଯିବେ ।
କରପତ୍ର ଯୋଡ଼ି ବିନୟ ହେଉଛି ପଛଆଡ଼େ ମୋତେ ନେବ ।୧୦।
ନିର୍ବେଦ ଦୀକ୍ଷାରେ ଶ୍ରୀଗୁରୁ ଶିକ୍ଷାରେ ଅଟଇ କୀଟପ ମାଛି ।
ନିଜରୂପ ଚାହିଁ କାହିଁ ମୁଁ ଭଜନ୍ତି ବାନା ଦେଖି ଡରୁଅଛି ।୧୧।
ଯେଉଁ ଭଗବାନ ଗଙ୍ଗାରେ ସ୍ନାହାନ ନୀଳଗିରିରେ ଭୋଜନ ।
ବୃନ୍ଦାବନେ ବାଟ ରାଧା ସଙ୍ଗେ ଭେଟ ଦ୍ୱାରକାପୁରେ ଶୟନ ।୧୨।
ସେ ପୁରୁଷ ଆଜ ବୀରବେଶେ ସଜ ନିଜ ରୂପେ ପରକାଶ ।
ଦିବସରେ ତିନି ପହର କାନ୍ଦୁଛି ଦୁଃଖ ମୁଁ କହିବି କିସ ।୧୩।

ଚଉଦ ଭୁବନ ଜୀବଜନ୍ତୁଗଣ କାହାରି ନାହିଁନା ସୁଖ ।
ଅକାଳ ମରଣ ଘୋଟି ଯାଉଅଛି ତିନିପୁର ତ୍ରଇଲୋକ ।୧୪।
ଅନନ୍ତ ଠାକୁର ଅନାଦି ପୁରୁଷ ଯେଉଁ ଦିନ ହେବେ ରାଜା ।
ସେହିଦିନ ମୁହିଁ ଶ୍ରୀଚରଣ ତଳେ ହୋଇବି ଦାସ ପରଜା ।୧୫।
ଏତେ ଦୂରାନ୍ତକୁ ବିଚାର ମନକୁ ଜଗିଅଛି ଟିଆକଣ୍ଠ ।
ତେଣୁ କରି ମୁହିଁ ବ୍ରହ୍ମାଣ୍ଡେ କହୁଛି ନ ପିନ୍ଧିବି କୁମ୍ଭୀପଟ ।୧୬।
ନାମଟି ଅକ୍ଷୟ ଅଜନ୍ମ ଅଜୟ ଚାରିଯୁଗେ ଯେବେ ସତ୍ୟ ।
ଗୃହେ ଥାଇ ବିହିତ କର୍ମେ ଚାଲିଲେ ସବୁହେବ ପରାପତ ।୧୭।
ନିଷ୍କାମ ପଦରୁ ସୁମରି ଆଦ୍ୟରୁ କରିଅଛି ଧ୍ୟାନ ଯୋଗ ।
ପ୍ରଭୁଠାରେ ବଡ଼ କଟାଳ କରିବି ନାହିଁ ଦେଲେ ମୋତେ ଭାଗ ।୧୮।
ଜନ୍ମ ହେଲେ ମୃତ୍ୟୁ ମୃତ୍ୟୁଠାରୁ ଜନ୍ମ ବେନି ପରକାର ଅଛି ।
ଏ ମୃତ୍ୟୁ ମଣ୍ଡଳେ ଥିବା ପରିଯନ୍ତେ ଭୋଗ କରୁଥିବି କିଛି ।୧୯।
ସତ୍ୟେ ଯେବେ ମୁହିଁ ଜନମ ଲଭିଛି ବ୍ରହ୍ମତେଜ କଳା ଘେନି ।
ଯିବାବେଳେ ନିଶ୍ଚେ ସେଠାବକୁ ଯିବି ଭୀମ ଅରକ୍ଷିତ ଭଣି ।୨୦।

•

ତ୍ରିଂଶ ବୋଲି

ପିତା ଅଟନ୍ତି ମୋ ଅନାଦି ଠାକୁର ମାତା ଆଦିଶକ୍ତି ନାରୀ ।
ଦୁତୀ ଯୁଗଳରୁ ଜନମ ଲଭିଛି କବି କୃତ କଳା ଧରି ।୧।
ପିତାମାତାଙ୍କର ଚରଣ ତଳକୁ ପ୍ରଲମ୍ବିତ ଶତେବାର ।
ଏଠାରୁ ଏଣିକି ନ ଦିଶୁଛି ପଦ ଜାଣି ବୁଝି ଦୟାକର ।୨।
ଗୁରୁଦେବ ସ୍ୱାମୀ ସର୍ବ ଅନ୍ତର୍ଯ୍ୟାମୀ ନାହିଁ ମୋର କହିବାକୁ ।
କାମନା କଳ୍ପଣା ସମସ୍ତ ଲାଗିଲା ଶ୍ରୀଗୁରୁ ପାଦ ତଳକୁ ।୩।
ସାର ଅସାର ଦୁତୀୟ ପରକାର ବାତ୍ସଲ୍ୟରେ ପଦ ବସୁ ।
ବରଷା ଋତୁରେ ମହାନଦୀ ପ୍ରାୟ ପଦ ଅର୍ଥ ବଢ଼ି ଆସୁ ।୪।
ପଶିବି ଶରଣ ମେଣ୍ଟିବି ମରଣ ମନେ ନ ଧରିବି କ୍ଷୋଭ ।
ପ୍ରାଣ ବଞ୍ଚାଇବି ପିଣ୍ଡକୁ ସଞ୍ଚିବି ଛତ୍ର ପ୍ରାୟ ଯେଉଁପାଦ ।୫।

ଭଜୁଅଛି ମୁହିଁ ଦିବା ନିଶି ନାହିଁ ଯୁଗଳ ଚାରିଚରଣ ।
ସୁଧା ମଧୁରସ ପିଉଥିବି ନିତ୍ୟେ ତାହା କରୁଅଛି ମନ ।୬।
ଦାରୁ ହୋଇ ଦ୍ରୁବ ହୋଇଲି ମୁଁ ଆସି ବହି ଯାଉଅଛି ଯୁଗ ।
ପିତାମାତାଙ୍କର କରୁଣା ନୋହିଲେ ଜଗତେ ନ ମିଳେ ଠାବ ।୭।
ସତେ ଯେବେ ଅବଧୂତ ଶୂନ୍ୟବାଦ ଅଲେଖ ମହିମା ମେରୁ ।
ବିଚାରିଲେ ପ୍ରଭୁ କ୍ଷଣକ ମାତ୍ରକେ ଦ୍ରୁବ କରିପାର ଦାରୁ ।୮।
ଅନନ୍ତ ପୁରୁଷ ଅରୂପେ ଅଦୃଶ୍ୟ ଯାର ନାହିଁ ହାଇଛାଇ ।
ଶୂନ୍ୟକୁ ଅନାଇ ଦର୍ଶନ କରୁଛି ପାଦରେଣୁ ପାଇ ପାଇ ।୯।
ଅଜୟେ ଅକ୍ଷୟେ ନ ଦିଶଇ କାଏ ଅନାଦି ଅରୂପାନନ୍ଦ ।
ତରିଯିବି ବୋଲି ଚିତ୍ତରେ ମୋହର ଶୂନ୍ୟକୁ ପାତିଛି ଫାନ୍ଦ ।୧୦।
ଆଗତ ଭବିଷ୍ୟ ଆଜ୍ଞାରେ ଅଦୃଶ୍ୟ ମନେ ମନେ ହେତୁ କରି ।
ଦିବସ ରଜନୀ ସନ୍ତାପୀ ହେଉଛି ପ୍ରଭୁ ନାମ ଧରି ଧରି ।୧୧।
ମନରେ ନିମଜ୍ଜି ଆନକୁ ନ ଭଜି ଏକା ମହିମାଙ୍କ ବିନୁ ।
ପ୍ରଭୁ ସେ ରଖିବେ ପ୍ରଭୁ ସେ ଭକ୍ଷିବେ ଏ ମୋର ମାନବତନୁ ।୧୨।
ଏଥକୁ ଚାହିଁ ବିଚାରି ଦୟାକରି ବାଞ୍ଛା ଫଳ ପୂର୍ଣ୍ଣ ହେଉ ।
କବିକୁତ କଳା ଫୁଟି ଅନର୍ଗଳା ଯୁଗେ ଯୁଗେ କୀର୍ତ୍ତି ରହୁ ।୧୩।
ଯୋନିଜନ୍ମ ପିଣ୍ଡ ପ୍ରକୃତି ପ୍ରଚଣ୍ଡ ରୋମ ଚର୍ମେ ଲାଗି ମାୟା ।
ଅନୁଭବ ଭେଦ ମାର୍ଗେ କହିଦେଲେ ପିତାମାତା ହେଲେ ଦୟା ।୧୪।
ଶ୍ରୀଗୁରୁଙ୍କ ଠାସ ନୟନ ସଦୃଶ ବେଦଶାସ୍ତ୍ର ନାହିଁ ସାଧି ।
ଶୂନ୍ୟକୁ ଅନାଇ ପଦ ବଖାଣଇ ଅନୁଭବେ କରି ବୁଦ୍ଧି ।୧୫।
ଶଶୀତେଜପ୍ରାୟ ହୋଇଲା ଉଦୟ ହୃଦରୁ ଉବୁକି ଭେଦ ।
ଅଜ୍ଞାନ ପିଣ୍ଡରେ ଚେତା ପ୍ରକାଶିଲା ଶିରେ ଶିରେ ଲାଗି ପାଦ ।୧୬।
ପିତାମାତା ଦୁଇ ଏକସଙ୍ଗ ହୋଇ ଭକ୍ତି କଳାକୁ ସୁମରି ।
ବେନିଜନ ହୋଇ ଆଶୀର୍ବାଦ ଦେଇ କୃପାଜଳେ ସ୍ନାନ କରି ।୧୭।
କୀଟପ ଜନମ ଅଜ୍ଞାନ ପାମର ଜଡ଼ାବୃକ୍ଷ ସଙ୍ଗେ ଜଣେ ।
କହିଲା ବଚନ ପାଶୋର ହୁଅଇ ହୃଦରେ ନଥାଇ କ୍ଷଣେ ।୧୮।
ସର୍ବସାଧୁଗଣ ହୋଇ ଏକ ସ୍ଥାନ ସିଦ୍ଧସାଧୁଙ୍କର ମେଳେ ।
ଆଶିଷ କଲ୍ୟାଣ ଦେଇ ଋଷିଗଣ ମାଥେ ହସ୍ତମାରି ଦେଲେ ।୧୯।

ଅନାଦି ଅଲେଖ ହୋଇଛନ୍ତି ଉଦେ କହନ୍ତେ ବୋଇଲେ ନାହିଁ ।
କହେ ଭୀମଭୋଇ ଷଡଶତ ପଦ ସମସ୍ତେ ହେଲେଣି ବାଇ ।୨୦।

ଏକତ୍ରିଂଶ ବୋଲି

ଦିନୁ ଦିନ ଆସି ପ୍ରବଳ ହେଲାଣି ଦୁଃଖ କଷ୍ଟ ଦୁରୁଦଣ୍ଡ ।
ଦୋଷ ଅପରାଧ କ୍ଷମାକରି ସ୍ୱାମୀ ସମ୍ଭାଳ ତୋ ଭକ୍ତ ମୁଣ୍ଡ ।୧।
ଧିକାର ବଚନେ ଧ୍ୟାନକୁ ଛଡ଼ାଇ ଧୀରେ ରହୁନାହିଁ ମନ ।
ଧିକ ଯାଉକିନା ଜୀବ ଜନ୍ମ ମୋର ଧାଉଁ ଅଛି ଅନୁକ୍ଷଣ ।୨।
ବ୍ରହ୍ମାଣ୍ଡ କରତା ଆପେ ବିଜେକରି ବାଛି ବେଭାର କରିଛ ।
ବାଧି ଯାଉଅଛି ଜୀବନକୁ ମୋର ସତକଥା ନୋହେ ମିଛ ।୩।
ଅନ୍ତର୍ଯ୍ୟାମୀ ପ୍ରଭୁ ଅଶ୍ରୁତି ଅମୃତି ଅନ୍ତର୍ଗତେ ପରା ଜାଣି ।
ଆଶ୍ରିତ ପ୍ରାଣିଙ୍କ ଅବସ୍ଥା ହେଉଛ ହୃଦୟ ହେଉଛି ହାଣି ।୪।
ଦୟାଳୁ ପୁରୁଷ ଦରଶନେ ଦୃଶ୍ୟ ଦଗଧି ହେଉଛି କାଏ ।
ବାମ ଡାହାଣକୁ ଯେଣିକି ଚାହିଁଲେ ଆଗ ପଛେ ନାହିଁ କିଏ ।୫।
ତେଣୁ କରି ମୁଁ ଯେ ତରିବି ବୋଲିଣ ତୀରକୁ ଦେଉଛି ଦୃଷ୍ଟି ।
ତ୍ରୈଲୋକ୍ୟର ପ୍ରଭୁ ତତ୍ତ୍ୱରେ ନ ବୁଝି ଲଗାଉ ଅଛ ଅରିଷ୍ଟି ।୬।
ଅନାସ୍ତ ପ୍ରାଣୀକି ଛନ୍ଦ କୁଟେ ଆଣି ଅଥଳେ ପକାଉଅଛି ।
ଅନୁମାନ କରୁଅଛି ନିରନ୍ତରେ ଅନ୍ତର କରି ଦେଉଛ ।୭।
ଆଶା କରି କରି ଅବସ୍ଥା ହେଉଛି ଆସି ମୃତ୍ୟୁ ରବିତଳେ ।
ଅଜ୍ଞାନ ଅକର୍ମ ଯଶ ଅପଗୁଣ ଘୋଟିଲାଣି ଏକାବେଳେ ।୮।
ମନରେ ତବଦ ମାନି ନିଜ କର୍ମ ମୃତ୍ୟୁ ପଥକୁ ଆବୋରି ।
ମଳାପିଣ୍ଡେ ମୋର ଭାରା ପକାଉଛ ମାୟା ମୋହ ଭରି କରି ।୯।
ଗୁରୁଦେବ ସ୍ୱାମୀ ସର୍ବ ଅନ୍ତର୍ଯ୍ୟାମୀ ଖାତକୁ ଦେଉଛ ଫିଙ୍ଗି ।
ଗରଳ ବିଷ ପରାଏ ଲଗାଉଛ ଗାଢ଼ପଣେ ଅଛି ଜଗି ।୧୦।
ମହତ ମର୍ଯ୍ୟାଦା ସକଳ ବୁଡ଼ାଇ ମନୁଷ୍ୟ ପରାଏ ହୋଇ ।
ମାନ ଛଳ କଥା ଦୂରେ ଫିଙ୍ଗିଦେଇ ମୃର୍ତ୍ତିକା ପରାଏ ମୁହିଁ ।୧୧।

ଛାର ଛିକାର ଛୋକାରିଆ କଥାକୁ ଛନଛନ ହୁଏ ଚିତ୍ତ ।
ଛାଡ଼ି ଲାଜ ଭୟ ଦୂରକୁ ତେଜିଲେ ସରିବ ମାନ ମହତ ।୧୨।
ଗୁରୁ ସେ ହରତା କରତା ବିଧାତା କରିବେ ଯେ ଭଲ ମନ୍ଦ ।
କିସ ଜଣାଇବି ଶ୍ରୀଗୁରୁ ଛାମୁରେ ଜାଣିବେ ଅନାଦି କନ୍ଦ ।୧୩।
ଶୂନ୍ୟଶୂନ୍ୟ ବୋଲି ସକଳକୁ ଛାଡ଼ି ସତ୍ୟକୁ କରି ପସରା ।
ସହିବାକୁ କାହିଁ ଶକତି ମୋହର ନେତ୍ରୁ ବହୁଅଛି ଧାରା ।୧୪।
ଶୋକ ସନ୍ତାପରେ ଶରଣ ପ୍ରଣାମ ସକ୍ଷ ନାହିଁ ମୋର ଦେହେ ।
ସହି ସମ୍ଭାଳି ସାଧ କରିବି ପଢ଼ି ଏକାକ୍ଷର ନିରାମଏ ।୧୫।
ଘନ ପ୍ରାଏ ଘୋଟି ଗର୍ଜି ଆସୁଅଛି ଘୋର କଳି ମାୟା ଦେଖ ।
ବୀରବଧୂବାନା ଘୋଡ଼ାଇ ଜୀବକୁ ଅଭୟ ପଞ୍ଜାରେ ରଖ ।୧୬।
ଡିଙ୍ଗରକୁ ଚାହିଁ ଡରୁଅଛି ମୁହିଁ ଡାକ ଜଗତରେ ପଡ଼ି ।
ଡୋଳା ଗୋଚର ଦେଖୁ ଦେଖୁ ସମସ୍ତେ ଅଙ୍ଗେ ବସିଲେଣି ମାଡ଼ି ।୧୭।
ପଞ୍ଚମନ ମଧ୍ୟେ ବିଚାରଣ କଲେ ପାଶୋର ନୁହଇ କଥା ।
ପୂରାଉଛ ନେଇ ଅଗମ୍ୟ ଭିତରେ ରଖୁଛ କୀରତି ପୋଥା ।୧୮।
କାର୍ଯ୍ୟ ଯେବେ ଅଛି କାହିଁକି ଶ୍ରୀଗୁରୁ କରାଉଛ ହଟପଟ ।
କର୍ମକାଣ୍ଡେ ମୋର କି କି ଲେଖିଅଛ କହିଦିଅ ମୋତେ ବାଟ ।୧୯।
ନ ଜାଣଇ କିଛି ଆଶା କରିଅଛି ହୃଦୟରେ ପାଞ୍ଚି ଯାହା ।
ଭଣେ ଭୀମହୀନ ପାମର ଅଜ୍ଞାନ ଗୁରୁଦେବ ସ୍ୱାମୀ ସାହା ।୨୦।

•

ଦ୍ୱାତ୍ରିଂଶ ବୋଲି

ଗୁରୁଦେବ ସ୍ୱାମୀ ମହିମା ସାଗର ପିଣ୍ଡପ୍ରାଣ ରକ୍ଷାକର ।
ଶରଣ ପାଦ ପଦ୍ମରେ ଶତେବାର ଦୟାରେ ଉଦ୍ଧରି ଧର ।୧।
ଅବଧୂତ ସ୍ୱାମୀ ଅଲେଖ ଅବର୍ଣ୍ଣ ଅରୂପ ଅନାମ ଦୀକ୍ଷା ।
ହରତା କରତା ଜ୍ଞାନଗୁରୁ ଦାତା-ଗତି ପତି ସ୍ୱାମୀ ଏକା ।୨।
ପ୍ରାଣର ବଲ୍ଲଭ ଜଗତ ବାନ୍ଧବ ଜୀବ ପ୍ରାଏ ଅଙ୍ଗେ ବସି ।
ଏଡ଼େ ବଡ଼ ପ୍ରଭୁ ବାନା ଥାଉଁ ଥାଉଁ ବିଅର୍ଥେ ଯାଉଛି ଭାସି ।୩।

କୋଟିଏ ଶରଣ କୋଟିଏ ବିନତି କୋଟିଦଣ୍ଡ ପରଣାମ ।
କୋଟି ପ୍ରଲମ୍ବିତ କୋଟି ଯୋଡ଼ା ହସ୍ତ ଅନାଦି ଅରୂପ ବ୍ରହ୍ମ ।୪।
କୋଟି କୋଟି ସ୍ତୁତି କୋଟି ପ୍ରଣପତ୍ୟ ଗଳାରେ ବସନ ବାନ୍ଧି ।
ଦନ୍ତରେ ତିରଣ ବିନୟ ଭାବେଣ ଜଣାଣ କରୁଛି କାନ୍ଦି ।୫।
ଅଯୋନି ଅଜାତ ଅବ୍ୟୟ ଅଚ୍ୟୁତ ଅଣାକାର ଏକ ବ୍ରହ୍ମ ।
ମହିମା ସାଗର ବାନା ପ୍ରକାଶିଛ ଆଦି ଅବଧୂତ ଧର୍ମ ।୬।
ମେଲି ପତିତ ପାମର ଅଜ୍ଞାନ କୀଟପ ଏକୁତା ଜୀବ ।
ଅନାସ୍ଥ ପ୍ରାଣୀକି ଅନ୍ତର୍ଗତେ ଜାଣି ସୁଦୟାରେ ଚାହିଁ ଥିବ ।୭।
ନିରେଖି ଜୀବକୁ ନିରାଶ ନ କରି ନିଷ୍କାମରେ ଫଳ ଦେବ ।
ନିଶାଖା ପ୍ରାଣୀକି ଶୂନ୍ୟ ନାମ ବ୍ରହ୍ମ କୃପାଜଳେ ତାରି ନେବ ।୮।
କୀଟ ଜୀବ ଛାର ସମ ଦ୍ରୋହକାର ସଦା ଅପରାଧି ହୋଇ ।
ପାପ ପୁଣ୍ୟ କଥା କିବା ଭଲ ମନ୍ଦ କିଛି ନ ଜାଣଇ ମୁହିଁ ।୯।
ଏକାକ୍ଷର ନାମ ଏକାକ୍ଷର ବ୍ରହ୍ମ ଏକାକ୍ଷର ଧର୍ମ ସେବା ।
ଏକାନ୍ତ ଭଜନ ନିଷ୍କାମ ଭକତି ଦୟାକଲେ ସିନା ହେବା ।୧୦।
ଏକାକ୍ଷର କର୍ମ ଏକାକ୍ଷର ପାଦ ଏକାନ୍ତ ସାଧନା ସିଦ୍ଧି ।
ଅଶ୍ରୁତି ଅମୂର୍ତ୍ତି ଅଣାକାର ଧର୍ମ ଏକାଙ୍ଗ ଭକ୍ତିର ବିଧି ।୧୧।
ଆଦି ଅଦାଦି ଅରୂପ ଭଗବାନ ଅବ୍ୟକତ ଭାବଗ୍ରାହୀ ।
ଅନନ୍ତ ପୁରୁଷ ଅତୁଳ ମହିମା ଅଣ ଶବଦର ଦେହୀ ।୧୨।
ଅରୂପ ଗୋବିନ୍ଦ ଚିର ଜଣା ନନ୍ଦ ଅନାଦି ତ ଆଦିକନ୍ଦ ।
ଅଗ୍ନି ଅଙ୍ଗୀକାର ସର୍ବ ଅବିକାର ଅଲେଖ ପରମାନନ୍ଦ ।୧୩।
ତୁମ୍ଭରି ପିଣ୍ଡ ପ୍ରାଣ ତୁମ୍ଭେ ସମ୍ଭାଳ ତୁମ୍ଭରି ବ୍ରହ୍ମାଣ୍ଡ ରଖ ।
ଦେବକୂଟ ବିଷ୍ଣୁକୂଟ କାଳକୂଟ ଦୟାରେ କରି ବିବେକ ।୧୪।
ତୁମ୍ଭ ମାୟାକୂଟ ଯମଦଣ୍ଡ କୂଟ ଭୂପତି କୂଟକୁ ଛେଦି ।
ଅସୁର ମେଳଛ କୂଟରୁ ବଞ୍ଚାଇ ସମ୍ଭାଳି ରଖ ଅନାଦି ।୧୫।
ତୁମ୍ଭରେ ଶରଣ ସମ୍ଭାଳି ଆପଣ ସେବା ଭକ୍ତି ଆପେ ଘେନ ।
ବଡ଼ପଦେ ମୋର ଭରସା ନଥାଇ ଘେନିବାକୁ ଦରଶନ ।୧୬।
ତୁମ୍ଭ ସେବା ଭକ୍ତି ତୁମ୍ଭ ଭକ୍ତକୂଳ ତୁମ୍ଭ ଯଶ କୀର୍ତ୍ତିମାନ ।
ତୁମ୍ଭ ସାରସ୍ୱତ ତୁମ୍ଭ କବିକୃତ୍ୟ ଜଗତ ମଧ୍ୟେ ବଖାଣ ।୧୭।

ତୁମ୍ଭର ନିନ୍ଦା ସ୍ତୁତି ପାପ ପୁଣ୍ୟାଦି ହେଉଅଛି ଲାଭହାନି ।
କର୍ମଅର୍କମରେ ଆସ୍ତି ନାସ୍ତିଠାରେ ଶ୍ରୀଗୁରୁ ଦେବ କାରେଣୀ ।୧୮।
ମେଲଛ ଅସୁର ପାପିଷ୍ଠ ହସ୍ତରେ ନ ଦିଅ ସ୍ୱାମୀ ପକାଇ ।
ଅକୂଳ ସାଗରେ ଚିନ୍ତା ଦୁଃଖ ଘୋରେ ମାଡ଼ିବା ଉଚିତ ନାହିଁ ।୧୯।
ସତ୍ୟବାନା ସତ୍ୟ ନାମ ବ୍ରହ୍ମ ବୋଲି ଅଛି ମୁଁ ଭରସା କରି ।
କାନ୍ଦି କାକୁସ୍ଥରେ କହେ ଭୀମ ଭୋଇ ଗୁରୁ ପାଦପଦ୍ମ ଧରି ।୨୦।

•

ତ୍ରୟତ୍ରିଂଶ ବୋଲି

ସତ୍ୟନାମ ବ୍ରହ୍ମ ଧରତୀ ଆକାଶ ପୃଥ୍ୱୀ ଆପ ତେଜ ବାଇ ।
ଚାରି ଧର୍ମ ଥିଲେ ବିଚାରି ବୁଝିବେ ନିଶ୍ଚୟ ପାଇବି ମୁହିଁ ।୧।
ନବଲକ୍ଷ ତାରା ସୁରାଟ ବିରାଟ ମହାରାଟ ଠୁଳଶୂନ୍ୟ ।
ବିନୟକୁ ଘେନି ବୁଝାମଣା କରି ମନବାଞ୍ଛା ହେଉ ପୂର୍ଣ୍ଣ ।୨।
ଦଶଦିଗପାଳ ସ୍ୱର୍ଗ ସୁରପତି ତେତିଶ କୋଟି ଦେବଗଣେ ।
ବ୍ରହ୍ମା ଦେବପତି ଚନ୍ଦ୍ର ସୂର୍ଯ୍ୟ ଆଦି ବୁଝିଦିଅ ସାବଧାନେ ।୩।
ଚାରି ଦିଗ ଚାରିଯୁଗ ଚାରିମେଘ ବିଜୁଳି ଝଟକ ଆଦି ।
ଏ ମୋର ଭାରତୀ ବିଚାରି ଉଚିତ ବେଗେ କର ସର୍ବ ସିଦ୍ଧି ।୪।
ଜଳ ଅନଳ ପବନ ଆଦିକରି ବରୁଣ କୁବେର ଧାତା ।
ଚାରି ଯଦି ଚାରି ସତୀ ରୁଣ୍ଡ ହୋଇ ବୁଝି ଦିଅ ମୋର କଥା ।୫।
ସପତ ସାଗର ଅଷ୍ଟକୁଳା ନାଗ ଆଦି ନବଖଣ୍ଡ ମହୀ ।
ଏ ମୋର ବଚନ କଲେ ଆନୁଆନ କେଭେ ମୁଁ ଛାଡ଼ିବି ନାହିଁ ।୬।
ଉଡ଼ା ବୁଡ଼ା ଚଳ ଅଚଳ ଏ ଯେତେ ଅଛନ୍ତି ଯେ ଯେଉଁ ସ୍ଥାନେ ।
ଭଜିବା ନ ଭଜିବାର ଜାଣୁଅଛ ଦୃଷ୍ଟି ଦେଇ ଅନୁକ୍ଷଣେ ।୭।
ଛପ୍ପନକୋଟି ଜୀବ ସୁଜ୍ଞ ସାଧୁ ସନ୍ଥ ନର ନାରାୟଣ ହରି ।
ବୁଝାମଣା କର ସକଳ ବୃତ୍ତାନ୍ତ ପଡୁଅଛି ପାଦ ଧରି ।୮।
ଅନନ୍ତ କୋଟି ସାଧୁ ଚୌଷଠି ସିଦ୍ଧ ଅନାହତ ବ୍ରହ୍ମ ଧ୍ୱନି ।
ଶକତରେ ବୁଝାମଣା କରିଦିଅ କମ୍ପୁଥାଉ ଏ ମେଦିନୀ ।୯।

ବ୍ରହ୍ମା ବିଷ୍ଣୁ ଶିବ ଆଦି ଚାରିଯୁଗ ନବଗ୍ରହ ସତାଇଶ ।
ଏ ମୋର ଗୁହାରି ସଭାରେ ବିଚାରି ବୁଝାମଣା କରି ବସ ।୧୦।
ସ୍ୱର୍ଗ ମର୍ତ୍ତ୍ୟ ପାତାଳ ତିନିପୁରକୁ କୋଟିଏ ଶରଣ ଗଲି ।
ଚିନ୍ତା ଅର୍ଥ ଆରା ଭାରା ଯେତେ କଥା ସଭାରେ ପକାଇ ଦେଲି ।୧୧।
ବୁଝି ଦେଲେ ବୁଝଏ ମୋର ନିୟାୟ ନୋହିଲେ ଛାଡ଼ିବି ଦେହ ।
ତିନିପୁର ସଭା ମଣ୍ଡଳରେ ଯେତେ କବି ହତ୍ୟା ଦୋଷ ବହ ।୧୨।
ଘର ଦ୍ୱାର ଇଷ୍ଟ ବନ୍ଧୁ ବର୍ଗ ଛାଡ଼ି ବ୍ରହ୍ମାଣ୍ଡେ ବୁଲୁଛି ଆସି ।
ମୋହର ପିତାର ରଞ୍ଚିଲା ଜଗତେ ଖେଳ କରୁଅଛି ବସି ।୧୩।
ପିତାମାତା ସାଙ୍ଗ ସାଥି ବାଡ଼ିବୃତ୍ତି ଛାଡ଼ି ମୁଁ କରି ଭରସା ।
ପ୍ରଭୁ ପ୍ରଭୁ ବୋଲି ନିରନ୍ତର ଭାଳି ଏକାକ୍ଷର ପାଦେ ଆଶା ।୧୪।
କର୍ମ ଧର୍ମ କ୍ରିୟା ଆଚାର ବେଭାର ବେଦମତ ଛାଡ଼ି ଦେଇ ।
ବାତୁଳ ପରାଏ ଭ୍ରମୁଛି ସଂସାରେ ଗୁରୁପାଦେ ଚିତ୍ତ ଦେଇ ।୧୫।
ଜପ ତପ ସନ୍ଧ୍ୟା ହୋମ ଯଜ୍ଞ ତେଜି ଧରି ନିରିବେଦ ପଥ ।
ଆତ୍ମା ଭଗତିରେ ଏ ମୃତ୍ୟୁ ସଂସାରେ ମଣିଲି ମୁଁ ଏକମତ ।୧୬।
ଦାରୁ ପ୍ରତିମା ସେବା ପୂଜା ଛାଡ଼ିଲି ଭୋଗରାଗ ଯେତେ କଥା ।
ପ୍ରଭୁଙ୍କ ନାମରେ ବୁଲନ୍ତି ସଂସାରେ ଲଗାଇ ଅଛନ୍ତି ଲେନ୍ତା ।୧୭।
ଜଗତ ଯାକରେ ଗୁରୁ ପିତା ମାତା ସକଳ ସମାନ ଚାହିଁ ।
ଦାରା ସୁତ ବିତ୍ତ ବନ୍ଧୁବର୍ଗ ବୋଲି ମନରେ ଘେନୁଛି ମୁହିଁ ।୧୮।
ତେଣୁ କରି ସିନା ମନର ଭିତରେ ସମାନ ଭକତି କରି ।
ହୃଦରେ ବିକାର ଚିତ୍ତେ ଅହଂକାର ସର୍ବ ସଂଶୟ ନିବାରି ।୧୯।
ଏଡ଼େ ପ୍ରଭୁ ଥାଇ ନ ଗଲା କଷଣ ନିଜ ରୂପେ ଉଦେ ହୋଇ ।
ଚାହିଁଚି ଶୂନ୍ୟକୁ ନିଷ୍କାମ ପୂଣ୍ୟକୁ ଭୀମ ଅରକ୍ଷିତ ଭୋଇ ।୨୦।

•

ଚତୁଃତ୍ରିଂଶ ବୋଲି

ଜଗତରେ କବିପଣେ ବୋଲାଉଛି ଦୋଷ ନାହିଁ ଦେବ ମୋତେ ।
ନିନ୍ଦା ହାନି ଲାଭ ପାପ ପରମାଦ ପୂରି ରହିଛି ଜଗତେ ।୧।
ଅତି ଅନ୍ୟାଚାର ଏ ମାୟା ସଂସାରେ କେଉଁ ରୂପେ ନେବିଦିନ ।
ପିଣ୍ଡ ବ୍ରହ୍ମାଣ୍ଡରେ ସକଳ ଠାବରେ ଛନ୍ଦିଅଛି ତିନିଗୁଣ ।୨।

ରଞ୍ଜନା ଦେଖାଇ ପାଞ୍ଜନା କରାଇ କରାଉଛ ଖଳବଳ ।
ଭବସିନ୍ଧୁ ଭାବସିନ୍ଧୁ ଦୁଇ ମିଶି ପୂରି ରହିଅଛି ଜଳ ।୩।
ତହିଁର ଭିତରେ ଛାଡ଼ି ଦେଇଅଛ ଏ ଜୀବକୁ ପିଣ୍ଡ ଦେଇ ।
ପାତକ ଲଗାଇ ଦୋଷ ନାହିଁ ଦେବ ଅନ୍ତର୍ଗତେ ଥିବ ଚାହିଁ ।୪।
ଅନାଥ ଜୀବଟି ବୁଲୁଛି ସଂସାରେ ନ ଜାଣଇ କିଛି କଥା ।
କେତେ ମିଛ କେତେ ପାପ ହେଉଅଛି ପ୍ରଭୁ ଜାଣନ୍ତି ଏ କଥା ।୫।
ଯେଉଁଦିନୁ ଜାତ କରି ଅଛନ୍ତି ତ ରବିତଳେ ମହାଶୂନ୍ୟ ।
ଚରିଯୁଗ ମତେ ନିଦ୍ରା ଗଲା ପରି ଲାଗୁଅଛି ଚାରି ଦିନ ।୬।
ଏଥିରୁ ଆହୁରି କିସ ମୁଁ କହିବି ସଂସାରକୁ ସତ୍ୟ ସତ୍ୟ ।
ଯେ ଯହିଁରେ ଥାଇ ସେହି ସେ ଜାଣଇ ଆନକୁ ନ ଆସେ ହିତ ।୭।
ବଡ଼ିମା କହିଲା ବୋଲିବେ ଜଗତେ ତେଣୁ କରି ମୋର ଭୟ ।
ମୁହିଁ ସିନା ଜାଣେ ମୋ ଜନ୍ମର କଥା ଅନାଦି ଗୁରୁଙ୍କ ପୁଅ ।୮।
ସଂସାର ମଧ୍ୟରେ କେମନ୍ତେ ଜାଣିବେ ନର ଅଙ୍ଗେ ଦେହ ବହି ।
ଆତ ଯାତ କଥା ଯୁଗର ବ୍ୟବସ୍ଥା ସମସ୍ତଙ୍କୁ ଜଣାନାହିଁ ।୯।
ହୃଦୟରେ ଭେଦ ସାରସ୍ୱତ ପଦ ଅନୁଭବେ ନାହିଁ ବୁଦ୍ଧି ।
ନରଦେହ ବହି ସର୍ବେ ଅଣଚେତେ କାହୁଁ ଜାଣିବେ ସେ ସିଦ୍ଧି ।୧୦।
ରୂପ ରସ ଗନ୍ଧ ରଙ୍ଗେ ମାତି ସର୍ବେ ଭୁଲାଇ ନେଉଛି ମାୟା ।
ମୋହିନୀ ମଦେ ପଡ଼ିଛନ୍ତି ସମସ୍ତେ ପାଶୋରି ଜୀବନ କାୟା ।୧୧।
ଜଗତ ଭିତରେ ସଂସାରସାଗରେ ବଖାଣିଲି କବିକୃତ ।
ଯେତେ ବୁଝାଇଲି ନ ବୁଝିଲେ କେହି କୋପ କରି ଅପ୍ରମିତ ।୧୨।
କୋଳରେ ବସାଇ ମନରେ ମିଶାଇ କହୁ କହୁ କର୍ଣ୍ଣପାଶେ ।
ନଦୀଜଳ ପ୍ରାୟ ବଢ଼ି ଯାଉଅଛି ଜ୍ଞାନ ନ ଭେଦିଲା ଲେଶେ ।୧୩।
ମୁହିଁ କହୁଥାଇ ମନରେ ବିଚାରି ମୁକତି ପଦକୁ ଭାଳି ।
ଜଣ ଜଣ କରି ବୁଝାଇ କହଇ ସର୍ବେ ତରିଯିବୁ ବୋଲି ।୧୪।
ଦୁର୍ଲ୍ଲଭ ଜନମ ଦେହ ବହିଛନ୍ତି କରି ନୁହେଁ ବଡ଼ସାନ ।
କଥାର ପ୍ରସଙ୍ଗେ କହି ନେଉଥାଇ ଶୁଣ ଶୁଣ ସର୍ବଜନ ।୧୫।
ଧରମ ପଥକୁ ଆଶ୍ରିତ କରାଇ ବତାଇ ଦିଅଇ ଜ୍ଞାନ ।
ଆତ୍ମା ଭକତିକି ଜୀବ ମୁକତିକି ପ୍ରତ୍ୟକ୍ଷ କରାଇ ଚିହ୍ନ ।୧୬।

କପଟ ନ କରି ଧୂଳି ମାଟିପରି ବାଣ୍ଟି ଦେଉଥାଇ ଭାଗ ।
ପୁତ୍ର ପରାଏ ଆହାଲାଦ କରାଇ କହୁଥାଇ ଜ୍ଞାନ ଯୋଗ ।୧୭।
କିଅବା ସ୍ତିରୀ ସେ କି ଅବା ପୁରୁଷ ବାଳ ବୃଦ୍ଧ ଯୁବା ଯେତେ ।
ଭିନ୍ନ ଭିନ୍ନ କରି ଚିହ୍ନାଇ ଦିଅଇ ସଂଶୟ ନ ରଖି ଚିତ୍ତେ ।୧୮।
ପ୍ରାଣରୁ ଅଧିକ କରିଣ ତାହାକୁ କହୁଥାଇ ସଦବୁଦ୍ଧି ।
ଗୁରୁ ସେବା କଲେ ନିଶ୍ଚେ ଅନ୍ତକାଳେ ତରିଯିବ ବାରାନିଧି ।୧୯।
ଏଥକୁ ଚାହିଁ ବିଚାରି ମହାପ୍ରଭୁ ହେବ ଯେବେ ମୋର ଦୋଷ ।
ଶ୍ରୀଗୁରୁ ଛାମୁରେ ବିନତି ମାଗୁଛି ଭୀମ ଅରକ୍ଷିତ ଦାସ ।୨୦।

•

ପଞ୍ଚତ୍ରିଂଶ ବୋଲି

ଅରୂପ ଅନାଦି ସର୍ବଗୁଣେ ସିଦ୍ଧି ନାମ ଅଖଣ୍ଡିତ ପୂର୍ଣ୍ଣ ।
ଭଗତି ମୂକତି ସେଠାରୁ ଉଦଏ ସବୁକାଳ ନୁହେଁ ଊଣା ।୧।
ସତ୍ୟ ଧର୍ମ ବୋଲି ଅନୁସରି ଅଛି ସତ୍ୟେ ନାହିଁ ମୋର ବାଞ୍ଛା ।
ବୁଝିବ କି ନାହିଁ ବ୍ରହ୍ମାଣ୍ଡ କରତା ଦୟା ଯେ ତୁମ୍ଭର ଇଚ୍ଛା ।୨।
ଏକପାଦ ବିନୁ ଅନ୍ୟ ନ ଜାଣଇ ସର୍ବଘଟେ ପରିପୂର୍ଣ୍ଣ ।
ଅବିବେକ ପଣେ ଆନକୁ ନ ଭଜି ଚିହ୍ନି ଧର୍ମ ନିରିଗୁଣ ।୩।
ସାର ଅବତାର ବ୍ରହ୍ମାଣ୍ଡ ଠାକୁର ସକଳ ଜୀବ କରତା ।
ପିଣ୍ଡ ପ୍ରାଣ ସଞ୍ଚି ରଖିଛ ବସାଇ ପ୍ରଭୁ ସିନା ପିତା ମାତା ।୪।
ପ୍ରଭୁ ବର୍ଗ ବନ୍ଧୁ ପ୍ରଭୁ ଇଷ୍ଟ ଦାତା ପ୍ରଭୁ ସିନା ସାହା ବାହା ।
ସ୍ୱାମୀ ବିନୁ ମୋର ସଙ୍କଟ ଦୁର୍ଗତି ଆନକେ ଫେଡ଼ିବ ଏହା ।୫।
ଶ୍ରୀଗୁରୁ ମୋହର ସକଳ କାରେଣୀ ବୁଝିବେ ସେ ମୋର ରୀତି ।
ଅନ୍ତର୍ଯ୍ୟାମୀ ପ୍ରଭୁ ଫେଡ଼ାଇ ପାରିବେ ମାନ ସନ୍ତାପ ବିପତ୍ତି ।୬।
ଯେତେ ପରକାରେ ଏ ମାୟା ସଂସାରେ ବୁଦ୍ଧି ବିଚାରଣା କଲି ।
ସକଳ ଉପାୟ ସବୁ ଏ ଅନ୍ୟାୟ କିଛି ଫଳ ନ ଦେଖିଲି ।୭।
ସପତ ବ୍ରହ୍ମାଣ୍ଡ ଏକୋଇଶ ପୁରେ ଲୋଡ଼ି ଆସିଲି ମୁଁ ଯାହା ।
ସତ୍ୟ ଧର୍ମ ବିନୁ ଏ ମହୀ ମଣ୍ଡଳେ ବଡ଼ ହୋଇ ନୁହେଁ କାହା ।୮।

ତେଣୁ କରି ସାର ବ୍ରହ୍ମ ବୋଲି ଜାଣି ଧରିଅଛି ନିରିବନ୍ଧେ ।
ଦୁଃଖ ସୁଖସର୍ବ ଭାରା ପକାଇଛି ଶ୍ରୀଗୁରୁଙ୍କ ପାଦର୍ବିନ୍ଦେ ।୯।
ପ୍ରଭୁ ସେ ମାରିବେ ପ୍ରଭୁ ସେ ତାରିବେ ଯାହା ଇଚ୍ଛା ପଛେ କର ।
ଦିବସ ରଜନୀ ସନ୍ତାପ ମନରେ ନେତ୍ରୁ ବହୁଅଛି ନୀର ।୧୦।
ପଞ୍ଚଭୂତ ଆତ୍ମା ଦଗଧି ହେଉଛି ଜୀବନ କାନ୍ଦୁଛି ନିତି ।
ଅନ୍ୟାୟ ସଂସାର ଅନୀତି ଆଚାର ଦେଖି କଳିଯୁଗ ରୀତି ।୧୧।
ଅନୁମାନ କରୁଅଛି ଅନ୍ତର୍ଗତେ ସନ୍ଥ ହୋଇ କେହି ।
କଳିଯୁଗେ ଆଣି ମେଳଛଙ୍କ ସଙ୍ଗେ ଜାତ କଲେ କାହିଁପାଇଁ ।୧୨।
ସ୍ୱଦେହରେ ଉଦେ ହୋଇଅଛ ବୋଲି ଅଛି ମହତ୍ୱ ବେଭାର ।
ଶୀତ ପ୍ରାୟେ ଦେହ ଥରୁଅଛି ମୋର ଦେଖି ଅନୀତି ଆଚାର ।୧୩।
ଡରି ଡରି କରି ଏ ମର୍ତ୍ତ୍ୟମଣ୍ଡଳେ କେତେ କାଳ ନେବି ଦିନ ।
ଘାଣ୍ଟି ହେଉଅଛି ହୃଦରେ ମୋହର ପଚିଶ ପ୍ରକୃତି ମନ ।୧୪।
ଯେଣିକି ଚାହିଁଲେ ମହାଶୂନ୍ୟ ଶୂନ୍ୟ ନଦିଶଇ ଆଖା ଶାଖା ।
କେଉଁ ମତ୍ତଗର୍ବେ ବଚନ କହିବି ହୃଦରେ ପଶୁଛି ଦକା ।୧୫।
ଯେ ଜନ ଭଜିଲା ଯା ମନ ମଜ୍ଜିଲା କେ କରିବ ତାକୁ କିସ ।
କବିତ୍ୱ ପଣେ ମୁଁ ଯାହା ବୁଝାଇଛି ଏତିକ ମୋହର ଦୋଷ ।୧୬।
ବୋଲିବେ ଜଗତେ ବ୍ରହ୍ମଜ୍ଞାନୀ ହୋଇ କରୁଛନ୍ତି ଅପକୃତ ।
ପାଖେ ନ ବସିଲେ ମନ ନ ରସିଲେ କହି ନୋହେ ସରି ଅର୍ଥ ।୧୭।
ଘଟ ଭେଦ କଥା ଯେବଣ ବିଧାତା ଏକଅଙ୍ଗ ହେଲେ ଯାଇ ।
କ୍ଷୀର ନୀରଠାରୁ ଅଧିକ ପୀରତି ମନ ମିଶାଇଲେ ନେଇ ।୧୮।
କେହୁ ଅଟେ ଗୁରୁ କେହୁ ଅଟେ ଶିଷ୍ୟ ତହିଁ ନ ଥାଇ ବାରଣ ।
ଭକ୍ତ ଭଗବାନ ଏକ ଅଙ୍ଗ ଜାଣ ଏକାନ୍ତ ଠାବେ ଭୋଜନ ।୧୯।
ଏ ବେନି ପ୍ରକାର ଯେ କରେ ବିକାର ସେ ପ୍ରାଣୀ ହୁଅନ୍ତି ନାଶ ।
ଭଣେ ଭୀମଭୋଇ ସାତଶ ପଦରେ ଅଭୟ ପଞ୍ଜାରେ ବାସ ।୨୦।

•

ଷଟତ୍ରିଂଶ ବୋଲି

ବେନି ଜନ କଥା ଧର୍ମ ଉଲକିତା କେ କହିବ ତାହା କାଟି ।
ମୁଖରେ କହିଲେ ହୃଦ ଫାଟିଯିବ ଛିଡ଼ିଯିବ ଜିହ୍ୱା ପାଟି ।୧।
ନୁହନ୍ତି ସେ ଗୁରୁ ନୁହନ୍ତି ସେ ଶିଷ୍ୟ ନାହିଁ ସାଆନ୍ତ ସେବକ ।
ନୁହନ୍ତି ବ୍ରାହ୍ମଣ ନୁହନ୍ତି ଚଣ୍ଡାଳ ନୁହନ୍ତି ସେ ବଡ଼ ଲୋକ ।୨।
ନୁହନ୍ତି ସେ ସ୍ତିରୀ ନୁହନ୍ତି ପୁରୁଷ ନୁହନ୍ତି ଅଣ୍ଡିରା ମାଈ ।
ନୁହନ୍ତି ସେ ପିତା ନୁହନ୍ତି ସେ ପୁତ୍ର ନୁହନ୍ତି ଭଉଣୀ ଭାଇ ।୩।
ନୁହନ୍ତି ସେ କ୍ଷୀର ନୁହନ୍ତି ସେ ନୀର ନୁହନ୍ତି ଦୁଗ୍‌ଧ ମଧୁର ।
ନୁହନ୍ତି ସେ କଷା ନୁହନ୍ତି ସେ ପିତା ନ ଥାଇ ଶୋଭା ସୁନ୍ଦର ।୪।
ନାହିଁ ତାଙ୍କ ଜାତି ନାହିଁ ତାଙ୍କ ଗୋତ୍ର ନ ଥାଇ ବାଛ ବେଭାର ।
ବେନି ଜନ ଏକ ଆତ୍ମା ମନ ହୋଇ କରୁଅଛନ୍ତି ସଂସାର ।୫।
ନୁହନ୍ତି ସେ ଜଳ ନୁହନ୍ତି ପବନ ନୁହନ୍ତି ରୂପ ଅରୂପ ।
ନୁହନ୍ତି ସେ ଜ୍ଞାନ ନୁହନ୍ତି ଅଜ୍ଞାନ ନ ମଣେ ବେଦ କଳପ ।୬।
ନୁହନ୍ତି ସେ ପାପ ନୁହନ୍ତି ସେ ପୁଣ୍ୟ ନୁହନ୍ତି ସେ ସେବା ଭକ୍ତି ।
ନୁହନ୍ତି ସେ କାମ ନୁହନ୍ତି ସେ କ୍ରୋଧ ନୁହନ୍ତି ଯତି ସେ ସତୀ ।୭।
ନୁହନ୍ତି ସେ କାଳ ନୁହନ୍ତି ସେ ମୃତ୍ୟୁ ନୁହନ୍ତି ଶୁଭ ଅଶୁଭ ।
ନାହିଁ ପତି ପତ୍ନୀ ସକଳ ଜାଣନ୍ତି ଏକ ଅଙ୍ଗେ ସବୁ ଭୋଗ ।୮।
ନୁହନ୍ତି ସେ ଦାସ ନୁହନ୍ତି ସେ ଦାସୀ ନୁହନ୍ତି ମାୟା ପ୍ରକୃତି ।
ନୁହନ୍ତି ସେ ସତ୍ୟ ନୁହନ୍ତି ସେ ମିଥ୍ୟା ବେନି ଅଙ୍ଗ ଏକ ମର୍ତ୍ତି ।୯।
ନୁହନ୍ତି ସେ କଳା ନୁହନ୍ତି ସେ ଧଳା ନାହିଁ ଭାରିଜା ଗୁରସ୍ତ ।
ନୁହନ୍ତି ସେ ହାନି ନୁହନ୍ତି ସେ ଲାଭ ଦୁଃଖ ସୁଖ ସନମତ ।୧୦।
ଭଗତ ଅଙ୍ଗଟି ପ୍ରଭୁ ଅଙ୍ଗ ଜାଣ ଜୀବ ରୂପେ କରି ବିଜେ ।
ଗୁରୁ ଚରଣକୁ ଶିଷ୍ୟ ଭଜୁଥାଇ ଶ୍ରୀଗୁରୁ ଶିଷ୍ୟକୁ ଭଜେ ।୧୧।
ଅସ୍ଥିର ଜୀବନ ଯେଉଁ ପରକାରେ ରହିଛି ଧାରଣା ହୋଇ ।
ସେହି ପରକାରେ ଗୁରୁଶିଷ୍ୟ କଥା ଫେଡ଼ିଦେଲୁ ଆମ୍ଭେ କହି ।୧୨।
ଜୀବନେ ଯେସନେ ପଞ୍ଚଭୂତ ମନ ଆବୋରି ରହିଛି ଜଡ଼ି ।
ସେହି ପରକାରେ ବ୍ରହ୍ମାଣ୍ଡ ଭିତରେ ଗୁରୁ ଶିଷ୍ୟକୁ ନ ଛାଡି ।୧୩।

ପାଞ୍ଚମନଠାରେ ପଚିଶ ପ୍ରକୃତି ଲାଗିଛି ଯେସନେ ଲତା ।
ସେହି ପରକାରେ ସୁଝ ସାଧୁସନ୍ଥେ ଗୁରୁଶିଷ୍ୟଙ୍କର କଥା ।୧୪।
ପ୍ରକୃତିର ପରେ ବିକୃତି ସେଯନେ ରସରେ ତ ଅଛି ଭିଡି ।
ସେହି ପରକାରେ ଶାହାସ୍ର ମତରେ ଗୁରୁ ଶିଷ୍ୟଙ୍କର ଧାଡ଼ି ।୧୫।
ଅସ୍ଥିରେ ସେଯନ ମାଏଁସ ଘୋଡ଼ାଇ ମଝି ରହିଅଛି ଆଣ୍ଠ ।
ଜ୍ଞାନ ସିନ୍ଧୁଜଳେ ସେହି ପରକାରେ ଗୁରୁଶିଷ୍ୟଙ୍କର ବାଟ ।୧୬।
ମାଏଁ ସକୁ ଯେହ୍ନେ ରୁଧିର ସର୍ବାଙ୍ଗେ ବୁଡ଼ାଇ ରଖିଛି ପୂରି ।
ତେମନ୍ତ ପ୍ରକାରେ ଗୁରୁଶିଷ୍ୟ କଥା ନୁହେଁ ଆନ ଭିନ୍ନକରି ।୧୭।
ପଞ୍ଜରାହାଡ଼ ଖଞ୍ଜାମାନ ଗଣ୍ଠିରେ ଶିର ଯେସନକ ଛନ୍ଦି ।
ସେହି ସୂତ୍ରଯନ୍ତ୍ର ବୁଝି ନିଅ ସର୍ବେ ଗୁରୁଶିଷ୍ୟ ହୋନ୍ତି ବନ୍ଦୀ ।୧୮।
ଦେହରେ ଯେସନ ଚର୍ମ ଘୋଡ଼ାଇଛି ଚର୍ମରେ ଆବୋରି ରୋମ ।
ଚାରିଯୁଗେ କେବେ ଭିନ୍ନାଭିନ୍ନ ନାହିଁ ଗୁରୁ ଶିଷ୍ୟ ଏକନାମ ।୧୯।
ଶ୍ରୀନାମ ବ୍ରହ୍ମରେ ଅଙ୍ଗସଙ୍ଗ ଯୋଗ ଯେସନେ ପୁରୁଷ ସ୍ତିରୀ ।
ଭଣେ ଭୀମଭୋଇ ପାମର ଅଜ୍ଞାନ ଗୁଣ ନିର୍ଗୁଣକୁ ଧରି ।୨୦।

●

ସପ୍ତତ୍ରିଂଶ ବୋଲି

ଶରୀର ଯେସନେ ଜୀବପରମଟି ନୁହନ୍ତି ସେ ଭିନ୍ନାଭିନ୍ନ ।
ସେହି ଅନୁଭବେ ବୁଝାମଣା କର ଗୁରୁଶିଷ୍ୟଙ୍କର ମନ ।୧।
କର୍ଣ୍ଣକୁ ଆବୋରି ଶବଦ ବ୍ରହ୍ମଟି ରହିଅଛି ଯେଉଁ ରୂପେ ।
ପିଣ୍ଡପ୍ରାଣ ଦେଇ ଆଜ୍ଞାକାରୀ ହୋଇ ଶିଷ୍ୟ ଖଟେ ଗୁରୁପାଖେ ।୨।
ନବୁଝି ବିଚାରି ଅଜ୍ଞାନ ଆଚରି ସୁଜନେ ହେଉଛ ଭୋଳା ।
ସେବକ ଅଙ୍ଗଟି ଶ୍ରୀଗୁରୁଭୂଷଣ ଯେସନେ ଧବଳ ଡୋଳା ।୩।
କଳାଧଳା ଡୋଳା ମଧ୍ୟରେ ଯେସନେ ପୁରୁଷେକ ଅଛି ରହି ।
ଶ୍ରୀଗୁରୁ କରୁଣା ଜଳ ଓଜାଡୁଛି ଶିଷ୍ୟ ସେବାଭକ୍ତି ବହି ।୪।
କେତେ କେତେ ଦୂର ଅନ୍ତର ରହିଲା ବୁଝ ସାବଧାନ କରି ।
ଭଗତି ଭାବରେ ସତ୍ୟାଦି ସ୍ନେହରେ ଗୁରୁଶିଷ୍ୟ ସେହିପରି ।୫।

ଯେସନେ ଦଶ ଅଙ୍ଗୁଳି ଲାଗିଅଛି ଫେଡ଼ିଲେ ଫେଡ଼ା ନ ଯାଇ ।
ସେହିରୂପେ ସିନା ଗୁରୁଶିଷ୍ୟଙ୍କର ଭଗତି ଭାବନା ଲିହି ।୬।
ଶ୍ରୀଗୁରୁ ଲୋଡ଼ଇ ଦୟା କରିବାକୁ ସେବକ ଲୋଡ଼ଇ ଦୟା ।
ବେନିଜନ ତହିଁ ଏକପ୍ରାଣ ହୋଇ ନଥାଏ ଅନ୍ତରେ ମାୟା ।୭।
ତୃଷାର୍ତ୍ତ ଯେସନ ଜଳ ନ ମିଳିଲେ କାତର ହୁଅଇ ଅଙ୍ଗ ।
ପାଇଲେ ତୃପତି ଲଭି ସୁଖଶାନ୍ତି ତେସନ ନୁହଇ ଭଙ୍ଗ ।୮।
ବାମ୍ଫିରେ ଯେସନେ ଜଳ ପୂରିଥାଇ ଗାର କାଟିଲେ କି ଛିଡ଼ି ।
ଯୁଗଯୁଗାନ୍ତରେ ତିନି ତ୍ରୈଲୋକ୍ୟରେ ଗୁରୁଶିଷ୍ୟ ସେହିପରି ।୯।
ସେବକ ବୋଲିଟି ଯାହାକୁ ବୋଲନ୍ତି ଅଙ୍ଗର ଭୂଷଣ ମଳି ।
ସେହି ଶ୍ରୀଗୁରୁଙ୍କ ଭାରା ସମ୍ଭାଳଇ ସହି ନିନ୍ଦା ଗର୍ବ ଗାଳି ।୧୦।
ଶ୍ରୀଗୁରୁଙ୍କ ଶିଷ୍ୟ ଚିହ୍ନି ଯେବେ ଥାଇ ସମ୍ଭାଳି କରଇ ସେବା ।
ତାର ହୃଦପଦ୍ମେ ଯେତେ ଦୟାଧର୍ମ କିସ ପଟ୍ଟାନ୍ତର ଦେବା ।୧୧।
ସାମନ୍ତପଣରେ ବସିଥିବ ଯେବେ ସୁଜ୍ଞାନ ନଥିଲେ ଜଣା ।
ଶ୍ରୀଗୁରୁ ହୋଇ ଶିଷ୍ୟଙ୍କୁ ନତାରିଲେ ମୁଖ ପୋଡୁଥାଇ କିନା ।୧୨।
ପ୍ରତିଦିନ ଖଟି ଦୁଃଖସୁଖ ମେଣ୍ଟି ଯେ କରେ ଗୁରୁଙ୍କ ସେବା ।
ସୁଦୟା ନ କରି ଚିତ୍ତେ ନବିଚାରି ଯେ ଗୁରୁ କିଛି ନ ଦେବା ।୧୩।
ଧିକହେଉ କିନା ଜ୍ଞାନ ଧର୍ମ ତାର କିଛି ନମିଳିଲେ ଫଳ ।
ସେବା କରୁଥିଲେ କିକାର୍ଯ୍ୟ ହୋଇବ ନମିଳେ ଯହିଁରେ ମୂଳ ।୧୪।
ଭୋଗ ଯୋଗ ଧନ ସମ୍ପଦ ପ୍ରାପତ ମୁକତି ପଦ ଚିହ୍ନାଇ ।
ନିତିପ୍ରତି ଯେଉଁ ସେବକ ଖଟଇ ଅନ୍ତର କରିବ ନାହିଁ ।୧୫।
ଜୀବନରୁ ତାକୁ ଅଧିକ କରାଇ କରିବ ଗଳାର ମଣି ।
ଦେହରୁ ଯେବେ ଖଣ୍ଡେ କାଟି ଖାଇବ ନଥିବଟି ଛଳମାନି ।୧୬।
ସେ ଭକ୍ତମାନଙ୍କୁ ସଙ୍ଗୁ ନ ଛାଡ଼ିବ ପାଶରେ ବସାଇଥିବ ।
ଗାଇ ଗୁଣମାନ ହୃଦର ଚନ୍ଦନ କରିଥିବ ଆତ୍ମାଜୀବ ।୧୭।
ଏମନ୍ତ ଯେ ଗୁରୁଶିଷ୍ୟଙ୍କ ଚରିତ ଆନରେ ସମ୍ଭବ ନୋହି ।
ଗୁରୁଶିଷ୍ୟ ଦୁହେଁ ଏକତ୍ୱ ଅଟନ୍ତି ଅନ୍ତର ମଣିବ ନାହିଁ ।୧୮।
ଶ୍ରୀଗୁରୁଙ୍କ ଅଙ୍ଗ ବ୍ୟଥା କରୁଥିଲେ ଭକ୍ତଙ୍କୁ ଲାଗଇ ଚିନ୍ତା ।
ଭକତ ଦୁଃଖ ଫାନ୍ଦରେ ପଶିଥିଲେ ଶ୍ରୀଗୁରୁଙ୍କୁ ଲାଗେ ବ୍ୟଥା ।୧୯।

ଗୁରୁଶିଷ୍ୟ କଥା ଯାହା ମୁଁ କହିଲି ଶୁଣ ଆହେ ସାଧୁଜନ ।
ଗୁରୁ ପାଦତଳେ ଜୀବନ ଆକୁଳେ ପ୍ରଣମିତ ଭୀମ ହୀନ ।୨୦।

•

ଅଷ୍ଟାତ୍ରିଂଶ ବୋଲି

ହୃଦୟ ଭିତରେ ବିଚାରି ଅନ୍ତରେ ଅନୁଭବେ କରି ଠାବ ।
ଅଭୟ ପାଦ ତଳରେ ଧ୍ୟାନ ଦେଇ ଆଶା କରିଅଛି ଜୀବ ।୧।
ଯେସନେ ଚାତକ ଶୂନ୍ୟରେ ଜଳକୁ ଚାହିଁ ଥାଇ ନିରନ୍ତରେ ।
ପାଟିକି ବିସ୍ତାରି ବହୁ ଆଶାକରି ମଉନରେ ବସି ଧୀରେ ।୨।
କ୍ଷୁଧା ତୃଷାତୁର ପଥିକ ଯେସନ ଲୋଡ଼ି ବସି ବୃକ୍ଷମୂଳେ ।
ସ୍ନାହାନ ସାରିଣ ଭୋଜନ ଆଚରି ଚଳିଯାଏ ତତକାଳେ ।୩।
ଦରିଦ୍ର ପରାଣୀ ଚିରକାଳ ରଙ୍କ ଅଟଇଟି ମୁହିଁ ପରା ।
ନିରପକ୍ଷ କରୁଅଛ ପ୍ରଭୁ ମୋତେ ଛଡ଼ାଇ ସବୁ ଆଶରା ।୪।
ବଚନକୁ ଟାକି ହୋଇ ନିରିମାକ୍ଷୀ ନିଷ୍କାମ ନାବରେ ବସି ।
ସ୍ୱଦେହରେ ସ୍ୱାମୀ ଉଦେ ହୋଇଅଛ ଯେସନେ ପୂର୍ଣ୍ଣମୀ ଶଶୀ ।୫।
ଏଡେ ବଡ଼ ପ୍ରଭୁ ବୀରବଧୁ ବାନା ବିରାଜ କରୁଛ ମଞ୍ଚେ ।
ବିଷୟାବୃଥାରେ କର୍ମର ଶ୍ଳୁତିରେ ଘାଣ୍ଟି ମାରୁଅଛ ମିଛେ ।୬।
ହଟପଟ ନଟ କୂଟ ଲଗାଉଛ ଯେସନେକ ଖଣ୍ଡଚୋର ।
ଭୁଲାଇ ଚିତ୍ତକୁ ଆପଣା ଭୃତ୍ୟକୁ କରୁଅଛ ନାରଖାର ।୭।
ଆପଣା ମର୍ଯ୍ୟାଦା ଆପେ ରଖି ପ୍ରଭୁ ଜାଣି ସମ୍ଭାଳନା ହେଉ ।
ତୁମ୍ଭର ନାଶିବ କାର କିସ ଯିବ କିମ୍ପା ପରୀକ୍ଷା ନ ଦେଉ ।୮।
ପ୍ରଭୁ ପ୍ରଭୁ ବୋଲି କେତେ କାଳ ଭାଳି ନର ଅଙ୍ଗ ବହି ମର୍ତ୍ତ୍ୟେ ।
କାମନା କଳ୍ପଣା ସମସ୍ତ ସମର୍ପି ପିଣ୍ଡପ୍ରାଣ ଆଦି ଯେତେ ।୯।
ହେବ କି ନ ହେବ ସିଦ୍ଧି ଶୁଭଯୋଗ ସୁଦୟାରେ ମୋତେ କହ ।
ଗଙ୍ଗାଜଳେ ସ୍ନାନ କରିବି ବୋଲୁଛି ଡାହା ହେଉଅଛି ଦେହ ।୧୦।
ପୂର୍ବକାଳୁ ମୋର କ୍ଷୁଧାତୃଷା ଅଛି ମିଳିବ କି ନାହିଁ ଭାତ ।
ନିଜ ରୂପେ ପ୍ରଭୁ ବିଜେ କରିଅଛ ଏତେ ବେଳେ କହ ସତ ।୧୧।

ତୃଷା କରୁଅଛି ଆକୁଳ ହେଉଛି ପାଇବି କି ନାହିଁ ପାଣି ।
ଆଦି ଅନ୍ତକରି ଫେଡ଼ିକହ ମତେ ବେନିକର୍ଣ୍ଣେ ଥିବି ଶୁଣି ।୧୨।
ରଙ୍କ ହୋଇଅଛି ନ ମିଳୁଛି କିଛି ପାଇବି କି ନାହିଁ ଧନ ।
କିମ୍ପାଇ ମଉନ ହେଉଛ ଆପଣ ଫେଡ଼ି କହ ନାରାୟଣ ।୧୩।
ଜାତ କରିଅଛ ବ୍ରହ୍ମାଣ୍ଡ ଭିତରେ ପାଳିବ କି ନାହିଁ ସ୍ଥିତି ।
କବିକୃତ ପଦ ପ୍ରଭୁ ଦେଇଅଛ ବାନ୍ଧିବି କି ନାହିଁ ପୋଥି ।୧୪।
ପିଣ୍ଡ ବ୍ରହ୍ମାଣ୍ଡ ଏକମତ ବୋଲନ୍ତି ଯଶ ଅପଯଶ କୀର୍ତ୍ତି ।
ଚାରିଯୁଗ ବହିଗଲାଣି ସଂସାରେ ନାମେ ଆତଯାତ ପୃଥ୍ୱୀ ।୧୫।
କେତେ ଜନ୍ମ କେତେ ମରି ଯାଉଛନ୍ତି ନାମ ବୋଲି ଜଣାନାହିଁ ।
ମୁଁ ଛାର ପାମର କେତେ ମୋ ଶକତି ଥିବି ନରତନୁ ବହି ।୧୬।
ପ୍ରଭୁ ଯେ ଅକ୍ଷୟ ଅବୟେ ପୁରୁଷ କ୍ଷୟବୃଦ୍ଧି ନାହିଁ କିଛି ।
ଚାରିଯୁଗ ମଧ୍ୟେ ଏକାଙ୍ଗ ସ୍ୱରୂପ ଜନ୍ମମୃତ୍ୟୁ କାହିଁ ଅଛି ।୧୭।
ତୁମ୍ଭ ଅଙ୍ଗ ସିନା ତୁମ୍ଭେ ବଞ୍ଚାଇଛ ମାୟାରୁ କାୟାରୁ ଏଡ଼ି ।
ମୋର ପିଣ୍ଡପ୍ରାଣ କେତେକାଳ ଥିବ ଯେସନ ସିନ୍ଧୁଳହଡ଼ି ।୧୮।
ଅନାଦି ଈଶ୍ୱର ବୁଝାମଣା କର ଏ ମୋ ବିନତିକୁ ଚାହିଁ ।
କାଳବେଳ ଆସି ନିକଟ ହୋଇଲା ମହତ୍ୱ ରଖ ଗୋସାଇଁ ।୧୯।
ଥରଥର ହୋଇ ଛାମୁରେ ଜଣାଇ ଶିରେ ବେନିକର ଯୋଡ଼ି ।
ଭୀମ ଅରକ୍ଷିତ ମାଗୁଛି ମାଗୁଣି ଗୁରୁ ପାଦତଳେ ପଡ଼ି ।୨୦।

•

ଊନଚତ୍ୱାରିଂଶତ ବୋଲି

ଜଳ ପବନରେ ପିଣ୍ଡକୁ ଗଢ଼ିଛ ଦେହ ଅଟେ ଘୋରବନ ।
ପ୍ରକୃତି ଶରୀର ପ୍ରେମେ ବଳିଆର ଏହାର ବା କେତେ ଜ୍ଞାନ ।୧।
ନରଦେହେ ମୋତେ ଜାତକରି ପ୍ରଭୁ ରବିତଳେ ଅଛ ରଖି ।
ଆସିବା ବେଳରେ କର କପାଳରେ ଯାହା ଦେଇଅଛ ଲେଖି ।୨।
ସେହିକଥା ଏବେ ସମ୍ପତ୍ତି ବିପତ୍ତି ଅଛି ପରା ବେନିମତ ।
ମୁଁ କିସ ଜାଣଇ ପ୍ରଭୁ ସିନା ଜାଣ କେତେ ମିଛ କେତେ ସତ ।୩।

ପ୍ରଭୁ ସାମରଥ ମୋର କି ଆୟତ୍ତ ସଂସାର-ସାଗରେ ଅଛି ।
ବିପତ୍ତି ଲେଖାକୁ କି ଯୋଗ ଭାଷାକୁ ପ୍ରଭୁ ଯେବେ ଦେବ ପୋଛି ।୪।
ତେବେ ସିନା ଏହୁ ପିଣ୍ଡେ ପ୍ରାଣଥିବ କର୍ତ୍ତାଙ୍କୁ ଭେଟିବା ଯାଏ ।
ଏହି ଦେହେ ଯେବେ ଦର୍ଶନ ପାଇବି ତୁଟିବ ମନୁ ସଂଶୟେ ।୫।
ଘଟ ଜଗିଅଛି ଘାତ କରିବାକୁ ଘଟ ଯେବେ ଭାଙ୍ଗିଯିବ ।
ପ୍ରଭୁଙ୍କ ଦର୍ଶନ କରିବାର ଯାଏ କି ପ୍ରକାରେ ପିଣ୍ଡଥିବ ।୬।
ଏଥକୁ ଚାହିଁ ବିଚାର ମହାବାହୁ ଯେଉଁରୂପେ କ୍ଷମାହୁଏ ।
ଅନ୍ତର୍ଯ୍ୟାମୀ ପ୍ରଭୁ ପ୍ରତ୍ୟକ୍ଷେ ତ ଜାଣ ଜନ୍ମମରଣର ନ୍ୟାଏ ।୭।
ଆଗତ ନିୟତ ଭୂତ ଭବିଷ୍ୟତ ପ୍ରଭୁ ସିନା ସବୁ ଜାଣ ।
ଆଜ୍ଞା ହେଲେ ସିନା ଏ ପିଣ୍ଡ ରହିବ ଥୋଇଥିବ ଯେତେଦିନ ।୮।
ଅକାଳ ବିପତ୍ତି ପକାଅନା କାଟି ସାମରଥ ଅଟ ପ୍ରଭୁ ।
ନ ଜାଣିଲା ପ୍ରାଏ ବୋଲୁଅଛ ମତେ ଟିଆ ପରିଯନ୍ତେ ଥିବୁ ।୯।
ଗୁରୁ କୃପାକଲେ ଏଦେହ ରହିବ ଅନ୍ୟରେ ନୁହଇ କିଛି ।
ଚାରିଯୁଗ ପଛେ ବହି ଯାଉଅଛି ଆଜ୍ଞାମାତ୍ର ଏକା ଅଛି ।୧୦।
ଆଜ୍ଞାରେ ଯେମନ୍ତ ଏପିଣ୍ଡ ବ୍ରହ୍ମାଣ୍ଡ ହେଉଅଛି ଆଏ ବଏ ।
କୃପା ନୟନରେ ଚାହୁଁଥିବ ଯେବେ ଏ ପିଣ୍ଡ ନୋହିବ କ୍ଷୟେ ।୧୧।
ଦୁର୍ଲ୍ଲଭ ଜନମ ମନୁଷ୍ୟ ଶରୀର ସଂସାରରେ କଲା ସାର ।
କିମ୍ପାଇ କାଳ ମରଣେ ପକାଉଛ ଅନ୍ତର୍ଯ୍ୟାମୀ ଅଣାକାର ।୧୨।
ଗୁରୁଦେବ ସ୍ୱାମୀ ଅଲେଖ ମହିଁମା ନାମ ଯେବେ ନିରିଗୁଣ ।
ଏ ଛାର ବିପତ୍ତି କେତେକ ମାତର ଆଜ୍ଞାରେ ହୋଇବ ଲୀନ ।୧୩।
ବୁଦ୍ଧ ଅବତାର ସୁଜ୍ଞାନ ବିସ୍ତାର ସତ୍ୟେ ଅବଧୂତ ଯୋଗୀ ।
କୋପ କରୁଣା ସମାନ ଯେବେ ଅଟେ ବଚନରେ ଯାଉ ଲିଭି ।୧୪।
ସିଦ୍ଧ ବ୍ରହ୍ମବାଣୀ ସତ୍ୟାଦି ବଚନ ଚାରି ଯୁଗେ ଯେବେ ଥିବ ।
ପ୍ରଭୁ ଦୟା ହେଲେ ପାପ କାଳ ଶର ନିଷ୍କାମରେ ଛିଡ଼ିଯିବ ।୧୫।
ଗୁରୁ ବଳବନ୍ତ ଗୁରୁ ସାମରଥ ଗୁରୁ ସିନା ପିତାମାତା ।
ଏ ପିଣ୍ଡ ବ୍ରହ୍ମାଣ୍ଡ ଆୟ ବୟ ଯେତେ ଅଟ ହରତା କରତା ।୧୬।

ଅଲେଖ ବିନୁ ମୁଁ କିଛି ନ ଜାଣଇ କା ଆଗେ କହିବି ଦୁଃଖ ।
ଏ ମହୀମଣ୍ଡଳେ ମହାପ୍ରଭୁ ବିନୁ କେ ଖଣ୍ଡିବ ଭୋଗ ସୁଖ ।୧୭।
ହାନିଲାଭ କଥା ଯାହା ହେଉଅଛି ନ ଜାଣ କି ପ୍ରଭୁ ତୁହି ।
ଅନ୍ତର୍ଯ୍ୟାମୀ ପଭୁ ଭୃତ୍ୟର ଗୁହାରି ବୁଝିବ ଯେମନ୍ତେ ନାହିଁ ।୧୮।
ଆତଙ୍ଗ ଫେଡନ-ଦୁଃଖୀ ଜୀବ-ଧନ ନିରେଖ- ପରାଣୀ ବନ୍ଧୁ ।
ଏ ମାୟା କୁହୁଡ଼ି ପ୍ରକାଶି ଦିହୁଡ଼ି ପାରିକର ଭବସିନ୍ଧୁ ।୧୯।
ମୁରୁଛି ସବୁଙ୍କୁ ଅଲେଖ ପ୍ରଭୁଙ୍କୁ କରିଛି ବହୁତ ଆଶ ।
ଏକ ବ୍ରହ୍ମ ପାଦେ ଦିବା ନିଶି ସେବି ଭଣେ ଭୀମ ଭକ୍ତ ଦାସ ।୨୦।

•

ଚତ୍ୱାରିଂଶ ବୋଲି

ଏ ପିଣ୍ଡ ବ୍ରହ୍ମାଣ୍ଡ ଭାସି ଯେବେ ଯିବ କିମ୍ପାଇ ହୋଇଛ ଉଦେ ।
ଅବଧୂତ ଧର୍ମ ନିର୍ବିକାର କର୍ମ ପ୍ରକାଶିଲ ନିରିବେଦେ ।୧।
ମହାପ୍ରଭୁ ଥାଇ ନାଶ ଯେବେ ଯିବ କି ବୋଲିବେ ସାଧୁଜନ ।
ଗୁରୁ ବିଜେ ହୋଇ ଅକାଳ ବିପତ୍ତି ପଡୁଅଛି ସଂସାରରେଣ ।୨।
ଜଗତ ଭଗତ ରଖିବେ ଯେମନ୍ତେ ସମ୍ଭାଳି ଧର ସକଳ ।
କୁହୁଡ଼ି ପରାଏ ଅଦଭୂତ ମାୟା ଘୋଟି ଆସୁଅଛି କାଳ ।୩।
ଏ ପିଣ୍ଡ ବ୍ରହ୍ମାଣ୍ଡ ଅହ୍ଲଣିଆ କରି ପ୍ରଭୁଙ୍କୁ ଦେଉଛି ଟେକି ।
ଏକଛତ୍ର ପାଦେ ଘୋଡ଼ାଇ ସମ୍ଭାଳ ଅମୃତ ଲୋଚନେ ଦେଖି ।୪।
ମୋର ପିଣ୍ଡ ପ୍ରାଣ ଦେଇଅଛି ଦାନ ଅଲେକ ପୁରୁଷ ପାଦେ ।
ଶ୍ରୀଛାମୂରେ ମୁହିଁ ବ୍ରହ୍ମାଣ୍ଡର ପାଇଁ ଜଣାଣ କରୁଛି ଏବେ ।୫।
ଅଶେଷ ବ୍ରହ୍ମାଣ୍ଡ ଡୁବି ଯେବେ ଯିବ କାହିଁରେ ରହିବି ମୁହିଁ ।
ମନ ଛନ ଛନ ହେଉଛି ଉଚ୍ଛନ୍ନ ଏ ପିଣ୍ଡ ବ୍ରହ୍ମାଣ୍ଡ ପାଇଁ ।୬।
ଗୁରୁଙ୍କର ପିଣ୍ଡ ଗୁରୁଙ୍କ ବ୍ରହ୍ମଣ୍ଡ ଗୁରୁଙ୍କର ତିନିପୁର ।
ସପତ ବ୍ରହ୍ମାଣ୍ଡ ଚଉଦ ଭୁବନ ଦୟାବହି ରକ୍ଷା କର ।୭।
ଏକୋଇଶ ପୁର ଚଉଦ ଭୁବନ ଯେଉଁଠାରେ ଯେହୁଛନ୍ତି ।
ସବୁ ଘଟେ ପ୍ରଭୁ ହେତୁ ଚେତା ଦିଅ ଉଠୁ ଅଲେଖ ଭଗତି ।୮।

ଉଡ଼ାଖାନି ବୁଡ଼ାଖାନି ଚଳଖାନି ଅଚଳ ଖାନିଏ ଯେତେ ।
ଜଣ ଜଣ କରି ଉଠାଅ ଏହାଙ୍କୁ ଚେତା ହୁଅନ୍ତୁ ସମସ୍ତେ ।୯।
ଏ ଜନ ଜଗତ ହତ ହୋଇଗଲେ କାହିଁ ପ୍ରଚରିବି ମୁହିଁ ।
ଏଣୁ କରି ସିନା ପ୍ରଭୁ ଶ୍ରୀଛାମୁଙ୍କୁ ନିତି ଜଣାଣ କରଇ ।୧୦।
କି ଆଜ୍ଞା କରୁଛ କିସ ବୋଲୁଅଛି ସଂଶୟ ଫିଟାଅ ପାଦେ ।
ଏତେ ବଡ଼ ଧର୍ମନାଶ ଯାଉ ଅଛି କୁଟୁମ୍ବର ଘର ଭେଦେ ।୧୧।
ଜାଣିଜାଣି କରି ନାମବ୍ରହ୍ମ ଧରି କେହି କାହାକୁ ନ ମାନି ।
ବ୍ରହ୍ମାଣ୍ଡ ଭିତରେ ଦେହ ଧରି ଯେତେ ହେଉଛନ୍ତି ଅନାଅନି ।୧୨।
ଯେଉଁ ରୂପେ ଏହୁ ଶାନ୍ତିକି ଲଭିବେ ସେହି ରୁପେ ହେଉ ଦୟା ।
ଏ କଳି ସାଗର ଧର୍ମରେ ନିବାର ଛିଡିଯାଉ ଛନ୍ଦ ମାୟା ।୧୩।
ଅଶେଷ ବ୍ରହ୍ମାଣ୍ଡ ପୃଥ୍ୱୀ ନବଖଣ୍ଡ ପ୍ରଳୟ ହେବ ନିଶ୍ଚୟେ ।
ମୋର ବିଚାରକୁ ଭରସା ନ ଦିଶେ ମାଡୁଅଛି ବଡ଼ ଭୟେ ।୧୪।
ପାଦରେ ଶରଣ ଦନ୍ତରେ ତିରଣ ରଖ ରଖ ଏ ବ୍ରହ୍ମାଣ୍ଡ ।
ଅଭୟ ପଞ୍ଜରେ ସମ୍ପାଦନା କରି କ୍ଷମା କରି ଘୋର ଦଣ୍ଡ ।୧୫।
ଜଗତ ଭଗତ ଦାସଦାସୀ କଥା ଚଞ୍ଚଳ ଜଲଦି ଯାଇ ।
ପ୍ରଭୁ ବିନୁ ଆଉ କେ ଅଛି ଶକତା କା ଆଗେ ବୁଝିବି ମୁହିଁ ।୧୬।
ଅନ୍ତର ବିଚାର ଅନ୍ତର୍ଯ୍ୟାମୀ ପ୍ରଭୁ ଜାଣୁ ତ ଥିବ ସକଳ ।
ଏ କଳିଯୁଗରେ ଯାହା ହେଉଅଛି ବ୍ରହ୍ମାଣ୍ଡର ଫଳାଫଳ ।୧୭।
ଜାଣିବାରୁ ପ୍ରଭୁ ଉଦୟେ ହୋଇଛ ଧର୍ମ ପ୍ରକାଶିଛ ଆଣି ।
ଏ କଳିଯୁଗରେ ସଂସାର ସାଗରେ ଜଗାଇ ଅଲେଖ ଧ୍ୱନି ।୧୮।
ଅଲେଖ ମହିମା ନାମ ଦେଇଅଛ ବିହନ ରହିବେ ବୋଲି ।
କଠୋର ଏ ଦୀକ୍ଷା କେଭେ ନାହିଁ ଦେଖା ନ ପାରୁ ଅଛନ୍ତି ଚାଲି ।୧୯।
ବ୍ରହ୍ମାଣ୍ଡ ନିମନ୍ତେ କରଯୋଡ଼ି ମାଥେ ପଡ଼ି ଶ୍ରୀଗୁରୁଙ୍କ ପାଦେ ।
କହେ ଭୀମଭୋଇ ଅଷ୍ଟଶତ ପଦ ନେତ୍ରୁ ଲୁହ ପୋଛି କାନ୍ଦେ ।୨୦।

•

ଏକଚତ୍ୱାରିଂଶ ବୋଲି

ନିଷ୍କାମ ଭଗତ ବୋଲି ନାମ ଦେଇ ଜଗତେ ଦେଇଛ ଡାକ ।
କବି ପଦ ନୁହେଁ ଶ୍ରୀମୁଖ ବଚନ ସଞ୍ଚରି ତିନି ତ୍ରୈଲୋକ୍ୟ ।୧।
ଜଣେ ଜଣେ କରି ବତାଇ କହିଲି ତାହାର ଏ ତିନିପୁର ।
ଗୁରୁଦାସ ବୋଲି ଯେବଣ ଭଗତ ବ୍ରହ୍ମାଣ୍ଡରେ ବୀରବର ।୨।
ତାହାର ବ୍ରହ୍ମାଣ୍ଡ ରଖୁ ବା ନରଖୁ ଆମ୍ଭର ଯାଉଛି କିସ ।
ଭାବନ୍ତେ ଆମ୍ଭର ଧର୍ମଦାଣ୍ଡେ ଭିକ୍ଷା ଅନ୍ତେ ବଇକୁଣ୍ଠେ ବାସ ।୩।
ଏହା ବୋଲି ସ୍ୱାମୀ ଶ୍ରୀମୁଖେ କହିଛ ସେ କଥା କେମନ୍ତେ ହେବ ।
ବ୍ରହ୍ମାଣ୍ଡେ ଯେବେ ମୋତେ ଉଦେ କରିବ ପ୍ରଭୁ ଏକାଅଙ୍ଗେ ଥିବ ।୪।
ମହା ତେଜ ଘେନି ପ୍ରକାଶ ମେଦିନୀ କୋଟିଏ ଅରୁଣ କାନ୍ତି ।
ଜଗତ ଭଗତ ଦେଖନ୍ତୁ ସମସ୍ତ ପ୍ରଭୁଙ୍କ ନୀଳ ମୂରତି ।୫।
ମୋତେ ଯେବେ ପ୍ରଭୁ ଜଗତ ବୋଇଲେ ଦାସ ପଣକୁ କି ସରି ।
ଛପନକୋଟିରୁ ସାନ ଜୀବ ଅଟେ ଅଛି ମୁଁ ମନେ ବିଚାରି ।୬।
ପ୍ରଭୁ ଭୃତ୍ୟପାଦେ ଭୃତ୍ୟହୋଇବାକୁ ଶକତି ମୋହର ନାହିଁ ।
ଅଖଣ୍ଡ ବ୍ରହ୍ମର ପାଦ ଲଭିବାକୁ ଭାଗ୍ୟ କରିଅଛି କାହିଁ ? ।୭।
ପ୍ରଭୁଙ୍କ ଭଗତ ଯେହ୍ନୁ ସେ ବୋଲନ୍ତି ସମଯୁକ୍ତ ଥାନ୍ତି ସତ୍ୟେ ।
ଚାରିବେଦ ଚାରି ଧର୍ମ ଗତି ମୁକ୍ତି ପୂରିଥାଇ ଗର୍ଭଗତେ ।୮।
ପ୍ରଭୁଙ୍କର ଦାସ ଯାହାକୁ ବୋଲନ୍ତି ଶକତ ଧାରଣ ସେହି ।
ନବଖଣ୍ଡ ପୃଥ୍ୱୀ ଅଶେଷ ବ୍ରହ୍ମାଣ୍ଡ ଅଙ୍ଗେ ତାର ପୂରିଥାଇ ।୯।
ମୁହିଁ ଛାର କିସ ଭଗତ ହୋଇବି କେଉଁ ଜୀବରେ ଗଣିତା ।
ମନେ ମନେ ମୋର ବିଚାର ଆଣୁଛି ବଡ଼ାଇ ଆଶ୍ଚର୍ଯ୍ୟ କଥା ।୧୦।
ଜନମ ଦିନରୁ କିଛି ନ ଜାଣଇ ମୁହିଁ ବଡ଼ ଅପରାଧୀ ।
ଖଟି ନ ପାରଇ ଗୁରୁ ପାଦବିନ୍ଦେ ନାହିଁ ମୋର ଜ୍ଞାନ ବୁଦ୍ଧି ।୧୧।
ମାନବ ଶକତି ବହି ଉତପତ୍ତି ହୋଇଅଛି ଏ ସଂସାରେ ।
ଅନାଦି ପୁରୁଷ ଦରଶନେ ଦୃଶ୍ୟ ଦୟା ଥିବ ମୋହଠାରେ ।୧୨।
ଦୁଃଖୀଜନ ବନ୍ଧୁ ଦୁଃଖ ଚାହିଁ ମୋର ଫେଡ଼ିବ ଅଖିଳ ଦଶା ।
କଳିଯୁଗ ମଧ୍ୟେ ପାପ ପଙ୍କ ହୃଦେ ନୁହଁଇ ମୋର ଭରସା ।୧୩।

କାତ କେରୁଆଳ କିଛି ନ ପାଉଛି ନାବ ନ ରହୁଛି ଧୀରେ ।
ତେଣୁ କରି ଜୀବ ସନ୍ତାପୀ ହେଉଛି ପଞ୍ଚଭୂତ ହୃଦୟରେ ।୧୪।
ଅପମାନ ଯୋଗ ଦୁରାକଷ୍ଟ ଭୋଗ ଆହୁରି ରଖିଛି କେତେ ।
ନର ଦେହେ ମୋତେ ଅବତାର କଲ ଭୁଞ୍ଜାଇବାର ନିମନ୍ତେ ।୧୫।
ଏଡ଼େ ପ୍ରଭୁ ଥାଇ ସଂଶୟ ନ ଗଲା ବସନ୍ତେ ଉଠନ୍ତେ ଚିନ୍ତା ।
ତିନିଶ ଷାଠିଏ ଦିନ ପରିଯନ୍ତେ ଭୋଜନ ହେଲାଣି ପିତା ।୧୬।
କେତେ ଜଣାଇବି ପୁନର୍ବାର କରି ମନ ହୃଦୟ ବେଦନା ।
ସାକ୍ଷାତରେ ବ୍ରହ୍ମ ବିଜେ କରିଅଛି ଗୁହାରି ନ ଗଲା ଶୁଣା ।୧୭।
କହନ୍ତା ବହନ୍ତା ସ୍ୱରୂପ ପ୍ରକାଶ ଅଦେହ ହୋଇ ତ ମୁହିଁ ।
ଘୋର କଳିଯୁଗେ ଯାହା ମୁଁ ଦେଖିଲି ଦେହ ଧରିଛି ଗୋସାଇଁ ।୧୮।
ପଟ ପଟ କହି ମଟ ମଟ ଚାହିଁ ମଉନ ହୋଇ ରହୁଛ ।
ମଥା ଛେଚି ହୋଇ ଜଣାଇଲେ ସୁଦ୍ଧା ବିନତି ମୋ ନ ଘେନୁଛ ।୧୯।
ଯାହା ଅର୍ଜିଅଛୁ କପାଳର ଫଳ ଭୁଞ୍ଜୁଥାରେ ପାପୀ ଜୀବ ।
ଗୁରୁ ପାଦ ଧ୍ୟାୟି ଭଣେ ଭୀମ ଭୋଇ ଯୁଗେ ଯୁଗେ କୀର୍ତ୍ତି ଥିବ ।୨୦।

•

ଦ୍ୱିଚତ୍ୱାରିଂଶ ବୋଲି

ଶୂନ୍ୟ ଶୂନ୍ୟ ମହାଶୂନ୍ୟ ଦିଶୁଅଛି ସାହସ ଯାଉଛି ଉଡ଼ି ।
ପଞ୍ଚଭୂତ ମଧ୍ୟେ ଭାଳେଣି ପଡ଼ିଛି ହେତୁ ବୁଦ୍ଧି ଚେତା ବୁଡ଼ି ।୧।
ଦଶ ଦିଗ ମୋତେ ଅନ୍ଧାର ଦିଶୁଛି ମଣୁଅଛି ଆଚମ୍ବିତ ।
ଦିବସ ରଜନୀ ସନ୍ତାପରେ ପଡ଼ି ଥୟ ନାହିଁ ମୋର ଚିତ୍ତ ।୨।
ତିନି ଭୁବନରେ ବାସ ନ ମିଳୁଛି ବାହ୍ୟ ଅନ୍ତେ ନାହିଁ ପାର ।
ଆକାଶରୁ ବଜ୍ରଶୀଳା ପଡୁଅଛି ପାତିଛି କମଳ ଶିର ।୩।
ମୁଣ୍ଡର ଶିରୀକି ପାଦରେ ଟାଳିଲି ମୋଠାରୁ ନାହିଁ ଅଧମ ।
ଗୋଡ଼ର ଦଉଡ଼ି ଗଳାରେ ଛନ୍ଦିଛି ପ୍ରଭୁ ଅଣାକାର ବ୍ରହ୍ମ ।୪।
ଶୋଲ ପିଣ୍ଡ ଛାଡ଼ି ଗଳାରେ ପଥର ବାନ୍ଧି ପହଁରୁଛି ମୁହିଁ ।
ମହା ସୁଖ ଛାଡ଼ି ଦୁଃଖେ ମଜ୍ଜିଅଛି ମୋହଠାରୁ ମୂର୍ଖ ନାହିଁ ।୫।

ହରଷକୁ ଛାଡ଼ି ବିରସ ଭଜିଲି ଉଜ୍ଜ୍ୱଳ ଛାଡ଼ି ଅନ୍ଧାର ।
ଗ୍ରାମ ଦେଶ ଛାଡ଼ି ବିଅର୍ଥେ ପଶିଲି ଝାଡ଼ ବନ ଲତା ଘୋର ।୬।
ଶାନ୍ତି ଛାଡ଼ି ଅଣଶାନ୍ତିରେ ପଡ଼ିଲି କହିଲେ ନ ସରେ ଚିନ୍ତା ।
ଘର ଦିଅଁ ଛାଡ଼ି ମାୟା ପ୍ରକୃତିରେ ପୂଜିଲି ପର ଦେବତା ।୭।
ପଥ ଛାଡ଼ି ଅଣପଥରେ ଗମିଲି ସତ୍ୟ ଛାଡ଼ି ଅସତ୍ୟକୁ
କେଉଁ ରୂପେ ମୋର ଦିନକାଳ ଯିବ ଜଣାଉଅଛି ପ୍ରଭୁଙ୍କୁ ।୮।
ନିଜ ଧର୍ମଛାଡ଼ି ବାହ୍ୟ ଧର୍ମ କଲି ଅମୃତକୁ ଛାଡ଼ି ବିଷ ।
କଲା କର୍ମଫଳ ଏବେ ମୁଁ ଭୁଞ୍ଜୁଛି କାହାକୁ ଦେବଇଁ ଦୋଷ ।୯।
ଚାହିଁଲା ନେତ୍ରରେ ଡାଙ୍ଗ କେଞ୍ଚୁଅଛି ଫୁଟିଲେ କାହାର ଯିବ ।
ମୋର ହସ୍ତେ ମୋହ ଜିହ୍ୱା କାଟୁଅଛି କାହାକୁ ଏ ଦୋଷ ହେବ ।୧୦।
କପାଳରେ ମୋର ଯାହା ଲେଖା ଅଛି ତାହା କେ କରିବ ଆନ ।
ଯାହା ମାଗିଅଛି ତାହା ଭୋଗହେବ ଯାହା ଅଛି ପାପପୁଣ୍ୟ ।୧୧।
ପାଦକୁ ଛାଡ଼ି ମୁଁ ବାଦରେ ପଡ଼ିଲି ଲାଗିଅଛି ଗୋଳମାଳ ।
ଘୋର କଳିଯୁଗେ ଅସତ୍ୟ ଠାବରେ କେମନ୍ତେ ବଞ୍ଚିବି କାଳ ।୧୨।
ତିଥି ଛାଡ଼ି ଅଣ ତିଥିରେ ପଡ଼ିଲି ବଣା ହୋଇ ମାୟାମୋହେ ।
ନିଜ ବ୍ରହ୍ମ ଛାଡ଼ି ଭ୍ରମି ମରୁଅଛି ଦୁର୍ଲ୍ଲଭ ଜନମ ଦେହେ ।୧୩।
କୀର୍ତ୍ତି ଛାଡ଼ି ଅପକୀର୍ତ୍ତି ଭୁଞ୍ଜୁଅଛି ଆହାରେ ଜନମ ସାର ।
ଏହାପରା ପିଣ୍ଡ ନ ମିଳିବ ଆଉ କଲେ ତପସ୍ୟା ଅପାର ।୧୪।
ବେଦ ପୋଥି ଛାଡ଼ି ଥୋତ ହେଉଅଛି ଧନ୍ୟ ସେ ପ୍ରଭୁଙ୍କ ବାକ୍ୟ ।
ଆଜ୍ଞା ଗରିଷ୍ଠ ସେ ଗୁରୁଙ୍କର ବାକ୍ୟ ମଣୁଅଛି ମୁଁ ଅମୋକ୍ଷ ।୧୫।
ପୃଥ୍ୱୀ ଛାଡ଼ି ପ୍ରୀତି ସ୍ନେହରେ ପଡ଼ିଛି ଗୁରୁପାଦ ଛାଡ଼ି ଦେଇ ।
ଏହା ପରା ହେତୁ ବୁଦ୍ଧି ନ ମିଳିବ ଆଉ ଜନ୍ମ ହେଲେ ମହୀ ।୧୬।
ନିଜ ଥାନ ଛାଡ଼ି ବିଥାନରେ ମୁହିଁ ବାସ କଲି ନିରନ୍ତରେ ।
ପାଶେ ଥାଇ ମୋର ଗୁରୁ ପାଦବିନ୍ଦ ରହିଯାଉଅଛି ଦୂରେ ।୧୭।
ନିଜ ନାମ ଥାଇ କାମରେ ଅଚେତା ପ୍ରକୃତି ଲୋଭରେ ପଡ଼ି ।
କିଞ୍ଚିତ କଥାକୁ ବହୁତ ବିଚାରି ଛାଡ଼ି ଗୁରୁଧର୍ମ ଧାଡ଼ି ।୧୮।
ନିଜ ବୃତ୍ତିଛାଡ଼ି ବୃଥାରେ ପଡ଼ିଛି ଦିନ ଗଲା ଅକାରଣେ ।
ଅନୁକ୍ଷଣ ଯାର ପାଦ ଧରିଥାଇ ହେତୁ ନାହିଁ ମୋର ମନେ ।୧୯।

କର୍ମମାନ ଛାଡ଼ି ଅକର୍ମରେ ପଡ଼ି ଶ୍ରୀଗୁରୁ ଜାଣନ୍ତି ତାହା।
ଗୁରୁ ପାଦ ଧ୍ୟାୟି କହେ ଭୀମ ଭୋଇ କରିଥିବ ମୋତେ ଦୟା ।୨୦।

•

ତ୍ରିଚତ୍ୱାରିଂଶ ବୋଲି

ବିଚାରିଲେ ଅସମ୍ଭବ ଲାଗୁଅଛି ହେ ଅନାଦି ଗୁରୁଦେବ।
ଏ ପିଣ୍ଡ ବ୍ରହ୍ମାଣ୍ଡ ପୃଥ୍ୱୀ ନବଖଣ୍ଡ କେଉଁ ରୂପେ ସାଧ୍ୟ ହେବ ।୧।
ମନେ ମନେ ହେଜ ପାଞ୍ଚ କରୁଅଛି ମହୀ ମେଦିନୀରେ ଥାଇ।
ନିଷ୍କାମ ଧର୍ମରେ ନିର୍ଗୁଣ କର୍ମରେ ଅଲେଖ ଧର୍ମକୁ ଧ୍ୟାୟି ।୨।
ଅଲେଖ ପ୍ରଭୁ ସେ ମହିମା ସାଗର ପିଣ୍ଡ ବ୍ରହ୍ମାଣ୍ଡର ଗୁରୁ।
ଚାରିଯୁଗ ମଧ୍ୟେ ଚାରିଖାନି ଜୀବ ଜାତ ହୁଅନ୍ତି ସେ ବ୍ରହ୍ମରୁ ।୩।
ସେ ପ୍ରଭୁଙ୍କୁ ମୁହିଁ ଧ୍ୟାନ କରୁଅଛି ନ ଗଲା ଦାରୁଣ ଦଶା।
ପିଣ୍ଡ ବ୍ରହ୍ମାଣ୍ଡ ଅନ୍ଧକାର ଦିଶୁଛି ଶୂନ୍ୟକୁ କରି ସାହସା ।୪।
ନିଜ ନାମ ଛାଡ଼ି ଅଗମ୍ୟେ ପଶିଲି ନେତ୍ରେ ଚାହୁଁ ଚାହୁଁ ବଣା।
ଥଳ ଛାଡ଼ି ମୁହିଁ ଅଥଳେ ପଡ଼ିଲି ମୋ କର୍ମ ବହୁତ ଊଣା ।୫।
ସେବା ଭକ୍ତି ଛାଡ଼ି ଅଧର୍ମ ଭକ୍ତିରେ ହୋଇଲି ମୁଁ ଗତାଗତ।
ନିଜ ଗୁରୁ ପାଦେ ଅପ୍ରାଧି ହେଉଛି ନଦେଇ ପାରୁଚି ସତ ।୬।
ନିଜ ଥାନ ଛାଡ଼ି ବିଥାନ ହେଉଛି ବୁଦ୍ଧି ଅନୁସାରେ ମୁହିଁ।
ସଦଜ୍ଞାନ ଛାଡ଼ି ଅଜ୍ଞାନରେ ପଡ଼ି ଆଗକୁ ଯାଉଛି ଧାଇଁ ।୭।
ବୃକ୍ଷ ମୂଳ ଛାଡ଼ି ଡାଳ ତଳେ ପଡ଼ି ଶ୍ରମ କରିବାକୁ ଇଚ୍ଛା।
ନଜାଣି ମୁହିଁ ମନ୍ଦ କର୍ମ ବିଚାରେ ଆକାଶ ଫଳକୁ ବାଞ୍ଛା ।୮।
ପିତା ମାତା ଯୁକ୍ତ କାଳେ ଯା ଲେଖିଛି ତାହା ସିନା ଭୋଗ ହେବ।
ମୋ କର୍ମ ବ୍ୟବସ୍ଥା ମୁଁ କିସ ଜାଣିବି ପ୍ରଭୁ ହସ୍ତ ମାରି ଦେବ ।୯।
ବିନା ଲେଖନରୁ ନ ଫଳଇ ପାପ ପୁଣ୍ୟ ବେନି ମତ।
କର୍ମ ଦଣ୍ଡ ଛପା ଲାଗି ବୁଲୁଅଛୁ ପରମ ଗୁରୁଙ୍କ ହସ୍ତ ।୧୦।
ନିରନ୍ତରେ ମୁହିଁ ଅନ୍ତରେ ଡାକୁଛି ଶୁଣୁଛ କି ନାହିଁ ଗୁରୁ।
ଭଗତ ରକ୍ଷଣ ବାନା ବହିଅଛ ଦୟାପଦେ ଆଦ୍ୟାନ୍ତରୁ ।୧୧।
ଦେଖ ଏ ବ୍ରହ୍ମାଣ୍ଡ କେମନ୍ତେ ହେଲାଣି ଦିନୁଦିନ ମହାଘୋର।
ଛପ୍ନାକୋଟି ଜୀବ ଅଚେତା ହେବାରୁ ଡାକୁଛି ମୁଁ ନିରନ୍ତର ।୧୨।

ଚାରିଖାନି ଜୀବ ପାପକର୍ମ କଲେ କେହି ନାହିଁ ମୋକ୍ଷଭାଗୀ ।
କଳିର ମହିମା ପିଣ୍ଡବ୍ରହ୍ମାଣ୍ଡରେ ତ୍ରିପୁରେ ଗଲାଣି ଲାଗି ।୧୩।
କଳିଯୁଗରୁ କିରୂପେ ବଞ୍ଚାଉଛ ବୁଡ଼ିଛନ୍ତି ପାପପଙ୍କେ ।
ପିଣ୍ଡ ବ୍ରହ୍ମାଣ୍ଡ ନାଶିବାକୁ ହେଲାଣି ଅପମୃତ୍ୟୁ କାଳମୁଖେ ।୧୪।
ମାୟାକୁ ଛେଦିଲେ କାଳକୁ ବଧିଲେ ତେବେ ପ୍ରତିକାର ଅଛି ।
ତିନି ବ୍ରହ୍ମାଣ୍ଡ ଯେତେ ଜୀବ ଅଛନ୍ତି ଇଜତ ନାହିଁ ନା କିଛି ।୧୫।
ଧରଣୀ ଧର ସମ୍ଭାଳି ସୁସ୍ଥ କର ନୋହିଲେ ଭାସିଲି ନିଶ୍ଚେ ।
ବୁଡ଼ିଲା ସଂସାର ଜଣାଇଲୁ ନାହିଁ ନ ବୋଲିବେ ମୋତେ ପଛେ ।୧୬।
ଚାରିଖାନି କର୍ମ କେତେ ମୁଁ କହିବି କରିଛନ୍ତି ଯାହା ଯାହା ।
ଘୋର କଳିଯୁଗେ ଯେଉଁ ବିଧିମତ କର୍ଣ୍ଣେ ଶୁଣିନୁହେଁ ତାହା ।୧୭।
ଅନ୍ତର୍ଯ୍ୟାମୀ ଗୁରୁ ଅନ୍ତର୍ଗତେ ଜାଣି ତାରି ମୁକ୍ତି ଦୟାକର ।
ସନ୍ଦେହରେ ଏହୁ ନର୍କେ ପଡ଼ିଛନ୍ତି ଧୋଇ ପଖାଳି ଉଦ୍ଧର ।୧୮।
ଚାରିଯୁଗ ମଧ୍ୟେ ଗୁରୁପାଦ ଗୋଟି ଅଟଇଟି ଧର୍ମନାବ ।
ଯହିଁ ଜାତହେଲେ ତହିଁ ହତହେଲେ ଭାସୁଛନ୍ତି ଭବାର୍ଣ୍ଣବ ।୧୯।
ଘୋର କଳିଯୁଗେ ଯାହା ମୁଁ ଦେଖୁଛି ତରିବାକୁ ନାହିଁ ବାଟ ।
ଗୁରୁପାଦ ଧ୍ୟାୟି କହେ ଭୀମଭୋଇ ପଡ଼ିଛି ବଡ଼ ସଙ୍କଟ ।୨୦।

ଚତୁଷ୍ଚତ୍ୱାରିଂଶତ୍ ବୋଲି

ନମୋ ଶୂନ୍ୟବାସୀ ଅନାଦି ପୁରୁଷ ଅନୁସରି ପାଦଗତେ ।
କପାଳରେ ମୋର ଅର୍ଦ୍ଧାଙ୍ଗ ତପସ୍ୟା ଲେଖିଦେଇଛ କିମର୍ଥେ ।୧।
ଅର୍ଦ୍ଧ-କପାଳରେ ଅଢ଼ାଇ ଅକ୍ଷର କେଉଁ ଅପରାଧ ଗୁଣେ ।
ଅର୍ଦ୍ଧେକ ସଫଳ ଅର୍ଦ୍ଧେକ ବିଫଳ ମାଗିଥିଲି କି ମୋ ମନେ ।୨।
ଶତେ ଜନ୍ମଠାରୁ ଏପରି କମାଣି କରିଥିଲି ମୁଁ କି ନିତ୍ୟେ ।
ଭୁଞ୍ଜିଲା ଆଧାରେ ଧୂଳି ପଡୁଅଛି ଏହାଥିଲା କି ସୁକୃତେ ।୩।
କର୍ମବୃକ୍ଷ ମୋର ଅତି କ୍ଷୀଣହୋଇ ଫଳୁଛି ପୋକରା ଫଳ ।
ହସ୍ତେ ତୋଳିଖାଇ ପକାଇ ନୋହିଲା ପଞ୍ଝୁମନେ ଖଳବଳ ।୪।
ଡାଳ-ପୁଷ୍ପପତ୍ର ଲୋଡ଼ିଲି ମୁଁ ଫଳ କାହିଁ ନପାଇଲି ଗୋଟା ।
ଯାହାକୁ ଭୁଞ୍ଜିଲେ ସୁସ୍ୱାଦୁ ନୋହିଲା ସକଳ ତୁଣ୍ଡକୁ ପିତା ।୫।

କସି ଦିନୁ କଞ୍ଚା ଅଧେ ଦରପଚା କଷା ମଧୁର ନୋହିଲା ।
ଶୂନ୍ୟ ଧର୍ମ ପ୍ରଭୁ ଗୁରୁ ହୋଇ ମୋର ଏହା ଲଲାଟେ ଲିହିଲା ।୬।
ପିତା କି ଆମ୍ଭିଳ ଆତ୍ମାକୁ କୁଶଳ ସନ୍ତୋଷ ନୋହିଲା କିଛି ।
ପ୍ରଥମ ଯୋଗରୁ ଯେତେ ଦୁର୍ଘଟଣା ଆଗତକୁ କିସ ଅଛି ।୭।
ଏପରି ଯୁଗକୁ ଏହିପରି ଭୋଗ ଭାଗରେ ଦେଇଛ ବାଣ୍ଟି ।
କର୍ମକାଣ୍ଡ ଗୋଟି ବକ୍ର ଅଟେ ମୋର ସଳଖ କରି ନ କାଟି ।୮।
ପୂର୍ବକାଳେ ଗୁରୁସେବା ଅସନ୍ତୋଷ କରିଥିବାରୁ ଏମାନ ।
ତେଣୁକରି ସିନା ଭୋଗେ ଯୋଗେ ମୋର ସନ୍ତୋଷ ନୋହିଲା ମନ ।୯।
ଅଦୃଷ୍ଟକୁ ମାନି ବନରେ ପଡ଼ିଛି ସାରଅସାର ଯେ ଗ୍ରାସ ।
ଏତେକାଳେ ଆସି ପ୍ରବେଶ ହୋଇଲା ପୂର୍ବର ଅର୍ଜିଲା ଦୋଷ ।୧୦।
ପୂର୍ଣ୍ଣସେବା ଭକ୍ତି ନକରି ମୁଁ ନିତି ତେଣୁ ତୋ କରୁଣା ଊଣା ।
ପୂର୍ବେ କାହାକୁ ବନସ୍ତକୁ ଖେଦିଲି ଏବେ ମୁଁ ହେଉଛି ବଣା ।୧୧।
ପୂର୍ବେ ମୁଁ କାହାର ଥିଲି ବସାଭାଙ୍ଗି ଥାନୀକି ବିଧାନୀ କରି ।
ସେହିଯୋଗେ ମୋତେ ପ୍ରାପତ ହୋଇଲା ଏବେ ପ୍ରତ୍ୟକ୍ଷ ଜାଣିଲି ।୧୨।
ପୂର୍ବେ ମୁଁ କାହାର ସୁଖଭୋଗ ଖଣ୍ଡିଥିବାରୁ ପଡୁଛି ଦଣ୍ଡ ।
ଏବେ ସେହି ଶାସ୍ତି କରତି କାଟୁଛି ସବୁଦୋଷ ହୋଇ ରୁଣ୍ଡ ।୧୩।
ଅନ୍ତର୍ଯ୍ୟାମୀ ସ୍ୱାମୀ ଅନନ୍ତ ଗର୍ଭରେ ରଖିଥିଲ ଠୁଳକରି ।
ଏବେ ଫଳମାନ ବ୍ୟର୍ଥ ହେଉଅଛି ଭୁଞ୍ଜାଉଛ ମୋତେ ଧରି ।୧୪।
କରି ଏବେ ଦୂର ପ୍ରଭୁ ଅଣାକାର କିମ୍ପାଇଁ ଦେଉଛ ସଜା ।
ବେନିକନ୍ଧେ ବେନିଭାର ବୁହାଇଛ ବୋଝର ଉପରେ ବୋଝା ।୧୫।
ପ୍ରକୃତି ସଂସାର ତିମିର ଅନ୍ଧାର ଗୋଚର ନଥିଲା ଚିତ୍ତେ ।
ବେଳୁହୁଁ ଯେବେ ଜାଣିଥାନ୍ତି ଏମାନ କାହିଁକି ହୁଅନ୍ତା ଏତେ ।୧୬।
ଯେତେ ସରିକି ହୋଇଲାଣି ଆଜକୁ କେ କହୁ ମୋର ଭାଳେଣି ।
ଦିବାନିଶି ଅସରନ୍ତି ହେଉଅଛି ଗୁରୁଦେବ ଗୁଣ ଗୁଣି ।୧୭।
ମିଛ ପସରାକୁ ଆବୋରି ବସିଛି ଧନରତ୍ନ ନାହିଁ କିଛି ।
ଏବେ ପ୍ରଭୁ ମୋର ମନେ ପଡୁଅଛି ବେନିନେତ୍ର ଲୁହପୋଛି ।୧୮।

କରୁ ମୁଁ ଅଛି ଯାହାଯାହା ବିଚାର ହୃଦୟ ପଦ୍ମରେ ମୋର ।
ପଚିଶ ପ୍ରକୃତିପିଣ୍ଡରେ ପ୍ରବଳ ଯୁଗ ଅଟେ ମହାଘୋର ।୧୯।
ଏତେବେଳେ ମୁହିଁ କି ବୁଦ୍ଧି କରିବି କୁହ ଗୁରୁ ଅଣାକାର ।
ସ୍ୱାମୀପଦେ ଧ୍ୟାୟି କହେ ଭୀମ ଭୋଇ ଏ ଯୁଗରୁ ତ୍ରାହିକର ।୨୦।

•

ପଞ୍ଚଚତ୍ୱାରିଂଶତ୍ ବୋଲି

ଗୁରୁଦେବ ସ୍ୱାମୀ ନିର୍ଗୁଣ ପୁରୁଷ ମୁହିଁ ଅଟଇ ସଗୁଣ ।
ଏତେବେଳେ ମୋତେ ପଥ କହିଦିଅ ପଶି ଯାଉଅଛି ବନ ।୧।
ଅଣାକାର ସ୍ୱାମୀ ନିଷ୍କାମ ପୁରୁଷ ମୁହିଁ ଅଟଇ ସକାମ ।
ମାୟା ପ୍ରଳୟରୁ ବଞ୍ଚାଇଣ ରଖ ତାରିନିଅ ଦେଇ ନାମ ।୨।
ଗୁରୁଦେବ ସ୍ୱାମୀ ନିର୍ବେଦ ପୁରୁଷ ମୋର ତନୁ ଅଟେ ବେଦ ।
ପାପ ପ୍ରକୃତି ପିଣ୍ଡକୁ ଉଦ୍ଧରିବ କହି ବ୍ରହ୍ମଜ୍ଞାନ ଭେଦ ।୩।
ଗୁରୁଦେବ ସ୍ୱାମୀ ନିର୍ବେଦ ପୁରୁଷ ମୋ ଦେହ ଅଟଇ ରୂପ ।
ବ୍ରହ୍ମ ଗଙ୍ଗାଜଳେ ସ୍ନାନ କରିନେବେ ପଡ଼ିଅଛ ଭବକୂପ ।୪।
ଶୂନ୍ୟବାସୀ ପ୍ରଭୁ ଏକପାଦ ବ୍ରହ୍ମ ମୋର ଅଛି ବେନିପାଦ ।
ଏକପାଦେ ମୋତେ ପାରିକରି ନେବ ନରଖିବ ଭେଦାଭେଦ ।୫।
ଗୁରୁଦେବ ମୋର ଅପାପ ପୁରୁଷ ମୁଁ ଅଟଇ ମହାପାପୀ ।
କଲୁଷରୁ ସ୍ୱାମୀ ପାରି କରିନିଅ ମୋଠାରେ ମାୟା ନରଖି ।୬।
ଗୁରୁଦେବ ସ୍ୱାମୀ ବୁଦ୍ଧିବନ୍ତ ଅଟ ମୁଁ ଅଟଇ ନିର୍ବୁଦ୍ଧିଆ ।
ସଂସାର ସାଗର ହାନିଲାଭ ଜାଣି ଟିକେଟିକେ ଥିବ ଦୟା ।୭।
ଗୁରୁଦେବ ସ୍ୱାମୀ ଜ୍ଞାନର ଭଣ୍ଡାର ମୁହିଁ ଅଟଇ ଅଜ୍ଞାନ ।
ଘୋର କଳିକାଳୁ ପାରିକରି ନେବେ ଜାଣି ମୋର ଅଭିମାନ ।୮।
ଗୁରୁଦେବ ସ୍ୱାମୀ ତାରଣରେ ସଚ୍ଚା ମୁଁ ମୂଢ଼ ଅଟଇ କଚା ।
ଷାଠିସସ୍ର କୁମ୍ଭୀନର୍କେ ପଡ଼ିଥିଲେ ଘିଞ୍ଚିନେବେ କରି ବଛା ।୯।
ଅନ୍ତର୍ଯ୍ୟାମୀ ପ୍ରଭୁ ଅନ୍ତର୍ଗତେ ଜାଣି ଦୟାର ସାଗର ହୁଅ ।
ପଡ଼ିଅଛି ଜୀବ ପାପପଙ୍କ ମଧ୍ୟେ ବଳକଳ ଛଡ଼ାଇ ନିଅ ।୧୦।

ଗୁରୁଦେବ ସ୍ୱାମୀ ନିରୋଗୀ ପୁରୁଷ ମୁଁ ମୂଢ଼ ଅଟଇ ରୋଗୀ।
ଶୂନ୍ୟ ଧର୍ମ ପ୍ରଭୁ ଶିରୀବନ୍ତ ଅଟ ଏ ଜୀବ ଅଟେ ଅଭାଗୀ ।୧୧।
ଗୁରୁଦେବ ସ୍ୱାମୀ ନିଅଙ୍ଗୀ ନିସଙ୍ଗୀ ମୋହର ଯୁଗଳ ତନୁ।
ରୋମ ଚର୍ମେ ମୋର ମାୟା ଲାଗି ଅଛି ଦେହଧାରୀ ହେଲା ଦିନୁ ।୧୨।
ଅଲେଖ ପୁରୁଷ ଶ୍ରୀଗୁରୁ ମୋହର ମୁଁ ଅଟଇ ତୁମ୍ଭ ଶିଷ୍ୟ।
ବୁଡ଼ି ମରୁଅଛି ଛାଣିନିଅ ମୋତେ ଅଧିକ କହିବି କିସ ।୧୩।
ସଦଗୁରୁ ମୋର ପୁଣ୍ୟାଦି ପୁରୁଷ ମୁଁ ଅଟଇ ମହାପାପୀ।
ଭବାର୍ଣ୍ଣବୁ ମୋତେ ପାରିକରିନେବେ ଅବସ୍ଥା ମୋହର ଦେଖି ।୧୪।
ଦୟାପଦେ ଗୁରୁ ଅଗାଧ ସାଗର ଧର୍ମ ଅଟଇ ମହିମା।
ଜ୍ଞାନୀଜନଙ୍କୁ ଅଗୋଚର ଅଟଇ ବେଦ ନ ଜାଣଇ ସୀମା ।୧୫।
ଧର୍ମ ପୁରୁଷର ରୂପ ରେଖ ନାହିଁ କାହାକୁ ଜପିବି ମୁହିଁ।
ଅକର୍ମ ଦାୟକ ପୁରୁଷ ତୁ ପ୍ରଭୁ କ୍ରିୟା କର୍ମ ନ ଲାଗଇ ।୧୬।
ଅଚିନ୍ତା ପୁରୁଷ ଶୂନ୍ୟମୟ ଦେହ ଯହିଁରେ ନାହିଁ ବଚନ।
ନିରୂପଣ କରି ଶାହାସ୍ର ପଥରେ କେ ପାଇବ ବର୍ଣ୍ଣ ଚିହ୍ନ ।୧୭।
ସାଧୁ ସୁଜ୍ଞ ଜନ କବି ଓ ପଣ୍ଡିତ ଚିତ୍ତରେ ବିଚାର କର।
ଘୋର କଳିଯୁଗ ଅଲେଖ ମହିମା ଦିବାନିଶି ଅନୁସର ।୧୮।
ଏ ଯୁଗରେ ଏକା ଏ ଧର୍ମ ଉଦିତ ଅନ୍ୟରେ ନାହିଁ ନା ସାର।
ଗତି ମୁକତି ସମ୍ପତ୍ତି ପରାପତ ନିଷ୍ଠା ଏ ବ୍ରଜର ଗାର ।୧୯।
ଯୁଗ କଳିକାଳ ପାପ ଅନର୍ଗଳ ଦିନୁଦିନୁ ମହାଭାରି।
ଭଣେ ଭୀମକନ୍ଧ ନବଶତ ପଦେ ଗୁରୁ ପାଦ ଅନୁସରି ।୨୦।

•

ଷଟ୍‌ଚତ୍ୱାରିଂଶତ୍ ବୋଲି

ଜୟ ଜୟ ପ୍ରଭୁ ଅନାଦି ଈଶ୍ୱର ଅନନ୍ତ ଅରୂପ ହରି।
ମହାଭାରା ହେଲା ଘୋର କଳି ଯୁଗ ପାପ ହୋଇଗଲାଣି ଭାରି ।୧।
ସମୁଦ୍ର ପରାଏ ପୂରିତ ହେଲାଣି ନ ଚଳୁଛି ସତ୍ୟନାବ।
ଏଥିକି ଚାହିଁ ବିଚାର ମହାପ୍ରଭୁ ଯେଉଁ ପରି କ୍ଷୟ ଯିବ ।୨।

ସ୍ୱର୍ଗ ମର୍ତ୍ତ୍ୟ ପାତାଳ ତିନିପୁରକୁ ବୁଡ଼ାଇ ଦେଲାଣି ଧରି ।
ନିରନ୍ତରେ ଭାସୁଅଛି ନବଖଣ୍ଡ ଜଳରେ ମୀନ ଯେପରି ।୩।
ଅଗାଧ ପାତକ ଯେମନ୍ତେ ତୁଟିବ ତହିଁକି ବିଚାର କର ।
ମହା ବ୍ରହ୍ମତେଜ ପରକାଶ କରି ଅନଳ ମୂରତି ଧର ।୪।
ପାପ ସାଗରରେ ମହିମା ସାଗର ବ୍ରହ୍ମାଣ୍ଡେ ସ୍ଥାପିଲ ଧୂନି ।
ଅବଧୂତ ନିର୍ବିକାର ଦୀକ୍ଷା ଦେଇ ଆପଣ ହେଲ ଅଗ୍ରଣୀ ।୫।
ଅଗୋଜାକୁ ଗୋଜା କରି ମହାପ୍ରଭୁ ଅଚେତାକୁ ଚେତାକଲ ।
ଅଲେଖ ମହିମା ନାମ ସର୍ବେ ଡାକ ବୋଲି ମୁଖେ ଆଜ୍ଞା ଦେଲ ।୬।
ଘୋର କଳିଯୁଗେ ଏ ଧର୍ମ ଉଦିତ ଏଠାରୁ ନାହିଁ ନା ବଡ଼ ।
ଅଲେଖ ମହିମା ନାମ ଯେଉଁ ପଦ ଅଙ୍ଗାଇତ ଖଣ୍ଡା ଦାଢ଼ ।୭।
ତୁମ୍ଭେ ଯେ ବୋଇଲ ମହିମା ଭଜିଲେ ମରଣ ତାହାକୁ ନାହିଁ ।
ଶ୍ରୀମୁଖ ବଚନ ବଜ୍ରଗାର ଅଟେ ଯାଉଛି ବିଅର୍ଥ ହୋଇ ।୮।
'ମ' ଅକ୍ଷର ନାମ ହୃଦେ ଲଏ କର ମହୀମଣ୍ଡଳେ ରହିବ ।
ବିନା ଆଶ୍ରିତରେ ନ ବର୍ତ୍ତିବେ କେହି ଯୁଗ ଭାଗେ ପଡ଼ିଯିବ ।୯।
ଏହା ବୋଲି ଗୁରୁ ଶ୍ରୀମୁଖେ କହିଛ ଶୁଣି ମୁଁ କରିଛି ହେତୁ ।
ଏକପାଦ ଅନୁସରି ଯେତେ ଦିନୁ ପାଶୋରି ନ ଦେଇ ଚିତ୍ତୁ ।୧୦।
ସକଳ ବାରତା ପଶ୍ଚାନ୍ତକୁ ଥାଉ ମୋ କଥା କେମନ୍ତେ ହେବ ।
ତିନିପୁରେ ମୋତେ ଅଚିନ୍ତା କରାଇ କାହିଁ ନେଇ ଠାବ ଦେବ ।୧୧।
ତିନିପୁର ଯାକ ଅସତ୍ୟ ହେଲାଣି ଧର୍ମ ଯାଉଅଛି ଛାଡ଼ି ।
ବେଳକୁ ବେଳ ଅପ୍ରମାଣ ହେଉଛି ପଡ୍ତୁ ଅଛି କାଳ ଧାଡ଼ି ।୧୨।
ନିଜରୂପ ଧରି ମହାଘୋର କାଳ ବ୍ରହ୍ମାଣ୍ଡ ଭିତରେ ପଶି ।
ଛପନକୋଟି ହୃଦୟରେ ଘାଣ୍ଟୁଛି ହୋଇ କାଳଦଣ୍ଡ ଫାଶୀ ।୧୩।
ଭବନଦୀରେ ଭସାଇ ନେଉଅଛି ଭାବନା କରାଇ ମୁଖେ ।
ପ୍ରକୃତି ଭିତରେ ପଶି ମହାମାୟା ଭୋଗ କରୁଅଛି ସୁଖେ ।୧୪।
ଜନ ପ୍ରାଣୀମାନେ ବିଚାରୁଅଛନ୍ତି ଆମ୍ଭେ କରୁଅଛୁ ସବୁ ।
ଅନ୍ୟାୟକୁ ନ୍ୟାୟ ଏକାକାର କରି କଳି ପୁରୁଷର ଯୋଗୁଁ ।୧୫।
ଆତ୍ମଲିଙ୍ଗ ପଶି ରୂପ ଚର୍ମ ଭେଦି ପାଲଟି ନାଶୁଛି ପିଣ୍ଡ ।
ତେଣୁ ପାଞ୍ଚମନ ପଚିଶ ପ୍ରକୃତି ଅଜ୍ଞାନରେ ପରଚଣ୍ଡ ।୧୬।

ବେଲୁ ବେଳକୁ ବଚନ କହିଲାଣି ନାଶିବ ପିଣ୍ଡ ବ୍ରହ୍ମାଣ୍ଡ।
ସମସ୍ତଙ୍କୁ ଏକାବେଳେ ମୁଁ ଭକ୍ଷିବି ଛେଦି ପକାଇବି ମୁଣ୍ଡ ।୧୭।
ଏ ବଚନ କାଳ ମୁଖେ ଭାସିଲାଣି କେମନ୍ତେ ହେଉଛି କଥା।
ଏ ପିଣ୍ଡ ବ୍ରହ୍ମାଣ୍ଡ କେମନ୍ତେ ରହିବ ଲାଗୁଅଛି ମୋତେ ଚିନ୍ତା ।୧୮।
ଏତେବେଳେ ଦେଖ ମହାଶୂନ୍ୟ ଦେହୀ ଛାଣି ରଖ ଭବାର୍ଣ୍ଣବୁ।
ସତ୍ୟଧର୍ମ ଘେନି ଉଦେ ହୋଇଅଛ ଅଟ ଯେବେ ମହାପ୍ରଭୁ ।୧୯।
ଏହିପରି କେତେ ବର୍ଣ୍ଣନା କରିବି ନ ଜାଣିକି ଗୁରୁଦେବ।
କହେ ଭୀମ ଭୋଇ ଏ ପାପୀ ଜୀବକୁ ନିରନ୍ତରେ ଦୟା ଥିବ ।୨୦।

•

ସପ୍ତଚତ୍ୱାରିଂଶତ୍ ବୋଲି

ଅରୂପ ଶରୀର ରୂପ ନାହିଁ ଯାର କେମନ୍ତେ ଚିହ୍ନିବି ମୁହିଁ।
ଦୟା କରି ମୋତେ ଦରଶନ ଦିଅ ଅନ୍ତର୍ଯ୍ୟାମୀ ଶୂନ୍ୟ ଦେହୀ ।୧।
ଏକ ଗୋଟା ପାଦ ନିର୍ବେଦ ନିଃଶଙ୍କ ପଡ଼ିଅଛି ଶୂନ୍ୟ ଶବ୍ଦ।
ଅନାଦି ଅଗାଧ ଅଟଇ ଯେ ଆଦ୍ୟ କେମନ୍ତେ ମିଳିବ ଭେଦ ।୨।
ବ୍ରହ୍ମ ମଧ୍ୟେ ସାର ଧର୍ମ ଧନୁର୍ଦ୍ଧର କର୍ମ ଅଟେ ବୀରବର।
ଏକ ସ୍ଥାନେ ଥାଇ ସକଳ ଶରୀରେ ପୂରିଅଛ ତିନିପୁର ।୩।
ଜଳସ୍ଥଳାନଳ ପବନ ଶରୀରେ ଭିତର ବାହାରେ ରହି।
ଶବଦ ସ୍ୱରୂପ ହୋଇ ଅଣରୂପ ଆତ୍ମଭୂତ ପ୍ରାୟ ହୋଇ ।୪।
ସାନ ଦେହେ ସାନ ବଡ଼ ଦେହେ ବଡ଼ ଜୀବ ଅଜୀବ ସମାନ।
ବିକାର ଅଣବିକାର ଠାବେ ବସି ନ ଥାଇଟି ଭିନ୍ନାଭିନ୍ନ ।୫।
ଦୁଷ୍ଟଦୁରାଚାରେ ଦୈତ୍ୟ ଦାନବରେ ସକଳ ଘଟେ ବିଶ୍ରାମ।
କାହିଁ ଶୂନ୍ୟ ନାହିଁ ସକଳ ଭୂତରେ ବହି ଜୀବବ୍ରହ୍ମ ନାମ ।୬।
ସନ୍ଥ ସାଗର ସାଧୁଜନ ପଣ୍ଡିତ କବିତ୍ୱ ହୃଦରେ ଥାଇ।
ଅନୁଭବ ଶକ୍ତି ଅଣାକାର ଜ୍ୟୋତି ଆକାଶରୁ ପଦ ଲିହି ।୭।
ଅଶେଷ ମହିମା ବହିଅଛ ପ୍ରଭୁ କେତେ ବର୍ଣ୍ଣିବି ତୁମ୍ଭଙ୍କୁ।
ବ୍ରହ୍ମ ସାଗରରେ ମୁଁ ହଜିଯାଉଛି ଆଶ୍ଚର୍ଯ୍ୟ ମଣି ମନକୁ ।୮।
ମୋହ ବୁଦ୍ଧି ବଳେ ଅନେକ ପ୍ରକାରେ ଧରି ମନ କରୁଅଛି।
ଯେତେ ଲୋଡ଼ିଲେ ତୁ ଚିହ୍ନା ନ ପଡୁଛୁ ବଚନ ନ କହୁ କିଛି ।୯।

କି ନିମନ୍ତେ ମୋତେ ସାଧି ମାରୁଅଛୁ ଲାଗିଅଛି ତୋର କେତେ।
କାହିଁକି ଗୁପତେ ମଉନ ହେଉଛୁ ଫେଡ଼ି କହ ପ୍ରଭୁ ମୋତେ ।୧୦।
କରୁଣା କଟାକ୍ଷ କୃପା ହିଁ ତ ଦୟା ଯାହା ଦେଇଅଛୁ ମୋତେ।
ସେ ଭକ୍ତିଗୁଣ କଳନ୍ତର ଋଣ ଉଣା ହେଲା କେତେ କେତେ ।୧୧।
ପାରୁପରିଯନ୍ତେ ଶୁଝୁଅଛି ମୁହିଁ ଘେନୁଛୁ କି ନାହିଁ ତୁହି।
ଜନମଯାକ ମୋ ବହିଗଲାଣି ତ ଗଉଣୀରେ ମାପି ଦେଇ ।୧୨।
ଚାରି ବରଷ ହୋଇଲାଣି ଆଜକୁ ତୋଠାରୁ ମୋ ଅଣା ନିଆ।
ବହିରେ ନ ଲେଖି ମାରୁଅଛୁ କୋପି କିମ୍ପାଇଁ କରୁଛୁ ଏହା ।୧୩।
ମୁହିଁ ଏକା ନେଇଅଛି ତୋହ ଋଣ ସମସ୍ତେ ତ ଛନ୍ତି ନେଇ।
ମୂଳ କଳନ୍ତର ବୁଝାଇବା ବେଳେ କିମ୍ପା ନ ଲେଖିଲୁ ବହି ।୧୪।
ପୁଣି ଯେତେଠାରୁ ଆଣିଅଛି ମୁହିଁ ଏପରି କରିବୁ ମୋତେ।
ସାହୁ ରହୁ ତୁହି ପାରି କରିଦିଅ ଏବେ ମୁଁ କହୁଛି ତୋତେ ।୧୫।
ସାହୁ ହୋଇକରି ଖାତକ ଠାବରେ ମାୟା କରିବାର ନୁହେଁ।
ଅଶେଷ ବ୍ରହ୍ମାଣ୍ଡ ମହାଜନ ଅଟୁ ସମ୍ପତ୍ତି ତୋର ଅକ୍ଷଏ ।୧୬।
ତେଣୁ କରି ମୁହିଁ ଆଶ୍ରେ କରି ଅଛି ଅନନ୍ତ ଭଣ୍ଡାରେ ସିନା।
ସତେ ପୁରୁଷକୁ ଅଣ୍ଟିବ ବୋଲି ମୁଁ ମନେ କରିଛି ଭାବନା ।୧୭।
ସାହୁ ଗଙ୍ଗା ଜଳ ହୃଦୟ ନିର୍ମଳ ହେଲେ ଖାତକକୁ ଲାଭ।
ଖାତକ ଶୁଝିଲେ ସାହୁ ନେଉଥିଲେ ସବୁ ଦିନେ ପ୍ରତି ଥିବ ।୧୮।
ତୋହ ଦାନାପାଣି ଛପ୍ପନକୋଟି ପ୍ରାଣୀ ଖାଇ ସମସ୍ତେ ଆନନ୍ଦ।
କାହାକୁ କେଉଁ ପରକାରେ ଦେଉଛୁ ତୁ ଜାଣିଛୁ ସେହି ଭେଦ ।୧୯।
ଏବେ ଶ୍ରୀଛାମୁରେ ବିନତି କରୁଛି ଘେନ ମୋହର ବଚନ।
ଭଣେ ଭୀମକନ୍ଧ କବିକୁଳ ଚାନ୍ଦ ଗୁରୁ ପୟରେ ଶରଣ ।୨୦।

•

ଅଷ୍ଟଚତ୍ୱାରିଂଶତ୍ ବୋଲି

ତୁମ୍ଭେ ଯେବେ ସାହୁ ମୁଁ ଅଟେ ଖାତକ ପାରିକର କେଉଁ ରୂପେ।
ବ୍ରହ୍ମସ୍ୱର କଥା ବ୍ରହ୍ମଶର ଅଟେ ମଗ୍ନ ହେବି ବୋଲି ପାପେ ।୧।
ଗଳାରେ ବସନ ଦନ୍ତରେ ତିରଣ ପାଦଧରି କହୁ ଅଛି।
ଶ୍ରୀଗୁରୁ କୋପକୁ ବଡ଼ ଭୟ ମୋର ବାରମ୍ବାର ଜଣାଉଛି ।୨।

ନୋହିଲେ ପ୍ରସନ୍ନ କି ପାଇବି ଧନ ହେବି ଦରିଦ୍ର ଅବସ୍ଥା।
ଅଣହେଳା କଲେ ଝୁଙ୍କି ମୁଁ ପଡ଼ିବି ଆଗୁ ରଖୁଅଛି କଥା ।୩।
କୌଣସି ପ୍ରକାରେ ରଣଠାରୁ ମୋତେ ପାରିକର ଗୁରୁସ୍ୱାମୀ।
ଅନ୍ତର୍ଗତ ତଥା ଜାଣୁଥିବ ମୋର ଅଣାକାର ଅନ୍ତର୍ଯ୍ୟାମୀ ।୪।
ବହୁତ ଅବସ୍ଥା ହୋଇଲାଣି ମୋତେ କି କରିବି ଗୁରୁ କୁହ।
କି ପ୍ରକାରେ ମୋତେ ନିଆରା କରିଛ ତାତପରିଯରେ ଥୁଅ ।୫।
ପ୍ରଭୁଙ୍କୁ ନକହି କାହାକୁ କହିବି କେ ବୁଝିବ ମୋର ଦୁଃଖ।
ଦୁଃଖୀଜନ ବନ୍ଧୁ ଅଟ ପରା ତୁମ୍ଭେ କୃପାକରି ମୋତେ ରଖ ।୬।
କା ଆଗେ କହିଲେ କେହୁ ସେ ବୁଝିବ ଶୁଣିବ ମୋର ଗୁହାରି।
କେହୁ ନ ଦିଶନ୍ତି ତୁମ୍ଭେ ତ ଦିଶୁଛ ଅରୂପ ଶୂନ୍ୟ ବେହାରୀ ।୭।
ଗୁରୁ ଆଗେ ଶିଷ୍ୟ ନ କହିବ ଯେବେ କାହୁଁ ପାଇବ ସୁବୁଦ୍ଧି।
ସୁଦୟାରେ ଗୁରୁ ସାଗର ଅଟନ୍ତି ପ୍ରତ୍ୟକ୍ଷେ କରୁଣାନିଧି ।୮।
ହାନିଲାଭ ହେଲେ ନ କହିବ ଯେବେ କେମନ୍ତେ ବଞ୍ଚିବି ଦିନ।
ଗୁରୁ ତ ମୋହର ସକଳ କାରେଣି ଦରିଦ୍ର ପ୍ରାଣୀଙ୍କ ଧନ ।୯।
ପିଣ୍ଡ ପ୍ରାଣ ରକ୍ଷା କେହି ନ ଅଟନ୍ତି ଏକା ଗୁରୁଦେବ ବିନୁ।
ମେଦିନୀରେ ଥାଇ ସକଳ ଜାଣୁଛି ଜନ୍ମ ହେଲି ଯେତେ ଦିନୁ ।୧୦।
ଦୁର୍ଲଭ ଜନମ ସୁଲଭ କରମ ଦେଉଥିବ ଯୁଗେ ଯୁଗେ।
ବାହ୍ୟ ଅନ୍ତରେ ପରାପର ନକରି ରଖିଥିବ ସଂଗେ ସଂଗେ ।୧୧।
ପାଦପଦ୍ମେ ମୋତେ ଦୋଷୀ ନ କରିବ କ୍ଷମା କରିଥିବ ଚିତ୍ତେ।
ନିର୍ମାଲ୍ୟକୁ ତୋର ଅନୁସରି ଅଛି ଦୟାଥିବ ଅନ୍ତର୍ଗତେ ।୧୨।
ସତ୍ୟାଧି ପୁରୁଷ ଭଗତ ବିଶ୍ୱାସ ମହାଶୂନ୍ୟେ ତୁମ୍ଭ ବାସ।
ଅରୂପ ବୋଲନ୍ତେ ଆଶା କରିଅଛି ଅରୂପ ଶୂନ୍ୟ ଆକାଶ ।୧୩।
ସର୍ବଠାରେ ଥାଅ ଉତ୍ତର ନଦିଅ ବଡ଼ ଅସମ୍ଭବ କଥା।
ଚିହ୍ନିବି ବୋଇଲେ ଚିହ୍ନାଇ ନଦିଅ ଛେଚି ହେଉଥିଲେ ମଥା ।୧୪।
ଆୟରେ ଆନନ୍ଦ ବ୍ୟୟରେ ଆନନ୍ଦ ବେନିଠାରେ ସମାସମ।
ତେଣୁ କରି ପ୍ରଭୁ ଶକତି ବୋହିଲ ଅଲେଖ ଅନାଦି ବ୍ରହ୍ମ ।୧୫।
ବ୍ରହ୍ମବ୍ରହ୍ମ ବୋଲି ଡାକ ପାରୁଅଛି କଣ୍ଠ ଯାଉଅଛି ଶୁଖି।
ଗୁରୁ ମୋତେ ସଦାସର୍ବଦା ଦେଖୁଛ ଶୂନ୍ୟମଧ୍ୟେ ହୋଇ ସାକ୍ଷୀ ।୧୬।

ବାରେ ହେଲେ ଘେନ ଏ ମୋର ବିନତି ନ କର ମୋତେ ନିରାଶ।
ଦୋଷ ଅପରାଧ କ୍ଷମାକରି ଗୁରୁ ଯୁଗେ ଯୁଗେ କର ଦାସ ।୧୭।
ଅନାଦର କରି ଫୋପାଡ଼ି ନଦିଅ ଦୟାକର ଶୂନ୍ୟବାସୀ।
କଳିଯୁଗେ ମୁହିଁ କଷଣ ପାଉଛି ତ୍ରିପୁର ମଧ୍ୟରେ ଆସି ।୧୮।
କାହିଁ ମୁଁ ପଡ଼ିଲି କେଉଁ ପଥେ ଯିବି କହିଦିଅ ସ୍ୱାମୀ ବାଟ।
ଯହିଁ ଅନାଇଲେ ତହିଁ ପୂରିଛନ୍ତି କଳି ପୁରୁଷର ଥାଟ ।୧୯।
ନିଶିଦିବସରେ ଭାଳେଣି ପଡ଼ିଛି ମାୟା ସଂସାରକୁ ଚାହିଁ।
ଭଣେ ଭୀମ ହୀନ ପାମର ଅଜ୍ଞାନ ଗୁରୁପାଦେ ଚିତ୍ତଦେଇ ।୨୦।

●

ଊନପଞ୍ଚାଶତ୍ ବୋଲି

ଶୂନ୍ୟ ଶୂନ୍ୟ ମହାଶୂନ୍ୟରେ ବିଶ୍ରାମ ନାମ ଅଟଇ ନିର୍ବେଦ।
ନକରି ଅଇଁଠା ନ ପାଇ ତୋ ମିଠା କେ ପାଇବ ପ୍ରତିବୋଧ ।୧।
ନ ଦେଖି ତୁମ୍ଭଙ୍କୁ କେ ସନ୍ତୋଷ ହେବ ନାହିଁ ଯହିଁରେ ଶରୀର।
ଅନୁଭବ କରି ଥୟ କେ କରିବ ହୃଦରେ ଧଇର୍ଯ୍ୟଧର ।୨।
ନ ଚିହ୍ନି କାମନା ସୁଶାନ୍ତି ଭଜିବ ବର୍ଣ୍ଣ ଚିହ୍ନ ଯାର ନାହିଁ।
ନ ପାଇ କେହୁ ପରତେ ଦେବ ମନେ ନାହିଁ ଯାର ହାଇ ଛାଇ ।୩।
ଅଦେହ ଶ୍ରୁତିରେ କେ ଆଶ୍ରେ କରିବ ଭଜି କାହା ମନେ ଦମ୍ଭ।
ଶୂନ୍ୟରେ ବିଶ୍ୱାସ କେ କରୁ ସାହସ ଦୃଢ଼ରେ ହେବ ଆରମ୍ଭ ।୪।
ନ ଜାଣି ନ ଶୁଣି କେହୁ ଚିତ୍ତ ଦେ ତୁଚ୍ଛାକୁ ଭରସା କରି।
ନାମ ନାହିଁ ଯହିଁ ମୁଖେନୁହେଁ କହି କେବଣ ଆଶାକୁ ଧରି ।୫।
ନ ବୁଝି ନ ଗମି କେ ପ୍ରୀତି କରିବ ଧରିବାର କଥା ନୁହେଁ।
ଆପମନେ ଜାଣି ସୁଶାନ୍ତିକି ଘେନି କେଉଁ ଜନ ଧୀରେ ରହେ ।୬।
ନ ଖାଇ କେହୁ ଜିହ୍ୱାକୁ ବୁଲାଇବ ଆସ୍ୱାଦେ ସନ୍ତୋଷ ପାଇ।
ଆକାଶକୁ ଚାହିଁ ଅମନେ ମନାଇ କେ ପାରିବ ଧର୍ମେ ରହି ।୭।
ନ ଗମି ତୁମ୍ଭଙ୍କୁ କେ ଲଭି ପାରିବ ପଢ଼ିଣ ଶାହାସ୍ର ପଥ।
ବୁଦ୍ଧି ପାଞ୍ଚନା କରି ବ୍ରହ୍ମ ଲଭିବି ବୋଲି କେ କରିବ ସତ ।୮।
ନ ପଶି କେହୁ କଳନା କରି ବ୍ରହ୍ମ ମନରେ ହେବ ଆନନ୍ଦ।
ବିନା ଆଶରାରେ କେ ପାତିବ ଶିର କର୍ଣ୍ଣେ ଶୁଣି ଅଧାଧୁନ୍ଦ ।୯।

ବିନା ପ୍ରତେ ହୋଇ ଦିନ ବଞ୍ଚିବାର ବହୁତ କଠିନ କଥା ।
ପ୍ରକୃତି ଶରୀର କେ କରିବା ଧ୍ୟାନ କାହୁଁ ପାଇବ ବାରତା ।୧୦।
ନରଦେହ ବହି ନିରତେ ତୁମ୍ଭଙ୍କୁ କେ ଭଜିପାରିବ ଠିକେ ।
ଅନାମରୁ ନାମ କ୍ଷରାକ୍ଷର କରି କେ ଜପି ପାରିବ ମୁଖେ ।୧୧।
ନିଶବ୍ଦରୁ ଶବ୍ଦ କେ କାଢ଼ି ପାରିବ ବୁଦ୍ଧି ବଳପୂରେ ନାହିଁ ।
ବ୍ରହ୍ମସାଗର ଅଗାଧ ସିନ୍ଧୁ ଅଟେ ଥଳକୂଳ ନମିଳଇ ।୧୨।
ମହିମାସାଗର ଝାସି ପଶିବାକୁ କାହାର ଭରସା ଅଛି ।
ବ୍ରହ୍ମମୟପୁର ଅଦ୍ଭୁତ ମନ୍ଦିର ଜ୍ଞାନନେତ୍ରେ ନ ଦିଶୁଛି ।୧୩।
ଯୋଗୀଜନମାନେ ଧ୍ୟାନ କରିକରି ରହିଗଲେଣି ଅନେକ ।
ପାଇଲେକି ନାହିଁ କେ ତାହା ଜାଣିବ ଯୋଗଘରେ କରି ସଂଖ୍ୟ ।୧୪।
ତିନିଭୁବନରେ ଲୋଡ଼ୁଛନ୍ତି ତୋତେ ଅନ୍ତ ନପାଇଲେ ନାମ ।
ବ୍ରହ୍ମବ୍ରହ୍ମ ବୋଲି ଅନୁସରି ସରି ଲଭି ଗଲେଣି ମରଣ ।୧୫।
ନଜାଣିବା ଲୋକ ବୋଲନ୍ତି ତୁମ୍ଭଙ୍କୁ ଚିହ୍ନିଅଛୁ ଆମ୍ଭେ ବ୍ରହ୍ମ ।
ମିଛକଥାରେ ସେ ଭ୍ରମିହେଉଥାନ୍ତି ଯେସନେକ ପଥଶ୍ରମ ।୧୬।
ନିଷ୍କାମ ପଥରେ ବଢ଼ିମା ନଚଳେ ଛିଡ଼ିପଡ଼ିବାର ହୁଏ ।
ଅଜ୍ଞାନୀ ଜୀବ ଏ ପ୍ରକୃତି ବିଚାର ଯେଣୁ କରି ଦେହବହେ ।୧୭।
ଜାଣିବାର ଲୋକ ନିଭନ ହୁଅନ୍ତି ନକରନ୍ତି ବେଦବାଦ ।
ଅଖଣ୍ଡ ବ୍ରହ୍ମକୁ ଖଣ୍ଡ ନ୍ୟାୟକଲେ ଅଙ୍ଗେ ପଡ଼େ ପରମାଦ ।୧୮।
ମୂର୍ଖ ପ୍ରାଣୀମାନେ ନଜାଣି ଚିତ୍ତରେ କରନ୍ତି ଉଦଣ୍ଡ ଜ୍ଞାନ ।
ନବୁଝି ନିନ୍ଦାକଲେ ସତ୍ୟଧର୍ମକୁ ପରମାୟୁ ହୁଏ କ୍ଷୀଣ ।୧୯।
ସାଧୁଜନମାନେ ବିଚାରଣା କର ଅଜ୍ଞାନ କି ଜ୍ଞାନ ଅଟେ ।
ଭଣେ ଭୀମଭୋଇ ଗୁରୁପାଦ ଧ୍ୟାୟି ନିରନ୍ତରେ ସେବା ଖଟେ ।୨୦।

●

ପଞ୍ଚାଶତ୍ ବୋଲି

କଳିଯୁଗେ ମୋତେ ସଙ୍କଟ ପଡ଼ିଲା ନରଅଙ୍ଗେ ଅବତରି ।
କି ବୁଦ୍ଧି କରିବି ବୁଦ୍ଧି ଦିଶୁନାହିଁ ଅଲେଖ ଶୂନ୍ୟବେହାରୀ ।୧।
ଦିବସ ପାହିଲା ରଜନୀ ସରିଲା ବିଚାର କରିବ କିସ ।
ଆଜକାଲି ବୋଲି ସଂସାର ଭିତରେ ଯୁଗ ହୋଇଗଲାଣି ଶେଷ ।୨।

ନେତ୍ରେ ଦେଖୁଦେଖୁ ଚିହ୍ନି ନପାରିଲେ ତିନିଭୁବନର ଲୋକ।
ସତ୍ୟ ଧର୍ମଠାରୁ ଆହୁରି ଅଧିକ ମାଗୁଅଛନ୍ତି ପରୀକ୍ଷ ।୩।
କେମନ୍ତ ପ୍ରକାରେ ତ୍ରିପୁର ସଂସାରେ ପାଇବେ ଆତ୍ମାର ବୋଧ।
ଅଚେତା ହୋଇ ସମସ୍ତେ ପଡ଼ିଛନ୍ତି ଖାଇଛନ୍ତି ମାୟାମଦ ।୪।
ଆଣ୍ଠୁଆ ପଣରେ ସରବେ ଅଛନ୍ତି ନିହାଇ ଭାଙ୍ଗେ ଗରବ।
ବଡ଼ଲୋକ ହୋଇ ଗାରିମା ବହିବେ ଅଜ୍ଞାନ ପଣରେ ସର୍ବ ।୫।
ଅଜ୍ଞାନ ଆଚାରେ ନିନ୍ଦିତ ବିଚାରେ କରୁଛନ୍ତି ଉପହାସ।
ମୁହିଁ କୋପକଲେ କି କାର୍ଯ୍ୟ ହୋଇବ ବୁଝ ପ୍ରଭୁ ଜଗଦୀଶ ।୬।
ବୋଲାଇ ନୃପତି ନିନ୍ଦା କରୁଛନ୍ତି ବସି ଦଣ୍ଡ ସିଂହାସନେ।
ହସ୍ତଝାଡ଼ି ମୁଖଶିରକୁ ହଲାଇ କହୁଛନ୍ତି ଗର୍ବମନେ ।୭।
ତୁମ୍ଭର ଗୁରୁଙ୍କୁ ତୁମ୍ଭେ ସେବାକର ନୁହନ୍ତି ଆମ୍ଭର ଗୁରୁ।
ପରୀକ୍ଷା କରି ତୁମ୍ଭେ ସେବା କରୁଛ ଆମ୍ଭେ ନପାଇଁ ଆଦ୍ୟରୁ ।୮।
ସଭା ବିଦ୍ୟମାନେ ହାସ ଅନୁକ୍ଷଣେ ଦଶପାଞ୍ଚ ହୋଇ ମେଳ।
ସୁରଅସୁର ଏକଠାବରେ ମିଳି ବିଚାରୁ ଅଛନ୍ତି ଖଳ ।୯।
କଉତୁକ କରି ଗେଲରେ ପଚାରି ମହିମା ତୁମ୍ଭେ ଭଜୁଛ।
କଥାଏ ତୁମ୍ଭଙ୍କୁ ପଚାରୁଛୁ ଆମ୍ଭେ ନାହିଁ କହ ପରା ମିଛ ।୧୦।
କେତେ ଦିବସେ ସତ୍ୟଯୁଗ କରୁଛ ଏକଠାବେ ପରା ଖାଅ।
ଦାରା କର୍ମକରି ମଦମାଂସ ଭକ୍ଷି ସମସ୍ତଙ୍କ ଜାତି ନିଅ ।୧୧।
ସ୍ତିରୀପୁରୁଷ ମୁଣ୍ଡିଆ ମରାମରି ହେଉଅଛ ପରା ତୁମ୍ଭେ।
ସମସ୍ତେ ଆସି ଆମ୍ଭ ଆଗେ କହିଲେ କର୍ଣ୍ଣରେ ଶୁଣୁଛୁ ଆମ୍ଭେ ।୧୨।
ପୁରୁଷମାନେ ସର୍ବଘରେ ଭକ୍ଷିଲେ କଲେ ମହିମା ଭଗତି।
ସ୍ତିରୀମାନେ ଆଦି ମହିମା ଭଜିଲେ କିମ୍ପା ବୁଡ଼ାଇଲେ ଜାତି ।୧୩।
ଭଲଘର ଝିଅ ଭଲଘର ବୋହୂ ଯାଉଛନ୍ତି ନଷ୍ଟହୋଇ।
ଛତିଶପାଟକ ଏକଜାତି ହେଉ ଏହା ଲେଖିଥିଲା ବିହି ।୧୪।
କଳିଯୁଗ ମଧ୍ୟେ ବୋଲୁଥିଲେ ଯାହା ମେଳଛ ହୋଇବେ ସର୍ବେ।
ତୁମ୍ଭେମାନେ ଯେଉଁକର୍ମ କରୁଅଛ ନେତ୍ରରେ ଦେଖୁଛୁ ଏବେ ।୧୫।
ଉଶ୍ୱାସେ ଲୋକ ତୁମ୍ଭେମାନେ ସମସ୍ତେ ମଣିଷକୁ ବୋଲ ପ୍ରଭୁ।
ଯାହାକୁ ତୁମ୍ଭେ ପରଂବ୍ରହ୍ମ ବୋଲୁଛ ଦେଖିଅଛୁ ତାଙ୍କୁ ସବୁ ।୧୬।

ପିତାମାତା ଗୃହ କୁଟୁମ୍ବ ଅଛନ୍ତି ସେହି କି ଅଟଇ ବ୍ରହ୍ମ।
ବ୍ରାହ୍ମଣ ବୈଷ୍ଣବ ଶୂଦ୍ର ଆଦିକରି ସମସ୍ତେ ହେଉଛ ଭ୍ରମ ।୧୭।
ଜନମଭୂମି ଦେଖିଛୁ ଆମ୍ଭେମାନେ ବାଲୁତ ଦିନୁ ପ୍ରମାଣେ।
କେହୁ ବୋଲେ ବୃତ୍ତିଫନ୍ଦା କରୁଥିଲେ କେ ପରତେ ଯିବ ମନେ ।୧୮।
କେ ବୋଲେ ସଂସାରୀମତେ ରହିଛନ୍ତି ଆମ୍ଭରି ପରାଏ ହୋଇ।
କେଉଁ ଶକତି ଦେଖି ପ୍ରଭୁ ବୋଲିବା ହେଉଛନ୍ତି କୁହାକୁହି ।୧୯।
ମନର ବିଚାର ପଡ଼ିଛି ଇଝାର ଚିତ୍ତେ ଅପମାନ ହୋଇ।
ଭଣେ ଭୀମସେନ ସହସ୍ରପଦରେ ଶୂନ୍ୟବାସୀଙ୍କୁ ଜଣାଇ ।୨୦।

•

ଏକପଞ୍ଚଶତ୍ ବୋଲି

ସ୍ତିରୀପୁରୁଷ ଏକାନ୍ତ ମତ ହୋଇ ନିନ୍ଦା କରୁଛନ୍ତି ମୁଖେ।
ପାଖକୁ ଗଲେ ଆଡ଼ହୋଇ ପଳାନ୍ତି ତିନିଭୁବନର ଲୋକେ ।୧।
ଦୂରୁ ଦେଖିଲେ ବୋବି ମାରୁଅଛନ୍ତି କରୁଛନ୍ତି ଉପହାସ।
ବାବାମାତା ଯୂଥଯୂଥ ଫେରୁଛନ୍ତି ଦେଖ କେବଣ ଭବିଷ୍ୟ ।୨।
ଗତି ମୁକତି ନାହିଁ ନା ଏହାଙ୍କର ଗଲେ ଏ ସମସ୍ତେ ଭାସି।
ପିତୃ ଦେବତା ଇଷ୍ଟବନ୍ଧୁ ଛାଡ଼ିଲେ କଣ୍ଠେ ଲଗାଇଲେ ଫାଶି ।୩।
ଦେବୀ ଦେବତା ବ୍ରହ୍ମା ବିଷ୍ଣୁ ଶିବଙ୍କୁ ନିନ୍ଦାକରି ଗର୍ବ ବାକ୍ୟେ।
ପାଗଳ ଅଟନ୍ତି କିଛି ନ ଜାଣନ୍ତି ବଡ଼ ଅବିବେକ ଲୋକେ ।୪।
ଏକୁଳେ ସେକୁଳେ କାହିଁରେ ନୋହିଲେ ମଧରେ ଗଲେଣି ବୁଡ଼ି।
ଧନସମ୍ପଦ ଦାରାସୁତଙ୍କୁ ତେଜି ପଳାଉଅଛନ୍ତି ଛାଡ଼ି ।୫।
ଗାଧୋଇବା ଖାଇବା ଦି' କଥା ଜାଣନ୍ତି ଆଉ ନ ଜାଣନ୍ତି କିଛି।
ବେଦଶାହାସ୍ତ୍ର ବଚନ ନମାନନ୍ତି ପକାଉଅଛନ୍ତି ଲେଛି ।୬।
ଦେବୀ ଦେବତା କାହାକୁ ନମାନନ୍ତି ଆବର ଦାରୁ ପ୍ରତିମା।
ତୁଳସୀ ପତ୍ର ଖାଅ ବୋଲି ବୋଇଲେ ଆଣ ତା ଶିରେ ମୁତିବା ।୭।
ଗୀତାଭାଗବତ ପଢ଼ି ବୋଲୁଛନ୍ତି ତାପରେ ଥୁଅନ୍ତି ଗୋଡ଼।
ମହିମାଭଜା ଲୋକ ଏମନ୍ତ ଭାବ ଅଜ୍ଞାନ ପାମର ମୂଢ଼ ।୮।
ଏହା କହୁଛନ୍ତି ତିନିଭୁବନରେ କି ବୁଦ୍ଧି କରିବୁ ଆମ୍ଭେ।
ମହାପୁରୁଷ ଅଲେଖ ଶୂନ୍ୟବାସୀ ବିଚାରଣ କର ତୁମ୍ଭେ ।୯।

କେହି ନାହିଁ ସହୁଅଛନ୍ତି ଆମ୍ଭଙ୍କୁ କେମନ୍ତେ ବୁଦ୍ଧି କରିବୁଁ।
ଅନ୍ତର୍ଯ୍ୟାମୀ ପ୍ରଭୁ ଜାଣି ଦୟାକର ଯେଉଁ ପ୍ରକାରେ ରହିବୁ ।୧୦।
ସ୍ୱର୍ଗେ ମର୍ତ୍ତ୍ୟେ ପାତାଳେ ଠାବ ନାହିଁନା ଯହିଁ ଗଲେ କଲେ ନିନ୍ଦା।
ଅଲେଖ ଏକପାଦେ ପିଣ୍ଡପରାଣ ଯେଉଁଦିନୁ ହେଲା ବନ୍ଧା ।୧୧।
ନରଲୋକ ବୋଲୁଛନ୍ତି ଆମ୍ଭ କର୍ମ ଛାଡ଼ି ଅନ୍ୟ କର୍ମ କଲେ।
ପିତୃ ପିତାମହ ଯାଇ ନାହିଁ ଯହିଁ ସେ ମାର୍ଗରେ ଚଳିଲେ ।୧୨।
ଭୋଗ ପରସାଦ ନଖାଇଲେ ଯେବେ ସେ କାହିଁ ଆମ୍ଭର ସଙ୍ଗ।
ତାଙ୍କ ଆମ୍ଭ ପନ୍ଥା ଏକାନ୍ତ ନୋହିଲା ପୀରତି ତ ହେଲା ଭଙ୍ଗ ।୧୩।
ମହିମା ବୋଲିବା ବେଦଶାସ୍ତ୍ରେ ନାହିଁ କର୍ଣ୍ଣରେ ନଥିଲା ଶୁଣା।
ଏବେ ଏହି ଦୀକ୍ଷା କାହିଁରୁ ଅଇଲା ହେଉଅଛୁ ଆମ୍ଭେ ବଣା ।୧୪।
ମରିଯିବୁ ପଛେ ମହିମା ନ ଭଜୁଁ କେ ପାରେ ପ୍ରାତରୁ ଗାଧି।
ଦିବସେ ଖାଇ ଉଦେ ଅସ୍ତ ଦର୍ଶନ କେ ହେଇବ ଏତେ ସାଧି ।୧୫।
ସପତପୁରୁଷ ଯହିଁ ଯାଇଛନ୍ତି ସେହି ବାଟେ ଆମ୍ଭେ ଯିବୁ।
ଜାତିଗୋତ୍ର ବୁଡୁଅଛି ଏ ଧର୍ମରେ କିମ୍ପା ମହିମା ଭଜିବୁ ।୧୬।
ସୁରଲୋକେ ବୋଲୁଛନ୍ତି ଆମ୍ଭ ସ୍ଥାନ ଛଡ଼ାଇ ବସିବେ ମାଡ଼ି।
ତପସ୍ୟା ଦେଖି ଆମ୍ଭ ଦେହ ନସହେ ବିଘ୍ନକର ଯାନ୍ତୁ ଛଣଡ଼ି ।୧୭।
ତପୋବନ୍ତ ହେବେ ଇନ୍ଦ୍ରପଦ ନେବେ ପଶିବେ ସୁରଭୁବନେ।
ଅଇଶ୍ୱର୍ଯ୍ୟ ଭୋଗ ସମସ୍ତେ ଭୁଞ୍ଜିବେ ବସିବେ ଶୂନ୍ୟବିମାନେ ।୧୮।
ନିରନ୍ତରେ ସଙ୍ଗେ ସଙ୍ଗେ ଲାଗିଥାଅ ରଞ୍ଜୁଥାଅ ନଟକୂଟ।
ଅତି ଯତ୍ନକରି ମାୟାରେ ପକାଅ ବ୍ରହ୍ମଙ୍କୁ ନପାନ୍ତୁ ଭେଟ ।୧୯।
କୌଣସି ପ୍ରକାରେ ବୁଝାମଣା ହେଉ କରୁଅଛି ପ୍ରତିଆଶା।
କହେ ଭୀମଭୋଇ ଗୁରୁପାଦଧ୍ୟାୟି ପଡୁଛି ବହୁତ ଦଶା ।୨୦।

•

ଦ୍ୱିପଞ୍ଚାଶତ୍ ବୋଲି

କର୍ଣ୍ଣପଥେ ପଶି ବେନିନେତ୍ରେ ବସି କରାଉଅଛନ୍ତି ମୋହ।
ନିଷ୍କାମ ଧର୍ମପଥ ଆଶ୍ରେ କରନ୍ତି ବୋଲନ୍ତି ଛାଡ଼ିଣ ଦିଅ ।୧।
ଦେବଗଣମାନେ ପ୍ରାଣୀଙ୍କ ହୃଦରେ ପ୍ରକୃତି ସ୍ୱରୂପେ ବସି।
ଆତ୍ମାଲିଙ୍ଗରେ ଲିପିତ ହୋଇଛନ୍ତି କରାଉଅଛନ୍ତି ଦୋଷୀ ।୨।

ମନବୁଦ୍ଧି ବିଚାରରେ ଚେତାଘରେ ଦେଉଛନ୍ତି ସମୁଜାଇ।
ନାଗସର୍ପ ପରି ଉଠି ପ୍ରାଣୀମାନେ ଗର୍ବେ ପାରୁଛନ୍ତି କହି ।୩।
ଦେବକୂଟ ବୋଲି ଜାଣିବାକୁ ନାହିଁ ବୋଲନ୍ତି ଆମ୍ଭେ କରୁଛୁ।
ଏମାନେ ସର୍ବେ ବିଅର୍ଥକୁ ଗଲେଣି ଆମ୍ଭେ ଜାତିକୁଳେ ଅଛୁ ।୪।
ସୁରଗଣ କୂଟ ଲାଗିଅଛି ସଙ୍ଗେ ପଞ୍ଚମ ଗୁଣକୁ ଧରି।
ବିଅର୍ଥେ ଆୟୁଷ କ୍ଷୟ କରୁଛନ୍ତି ମହିମାକୁ ନିନ୍ଦା କରି ।୫।
ଦେବତାମାନେ ବୋଲୁଛନ୍ତି ଆମ୍ଭର ସଙ୍ଗଛାଡ଼ି କିମ୍ପାଗଲେ।
ଆମ୍ଭର କର୍ମଧର୍ମ ସବୁ ଛାଡ଼ିଲେ ବ୍ରହ୍ମଲୋକେ ସଙ୍ଗହେଲେ ।୬।
ଆମ୍ଭର ଭୋଗଉଚ୍ଛିଷ୍ଟ ନଖାଇଲେ ନକଲେ ଆମ୍ଭଙ୍କୁ ପୂଜା।
ଦେବତା ସେବ ଭକ୍ତି ସବୁ ଛାଡ଼ିଲେ ହେଲେ ବ୍ରହ୍ମର ତନୁଜା ।୭।
ଗୋରସ ତଣ୍ଡୁଳ ଭୁଞ୍ଜିବା ଆଧାର ପୂଜା କଲେ ଗୁରୁପାଦେ।
ତେଣୁ କରି ଆମ୍ଭ ଶିରୀଚ୍ୟୁତ ହେଲା ବିଘ୍ନକର ଅପ୍ରମାଦେ ।୮।
ଯେଉଁ ପୁଷ୍ପ ଆମ୍ଭ ଶିରରେ ଲାଗଇ ଗୁରୁପାଦେ କଲେ ଯୋଗ୍ୟ।
ରଙ୍ଗ ଶୁକଳ ଆବର ଯେତେ ପୁଷ୍ପ ଚରଣରେ କଲେ ଭୋଗ୍ୟ ।୯।
ତେଣୁ କରି ଦେବେ ସହି ନ ପାରିଲେ ବିଘ୍ନକଲେ ଘନଘନ।
ଜନ୍ତୁଙ୍କ ହୃଦେ ପ୍ରକୃତି ରୂପେ ପଶି ହରୁଛନ୍ତି ପ୍ରାଣୀମାନ ।୧୦।
ବିଷ୍ଣୁ ଲୋକେ ବୋଲୁଛନ୍ତି ଆମ୍ଭ ଭୋଗ ସବୁଯାକ କଲେ ମାରା।
ଆବର ଯେ ଚୁଆ ଚନ୍ଦନ କର୍ପୂର କଲେ ସପ୍ତାମୃତ ଧାରା ।୧୧।
ଦଧି ଦୁଗ୍ଧ ଗୁଡ଼ ମଧୁ ଆଦି କରି ଗନ୍ଧବାସ ଯେତେ ଥିଲା।
ଧୂପ ଦୀପ ଷଡ଼ ଅର୍ଘ୍ୟସଞ୍ଜାମାନ ତାହା ପୟରେ ଲାଗିଲା ।୧୨।
ଦେବାଙ୍ଗ ବାସ ସର୍ବେ ଭୂଷଣ କଲେ ହେଲେ ଦେବ ବିଷ୍ଣୁ ଦେହୀ।
ଯେତେଦିନୁ ଧର୍ମ ଉଦେ ହୋଇଲାଣି ସେଦିନୁ ନେଲେ ଛଡ଼ାଇ ।୧୩।
ଆବର ବୃକ୍ଷ ବଲ୍‌କଳ କୁମ୍ଭୀପଟ ଅବଧୂତ ବାନା କଲେ।
ଦେବୀଦେବତା କେହି ନ ମାନ ବୋଲି ଗୁରୁଦେବ ଆଜ୍ଞାଦେଲେ ।୧୪।
ଆମ୍ଭର ଅଙ୍ଗର ଭୂଷଣ ଯେତେକ ଭୃତ୍ୟ ଅଙ୍ଗରେ ମଣ୍ଡିଲେ।
ଦେବଲୋକ ବିଷ୍ଣୁଲୋକଙ୍କୁ ଯେ ଆଦି ସ୍ୱହସ୍ତେ ଗର୍ବ ଗଞ୍ଜିଲେ ।୧୫।
ନର ତନୁ ବହି ସେବା କରୁଛନ୍ତି ଅଲେଖ ବ୍ରହ୍ମର ଆଳେ।
ଦେବାଦେବୀ ସବୁ ଅପୂଜା ରହିବେ ଫଳିବ ଏ ତିନିକାଳେ ।୧୬।

ଏହା ବିଚାର କରି ଏ ତିନିକୁଳ କରୁଅଛନ୍ତି ଉଦ୍ଦଣ୍ଡ ।
ମନୁଷ୍ୟ ହୋଇ ବ୍ରହ୍ମସେବା ଖଟିଲେ ତପ ହେଉ ଖଣ୍ଡ ଖଣ୍ଡ ।୧୭।
ନର ହୋଇ ଦେବ ମାୟା କି ଜାଣିବେ କର ଭଲ କରି କୂଟ ।
ଆମ୍ଭର ପଣ ପାଟକ ଗଲା ବୋଲି ହେଉଛନ୍ତି ଛଟପଟ ।୧୮।
ଅଲେଖ ମହିମା ନାମକୁ ଭଜିଣ ସର୍ବ କର୍ମ କଲେ ନାଶ ।
ତିନିପୁରଯାକ କାହିଁ ନ ମିଳିବ ଦେବା ଦେବୀଙ୍କର ବାସ ।୧୯।
ନିରନ୍ତରେ ଧର୍ମେ ବିପତ୍ତି ପଡୁଛି ଲାଗିଅଛି ଦେବମାୟା ।
ଗୁରୁପାଦେ ଧ୍ୟାୟି ଭଣେ ଭୀମଭୋଇ ଶୂନ୍ୟବାସୀଙ୍କର ଦୟା ।୨୦।

•

ତ୍ରିପଞ୍ଚାଶତ୍ ବୋଲି

ବ୍ରହ୍ମାଗଣମାନେ ବିଘ୍ନ କରୁଛନ୍ତି ବେଦବାକ୍ୟ ନିନ୍ଦା କଲେ ।
ଅଲେଖ ଧର୍ମରେ ସବୁ କାଟଗଲା ବୋଲି ମୁଁକାର ବହିଲେ ।୧।
ଆମ୍ଭର ବଚନ ଉଠାଇ ଦେଇଣ ନିର୍ବେଦ କଲେ ସ୍ଥାପନ ।
ଚାରିଯୁଗେ ବେଦବାକ୍ୟର ଘଟଣା ତାହା କେ କରିବ ଆନ ।୨।
ବେଦ ଶାହାସ୍ତ୍ର ବାକ୍ୟକୁ ଛାଡ଼ିଦେଇ ଅକର୍ମେ କଲେ ଭଗତି ।
ବେଦବାକ୍ୟରେ ଯାହା କରଣି ଥିଲା ପାତାଳରେ ଦେଲେ ପୋତି ।୩।
ଏଣୁ କରି ଆମ୍ଭେ ଦେହ ସହୁନାହିଁ ନିନ୍ଦା କରୁଥାଅ ନିତି ।
ନିର୍ବେଦ ଧର୍ମ ଯେଉଁରୂପେ କଟିବ ତୁଟିବ ସେବା ଭଗତି ।୪।
ବ୍ରହ୍ମାଗଣ ବ୍ରହ୍ମାଣ୍ଡରେ ପୂରିଛନ୍ତି ବ୍ରାହ୍ମଣ ସ୍ୱରୂପ ହୋଇ ।
ବ୍ରହ୍ମ ଚଣ୍ଡାଳ ସମସ୍ତେ ହୋଇଗଲେ ଜନମନ ଗଲା ବହି ।୫।
ମନ୍ତ୍ର ଯନ୍ତ୍ର ତନ୍ତ୍ର ସୂତ୍ର ହୋମ ଯଜ୍ଞ ବେଦାନ୍ତ କରମ ଯେତେ ।
ଧର୍ମ ଉଦେ ହୋନ୍ତେ ସର୍ବ ନାଶଗଲେ ସିଦ୍ଧ ବଚନ ସହିତେ ।୬।
ଏଣୁକରି ତୁମେ ମହିମାଭାଜାଙ୍କୁ ସୁଖ ପାଅ ନାହିଁ କେହି ।
ଯହିଁ ଦେଖ ତହିଁ ମୁଖେ ନିନ୍ଦାକର ହୋନ୍ତୁ ବେଦବାକ୍ୟେ ଦ୍ରୋହୀ ।୭।
ଏହା ବୋଲୁଛନ୍ତି ବ୍ରହ୍ମାଗଣମାନେ କି ବୁଦ୍ଧି କରିବୁଁ ଆମ୍ଭେ ।
ଦିବସ ରଜନୀ ଭାଳେଣି ପଡ଼ିଛି ପ୍ରାଣ ରହୁ ନାହିଁ ଦମ୍ଭେ ।୮।

ରୁଦ୍ରଗଣମାନେ ବୋଲୁଛନ୍ତି ପ୍ରଭୁ କର ଏହାଙ୍କୁ କଟାଳ ।
ଚିତା ପଇତାମାନଙ୍କୁ ନିନ୍ଦା କଲେ ନାହିଁ ରଖିଲେ ମଙ୍ଗଳ ।୯।
ଜଟା ବିଭୂତି କର୍ଣ୍ଣତାଟ ମୁଦୁରା ଜପ ତପ ନିନ୍ଦା କଲେ ।
ରୁଦ୍ରକୂଳେ ବେଶ ଭୂଷଣାଦି ଯେତେ ହାସ୍ୟରେ ଉଡ଼ାଇ ଦେଲେ ।୧୦।
ଶିବଲିଙ୍ଗମାନ ଯେଉଁସ୍ଥାନେ ଛନ୍ତି ତାଙ୍କୁ ବୋଇଲେ ପଥର ।
ରୁଦ୍ର ଭଗତି ଅଳପ ଦୀକ୍ଷା ଅଟେ ବିଅର୍ଥେ ଭ୍ରମି ନ ମର ।୧୧।
ତେଣୁ ସେ ଏହାଙ୍କୁ ରୁଦ୍ର ବିଘ୍ନ ପଡୁ ନୁହନ୍ତି ବ୍ରହ୍ମେ ଭଗତି ।
ଅନେକ ମାୟା ମୋହରେ ଭ୍ରମି ହ୍ୱନ୍ତି ନ ମିଳୁ ଗତି ମୁକତି ।୧୨।
ରୁଦ୍ରଗଣମାନେ ଏମନ୍ତ ବିଚାରି କରୁଛନ୍ତି ବହୁ ମାୟା ।
ବିଷୟରେ ଆମ୍ଭେ ଭାସି ଯାଉଅଛୁ ନ ବୁଝିଲେ ଗୁରୁ ଏହା ।୧୩।
ନାଗଗଣମାନେ ବିଘ୍ନ କରୁଛନ୍ତି ଦନ୍ତଘାତରେ ବିଚାର ।
ପାତାଳ ବିମ୍ବରୁ ବାହାର ହୋଇଣ ପବନ ତୋଳି ପ୍ରଖର ।୧୪।
ନିଷ୍କାମ ଧର୍ମ ଲୋକଙ୍କୁ ଘାତକର ଘୋଟିବ ନାହିଁ କି ବିଷ ।
ବିଷ ନ କାଟିଲେ ତେବେ ସେ ଜାଣିବା ଅଲେଖ ବ୍ରହ୍ମର ଶିଷ୍ୟ ।୧୫।
ନାଗଲୋକମାନେ ଏମନ୍ତ ବିଚାରି ବହିଛନ୍ତି ମନେ ରୋଷ ।
ଦୟାକରି ଆମ୍ଭ ପିଣ୍ଡ ପ୍ରାଣ ରଖ ପ୍ରଭୁ ଅଲେଖ ପୁରୁଷ ।୧୬।
ଦିବସ ରଜନୀ ପଥ ଚାଲିବାକୁ ହେଉଛି ଚିତ୍ତରେ ଭୟ ।
ସର୍ବ ବିପତ୍ତିରୁ ବଞ୍ଚାଇଣ ରଖ ଅଣାକାର ବ୍ରହ୍ମମୟ ।୧୭।
ସହସ୍ରେକ ବାର ଚରଣେ ଶରଣ ତ୍ରାହି ତ୍ରାହି ରଖ ରଖ ।
ଗୁରୁପାଦ ସେବି ବିଅର୍ଥ ହେଉଛି ନିବାର ଭୃତ୍ୟଙ୍କ ଦୁଃଖ ।୧୮।
କଳିଯୁଗ ଆସି ବାକି ରହିଲାଣି ଡରୁଅଛି ପଞ୍ଚପ୍ରାଣ ।
ଶରଣପଞ୍ଜର ବାନା ବହିଅଛ ରଖ ଆରତ ଭଞ୍ଜନ ।୧୯।
ଅତି ଆତଙ୍କରେ ଜଣାଣ କରୁଛି କର୍ଣ୍ଣେ ଶୁଣୁଛ କି ନାହିଁ ।
ଗୁରୁପାଦ ଧାୟି ଭଣେ ଭୀମଭୋଇ ଛାମୁରେ କାକୁସ୍ଥ ହୋଇ ।୨୦।

•

ଚତୁଃପଞ୍ଚାଶତ୍ ବୋଲି

ନରଲୋକ ହୃଦେ ଯୋଗମାୟା ପଶି କରୁଛନ୍ତି ନାନା ଛନ୍ଦ ।
ଥରକୁ ଥର ବିପତ୍ତି ପଡୁଅଛି ସେବି ଥାଅ ପାଦବିନ୍ଦ ।୧।
ଦାନବଙ୍କ ହୃଦେ ଦେବଗଣ ପଶି ଲଗାଉଛନ୍ତି ଅରିଷ୍ଟି ।
ଏତେ ଦିନ ବହି ଗଲାଣି ସଂସାରେ ପାତକ ଧାରା ନ ତୁଟି ।୨।
ଆଚାରୀଙ୍କ ହୃଦେ ସୁରଗଣ ପଶି କରାଉଅଛନ୍ତି ଭ୍ରମ ।
କଳିଯୁଗ ଶେଷ ହୋଇଲାଣି ଆସି ନ ଜାଣି ମହିମା ଧର୍ମ ।୩।
ବ୍ରାହ୍ମଣଙ୍କ ହୃଦେ ବ୍ରହ୍ମଗଣ ପଶି କରୁଛନ୍ତି ଖଳବଳ ।
ବେଦପତି ବ୍ରହ୍ମାଭେଦ ନ ଜାଣଇ ଅଜ୍ଞାନ ମତ୍ତ ସକଳ ।୪।
ରାଜାଙ୍କର ହୃଦେ ବ୍ରହ୍ମାଗଣ ପଶି କରୁଅଛନ୍ତି ଅଜ୍ଞାନ ।
ବଡ଼ପଣ ପାଇ ମୂଢ଼ ହୋଇଲେଣି ନ ଗଣନ୍ତି ନ୍ୟାୟମାନ ।୫।
ବୈଷ୍ଣବ ହୃଦେ ରୁଦ୍ରଗଣ ପଶିଣ କରାଉଅଛନ୍ତି ମୋହ ।
ନିଷ୍କାମ ନାମ ବ୍ରହ୍ମନିନ୍ଦା କରିଣ ଅର୍ଜି ସାରିଲେଣି ଦ୍ରୋହ ।୬।
ନାଗଙ୍କର ହୃଦେ ଭୂତଗଣ ପଶି କରାଉଅଛନ୍ତି ରୋଷ ।
ଏହି ସପ୍ତକୁଳ ହୃଦୟ ପଦ୍ମରେ ପଶିଛି ପାପ ପୁରୁଷ ।୭।
ତ୍ରିପୁର ଅସତ୍ୟ ଅଜ୍ଞାନ ହେଲାଣି କାହାରି ନାହିଁନା ହେତୁ ।
ସନ୍ଥ ସାଗରକୁ ଅହନ୍ତା କରିଣ ହୋଇଲେଣି ସର୍ବେ ଶତ୍ରୁ ।୮।
ବସିଲା ଠାବରୁ ପାଦ ନ ଚଳିଲେ ଅଚିନ୍ତା ରହିବ ନାହିଁ ।
ଏତେଦିନ ବହିଗଲାଣି ସଂସାର ବୁଝାମଣା କଲ ନାହିଁ ।୯।
ଛପନା କୋଟିରେ ସକଳ ଶରୀରେ ଘୋଟିଲାଣି ପାପ ପଙ୍କ ।
କଳି ପୁରୁଷ ସମସ୍ତେ ମୂର୍ଖ ହେଲେ କି କହିବି ମୁଁ ଅଧିକ ।୧୦।
ଧର୍ମ ଉଦେ ଦିନୁ ବତାଇ କହିଲି ଗୁରୁନାମ ହୃଦେ ଘୋଷ ।
ଯେତେ ବତାଇଲେ ବିଶ୍ୱାସ ନ ଗଲେ ନାହିଁ ମୋର କିଛି ଦୋଷ ।୧୧।
ଦିନୁଦିନୁ ମହା ଅନର୍ଥ ହେଲାଣି ଥୟ ନ ରହୁଛି ଦେଖ ।
ବ୍ରହ୍ମ ନିନ୍ଦା କରି ମେଳଛ ହେଲେଣି ତିନି ଭୁବନର ଲୋକ ।୧୨।
ବ୍ରହ୍ମ ସେବା କରି ବ୍ରହ୍ମରୁ ଚଣ୍ଡାଳ ହୋଇଲେଣି ଆପ ସୁଖେ ।
ସତ୍ୟେ ଆଶ୍ରେ କରି ସୁକୃତକୁ ଧରି ନିନ୍ଦା କରୁଛନ୍ତି ମୁଖେ ।୧୩।

ମିଛଠାରୁ ବଡ଼ ପାତକ ନାହିଁ ନା ଦାନ ଧ୍ୟାନରେ ନ ପୋଡ଼େ ।
ଅତି ଅପ୍ରମ ଏ ଅସତ୍ୟ କହିଲେ କୁଳ ସନ୍ତାନହିଁ ବୁଡ଼େ ।୧୪।
ଦୁର୍ଲ୍ଲଭ ତନୁରେ ମିଥ୍ୟା କହିବାର ବହୁତ ଏ ଅସମ୍ଭବ ।
କଲା କର୍ମମାନ ଧନଦ୍ରବ୍ୟମାନ କେହୁ ବାଣ୍ଟି ଭୋଗ ନେବ ।୧୫।
ଅସତ୍ୟ ପାପକୁ ସମସ୍ତେ ଡରନ୍ତି ତିନିପୁରେ ନୁହେଁ ଥୋଇ ।
ଚଉଦିଗରେ ସିନ୍ଧୁ ପ୍ରାଏ ପୂରିଲେ ରସାତଳେ ପଡ଼େ ମହୀ ।୧୬।
ଯମଯାତନା ପଥକୁ ଯୋଗ୍ୟ ହୁଏ ଅନେକ ଯୋନିରେ ଜାତ ।
ଜୀବ ଥାଉଁ ମଲା ସମାନରେ ସରି ସୁକୃତ ହୁଅଇ ହତ ।୧୭।
ସଂସାର ସାଗରେ ଜନମ ଲଭିଲେ ଗୁରୁପାଦେ ସେବା ଭଲ ।
ରଜବୀର୍ଯ୍ୟ ପିଣ୍ଡ କେତେକ ମାତର ନ ରହଇ ଚିରକାଳ ।୧୮।
ମନୁଷ୍ୟ ଶରୀର ପାଇକରି ଜୀବ ସତ୍ୟ ଉଚ୍ଚାରିବା ଚାହିଁ ।
ସତ୍ୟଟି ସନ୍ଥ ସାଗର ସାଧୁ ଅଟେ ବେଦଶାସ୍ତ୍ରେ ଛନ୍ତି କହି ।୧୯।
କଳିଯୁଗୁଁ ମୁଁ କେମନ୍ତ ପାରହେବି ମାଡୁଛି ମନରେ ଭୟ ।
ଭଣେ ଭୀମ ଭୋଇ ଗୁରୁପାଦ ଧ୍ୟାୟି ଅଚିନ୍ତା ଠାବରେ ଥୁଅ ।୨୦।

•

ପଞ୍ଚପଞ୍ଚାଶତ୍ ବୋଲି

ନିରନ୍ତରେ ହୃଦେ ଦକା ମାଡୁଅଛି ଥୟ ନାହିଁ ପଞ୍ଚଭୂତ ।
ବୁଦ୍ଧି ବିଚାର ମୋ ହଜି ଯାଉଅଛି କେମନ୍ତେ କରିବି ଚ୍ୟୁତ ।୧।
ପୁରେ ପୁରେ କଳି ଘରେ ଘରେ କଳି ଘଟେ ଘଟେ କଳା ବାସ ।
ତିନି ଭୁବନରେ ଯେତେ ଲୋକ ଛନ୍ତି ନାହାନ୍ତି ଆତ୍ମବିଶ୍ୱାସ ।୨।
ରୋମେ ଚର୍ମେ କଳି ଘୋଟି ରହିଅଛି ନାସା ନେତ୍ର କର୍ଣ୍ଣ ପଥେ ।
ପ୍ରାଣୀଙ୍କ ସଙ୍ଗତେ ହତ ହୋଇବାକୁ ବୁଦ୍ଧି ପାଉ ନାହିଁ ମୋତେ ।୩।
ଅନ୍ତ ପିତ୍ତ କଳି ବଞ୍ଚି ରହିଅଛି ମଳମୂତ୍ର ଦ୍ୱାରେ ପୂରି ।
ଜିହ୍ୱା ଅଗ୍ରରୁ ସତ୍ୟ ଉଠି ଗଲାଣି ନବମ ଦ୍ୱାରକୁ ଧରି ।୪।
ନବ ଦ୍ୱାରଯାକ ଦ୍ୱାରେ ସତ୍ୟ ନାହିଁ କେମନ୍ତେ ରହିବ କାଏ ।
ଚିଆଁ ଚଇତନ୍ୟ ହେତୁ ହଜିଗଲା ମରଣକୁ ନାହିଁ ଭୟେ ।୫।

କି ଅବା ସ୍ତିରୀ ସେ କି ଅବା ପୁରୁଷ ସର୍ବଜନ ଏକାକାର ।
ପାତକ ପୁଣ୍ୟେ ଆପଣା ମହତ୍ତ୍ୱକୁ କାହାରି ନାହିଁ ବିଚାର ।୬।
ଯତି ସତୀ କେହି ନାହାନ୍ତି ତ୍ରିପୁରେ ସର୍ବେ ବିଟପୀ ବିଟପ ।
ଧର୍ମ ଚିନ୍ତା ପ୍ରାଣୀ କାହିଁ ମୁଁ ରହିବି ସବୁ ଘୋଟିଲାଣି ପାପ ।୭।
କଳି ପୁରୁଷର ଲୋକ ସର୍ବ ସ୍ଥାନେ ନାହିଁଟି ସତ୍ୟର ଲୋକ ।
ଧର୍ମ ଧାରଣେ କାହାର ଶ୍ରୋତା ନାହିଁ ସର୍ବ ଜନ ଅବିବେକ ।୮।
ପାତକ ପୁଣ୍ୟକୁ ଜଳ ପ୍ରାୟ କରି ପିଇକରି ହେଲେ ପାର ।
ମୂଢ଼ ପଣରେ ସାହସ କରିଛନ୍ତି କେମନ୍ତେ ହେବେ ଉଦ୍ଧାର ।୯।
ବିନା କର୍ମରେ ଶାନ୍ତି ଲଭି ଅଛନ୍ତି କେମନ୍ତେ ସରିବ ଦିନ ।
ଏଡ଼େ ଅଜ୍ଞାନୀ ମୂର୍ଖ ହୋଇଣ ପ୍ରାଣୀ ପଶିଛନ୍ତି ମାୟାବନ ।୧୦।
ଘୋରବନେ ପଶି ସୁଖ ମଣିଛନ୍ତି ଦୁଃଖକୁ ନାହିଁ ନା ହେଜ ।
ଆପଣା କଲା ଅକର୍ମ ଯେତେ କଥା ଶିରକୁ ହୋଇଛି ବୋଝ ।୧୧।
କୁହୁଡ଼ିକୁ ଦେଖି ଝାସି ପଡୁଛନ୍ତି ସତ୍ୟ ପ୍ରାୟ ମଣି ଚିତ୍ତେ ।
ଦେଖିଲା ବେଳକୁ ତୁଚ୍ଛାହିଁ ପସରା ମୃତ୍ୟୁ ଘୋଟେ ଅଦଭୂତେ ।୧୨।
ବଚନ ଭାଷିଲା ଜୀବମାନ ହୋଇ ପଶୁଙ୍କ ପରାଏ ବୁଦ୍ଧି ।
ଏ ଭବସାଗରେ ପଥଶ୍ରମ ହୋଇ ନିତ୍ୟେ ହେଉଛନ୍ତି ସାଧି ।୧୩।
ଏ ମାୟା ରଞ୍ଜନା ପ୍ରକୃତି ପାଞ୍ଜନା ଜାଣିକରି ନଜାଣିଲେ ।
ଦୁର୍ଲ୍ଲଭ ସୁନ୍ଦର ତନୁମାନ ଲଭି ପଶୁରେ ଗଣନା କଲେ ।୧୪।
ସାର ଅସାର ସମାନରେ ରହିଛି ବାଛିଲେ ସିନା ହୋଇବ ।
ମନୁଷ୍ୟ ହେଲା ମାତ୍ରକେ କିସ ହେଲା ପୁଣ୍ୟ କଲେ ସିନା ହେବ ।୧୫।
ପୁଣ୍ୟ ବୋଲିକରି ଯାହାକୁ ବୋଲନ୍ତି ଗୁରୁପାଦ ସେବା ମୂଳ ।
ଗୁରୁ ସେବା ବିନୁ ଆଉ ପୁଣ୍ୟମାନ ନୁହନ୍ତି ସେ ସମତୁଲ ।୧୬।
ଆଉ ଧର୍ମମାନ ଅଳପକେ ହୁଏ ଗୁରୁଧର୍ମେ ନୁହେଁ କରି ।
ବଡ଼ିମା ପଣରେ ବଡ଼ ବଡ଼ ହୋଇ ଅନେକ ଗଲେଣି ସରି ।୧୭।
ସୁଜ୍ଞ ସାଧୁଜନ ଗୁରୁ ସେବା କର ଅନ୍ୟରେ ନାହିଁ ନା ଫଳ ।
ଦୂରିତ ନାଶିବ ଆୟୁଷ ବଢ଼ିବ ବଞ୍ଚିଥିବ କିଛି କାଳ ।୧୮।
ମୁହିଁ ଗୁରୁସେବା କରି ନ ପାରିଲି ତୁମ୍ଭେ ହେଲେ ସେବା କର ।
ତୁମ୍ଭସେବାଦେଖି ପାପନେତ୍ର ମୋର ହୋଇବ ହେଲେ ଉଦ୍ଧାର ।୧୯।

ଦିବସ ରଜନୀ ପଶିଅଛି ମୁହିଁ ଛନ୍ଦ ନଟକୂଟବାଦେ।
ଗୁରୁପାଦ ଧ୍ୟାୟି ଭଣେ ଭୀମଭୋଇ ଏକାଦଶଶତ ପଦେ ।୨୦।

•

ଷଟ୍‌ପଞ୍ଚାଶତ୍ ବୋଲି

ମାୟା ଅନ୍ଧକାର ତିମିର ଭିତରେ ପଡ଼ିଅଛି ଭବ କୂପେ।
କି ପ୍ରକାରେ ମୋତେ ଉଦ୍ଧାର କରିବ ବୋଲି ଜଣାଉଛି ଦୁଃଖେ ।୧।
ଭୃତ୍ୟର ଗୁହାରି ନ ଶୁଣ କିମ୍ପାଇଁ ଚିନ୍ତାଜନ ଚିନ୍ତାମଣି।
ଦେଖୁଦେଖୁ ମୋତେ ଭସାଇ ନେଉଛି ମାୟା ସାଗର ତ୍ରିବେଣୀ ।୨।
ଗୁରୁତ ସକଳ ଅନ୍ତରଯାମିନୀ ଆତଙ୍କ ଫେଡ଼ନ ବାନା।
ଆରତ ତାରଣ ନାଥ ବୋଲିକରି ହୃଦେ କରୁଛି ଭାବନା ।୩।
ଦୁଃଖୀଜନ ବନ୍ଧୁ ଦୁଃଖୀର ସଙ୍ଖାଳି ଅରକ୍ଷଙ୍କ ଗଣ୍ଠିଧନ।
ଖାଇଲେ ବହିଲେ ନ ସରଇ ପରା ଦରିଦ୍ର ଜୀବଜୀବନ ।୪।
ତୁମ୍ଭ ନାମ ପରା ଅଲେଖ ମହିମା ଉଦେ ପର ଯୁଗ ଶେଷେ।
ଅକାଳ ମରଣ ଅଦ୍ଭୁତ ବିପତ୍ତି ଆସି ରହିଲାଣି ପାଶେ ।୫।
ଯୁଗ ଶେଷ ମଧ୍ୟେ କାହିଁ ମୁଁ ରହିବି ଦିଅ ମୋତେ ସଦ୍‌ବୁଦ୍ଧି।
ଯହିଁ ଅନାଇଲେ ତହିଁ ପୂରିଅଛି ପାପସାଗର ବାରିଧି ।୬।
ନିଜ ନାମେ ପରା ପାତକ ପୋଡ଼ଇ ଅନ୍ୟ ନାମେ ନୁହେଁ କିଛି।
ଜନମ ଲଭିଲେ ପାତକ ଲାଗଇ ତେଣୁ ଭୟ କରୁଅଛି ।୭।
ଏଡ଼େ ବଡ଼ ଗୁରୁ ଥାଇ ନବଖଣ୍ଡେ ମୋ ଜନମ ବୃଥା ହେଲା।
ଯେବଣ ମାୟାକୁ ଡରୁଥିଲି ମନେ ସେ ମାୟାରେ ଦିନ ଗଲା ।୮।
ଯହିଁ ପଡ଼ିଥିଲେ ଉଦ୍ଧରିବ ମୋତେ ନିର୍ଦ୍ଦୟା କରିବ ନାହିଁ।
ଭକ୍ତ ଉଦ୍ଧାରଣ ବାନା ବହିଅଛି ଆସିଅଛ ପରା ଧାଇଁ ।୯।
ଘୋର କଳିଯୁଗେ ଛପନା କୋଟିକ ତାରିନେବ ପରା ନାମେ।
ଦୟା ବହି ପାପ ପଙ୍କରୁ ଛଡ଼ାଇ ରଖିବ ପରା ନିଷ୍କାମେ ।୧୦।
ମୋତେ ସେହି ରୂପେ ଜାଳି ପୋଡ଼ି ଏବେ ଧୋଇ ନିର୍ମଳ କରିବ।
ଅନନ୍ତ ପୁରୁଷ ଅନ୍ତର୍ଗତେ ଦୟା ଏ ଜୀବକୁ ରଖିଥିବ ।୧୧।
ପଞ୍ଚଭୂତେ ମୋତେ କାତର ଲାଗୁଛି ଅମୋକ୍ଷ ହୋଇବି ବୋଲି।
ଏଡ଼େ ବଡ଼ ଗୁରୁ ଆଶ୍ରୟ କରିଛି ବିଅର୍ଥ ହୋଇଣ ମଲି ।୧୨।

ଏହା ବିଚାର କରୁଅଛି ହୃଦୟେ ଦିବସ ରଜନୀ ବସି ।
ପାରୁ ନ ପାରୁ ଗୁରୁଦେବ ନାମକୁ ମନେ ମନେ ମୋର ଘୋଷି ।୧୩।
ଏହା ପରା ଜନ୍ମ ନ ମିଳିବ ଆଉ ଏହି ସଂସାର ସାଗରେ ।
ଏଣୁକରି ମୁହିଁ ଚିନ୍ତା କରୁଅଛି ନପାଇବି ଆଉ ଥରେ ।୧୪।
କେତେ ଜୀବ ଏହିପରି ଯାଉଛନ୍ତି ଇନ୍ଦ୍ର ଚନ୍ଦ୍ର ସମୁତୁଲେ ।
ଅଳପ କଥାରେ ହତ ହେଉଛନ୍ତି ମାୟା ନଟକୂଟ ଭୋଳେ ।୧୫।
ଜୀବ ପ୍ରତିଦିନ ଅଜ୍ଞାନ ଅଟଇ ନୁହେଁ କେବେ ସଦଜ୍ଞାନ ।
ଗୁରୁ ପୟରେ ପିଣ୍ଡ ହିଁ ସମର୍ପଣ ଅନ୍ୟ ଆଡ଼େ ଥାଇ ମନ ।୧୬।
ତେଣୁ କରି ଜୀବ ଦୋଚାରୀ ଅଟଇ ନୁହଇ ସତ୍ୟ ଶକତି ।
ଲୋଭ ମୋହ କାମ କ୍ରୋଧରେ ପଡ଼ିଛି ଦିବସ ରଜନୀ ମାତି ।୧୭।
ମାୟା ବିଷୟାଟି ମଦ ହୋଇଅଛି ପିଇଲେ ନ ଜାଣେ କିଛି ।
ପରମ ପତିକି ଥୟରେ ନ ଥୋଇ ଅଜ୍ଞାନ ପଣରେ ଅଛି ।୧୮।
ସାଧୁ ସୁଜ୍ଞଜନ ଜୀବ ପରମକୁ ଏକଠାବେ କର ସଙ୍ଗ ।
ନିଜ ହେତୁ ପାଇ ଅମର ହୋଇବ ଟଳି ନପଡ଼ିବ ଅଙ୍ଗ ।୧୯।
ମୁହିଁ ସେହି ପଥ ନିତ୍ୟେ ଲୋଡୁଅଛି ପାଇଯିବି ଅବା ଥୟ ।
କହେ ଭୀମ ଭୋଇ ଗୁରୁପାଦ ଧ୍ୟାୟି ଛାଡ଼ିବ ସଂଶୟ ଭୟ ।୨୦।

•

ସପ୍ତପଞ୍ଚାଶତ୍ ବୋଲି

ସୁଜନ ପଣ୍ଡିତ ସାଧୁ ସେବାକର ଅନ୍ୟରେ ନାହିଁ ନା ଗତି ।
ଗୁରୁ ନ ସେବିଲେ ଉଦ୍ଧାରଣ ନୁହେ ଆଉ ଯେତେ ଫଳଶ୍ରୁତି ।୧।
ଜପତପ ଦାନ ଧ୍ୟାନ ତୀର୍ଥ ବ୍ରତ ଏ ଅଟେ ସମୂହ ପୁଣ୍ୟେ ।
ବୃକ୍ଷ କୀରତି ବାମ୍ପୀ ଦେଉଳ ଧର୍ମ ଏମାନ ନୁହେଁ ସମାନ ।୨।
ଜଗତୀ ଅଟାଳି ମେଢ଼ମଣ୍ଡପରେ ଲଭିବୁ ବୋଲି ମୁକତି ।
ଦାରୁ ପ୍ରତିମା ସ୍ଥାପନ ମୂର୍ତ୍ତି ଯେତେ ଏ ନୁହଇ ସଦ୍‌ଗତି ।୩।
ଯଶ ପଉରୁଷ କର୍ମ ସିନା ଏହା ଅଳପ ନାମ ଶକତି ।
ଏମାନେ ବହୁତ ଦିନ ନରହନ୍ତି କିଛିଦିନେ ହୁଏ ପୋତି ।୪।
ଗୁରୁସେବା ଧର୍ମ ଚାରିଯୁଗେ ରହେ କ୍ଷୟବୃଦ୍ଧି କେବେ ନୁହେ ।
ସେବା ମଧ୍ୟରେ ପ୍ରଧାନ ଅଟେ ସେହୁ ଶତେ ପୁରୁଷର ଯାଏ ।୫।

ଗୁରୁସେବା ଫଳ ଶତେକ ପୁରୁଷ ଖାଇ ବୋହିଲେ ନସରେ ।
ଗୁରୁ ଭଗତିରେ ଅପାର ମହିମା ଅଶେଷ ଦୂରିତ ହରେ ।୬।
ଗୁରୁସେବା ଫଳ ରୋଗବ୍ୟାଧି ନାହିଁ ଆଉ ଫଳେ ଅଛି ରୋଗ ।
ନିଷ୍କାମଫଳ ସେ ସତ୍ୟଫଳ ଫଳେ ନିଶ୍ଚିନ୍ତେ ହୁଅଇ ଭୋଗ ।୭।
ଗୁରୁସେବାରେ ଦାରାସମ୍ପଦ ମିଳେ ଆବର ପୁତ୍ରପଉତ୍ରୀ ।
ଅନ୍ନବସ୍ତ୍ର ଗୋପଲକ୍ଷ୍ମୀ ପରାପତ ବର୍ଦ୍ଧିତ ହୁଏ ସମ୍ପତ୍ତି ।୮।
ଗୁରୁସେବା କଲା ଲୋକ ହିଁ ସଭାରେ ପାନ୍ତି ଧନ୍ୟ ଧନ୍ୟ ପଦ ।
ଦେବମାନବ ସଭା ରାଜସଭାରେ ନଥାଇ ସଂଶୟ ଭେଦ ।୯।
ଗୁରୁସେବା କଲେ ଆୟୁଷ ବଢ଼ଇ ଦିଶଇ ବହୁତ ବୁଦ୍ଧି ।
ଗୀତା ଅର୍ଥ ଜ୍ଞାନ ସମ୍ପଦମାନ ଯେ ସାଧଇ ସକଳ ସିଦ୍ଧି ।୧୦।
ଗୁରୁ ସେବାକଲେ ପଣ୍ଡିତ ହୁଅଇ ସକଳଠାରେ ବକତା ।
ହୃଦୟ ପଦ୍ମରେ ଆଗକୁପଛକୁ ନଥାଇ ସଂଶୟ ଚିନ୍ତା ।୧୧।
ଗୁରୁ ସେବାକଲା ପ୍ରାଣୀଙ୍କ ଅଙ୍ଗରେ ବିଷ୍ଣୁରୂପ ପରକାଶ ।
ଅଗ୍ନିକାନ୍ତି ପ୍ରାୟ ଦିଶୁଥାଇ କାୟ ଅନ୍ତେ ବଇକୁଣ୍ଠେ ବାସ ।୧୨।
ଗୁରୁସେବା ଲୋକ ନିର୍ମଳ ମରଣ ନଯାନ୍ତି ଯମର କତି ।
କାଳଗଣ ତାକୁ ପ୍ରାଣରେ ଡରନ୍ତି ନଦେଇ ପାରନ୍ତି ଶାସ୍ତି ।୧୩।
ସାଧୁ ସୁଜ୍ଞଜନ ଗୁରୁ ସେବାକର ପଥଶ୍ରମ ନୁହଁ ଚିତ୍ତେ ।
କରପତ୍ର ଯୋଡ଼ି ବିନୟୀ ହେଉଛି ବୁଝାଇ କହୁଚି ଏତେ ।୧୪।
ମୋର ବିଚାରକୁ ଯାହା ଦିଶୁଅଛି ଗୁରୁସେବା ଧର୍ମ ସାର ।
କିଛିହିଁ ନକଲେ ଗୁରୁସେବା ଧର୍ମ ପାରୁଅଛ ଯେବେ କର ।୧୫।
ଆଉ କର୍ମମାନ ବହୁତ ଅଛୁଆ ଗୁରୁଭଗତି ଉଶ୍ୱାସ ।
ବୁଝି ଯେବେ ପାର ମେରୁଗିରି ପ୍ରାୟେ କୋଟିଏ ନାଗର ବିଷ ।୧୬।
ନଚିହ୍ନି ସେବିଲେ ଦ୍ରୋହ ଘଟୁଅଛି ଅପରାଧ ହେବା କଥା ।
ପଚିଶ ପ୍ରକୃତିର କିସ ଯାଉଛି ଆତ୍ମାକୁ ମିଳୁଛି ବ୍ୟଥା ।୧୭।
ଆତ୍ମାଲିଙ୍ଗଠାରେ ପଚିଶପ୍ରକୃତି ଖଟିଥାନ୍ତି ନିତିନିତି ।
ନିୟତ ବେଳକୁ ସର୍ବେ ଛାଡ଼ିଯାନ୍ତି ଜୀବ ପାଉଥାଇ ଶାସ୍ତି ।୧୮।
ପିଣ୍ଡବ୍ରହ୍ମାଣ୍ଡରେ ହାନିଲାଭଠାରେ କେହି ନୁହନ୍ତି କାହାର ।
ଘଟ ଗଲାବେଳେ ସମସ୍ତେ ଅନ୍ତର ହୋଇଯାଆନ୍ତି ବାହାର ।୧୯।

ତିନିପୁର ମଧ୍ୟେ ଯାହା ମୁଁ ଦେଖିଲି ସକଳ ଅଟଇ ମିଥ୍ୟା ।
ଗୁରୁ ପାଦଧ୍ୟାୟି ଭଣେ ଭୀମ ଭୋଇ ଗୁରୁଭକ୍ତି ଏକ ସଚ୍ଚା ।୨୦।

•

ଅଷ୍ଟପଞ୍ଚାଶତ୍ ବୋଲି

ଦିନୁଦିନୁ କାଳ ଘୋଟି ଆସିଲାଣି ପିଣ୍ଡବ୍ରହ୍ମାଣ୍ଡ ଆବୋରି ।
ପୃଥ୍ୱୀ ନବଖଣ୍ଡ ଅଶେଷବ୍ରହ୍ମାଣ୍ଡ ଛପନକୋଟିକି ଧରି ।୧।
କୌଣସି ଠାବରେ ସତ୍ୟଧର୍ମ ନାହିଁ ଆକାଶେ ଗଲେଣି ଉଠି ।
ଧର୍ମହୀନ ହୋଇଲାଣି ଏ ସଂସାର ଜାତ ହେଲାଣି ଅରିଷ୍ଟି ।୨।
ଠାବଠାବରେ ଅନର୍ଥ ହୋଇଲାଣି ଜୀବଠାରେ ଜୀବହିଂସା ।
ଷୋଳବିଶ୍ୱାସରୁ ଅଧିକ ବଢ଼ିଲାଣି ହେଲାଣି ସତରବିଶ୍ୱା ।୩।
ଘରେଘରେ ଦ୍ୱନ୍ଦ୍ୱ ଜଣେ ଜଣେ ମନ୍ଦ ପୀଡ଼ିତ ଅଜ୍ଞାନ ଲତା ।
ଅଦଭୂତ ଯେ ଅକାଳ ଚଡ଼କକୁ ମଣୁଛି ଆଶ୍ଚର୍ଯ୍ୟ କଥା ।୪।
ଆଚମ୍ବିତ ଲାଗୁଅଛି ମୋ ମନକୁ ଭୂତଭବିଷ୍ୟତ ଜାଣି ।
ସଂସାରେ ଥାଇ କେବଣ ଦୋଷ କଲି ଧର୍ମାଦି ଆଶ୍ରିତ ପ୍ରାଣୀ ।୫।
ସତ୍ୟଧର୍ମ ବିନୁ କିଛି ନଜାଣଇ ପାପପୁଣ୍ୟ ଭଲମନ୍ଦ ।
ବସି ଦିବାନିଶି ଘୋଷି ଅହର୍ନିଶି ଶ୍ରୀଗୁରୁ ଚରଣାବିନ୍ଦ ।୬।
ଗୁରୁପାଦ ବିନୁ ନଦିଶଇ ମୋତେ ବଡ଼ହୋଇ ଯେତେ ଦ୍ରବ୍ୟ ।
ମୁହିଁ ବିଚାରୁଛି ମୋହର ମନରେ ଗୁରୁ ପାଦପଦ୍ମ ସର୍ବ ।୭।
ଶରଣ ସମ୍ଭାଳି ରଖ ମହାବାହୁ ଅନ୍ୟରେ ମୋ ରକ୍ଷା ନାହିଁ ।
କାହିଁରେ ନଲାଗି ନିକଳଙ୍କେ ଥିବି ଏହା ମାଗୁଅଛି ମୁହିଁ ।୮।
ଦନ୍ତକୁ କାମୁଡ଼ି କେତେ ମୁଁ ସହିବି ଏ କଳି ଯୁଗର ଦଶା ।
କେତେ ଦିବସେ ସତ୍ୟଯୁଗ ହୋଇବ ମନେ କରି ପ୍ରତିଆଶା ।୯।
ନରଦେହ ବହ ଏ ମାୟ ସଂସାରେ କେ ସମ୍ଭାଳିବ ପ୍ରକୃତି ।
ବାହ୍ୟକୁ ନଫୁଟି ମନର ଭିତରେ ଘୃଣା କରୁଅଛି ନିତି ।୧୦।
ଗୁରୁଙ୍କର ହାନିଲାଭ ଗୁରୁ ପାନ୍ତୁ ମୋହର ନାହିଁ ଭରସା ।
ଏତିକି ମାଗୁଣି ଅନ୍ୟ ନମାଗଇ ଚରଣରେ ଥାଉ ଆଶା ।୧୧।
ଗୁରୁଙ୍କର ସିନା ଏ ପିଣ୍ଡ ବ୍ରହ୍ମାଣ୍ଡ ଆପଣ ଆପେ ବୁଝିବ ।
ଏତିକିମାତ୍ରକ ଜଣାଉଛି ମୁହିଁ ଜୀବକୁ ସୁଦୟା ଥିବ ।୧୨।

ମାୟା ଦଣ୍ଡେ ମୋତେ କିମ୍ପା ପକାଇଲ ରକ୍ଷାକର ପ୍ରଭୁ ତୁହି ।
ମୋହ ବୁଝିବାକୁ ଶକତି ନୁହଇ ନପାରଇ ଆଜ୍ଞାଦେଇ ।୧୩।
ଆଜ୍ଞାପଦ ଯେହୁ ଗୁରୁଙ୍କର ସିନା ବ୍ରହ୍ମ ଶକତିରୁ ଜାତ ।
ମୋତେ ବୋଲୁଛ ଏ ବ୍ରହ୍ମାଣ୍ଡ ବୁଝିବୁ ମୋର କେବଣ ଶକତ ।୧୪।
ଧ୍ୟାନ ଯୋଗବଳେ ଗୁରୁଙ୍କ ରୂପକୁ ବନ୍ଦନା କରି ନଜାଣେ ।
ଦର୍ଶନ ବେଳରେ କିସ ମୁଁ ବୋଲଇ ଗୋଚର ନଥାଇ ମନେ ।୧୫।
ଅକଳ୍ପଣା ଗୁରୁ ଆଶ୍ରୟ କରି ମୁଁ ହେଉଛି ହୃଦୟେ ଶଙ୍କା ।
ପାପପୁଣ୍ୟ ବେନିମତ ପଚାରନ୍ତେ ମନରେ ପଶୁଛି ଦକା ।୧୬।
ଥରହର ହେଉଅଛି ପିଣ୍ଡପ୍ରାଣ କ୍ଷଣେ ନ ରହୁଛି ଦମ୍ଭେ ।
ଅଲେଖପ୍ରଭୁ ଅଣାକାର ଠାକୁର ଥାଇ ଧର୍ମନାବ ମଙ୍ଗେ ।୧୭।
ସଂସାରସାଗରୁ କିରୂପେ ତରିବି ନଦିଶଇ ବୁଦ୍ଧି ବାଟ ।
ନଟକୁଟିଆ ବନ୍ଧନରେ ପଡ଼ିଛି ହେଉଅଛି ଛଟପଟ ।୧୮।
ତ୍ରାହିତ୍ରାହି ବୋଲି ଆତଙ୍କେ ଡାକୁଛି ବୁଡି ଭବସିନ୍ଧୁ ଜଳେ ।
ସୁସ୍ୱାଦୁ ଲୋଭରେ ବନ୍ଦୀ ପଡ଼ିଅଚି ପଚିଶପ୍ରକୃତି ଫଳେ ।୧୯।
କାହିଁ ମୁଁ ଆସିଲି ବିଅର୍ଥେ ଭାସିଲି ରକ୍ଷାକର ପ୍ରାଣପିଣ୍ଡ ।
କହେ ଭୀମଭୋଇ ଗୁରୁ ପାଦଧ୍ୟାୟି କଚାଡ଼ି ହେଉଛି ମୁଣ୍ଡ ।୨୦।

•

ଊନଷଷ୍ଠୀ ବୋଲି

ଅରୂପ ବ୍ରହ୍ମକୁ ଗୁରୁ କର ମୁହିଁ ଆକାରଣେ ମରିଗଲି ।
ମୋ କଳ୍ପିଲା ବୁଦ୍ଧି ମୋତେ କାଳହେଲା ଜୀବ ଥାଉ ମଲି ।୧।
ପୂର୍ବ ସୁକୃତରୁ କିମ୍ପା ମୁଁ ମାଗିଲି ମାୟାଘର ଫଳଶ୍ରୁତି ।
ଜଞ୍ଜାଳଜାଲକୁ ଜଣାନାହିଁ ମୋତେ ଭୁଞ୍ଜିଲି ଏମନ୍ତ ରୀତି ।୨।
ମୁହିଁ ସିନା ନଜାଣିଲି ମହାପ୍ରଭୁ ତୁମ୍ଭେ ତ ସକଳ ଜାଣ ।
ଗୃହଫଳ ଭୋଗ ନମାଗ ତୁ ବୋଲି ମୋଡ଼ିଥାନ୍ତ ମୋରକାନ ।୩।
ନେତ୍ରେ ଦେଖି ଯେବେ ଭୋଳରେ ପଡ଼ିଲି ଅଜ୍ଞାନ ପଣରେ ମାତି ।
ରୂପଗୁଣ କାହିଁ କିଛି ନ ଦେଖନ୍ତି ନେତ୍ର ଯାଇଥାନ୍ତା ଫୁଟି ।୪।
ଏବେ ମୁଁ ପଡ଼ିଲି ବିଷୟାଫାନ୍ଦରେ ଭୟ ମାଡୁଅଛି ମୋତେ ।
ଅନ୍ଧପ୍ରାୟ ମୁହିଁ ଭ୍ରମି ମରୁଅଛି ଆତଙ୍କେ ଡାକୁଛି ତୋତେ ।୫।

ତୁ ଯେବେ ମୋର ଇଷ୍ଟଦେବତା ହେବୁ ଗୁହାରି ଶୁଣିବୁ କର୍ଣ୍ଣେ ।
ଯହିଁ ପାଇଁ ତୋତେ ଅନୁସରି ଅଛି ପଶି ଘୋର ମାୟାବନେ ।୬।
ଘୋର ଅରଣ୍ୟରେ ଉଚ୍ଚେ ମୁଁ ଡାକୁଛି କେ ଶୁଣୁଅଛି ଗୁହାରି ।
ଦେହଧାରୀ ହୋଇ ବୈକୁଣ୍ଠଭୁବନେ ଆସି ମୁଁ ଅଛି ବାହାରି ।୭।
ତୁମ୍ଭେତ ମୋତେ ବୋଇଲ ଯାଅ ଯାଅ ମୁହିଁ ଥିବି ତୋହ ସଙ୍ଗେ ।
ଗୁରୁ ଥାଉଁଥାଉଁ ଅକାଳ ବିପତ୍ତି କାହିଁକି ପଡୁଛି ଅଙ୍ଗେ ।୮।
ଏକପାଦ ବ୍ରହ୍ମଚରଣ ତଳକୁ ଅନୁବ୍ରତେ କରି ଆଶା ।
ଏଡ଼େ ପ୍ରଭୁ ଥାଉ ଅସାହସ ହୋଇ ଭାଙ୍ଗି ଯାଉଛି ଭରସା ।୯।
ଗୁରୁଙ୍କ କୃପାରୁ ସଂସାରସାଗରେ ଗରବିତା ପଣ ମୋର ।
ତୁମ୍ଭଙ୍କୁ ମୁହିଁ ଆଦ୍ୟରୁ କହିଅଛି ହାନିଲାଭ ଯେତେ ତୋର ।୧୦।
ଜାଣୁ ଜାଣୁ ପ୍ରଭୁ ପେଲିଦେଇ ମୋତେ ବୁଡ଼ାଇଦେଲ ସିନ୍ଧୁରେ ।
ତିନିବ୍ରହ୍ମାଣ୍ଡର ଲୋକେ ଦେଖୁଛନ୍ତି ଏବେ ପଡ଼ିଛି ବନ୍ଦୀରେ ।୧୧।
ଜାଣୁ ଜାଣୁ ହଟହଟା କରାଉଛ କଳଙ୍କକଣ୍ଟା ଲଗାଇ ।
ପଛନ୍ତେ ଏହାକୁ ସାଧିବଇଁ ବୋଲି ବିଚାରରେ ଥିଲ ଥୋଇ ।୧୨।
ଏତେବେଳେ କହ କେମନ୍ତେ ହେଉଛି ପୂର୍ବର ବିଚାରମାନ ।
ସେହି ବିଷୟ ଏବେ ମନେ ପଡୁଛି ହୃଦୟରେ ଅନୁକ୍ଷଣ ।୧୩।
ମାୟାଧର ସ୍ୱାମୀ ମାୟାକୁ ରଚନା କରିବେ ବୋଲ ନଜାଣି ।
କାୟାକୁ ଦେଖାଇ ଛାୟାର ଭିତରେ ଭଣ୍ଡିବେ ବୋଲି ନ ଚିହ୍ନି ।୧୪।
କରତା ପୁରୁଷ କଉତୁକ କରି ଭବସାଗରେ ମାଡ଼ିଛ ।
ମନ୍ଦ ମନ୍ଦରେ ହସିଣ ଶୂନ୍ୟବାସୀ ଢମାଳିଆ ବୁଝୁଅଛ ।୧୫।
ପିଣ୍ଡପ୍ରାଣ ମୋର ହଜିଯାଉଅଛି ଗୁରୁଙ୍କୁ ମାଡୁଛି ହସ ।
ତିନି ବ୍ରହ୍ମାଣ୍ଡରେ ଯହିଁ ଆଉଜିଲେ ସୁସ୍ଥେ ନମିଳୁଛି ବାସ ।୧୬।
ଜାଣୁଅଛ ଗୁରୁ ନଜାଣିଲା ପ୍ରାୟେ ଶୁଣୁଅଛି କର୍ଣ୍ଣପଥେ ।
ଭାବେ ବୁଡ଼ାଇ ଭାବନା ଦେଖୁଅଛ କଉତୁକ କରି ମୋତେ ।୧୭।
ନାସା ପରିଯନ୍ତେ ହୋଇଲାଣି ଜଳ ବୁଡିବାକୁ ବାକି ଅଛି ।
ତ୍ରାହି ତ୍ରାହି ବାରେ ଶରଣ ସମ୍ଭାଳ ସଂଶୟ ନରଖ କିଛି ।୧୮।
ଚେତି ବିଚାରିଲେ ବ୍ୟଥା ମାଡୁଅଛି କଥା ହୋଇ ଅସମ୍ଭାଳ ।
ମୋ ଭାବରେ ସବୁ ପିତା ହୋଇଗଲା ଚିନ୍ତା ହେଉଛି ପ୍ରବଳ ।୧୯।

ଅଗାଧ ସାଗରେ ଭାସୁଅଛି ମୁହିଁ ଅଭୟ ପଞ୍ଜରେ ରଖ।
ଗୁରୁ ପାଦଧ୍ୟାୟି କହେ ଭୀମଭୋଇ ସକଳଠାବେ ନିରେଖ ।୨୦।

•

ଷଷ୍ଠୀ ବୋଲି

ଅଜ୍ଞାନରେ ମୁହିଁ ଭ୍ରମି ଯାଉଅଛି ଜ୍ଞାନଗୁରୁ ବ୍ରହ୍ମ ଥାଇ।
ଅଚଳ ଶକତି ଅକ୍ଷୟ ପାଦକୁ ନ ପାରୁଅଛି ମୁଁ ଧ୍ୟାୟି ।୧।
ଅଚେତାର ବୁଡ଼ି ଶ୍ରୋତା ବୁଡ଼ାଉଛି ଚେତାବନ୍ତ ପ୍ରଭୁ ଥାନ୍ତେ।
କେମନ୍ତେ ଆସିଲି କାହିଁ ମୁଁ ପଶିଲି ଜଣା ନପଡୁଛି ମୋତେ ।୨।
ଭୂତାଶ୍ରମ ହୋଇ ଭିତରେ ପଶିଛି ଭୂତପ୍ରାୟ ବୁଦ୍ଧିକରି।
ସତ୍ୟବନ୍ତ ପ୍ରଭୁ ସଂସାରରେ ଥାଇ ସାକ୍ଷାତରେ ଯିବି ସରି ।୩।
ଛବିକି ଦେଖି ଛନକାରେ ପଡ଼ିଛି ଛଟପଟ ହେଉଅଛି।
ମାୟାଧର ପ୍ରଭୁ ମହତ୍ତ୍ୱ ରଖାଅ ମର୍ଯ୍ୟାଦା ସରିଯାଉଛି ।୪।
ଭକୁଆ ପରାଏ ଭୁକି ମରୁଅଛି ଗଞ୍ଜି ହୋଇ ଭବକୂପେ।
ଖଣାରେପଡ଼ି ମୁଁ ବଣା ହେଉଅଛି କଣା ମନୁଷ୍ୟର ରୂପେ ।୫।
ପଶୁପ୍ରାୟ ହୋଇ ପଶି ଘୋରବନେ ନାଶୁଛି ମୋହରି ସୁଖେ।
ତତ୍ତ୍ୱ ନକରି ସତ୍ୟକୁ ଛାଡ଼ିଦେଇ ପଶିଛି ଶାସ୍ତିର ମୁଖେ ।୬।
ମୁରୁଖ ବୁଦ୍ଧିରେ ନିରେଖ ହେଉଛି ଅଲେଖ ଗୁରୁଙ୍କୁ ଛାଡ଼ି।
କଳଙ୍କ ଲାଗେନ୍ତ କାଳଗଣମାନେ ଆସି ବସୁଛନ୍ତି ମାଡ଼ି ।୭।
ଉତ୍ପାତ ହୋଇ ନିପାତ କର୍ମରେ ପଡ଼ିଲଇଁ ଅପ୍ରମିତେ।
କି ବୁଦ୍ଧି କରିବି କେଉଁ ପଥେ ଯିବି କାତର ଲାଗୁଛି ମତେ ।୮।
ମୂଳ ଛାଡ଼ିଦେଇ ଖାଲରେ ପଡ଼ିଲି ଡାଳକୁ ଧଇଲି ଆଣ୍ଟେ।
କଳିଯୁଗ ଆସି ଶେଷ ହୋଇଲାଣି ପ୍ରବେଶ ହୋଇ ନିକଟେ ।୯।
ଥରଥର ହେଉଅଛି ଗୁରୁଦେବ ଧରଧର ଶ୍ରୀହସ୍ତରେ।
ହରହର ମୋରେ କୋଟିଜନ୍ମ ପାପଭର ଅଭୟପଞ୍ଜରେ ।୧୦।
ଚିନ୍ତା କରି କରି ପିତା ଲାଗିଲାଣି ପତା ରହୁ ନାହିଁ ମୋର।
ମନ୍ଦିରୁ ବାହାର ହୋଇ ଖରତର ଆରତ ମୁଁ ନିରନ୍ତର ।୧୧।
ଗଲି ନିଣ୍ଟେ ଭାସି ମଲି ହୋଇ ଦୋଷୀ ସରିଲି ମୁଁ ନଟକୂଟେ।
ଅନନ୍ତ ବ୍ରହ୍ମକୁ ଅନାଇଁ ମୁଁ ଅଛି ଅନୁସରି ବଟପୁଟେ ।୧୨।

କ୍ଷୀରସିନ୍ଧୁ ବାସୀ ବେଗି ବେଗି ଆସି ନାଶ କାଳ ବିପତ୍ତିକି ।
ଲାଗିଅଛି ଫାଶ ଲୋଭରୁ ଏ ପାପ ଜଣାଉଅଛ ଏତିକି ।୧୩।
ନରଦେହ ବହି ନର୍କରେ ପଡ଼ିଛି ନାଶ ଯିବା ପଥେ ଆସି ।
ଏତେ ଦୁଃଖ ମୋ କେତେଦିନେ ଫେଡୁଛ ଶୂନ୍ୟ ବଇକୁଣ୍ଠବାସୀ ।୧୪।
ତୁମ୍ଭଠାରୁ ପରା ବଡ଼ ପ୍ରଭୁ ନାହିଁ ଦୃଢ଼େ ଧରିଛି ମୁଁ ମୂଢ଼ା ।
ଗୋଡ଼ ଦଉଡ଼ି ମୁଁ ମୁଣ୍ଡକୁ ଆଣିଛି ସୁଦର୍ଶନେ କାଟି ଛିଣ୍ଡା ।୧୫।
ମାୟାରେ ମୁଁ ମଜି ହେଉଅଛି ଗଞ୍ଜି ଭୁଞ୍ଜୁଅଛି କର୍ମଯୋଗ ।
ଅନ୍ତର୍ଯ୍ୟାମୀ ହୋଇ ନ ଜାଣ କି ପ୍ରଭୁ ଦେଇଅଛ ଯାହା ଭୋଗ ।୧୬।
ମହିମା ସାଗର ମହାପ୍ରଭୁ ରୂପ କେତେ ଦିନ ପ୍ରକାଶିବ ।
କେଉଁସ୍ଥାନେ ତୁମ୍ଭେ ଉଦୟ ହୋଇବ ଏ ଜୀବକୁ ଦୟାଥିବ ।୧୭।
ଅନନ୍ତ ମହିମା ବଡ଼ାଇ ଗଭୀର ନ ଜାଣିଲି ମୁହିଁ ଅବା ।
ରଜ ବୀଜରେ ଏ ପିଣ୍ଡ ହୋଇଅଛି କେତେ ଦିନଯାଏ ଥିବା ।୧୮।
ମହା ଦୁରୁଦଣ୍ଡ ପଡୁଅଛି ମୋତେ କମ୍ପୁଅଛି ମୋର କାୟେ ।
ବିଚାରି ଆସିଲେ ଏ କଳିକାଳକୁ ମାଡୁଅଛି ବଡ଼ ଭୟେ ।୧୯।
ରଇ ରଗ ଧରେ ହୃଦୟ ପଦ୍ମରେ ବେନି ନେତ୍ର ନିର ପୋଛେ ।
ଭଣେ ଭୀମ ଭୋଇ ବାରଶତ ପଦେ ରୋଦନ କରୁଛି ଉଚ୍ଚେ ।୨୦।

ଏକଷଷ୍ଠୀ ବୋଲି

ମୋହର ବିକଳ କେହି ନ ଜାଣନ୍ତି ଅଲେଖ ଶୂନ୍ୟ ପୁରୁଷ ।
ଶତେବାର ମୁହିଁ ଜଣାଣ କରୁଛି ଗୁରୁଙ୍କୁ ମାଗୁଛି ଦୋଷ ।୧।
ଅଧମ ପାମର ଅଜ୍ଞାନ ଜୀବର କ୍ଷମା କର ଅପରାଧ ।
ଶୂନ୍ୟ ଦେହ ଘେନି ଶୂନ୍ୟ ବାନା ଆଣି ଖଣ୍ଡନ କର ପ୍ରମାଦ ।୨।
ଅଭୟ ବ୍ରହ୍ମକୁ ଆଶ୍ରେ କଲେ ପରା ନ ଥାଇ ମନରେ ଭୟ ।
ନିରାନନ୍ଦ ଯେବେ କରୁଣା କରନ୍ତି ଚିରକାଳ ରହେ ଦେହ ।୩।
ଏହି ଦେହ ପରା ବ୍ରହ୍ମଭୂତ ହୁଏ ପୂରାତନେ ଛନ୍ତି କହି ।
ମହିମା ଭଜିଲେ ମୋହ ନ ଲାଗଇ ରହିଥାନ୍ତି ପରା ମହୀ ।୪।
ଅଭୟ ପାଦପଦ୍ମକୁ ଆଶ୍ରା କଲେ ନାହିଁ ପରା ଜନ୍ମ ମୃତ୍ୟୁ ।
ପିଣ୍ଡ ନ ପଡ଼ଇ ଶ୍ରୋତା ନ ବୁଡ଼ଇ ଚାରିଯୁଗେ ରହେ ହେତୁ ।୫।

ଉଦାସୀନ ଭାବେ ଥିଲେ ଯୋଗମାର୍ଗେ ନ ଲାଗଇ ପରା ଲେନ୍ତା।
ଯେତେ ଇଚ୍ଛା ଯେତେଦିନ ରହେ ଦେହ ଅଟଇ ଅମର ପନ୍ଥା ।୬।
ଅଭୟ ନାମକୁ ଭଜୁଥିଲେ ପରା ନ ଥାଏ କାଳ ବିପତ୍ତି।
ଯଜନ ଧୂନି ଲାଗିଥିଲେ ପରା ଖଣ୍ଡନ ହୋଏ ପ୍ରକୃତି ।୭।
ଏହିପରି ମୁହିଁ ପୂର୍ବେ ଶୁଣିଥିଲି ଏଣୁ ମୋ ବହୁତ ଆଶା।
କର୍ମ ଧର୍ମ ମୁହିଁ କିଛି ନ ଜାଣଇ ନ କରି ଯୋଗ ତପସ୍ୟା ।୮।
ଅଭୟ ବ୍ରହ୍ମକୁ ଆଶ୍ରେ କଲେ ପରା ନ ଥାଇ କାହାକୁ ଡର।
ଛପନା କୋଟିର ଉପରେ ସେ ବ୍ରହ୍ମ ଅଟଇ ସବୁରି ବର ।୯।
ଦେହଧାରୀ ଯେତେ ଜୀବିତ ଅଟନ୍ତି କରୁଛି ସବୁଙ୍କୁ ସେହି।
କଳ୍ପନା ଗୋଚରେ ସର୍ବେ ଜାତ ହେଲେ ସଞ୍ଚରି ତ୍ରିପୁର ମହୀ ।୧୦।
କ୍ଷୀରସିନ୍ଧୁ ବାସୀ ପ୍ରଭୁ ଅଟ ପରା ପରମ ତୁମ୍ଭର ନାମ।
ଅବ୍ୟକତ ପରା ଅଟ ଶୂନ୍ୟ ଦେହୀ ଅନାଦି ଅରୂପ ବ୍ରହ୍ମ ।୧୧।
ସେହି ପ୍ରଭୁଙ୍କୁ ମୁଁ ଧରଣୀରେ ଥାଇ ଆଶ୍ରେ କରୁଅଛି ଚିତ୍ତେ।
ଆକାଶକୁ ଚାହିଁ ଦୃଢ଼ କରିଅଛି ପାରି କରି ନେବେ ମତେ ।୧୨।
ଏହା ବିନା ମୁହିଁ କିଛି ନ ଜାଣଇ ଆଉ କି ଅଧିକ କଥା।
ଚିନ୍ତାର୍ଥୀଜନ ଚିନ୍ତାମଣି ଅଟ ତ ଜାଣିବ ଭୃତ୍ୟ ବ୍ୟବସ୍ଥା ।୧୩।
ମୁହିଁ ସିନା ଅସାମରଥ ଅଟଇ ଗୁରୁଦେବ ସାମରଥ।
ଯାହା ଭାବୁଅଛି ହୃଦୟ ପଦ୍ମରେ ଜାଣୁଥିବ ନିୟତ ।୧୪।
ଅନ୍ତର୍ଯ୍ୟାମୀ ପ୍ରଭୁ ଅନ୍ତର୍ଗତେ ଜାଣି ହରହର ତାପ ବାଧା।
ସକଳ ମନ୍ତ୍ରର ଉପରେ ସାର ଅଟେ ଯା ନାମ ଅଲେଖ ବିଦ୍ୟା ।୧୫।
ଅଲେଖ ବୋଲନ୍ତେ ରୂପ ରେଖ ନାହିଁ ସର୍ବଭୂତେ ପରା ଥାଅ।
ରୂପ ଅରୂପ ସର୍ବଠାବେ ପୂରି ଅଟ ତୁମ୍ଭେ ବ୍ରହ୍ମମୟ ।୧୬।
ଚନ୍ଦ୍ର ସୂର୍ଯ୍ୟ ପ୍ରାଏ ଉଦେ ଅଛ ପରା ତିନିଷ ଷାଠିଏ ଦିନ।
ନିଷ୍କାମରେ ସେବା ଭଗତି ଯେତେକ ଘେନୁଅଛ ପରା ଦାନ ।୧୭।
ଭଗତ ବାନ୍ଧବ ଅଟ ପରା ତୁମ୍ଭେ ଜଗତ ଜନର ବନ୍ଧୁ।
ପିଣ୍ଡ ବ୍ରହ୍ମାଣ୍ଡକୁ କରିଦେବା ମାତ୍ରେ ନାମ ଶ୍ରୀ କରୁଣାସିନ୍ଧୁ ।୧୮।
ସାଧୁ ଜନମାନେ ଭଜ ଅନୁକ୍ଷଣେ ମହିମା ସାଗରେ ପଶ।
ଭଜି ପାରିଥିଲେ ସୁଦୟା ହୋଇଲେ ଯମ ନ ଆସିବ ପାଶ ।୧୯।

ଝଞ୍ଜିକାରେ ପଶି ନିରନ୍ତର ଦୋଷୀ ନ ତାରିବ ଅବା ମତେ।
ଭଣେ ଭୀମ ଭୋଇ ଗରୁପାଦ ଧ୍ୟାୟି ଅବୋଧ ହେଉଛି ଚିତ୍ତେ ।୨୦।

•

ବାଷଠୀ ବୋଲି

ବିନତି ମୋ ଯେତେ ଗୁରୁ ପାଦଗତେ ଗୁହାରି ଶୁଣୁଛ ନାହିଁ।
ବହି ନିନ୍ଦାଭାର ଛାତିକି ପଥର କେତେ ସହିଥିବି ମୁହିଁ ।୧।
ବଡ଼ିମା ପଣରେ ଅଶ୍ରୁତା ବାଦରେ କରୁଅଛନ୍ତି ତରିଜାତ।
ନିନ୍ଦା ପସରାକୁ ମଥାରେ ମୋହର କେତେ କରିଥିବି ବୋଝ। ।୨।
ଅପ୍ରମଏ ନିନ୍ଦା ପେଣ୍ଡି ପେଣ୍ଡି ବିନ୍ଧା ଦିନୁ ଦିନୁ ମହାଭାରି।
ନିନ୍ଦାକୁ କାନ୍ଧରେ ବହିଥିବି କେତେ ଯାଉଁଳି ମୁଟୁରା କରି ।୩।
ଧର୍ମ ଉଦେ ଦିନୁ ଏ ମାନବ ତନୁ ବହିଗଲା ଏତେଦିନ।
ନିନ୍ଦାକୁ ବସ୍ତ୍ର ପ୍ରାଏ କେତେ ପିନ୍ଧିବି କଟୀରେ କଟି ଭୂଷଣ ।୪।
ହାସ୍ୟ ଭର୍ତ୍ସନା ଗାଳି ଗର୍ବ ଠସାକୁ ଗଳାରେ ପିନ୍ଧିଛି ମାଳ।
ଟାକି ଟାକି ମୁହିଁ ଆଗତକୁ ଚାହିଁ ବହି ଯାଉଅଛି କାଳ ।୫।
ଶ୍ରାବଣ ବରଷା ପ୍ରାଏ ନିନ୍ଦାପଦ ଅଜାଡ଼ି ଦେଉଛି ଶିରେ।
ଜଳପ୍ରାଏ ହୋଇ ସର୍ବାଙ୍ଗ ଶରୀରେ ବହୁଅଛି ବେନି କରେ ।୬।
ଘଣ୍ଟି ଘାଗୁଡ଼ି ପରାଏ ନିନ୍ଦାମାଳ ଲମ୍ବିଅଛ ଚଉକତି।
ଘନ ଘନ ନିରନ୍ତରେ ବାଜୁଅଛି ଡାକ ଫେରୁଅଛି ପୃଥ୍ୱୀ ।୭।
ଯହିଁ ଇଚ୍ଛା ତହିଁ ପରିହାସ କରି ଭୀମ ଭୋଇ କନ୍ଧ ବୋଲି।
ପାଦଧୁଆ ଜଳ ପିଆଇଲା ବୋଲି ସର୍ବେ ଦେଉଛନ୍ତି ଗାଳି ।୮।
କାହାରି ଧନ ନ ଖାଇ ନ ବୁଡ଼ାଇ ନ ଲାଗି କାହାରି ରଣ।
ଦିବା ନିଶିରେ ଇଙ୍ଗିତ କରୁଛନ୍ତି ଦେଖ ମେଳଛଙ୍କ ଗୁଣ ।୯।
କାହାରି ଶତେ ପୁରୁଷର ସମ୍ପତ୍ତି ଉଡ଼ାଇ ମୁହିଁ ନ ଦେଇ।
ଅକାରଣେ ସର୍ବେ ଭୁକି ମରୁଛନ୍ତି ମୋଠାରେ ଶତ୍ରୁତା ହୋଇ ।୧୦।
କାହାକୁ ହିଂସା କପଟ ନ କରଇ ଅହଙ୍କାର ଛେଦ ଭେଦ।
ରାଜା ପରଜା ସମସ୍ତେ ମୋହଠାରେ ଲାଗି ବସିଛନ୍ତି ବାଦ ।୧୧।
ଅରିଷ୍ଟି ହେବାକୁ ବିଚାରୁ ଅଛନ୍ତି ବୁଡ଼ାଇ ଦେବାକୁ ମନ।

କାହାରି ହୃଦେ ଭଲ ବିଚାର ନାହିଁ ସମସ୍ତେ ଖଚୁଆ ଜନ ।୧୨।
କାହାର ପୁତ୍ର ଦୋହିତା ମୁଁ ନ ଆଣି ଚୋରି କରି ଭ୍ରାତ ବିତ୍ତ ।
ମରିବାର ବୁଦ୍ଧି ଶିକ୍ଷା ମୁଁ ନ ଦେଇ ମୁଖରେ କହଇ ସତ ।୧୩।
ମିଥ୍ୟା ବଚନକୁ କହିବି କେମନ୍ତେ ପ୍ରାଣରେ ମାଡ଼ଇ ଭୟ ।
ମିଛରୁ ପାତକ ତ୍ରିଭୁବନେ ଲୋଡ଼ ଅଧିକ ନାହିଁ ନା ଦ୍ରୋହ ।୧୪।
କାହାରି ଖଚ ମିଛରେ ମୁଁ ନ ଥାଇ ଲୋଭୀ ନ ବାରି ବିଚାରେ ।
ବିଅର୍ଥରେ ମୋତେ ନିନ୍ଦା କରୁଛନ୍ତି ଏକଳି ଯୁଗର ନରେ ।୧୫।
କାହାରିଠାରୁ ଠକି ଭଣ୍ଡି ଖାଇବା ବିଚାର ହୃଦେ ନ ପଶେ ।
ଛପନକୋଟିଏ ଯେତେ ଜୀବ ଛନ୍ତି ମୋର ଆତ୍ମା ପ୍ରାୟ ଦିଶେ ।୧୬।
କାହାରି ଛେଦ ଭେଦରେ ମୁଁ ନ ଥାଇ ନୁହଇ ଶତ୍ରୁ କଳଙ୍କ ।
ଫିସାଦିରେ ମୋତେ ମନ୍ଦ ପାଞ୍ଚୁଛନ୍ତି ସହି ନ ପାରିଣ ଲୋକ ।୧୭।
ପରକୁ ମନ୍ଦ ମନାସୁଥିଲେ ପ୍ରାଣୀ ପଳାଇ ଯାଇ ପାଖରୁ ।
ରମ୍ଭାତରୁ ପ୍ରାଏ କମ୍ପୁଥାଇ କାୟେ ପଞ୍ଚଭୂତ ହୃଦୟରୁ ।୧୮।
କାହାରିଠାରେ ମୁଁ ଅସତ୍ୟ ବଚନ କଦାଚିତ୍ତେ ନ କହଇ ।
ଅସତ୍ୟ ବଚନ କହି ଏ ସଂସାରେ କେତେକାଳ ଥିବି ରହି ।୧୯।
ସୁବିଚାର ବିନୁ କପଟ ବିଚାର ଅନ୍ତର୍ଗତେ ଥିଲେ ରଖି ।
ଭଣେ ଭୀମ ଭୋଇ ଗୁରୁପାଦ ଧ୍ୟାୟି ଗୁରୁଦେବ ଛନ୍ତି ସାକ୍ଷୀ ।୨୦।

•

ତେଷଠୀ ବୋଲି

ବୋଲୁଛନ୍ତି ସର୍ବେ ପର ପୁତ୍ର ହୋଇ ଆପଣାର ପୁତ୍ର କଲା ।
ଭୁଲାଇଣ ମନ୍ତ୍ର ସବୁଙ୍କୁ ଶିଖାଇ ଜାତି ମହତ୍ୱକୁ ନେଲା ।୧।
ପର ଝିଅ ବୋହୂ ଭେଳିକି ଲଗାଇ ନେଇ କରିଛି ଭାରିଯା ।
ଗୁରୁ ବୋଲାଉଛି ଗୃହ କରିଅଛି ବୋଲୁଛନ୍ତି ରାଜା ପ୍ରଜା ।୨।
ବ୍ରାହ୍ମଣ ପଣ୍ଡିତ ଯେତେକ ସଂସାରେ ଏମାନେ ବୋଇଲେ ତାହା ।
ଗୁରୁପଣେ ବସି କିଛି ନ ଜାଣିଲା ଅନ୍ୟାୟ କରୁଛି ଏହା ।୩।
କନ୍ଧ ଜାତି ହୋଇ ବ୍ରାହ୍ମଣ ପୂଜା ଘେନୁଅଛି ପାଦଗତେ ।
ବିଷ୍ଣୁର ତେଜ ନ ଥିଲେ ତାର ଅଙ୍ଗେ ପାର ହେଲା ଜୀବ କେତେ ।୪।

ଏହା ବୋଲୁଛନ୍ତି ପତିତ ପାମର ମେଳଛ ଅଧମ ମୂଢ଼।
ଦୈତ୍ୟ ଦାନବ ଅସୁର ହାଡ଼ଖିଆ ହୋଇଛନ୍ତି ମହାଗାଢ଼ ।୫।
ମଦ ମାଂସଖିଆ ମତ୍ତଗରବିଆ ହୀନ ପାପୀ ନେଞ୍ଚ ଜନ।
ଗୁମାନୀ ଗାଲୁଆ ମୂରୁଖ ଚାଣ୍ଡାଳ କହୁଛନ୍ତି କେତେ ଟାଣ ।୬।
ଧନମଦ ପଣମଦ ସ୍ତିରୀମଦ ମାୟାମଦ ଛନ୍ତି ପିବି।
ଚାରି ପରକାରେ ନିଶା ଘୋଟିଅଛି ପାପ ପୁଣ୍ୟକୁ ନ ଜଗି ।୭।
ନରକଖିଆ ଅଳପ ଆୟୁଷିଆ କୁଳବୁଡ଼ା ଯେତେ ଲୋକ।
ଜନମ ହଳିଆ ବ୍ରହ୍ମ ରାକ୍ଷସିଆ ନିନ୍ଦୁ ଛନ୍ତି କେତେ ଦେଖ ।୮।
ଶୁଣ ସୁଜ୍ଞଜନ ଅପୂର୍ବ କାହାଣୀ କହୁଅଛି ମୁହିଁ ଯେତେ।
ଭୂତ ଭବିଷ୍ୟ ବର୍ତ୍ତମାନ ନ ଜାଣି ଦୋଷ ଲଗାଉଛ ମୋତେ ।୯।
ଧନ ଦାରା ସୁତ ପାଇ ଆନନ୍ଦ ଏ ମୋର କପାଳରେ ଥିଲା।
ପୂର୍ବ କମାଣିର ଫଳ ଭୁଞ୍ଜୁଅଛି କାହାର ବା କିସ ଗଲା ।୧୦।
ସତ୍ୟ ଧର୍ମ ସିନା ଅରଜି ଥିବାରୁ ତତ୍ତ୍ୱରେ ପାଇଲି ମୁହିଁ।
ଆମ୍ଭ ନିଧି ଆମ୍ଭ ହସ୍ତକୁ ଅଇଲା ଏଥିରେ ସଂଶୟ ନାହିଁ ।୧୧।
ପୂର୍ବରେ ଆମ୍ଭର ଭାତ ବିତ୍ତ ରଖିଥିବାରୁ ହେଲା ପ୍ରାପତ।
ପକାଇ ଦିଅ ଧର୍ମ ସଭା ମଣ୍ଡଳେ ଅବଶ୍ୟ ବୋଲିବେ ସତ୍ୟ ।୧୨।
ଆମ୍ଭର ଅର୍ଜିଲା ଧନ ରତ୍ନ ସିନା ଆମ୍ଭଙ୍କୁ ହେଉଛି ଭୋଗ।
କର୍ମରେ ନଥିଲେ କୁଆଡୁ ଫଳିବ କେମନ୍ତେ ହେବ ସଂଯୋଗ ।୧୩।
ବିନା କମାଣିରେ ବିନା କପାଳରେ କେଉଁ ଫଳ ଫଳେ ଦେଖ।
ଭେଦକୁ ନ ବୁଝି ପଣ୍ଡିତ ସୁଜନେ କିମ୍ପା ହେଉଅଛ ମୂର୍ଖ ।୧୪।
ପୂର୍ବେ ଆମ୍ଭର ସକଳ ଖଞ୍ଜା ଅଛି ଏବେ ଭଲ କରି ଜାଣ।
ଛଟପଟ କଲେ କେ କିସ କରିବ ଅଟେ ଦଇବ ଭିଆଣ ।୧୫।
ଅଲେଖ ଦେବତା ମଥାର ଠାକୁର ଅଟନ୍ତି ମୋ ପ୍ରାଣଗୁରୁ।
ତାଙ୍କ କରୁଣାରୁ ସକଳ ମିଳିବ ଲେଖାହୋଇଛି ପୂର୍ବରୁ ।୧୬।
ଅଲେଖ ପୁରୁଷ ଭିଆଣ ସମସ୍ତ ଅନ୍ୟରେ ଘଟଣା ନୋହେ।
ଦୁର୍ଘଟଣା ବୋଲି କହୁଅଛ ସର୍ବେ ପଣ୍ଡିତରେ କର ନ୍ୟାୟେ ।୧୭।
ବିନା ଘଟଣାରେ କେ ଖଞ୍ଜା କରିବ କେଉଁ ବେଦେ ଅଛି ଏହା।
ଗତ ଆଗତ ତ ବୁଝି ସୁଜ୍ଞଜନେ ବିଅର୍ଥେ ହେଉଛ ବାୟା ।୧୮।

ଶୂନ୍ୟ ପୁରୁଷ ଯାହାକୁ ଚାହୁଁଥିବେ ବହୁତ ଆଶ୍ଚର୍ଯ୍ୟ ନୁହେଁ।
ରୂପ ବର୍ଣ୍ଣ ତାର କେହି ନ ଦେଖନ୍ତି ଜାଣି ନ ପାରନ୍ତି କିଏ ।୧୯।
ଭଲ କରି ବୁଝ ହୃଦୟରେ ହେଜ ମନେ ସଂଶୟ ନ ରଖି।
ଗୁରପାଦ ଧ୍ୟାୟି କହେ ଭୀମଭୋଇ ଧର୍ମରାଜ ପ୍ରଭୁ ସାକ୍ଷୀ ।୨୦।

●

ଚଉଷଠୀ ବୋଲି

ସତ୍ୟ ଧର୍ମେ ମୋତେ ଜାତ କରିଛନ୍ତି ରବିତଳେ କଳିଯୁଗେ।
ଦିଗାମ୍ବର ହୋଇ କାହୁଁ ମୁଁ ଲଭିବି ନଥାଆନ୍ତି ଯେବେ ପୂର୍ବେ ।୧।
ଜନମ ଭୂମିରୁ କାଢ଼ି ଆଣି ମୋତେ ବଇଷ୍ଣବ ଦୀକ୍ଷା ଦେଲେ।
ସାଧୁ ପଣେ ଥାଇ ଗୃହୀ ମୁଁ ହୋଇଲି କରତା ଏତେକ କଲେ ।୨।
ମୁହିଁ କି ବିଚାରିଥିଲି ମୋ ମନରେ କରିବି ଭାରିଯା ପୁତ୍ର।
ଗୁରୁସେବା କରି ନିଷ୍କାମରେ ଥିଲି ପାଇ ବ୍ରହ୍ମଜ୍ଞାନ ମନ୍ତ୍ର ।୩।
ଜନମ ଧରିତ୍ରୀ ଛାଡ଼ି ପ୍ରାଣୀମାନେ ବଇଷ୍ଣବ ହୋଇଯାନ୍ତି।
କେଉଁ ବେଦଶାସ୍ତ୍ରେ ଶୁଣାଅଛି ଏହା ପୁତ୍ର ଭାରିଯା କରନ୍ତି ।୪।
ଦିଗାମ୍ବର ହୋଇ ଯେଉଁ ପ୍ରାଣୀମାନେ ଇଛନ୍ତି ସ୍ତିରୀ ସଙ୍ଗକୁ।
ତ୍ରିଭୁବନ ଲୋକେ ପତିତ ବୋଲନ୍ତି ମଲା ସଙ୍ଗେ ଗଣି ତାକୁ ।୫।
ସନ୍ନ୍ୟାସ ଯେ ଧର୍ମ ନଷ୍ଟ ଯାଇ କର୍ମ ତାହାତ ପ୍ରମାଣ ସତ୍ୟ।
ଗୁରୁ ମହାପ୍ରଭୁ ଆଗତ ଘଟଣା କରୁଛନ୍ତି ପରାପତ ।୬।
ମନୁଷ୍ୟ ବିଚାରେ କିଛି ନୋହିପାରେ ସବୁ ଦଇବ ବିଚାର।
ଉଚିତ ପ୍ରମାଣ ନୁହେଁ ଯେବେ କଥା ସୁଜ୍ଞଜନଙ୍କୁ ପଚାର ।୭।
ଶ୍ରୀଗୁରୁ କୃପାରୁ ଜାଣିଅଛି ମୁହିଁ ଉବାର ନୁହଇ ମତେ।
ଜାଣିବାର ହୋଇ କିଛି ନ ଜାଣିଲା ଯାହା ବୋଲିଛ ସମସ୍ତେ ।୮।
କେବଣ ଅନ୍ୟାୟ ମୁଁ କଲି ସଂସାରେ କେଉଁ ଅବିବେକ ହେଲା।
ଭକ୍ତ ବୋଲି ମତେ ଅଲେଖ ପୁରୁଷ ସକଳ ସମର୍ପି ଦେଲା ।୯।
ଧର୍ମର ପଦାର୍ଥ ଭୁଞ୍ଜୁଅଛୁ ଆମେ କାହାରି ନ ଥାଉ କିଛି।
ବିନା କଣୋରରେ ଦଗା ଲଗାଇବା ରବିତଳେ କେହୁ ଅଛି ।୧୦।
ସତ୍ୟଧର୍ମେ ଯାହା ପ୍ରାପତ ହୁଅଇ ଗ୍ରହଣ କରୁ ତା ସର୍ବେ।
ଅଲେଖ ଭଣ୍ଡାରୁ ପଡ଼ି ପାଉଅଛୁଁ ନଛୁଉଁ କାହାରି ଦ୍ରବ୍ୟ ।୧୧।

ଏ ବସ୍ତ୍ରଭୂଷଣ ଆୟ ଅଳଙ୍କାର ଆମ୍ଭ ସଙ୍ଗେ ଯେତେ ଅଛି ।
କାଠାରୁ ଠକି ଭଣ୍ଡି ଚୋରି ନଆଣି ଅଲେଖ ସବୁ ଦେଉଛି ।୧୨।
ସଦା ସରବଦା ଅଲେଖ ଭଣ୍ଡାରୁ ଖରଚା ହେଉଛି ଦେଖ ।
ସହି ନ ପାରି ଚଳୁଛନ୍ତି ଆମ୍ଭଙ୍କୁ ତିନିବ୍ରହ୍ମାଣ୍ଡର ଲୋକ ।୧୩।
କାହାରି ଅଧୀନେ ନଥାଉଟି ଆମ୍ଭେ ଶ୍ରୀଗୁରୁ ଅଧୀନେ ଥାଉ ।
କାହାରି ଆଜ୍ଞା ଶିରପରେ ନବହୁ ଗୁରୁ ଆଜ୍ଞା ହେଲେ ଯାଉ ।୧୪।
ରାଜାର ପରଜା ନୋହୁ ସିନା ଆମ୍ଭେ ନୋହୁ ସାହୁର ଖାତକ ।
ଯହିଁ ଗୁରୁ ନେବେ ତହିଁ ଯାଉ ଆମ୍ଭେ କେ ଅବା କରୁ ଅଟକ ।୧୫।
ନର ମନୁଷ୍ୟରେ ଖଞ୍ଜା ନୋହିପାରେ ଆମ୍ଭ ଯେତେକ ବିଷୟ ।
ଅନୁସରିଥିଲେ ପ୍ରସନ୍ନେ ଦେଉଛି ଅଲେଖ ପୁରୁଷ ଦିଅଁ ।୧୬।
ଅଲେଖବ୍ରହ୍ମ ଆମ୍ଭ ଇଷ୍ଟଦେବତା ସାହା ନାହିଁ ଆମ୍ଭ କେହୁ ।
ସତ୍ୟଧର୍ମରେ ଚିନ୍ତାରେ ଆମ୍ଭେ ଥାଉଁ ତାଙ୍କ ଦାନାପାଣି ଖାଉ ।୧୭।
ଅଲେଖ ବ୍ରହ୍ମର ପୋଷାଜୀବ ଆମ୍ଭେ ତାଙ୍କ ସେବାକାରୀ ଅଟୁ ।
ପିଣ୍ଡପ୍ରାଣ ଦାନ ଦେଇ ପାଦତଳେ ଶ୍ରୀଛାମୁରେ ନିତ୍ୟ ଖଟୁ ।୧୮।
ଶ୍ରୀଗୁରୁଙ୍କ ନାମ ଆମ୍ଭ ଫନ୍ଦାବୃତ୍ତି ଅନ୍ୟ ନାହିଁ ରୋଜଗାର ।
ଯାହା ଇଚ୍ଛା କଲେ ତାହା ମିଳୁଅଛି କଟା ହେଉଛି ଭଣ୍ଡାର ।୧୯।
ଶତେ ପୁରୁଷର ଠାକୁର ଆମ୍ଭର ଦେଉଛନ୍ତି ପଡ଼ି ଭାତ ।
ଭଣେ ଭୀମସେନ ଗୁରୁ ପାଦେ ଧାୟି ସେ ପ୍ରଭୁ ଆମ୍ଭର ହିତ ।୨୦।

•

ପଞ୍ଚଷଷ୍ଠୀ ବୋଲି

ଅଲେଖପୁରୁଷ ସାହା ନୋହିଥିଲେ ଦିଅନ୍ତେ ଆମ୍ଭଙ୍କୁ ମାରି ।
ବିପତ୍ତିଠାରୁ ବଞ୍ଚାଇ ରଖିଛନ୍ତି ଶୂନ୍ୟବାନା ଢାଙ୍କି କରି ।୧।
ବୁଡାଇ ଦେବାକୁ ପାଞ୍ଚିଛନ୍ତି ସର୍ବେ କେତେଥର ଏହିପରି ।
ଧର୍ମରାଜ ପ୍ରଭୁ ରକ୍ଷା କରିଛନ୍ତି ସୁଦର୍ଶନ ଆଡ଼କରି ।୨।
ସତ୍ୟଧର୍ମ ବଳେ ବଞ୍ଚିଅଛୁ ଆମ୍ଭେ ଦେହବହି ଏ ସଂସାରେ ।
ଖଡ଼ଗଧରି ଧାଇଁ ପଡୁଅଛନ୍ତି ଧରୁଛନ୍ତି ବାରୁବାରେ ।୩।
ତ୍ରିଭୁବନେ କେହି ବିଶ୍ୱାସୀ ନାହାନ୍ତି ସମସ୍ତେ ଅଣବିଶ୍ୱାସ ।
ଗୁରୁଦେବଙ୍କର କରୁଣା ନ ଥିଲେ ହୋଇଯାଆନ୍ତୁ ବିନାଶ ।୪।

ଏଡ଼େ ଅବିଶ୍ୱାସୀ କଳିଯୁଗ ନରେ ମୁଖେ ପ୍ରୀତି ବାହ୍ୟମତେ ।
ଖେଦି ଦେବାକୁ ବିଚାର କରୁଛନ୍ତି ମାୟା ରଖି ଅନ୍ତର୍ଗତେ ।୫।
ଶୂନ୍ୟବ୍ରହ୍ମଙ୍କର ଏ ପିଣ୍ଡବ୍ରହ୍ମାଣ୍ଡ ନୁହଇ କାହାର ମାଟି ।
ମାଟିପଥରକୁ ମେଦାମେଦି କରି ବନାଇଲେ ଛେଚିକୁଟି ।୬।
ଗୁରୁଙ୍କ ଅର୍ଜିଲା ମେଦିନୀରେ ଅଛୁ ନାହିଁ କାହା ଅଧିକାର ।
ଆମ୍ଭ ମନ ହେଲେ ଆମ୍ଭେ ସୁଖେଯିବୁ ଦିଶିବ ଯେଉଁ ବିଚାର ।୭।
ନ ସହିବେ ଯେବେ କେ କିସ କରିବେ ଧରଣୀ ତ ଅଛି ସହି ।
ଧରତି ଯେବେ ନାହିଁ ସହିପାରିବ ବୋଲିବ ନପାରେ ବୋହି ।୮।
ସେଠାରୁ ଆଗକୁ ଯେମନ୍ତେ ଦିଶିବ ବିଚାର କରିବୁ କଥା ।
ଯାହା ପାଞ୍ଚିଥିବ ହୃଦୟର ବୁଦ୍ଧି ଗୁରୁଦେବ ସାମରଥା ।୯।
ଧରତି କାହାକୁ ସହିନପାରଇ ଏ ଅଟେ ବିଚିତ୍ର ଧନ୍ଦା ।
ବାରାନିଧି ଯେବେକୂଳ ଲଘି ଯିବ କାହାକୁ ହୋଇବ ନିନ୍ଦା ।୧୦।
ତାଙ୍କ ବିଚାରରେ ଆମ୍ଭଙ୍କୁ ବୋଲନ୍ତି ନଜାଣନ୍ତି ଏହୁ କିଛି ।
ତାଙ୍କ ସିହାଣିଆ ବିବେକ ଯେତେକ ବାନ୍ଧି ରଖିଥାନ୍ତୁ ସଞ୍ଚି ।୧୧।
ଅଜ୍ଞାନ ଆଦରି ଗୁରୁ ନିନ୍ଦା କରି ମୁଖରେ କହନ୍ତି ମିଛ ।
ରୁଣ୍ଡହୋଇ ଭଲମନ୍ଦ ବାଛୁଛନ୍ତି ପାଷାଣ୍ଡ ପାପୀ ମେଳଛ ।୧୨।
ସଦ୍‌ଗୁରୁ ସେବାକରି ଆମ୍ଭେମାନେ ଅଟୁ ସଂସାରେ ଅଜ୍ଞାନ ।
କଳିଯୁଗ ନରେ ଦୋଷ ବାଛୁଛନ୍ତି କରୁଛୁ ଅନ୍ୟାୟମାନ ।୧୩।
ଶୂନ୍ୟମଣ୍ଡଳରୁ ବ୍ରହ୍ମଜ୍ଞାନ ତୋଳି ପଦବସ୍ତି କରେ ଯେହୁ ।
କଳିଯୁଗିଆଙ୍କ ବିଚାର ଦିଶିଲା ନଜାଣିବା ଅଟେ ସେହୁ ।୧୪।
ଆକାଶମଣ୍ଡଳୁ ପଦ ଉତୁରାଇ ରବିତଳେ ଯେହୁ ଦେଲା ।
ବ୍ରହ୍ମଜ୍ଞାନ ବୀଜ ନିର୍ବେଦରୁ ଆଣି ବ୍ରହ୍ମାଣ୍ଡଯାକ ବୁଣିଲା ।୧୫।
ଅଜ୍ଞାନୀକି ଯେହୁ ଜ୍ଞାନ ବତାଇଲା ବ୍ରହ୍ମଜ୍ଞାନ ମୁଖେ କହି ।
କବିତ୍ୱ ହୋଇଣ ପଦ ବଖାଣିଲା ଶାହାସ୍ର ଲିହିଲା ସେହି ।୧୬।
ଅବୋଧ ଆତ୍ମାଙ୍କୁ ବୋଧକରେ ଯେହୁ ସେହୁ କରି ଅର୍ଥଭେଦ ।
ପାପପୁଣ୍ୟ କଥା ବିଚାରଣ କରି ଯେ ବାନ୍ଧେ ନିର୍ଗୁଣପଦ ।୧୭।
ସେହି ଲୋକମାନେ ଅନ୍ୟାୟ କରନ୍ତି ଅଛି କେଉଁ ବେଦବାକ୍ୟେ ।
ଯେଉଁ ଲୋକ ସୁଧା ପାନ କରୁଥାଇ ବିଷ୍ଠା କି ଭୁଞ୍ଜଇ ମୁଖେ ।୧୮।

ଏମନ୍ତ କଥାକୁ ଗୁରୁଦେବ ସାକ୍ଷୀ ଆର ସାକ୍ଷୀ ତ୍ରୟୋଦଶେ।
ଜାଣିବାର ଲୋକେ ଅଜାଣିବା ହୋନ୍ତି କେଉଁ ବେଦଶାସ୍ତ୍ର ବଶେ ।୧୯।
ନିଃଶବ୍ଦ ମନ୍ଦିରେ ମହାବ୍ରହ୍ମପରେ କରିଅଛି ଜୀବ ଆଶ।
ଭଣେ ଭୀମଭକ୍ତ ତେରଶତ ପଦେ ଅଭୟପଞ୍ଜରେ ବାସ ।୨୦।

•

ଛଷଠୀ ବୋଲି

ଯେଉଁ ଲୋକମାନେ ସଦା ସରବଦା ଏପରି ଲକ୍ଷଣେ ଥାନ୍ତି।
ସେହି ଲୋକମାନେ ପାପପୁଣ୍ୟ କଥା ନଜାଣିବା ପରା ହୋନ୍ତି ।୧।
ଯେଉଁ ପ୍ରାଣୀମାନେ ସତ୍ୟଧର୍ମ ଧରି ଗୁରୁସେବା କରୁଥାନ୍ତି।
ସେହି ଲୋକ ପରା ଅନ୍ୟାୟ ଆଚରି ଦାରୀଚୋରି କରିଯାନ୍ତି ।୨।
ଯାହାର ହୃଦରେ ଶାନ୍ତଶୀଳ ଦୟାକ୍ଷମା ଧର୍ମ ଥାଇ ମୁଖେ।
ସେମାନେ ପରା ଅକର୍ମ ଆଚରନ୍ତି ଅସତ୍ୟ କହନ୍ତି ମୁଖେ ।୩।
ଯାହାର ଆଗରେ କୋଡ଼ିଏ ଜନମ ପାପ ଦୋଷମାନ ପୋଡ଼େ।
ଯାହାର ମୁଖେ ବ୍ରହ୍ମବାକ୍ୟ ପ୍ରକାଶେ ପାପପଙ୍କରେ କି ପଡ଼େ ।୪।
କୋଟିଜନ୍ମ ପାପ କୋଟିଜନ୍ମ ଦୁଃଖ ଖଣ୍ଡନ କରଇ ଯେହୁ।
ଯାହାର ଆଜ୍ଞାରେ ପାପଭାରା ପୋଡ଼େ ଅକର୍ମ କରେ କି ସେହୁ ।୫।
ଦୋଷ କରିଥିଲେ କ୍ଷମା ଯେହୁ କରେ ଯାର ବଚନେ ଉଦ୍ଧାର।
ପାପଦେଖେ ଯେହୁ ଜଡ଼ାଇ ପାରଇ ସେ କି କରେ ଅନ୍ୟାଚାର ।୬।
ବେଦପୁରାଣେ ଯାକୁ ଭଲ ବୋଲନ୍ତି ସେ କି ଅସାରକୁ ଯାଏ।
ତ୍ରିପୁରେ ଯାକୁ ସାଧୁସାଧୁ ବୋଲନ୍ତି ନୀଚ ବୁଦ୍ଧିରେ କି ଥାଏ ।୭।
ନରଦେବ ଦୁଇ ଏକ ମେଳହୋଇ କରନ୍ତି ଯାହାକୁ ପୂଜା।
ସେ କି ଅଜ୍ଞାନରେ ଗ୍ରହଣ କରଇ ପରର ପୁତ୍ର ଭାରିଯା ।୮।
ଧନ୍ୟ କଳିକାଳ ଧନ୍ୟ ତୋ ମହିମା ଧରି କରାଉଛି ଭୋଗ।
କଳିଯୁଗ ବୋଲି ପୁରାଣେ ରହିବ କାଳେ କାଳେ କଥା ଥିବ ।୯।
ଧନ୍ୟ କାଳପୁର୍ଷ ପାପୀଷ୍ଠ ମୂରତି ତ୍ରିଭୁବନ ଯା ଯା ଛାଡ଼ି।
ଏଡ଼େ ଦୁର୍ଦ୍ଦଣ୍ଡ ଅଟେ ପାପପୁରୁଷ ସତ୍ୟକୁ ଦେଇଛି ମାଡ଼ି ।୧୦।
ଶ୍ରୀଗୁରୁ କୃପାରେ ସହୁଛି ମୁଁ ନିନ୍ଦା ମୋର କିଛି ନାହିଁ ଦୋଷ।
ଆପଣା ବୁଦ୍ଧିରେ ଆପେ ପ୍ରାଣୀମାନେ ଇଚ୍ଛାସୁଖେ ଯିବେ ନାଶ ।୧୧।

ଧର୍ମ ଯେବେ ଥିବ ଅଧର୍ମୀମାନଙ୍କୁ ତ୍ରିକାଳେ ହେଲେ ଦଣ୍ଡିବ ।
ଆପଣା ପିଣ୍ଡପରାଣ ହତ ହୋଇ ନିଶ୍ଚୟେ କୁଳ ବୁଡ଼ିବ ।୧୨।
ସତ୍ୟ ଯେବେ ଥିବ ଅସତ୍ୟଜନଙ୍କୁ ଅବଶ୍ୟ ମାରିବ ମାଡ଼ ।
ସାନବଡ଼ କେହୁ ଆଣ୍ଟି ନ ପାରନ୍ତି ତାହାକୁ ନୁହନ୍ତି ବଡ଼ ।୧୩।
ଗୁରୁ ଯେବେ ଥିବେ ଗର୍ବିତା ଭାଙ୍ଗିବେ ଗାରିମା ଲୋକର ମତ ।
ଆପଣା ପାପେ ଆପେ ଖରାପ ହେବେ କାଳବଳେ ଯିବେ ହତ ।୧୪।
ପୁଣ୍ୟ ଯେବେଥିବ ପାତକୀ ପ୍ରାଣୀଙ୍କୁ ନିଶ୍ଚୟ ମିଳିବ ସଜା ।
ଅନନ୍ତ କେଶରୀ ମହାବ୍ରହ୍ମ ଗୁରୁ ଯେଉଁଦିନ ହେବେ ରଜା ।୧୫।
ଦଇବ ଥିଲେ ଦୁଷ୍ଟଙ୍କୁ ବିନାଶିବ ଉଶ୍ୱାସ କରିବ ମହୀ ।
ବ୍ରହ୍ମେ ଯେବେ ଲୋକ ଦୋଷୀ ହେଉଛନ୍ତି ଯୁଗଶେଷେ ଯିବେବହି ।୧୬।
ପର୍ମେଶ୍ୱର ଥିଲେ ପ୍ରକୃତି ପ୍ରାଣୀଙ୍କୁ ବିହିବେ ଅନେକ ଦଶା ।
କଳ୍ପନାରୁ କାଳଶର ଜାତହେବ ତାହାଙ୍କ କହିଲା ଭାଷା ।୧୭।
ଶୂନ୍ୟବାସୀ ଥିଲେ ସମସ୍ତଙ୍କୁ ଧରି ବୁଝିବେ ସେ ଏକାବେଳେ ।
କର୍ମେ ଯାହା ଥିବ ଗ୍ରାହିର୍ଯ୍ୟ ହୋଇବ ଆପଣ ଅର୍ଜିଲା ଫଳେ ।୧୮।
ପାପ କରିଥିଲେ ପାପକୁ ଭୁଞ୍ଜିବେ ପୁଣ୍ୟ ଥିଲେ ପୁଣ୍ୟଭୋଗ ।
ଚାରିଦ୍ୱାରେ ବୁଝାମଣା ହେଲାବେଳେ ଯାହା ସୁକୃତରେ ଥିବ ।୧୯।
ସୁଙ୍କ ସାଧୁନରେ ନବୋଲିବ ମୋର ମନେ କଲା ବୋଲି ରୋଷ ।
ଗୁରୁପାଦ ଧ୍ୟାୟି ଭଣେ ଭୀମଭୋଇ କିଛି ନାହିଁ ମୋର ଦୋଷ ।୨୦।

•

ସତଷଠୀ ବୋଲି

ଅଲେଖ ମହିମାସାଗର ନାମକୁ ତ୍ରିଭୁବନଯାକ ଭଜ ।
ସକାଳରୁ ସ୍ନାନକର ବୋଇଲାକୁ ବୋଇଲେ ମାଡୁଛି ଲାଜ ।୧।
ଅବଧୂତ ଦୀକ୍ଷା ନିରିବେଦ ଧର୍ମ ଥରେ ହେଲେ ଡାକମୁଖେ ।
ଦର୍ଶନକରି ପାଦରେଣୁ ପାଇଲେ ବୋଇଲେ ହସିବେ ଲୋକେ ।୨।
ଏ କଳି ଯୁଗରେ ନାମ ନଭଜିଲେ ପଡ଼ିବ ଦେବୀ ଖର୍ପର ।
ବୋଇଲେ ଏରୂପେ ମରିଯିବୁ ପଛେ ନିନ୍ଦା କରିଲେ ଅପାର ।୩।
ସାରଧର୍ମ ଏହି ନଜାଣନ୍ତି କେହି ଆଶ୍ରେକର ତତ୍ତ୍ୱ ବୁଝି ।
ଏଡ଼େ ହରବର କେ ହେବ ଆମ୍ଭର ବୋଇଲେ ନପାରୁ ଭଜି ।୪।

ଗ୍ରାମ ବନେ ପଶି ବୁଝାଇ କହିଲି ସତ୍ୟ ଅନୁସର ତୁମ୍ଭେ ।
ତୁମ୍ଭେ ଯାହା ବ୍ରହ୍ମଜ୍ଞାନ ବତାଉଛ ବୋଇଲେ ନମାନୁ ଆମ୍ଭେ ।୫।
ଜପତପ ମାଳ ମନ୍ତ୍ର ଗଡ଼ାଇବୁ ନଲାଗେ ଟଙ୍କା କଉଡ଼ି ।
ବୋଇଲେ ଜାତିଭାଇ ବନ୍ଧୁମାନଙ୍କୁ ନପାରୁ ତାହାଙ୍କୁ ଛାଡ଼ି ।୬।
ଘରେଘରେ ପୁରେପୁରେ ଯାଚି ଦ୍ୟନ୍ତି ନାମ ନ ଧରିଲେ କେହି ।
ବୋଇଲେ ସର୍ବଘରେ କେହି ଖାଇବ ଯିବୁ କିରସ୍ତାନ ହୋଇ ।୭।
ପୁରୁଷମାନଙ୍କୁ ବୋଇଲୁ ହେ ତୁମ୍ଭେ ଘରଦ୍ୱାର କରିଥାଅ ।
ରତୁମତ ଧରି ସ୍ତିରୀସଙ୍ଗ କରି ବ୍ରହ୍ମଜ୍ଞାନ ମନ୍ତ୍ର ନିଅ ।୮।
ସେ ବୋଇଲେ ଆମ୍ଭେ ଖାଇବା ପିଇବା କମାଣିର କଥା ଜାଣୁ ।
ପାଞ୍ଚମାଣ ପାଞ୍ଚବୋଡ଼ି ଘରେ ଥିଲେ ଆଉ କାହାକୁ ନଗଣୁ ।୯।
ସ୍ତିରୀଙ୍କୁ ବୋଇଲୁ ନାମ ଆଶ୍ରେ କରି କର ଗୃହ ଧର୍ମ କୀର୍ତ୍ତି ।
ପତିସେବା କଲେ ପୁତ୍ରବତୀ ହେବ ବୋଲାଇବ ଯଦି ସତୀ ।୧୦।
ଗୁରୁଧର୍ମ ଯେବେ ଗୃହରେ ପାଳିବ କୁଟୁମ୍ବଯାକ ତରିବ
ସେବା ଭକ୍ତିରେ ପୁଣ୍ୟଧର୍ମ ବଢ଼ିଲେ ପୁରୁଷ ଉଦ୍ଧାର ହେବ ।୧୧।
ସେ ବୋଇଲେ ଆମ୍ଭେ ସ୍ତିରୀଜାତି ହୋଇନାହୁଁ ନାମ ପାରୁ ଭଜି ।
ମାଇ ଅଣ୍ଡିରା ଦୁହେଁ ପରା ଭଜିଲେ ଯାନ୍ତି ପରାଗୃହ ତେଜି ।୧୨।
ପତିପାଦେ ସେବା କରିନାହିଁ ପାରୁ ନ ଚାଲୁ ରତୁମତରେ ।
ପତି ପତ୍ନୀ ହୋଇ ଗୃହ କରିବାର ଏତିକି ଏହି ସଂସାରେ ।୧୩।
ଜ୍ଞାନ ନାହିଁ ଜାଣୁ ଏକ କଥା ଜାଣୁ ସୁରତି ସଙ୍ଗମ ସଧ ।
ଦିବସକେ ଚାରିଥର ରତିକଲେ ତେବେ ମନ ତେବେ ନହେ ବୋଧ।୧୪।
ପୁତ୍ର ଦୁହିତା ଗୁଡ଼ାକ ଜାତ କଲେ ସେଇଟି ଆମ୍ଭର ସବୁ ।
ଲୋକହସା ହଟହଟା ହୋଇବାକୁ ହୋଇବାକୁ କିମ୍ପା ମହିମା ଭଜିବୁ ।୧୫।
ପୁତ୍ର ଦୁହିତା ବନ୍ଦାପନା କରି ଯେ ନୋହିବ ଏହି ସଂସାରେ ।
ଅକୁଳ ଅଥଳ ହେଲେ ବୋଲି ଲୋକେ ନ ଆସିବେ ଆମ୍ଭ ଘରେ ।୧୬।
ପୁତ୍ରର ନିମନ୍ତେ ବଧୂ ନ ମିଳିବ ଝିଅର ନୋହିବ ବର ।
ସମସ୍ତେ ଆମ୍ଭଙ୍କୁ ଭଲ ବୋଲୁଛନ୍ତି ପଛେ ବୋଲିବେ ଅସାର ।୧୭।
ଆୟ ଅଳଙ୍କାର ଅଙ୍ଗରେ ଲଗାଇ ଖାଇବା ପିନ୍ଧିବା ଜାଣୁ ।
ତୈଳ ହରିଦ୍ରାରେ ସୁନ୍ଦର ଦିଶୁଛି ବହିଅଛୁ ଯୁବାତନୁ ।୧୮।

ଏ ବୟସେ ରତିସୁଖ ନ ପାଇଲେ ଜୀବ ହେଲା ଅକାରଣ।
ସ୍ତିରୀ ଅଙ୍ଗ ଲଭି କି କାର୍ଯ୍ୟ ହୋଇବ ବହି ଜାନୁ ଯଉବନ ।୧୯।
ଅଲେଖ ମହିମା ବୋଇଲେ ଆମ୍ଭଙ୍କୁ ଅସୁଖ ଲାଗୁଛି ଚିତ୍ତେ।
କହେ ଭୀମ ଭୋଇ ଗୁରୁପାଦ ଧ୍ୟାୟି ନ ବୁଝିଲେ ସ୍ତିରୀ ଯେତେ ।୨୦।

•

ଅଠଷଠୀ ବୋଲି

ବୃଦ୍ଧମାନଙ୍କୁ ମୁଁ ବୁଝାଇ କହିଲି ଏ ଧର୍ମକୁ ଆଶ୍ରେ କର।
ଏ କଳି ଯୁଗରେ ଏହି ନାମ ସାର ଭବାର୍ଣ୍ଣବୁ ହେବ ପାର ।୧।
ଆତ୍ମା ଭକ୍ତି କଲେ ଉଦ୍ଧାର କରିବେ ଅଲେଖ ମହିମା ଗୁରୁ।
ଏ କଳିଯୁଗରେ ଦେହଧାରୀ ହୋଇ ଆସିଅଛନ୍ତି ଶୂନ୍ୟରୁ ।୨।
କ୍ଷୀରସିନ୍ଧୁ ବାସୀ ଅନନ୍ତ ଈଶ୍ୱର ହୋଇଛନ୍ତି ଅବତାର।
ହେଳାକଲେ ସର୍ବେ ଭେଳା ବୁଡ଼ିଯିବ ବେଳ ଥାଉଁ ଆଶ୍ରେ କର ।୩।
ବୃଦ୍ଧେ ବୋଇଲେ ତୁମ୍ଭେ ଯାହା କହିଲ ଉଚିତ ପ୍ରମାଣ ସତ।
ବଳବୀର୍ଯ୍ୟ ସବୁ ଗଲାଣି ଅଙ୍ଗରୁ ହୋଇଲୁଣି ଅଶକତ ।୪।
ଅଲେଖ ମହିମା ବୋଲିବାର କଥା କେବେ ନାହିଁ ଶୁଣିଥିଲୁ।
ବେଦଶାସ୍ତ୍ରେ ଏହା ଦେଖାହିଁ ନ ଥିଲା ଶୁଣି ଆଚମ୍ଭିତ ହେଲୁ ।୫।
ବାପ ଅଜା ଆମ୍ଭ ବଡ଼ ବଡ଼େ ଥିଲେ ଏ ପଥେ କେହି ନ ଯାଇ।
ଏତେବେଳେ ଆମେ ମହିମା ଭଜିବା କେବଣ ପରତେପାଇ ।୬।
ଏହି ଧର୍ମ କଲେ ସକଳ ଗୃହରେ ଖାଆନ୍ତି ପରା ସମସ୍ତେ।
ପିତୃ-ପିତାମହ ପିଣ୍ଡ ପାଣି ଦେଲେ ନ ପାଇବେ ଆମ୍ଭ ହସ୍ତେ ।୭।
ମହିମା ଧର୍ମରେ କ୍ରିୟା କର୍ମ ନାହିଁ ସର୍ବେ ଯେମନ୍ତ ଭଜିବୁ।
ମରିଗଲେ ଆମ୍ଭେ ଅଶୁଦ୍ଧ ହୋଇବୁ ଭୂତ ପ୍ରେତ ବୋଲାଇବୁ ।୮।
କିରସ୍ତାନ ମତ କିମ୍ପାଇ କରିବୁ ମରିବାକୁ ଦିନେ ଅଛି।
ବୁହାପୋଡ଼ା ଆଉ କେହି ନ କରିବେ ହୋଇଯିବୁ ପୋକ ମାଛି ।୯।
ପ୍ରାଣ ଯିବ ପଛେ ମହିମା ନ ଭଜୁ ମୁକତି ନ ଲୋଡୁ ଆମ୍ଭେ।
ଆମ୍ଭେ ପଛକେ ସମସ୍ତେ ମରିଯିବୁ ଜୀଇବ ସଂସାରେ ତୁମ୍ଭେ ।୧୦।

ଯାହା ବୋଇଲ ଏତିକି କହିଥାଅ ଆଉ ନ ଶୁଣିବୁ କର୍ଣ୍ଣେ।
ହାଡ଼ି ଚଣ୍ଡାଳିଆ କର୍ମ କରିବାକୁ କେହୁ କଳପିବ ମନେ ।୧୧।
ପିତୃ ଲୋକମାନେ ପିଣ୍ଡ ନ ପାଇବେ ଅକାରଣ ହେବ ସବୁ।
କୁଟୁମ୍ବ ପୋଷିବାକୁ ଠକ ହୋଇଲ ମିଛ କହୁଅଛ ବାବୁ ।୧୨।
ତୁମ୍ଭେ କାହିଁ ବ୍ରହ୍ମଜ୍ଞାନକୁ ଜାଣିଲ ବୃଦ୍ଧ ହୋଇ ନ ଜାଣୁଛୁ।
ଶଏ ଷାଠିଏ ବରଷ ହୋଇଲାଣି ଏତେ ଦିନୁ ଆମ୍ଭେ ଅଛୁଁ ।୧୩।
ତୁମ୍ଭର ବାପ ଅଜାଙ୍କୁ ଜାଣୁ ଆମ୍ଭେ ତାଙ୍କ ପୁତ୍ର ନାତି ତୁମ୍ଭେ।
କାଲିତ ଜନମ ହୋଇଛ ଦେଖିଛୁ କେତେ କହୁଛ ଆରମ୍ଭେ ।୧୪।
ସମସ୍ତ ବୃଦ୍ଧଜନ ଏହା ବୋଇଲେ ସେଠାବରୁ ପଳାଇଲୁଁ।
ପଶ୍ଚାତେ ଆମ୍ଭଙ୍କୁ ଦୋଷ ନାହିଁ ଦେବ ଡାକିକରି କହିଦେଲୁଁ ।୧୫।
ବାଳକମାନଙ୍କୁ ବୁଝାଇ କହିଲୁ ମହିମା ନାମକୁ ଭଜ।
ଏକ ମନ ହୋଇ ଶୁଣସିରେ ବାବୁ ଖେଚଡ଼ ବୁଦ୍ଧିକି ତେଜ ।୧୬।
ବାଳକ ଦିନରୁ ଗୁରୁସେବା କରି ସତ୍ୟାଦି ପଥରେ ଚାଲ।
ଅନ୍ୟାୟ ଅକର୍ମ ନ କରିବ ଯେବେ ନ ଛୁଇଁ ପାରିବ କାଳ ।୧୭।
ଧର୍ମ ଆଶ୍ରେକଲେ ମୁକତି ପାଇବ ଗୁରୁ ପ୍ରସନ୍ନେ ତରିବ।
ଗୁରୁ ବଚନ ଶିର ପରେ ବହିଲେ ବ୍ରହ୍ମଜ୍ଞାନୀ ବୋଲାଇବ ।୧୮।
ବେଳହୁଁ ଯେହୁ ମହିମା ଭଜିଥିବ ମହୀ ମଣ୍ଡଳେ ରହିବ।
ଏ ଘୋର କଳିଯୁଗରୁ ପାର ହୋଇ ସତ୍ୟଯୁଗକୁ ପାଇବ ।୧୯।
ଗୁରୁ ସେବା କଲେ ଖାଇବାକୁ ମିଳେ ଶୁଣ ଶୁଣ ଆରେ ଭାଇ।
ଗୁରୁପାଦ ଧ୍ୟାୟି କହେ ଭୀମ ଭୋଇ ଶିଶୁଙ୍କ ମେଳରେ ଥାଇ ।୨୦।

●

ଅଣସ୍ତରୀ ବୋଲି

ବାଳକ ବୋଇଲେ ଶୁଣସି ହୋ ବାବା ଅଜ୍ଞାନ ଆମ୍ଭର ବୁଦ୍ଧି।
କିସ କିସ ତୁମ୍ଭେ ଆମ୍ଭଙ୍କୁ କହୁଛ ବୁଝି ନ ପାରୁଛୁ ଭେଦି ।୧।
ଏ ବୟସେ ଆମ୍ଭ ଚଞ୍ଚଳ ଯେ ମତି ଅଟୁ ଆମ୍ଭେ ବାଳ ଭୋଳା।
ପାପ ପୁଣ୍ୟ କଥା କିଛି ହିଁ ନ ଜାଣୁ ଖାଇ ଖେଳି ଦିନ ଗଲା ।୨।

କେଉଁ କଥା ପାପ କେଉଁ କଥା ପୁଣ୍ୟ ନୁହେଁ ଆମ୍ଭଙ୍କୁ ଗୋଚର ।
ଖେଚଡ଼ ପ୍ରକୃତି ବୁଦ୍ଧି ଅଟେ ଆମ୍ଭ ଅନୁକ୍ଷଣେ ହରବର ।୩।
ଖଜା ଭୁଜା ଭାତ ତୁଣ କ୍ଷୀରି ପିଠା ଖାଇଲେ ଆମ୍ଭେ ଆନନ୍ଦ ।
କର୍ମ ଅକର୍ମ ବୁଦ୍ଧି କେମନ୍ତ ଅଟେ ନାହିଁ ଜାଣୁ ଭଲ ମନ୍ଦ ।୪।
ସୁବୁଦ୍ଧି କୁବୁଦ୍ଧି କାହାକୁ ବୋଲନ୍ତି ନୁହଇ ଆମ୍ଭଙ୍କୁ ଜଣା ।
ଶିଶୁମେଳରେ ବହୁତ ସ୍ନେହ ଭରେ ଖେଳିବା କଥା ଭାବନା ।୫।
ଆମ୍ଭେ ବୋଇଲୁ ତୁମ୍ଭେ ଯାହା କହିଲ ଉଚିତ ପ୍ରମାଣ ସତ ।
ବାଳକମାନେ ସର୍ବ ଶୁଭରେ ଥାଅ ପାଇ କଲ୍ୟାଣ ବାଞ୍ଛିତ ।୬।
ତୁମ୍ଭଙ୍କୁ ପାପ ପୁଣ୍ୟ କିଛି ନ ଲାଗେ ଅଜ୍ଞାନ ହେଉଛ ଯେଣୁ ।
ଗୁରୁଙ୍କ କୃପା ତୁମ୍ଭଙ୍କୁ ହୋଇଥାଉ ବାହୁଡ଼ି ଅଇଲୁ ତେଣୁ ।୭।
ଜଣେ ଜଣେ ଆମ୍ଭେ ବୁଝାଇ କହିଲୁ ନୀଚ ଉଚ୍ଚ ପରିଯନ୍ତେ ।
ଏହି ଧର୍ମକୁ ସମସ୍ତେ ଆଶ୍ରେ କର ଶୂଦ୍ର ଚାଣ୍ଡାଳ ସହିତେ ।୮।
ରାଜା ବ୍ରାହ୍ମଣଙ୍କୁ ବତାଇ କହିଲୁ ଏହି ଧର୍ମ ତୁମ୍ଭେ କର ।
ଏ କଳିଯୁଗରେ ଏହି ଏକା ନାମ ଆଉ ନାହିଁ ନା ସଂସାର ।୯।
ମାତୃହରଣ କରିଥିବ ଯେ ଜନ ଏ ଧର୍ମେ କ୍ଷମା ପାଇବ ।
ଗୁରୁ ଅଗ୍ନି ରୂପ ମୂରତି ଅଟନ୍ତି ପାପଭାରାହିଁ ପୋଡ଼ିବ ।୧୦।
ସୁରାପାନ କରିଥିବ ଯେଉଁ ଜନ କାଟ ହୋଇବ ଦୂରିତ ।
ଏହି ଧର୍ମକୁ ଆଶ୍ରେ କଲା ମାତ୍ରକେ ମୁକ୍ତି ହେବ ପରାପତ ।୧୧।
ବାଳହତ୍ୟା ଦୋଷ କରିଥିବ ଯେହୁ ପୋଡ଼ିବ ଯେ ପାପମାନ ।
ଗୁରୁଙ୍କୁ ସେବା ଯେହୁ କରିପାରିବ ମୋକ୍ଷହେବ ସେହୁଜନ ।୧୨।
ସ୍ତିରୀହତ୍ୟା ପାପ ଯେହୁ କରିଥିବ ମୋକ୍ଷ ହେବ ଏହୁ ଧର୍ମେ ।
ଜନମଯାକ ତା ଗୁରୁସେବା କରି ଚିତ୍ତ ରଖିଥିବ ନାମେ ।୧୩।
ଅଜ୍ଞାନରେ ଯେତେ ପାପ କରିଥିଲେ ଏ ଧର୍ମେ ହୋଇବ କ୍ଷୟ ।
ଗୁରୁବ୍ରହ୍ମ ଯେବେ ସୁଦୟା କରିବେ ନ ଥିବ ମନରେ ଭୟ ।୧୪।
ବ୍ରାହ୍ମଣ ହୋଇ ଶୂଦ୍ର ଯୋନିରେ ଇନ୍ଦ୍ରି ବଳାଇଥିବ ଯେମନ୍ତେ ।
ଧର୍ମ ଆଶ୍ରେ କଲେ ସେହି ପାପମାନ ଖଣ୍ଡନ ହେବ ତୁରିତେ ।୧୫।
ରାଜାମାନେ ପ୍ରଜା ସ୍ତିରୀ ହରିଥିଲେ ସେହିପାପ ଯେବେ ଥିବ ।
ଏହି ଧର୍ମକୁ ଆଶ୍ରେ କରି ପାରିଲେ ଗୁରୁ ଆଜ୍ଞାରେ ପୋଡ଼ିବ ।୧୬।

ଗଣ୍ଡାଏ ଯୁଗକୁ ଗଣ୍ଡାଏ ଗଣ୍ଡାଏ ଭଜନା ତିଆରି କରି।
ସନ୍ଥଜନ ଦୁଷ୍ଟ ସମସ୍ତେ ତୁରନ୍ତ ହୃଦୟପଦ୍ମେ ବିଚାରି ।୧୭।
ବୃତ୍ତିକେ ଚାରିଗୋଟି ଲେଖେ ଭଜନା ଉତ୍ତୁରାଇ କରି ଭାଗ।
ଘେନ ଘେନ ବୋଲି ସକଳ ଜନକୁ ବାଣ୍ଟିଦେଇ ଚାରିଭାଗ ।୧୮।
ଯେହ୍ନୁ ଇଚ୍ଛା ସେହ୍ନୁ ନାମକୁ ଭଜିଲେ ଏଥି କିଛି ଦୋଷ ନାହିଁ।
କି ଅବା ସ୍ତିରୀ ସେ କି ଅବା ପୁରୁଷ ଯେ ଜନ ପାରିବ ଧ୍ୟାୟି ।୧୯।
ଆତ୍ମା ଭଗତିରେ ଦୋଷାଦୋଷ ନାହିଁ ନୀଚ ଉଚ୍ଚ ସବୁ ସମ।
ଭଣେ ଭୀମ ଭୋଇ ଗୁରୁପାଦ ଧ୍ୟାୟି ନିର୍ଗୁଣ ଏ ନାମ ବ୍ରହ୍ମ ।୨୦।

•

ସତୁରୀ ବୋଲି

ଅନେକ ପ୍ରକାର ବୁଝାଇ କହିଲି ଗୁରୁଧର୍ମ ନ୍ୟାୟ ପଥ।
ଅପ୍ରତେ କରିଣ ହୃଦରେ ବସିଛ ମନରେ ନ କର ସତ ।୧।
ଛତିଶ କୁଳ ଯେ ବାଉନ ପାଟକ ଯେତେ ଅଛନ୍ତି ସଂସାରେ।
ସର୍ବେ ନାହିଁ ନାହିଁ ବୋଇଲେ ମୁଖରେ ନ ପଶିଲେ ଏ ଧର୍ମରେ ।୨।
ଆପଣା ଦୁଃଖ ସୁଖେ ସର୍ବେ ମଜ୍ଜିଲେ ଧର୍ମରେ ନ କଲେ ଚିନ୍ତା।
ବେଦ ଶାହାସ୍ତ୍ର ବଚନକୁ ସମସ୍ତେ ମଣିଲେଣି ବିଷ ପିତା ।୩।
ବ୍ରହ୍ମାଣ୍ଡରେ ପାପଭାରା ହୋଇଲାଣି କେମନ୍ତ କରିବି ସ୍ୱାମୀ।
ସନ୍ଥା ସାଧୁ କେହି ରହି ନ ପାରିଲେ ଜାଗା ନାହିଁନି ମେଦିନୀ ।୪।
ଏବେ ପାପଭାରା ପୂରି ରହିଅଛି କେମନ୍ତେ ସ୍ଥାପନା ହେବ।
କେଉଁ ଧର୍ମରେ ଦୂରିତ ନାଶ ହେବ ମୋ ଆଗେ ତାହା କହିବ ।୫।
ଏ କଳିଯୁଗରେ ମନୁଷ୍ୟ ଯେତେକ ବହୁତ ଆଧାର ଖାଇ।
ପ୍ରକୃତିରେ ସର୍ବ ବଶ ହୋଇଛନ୍ତି ଅତି ଉନ୍ମାଦ ହୋଇ ।୬।
ଜାତି ଅଜାତି କେହି ନାହିଁ ପାରିଲେ ଗୃହେ ଗୃହେ ସର୍ବେ ପଶି।
ପାପ ପୁଣ୍ୟକୁ କାହାରି ଭୟ ନାହିଁ ସମସ୍ତେ ଗଲେଣି ଭାସି ।୭।
ଚାରିବେଳ ଖାଇ ପ୍ରକୃତି ବଳରେ ପାଞ୍ଚ ବେଳ କଲେ ରତି।
ପ୍ରକୃତି ମତରେ ସର୍ବେ ବଶ ହେଲେ ଏଣୁ ବଢ଼ିଲା ଅକୀର୍ତ୍ତି ।୮।

କାହାକୁ କେହି ନ ମାନିଲେ ସଂସାରେ ଜାତି କୁଳ ବୁଡ଼ାଇଲେ ।
ଜାତି ଏକ ଜାତି ଏକ ଏକଠାରେ ରକ୍ତ ମାଂସ ବୁଡ଼ାଇଲେ ।୯।
କାହାରି ଜାତି କେହି ଯେ ନ ରଖିଲେ ବୁଡ଼ିଲ ବେଦ ଆଚାର ।
ତିନି ବ୍ରହ୍ମାଣ୍ଡରେ ଯେତେ ଦେହଧାରୀ ସର୍ବେ ହେଲେ ଏକାକାର ।୧୦।
ବାହ୍ୟ ମତକୁ ବଚନ କହୁଛନ୍ତି ଆମେ ବଡ଼ ବଡ଼ ଜାତି ।
ଗୁପତେ ଗୁପତେ ସବୁ ସରିଲାଣି ପ୍ରକୃତିରେ ଛନ୍ତି ମାତି ।୧୧।
ଛତିଶ କୁଳ ଯେ ବାଉନ ପାଟକ ଜାତି ବୋଲା ନାହିଁ ଯାଏ ।
ପାଣି ଅନ୍ତର ପାଟକ ସିନା ଏହୁ ସୁପଣ୍ଡିତେ କର ନ୍ୟାୟେ ।୧୨।
ତିନି ବ୍ରହ୍ମାଣ୍ଡରେ ଲୋଡ଼ି ଆସ ତୁମ୍ଭେ ଏକ ଜଣ ଏକ ଜାତି ।
ସେହି ସବୁଙ୍କୁ ଶତ ଜାତି କରିଛି ତାହାର ରଚିଲା ପୃଥ୍ୱୀ ।୧୩।
ସ୍ତିରୀ ପୁରୁଷ ଦୁହିଁକି ଗଢ଼ିଅଛି ଯୋଡ଼ିଏ ସ୍ୱରୂପ ଦେଖ ।
ଦ୍ୱିତୀୟ ଜାତିରୁ ତିନି ଜାତି ନାହିଁ ସୁଜନେ କର ବିବେକ ।୧୪।
ପାଣି ପବନରୁ ସଞ୍ଚରି ଅଛନ୍ତି ଦେହଧାରୀଛନ୍ତି ଯେତେ ।
ସ୍ଥାବର ଜଙ୍ଗମ କୀଟରୁ ପତଙ୍ଗ ଚଳ ଅଚଳ ସହିତେ ।୧୫।
କେଉଁ ରୂପେ ପାପଭାରା ତୁଟାଇବ ବିଚାର ହେ ଗୁରୁଦେବ ।
କଳିଯୁଗ ଆସି ଶେଷ ହୋଇଲାଣି କେଉଁ ଗତି ରୀତି ହେବ ।୧୬।
ବ୍ରହ୍ମାଣ୍ଡକୁ ମୋର ବୁଦ୍ଧି ପାଉନାହିଁ ସାଗର ହୋଇଛି ପାପ ।
ମେଦିନୀରେ ଯେତେ ଥିଲେ ଆକାଶକୁ ଉଠିଲେଣି ଦେବଲୋକ ।୧୭।
ରମ୍ଭାତରୁ ପ୍ରାୟେ ତ୍ରିଭୁବନ ମହୀ ଥର ହର କମ୍ପୁଅଛି ।
ଏକ ପାଦେ ଉଭା ହୋଇ ସତ୍ୟ ଧର୍ମ ଚାରିଦିଗେ ଚାହୁଁ ଅଛି ।୧୮।
କାହୁଁ ମୁଁ ଅଇଲି କେଉଁ ପଥେ ଯିବି ବୋଲି କରୁଛି ରୋଦନ ।
ପାତକ ଭାରାରେ ଆକୁଳ ହେଉଛି ଉର୍ଦ୍ଧ୍ୱକୁ କରି ବଦନ ।୧୯।
ତ୍ରିଭୁବନ ଭାରା ସକଳ ସମର୍ପି ଅନୁସରି ଗୁରୁପାଦେ ।
ଭଣେ ଭୀମ କନ୍ଧ କବିକୁଳ ଚାନ୍ଦ ଚତୁର୍ଦ୍ଦଶ ଶତ ପଦେ ।୨୦।

•

ଏକସ୍ତରୀ ବୋଲି

ଜୟ ଜୟ ପ୍ରଭୁ ଅଲେଖ ପୁରୁଷ ଅନାଦି ଈଶ୍ୱର ହରି ।
ଦୁରିତ ନାଶନ ବାନା ବହିଅଛ ଦୁର୍ଗତି ଖଣ୍ଡ ମୋହରି ।୧।
ଅନନ୍ତ ପୁରୁଷ ଅନ୍ତର୍ଯ୍ୟାମୀ ନାଥ ଅନ୍ତର୍ଗତ ଦୁଃଖ ଜାଣ ।
କରପତ୍ର ଶିରେ ଯୋଡ଼ି ଜଣାଉଛି ଏ ମୋର ବିନତି ଘେନ ।୨।
ଶତଜନ୍ମଠାରୁ କର୍ମ ଅକର୍ମରୁ କରିଅଛି ଯେତେ ପାପ ।
ଅନ୍ତରୁ ବାହାରୁ ସର୍ବାଙ୍ଗ ଶରୀରୁ ନିବାର ହେଉ କଳଙ୍କ ।୩।
ଜାଣିବା ନ ଜାଣିବାର ଯେତେ ପାପ ଘୋଡ଼ାଅ ହେ ସଦଗୁରୁ ।
ତାଳୁ ପଦ ଅନ୍ତ ହୃଦୟ ନିର୍ମଳ କର ସର୍ବାଙ୍ଗ ଶରୀରୁ ।୪।
ଅଗ୍ନି ଅଙ୍ଗୀକାର ଗୁରୁବ୍ରହ୍ମ ଅଟେ ବ୍ରହ୍ମରେ ପୋଡ଼ାଅ ରୋଗ
ଏହି ଶରୀରୁ ନିର୍ମଳ ହୋଇଯାଉ ଯେତେଦିନ ଥିଲା ଯୋଗ ।୫।
ଏତେବେଳେ ରୋଗ ଭୋଗକୁ ନିବାର ରୋମ ଚର୍ମରୁ ପଳାଉ ।
ଏହି ଶରୀରେ ଏତିକି ହୋଇଥାଉ ଅନ୍ୟ ଅଙ୍ଗେ ଯାଇ ରହୁ ।୬।
ଅନନ୍ତ ମଣ୍ଡଳେ ରହିବାକୁ ତୋତେ ଗୁରୁଙ୍କ ହୁକୁମ ନାହିଁ ।
ଭିତରୁ ବାହାର ହୋଇ ଦୁଃଖ ରୋଗ ଯାଉ ଯହିଁ ଇଚ୍ଛା ତହିଁ ।୭।
ବେନିକର୍ଣ୍ଣେ ମୁହିଁ ଯାହା ଶୁଣିଅଛି ଦୋଷ ପାପ କଥା ଯେତେ ।
ହିଂସା କପଟ କୁଟିଳ ବାଦ ଛନ୍ଦ ଅସତ୍ୟ ମିଥ୍ୟା ସହିତେ ।୮।
ରାଗ ଅହଙ୍କାର କାମ କ୍ରୋଧ ଲୋଭ ଖଚ ମାୟା ଆଦିକରି ।
ବେନି କର୍ଣ୍ଣେ ମୋର ପୂରି ରହିଅଛି ସବୁ ପକାଅ ନିବାରି ।୯।
ଜଳର ପଙ୍କ ପ୍ରାୟେ ପାପ ବକଳ ସର୍ବାଙ୍ଗରେ ଅଛି ଘୋଟି ।
ଶୂନ୍ୟ ପୁରୁଷ ବିଚାରି ଦୟାକର ସବୁଯାକ ପଡ଼ୁ ଫିଟି ।୧୦।
ଗୁରୁ ଆଜ୍ଞାରେ ନିର୍ମଳ ହୋଇଯାଉ ଶ୍ରବଣେ ନ ରଖ କିଛି ।
ଜନମ ଦିନରୁ ମିଥ୍ୟା ପାପ କଥା ଯାହା ଯାହା ଶୁଣିଅଛି ।୧୧।
ବେନି ନେତ୍ରେ ମୋର ଯେତେ ପାପ ଅଛି ଖଣ୍ଡନ କର ଶ୍ରୀଗୁରୁ ।
ମୋହର ଅବସ୍ଥା ଦେଖି ବ୍ରହ୍ମଗୁରୁ ଦୟା ହେଉ ଶ୍ରୀଛାମୁରୁ ।୧୨।
ରୂପ ଗୁଣ ବର୍ଣ୍ଣ ଜାନୁ ଯଉବନ ନେତ୍ରେ ଯାହା ଅଛି ଦେଖି ।
ଶୋଭା ସୁନ୍ଦର ସୁରଙ୍ଗ ଦ୍ରବ୍ୟମାନ ଯାହା ଦେଖିଅଛି ଆଖି ।୧୩।

ବେଶ ଭୂଷଣ ବୟସ ଦ୍ରବ୍ୟମାନ ଭଲ ମନ୍ଦ ଆଦି ଯେତେ ।
କଳା ଗୋରା ରଙ୍ଗ ପିଙ୍ଗଳ ଶ୍ୟାମଳ ଦେଖିଅଛି ନେତ୍ରପଥେ ।୧୪।
ଏ ପାତକମାନ ନେତ୍ରେ ଘୋଟିଅଛି କୁହୁଡ଼ି ଜାଲ ପରାୟେ ।
ବ୍ରହ୍ମଧୂନିରେ ଝସାଇ କ୍ଷମାକର ଅଣାକାର ବ୍ରହ୍ମମୟେ ।୧୫।
ଜନମ କାଳରୁ ଦେଖିଅଛି ରୂପ ତହିଁରେ ଯେତେ ପାତକ ।
କୁହୁଡ଼ି ଜାଲ ବକଳକୁ ଫିଟାଅ ଅଣାକର ଅନର୍ଯ୍ୟାପ ।୧୬।
ପ୍ରାନ୍ତରୁ ଯେସନ ଶିଶିର କୁହୁଡ଼ି ଆକାଶରେ ଥାଇ ଘୋଟି ।
ଅରୁଣ ତରାସ ପଡ଼ିଲେ ସେ ଯେହ୍ନେ ଚଉଦିଗ ଯାଏ ଫାଟି ।୧୭।
ସେହିପରି ମୋର ବେନି ନେତ୍ରେ ପାପ କୁହୁଡ଼ି ପ୍ରାୟେ ଘୋଟିଛି ।
ଏକ ରୂପ ଏକପାଦ ମହାବ୍ରହ୍ମ କୃପାହସ୍ତେ ଦିଅ ପୋଛି ।୧୮।
ଗୁରୁଙ୍କର ହସ୍ତ ପଡୁଅଛି ଯହିଁ ଜଡ଼ା କହୁଅଛି ବେଦ ।
ଏ ଛାର ବିଷୟ ଗୁରୁ ଶ୍ରୀଛାମୁକୁ କେତେ ଅବା ପରମାଦ ।୧୯।
ରବିତଳେ ଥାଇ ଶ୍ରୀଗୁରୁଙ୍କୁ ଧ୍ୟାୟି ମାନବ ତନକୁ ଧରି ।
କହେ ଭୀମଭୋଇ ଗୁରୁପାଦ ଧ୍ୟାୟି ଦିବାନିଶି ଅନୁସରି ।୨୦।

•

ବାସ୍ତରୀ ବୋଲି

ବେନି ନାସାରେ ଯେତେକ ପାପ ଅଛି ପୋଡ଼ାଅ ଗୁରୁ ଅଲେଖ ।
କଳିଯୁଗରେ ସବୁଠାରେ ପାତକ ଯାହା ପଡ଼ିଅଛି ମୁଖ ।୧।
ଗନ୍ଧ ପରକଟ ଭଲମନ୍ଦ ବାସ ସବୁ ଗ୍ରହଣ କରୁଛି ।
ସେହି ପାପମାନ ବେନି ନାସିକାରେ ବକଳ ପରାୟେ ଅଛି ।୨।
ନିର୍ମଳ କରି ଛଡ଼ାଅ ପାପପଙ୍କ ଚାହିଁ କରୁଣା ନୟନେ ।
ତ୍ରିକୂଟ ମଣ୍ଡଳେ ଯାହା ପୂରିଅଛି ବେନି ନାସାରନ୍ଧ୍ର ବନେ ।୩।
କୌଣସି ପ୍ରକାରେ ପାପ ତାପ ଭାରା ନିବାର ହେ ଗୁରୁଦେବ ।
ଜନମ ଦିନରୁ ଗନ୍ଧ ପରକଟ ଯାହା ଯାହା ପାଇଥିବ ।୪।
ଗୁରୁକୃପା ହେଲେ କେତେକ ମାତର ଚାହିଁଦେଲେ ଯିବ ଉଡ଼ି ।
ସୁଗନ୍ଧ ବାସନା ଲୋଭ ମୋହରେ ମୁଁ ବିଅର୍ଥେ ମରୁଛି ବୁଡ଼ି ।୫।
ଏଥିର ନିମନ୍ତେ ଶ୍ରୀଗୁରୁ ଛାମୁରେ ଜଣାଉଛି ବାରୁ ବାର ।
ବ୍ରହ୍ମ ଅନଳେ ଦହନ କରି ପାପ ଉଚିତରେ କ୍ଷମା କର ।୬।

ତୁଣ୍ଡର ପାତକ କହୁଅଛି ମୁହିଁ ନୁହଁଇ ହିସାବ କରି ।
ଜିହ୍ୱା ଅଗ୍ରେ ମୁହିଁ ଯାହା ଭାଷିଅଛି ଖଚମିଛ ଆଦିକରି ।୭।
ପାତକକୁ ମୋର ବ୍ରହ୍ମରେ ପୋଡ଼ାଅ ଅଛି ସର ପଙ୍କ ପ୍ରାଏ ।
ବ୍ରହ୍ମଅନଳେ ସବୁଯାକ ଜାଳିଣ ପବିତ୍ର କର ମୋ କାୟେ ।୮।
ଅସତ୍ୟ କହିବାକୁ ଭୟ ମାଡ଼ଇ କହିଥିବି ଅବା କେବେ ।
ଜନମ ଦିବସରୁ ପାପ ପ୍ରମାଦ ଭାଷିଅଛି ଯାହା ପୂର୍ବେ ।୯।
କେତେ ବଚନ ମୁଖରେ ପରକାଶ ନଦୀବଢ଼ି ପ୍ରାୟେ ଦେଖ ।
ଜିହ୍ୱା ଅଗ୍ର କଣ୍ଠଦ୍ୱାରେ ଯେତେ ପାପ ନିବାର ଗୁରୁ ଅଲେଖ ।୧୦।
ହୃଦୟ ପଦ୍ମରେ ପାପ ମୋର ଯେତେ ତାହା ବିସ୍ତାରି କହୁଛି ।
ହୋଇବା ନୋହିବା ଯେତେ କଥାମାନ ପଞ୍ଚଭୂତେ ବିଚାରୁଛି ।୧୧।
ପଞ୍ଚଭୂତ ମନ ପଚିଶ ପ୍ରକୃତି ମିଛକୁ କରି ପସରା ।
ସେହି ପାପମାନ ବାସ କରିଅଛି ହୃଦୟମଣ୍ଡଳେ ପରା ।୧୨।
ଗୁରୁ କୃପାବହି ଜ୍ଞାନକତୁରୀରେ ଛେଦ ଖଣ୍ଡଖଣ୍ଡ କରି ।
ହୃଦୟରେ ମୋର ପାପ ପୂରିଅଛି ଦିନୁଦିନୁ ମହାଭାରି ।୧୩।
ସେ ପାତକମାନ କ୍ଷମାକର ଏବେ ନିର୍ମଳ ହେଉ ଶରୀର ।
ପୁରୁଣା ହୋଇ ଯାହା ଯାହା ପଡ଼ିଛି ହୃଦରୁ କର ବାହାର ।୧୪।
ହୃଦରୁ ଉଶ୍ୱାସ ହେଉ ପାପବିଷ ହରଣ କରାଅ ସବୁ ।
ଦେବୀଦେବତା ମୁଁ କାହାକୁ ନଜାଣେ ତୁମ୍ଭେ ମୋର ବଡ଼ ପ୍ରଭୁ ।୧୫।
ତେଣୁ କରି ସିନା ତତ୍ତ୍ୱ ଚିତ୍ତେ ମୁହିଁ ଜଣାଣ କରୁଛି ଦୁଃଖ ।
ମୋ ଇଷ୍ଟ ଦେବତା ପ୍ରସନ୍ନ ହୋଇଲେ ହେବି ବୋଲି ନିଷ୍କଳଙ୍କ ।୧୬।
ବାଲ ପ୍ରାଏ ଏବେ ଛାଟି ରହିଅଛି ହୃଦର ପାପ ବେଦନା ।
ବିନା ଭୟ ଭୀତି ନଥାଇ କାହାକୁ ପଞ୍ଚଭୂତରେ ଭାବନା ।୧୭।
ଶିରୀଧର ସ୍ୱାମୀ ଅଲେଖ ପୁରୁଷ ଛତ୍ରପତି ଦଣ୍ଡଧାରୀ ।
ପାପ ପରମାଦ ବୁଝିବେ ବୋଲି ମୁଁ ଅନୁସରି ଅଛି କରି ।୧୮।
ଆଜ୍ଞାହେଲେ ମୋତେ କାରଣ ମିଳିବ ଆଶା କରିଅଛି ଭୃତ୍ୟ ।
ପାପପୁଣ୍ୟ ଯାହା ପ୍ରକାଶ କଲି ମୁଁ ଗୁରୁଦେବ ସାମରଥ ।୧୯।
ଗୁରୁପାଦ ଧରି ଭରସା ମୁଁ କରି ଶ୍ରୀଛାମୁରେ ନୀଚ ହୋଇ ।
ଭଣେ ଭୀମଭୋଇ ଶିରେ କରଦେଇ ସକଳ ସମର୍ପି ଦେଇ ।୨୦।

●

ଟେଷ୍ଟରୀ ବୋଲି

କଟୀ ଉଦର ନାଭିଚକ୍ରମଣ୍ଡଳେ ପୂରି ରହିଅଛ ରୋଗ ।
ବାତ ପିତ୍ତ ଆମ ଦଗଧ ପରାଏ କରୁଅଛି ଅଙ୍ଗେ ଭୋଗ ।୧।
କଫ କାଶ ଶେଲକ୍ଷମା ଯେ ଶରଦ ଗରମ ଲସମରୂପେ ।
ଶିଶିର ହେମ ପରାଏ ହୋଇ ଅଙ୍ଗେ ପୀଡ଼ା କରୁଛନ୍ତି କୋପେ ।୨।
ଜ୍ୱର ଶିରବ୍ୟଥା ପଖା ଯେ ପାରୁଶ ତଣ୍ଟି ଓଷ୍ଠ କଣ୍ଠ ପୀଡ଼ା ।
ଶିର ସାଙ୍କୋଳି ଗଣ୍ଠି ମୁଠିରେ ପୂରି ସର୍ବାଙ୍ଗେ ପଡ଼ିଛି ବେଢ଼ା ।୩।
ରୁଧିର ମାଏଁସ ରାମଚର୍ମେ ପୂରି ସର୍ବାଙ୍ଗ ଶରୀରେ ଘୋଟି ।
ପାପ ଦଉଡ଼ି ଜାଲ ଅଙ୍ଗେ ଘୋଟିଛି ଜୀବ ନ ପାରୁଛି ଉଠି ।୪।
ମଦାଙ୍ଗ ଲତା ପରାଏ ମହାପାପ ସର୍ବାଙ୍ଗ ଶରୀରେ ରହି ।
ଦିବସ ରଜନୀ ପୀଡ଼ା କରୁଅଛି ବଇରୀ ପରାୟ ହୋଇ ।୫।
କଷା ପିତା ଦୁଗ୍‌ଧ ମଧୁର ସହିତେ ସକଳ ମୁଁ ଅଛି ଖାଇ ।
ପୁଷ୍ପଫଳ ଡାଳ ପତର ସହିତେ ଯାହା ଭାଗ୍ୟରେ ମିଳଇ ।୬।
ଜଳ ଅନଳରେ ଯାହା ପାକ ହୁଏ ଆଧାର ବୋଲି ଭୁଞ୍ଜଇ ।
କଞ୍ଚା ଶୁଖା ଆଦି ଆମିଷ ସହିତେ ଶ୍ରୀଗୁରୁଙ୍କୁ ଟେକିଦେଇ ।୭।
ଉଦର ଅନ୍ତରେ ପୂରି ରହିଅଛି ଖାଦ୍ୟ ଅର୍ଥ ପାକ ଯେତେ ।
ଚକ୍ରପେଶି ଅନ୍ତଭିତରୁ ନିବାରି ଉଦ୍ଧାରିବା ହେଉ ମୋତେ ।୮।
ଉଦର ଖଣ୍ଡ ଅଟେ ବ୍ରହ୍ମାଣ୍ଡ ଭାଣ୍ଡ ଅଶେଷ ବ୍ୟାଧି ପୂରିଛି ।
ନିରୋଗୀ ପୁରୁଷ ଦୟାବହି ମୋତେ ନିର୍ମଳ କଲେ ହେଉଛି ।୯।
ବ୍ରହ୍ମଅଗ୍ନି ଜାଳି ଦୁରିତ ପୋଡ଼ାଅ ମନଭ୍ରମ ଚିନ୍ତା ଯାଉ ।
ଆଜ୍ଞାରେ ଶ୍ରୀଗୁରୁ କ୍ଷମା କରିନିଅ ଏତେବେଳରେ ନଥାଉ ।୧୦।
ଚିପି ଛାଣି ମାଜି ଧୋଇ ଅନ୍ତ ପିତ୍ତ ବ୍ରହ୍ମରେ ପଖାଳ ଧୁଅ ।
ମାୟା ନକରି ଏ ମାନବ ତନୁରୁ ପାରି କରି ମୋତେ ନିଅ ।୧୧।
ବାରମ୍ବାର ଶ୍ରୀଛାମୁରେ ଜଣାଉଛି ନରଖ ପାତକ କିଛି ।
ଅକଳଙ୍କ ହେବ ବୋଲି ପାପୀ ଜୀବ ଗୁରୁସେବା ଲାଗିଅଛି ।୧୨।
ଅନ୍ତର୍ଯ୍ୟାମୀ ପ୍ରଭୁ ନଜାଣ କି ତୁମ୍ଭେ କିସ ଜଣାଇବି ମୁହିଁ ।
ଉଦର ଅନ୍ତରେ ଯେତେ ପାପରୋଗ ନିବାର କର ଗୋସାଇଁ ।୧୩।

ଲିଙ୍ଗଚକ୍ରରେ ଯେତେକ ପାପ ଅଛି ପ୍ରକୃତିଗର ସ୍ୱରୂପେ ।
ରେତ ରସ ମୂତ୍ର ବିନ୍ଦୁ ଆଛଦିଛି ଏକାଦଶ ଇନ୍ଦ୍ରିମୁଖେ ।୧୪।
ଅନ୍ତରେ ବିଚାରି କଳ୍ପନା ଉଚ୍ଚାରି ଭାବି ମାୟାରୂପ ଗୁଣ ।
ଲିଙ୍ଗଚକ୍ରରେ ଆବୋରି ରହିଅଛି ପ୍ରକୃତିର ପାପମାନ ।୧୫।
ସେହି ଦୋଷମାନ ଏବେ କ୍ଷମାକରି ଭବାର୍ଣ୍ଣବ ଦୋଷ ହର ।
ସଦଗୁରୁ ବ୍ରହ୍ମ ଅନଳେ ପୋଡ଼ାଇ ଏ ଜୀବକୁ ରକ୍ଷାକର ।୧୬।
ଗୁରୁଦେବ ବିନୁ ପ୍ରକୃତିପାତକ ଅନ୍ୟରେ ନୁହଇ କ୍ଷମ ।
ଅଗ୍ନିରୂପ ହୋଇ ଉଦେ ହୋଇଅଛ ଅନାହତ ବାସୀ ବ୍ରହ୍ମ ।୧୭।
ନିବାର ନିବାର ନିର୍ମଳ କରିଣ ସର୍ବ ପାପ ଦୋଷମାନ ।
ଏକବ୍ରହ୍ମେ ମୁହିଁ ଏ ପିଣ୍ଡ ପରାଣ ସତ୍ୟରେ କରିଚି ଦାନ ।୧୮।
ଶୁଣ ସୁଜ୍ଞଜନେ ବୁଝାଇ କହୁଛି ସଦଗୁରୁ ସେବାକର ।
ଗୁରୁଙ୍କୁ ପ୍ରଭୁପଣହିଁ ବଡ଼ ନୁହେଁ ଆପଣା ମନେ ବିଚାର ।୧୯।
ଦୋଷ ଅପରାଧ କ୍ଷଏ ଯିବ ବୋଲି ଭରସା ମୋର ବହୁତ ।
ଗୁରୁପାଦ ଧ୍ୟାୟି ଭଣେ ଭୀମ ଭୋଇ ବ୍ରହ୍ମରେ ନିବେଶି ଚିତ୍ତ ।୨୦।

•

ଚଉସ୍ତରୀ ବୋଲି

ଗୁହ୍ୟ ଚକ୍ରର ଚରିତ ରୀତି ଗତି ଶୁଣିମା ଗୁରୁ ଅଲେଖ ।
ସେ ଦ୍ୱାରରେ ମଳମାଟି ଆଛାଦନ ତହିଁରେ ପାପ ଯେତେକ ।୧।
ଗହ୍ୟର ପାପରୁ ବ୍ୟାଧି ଜାତହୋଇ ପୀଡ଼ାକରେ ମଳଦ୍ୱାର ।
ଶତେ ଜନ୍ମଠାରୁ କର୍ମ ଅକର୍ମରୁ ପଡ଼ିଛି ମଳଭଣ୍ଡାର ।୨।
କହିଲା ବଚନ ନକହି ବୋଇଲେ ହୁଅଇ ଗୁହ୍ୟ ପାତକ ।
ସାଧୁମଣ୍ଡଳରେ ନବସି ଜାଣିଲେ ତହିଁର ଦୋଷ ଯେତେକ ।୩।
ସେ ଦୂରିତ ଯେତେ ମଳଦ୍ୱାରେ ଅଛି ମାଟିପଙ୍କ ପ୍ରାଏ ହୋଇ ।
ଏବେ ସେହିପାପ ନିବାର ଶ୍ରୀଗୁରୁ ସୁଚିତ୍ତରେ ଦୟାବହି ।୪।
ହରଣ କର ଏ ନବଦ୍ୱାର ପାପ ଯେ ରୂପେ ଯେ ହେବ କ୍ଷମା ।
ଆପେ ପିଣ୍ଡକୁ ଗଢ଼ିଛ ସଦଗୁରୁ ଜାଣ ଦ୍ୱାରର ମହିମା ।୫।

ବ୍ରହ୍ମଅନଳରେ ପୋଡ଼ାଅ ଦୂରିତ ଯାହା ଅଛି ନବଦ୍ୱାରେ ।
ବ୍ରହ୍ମକୁ କି ଅବା ଅଗୋଚର ହେବ ଯେ ଅଛନ୍ତି ଯେଉଁ ଘରେ ।୬।
ବେନି ପୟର ପାତକ ମୋର ଯେତେ ଶୁଣିମା ଶ୍ରୀଗୁରୁଦେବ ।
ପଥ ଚାଲିବାରେ ଦୃଶ୍ୟ ଅଦୃଶ୍ୟରେ ମାଡ଼ିଅଛି ଯେତେ ଜୀବ ।୭।
ଅଜ୍ଞାନ କାଳରେ ପିତାମାତା ଅଙ୍ଗେ ପଡ଼ିଅଛି ଏହି ପାଦ ।
ବାଳକ ବୋଲି ବିଚାରି ପିତାମାତା କ୍ଷମାକରି ଦେଲେ ବୋଧ ।୮।
ସେହି କଥାମାନ ବିଚାରିଲେ ଏବେ ଘଟଣା ହେଉଛି ଦୋଷ ।
ଦୟାବହି ହୃଦେ କ୍ଷମାକର ଦୋଷ ଅନାଦି ଶୂନ୍ୟପୁରୁଷ ।୯।
ପିତାମାତା ରୂପେ ହୋଇଅଛ ତୁମ୍ଭେ ଆକାଶମଣ୍ଡଳୁ ଆସି ।
ଗୁରୁ ପିତାମାତା କୋଳରେ ଏପାଦ ହୋଇଛି ବହୁତ ଦୋଷୀ ।୧୦।
ଏବେ କ୍ଷମାକର ସର୍ବ ଅପରାଧ ଅଜ୍ଞାନର କର୍ମ ଯେତେ ।
ଶତେବାର ପିଣ୍ଡ ପ୍ରଲମ୍ବିତ କରି କର ଯୋଡୁଅଛି ମାଥେ ।୧୧।
ଖଣ୍ଡନକର ବେନି ଚରଣ ପାପ ତ୍ରାହି ତ୍ରାହି ପାଦାର୍ବିନ୍ଦ ।
ରକ୍ଷାକର ରକ୍ଷାକର ବୋଲି ମୁଖେ ପୁଣି ପୁଣି ପାଦବିନ୍ଦେ ।୧୨।
ଯାହାକଲେ କଲା ଏ ବେନିପୟର ଆଉ ନକରୁ ଏ ଦୋଷ ।
ଏଥକୁ ଚାହିଁ ସୁଦୟା ମାତ୍ର ଥିବା ଅଣାକାର ଶୂନ୍ୟବାସ ।୧୩।
ଗୁହ୍ୟଦ୍ୱାର ପାପ ଯାହାହେଲା ହେଲା ଏଠାରୁ ଆଉ ନହେଉ ।
ଅମୃତ ଲୋଚନେ ଚାହିଁଥାଅ ପ୍ରଭୁ ଏହି ଦୟା ମାତ୍ର ଥାଉ ।୧୪।
ଲିଙ୍ଗଚକ୍ର ପାପ ଯେତେ ହୋଇଥିଲା ଗୁରୁଦେବ କ୍ଷମାକଲେ ।
ପଶୁ ହରଣ ବେଶ୍ୟା ଯୋନିରେ ବୀଜ ନପଡ଼ିବ ତିନିକାଳେ ।୧୫।
ଅନ୍ତରେ ମାୟା କପଟ କଥା ମାନ ନରହୁ ପାଞ୍ଚନା ଚିତ୍ତେ ।
ଦନ୍ତରେ ତିରଣ ଧରି ମାଗୁଅଛି ଏହି ଆଜ୍ଞା ହେଉ ମୋତେ ।୧୬।
ହୃଦୟ ପଦ୍ମରେ ପ୍ରକୃତି ବିଚାର ଆଉ ନଭାବୁ ଏମନ ।
ଗଳାରେ ବସନ ବାନ୍ଧି ଜଣାଉଛି ହେ ଅଲେଖ ମହାଶୂନ୍ୟ ।୧୭।
ଏ ଜିହ୍ୱାରେ ଆଉ ଅସତ୍ୟ ନବସୁ ବିଚଳ ନ ହେଉ ବାଚା ।
ଜନ୍ମ ଜନ୍ମାନ୍ତରେ ମିଥ୍ୟା ନକହିବି ରଖିଥିବ କରି ସଚ୍ଚା ।୧୮।
ବେନି ନୟନେ ରୂପଗୁଣ ଚାହିଁଲେ କଳ୍ପନା ନୋହିବ ଆଉ ।
ବେନି ପାଦ ଧରି ଗୁହାରି କରୁଛି ଶ୍ରୀଗୁରୁ ମୋ ମହାବାହୁ ।୧୯।

ବେନି ଶ୍ରବଣେ ଖଚକଥା ନପଶୁ ମାଗୁ ମୁଁ ଅଛି ଏତିକି ।
ଆକୁଳ ହୋଇ କହୁଛି ଭୀମ ଭୋଇ ଧ୍ୟାୟି ଜୀବର ପତିକି ।୨୦।

•

ପଞ୍ଚସ୍ତରୀ ବୋଲି

ଅରୁଣ ତରାସ ପଡ଼ିଲେ ଯେସନେ ଅନ୍ଧକାର ଯାଏ ଫାଟି ।
ସେହିପରି ପ୍ରଭୁ ଜ୍ଞାନଖଡ଼୍ଗରେ ପାତକ ପକାଅ କାଟି ।୧।
ନିଶିରେ ଚନ୍ଦ୍ରମା ଉଦୟ ହୋଇଲେ ରଜନୀ କରେ ଆଲୁଅ ।
ସେହି ପରକାର ପାପଭାରା ମୋର ନିବାରଣ କରିନିଅ ।୨।
ସର୍ପାଘାତ ହେଲେ ଗୁଣିକ ଯେସନ ବିଷରେ ପକାନ୍ତି ପଦ ।
ଅଙ୍ଗରେ ମୋର ପାପଲତା ଛାଟିଛି ଗୁରୁବାକ୍ୟେ ପାଉ ହଦ ।୩।
ସନ୍ନିପାତ ଘୋଟିଥିଲେ ବୈଦ୍ୟମାନେ ମେଲନ୍ତି ବିଷାନ ବଡ଼ି ।
ମଲୁ ଅଙ୍ଗରେ ସମୁଦ୍ର ପ୍ରାଏ ଜଳ ଶୁଖାଇ ତା ତେଜ ପଡ଼ି ।୪।
ସେହିପରି ମୋର ଅଙ୍ଗରୁ ନିବାର ପାପ ଦୁଃଖସାଗରକୁ ।
ଜ୍ଞାନ ମଉଷଧି ଦେଇ ଭଲ କର ନଥାଉ କାଳକାଳକୁ ।୫।
ରଜକ ଯେସନେ ମଳିଆ ବସନ ଉଜ୍ଜ୍ୱଳ କରଇ ତୁଠେ ।
ସେ ରୂପେ ମୋତେ ଉଜ୍ଜ୍ୱଳ କର ପ୍ରଭୁ ଯେଉଁ ପାପ ଅଛି ଘଟେ ।୬।
ସୁବର୍ଣ୍ଣ ଯେସନେ ଅନଳେ ଦହିଲେ ରୂପ ତା ଦିଶଇ ଝଳି ।
ତେସନେ ମୋତେ ବ୍ରହ୍ମ ଅନଳେ ଜାଳ ଛାଡ଼ିଯାଇ ପାପମଳି ।୭।
ମନୁଷ୍ୟ ଯେସନେ ଜଳେ ପଶିଲେ ସ୍ନାନକଲେ ଶୁଦ୍ଧି ହୋଇ ।
ପଙ୍କ ଧୂଳିମଳି ଅଙ୍ଗେ ଲାଗିଥିଲେ ତତକ୍ଷଣେ ଛାଡ଼ିଯାଇ ।୮।
ସେହିରୂପେ ମୋର ଅଙ୍ଗେ ଲାଗିଅଛି ପାପପଙ୍କ ମଳିଦେଖ ।
ଶୂନ୍ୟପୁରୁଷ ଏ ଶରୀରୁ ଓହ୍ଲାଇ କୋଠ ଭଣ୍ଡାରରେ ରଖ ।୯।
ଆକାଶେ ଯେସନେ ଘନ ଘୋଟିଆଇ ଦିଶେ ଅନ୍ଧାର କୁହୁଡ଼ି ।
ଜଳ ବୃଷ୍ଟି ହେଲେ କାମରୂପୀ ଭାଜେ ବାତଘାତେ ଯାଏ ଉଡ଼ି ।୧୦।
ପାପ ମିଛ ଘୋଟିଅଛି ଅଙ୍ଗେ ମୋର ସର୍ବାଙ୍ଗେ ଅନ୍ଧାର ହୋଇ ।
ଶୂନ୍ୟ ପୁରୁଷ ଉଜ୍ଜ୍ୱଳକର ମୋତେ ଅମୃତ ଲୋଚନେ ଚାହିଁ ।୧୧।

କଳିକତରା କୀଟପ ହ୍ରଦପଙ୍କେ ଭିତରେ ଯେ ଥାଇ ପଡ଼ି।
ବାହାର ହୋଇଲେ କିଛି ନ ଲାଗଇ ତା ଦେହୁଁ ପଡ଼ଇ ଛାଡ଼ି ।୧୨।
ସେହିପରି ମୁହିଁ ପାପ ହ୍ରଦପଙ୍କେ ଭିତରରେ ଅଛି ପଶି।
ଅନ୍ତର୍ଯ୍ୟାମୀ ଗୁରୁ ପାରିକର ମୋତେ ପଦ୍ମ କରରେ ଆଉଁସି ।୧୩।
ବେଶକାରୀମାନେ ଅଷ୍ଟ ଅଳଙ୍କାର ନୃତ୍ୟକାଳେ ହୋନ୍ତି ଖଞ୍ଜି।
ନାଟ ସରିଗଲେ ଆପଣା ଦେହରୁ ପଛନ୍ତେ ପକାନ୍ତି ଭାଞ୍ଜି ।୧୪।
ସେହି ପରକାରେ ପାପ ଅଳଙ୍କାର ମୋ ଦେହେ ହୋଇଛି ମଣ୍ଡି।
ଫେଡ଼ି କକ୍ଷଣ ପାପ ଅଳଙ୍କାରକୁ ଦେହରୁ ପକାଅ ଖଣ୍ଡି ।୧୫।
ଶୀତକାଳେ ଯେହ୍ନେ ପ୍ରାଣୀଙ୍କ ଅଙ୍ଗରେ ନ ପାରଇ ଶୀତ ରହି।
ହୁତାଶନ ହୋଇ ଉଠିଲେ ବହନ ତକ୍ଷଣେ ଯାଏ ପଳାଇ ।୧୬।
ସେହିପରି ମୋର ଅଙ୍ଗେ ପାପ ଶୀତ କରୁଅଛ ପରମାଦ।
ବ୍ରହ୍ମ ଅନଳ ମୂରତି ହୋଇ ଗୁରୁ ଶ୍ରୀହସ୍ତେ ଦୂରିତ ଛେଦ ।୧୭।
କୌଣସି ପ୍ରକାରେ ପାରିକର ମୋତେ କାଳ ବିକାଳ ମୁଖରୁ।
ଶ୍ରୀହସ୍ତ ବଢ଼ାଇ ଛାଣିନିଅ ମୋତେ ଚିର ଦୁଃଖ ପାତକରୁ ।୧୮।
କ୍ଷୀର ସିନ୍ଧୁ ବାସୀ କ୍ଷୀର ପ୍ରାଏ ଦେହ ନିସ୍ତାରି ଉଜ୍ଜ୍ୱଳ କର।
ଗୋଟି ଗୋଟି କରି କେତେ ବଖାଣିବି ଅଶେଷ ପାପୁ ଉଦ୍ଧର ।୧୯।
ମନର କଳ୍ପନା ଜାଣୁଥିବ ଗୁରୁ ଯାହା ଜଣାଇଛି ଆଦ୍ୟେ।
ଭଣେ ଭୀମଭୋଇ ଗୁରୁପାଦ ଧ୍ୟାୟି ପଞ୍ଚଦଶ ଶତ ପଦେ ।୨୦।

•

ଛଅସ୍ତରୀ ବୋଲି

ଏ କଳି ଯୁଗରେ ବହୁତ ପାତକ କେମନ୍ତେ ହୋଇବି ପାର।
ପାପ ସିନ୍ଧୁରେ ଭାସିଣ ଡାକୁଅଛ ତ୍ରାହିକର ଅଣାକାର ।୧।
ନବଦ୍ୱାରେ ପାପ ଜଳ ପ୍ରାଏ ପଶି ତାଳୁରୁ ତଳିପା ଯାଏ।
ଅକ୍ଷୟ ପୁରୁଷ କ୍ଷୟ କର ଦୋଷ ନ ଥାଉ ମନ ସଂଶଏ ।୨।
ଚଉରି ମଦାଙ୍ଗ କଳ୍ପଲତା ପ୍ରାଏ ପାପ ମିଛ କଳ୍ପମାନ।
ସକଳ ପାପ ପରମାଦ ନିବାରି ମନବାଞ୍ଛା କର ପୂର୍ଣ୍ଣ ।୩।
ଆଜ୍ଞା ହୋଇଲେ କେମନ୍ତେ ନଛାଡ଼ିବ କୃପାରେ ଅଟ ବାରିଧି।
କରୁଣା ସିନ୍ଧୁ ପାପ ସିନ୍ଧୁ ନିବାରି ମନବାଞ୍ଛା କର ସିଦ୍ଧି ।୪।

ପାପ ଦୋଷ ଯେତେ ହୃଦୟ କଳ୍ପନା ବିଚାର ମୋହର ଯେତେ।
ଅଖଣ୍ଡ ପୁରୁଷ ଖଣ୍ଡନ କରାଅ ମନ କଳ୍ପନା ସହିତେ ।୫।
ଭବାର୍ଣ୍ଣବେ ପଡ଼ି ଦୋଷ କରିଅଛି ତହିଁର ପାତକ ଯାହା।
ଭବ ରୋଗକୁ ବୈଦ୍ୟ ହୋଇ ଆପଣ କ୍ଷମାକର ପ୍ରଭୁ ତାହା ।୬।
ଭବାର୍ଣ୍ଣବେ ଜାତ ହୋଇଛି ଏ ଜୀବ ଜନ୍ମ ମୃତ୍ୟୁ ଦୋଷ ସବୁ।
ଜନ୍ମ ମରଣ ବେନି ପକ୍ଷ ବିଚାରି ଦୟାକର ମୋତେ ପ୍ରଭୁ ।୭।
ବିନା ଆଜ୍ଞାରେ ତିରଣ ନ ହଲଇ ଆଜ୍ଞା ହେଲେ ପାପ ଯିବ।
ଆଜ୍ଞାକୁ ଅବଜ୍ଞା କରି ପାପ ଦୋଷ କେମନ୍ତେ ଅଙ୍ଗେ ରହିବ ।୮।
ଆଜ୍ଞାରେ ସର୍ବେ ତ ବେହାରୀ ଅଟନ୍ତି ଆଜ୍ଞା ନ ଲଘଂନ୍ତି କେହି।
ଛାର ପାତକ ପ୍ରକୃତି ପରମାଦ ଅଙ୍ଗେ କି ପାରିବ ରହି ।୯।
ଆଜ୍ଞାରେ ସପତ ସିନ୍ଧୁ ପୂରିଅଛ ଲଘଂବାକୁ ନାହିଁ କୂଳ।
ମୋର ପାତକ କେମନ୍ତେ ନ ଛାଡ଼ିବ କିମ୍ପା ଥିବ କାଳ କାଳ ।୧୦।
ଆଜ୍ଞାରେ ରହିଛି ନବଖଣ୍ଡ ମହୀ ନ ପଡୁଛି ରସାତଳେ।
ଏ ମୋର ଦୂରିତ କେମନ୍ତେ ନ ଯିବ ଶକତିରୁ ଦୟା କଲେ ।୧୧।
ଆଜ୍ଞାଘେନି ଚନ୍ଦ୍ର ସୂର୍ଯ୍ୟ ଆକାଶରେ ହେଉଛନ୍ତି ଉଦେ ଅସ୍ତ।
ଏ ଛାର ପାପ ପ୍ରଭୁଙ୍କୁ ବଳିୟାର କିମ୍ପା ନୋହିବ ଲେପତ ।୧୨।
ଆଜ୍ଞାରେ ନବଲକ୍ଷ ତାରା ଆକାଶେ ଫେରୁଛନ୍ତି ଚଉଦିଗ।
ଆଜ୍ଞା ଯେବେ ହେବ ମହାପୂର୍ଣ୍ଣ ବ୍ରହ୍ମ କିମ୍ପା ପାତକ ରହିବ ।୧୩।
ଆଜ୍ଞାରେ ଇନ୍ଦ୍ର ଜଳବୃଷ୍ଟି କରଇ ମେଣ୍ଟି ନ ପାରଇ କେବେ।
ଏ ମୋର ପାତକ କେତେକ ମାତର ଶ୍ରୀଗୁରୁଦେବ ଖଣ୍ଡିବେ ।୧୪।
ଆଜ୍ଞାରେ ପବନ ବହୁଅଛି ଦେଖ ପିଣ୍ଡ ବ୍ରହ୍ମାଣ୍ଡ ଆବୋରି।
ଏ ଅଙ୍ଗରେ ପାପ ଯାହା ଅଛି ମୋର ଗୁରୁବାକ୍ୟେ ହେଉ ପାରି ।୧୫।
ଆଜ୍ଞା ଘେନି ଅଗ୍ନି ପାକ କରୁଅଛି ଏହି ପିଣ୍ଡ ବ୍ରହ୍ମାଣ୍ଡକୁ।
ଏ ଛାର ପାତକ କେମନ୍ତେ ମେଣ୍ଟିବ ଅନାଦି ଗୁରୁ ଆଜ୍ଞାକୁ ।୧୬।
ଗୁରୁ ଆଜ୍ଞା ପାଇ ଏ ମେରୁ ମନ୍ଦର ଧରଣୀକୁ ଅଛି ଧରି।
ଗୁରୁକୃପା ହେଲେ ଏ ମୋର କଳୁଷ କିମ୍ପା ନୋହିବ ନିବାରି ।୧୭।
ଗୁରୁ ଆଜ୍ଞା ହେଲା ଯାଆରେ ପାତକ ନିଜ କର୍ମକୁ ଆଦରି।
ଯହୁଁ ଆସିଥିଲୁ ତହିଁକି ତୁ ଯାଆ ଆଦ୍ୟର ବସା ସୁମରି ।୧୮।

ଏତେ ଦିନଯାଏ ଯାହା ଭୋଗ କଲୁ ଆଉ ନ କର ତୁ ବଳେ।
ସଦଗୁରୁଙ୍କର ଆଜ୍ଞା ଶିରେ ବହି ପଳାଅ ତୁ ଅନ୍ତରାଳେ ।୧୯।
ଶତ ଜନ୍ମଠାରୁ ହେତୁକରି ଆଣି ଯେତେ ଥିଲା ପାପ ଭାର।
କହେ ଭୀମଭୋଇ ଶ୍ରୀଗୁରୁ ଛାମୁରେ ପକାଇ ଅଛି ଇଝାର ।୨୦।

•

ସତସ୍ତରୀ ବୋଲି

ତାଳୁ ତଳିପାରୁ ପଳା ପାପ ରୋଗ ଆଜ୍ଞା ନ କର ମେଣ୍ଟଣ।
ଆଜ୍ଞା ନ ମାନି ବଳାତ୍କାରେ ରହିଲେ ଅଭିଶାପ ହେବ ଜାଣ ।୧।
ନଖ ନାସିକାରୁ ପଳାଅ ପାତକ ସକଳ ସ୍ଥାନକୁ ଛାଡ଼ି।
ତୋହରି ନିମନ୍ତେ ଇଝାର ଦେଇଛି ଶ୍ରୀଛାମୁରେ ଅଛି ପଡ଼ି ।୨।
ଗଣ୍ଠି ମୁଷ୍ଟିରୁ ପଳାଅ ମହାକାଳ ଶିର ଶାଙ୍କୋଳିରୁ ଘୁଞ୍ଚ।
ଗୁରୁ ସମ୍ମୁଖେ ତୋହ କଥା ପଡ଼ିଛି ଦେଖ ତୁ ନପାରୁ ବଞ୍ଚ ।୩।
ଚଉଷଠି ରୋଗ ଘରକୁ ପଳାଅ ଅଛି ତୋର ଯେବେ ଭାଗ୍ୟ।
ନ ମାନିବୁ ଯେବେ ଦୁର୍ଦ୍ଦଶା ଦୁର୍ଦ୍ଦଣ୍ଡେ ନିଶ୍ଚୟ ଏ ସଜା ହେବ ।୪।
ଅନ୍ତ ପିତ୍ତରୁ ତୁ ବାହାରି ପଳାଅ ଅସ୍ଥି ମାଂସରେ ତୁ ନ ଥା।
ଏତେକାଳେ ଆସି ଗୁରୁଙ୍କ ସନ୍ନିଧେ ଫୁଟିଲାଣି ତୋର କଥା ।୫।
ଅଙ୍ଗ ରୋମ ଚର୍ମରୁ ଛାଡ଼ି ପଳାଅ ନ ଗଲେ ଗୁରୁଙ୍କ ରାଣ।
କିମ୍ପାଇ ଅମାନିଆ ଏତେ ହେଉଛୁ ବ୍ରହ୍ମର ବଚନ ଘେନ ।୬।
ଅଲେଖ ବ୍ରହ୍ମର ରାଣ ଅଛି ତୋତେ ପଳାଅ ପିଣ୍ଡରୁ ଛାଡ଼ି।
ଫେଣ ପ୍ରାୟେ ପଛେ ଆଉ ଯାଇ ହେବୁ ବାଜିଲେ ବ୍ରହ୍ମ ଲହଡ଼ି ।୭।
ସମସ୍ତଙ୍କୁ ଗୁରୁ ଜାତ କରିଛନ୍ତି ଅଜାତରେ କେହି ନାହିଁ।
ଏବେ ତୋହର ମହତ୍ୱ ଧରି ପଳା ତିଆରି କହୁଛି ମୁହିଁ ।୮।
ପାପ ପୁଣ୍ୟ ଧର୍ମ ଅଧର୍ମ ସହିତେ ଜନମ ହୋଇଛି ସତ।
ସମସ୍ତେ ଅନାଦି ବ୍ରହ୍ମର ଗଢ଼ିଲା ନ ଗଢ଼ି ହୋଇ ଆପେ ତ ।୯।
ଗୁରୁଙ୍କ ବ୍ରହ୍ମାଣ୍ଡ ଧରତୀ ଆକାଶ ନବଦ୍ୱୀପ ପୃଥ୍ୱୀ ଅଛି।
ଯହିଁ ଇଚ୍ଛା ତୋର ସେ ପଥରେ ଯା ଯା ଭାଳେଣି ନ କର କିଛି ।୧୦।
ଶୁଦ୍ଧ ସୁବର୍ଣ୍ଣ ପରାୟ ହେଉ ଅଙ୍ଗ ଅରୁଣ କିରଣ କାନ୍ତି।
ଚାରିଯୁଗେ ଗୁରୁପାଦ ମିଳିଥାଉ ରହୁ ମୋ ସେବା ଭକତି ।୧୧।

ଚନ୍ଦ୍ର ତରାସ ପରାୟେ ହେଉ ଦେହ ସ୍ଫଟିକ ପଥର ଜିଣି।
ଶୂନ୍ୟ ପୁରୁଷ ନିର୍ଦ୍ଦୟ ନ ହୋଇବ ସେବା ଭକ୍ତି ଥିବ ଘେନି ।୧୨।
ନିକଳଙ୍କ ହେଉ କଳଙ୍କ ନ ଥାଉ ଗୁରୁ ସେବାକଲା ତନୁ।
ପିଣ୍ଡ ପ୍ରାଣ ମୋର ସମର୍ପି ଦେଇଛି ଜ୍ଞାନ ବୁଦ୍ଧି ହେଲା ଦିନୁ ।୧୩।
ଦର୍ପଣ ତରାସ ପ୍ରାୟ ହେଉ ଦେହ ବିଦ୍ୟୁଝଟ କାନ୍ତି ପ୍ରାୟେ।
ଏରୂପେ ଶୂନ୍ୟ ବ୍ରହ୍ମର ଦୟାଥାଉ ତମ୍ବା ପ୍ରାୟେ ହେଉକାୟେ ।୧୪।
ଜାଜ୍ୱଲ୍ୟ ମୂରତି ହେଉ ଏହି ଘଟ ଅଗ୍ନିରେ କାନ୍ତି ଯେସନ।
ବ୍ରହ୍ମକୁ ତେଜି ବ୍ରହ୍ମ ଧର୍ମ ବର୍ଦ୍ଧିତ ହେଉ ବ୍ରହ୍ମ ତେଜମାନ ।୧୫।
ସକଳ ସ୍ଥାନରେ ମଳିନ ଅବସ୍ଥା ଲୋଡ଼ିଲେ ନ ମିଳୁ କାହିଁ।
ସର୍ବାଙ୍ଗ ଶରୀର ପରିମଳ ହେଉ ଦିଶୁ ବ୍ରହ୍ମଭୂତ ମୟୀ ।୧୬।
ଲବଣୀ ପ୍ରାୟେ ଚିକ୍‌କଣ ହେଉ ଦେହ ନଥାଉ ଯେ ଅବିଗୁଣ।
ଅରୂପ ବ୍ରହ୍ମର ଦୟା ଥାଉ ମୋତେ ମିଳୁଥାଉ ଦରଶନ ।୧୭।
ଶତ ଶତବାର ଶତ ସସ୍ରଥର ଜଣାଣ କରୁଛି ମୁହିଁ।
ତତ୍ତ୍ୱ ମନରେ ମୁଁ ଗୁରୁଙ୍କୁ କହୁଛି କଦାଚ ଅସତ୍ୟ ନାହିଁ ।୧୮।
ସାଧୁ ସୁଜ୍ଞନର ଗୁରୁ ସେବା କର ବ୍ରହ୍ମରେ ହୁଅ ଭଗତି।
ଅଶେଷ ଜନ୍ମର କଳୁଷ ନାଶିବେ ଅବଶ୍ୟ ଦେବେ ମୁକତି ।୧୯।
ଅନେକ ଭାବେ ମୁଁ ଅନୁସରି ଅଛି ବିଶ୍ୱାସ କରିବେ ବୋଲି।
କହେ ଭୀମଭୋଇ ଆସ୍ଥାନ ତଳରେ ନିତ୍ୟେ ମରୁଅଛି ଭାଳି ।୨୦।

•

ଅଠସ୍ତରୀ ବୋଲି

ଏଥୁ ଅନନ୍ତରେ ଶୁଣ ସୁଜ୍ଞଜନ କହିବା ଅପୂର୍ବ କଥା।
ଅତି ଅଗୋଚର ଚରିତ ଅଟଇ ସାହାସ୍ରେ ରହିଛି ପୋଥା ।୧।
ଯେତେ ଦିବସରୁ ହେତୁ ଜ୍ଞାନ ହେଲା ପ୍ରତ୍ୟକ୍ଷ ଜାଣୁଛି ମୁହିଁ।
ଗୁରୁଙ୍କର ସିନା ସକଳ ଅଟଇ କାହାରି ଅଧୀନେ ନାହିଁ ।୨।
ଏ ମାଟି ପଥର ଏ ଜଳ ପବନ ଏମାନେ ନଥିଲେ କେହି।
ଶୂନ୍ୟ ଶୂନ୍ୟ ମହାଶୂନ୍ୟ ଅନ୍ଧକାର ଥିଲା ନିଶବଦ ହୋଇ ।୩।

ଚନ୍ଦ୍ର ସୂର୍ଯ୍ୟ କେହି ଆକାଶେ ନ ଥିଲେ ନବଲକ୍ଷ ତାରାଗଣ।
ଦିବସ ରଜନୀ ଏକ ହୋଇଥିଲା ନ ଥିଲା ରଚନା ମାନ ।୪।
ସ୍ୱର୍ଗ ମର୍ତ୍ତ୍ୟପୁର ପାତାଳ ନଥିଲା ବ୍ରହ୍ମା ବିଷ୍ଣୁ ରୂପ ତିନି।
ତେତିଶ କୋଟି ଦେବତାହିଁ ନ ଥିଲେ ନଥିଲା ଶବଦ ଧ୍ୱନି ।୫।
ପୃଥ୍ୱୀଆପ ତେଜ ବାୟବ ଆକାଶ ପଞ୍ଚଭୂତ ହିଁ ନଥିଲେ।
ମହାଶୂନ୍ୟ ଅନ୍ଧକାରହିଁ ସହିତେ ନଥିଲେ ଏ ତେତେବେଳେ ।୬।
ଊର୍ମ ଧୂର୍ମ ଜ୍ୟୋତି ଜ୍ୱାଳାହିଁ ନଥିଲେ ହୋଇଥିଲା ମହାଶୂନ୍ୟ।
ଶରଦ ଉଷୁମ ଏମାନେ ନ ଥିଲେ ଋତୁ ସଞ୍ଚାର ଗ୍ରୀଷମ ।୭।
କାମନା କଳ୍ପନା ରଞ୍ଜନା ପାଞ୍ଜନା ନଥିଲେ ପ୍ରେମ ପ୍ରକୃତି।
ପାପ ପୁଣ୍ୟ ଭଲ ମନ୍ଦ ହିଁ ନ ଥିଲେ ଶୂନ୍ୟ ହୋଇଥିଲା ପୃଥ୍ୱୀ ।୮।
ଛପନା କୋଟି ଆଦି ନ ଥିଲେ ଚାରିଖାନି ଛନ୍ତି ଯେତେ।
ଲାଭ ହାନି ଆଦି କିଛି ହିଁ ନ ଥିଲା କର୍ମ ଅକର୍ମ ସହିତେ ।୯।
ଶୁଣ ସୁଜ୍ଞଜନ ଯହୁଁ ଜାତ ହେଲେ କହିବା ତହିଁର ଭେଦ।
ବେନି କର୍ଣ୍ଣେ ଶୁଣି ପଞ୍ଚଭୂତ ମନେ ଜାଗ୍ରତ କରି ସମ୍ବାଦ ।୧୦।
ନିଶବଦ ଘରୁ ଅନାମ ଶକ୍ତିରୁ ଜନମ ହୋଇଲା ଶୂନ୍ୟ।
ଶୂନ୍ୟ ସଞ୍ଚାରରୁ ଆକାର ଧଇଲା ବାହାର ହୋଇଲା ବର୍ଣ୍ଣ ।୧୧।
ଅନାମରୁ ଅଗ୍ନି ପବନ ଜନ୍ମିଲା ଆକାଶ ରହିଲା ପୂରି।
ଘୁ ଘୁ ଶବଦ ନିରନ୍ତରେ ହୋଇଲା ତାମସ ଗୁଣକୁ ଧରି ।୧୨।
ଅନାମରୁ ତହୁଁ ଜଳ ଜାତ ହେଲା ଅଗ୍ନି ପାବନେ ମିଶିଲା।
ସତ୍ତ୍ୱ ରଜ ତମ ତିନି ନାମ ବହି ତିନିଗୁଣ ବୋଲାଇଲା ।୧୩।
ଅନାମରୁ ଚନ୍ଦ୍ର ସୂର୍ଯ୍ୟ ଜାତ ହେଲେ ହେଲା ଦିବସ ରଜନୀ।
ଆକାଶରେ ଉଦେ ଅସ୍ତ ହୋଇବାରୁ ବୋଲାଇଲା ଦିନମଣି ।୧୪।
ଅନାମରୁ ବ୍ରହ୍ମା ବିଷ୍ଣୁ ଶିବ ଜାତ ହୋଇଲେକ ଯେତେବେଳେ।
ଏ ବ୍ରହ୍ମାଣ୍ଡ ଜାଣ ନୋହିଥିଲାବେଳେ ଥିଲେ ନିରାକାର କୋଳେ ।୧୫।
ଏ ମାଟି ପଥର ଅନାମୁ ଜନ୍ମିଲା ହେଲା ମେଦମେଦା ମହୀ।
ଛପନକୋଟି ଜୀବ ଅନାମୁଁ ଜନ୍ମିଲେ ସମସ୍ତେ ବହିଲେ ଦେହି ।୧୬।
ଅନାମରୁ ପଞ୍ଚଭୂତ ଜାତ ହୋଇ ପୂରିଲେ ସେ ତ୍ରିଭୁବନ।
ପୃଥ୍ୱୀ ଆପ ତେଜ ବାୟବ ଆକାଶ ହୋଇଲାକ ପଞ୍ଚଗୁଣ ।୧୭।

ଅନାମରୁ ଊର୍ମ ଧୂର୍ମ ଜ୍ୟୋତି ଜ୍ୱାଳା ଜନମ ହୋଇଲେ ଦେଖ ।
ଯାହାର ଯେମନ୍ତ ସ୍ୱଭାବକୁ ଘେନି ଉଦୟ ତିନି ତ୍ରୈଲୋକ୍ୟ ।୧୮।
ରଞ୍ଜନା ପାଞ୍ଜନା ଅନାମୁ ଜନ୍ମିଲେ ଅନାମରୁ ଋତୁ ଜାତ ।
ଷଡ଼ଋତୁରେ ଲାଗି ଜଳ ପବନ ଜୀବ ହେଲା ମୂର୍ତ୍ତିବନ୍ତ ।୧୯।
ଶୁଣ ସୁଜ୍ଞସାଧୁ ଆଦ୍ୟରୁ ବାରତା ଜାତକର ନିରୂପଣ ।
ସଂଶୟ ଫିଟାଇ କହେ ଭୀମ ଭୋଇ ଗୁରୁ ପାଦେ ଥୋଇ ମନ ।୨୦।

•

ଅଣାଅଶୀ ବୋଲି

ଅନାମରୁ କାଳ ପୁରୁଷ ଜନ୍ମିଲା କମଳରେ କଲା ବାସ ।
ଛପନାକୋଟିକି ଗ୍ରାସିବି ବୋଲିଣ ମନେ କଞ୍ଚି କଲା ଆଶ ।୧।
ଅନାମରୁ ଜନ୍ମ ମୃତ୍ୟୁ ଜାତ ହୋଇ ରହିଲା ସେ ଆଗପଛେ ।
ମଧ୍ୟରେ ପିଣ୍ଡକୁ ସର୍ଜନା କରଇ ଉଦିତ ହୋଇଲା ମଞ୍ଜେ ।୨।
ଅନାମରୁ ଜନ୍ମ ପଚିଶ ପ୍ରକୃତି ପ୍ରେମରେ ବଢ଼ିଲା ଲତା ।
ଆଜ୍ଞାରେ ନାନାଦି ସୁଖ ଅଙ୍କୁରିଲା ଜୀବକୁ ହୋଇଲା ପିତା ।୩।
ଅନାମରୁ ରଜ ବୀର୍ଯ୍ୟ ଜନ୍ମ ହେଲା ବିନ୍ଦୁ ବ୍ରହ୍ମ ବୋଲାଇଲା ।
ଦରବି ଆସି ପିତା ଅଙ୍ଗ ଭାଗରୁ ମାତା ପଦ୍ମରେ ପଶିଲା ।୪।
ଅନାମରୁ ପାପ ପୁଣ୍ୟ ଜନ୍ମ ଲାଭ ଦୋଷକୁ ରହିଲେ ଜଗି ।
ଜୀବ ଆତ୍ମା ଯହିଁ ସେ ରହିଲେ ତହିଁ ସଙ୍ଗେ ସଙ୍ଗେ ଛନ୍ତି ଲାଗି ।୫।
ନବଲକ୍ଷ ତାରା ଅନାମରୁ ଜନ୍ମ ହୋଇ ରହିଲେ ଶୂନ୍ୟରେ ।
ଯୋଗ ଅନୁକୂଳ ଶୁଭରେ ରହିଲେ ଉଦେ ରାତ୍ର ଦିବସରେ ।୬।
ଦଶଦିଗପାଳ ତେତିଶ୍ କୋଟି ଦେବ ଅନାମରୁ ଜନ୍ମ ହେଲେ ।
ଅନାମ ବୈକୁଣ୍ଠ ଭୁବନରୁ ଆସି ବୈକୁଣ୍ଠ ପୁରେ ରହିଲେ ।୭।
ସତ୍ୟ ଧର୍ମ ଦୁହେଁ ଅନାମରୁ ଜାତ ହୋଇଛନ୍ତି ଯେତେବେଳେ ।
ସକଳ ଭୂତେ ଠାବେ ଠାବେ ପୂରିଲେ ତିନିଭୁବନ ମଣ୍ଡଳେ ।୮।
ନବଗ୍ରହ ଶତାଇଶ ଯେ ନକ୍ଷତ୍ର ଅନାମରୁ ହେଲେ ଜାତ ।
ତିନିଭୁବନେ ତାଙ୍କ ତେଜ ଲାଗିଲା ପୂରି ଅଶେଷ ଜଗତ ।୯।
କହନ୍ତା ବହନ୍ତା ଶୋରତା ବକତା ଅନାମରୁ ଜନ୍ମ ହେଲେ ।
ଯେତେ ଜୀବମାନ ପିଣ୍ଡକୁ ବହିଲେ ଘଟ ଆବୋରି ରହିଲେ ।୧୦।

କର୍ମ ଅକର୍ମ ଅନାମରୁ ଜନ୍ମିଲେ ଧଇଲେ ନିଜ ସ୍ୱଭାବ।
ତେଣୁ ଏ ସଂସାରେ ସତ ମିଛ ଦୁଇ ବୋଲାଇଲେ ବେନି ଭାଗ ।୧୧।
ମାଈ ଅଣ୍ଡିରା ଯେତେଛନ୍ତି ସଂସାରେ ଅନାମରୁ ହେଲେ ଜନ୍ମ।
ମୁଖରେ ପ୍ରେମ ପୀୟୁଷ ଭାବନାର ଯୁଗଳରେ କଲେ କର୍ମ ।୧୨।
ହେତୁ ବୁଦ୍ଧି ଜ୍ଞାନ ଚିଆଁ ଚଇତନ ଅନାମରୁ ଜନ୍ମ ହୋଇ।
ଯେ ଅଟଇ ଯେଉଁ ସ୍ଥାନେ ସମଯୋଗ ସମସ୍ତେ ବସିଲେ ଯାଇ ।୧୩।
ଅନାମରୁ ଚାରିବେଦ ଜାତ ହୋଇ ଓଁ କାର ଅନାମୁ କ୍ଷରି।
ଶ୍ରୀମୁଖ ବଚନ ପରିବନ୍ଧ ପଦ ରହିଲା ଶହାସ୍ତ୍ରେ ପୂରି ।୧୪।
ଅନାମ ମଣ୍ଡଳୁ ଅନନ୍ତ କୁହୁଡ଼ି ଜାତ ହେଲେ ମୋହ ମାୟା।
ମୁହିଁ ମୁହିଁ ବୋଲି ମୁଁ କାର ବହିଣ ମନୋମତେ ହେଲେ ବାୟା ।୧୫।
ଅନାମରୁ ଘନ ବିଦ୍ୟୁ ଜାତ ହେଲେ ଆକାଶେ କଲେ ଭ୍ରମଣି।
ଘନ ଘୋଷ ଘଡ଼ଘଡ଼ି କମ୍ପମାନ ଶୁଭୁଅଛି ନାଦ ଧ୍ୱନି ।୧୬।
ଅନାମରୁ ଦେବଗଣ ଜାତ ହୋଇ ରହିଲେ ତ୍ରିପୁର ମହୀ।
ଯାହାକୁ ଯେଉଁପରି ଭୋଗ ସୁଫଳ ଦେବାର କରତା ବହି ।୧୭।
ଶରଦ ଉଷ୍ମମ ଅନାମରୁ ଜନ୍ମ ହୋଇ ତ୍ରିପୁରେ ଘୋଟିଲା।
ତେଣୁ କରି ସିନା ଆତ୍ମା ପୁରୁଷକୁ ଅନେକ ବ୍ୟାଧି କଷ୍ଟିଲା ।୧୮।
ଲାଭ ହାନି ଦୁହେଁ ଅନାମରୁ ଜାତ ହୋଇଛନ୍ତି ଏ ସଂସାରେ।
ତେଣୁ କରି ଦୁହେଁ ଲୋଭ ମୋହେ ପଡ଼ି ବୋହିଗଲେ ତ୍ରିପୁରରେ ।୧୯।
ଏ କଳି ଯୁଗରୁ ପାରିକର ମୋତେ ଅଛି ମୁହିଁ ଅନୁସରି।
ନୀଚ ପ୍ରାୟେ ହୋଇ କହେ ଭୀମଭୋଇ ଗୁରୁ ପାଦପଦ୍ମ ଧରି ।୨୦।

•

ଅଶୀ ବୋଲି

ଉଡ଼ା ବୁଡ଼ା ଚଳ ଅଚଳ ସହିତେ ଅନାମରୁ ଜନ୍ମ ହେଲେ।
ଜଳ ସ୍ଥଳାନଳ ଆକାଶରେ ପୂରି ଚାରିଖାନି ବୋଲାଇଲେ ।୧।
ଶାନ୍ତ ଶୀଳ ଦୟା କ୍ଷମା ଏହି ଚାରି ଅନାମରୁ ହେଲେ ଜାତ।
ଚାରିଧର୍ମ ବୋଲାଇଲେ ଚଉଦିଗେ ପୂରି ରହିଲେ ଜଗତ ।୨।
ଦୁଗ୍ଧ ମଧୁର କଷା ପିତା ଆମ୍ଳିଳ ଅନାମରୁ ଜନ୍ମ ହୋଇ।
ସର୍ବ ବ୍ୟାପିତ ହୋଇ ଅଣ୍ଟି ରହିଲେ ସ୍ୱଭାବମାନଙ୍କୁ ବହି ।୩।

ଅନାମରୁ କ୍ଷୀର ନୀର ଜନ୍ମ ହେଲା ତହୁଁ ଉପୁଜିଲା ମଞ୍ଜି ।
ଧାନ୍ୟଫଳ ବୋଲି ନାମ ବୋଲାଇଲା ଆଧାରକୁ ଦେଲେ ଖଞ୍ଜି ।୪।
ଅଷ୍ଟରତ୍ନ ଧାତୁ ଜନମ ହୋଇଲା ଅନାମ ଭିତରୁ ଦେଖ ।
ସୁନା ରୁପା ହୀରା ନୀଳା ବୋଲାଇଲା ମଣ୍ଡନ ହୋଇଲେ ଲୋକ ।୫।
ରସ ବାସ ଗନ୍ଧ କସ୍ତୁରୀ କର୍ପୂର ଅନାମୁ ହୋଇଛି ସବୁ ।
ଦେଖ ସୁଜ୍ଞ ସାଧୁ କେମନ୍ତେ ମହିମା ଭିଆଇ ଅଛନ୍ତି ପ୍ରଭୁ ।୬।
ଝୀନ ବସ୍ତ୍ର ପାଟ ପତନୀ ସହିତେ ଅନାମରୁ ହେଲେ ସର୍ବେ ।
ପିଣ୍ଡ ବ୍ରହ୍ମାଣ୍ଡ ଯେତେବେଳେ ନଥିଲା ଏ ଆଦି ନଥିଲେ ପୂର୍ବେ ।୭।
ଅଶେଷ ରଞ୍ଜନା ଗୁରୁ କରିଛନ୍ତି ଆଉ ଜଣେ କେ ନ ରଞ୍ଜି ।
ଅନେକ ପଦାର୍ଥ ବ୍ରହ୍ମାଣ୍ଡ ଭିତରେ ଭିଆଇଣ ଦେଲେ ସଞ୍ଚି ।୮।
ହାକିମ ହୁକୁମା ଏ ରାଜା ପରଜା ସର୍ବ କରିଛନ୍ତି ଗୁରୁ ।
ତେଜ ରଜ ଧନ ଦ୍ରବ୍ୟ ବାଡ଼ି ବୃତ୍ତି ଜାତ କରି ଅନାମରୁ ।୯।
ଛପନା କୋଟିକି ଛପନାକୋଟି ପ୍ରକୃତି ବସାଇଲେ ଏକେ ଏକେ ।
ସମସ୍ତେ ଏକଭାବ ହୋଇ ରହିଲେ କେ ନ ପାଇବାକୁ ଠିକେ ।୧୦।
ମନ ପଞ୍ଚଭୂତ ହୃଦରେ ରହିଲା ବାଣ୍ଟିଲା ଅଶେଷ କଥା ।
ତହିଁର ପାଖରୁ ସାହାପକ୍ଷ ହେଲେ ପଚିଶ ପ୍ରକୃତି ଲତା ।୧୧।
ହାକିମ ହୁକୁମା ଯେତେ ଏ ଅଛନ୍ତି କାହାରି ନୁହଇ କିଛି ।
ମୋହ ମୋହ ବୋଲି ଅଜ୍ଞାନ ମତରେ ହେଉଛନ୍ତି ଟାଣି ଘିଞ୍ଚି ।୧୨।
ମରିଗଲେ କେହି କିଛି ନନେବାକୁ ଅରଜି ଅଛନ୍ତି ଯେତେ ।
ସେତେବେଳେ ଆଉ କେହି ନ ଗଛନ୍ତି ଯାଉଥାନ୍ତି ତୁଚ୍ଛା ହସ୍ତେ ।୧୩।
ଆସୁଅଛି ଏକା ଯାଉଅଛି ଏକା କେହି ନୁହନ୍ତି କାହାର ।
ବାମ ଡାହାଣରେ କେହି ନ ଲମ୍ଭନ୍ତି ଘଟୁ ହୋଇଲେ ବାହାର ।୧୪।
ସାଧୁ ସୁଜ୍ଞଜନେ ଏହିପରି ପଚ୍ଛା ସଂସାର ସାଗର ଅଟେ ।
ଘଟ ଥିବାଯାଏ ତ୍ରିଗୁଣରେ ମାୟା ଜୀବ ବନ୍ଧନ ନତୁଟେ ।୧୫।
ଏଥିକି ଚାହିଁ ବିଚାର ସୁଜ୍ଞଜନେ ଦେଖ ତ ମାୟାର ରୀତି ।
ସକଳ ମାୟ ତ୍ରିଗୁଣରେ ବନ୍ଧନ ଘଟଣା ହୋଇଛି ପୃଥ୍ୱୀ ।୧୬।
ସାର ଅସାର ସମାନରେ କରିଛି କାହାକୁ ତେଜିବି ଦେଖ ।
ସଦବୁଦ୍ଧି ଜ୍ଞାନ ହୃଦରେ ବିଚାର ମନରେ କର ବିବେକ ।୧୭।

ଯୋଗ ଭୋଗ ଦୁହେଁ ସମାନ ଅଟନ୍ତି କାହାର ପକ୍ଷରେ ଯିବ।
ବିଷ ଅମୃତ ବେନିଭାଗ କରିଛି କେବଣ ଭାଗକୁ ନେବ ।୧୮।
ସାଧୁ ସୁଜ୍ଞଜନ ନ୍ୟାୟକର ତୁମ୍ଭେ ବେନିପକ୍ଷକୁ ବିଚାରି।
ବେନି ଭାଗଯାକ ଏକଠାବେ ଅଛି ଯାହା ଗୁଣ ଯେଉଁପରି ।୧୯।
ବେନିଭାଗ ଗୁଣ ତୋଳି ନ ପାରିଣ ପଡ଼ିଅଛି ସନ୍ଧି ମଧ୍ୟେ।
ଧରି ଗୁରୁପାଦ ଭଣେ ଭୀମ କନ୍ଧ ଷୋଡ଼ଦଶ ଶତ ପଦେ ।୨୦।

•

ଏକାଅଶୀ ବୋଲି

ଏଥୁ ଅନନ୍ତରେ ଶୁଣ ସୁଜ୍ଞଜନେ ଅଲେଖ ମହିମା କଥା।
ମହାବ୍ରହ୍ମ ସେ ଯେ ଅଲେଖ ପୁରୁଷ ଅତି ଉଲୋକିତ ପନ୍ଥା ।୧।
ଅନାମିକା ବ୍ରହ୍ମ ଅକ୍ଷର ନ ବସେ ନ ଲାଗଇ ଶାସ୍ତ୍ରବେଦ।
ଏକ ବ୍ରହ୍ମପାଦ ଦିପାକ ନୁହଇ ନଚଳେ ଅର୍ଥ ସମ୍ବାଦ ।୨।
ଅରୂପ ବ୍ରହ୍ମ ସେ ରୂପବର୍ଣ୍ଣ ନାହିଁ ନ ଦିଶଇ ବର୍ଣ୍ଣକାନ୍ତି।
ଅକଳ ସାଗର ବ୍ରହ୍ମ ଅଟେ ସେହି ମହିମା ତା ଅଣଶ୍ରୁତି ।୩।
ନିଷ୍କାମ ବ୍ରହ୍ମ ସେ କାମ ନାହିଁ ଅଙ୍ଗେ ନାହିଁ ତାର ଇନ୍ଦ୍ରି ଅଣ୍ଡ।
ଖୋଲ ପୋଲ ନାହିଁ ନିର୍ମୋହ ପୁରୁଷ ନ ଲାଗଇ ମାୟାଦଣ୍ଡ ।୪।
ସେ ବ୍ରହ୍ମକୁ ଯେହୁ ଭଗତି କରିବ ପିଣ୍ଡପ୍ରାଣେ ଆଶା ନାହିଁ।
ଆଶା ରଖିଥିବେ ଫଳ ନ ଫଳଇ ଭଜିବାର ବୃଥା ହୋଇ ।୫।
ନିଷ୍କାମ ପୁରୁଷ କାମନା ନୁହଇ ସକାମ ତହିଁ ନ ଚଳେ।
ନିଷ୍କାମ ହୋଇ କର୍ମ ଯେବେ କରିବ ନିର୍ଗୁଣରେ କର୍ମଫଳେ ।୬।
କାମନାକୁ ଇଚ୍ଛି ସକାମେ ଭଜିଲେ ନାହିଁ କିଛି ତହିଁ ଲାଭ।
ସେବା ଭକ୍ତି ଧର୍ମ କିଛି ନୁହେଁ ତାର ଗୁରୁପାଦକୁ ଅଯୋଗ୍ୟ ।୭।
ଅରୂପବ୍ରହ୍ମ ସେ ରୂପରେଖ ନାହିଁ ରୂପେ ନକର ଭଜନା।
ରୂପବର୍ଣ୍ଣକୁ ଚାହିଁ ଯେବେ ଭଜିବ ସବୁ ବ୍ୟର୍ଥ ହେବ ସିନା ।୮।
ନିଷ୍କାମ ବ୍ରହ୍ମକୁ ଯେବେ ଆଶ୍ରାକଲ ଆପଣେ ନିଷ୍କାମ ହୁଅ।
ଗୁରୁଆଜ୍ଞା ବହି ସକାମେ ପଡ଼ିଲେ ହୋଇବ ବ୍ରହ୍ମରେ ଦ୍ରୋହ ।୯।
ଅରୂପ ବ୍ରହ୍ମକୁ ଭଜିବ ଯେମନ୍ତେ ଅରୂପରେ କର ସେବା।
ଶୂନ୍ୟ କର୍ମରେ ଆକାର ଲଗାଇଲେ ନିଶ୍ଚେ ଅପରାଧ ହେବା ।୧୦।

ଅଭୟ ପାଦ ସେ ଭୟଭ୍ରାନ୍ତି ନାହିଁ ଆପଣେ ହୁଏ ନିର୍ଭୟେ ।
ଅଭୟ ଭକ୍ତିରେ ଭୟଭ୍ରାନ୍ତି କଲେ ଗୁରୁପାଦେ ଦ୍ରୋହ ପାଏ ।୧୧।
ଅକଳ୍ପଣା ପ୍ରଭୁଙ୍କୁ ଭଜିବ ଯେମନ୍ତେ କଳ୍ପଣା ନକର ଚିତ୍ତେ ।
କଳ୍ପଣା ଭକ୍ତିକଲେ ମାଡ଼ ଖାଇବ ଅଦ୍ଭୁତ କାଳର ହସ୍ତେ ।୧୨।
ସତ୍ୟ ପୁରୁଷଙ୍କୁ ଭଜିବ ଯେମନ୍ତ ସତ୍ୟ କହ ନାହିଁ ମିଛ ।
ସତ୍ୟ ପାଶେ ଯେବେ ଅସତ୍ୟ କହିବ ଆପଣେ ହେବ ମେଳଛ ।୧୩।
ଅହିଂସା ଧର୍ମକୁ ଆଶ୍ରା ଯେବେ କଲ ଅହିଂସାରେ କର ଦୃଢ଼ ।
ଗୁରୁ ସେବା କରି ହିଂସାବାଦୀ ହେଲେ ଶୂନ୍ୟରୁ ପଡ଼ିବ ମାଡ଼ ।୧୪।
ଧର୍ମ ପୁରୁଷଙ୍କୁ ଅନୁସରି କଲେ ଧର୍ମାଦି ପଥରେ ଚାଲ ।
ଧର୍ମରେ ଥାଇ ଅଧର୍ମ ବୁଦ୍ଧି କଲେ ଭକ୍ଷି ପକାଇବ କାଳ ।୧୫।
ଅନାମ ପ୍ରଭୁ ସେ ନାମରେ ନଭଜ ଅନାମେ କର ଆସରା ।
ମାୟା ରଞ୍ଜନା ମନରେ ବିସ୍ମରିଲେ ମାୟାମୋହେ ଯିବ ମାରା ।୧୬।
ଅକ୍ଷୟ ବ୍ରହ୍ମ ସେ କ୍ଷୟବୃଦ୍ଧି ନାହିଁ ଅକ୍ଷୟ କର୍ମର ଧର ।
କ୍ଷୟପଥ ଯେବେ ମନେ ବିଚାରିବ ବହିବ ପାତକ ଭାର ।୧୭।
ଅମରବ୍ରହ୍ମ ସେ ମରଣ ନୁହଇ ଅମର କର୍ମରେ ରହ ।
ମୃତ୍ୟୁ ଦୋଷ କର୍ମ କରିବ ଯେମନ୍ତ ଟଳିଯିବ ନିଜ ଦେହ ।୧୮।
ନିକଳଙ୍କ ବ୍ରହ୍ମ କଳଙ୍କ ନୁହଇ ଭଜ ନିରିମଳ ଚିତ୍ତେ ।
ନିର୍ମଳ ଭକ୍ତିରେ ଗୋଳିଆ ରଞ୍ଜିଲେ ମିଶିବ ବାମନାଭୂତେ ।୧୯।
ସୁଜ୍ଞାନୀ ପଣ୍ଡିତଜନ ସାଧୁସନ୍ଥ ଗୁରୁଭକ୍ତି ଆଶ୍ରାକର ।
ଭଣେ ଭୀମଭୋଇ ଗୁରୁପାଦ ଧ୍ୟାୟି ନିଶ୍ଚୟେ ହେବ ଅମର ।୨୦।

•

ବୟାଅଶୀ ବୋଲି

ଅନ୍ତରଯାମିନି ଭଜିବ ଯେମନ୍ତେ ଅନ୍ତ ପିତ ଶୁଦ୍ଧକର ।
ମନର ମଳ ନ ରହିବ ଯେମନ୍ତେ ପଡ଼ିବ ଦେବୀ ଖପର ।୧।
ଖପରୁ ପାରିହୋଇ ଯିବ ଯେମନ୍ତେ ମାଟି ଖପରରେ ଭୁଞ୍ଜ ।
ଅଲେଖ ଅଲେଖ ବୋଲି ନିରନ୍ତର ମହିମା ସାଗରେ ମଜ ।୨।

ଅଲେଖର ଭକ୍ତ ଗୋଟା ଏକା ସିନା ଦୁଇଟା ତିନିଟା ନାହିଁ।
ଛପ୍ପନକୋଟି ଜୀବ ଗୋଟାକରେ ଯାନ୍ତି ତାହାର ଗର୍ଭେ ସମ୍ଭାଇ ।୩।
ସତ୍ୟଧର୍ମ ଧର ସତ୍ୟଧର୍ମ କର ସତ୍ୟେକର ଗୁରୁସେବା।
ପ୍ରସନ୍ନ ହୋଇବ ଅଲେଖ ଦେବତା ନିଶ୍ଚୟ ମୁକତି ଦେବା ।୪।
ସତ୍ୟରେ ସ୍ନାହାନ ସତ୍ୟରେ ମାର୍ଜ୍ଜନ ସତ୍ୟରେ କର ଭୋଜନ।
ସାତ୍ତ୍ୱିକ କର୍ମରେ ସେ ଅଲେଖ ଦଅଁ ନିଶ୍ଚୟ ହେବ ପ୍ରସନ୍ନ ।୫।
ସତ୍ୟରେ ଶୋଇବ ସତ୍ୟରେ ବସିବ ସତ୍ୟେ କର ଫନ୍ଦାବୃତ୍ତି।
ମହିମା ଭଜିବା ଲୋକମାନେ ଯେତେ କର ଏହି ଧର୍ମ କୀର୍ତ୍ତି ।୬।
ସତ୍ୟରେ କହିବ ସତ୍ୟେ ରହିଥିବ ସତ୍ୟରେ ଯିବ ଆସିବ।
ସତ୍ୟ କର୍ମର ଯେତେ କୀରତିମାନ ଯୁଗେ ଯୁଗେ ରହିଥିବ ।୭।
ଦୋଷ ଅପରାଧ ହାନିଲାଭ ଯେତେ ଗୁରୁଙ୍କୁ କହିବ ସବୁ।
କପଟ ରଖିଣ ନକହିବ କେବେ ଅବଶ୍ୟ ଦଣ୍ଡିବେ ପ୍ରଭୁ ।୮।
ହୃଦୟ ନିର୍ମଳ ମନହିଁ ନିର୍ମଳ ହୋଇଥିବ ସଦାକାଳ।
ଅନ୍ତର୍ଗତରେ କପଟ ନ ରଖିଲେ ସେ ଅଟଇ ଗଙ୍ଗାଜଳ ।୯।
ଗୁରୁଙ୍କୁ ଭଗତି କରିବ ଯେ ଜନ ଏପରି ମାର୍ଗରେ ରହି।
କାମ କ୍ରୋଧ ଲୋଭ ମୋହ ତେଜ୍ୟା କରି ସତ୍ୟଶାନ୍ତି ଦୟାବହି ।୧୦।
ଧୀର ସମୀର ଶୀତଳ ହେଲେ ଯାଇଁ ମହିମା ଭଜନ ଶୁଦ୍ଧ।
ପିଣ୍ଡ ବ୍ରହ୍ମାଣ୍ଡ ଅନୁଭବରେ ତୋଳି ଯେମନ୍ତେ କରିବ ଭେଦ ।୧୧।
ଅମନ ପୁରୁଷ ଅଟଇ ସେ ବ୍ରହ୍ମ ଅମନରେ ଆଶ୍ରାକର।
ଅମନ ଭିତରେ ମନ ଗଳାଇଲେ ଜାଣିବ ମହିମା ତାର ।୧୨।
ଅଗାଧ ମହିମା ଅନିଳ ସାଗର କଳିବାକୁ ଶକ୍ୟ ନାହିଁ।
ନର ଦେହ ବହି ବ୍ରହ୍ମ ଦେହି ହେଲେ ଆଦିଅନ୍ତ ନ ମିଳଇ ।୧୩।
ଅଲେଖ ମହିମା ନାମକୁ ଭଜିଲେ ଧର କର୍ମଯୋଗ ଦଣ୍ଡ।
ଗୃହରେ ଯେମନ୍ତ ଶୋଇବ ନିଶାରେ ବାହାରେ କରିବ ମୁଣ୍ଡ ।୧୪।
କଞ୍ଚା ଭଗତି ନ କର ଗୁରୁପାଦେ ସଚ୍ଚା ହୁଅ ମନ ମଧ୍ୟେ।
ସକଳ ସ୍ୱଭାବ କର୍ମକୁ ତେଜିଣ ଧ୍ୟାନ କର ନିରବେଦେ ।୧୫।

ଅଶ୍ରୁତି ଅମୂର୍ତ୍ତି ଅଟଇ ସେ ବ୍ରହ୍ମ ପେଲି ପଶିଲେ ଝସାଇ ।
ନେତ୍ରରେ ଚାହିଁବି ବୋଇଲେ ନ ଦିଶେ ଯାର ନାହିଁ ହାଇ ଛାଇ ।୧୬।
ଏ କଳି ଯୁଗରେ ଅନ୍ୟ ନାମ ନାହିଁ ମହିମା ଅଲେଖ ସାର ।
ସକଳ ବିଷୟ ହୃଦରୁ ନିବାରି ବେଳ ଥାଉଁ ଆଶ୍ରେ କର ।୧୭।
ମହାଶକ୍ତି ବ୍ରହ୍ମ ଅଟେ ଯେ ପୁରୁଷ ନ ପାରିଲେ ଯିବ ଛାଡ଼ି ।
ହୃଦୟ ପଦ୍ମେ ଅଳପ ବିଚାରିଲେ ପାପରେ ମରିବ ବୁଡ଼ି ।୧୮।
ଜ୍ଞାନୀମଜନମାନେ ମନେ ହେତୁକର ବ୍ରହ୍ମର ଏକ ପାଦକୁ ।
ଗମି ତ ଗମିତ ଘୁମି ଯାଉଛନ୍ତି ଏ ସଂସାରେ ଦେଖୁ ଦେଖୁ ।୧୯।
ଏ ଧର୍ମରେ ତୁମ୍ଭେ ଯେତେ ପ୍ରାଣୀ ଅଛ ଆସ ସମସ୍ତେ ଭଜିବା ।
ଗୁରୁ ପାଦ ଧ୍ୟାୟି କହେ ଭୀମ ଭୋଇ ଭବାର୍ଣ୍ଣବୁ ତରିଯିବା ।୨୦।

•

ତେୟାଶୀ ବୋଲି

ସତ୍ୟ ଧର୍ମେ ଗୁରୁ ସେବା ଯେ କରିବ ଛାଡ଼ ଛାଡ଼ ଗୃହବାସ ।
ଆପଣା ପିଣ୍ଡ ପ୍ରାଣେ ଆଶା ନ ରଖି ଗୁରୁପାଦେ କର ଆଶ ।୧।
ଆପଣା କାମ କ୍ରୋଧ ଲୋଭ ମୋହକୁ ଜ୍ଞାନରେ କର ଆୟତ୍ତ ।
ହିଂସା କପଟ ଛନ୍ଦ ବାଦ କୁଟିଳ ନିବାରି କର ଦୁରାନ୍ତ ।୨।
ରାଗ ଈର୍ଷା ତମ ଅହଙ୍କାର ଯେତେ ଏହାକୁ ଆୟତ୍ତ କର ।
ଏହି ଘରେ ସମସ୍ତେ ରହିଅଛନ୍ତି ସଦଜ୍ଞାନରେ ବିଚାର ।୩।
ପର ଖଚ ମିଛ ନ ଧରିବ ମନେ ନାଶ ବାଟରେ ନ ଥିବ ।
ଅନ୍ତ ମୁଖରେ ନିରତେ ସତ୍ୟ ରହି ତେବେ ସନ୍ନ୍ୟାସୀ ହୋଇବ ।୪।
ଆପଣା ଦାରା ଧନ ସୁତ ବିତ୍ତକୁ ମନେ ନ ଧରିବ ଆଶା ।
ପର କହିଲା ବଚନେ ପ୍ରତେ ଯାଇ ନ କର ଚିତ୍ତେ ଭରସା ।୫।
ଆପଣା ବନ୍ଧୁ ବାନ୍ଧବ ବାପ ଭାଇ ନ ବୋଲିବ ମୋର ମୋର ।
ଦେଖ ଅନିତ୍ୟ ସଂସାର ମାୟା ମୋହ କେହି ନୁହନ୍ତି କାହାର ।୬।
ପର ସ୍ତିରୀ ପର ଦ୍ରବ୍ୟକୁ ଦେଖିଲେ ନ ବଳାଇବ ପ୍ରକୃତି ।
ଏକ ପାଦ ବ୍ରହ୍ମ ଗୁରୁ ସେବା କଲେ ତେବେ ବୋଲାଇବ ଯତି ।୭।

ଗୁରୁ ପୟରେ ବିଶ୍ୱାସ ରଖିଥିବ ନୋହିବ ଆନରେ ସଙ୍ଗ।
ପିଣ୍ଡ ପ୍ରାଣକୁ ହେତୁ ଘରେ ରଖିଲେ ତେବେ ନ ଟଳିବ ଅଙ୍ଗ ।୮।
ଯୋନିରୁ ଜନ୍ମ ବାସନା ଅଙ୍ଗେ ଥିଲେ ପାଇ ନୁହେଁ ବ୍ରହ୍ମଜ୍ଞାନ।
ନିରନ୍ତରେ ଗୁରୁ ସେବାରେ ଖଟିଲେ ଅଖଣ୍ଡିତ ବ୍ରହ୍ମେ ଲୀନ ।୯।
ଦେବୀ-ଖପରୁ ଉଦ୍ଧାର ହେବ ଯେବେ ମାଟି ଖପରାରେ ଭୁଞ୍ଜି।
ସ୍ତିରୀଲିଙ୍ଗ ନେତ୍ରେ ଦେଖିବ ଯେମନ୍ତେ ମାତା ବୋଲି ମାନ ଖଞ୍ଜି ।୧୦।
ଅବିକାର ମତ ପଞ୍ଚଭୂତେ କର ଏକାଙ୍ଗ ବ୍ରହ୍ମକୁ ଚିହ୍ନି।
ସକଳ ଜୀବ ସମାନରେ ଦେଖିବ ତେବେ ହେବ ବ୍ରହ୍ମଜ୍ଞାନୀ ।୧୧।
ଜନ୍ମ ମରଣକୁ ଭୟ ନ କରିବ ମୁରୁଛି ଥିବ ଆଦ୍ୟରୁ।
ପିଣ୍ଡକୁ ମୋର ମୋର ନାହିଁ ବୋଲିବ ଯାହା କରିଯିବେ ଗୁରୁ ।୧୨।
ନିରନ୍ତରେ ଅଣସ୍ଥିତି ଆଚରିବ କାହାଠାରେ ନାହିଁ ସାଥି।
ଏକପାଦକୁ ହୃଦେ ଯେବେ ଭାବିବ ଲଭିବ ପରମ ଗତି ।୧୩।
ଦିବା ନିଶିରେ ଉଦାସ ମତେ ଥିବ ବାତୁଳ ପରାୟେ ହୋଇ।
ବାଳକ ମତେ ଯେବେ ଭ୍ରମି ପାରିବ ତେବେ ବ୍ରହ୍ମଭେଟ ପାଇ ।୧୪।
ମେଦିନୀ ପ୍ରାୟେ ଦେହ ସହି ରହିବ ନିନ୍ଦା ସ୍ତୁତି ଗାଳି ଶୁଣି।
ଶୀତ ଗ୍ରୀଷମ ବରଷ ଅଙ୍ଗେ ସହି ତେବେ ବୋଲାଇବ ଜ୍ଞାନୀ ।୧୫।
ସମୁଦ୍ର ପ୍ରାୟେ ଗଭୀର ବୁଦ୍ଧି ଥିବ ଉଶ୍ୱାସ ନୋହିବ କେଭେ।
ପ୍ରସନ୍ନ ହୋଇଣ ସଦ୍‌ଗୁରୁ ପିତା ଯାହା ଆଜ୍ଞା ଦେଇଥିବେ ।୧୬।
ଘଟ ଭେଦର ଫନ୍ଦା ବୃତ୍ତି କରିବ ଅନ୍ୟ ଫନ୍ଦା ନାହିଁ କାର୍ଯ୍ୟ।
ବ୍ରହ୍ମଜ୍ଞାନକୁ ତେବେ ଲଭି ପାରିବ ଅନୁଭବ ମାର୍ଗେ ହେଜ ।୧୭।
ଧୀର ସମୀର ହୃଦୟରେ ବହିବ ନ ପାଞ୍ଚିବ ଛିଦ୍ର ବୁଦ୍ଧି।
ପ୍ରକୃତିଗଣେ ଯେବେ ସଙ୍ଗ ହୋଇଲେ ଏ ପିଣ୍ଡ ନୁହଇ ସିଦ୍ଧି ।୧୮।
ଜିହ୍ୱା ଇନ୍ଦ୍ରି ନାଶୁଛନ୍ତି ଏ ଜୀବକୁ ସମ୍ଭାଳିବ ତତ୍ତ୍ୱ କରି।
ଅଖଣ୍ଡ ମହାବ୍ରହ୍ମ ପଦ୍ମପାଦକୁ ଦୃଢ଼ ବନ୍ଧେ ଥିବ ଧରି ।୧୯।
ମହାବ୍ରହ୍ମକୁ ମୁଁ ଆଶା କରି କରି ଧରି ନ ପାରୁଛି ପାଦ।
ଭଣେ ଭୀମ ଭୋଇ ଗୁରୁପାଦ ଧ୍ୟାୟି ନ ପାଉଛି ଅନ୍ତଆଦ୍ୟ ।୨୦।

•

ଚୌରାଶୀ ବୋଲି

ସ୍ତିରୀ ତଇଳକୁ ନିଷେଧ କରିବ ହସ୍ତରେ ଛୁଇଁବ ନାହିଁ।
କର୍ମ ଯୋଗରେ ଅକର୍ମ ସେ ବୋଲାଇ ବ୍ରହ୍ମମତ ତୁଟିଯାଇ ।୧।
ସନ୍ନ୍ୟାସର ମତେ କର୍ମଦଣ୍ଡ ପଥେ ବୋଲାଇବ ବ୍ରହ୍ମଚାରୀ।
ଯତ ସତେ ଥିବ ଚିତ୍ତେ ନ କଳ୍ପିବ ନେତ୍ରେ ନ ଚାହିଁବ ସ୍ତିରୀ ।୨।
ଯଦ୍ୟପି ଚାହିଁବ ଭିକ୍ଷା ଦେବାକାଳେ ମୁଖେ ନାହିଁ ପାଦେ ଦୃଷ୍ଟି।
ଆପଣା ମାତା ପରାୟେ ମଣିଥିବ ତେବେ ଯାଇ ତପନିଷ୍ଠୀ ।୩।
ପରଶିଲାବେଳେ ଉତ୍ତର ନ ଦେବ ମଥା ପୋତିଥିବ ରହି।
ସେ ପରାଣୀ ଯାହା ଧର୍ମପଣେ ଦେବ ସନ୍ତୋଷେ ଘନିବ ତାହି ।୪।
ପଥ ଚାଲୁଥିଲେ କାହିଁ ନ ଚାହିଁବ ପାଦ ଅଗ୍ରେ ଦୃଷ୍ଟି ଥିବ।
ଜନ୍ମ ମରଣକୁ କାଟି ଯେବେ ପାର ଯୋଗୀପୁତ୍ର ବୋଲାଇବ ।୫।
କର୍ଣ୍ଣରେ ପତିତ ମାୟା ବସିଅଛି ଶୁଣିଣ କମ୍ପିବ ଦେହ।
ବିନ୍ଦୁନାଦ ଦେହ ଅଟଳ ହୋଇଲେ ବୋଲାଇବ ଯୋଗୀପୁଅ ।୬।
ବେନି ନେତ୍ରେ ଲୋଭ ମାୟା ବସିଅଛି ଦେଖି ନ କରିବ ପାଞ୍ଚ।
ଯୋଗୀପୁତ୍ର ହୋଇ ଭୋଗକୁ କଳ୍ପିଲେ ଜନ୍ମ ତାର ହେଲା ମିଛ ।୭।
ନାସାରେ ବାସନା ମାୟା ବସିଅଛି ଗନ୍ଧେ ନ କରିବ ଶ୍ରଦ୍ଧା।
ସୌରଭ ବାସନା ବୋଲି ଦେବା ମାତ୍ରେ ଲାଗୁଅଛି ପାପ ବାଧା ।୮।
ଜିହ୍ୱାରେ ଗ୍ରହଣ ମାୟା ବସିଅଛି ସୁସ୍ୱାଦୁ ମଣିବ ନାହିଁ।
ଯୋଗୀମାନଙ୍କର ଲକ୍ଷଣ ନୁହେ ସେ ଦେହ ବଞ୍ଚାଇବ କାହିଁ ।୯।
ଇନ୍ଦ୍ରିରେ ଅନଙ୍ଗ ମାୟା ବସିଅଛି ନ କଳ୍ପିବ ସ୍ତିରୀ ରୂପ।
ନିଃସଙ୍ଗୀ ହୋଇ ଯେବେ ସଙ୍ଗ କଳ୍ପିଲେ ଲାଗେ ଅପମୃତ୍ୟୁ ପାପ ।୧୦।
ମାୟା ହୋଇ ଯେତେ ହୃଦେ ନ କଳ୍ପିବ ମନେ ନ ଧରିବ କିଛି।
ଦ୍ରୋହ ହୋଇଗଲେ ଅଦ୍ଭୁତ ମରଣରେ ଲେଖୁଅଛି ।୧୧।
ଦିଗାମ୍ବରୀ ହୋଇ ଦିଗାମ୍ବର ଭାବେ ପ୍ରଚରିଲେ ସିନା ହେବ।
ଯୋଗୀ ହୋଇ ଯୋଗ ଲକ୍ଷଣେ ରହିଲେ ବ୍ରହ୍ମଅଙ୍ଗୀ ବୋଲାଇବ ।୧୨।
ବ୍ରହ୍ମ ପଇଚାନେ ଦିବା ନିଶି ଥିବ ଗୁରୁପାଦେ ରଖି ଚିତ୍ତ।
ଇଷ୍ଟ ଧର୍ମ ପାଳି ସତ୍ୟ ଭାଷୁଥିବ ତେବେ ହେବ ନିଜ ଭୃତ୍ୟ ।୧୩।

ଆପଣା ଘଟକୁ ନିରନ୍ତରେ ଭେଦି ପିଣ୍ଡ ବ୍ରହ୍ମାଣ୍ଡ ତୋଳିବ।
ଆପଣା ମନ ଧ୍ୟାନର ଯୋଗେ ପଶି ଘଟ ଭିତରେ ବୁଲିବ ।୧୪।
ଶରୀର ଭେଦେ ସର୍ବ ତୀର୍ଥ କରିବ ପଥଶ୍ରମ ହେବ ନାହିଁ।
ଯୋଗୀପୁତ୍ର ହୋଇ ବାହାରେ ଭ୍ରମିଲେ ତା ତହୁଁ ଅଜ୍ଞାନ ନାହିଁ ।୧୫।
ପିଣ୍ଡ ବ୍ରହ୍ମାଣ୍ଡକୁ ଭେଦି ନ ପାରିଲେ ଯୋଗୀପଣ ଅକାରଣ।
ଦୁନିଆ ଦୋରଙ୍ଗୀ ପରା ଏକା ହୋଇ ବିଅର୍ଥେ ଯାଇଣ ଦିନ ।୧୬।
ସନ୍ନ୍ୟାସ ହୋଇ ଜୀବକୁ ହିଂସା କଲେ ତିନିପୁରେ ହୋଏ ଲଜ୍ଜା।
ସମସ୍ତେ ତାକୁ ଉପହାସ କରନ୍ତି ରାଜା ବ୍ରାହ୍ମଣେ ଅପୂଜା ।୧୭।
ବୈଷ୍ଣବ ହୋଇ ମତିଭ୍ରମ ନୋହିବ ରଖିଥିବ ଶ୍ରୋତା ହେତୁ।
ପଞ୍ଚଭୂତରେ ବ୍ରହ୍ମକୁ ଲଏ କଲେ ତେବେ ପାଇ ଜ୍ଞାନ ତୁ ।୧୮।
ଦିଗାମ୍ବର ମାନେ ଏମନ୍ତ ଲକ୍ଷଣ ଆଚାର ମତରେ ଥିବ।
ମାୟା ପାପ ପସରାକୁ ବୋଝକରି ହୃଦ ପଦ୍ମେ ନ ବହିବ ।୧୯।
ବ୍ରହ୍ମର ଚରଣ ହୃଦରେ ଅଧ୍ୟାନ କରୁଥିବ ନିରନ୍ତରେ।
କହେ ଭୀମ ଭୋଇ ଯୋଗୀପୁତ୍ର ଯେତେ ଥିବ ନିଷ୍କାମ ଧର୍ମରେ ।୨୦।

•

ପଞ୍ଚାଶୀ ବୋଲି

ଗୃହ ଧର୍ମ ମାର୍ଗେ ଭଜି ଯେ ପାଇବ କହିବା ତହିଁର ବାଟ।
ବିହିତ ଧର୍ମେ ଥାଇ ଭଜି ପାରିଲେ ଅଛି ମୁକତି ନିକଟ ।୧।
ଆପଣା ପିଣ୍ଡ ପ୍ରାଣ ଦାନ କରିବ ସଦ୍‌ଗୁରୁଙ୍କର ପାଦେ।
ଦାରା ସୁତ ବିତ୍ତ ସକଳ ସମର୍ପି ରହିବ ମନ ଆନନ୍ଦେ ।୨।
ଆପଣା ଭାଇ ଭଗ୍ନୀ ଜ୍ଞାତି ବାନ୍ଧବ ସକଳ ସମର୍ପି ଦେଇ।
ପାଇଲ ବୋଲି ସତ୍ୟ ସତ୍ୟ କହିବ ମନରେ ଆନନ୍ଦ ହୋଇ ।୩।
ଆପଣା ବୃତ୍ତି ଦୁଃଖ ସୁଖ ଫନ୍ଦାକୁ ଗୁରୁ ଶ୍ରୀଚରଣେ ଦେବ।
ଘରଦ୍ୱାର ଆଦି ସକଳ ସମର୍ପି ଦାସ ପଣେ ଯୋଗାଇବ ।୪।
ଦାସ ଦାସୀ ହୋଇ ସଦ୍‌ଗୁରୁଠାରେ ଦାନା ପାଣି ଅନୁସରି।
ସଦା ସର୍ବଦା ସମର୍ପି ହେଉଥିବ ତ୍ରାହି ତ୍ରାହି ବୋଲି କରି ।୫।
ଭାତ ବିତ୍ତ ଚିତ୍ତ ବୃତ୍ତି ଆଦିକରି ଚିନ୍ତା ଅର୍ଥ ଲାଭ ହାନି।
ଆପଣା ହୃଦରୁ କଳ୍ପଣା ଛଡ଼ାଇ ନିଷ୍କାମ ହୋଇବ ପୁଣି ।୬।

ଯେଉଁ ବୃତ୍ତି କଲେ ଗୁରୁ ସୁମରିବ ପାଦତଳେ ଭାରା ଦେଇ ।
ଏ ବୃତ୍ତିର ଯାହା ହାନି ଲାଭ ହେବ ସକଳ ବୁଝିବୁ ତୁହି ।୭।
ଗୁରୁ ସୁମରି ରତିସୁଖ କରିବ ଭାରିଯାକୁ କୋଳେ ଘେନି ।
ତେତେବେଳରେ ବିରୁଦ୍ଧ ନ କରିବ ଜପୁଥିବ ନାମଧ୍ୱନି ।୮।
ତିରିଶ ଦିନେ ସ୍ତିରୀ ସଙ୍ଗ କରିବ ବେଳା ଋତୁ ମତ ଧରି ।
ଶୁଭା ଶୁଭେ ପଦ୍ମେ ବୀଜ ଦାନ ଦେବ ଅମୃତ ଯୋଗ ସୁମରି ।୯।
ଋତୁ ମତରେ କିଛି ହିଁ ଦୋଷ ନାହିଁ ଗୃହ ଧର୍ମ ବୋଲାଇଲା ।
ଗୃହ କରିବାର ଉଚିତ ପ୍ରମାଣ ବିହିତ କର୍ମକୁ ଗଲା ।୧୦।
ପ୍ରାତରୁ ଗୋମୟ ଶରୀରେ ଲଗାଇ ଜଳେ କରିବ ସ୍ନାହାନ ।
ନିଶିରେ ରଜବୀର୍ଯ୍ୟ ବାଧା ଯେତେକ କଟିବ ସେ ଦୋଷମାନ ।୧୧।
ସପତ ଧାତୁକୁ ସାତ ବୁଡ଼ ପାରି ମୁଖେ ନାମକୁ ଜପିବ ।
ସାଷ୍ଟାଙ୍ଗେ ଦର୍ଶନ ଶତବାର କରି ଗୁରୁପାଦ ସୁମରିବ ।୧୨।
ଭାଇ ଭଗ୍ନୀପ୍ରାଏ ଦିନ ନେଉଥିବ ଋତୁମତେ ପତ୍ନୀ ପତି ।
ସାଧୁ ସେବା କରି ଦିନ ବଞ୍ଚୁଥିବ ବୋଲାଇବ ଯତି-ସତୀ ।୧୩।
କି ଅବା ବ୍ରାହ୍ମଣ କି ଅବା ଚାଣ୍ଡାଳ ଅବ୍ୟ ନ କରିବ ଚିତ୍ତେ ।
ଜାତି ଗୋତ୍ରହିଁ ନ ପଚାରିବ କିଛି ହାନି ଲାଭ ତାର ଯେତେ ।୧୪।
କିଛି ତାହାର ମନରେ ନ ଧରିବ ଉଚ୍ଚ ନୀଚ ବୋଲି କରି ।
ଗୃହ ଧର୍ମ ବିଧି ଏମନ୍ତ ପ୍ରକାର ସତ୍ୟ ଧର୍ମେ ଯାନ୍ତି ତରି ।୧୫।
ସାଧୁସେବା ବିନୁ ହୃଦରେ ତାହାର ଅନ୍ୟ ନ ଜାଣଇ କିଛି ।
ତେବେ ସିନା ଗୃହଭକ୍ତି ବୋଲାଇବ ଶାହସ୍ତ୍ରରେ ଲେଖାଅଛି ।୧୬।
କାଞ୍ଜି ଭାଜି ବାସି ତାତିଲା ସହିତେ ଯାହା ଥିବ ତାର ଘରେ ।
ହସ୍ତେ ଘେନି ତାହା ପ୍ରବେଶ ହୋଇବ ସାଧୁମାନଙ୍କ ଛାମୁରେ ।୧୭।
ସାଧୁଙ୍କୁ ସନ୍ତୋଷେ ଭୋଜନ କରାଇ କରପତ୍ର ଶିରେ ଦେଇ ।
ଗୁରୁଙ୍କ ଭଣ୍ଡାରେ ଯାହା ଅଛି ପାଅ ମୋହର ଅର୍ଜିଲା ନାହିଁ ।୧୮।
ପତିତ ଜୀବ ମୁଁ କାହିଁରୁ ପାଇବି ମୋହର ଶକତି ନାହିଁ ।
ଗୁରୁ ସିନା ଖଞ୍ଜୁଛନ୍ତି ପଡ଼ି ଭାତ ମୁଁ ଛାର ପାଇବି କାହିଁ ।୧୯।
ସାଧୁପାଦେ ସେବା ଲାଗିଥିବ ଯେବେ ସଂଶୟ ନ ଥିବ ହୃଦେ ।
ଭଣେ ଭୀମ କନ୍ଧ ମନରେ ଆନନ୍ଦ ସପ୍ତଦଶଶତ ପଦେ ।୨୦।

●

ଛୟାଶୀ ବୋଲି

ସାଧୁଜନମାନେ ସନ୍ତୋଷରେ ଭୁଞ୍ଜି ଛାଡ଼ିଯିବେ ଅବଶେଷ ।
ଯାହାଥିବ ପତ୍ରେ କୁଟୁମ୍ବ ସହିତେ ସଙ୍ଖୋଳି କରିବ ଗ୍ରାସ ।୧।
ସାଧୁ ଉଚ୍ଛିଷ୍ଟ ପତ୍ର ଚାଟି ଖାଇବ ମନେ ନ ଧରି ଅବଦ ।
ସମସ୍ତେ କଣିକା ଲେଖାଏଁ ପାଇବ ଯେସନେକ ପରସାଦ ।୨।
ସାଧୁଗୋଷ୍ଠୀଠାରେ ଅବ୍ୟ ନ କରିବ ମୁକ୍ତି ଗଙ୍ଗାଜଳ କହି ।
ପୁତ୍ର ଦୋହିତା ଭାରିଯେ ସଙ୍ଗେ ଘେନି ଏକାନ୍ତେ ବସିବ ଯାଇ ।୩।
ସାଧୁ ଅବଶେଷ ପାଇଣ ଆନନ୍ଦେ ଯେ ସେବେ ଚରଣାବିନ୍ଦ ।
ଅନ୍ତକାଳେ ସଦଗତିକି ଲଭଇ ଛିଡ଼ଇ ତ୍ରିଗୁଣ ବନ୍ଧ ।୪।
ଦୁଃଖ ସୁଖକୁ ସମାନ ମଣିଥାଇ କେବେ ନୁହଇ ବିମୁଖ ।
ନାମେ ଆଶ୍ରେ କରି ଦିନ ବଞ୍ଚୁଥାଇ ବୋଲେ ଏ ମୋ ବଡ଼ ସୁଖ ।୫।
ଯାହା ହୋଇଗଲେ ଶ୍ରୀଗୁରୁ ଜାଣିବେ ହୃଦରେ ନ ରଖି ଚିନ୍ତା ।
ଗୃହ ଧର୍ମେ ଥାଇ ନାମ ଆଶ୍ରେ କରି ଧଇର୍ଯ୍ୟ ପଣେ ଶକତା ।୬।
ଏମନ୍ତ ଭକ୍ତର ବାନ୍ଧବ ଅଟନ୍ତି ପର୍ମେଶ୍ୱର ମହାବ୍ରହ୍ମ ।
ଅତି ଆନନ୍ଦରେ ଦିନ ବଞ୍ଚୁଥାଇ ଦିବା ନିଶି ଜପି ନାମ ।୭।
ଗୃହରେ ଥାଇ ନାମ ଆଶ୍ରିତ କଲେ ଏହି ପରକାରେ ଭଜ ।
ବିହିତ ଲକ୍ଷଣେ ଭକ୍ତିମାର୍ଗେ ଚାଲ ନକର ମନରେ ଲାଜ ।୮।
ଭକ୍ତି ଯେ କରିବ କି ଲଜ୍ଜା ତାହାର ଲଜ୍ଜା କଲେ ନ ମିଳଇ ।
ନାମ ବ୍ରହ୍ମ ବିନୁ କିଛି ନ ଜାଣଇ କାହାକୁ ତା ଭୟ ନାହିଁ ।୯।
ମହାଦେବ ଶିବଙ୍କର ଦୀକ୍ଷା ନୁହେଁ ତହିଁରୁ ଅତି କଠୋର ।
ଅଲେଖ ମହିମା ବୋଲିବାର ପଦ ଅଷ୍ଟାଙ୍ଗ ଯୋଗ ଉପର ।୧୦।
ଅବତାର ବିଷ୍ଣୁଙ୍କର ଦୀକ୍ଷା ନୁହେଁ ତହିଁରୁ ଅଟଇ ଗାଢ଼ ।
କୋଟି କୋଟି ବିଷ୍ଣୁ ତାଙ୍କ ଠହୁଁ ଜାତ ସେଠାକୁ ନୁହନ୍ତି ବଡ଼ ।୧୧।
ବ୍ରହ୍ମା ବେଦପତିଙ୍କର ଦୀକ୍ଷା ନୁହେଁ ତହିଁରୁ ଅଧିକ ଉଚ୍ଚ ।
ସୃଷ୍ଟି ହେଲା ଦିନୁ କୋଟି କୋଟି ବ୍ରହ୍ମା ଜନ୍ମ ହୋଇଛନ୍ତି ପଛ ।୧୨।
ନାଗାନ୍ତୀ ଯୋଗାନ୍ତୀ ଦୀକ୍ଷା ନୁହେଁ ଏହୁ ତହିଁରୁ ଆହୁରି ଆଣ୍ଠ ।
ନିଷ୍କାମ ଧର୍ମ ଯେଉଁଠାରୁ କ୍ଷରୁଛି ଅଟନ୍ତି ପରା ବୈକୁଣ୍ଠ ।୧୩।

ବେଦାନ୍ତୀ ସିଦ୍ଧାନ୍ତୀ ଦୀକ୍ଷା ଧର୍ମନୁହେଁ ରହିଲାଣି କେତେଦୂରେ ।
ନିର୍ବେଦ ଧାରଣା ଯାହାକୁ ବୋଲନ୍ତି ଅଲେଖ ଅବନା ପୁରେ ।୧୪।
ସନ୍ଥ ମହନ୍ତଙ୍କ ଦୀକ୍ଷା ଧର୍ମ ନୁହେଁ ଅଛି ବହୁତ ଅନ୍ତର ।
ଦେଖା ଶିଖା ଭକ୍ତି ସେ ବ୍ରହ୍ମ ଠାବକୁ ନୁହଇ ସେ ବଳୀଆର ।୧୫।
ନିଶବ୍ଦ ଭୁବନ ଦୀକ୍ଷାଧର୍ମ ଏହି ନିର୍ବେଦରେ ଚରାଚର ।
ଅଲେଖ ମହିମା ବୋଲନ୍ତି ଯାହାକୁ ଅରୂପ ତାଙ୍କ ଶରୀର ।୧୬।
ନିଶବଦଘର ଏକ ପାଦ ଧର୍ମ ଅଟଇ ସାତ୍ତ୍ୱିକ କର୍ମ ।
ନୁହଇ ସ୍ତିରୀ ସେ ନୁହଇ ପୁରୁଷ ଦୁଇ ବୋଲି ନୁହ ଧର୍ମ ।୧୭।
ସେଠାବରେ ଆଉ ଦିବାନିଶି ନାହିଁ ଏକତ୍ୱ ପ୍ରକାର ବିଧି ।
ସେଠାବକୁ ଯେହୁ ମନବଳାଇବ ଅସାଧନା ସର୍ବସିଦ୍ଧି ।୧୮।
ସାଧିବାର ବ୍ରହ୍ମ ନୁହଇ ସେ ପ୍ରଭୁ ଅନାମ ତାହାର ରୀତି ।
କାମନା କଳ୍ପଣା କାହିଁ ବା ଲାଗିବ ନ ପଶି ପାରେ ପ୍ରକୃତି ।୧୯।
ଏ ଭବାର୍ଣ୍ଣବରୁ କାଢ଼ିନିଅ ମୋତେ ଶ୍ରୀପାରୁଶେ ଦିଅ ବାସ ।
ଭଣେ ଭୀମଭୋଇ ଗୁରୁପାଦ ଧ୍ୟାୟି ଅରୂପବ୍ରହ୍ମରେ ଆଶ ।୨୦।

●

ସତାଶୀ ବୋଲି

ଅରୂପବ୍ରହ୍ମ ସେ ରୂପ ନ ଦିଶଇ ନାହିଁ ତାର ହାଇଛାଇ ।
ଜନମ ଦିନରୁ ଇଚ୍ଛାରେ ବଢ଼ିଛି ଆଧାର ପାଣି ନଖାଇ ।୧।
ପିତାମାତା ନାହିଁ ଅଯୋନି ସମ୍ଭୂତ ନାହିଁ ରଜବୀର୍ଯ୍ୟ ଗନ୍ଧ ।
କେ ଗଢ଼ି ନାହିଁ ଆପେ ଗଢ଼ି ହୋଇଛି ଅରୂପ ଅନାଦି କନ୍ଦ ।୨।
ଅନାମିକା ସେହୁ ନାମ ନାହିଁ ତାର ନ ବସେ ଅକ୍ଷର ପଦ ।
ଚାରିଯୁଗ ମଧ୍ୟେ ତାହାର ମହିମା ବର୍ଣ୍ଣି ନ ପାରିଲା ବେଦ ।୩।
ଅବ୍ୟକ୍ତ ପୁରୁଷ ବ୍ୟକତ ନହୁଏ ବଚନ ଯହିଁରେ ନାହିଁ ।
ଅଲେଖ ମଣ୍ଡଳ ପୁର ଭୁବନକୁ ନିଶବଦ ବୋଲି କହି ।୪।
ନିର୍ବେଦ ପୁରୁଷ ବେଦ ନ ଲାଗଇ ନ ପଶେ ଶବଦ ଭେଦ ।
ଅଖଣ୍ଡ ବ୍ରହ୍ମ ସେ ଖଣ୍ଡଖଣ୍ଡ ନୁହେଁ ନାହିଁ ତାର ବିନ୍ଦୁନାଦ ।୫।

ଜପତପ ମନ୍ତ୍ର କିଛି ନ ଲାଗଇ ସକଳ ଠାବରୁ ଛଡ଼ା।
ସକଳ ପିଣ୍ଡକୁ ଗଢ଼ି ଅଛି ସେହି ଆପେ ଶରୀର ଅଗଢ଼ା ।୬।
ତୀର୍ଥ ବ୍ରତ ଯଜ୍ଞ ହୋମ ନଲାଗଇ କ୍ରିୟାକର୍ମ ଆଦି ଛାଡ଼ି।
ସକଳ ଜୀବ ମାୟାରେ ପଡ଼ିଛନ୍ତି ଆପଣା ମୋହେ ନପଡ଼ି ।୭।
ଦଶମୀ ଏକାଦଶୀ ବ୍ରତ ନ ପାଇ ନୁହଇ ତାହାର କର୍ମ।
ବ୍ରହ୍ମକୁ ଭେଟିବୁ ବୋଲି ପ୍ରାଣୀମାନେ କରୁଛନ୍ତି ଦାନ ଧର୍ମ ।୮।
ମନ ନାହିଁ ତାର ଅମନ ପୁରୁଷ ଅମନ ମଣ୍ଡଳେ ବାସ।
ଅଣ ଆକାରେ ବିହରେ ସେହି ପ୍ରଭୁ ଶୂନ୍ୟ ରୂପରେ ପ୍ରକାଶ ।୯।
ରୂପରେଖ ତାର ବର୍ଣ୍ଣଚିହ୍ନ ଆଦି ନିଗମ ନିଗମେ ଗଲା।
ଗମି ଭେଟିବାକୁ କାହା ଶକ୍ତି ନାହିଁ ଅଗମ୍ୟେ ଯାଇଁ ରହିଲା ।୧୦।
ସଂସାର ସାଗର କର୍ମମାନ ଯେତେ ଲାଗି ନ ପାରଇ ତାଙ୍କୁ।
ଏକ୍ରିୟା କର୍ମରେ କେ ଭେଟିବ ତାଙ୍କୁ ପଚାରୁଅଛି କାହାକୁ ।୧୧।
ଅକର୍ମ ଦାୟକ କର୍ମ ନ ଲାଗଇ ନୁହଇ କାହାରେ ବଶ୍ୟ।
ଏଭକ୍ତି ମାର୍ଗରେ ପ୍ରସନ୍ନ ନୁହଇ ଅଟଇ ତାଙ୍କୁ ଭବିଷ୍ୟ ।୧୨।
ତାହାର ଛାମୁକୁ ଭ୍ରୂକୁଟି ଅଟଇ ନୁହଇ ସାତ୍ତ୍ୱିକ ସେବା।
କେହ୍ନୁଣ କର୍ମରେ ପ୍ରସନ୍ନ ନୁହଇ କିସ ପଟାନ୍ତର ଦେବା ।୧୩।
ତାର ମନେ ମନେ ସବୁ ବିଚାରଇ ନ ଥାଇ କାହାରି ମନେ।
ତାର ସୁଖରେ ଯାହା ଇଛା କରଇ ବସେ ଶୂନ୍ୟ ସିଂହାସନେ ।୧୪।
ଚନ୍ଦ୍ର ସୂର୍ଯ୍ୟଙ୍କର ତେଜ ନାହିଁ ତହିଁ ନାହିଁ ଶରଦ ଉଷୁମ।
ବିନା ଅନଳରେ ଗରମ ଉଠୁଛି ନାହିଁ ଶିଶିର ଲଶମ ।୧୫।
ଜଳ ପବନର ଧାପ ନାହିଁ ତହିଁ ଚମକ ଦମକ ନୁହେଁ।
ଅତି ନିଷ୍କାମ ଅଟଇ ସେହି ପୁର ଅଚିନ୍ତାରେ ବ୍ରହ୍ମ ରହେ ।୧୬।
ଦେବାସୁର ନର ନ ଜାଣନ୍ତି ତାଙ୍କୁ ମୂର୍ଖ ପାପୀକୁ ଅଦୃଶ୍ୟ।
ଅଜ୍ଞାନିମାନଙ୍କୁ ବହୁତ ଉହାଡ଼ ଜ୍ଞାନିମାନଙ୍କୁ ବିଶ୍ୱାସ ।୧୭।
ମାୟା କାୟା ଯହିଁ ସମ୍ବନ୍ଧ ନୁହଇ ହାସ ରସ କାହିଁ ଜଣା।
ପଞ୍ଚଭୂତ ଆଦି ଗମି ନ ପାରନ୍ତି ପଡ଼ିଛନ୍ତି ହୋଇବଣା ।୧୮।
ଅନାମରୁ ସର୍ବେ ବାହାର ହୋଇଲେ ଜାଣି ନ ପାରିଲେ କେହି।
ତାହାରି ମାୟା ପଥରେ ବଣା ହେଲେ ସୂତ୍ରେ ନ ପାରିଲେ ଯାଇ ।୧୯।

ଏ ମାୟା ସାଗରୁ ତ୍ରିଗୁଣ ବାଧାରୁ ନେବେ ଶ୍ରୀଗୁରୁ ବଞ୍ଚାଇ।
କହେ ଭୀମଭୋଇ ଗଲାବେଳେ ମୋତେ ସୂତ୍ରବାଟେ ଯିବନେଇ ।୨୦।

•

ଅଠାଶୀ ବୋଲି

ଏକୋଇଶ ଭୁବନ ଜିଣି ଯେବେ ଯିବ ହେବ ଅଲେଖର ଭକ୍ତ।
ଗୃହୀ ଦିଗାମ୍ବରୀ ଯେ ଅଛ ସଂସାରେ ଦେଖ କେ ଅଛ ସାମର୍ଥ ।୧।
ଅଲେଖ ପ୍ରଭୁଙ୍କୁ ଯେ ଭଜି ପାରିବ ନପୋଡ଼ିବ ତାର କାୟା।
ଚେତା ଚଇତନ ହେତୁ ନ ବୁଡ଼ିବ କରିବେ ସେ ଯେବେ ଦୟା ।୨।
ରଜ ବୀର୍ଯ୍ୟରେ ଜନମ ନ ଲଭିବ ଯୁଗେ ଯୁଗେ ଅଜାମ୍ବର।
ଇଚ୍ଛିଲେ ଦେହ ଅଦେହ ହୋଇପାରେ ଇଚ୍ଛାମରଣ ତାହାର ।୩।
ଭବାର୍ଣ୍ଣବ ମାୟା ନ ଲାଗଇ ତାକୁ ନ ପଶଇ ଯମ ଦ୍ୱାର।
ମୋ ପିଣ୍ଡ ଗଢ଼ିଲା ଶକତି ଏ ଅଟେ ଏଥୁ ହୋଇଛି ବାହାର ।୪।
ମାତାର ପଦକୁ ଯେ ଭଜି ପାରିଛି ପ୍ରଳୟରୁ ହେଲା ପାର।
ଅଲେଖ ପୁରୁଷ କରନ୍ତି ତାହାଙ୍କୁ ଜନ୍ମ ମରଣୁ ଉଦ୍ଧାର ।୫।
ମହାସୁଖ ପାନ୍ତି ଅଲେଖ ପୁରୁଷ ଏତେକ କର୍ମରେ ଥିଲେ।
ଡାକି ଡାକି ତାକୁ ଅଲେଖ ପୁରୁଷ ମୁକତି ଯାଚନ୍ତି ବଳେ ।୬।
ଜିହ୍ୱା ସୁସ୍ୱାଦୁରେ ନ ଥାଇ ସେ ଜନ ନିତ୍ୟ ଅସାଧନା ଯୋଗ।
ମୁକତି ଭଣ୍ଡାରୁ ଅଲେଖ ପୁରୁଷ ବୋଲେ ଅଧେ ନେବେ ଭାଗ ।୭।
ତୁହି ମୋତେ ଜାଣୁ ମୁହିଁ ତୋତେ ଜାଣେ ଏଥିରେ ସଂଶୟ ନାହିଁ।
ତୁହି ଯହିଁ ଯିବୁ ମୁରୁଛି ନ ପାରି ମୁହିଁ ସଙ୍ଗେ ଯିବି ତହିଁ ।୮।
ମୁଁ ତୋହର ପୁତ୍ର ତୁ ମୋହର ପିତା ଏଥିକି ବିଶ୍ୱାସ ନେବି।
ମୋତେ ତୁହି ଯହିଁ ବସାଇବୁ ଭକ୍ତ ତହିଁ ମୁହିଁ ବସିଥିବି ।୯।
ଏମନ୍ତ ବୋଲନ୍ତି ଅଲେଖ ପୁରୁଷ ନିଷ୍କାମ ଭକ୍ତକୁ ଚାହିଁ।
ତୋହ ମୋହ ବାବା ଯେବଣ ପୀରତି ତ୍ରିଭୁବନେ ଜଣାନାହିଁ ।୧୦।
ନିଷ୍କାମ ଭଗତ ଦେଖିଲେ ଅଲେଖ ହସି ପ୍ରସନ୍ନ ହୁଅଇ।
ତାର ଦୁଆରକୁ ଆସିଯାଇ ବ୍ରହ୍ମ କାଦୋ ଉଠି ଯାଉଥାଇ ।୧୧।
ନିଷ୍ଠା ଭକ୍ତିବଳେ ବନ୍ଦୀ ହୋଇ ଏକା କାହିଁ ନୁହଇ ବନ୍ଧନ।
ଭକ୍ତ ପାଖରୁ ନ ଛାଡ଼ି ଜଗିଥାଇ ଯେସନେକ ପିଣ୍ଡ ପ୍ରାଣ ।୧୨।

ଅଲେଖ ଭକ୍ତିର ଏମନ୍ତ ବିଧାନ ଶୁଣ ସାଧୁ ସୁଜ୍ଞ ନର।
ଅଘୋର ସତ୍ୟ ସାଗର ଧର୍ମ ଭକ୍ତି ପାରୁଅଛ ଯେବେ କର ।୧୩।
ଅଘୋର ନିଷ୍ଠା ଭଗତିରେ ଯେ ଜନ ଅମନେ କରିବ ମନ।
ଆୟତ୍ତ ନାହିଁ ଅଲେଖ ପୁରୁଷର ହେବେ ତାହାର ଅଧୀନ ।୧୪।
କିବା ନରଲୋକ କିବା ଦେବଲୋକ କରୁଛନ୍ତି ଭକ୍ତି ଦେଖ।
କିବା ସୁରଲୋକ କିବା ରୁଦ୍ରଲୋକ ଯେ ଅଛି ତିନି ତ୍ରୈଲୋକ୍ୟ ।୧୫।
ଅଲେଖ ବ୍ରହ୍ମରେ ଭଗତି ହୋଇଲେ ନ ହୁଅନ୍ତି କେହି ସାହା।
ତ୍ରିଭୁବନ ଲୋକେ ନ ସହନ୍ତି ଏକା ଜାଣି ବୁଝିକରି ତାହା ।୧୬।
ଅଲେଖ ଭଗତି କେହି ନ ପାରନ୍ତି କୋଟିକେ ଗୋଟିଏ ସାର।
ଯେହୁ ଇଚ୍ଛା ସେହୁ ସମର୍ଥ ନୁହନ୍ତି ଶୁଦ୍ଧ ମନରେ ବିଚାର ।୧୭।
ଅଶ୍ରୁତି ଶୂନ୍ୟ ଅଗୋଚର ଆଶରା ଭରସା ଯେ କରିପାରେ।
ଅନନ୍ତ ବାହାରେ ସେ ଅଲେଖ ବ୍ରହ୍ମ ପୂରିଥାଇ ତାହାଠାରେ ।୧୮।
ତିନି ଭୁବନରେ ସଂସାର ଯାକରେ କାହାକୁ ନାହିଁ ତା ଭୟ।
ତେଣୁ କରି ତାର ଇଷ୍ଟ ହୋଇଥାନ୍ତି ଅଲେଖ ପୁରୁଷ ଦିଅଁ ।୧୯।
ଅଲେଖ ଭଗତି କରିବାର ଚାହିଁ ପ୍ରାଣ ଥିବାଯାଏ ପିଣ୍ଡେ।
ଗୁରୁପାଦ ଧ୍ୟାୟି ଭଣେ ଭୀମ ଭୋଇ ନ ପଡ଼ିବ କାଳ ଦଣ୍ଡେ ।୨୦।

●

ଅଣାନବେ ବୋଲି

ସତ୍ୟ ତ୍ରେତୟା ଦ୍ୱାପର କଳିକାଳ ଗଣ୍ଡାଏ ହୋଇଲା ଆସି।
ଅଲେଖ ମହିମା ଏକାକ୍ଷର ପଦ ହୋଇ ନ ଥିଲା ପ୍ରକାଶି ।୧।
ଗଣ୍ଡା ଯୁଗ ସମ୍ପୂର୍ଣ୍ଣ ହେଲା ଯହୁ ଏକ ବ୍ରହ୍ମ ଉଦ୍‌ବେଗ।
ସାଧୁ ସୁଜ୍ଞଜନେ ଶୁଣିଥାଅ କର୍ଣ୍ଣେ ଫେରି ହେବ ସତ୍ୟଯୁଗ ।୨।
ଯେଉଁ ସତ୍ୟଧର୍ମେ ଏ ପିଣ୍ଡ ବ୍ରହ୍ମାଣ୍ଡ ପୂର୍ବେ ହୋଇଥିଲା ଜାତ।
ସେହି ସତ୍ୟଧର୍ମେ ଏ ପିଣ୍ଡ ବ୍ରହ୍ମାଣ୍ଡ ସୁସ୍ଥାପନେ ହେବ ମୁକ୍ତ ।୩।
ଆଦ୍ୟରେ ଅଲେଖ ଅଦ୍ଭୁତ ମୂରତି ବଇଷ୍ଣବ ରୂପ ହେଲେ।
ଦିଗାମ୍ବର ବେଶେ ଏ ପିଣ୍ଡ ବ୍ରହ୍ମାଣ୍ଡେ ସ୍ଥାପି ବଞ୍ଚାଇ ରଖିଲେ ।୪।
ଅଘୋର ମତ ଅବିକାର ଦୀକ୍ଷାନ୍ତ କରିଥିଲେ ପର୍ମେଶ୍ୱର।
ସେହି ଧର୍ମ ଅବଧୂତ ବୋଲାଉଛି ନିର୍ବେଦୁ ହୋଇ ବାହାର ।୫।

ସେହି ବ୍ରହ୍ମ ଏବେ ନରଦେହ ବହି ବୁଦ୍ଧ ରୂପେ ଅବତାର ।
ଏତେବେଳେ ନିଜ ନାମ ଛାଡ଼ିଛନ୍ତି ନ ରଖି କିଛ ଅନ୍ତର ।୬।
ସତ୍ୟପୁରୁଷ ସତ୍ୟେ ପଦ ଜାଣନ୍ତି ଚାରିଯୁଗ ମଧ୍ୟେ ସାର ।
ତରିବେ ବୋଲି ନିଜ ନାମ ଦେଇଛି ସମସ୍ତେ ହେଁ ଆଶ୍ରାକର ।୭।
ଅଲେଖ ମହିମା ନାମରେ ଉଦ୍‌ଘାଟ ହେବେ ବୋଲି କଳିକାଳେ ।
ସନ୍ନ୍ୟାସ ଦୀକ୍ଷାରେ ନିଜ ସତ୍ୟ ଧର୍ମ ଛାଡ଼ିଛନ୍ତି ରବିତଳେ ।୮।
ମହାଘୋର କଳି ପାପସାଗରକୁ ମହିମା ସାଗର ଧର୍ମ ।
ବେନିକୁଳ ମଳିଯୁଦ୍ଧ ଲାଗିଛନ୍ତି କିସ ଦେବା ଅନୁପମ ।୯।
ତେଣୁକରି ସିନା ନର ମନୁଷ୍ୟକୁ ଛଡ଼ାକ୍ଷର ମନ୍ତ୍ର ଦେଲେ ।
ଅଲେଖ ମହିମାସାଗର ନାମରେ କଳିକାଳେ ଉଦେ ହେଲେ ।୧୦।
ଏବେ ସେ ଅନାଦି ଦିଗାମ୍ବର ହୋଇ ବହିଛନ୍ତି ବୁଦ୍ଧ ତନୁ ।
ଆଦି ପରମ ଏ ଧର୍ମ ଦେଇଛନ୍ତି ପାରି ହେଲା ଯେତେ ଦିନୁ ।୧୧।
ତିନିପୁର ଲୋକେ ଦରଶନ କର ବୁଦ୍ଧ ସ୍ୱରୂପ ଗୁରୁଙ୍କୁ ।
ନାଭି ମଣ୍ଡଳରୁ ଅଲେଖର ପ୍ରଭା ଅଛି ତହିଁ ଉପରକୁ ।୧୨।
ଶକ୍ତି ଅନୁସାରେ ଭଜ ନିରନ୍ତରେ କାହାକୁ ନୁହଇ ମନା ।
କି ଅବା ସ୍ତିରୀ ସେ କି ଅବା ପୁରୁଷ ମନରେ କର ଭାବନା ।୧୩।
ସତ୍ୟଯୁଗକୁ ଯେମନ୍ତ ପହଞ୍ଚିବ କର ସେପରି ଉପାୟେ ।
କଳି ଥିବା ଯାଏ ନିଜ ସତ୍ୟଧର୍ମ ହୋଇ ନ ପାରଇ ଥୟେ ।୧୪।
ସକଳ ଜନ ଅଲେଖ ମହିମାକୁ ଡାକ ଅନ୍ତେ ମୁଖେ ଉଚ୍ଚେ ।
ମହିମାଙ୍କ ପରା ପରୀକ୍ଷା ଦେଖିବ ନିନ୍ଦା ନାହିଁ ଦେବହ ପଛେ ।୧୫।
ଜୀବର ଉପରେ ମହିମା ପରୀକ୍ଷା ହେବ ଏକା ତିନିକାଳେ ।
ଆପଣା ପିଣ୍ଡ ପରାଣକୁ ସମ୍ଭାଳି ନୋହିବଟି କେତେବେଳେ ।୧୬।
ତିନି ଭୁବନକୁ ତିନିବାର ଆମ୍ଭେ ଡାକି କହୁଅଛୁ ଶୁଣ ।
ମୁକତି ଯାଚି ଯାଚି ଦେବା ହେଉଛି ଭାଗ୍ୟଅଛି ଯେବେ ଘେନ ।୧୭।
ସପ୍ତ ବ୍ରହ୍ମାଣ୍ଡକୁ ସାତବାର କରି ଯାଚି ଦେଉଛନ୍ତି ଧର ।
ପବିତ୍ର ନାମବ୍ରହ୍ମ ଏହୁ ପସରା ମନେ ବିରୁଦ୍ଧେ ନ କର ।୧୮।
ନବଖଣ୍ଡ ମେଦିନୀକି ନବ ଥର ବୁଲାଉ ଅଛନ୍ତି ନାମ ।
ଗୁରୁ ରୂପ ହୋଇ ବତାଉ ଅଛନ୍ତି ଅଲେଖ ଅନାଦି ବ୍ରହ୍ମ ।୧୯।

ଏକୋଇଶ ପୁରେ ଏକୋଇଶ ବାର ନାମ ଫେରୁଛି ସମ୍ଭାଳ।
ଭଣେ ଭୀମ ହୋଇ ଗୁରୁପାଦ ଧ୍ୟାୟି ଶେଷ ହୋଇଗଲାଣି କାଳ ।୨୦।

•

ନବେ ବୋଲି

କାହାକୁ କେହି ସଙ୍ଗୋଳି ନ ପାରିବେ ସର୍ବେ ହେବେ ରଣଭଣ।
କଳି ଯାଇ ସତ୍ୟଯୁଗ ହୋଇବାର ଅଛଇ ଏତିକି ଗୁଣ ।୧।
ତେତେବେଳେ ଆଉ ମହୀମଣ୍ଡଳରେ କେହି ନୋହିବେ କାହାର।
ନବଖଣ୍ଡ ମହୀ ତରସ୍ତ ହୋଇଣ କମ୍ପୁଥିବ ଥରହର ।୨।
ଦକ୍ଷିଣ ଲୋକେ ଉତ୍ତରେ ପଳାଇବେ ଉତ୍ତର ଲୋକେ ଦକ୍ଷିଣେ।
ମହା ଅନର୍ଥ ହୋଇବଏ ମେଦିନୀ କଳି ସତ୍ୟବାଦ ଗୁଣେ ।୩।
ପୂର୍ବର ଲୋକେ ପଶ୍ଚିମେ ପଳାଇବେ ପଶ୍ଚିମର ଲୋକେ ପୂର୍ବେ।
ଚାରିଦିଗ ଲୋକେ ଏକାନ୍ତ ହୋଇବେ ମିଶାମିଶି ହୋଇ ସର୍ବେ ।୪।
ପୁଣି କହୁଅଛୁ ହେ ପୁରୁଷମାନେ ମହିମା ନାମକୁ ଜପ।
ବାଡ଼ିବୃତ୍ତି ଫନ୍ଦା କରୁଥାଅ ପଛେ ହୃଦପଦ୍ମେ ନାମ ରଖ ।୫।
ସକଳ କର୍ମରେ ଲାଗିଥାଅ ପଛେ ବ୍ରହ୍ମ କର୍ମ ଧରି ଚିତ୍ତେ।
ଗୁରୁ ଚରଣେ ବିଶ୍ୱାସ ରୁପିଥିଲେ ତାରି ନେଇଯିବେ ସତ୍ୟେ ।୬।
ସ୍ତିରୀମାନେ ଆଗୋ ଯେ ଅଛ ସଂସାରେ ଘରଦ୍ୱାର ପଛେ କର।
ପୁତ୍ର ଦୋହିତା ଜନ୍ମାଇଲେ କି ହେଲା ତରିବା ପଥକୁ ଧର ।୭।
ରତି ରମଣ ସୁରତି ସୁଖଭାବ କରୁଥାଅ ପଛେ ତୁମ୍ଭେ।
ଅନେକ ବିଷୟା ଲାଗିଥାଉ ପଛେ ବ୍ରହ୍ମ କର୍ମ ଧରେ ଦମ୍ଭେ ।୮।
ରାଜାମାନେ ରାଜନୀତି କରୁଥାନ୍ତୁ ଦଣ୍ଡ ସିଂହାସନେ ବସି।
ଦୋଷକୁ ଚାହିଁ ବୁଝାମଣା କରନ୍ତୁ ହୃଦରେ ମହିମା ଘୋଷି ।୯।
ଦୋଷକୁ ଚାହିଁ ଦଣ୍ଡ ଶାସ୍ତି ନ ଦେଲେ କି ରୂପେ ଚଳିବ ପୃଥ୍ୱୀ।
ରଇତ ପରଜା କି ରୂପେ ମାନିବେ ବଣା ହୋଇଯିବ ମତି ।୧୦।
ମୁଲକର କଥା ବୁଝୁଥାଅ ପଛେ ସତ୍ୟଧର୍ମ ଆଶ୍ରେକର।
ମହିମା ଭଜିଲୁ ବୋଲି ନ ବୁଝିଲେ ଦୋଷ ହୋଇବ କାହାର ।୧୧।
ରାଜନୀତି ତାର କରୁଥାଉ ପଛେ ଗୁରୁଧର୍ମ ଥାଉ ଧ୍ୟାୟି।
ଗୁରୁ ସେବାରେ ପରଚେ ହେବ ଯେବେ ନିଶ୍ଚିନ୍ତେ ତରିବ ସେହି ।୧୨।

କ୍ଷତ୍ରୀ ହୋଇ ପଞ୍ଚୁ ଶହସ୍ରକୁ ଭିଡ଼ି ସତ୍ୟ ଧର୍ମ ଆଶ୍ରେ କରୁ ।
ଘୋର ସଂଗ୍ରାମେ ପଶିକରି ପଛକେ ଗୋରୁ ବ୍ରାହ୍ମଣକୁ ମାରୁ ।୧୩।
କ୍ଷତ୍ରୀ ହୋଇ ଯେବେ ଶସ୍ତ୍ର ନ ଧଇଲେ ଶତ୍ରୁ ଜୟ କରି ନୁହେଁ ।
ଗୁରୁ ନାମ ଧରି ସିଂହ ରଡ଼ି ଦେବ ନଥିବ କାହାକୁ ଭୟେ ।୧୪।
କ୍ଷତ୍ରୀ ଧର୍ମରେ ଥାଉପଛେ ସେ ଜନ ଭଜୁଥାଉ ମହିମାକୁ ।
ଗୁରୁପାଦେ ଯେବେ ସତ୍ୟ ରଖିଥିବ ନିଶ୍ଚେ ତାରିବେ ତାହାକୁ ।୧୫।
ବ୍ରାହ୍ମଣ ହୋଇ ଚାରିବେଦକୁ ପଢ଼ି କରୁ ପଛେ କ୍ରିୟା କର୍ମ ।
ସନ୍ଧ୍ୟା ତର୍ପଣ ଯଜ୍ଞ ହୋମ କରିଣ ଧରି ଥାଉ ଗୁରୁଧର୍ମ ।୧୬।
ବେଦାନ୍ତ ବ୍ରାହ୍ମଣ ହୋଇଥାଉ ପଛେ ଅଲେଖ ମହିମା ଭଜୁ ।
ବେଦର ମତେ ଯେତେ କର୍ମ କରୁଛି ବାହ୍ୟରେ ପଛେ ନ ତେଜୁ ।୧୭।
ବ୍ରାହ୍ମଣ ହୋଇଣ ଗୁରୁ ସେବାକରୁ ବ୍ରହ୍ମକୁ ପରତେ ହୋଇ ।
ସତ୍ୟ ଧର୍ମକୁ ଅଭ୍ୟାସ କରୁଥିଲେ ନିଶ୍ଚଏ ତରିବେ ସେହି ।୧୮।
ରାଜା ବ୍ରାହ୍ମଣ କ୍ଷତ୍ରିକୁଳ ଯେ ଅଛ ସତ୍ୟଧର୍ମ ନ୍ୟାଏ ଧର ।
ଆଶ୍ୱାସନା ଭାବେ ସବୁଙ୍କୁ କହୁଛୁ ବେଳହୁଁ ମୋ ବୋଲକର ।୧୯।
ବେଳୁ ବେଳ ଯୁଗାବ୍ଦ ତୁଟୁଅଛି ଚିତ୍ତ ରଖ ଗୁରୁପାଦେ ।
ମନରେ ସ୍ୱଚ୍ଛନ୍ଦ ଭଣେ ଭୀମ କନ୍ଧ ଅଷ୍ଟାଦଶ ଶତ ପଦେ ।୨୦।

•

ଏକାନବେ ବୋଲି

ବିଦ୍ୟାବନ୍ତ ପ୍ରାଣୀ ବିଦ୍ୟାକୁ ସାଧନ କରୁଥାଉ ପଛେ ସେହି ।
ଅଲେଖ ମହିମା ଭଜୁଥାଉ ନିତ୍ୟେ ଗୁରୁପାଦେ ଚିତ୍ତ ଦେଇ ।୧।
ସକଳ ବିଷୟ କର୍ମେ ଲାଗିଥାଉ ବିଦ୍ୟା କାହିଁକି ଛାଡ଼ିବ ।
ସଦଗୁରୁ ପାଦେ ଚିତ୍ତ ରଖିଥିଲେ ନିଶ୍ଚୟ ସେ ତରିଯିବ ।୨।
ତପସ୍ୱୀ ପରାଣୀ ତପ କରୁ ପଛେ ଗୁରୁଧର୍ମ ଭଜୁଥାଉ ।
ନାମ ନ ଭଜିଲେ ଏ ରବି ତଳରେ ବାସ ନ ମିଳିବ ଆଉ ।୩।
ଅନେକ କର୍ମରେ ଥାଉ ପଛେ ସେହୁ ଗୁରୁ ପାଦେ ରଖୁଚିତ୍ତ ।
ସଦ୍‌ଗୁରୁ ପାଦେ ସେବା କରିଥିଲେ ମୋକ୍ଷ ହେବ ପରାପତ ।୪।
ଦୟାବନ୍ତ ପ୍ରାଣୀ ଦାନ ପୁଣ୍ୟ କରି ଅନ୍ନ ଜଳ ଛତ୍ର ଦେଉ ।
ଅନେକ ଚିନ୍ତାରେ ଜାଣି ଥାଉ ପଛେ ମହିମାକୁ ଭଜୁଥାଉ ।୫।

ତେବେ ତା'ର କୀର୍ତ୍ତି ସୁଫଳ ହୋଇବ ନ ଯିବ ବିଅର୍ଥ ହୋଇ ।
ଶ୍ରୀଗୁରୁ ଛାମୁରେ ସେବା ଯୋଗାଇଲେ ମୁକତି ଲଭିବ ସେହି ।୬।
ଧର୍ମବନ୍ତ ପ୍ରାଣୀ ଧର୍ମ କରୁ ପଛେ ସକଳ ଜୀବକୁ ଚାହିଁ ।
ମହିମା ଧର୍ମକୁ ଆଶା କରିଥାଉ ଆତ୍ମା ପରେ ଦୟା ବହି ।୭।
ତେବେ ସିନା ତାର କୀରତି ରହିବ ନ ଯିବ ବିଫଳ ହୋଇ ।
ଗୁରୁ ଧର୍ମ ଯେବେ ଆଶ୍ରା କରିଥିବ ମୁକତି ପାଇବ ସେହି ।୮।
ବ୍ୟାଧ ହୋଇ ଯେବେ ଜୀବମରା ବୃତ୍ତି ଜୀବ ବଧୁ ଥାଉ ପଛେ ।
ଅଲେଖ ମହିମା ଭଜୁଥାଉ ଏକା ଦୃଢ଼ କରିଥାଉ ନିଶ୍ଚେ ।୯।
ତେବେ ସିନା ତାର ଜୀବ ବଧିବାର ଦୋଷରୁ ହୋଇବ ପାର ।
ସଦଗୁରୁ ଯେବେ ପ୍ରସନ୍ନ ହୋଇବେ ନିଶ୍ଚେ ହୋଇବ ଉଦ୍ଧାର ।୧୦।
ଧୀବର ହୋଇଣ ମୀନ ମାରୁପଛେ ମହିମାକୁ ଥାଉ ଧ୍ୟାୟି ।
ତାହାର ବୃତ୍ତି ତାକୁ ଦିଆ ହୋଇଛି କେମନ୍ତେ ଛାଡ଼ିବ ସେହି ।୧୧।
ଅନେକ ବିଷୟା କର୍ମରେ ଲାଗିଣ ଗୁରୁ ସେବା କରୁଥାଉ ।
ଗୁରୁଚରଣରେ ଚିତ୍ତ ରଖିଥିଲେ କିମ୍ପା ନ ତରିବ ସେହୁ ।୧୨।
ମୋଚି ହୋଇ ଚର୍ମ କାଟୁ ଥାଉ ପଛେ ନାମରେ ଆଶ୍ରିତ ହେଉ ।
ତାହାର ବୃତ୍ତି ସେ କେମନ୍ତ ଛାଡ଼ିବ ରୋଜଗାର କରୁଥାଉ ।୧୩।
ଗୁରୁ ଧର୍ମେ ଯେବେ ତତ୍ତ୍ୱ କରିଥିବ ନିଶ୍ଚେ ଉଦ୍ଧାର ପାଇବ ।
ଏ କଳି ଯୁଗରୁ ପିଣ୍ଡ ପ୍ରାଣ ବଞ୍ଚି ରବି ତଳରେ ରହିବ ।୧୪।
ହାଡ଼ି ହୋଇ ଯେବେ ଦାଣ୍ଡ ପହଁରଇ ବାଡ଼ି ଘର ପଛେ ଖଟୁ ।
ଗୁରୁ ପାଦତଳେ ଚିତ୍ତ ବୃତ୍ତି ରଖି ଦୃଢ଼ ଚିତ୍ତେ ନାମ ରଟୁ ।୧୫।
ତାହାର ବୃତ୍ତି ସେ ନ ରଖିବ ଯେବେ କେ କରିବ ସେହୁ କର୍ମ ।
ମୁଖେ ଯେବେ ଗୁରୁ ନାମ ଜପୁଥିବ ଉଦ୍ଧାର କରିବେ ବ୍ରହ୍ମ ।୧୬।
ଅଜ୍ଞାନୀ ଜନ ଯେ କିଛି ହିଁ ନ ଜାଣୁ ଗୁରୁ ସେବା କରୁଥାଉ ।
ଜ୍ଞାନ ଧ୍ୟାନ ଆଦି କିଛି ହିଁ ନ ଜାଣୁ ଗୁରୁ ଆଜ୍ଞା ଶିରେ ବହୁ ।୧୭।
ଦୟା ହେବ ଯେବେ ଅବଶ୍ୟ ତରିବ ଏଥିରେ ସଂଶୟ ନାହିଁ ।
ଗୁରୁ ପାଦେ ଯେବେ ସ୍ନେହ ରଖିଥିବ ବ୍ରହ୍ମେ ଲୀନ ହେବ ସେହି ।୧୮।

ଶୁଣ ସୁଜ୍ଞଜନେ ନାମର ମହିମା ନାମ ବିନୁ ନାହିଁ ଗତି ।
ନାମରେ ଆତଜାତ ହେଉଅଛନ୍ତି ଚାରିଯୁଗେ ଏହି ପୃଥ୍ୱୀ ।୧୯।
ନାମ ଛାଡ଼ିଦେଲେ ଦେହ ଛାଡ଼ିଯିବ ଧରିଥାଅ ଦୃଢ଼ କରି ।
ଗୁରୁ ପାଦ ଧ୍ୟାୟି ଭଣେ ଭୀମ ଭୋଇ ଦିବା ନିଶି ଆଶ୍ରାକରି ।୨୦।

•

ବୟାନବେ ବୋଲି

ଛତିଶକୁଳୀ ବାଉନ ଯେ ପାଟକ ଯେ ଅଛ ସ୍ତିରୀ ପୁରୁଷ ।
ଉଚ୍ଚ ନୀଚ ବୋଲି ବାରଣ ନକରି ନାମରେ ଶରଣ ପଶ ।୧।
କିବା ବେଶ୍ୟା ନାରୀ କିବା ଦୂରାଚାରୀ କିବା ପାଷଣ୍ଡ ପୁରୁଷ ।
ଅଦ୍ଭୁତ ବିପତ୍ତି ଘୋଟି ଆସୁଅଛ ବେନି ନେତ୍ରେସର୍ବେ ଦେଖ ।୨।
ଛପନା କୋଟିକି ନାଶିବାର ପାଇଁ ଏ ଚାରିଖାନିକି ଧରି ।
ଜଣେ ଜଣେ ଗୁରୁ ନାମ ଆଶ୍ରେ କରି ମୁଖେ ବୋଲ ହରିହରି ।୩।
ହରି ନ ବୋଇଲେ ହତ ହୋଇଯିବ ଅଣ ଉପ୍ରୋଧ ବିପତ୍ତି ।
ବାଳ ବୃଦ୍ଧ ଯୁବା କେହି ନ ରହିବ ସରିଯିବ ନବକ୍ଷିତି ।୪।
ଅଷ୍ଟକୋଟି ଯୋଗ୍ନୀ ଚୌଷଠି କାନ୍ତାନୀ ନବକୋଟି ଦେବୀଗଣ ।
ଭୈରବୀ ମୂରତି ପ୍ରକାଶିଣ ସର୍ବେ ରୁଧିର କରିବେ ପାନ ।୫।
ସେ ଧର୍ମ ପୁରୁଷ କାଳରୂପ ହେବେ ଡାକିଲେ ଶୁଣିବେ ନାହିଁ ।
ଏତେ ବେଳରୁ ପରତେ ହୋଇଥିଲେ ଦାଢ଼ରୁ ବଞ୍ଚିବ ସେହି ।୬।
ତିନିପୁର ମଧ୍ୟେ କାଳଚକ୍ର ଗୋଟା ଫେରୁଥିବ ଦିବା ନିଶି ।
ଦେବିଗଣମାନେ ଆକାଶେ ଉଡ଼ିବେ ନ ଦିଶିବେ ରବି ଶଶୀ ।୭।
ଘୁ ଘୁ ଗରଜନ ଶୂନ୍ୟରେ ଶୁଭିବ ଦେବୀଙ୍କ ମୁଖ ଚହଳ ।
ଅଦ୍ଭୁତେ ରୁଧିର ବରଷ କରିବ ଧାରା ପରାୟେ ବହଳ ।୮।
ତିନି ବ୍ରହ୍ମାଣ୍ଡ ଦୁଲୁଦୁଲୁ କମ୍ପିବ ହୋଇବ ଉଲୁକା ପାତ ।
ଚଉଦିଗେ ଜନ ମନୁଷ୍ୟ ଯେ ଥିବେ ଠାଏ ଖାଉଥିବେ ଭାତ ।୯।
ବାସି ତୋରାଣିକି ଆୟୁଷ ନ ଥିବ ଜୀବନେ ନ ଥିବ ଆଶା ।
ସକଳ ହୃଦରେ ଭୟ ଉପୁଜିବ ପଡ଼ିବ ଅକାଳ ଦଶା ।୧୦।

ଏତେବେଳେ ଯେବେ ଧର୍ମ ଧରିଥିଲେ ତେତେବେଳେ ଭୟ ନାହିଁ।
ଦେବୀମାନେ ତାଙ୍କୁ ସୁକୃପା କରିବେ ବ୍ରହ୍ମାଣ୍ଡେ ରହିବେ ସେହି ।୧୧।
ବାରମ୍ବାର କହୁଅଛୁ ସୁଜ୍ଞଜନେ ପଞ୍ଚଭୂତେ ମନେ ଚେତ।
ଯାହା କହୁଅଛୁଁ ମିଥ୍ୟା ବାକ୍ୟ ନୁହେଁ ଅବଶ୍ୟ ହୋଇବ ହିତ ।୧୨।
ଧର୍ମେ ଯେବେ ଥିବ ଧର୍ମ ସାହାହେବ ରଖିବେ ବାନା ଘୋଡ଼ାଇ।
ଦୋଷ ଅପରାଧ ଖଣ୍ଡନ କରିବେ ବ୍ରହ୍ମ ଅନଳେ ପୋଡ଼ାଇ ।୧୩।
ସଦଗୁରୁଠାରେ ସତ୍‌ଶିକ୍ଷା ହୋଇ ସେବା କରି ଯେବେ ପାର
ଧର୍ମ ବଳେ କାଳ ମୁଖୁଁ ଉବୁରିବ ବଂଶ ନ ବୁଡ଼ିବ ତାର ।୧୪।
ଅନ୍ତ ଡାକୁଥିବ ମୁଖ ଡାକୁଥିବ ହୃଦପଦ୍ମେ ଥିବ ଧ୍ୟାନ।
ତେବେ କାଳମୁଖୁଁ ବଞ୍ଚାଇ ରଖିବେ ସେ ଅନାଦି ଭଗବାନ ।୧୫।
ଅନ୍ତର୍ଯ୍ୟାମୀ ଗୁରୁ ଅନ୍ତରେ ଡାକିଲେ ଅବଶ୍ୟ ଜାଣିବେ ସେହି।
ଆତଙ୍ଗରେ ଯେବେ ଗୁହାରି କରିବ ନିଶ୍ଚେ ରଖିବେ ବଞ୍ଚାଇ ।୧୬।
ଟଙ୍କା ସୁନା କୌଡ଼ି କିଛି ନ ଲାଗଇ ଯେ ପାରୁଛ ସେହୁ ଭଜ।
ତିନିକୋଶ ଯାଇ କିଣା ନ ପଡ଼ଇ ବହିବାକୁ ନୁହେଁ ବୋଝ ।୧୭।
ବସିଲା ଠାବରେ ଆୟ ବ୍ୟୟ କରି ସୁସ୍ଥେ ଅରଜିବ ଧର୍ମ।
ନ ବୁଝି ସାଧୁସୁଜନ ସୁଜ୍ଞମାନେ କିମ୍ପାଇଁ ହେଉଛ ଭ୍ରମ ।୧୮।
ନ ଜାଣି ଚାରି ଖୁଣ୍ଟିରେ ଫେରୁଅଛ ତୀର୍ଥବ୍ରତ ବୋଲି କରି।
ଯହିଁରେ ଲୋଡ଼ିବ ତହିଁଛନ୍ତି ବ୍ରହ୍ମ ବୁଝିବ ଯେବେ ବିଚାରି ।୧୯।
ପଥଶ୍ରମ ହୋଇ ପାଦ ପ୍ରାସ ପାଇ ବାହ୍ୟରେ ଭ୍ରମି ନମର।
ଗୁରୁପାଦ ଧ୍ୟାୟି କହେ ଭୀମ ଭୋଇ ଘଟରେ ଭାବନା କର ।୨୦।

•

ତେୟାନବେ ବୋଲି

ତାଳୁରୁ ତଳିପା ମୁଖ ପରିଯନ୍ତେ ମିଥ୍ୟାପଦ ତ୍ୟାଗ କର।
ଜିହ୍ୱା ଅଗ୍ରରେ ସତ୍ୟ ଧର୍ମ ବସାଇ ପ୍ରକୃତିଗଣ ନିବାର ।୧।
ସତ୍ୟ ନ ପ୍ରକାଶି ମହିମା ଭଜିଲେ ପଡ଼ଇ ଅଦ୍ଭୁତ ମାଡ଼।
ଅସ୍ଥି ମାଂସ ଏକଠାରେ ମେଦ ହୋଇ ମସିଗୁଣ୍ଡା ହୁଏ ହାଡ଼ ।୨।

ମହିମା ଭଜିଲେ ମିଥ୍ୟା ନଚଳଇ ସତ୍ୟାଦି କହିଲେ ପାର।
ଜ୍ଞାନ ଧ୍ୟାନ ନ ଜାଣିଲେ କିସ ହେବ ଅବଶ୍ୟ ହେବ ଉଦ୍ଧାର ।୩।
ମହିମା ଭଜି ପରଦାରା ନ ଚଳେ ନିଅତ ପ୍ରମାଣ ସତ୍ୟ।
ଅଭୁତେ ତାହାକୁ ବିପତ୍ତି ପଡ଼ଇ ଅପମୃତ୍ୟୁ ପରାପତ ।୪।
ମହିମା ଭଜିଲେ ଚୋରି ନ ଚଳଇ ନ ଯିବ ତହିଁର ପାଶ।
କାଦର୍ଣ୍ଣିତରେ ଖଚୁଆ ଲୋକଠାରେ ତିଳେ ନୋହିବ ବିଶ୍ୱାସ ।୫।
ମହିମା ଭଜିଲେ ହିଂସା ନଚଳଇ ନଥିବ ତହିଁର ଲେଶ।
ସତ୍ୟଧର୍ମ ଦଣ୍ଡ ତାହାକୁ ପଡ଼ଇ ଗ୍ରାହୀର୍ଯ୍ୟ ହୁଏ ସେ ଦୋଷ ।୬।
ମହିମା ଭଜି ପର ଖଚ ନ ଚଳେ ହୁଅନ୍ତି ଆତ୍ମାରେ ଘାତୀ।
ଜୀବ ଥିବାଯାଏ ସୁଖ ନାହିଁ ତାର ମିଳେ ରାଜଦଣ୍ଡ ଶାସ୍ତି ।୭।
ମହିମା ଭଜିଲେ ପରକୁ ମଣିବ ଆପଣାର ଆତ୍ମା ପ୍ରାୟେ।
ସାଧୁ ହୋଇ ମରିଗଲେ କିସ ହେଲା ଯୁଗେ ଯୁଗେ କୀର୍ତ୍ତି ରହେ ।୮।
ମହିମା ଭଜିଲେ ପର ପୁରୁଷକୁ ବୋଲିବ ଏ ମୋର ବାପ।
ଗୁରୁପ୍ରସନ୍ନେ ସେ ଜନ ଫଳ ପାଇ ତପସ୍ୟା ଠାରୁ ଅଧିକ ।୯।
ମହିମା ଭଜିଲେ ପର ଯୁବତୀକି ବୋଲିବ ଏ ମୋର ମାତା।
ମାତା ବୋଲନ୍ତେ ମୋହମାୟା ନଲାଗେ ଆପେ ଛଡ଼ାନ୍ତିକରତା ।୧୦।
ମହିମା ଭଜିଲେ ଦୁଃଖ ସୁଖ କଥା ସକଳ ମଣଇ ଏକ।
ପାପପୁଣ୍ୟ କଥା ଜଣାନାହିଁ ତାକୁ ଆବୋରି ଥାନ୍ତି ଅଲେଖ ।୧୧।
ମହିମା ଭଜିଲେ ସ୍ତିରୀ ସଙ୍ଗମକୁ ନ କଳ୍ପିବ କଦାର୍ଣ୍ଣିତେ।
ଆପଣା ଭାରିଯା ହେଲେ କିସ ହେଲା ବିଚାରିବ ଅନ୍ତର୍ଗତେ ।୧୨।
ଯେତେହେଲେ ସେହି କୁମ୍ଭୀ ନର୍କକୁଣ୍ଡ ବୁଡ଼ିଲେ ସକଳ ଗଲା।
ଚାରିଯୁଗେ ଜୀବ ପଡ଼ି ପଡ଼ି ତହିଁ ନିଜ ହେତୁ ପାସୋରିଲା ।୧୩।
ମହିମାକୁ ଭଜି ଯୋନି ଶକତିକି ଡାକି ନପାରଇ ଯେହୁ।
ଗିଳି ପକାଉଛି ଆଚ୍ଛାଦି ହେଉଛି ଚେତା ଥାଉଁ ମଲା ସେହୁ ।୧୪।
ଭବନଦୀ ଜଳ ଭିତରେ ପଶିଲେ ଭବରୋଗ ହୋଏ ପିଣ୍ଡେ।
ନାନା ଦୁଃଖରେ ପତିତ ହୁଏ ପ୍ରାଣୀ ପଡ଼େ ଯମ କାଳଦଣ୍ଡେ ।୧୫।
ଶ୍ରବଣ ଥାଉ ବଧିର ଜଡ଼ ନୁହଁ ଡାକି କହୁଅଛି ଶୁଣ।
ଚାରିଯୁଗେ ଜନ୍ମ ମରିଯାଉଛନ୍ତି ଏକା ଭବନଦୀ ଗୁଣ ।୧୬।

ନିର୍ଦ୍ଦୟା ସମ୍ଭବ ଶକତି ବହିଛି ସବୁ ପକାଉଛି ଭକ୍ଷି ।
ଚାରିଯୁଗ ମଧ୍ୟେ ଯେତେ ଦେହଧାରୀ ନିରୋଳା କରି ନରଖି ।୧୭।
ମାୟାର କଳପ ମୂଳ ଅଟେ ସେହୁ କଳ୍ପିଲେ ମନ କ୍ଷରିଲା ।
ପଞ୍ଚଭୂତ ଘେନି ପଚିଶ ପ୍ରକୃତି ଏକାବେଳେ ଓଟାରିଲା ।୧୮।
ଏଥକୁ ବିଚାର ଜ୍ଞାନୀ ଜନମାନେ ଅକଳ୍ପଣା ଧ୍ୟାନକର ।
ଦିବସ ରଜନୀ ଲୋଡ଼ି ଠାବକରି ଧର ଅନାଦି ପୟର ।୧୯।
ବ୍ରହ୍ମ ବେତ୍ତାମାନେ ବେଳ ଥାଉଁ ଥାଉଁ ସ୍ଥିତି ବସା ତୁମ୍ଭେ ଧର ।
ଭଣେ ଭୀମଭୋଇ ଗୁରୁପାଦ ଧ୍ୟାୟି ମନରେ ହେଳା ନକର ।୨୦।

•

ଚଉରାନବେ ବୋଲି

ସ୍ତିରୀମାନେ ଯେବେ ମହିମାକୁ ଭଜି ପତିଙ୍କି କହିବେ ସତ୍ୟ ।
ସତ୍ୟ ସାଧବାଣୀ ସୁଲକ୍ଷଣୀ ହୋଇବ ମୁକ୍ତି ହେବ ପରାପତ ।୧।
ପତି ଛାମୁରେ ଅନ୍ତର ନରଖିବ ଆପଣା ବିଷୟ ଯେତେ ।
ସ୍ତିରୀପିଣ୍ଡ ପ୍ରାଣ ଧନ୍ୟ ଅଟଇ ସେ ଠାକୁର ପରା ସାକ୍ଷାତେ ।୨।
ପତି ସେବାକଲେ ସତୀପଣ ପାଇ ଗତିକି ଲଭଇ ସେହି ।
ପିଣ୍ଡପ୍ରାଣ ଜାନୁ ଯଉବନ ଦେଇ ପତିକି ଭୋଗ୍ୟ କରାଇ ।୩।
ମହିମାକୁ ଭଜି ଅସତୀ ନୋହିବ ପରକୁ ନଦେବ ଦେହ ।
ପତି ଛାଡ଼ିଆନ ପୁରୁଷ ଲୋଡ଼ିଲେ ଏକଥା ବଡ଼ ଅନ୍ୟାୟ ।୪।
ସଭାର ଉପରେ ସଭା ନମଣନ୍ତି ଗଭା ପରେ ଗଭା ନାହିଁ ।
ଏକା ଦଳାରେ ବେନିଖଣ୍ଡା ପଶେ କି କେ କେ ଦେଖିଅଛ କାହିଁ ।୫।
ଯେଉଁ ଯୁବତୀର ବେନି ପତି ହୁଏ ଚାହିଁ ନଯୋଗାଏ ମୁଖ ।
ସେ ସ୍ତିରୀହସ୍ତେ ଯେବେ ଜଳ ଭକ୍ଷିବ ଘୋଟେ ଚନ୍ଦ୍ର ରାହୁ ଦୁଃଖ ।୬।
ସତୀ ନୁହେଁ ସେହୁ ବେଳହୁଁ ବିଟପୀ କୁଟୁମ୍ବରେ ନାହିଁ ସୁଖ ।
ନାଗବିଷ ଦେବା ଦୂରାନ୍ତ ନୁହଇ ମରନ୍ତି କୁଟୁମ୍ବଯାକ ।୭।
ତାହାର ହସ୍ତେ ଅନ୍ନପାଣି ଭକ୍ଷିଲେ ଗୃହ ଧର୍ମ ହୁଏ ନାଶ ।
ଶତେ ପୁରୁଷ ଅହିନର୍କେ ପଡ଼ନ୍ତି ବଂଶକୁ ଲାଗେ କେଳେଶ ।୮।
ଧନରତ୍ନ ଅନ୍ନବସନ ନମିଳେ ଜ୍ଞାନହୀନ ହୋନ୍ତି ସର୍ବେ ।
ସେ ସ୍ତିରୀ କପାଳେ ଲେଖାହୋଇଥାଇ ଏହି ଦଶାମାସ ପୂର୍ବେ ।୯।

ତାହା ନଜାଣନ୍ତି ଜନ ପ୍ରାଣୀମାନେ ଗୃହ କରିବାରେ ସ୍ନେହ ।
ଆଗପଛକୁ ବିଚାର ନକରନ୍ତି କର୍ମକାଣ୍ଡର ବିଷୟ ।୧୦।
କୁଳ ବୁଡ଼ିଯାଇ ବିଦ୍ୟାହୀନ ହୋଇ ବୁଦ୍ଧିମାନ ଯାଇ ନଷ୍ଟ ।
ଶତେ ପୁରୁଷ ସୁଫଳ କର୍ମମାନ ତାହା ଯୋଗୁ ହୁଏ ଭ୍ରଷ୍ଟ ।୧୧।
ଏମନ୍ତ ସ୍ତିରୀକି ଗୃହେ ନରଖିବ ବେଗେ ଦେବ ବିଦାକରି ।
ଆପଣା ଅଦୃଷ୍ଟ ସୁକୃତ ସୁମରି ରହିବ କର୍ମ ଆଦରି ।୧୨।
ଶୁଣ ସୁଜ୍ଞଜନେ ବିଟପୀ ସ୍ତିରୀରେ ମିଳଇ ଏମନ୍ତ ଫଳ ।
ତାର ଗର୍ଭରୁ ଯେତେ ପୁତ୍ର ଦହିତା ବଂଶକୁ ନୁହେଁ କୁଶଳ ।୧୩।
ଏକ ବୀଜର ସନ୍ତାନ ନୁହନ୍ତି ସେ ଅନେକ ବୀଜରୁ ମିଶା ।
ସେ ପୁତ୍ର ଦୋହିତା ପିତାକୁ ନମାନି କହନ୍ତି କଠୋର ଭାଷା ।୧୪।
ଏମନ୍ତ ପ୍ରକାର ସଂସାର ଆଚାର ସୁଜ୍ଞାନୀ ପଣ୍ଡିତେ ବୁଝ ।
ସ୍ତିରୀ ହୋଇ ଯେତେ ଅବିଶ୍ୱାସୀ ଜାତି ମନେ ହେତୁକରି ହେଜ ।୧୫।
ଏ କଳିଯୁଗରେ ଗୃହ କରିବାକୁ ଲେଖୁନାହିଁ ଚାରିବେଦ ।
କଳିଯୁଗ ସ୍ତିରୀମାନଙ୍କୁ ଛୁଇଁଲେ ଆୟୁ ଥାଉଁ ଥାଉଁ ବଧ ।୧୬।
ସ୍ତିରୀ ନୁହନ୍ତି ସେ ଦେବୀଗଣ ସବୁ କାଳମାୟାରେ ପ୍ରକାଶ ।
ମାୟାବଳରେ ଭାରିଯା ରୂପ ହୋଇ ପ୍ରାଣକୁ କରନ୍ତି ନାଶ ।୧୭।
ସ୍ତିରୀ ଯେ ଅଟଇ ପତିର ହିତରେ ଦିବାନିଶି ଚାହିଁ ଥାଇ ।
ପତି କୋଳେଘେନି ଭୋଗ ବିଳସଇ ଚଉବର୍ଗ ଫଳ ପାଇ ।୧୮।
ଯେ ଜନ ଜାଣିବ ଏ କଳିଯୁଗରେ କେଭେ ନକରିବ ଗୃହ ।
ସେହି ସେ ଜିଣିବ ଏ କଳିଯୁଗକୁ ଅଟଇ ଶକତା ପୁଅ ।୧୯।
ଜ୍ଞାନୀଜନମାନେ ଚେତ ଏତେବେଳେ ଚକ୍ଷୁଥାଉଁ ନୁହଁ ଅନ୍ଧ ।
କହେ ଭୀମ ଭୋଇ ଗୁରୁପାଦ ଧ୍ୟାୟି ନାମବ୍ରହ୍ମ କର ଫନ୍ଦା ।୨୦।

•

ପଞ୍ଚାନବେ ବୋଲି

ନବଖଣ୍ଡ ମେଦିନୀରୁ ଚାରି ଧର୍ମ ଉଠିଲେଣି ଆକାଶକୁ ।
ବହୁତ ଅନ୍ୟାୟ ଦେଖି ବ୍ରହ୍ମାଣ୍ଡର ଚାହିଁ ପାତକ ଭାରାକୁ ।୧।

ଯହିଁଥିଲେ ଯେତେ ଦେବାଦେବୀଗଣ ଶୂନ୍ୟକୁ ଗଲେଣି ଉଠି ।
କାହାରି ହସ୍ତେ ନପାଇବାକୁ ପୂଜା ଅକର୍ମ ଦେଖିଏ ସୃଷ୍ଟି ।୨।
ଶ୍ରୀପୁରୁଷୋତ୍ତମ କପିଳାସ ଧାମ ତହୁଁ ଉଠିଲାଣି ଧର୍ମ ।
ତୀର୍ଥମାନେ ସବୁ ଭ୍ରଷ୍ଟ ହୋଇଗଲେଣି କାହିଁରେ ନାହିଁନା ବ୍ରହ୍ମ ।୩।
ଗଙ୍ଗା ଗୟା କାଶୀ ପ୍ରୟାଗ ସହିତେ ସେତୁବନ୍ଧ ରାମନାଥ ।
ଏ ତୀର୍ଥମାନଙ୍କେ ଧର୍ମ ଉଠିଲାଣି କାହିଁରେ ନାହିଁନା ସତ୍ୟ ।୪।
ଗୋଦାବରୀ ଗଉତମ ବୃନ୍ଦାବନ ଦ୍ୱାରିକା ଯେ ହରଦ୍ୱାରା ।
ଏତୀର୍ଥମାନେ ବିରଳ ହୋଇଲେଣି ବୁଡିଲାଣି ଧର୍ମ ଧାରା ।୫।
ମାନସରୋବର ବଦରୀ ଯେ ନାଥ ବଇତ୍ରଣୀ ଆଦି କରି ।
ଯମୁନା ସରସ୍ୱତୀ ଭ୍ରଷ୍ଟ ହେଲେଣି ଚତୁର୍ଥ ଧାମକୁ ଧରି ।୬।
ମେଢ଼ମଣ୍ଡପ ଦେଉଳ ଦେବାଳୟ ଜଗତୀ ଅଟ୍ଟାଳିମାନ ।
ଯହିଁରେ ଦେଖିଲେ ସତ୍ୟଧର୍ମ ନାହିଁ ସକଳେ ହେଲେଣି ଶୂନ୍ୟ ।୭।
ଦେବାଦେବୀ ଆଦି ଔଷଧ ମୌଷଧି ମନ୍ତ୍ରଯନ୍ତ୍ର ଜପ ଯେତେ ।
ସକଳ କରଣି ସରିଲାଣି ଆସି ନେତ୍ରେ ଦେଖନ୍ତୁ ସାକ୍ଷାତେ ।୮।
ଦାରୁ ପ୍ରତିମା ଶିଳା ମୂର୍ତ୍ତି ପାଷାଣ ଯେହୁ ଯେଉଁଠାରେ ଥିଲେ ।
ଏହାଙ୍କ କରଣି ସରିଲାଣି ସବୁ ନକାଟଇ ଆଉ ବେଳେ ।୯।
ଯାହା ବାକି ଅଛି ଆଉ ଚାରିଦିନେ ସକଳ ହେବେ ବିପାକ ।
ଛପନାକୋଟିର ପିଣ୍ଡପ୍ରାଣ କଥା ଅନାଦି ପୁରୁଷ ସାକ୍ଷ୍ୟ ।୧୦।
ଆଉ ଚାରିଦିନେ ବଦ୍ୟ ନାରାୟଣେ ଛାଡ଼ିବେ ଶାହାସ୍ର ପୋଥି ।
କର୍ମ ଅନୁସାରେ ଥୋକେଥୋକେ ଅଛି ସକଳ ହେଲାଣି ପୋତି ।୧୧।
ଅଚେତାରେ ସିନା ଜନ ପ୍ରାଣୀମାନେ କରୁଛନ୍ତି ଦେବପୂଜା ।
ପାଦେପଡ଼ି ରକ୍ଷାକର ବୋଲୁଛନ୍ତି ଦେବୁ କ୍ଷୀରିପୁରି ଖଜା ।୧୨।
ମୂର୍ତ୍ତି ସିନା ସେହି ଜୀବଆତ୍ମା ନାହିଁ କାହୁଁ ଯାଚିଦେବ ବର ।
ବିଷ୍ଣୁ ନଟକୂଟ ମାୟାକୁ ନଜାଣି ଅଜ୍ଞାନରେ ମୂଢ଼ନର ।୧୩।
ଯେହୁ ଗଢ଼ିଛି ଆପଣା ପିଣ୍ଡପ୍ରାଣ ତାକୁ ସମର୍ପଣ ନାହିଁ ।
ଦାରୁ ପ୍ରତିମା ମୂର୍ତ୍ତିକି ବୋଲୁଛନ୍ତି ପ୍ରାଣକୁ ବଞ୍ଚାଅ ତୁହି ।୧୪।
ମନୁଷ୍ୟ ହୋଇ ନିର୍ଜୀବ ସଙ୍ଗେ ଭାବ ଦେଖଟି କେଡ଼େ ଅଜ୍ଞାନ ।
ଶୂନ୍ୟରୁ ଯେହୁ ପିଣ୍ଡପ୍ରାଣ ଗଢ଼ିଲା ନାହିଁ ତାକୁ ଅନୁମାନ ।୧୫।

ଦୁର୍ଲ୍ଲଭ ଜନମ ବିଅର୍ଥ ହେଉଛି ପର୍ମେଶ୍ୱରଙ୍କୁ ନ ଚିହ୍ନି ।
ଅଜ୍ଞାନରେ ନରେ ସବୁକୁ ପୂଜିଲେ ପ୍ରକୃତିର ସୁଖ ମଣି ।୧୬।
ଆପଣା ମନରେ ଯାହା ବିଚାରିଲେ ସେହି କର୍ମମାନ କଲେ ।
ଷଟ୍ କର୍ମକାଣ୍ଡେ ସମସ୍ତେ ପଡ଼ିଲେ ନିଜଧର୍ମ ନଜାଣିଲେ ।୧୭।
ସାଧୁଜନମାନେ ଅବିବେକ ନୁହ ନିଜ କର୍ମ ଅନୁସର ।
ତଦଗତ କରି ନାମ ଆଶ୍ରେକଲେ ଦୁସ୍ତରୁ ହୋଇବ ପାର ।୧୮।
ହେଳା କର ନାହିଁ ଭେଳା ବୁଡ଼ିଯିବ ବେଳ ହୋଇଲାଣି ଆସି ।
ଅପରାଧ ଯେତେ ଖଣ୍ଡନ କରାଅ ନାମବ୍ରହ୍ମେ ନୁହ ଦୋଷୀ ।୧୯।
ଅସୁଖ ନପାଅ ମନେ କ୍ଷୋଭ ନୁହ ପିଣ୍ଡପରାଣକୁ ହିତ ।
ଭଣେ ଭୀମ ଭକ୍ତ ଊନବିଂଶ ଶତପଦେ ହେତୁକରି ଚେତ ।୨୦।

•

ଛୟାନବେ ବୋଲି

ଭୋ ଗୁରୁ ଶୂନ୍ୟ ପୁରୁଷ ଅଣାକାର ଏ ମୋର ବିନତି ଘେନ ।
ସଦଗୁରୁ ମହାପ୍ରଭୁ ବୋଲି ଆଗେ କରୁ ମୁଁ ଅଛି ଜଣାଣ ।୧।
ଶିରେ କରଯୋଡ଼ି ଗୁରୁପାଦେ ପଡ଼ି ଶୁଣ ଏ ମୋର ଗୁହାରି ।
କଥାଏ ମାଗୁଛି ସୁଦୟା ହୋଇବ ଅଲେଖ ଶୂନ୍ୟବିହାରୀ ।୨।
ବ୍ରହ୍ମ ସିଦ୍ଧି ଅଟ ଧର୍ମସିଦ୍ଧି ଅଟ ସତ୍ୟସିଦ୍ଧି ଅଛି ପୂରି ।
ଦୟାସିଦ୍ଧି ଅଟ କ୍ଷମାସିଦ୍ଧି ଅଟ ଶାନ୍ତି ସିଦ୍ଧି ଆଦିକରି ।୩।
ବେଦସିଦ୍ଧି ଅଟ ଭେଦ ସିଦ୍ଧି ଅଟ ଜ୍ଞାନ ସିଦ୍ଧି ପରିପୂର୍ଣ୍ଣ ।
ମୋକ୍ଷସିଦ୍ଧି ନିଧି ଅଟ ମହାପ୍ରଭୁ ବହିଛ ଅଲେଖ ନାମ ।୪।
ଅନ୍ତର୍ଯ୍ୟାମୀ ସିଦ୍ଧି ବହିଅଛ ପ୍ରଭୁ ଜାଣିବାକୁ ସର୍ବକଥା ।
ଛପନ କୋଟିର ହାନିଲାଭ ଯେତେ ବୁଝିବାକୁ ସାମରଥା ।୫।
ତେଣୁ କରି ସିନା ଗୁରୁ ଶ୍ରୀଛାମୁରେ ମାଗୁଣି ମୋହର ଏତେ ।
ଅଲେଖ ମହିମା ସାଗର ଧର୍ମକୁ ଆଶ୍ରେ କରିଛନ୍ତି ଯେତେ ।୬।
କି ଅବା ସ୍ତିରୀ ସେ କି ଅବା ପୁରୁଷ କିଅବା ଜ୍ଞାନୀ ଅଜ୍ଞାନୀ ।
ସାରଧର୍ମ ବୋଲି ପାଇଯାଇଛନ୍ତି ନିଜ ଧର୍ମକୁ ନଜାଣି ।୭।

କିବା ବାଳବୃଦ୍ଧ କିବା ମୂର୍ଖପ୍ରାଣୀ କି ଅବା ପତିତ ଜୀବ।
ଏ କଳିଯଗରୁ ତରିଯିବୁ ବୋଲି କରିଛନ୍ତି ଏହି ଭାବ ।୮।
ପାପ ନଜାଣନ୍ତି ପୁଣ୍ୟ ନଜାଣନ୍ତି ବେନିପକ୍ଷ ସମମତ।
କଳି ପୁରୁଷ ଅଚେତା କରିଅଛି ଏ କିସ ଜାଣନ୍ତି ସତ୍ୟ ।୯।
ଏହାଙ୍କର ପାଇଁ ଶ୍ରୀଗୁରୁ ଛାମୁରେ ମାଗୁ ମୁଁ ଅଛି ଏତିକି।
କନ୍ଦର୍ପ ବାଧାରୁ ଉଦ୍ଧାର ହୁଅନ୍ତୁ ଏ ଧର୍ମେଛନ୍ତି ଯେତିକି ।୧୦।
ଧର୍ମ ଆଶ୍ରେ କଲେ ଯୁଗଳ ନ ଚଳେ କର୍ମ ଭ୍ରଷ୍ଟ ହେବ ବୋଲି।
ସ୍ତିରୀ ପୁରୁଷଙ୍କୁ ଅନଙ୍ଗ ପୀଡୁଛି ନ ପାରୁଛନ୍ତି ସମ୍ଭାଳି ।୧୧।
ନିଷ୍କାମ ଧର୍ମରେ ସକାମ ପଶୁଛି ହୋଇ ଯାଉଛନ୍ତି ଦୋଷୀ।
ଭବସାଗରକୁ ଘୁଞ୍ଚି ଗୁରୁଦେବ ଫେରି ଯାଉଛନ୍ତି ଭାସି ।୧୨।
ସ୍ତିରୀ ପୁରୁଷଙ୍କ ପଞ୍ଚଭୂତ ମନ ଯେମନ୍ତେ ରହିବ ଥୟ।
ଅନାଦି ଗୁରୁ ଅନ୍ତର୍ଯ୍ୟାମୀ ପୁରୁଷ ସେହି ରୂପେ ଦୟା ବହ ।୧୩।
ଆତ୍ମା ଭଗତିରେ ଆପ ଘଟ ଜୀବ ବଧୁ ଅଛନ୍ତି ସାକ୍ଷାତେ।
ବାହ୍ୟ ଅନ୍ତରେ ପଶୁଜୀବଙ୍କୁ ପାଳି ଜ୍ଞାନ କରିଛନ୍ତି ଚିତ୍ତେ। ।୧୪।
ଏପରି ଜ୍ଞାନ ମୋ ମନକୁ ନଇଲା ଜଣାଉଅଛି ଛାମୁରେ।
ଆପ ଘଟ ଜୀବ ମରିଯାଉଅଛି ବାହ୍ୟ ଜୀବ କେ ପଚାରେ ।୧୫।
ଆପ ଜୀବ ଘଟ ରକ୍ଷା କରି ପାଳୁ ବାହ୍ୟ କରୁ ଅନୁମାନ।
ତେବେ ସିନା ତାର କର୍ମ ସିଦ୍ଧି ହେବ ଆତ୍ମ ଭକ୍ତି ନିରୂପଣ ।୧୬।
ସୂକ୍ଷ୍ମାନୁଭାବରେ ବିଷ୍ଣୁ ବଧିବାର ହେଉଅଛି ଆପ ହସ୍ତେ।
ଆପ ଘଟ ଘରୁ ଜୀବ କାଢ଼ି ଆଣି ହାଣି ଯାଉଛି ସାକ୍ଷାତେ ।୧୭।
ଯେଉଁ ରୂପେ ଗୁରୁ କନ୍ଦର୍ପ ବାଧାରୁ ସମ୍ଭାଳି ପାରିବେ ଦେହ।
ସେପରି କରୁଣା ନେତ୍ରେ ପଥେ ଚାହିଁ ହେ ଅନାଦି ବ୍ରହ୍ମମୟ ।୧୮।
ଯଥା ବିଧିମତେ ଏହାକୁ ଉଦ୍ଧତ ଗୁରୁତ ସାକ୍ଷାତେ ଅଟ।
କନ୍ଦର୍ପ ପୀଡ଼ାରେ ବୁଡି ଯାଉଛନ୍ତି ପଡ଼ିଯାଉଅଛି ଘଟ ।୧୯।
ଗୁରୁ ଧର୍ମ ଉଠୁ କଳିଯୁଗ ତୁଟୁ ସତ୍ୟ ଧର୍ମ କର୍ମ ବଢୁ।
କହେ ଭୀମ ଭୋଇ ଏତିକି ମାଗୁଛି କନ୍ଦର୍ପ ବାଣ ନ ପୀଡୁ ।୨୦।

●

ସତାନବେ ବୋଲି

ଆହୁରି କଥାଏ ବିନତି କରୁଛି ଶ୍ରୀଛାମୁରେ ଏତେବେଳେ।
ଏ ଧର୍ମରେ ଆଉ ଅସତ୍ୟ ନ ପଶୁ ଶୁଦ୍ଧ ହୋନ୍ତୁ ନାମ ଜଳେ ।୧।
ଏଡ଼େ ବଡ଼ ସତ୍ୟ ଧର୍ମ ନାମ ବ୍ରହ୍ମ ଭଜି ହେଉଛି ବିଅର୍ଥ।
କ୍ଷୀରସିନ୍ଧୁ ବାସୀ ଦୀକ୍ଷା ଦେଉଁ ଦେଉଁ ପଶି ଯାଉଛି ଅସତ୍ୟ ।୨।
କ୍ଷୀରସିନ୍ଧୁ ବାସୀ ଗୁରୁରୂପ ହୋଇ ଦିଅନ୍ତେ ନ ରହେ ଦୀକ୍ଷା।
ସେ ପ୍ରଭୁଙ୍କ ବାକ୍ୟ ଉଠି ଯାଉଅଛି ଶୁଣି ହେଉଛି ତାଟକା ।୩।
ମନୁଷ୍ୟ ଗୁରୁରେ କି କାର୍ଯ୍ୟ ହୁଅନ୍ତା କି ରହନ୍ତା ଦୀକ୍ଷା ତାର।
ବ୍ରହ୍ମକୁ ସେବି ସେ ଧର୍ମ ପ୍ରକାଶିଲେ କେହୁ ମାନନ୍ତା ସଂସାର ।୪।
କି ଅବା ସ୍ତିରୀ ସେ କି ଅବା ପୁରୁଷ ସମସ୍ତେ ଭାବନ୍ତୁ ସତ୍ୟ
ଅନ୍ତର୍ଗତରୁ ସଂଶୟ ଛେଦ କରି ଧରନ୍ତୁ ନିଷ୍କାମ ମତ ।୫।
ଏଡ଼େ ବଡ଼ ଧର୍ମେ ଅସତ୍ୟ ପଶୁଛି ଯାଉଛି ବିଅର୍ଥ ହୋଇ।
ସମସ୍ତେ ମିଥ୍ୟାରେ ବୁଡି ଯାଉଛନ୍ତି ଦୟାକର ଶୂନ୍ୟଦେହୀ ।୬।
ତ୍ରିପୁର ଅସତ୍ୟ ହୋଇବାରୁ ପ୍ରଭୁ ପ୍ରକାଶିଲ ଗୁରୁ ଧର୍ମ।
ଛଡ଼ାକ୍ଷର ମନ୍ତ୍ର ବ୍ରହ୍ମାଣ୍ଡକୁ ଦେଲ ଅଲେଖ ମହିମା ନାମ ।୭।
ନାମ ବୋଲି ସିନା ଜାଣୁଛନ୍ତି ସର୍ବେ ମନ୍ତ୍ର ବୋଲି ଜଣାନାହିଁ।
ଶୂଦ୍ର ଚଣ୍ଡାଳ ସବୁକୁ ଯୋଗାଉଛି ମୁଖେ ଅଛ ଆଜ୍ଞା ଦେଇ ।୮।
ଯେହୁ ଇଛା ସେହୁ ଉଚ୍ଚାରୁ ଅଛନ୍ତି ତେବେ ସିନା ନାହିଁ ଦୋଷ।
ଛଡ଼ାକ୍ଷର ମନ୍ତ୍ରର ବୀଜ ଗୋଟିକି କେ ପାଇବ ଅନ୍ତ ଲେଶ ।୯।
ଏ କଳିଯୁଗରେ ନାମ ଆଶେ କରି ଭଜ ଭଜ ସର୍ବଜନ।
ନାମ ବୋଲିକରି ଭଜିବ ଯେମନ୍ତେ ଥୋକେ ରହିବ ବିହନ ।୧୦।
ଏମନ୍ତ ବିଚାରି ସେ ଶୂନ୍ୟ ପୁରୁଷ କରିଛନ୍ତି ପରକାଶ।
କାହାରି ହୃଦରେ ଅସତ୍ୟ ନ ପଶୁ ଯେ ପ୍ରଭୁଙ୍କର ଦାସୀ ଦାସ ।୧୧।
ଏମନ୍ତ ବିଚାରି ସେ ଶୂନ୍ୟ ପୁରୁଷ କରିଛନ୍ତି ପରକାଶ।
କାହାରି ହୃଦରେ ଅସତ୍ୟ ନ ପଶୁ ପ୍ରଭୁଙ୍କର ଦାସୀ ଦାସ ।୧୧।
ଅସତ୍ୟ ହୋଇଲେ ଅକାରଣ ହେଲା ଏଡ଼େ ଗୁରୁସେବା କରି।
ତା ପରି ପାତକୀ ନାହିଁନା ତ୍ରିପୁରେ ଜୀବ ଥାଉଁ ଗଲା ମରି ।୧୨।

ଧର୍ମହିଁ ବିଅର୍ଥ କର୍ମ ହିଁ ବିଅର୍ଥ ସେବା ହିଁ ବିଅର୍ଥ ତାର ।
ଶତେ ଜନ୍ମ ତାର ଛନ୍ଦ ହୋଇଗଲା ନ ମିଳିଲା ପ୍ରତିକାର ।୧୩।
ମିଥ୍ୟା ବଚନରୁ ପାତକ ସରିଛି ବଡ଼ ହୋଇ ଦୋଷ ନାହିଁ ।
ଦେବ ମାନବରେ ଅଗାଡ଼ି ଅଟଇ ନ ଯୋଗାଏ ମୁଖ ଚାହିଁ ।୧୪।
ତେଣୁ କରି ମୁହିଁ ବିଚାର କରୁଛି କିପରି ତରିବେ ବୋଲି ।
ସଦ୍‌ଗୁରୁଙ୍କୁ ମୁଁ ଜଣାଣ କରୁଛି ରଖ ସତ୍ୟାଦିରେ ପାଳି ।୧୫।
ଉଦେ ଯେବେ କରିଅଛ ମୋକ୍ଷ ପଥ ନ କର ଏହାକୁ ହେଳା ।
କଳିଯୁଗେ ଲୋକ କିଛି ନଜାଣନ୍ତି ବିଳମ୍ବ ହୋଇଲେ ଗଲା ।୧୬।
ଅସତ୍ୟ ପଥରୁ ଉଦ୍ଧାରଣ କର ରହୁ ଶ୍ରୀଗୁରୁଙ୍କ ଯଶ ।
ଗୁରୁ ତ ସକଳ ଜାଣିବାର ଅଟ ଅଧିକ କହିବି କିସ ।୧୭।
ଜନ ପ୍ରାଣୀ ହୃଦେ ହେତୁ ଚେତା ବସୁ ସମ୍ଭାଳି ଧରାଅ ସତ୍ୟ ।
ଧର୍ମ ଉଦେ ହୋଇ ବୁଡ଼ିଯିବ ଯେବେ କାହାକୁ ହେବ ନିନ୍ଦିତ ।୧୮।
ସମ୍ଭାଳ ତୁମ୍ଭର ଜଗତ ଭଗତ ଏ ଧର୍ମରେ ଯେ ଅଛନ୍ତି ।
କାହାରି ମନେ ଛନ୍ଦ ମାୟା ନ ପଶୁ ନିର୍ମଳ କରାଅ ମତି ।୧୯।
ସାର ଧର୍ମ ବୋଲି ବଚନକୁ ପାଳି ଧରି ଅଛନ୍ତି ଆଦ୍ୟରୁ ।
ଗୁରୁପାଦ ଧ୍ୟାୟି ଭଣେ ଭୀମ ଭୋଇ ଅସତ୍ୟ ପଶି ନ ପାରୁ ।୨୦।

•

ଅଠାନବେ ବୋଲି

ପରଦାରା କର୍ମ ନ କରନ୍ତୁ କେହି ଯେତେ ଏ ଧର୍ମେ ଆଶ୍ରିତ ।
କରପତ୍ର ଯୋଡ଼ି ଛାମୁରେ ମାଗୁଛି ଦୟା ହେଉ ହେ ଅଚ୍ୟୁତ ।୧।
ନିଷ୍କାମ ଧର୍ମରେ ସକାମ ପଶିଲେ ଗୁରୁ ସେବା ଫଳ ଗଲା ।
ଜନ୍ମଯାକ ତାର ନିଗ୍ରହ ହୋଇଲେ କେଉଁ ଗତିକି ଲଭିଲା ।୨।
ଚାରିଯୁଗେ ତାକୁ ପାପ ଘୋଟିଲାଣି ଜୀବନ୍ତେ ପଡ଼େ ନରକ ।
ସଂସାର ସାଗରେ ଯାହା ହେଉଛନ୍ତି ସେ ଗତି ଲଭିଲା ଦେଖ ।୩।
ତେଣୁ କରି ଧର୍ମେ ପରଦା ନ ଚଳେ ବହୁତ ଅନ୍ୟାଏ କଥା ।
ଏ କଳିଯୁଗରେ ଯେମନ୍ତ ତରିବେ କୃପା କରି ହେ କରତା ।୪।

ଏ ଧର୍ମେ ପଶିଲେ ପର ଦ୍ରବ୍ୟମାନ ଚୋରି ରକିବା ନ ଚଳେ।
ଅବଶ୍ୟ ତାହାକୁ ଧର୍ମ ଦୁଆରରେ ଦଣ୍ଡ ହୁଏ ତିନିକାଳେ ।୫।
ଚୋରି ପରଦାରା ଖଚ କଥା ଯେତେ ଏ ଧର୍ମରେ ସବୁ କାଟ।
ଆପଣା ଚିତ୍ତେ ଜାଣି ହୁଡ଼ି ପଡ଼ିଲେ ହେଉଛି ଅନ୍ୟାୟ ବାଟ ।୬।
ଏତିକି ଦଣ୍ଡରୁ ଏ ଧର୍ମ ଲୋକଙ୍କୁ ତ୍ରାହି କର ଗୁରୁଦେବ।
ଏ କଳିଯୁଗରେ କିଛି ନ ଜାଣନ୍ତି ଅଜ୍ଞାନ ପାମର ଜୀବ ।୭।
ବ୍ରହ୍ମଗୁରୁ ପାଦେ ସେବା ଖଟିଥାଇ ଅଜ୍ଞାନ ହେଲାଣି ସବୁ।
ଯୁଗ ଶେଷ ଜାଣି ଉଦେ ହୋଇଅଛ ତ୍ରାହି କର ମହାପ୍ରଭୁ ।୮।
ଧର୍ମ କଥା ଶୁଣି ବିଭୋଳ ହେଲେଣି ଭ୍ରମି ଯାଉଛନ୍ତି ସର୍ବେ।
ଯେତେ ପାପ କଲେ ଶ୍ରୀଗୁରୁ ଖଣ୍ଡିବେ ବୋଲି କହୁଛନ୍ତି ସର୍ବେ ।୯।
କାହାରି ହୃଦରେ ତତ୍ତ୍ୱଜ୍ଞାନ ନାହିଁ ମୂଢ଼ ଜ୍ଞାନ ସବୁ ସିନା।
ପ୍ରାଣୀର ହୃଦୟ ପ୍ରକୃତି ବିଷୟ ଏବେ ପଡୁଅଛି ଜଣା ।୧୦।
ବେଳୁବେଳ ଧର୍ମ ଉଦେ ହୋନ୍ତା ସିନା ଯାଉଅଛି ଲୋପ ହୋଇ।
ଏତେ ଦିନ ହୋଇଲାଣି ଏହୁ ଧର୍ମ ନ ପାରୁଛି ଥୟ ହୋଇ ।୧୧।
ବଢ଼ି ଆସୁଥିଲା ଛିଡ଼ି ପଡୁଅଛି ପାପଭାରା ସକାଶରୁ।
ନିଜ କର୍ମେ ପଶି ଉଚ୍ଚ ହୋଇଥିଲେ ଛାଡ଼ିଗଲେ ଏ ଧର୍ମରୁ ।୧୨।
ଛାଡ଼ିଗଲା ପ୍ରାଣୀ ପତିତରେ ଗଣି ନାହିଁ ନା ମୁକତି ବାଟ।
ହେତୁ ଥାଉଁଥାଉଁ ସଂସାର ସାଗରେ ବହିଛନ୍ତି ମୃତ୍ୟୁ ଘଟ ।୧୩।
ଜୀବର ଭିତରେ ଗଣନା ନୁହନ୍ତି ଅଟନ୍ତି ଅଗାଡ଼ି ତଷ୍ଟୁ।
ମୋର ମନକୁ ଏମନ୍ତ ଯୋଗାଇଲା କାହାକୁ କେମନ୍ତ ଦିଶୁ ।୧୪।
ପାତକ ପୋଡ଼ିବ ବୋଲି ଏ ଧର୍ମରେ କରୁଛନ୍ତି ଗୁରୁସେବା।
ସାତ୍ତ୍ୱିକ କର୍ମରେ ଥିବ ଯେଉଁ ଜନ ନିଶ୍ଚେ ମୁକତି ଲଭିବା ।୧୫।
ବେଳୁ ବେଳ କାଳ ନିକଟ ହେଲାଣି ଘୋଟି ଆସିଲାଣି ଯୋଗ।
ମହା ବ୍ରହ୍ମତେଜ ପ୍ରକାଶ ହୋଇବେ ସାରିବେ ପାତକ ଭୋଗ ।୧୬।
ଯେ ଯହିଁରେ ଅଛ ମହିମାକୁ ଡାକ ମନେ ନ କର ସଂଶଏ।
ଧର୍ମେ ଆଶ୍ରେକଲେ ଅବଶ୍ୟ ବର୍ତ୍ତିବ କାଳମୁଖରୁ ଥୋକାଏ ।୧୭।

ମହିମାସାଗର ଧର୍ମ ଏ ସଂସାରେ ପୂର୍ବରୁ ହୋଇଛି ଶୁଣା।
ବିପତ୍ତି ପଡ଼ିଲେ ଡାକିବ ସମସ୍ତେ ନ ହୋଇବ କେହି ବଣା ।୧୮।
ଏତେବେଳେ ସିନା କେହି ନ ଭଜୁଛ ପଶ୍ଚାନ୍ତେ ଭଜିବ ନିଶ୍ଚେ।
ଧର୍ମଧର ବୋଲିବାରୁ ନ ବୁଝୁଛ ନିନ୍ଦା ନାହିଁ ଦେବ ପଛେ ।୧୯।
ବେଳହୁଁ ଏ ଧର୍ମକରି ଯେବେଥିବ ଦଣ୍ଡି ନପାରିବ ଯମ।
ଶ୍ରୀଗୁରୁଙ୍କୁ ଧ୍ୟାୟି ଭଣେ ଭୀମ ଭୋଇ ଅବଶ୍ୟ କରିବେ କ୍ଷମ ।୨୦।

•

ଅନେଶୋତ ବୋଲି

ଅଭୟ ପୟର ପଦ୍ମପାଦ ଭଜି ହୃଦେ କରିଛନ୍ତି ଭୟ।
ସଦଗୁରୁ ବୋଲି ଜାଣି ନପାରିଲେ ଖଣ୍ଡନ କର ସେ ଦ୍ରୋହ ।୧।
ନିରୋଗୀ ପୁରୁଷ ବୋଲି ଜଣା ନାହିଁ ଅଙ୍ଗେ ପଶୁଅଛି ରୋଗ।
ଅଗ୍ନି ଅଙ୍ଗୀକାର ଗୁରୁ ଅଟ ତୁମ୍ଭେ ନିବାର କଲୁଷ ଭବ ।୨।
ନିଷ୍ପାପୀ ପୁରୁଷ ବୋଲି ଜଣାନାହିଁ କରୁଛନ୍ତି ପାପମାନ।
ଜ୍ଞାନ ଦୀପାବଳି ହୃଦରେ ଚେତାଇ ଆଜ୍ଞାରେ କର ଛେଦନ ।୩।
ଅଚିନ୍ତା ପୁରୁଷ ବୋଲି ଜଣାନାହିଁ କରୁଛନ୍ତି ହୃଦେ ଚିନ୍ତା।
ଅଜ୍ଞାନ ଜୀବ ଏ କିଛି ନ ଜାଣନ୍ତି ନିବାର ରାଗ ଅହନ୍ତା ।୪।
ଅରୂପ ପୁରୁଷ ବୋଲି ଜଣାନାହିଁ ସ୍ୱରୂପକୁ ଭଜୁଛନ୍ତି।
ଅଚେତା ପ୍ରାଣୀଏ କେମନ୍ତେ ଜାଣିବେ ଫିଟାଅ ସଂଶୟେ ଭୀତି ।୫।
ନିଷ୍କାମ ପୁରୁଷ ବୋଲି ଜଣାନାହିଁ ସ୍ୱକାମରେ ହୋଇ ମତ୍ତା।
ନିଷ୍କାମ ବ୍ରହ୍ମକୁ ଭଜିବା ଧର୍ମରେ ଥାଇ କି ଏମନ୍ତ କଥା ।୬।
ନିର୍ଗୁଣ ପୁରୁଷ ବୋଲି ଜଣାନାହିଁ ଗୁଣରେ ମିଶାଉଛନ୍ତି।
ସ୍ୱଭାବେ ମନୁଷ୍ୟ ନରଜନ୍ମ ଏହି କାହୁଁ ଜାଣିବେ ସେ ରୀତି ।୭।
ନାମ ନାହିଁ ତାଙ୍କ ଅନାମିକା ବ୍ରହ୍ମ ମିଶାଇଅଛନ୍ତି ନାମ।
ନାମ ଉଚ୍ଚାରିଲେଅକ୍ଷର ହୋଇଲା ଲାଗିଗଲାଣି ସେ କାମ ।୮।
ନିଶବଦ ବ୍ରହ୍ମ ବୋଲି ଜଣାନାହିଁ ମିଶାଉଛନ୍ତି ଶବଦ।
ଦୁଇଗୁଣ ମିଳି ନିର୍ମାଣ ହୋଇଛି ପ୍ରକାଶିଛି ଏକ ପାଦ ।୯।

ନିର୍ବେଦ ପୁରୁଷ ବୋଲି ଜଣାନାହିଁ ଲଗାଉଅଛନ୍ତି ବେଦ ।
ଅଣଅକ୍ଷରରୁ ଅଣାକ୍ଷର ନାମ କାହୁଁ ଜାଣିବେ ସେ ଭାବ ।୧୦।
କଳାଗୋରା ବୋଲି ବାରି ବସୁଛନ୍ତି ମଧ୍ୟେ ରହିଲାଣି ବର୍ଣ୍ଣ ।
ମଧ୍ୟରୁ ରୂପ ଥୟ କରିପାରିଲେ ସକଳ ଠାବରୁ ଭିନ୍ନ ।୧୧।
ଅନାଦିବ୍ରହ୍ମ ସେ ନାଦ ବିନ୍ଦୁ ନାହିଁ ରଜ ବୀର୍ଜ୍ୟରୁ ବାହାର ।
ଜଳ ପବନରେ ନମିଶାଇ ତାକୁ ଏ ସୂତ୍ରରେ ଭକ୍ତିକର ।୧୨।
ନିର୍ମାୟା ବ୍ରହ୍ମ ସେ ମାୟା ନଲାଗଇ ମୋହରେ ମିଶାଉଅଛ ।
ମାୟାରୁ ଛିଡ଼ି ଛଡ଼ାଇ ଭକ୍ତିକର ମନରେ ନଧର ମିଛ ।୧୩।
ଅବ୍ୟକତ ବ୍ରହ୍ମ ବ୍ୟକତ ନୋହି ସେ ମିଶାଉ ଅଛ ବଚନ ।
ଲଗାଇ ଅର୍ଥ ସମ୍ବାଦ କରୁଅଛ ସକଳ ଜନ ଅଜ୍ଞାନ ।୧୪।
ଧର୍ମାଦି ପୁରୁଷ ଭକତ ଭିତରେ ଅଧର୍ମ ମିଶାଉଅଛ ।
ଅଧର୍ମ ହେଲେ ବିପତ୍ତିମାନ ଘଟେ ଆତ୍ମାକୁ ପୀଡ଼େ କେଳଶ ।୧୫।
ଅକର୍ମ ଦାୟକ ପୁରୁଷ ସେ ପ୍ରଭୁ କର୍ମରେ ଲଗାଉଅଛ ।
ଅକର୍ମୀ ଜନ କର୍ମ ନିନ୍ଦା କରନ୍ତି ସତ୍ୟ ବାକ୍ୟ ନୁହେଁ ମିଛ ।୧୬।
ସେ ବ୍ରହ୍ମ ମହିମା କେହି ନଜାଣନ୍ତି ସମୁଦ୍ରରୁ ଅଟେ ଗରୁ ।
ତାହାର ନିଜ ନାମ ଲୋଡ଼ି ବୁଝିଲେ ସରିସମ ନୁହେଁ ମେରୁ ।୧୭।
ଯେଉଁଦିନ ମାଟି ପୃଥ୍ୱୀ ହୋଇଲାଣି ମନୁଷ୍ୟ ଜନମ ଲଭି ।
ମହିମା ସମ୍ପୂର୍ଣ୍ଣେ ଲେଖି ନ ପାରିଲେ କହିଗଲେ ଭାବି ଭାବି ।୧୮।
କେତେ କେତେ କବି କେତେ କେତେ ଯୋଗୀ କେତେ କେତେ ଅନୁଭବୀ ।
ସମସ୍ତେ ରବି ଚଳରେ ରହିଗଲେ କେହି ନ ପାରିଲେ ଜାଗି ।୧୯।
ସେ ମହାବ୍ରହ୍ମର ଅଶେଷ ମହିମା ଶେଷକରି ନୁହେଁ କହି ।
ଭଣେ ଭୀମକନ୍ଧ ଭକ୍ତ ଭେଦ ବନ୍ଧ ଅନୁସରି ଅଛି ଧ୍ୟାୟି ।୨୦।

•

ଶହେ ବୋଲି

ଡାକି କହୁଅଛି ତିନିପୁର ମଧ୍ୟେ ଅଲେଖ ମହିମା ଭଜ ।
ଦେଖ କଳିଯୁଗ ଘୋଟିଆସୁଅଛି ବେନି କର୍ଣ୍ଣେ ଶୁଝି ବୁଝ ।୧।
ଆହେ ନରଲୋକ ଯେ ଅଛ ସଂସାରେ ଦେହଧାରୀ ହୋଇ ମର୍ତ୍ତ୍ୟେ ।
ଅଲେଖ ମହିମା ସାଗର ନାମକୁ ଭଜନ କର ସମସ୍ତେ ।୨।

ଯେ ଅଛ ରାକ୍ଷସଗଣ ଆଦିକରି ଦୈତ୍ୟ ଦାନବ ସହିତେ।
କଳିକାଳ ଆସି ଶେଷ ହୋଇଲାଣି ମହିମା ଡାକ ସମସ୍ତେ ।୩।
ଋଷି ମୁନି ଯୋଗୀ ବଇରାଗୀ ଆଦି ନାଗାନ୍ତି ଯୋଗାନ୍ତି ଯାଏ।
ବେଦାନ୍ତୀ ସିଦ୍ଧାନ୍ତୀ ଯେ ଅଛ ସଂସାରେ ମହିମାକୁ କର ଲଏ ।୪।
କବିତ୍ୱ ପଣ୍ଡିତ ସୁଜ୍ଞ ସାଧୁସନ୍ଥ ମହିମାକୁ ସର୍ବେ ଡାକ।
ଯୁଗ ଶେଷ ହେଲା ଦୋଷ ନ ଧରିବ ଉଚ୍ଚେ ଦେଉଅଛୁ ହାଁକ ।୫।
ଜପୀ ତପୀ ତୀର୍ଥ ବ୍ରତୀ ଯେତେ ତୁମ୍ଭେ ଏ ମୋର ବଚନ ମାନ।
ଶତେବାର ଆମେ ବୁଝାଇ କହୁଛୁଁ ମହିମା ନାମକୁ ଘେନ ।୬।
ଆହେ ନାଗଗଣ ପାତାଳ ଭୁବନେ ଅଛ ପରା ତୁମ୍ଭେ ରହି।
ସମସ୍ତେ ତୁମ୍ଭେ ମହିମା ନାମ ଭଜ ଧରିଅଛ ଯେତେ ଦେହୀ ।୭।
ସୁରଗଣ ମାନେ ମହିମାକୁ ଡାକ ନ କରି ବିଳମ୍ବ ମଠ।
କଳିକାଳ ଭୋଗ ସରି ଆସିଲାଣି ଯୁଗ ହେଲାଣି ନିକଟ ।୮।
ଦେବଗଣମାନେ ମହିମା ନାମକୁ ଏତେବେଳେ ଆଶ୍ରାକର।
କଳିଯୁଗ ଆସି ବାକି ରହିଲାଣି ସରିଯିବ ଏ ସଂସାର ।୯।
ରୁଦ୍ରଗଣ ତୁମ୍ଭେ ମହିମାକୁ ଭଜ ମନରେ ନକର ହେଳା।
ଏ ଯୁଗେ ଏ ନାମେ ଯେହୁ ନ ଭଜିବ ବିଅର୍ଥେ ତା ଜନ୍ମ ଗଲା ।୧୦।
ବ୍ରହ୍ମ ଲୋକମାନେ ଯେହୁ ଅଛ ତୁମ୍ଭେ ମହିମାକୁ ଭଜ ଚିତ୍ତେ।
ମହାଶୂନ୍ୟବାସୀ ଦେହଧାରୀ ହୋଇ ଉଦି ଅଛନ୍ତି ସାକ୍ଷାତେ ।୧୧।
ଆହେ ଚନ୍ଦ୍ର ସୂର୍ଯ୍ୟ ଆକାଶରେ ଅଛ ଭଜ ମହିମା ନାମକୁ।
ତୁମ୍ଭେମାନେ କେହି ଜାଣି ନ ପାରୁଛ ଘୋଟିଲାଣି ଦେଖୁ ଦେଖୁ ।୧୨।
ଆହେ ନବଲକ୍ଷ ତାରାଗଣ ତୁମ୍ଭେ ମହିମା ନାମକୁ ଧର।
ଏକାଳ ଦୁସ୍ତରୁ ଯୁଗ ଶେଷେ ତୁମ୍ଭେ ହୋଇବ ଯେମନ୍ତ ପାର ।୧୩।
ଅଲେଖ ପ୍ରଭୁଙ୍କ ସେବାକାରୀ ଆମ୍ଭେ ଆଜ୍ଞାରେ ଦେଉଛୁ ଡାକ।
ଜଗତ ସଂସାର ବିକୃତ ହେଲାଣି କର୍ଣ୍ଣେ ଶୁଣି ନେତ୍ରେ ଦେଖ ।୧୪।
ଅଲେଖ ମହିମା ନାମ ଆଶ୍ରେ କଲେ ନ ଛୁଇଁବ କାଳଦଣ୍ଡ।
ଏ କଳିଯୁଗରୁ ନିଶ୍ଚେ ପାରହେବ ବଞ୍ଚିବ ପରାଣ ପିଣ୍ଡ ।୧୫।
ଆମ୍ଭର କିଛି ଦୋଷ ନାହିଁ ଏଥିରେ ଡାକି ଡାକି କହୁଅଛୁ।
ଏ କଳିଯୁଗରେ ଏହି ଏକା ନାମ ମହିମା ଭଜ ବୋଲୁଛୁ ।୧୬।

ମାୟାରେ ନ ପଡ଼ ବେଦରେ ନ ବୁଡ଼ ବୁଝ ବୁଝ ଭଲ କରି ।
ଆପଣା ହେତୁରେ ଚେତାଇ ପାରିଲେ କଳିରୁ ଯିବ ଉବୁରି ।୧୭।
ଯେହୁ ଯହିଁ ଅଛ ଭଜିବ ଯେମନ୍ତ ନ ଜାଣିବେକି ଶ୍ରୀଗୁରୁ ।
ଆତଙ୍ଗ ମନରେ ଡାକ ଯେବେ ପାର ଘିଞ୍ଚିବେ କାଳ ମୁଖରୁ ।୧୮।
ଭଜଭଜସର୍ବେ କହୁଅଛୁଁ ଏବେ ଧର୍ମରେ ଆଶ୍ରିତ ହୁଅ ।
ଅଶେଷ ବ୍ରହ୍ମାଣ୍ଡେ ଜୀବ ହୋଇ ଯେବେ ଯେହୁ ବହିଅଛ ଦେହ ।୧୯।
ସ୍ତୁତି ଚିନ୍ତାମଣି ସମ୍ପୂର୍ଣ୍ଣ ହୋଇଲା ବେନି ସହସ୍ର ପଦରେ ।
ଭଣେ ଭୀମକନ୍ଧ କବିକୁଳ ଚାନ୍ଦ ଶରଣ ଗୁରୁ ପୟରେ ।୨୦।

❑❑❑

BLACK EAGLE BOOKS

www.blackeaglebooks.org
info@blackeaglebooks.org

Black Eagle Books, an independent publisher, was founded as a nonprofit organization in April, 2019. It is our mission to connect and engage the Indian diaspora and the world at large with the best of works of world literature published on a collaborative platform, with special emphasis on foregrounding Contemporary Classics and New Writing.

www.ingramcontent.com/pod-product-compliance
Lightning Source LLC
Chambersburg PA
CBHW030256080526
44583CB00030B/589
9781645603825